아랍 : 오스만 제국에서 아랍 혁명까지

개정판

아랍

오스만 제국에서 아랍 혁명까지

유진 로건

이은정 옮김

THE ARABS : A History

by Eugene Rogan

역자 이은정(李銀貞)

한국외국어대학교 터키어과와 터키 국립 앙카라 대학교 역사학과에서 학부
와 석사를 마쳤으며, 서울대학교 서양사학과에서 "오스만 황실 하렘과 여성"
이라는 주제로 박사 학위를 받았다. 현재는 서울대학교 등에서 강의를 하고
있으며, 오스만 제국 및 이슬람 여성 관련 글들을 쓰고 있다. "16-17세기 오
스만 황실 여성의 사회적 위상과 공적 역할—오스만 황태후의 역할을 중심
으로"(여성과 역사, 2012)와 "'다종교·다민족·다문화'적인 오스만 제국의
통치 전략"(역사학보, 2013) 등의 논문이 있다.

아랍 : 오스만 제국에서 아랍 혁명까지

저자 / 유진 로건
역자 / 이은정
발행처 / 까치글방
발행인 / 박후영
주소 / 서울시 용산구 서빙고로 67, 파크타워 103동 1003호
전화 / 02 · 735 · 8998, 736 · 7768
팩시밀리 / 02 · 723 · 4591
홈페이지 / www.kachibooks.co.kr
전자우편 / kachibooks@gmail.com
등록번호 / 1-528
등록일 / 1977. 8. 5
초판 1쇄 발행일 / 2016. 5. 10
개정판 1쇄 발행일 / 2022. 1. 25
        2쇄 발행일 / 2023. 10. 30
값 / 뒤표지에 쓰여 있음
ISBN 978-89-7291-759-5 93910

이 책을 리처드 후이아 우즈 로건에게 바칩니다.

차례

서론

2011년 1월 14일, 파이다 함디는 튀니지를 23년 넘게 지배한 독재 대통령 벤 알리의 몰락 소식을 감방 안에서 알게 되었다. 함디는 차마 감방 동료들에게 말하지는 못했지만, 자신은 독재자 타도에 작지 않은 역할을 했다. 시디 부지드라는 작은 도시의 의회 감독관이었던 함디는 노점상을 모욕한 죄로 기소되었는데, 그 노점상의 분신자살은 튀니지에서 거국적인 시위를 촉발했고 이는 궁극적으로 아랍의 봄으로 알려진, 북아프리카 및 중동 곳곳에서 발생한 일련의 민중 혁명에 불을 붙였다.

　그로부터 4주일 전인 2010년 12월 17일, 파이다 함디는 고향의 동네 시장을 순회하고 있었다. 시디 부지드는 튀니지의 작은 지방 도시로, 관광객과 정부 모두의 관심 밖에 있는 곳이다. 견장과 줄무늬로 한껏 힘이 들어간 푸른 제복 차림의 40대 여성 함디는 2명의 남자 동료들을 대동했다. 인허가증이 없는 대부분의 노점상들은 감독관이 다가오자 줄행랑을 쳤다. 그러나 스물여섯 살의 행상인 모하메드 부아지지는 꼼짝하지 않았다. 함디는 부아지지를 알고 있었다. 허가증 없이는 시장 인근에서 과일을 팔지 말라고 경고한 적이 있었기 때문이다. 12월 17일, 부아지지는 한 걸음도 물러서지 않고 감독관의 괴롭힘과 부패를 고발했다. 수레를 지키려는 부아지지와 이 젊은이의 물건을 압수하려는 감독관 사이에서 실랑이가 벌어졌고, 이는 곧 아귀다툼으로 변했다.

　운명적인 그날의 옥신각신 다툼 속에서 감독관들과 모하메드 부아지지 사이에서 정확히 무슨 일이 있었는지에 대해서는 의견이 분분하다. 젊은 노점상의 친구들과 가족은 파이다 함디가 동료들에게 과일과 저울을 압수하라고 지시하기 전에 부아지지를 모욕—"중동 사회에서 심한 모욕으로 간주되는 욕설"—하고 뺨을 때렸다고 주장했다. 반면 파이다는 행상인에게 손을 댄 적이 결코 없으며 감독관들이 그의 물건들을 압수하러 다가서자 "부아지지가 우리를 공격했고 내 손에는 상처가 났다"라고 주장했다. 이런 세부사항이 중요한 이유는, 부아지지의

대응이 너무 지나쳐서 친구든 낯선 이든 그의 다음 행동들을 설명하려고 여전히 애쓰고 있기 때문이다.[1]

격분한 모하메드 부아지지는 감독관들과의 다툼 현장을 떠났다. 대치 현장을 벗어나자마자, 부아지지는 가장 먼저 시디 부지드 시청으로 찾아가서 감독관에 대한 처벌을 요구했다. 그러나 당국은 그가 당한 치욕에 귀 기울이며 공감하기는 커녕 오히려 뭇매를 가했다. 다음으로 그는 주지사의 사무실로 향했다. 그러나 주지사도 그를 만나주지 않았다. 이 순간 무엇인가가 뚝 부러졌다. 그의 누이인 바스마 부아지지는 "과일 수레를 빼앗기고 여자에게 욕을 듣고 뺨까지 얻어맞았으니, 오빠가 겪은 일들은……오빠를 실성하게 만들기에 충분했다. 특히 모든 시청 직원이 오빠를 만나주지 않자, 이 같은 권력 남용에 대해 오빠는 어디에도 하소연할 수 없었다."

주지사의 집무실 주변 거리가 도시 주민들로 북적대던 정오 무렵이었다. 모하메드 부아지지는 도료희석제를 적신 옷에 불을 붙였다. 사람들이 어떻게든 화염을 끄려고 달려들었지만 부아지지의 몸은 이미 90퍼센트가 화상을 입은 상태였다. 행인들이 이 끔찍한 장면을 사진에 담았다. 쓰러진 그는 인근 소도시 벤 아루스에 있는 병원으로 이송되었다.

부아지지의 절망적인 자학행위에 시디 부지드의 주민들은 망연자실해졌다. 그들도 그와 마찬가지로 어떻게든 먹고 살려는 서민들을 훼방놓는 것처럼 보이는 정부에 부당함을 느끼고 있었다. 그날 오후 한 무리의 부아지지 친구 및 가족이 그가 분신한 주지사의 집무실 밖에서 즉흥적인 시위를 벌였다. 그들은 철문에 동전을 던지며 소리쳤다. "옛다, 뇌물이다!" 경찰이 지휘봉으로 화가 난 군중을 해산시켰지만 시위대는 다음 날 더 많이 모였다. 이튿날 경찰은 최루가스를 군중에게 발포했다. 경찰의 총을 맞은 남자 두 명이 부상으로 사망했다. 모하메드 부아지지의 상태도 악화되었다.

시디 부지드에서의 시위 소식이 튀니지의 수도인 튀니스에 전해졌다. 대학 졸업자와 전문직 종사자, 고학력 실업자 등의 젊은이들이 동요하며 부아지지의 시련에 관한 이야기를 소셜 미디어를 통해서 퍼트렸다. 그들은 부아지지가 대학을 졸업했지만 어떻게든 먹고 살기 위해서 채소를 파는 실업자라고 잘못된 정보 —
사실 부아지지는 누이들의 대학 등록금을 보태고 있었을 뿐 자신은 고등학교도
마치지 못했다 — 를 퍼트리며, 그를 자신들과 같은 부류의 사람으로 만들었다.
그들은 페이스북 그룹을 만들어 이야기를 퍼트렸다. 아랍 위성 텔레비전 방송국
인 알 자지라(al-Jazeera)에서 일하는 한 언론인이 이 이야기를 듣게 되었다. 튀니
지의 국영 언론은 시디 부지드에서 발생한 분쟁을 보도하지 않았지만 알 자지라
는 했다. 혜택을 받지 못하는 시디 부지드 주민들이 부패와 권력 남용에 맞서
자신들의 권리를 찾기 위해서 궐기한 이야기는 방송을 통해서 밤마다 방송되었
고, 전 세계 아랍 시청자에게 알려지게 되었다.

모하메드 부아지지의 분신은 대통령 벤 알리의 집권하에 튀니지에서 발생한
온갖 잘못된 일들 — 부패, 권력 남용, 민중의 곤궁에 대한 무관심, 청년들에게
기회를 제공하는 데에 실패한 경제 — 에 맞서도록 여론을 몰고 갔다. 튀니지인들의
저항운동은 텔레비전을 통하여 전달되었고, 이 이야기를 지켜보며 이런 문제가
남의 일 같지 않았던 아랍 전역의 시민들을 감화시켰다. 23년 동안 권좌에 있었던
벤 알리에게는 해결책이 없었다. 시위는 튀니스에서 분출되기에 앞서 시디 부지드에
서 또다른 가난한 내륙 소도시들 — 카세린, 탈라, 멘젤 부자이엔 — 로 확산되었다.

튀니지의 각 도시들에서 긴장이 고조되자 벤 알리는 대응에 나서야만 했다.
부아지지가 분신한 지 11일이 지난 12월 28일에 튀니지 대통령이 병실에서 죽어
가던 그를 방문했다. 전국적인 시위 보도를 소홀히 하고 있던 튀니지 국영 매체
들은 대통령의 병문안을 황금시간대에 보도했고, 화상 입은 몸을 거즈로 칭칭
싸맨 채 의식이 없는 부아지지를 돌보는 의사와 상담하며 근심에 찬 벤 알리의
사진들로 신문과 텔레비전이 도배되었다. 벤 알리는 대통령 궁으로 부아지지의
가족을 초청하여 아들을 살리기 위해서 할 수 있는 모든 것을 하겠다고 약속했다.
그리고 뺨을 때려 모하메드 부아지지의 분신을 촉발한 일로 고발된 시 (의회)
감독관 파이다 함디의 체포를 명령했다.

2011년 1월 4일에 모하메드 부아지지는 외상으로 사망했다. 튀니지 시위대는
이 노점상을 순교자로 선포했고, 시 감독관은 벤 알리 정권의 희생양이 되었다.

그녀는 일반 범죄자들과 함께 가프사에 투옥되었는데, 대중이 부아지지의 죽음에 대한 그녀의 책임을 크게 비난하자, 변호사들은 대리인을 맡으려고 하지 않았다. 그녀는 수감자들에게 "어린 소년의 뺨을 때려" 구속된 선생님이라고 말하며 자신의 신분을 숨겼다. "나는 그들에게 솔직하게 이야기하는 것이 두려웠다"라고 후에 말했다.[2]

1월 첫 2주일 동안 시위는 튀니지의 모든 주요 소도시 및 대도시로 확산되었다. 경찰은 무력으로 대응했고 200명의 사망자와 수백 명의 부상자가 발생했다. 그러나 군부는 벤 알리 정권을 위해서 이 사태에 관여하기를 거부했다. 그들로부터 더 이상 충성심을 기대할 수 없고 어떤 양보로도 시위대를 누그러뜨릴 수 없다는 것을 깨달은 벤 알리는 2011년 1월 14일 대통령직을 버리고 사우디아라비아로 탈출하여 국민과 전 아랍 세계를 깜짝 놀라게 만들었다. 파이다 함디는 감방 동료들과 텔레비전으로 이 놀라운 사건을 지켜보았다. 튀니지 국민들은 불가능할 것 같았던 일을 해냈다. 민중 시위를 통해서 아랍 세계에서 가장 견고한 독재자들 중의 한 명을 넘어뜨린 것이다.

튀니지 혁명의 충격은 아랍 세계 곳곳에서 반향을 불러일으켰다. 대통령과 왕들이 자신의 동료를 몰아낸 시민들의 행동을 초조하게 지켜보았다. "종신 대통령"은 벤 알리만이 아니었다. 리비아의 독재자 카다피는 1969년부터, 예멘의 살레 대통령은 1978년부터, 이집트의 무바라크 대통령은 1981년부터 권좌를 지켰고 그들 각각은 자신을 이을 후계자로 아들을 훈련시키고 있었다. 1970년 11월 이후 아사드 가문의 통치하에 있던 시리아는 2000년 아버지 하피즈 알 아사드의 사망으로 아들인 바샤르 알 아사드가 대통령직에 오름으로써 왕조적 계승을 마무리한 첫 아랍 공화국이 되었다. 지역의 분석가들은 뿌리 깊은 독재자가 튀니지에서 쓰러졌다면, 다른 곳에서도 가능한 일이지 않겠냐고 추측했다.[3]

독재 정권 아래에서 살고 있던 아랍 전역의 사람들은 튀니지인들이 겪은 좌절과 억압에 공감했다. 2005년 6월에 암살된 레바논의 언론인 고(故) 사미르 카시르는 아랍의 봄 이전을 "아랍의 불안"의 시대로 진단했다. "오늘날 아랍인이라는 것은 썩 유쾌한 일이 아니다. 어떤 이들은 피해 의식에, 또 어떤 이들은 자기혐오에 시달린다. 깊은 불안감이 아랍 세계에 확산되어 있다"라고 그는 관망했다. 사회 모든 계층에 깊이 뿌리를 내린 불안감이 아랍 전역으로 확산되면서 결국 2011년 혁명의 해에 폭발했다.[4]

이집트 시민들은 "아랍의 봄" 혁명이 발생하기 수년 전부터 변화를 위해서 결집하고 있었다. 2004년 한 무리의 활동가들이 무바라크의 장기 집권과 아들 가말에게 대통령직을 승계하려는 그의 행보에 항의하기 위해서 키파야(Kifaya, 문자 그대로 "충분해!")로 더 잘 알려진 "변화를 위한 이집트 운동"을 결성했다. 또한 2004년에는 이집트 의회의 무소속 의원인 아이만 누르가 가드(Ghad, "내일") 당을 창당했다. 2005년 대통령 선거에서 무바라크에게 도전한 그의 대범함은 대중의 상상력을 자극했다. 그러나 누르는 큰 대가를 치러야만 했다. 선거법 위반이라는 미심쩍은 혐의로 유죄판결을 받고 3년 넘게 수감생활을 했다. 2008년 컴퓨터 사용에 능한 반정부 성향의 젊은이들이 "4월 6일 청년 운동(April 6 Youth Movement)"을 결성했다. 그들은 페이스북으로 노동자들의 권리에 대한 지지를 표명했다. 그해 말엽 이 단체 회원 수는 수만 명에 달했고, 그중에는 이전에는 정치 활동에 한 번도 참여한 경험이 없는 이들이 다수였다.

젊은 세대의 관심을 끌었을지는 몰라도 2011년 이전의 이집트 풀뿌리 운동은 무바라크 정권의 상대가 되지 못했다. 이집트 역사상 가장 부패한 선거로 큰 비난을 받은 2010년 12월에 치러진 국회의원 선거에서, 집권당인 국민민주당은 의석의 80퍼센트 이상을 확보했다. 대중은 나이든 무바라크가 고분고분한 국회를 조정하여 아들의 후계를 용이하게 만들 것이라고 능히 짐작했다. 이에 환멸을 느낀 대다수의 이집트인들은 새로운 입법기관에 일말의 국민 신임도 허락하지 않기 위해서 선거 불참을 선택했다. 그런데 선거가 있은 지 두 달도 되지 않아서 보이콧에 나섰던 이집트인들은 무바라크 정권의 퇴진을 위해서, 적극적인 외침으로 태세를 전환했다.

튀니지의 사례에 고무된 이집트 활동가들은 2011년 1월 25일 카이로 중심의 타흐리르 광장에서 대중시위를 조직했다. 광장으로 몰려든 시위 인원은 전례가 없을 정도로 많았고 어느새 수십만 명으로 불어났다. "1월 25일 운동(January 25

Movement)"으로 알려진 시위의 물결이 이집트의 다른 주요 도시들— 알렉산드리아, 수에즈, 이스마일리아, 만수라, 델타 지역과 상(上)이집트 전역을 막론하고 — 을 휩쓸고 지나갔고 나라를 마비시켰다.

18일 동안 전 세계가 무바라크 정권에 대항하는 이집트의 개혁 운동을 꼼짝 않고 지켜보았다. 그리고 그들은 승리했다. 정부는 더러운 전략에 기댔다. 기결수들을 감옥에서 내보내서 공포와 무질서를 조장했다. 사복 경찰들이 타흐리르 광장의 시위대를 공격했고 친정부 시위를 벌였다. 대통령 지지자들은 말과 낙타를 타고 시위대를 향해 돌격하는 과장된 짓까지 서슴지 않고 했다. 시위 도중 800명 이상이 사망하고 수천 명이 부상을 입었다. 그럼에도 불구하고 시위대는 굳센 결의로 무바라크 정권의 모든 위협 시도를 물리쳤고 그 규모는 점점 커져갔다. 시위 내내 이집트군은 정부의 편을 들지 않았고 시위대의 요구가 정당하다고 선언했다.

벤 알리가 그랬던 것처럼 무바라크도 군대의 지지 없이는 자신의 입지를 지킬 수 없음을 깨달았다. 군의 침묵은 무바라크 자신이 공군 장성 출신임을 고려했을 때에 더욱더 뜻밖이었다. 2011년 2월 11일, 이집트 대통령이 물러났다. 타흐리르 광장에서는 환호가 터져나왔고 거국적인 축하가 벌어졌다. 거의 30년 동안 권좌에 있었던 무바라크는 난공불락처럼 보였다. 그의 몰락은 2011년의 아랍 혁명이 튀니지와 이집트에서부터 아랍 세계 전역으로 확산될 것임을 확인시켜주었다.

2월 15일 벵가지에서 카다피의 41년 독재에 맞선 리비아 혁명의 시작을 알리며 시위가 분출되었다. 같은 달 예멘의 독재자 살레의 퇴진을 요구하며 사나, 아덴, 타이즈에 시위대가 모였다. 2월 14일, 바레인에서는 시위대가 마나마의 진주 광장에 모여 아랍의 봄에 동참했다. 그리고 3월에는 남부 시리아의 소도시 데라에서 벌어진 비폭력 시위가 악랄한 알 아사드 정권의 폭력적인 탄압을 촉발하며, 아랍의 봄 중에서 가장 비극적인 장을 펼쳤다.

파이다 함디가 감옥에서 나올 무렵 튀니지와 아랍 세계는 전체적으로 몰라보게 달라져 있었다. 함디는 마침내 변호사— 여자 친척 — 를 구했고, 2011년 4월 19일 단독 법정 심리에서 모든 혐의에 대한 무죄선고를 받았다. 그녀의 석방은 튀니지가 모하메드 부아지지의 죽음이라는 비극적인 사건을 넘어서 벤 알리 정권의 타도 이후 새로운 정치 시대의 희망과 도전을 말할 수 있게 되었음을 의미했다. 그녀는 더 이상 시장을 순찰하는 일을 하지는 않았지만 시 당국에서 일하기 위해서 시디 부지드로 돌아왔다. 제복과 챙이 달린 모자 대신에 사복을 입고 이슬람식 스카프를 머리에 썼다. 그녀의 새로운 복장은 군 독재정치에서 이슬람 민주주의라는 새로운 시대로 아랍 세계가 이행했음을 전형적으로 보여주었다.[5]

***

2011년 아랍 혁명은 세계를 깜짝 놀라게 했다. 독재자의 통치하에 안정을 누렸던 수십 년 만에 겉보기에는 전례 없이 빠르고 극적인 변화의 시기가 전 아랍 세계의 국가들을 집어삼켰다. 마치 아랍 정치의 토대가 지질 시대에서 실시간으로 이동한 것 같았다. 불확실한 미래에 직면했을 때에는 과거보다 더 나은 길잡이는 없는 법이다. 이 같은 단순한 진리가 종종 정치 분석학자들에게는 주목받지 못하지만 말이다. 서구에서는 너무도 자주, 역사의 현재적 가치가 무시된다. 정치 평론가 조지 윌은 "미국인들의 '그것은 다 지난 이야기야'라는 말은 요령부득을 의미한다"라고 썼다.[6] 사실과 거리가 먼, 즉 얼토당토않다는 것이다. 서구의 정책입안자들과 지식인들은 아랍의 봄의 뿌리를 이해하고 2011년 이후 아랍 세계가 마주하게 된 끔찍한 도전들을 해결하고 싶다면, 역사에 좀더 주목할 필요가 있다.

현대의 아랍인들은 대내외적으로 당면한 주요 도전들을 해결하고자 노력해왔다. 외세의 지배에서 벗어나고자 애썼고 개혁을 종용하는 가운데 시민들에게 덜 독재적이고 더 책임감 있는 정부를 만들고자 했다. 이것들이 현대 아랍사의 큰 테마이자 이 책의 집필을 구체화시킨 주제이다.

아랍인들은 자신들의 역사를 매우 자랑스럽게 생각한다. 특히 이슬람이 출현하고 첫 5세기 동안의 역사, 즉 기원후 7세기에서 12세기까지의 역사를 말이다. 이때는 다마스쿠스, 바그다드, 카이로, 코르도바에 기반한 이슬람 대제국들이 세계정세를 좌지우지했다. 이슬람 초기의 아랍인은 아라비아 반도 부족들 중에서 언어(아랍어)와 종족적 기원을 공유하고 다수가 수니 이슬람을 믿는 공통 신앙을 가진 사람들로 규정할 수 있을 것이다. 모든 아랍인은 이슬람 초기를 아랍인들이 세계의 주역이었던 지난 시절로 회고한다. 아랍인이 이슬람 신앙을 가장 충실히 지켰을 때, 가장 위대했다고 주장하는 이슬람주의자들은 특히 이러한 주장에 공감한다.

11세기 말부터 외부 침입자들이 이슬람 땅을 파괴하기 시작했다. 1099년 십자군이 유혈이 낭자한 포위 작전 끝에 예루살렘을 장악하고 십자군 왕국이라는 2세기간의 외세 통치를 발족했다. 1258년에는 몽골인들이 아바스 칼리프 제국의 수도인 바그다드를 약탈했고 티그리스 강은 주민들의 피로 붉게 물들었다. 1492년 가톨릭 세력의 국토회복 전쟁으로 이베리아 반도에서 마지막 무슬림이 쫓겨났다. 그러나 카이로는 오늘날의 이집트, 시리아, 레바논, 이스라엘, 팔레스타인, 요르단, 사우디아라비아의 홍해 지역 전체를 다스리던 맘루크 술탄국(1250-1517)의 치세 아래 이슬람 권좌의 자리를 지키고 있었다.

16세기 오스만 정복이 있은 후, 아랍인들은 이방인의 수도로부터 통치를 받게 되었다. 정복자 메흐메드가 1453년 비잔티움 제국의 수도 콘스탄티노폴리스를 장악한 후에 오스만 튀르크인들은 이스탄불이라고 이름을 바꾼 도시에서 성장가도를 달리던 제국을 통치했다. 보스포러스 해협을 사이에 두고 양안에 걸쳐 있던 이스탄불은 유럽과 아시아를 아우르며 시 행정구들을 양 대륙에 두고 있었다. 수니 이슬람 제국의 중심지였음에도 불구하고 오스만 제국의 이스탄불은 아랍 땅에서 멀리 — 다마스쿠스에서 1,500킬로미터, 바그다드에서 2,200킬로미터, 카이로에서 육로로 3,800킬로미터 — 떨어져 있었다. 게다가 오스만 제국의 행정 언어는 아랍어가 아닌 튀르크어였다. 이렇게 아랍인들은 다른 민족의 통치하에 근대를 항해하기 시작했다.

오스만인들은 지난 5세기 중 4세기 동안 아랍인들을 지배했다. 이 기나긴 시간 동안 제국은 변화했고 그에 따라 규칙도 달라졌다. 정복 이후 첫 한 세기 동안 오스만의 지배는 그다지 부담이 되지 않았다. 아랍인들은 술탄의 권위를 인정하고 그의 법과 신의 법(샤리아, 즉 이슬람법)을 존중하기만 하면 되었다. 비무슬림 소수민족은 국가에 인두세를 납부하는 대가로 독자적인 공동체 지도부와 종교법 아래에서 자신들의 일을 꾸릴 수 있었다. 대체로 대부분의 아랍인은 큰 동요 없이 당대 세계 최고의 대(大)이슬람 제국의 무슬림으로 자신을 규정했던 것 같다.

그런데 18세기에 이르러 규칙이 상당히 달라졌다. 17세기에 절정에 달했던 오스만 제국은 1699년 처음으로 유럽의 경쟁자들에게 영토— 크로아티아, 헝가리, 트란실바니아, 우크라이나의 포돌리아— 를 상실하게 되었다. 재정난에 직면한 제국은 수익을 창출하기 위해서 세금 청부업자들에게 관직과 지방 농경지를 경매에 부치기 시작했다. 이는 먼 지방의 유력인사가 광대한 영토를 손에 넣을 수 있게 만들어주었고, 그 결과 오스만 정부의 권위에 도전할 수 있을 만큼 충분한 부와 권력을 축적하게 되었다. 18세기 후반에 이르러 이 같은 일련의 지역 지도자들이 이집트, 팔레스타인, 레바논, 시리아, 이라크, 아라비아에서 오스만 통치에 심각한 도전을 제기했다.

19세기에 오스만인들은 제국 내에서 발생한 도전들을 진압하고 유럽 이웃 국가들의 위협을 저지하고자 의미 있는 개혁의 시대를 열었다. 이 시기의 개혁들은 유럽에서 수입된 시민권이라는 참신한 생각을 반영하는 새로운 일련의 규칙들을 만들어냈다. 오스만 개혁은 모든 오스만 신민— 튀르크인이건 아랍인이건 똑같이— 에게 행정, 병역, 납세와 같은 분야에서 완전히 동등한 권리와 의무를 부여하고자 했다. 그들은 오스만 사회의 다양한 민족적, 종교적 차이를 초월하는 오스만주의라는 새로운 정체성을 고취시켰다. 비록 개혁은 오스만 제국을 유럽의 침탈로부터 보호하는 데에는 실패했지만 그 덕분에 민족주의가 확산되면서, 발칸에서의 오스만 입지가 약화됨에 따라 상대적으로 그 중요성이 더 커진 아랍 지역에 대한 오스만 제국의 장악력은 강화되었다.

그런데 오스만 개혁을 고취시켰던 바로 그 생각들이 국가 및 사회에 대한 새로운 개념들을 파생하면서, 일부 아랍인들은 오스만 제국 내에서의 자신들의 입지에 대한 불만을 가지게 되었다. 그들은 오스만 규칙들에 짜증을 내기 시작했고 갈수록 20세기 초 상대적으로 낙후된 자신들의 처지에 대한 책임을 오스만인들에게 전가하고는 했다. 강성한 유럽 이웃들 앞에서 뒷걸음치고 있는 오스만 제국 내에서의 자신들의 굴욕적인 현재와 위대했던 과거를 비교하며, 아랍 세계의 많은 사람들은 독자적인 사회 개혁을 촉구하고 아랍의 독립을 열망하게 되었다.

1918년 제1차 세계대전이 종식되고 오스만 제국이 몰락하자 다수의 아랍인들은 독립과 웅대한 민족의 새로운 시대가 곧 시작될 것으로 생각했다. 그들은 오스만 제국의 잔재 속에서 위대한 아랍 왕국의 부활을 희망했고 미국 대통령 우드로 윌슨의 그 유명한 14개조에 담긴 민족자결권 선언에서 용기를 얻었다. 그러나 아랍인들은 곧 새로운 세계의 질서가 윌슨이 아닌 유럽의 규칙에 기반하게 되었음을 알고 크게 실망했다.[7]

1919년 파리 평화회담을 통하여, 영국과 프랑스는 근대국가체제를 아랍 세계에 적용하고, 아라비아 반도의 중남부를 제외한 아랍 영토 전역을 일종의 식민통치 아래에 두었다. 오스만의 지배에서 막 벗어난 시리아와 레바논에 프랑스는 공화국 형태의 식민지 정부를 수립했다. 반면 영국은 손에 넣은 이라크와 트란스요르단에 영국식의 입헌군주제를 도입했다. 팔레스타인만은 예외였는데, 원주민들의 반대에도 불구하고 유대인들에게 국가 건설을 약속한 탓에 민족 정부를 세우려는 팔레스타인인들의 모든 노력을 저지시켰기 때문이다.

식민 국가들은 각각의 신생 아랍 국가들에게 행정부가 들어설 수도를 마련해주었고, 통치자들에게는 헌법 초안 작성과 국민이 선출한 의회를 꾸리도록 강요했다. 국경 대부분이 인위적으로 그어졌고, 종종 험악한 분위기 속에서 이웃 국가들 간에 협의되었다. 광범위한 아랍 통합만이 존경받는 세계 강국으로서의 적법한 지위를 되찾을 수 있는 길이라고 생각한 많은 아랍 민족주의자들은 아랍인을 분열시켜 약화시키려는 이러한 정책들에 반대했다. 그러나 아무리 제국적 기원을 가지고 있을지라도 유럽의 규칙에 따르며 국민국가로 인정받는 나라만이 적법한 정치적 행위자가 될 수 있었다.

식민지 시대는 국민국가 민족주의(예를 들면, 이집트 또는 이라크 민족주의)와 범(汎)아랍 민족주의 이데올로기 간의 갈등을 영속적인 유산으로 남겨놓았다. 아랍 국가들이 1940년대와 1950년대에 식민통치에서 벗어나서 독립을 획득하기 시작할 무렵에는 이들 간의 분열은 영구적인 것이 되었다. 문제는 대부분의 아랍 시민이 식민지적 유산에 기반한 작은 민족주의를 근본적으로 위법적인 것으로 생각했다는 점이다. 20세기 아랍의 웅대함을 열망했던 사람들은, 당대의 강국들 사이에서 아랍인들이 적법한 자리를 되찾는 데에 필요한 통합 목표와 임계질량은 오직 광범위한 아랍 민족주의 운동으로만 달성할 수 있다고 믿었다. 그러나 식민지 경험은 아랍을 하나의 통합된 민족 공동체가 아니라 국민국가들의 군락으로 만들어놓았고, 그 결말에 아랍인들은 매우 실망했다.

***

세계정세에 미치던 유럽의 영향력은 제2차 세계대전으로 파괴되었다. 전후 아시아와 아프리카 국가들은 식민 지배자들로부터 — 종종 무력으로 — 독립을 쟁취하는 탈식민화 시대를 경험했다. 미국과 소련이 20세기 후반에 지배 강국으로 등장했고, 냉전이라고 불리게 될 그들 간의 경쟁이 새로운 시대를 규정했다.

모스크바와 워싱턴은 세계를 장악하기 위한 극심한 경쟁을 벌였다. 미국과 소련은 아랍 세계를 자신들의 세력권 안으로 끌어들이고자 했고, 중동은 초강대국 간의 경쟁의 무대가 되었다. 독립 국가였음에도 불구하고 아랍 세계는 거의 반세기(1945년부터 1990년까지) 동안 운신의 폭이 외세의 규칙 — 냉전의 규칙 — 에 의해서 제약당했다.

냉전의 규칙은 간단했다. 어느 나라도 미국 또는 소련의 동맹국이 될 수 있지만 양쪽 모두와는 잘 지낼 수 없었다. 아랍인들은 대개 미국의 반공주의나 소련의 변증법적 유물론에 관심이 없었다. 아랍 정부들은 비동맹 운동을 통해서 중도의 길을 걷고자 했지만 아무 소용이 없었다. 결국 아랍 세계의 국가들은 모두 어느 한쪽의 편에 설 수밖에 없었다.

소련의 세력권에 편입된 아랍 국가들은 자신들을 "진보주의자"라고 불렀지만 서구는 그들을 "과격파"로 묘사했다. 이 그룹에는 20세기 후반에 혁명을 겪은 아랍 국가들, 즉 시리아, 이집트, 이라크, 알제리, 예멘, 리비아가 있었다. 서구의 편을 든 아랍 국가들 — 튀니지, 레바논과 같은 자유민주 공화국과 모로코, 요르단, 사우디아라비아, 페르시아 만 연안 국가들 같은 보수적인 군주국들 — 은 진보적인 아랍 국가들로부터 "반동주의자"라는 별명이 붙었지만 서구에서는 "온건파"로 여겨졌다. 그 결과 초강대국과 아랍 국가들 사이는 후견인-피후견인의 관계로 이어졌고, 아랍 국가들은 각자의 초강대국 후원자로부터 무기와 경제개발 원조를 받았다.

두 초강대국이 존재하는 동안은 체제에 의한 견제와 균형이 유지되었다. 소련도 미국도 상대방의 적대적인 반응을 유발할까 두려워서 아랍 지역에서 일방적인 행동을 할 수 없었다. 워싱턴과 모스크바의 정부 관리들은 제3차 세계대전 발발의 공포 속에서 살았으며, 중동이 이러한 대화재의 발화점이 되지 않도록 밤낮으로 애썼다. 한편 아랍 지도자들도 자신의 후견 국가로부터 더 많은 무기와 개발 원조를 이끌어내고자 상대편으로 넘어가겠다고 협박하는 등 초강대국들을 가지고 노는 법을 터득했다. 그럼에도 불구하고 냉전이 끝나갈 무렵 아랍인들은 냉전의 시대가 시작되었을 때에 자신들이 열망했던 독립, 발전, 존경의 수준에는 한 발도 다가서지 못했음을 뼈저리게 느꼈다. 소련의 붕괴로 아랍 세계는 더욱더 비우호적인 조건을 가진 새로운 시대에 진입하게 되었다.

***

냉전은 1989년 베를린 장벽이 무너진 직후에 종식되었다. 아랍 세계에서는 새로운 단극의 시대는 1990년에 이라크의 쿠웨이트 침공으로 시작되었다. 소비에트 연방이 크렘린(구소련 정부/역주)의 오래된 동맹국인 이라크에 맞서는 미국 주도의 전쟁을 승인한 UN 안전보장 이사회 결의안에 찬성표를 던진 것은 불길한 징조였다. 냉전 시대의 확실성은 사라지고 고삐 풀린 미국이 활개치는 시대가 열렸으며, 많은 아랍인들은 최악의 상황을 우려했다.

중동에 대한 미국의 정책들은 탈냉전 시대 내내 상당히 일관성이 없었다. 미국 대통령들은 1990년대 이후 매우 성격이 다른 정책들을 추구했다. 소련이 몰락할 당시의 대통령인 조지 H. W. 부시에게 냉전의 종식은 새로운 세계 질서의 시작을 의미하는 것이었다. 빌 클린턴 시절에는 국제주의와 개입이 미국 정책의 특징이었다. 2000년 조지 W. 부시의 당선 이후 신보수주의자들이 부상하면서 미국은 일방주의로 돌아섰다. 2001년 9월 11일에 일어난 미국에 대한 공격의 여파로 부시 행정부의 대외정책은 아랍 지역 전체에 파괴적인 영향을 미쳤고, 아랍인들을 주요 용의자로 취급하는, 무슬림 세계에 초점을 맞춘 테러와의 전쟁으로 이어졌다. 버락 오바마는 부시 행정부의 많은 정책들을 뒤집고 아랍 지역에 주둔하고 있던 미군의 수를 줄이고자 했다. 그리고 그 과정에서 미국의 영향력은 축소되었다.

미국이 지배하는 단극 시대의 규칙들은 근대에 들어 아랍 세계에 가장 불리한 것이었다. 미국의 행동을 억제할 어떤 대체 세력도 없이 아랍 정부들은 실제 침략과 정권 교체의 위험에 직면해야 했다. 9/11 테러 이후의 시기를 — 비록 아랍의 봄이 비극적이면서도 짧은 중단을 가져왔지만 — 아랍 역사상 최악의 시기로 꼽는다고 해도 그것은 과언이 아닐 것이다. 2004년 사미르 카시르가 한 말은 오늘날의 상황에 너무나 딱 들어맞는다. "오늘날 아랍인이라는 것은 썩 유쾌한 일이 아니다."

***

지난 2세기 대부분의 시간 동안 아랍인들은 외세로부터 독립하기 위해서 분투했다. 동시에 아랍 국민들은 자국 통치자들의 독재 권력을 억제하고자 애썼다. "아랍의 봄" 혁명은 책임 있는 정부와 법의 지배를 위해서 싸워온 한 세기간의 투쟁의 새로운 장을 의미한다.

18세기 말까지도 절대주의 체제는 유럽과 지중해 세계에서 하나의 표준이었다. 대영제국과 네덜란드 공화국만이 1789년 프랑스 혁명 이전에 군주의 힘을 선출된 기관에 예속시킬 수 있었다. 프랑스 혁명 이후 헌법이 서구 전역 — 1789년에 미국, 1791년에 폴란드와 프랑스, 1814년에 노르웨이, 1831년에 벨기에 — 으로 확산되기 시작했다. 법이 통치자의 힘을 규제하고 신민이 시민이라는 더 높은 법적 지위를 얻는 새로운 정치질서가 출현한 것이다.

19세기 초반에 유럽을 방문한 아랍 방문객들은 파리와 런던에서 조우한 새로운 정치사상에 매혹되어 돌아왔다. 이집트의 종교 지도자 알 타흐타위는 1814년 프랑스 헌장의 74개 조항 전부를 1831년 파리에서 돌아오자마자 아랍어로 번역했다. 이집트 총독 무함마드 알리의 독재 속에 살던 타흐타위는 프랑스 헌법이 왕에게 강제한 제약과 시민들에게까지 확장시킨 보호책에 경탄했다. 타흐타위의 글에 고무된 튀니지 출신의 개혁가, 카이르 알 딘 알 튀니시는 튀니지 총독의 자의적인 통치를 제한하는 헌법을 제창했다. 헌법을 도입한 첫 두 아랍 국가 — 튀니지는 1861년에, 이집트는 1882년에 — 가 가장 먼저 "아랍의 봄" 혁명을 경험하게 된 것은 아마도 우연이 아닐 것이다.

입헌 개혁의 다음 물결은 제1차 세계대전의 여파로 유럽의 식민통치가 진행되던 때와 비슷한 시기에 밀려왔다. 1923년의 이집트 헌법과 1925년의 이라크 헌법, 1926년의 레바논 헌법, 1930년의 시리아 헌장은 각각 합법적인 정부 및 법의 지배를 기반으로 유럽 식민지 열강으로부터 독립을 성취하기 위한 아랍인들의 투쟁을 표현한 것이었다. 이 헌법들에 기초하여 아랍 국가들은 선출된 다당제 입법기관을 갖추게 되었지만, 식민 당국들은 전력을 다하여 아랍의 주권을 약화시켰다. 이렇게 자유입헌정부는 유럽의 식민통치가 길어지면서 훼손되었다.

1948년 이스라엘 군대는 아랍 국가들을 격파하고 신생 유대 국가의 건국을 위해서 위임통치령 팔레스타인 영토의 78퍼센트를 손에 넣었다. 팔레스타인 전쟁에서의 패배 여파는 아랍 자유주의에 대한 거부로 나타났다. 애국적인 장교들은 전쟁 준비에 소홀했던 자신들의 왕과 대통령으로부터 멀어졌고, 아랍 선전에서 "유대인 갱단" 정도로 치부되었던 신생 국가 이스라엘 군대에게 당한 패배는 최근에 독립한 아랍 국가들의 정부에 대한 국민들의 신뢰를 떨어뜨렸다. 아랍 세계는 시리아(1949), 이집트(1952), 이라크(1958), 예멘(1962), 리비아(1969)에서 발생한 군부 쿠데타로 새로운 혁명의 시대로 진입했고, 기술관료적 정부의 수장으로서 결단력 있고 실천력이 뛰어난 이들이 권좌에 오르게 되었다. 열렬한 민족주의자이자 아랍 민족주의자였던 군사 정권은 사회적 정의와 경제 발전, 강한 군사력, 외부 영향으로부터의 독립이 실현되는 새로운 시대를 약속했다. 대신 새로운 군사 독재자들은 시민들에게 전적인 복종을 요구했다. 그것은 일종의 사회적 계약이었고 거의 반세기 동안 아랍 시민들은 자신들이 요구한 바를 제공하겠다고 약속한 정부에 대한 답례로 전제적인 통치를 억제하려는 노력을 기꺼이 미루었다.

21세기 초 아랍 사회의 오래된 계약은 깨졌다. 2000년경, 부유한 산유국을 제외한 어떤 국가도 자신들의 약속을 이행할 능력이 없었다. 갈수록 지역 통치자들의 한 줌도 안 되는 친구와 가족만이 경제적 기회의 혜택을 누렸다. 부자와 빈자 간의 불평등 수준이 매우 심각해졌다. 그런데 아랍 국가들은 국민의 일리 있는 고충을 해결하기보다는 점점 더 커지는 불만을 탄압하는 방식으로 대응했다. 설상가상 억압적인 이 정권들은 왕조적 계승 — 나이든 대통령이 아들을 준비시켜 자신의 자리를 넘겨주는 방식 — 을 통해서 정치에 대한 일가족의 통제권을 계속

지키고자 애쓰고 있었다. 아랍의 사회 계약이 깨졌을 뿐만 아니라 이렇게 실패한 정권들이 영구 집권에 대한 야심까지 내보이고 있었던 것이다.

2011년 아랍인들은 통치자를 다시 견제하기 위해서 민중 봉기를 일으켰다. "국민은 정부를 두려워할 필요가 없다"라는 현수막이 카이로의 중앙 타흐리르 광장에 걸렸다. "정부는 국민을 두려워해야 한다." 잠시였지만 "아랍의 봄" 혁명은 아랍 통치자들이 국민을 두려워하도록 만드는 데에 성공했다. 불행히도 혁명이 반혁명에 무릎을 꿇고 독재자가 권좌로 돌아오면서 그 순간은 오래가지 못했다. 2010년 12월 파이다 함디와 모하메드 부아지지 간에 벌어진 운명적인 대치로 처음 운동이 폭발했던 튀니지를 제외하고는 말이다. 물론 튀니지에서 출현한 유약한 헌법 질서가 아랍의 미래 사회질서의 전조가 될지 또는 "아랍의 봄"의 유일한 성공 사례가 될지를 판단하기에는 아직은 시기상조이다.

***

아랍 세계를 매혹적으로 만드는 것을 모두 외면하고 아랍 역사의 갈등만을 강조하는 것은 옳지 않다. 평생 중동을 연구한 나는 그 풍요로움과 다채로움 때문에 아랍 역사에 매혹되었다. 베이루트와 카이로에서 보낸 유년 시절 이후 중동에 대한 나의 관심은 미국에 있는 대학교로 진학하는 것으로 이어졌고, 그곳에서 아랍어와 터키어를 배워서 아랍 역사의 1차 문헌들을 읽을 수 있게 되었다. 법정 기록과 연대기, 문서고의 서류들과 필사본, 일기와 회고록을 정독하며 나는 아랍 역사의 친숙함과 낯섦 모두에 끌렸다.

아랍 세계가 지난 5세기 동안 겪은 일들의 대부분은 지구촌 사람들이 경험한 바와 크게 다르지 않다. 민족주의, 제국주의, 혁명, 산업화, 도농 간의 이동, 여권 투쟁 등 근대 인류사의 위대한 모든 주제들이 아랍 역사에서도 전개되었다. 또한 아랍인들을 특별하게 만드는 것들도 많이 존재하는데, 도시의 형태, 음악, 시, 선택받은 무슬림으로서의 특별한 지위(『쿠란』은 알라가 그의 마지막 계시를 인류에게 아랍어로 주었음을 최소 10번은 강조한다), 모로코에서부터 아라비아까지 뻗어 있는 민족 공동체라는 개념 등이 바로 그것이다.

언어와 역사에 기반한 공통의 정체성으로 묶여 있는 아랍인들은 그 다양성으로 인해서 더욱더 매력적이다. 그들은 한 민족인 동시에 여러 민족이기도 하다. 한 여행객이 모로코에서부터 이집트를 향해 북아프리카를 횡단하며 마주치게 되는 것들, 즉 정부 형태나 경제 활동 유형, 방언, 서법(書法), 풍경, 건축, 요리법 등은 그야말로 변화무쌍하다. 그 사람이 시나이 반도를 지나 비옥한 초승달 지역으로 여행을 계속한다면, 팔레스타인과 요르단, 시리아, 레바논, 이라크에서도 유사한 변화를 목격할 것이다. 이라크에서 남쪽으로 페르시아 만 연안의 국가들 쪽으로 향한다면, 그 지역의 아랍 세계는 인근의 이란이 미친 영향력을 보여줄 것이다. 또한 오만과 예멘에서는 동아프리카와 남아시아의 영향력을 느낄 수 있을 것이다. 이 모든 사람들은 개별적인 역사를 가지고 있지만 공통의 아랍 역사에 의해서 자신들이 하나로 묶여 있다고 생각한다.

이 책을 쓰면서 북아프리카와 이집트, 비옥한 초승달 지역, 아라비아 반도의 경험들을 균형 있게 다루고 아랍 역사의 다양성을 공정하게 대하고자 노력했다. 이와 동시에 이 지역의 역사들이 서로 연계되어 있음을 보여주고자 애썼다. 예를 들면 모로코에서의 프랑스 통치가 시리아에서의 프랑스 지배에 어떤 영향을 미쳤는지, 그리고 프랑스 지배에 맞서 모로코에서 발생한 봉기가 시리아에서 일어난 반(反)프랑스 봉기와 어떤 연관성이 있는지 등을 말이다. 불가피하게 어떤 나라들은 자신의 공정한 몫보다 더 많이 기술되었고 유감스럽지만 어떤 나라들은 몹시 소홀히 다루어졌다.

나는 아랍 역사의 격동의 시기를 살았던 이들의 목격담을 이용하는 등 광범위한 아랍 자료들에 의존했다. 왕년의 연대기 사가들 대신에 다양한 범주의 지식인과 언론인, 정치인, 시인, 소설가, 유명하거나 악명 높은 남녀들의 이야기에 귀를 기울였다. 러시아의 역사를 쓸 때 러시아 자료들을 우선시하듯이, 아랍인의 역사를 기술하면서 아랍 자료들에 우선권을 주는 것이 당연하다고 생각되었다. 물론 권위 있는 외국인들 — 정치가, 외교관, 선교사, 여행가 — 도 아랍 역사에 대해서 공유할 만한 가치 있는 통찰력을 가지고 있다. 그러나 나는 서구의 독자들이 아랍의 역사를 자신들이 살아낸 시대를 묘사한 아랍 남녀의 눈으로 보았을 때, 아랍사를 다르게 인식할 것이라고 생각한다.

1

카이로에서 이스탄불로

전투를 준비하며 군대를 점검하던, 맘루크 왕조 제49대 술탄 칸수 알 가우리의 머리 위로 뜨거운 여름 햇볕이 내리쬐고 있었다. 1250년에 왕조를 세운 맘루크는 당대의 가장 오래되고 가장 강력한 이슬람 제국을 통치하고 있었다. 카이로에 근거지를 둔 제국은 그 영토가 이집트, 시리아, 아라비아에 걸쳐 있었다. 15년 동안 제국을 통치해온 70대의 칸수는 여태까지 맘루크가 직면했던 가장 큰 위험에 대적하기 위해서 제국의 최북단에 있는, 시리아 알레포 외곽의 마르지 다비크 평야에 섰다. 하지만 그는 이 전투에서 패했고, 오스만 튀르크가 아랍 영토 정복을 위한 기틀을 마련하는 가운데 맘루크 제국의 종말도 시작되었다. 1516년 8월 24일이었다.

칸수는 시리아 사막의 뜨거운 햇볕으로부터 머리를 보호하기 위해서 작은 터번을 썼다. 큰 도끼를 멘 어깨에 제왕의 푸른 망토를 걸치고, 아라비아산 말에 올라 군을 사열했다. 맘루크 술탄은 친히 군대를 이끌고 대다수의 관료들과 함께 전장에 나섰다. 마치 미국의 대통령이 각료의 절반과 상하 양원 의장, 연방대법원 판사, 주교 및 랍비까지 동반한 듯했고, 군인들은 물론 관료들도 모두 무장한 상태였다.

맘루크군의 사령관들과 4명의 재판장이 술탄의 붉은 깃발 아래에 섰다. 그들의 오른쪽에는 제국의 정신적 수장인 칼리프 알 무타와킬 3세가 자신의 깃발 아래에 섰다. 그 역시 작은 터번을 쓰고, 망토를 두른 채 어깨에는 큰 도끼를 메고 있었다. 칸수는 『쿠란』의 복사본이 담긴 노란 비단 상자를 머리에 휘감은, 예언자 무함마드의 40명의 후손들에게 둘러싸여 있었다. 후손들

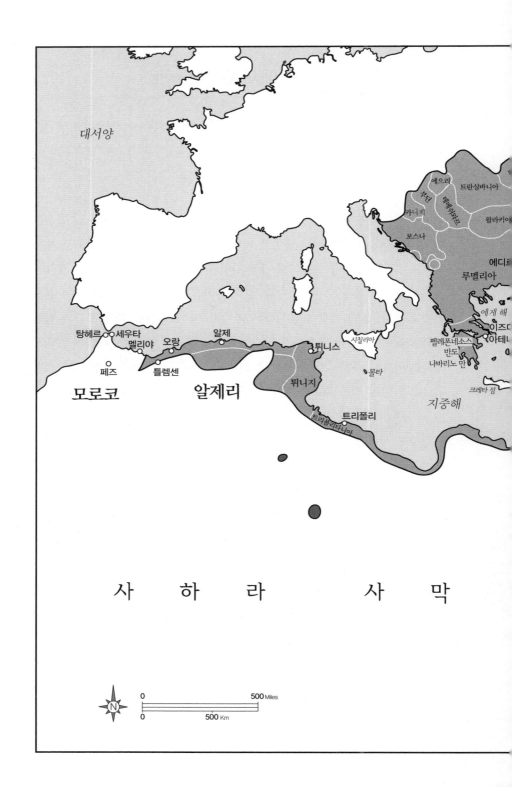

대서양

트란실바니아

부단

에으리

테메시와르

카니제

왈라키아

보스나

에디르

루멜리아

에게 해

이즈디

탕헤르 세우타

멜리야

오랑

알제

튀니스

시칠리아

펠레폰네소스
반도

아테

나바리노 만

페즈

틀렘센

몰타

크레타 섬

모로코

알제리

튀니지

트리폴리

지중해

트리폴리타니아

사 하 라 사 막

0   500 Miles

N

0   500 Km

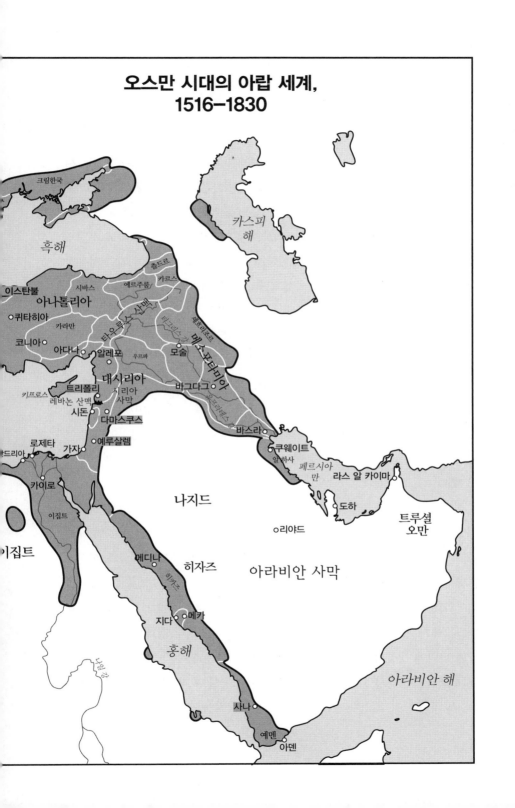

오스만 시대의 아랍 세계, 1516–1830

의 곁에는 초록, 빨강, 검정 깃발 아래 신비주의 교단인 수피 교주들이 서 있었다.

칸수와 시종들은 평원에 집결한 2만 명의 맘루크군이 빚은 장관에 감탄하며 확신에 찼을 것이다. 맘루크 ― 아랍어로 "소유된 자" 즉 "노예"라는 뜻이다 ― 는 특권계급의 엘리트 노예 병사이다. 유라시아의 스텝지대와 코카서스의 기독교 땅에서 카이로로 잡혀온 사내아이들은 이슬람으로 개종하고 무예를 배웠다. 가족과 고향을 떠나온 이들은, 실소유자와 스승 모두를 주인으로 섬기며 절대적인 충성을 바쳤다. 최고 수준의 전쟁기술을 습득하고 신앙과 국가에 절대적 충성을 바치도록 가르침을 받은 맘루크는 성인이 되면 자유인이 되어서 지배 엘리트 계급을 구성했다. 백병전에 탁월한 전사였던 그들은 중세 시대의 최고 기량을 가진 군대들을 제압했다. 맘루크군은 1249년에 프랑스 왕 루이 9세의 십자군을 격퇴했고, 1260년에는 몽골군을 아랍 영토에서 몰아냈으며, 1291년에는 마지막 십자군을 이슬람의 땅에서 쫓아냈다.

맘루크군은 근사한 광경을 만들어냈다. 밝은 색상의 비단 외투를 걸친 전사들은 최고 솜씨의 장인이 만든 갑옷과 투구를 쓰고, 금을 박아 넣은 단단한 강철로 만든 무기로 무장했다. 화려한 장신구로 꾸미는 것은 기병이 갖추어야 할 덕목의 일부였고, 승리에 목마른 자들이 자신감을 표출하는 방식이기도 했다.

전장에서 맘루크군과 대치하고 있던 이들은 오스만 술탄의 노련한 병사들이었다. 오스만 제국은 13세기 말에 아나톨리아(현 터키의 아시아 지역)에서 조그마한 튀르크 무슬림 공국으로 출현하여 기독교 비잔티움 제국과 성전을 벌였다. 14-15세기 동안, 오스만은 다른 튀르크 공국들을 병합하고 아나톨리아와 발칸에 있던 비잔티움의 영토를 정복했다. 1453년에 제7대 술탄 메흐메드 2세가 과거에도 무슬림들의 시도가 있었지만 모두 실패했던 콘스탄티노플 함락에 성공함으로써 비잔티움 제국의 정복은 완수되었다. 이로써 메흐메드 2세는 "정복자"로 알려지게 되었다. 이스탄불로 개명된 콘스탄티노플은 오스만의 수도가 되었다. 메흐메드 2세의 계승자들도 제국의 영토를 확장하는 데에 매우 열심이었다. 1516년 8월 24일에 칸수는 "냉혈한(the Grim)"이라는 별명을 가진, 제9대 오스만 술탄 셀림 1세(재위 1512-1520)와 막 전투를 치를 참이었다.

역설적이지만 칸수는 북쪽 국경에서 무력을 과시함으로써 전쟁을 피하고 싶었다. 오스만은 페르시아의 사파비 제국과 치열한 전쟁을 치렀다. 지금의 이란 지역을 통치하고 있던 사파비인들은 오스만인들처럼 튀르크어를 사용했고 쿠르드족 계열로 추정된다. 카리스마를 가진 지도자였던 이스마일 샤(재위 1501-1524)는 사파비 제국의 공식 종교로 시아 이슬람을 선포했고, 이는 수니파인 오스만 제국과의 이념적 충돌을 피할 수 없게 만들었다.[1] 1514-1515년에 오스만과 사파비는 동부 아나톨리아에서 맞붙었고 오스만이 승리를 거두었다. 사파비는 오스만의 위협을 저지하기 위해서 서둘러 맘루크와 동맹을 맺었다. 특별히 사파비를 지지한 것은 아니었지만 이 일대에서 세력 균형을 유지하고 싶었던 칸수는, 시리아 북부에 강력한 맘루크군을 주둔시킴으로써 오스만의 야심을 아나톨리아로 국한시키는 동시에 페르시아는 사파비가, 아랍 세계는 맘루크가 통치하기를 원했다. 그러나 맘루크군의 배치로 오스만의 측면이 전략적으로 위험해지자 오스만 술탄은 두 전선에서 전쟁을 벌이는 위험을 무릅쓰는 대신에 맘루크를 상대하기 위해서 사파비와의 교전을 중지했다.

맘루크는 엄청난 수의 군사를 전선에 배치했지만 오스만군의 수가 더 많았다. 잘 훈련된 기병과 보병은 맘루크군보다 무려 3배나 더 많았다. 당대 연대기 사가들은 셀림의 군대를 6만 명 정도로 추정했다. 오스만군은 기술적으로도 적보다 상당한 우위를 점하고 있었다. 맘루크군은 개개인의 검술을 중시하는 구식 군대였지만, 오스만은 소총으로 무장한 최신의 화약 보병부대를 전선에 배치했다. 또한 중세의 군사 가치를 따르던 맘루크군과는 달리 오스만군은 16세기 전쟁의 최신 면모를 보여주었다. 광범위한 전투 경험으로 단련된 오스만군은 백병전을 통한 개인의 명예 획득보다는 승리에 따르는 전리품에 관심이 더 많았다.

양측 군대 간에 교전이 벌어진 마르지 다비크에서 많은 맘루크 기사들이 오스만의 총포에 목숨을 잃었다. 오스만의 공격으로 맘루크군의 우익이 무너졌고 좌익은 도주했다. 좌익을 이끌던 사령관은 카이르 베이라는 맘루크로 알레포의 총독이었는데, 알고 보니 전투 전에 이미 오스만과 작당하여 "냉혈한" 셀림에게 충성을 바치기로 한 상태였다. 카이르 베이의 배신으로 전투가 시작된 지 얼마 지나지 않아서 오스만은 승리를 거둘 수 있었다.

맘루크 술탄, 칸수 알 가우리는 여기저기서 군대가 무너지는 것을 공포에 질린 채 바라보았다. 전장의 가득한 먼지로 인해서 양측 군대는 서로를 거의 알아볼 수가 없었다. 칸수는 군이 승리를 거둘 가능성이 희박하다고 생각했지만, 그래도 종교 참모들에게 승전을 위해서 기도해달라고 부탁했다. 한 맘루크 사령관이 상황의 절박함을 알아채고 술탄의 깃발을 내려 접으며 칸수에게 다음과 같이 말했다. "술탄 폐하, 우리는 오스만에게 패했습니다. 알레포로 몸을 피하십시오." 하지만 사령관의 말에 따를 새도 없이, 술탄은 일격을 받고 반신불수가 되었다. 결국 칸수는 말에 오르려다 떨어져서 즉사하고 말았다. 도주하던 시종들이 버리고 간 술탄의 시신은 결코 찾을 수가 없었다. 마치 땅이 갈라져서 쓰러져 있는 그의 시신을 통째로 삼켜버린 듯했다.

전장의 먼지가 가라앉자, 무시무시한 살육의 현장이 선명해졌다. 맘루크의 연대기 사가 이븐 이야스에 의하면, "그것은 아이의 머리카락이 하얗게 변하고 철을 분노로 녹이는 시간이었다." 전장은 시신과 죽어가는 이들과 말들로 가득했는데 그들의 신음소리조차 쓰러진 적들을 어떻게 해서든지 약탈하려는 오스만 승전군에 의해서 곧 끊어졌다. 까마귀와 들개들이 게걸스럽게 먹어치울 "먼지로 뒤범벅이 된 끔찍한 얼굴들과 머리 없는 시신들만이" 남겨졌다.[2] 전례 없는 완패로 맘루크 제국은 다시는 소생할 수 없을 정도로 큰 타격을 입었다.

마르지 다비크에서의 승리로 오스만은 시리아를 장악하게 되었다. "냉혈한" 셀림은 아무런 저항도 받지 않고 알레포로 입성했고 싸움 한번 없이 다마스쿠스를 점령했다. 패전 소식이 마르지 다비크 전투 이후 약 3주일이 지난 9월 14일에 카이로로 전해졌다. 살아남은 맘루크 사령관들이 새로운 술탄을 선출하기 위해서 카이로로 모였다. 그들은 칸수의 보좌관이었던 알 아쉬라프 투만베이를 후계자로 선택했다. 맘루크의 마지막 술탄이 된 투만베이의 치세 기간은 겨우 3개월 반이었다.

"냉혈한" 셀림은 다마스쿠스에서 투만베이에게, 항복하고 오스만의 가신으로서 이집트를 지배하든지 아니면 항전하여 절멸을 맞든지, 두 가지 선택안을 제안하는 편지를 썼다. 투만베이는 셀림의 편지를 읽으며 두려움에 흐느꼈다. 왜냐하면 항복은 선택사항이 될 수 없었기 때문이다. 맘루크 술탄의 병사들과 신민들도 모두 공포심에 사로잡히기 시작했다. 군기를 잡기 위해서 투만베이는 포도주와 맥주, 해시시(hashish)의 판매를 사형으로 다스리겠다며 금지령을 내렸다. 그러나 연대기 사가들에 의하면 근심에 싸인 카이로의 주민들은 술탄의 명령에 개의치 않고 마약과 술로 곧 닥칠 침략의 공포로부터 도피하고자 했다.[3] 오스만군이 해안도시인 가자를 정복하고 그곳 주민 1,000명을 처형했다는 소식이 카이로에 다다르자, 공포의 기운이 온 도시를 휩쓸었다. 1517년 1월에 이집트로 들어선 오스만군은 맘루크의 수도로 향했다.

1월 22일에 셀림이 카이로 북쪽 외곽에 도달했지만 투만베이의 병사들은 싸울 열의가 전혀 없었다. 많은 병사들이 출정하지 않았다. 포고를 외치는 관리들이 탈주병은 집 대문에 그 목을 매달겠다고 위협하며 카이로 거리 곳곳을 돌아다녔다. 이런 수단을 동원하여 투만베이는 징집할 수 있는 병사들 — 약 2만 명의 기병과 보병, 베두인 비정규군 — 을 모두 그러모았다. 마르지 다비크에서의 경험을 거울로 삼아서, 투만베이는 총포에 대한 기사도적 금기를 없애고 많은 병사들을 소총으로 무장시켰다. 또한 공격에 맞서기 위해서 경포를 실은 100대의 수레도 준비했다. 카이로의 남자와 여자들이 군대의 사기를 북돋우고 승전을 기원하기 위해서 전장에 나왔다. 그러나 급여도 받지 못하고, 자신감마저 잃어버린 맘루크 병사들은 승리보다는 생존을 위해서 싸우는 오합지졸의 상태로 결전의 날에 임했다.

1517년 1월 23일에 전투가 시작되었다. 이븐 이야스는 "무시무시한 전투에 대한 언급만으로도 사람들은 공포심에 떨었고, 두려움으로 이성이 마비되었다"고 썼다. 전투의 시작을 알리는 북소리가 울려퍼지자 맘루크 기병들이 말에 올라 전장으로 향했다. 그들은 "메뚜기처럼 나타난" 훨씬 더 많은 수의 오스만 병사들 속으로 뛰어들었다. 이븐 이야스의 주장에 따르면 그 전투는 마르지 다비크에서의 패배 때보다도 더욱 상황이 좋지 않았다. 튀르크인들은 "구름처럼 사방에서 다가왔고", "소총 소리는 귀청이 터질 듯이 울려퍼졌으며 맹렬하게 공격했다." 한 시간도 지나지 않아서 엄청난 수의 사상자를 낸 맘루크 수비대는 총퇴각을 해야만 했다. 투만베이는 다른 사령관들보다는 더 오래 싸웠지만, 그 역시 다음 결전의 기회를 다짐하며 퇴각할 수밖에 없었다.[4]

　　승리를 거둔 오스만군은 카이로로 돌격하여 3일 동안 도시를 약탈했다. 의지할 곳 없던 주민들은 침략군의 자비를 바라며, 집과 재산이 약탈당하는 것을 지켜볼 수밖에 없었다. 오스만 병사들의 폭력으로부터 벗어날 수 있는 유일한 피난처는 오스만 술탄뿐이었기 때문에, 카이로 주민들은 새로운 주인에게 경의를 표하기 위해서 애를 썼다. 관례상 맘루크 술탄의 이름으로 낭송되었던 모스크에서의 금요 예배 기도가 이젠 술탄 셀림에게 경의를 표하며 행해졌다. 이러한 행위는 통치권을 인정하는 전통적인 수단의 하나였다. "술탄 만세"라고 설교자가 선창했다. "술탄의 아들, 두 대륙과 두 대양의 왕, 양군(兩軍)을 이끈 정복자, 두 이라크(아랍의 이라크와 페르시아의 이라크를 이르는 말로 오늘날의 이라크와 이란을 뜻한다/역주)의 술탄, 두 성도(聖都)의 종이지 승리의 왕이신 셀림 샤. 오! 두 세계의 신이시여, 그가 영원히 승리하게 하소서." "냉혈한" 셀림은 카이로의 항복에 대한 보답으로 공개 사면과 질서 회복을 선포하라고 대신들에게 명령했다.

　　술탄 셀림은 맘루크군에게 승리를 거두고 거의 2주일이 지난 후에야 카이로에 입성했다. 이때 처음으로 카이로 주민들은 새로운 통치자를 찬찬히 살펴볼 수 있었다. 이븐 이야스는 오스만 정복자를 다음과 같이 생생하게 묘사했다.

술탄이 도시를 지나가자, 전 도시민이 환영의 갈채를 보냈다. 그는 하얀 피부와 깨끗이 면도된 턱, 큰 코와 눈을 가졌고 키는 작았으며 작은 터번을 쓰고 있었다고 한다. 술탄은 말 위에서 불안한 듯 경망스럽게 이곳저곳을 두리번거렸다. 대략 40세쯤으로 보였다고 한다. 옛 술탄들의 기품은 찾아볼 수 없었다. 잔악한 기질과 살기 띤 폭력적인 성정을 가지고 있었으며, 반론을 결코 용납하지 않았다.[5]

셀림은 맘루크의 술탄이 활개를 치고 다니는 동안은 카이로에서 편하게 쉴 수 없었다. 투만베이가 살아 있는 한 그의 지지자들이 복위를 꾀할 것이 뻔했기 때문이었다. 공개적인 사망 확인만이 이러한 희망의 싹을 완전히 잘라버릴 터였다. "냉혈한" 셀림에게 1517년 4월에 드디어 기회가 찾아왔다. 도주하던 투만베이가 베두인족의 배신으로 오스만에게 양도되었던 것이다. 셀림은 투만베이가 직접 걸어서 카이로 중심가를 통과하게 함으로써 그가 정말 폐위된 맘루크 술탄이 맞는지에 관한 의구심을 날려버렸다. 투만베이의 행렬은 성벽으로 둘러싸인 카이로의 주요 성문 중의 하나인 밥 주왈리아에서 끝났다. 그리고 바로 그곳에서 투만베이는 사형집행인들에게 끌려가 공포에 질린 군중 앞에서 교수형에 처해졌다. 그런데 마치 신이 시해의 승인을 주저하기라도 하듯 목에 매단 밧줄이 끊어졌다 — 두 차례나 그랬다고 전하는 이들도 있다. "그의 숨이 끊어지자 군중 속에서 커다란 울음소리가 들렸다"고 기록한 연대기 사가는 이 전례 없는 광경을 목격한 대중이 느낀 충격과 공포심을 생생하게 담아냈다. "이집트 술탄이 밥 주왈리아에서 교수형에 처해지다니, 이 같은 사건을 우리는 단 한번도 본 적이 없었다. 결코!"[6]

술탄 셀림에게 투만베이의 죽음은 경축할 일이었다. 맘루크 왕조의 종식으로 셀림은 맘루크 제국의 정복을 마무리 짓고 맘루크의 모든 부와 영토, 영예를 오스만 왕조로 이전했다. 이렇게 시리아와 이집트, 아라비아의 히자즈 지방을 오스만 제국에 포함시킨 셀림은 이제 이스탄불로 돌아갈 수 있었다. 히자즈는 이슬람의 탄생지로서 특별히 중요한 의미를 가졌다. 무슬림들은 알라가 예언자 무함마드에게 처음으로 『쿠란』을 계시한 곳이 바로 이곳의 메카에서라고 믿었다. 또한 예언자가 최초의 이슬람 공동체를 세운 메디나도 인근에 있었다. 셀림은 이제 술탄의 황제 칭호에 메카와 메디나, 두 성지의 수호자이자 종이라는 호칭까지 추가함으로써 종교적 정통성까지 가지게 되었다. 이러한 성취 덕분에 셀림은 세계에서 가장 위대한 이슬람 제국의 술탄으로 인정받을 수 있었다.

카이로를 떠나기 전 셀림은 불 켜진 스크린 앞에서 그림자 형태로 상연되는 인형극인 이집트의 유명한 그림자극 관람을 청했다. 그는 구경거리를 즐기기 위해서 전용 좌석에 앉았다. 꼭두각시를 놀리는 사람이 밥 주왈리아의 모형과 교수형에 처해지는 술탄 투만베이의 형상을 만들었다. 오스만 술탄은 목을 매단 끈이 두 번 끊어지는 "장면을 매우 재미있어했다. 그는 그 예술가에게 200디나르(금화 화폐단위/역주)와 영예로운 벨벳 외투를 하사했다. '짐의 아들도 이것을 볼 수 있도록 이스탄불로 함께 가거나' 하고 셀림이 말했다."[7] 3년 후에 오스만 왕위에 오른 셀림의 아들, 술레이만은 아버지가 맘루크를 정복하고 획득한 그 모든 것을 물려받았다.

오스만의 맘루크 제국의 정복은 아랍 역사에서 중요한 전환점이었다. 맘루크 검객과 오스만 소총수의 운명적인 무력 충돌은 아랍 세계의 중세가 끝나고 근대가 시작되었음을 알렸다. 또한 오스만의 정복은 이슬람 등장 이후 처음으로 아랍 세계가 비(非)아랍인이 세운 수도의 지배를 받게 되었다는 것을 의미했다. 이슬람 최초의 왕조인 우마이야는 기원후 661년에서 750년 사이에 다마스쿠스에서 빠르게 팽창하던 제국을 통치했다. 아바스 칼리프 제국(750-1258)은 당대 최고의 이슬람 제국을 바그다드에서 통치했다. 969년에 세워진 카이로는 1250년에 맘루크 왕조가 출현하기 이전부터 이미 네 왕조들의 수도였다. 하지만 1517년부터는 아랍 지역 밖의 수도들에서 정해진 규칙에 따라서 아랍인의 사회적 지위가 협의되었고, 이와 같은 정치적 현실은 근대 아랍 역사의 본질적인 특징 중의 하나가 되었다.

맘루크에서 오스만 통치로의 전환은 "냉혈한" 셀림의 피로 얼룩진 정복

당시에 많은 이들이 당초에 두려워했던 것보다 용이하게 이루어졌다고 할 수 있다. 아랍인은 13세기 이후 튀르크어를 사용하는 이방인의 지배를 받아왔고, 오스만인은 여러 면에서 맘루크인과 비슷했다. 두 제국의 지배계층은 기독교도 노예 출신이었다. 또한 두 제국은 모두 종교법을 준수하고 강력한 군을 통해서 외부의 위협으로부터 이슬람 영역을 지키는 관료 제국이었다. 더욱이 "외세"의 지배에 반대하는 뚜렷한 아랍 정체성을 언급하기에는 아직 시기상조였다. 민족주의 시대가 도래하기 이전의 아랍의 정체성은 소속된 부족이나 출신 도시와 관련이 있었다. 만약 아랍인들이 광의의 정체성이라는 측면에서 사고한다면 그것은 민족성보다는 종교에 기반하고 있었을 가능성이 더욱 크다. 수니 무슬림이었던 대다수의 아랍인들에게 오스만은 충분히 수용 가능한 통치자였다. 행정의 중심지가 아랍의 땅에서 유럽과 아시아 대륙에 걸쳐 있는 이스탄불로 이동했다는 사실도 그 당시 사람들에게는 문제가 되지 않았던 것 같다.

아랍인들은 맘루크에서 오스만 통치로의 변화를 이념적이기보다는 실용적으로 평가했다. 튀르크에 의한 통치가 아랍인들에게 무슨 의미를 가지는지보다는 법과 질서, 합리적인 세금과 같은 문제들에 더욱더 관심이 많았다. 19세기 초의 이집트 역사가인 압드 알 라흐만 알 자바르티는 초기의 오스만 통치를 다음과 같이 높이 평가했다.

치세 초기의 오스만인들은 정통 칼리프 시대 이후 [이슬람] 공동체를 통치하기에 가장 적합한 사람들 중의 하나였다.[8] 그들은 가장 강력한 종교 수호자로서 불신자들과 맞서 싸웠고, 이런 이유로 알라가 오스만과 그 대리인들에게 하사한 영토는 정복을 통해서 확장되었다. 그들은 지상에서 가장 살기 좋은 지역들을 지배했다. 도처의 왕국들이 오스만에게 복종했다. 오스만은 그 나라들을 방치하지 않고 영토와 국경을 지켜주었다. 이슬람 의식의 거행을 장려했으며……종교지도자들을 존중했고 두 개의 성도, 메카와 메디나 정비를 후원했으며, 이슬람법과 관행을 지켜서 정의의 원칙과 규칙들을 보존했다. 오스만의 통치는 안정적이었고 영향력은 지속적이었으

며 왕들은 경외를 받았고 자유인이든 노예이든 그들에게 복종했다.[9]

시리아의 촌민들과 도시민들은 맘루크 제국의 몰락을 슬퍼하지 않았다. 이븐 이야스에 따르면 과중한 세금과 자의적인 통치로 고통 받던 알레포 주민들은 마르지 다비크의 패배 후 퇴각하던 맘루크들을 도시에 들이지 않고 "오스만보다 더 호되게 다루었다." "냉혈한" 셀림이 알레포에 입성했을 때 "도시는 봉축 전등으로 장식되었고 시장에서도 촛불을 켰고, 술탄을 위해서 기도하는 목소리가 높아졌으며 사람들은 맘루크 군주로부터 해방된 것을 기뻐했다."[10] 다마스쿠스의 연대기 사가 무함마드 이븐 툴룬(1475-1546)에 따르면, 다마스쿠스 주민들도 정치적 통치자가 바뀐 것에 대해서 개의치 않았다. 맘루크 치세 말년에 대한 그의 이야기는 과도한 세금과 관리들의 탐욕, 중앙정부의 무능함, 맘루크 총독들의 파렴치한 야욕, 지방의 불안한 치안, 실정으로 인한 경제난에 관한 언급들로 가득하다.[11] 반면 이븐 툴룬은 다마스쿠스 지방에 법과 질서, 정기적인 세금을 부과한 오스만 통치에 관해서는 우호적으로 전했다.

맘루크의 몰락으로 아랍 세계보다는 오스만 제국이 더 극적인 변화를 겪은 듯하다. 오스만의 중심부는 발칸과 아나톨리아였고, 수도 이스탄불은 제국의 유럽과 아시아 지역에 걸쳐 있었다. 아랍 영토는 오스만 중앙부에서 멀리 떨어져 있었으며, 아랍인은 제국의 다양한 구성원의 일원으로서 새롭게 편입되었다. 사실 아랍 민족 자체가 다양한 사람들로 이루어졌고, 공용어인 아랍어 역시 아라비아 반도에서 비옥한 초승달 지역을 지나 북아프리카로 갈수록 상호 간의 이해가 불가능한 방언들로 나누어져 있었다. 대부분의 아랍인들은 오스만 튀르크처럼 수니 무슬림이었지만, 그 안에는 상당한 규모의 다양한 이슬람 소수 종파들과 기독교 공동체, 유대인들도 있었다. 또한 아랍 세계에는 굉장한 문화적 다양성이 존재했기에, 지역에 따라서 독자적인 요리법과 건축, 음악적 전통이 있었다. 이슬람 세기 동안에 각 지역은 서로 다른 왕조에 의해서 통치되었기 때문에 역사적으로도 아랍 주민들은 분열되어 있었다. 이러한 아랍 지역의 병합은 오스만 제국의 지리적 범위와 문화, 인구지형을 근본적으로 변화시켰다.

오스만은 새로운 아랍 영토에 적용할 실용적인 행정 체계를 만들어야 하는 중요한 과제를 떠안았다. 오스만이 페르시아와 흑해 연안, 발칸 지역에서 빠르게 팽창하던 시기에 아랍은 제국에 편입되었다. 제국 영토의 팽창 속도가 새로 정복한 지역에 적합한 행정가를 양성하고 파견할 수 있는 정부의 능력을 넘어섰다. 이에 오스만 제국 중심부에서 가까운 지역들 — 시리아 북부의 알레포와 같은 도시 — 만이 오스만의 표준 규칙을 따르게 되었다. 아나톨리아에서 먼 지역일수록 오스만은 기존 정치질서를 보존하며 원활한 통합을 추진하고자 했다. 관념론자이기보다는 실용주의자였던 오스만인들 역시 아랍인들에게 자신들의 방식을 강제하기보다는 법과 질서를 유지하고 새로 획득한 영토에서 정기적인 세금을 징수하는 데에 더욱 많은 관심을 기울였다. 그 결과, 정복 이후 초창기에는 아랍 지역에 대한 오스만의 통치방식이 매우 다양했고 광범위한 자치를 그 특징으로 했다.

시리아와 이집트에서 오스만이 직면한 첫 번째 과제는 맘루크 행정가들로 이루어진 충직한 정부를 구성하는 것이었다. 오직 맘루크만이 오스만을 대신하여 시리아와 이집트를 통치할 수 있는 식견과 경험을 가지고 있었다. 그러나 오스만은 맘루크의 충성심을 믿을 수 없었다. 오스만 치세 첫 10년 동안에 맘루크 주요 인사들은 오스만 제국에서 벗어나 시리아와 이집트를 다시 장악하기 위해서 수많은 폭동을 일으켰다.

오스만은 맘루크 제국을 정복하고 나서 처음 몇 년 동안은 맘루크 아미르 (amir : 군사령관이나 총독, 군주 등을 지칭하는 칭호/역주), 즉 "사령관" 하에 있던 기존의 국가 제도를 거의 손대지 않았다. 오스만은 맘루크의 예전 영토를 알레포와 다마스쿠스, 카이로를 중심으로 하는 3개의 지역으로 분할했다. 알레포는 오스만 통치기관의 온전한 지배를 받게 된 최초의 도시였다. 오스만 총독이 임명되었고, 이곳은 오스만 제국의 정치, 경제생활에 밀접하게 통합되었다. 비록 주민들은 당장 체감하지는 못했지만, 오스만 정복으로 알레포는 18세기까지 지속될 진정한 황금시대를 맞았고, 아시아와 지중해를 잇는 육상 무역의 커다란 중심지 중의 하나로 부상했다. 알레포는 해안가에서 약 80킬로미터 정도 떨어져 있었음에도 불구하고 네덜란드, 영국, 프랑스의 레반트 회사들의 사무실을 유치했고, 아랍 세계의 가장 국제적인 도시의 하나가 되었다.[12] 윌리엄 셰익스피어의 『맥베스(*Macbeth*)』에서 마녀 1이 한 항해사의 부인에 대해서 언급하면서 "그 여자의 남편은 타이거 호의 선주인데, 알레포에 가 있지"(제1막 3장)라고 했을 때, 세계의 관객들은 마녀가 말한 곳을 잘 알고 있었던 것이다.

술탄 셀림은 다마스쿠스와 카이로의 총독으로 일할 맘루크를 선출했다. 그가 임명한 두 사람은 매우 대조적인 인물이었다. 셀림은 다마스쿠스 총독으로 잔비르디 알 가잘리를 임명했다. 시리아의 맘루크 총독이었던 잔비르디는 마르지 다비크에서 오스만에 맞서서 용맹하게 싸웠다. 그는 가자에서 맘루크군을 이끌고 셀림의 군대를 공격했으나 부상을 입었다. 남은 병사들과 함께 카이로로 퇴각한 그는 카이로를 지키며 투만베이를 도왔다. 셀림은 잔비르디가 맘루크 군주에게 보여준 충성심과 성실성을 높이 평가하며 그 충성심을 새로운 오스만 군주에게도 보여주기를 희망했던 것이 분명하다. 1518년 2월에 셀림은 잔비르디에게 전 다마스쿠스 맘루크 총독이 행사했던 모든 권한을 주고 그 답례로 해마다 23만 디나르를 조공으로 받기로 했다.[13] 그러나 권력을 제어할 균형 장치 없이 한 사람에게 이렇게 많은 힘을 부여한 것은 확실히 큰 위험이 따랐다.

카이로에서는 전 알레포 맘루크 총독이었던 카이르 베이가 셀림의 선택을 받았다. 카이르 베이는 마르지 다비크 전투가 있기 전에 이미 서신왕래를 통해서 오스만 술탄 셀림에게 충성을 서약했었다. 마르지 다비크 전투 시, 대열에서 이탈하여 전장을 오스만군에 넘겨준 이가 바로 카이르 베이였다. 그는 후에 투만베이에게 체포되어 카이로에 투옥되었다. 카이로를 함락시킨 셀림에 의해서 풀려난 전 알레포 총독은 그 공로를 치하 받았다. 그러나 카이르

베이가 전 맘루크 군주를 배신했다는 사실을 결코 잊지 않았던 셀림은, 이븐 이야스에 따르면, "카인 베이", 즉 "배반자 경"이라고 부르며 이름을 가지고 장난을 쳤다고 한다.[14]

술탄 셀림이 살아 있는 동안은 이러한 관리방식이 문제없이 유지되었다. 1520년 10월에 셀림이 사망하고 어린 왕세자 술레이만이 오스만 왕위에 등극했다는 소식이 퍼졌다. 일부 맘루크들은 자신들을 정복한 술탄 셀림에게 충성 서약을 한 것이지, 오스만 왕조 전체에 한 것은 아니라고 생각했다. 그 결과 오스만 왕위를 계승한 새로운 술탄 술레이만은 아랍 지방에서 수많은 반란에 직면하게 되었다.

첫 번째 맘루크 반란은 다마스쿠스에서 일어났다. 잔비르디 알 가잘리가 맘루크 제국을 부활시키고자 술탄을 자처하며 알 말리크 알 아쉬라프("가장 고귀한 왕")라는 제왕의 칭호를 취했다. 잔비르디는 맘루크의 의복과 작은 터번을 착용했고, 다마스쿠스 주민들이 오스만식 의상을 입는 것을 금지했다. 또한 모스크의 설교자들이 금요 예배에서 술탄 술레이만의 이름을 낭송하는 것도 금지했다. 그리고 오스만 군인과 관리들을 시리아에서 추방하기 시작했다. 트리폴리, 홈스, 하마의 소도시들도 그의 주장에 동조하며 결집했다. 잔비르디는 군대를 일으켜서 오스만에게서 알레포를 빼앗는 일에 착수했다.[15]

알레포 주민들은 오스만 술탄에 대한 신의를 지켰다. 셀림의 죽음을 애도하며, 금요 예배에서 술레이만의 이름을 낭송했다. 반란군의 접근 소식을 들은 총독은 알레포 방어를 강화하기 시작했다. 12월에 잔비르디의 군대가 도시를 포위 공격했다. 반란군은 알레포 성문에 대포를 쏘고 성벽 위로 불화살을 날렸지만, 수비대는 파괴된 곳을 수리하며 잔비르디의 병사들이 접근하는 것을 막았다. 다마스쿠스 군은 보름 동안 포위 공격을 퍼붓고 나서야 철수했다. 수많은 군인들은 물론 200명가량의 알레포 주민들도 포위 공격으로 사망했다.[16]

반란의 여세가 주춤하자 잔비르디는 입지를 강화하고 세력을 규합하기 위해서 다마스쿠스로 돌아왔다. 1521년 2월에 다마스쿠스 외곽에서 오스만군과의 일전이 시작되었다. 잔비르디의 군대는 곧 궤멸되었고, 그 역시 전장에서 사망했다. 두려움이 다마스쿠스를 엄습했다. 오스만 제국에서 벗어나 맘루크 지배를 복원하겠다는 잔비르디의 헛된 시도에 동조한 다마스쿠스의 주민들은 오스만 통치에 순순히 항복함으로써 얻을 수 있었던 모든 혜택들을 박탈당했다.

잔비르디의 군대를 무찌른 병사들이 약탈을 위해서 다마스쿠스로 방향을 돌렸다. 이븐 툴룬에 따르면 3,000명 이상의 주민들이 학살당했고, 도심 지역과 인근 마을들이 약탈당했으며 여자와 아이들이 포로로 잡혔다. 잔비르디의 머리와 사망한 1,000명의 군인들의 잘린 귀가 전리품으로 이스탄불로 보내졌다.[17] 다마스쿠스에 대한 맘루크의 영향력은 이제 소멸되었다. 이때부터 다마스쿠스는 이스탄불에서 지명된 오스만 총독의 지배를 받게 되었다.

이집트에서도 오스만은 계속되는 반란에 직면했다. 셀림은 카이로의 맘루크 총독의 진실성을 의심하며 카이르 베이를 "배반자 경"이라고 불렀지만, 카이르 베이는 1522년에 사망할 때까지 이집트에서 오스만 체제를 유지했다. 오스만 당국이 새로운 총독을 임명하는 데에는 거의 한 해가 소요되었다. 중부 이집트에서 두 명의 총독이 이 공백을 틈타서 많은 맘루크와 베두인 지도자들의 지지를 받으며 1523년 5월에 반란을 일으켰다. 그러나 반란은 이집트의 오스만군에 의해서 신속하게 진압되었고, 이어 많은 맘루크 반역자들이 투옥되거나 처형되었다.

다음 반란은 새로 부임한 오스만 총독이 일으켰다. 아흐마드 파샤는 재상, 즉 오스만 정부의 총리가 되고 싶었다. 하지만 겨우 이집트의 총독으로 임명된 것에 실망한 아흐마드 파샤는 이집트의 독립 군주가 되어 그 야심을 충족시키고자 했다. 그는 1523년 9월에 카이로에 도착하자마자, 그곳에 배치된 오스만군을 무장 해제했고 많은 보병들을 배에 실어 이스탄불로 돌려보냈다. 또한 그 전해에 발생한 반란에 가담한 죄로 투옥되어 있던 맘루크와 베두인들도 석방했다. 그리고 나서 아흐마드 파샤는 자신을 술탄으로 선포하고 요새에 남아 있는 오스만 병사들을 죽이라고 지지자들에게 명령했다. 잔비르디처럼 아흐마드 파샤도 금요 예배에서 자신의 이름을 낭송하고 자기 이름이 새겨진 주화를 만들라고 명했다. 하지만 모반은 오래가지 못했다. 반대파의 공격으로 교외로 쫓겨난 아흐마드 파샤는 체포되어 1524년 3월에 참수당했다. 이스탄불은 맘루크의 영향력을 소멸시키고 이집트를 중앙정부의 철저한 통제하에 두라는 분명한 지시와 함께 새로운 총독을 카이로로 파견했다. 그 후 술탄 술레이만은 아랍 신민들의 충성심을 자아내기에 충분한 능력을 입증해 보였고, 남은 치세 동안 오스만 통치를 위협하는 그 어떤 반란도 일어나지 않았다.

셀림의 정복 이후 10년도 지나지 않아서 이집트와 시리아, 히자즈는 확고하게 오스만 통치 아래에 들어갔다. 제국의 수도 이스탄불은 전체적인 제국의 의사 결정과 법 제정이 이루어지는 중심지였다. 권력의 정점에는 절대 군주, 술탄이 있었는데 그의 말은 곧 법이었다. 술탄이 거주하는 톱카프 궁전은 장대한 성벽 너머로 제국의 수도와 보스포러스 해협, 금각만(金角灣, Golden Horn)을 내려다보고 있었다. 궁전의 성벽을 따라 비탈을 내려오면 인상적인 일련의 성문들 뒤로 재상과 대신들의 사무실이 있었다. 정부의 핵심기관은 매우 독특한 형태의 문으로 유명했다. 터키어로 바브 알리(Bâb-ı Âli), 즉 "높은 문"으로 불리는 이곳은 프랑스어로는 "La Sublime Port"로 번역되었고, 영어로는 "Sublime Porte" 또는 단순히 "the Porte"로 표현되었다. 이 두 기관 ― 왕궁과 중앙정부― 은 제국 전역은 물론 아랍 지역에도 새로운 통치조건들을 제시했다.

오스만 지배하에 새로운 행정 관례들이 도입되었다. 16세기의 오스만 지방행정은 중앙정부가 군 사령관들에게 토지를 지급하는 일종의 봉건제 형태였다. 군 사령관은 사법 행정을 감시하고 영지에서 세금을 징수해야 했다. 또한 영지에서 나온 세수(稅收)로 일정 수의 기병을 양성하고 국고에 일정액의 세금을 납부해야 했다. 하지만 유럽의 봉건제와는 달리 오스만식 봉건제에서는 세습이 허용되지 않았기 때문에 술탄의 권력과 경쟁할 귀족층은 양산되지 않았다. 이 제도는 숙련된 행정 관료를 양성하는 능력보다 영토 정복 속도가 더 빨랐던 제국에게 매우 적합했다. 한편 제국의 부의 목록을 작성하는 장부 정리 업무가 관료들에게 일임되었다. 과세 대상자들과 가구 및 임야의 수, 관할 지역 각 마을들의 세입을 기록한 상세한 세금 장부가 편찬되었다. 비록 16세기 중에 국가가 장부정리 업무를 소홀히 하기 시작했지만, 이 장부들은 매 30년마다 갱신되었던 것 같다. 그러나 이러한 업무는 17세기에 완전히 중단되었다.[18]

오스만이 새로 획득한 시리아 지방— 알레포와 다마스쿠스 그리고 차후에 편입된 트리폴리 해안 지역(오늘날의 레바논) — 은 더 작은 행정 단위들로 분할되었고, 군 사령관들의 통치를 받았다. 총독에게 가장 큰 영지가 주어졌는데, 그는 전쟁과 국고를 위해서 술탄에게 일정 수의 병사들과 정해진 세금을 바쳐야 했다. 지방의 군 사령관들에게는 그 다음 크기의 영지가 주어졌고, 더 낮은 계급의 사령관들에게는 출정 시 술탄에게 제공할 병사의 수와 각자의 계급에 걸맞은 영지가 할당되었다.[19] 이집트는 이와 같이 변형된 봉건제의 적용을 받지 않았는데, 오스만 총독과 맘루크 사령관들 간의 불편한 협력 속에서 통치되었기 때문이다.

이스탄불 중앙정부가 임명한 자들이 아랍 지방의 행정을 담당했는데, 대개는 비(非)아랍 지역의 출신들이었다. 맘루크처럼 오스만도 주로 발칸 지역에서 독자적인 노예 신병 모집 제도를 운영했다. 어린 기독교도 소년들이 터키어로 데브쉬르메(devshirme), 즉 "소년 징집"이라고 알려진 연례 징병 시기에 마을에서 모집되었다. 이스탄불로 보내진 소년들은 이슬람으로 개종하고 제국을 위해서 일하도록 훈련을 받았다. 기력이 왕성한 소년들은 예니체리 정예 보병부대의 병사가 되기 위해서 군사훈련을 받았다. 머리가 좋은 아이들은 궁으로 보내져서 궁전이나 관청의 일을 하는 관료로 양성되었다.

오늘날의 기준에 의하면 소년 징집은 매우 야만적으로 보인다. 아이들은 노예로 보내져서 가족과 떨어져 성장하며 강제로 이슬람으로 개종해야 했다. 하지만 사회적 제약이 많았던 당시로서는 그 길만이 신분 상승을 할 수 있는 유일한 방법이었다. 농부의 아들도 소년 징집을 통하면 장군이나 재상의 자리에 오를 수 있었던 것이다. 실제로 오스만군과 정부 요직으로의 진입은 대체로 데브쉬르메 신병들에게만 허용되었다. 대다수가 자유민 무슬림이었던 아랍인들은 이 관행에서 배제되었고, 그것은 오스만 제국 초기 권력 핵심부에 있던 아랍인의 수가 매우 적었음을 의미한다.[20]

술탄 술레이만 1세가 달성한 위대한 혁신 중의 하나는 오스만 지방 각각의 행정조직을 법으로 명시한 것이다. 서구에서 "위대한 자(the Magnificent)"로 알려진 술레이만은 터키에서는 별칭인 카누니(Kanuni), 즉 "입법자"로 알려져 있다. 술레이만이 사망한 지 2세기가 지난 후에도 이집트 연대기 사가 알 자바르티는 술레이만의 사법, 행정 개혁의 가치를 다음과 같이 찬양했다. "술탄 술레이만 알 카누니는 통치 행정의 원칙을 세웠고, 제국의 건설을 완성했으며, 지방을 조직화했다. 그는 어둠 속에서 빛났으며 종교의 빛나는 등불을 들어올렸고, 이교도의 불꽃을 꺼버렸다. 이집트는 그때부터 지금까지 언제나 제국의 일부였고, 오스만 통치에 순응해왔다."[21] 각 지역의 통치 원칙이 『카눈나메(kanunname)』, 즉 "법의 책"으로 알려진 법령집에 정리되었다. 이러한 지방법은 총독과 납세자와의 관계를 분명히 했고, 양측의 권리와 의무를 성문화(成文化)했다. 이는 당대 최고의 책임 행정의 표상이었다.

아흐마드 파샤가 1525년에 반란을 일으킨 직후 이집트에서 처음으로 지방법이 만들어졌다. 술탄 술레이만 1세의 재상, 이브라힘 파샤는 술탄의 권위를 이집트에 복원시키는 중요한 사명을 수행하기 위해서 법령집을 도입했다. 법령집은 마을 단위의 행정 체계까지 설명할 정도로 매우 포괄적이었다. 그것은 관료들의 책임으로 치안 유지와 관개시설의 보수, 세금 징수를 하도록 했다. 토지 조사나 종교기부금, 곡물창고 유지, 항구 운영에 관한 원칙도 분명하게 규정했다. 또한 법령집에는 총독이 자문위원회와 얼마나 자주 만나야 하는지도 기록되었다(이스탄불의 황실 국무회의의 경우와 마찬가지로 매주 4번이었다).[22]

법을 시행하기 위해서 오스만 행정가들은 기강이 잡힌 믿음직한 군대가 필요했다. 총독은 자신의 관할 아래에 오스만 정규군과 지역에서 모집한 비정규군으로 구성된 군대를 두었다. 군의 주축은 예니체리(Janissary)였는데, 그들의 사령관은 이스탄불에서 임명했다. 다마스쿠스와 같은 도시는 지역 질서를 유지하기 위해서 500명에서 1,000명 사이의 예니체리로 구성된 보병을 두었다. 또한 지방 세수로 유지되는 많은 기병들도 있었다. 오스만 자료에 따르면, 16세기 4분기에 병합된 알레포와 트리폴리, 다마스쿠스 세 지역에는 8,000명 이상의 기병이 있었다.[23] 기병대는 지역에서 모집된 보병과 북아프리카의 용병들로 충원되었다.

재판관은 총독 및 군과 함께 오스만 행정을 구성하는 제3의 요소였다. 이스탄불 중앙정부는 각 지방 수도에 이슬람 법정을 주재할 재판관장을 파견했다. 기독교도와 유대인은 소속된 공동체의 종교 법정에서 분쟁을 해결할 수 있는 권리가 있었음에도 그들 중 많은 사람들이 고소나 거래 기록을 남기기 위해서 이슬람 법정을 선택했다. 이스탄불 술탄의 칙령은 모두 법정에서 공개적으로 낭독되었고, 법정 등기부에 기록되었다. 형사 사건 이외에도, 법정은 분쟁 당사자들을 중재하고, 상업 계약이나 토지 거래를 기록하는 공증인의 역할을 수행했고 생애의 중요한 변화들 — 결혼과 이혼, 과부와 고아를 위한 조정, 유산 분배 — 을 기록했다. 모든 소송과 거래는 법정 등기부에 정식으로 기록되었고, 이와 관련된 많은 문서들이 여전히 남아 있으며, 이는 오스만 제국의 도시 및 마을의 일상을 보여주는 매우 중요한 창이다.

술탄 술레이만 1세는 오스만 제국에서 가장 성공한 통치자 중의 한 명이었다. 46년간의 치세(1520-1566) 동안 술레이만은 아버지가 시작한 아랍 정복을 마무리했다. 그는 1533-1538년에 페르시아의 사파비 제국으로부터 바그다드와 바스라를 빼앗았는데, 수년간 시아파인 사파비로부터 박해를 받아온 그곳의 수니파 주민들은 오스만군을 해방자로 여기며 환영했다. 이라크 정복은 전략적으로나 이데올로기적으로나 매우 중요했다. 술레이만 1세는 아랍의 고도(古都) 바그다드를 정복하고 시아파 교리가 수니파 영역으로 확산되는 것을 저지함으로써 오스만 제국을 더욱 강하게 만들었다.

술레이만 1세의 군대가 남부 아라비아의 예멘을 점령하기 위하여 1530년대와 1540년대에 이집트에서 남쪽으로 진군했다. 지중해 서쪽에서는 북부 아프리카의 해안 지역인 리비아와 튀니지, 알제리를 1525년에서 1574년 사이에 정복해서 조공을 바치는 가신국으로 만들었다. 16세기 말엽에는 오스만 제국에 편입되지 않은 중앙 아라비아와 모로코 술탄국을 제외하고는 모든 아랍 지역이 어떤 형태로든 오스만의 통제 아래 놓이게 되었다.

각각의 아랍 지역들은 서로 다른 시기에 특정한 상황에서 고유한 역사와 행정적 배경을 가지고 오스만 제국에 편입되었다. 따라서 제국에 편입된 환경에 따라서 각 지역에 대한 오스만 지배의 역사도 다를 수밖에 없었다.

오스만은 전형적인 전쟁 방식보다는 해적질을 통해서 북아프리카를 정복했다. 그러나 보는 이에 따라서 해적도 얼마든지 제독으로 생각될 수 있었다. 16세기에 잉글랜드가 전력이 우세했던 에스파냐 해군과 전쟁을 벌이고 있을 무렵 해적질을 통해서 큰 성과를 거두었던 프랜시스 드레이크 경이 여왕 엘리자베스 1세의 기사이자 가장 믿을 수 있는 조언자 중의 한 명으로서, 해적에 대한 통속적인 이미지를 연상시키지 않는 듯이 말이다. 오스만 역사상 가장 위대한 제독 중의 한 명인 카이르 알 딘 "바르바로사" — 그의 붉은 수염 때문에 당대의 유럽인들은 이렇게 불렀다 — 도 마찬가지였다. 에스파냐 인들에게 그는 수천 명의 기독교도 해군 병사들을 전쟁 포로로 붙잡아서 노예로 팔았던 무자비한 해적이자 지중해 항해를 방해하는 골칫거리였다. 하지만 북아프리카 해안에 사는 주민들에게 그는 에스파냐 점령군에 맞서 지하드를 수행한 성전사(聖戰士)였고 여기서 획득한 전리품은 지역 경제의 중요한 구성요소가 되었다. 뿐만 아니라 오스만인들에게 그는 터키 연안에서 조금 떨어진 에게 해의 미틸레네 섬에서 1466년경에 태어난 동향인이었다.

16세기 전환기에 서부 지중해는 기독교와 이슬람 군대가 격렬하게 충돌하던 경합장이었다. 이베리아 반도에 대한 에스파냐의 정복이 1492년 그라나다 함락으로 정점에 이르면서 거의 8세기 동안 계속되었던 에스파냐에서의 이슬람 통치는 종식되었다. 가톨릭 국가가 된 에스파냐에서 개종 권유가 곧 강제 개종으로 바뀌자, 대부분의 이베리아 무슬림들은 고향을 떠나 북아프리카에서 피난처를 찾았다. 모리스코스(Moriscos)로 알려진 무슬림 피난민들은 결코 고향을 잊지 않았으며 에스파냐도 용서하지 않았다. 에스파냐의 군주, 카스티야의 이사벨과 아라곤의 페르난도는 모리스코스들이 지중해를 건너 피난한 이슬람 왕국으로 무자비한 성전에 나섰다. 그들은 모로코에서 리비아까지 북아프리카 해안을 따라 일련의 식민지 요새, 즉 프레시디오(presidio)를 건설했고 내륙 도시의 통치자들에게 에스파냐에 조공을 바치도록 강요했다. 이 식민지들 중 두 곳— 세우타와 멜리야— 은 지금도 모로코 연안의 에스파냐령으로 남아 있다.

북아프리카의 이슬람 소국들은 에스파냐의 공격적인 팽창에 거의 저항하지 않았다. 페즈(오늘날의 모로코)에 기반을 둔 3개의 지역 왕조들과 틀렘센(알제리), 튀니스가 북서 아프리카를 통치하고 있었다. 그들은 에스파냐 왕에게 조공을 바치며, 자신들의 주요 무역항과 항구를 지배하고 있는 에스파냐 요새에 감히 도전하지 못했다. 에스파냐 침략자에 협력한 무슬림 통치자들은 신민들의 신의를 잃어버렸고, 곧 열성적인 주민들이 침략자를 몰아내기 위해서 독자적인 세력을 조직화하기 시작했다. 프레시디오는 바다를 통해 보급물자를 공급받았기 때문에 견고한 요새보다는 에스파냐의 선박들이 공격하기에 더욱 좋은 대상이 되었다. 배를 무장하고 바다 지하드를 선포한 이 지역의 선원들은 바르바리(Barbary라는 말은 그리스어 "야만인"에서 기원했거나 기껏해야 북아프리카 원주민인 베르베르족[Berber]에서 왔을 것이다) 해적으로 서구에 알려지게 되었다. 해적들은 에스파냐 선박을 공격, 약탈하고 노예를 사로잡는 행위를 기독교도 침입자에 맞선 종교 전쟁이라고 생각했다. 에스파냐에 맞서는 용맹한 공격으로 해적들은 지역의 영웅이 되었고 연안의 아랍 및 베르베르 주민들의 지지를 받았다.

카이르 알 딘은 바르바리 해적들 중 가장 유명한 사람이었다. 그는 알제의 동쪽에 있는 지질리라는 작은 항구에 독립소국을 세웠던 형 아루즈의 뒤를 이었다. 아루즈는 알제리 해안을 지나 1517년에 함락한 서쪽의 틀렘센까지 세력을 넓혔다. 하지만 그는 다음 해에 틀렘센에 쳐들어온 에스파냐군에 의해서 살해되었다. 해적들이 에스파냐 제국의 힘에 맞서 거둔 수확을 지키기 위해서는 강력한 협력자의 지원이 필요하다는 것을 깨달은 카이르 알 딘은 오스만 제국과 동맹을 맺음으로써 해적들의 지하드를 성공적인 전쟁으로 변모시켰다.

1519년에 카이르 알 딘은 술탄 셀림의 보호를 청하는 알제 주민들의 청원서 및 선물과 함께, 술탄의 통치를 받고 싶다는 의향을 비치며 오스만 궁정으로 사절단을 파견했다. "냉혈한" 셀림이 알제리 연안을 오스만 제국의 영토에 병합시키는 것에 동의했을 때 셀림의 여생은 얼마 남아 있지 않은 상태였다. 셀림은 오스만 깃발 및 2,000명의 예니체리 분견대와 함께 카이르 알 딘의 사절단을 돌려보냈다. 세계에서 가장 위대한 이슬람제국이 서부 지중해에서의 세력 균형을 결정적으로 바꾸며 이제 에스파냐 함대와 맞서게 된 것이다.

오스만과의 새로운 동맹 체결로 고무된 바르바리 해적들은 북아프리카 해안 너머로까지 공격에 나섰다. 카이르 알 딘과 사령관들은 이탈리아와 에스파냐, 에게 해 섬들에 있는 목표 지점들을 공격했다. 1520년대에는 곡물을 수송하는 유럽의 선박들을 포획해서 마치 바다의 로빈후드인 양 기근으로 식량부족에 시달리던 알제리 연안의 주민들에게 식량을 나누어주기도 했다. 또한 에스파냐로부터 모리스코스를 구출해서 자신들이 관할하던 마을로 데려와 정착시키고 에스파냐와의 전쟁에 동참하게 했다.

그러나 무엇보다도 카이르 알 딘과 그 수하들은 에스파냐 선박에 대한 약탈로 명성이 자자했다. 그들은 갤리선을 침몰시키고, 무슬림 노예들을 풀어주었으며, 수십 척의 적선(敵船)들을 포획했다. 바르바로사라는 이름만으로도 에스파냐와 이탈리아 해안 주민들은 공포심에 떨어야 했다. 그들에게 붙잡힌 기독교도의 수가 수천에 달했으며, 귀족들에게는 높은 몸값을 받았고 평민들은 노예로 팔았다. 무슬림 해적들은 일종의 낭만적인 정의감에 사로잡혀 있었다. 또한 그들 중 많은 이들은 에스파냐의 포로로 잡혀 갤리선 노예로 팔렸던 경험이 있었다.

에스파냐 해군은 카이르 알 딘에 맞설 만한 제독이 필요했다. 1528년에 황제 카를 5세는 유명한 지휘관 안드레아 도리아(1466-1560)를 고용해서 전쟁을 이끌도록 했다. 전투 갤리선들로 이루어진 독립 선단을 지휘하며 유럽의 군주들의 용병으로 활약했던 제노아 출신의 도리아 역시 카이르 알 딘과 다를 바 없는 해적이었다.

도리아도 위대한 제독이었지만 카이르 알 딘은 더 위대했다. 18년 동안 지중해 곳곳에서 전투를 벌였지만 도리아는 자신의 오스만 적수보다 우세했던 적이 거의 없었다. 1530년에 벌어진 첫 번째 전투가 이를 잘 보여준다. 카이르 알 딘의 군대는 1529년에 단기간의 포위공격으로 알제 만(灣)의 에스파냐 성채를 점령했다. 에스파냐 포로들은 노예로 강등되어 요새 해체에 동원되었고, 거기에서 나온 돌들은 알제의 항구를 보호하기 위한 방파제를 만드는 데에 사용되었다. 전략적인 요새를 빼앗긴 것에 분노한 카를 5세는 국무회의를 소집했다. 안드레아 도리아는 알제 바로 서쪽에 있는 셰르셸 항구의 공격을 제안했다. 1530년에 도리아의 군대가 셰르셸 인근에 상륙해서 수백 명의 기독교도 노예들을 석방시켰지만, 에스파냐와의 싸움에 목말라 있던 도시의 모리스코스들은 완강하게 저항했다. 카이르 알 딘이 구원군을 보내자 대규모의 오스만 함대와의 교전을 감수하고 싶지 않았던 도리아는 셰르셸에 에스파냐 병사들을 버려둔 채 함선들을 철수시켰다. 항전한 에스파냐인들은 죽임을 당했고 항복한 자들은 노예가 되었다. 이렇게 카이르 알 딘은 에스파냐에게 두 차례의 굴욕을 주었고, 알제에서의 그의 입지는 더욱 확고해졌다.

술탄에게도 한층 더 중요한 인물이 된 바르바로사는 1532년에 "위대한" 술레이만과의 알현을 위해서 이스탄불로 초청되었다. 44척의 선박을 이끌고 출발한 바르바로사는 가는 길에 제노아와 시칠리아 연안을 침략해서 18척의 기독교 선박을 약탈하고 불태웠다. 마침내 그가 이스탄불에 도착하자 술탄은 그를 궁으로 초청했다. 술탄 앞으로 안내된 카이르 알 딘은 땅에 엎드려 입을 맞추며 주군의 명을 기다렸다. 술레이만은 제독에게 일어나라고 명하며 그를 오스만 해군의 총사령관 즉 카푸단 파샤(Kapudan Pasha)이자 연해 지방의 총독으로 진급시켰다. 이스탄불에 있는 동안 왕궁에 머물던 카이르 알 딘은 해군 전략을 의논하기 위해서 정기적으로 술탄을 알현했다. 북아프리카에서 오스만 제국의 영토를 넓히고 에스파냐에 맞서 승리를 이끈 카푸단 파샤에게 감사를 표하기 위해서 술레이만은 황실 의식에서 카이르 알 딘의 터번에 황금 메달을 달아주는 최고의 영예를 베풀었다.[24]

이스탄불에서 귀환하자마자 카이르 알 딘은 다음에 있을 대전투— 튀니스의 정복 — 를 계획하기 시작했다. 그는 약 만 명의 병사로 이루어진 원정대를 이끌고 1534년 8월에 싸움 한 번 없이 튀니스를 점령했다. 이렇게 오스만이 튀니스에서 알제까지 북아프리카 연안을 지배하게 되면서 서부 지중해에서 카를 5세가 누리고 있던 제해권은 위험에 처하게 되었다. 안드레아 도리아는 황제에게 튀니스에서 해적들을 몰아내라고 조언했다. 이에 동의한 카를은 자신도 함대와 함께 출정했다. 그는 에스파냐와 독일, 이탈리아, 포르투갈 병사들— 약 2만4,000명의 군인과 1만5,000필의 말로 이루어졌다— 을 튀니스로 수송한 어마어마한 수의 갤리선과 갤리언 선, 무장상선, 푸스트 선, 함선, 브리간틴 선, 그밖의 군함들에 대한 기록을 남겼다. "우리는 하느님의 도움과 인도하심을 [기원하며] 출발했다……신의 도움과 호의로 바르바로사에 맞서 가장 효과적이며 가장 좋은 결과를 낼 수 있기를 바라며."[25]

엄청난 규모의 선단이 튀니스로 다가오자, 무적함대에는 대항할 수 없다는 사실을 잘 알고 있던 카이르 알 딘은 군을 철수시켰다. 튀니스는 이제 에스파냐 군의 수중에 들어갔다. 카를 5세는 고국으로 보낸 편지에서 에스파냐 군이 2만 명의 기독교도 노예들을 석방시켰다고 주장했다. 하지만 아랍 측의 주장에 따르면, 튀니스 학살 때 에스파냐 군은 적어도 2만 명의 지역 주민들을 죽였다. 전략적인 측면에서 튀니스의 정복으로 에스파냐는 서부 지중해로의 통로인 시칠리아 해협을 장악하게 되었다. 유일하게 남은 이슬람 거점은 알제였다.

1541년에 알제를 점령하여 이번에는 꼭 카이르 알 딘을 패퇴시키겠다는 일념으로 에스파냐는 엄청난 규모의 포위군을 동원했다. 10월 중순에 3만 6,000명의 병사 및 공성무기를 실은 65척의 갤리선과 400척이 넘는 수송선으로 이루어진 무적함대(Armada)가 항해에 나섰다. 알제리의 연대기 사가 사이드 무라드는 다음과 같이 기록했다. "선단이 바다 전체를 뒤덮었는데 그 숫자가 너무 많아 선박 전체를 헤아릴 수 없었다." 에스파냐에 맞서기 위해서 바르바리 해적들은 1,500명의 오스만 예니체리와 6,000명의 모리스코스, 수백 명의 비정규군을 모았다. 네 배 이상 많은 침략군과 싸워야 하는 카이르 알 딘의 상황은 절망적으로 보였다. 장교 중 한 명이 군사의 사기를 북돋우고자 이렇게 말했다. "기독교 선단의 규모는 어마어마하다……하지만 알라가 이슬람의 적과 맞서 싸우는 우리 무슬림들에게 주고 계신 도움을 잊지 마라."[26] 이 말이 사이드 무라드에게는 마치 예언처럼 생각되었다.

에스파냐가 침략하기 전날에 날씨가 갑자기 변하더니 거친 강풍이 에스파냐 선박들을 바위투성이인 해안가로 밀어붙였다. 용케 해안가에 무사히 도착한 병사들도 폭우에 흠뻑 젖은 상태였으며, 화약은 물에 젖어서 쓸 수 없게 되었다. 이러한 상황에서는 수비대의 칼과 화살이 더 효과적이었고, 흠뻑 젖어 사기가 떨어진 에스파냐 군은 150척의 선박을 잃고 1만2,000명의 병사가 죽거나 포로로 잡히자 퇴각할 수밖에 없었다. 에스파냐에 결정적인 패배를 안겨준 바르바리 해적들의 북아프리카에서의 입지는 더욱더 강화되었다. 이는 카이르 알 딘이 거둔 가장 위대한 승리였고, 이 사건은 오스만 시대 동안 매해 알제에서 경축되었다.

그로부터 5년이 지난 1546년에 카이르 알 딘 바르바로사는 80세의 일기로 사망했다. 바르바로사 덕분에 오스만 제국은 북아프리카 연안을 정복할 수 있었다. (비록 트리폴리와 튀니스를 최종적으로 정복한 이들은 16세기 후반에 그의 자리를 계승한 후임자들이었지만) 해적질을 통해 정복한 북아프리카에 대한 오스만의 통치방식은 다른 아랍 지역의 것과는 다를 수밖에 없었다. 카이르 알 딘의 사망 이후 수십 년 동안은 이스탄불에서 임명된 총독인 오스만 해군 제독과 오스만 예니체리 사령관이 권력을 나누어 가졌다. 17세기에는 알제에 정착해서 영구 거주민이 된 예니체리 사령관이 알제의 총독이 되었고 자문위원회, 즉 디완(diwan)을 통해서 통치했다. 그후 1671년에 권력이 다시 이동했다. 해군 제독이 예니체리 사령관을 대신해서 통치할 현지의 민간인 출신의 데이(dey : 서북 아프리카에 주둔하고 있던 오스만 예니체리 군단에서 선출된 대표자로서 술탄의 가신을 이른다/역주)를 임명했던 것이다. 이스탄불에서 파샤 즉 총독을 계속 임명했지만 그의 힘은 의례적인 것이었고, 수년 동안 데이가 실질적인 권력을 행사했다. 1710년 이후에는 데이가 파샤직마저 수행하게 되면서 북아프리카에 대한 이스탄불의 지배력은 점점 약화되었다. 반면 데이는 적은 양의 조공을 매해 오스만 정부에 바치는 대가로 완전한 자치를 누렸다.

서부 지중해에서 오스만과 에스파냐 간의 대립이 종식되고 나서도 한참이 지난 후에야 오스만 정부는 알제의 데이에게 북아프리카에 대한 통치를 맡기는 것을 완전히 수긍하게 되었다. 이스탄불에서 직접 관리하기에는 너무 멀었고 고도의 행정 비용을 감당하기에는 인구밀도가 너무 낮았기 때문에, 바르바리 연안은 오스만이 현지 엘리트들과의 협력 아래 통치하는 대표적인 아랍 지역이 되었다. 이를 통해서 오스만 제국은 전략적으로 중요한 무슬림 영토에 대한 통치권을 주장하면서도 적은 비용으로 많지는 않지만 계속적인 수입이 황제의 국고로 들어오도록 만들 수 있었다. 지중해의 해상세력들과 관련하여 오스만의 보호를 받으면서도 상당한 자치를 누렸던 알제의 데이들도 이러한 타협을 선호했다. 데이와 오스만이 북아프리카를 식민지화한 새로운 유럽의 시대에 저항할 힘을 상실하게 되는 19세기까지는 이와 같은 타협안이 양측 모두에게 도움이 되었던 것이다.

동부 지중해에서는 매우 다른 자치 제도가 발달했다. 레바논 산맥은 오랫동안 박해를 피해 도망쳐온 비정통 종파들의 피난처였다. 두 개의 종파, 즉 마론파와 드루즈파는 독자적인 통치체제를 고안했다. 마운트 레바논으로 알려진 레바논 고원은 1516년에 "냉혈한" 셀림의 정복으로 대(大)시리아(Greater Syria) 지역과 함께 오스만의 지배를 받게 되었지만, 오스만 정부는 산악 요새에서 지역 주민들의 자치를 허용했다.

마론파는 7세기 후반에 기독교 경쟁 분파— 그 당시에는 비잔티움 제국이었다— 의 박해를 피해 레바논 산맥 북쪽에 은신처를 마련했다. 중세 십자군을 후원했던 마론파는 그때부터 바티칸(교황청/역주)과 친밀한 관계를 유지했다. 1584년에 재능 있는 어린 마론파 신도들에게 신학을 가르치기 위해서 마론 칼리지가 로마에 개교하면서 마론파와 로마 가톨릭교회 간의 유대관계는 더욱 공고해졌다.

드루즈파는 11세기에 카이로에서 발원했는데, 반체제적인 시아파 무슬림의 일부가 이집트에서의 박해를 피해서 도망쳐왔다. 레바논 산맥 남부에 고립되어 살아온 그들은 독특하면서도 매우 비밀스러운 새로운 신앙 형태를 가지게 되었다. 종교 집단이자 정치 공동체로서 드루즈파는 마론파 기독교인들의 전적인 협력 아래 마운트 레바논의 정치질서를 장악했다. 드루즈파의 아미르 즉 통치자는 마운트 레바논의 특정 지역에 속해 있는 드루즈파와 마론파의 세습 귀족들을 엄밀한 위계질서를 통해서 지배했다.

마운트 레바논을 지배하게 된 오스만 술탄은 이 지역 고유의 봉건 질서를 유지하되 드루즈파의 통치자에게 술탄의 권위를 인정하고 연공을 바칠 것을 요구했다. 이 체제는 드루즈파가 내부 분열을 겪으면서 오스만 지배에 위협을 제기할 때까지 잘 운영되었다. 하지만 이 모든 상황이 아미르 파크르 알 딘 2세의 등장과 함께 달라졌다.

마운트 레바논의 군주였던 파크르 알 딘 2세(1572년경-1635년)는 마치 마키아벨리 작품 속의 인물과 같은 사람이었다. 그의 수법은 확실히 오스만 동료들보다는 체사레 보르자의 것에 더 가까웠다. 파크르 알 딘은 지배 영토를 넓히고 수십 년 동안 권력의 자리를 지켜내기 위해서 폭력과 교활함을 적절히 조합해 사용했다. 심지어는 후손들을 위해서 자신의 치세 동안 일어난 위대한 사건들을 기록할 궁정 역사가를 임명하기도 했다.[27]

파크르 알 딘은 부친이 해안 도시 트리폴리(리비아의 트리폴리와는 다른 곳이다)에서 북부 레바논을 통치하고 있던 쿠르드족 경쟁 가문인 사이파에 의해서 암살당한 이듬해인 1591년에 권력을 잡았다. 그후 30년 동안 드루즈 군주는 사이파 가문에 대한 복수와 영토 팽창이라는 두 개의 목표를 가지고 일을 추진해나갔고, 동시에 오스만과도 좋은 관계를 유지했다. 자신이 다스리는 영토에 부과된 세금은 제때에 전액을 납부했다. 또한 다마스쿠스까지 행차해 훗날 이스탄불의 재상이 되는 다마스쿠스의 총독, 무라드 파샤에게 선물과 돈을 아낌없이 썼다. 이러한 연줄을 통해서 파크르 알 딘은 남부 항구 도시 시돈과 베이루트, 해안 평원, 마운트 레바논의 북부 지역, 동쪽으로는 베카 계곡까지 통치권을 확장하는 데에 성공했다. 1607년이 되면 드루즈 군주는 북부 팔레스타인 지방뿐만 아니라 지금의 레바논 영토 대부분을 지배하게 되었다.[28]

그의 소국이 커지면서 파크르 알 딘의 고민도 커졌다. 그가 다스리는 영토가 이제는 마운트 레바논 자치 지역을 넘어 오스만의 전적인 통제를 받고 있던 지역까지 확장되었기 때문이다. 이와 같은 전례 없는 팽창에 이스탄불 정계는 우려를 표했고, 파크르 알 딘의 지역 경쟁자들도 질투심을 느꼈다. 오스만의 모의로부터 자신을 보호하기 위해서 드루즈의 마키아벨리는 1608년에 피렌체의 메디치가와 동맹 조약을 체결했다. 메디치가는 경쟁이 심한 레반트 무역에서 특권적인 지위를 인정받는 대가로 파크르 알 딘에게 무기를 제공하고 요새화 작업을 돕기로 했다.

파크르 알 딘이 토스카나 쪽과 협약을 맺었다는 소식에 사람들은 당황했다. 그후 몇 해 동안 오스만은 레바논과 토스카나의 관계가 깊어지는 것을 우려의 눈길로 지켜보았다. 친구인 무라드 파샤가 적수인 나수흐 파샤에 밀려 재상직에서 물러나자 이스탄불에서의 파크르 알 딘의 위상도 약화되었다. 1613년에 드디어 조치를 취하기로 결심한 술탄은 파크르 알 딘을 축출하고 드루즈 소국을 해체하기 위해서 군을 파병했다. 레바논 항구들을 봉쇄하기 위해서 파견된 오스만군함은 드루즈 군주의 도주를 막고 토스카나 선박의 지원을 저지하고자 했다. 그러나 파크르 알 딘은 교묘하게 습격자들을 피해 뇌물을 주고서는 오스만 함대 너머로 빠져나갔다. 자문가 한 명과 시종 여럿을 거느리고 토스카나로 가기 위해서 두 척의 프랑스 갈레온과 플랑드르 선박을 임대했다.[29]

시돈에서 리보르노까지 53일간의 항해 끝에 파크르 알 딘은 토스카나 땅에 닿을 수 있었다. 그는 5년간의 망명 생활을 하면서 아랍과 유럽의 군주가 동등한 입장에서 만나 서로의 관습과 풍속을 세심하게 관찰할 수 있는 귀한 순간을 경험했다. 파크르 알 딘과 가신들은 메디치 궁의 운용과 르네상스 과학 기술의 현황, 주민들의 여러 관습들을 직접 목격했다. 드루즈 군주는 피렌체 평민들의 흔한 살림살이에서부터 오스만 저명인사의 초상화를 포함해서 메디치가의 뛰어난 예술 소장품에 이르기까지 자신이 목격한 그 모든 것들에 매료되었다. 피렌체 대성당을 방문했고 조토의 종탑과 지난 세기에 완성된 당대 가장 위대한 건축물 중의 하나인 그 유명한 브루넬레스키의 돔에도 올라갔다.[30] 그러나 피렌체에서 목격한 경이로운 것들에도 불구하고 이슬람 문화의 우월함과 오스만 제국이 당대 가장 강력한 국가라는 파크르 알 딘의 믿음은 결코 사라지지 않았다.

파크르 알 딘은 1618년에 고향으로 돌아왔다. 귀향의 시점은 신중하게 선택되었다. 오스만은 그 무렵 페르시아와 다시 교전 중이었기 때문에 그의 귀향을 알면서도 모르는 척할 수밖에 없었다. 파크르 알 딘이 부재했던 5년 동안 많은 것들이 달라져 있었다. 오스만 당국은 그의 가문의 통치 영역을 마운트 레바논의 남반부의 슈프 드루즈 지구로 제한했고, 드루즈 공동체는 파크르 알 딘이 누리던 것과 같은 패권을 한 가문이 장악하는 것을 막으려는 여러 경쟁 분파들로 나뉘어 있었다.

그러나 파크르 알 딘은 곧 오스만 정부와 지역 경쟁자들의 구상을 뒤엎어버렸다. 드루즈 군주는 돌아온 순간부터 마운트 레바논 주민들과 영토에 대한 영향력을 재정립하기 시작하여 북쪽 항구인 라타키아에서부터 레바논 고원 전역을 지나 남쪽으로는 팔레스타인과 요르단 강 너머까지를 포괄하는 개인 왕국을 재건했다. 과거에는 오스만 당국의 승인을 통해서 자신이 이룬 성취를 보장받았지만 이번의 영토 점령은 오스만 정부에 대한 직접적인 도전을 의미했다. 자신의 병사들이 전선에 배치된 오스만군을 물리칠 수 있을 것이라고 확신한 파크르 알 딘은 앞으로 5년 동안 점점 더 대담하게 오스만 당국과 대치했다.

파크르 알 딘의 군대가 1623년 11월에 다마스쿠스에서 파견된 오스만군을 패퇴시키고 안자르 전투에서 총독 무스타파 파샤를 생포하면서 파크르 알 딘의 권력은 정점에 도달했다.[31] 드루즈 병사들은 포로가 된 다마스쿠스의 총독을 끌고 다니며, 베카 계곡 위의 바알베크 마을까지 적들을 추격했다. 병사들이 바알베크를 포위공격하고 있을 때, 파크르 알 딘은 총독의 석방 협상을 위하여 다마스쿠스에서 온 저명인사들로 꾸려진 사절단을 맞았다. 드루즈 아미르는 12일이나 협상을 질질 끌면서 포로 석방이 있기 전에 그가 목표로 했던 영토를 모두 손에 넣었다.

그러나 오스만-페르시아 전쟁이 1629년에 끝나자 이스탄불은 동쪽으로는 시리아 사막까지 그리고 북쪽으로는 아나톨리아 근처까지 국경을 확장한 마운트 레바논의 반역자 드루즈 군주를 다시금 주목했다. 파크르 알 딘은 1631년에 매우 오만한 태도로 오스만 부대가 "자신의" 영토에서 겨울을 보내는 것을 허용하지 않았다. 이를 계기로 오스만은 말을 듣지 않는 드루즈 가신을 제거하기로 결심했다.

설상가상으로 늙은 파크르 알 딘은 베두인족과 오랜 적수인 트리폴리의 사이파 가문, 다른 드루즈 경쟁 가문들로부터도 상당한 도전에 직면하게 되었다. 술탄 무라드 4세의 강력한 선도 아래, 오스만은 점점 커지고 있던 파크르 알 딘의 고립을 틈타 1633년에 다마스쿠스에서 군대를 파병해 드루즈 군주를 제거하려 했다. 그의 지지자들은 수년간 계속된 싸움에 지쳐있었던 듯하다. 또한 파크르 알 딘이 이스탄불의 공식 서한을 갈수록 대놓고 무시하자 그의 판단력에 대한 신뢰 역시 흔들렸던 것 같다. 오스만군이 진군해 왔지만 드루즈 병사들은 싸우러 나오라는 군주의 부름을 외면했고, 파크르 알 딘과 그의 아들들은 홀로 오스만군과 대적해야만 했다.

도망자 신세가 된 군주는 드루즈 중심부 깊숙한 곳에 있는 슈프의 산속 동굴에 피난처를 마련했다. 고원까지 쫓아간 오스만 사령관들은 그들을 은신처 바깥으로 유인하기 위해서 불을 놓아 연기를 피웠다. 결국 파크르 알 딘과 그의 아들들은 체포되어 이스탄불로 호송되었고, 1635년에 처형당했다. 이로써 파크르 알 딘의 비범한 성공은 막을 내렸고 아랍 지역에 대한 오스만의 통치권을 위협했던 위험도 사라졌다.

파크르 알 딘이 제거되자 오스만은 마운트 레바논 고유의 정치체제로 돌아가는 것에 기꺼이 동의했다. 하지만 기독교도와 드루즈인이 섞여 살던 지역의 주민들에게 다수의 수니 무슬림들을 위해서 고안된 통치체제는 잘 맞지 않았다. 그럼에도 지역 통치자가 오스만 체제 내에서 움직이는 한, 오스만 정부는 아랍 지방 행정의 다양성을 흔쾌히 인정했다. 레바논의 봉건 질서는 이스탄불에 별다른 문제를 일으키지 않은 채로 19세기까지 그대로 유지되었다.

셀림 1세의 정복 이후 한 세기 동안, 이집트에서는 독특한 정치질서가 발달했다. 맘루크 왕조가 무너졌음에도 맘루크는 군사계급으로 살아남아 오스만 이집트의 지배 엘리트의 핵심세력이 되었다. 맘루크들은 자신의 가문의 명맥을 유지했고, 병사들의 충원을 위해서 어린 노예 신병을 들여오는 관행을 계속하며, 자신들의 군사적 전통도 보존했다. 맘루크를 섬멸할 수 없었던 오스만은 이집트 행정체제 안으로 그들을 끌어들일 수밖에 없었다.

1600년대에 이미 맘루크 베이(bey : 군장교를 지칭하는 튀르크어로 소규모 관할 지역의 관료 혹은 통치자를 지칭하기도 한다/역주)들은 오스만의 이집트에서 행정 요직을 차지하고 있었다. 재무를 담당하거나, 매해 메카 순례단을 통솔하는 일을 맡거나, 아라비아의 히자즈 총독으로 임명되었으며, 지방 행정에 대한 실질적인 독점권을 행사했다. 이처럼 요직을 차지한 맘루크들은 명성을 얻었고 더욱더 중요한 사실은 이를 통해 주요 수입원에 대한 통제권도 장악했다는 것이다.

17세기에는 맘루크 베이들이 이집트 군사 최고위직의 일부도 차지하게 되고, 그 결과 이스탄불에서 파견된 오스만 총독이나 군 장교들과 직접적으로 경쟁하게 되었다. 유럽 변경에서의 긴박한 상황으로 인해서 초조해진 오스만 정부는, 이집트에서 맘루크와 오스만 지명자 간의 세력 균형을 재조정하기보다는 현 질서를 유지하고 부유한 지방에서 들어오는 정기적인 세수(稅收)를 안정적으로 걷는 데에 더욱 관심이 많았다. 이에 총독은 카이로의 불안정한 정치 속에서 자신이 살아남을 수 있는 길을 나름 모색해야만 했다.

　저명한 맘루크 가문들 간의 경쟁관계가 격심한 분파주의를 초래하고 있었기 때문에, 오스만이나 맘루크나 모두 카이로의 정치를 예측할 수 없었다. 17세기에 파카리(Faqari)와 카시미(Qasimi)라는 주요한 두 분파가 등장했다. 오스만 기병과 연계되어 있던 파카리 분파는 흰색과 석류열매를 대표 색과 상징으로 사용했다. 반면 카시미 분파는 이집트 현지 출신의 병사들과 연계되어 있었으며 빨간 색과 원반을 대표 색과 상징으로 선택했다. 또한 각 분파는 각기 다른 베두인족과 동맹을 맺었다. 이들 분파의 기원은 신화 속으로 사라졌지만, 17세기 말 그들 간의 차이는 더욱더 분명해졌다.

　오스만 총독은 이 분파들을 반목시켜서 맘루크를 무력화하고자 했다. 하지만 오히려 이것이 불이익을 당한 맘루크 분파가 오스만 총독을 타도하는 실질적인 계기가 되었다. 연대기 사가 아흐마드 카트후다 알 다무르다시(그 자신도 맘루크 장교였다)가 다루었던 시기인 1688년에서 1755년 사이에 맘루크 분파들은 34명의 오스만 이집트 총독 중에서 8명을 물러나게 하는 데에 성공했다.

오스만 총독에 대한 맘루크의 영향력이 어느 정도였는지를 1729년에 있었던 파벌 간의 음모 사건을 통해서 짐작해볼 수 있다. 파카리파의 우두머리인 자인 알 파카르는 적수인 카시미에 대한 군사작전 계획을 세우기 위해서 장교들을 소집했다. "우리는 원정대에 지급할 500퍼스(purse)를 총독에게 지급하라고 요구할 것이오." 자인 알 파카르는 수하들에게 말했다. "수락한다면 그는 우리의 총독으로 남겠지만. 거부한다면 자리에서 물러나게 될 것이오."
파카리파는 오스만 총독에게 사절단을 보냈으나 카시미파에 맞선 군사작전
비용의 지급은 거절당했다. "악당을 총독으로 인정할 수 없소"라며 자인 알
파카리는 추종자들에게 분노하며 말했다. "그를 퇴위시킵시다." 파카리파에
게 어떤 권한도 없었음에도 그들은 오스만 총독이 면직되었고 부총독으로
대체되었다는 짤막한 보고서를 자진하여 이스탄불로 보냈다. 그러고는 막 취
임한 부총독에게 카시미파에 맞서는 작전 자금을 지급하도록 강제했다. 수에
즈 항구의 세관 수입에서 떼어온 이 자금은 카이로를 방어하기 위해서라는
명목하에 합리화되었다.[32]

　맘루크들은 경쟁 세력에게 엄청난 폭력을 사용했다. 파카리파가 큰 싸움을
준비하고 있다는 것을 너무도 잘 알고 있던 카시미파가 선수를 쳤다. 1730년
에 카시미는 경쟁 상대의 우두머리인 자인 알 파카르에게 자객을 보냈다. 자
객은 파카리파와 사이가 벌어지자 카시미파로 합류한 변절자였다. 경찰로 변
장한 자객은 자인 알 파카르의 적들 중의 한 명을 붙잡은 척했다. "그를 이곳
으로 데리고 와라" 자인 알 파카르는 적을 직접 보려고 명을 내렸다. "대령했
습니다"라는 말과 함께 자객은 권총을 꺼내 파카르의 심장을 겨누어 발사했
고, 그는 즉사했다.[33] 자객과 공범 일당은 파카리파의 우두머리 집에서 빠져
나오면서 여러 명을 더 살해하고 도망쳤다. 이 사건으로 두 파벌간의 엄청난
불화가 시작되었다.

　파카리파는 무함마드 베이 카타미쉬를 새로운 지도자로 추대했다. 무함마
드 베이는 최고 서열의 맘루크가 되어 셰이크 알 발라드, 즉 "도시의 사령관"
이라는 직함을 가지게 되었다. 무함마드 베이는 파카르 암살에 대한 보복으
로 카시미파와 연계된 모든 맘루크들을 섬멸하라고 명령했다. "너희들 중에
카시미의 첩자가 있다"며 무함마드 베이는 가신들 중 운이 없는 한 남자를
지목했다. 그 남자는 변명할 기회조차 없이 무함마드 베이의 병사들에게 탁
자 밑으로 끌려가 머리가 잘렸다. 그는 자인 알 파카르의 죽음에 대한 보복으
로 살해된 첫 번째 사람이었다. 1730년에 살육이 끝날 때까지 더 많은 사람들

이 목숨을 잃었다.

　무함마드 베이는 자인 알 파카르가 임명한 부총독의 도움을 받아, 파카르 암살에 가담한 혐의가 있는 373명을 처형할 수 있는 허락을 받아냈다. 그것은 카시미파를 일소할 수 있는 허가증이었다. "무함마드 베이 카타미쉬는 교외로 도망친……사람들을 제외하고는 카시미파를 완전히 전멸시켰다"라고 알 다무르다시는 기록했다. "그는 심지어 사춘기에도 이르지 않은 어린 맘루크들도 집에서 끌어내, 나일 강 한가운데에 있는 섬으로 보내 죽인 후 시신을 강에 던져버렸다." 무함마드 베이는 카시미파가 다시는 카이로에 발을 붙이지 못하도록 하겠다며 가문을 멸족시켰다.[34]

　그러나 카시미파를 제거하는 일은 무함마드 베이가 생각했던 것보다 훨씬 더 어려운 일이었다. 1736년에 카시미파는 파카리파에게 보복하기 위해서 돌아왔다. 그들은 오스만 총독 바키르 파샤의 도움을 받았다. 파카리파 때문에 이집트 총독직에서 축출당한 바키르 파샤는 임기를 다 마치지 못했다. 따라서 그가 카시미파의 조력자가 된 것은 당연한 귀결이었다. 바키르 파샤는 무함마드 베이와 파카리파의 주요 맘루크들을 권총과 칼로 무장한 카시미파가 잠복해 있는 곳으로 초청했다. 무함마드 베이가 도착하자마자 카시미 일당은 파카리파 우두머리의 복부에 총을 쏘고 사령관들을 살해했다. 모두 합쳐서 카이로에서 최고의 권력을 쥔 사람들 중 10명을 죽인 그들은 참수한 머리를 도시의 주요 모스크 중 한 곳에 쌓아놓고 공개 전시했다.[35] 모든 면에서 이것은 오스만 이집트 역사상 최악의 학살 사건 중의 하나였다.[36]

　수년간의 파당싸움으로 세력이 약화된 파카리파와 카시미파는 카이로에서 우월한 입지를 지킬 수 없었다. 경쟁을 벌이던 이 두 파벌은, 남은 18세기 동안 오스만 이집트를 지배하게 될 카즈두글리(Qazdughli)라는 맘루크 가문에게 추월당했다. 카즈두글리의 부상으로 파벌간의 극단적인 폭력이 약화되면서 반목으로 찢긴 도시에 다소나마 평화가 찾아왔다. 오스만은 부유하지만 제멋대로인 이집트 지역에 결코 완전한 영향력을 행사하지 못했다. "냉혈한" 셀림이 맘루크 제국을 정복한 후에도 맘루크 가문들이 계속해서 오스만 총독보다 정치적 우위를 가지는 독특한 정치 문화가 오스만 이집트에 등장했다. 레바논과 알제리에서처럼 이집트에서도 오스만의 통치방식은 지역 정치에 순응했다.

맘루크 제국을 정복한 후 2세기 동안 오스만 제국은 북아프리카에서 아라비아 남부까지 성공적으로 영토를 확장했다. 그러나 그 과정이 결코 쉽지는 않았다. 아랍 지역에서 정치체제를 표준화할 생각이 없었던 또는 표준화 할 수 없었던 오스만은 많은 경우 지역 엘리트들과 협력을 통하여 통치하는 방식을 택했다. 각각의 아랍 지역들은 이스탄불과 각기 다른 관계를 맺으며 각양각색의 행정 구조를 만들어냈지만, 그들 모두는 분명히 하나의 제국의 일부였다. 이러한 이질성은 오스트리아-헝가리 제국이나 러시아 제국처럼 당대의 다종족적이고 다종파적인 제국들의 공통점이었다.

18세기 중반까지 오스만은 이와 같은 다양성을 상당히 성공적으로 다루었다. 많은 도전들에 직면했지만 — 특히 마운트 레바논이나 이집트에서 — 지역 통치자들이 오스만 중앙에 계속적인 위협을 가하지 못하도록 하면서도 오스만 지배를 확립시키기 위한 다양한 전략들을 성공적으로 동원했다. 그러나 중앙과 아랍 주변부 간의 역학관계가 18세기 후반에 달라졌다. 새롭게 등장한 지역 통치자가 세력을 규합하여, 종종 오스만 제국의 유럽 적국들과 협력하며 오스만 체제에 반하는 자치를 추구하기 시작했던 것이다. 이러한 새로운 지역 통치자들은 오스만 국가에 실질적인 위협을 제기하며 19세기경에는 제국의 생존을 위험에 빠뜨렸다.

2
오스만 지배에 맞선 아랍의 도전

도시의 이발사는 그곳에서 벌어지는 모든 일을 알게 된다. 각계각층의 사람들과의 대화가 그의 일상을 차지하고 있기 때문이다. 아흐마드 알 부다이리 "알 할라크(이발사)"가 남긴 일기에 의하면, 그는 18세기 중반의 다마스쿠스의 정치와 사회에 대해서 조예가 깊고 대단히 이야기를 좋아하는 사람이었다. 일기 속에 담긴 쟁점들은 어느 곳에나 있음직한 이발소의 대화 주제로 친숙한 것들이다. 지역 정치와 높은 물가, 날씨, 상황이 예전의 호시절 같지 않은 것에 대한 일반적인 불평들……

　일기에 쓰인 것 외에는 다마스쿠스의 이발사, 부다이리의 삶에 대해서 거의 알 수 없다. 당대의 인명사전 즉 오스만 시대의 "인명록"에 등장하기에는 너무 평범한 사람이었기 때문이다. 그렇기에 그의 일기는 더욱더 주목할 만하다. 자신의 생각을 문서 기록으로 남겨 놓은 것은 말할 것도 없고, 18세기에 장인(匠人)이 읽고 쓸 수 있었다는 것도 결코 평범한 일이 아니다. 다른 사람에 대해서 쓰는 것을 더 좋아했던 이발사는 자기 자신에 대해서는 거의 언급하지 않았다. 따라서 그가 언제 태어나 언제 사망했는지 우리는 알 수 없다. 하지만 1741년부터 1762년까지 쓰인 일기는 그가 성인이 되어서 기록한 것이 분명하다. 신실한 무슬림이었던 부다이리는 신비주의 수피 교단에 소속되어 있었다. 결혼을 했고 아이들이 있었지만, 가족의 일상에 대해서는 거의 말하지 않았다. 자신의 직업을 자랑스러워했던 그는 일을 가르쳐준 스승을 존경했고 자신이 이발한 저명인사들을 기억했다.

　다마스쿠스의 이발사는 충실한 오스만 신민이었다. 1754년에는 술탄 마흐무드 1세(치세 1730-1754)의 사망소식을 듣고 다마스쿠스 사람들이 받은 충격에 대해서 기록했다. 술탄의 후계자, 오스만 3세(치세 1754-1757)의 등극을 축하하는 공식축전에 대해서도 기록했는데, 다마스쿠스는 "사람들이 기억하는 그 어느 때보다도 아름답게 꾸며졌다. 신께서 이 오스만 국가를 영원히 보호하시길. 아멘"이라고 기도했다.[1]

이발사가 오스만 국가의 보존을 기도한 데에는 그만한 이유가 있었다. 국정운영에 관한 오스만의 개념에 따르면 훌륭한 통치는 "형평성의 순환(circle of equity)"으로 표현되는, 상호 연관된 네 가지 요소가 섬세하게 균형을 이룰 때 가능하다. 우선, 국가는 권위를 행사하기 위해서 대군(大軍)이 필요하다. 대군을 유지하기 위해서는 막대한 비용이 드는데, 국가의 유일한 고정적 재원은 세금이다. 세금을 징수하기 위해서 국가는 신민의 번영을 촉진해야만 한다. 그리고 신민의 번영을 위해서 국가는 반드시 정의로운 법을 보장해야 한다. 이렇듯 한 바퀴를 돌면 다시 국가의 책무라는 원점으로 돌아오게 된다. 당시 오스만 정치분석가 대부분은 이 네 요소 중의 하나가 무시되었을 때 정치적 무질서가 발생한다고 설명했다. 부다이리는 18세기 중반에 다마스쿠스에서 벌어지고 있는 일들을 목격하면서 오스만 제국이 심각한 곤란에 처해 있다고 확신했다. 총독은 부패했고, 군인들은 제멋대로이며, 높은 물가에, 정부의 권위가 낮아지면서 공중도덕도 약화되어 있었다.

문제의 뿌리가 다마스쿠스의 총독들에게 있었음은 거의 틀림없다. 제국의 표준화된 관행에 따라서 부다이리 시대의 다마스쿠스도 이스탄불의 술탄이 위임하여 파견한 오스만 튀르크인이 아닌 지역명문가의 통치를 받고 있었다. 권력을 장악하고 있던 아즘(Azm) 가문은 17세기에 중부 시리아의 하마 인근에서 모은 광대한 농지를 통해서 부를 쌓았다. 그후 다마스쿠스에 정착한 아즘 가(家)는 도시의 부유하고 강력한 일가 중의 하나가 되었다. 1724년에서 1783년 까지 5명의 아즘 가 출신이 다마스쿠스를 통치했는데, 그 기간을 다 합치면 무려 45년에 이른다. 또한 여러 명의 아즘 가 출신들이 시돈과 트리폴리, 알레포 지방의 통치도 겸임했다. 요컨대, 시리아 지방을 지배한 아즘 가는 18세기에 아랍 지방에서 부상한 주요 지역세력 중의 하나였다.

오늘날 우리는 아랍인들이 오스만 관료보다는 동족인 아랍인의 통치를 선호했을 것이라고 생각하기 쉽다. 하지만 18세기의 오스만 관료들은 술탄의 종복으로서, 적어도 이론상으로는 국가에 온전히 충성하며 사리사욕에 매이지 않고 통치하려고 했다. 반면 아즘 가는 개인과 가문의 이해관계를 대놓고 추구했으며 부를 축적하고 오스만 국가를 발판 삼아 자신들의 왕국을 건립하는 데에 높은 직위를 이용했다. 그 결과 "형평성의 순환"은 깨졌고, 상황은 나빠지기 시작했다.

부다이리는 다마스쿠스에서의 아즘 가 통치의 강점과 약점에 대해서 길게 논했다. 부다이리가 일기를 쓴 대부분의 기간 동안의 통치자는 아사드 파샤 알 아즘이었다. 14년(1743-1757)이라는 그의 치세 기간은 오스만 다마스쿠스 총독 중에서 가장 길었다. 이발사는 아사드 파샤를 극찬했지만 비판할 점도 많다고 생각했다. 도시의 부를 약탈하는 아즘 가의 총독들을 비난하며 군대의 무질서와 공중도덕 붕괴의 책임도 그들에게 있다고 지적했다.

법과 질서를 준수하고 군기가 확실했던 군은 아즘 가의 통치 속에서 무질서한 오합지졸로 변질되었다. 다마스쿠스의 예니체리는 두 그룹으로 분열되어 있었다. 하나는 이스탄불 중앙에서 파견된 카프쿨루(kapıkulları)였고 다른 하나는 다마스쿠스 출신의 예를리예(yerliyye)였다. 그 외에도 쿠르드족과 튀르크멘인, 북아프리카인으로 구성된 많은 비정규군이 있었다. 서로 다른 군단들은 항시 충돌했으며, 도시의 평화를 심각하게 저해했다. 1756년에는 아마라 지역 주민들이 다마스쿠스 출신의 지역 예니체리들과 싸우던 중앙에서 파견된 예니체리 편을 드는 바람에 큰 피해를 입었다. 지역 예니체리들이 아마라 지구 전역의 주택과 상점에 불을 질러 보복에 나선 것이다.[2] 부다이리는 군인들이 다마스쿠스 주민들을 공격하고 심지어는 살인도 저질렀지만 어떤 처벌도 받지 않은, 수많은 경우들을 열거했다. 불안이 고조되자 도시민들은 가게를 닫고 집에 은둔했으며 그 결과 도시의 경제는 마비되었다. 이발사의 일기는 치안 세력이 오히려 평범한 다마스쿠스 주민들과 재산에 얼마나 큰 위협이 되었는가를 생생하게 묘사했다.

부다이리는 또한 다마스쿠스의 고질적인 비싼 식료품 가격에 대한 책임도 아즘 가에 있다고 생각했다. 아즘 가의 총독들이 시장 규제와 공정한 가격 보장에 실패했을 뿐만 아니라 사실상 지위를 남용하여 대토지 보유자로서 사익을 극대화하고자 매점(買占)으로 인위적인 곡물 부족을 야기했다고 부다이리는 주장했다. 한때 빵 가격이 떨어지자, 아사드 파샤는 아즘 가의 재원이었던 밀 시장을 보호하기 위해서 수하들을 보내 제빵사들이 빵 가격을 인상하도록 압박했다.[3]

다마스쿠스의 일반 민중들은 배고픔에 굶주리는데 아즘 가 총독들은 부를 축적하고 있다며 부다이리는 일기에서 비난했다. 아사드 파샤의 전형적인 권력 남용 사례는 지금도 남아 있는, 다마스쿠스의 중심부에 건립된 궁전에서 볼 수 있다. 이 사업은 도시의 모든 건축자재와 숙련된 벽돌공 및 장인(匠人)들을 집어삼켰으며 다마스쿠스의 일반 건축비용마저 인상시켰다. 아사드 파샤는 건축업자들에게 소유주나 역사적 가치와는 관계없이 도시의 오래된 집이나 건물에서 귀중한 건축자재들을 떼어오라고 명했다. 이 사업은 아사드 파샤의 탐욕을 고스란히 보여주었다. 부다이리에 따르면, 아사드 파샤는 자신의 어마어마한 재산을 은닉하기 위한 셀 수 없이 많은 장소들을 궁전의 "바닥과 벽, 천장, 저수지, 심지어는 화장실"에도 만들었다.[4]

군 기강의 붕괴는 아즘 가 총독들의 탐욕과 합쳐져서 공중도덕의 심각한 퇴보로 이어졌다고 부다이리는 생각했다. 오스만 국가의 정당성은 이슬람 가치를 높이고 수니 이슬람의 가르침 안에서 신민들이 살아가는 데에 필요한 제도들을 유지하는 능력에서 상당 부분 기인했다. 따라서 공중도덕의 붕괴는 국가 권위 약화의 명백한 징후였다.

부다이리가 보기에는 도시 매춘부들의 뻔뻔한 행동만큼 공중도덕의 타락을 잘 보여주는 증거도 없었다. 다마스쿠스는 보수적인 도시였고, 정숙한 여성은 머리를 가리고 단정하게 옷을 입었으며, 가족 이외의 남성들과 어울릴 기회가 거의 없었다. 다마스쿠스의 매춘부들은 이러한 관행들을 전혀 지키지 않았다. 이발사는 술 취한 군인들과 흥청대며 얼굴과 머리를 드러낸 채로 거리와 시장을 활보하는 술에 취한 매춘부들에 대해서 자주 불평했다. 다마스쿠스의 총독은 여러 차례 도시에서 매춘을 금지하고자 했지만 효과가 없었다. 도시의 군인들의 보호에 대담해진 매춘부들이 명령에 따르지 않았기 때문이다.

다마스쿠스의 주민들은 도시의 매춘부를 받아들였을 뿐만 아니라 심지어는 숭상했던 것 같다. 살문이라는 한 아름다운 젊은 여인이 1740년대의 다마스쿠스 주민들을 완전히 사로잡았는데, 그녀의 이름은 지역의 은어 속에서 세련되고 아름다운 모든 것을 이르는 대명사로 쓰일 정도였다. 매우 세련된 옷은 "살문 드레스", 신기한 보석은 "살문 보석"이라고 불렸다.

살문은 권위에 도전한 거침없는 젊은 여성이었다. 비제의 오페라 「카르멘 (Carmen)」을 연상시키는 한 장면처럼, 살문이 1744년의 어느 날 오후에 다마스쿠스의 중심지에서 한 카디(qadi : 이슬람 법정의 재판관/역주)와 스쳐지나갔다. 술에 취해 있던 그녀는 마침 칼을 지니고 있었다. 카디의 수하들이 그녀에게 길을 비키라고 소리치자 살문은 비웃으며 칼로 카디를 공격했다. 카디의 수하들은 그녀를 막지 못했다. 카디는 관헌당국으로 하여금 살문을 체포하여 폭행죄로 처형하게 했다. 그리고 다마스쿠스 거리 곳곳으로 포고자들을 보내 모든 매춘부들을 죽이라는 명을 내렸다. 많은 여성들이 도망치거나 몸을 숨겼다.[5]

그러나 금지령은 오래가지 못했고, 다마스쿠스의 매춘부들은 곧 거리로 돌아와 베일도 쓰지 않은 채 자유롭게 돌아다녔다. "당시 부패는 만연했고 신의 종복들은 억압을 받았으며 매춘은 밤낮으로 시장에 확산되었다"라고 이발사는 1748년의 일기에 썼다. 그는 지역의 한 성인을 기리기 위해서 열린 매춘부들의 행진을 종교 가치에 대한 모독으로 묘사하며, 이를 묵인하는 듯 보였던 다마스쿠스의 대중에게도 분노했다. 한 매춘부가 병에 걸린 젊은 튀르크 군인과 사랑에 빠졌다. 그녀는 연인의 건강이 돌아온다면 성인에게 경의를 표하기 위해서 기도 시간을 준수하겠다고 맹세했다. 군인이 회복되자 그녀는 그 약속을 지켰다.

그녀는 자신처럼 죄 많은 소녀들과 함께 행렬을 지어 초와 향로를 들고 시장을 지나갔다. 그 무리들은 얼굴도 가리지 않았고 어깨 위로 머리를 늘어뜨린 채 노래하며 탬버린을 쳤다. 사람들은 거부감 없이 이를 쳐다보았다. 의로운 자만이 목소리를 높여 "알라후 아크바르[Allahu akbar, 신은 위대하시다]"라고 외쳤을 뿐이다.[6]

행진 이후 얼마 지나지 않아 시당국은 다시 한번 매춘 금지령을 내렸다. 도시 구역장들은 의심스러운 사람을 보고하라는 명을 받았고, 도시의 포고자들은 베일을 올바르게 착용하라고 여성들에게 외치며 돌아다녔다. 그러나 이 새로운 명령이 있은 지 얼마 안 되어 "우리는 여느 때처럼 골목과 시장을 돌아다니는 그 소녀들을 보았다"라고 이발사는 주장했다. 그 당시 총독이었던 아사드 파샤 아즘은 대담한 매춘부들을 쫓아내려는 노력을 포기하고 대신에 그들로부터 세금을 걷기로 했다.

아즘 가의 총독들은 자신들의 부를 축적하기 위해서 민중을 피폐하게 만들었고 권력을 남용하면서도 악을 일소하거나 명목상 수하에 있던 군인들을 통제하지 못했다. 다마스쿠스의 이발사는 깊이 낙담했다. 이러한 사람들이 통치하는 국가가 과연 오랫동안 지속될 수 있을까?

18세기 중반에 오스만과 아랍은 중대한 갈림길에 서게 되었다.

얼핏 보면, 오스만은 아랍 지역을 제국 안으로 흡수하는 데에 성공한 듯했다. 2세기 동안 오스만은 통치지역을 넓혀서 아라비아 반도 최남단 끝에서 북서 아프리카의 모로코 변경까지 아우르게 되었다. 아랍인들은 누구나 오스만 술탄을 합법적인 통치자로 인정했다. 금요일마다 술탄의 이름으로 기도했고 술탄을 위해서 싸울 병사를 제공했으며 술탄의 대리인에게 세금을 냈다.

농촌에서 땅을 경작하던 아랍 신민 대다수와 도시에서 수공업이나 상업에 종사하던 도시민들은 오스만의 사회적 합의를 따랐다. 그 대가로 아랍인들이 바라던 것은 생명 및 재산의 안위와 이슬람 가치의 보존이 전부였다.

그런데 중요한 변화가 아랍 지역에서 일어나고 있었다. 오스만 치세 초기에는 데브쉬르메, 즉 "소년 징집"을 통해서 모집된 노예 엘리트들이 독점했던 고위직에서 자유민 무슬림이었던 아랍인들은 배제되었었다. 하지만 18세기 중반에는 이미 많은 지역 명사들이 지방의 최고 행정직에 올랐고 "파샤(pasha : 재상이나 군사령관, 총독 같은 고위 관료/역주)"라는 직함을 받게 되었다. 다마스쿠스의 아즘 가문의 예는 이집트에서 팔레스타인과 마운트 레바논을 지나 메소포타미아와 아라비아 반도에 이르기까지 확산되고 있던 광범위한 현상의 하나에 지나지 않았다. 지역 통치자의 등장으로 많은 세금이 지역 군인들이나 총독의 건축 사업에 소요되었기 때문에, 아랍 지역에 대한 이스탄불의 영향력은 줄어들었다. 이러한 현상이 아랍 지역 곳곳으로 확산되고 누적되면서, 오스만 제국의 보전은 점점 더 큰 위기를 맞게 되었다. 지역 통치자들이 급증하면서 18세기 후반에 아랍 지방 곳곳에서 이스탄불의 지배에 맞서 반란을 일으켰기 때문이다.

아랍 지역 통치자들의 출신 배경은 맘루크 가문의 수장에서부터 부족장이나 도시 명사에 이르기까지 다양했다. 그들은 오스만이 일하는 방식에 대한 불만보다는 개인적인 야심에 사로잡혀 있었다. 그들은 모두 하나같이 부유한 대토지 소유자였다. 오스만의 토지 관행의 변화를 이용해서 평생을 소유하고 어떤 경우에는 자식들에게도 물려줄 수 있는 대규모 사유지를 조성했다. 그들은 또한 자신의 필요를 충족시키기 위해서 토지 수익을 정부의 국고로부터 빼돌렸다. 사치스러운 궁전을 지었고 권력 강화를 위해서 사병(私兵)을 키웠다. 이 때문에 이스탄불은 손해를 입었지만, 아랍의 지역 경제는 실질적인 이득을 보았고 장인(丈人)과 민병(民兵)에 대한 후원 확대로 지역 통치자의 힘은 더욱 커졌다.

이러한 지역 명사들이 아랍 지방에서만 등장한 것도 아니었고 — 유사한 통치자들이 발칸과 터키 아나톨리아 지역에서도 출현했다 — 아랍 영토는 어느 모로 보나 이스탄불에게 덜 중요한 지역이었다. 오스만은 아랍 지방보다는 발칸이나 아나톨리아의 세입과 군대에 더욱 의존하고 있었다. 게다가 아랍 지역은 이스탄불에서 멀리 떨어져 있었기 때문에 중앙정부는 소소한 반란을 진압하는 데에 군대나 자원을 할애할 생각이 별로 없었다. 이스탄불은 다마스쿠스나 카이로의 통치자들이 일으킨 문제보다는 빈이나 모스크바의 도전을 더 우려했다.

18세기에 오스만 제국은 아랍 지방에서 발생할지도 모르는 문제보다는 유럽 이웃 국가들의 위협에 더 큰 위기감을 느끼고 있었다. 오스트리아의 합스부르크가는 오스만의 정복 이전 상태로 유럽을 되돌려 놓고 있었다. 1683년까지 오스만이 빈의 관문에서 압박을 가했었다. 하지만 1699년 오스트리아는 오스만을 격퇴하고 카를로비츠 조약 — 오스만은 처음으로 영토 상실을 경험했다 — 을 통해서 헝가리와 트란실바니아, 폴란드의 일부를 보상받았다. 러시아의 표트르 대제는 흑해 지역과 코카서스에서 오스만을 압박했다. 바그다드와 다마스쿠스의 지역 명사들의 문제는 이와 같은 상황이 제기한 엄청난 위협에 비한다면 아무 것도 아니었다.

오스만군이 유럽 군대에게 패하자 오스만 제국 내의 지역 통치자들은 더욱더 대담해졌다. 지역 통치자들이 강해질수록 아랍 지방으로 파견된 오스만 관료들을 향한 아랍 신민의 존경심과 복종심은 엷어졌다. 또한 정부 관리들은 법을 무시하고 현지 출신의 병사들이나 지역 통치자의 사병들과의 난투에 빠진 술탄의 군대에 대한 통제력도 상실했다. 결국 군인들의 이러한 불복종은 전통적으로 공공질서의 수호자 역할을 해왔던 이슬람 재판관과 학자들의 권위 훼손으로 이어졌다. 오스만 정부의 무능함을 목격한 지역 주민들은 자신의 안위를 보장해줄 지역 통치자들에게 점점 의지하게 되었다. 바스라의 한 기독교 지역 상인은 다음과 같이 썼다. "아랍인들의 수장은 존경과 경외를 받지만, 그 누구도 오스만을 두려워하지 않는다."[7]

신민의 경외심을 상실한 국가는 곤경에 처하기 마련이다. 연대기 사가 압드 알 라흐만 알 자바르티는 18세기 이집트의 맘루크에 대한 오스만 정부의 통제력 상실을 분석하면서, "만약 이 시대가 병에 소변을 받아온다면, 시대의 의사는 당대가 앓고 있는 질병을 진단할 수 있을 텐데"라고 썼다.[8] 지역 통치자의 출현은 오스만 질환의 핵심이었고, 그것은 국가 권위의 강화를 통해서만 고칠 수 있는 병이었다. 오스만 정부의 딜레마는 아랍 지방의 도전에 대처하기 위해서 필요한 자원들을 마음대로 동원하려면 무엇보다도 우선 유럽 변경 지역에서의 안정을 확보해야만 한다는 점이었다.

각 지역마다의 오스만의 통치 유형은 제각기 달랐고, 그 지역들에서 이스탄불 정부에게 제기한 위협의 양상도 다양했다. 대체적으로 오스만 중앙에 가까운 지역일수록 순종적이었다. 마운트 레바논의 시하브 가문이나 다마스쿠스의 아즘 가문, 모술의 잘릴리 가문과 같이 저명한 가문들은 오스만 지배에 순응했지만 자신들의 영역 안에서는 가능한 한 자치권을 마음껏 누리고자 했다.[9] 그보다 더 남쪽에 위치한 바그다드나 팔레스타인, 이집트의 맘루크 통치자들은 오스만 정부에 직접적인 도전을 제기하며 자신들의 통제 영역을 넓히려고 했다. 한편 중앙 아라비아에서 출현한 사우디의 와하비 연맹은 성도(聖都)인 메카와 메디나를 장악하고 해마다 성도로 향하는 오스만 순례단을 방해하면서, 오스만 정부에 가장 심각한 위협세력이 되었다. 반면 알제리나 튀니스, 예멘과 같이 더 먼 지역들은 광범위한 자치권을 누리는 대신에 해마다 조공을 바치며 오스만 술탄의 가신으로 남는 것에 만족했다.

이러한 지역 통치자들은 결코 아랍 운동에 나서지 않았다. 이들 대다수는 아랍 출신이 아니었으며, 심지어 여럿은 아랍어를 하지도 못했다. 18세기 후반에 오스만 정부에 도전한 자들은 자신들이 지배하던 아랍 민중들에게는 관심이 거의 없었고 사적인 이해관계에 따라서 행동하던 야심에 찬 개개인일 뿐이었다. 뿔뿔이 흩어져 있던 그들은 오스만 중앙에 아무런 위협도 되지 않았다. 그러나 이집트의 맘루크가 북부 팔레스타인의 지역 통치자와 동맹을 체결했을 때처럼, 서로 뭉칠 경우 그들은 오스만 지방 전체를 정복할 수 있는 역량을 발휘하기도 했다.

20세기의 중동이 석유 덕분에 중요해졌다면 18세기 동부 지중해에 엄청난 부를 가져다준 것은 면화였다. 유럽의 면화 수요의 역사는 그 기원이 17세기까지 거슬러올라간다. 영국 랭커셔의 공장들이 주로 서인도 제도나 아메리카 식민지의 면화에 의존했다면, 프랑스는 면화 수입의 대부분을 오스만 시장에 의존했다. 방적과 방직 기술이 산업혁명을 이끌며 발전하면서 유럽의 면화 수요는 급증했다. 동부 지중해로부터의 프랑스의 면화 수입은 5배 이상 증가했는데, 1700년에 21만 킬로그램이었던 것이 1789년에는 거의 1,100만 킬로그램으로 증가했다.[10] 유럽 시장에서 가장 높이 쳐주던 면화는 북부 팔레스타인의 갈릴리 지역에서 생산되던 면화였다. 갈릴리 면화가 양산한 엄청난 부 덕분에 시리아의 지역 통치자는 야심을 키우며 오스만 지배에 도전할 정도로 강력해졌다.

그 당시의 갈릴리의 유력자는 자히르 알 우마르(1690년경-1775년)였다. 그는 17세기에 갈릴리에 정착한 베두인 부족, 자이단의 수장이었으며, 사파드와 티베리아스 사이에 광대한 농지를 장악하고 있었다. 자이단 부족은 다마스쿠스와 강력한 무역 관계를 맺고, 갈릴리의 면화 농장들을 통제하면서 상당한 가문의 부를 창출하기 시작했다. 자히르는 갈릴리의 제3대 자이단 족장이었다. 서양에서는 특별히 잘 알려져 있지 않지만, 자히르는 수세기 전부터 아랍 세계에서 유명 인사였다. 오스만 총독들과 대립한 이력 때문에, 그는 종종 대단한 아랍 또는 팔레스타인 민족주의자로 묘사되곤 한다 ― 물론 이것은 매우 시대착오적인 생각이다. 사망할 즈음 그는 이미 전설이 되어 있었고, 그것은 거의 동시대에 나온 두 편의 전기를 통하여 다루어졌다.

자히르의 길고도 놀라운 이력은, 그 당시 작은 마을에 지나지 않았던 티베리아스를 정복하기 위해서 베두인 부족과 동맹을 체결한 1730년대에 시작되었다. 그는 시돈의 총독으로부터 갈릴리 지역의 세금 징수업자로 공식적으로 임명받으면서 큰 이득을 보았다. 그후 자히르는 티베리아스의 요새화에 착수했고 약 200명가량의 기병으로 작은 사병 조직도 만들었다.

티베리아스에 근거지를 둔 자히르와 그의 가문은 북부 팔레스타인의 비옥한 평원과 고원을 가로지르며 영역을 확장하기 시작했고 소작농들에게 면화를 경작하라고 명령했다. 자히르는 형제와 사촌들에게 자신을 대신해서 운영할 토지를 분배했다. 독자적으로 작은 공국을 개척해 나가기 시작한 자히르는 점점 더 강력해졌다. 장악한 영토가 커질수록 면화 수입은 증가했고, 덕분에 군대의 규모가 확대되었으며, 결과적으로 더 넓은 영토의 팽창이 가능해졌다.

1740년경 자히르는 북부 팔레스타인에서 가장 강력한 통치자로 부상했다. 나블루스의 군벌들을 패퇴시키고 나사렛을 장악한 그는 이제 팔레스타인과 다마스쿠스 간의 무역까지 통제하며 더욱 많은 부와 자원을 보유하게 되었다.

자이단 공국이 빠르게 성장하면서 자히르 알 우마르는 다마스쿠스의 총독과 충돌하게 되었다. 총독의 주요 임무 중의 하나는 해마다 메카로 떠나는 순례단의 비용과 필요 물품들을 제공하는 것이었다. 그런데 자히르가 전통적으로 순례단의 비용을 충당하기 위해서 할당된 세수를 거두던 지역을 장악하게 된 것이었다. 북부 트란스요르단과 팔레스타인의 세수를 다마스쿠스의 총독으로부터 빼앗은 자히르는 순례단의 재정을 위험에 빠뜨렸다. 이스탄불 정부가 이 상황을 파악하게 되면서 술탄은 다마스쿠스의 총독, 술라이만 파샤 알 아즘에게 자히르를 체포해서 처형하고 티베리아스 주변의 요새를 파괴하라는 명을 내렸다.

다마스쿠스의 이발사 부다이리는 1742년에 술라이만 파샤가 자히르를 진압하기 위해서 다마스쿠스에서 대군을 이끌고 왔다고 일기에 기록했다. 이스탄불 정부는 자히르와 그의 요새를 파괴하기 위해서 대포와 지뢰를 포함한 중병기와 병사들을 보냈다. 술라이만 파샤도 마운트 레바논과 나블루스, 예루살렘, 이웃 베두인 부족에서 자원병들을 모집했는데, 자히르 알 우마르를 경쟁자로 생각했던 그들은 모두 자히르를 파멸시킬 수 있는 기회를 가지게 된 것에 기뻐했다.

술라이만 파샤는 석 달이 넘도록 티베리아스를 포위 공격했지만, 자히르의 군대는 항복하지 않았다. 자히르는 식량을 오스만 전선을 넘어 몰래 날라다준 형의 도움 덕분에 월등히 우세한 군사력에 맞설 수 있었다. 내키지는 않았지만, 다마스쿠스의 총독은 티베리아스로 몰래 음식을 밀반입하다 붙잡힌 수많은 자이단가 수하들의 머리를 전리품으로 삼아 이스탄불로 보냈다. 그러나 정작 중요한 전리품은 손에 넣을 수 없었던 술라이만 파샤는 석 달 후 메카 순례단을 준비하기 위해서 다마스쿠스로 돌아가야만 했다. 패배를 인정하고 싶지 않았던 술라이만 파샤는 도시의 무방비한 주민들을 긍휼히 여겨 티베리아스의 포위를 풀었다는 소문을 퍼트렸다. 또한 다마스쿠스에 세금을 다시 바치겠다는 증표로서 자히르의 아들 한 명을 인질로 삼았다고 주장했다. 다마스쿠스의 이발사는 이러한 소문들을 충분히 전하면서, 다음과 같은 주의를 덧붙였다. "우리는 이것과는 전혀 다른 이야기를 들었고, 신만이 문제의 진실을 아시리라."[11]

1743년에 순례에서 돌아온 술라이만 파샤는 티베리아스의 자히르 알 우마르에 대한 전쟁을 재개했다. 다시 한번 더 그는 자히르에게 불만을 품고 있던 팔레스타인의 모든 이웃들과 이스탄불의 지원을 받아서 대규모의 군대를 동원했다. 티베리아스의 주민들도 또다시 끔찍한 포위에 대비했다. 하지만 두 번째 포위공격은 실현되지 않았다. 티베리아스로의 이동 중에 들렀던 해안 도시 아크레에서 술라이만 파샤 알 아즘이 열병으로 쓰러져 사망했기 때문이다. 파샤의 시신은 매장을 위해서 다마스쿠스로 옮겨졌고 포위군은 해산되었다. 이로써 자히르 알 우마르는 편안히 자신의 야망을 좇을 수 있게 되었다.[12]

1740년대부터 1760년대까지 자히르의 통치권은 어떤 도전도 받지 않았고 그의 권력은 엄청나게 커졌다. 시돈의 총독은 자히르의 군사력에 대적할 수 없었고, 다마스쿠스의 새로운 총독, 아사드 파샤 알 아즘도 티베리아스의 통치자를 그대로 방치했다. 한편 자히르는 오스만 중앙정부의 감시로부터 자신을 보호해줄 영향력 있는 후원자들을 이스탄불에 심어두었다.

자히르는 비교적 자유로운 이러한 상황에 편승하여 통치지역을 티베리아스에서 레반트 면화 무역의 주요 관문으로 부상한 해안 도시 아크레까지 확장했다. 그는 시돈의 총독에게 수익성 높은 아크레의 세금 징수권을 달라고 여러 차례 청원했지만 그때마다 거절당했다. 결국 1746년에 자히르는 도시를 점령하고 자신이 그곳의 세금 징수 청부업자임을 자처했다. 1740년대 동안 아크레를 요새화하여 기지를 구축한 그는 경작지에서부터 시장에 이르기까지 면화 무역에 대한 전적인 통제권을 손에 넣었다. 다마스쿠스의 프랑스 면화 상인은 "우리에게 막대한 피해를 준……강력하고 부유한" 자히르 알 우마르 때문에 겪은 좌절감을 편지에 표출했다.[13] 1750년대에 이르면 면화의 판매 가격을 자히르가 정했다. 프랑스가 자히르에게 자신들이 원하는 조건을 밀어붙이려 하자 그는 그저 갈릴리의 면화 생산자들로 하여금 프랑스에게 판매를 하지 못하도록 조치를 취했을 뿐이었다. 결국 프랑스는 협상 테이블로 돌아와 자히르의 조건을 수용해야만 했다.

오스만과 여러 차례 충돌했음에도 불구하고 자히르 알 우마르는 언제나 오스만 중앙정부로부터 공식적인 승인을 얻고자 노력했다. 궁극적으로 그 역시 지배층의 일원이 되려고 했던 반역자에 지나지 않았다. 그는 다마스쿠스의 아즘 가와 같은 지위, 즉 파샤의 직위와 시돈의 총독직을 얻기 위해서 반역 행위 이후에도 언제나 충실히 세금을 납부했다. 그러나 자히르는 권좌에 있는 동안, 시돈의 총독 밑에서 일하는 세금 징수 청부업자라는 지위 이상으로 결코 올라가지 못했다. 이로 인해서 갈릴리의 유력자는 끊임없이 좌절감에 시달려야 했다. 1768년부터 1774년까지 파괴적인 러시아와의 전쟁에 얽매여 있던 오스만은 자히르의 충성심을 붙들어두기 위해서 그와 타협했다. 1768년에 이스탄불의 중앙정부는 자히르를 "아크레의 셰이크(shaykh : 족장, 원로, 스승, 종교지도자를 가리키는 말/역주), 나사렛과 티베리아스, 사페드의 아미르, 갈릴리 전역의 셰이크"로 인정했다.[14] 이것도 나름 괜찮은 직함이었지만, 자히르의 커다란 야심을 만족시키기에는 여전히 부족했다.

상대적으로 평화로웠던 20여 년의 시간이 지나고, 자히르는 오스만 지방정부의 새로운 위협에 직면하게 되었다. 1770년, 다마스쿠스의 새로운 총독이 북부 팔레스타인에 대한 자히르의 지배를 종식시키고자 행동에 나선 것이다. 용케 자신의 아들들을 트리폴리와 시돈의 총독으로 임명받게 한 우스만 파샤는 마운트 레바논의 드루즈파와 대(對)자히르 동맹을 체결했다. 나블루스의 명사들도 북쪽의 호전적인 이웃의 종말을 고대했다. 돌연히 자히르는 적대 세력들로 둘러싸인 처지가 되었다.

우스만 파샤와 사활이 걸린 싸움을 하던 자히르는 또다른 지역 통치자와 맺은 협력관계를 통해서 간신히 살아남을 수 있었다. 다마스쿠스와 시돈의 연합세력에 대적할 수 있을 만큼의 힘을 가진 지역 통치자는 카이로를 통치하던 알리 베이라는 비범한 맘루크였다. 자히르와 알리 베이가 손을 잡으면서 지금까지 이스탄불의 지배에 맞선 아랍 지역의 도전 중에서 가장 큰 위협 세력이 되었다.

맘루크 통치자 알리 베이는 수많은 별명을 가지고 있었다. 일부 동시대인들은 그를 "진 알리(Jinn 'Ali)" 즉 알리 정령이라고 불렀는데, 마치 마술이라도 부리는 듯 불가능해 보이는 일도 성취해냈기 때문이다. 터키어 별명은 불루트 카판(Bulut Kapan) 즉 "구름 잡는 사람"이었는데, 오스만이 구름 잡는 것보다도 더 어렵다고 생각했던 베두인을 진압하는 데에 성공해서이다. 하지만 무엇보다도 가장 널리 알려진 별명은 알리 베이 알 카비르 즉 "위대한" 알리 베이였고, 실제로 그는 1760년에서 1773년까지 오스만 이집트 역사상 그 어떤 맘루크보다도 위대한 업적을 남겼다.

알리 베이는 1743년에 유력한 맘루크 가문 카즈두글리의 노예병으로 15살 때 이집트에 도착했다. 사병에서 장교로 진급한 그는 주인이 1755년에 사망하자 자유를 얻었고 베이(bey : 변방의 영주 혹은 중앙에서 파견된 총독/역주)로 승진했다. 서열상 고위급의 맘루크였던 베이들의 수장은 셰이크 알 발라드, 즉 "도시의 사령관"이었다. 알리 베이는 처음으로 최고의 지위에 오른 1760년부터 잠시를 제외하고는 1773년 사망할 때까지 이 자리를 지켰다.

알리 베이는 두려움을 통해서 경외를 받는 장군이었다. 그와 동시대에 살았던 위대한 이집트 역사가 알 자바르티는 그를 "고집 세고 야심에 찬 대단한 힘의 소유자이자 오직 패권 및 통치권 장악만을 낙으로 삼았던" 사람이라고 묘사했다. 알리 베이는 심각한 것을 좋아했고 재미있는 것 즉 농담이나 우스운 것은 결코 좋아하지 않았다.[15] 심지어 그는 자신과 대면한 사람들에게 물리적인 영향도 미쳤다고 한다. "그는 사람들에게 두려움을 느끼게 했다. 실제로 어떤 사람은 겁에 질려 사망했으며 많은 이들이 그의 존재만으로도 부들부들 떨었다."[16] 그는 매우 무자비하게 경쟁자들을 제거했으며, 어느 누구에게도 충성을 바치지 않았다. 또한 일련의 사건들이 보여주듯이, 그는 다른 사람들로부터 충성심을 자아내는 인물도 아니었다. 마치 경쟁관계의 다른 맘루크 가문을 제거하듯이 협력관계를 깨거나 자기 가문의 맘루크들에게 등을 돌렸다.

알리 베이는 맘루크 제국이 붕괴한 이후 독자적으로 이집트를 지배한 최초의 사람이었다. 토지 세입을 장악하고 모든 대외 무역을 통제하며 유럽 상인들로부터 어마어마한 금액을 요구하는 등 문자 그대로 이집트의 부를 독점했다. 또한 이 일대의 기독교 및 유대교 공동체들로부터도 부를 갈취했고 이스탄불에 지불해야 할 모든 세금을 보류했다. 이렇게 쌓은 재원을 활용하여 알리 베이는 군사력을 키웠다. 기존의 이집트 맘루크 파벌들을 깨부순 후 알리 베이는 독자적인 새로운 맘루크 가문을 설립하는 데에 착수했다. 그는 오로지 자신이 사들여 훈련시킨 노예병들만을 신뢰했다. 최전성기에는 그의 가문이 보유한 맘루크의 수만 해도 약 3,000명에 이르렀고, 그들 중 다수가 수만 명에 달하는 대군을 이끄는 사령관이었다.

이집트를 완전히 장악한 알리 베이는 오스만의 지배에서 벗어나고자 했다. 왕년의 맘루크들에게서 영감을 받은 그는 이집트와 시리아, 히자즈에 제국을 재창건하고자 했다. 자바르티에 따르면, 알리 베이는 이슬람 역사를 탐닉한 독서광이었고 이집트에 대한 오스만의 지배가 왜 근본적으로 불법적인지를 수하들에게 설명하곤 했다. "이집트의 왕들— 술탄 바이바르스와 술탄 콸라운 그리고 그들의 자손들—도 우리처럼 맘루크였다. 오스만인들에 대해서 말하자면 지역민들의 이중성을 이용하여 무력으로 이집트를 장악한 자들이다"라고 주장했다.[17] 즉 무력으로 빼앗긴 땅이기 때문에 무력으로 되찾는 것이 합당함을 암시하고자 했던 것이다.

알리 베이의 첫 번째 목표 대상은 이집트의 법질서 유지를 위해서 이스탄불이 파견한 총독과 군대였다. 총독은 이미 오래 전에 이집트 통치를 포기한 상태였기에 경쟁을 벌이던 맘루크 가문들이 이를 대신하고 있었다. 대신에 총독은 권력의 격식을 준수하고 국고의 응당한 몫을 징수함으로써 명목상으로나마 이스탄불의 통치권을 보존하고자 했다. 또한 단독으로는 힘을 행사할 수 없었던 총독은 경쟁관계의 맘루크 가문들을 반목시켜서 이득을 얻고자 했다. 하지만 경쟁자들을 제거하여 반론의 여지없이 통치권을 행사하던 알리 베이의 치하에서는 이마저도 불가능해졌다. 이제는 오히려 알리 베이가 총독이나 사령관을 퇴임시켰고 심지어는 독살했다는 소문도 돌았다. 풍요롭지만 반역적인 이집트 지방에 대한 오스만의 이해관계를 이보다 더 침해한 경우는 일찍이 없었다.

한편 알리 베이는 노골적인 영토 팽창 야욕을 드러내며 오스만 제국에 맞서 군사력을 동원하기 시작했다. "그는 신이 주신, 왕과 파라오들이 자랑스러워했던 상하 이집트 왕국을 지배하는 것만으로는 만족하지 못했다. 탐욕이 왕국 영토를 넓히도록 부추겼다"라고 알 자바르티는 썼다.[18] 알리 베이는 우선 1769년에 한때 맘루크 제국의 일부였던 홍해의 히자즈 지방을 장악했다. 이렇게 성공을 거둔 그는 당시 재위에 있던 오스만 술탄 대신에 자신의 이름을 새긴 동전을 주조하기 시작했는데, 이는 오스만 통치권에 대한 반역을 의미했다. 알리 베이는 맘루크 제국을 복원하기 위한 계획에 착수했다. 하지만 러시아와의 전쟁에 매여 있던 오스만은 그를 저지할 여력이 없었다.

자히르 알 우마르가 다마스쿠스의 총독에게 대항하고자 동맹을 제안하기 위해서 처음으로 접근을 시도한 1770년에 오스만에 맞선 알리 베이의 반란은 한창 무르익고 있었다. 시기의 선택은 아주 적절했다. "이 제안을 받은 알리 베이는 원대한 야망을 실현할 수 있는 기회라고 생각했다. 오스만 국가에 반란을 일으켜서 자신의 통치 영역을 이집트의 아리시에서 바그다드로 확장하기로 결심했다"라고 당대의 한 연대기 사가는 기록했다.[19] 알리 베이는 자히르 알 우마르와 동맹을 맺고 다마스쿠스의 오스만 총독을 자리에서 내쫓기로 합의했다.

알리 베이가 반(反)오스만 전쟁에서 술탄의 강적인 러시아의 도움을 받기 위하여 예카테리나 대제에게 편지를 쓰면서 동부 지중해에서의 위기는 한층 고조되었다. 오스만을 대시리아에서 쫓아내기 위해서 그는 예카테리나 대제에게 러시아의 함선과 기병을 요청하고 그 대가로 남부 페르시아 지역을 정복하려는 러시아를 돕겠다고 약속했다. 대제는 비록 기병 제공은 거절했지만, 그 무렵 동부 지중해에 배치되어 있던 러시아 함대의 파병에는 동의했다. 오스만 정부도 알리 베이의 배신을 눈치챘지만 흑해와 동부 유럽에서 러시아 군과 싸우고 있었기 때문에 그를 막을 도리가 없었다.

예카테리나와 자히르와의 동맹으로 든든해진 알리 베이는 군을 동원하기 시작했다. 가장 신뢰하던 맘루크 사령관 중의 한 명이었던 이스마일 베이의 휘하에 시리아를 침략할 약 2만 명의 병사들을 모았다. 1770년 11월에 맘루크군이 가자를 휩쓸고 지나갔다. 4개월간의 포위 공격 끝에 야파 항구도 점령했다. 자히르와 병사들은 이스마일 베이와 합류해서 맘루크군과 함께 팔레스타인을 지나 행군했다. 이어 요르단 계곡을 가로질러 사막 끝자락을 따라 순례길로 향하는 동쪽으로 진군했다. 반란군은 오스만 총독으로부터 도시를 탈취하고자 다마스쿠스를 향해서 서둘렀다. 드디어 다마스쿠스까지 하루면 행군할 수 있는 무자이립 마을에 다다랐다.

무자이립에 도착해서 다마스쿠스 총독과 대면하게 된 이스마일 베이는 싸울 의지를 완전히 상실하고 말았다. 마침 이 무렵은 신실한 무슬림들이 이슬람의 의무 중의 하나를 수행하기 위해서 다마스쿠스에서 메카까지 사막을 지나야 하는 위험한 여행을 하는 순례 기간이었다. 따라서 총독 우스만 파샤는 순례단의 지휘관으로서의 의무를 수행하고 있었다. 대부분의 맘루크들보다도 종교 교육을 더 받은 이스마일 베이는 신실한 사람이었고 이러한 시기에 총독을 공격하는 것은 종교에 반하는 범죄라고 생각했다. 어떤 사전 통보나 설명도 없이, 이스마일 베이는 군인들에게 무자이립에서 철수해서 야파로 회군할 것을 명령했다. 당황한 자히르 알 우마르가 항의했지만 소용이 없었고, 반란 군사작전은 1770-1771년 겨울 동안 완전히 중단되었다.

알리 베이가 이스마일 베이에게 격노한 것은 당연했다. 1771년 5월에 알리 베이는 아부 알 다하브, 즉 "황금의 아버지"라는 별명을 가진 무함마드 베이가 지휘하는 두 번째 군대를 시리아로 파병했다. 무함마드 베이는 알리 베이가 자신을 베이의 지위로 진급시키고 자유를 주었을 때, 그것을 기념하기 위해서 요새에서 도심 사이의 거리에 늘어선 군중에게 금화를 뿌렸다. 이러한 이색적이고 성공적인 선전 행동 덕분에 그는 유명 인사가 되었고 "황금의 아버지"라는 별명을 얻게 되었다.

무함마드 베이는 3만5,000명의 병사를 이끌고 출정했다. 그들은 이스마일 베이가 지휘하는 군대와 연합하여 남부 팔레스타인과 야파 곳곳을 공략했다. 이스마일 베이와 무함마드 베이가 이끄는 맘루크 연합군은 너무도 막강했다. 맘루크군은 팔레스타인을 지나 진군하며 소소한 교전을 치렀고 결국 6월에 다마스쿠스에서 오스만 총독을 쫓아냈다. 드디어 맘루크들이 이집트와 히자즈, 다마스쿠스를 장악하게 된 것이었다. 이로써 알리 베이는 맘루크 제국의 재건이라는 일생일대의 목표의 실현을 눈앞에 두게 되었다.

그런데 그때 뜻밖의 일이 발생했다. 역시 어떤 사전 통보나 설명도 없이, 무함마드 베이가 다마스쿠스를 버리고 카이로로 회군한 것이었다. 그 책임은 이번에도 신실한 무슬림이었던 맘루크 장군 이스마일 베이에게 있었다. 맘루크 사령관들이 다마스쿠스를 장악하자마자 이스마일 베이는 자신들이 술탄에게도 신앙에도 반하는 극악무도한 범죄를 저질렀다며 무함마드 베이를 몰아세웠다. 알리 베이 곁에서 일하기 전에 이스탄불에서 한동안 머물렀던 이스마일 베이는 당대 가장 큰 이슬람 제국의 수장인 술탄에게 경외심을 품고 있었다. 이스마일 베이는 이생에서 오스만이 이렇게 커다란 반란을 좌시할 리 없으며 내세에서는 알라가 이 책임을 따져 물을 것이라고 무함마드 베이에게 경고했다. "정말이지 술탄에 맞선 반란은 악마의 획책일 뿐이오"라고 이스마일 베이는 무함마드 베이에게 충고했다.

이와 같이 무함마드 베이의 근심을 자극하는 데에 성공한 이스마일 베이는 그의 야심을 부추기기 시작했다. 술탄에 맞서기 위해서 러시아 여제와 협정을 체결한 알리 베이의 행동은 이슬람의 길에서 벗어난 것이라고, 이스마일 베이는 주장했다. "이제 어떤 무슬림도 이슬람법에 의거하여 얼마든지 [알리 베이를] 죽여도 처벌받지 않을 것이며 그의 하렘과 재산에 대한 권리도 주장할 수 있다"라고 무함마드 베이를 설득했다.[20] 근본적으로 신과 술탄의 구제를 받고 알리 베이를 대신해서 이집트를 지배하는 최고의 자리에도 오르기 위해서는 무함마드 베이가 주인에게 등을 돌려야한다고 결론지었다. 결국 무함마드 베이는 이스마일 베이의 설득에 넘어갔고, 알리 베이가 가장 신뢰하던 두 명의 사령관은 자신들의 전 주인을 타도하기 위해서 거대한 맘루크군을 이끌고 이집트로 향했다.

다마스쿠스를 정복한 맘루크군이 곧바로 도시를 버리고 떠나자, 그 충격의 물결이 동부 지중해 주변으로 퍼져나갔다. "다마스쿠스의 주민들은 이 놀라운 사건에 완전히 당황했다"라고 당대 연대기 사가는 절규했고 자히르 알 우마르나 동료들 역시 그러했다. 맘루크 군대가 다마스쿠스를 공격하는 동안 자히르는 시돈을 점령하고 야파에 2,000명의 수비대를 배치했다. 과욕을 부리던 자히르는 가장 중요한 협력자를 잃으면서, 홀로 오스만의 분노와 맞서야할 처지가 되었다. 알리 베이 역시 자신의 처지가 절망적임을 인정해야만 했다. 간신히 이름뿐인 몇몇 지원자들을 모았지만, 그들마저 무함마드 베이가 이끄는 군대와의 소규모 접전 이후 뿔뿔이 흩어져버렸다. 1772년에 알리 베이는 이집트에서 도망쳐 자히르가 있는 아크레로 피신했다.

새로운 맘루크 제국을 건설하겠다는 알리 베이의 꿈은 이집트에서 도망치면서 산산조각이 났다. 이집트의 지배하게 된 무함마드 베이는 이집트 및 시리아의 총독으로 지명받기 위해서 이스마일 베이를 이스탄불로 보냈다. 무함마드 베이는 제국을 꿈꾸는 대신에 오스만 체제 내에서 인정을 받는 길을 택한 것이었다.

알리 베이는 왕좌를 되찾고 싶은 급한 마음에, 자신이 만들어낸 막강한 맘루크 가문에 대적할 수 있는 강한 군대를 동원할 능력을 갖추기도 전에 섣불리 행동에 나섰다. 1773년 3월에 그는 소규모의 군대를 이끌고 카이로로 출발했지만 왕국을 재건하려는 모든 노력은 수포로 돌아갔다. 무함마드 베이의 군대와의 접전에서 알리 베이의 군은 완패했고 부상을 입은 알리 베이는 포로가 되었다. 무함마드 베이는 옛 주인을 카이로로 데리고 와서 자신의 집에 감금했다. 그리고 일주일 후 알리 베이는 그곳에서 사망했다. 당연하게도 살해를 당했다는 소문이 떠돌았다. "신만이 그가 어떻게 죽었는지 아실 것이다"라고 연대기 사가 알 자바르티는 결론지었다.[21]

알리 베이의 죽음은 자히르에게 재앙이었다. 그는 사람의 기대 수명이 40세 정도에 지나지 않았던 당시에 이미 80대에 접어든 늙은 노인이었다. 게다가 일대에서 어떤 동맹자도 찾을 수 없었으며, 오스만 군주를 노골적으로 배신하지 않았던가. 그런데 기이하게도, 그는 여전히 오스만 당국으로부터 공식적인 인정을 받고 싶어했다. 러시아와의 전쟁으로 궁지에 몰려 있었던 오스만은 문제가 많은 시리아 지역에서의 안녕을 보장하고자 열성적이었기 때문에 자신의 일생일대의 야심이 곧 이루어질 듯이 보였기 때문이다. 1774년 다마스쿠스의 오스만 총독이 자히르에게 북부 팔레스타인과 트란스요르단의 일부 지역도 함께 통치하는 시돈의 총독으로 임명될 것이라고 알려주었다.

그러나 자히르의 총독 임명을 확정하는 황제의 칙령은 이스탄불에서 오지 않았다. 1774년 7월에 술탄은 러시아와 평화조약을 체결하면서 6년간의 전쟁을 끝냈다. 술탄은 숙적인 러시아와 동맹을 맺었던 배신자에게 사례할 기분이 전혀 아니었다. 승진을 알리는 칙령을 보내는 대신에 술탄은 노회한 팔레스타인의 유력자를 처벌하기 위해서 무함마드 베이를 사령관으로 하는 맘루크군을 파병했다. 이집트군은 1775년 5월에 야파를 침략해서 주민들을 학살했다. 자히르가 다스리던 다른 도시들로도 공포가 확산되었다. 자히르의 관료들과 주민 대부분이 그 달 말에 아크레를 빠져나갔다. 무함마드 베이는 6월 초에 아크레를 점령했다.

그런데 원기 왕성했던 이집트의 맘루크 통치자 무함마드 베이가 희한하게도 아크레를 점령하자마자 병에 걸렸다. 그리고 1775년 6월 10일에 열병으로 갑자기 사망했다. 자히르는 며칠 후에 도시를 되찾았고 이집트 군의 점령이 초래한 공포를 떨치고 질서를 회복했다. 그러나 자히르의 일시적인 모면은 그리 오래가지 못했다. 오스만은 자히르에게 항복과 세금 상환을 요구하며 15척의 선박과 함께 해군 제독 하산 파샤를 파견했다. 자히르는 저항하지 않았다. "나도 이제 늙었소"라고 대신들에게 말했다. "그리고 더 이상 싸울 기력도 없소." 전쟁에 지친 대신들도 동의했다. "우리는 술탄에게 복종해야 하는 무슬림이오. 하나의 신을 믿는 무슬림으로서 어떤 형태로든 술탄과 맞서 싸우는 것은 안 되오."[22]

평화롭게 은퇴하려던 자히르의 계획은 자신의 가족 때문에 좌절되었다. 가족과 가신들을 데리고 아크레를 떠나 남부 레바논의 시아파 협력자에게 은신처를 구하기로 협의되었으나, 아버지가 몇 번이고 그랬던 것처럼 후퇴하는 척하다가 기회가 되면 권좌로 되돌아올 것이라고 추측한 아들 우스만이 아버지를 배신했던 것이다. 우스만은 자히르 밑에서 오랫동안 일했던 장교 중의 한 명인 아흐마드 아가 알 데니즐리라는 북아프리카 출신의 사령관을 찾아가서 아버지가 아크레를 빠져나갈 것이라고 알려주었다. "만약 당신이 [해군 제독] 하산 파샤의 총애를 받고 싶다면, 아버지가 가족하고 외부에 있을 때를 노려 신의 뜻을 이행하시오." 알 데니즐리는 북아프리카 용병 무리들을 모아 매복한 채로 자히르를 기다렸다.

자객들은 신출귀몰하는 늙은 셰이크를 붙잡기 위해서 덫을 놓아야만 했다. 아크레 성문을 지나 15분쯤 후에 자히르는 그의 첩 한 명이 사라졌다는 것을 알아차렸다. 나머지 식솔들도 그녀가 어디에 있는지 알지 못했다. "지금은 누군가를 남겨놓고 떠날 때가 아니다." 늙은 셰이크는 호통을 치며 버려진 여인을 찾으러 말을 돌렸다. 알 데니즐리의 일당이 숨어 있는 현장 근처에서 그녀를 발견한 자히르는 말에 태우기 위해서 팔을 뻗었다. 그러나 그의 나이와 근심이 문제였다. 향년 86세였던 자히르가 젊은 여인의 힘에 끌려 말에서 바닥으로 굴러떨어진 것이다. 자객들이 뛰어나와 단검으로 늙은이를 죽였다. 알 데니즐리는 검을 꺼내 자히르의 머리를 잘라 오스만 해군 제독 하산 파샤에게 전리품으로 바쳤다.

알 데니즐리는 이러한 행동으로 하산 파샤의 호의를 살 수 있기를 기대했겠지만, 실망스럽게도 결과는 전혀 그렇지 않았다. 오스만 해군 제독은 수하들에게 자히르의 잘려진 머리를 깨끗이 씻도록 명했다. 그리고 나서 그것을 의자 위에 올려놓고 나이 든 셰이크의 쭈글쭈글한 얼굴에 기도를 올렸다. 해군 제독은 알 데니즐리에게로 돌아섰다. "너에게 자히르 알 우마르의 원한을 갚지 못한다면, 신이 나를 용서하지 않을 것이다!"[23] 그리고 수하들에게 알 데니즐리를 끌고 가서 교살시켜 바다에 그 시신을 던져버리라고 명령했다.

그렇게 자히르 알 우마르와 알리 베이 알 카비르의 이야기는 끝이 났다. 아랍 세계를 250년 넘게 통치해 온 오스만 제국은 안에서 발생한 가장 심각한 도전의 고비를 간신히 넘겼다. 기독교 세력과 결탁한 두 명의 지역 통치자는 술탄의 정부에 맞서는 공동전선을 펴기 위해서 풍요로운 두 지역, 즉 이집트와 팔레스타인의 부를 결합시켰다. 그러나 알리 베이가 직접 통치하던 시리아와 이집트, 히자즈로 이루어진 맘루크 제국을 재건설하기 일보 직전의 위태로운 국면에서도, 오스만은 아랍 지역의 반역적인 신민들에게 여전히 막강한 영향력을 행사하고 있었다. 이스마일 베이나 무함마드 베이와 같은 맘루크 장군들은 반역의 문턱을 넘었지만, 결국에는 합법적인 테두리 안으로 발걸음을 되돌렸고 이스탄불 중앙정부의 인정을 받고자 했다. 대부분의 지역 통치자들은 "술탄에 대한 반란은 악마의 획책"이라는 이스마일 베이의 말을 여전히 믿고 있었다.

그러나 자히르 알 우마르와 알리 베이의 몰락이 아랍 세계에서의 지역 통치자들의 시대가 끝났음을 의미하지는 않았다. 비록 알리 베이와 무함마드 베이의 사망 이후 일인 통치자가 등장하지는 않았지만, 맘루크는 계속해서 이집트 정계를 지배했다. 대신 맘루크 가문들은 남은 18세기 동안 이집트를 격동시킬 파당 싸움을 다시 시작했다. 오스만은 시리아 지방을 다시 확고하게 장악했고 다마스쿠스와 시돈, 트리폴리에 강력한 총독들을 임명했다. 마운트 레바논이나 바그다드, 모술처럼 더 먼 곳에서도 지역 지도자들의 통치가 계속되었지만 그들 중 그 누구도 직접적으로 이스탄불의 지배에 도전하지 않았다.

아랍 세계에서 오스만 통치에 대한 진정한 다음 도전은 제국의 경계 너머, 중앙 아라비아 한가운데에서 제기되었다. 이념적인 순수성으로 인해서 더욱 더 위협적이었던 이 운동은 이라크에서 시리아 사막을 지나 히자즈의 메카 및 메디나 성도까지 포물선을 그리며 오스만 통치권을 위협했다. 자히르 알 우마르나 알리 베이와 달리 이 운동의 지도자는 지금도 중동과 서구에서 유명 인사로서 영예를 누리고 있다. 바로 와하비 개혁운동의 창시자인 무함마드 이븐 압드 알 와하브가 그 주인공이다.

무함마드 이븐 압드 알 와하브는 1703년에 나지드로 알려진 중앙아라비아 지역의 우야이나라는 작은 오아시스 마을의 학자 가문에서 태어났다. 젊었을 때 그는 이곳저곳으로 여행을 다니며, 바스라와 메디나에서 종교 연구에 매진했다. 그는 전승되어온 이슬람의 4개의 법학파(하나피, 말리키, 샤피이, 한발리/역주) 중에서 가장 보수적인 한발리(Hanbali) 학파에서 수학했으며, 14세기의 신학자인 이븐 타이미야의 영향을 깊이 받았다. 이븐 타이미야는 예언자 무함마드와 그의 첫 대리인들, 즉 칼리프들이 이끌던 초기 이슬람 공동체의 관행으로의 회귀를 주장했다. 또한 수피즘과 연계된 모든 신비주의 관행들을 이슬람의 정도에서 벗어난 것으로 비난했다. 이븐 압드 알 와하브는 뚜렷한 신념과 그것을 실행에 옮기겠다는 포부를 품고 고향 나지드로 돌아왔다.

처음에는 이 열정적인 청년 개혁가도 고향 통치자의 후원을 받았었다. 그러나 곧 그의 견해는 논란에 휩싸였다. 무함마드 이븐 압드 알 와하브가 간통

죄를 저지른 한 여인의 공개 처형을 명하자 이웃 마을의 통치자들과 우야이나의 주요 무역 동업자들은 간담이 서늘해졌다. 이것은 우야이나 마을 사람들이 알고 있던 그리고 믿음을 실천했던 그 이슬람이 아니었다. 그들은 이 급진적인 신학자를 죽이라고 통치자를 압박했지만 그는 그렇게 하는 대신에 이븐 압드 알 와하브를 추방하기로 결정했다.

위험한 사상을 가진 젊은 신학자는 비록 추방되었지만, 굳이 멀리서 방황할 필요가 없었다. 인근의 오아시스 알 디리야의 통치자, 무함마드 이븐 사우드가 이븐 압드 알 와하브를 환영해주었던 것이다. 1744-1745년에 있었던 이 역사적인 만남을 지금의 사우디아라비아는 첫 국가 설립의 기원으로 삼는다. 이 당시 두 사람은 이븐 압드 알 와하브가 역설한 교화된 이슬람을 사우디 통치자 및 그의 추종자들이 준수할 것에 합의했다. "디리야 협정"은 와하비즘(Wahhabism)이라고 불릴 운동의 기본적인 교의들을 설계했다.

운동이 형성될 당시 와하비들은 바깥 세계로부터 광범위한 오해를 받았다. 그들은 새로운 분파로 묘사되었고, 이단의 신앙으로 비난받았다. 하지만 이와는 달리, 예언자와 그를 계승한 칼리프들의 초기 이슬람으로의 회귀를 주장한 그들의 신념은 오히려 매우 정통적이었다. 와하비는 『쿠란』이 계시된 때로부터 300년이 지난 무렵을 기점으로, 그 이후에 전개된 모든 국면을 "해로운 혁신"이라고 주장하며 이를 금지하고자 했다.

와하비즘의 가장 중요한 교리는 신의 독특한 성질, 즉 그들의 표현에 의하면 "신의 단일성"이다. 하찮은 존재와 신을 결합시키려는 그 어떤 행위도 다신교(아랍어로는 "shirk")라고 비난했는데, 왜냐하면 신이 협력자나 대리인을 가지고 있다고 믿는 것은 하나의 신 이상을 믿는 것과 같기 때문이다. 다른 대부분의 종교들처럼 이슬람도 역동적인 신앙이었고, 시간이 흐르면서 중요한 변화들을 겪었다. 수세기 동안 와하비즘의 절대적인 교리인 신의 일관성 또는 단일성에 저촉되는 수많은 관례들이 이슬람에서도 나타났다.

예를 들면, 아랍 세계에는 예언자 무함마드의 동료에서부터 보잘것없는 지역 마을의 성인에 이르기까지, 다양한 성인과 성자에 대한 숭배가 널리 확산되어 있었다. 이들 각각은 제단(祭壇)이나 신목(神木)을 가지고 있었고 이 제단들은 오늘날에도 여전히 아랍의 많은 지역에서 유지되고 있다. 와하비는 무슬림이 자기 자신을 위해서 성인에게 신과의 중재를 부탁하는 기도 행위에 반대했는데, 이는 신의 유일성을 해치는 행동이었기 때문이다. 와하비는 훌륭한 무슬림의 무덤을 참배하기보다는 그들의 경우를 따르는 것이 더 큰 존경심을 보여줄 수 있는 방법이라고 주장했다. 따라서 성인의 제단이나 특정 성인의 날을 기념하기 위한 연례 순례행사가 와하비 공격의 초기 표적이 되었다. 무함마드 이븐 압드 알 와하브는 손수 신목을 잘라버리고, 성인들의 무덤을 파헤쳤다. 이러한 행동에 수니 무슬림 주류 사회는 경악했다. 무덤에 대한 이와 같은 신성모독을 이슬람에서 가장 존경받는 인물들에 대한 무례의 표식으로 여겼기 때문이다.

성인 숭배에 대한 혐오와 함께 이븐 압드 알 와하브는 신비주의 관행이나 수피즘과 연계된 믿음에 대해서도 매우 비관용적이었다. 이슬람 신비주의는 탁발 수도승에서부터 널리 알려져 있는 빙빙 돌며 춤추는 수도승에 이르기까지 여러 형태를 띠고 있었다. 수피들은 창조주와의 신비스러운 결합의 황홀경에 도달하기 위해서 자기 부정에 이르는 방법으로 단식이나 노래, 춤 등 다양한 형식을 동원했다. 정기적인 기도 모임을 가지는 교단으로 조직된 수피즘은 오스만의 종교와 사회적 삶의 중요한 일부였다. 일부 교단은 훌륭한 집회소를 건립해서 사회의 엘리트들을 끌어들였고, 어떤 교단은 철저한 절제와 속세 재산의 포기를 요구하기도 했다. 또한 어떤 직종과 직업은 특정 수피 교단과 연계되기도 했다. 이들보다 더 오스만 사회와 밀접하게 연계된 종교 조직은 생각하기 힘들다. 그럼에도 불구하고 와하비는 수피즘에 빠진 모든 이들을 창조주와의 신비스러운 결합을 열망하는 다신론자라고 생각했다. 하지만 이는 지나친 비난이었다.

오스만 이슬람의 많은 요소들을 다신교로 규정한 와하비는 오스만 당국과 충돌할 수밖에 없었다. 정통 이슬람은 유대교나 기독교와 같이 일신론적인 다른 신앙들에 대한 관용을 법령으로 정하고 있었지만, 다신교 즉 많은 신을 숭배하는 신앙에 대해서만은 절대적으로 비관용적이었다. 실제로 좋은 무슬림이라면, 누구든지 잘못된 방식을 깨닫도록 다신교도를 설득하여 이슬람의 올바른 길로 인도할 의무가 있었다. 만약 이것이 불가하다면 무슬림은 다신교와 싸워서라도 이를 제거하기 위한 지하드에 나설 책임이 있었다. 그러므로 와하비 운동이 수피즘이나 성인 숭배와 같은 주류적 관행을 다신교적 행위로 규정한 것은 오스만 제국의 종교적 정당성에 직접적인 도전을 제기한 것과 다름없었다.

이 운동이 오스만 국경 너머 중앙아라비아 지역의 나지드에 국한되어 있는 한 오스만도 와하비즘의 도전을 묵과할 수 있었다. 1744년부터 무함마드 이븐 사우드가 사망한 1765년까지 와하비 운동은 오아시스 도시인 중부 나지드에만 확산되어 있었다. 1780년대 후반이 되어서야 이 운동은 남부 이라크와 히자즈의 오스만 국경까지 그 세력을 뻗칠 수 있었다.

1790년대에 아랍 지방을 위협하는 신진 세력에 주목하게 된 오스만은 바그다드의 총독에게 조처를 취하라고 촉구했다. 하지만 바그다드의 파샤는 아라비아 반도에 있는 적지로의 파병을 가능한 한 미루었다. 1798년이 되어서야 그는 드디어 와하비들과 싸울 1만 명의 병사들을 소집했다. 하지만 와하비의 영토에서 잘 싸우지 못한 오스만군은 곧 포위되었고, 사우디의 사령관 사우드 이븐 압드 알 아지즈와 휴전 협상을 해야만 했다. 휴전협정에 동의하기는 했지만 와하비들은 차후에 오스만 이라크의 도시나 마을을 침범하지 않겠다는 약속은 하지 않았다. 바그다드의 파샤의 우려는 너무도 지당했다.

1802년에 처음으로 와하비는 오스만 영토 내에 있는 남부 이라크의 성지 카르발라를 공격하는 성전(聖戰)을 단행했다. 시아파 무슬림에게 카르발라는 특별한 곳이었는데, 왜냐하면 예언자 무함마드의 손자 후세인 이븐 알리가 680년에 우마이야의 칼리프의 군대에 의해서 죽임을 당한 장소가 바로 이곳이었기 때문이다. 순교한 후세인은 시아 무슬림들이 존경하는 제3대 이맘(imam : 수니파에서는 주로 "예배를 인도하는 자"를 의미하나 시아파에서는 이슬람 공동체의 최고 지도자인 알리와 그의 후손들을 지칭한다/역주) —
시아파는 열두 이맘의 무오류성을 믿는다 — 으로 그의 무덤 자리에 세워진
사원은 화려하게 금박 돔으로 장식되어 있었다. 수천 명의 순례자들이 매해
이맘의 무덤에 귀한 선물을 바치고 경의를 표하며 봉헌하기 위해서 찾아왔
다. 이는 와하비가 그토록 혐오하던 성인 숭배 그 자체였다.

　카르발라를 공격한 와하비는 소름이 끼치도록 잔인했다. 당대의 연대기
사가 이븐 비슈르는 학살에 대한 기록을 남겼다.

무슬림들[즉 와하비]이 카르발라를 포위하여 단번에 장악했다. 그들은 시장과 집에
있던 사람들 대부분을 죽였다. 또한 후세인 무덤 위에 있던 돔도 파괴했다. 무덤을
덮고 있던 에메랄드와 사파이어, 진주로 장식된 덮개를 포함하여 영묘와 인근에서
본 모든 것들을 가져가버렸다. 또한 도시에서 발견한 모든 것들, 즉 재산과 무기,
의복, 천, 금, 은, 귀한 책들도 가져갔다. 그 누구도 약탈품이 얼마나 되는지 알
수 없었다. 그들은 아침 한 나절만 머물고 정오가 지나 떠났지만 모든 재산을 가져가
버렸다. 거의 2,000명에 달하는 사람들이 카르발라에서 살해당했다.[24]

　학살과 후세인의 무덤 및 사원에 대한 신성모독, 도시 약탈로 와하비는
아랍인들 사이에서 악명을 떨치게 되었다. 잔악한 공격과 사원에 있던 무장
하지 않은 수많은 남녀노소에 대한 학살은 오스만 세계 곳곳에서 반감을 불
러일으켰다. 남부 이라크와 동부 시리아, 히자즈의 도시와 마을 주민들은 이
심각한 위협으로부터 오스만 정부가 자신들을 보호해주기를 원했다.

　오스만은 와하비의 도전을 분쇄하는 데에 있어서 큰 어려움을 겪었다. 개
혁 운동은 오스만 제국의 변경인 아랍 지방 너머 중앙 아라비아에 그 근거지
를 두고 있었다. 오스만군은 아나톨리아에서부터 나지드 국경까지 수개월간
을 행군해야만 했다. 바그다드의 총독이 이미 경험했듯이, 와하비들과 그들의
영토에서 싸우는 것은 매우 어려운 일이었다. 적지에서 대군에게 음식과 물을
지속적으로 제공하는 일만으로도 오스만에게는 엄청난 도전이었다. 결국 오

스만 정부는 와하비의 침략을 저지할 힘이 없다는 것을 인정해야만 했다.

와하비는 이슬람 성도(聖都)인 메카와 메디나를 공격하여 오스만 제국의 정통성의 핵심에 일격을 가했다. 1803년 3월에 사우디의 사령관 사우드 이븐 압드 알 아지즈는 히자즈로 진군했다. 4월에 어떤 저항도 받지 않고 메카에 입성한 사우디군은 폭력을 행사하지 않겠다고 약속했다. 와하비는 우선 메카의 주민들에게 자신들의 신념을 설명한 후 새로운 법을 적용했다. 비단옷과 흡연이 금지되었고, 사당은 파괴되었으며, 건물들 위의 돔 역시 파괴되었다. 수개월 동안 성도를 지배한 이후 와하비는 나지드로 물러났다. 1806년이 되어서야 와하비는 오스만 제국으로부터 히자즈를 빼앗아 빠르게 팽창하고 있던 자신들의 영토에 병합하기로 결정했다.

와하비가 메카와 메디나를 장악하자 오스만 제국의 순례자들은 종교 의무인 순례를 위해서 더 이상 이슬람의 성도로 갈 수 없었다. 다마스쿠스와 카이로에서 온 오스만의 공식 순례단은 모두, 낙타가 끄는 화려하게 장식된 가마, 즉 마흐말(mahmal)을 동반했다. 마흐말에는 『쿠란』 복사본 및 화려한 보물뿐만 아니라 메카 사원 중심에 있는 카바(Ka'ba : 메카에 있는 이슬람 대사원 중앙에 자리 잡은 작은 성소로 무슬림들은 이곳을 지구상에서 가장 신성한 곳으로 여기며, 매일 다섯 차례의 예배 시간에 이곳을 향해 절을 한다/역주)라고 알려진 신성한 검은 돌을 품고 있는 사당을 덮을 덮개도 보관되어 있었다. 또한 북을 치고 나팔을 부는 악단이 마흐말을 둘러싸고 있었다. 음악의 사용과 카바 성지의 장식, 화려한 예배 의식 등, 이 모든 것들이 와하비의 혹평을 받았고, 와하비는 수세기 동안 메카의 신성한 성지에 경의를 바쳐온 수니 무슬림들을 거부하며 메카로 마흐말을 들이지 않았다.

1806년에 이집트의 대상단과 동행했던 관리 한 사람이 연대기 사가 알 자바르티에게 와하비와 있었던 자신의 경험담을 이야기해주었다.

마흐말을 가리키며 와하비가 그에게 물었다. "당신들이 이토록 숭배하며 소중히 가져온 이 선물들은 무엇이냐?"

그는 답했다. "이는 오래 전부터 지켜온 관습이다. 순례자들이 모은 상징이자 증표이다."

와하비가 말하길, "그러지 마라 그리고 다음부터는 그런 것을 가져오지 마라. 당신들이 또다시 그런 것을 가져온다면 모두 박살내버리겠다."[25]

1807년에는 가마와 악단을 대동하지 않은 한 시리아 대상단이 메카로 들어가려고 했지만 거부당했다. 마흐말의 유무와 관계없이, 와하비는 오스만 무슬림은 다신교도에 불과하다고 생각했기 때문에 이슬람 성지에 들어가는 것을 허용하지 않았던 것이다.

술탄의 경칭 중에서 가장 중요한 것이 신앙의 수호자이자 히자즈 성도의 보호자로서의 역할을 강조하는 직함이었다. 따라서 히자즈를 병합하고 오스만 순례단을 금지시킴으로써 와하비는 이슬람 성도의 수호자로서의 술탄의 종교적 정통성뿐만 아니라 제국의 영토를 보존해야 하는 오스만 국가의 세속 권력에도 감히 도전한 것이었다. 이보다 더 심각한 위협은 있을 수 없었다. 만약 오스만이 이러한 도전을 물리치고 권위를 되찾지 못한다면 더 이상의 존속은 불가능할 것이었다.

비록 와하비를 야만적인 사막의 베두인이라고 일축했지만 오스만은 이 운동을 격퇴하는 것이 결코 쉽지 않다는 것을 잘 알고 있었다. 현대의 쿠웨이트나 이라크에서의 전쟁이 보여주었듯이, 강대국들은 아라비아에서 싸울 때면 심각한 병참 문제들에 직면하곤 했다. 수송선을 타고 파병된 병사들은 끔찍한 열기 속에서 먼 거리의 육로를 행군해야 했고, 보급선은 길고 취약했다. 게다가 와하비의 세력권 안에서 싸워야만 했다. 와하비는 자신들이 신의 일을 하고 있다고 믿는 열성적인 사람들이었다. 따라서 와하비의 이와 같은 강력한 메시지에 감응해서 오스만 병사들이 상대편으로 넘어갈 가능성도 항상 도사리고 있었다.

이스탄불에서 히자즈까지 주야장천(晝夜長川)으로 전투 부대를 보낼 수는 없었다. 오스만은 이러한 계획을 실행할 재정적, 군사적 재원 모두가 부족했기 때문에 바그다드와 다마스쿠스, 카이로의 총독들에게 반복적으로 병력 지원을 요구했다. 바그다드의 총독은 계속되는 남부 지역에 대한 와하비의 공격과 맞서 싸웠지만, 침략자들을 쫓아내는 데에는 여전히 성공하지 못하고 있었다. 쿠르드족 출신의 다마스쿠스 총독, 칸즈 유수프 파샤는 순례길을 다시 열겠다고 이스탄불에 약속했다. 그러나 그도 전투를 수행할 재원이 부족했다. 시리아의 연대기 사가 미하일 미샤카에 의하면, 칸즈 유수프 파샤는 "히자즈로부터 와하비를 쫓아낼 수 있는 충분한 병력도 무기도 제공할 수 없었다. 사람이나 가축이나 먹고 마실 음식과 물도 없이 병사들은 [다마스쿠스에서] 불타는 사막을 지나 40일간 행군을 해야만 했다."[26]

그런데 필요한 군사력을 동원하여 와하비를 격퇴하고 히자즈를 오스만 제국에게 돌려줄 수 있는 능력을 보여준 유일한 사람이 있었다. 1805년부터 이집트는 특출난 능력을 보유한 총독의 통치를 받고 있었다. 그러나 와하비 문제의 해결사가 될 수 있도록 만들어준 그의 능력과 야심은 곧 오스만 국가를 배신했다. 실제로 무함마드 알리 파샤는 아랍 지방에 대한 이스탄불의 통치권에 도전한 지역 통치자들 중에서 가장 위험한 인물이었다. 무함마드 알리는 오스만 왕조 자체를 전복할 수 있을 만큼 강력한 인물이었다.

3

무함마드 알리의 이집트 제국

1798년 6월에 영국 선박이 사전 통보도 없이 이집트 해안가에 나타났다. 해안가로 노를 저어온 상륙 분대를 맞이한 이들은 당시 소박한 항구 도시였던 알렉산드리아의 총독과 명사들이었다. 영국은 임박한 프랑스의 침략을 알리며 자신들이 돕겠다고 나섰다. 총독은 분노하며, "이곳은 술탄의 영토이다. 프랑스건 그 누구건 간에 이곳에 접근할 수 없다. 그러니 우리를 놔두어라!"[1] 라고 말했다. 프랑스와 같은 열등 국가가 오스만의 영토를 위협하고 있으며, 오스만이 영국과 같은 또다른 열등 국가의 도움을 필요로 할 것이라는 암시가 알렉산드리아 명사들의 마음을 상하게 했던 것이 분명하다. 노를 저어 자신들의 대형 범선으로 돌아간 영국군은 철수했다. 그 누구도 이 문제에 대해서 더 이상 생각하지 않았다. 당장은 말이다.

7월 1일 아침에 잠에서 깨어난 알렉산드리아의 주민들은 군함으로 꽉 찬 항구를 보며 자신들의 해안이 침략당했다는 것을 알게 되었다. 보나파르트 나폴레옹이 엄청난 침략군을 이끌고 상륙한 것이었다. 이들은 십자군 이후 중동에 발을 내딛은 최초의 유럽 군대였다. 알렉산드리아는 수적으로나 화력으로나 우세했지만, 몇 시간 만에 항복했다. 거점을 확보한 프랑스군은 카이로로 향했다.

맘루크 기병들은 카이로의 남부 외곽에서 프랑스군과 교전을 벌였다. 마치 1516년에 오스만군과 싸웠던 마르지 다비크 전투를 재현하듯, 용맹한 맘루크 병사들은 칼을 뽑아들고 프랑스 침략군을 향해서 돌격했다. 그러나 그들은 결코 거리를 쉽게 좁힐 수 없었다. 밀집대형으로 움직이는 가운데 열을 맞춘 프랑스 보병들은 우레와 같은 소총 발사를 계속하며 맘루크 기병들을 쓰러뜨렸다. "사방팔방이 화약과 연기, 먼지로 자욱했다"라고 당대 이집트 연대기 사가는 기록했다. "계속되는 발포로 귀청이 찢어질 듯했다. 마치 땅이 요동치고 하늘이 무너지는 것 같았다."² 이집트 목격자들에 따르면 전투는 45분도 안 되어서 끝났다. 나폴레옹 군이 무방비 상태의 카이로를 점령하자, 공포가 거리를 휩쓸었다.

그로부터 3년 동안 이집트 사람들은 프랑스의 관습과 격식, 계몽주의 사상, 산업혁명의 기술들을 접하게 되었다. 이집트에 영구적으로 주둔할 생각이었던 나폴레옹은 프랑스 통치의 이점을 이집트인들에게 납득시켜야만 했다. 프랑스 보병과 함께 67명의 학자들도 동행했는데, 그들은 이집트를 연구하는 동시에 이집트인들에게 프랑스 문명의 우수성을 각인시켜야 하는 이중 사명을 가지고 있었다. 프랑스 혁명 사상의 세례를 받은 자유주의자들은 이집트 점령이야말로 진정한 프랑스 "문명화 사역"의 일환이라고 생각했다.

프랑스와 이집트 사회의 최상류층 모두에게 접근할 수 있었던 지식인이자 신학자였던 압드 알 라흐만 알 자바르티(1754-1824)는 점령을 목격한 중요한 증인이다. 알 자바르티는 프랑스인과 이집트인의 조우, 프랑스의 혁명 사상 및 놀라운 기술들을 상세히 다루며 프랑스의 이집트 점령에 관한 기록을 광범위하게 남겼다.

프랑스 혁명 사상과 이집트의 이슬람적 가치를 가르는 심연은 도저히 메울 수가 없었다. 프랑스가 보편적이라고 믿는 계몽주의적 가치들은 오스만의 신민이자 신실한 무슬림이었던 많은 이집트인들에게 매우 모욕적인 것이었다. 이러한 세계관의 차이는 나폴레옹이 이집트인들에게 선포한 최초의 성명서에서도 분명하게 드러난다. "신 앞에 모든 사람은 평등하다. 단지 지혜와 재능, 덕성이 차이를 만들 뿐이다"라고 그는 단언했다.

나폴레옹의 선언은 해방을 떠올리게 하기는커녕 깊은 절망감을 줄 뿐이었다. 알 자바르티는 나폴레옹이 과시했던 "보편적"인 가치의 대부분을 부정하며 선언문을 한 줄 한 줄 반박하는 글을 썼다. 모든 사람들이 평등하다는 나폴레옹의 주장을 "거짓이자 어리석은 생각"이라고 비난하며 다음과 같이 결론을 내렸다. "여러분은 그들이 신의 모든 속성을 부정하는 물질주의자라는 것을 알게 될 것입니다. 그들이 따르는 신념은 인간의 이성을 최고의 것으로 여기며, 종잡을 수 없는 사람들의 생각에 준하여 합의된 것일 뿐입니다."[3] 알 자바르티의 진술에는 계시종교(啓示宗敎)에 인간의 이성을 적용하는 것을 거부하는, 이집트 무슬림 대다수의 생각이 반영되어 있었다.

비록 계몽주의 사상이 이집트인들의 환심을 사는 데에는 실패했지만 프랑스인들은 자신들의 기술이 주민들을 감동시킬 것이라고 확신했다. 나폴레옹의 학자들은 이집트에 온갖 도구들을 가져왔다. 1798년 11월에 프랑스는 몽골피에식 열기구 발사를 준비했다. 그리고 도시민들에게 이 경이로운 비행을 구경하러 오라며 카이로와 그 인근에 공지문을 게시했다. "정보를 수집하고 메시지를 보내기 위해서 비행선을 타고 먼 나라로 여행한다"라는 프랑스의 믿을 수 없는 주장을 들은 알 자바르티는 그 실연(實演)을 보려고 직접 현장으로 갔다.

프랑스 삼색기의 색깔인 빨강, 하양, 파랑으로 장식된 열기구가 승강장에 축 늘어져 있는 것을 보며 알 자바르티는 의구심을 가졌다. 프랑스인들이 몽골피에식 열기구의 심지에 불을 지펴 열기구가 날아오를 때까지 그 안에 따뜻한 공기를 채웠다. 관중들은 놀라서 숨을 멈췄고, 프랑스인들은 이러한 반응에 매우 흡족해했다. 열기구의 심지가 다 탈 때까지는 모든 것이 순조로워 보였다. 하지만 주입된 뜨거운 공기가 사라지자, 몽골피에식 열기구는 폭삭 꺼지며 땅에 주저앉았다. 열기구가 추락하자 프랑스 기술에 대한 카이로 관중들의 경멸도 되살아났다. 알 자바르티는 "그건 명절이나 결혼식 때 하인들이 조립하는 연이나 다를 바가 없었다"라고 경멸적인 어조로 썼다.[4] 주민들도 별다른 감흥을 받지 못했다.

프랑스는 이집트인들의 자부심이 얼마나 큰지 그리고 이방인에 의한 점령을 얼마나 수치스러워하는지를 이해하지 못했다. 나폴레옹은 성명서를 통해서 이집트인들에게 감사하라고 외쳤지만, 어느 이집트 무슬림도 프랑스나 프랑스의 기관들을 — 적어도 공공연하게는 — 인정하지 않았다. 베르톨레 경 (1748-1822)의 화학 실연은 이러한 정황을 잘 보여준 사건이었다.

카이로 프랑스 협회의 정회원이었던 알 자바르티는 이 실연에 또다시 참석했다. 그는 자신이 목격한 화학과 물리학의 위업에 매우 놀랐음을 솔직히 적었다. "내가 [협회에서] 본 것들 중에서 가장 낯설었던 것은 이것이다. 한 조교가 증류액이 가득 찬 병을 집어서 그 소량을 컵에 부었다. 그리고 또다른 병의 무엇인가를 부었다. 두 액체가 끓더니 멈출 때까지 유색 연기를 품어냈고, 컵의 내용물이 마르면서 노란 돌이 되었다. 조교는 그것을 선반 위에 꺼내 놓았다. 우리는 마른 돌을 손에 들고 살펴보았다." 액체가 고체로 변하는 실험이 있은 후에 가스의 타기 쉬운 속성과 "망치로 부드럽게" 두드렸을 때 "마치 카빈총 같은 어마어마한 소음"을 만들어내는, 순수 나트륨의 휘발성에 관한 실연이 이어졌다. 알 자바르티는 자기와 이집트 동료들이 굉음에 놀라는 모습을 보고 재미있어 하던 프랑스 학자들에게 분노했다.

백미는 1746년에 개발되었을 당시에는 정전기 발생장치였던, 라이덴병 (Leyden jar : 축전기의 일종/역주)을 이용한 전기의 속성에 관한 실연이었다. "한 사람이 그것의 연결부를 잡고……다른 손으로는 회전하는 유리잔의 끝을 건드리자……그의 몸은 흔들렸고 골격도 부들부들 떨렸다. 어깨뼈는 덜컥덜컥 소리를 냈으며 팔뚝도 즉시 떨렸다. 접촉하고 있는 사람이나 그의 옷, 또는 그에게 연결된 그 어떤 것이라도 만지는 이는 누구나 — 심지어 천 명 아니 그 이상일지라도 — 같은 것을 경험했다."

당연히 그 실연 현장에 있었던 이집트인들은 자신들이 목격한 것에 대해서 매우 깊은 인상을 받았다. 그러나 그들은 그런 놀라움을 드러내지 않으려고 최선을 다했다. 화학 실연을 지켜본 나폴레옹의 참모 중의 한 사람은 후에 "유동액의 변화와 전기 파동, 직류전기 실험이 만들어낸 그 모든 기적들이 이집트인들을 놀라게 하지 못했다"라고 썼다. 실연이 끝났을 때 한 무슬림 지식인이 통역사를 통해서 질문을 했다고 한다. "이것도 좋고 다 괜찮긴 한

데, 그것들은 과연 내가 모로코에 있는 동시에 이곳에도 있을 수 있도록 만들수 있소?" 베르톨레는 어깨를 으쓱하는 것으로 대답을 대신했다. "그렇군, 결국 그도 그리 썩 훌륭한 마법사는 아니군"이라고 셰이크는 말했다.[5] 서재에서 혼자 그 실연에 대해서 곰곰이 생각해본 알 자바르티는 자신의 생각은 다르다고 밝혔다. "그들은 [협회에] 우리 같은 심성으로는 이해할 수 없는 결과를 도출하는 장치와 기구 등 낯선 도구들을 가지고 있었다."[6]

나폴레옹이 1798년에 이집트를 침략한 진정한 동기는 문화적인 것이 아니라 지정학적인 전략 때문이었다. 18세기 후반 프랑스의 주요 경쟁 상대는 대영제국이었다. 유럽의 두 해양 세력은 아메리카와 카리브 해, 아프리카, 인도를 포함한 수많은 현장에서 우위권을 놓고 다투었다. 영국과 프랑스의 무역 회사들은 인도에 대한 패권을 놓고 치열하게 싸웠고, 결국 영국이 프랑스를 패퇴시키고 인도 아대륙에 대한 주도권을 가지게 되는 7년 전쟁(1756-1763)으로 귀착되었다. 프랑스는 인도에서의 손실을 결코 용납할 수 없었다.

1792년에 프랑스 혁명전쟁이 발발하자 영국과 프랑스는 적대행위를 재개했다. 영국의 이권을 침해할 방법을 찾고 있던 나폴레옹은 인도를 주목했다. 그는 이집트 장악을 통해서 동부 지중해를 지배하고, 지중해에서 이집트를 지나 홍해와 저 너머의 인도양까지 이어지는 인도로 가는 전략적인 육-해상로를 폐쇄할 수 있기를 희망했다. 나폴레옹이 툴롱에서 대규모 원정군을 소집하고 있다는 사실을 알게 된 영국은 이집트에 대한 군사작전을 위한 것이 아닐까 의심했다. 허레이쇼 넬슨 제독은 강력한 해군 함대에게 프랑스 함대를 저지하라는 명을 내렸다. 영국군은 실제로 프랑스보다 앞서서 이집트에 도달했지만, 알렉산드리아 총독과의 짧고 비관적인 만남을 가졌을 뿐이었다. 넬슨은 동부 지중해 어딘가에 있을 나폴레옹을 수색하던 선박들을 철수시켰다.

영국 해군을 피하는 데에 성공한 나폴레옹의 군대는 신속하게 이집트를 정복했다. 그러나 한 달 후 프랑스 선단을 따라잡은 넬슨의 함대는 8월 1일에 나일 강 전투에서 프랑스 전함 2대를 제외하고 나머지 전함들을 포획하거나 침몰시키는 데에 성공했다. 나폴레옹의 기함(旗艦)인 오리엔트 호는 전투에서 화염에 싸인 채 밤하늘을 밝히는 장관을 빚으며 폭발했다. 프랑스는 나일 강 전투에서 1,700명이 넘는 병사를 잃었다.

프랑스 함대에 영국이 승리를 거두면서 나폴레옹의 원정은 실패로 돌아갔다. 2만 명의 프랑스 병사들이 프랑스와 연락이 두절된 채로 이집트에 고립되었다. 패전 소식으로 이집트에 주둔하던 프랑스군의 사기는 심각하게 저하되었다. 그들의 고립감은 나폴레옹이 1799년 8월에 어떤 사전 통보도 없이 군을 버려둔 채로, 그해 11월에 권력을 장악하게 될 프랑스로 복귀하면서 더욱더 심해졌다.

나폴레옹의 도주 후에 이집트의 프랑스군은 무력하게 방치되었다. 나폴레옹의 후임자가 이집트에서의 프랑스군의 완전 철수를 위해서 협상에 들어갔다. 프랑스와 오스만은 1800년 1월 초에 협정을 체결했지만, 그들의 계획은 경험 많은 프랑스 대군이 나폴레옹 군대로 합류하여 자신들과 다른 전선에서 싸우게 되는 것을 원치 않던 영국에 의해서 무산되었다. 1801년에 영국 의회는 이집트에서 프랑스의 항복을 받아내기 위한 군사 원정을 승인했다. 1801년 3월에 알렉산드리아에 도착한 원정군은 협공작전을 펼칠 오스만군과 카이로에서 합류했다. 카이로의 프랑스군은 1801년 6월에, 알렉산드리아에서는 8월에 항복했다. 영국 및 오스만 선박에 승선한 프랑스군은 자신들의 고국으로 추방되었고, 이렇게 이 유감스러운 사건은 끝을 맺었다.

프랑스의 이집트 점령 기간은 고작 3년이었다. 인간적인 면에서는 매혹적인 순간이었던 이 기간 동안에 이집트와 프랑스는 서로에게서 칭찬할 점과 비난할 점을 모두 발견했다. 1801년 여름 카이로에서 영국-오스만 연합군에게 쫓겨나 철수한 프랑스군은 더 이상 새로운 혁명 질서의 의기양양한 대리인이 아니었다. 오히려 병사의 수는 전쟁과 질병으로 감소했고, 휴식도 없이 이집트에서 보낸 수년간의 병역으로 사기도 저하되었다. 비록 피점령민에 대한 겸손의 표시는 아니었지만, 많은 프랑스 군인들이 이슬람으로 개종하고 이집트인 부인을 얻었다. 이집트인들 역시 피점령의 경험을 통해서 자신감이 흔들리게 되었다. 프랑스인과 그들의 사상 및 기술을 접하면서, 이집트인들의 우월감이 무너졌던 것이다.

**

프랑스군은 이집트에 권력 공백을 남겨놓고 떠났다. 3년간의 점령 동안 카이로와 하(下)이집트에서의 맘루크의 권력 기반이 무너졌던 것이다. 오스만은 무슨 수를 쓰더라도 맘루크 가문들이 재건되는 것을 막고자 했다. 프랑스의 부재는 반항적인 이집트 지방에 권위를 재정립하려는 오스만에게 절호의 기회였다. 나폴레옹의 이집트 재정복을 우려한 영국은 강력한 억제 수단을 마련하기로 결심했다. 미래에 있을 프랑스의 공격을 저지하는 데에 있어서 오스만보다는 맘루크를 더 신뢰했던 영국은 가장 강력한 맘루크들을 복귀시키는 작업에 들어갔다. 오스만에게 핵심적인 맘루크 베이들을 사면하라고 압력을 가한 영국 덕분에 맘루크들은 가문을 재건하여 영향력을 다시 행사할 수 있었다. 오스만은 마땅치 않았지만 영국의 바람을 들어주었다.

1803년에 영국의 원정군이 떠나자마자 오스만은 다시금 자신들만의 방식으로 이집트 문제를 해결하고자 했다. 오스만 중앙정부는 카이로의 총독에게 맘루크 베이들을 근절시키고 그들의 재산을 몰수하여 국고로 환수하라고 명령했다.[7] 그러나 맘루크들은 이미 오스만의 공격에 대항할 수 있을 정도로 예전의 힘을 회복한 상태였다. 오스만과 맘루크 간의 격렬한 권력 투쟁이 이어졌고 전쟁에 지친 카이로 주민들의 비극은 계속되었다. 이러한 혼란 가운데 등장한 한 오스만 사령관이 맘루크와의 충돌을 저지하고 대중의 지지를 받으며 이집트를 지배하게 되었다. 실제로 그는 머지않아서 이집트 근대사에서 가장 영향력 있는 인물 중의 한 명이 되었다. 그의 이름은 무함마드 알리였다.

마케도니아의 카발라에서 태어난 알바니아 출신의 무함마드 알리(1770-1849)는 이집트의 오스만 병력 중에서도 다루기 힘들기로 유명한 알바니아 파견대의 지휘관 자리에 올랐다. 알바니아 파견대는 6,000명으로 이루어진 강력한 부대였다. 1803년과 1805년 사이에 무함마드 알리는 동맹관계를 끊임없이 바꾸어가면서 오스만 총독과 다른 오스만 연대의 사령관들 그리고 저명한 맘루크 베이들을 발판으로 하여 개인 권력을 강화해나갔다. 그는 프랑스의 점령에 이은 오스만 치하에서 지난 5년 동안 정치 및 경제적 불안정을 겪으면서 서서히 동요하기 시작한 카이로의 명사들에게 공개적으로 지지를 호소했다. 1805년경에 알바니아 파견대의 사령관은 카이로의 킹메이커로 부상했다. 그러나 무함마드 알리는 그 자신이 왕이 되기를 갈망하고 있었다.

이러한 무함마드 알리의 행동들이 오스만 정부 당국의 주목을 받게 되었다. 알바니아 병사들의 사령관은 문제아로 보였지만, 제국에게 이득이 될 재능과 야심도 가지고 있었다. 이 무렵 아라비아에서는 위급한 상황이 계속되고 있었다. 1802년에 이라크의 오스만 영토를 공격한 와하비들이 1803년에는 성도인 메카를 점령했다. 이제는 이슬람주의 개혁가들이 카이로와 다마스쿠스에서 온 오스만 순례단에게 자신들의 제시 조건을 강요하며 메카와 메디나 성도에 출입을 금하겠다고 협박하는 상황이 되었다(1806년 이후 실제로 그렇게 했다). 이슬람 성도의 보호자라는 황제의 경칭을 지닌 술탄으로서 도저히 용납할 수 없는 사태였다. 카이로의 명사들이 처음으로 무함마드 알리를 이집트의 총독으로 임명해줄 것을 청원한 1805년에 중앙정부는 이를 수락하는 대신 그를 아라비아의 히자즈 지방의 총독으로 임명하여 와하비 운동을 진압하는 위험한 임무를 맡기기로 결정했다.

히자즈의 총독 내정자로서 무함마드 알리는 파샤의 지위로 승진했고, 이로써 그는 오스만의 어떤 지역에서든지 총독으로 일할 수 있는 자격을 갖추게 되었다. 무함마드 알리는 오로지 이 직함을 위해서 이 임명을 받아들였다. 하지만 새로운 임무 수행을 위해서 홍해 지역으로 움직일 생각은 전혀 없었다. 임무 수행은커녕 그는 오스만이 자신을 이집트 총독으로 임명하도록 압력을 넣기 위해서 카이로의 저명인사들의 협력하에 음모를 꾸미기에 바빴다. 명사들은 무함마드 알리와 그의 알바니아 병사들이 카이로에 질서를 가져올 것이라고 확신했다. 또한 무함마드 알리가 자신들의 도움을 받아서 총독으로 임명된다면 그에게 영향력을 행사할 수 있을 것이라는 착각에 빠져 있었다. 명사들은 카이로의 상인과 장인들에게 정부가 부과하는 세금 부담을 줄이고, 자신들에게 유리하도록 지역의 경제를 활성화시킬 수 있기를 희망했다. 그러나 무함마드 알리는 이와는 전혀 다른 구상을 가지고 있었다.

1805년 5월에 카이로의 도시민들이 오스만 총독 후루시드 아흐마드 파샤에 맞서서 봉기를 일으켰다. 수년간의 불안정과 폭력, 과도한 세금, 불공정함을 경험한 카이로의 민중이 인내의 한계에 도달한 것이었다. 그들은 항의의 표시로 상점을 닫고 오스만 당국에게 자신들이 선택한 총독을 임명해줄 것을 요구했다. 이 뒤숭숭한 시기를 살았던 알 자바르티는, 터번을 쓴 셰이크들이 앞장서고 젊은이들은 폭압적인 파샤와 오스만의 불공정함에 항의하며 구호를 외치던, 카이로 사원들에서 열린 대규모 시위를 다음과 같이 묘사했다. 군중들은 무함마드 알리의 집으로 향했다. "그렇다면 당신들은 누가 총독이 되기를 원합니까?"라고 무함마드 알리가 물었다. "우리는 오로지 당신만을 원합니다"라고 민중이 대답했다. "당신은 우리의 사정에 맞게 통치하는 총독이 될 것입니다. 왜냐하면 당신은 정의롭고 훌륭한 사람이니까요."

무함마드 알리는 정중히 그 제안을 거절했다. 하지만 군중은 고집을 꺾지 않았다. 교활한 이 알바니아인은 머뭇거리며 어쩔 수 없이 이 제안을 수락하는 척을 했다. 그러자 즉흥적으로 마련된 임명식에 사용할 털외투와 의례용 가운을 유력 인사들이 가져왔다. 카이로 민중이 선택한 총독을 오스만 제국에게 강제한 이 사건은 전례가 없는 일이었다.

당시 총독직을 맡고 있던 후루시드 아흐마드 파샤는 크게 동요하지 않았다. "나는 술탄 폐하의 임명을 받았다. 내가 농민들의 명령으로 자리에서 물러나는 일은 결코 없을 것이다"라고 응수했다. "나는 오직 제국 정부의 명령에 의해서만 성을 떠날 것이다."[8] 카이로 주민들의 포위에도 불구하고 직위 해제된 총독은 민중들이 선택한 총독을 승인한다는 이스탄불의 명령이 도달한 1805년 6월 18일까지, 한 달 이상을 성채에서 버텼다. 이렇게 무함마드 알리는 이집트의 통치자가 되었다.

이집트 총독으로 임명된 것 — 오스만이 1517년에 이집트를 정복한 이래 여러 사람들이 총독의 직함을 가졌었다 — 과 이집트를 실질적으로 지배하는 것은 완전히 별개의 문제였다. 무함마드 알리 파샤는 그 누구보다도 더 강력하게 이 지역에 대한 통제권을 행사했다. 이집트의 국부(國富)를 독점하는 데에 성공한 그는 강력한 군대와 관료 국가의 건설에 세입을 사용했다. 또한 군대를 동원해 지배 영토를 확장하며 혼자 힘으로 이집트를 제국의 중심지로 만들었다. 그러나 맘루크로서 맘루크 제국의 재건을 꿈꿨던 알리 베이 알 카비르와는 달리, 무함마드 알리는 오스만인이었고 오스만 제국을 지배하기를 원했다.

한편 무함마드 알리는, 훗날 오스만이 모방하게 되는, 유럽의 개념과 기술에 의존하며 이집트를 개혁의 길로 이끌었던 혁신가이기도 했다. 그는 중동 지역에서 최초로 농민 군단을 창설했다. 또한 유럽 바깥에서는 최초로 실현된 산업화 프로그램에 착수했고 군에 필요한 무기와 직물을 생산하고자 산업혁명 기술을 도입했다. 교육 사절단을 유럽의 수도들에 파견하고 유럽의 서적 및 기술 편람을 아랍어 판본으로 출판하기 위해서 번역국도 창설했다. 뿐만 아니라 오스만 술탄의 총독이 아닌 독립적인 군주로 자신을 대우하는 유럽 열강들과 직접적인 관계를 맺기도 했다. 치세 말기에는 이집트와 수단에 대한 무함마드 알리 가문의 세습 통치권이 성공적으로 안착되었다. 그의 왕조는 1952년에 혁명으로 군주제가 무너질 때까지 이집트를 지배했다.

히자즈에서 카이로로 무함마드 알리의 부임지를 변경했지만, 오스만 중앙정부는 여전히 그가 와하비와 싸워서 아라비아 반도에서의 오스만의 권위를 회복시켜주기를 고대했다. 그러나 이스탄불의 명령을 외면하고 싶었던 신임 총독은 많은 변명거리를 찾아냈다. 무질서를 틈타 권력을 잡았기 때문에, 카이로 민중과 오스만 병사들을 복종시키지 못한다면 자신 역시 추락할 수 있다는 것을 그는 잘 알고 있었다.

무함마드 알리의 알바니아 군대는 무력으로 카이로를 통치할 수 있는 독립적인 권력 기반을 제공했다. 분열되어 있던 맘루크 가문들을 첫 표적 삼아서 그들을 상(上)이집트로 쫓아냈다. 그러나 이러한 싸움들은 돈이 많이 들었고, 파샤 또한 이집트를 통제하기에는 병사들의 수가 충분하지 않다고 생각했다. 역시 돈이 필요했다. 농업이 이 지역의 주요 세입원이었다. 그러나 이집트 농토의 5분의 1은 이슬람 종교기관들을 후원하기 위해서 기부되어 있었고, 나머지 5분의 4는 카이로 재정에는 도움이 되지 않는, 맘루크 가문들과 다른 대지주들이 보유하고 있던 세금징수 청부업에 임차되어 있었다. 이집트 세입 원을 장악하기 위해서 무함마드 알리는 우선 토지를 장악해야만 했다.

이집트 토지에 직접 과세함으로써, 무함마드 알리는 이집트 지배에 필요한 재원을 얻을 수 있었다. 이러한 과정 속에서 맘루크 반대파들뿐만 아니라 무함마드 알리를 지지했던 카이로 명사들의 재정적 기반도 약화되었다. 종교 학자들 역시 면세 수입을 박탈당했다. 지주 엘리트들은 영향력을 행사할 수 있으리라고 기대했던 총독에게 오히려 자신들이 종속되었음을 깨닫게 되었다. 이집트에서의 입지를 강화하는 데에 총 6년의 시간을 보낸 무함마드 알리는 마침내 아라비아의 와하비와의 전쟁을 수행하라는 술탄의 명령을 받아들였다.

1811년 3월에 무함마드 알리는 아들 투순 파샤를 파견해 와하비에 대한 군사 작전을 이끌도록 했다. 이것이 무함마드 알리의 이집트 국경 너머로의 첫 번째 모험이었다. 그는 자신의 군대 대부분을 해외로 파병하기 전에 이집트의 평화와 안정을 확고히 하고 싶었다. 투순의 임관식에 가장 강력한 맘루크 베이들을 포함해서 카이로의 유명 인사들을 모두 초청했다. 베이들은 이 초대 를 무함마드 알리 정권과의 수년간 이어진 불화를 끝내자는 회유적 제스처로 받아들였다. 그들은 총독이 자신들과 계속 싸우는 것보다는 맘루크의 지지를 받으며 통치하는 것이 더 쉽다는 것을 깨달았음이 분명하다고 결론지었다. 대부분의 베이들이 초대에 응했고, 행사에 참석하기 위해서 한껏 화려하게 꾸미고 카이로의 성채에 도착했다. 누군가는 불안감을 느꼈겠지만, 맘루크 주요 인사들 대부분이 참석한다는 사실에 틀림없이 얼마간은 안도했을 것이다. 게다가 도대체 어떤 인간이 자신의 손님을 기만하며 환대의 관례를 깬단 말인가?

임관식이 끝나고 맘루크들은 성채를 지나는 공식 행렬에 참여했다. 출입문과 연결된 통로 중의 하나를 지날 때, 갑자기 문이 닫혔다. 당황한 베이들이 무슨 일이 벌어지고 있는지 미처 깨닫기도 전에, 병사들이 머리 위쪽의 벽에서 나타나 발포하기 시작했다. 몇 년이나 계속된 싸움에 지친 병사들은 맘루크들을 증오했고, 기꺼이 베이들을 죽이기 위해서 벽에서 뛰어내렸다. "군인들은 잔인하게 아미르들을 학살했고, 옷가지들을 약탈했다"라고 알 자바르티는 기록했다. "그들은 증오심을 드러내며 한 사람도 살려두지 않았다." 행렬 행사에서 성장(盛粧)하고 있던, 맘루크의 수행원으로 임시 고용된 이들— 그들 대부분은 카이로의 주민이었다— 까지 죽임을 당했다. "이들이 고함을 치며 도움을 요청했다. 누군가는 '나는 군인도 맘루크도 아니오'라고 말했고 또다른 누군가는 '나는 그들과 한패가 아니오'라고 말했다. 그러나 병사들은 이러한 비명과 간청에 귀 기울이지 않았다."[9]

무함마드 알리의 병사들은 그러고 나서도 도시 곳곳을 미친 듯이 날뛰며 돌아다녔다. 맘루크로 의심되는 자는 누구나 끌어내어 성채로 데리고 와서 교수형에 처했다. 이스탄불로 보낸 보고서에 의하면, 무함마드 알리는 24명의 베이와 그들의 부하 40명을 죽였고, 그 증거로 참수한 머리와 귀를 보냈다.[10] 알 자바르티는 폭력이 매우 광범위하게 행해졌다고 설명했다.

성채에서의 학살은 카이로의 맘루크들에게 최후의 일격을 가했다. "냉혈한" 셀림의 정복은 물론 나폴레옹의 침략도 이겨내고 카이로에서 살아남았던 맘루크들이었지만, 결국 약 6세기만에 무함마드 알리에 의해서 사실상 절멸당했다. 간신히 살아남은 몇몇 맘루크 베이들은 카이로의 총독이 권력을 지키기 위해서라면 무슨 일이라도 서슴지 않을 것이며, 그에 저항할 방법이 없음을 잘 알고 있었기 때문에 상이집트에 머물며 그 밖으로는 절대 나가지 않았다. 더 이상 자신의 지배에 도전할 내부 세력이 없다고 확신한 무함마드 알리는 비로소 오스만 술탄의 치하를 받으며 아라비아로 군을 파병했다.

와하비 전쟁은 무함마드 알리의 이집트 재원을 엄청나게 고갈시켰다. 전장은 이집트에서 너무 멀었고, 병참선은 길고 취약했다. 또한 투순 파샤는 열악한 환경의 적지에서 싸워야만 했다. 1812년에는 교외 지역의 지리에 익숙했던 와하비들이 이집트군을 좁은 산길로 유인하여 8,000명의 병사들에게 심각한 타격을 입히기도 했다. 사기가 떨어진 알바니아 사령관들 대다수가 전장을 떠나 카이로로 돌아가자 투순은 병력이 부족해졌다. 무함마드 알리는 지다로 원군을 보냈고, 다음 해에 투순은 간신히 메카와 메디나를 손에 넣을 수 있었다. 1813년에 순례단과 동행한 무함마드 알리는, 이슬람 탄생지에 대한 통치권 회복의 표식으로서 이스탄불의 술탄에게 성도의 열쇠를 보냈다. 하지만 이 승리는 값비싼 비용을 치르고 거둔 것이었다. 이집트군은 8,000명의 병사를 잃었고 이집트 국고는 17만 퍼스(1820년 당시의 미국 달러로 환산하면 대략 6,700만 달러 정도이다)라는 엄청난 액수의 돈을 지불했다.[11] 게다가 와하비가 완전히 격퇴된 것도 아니었다. 그들은 이집트군이 진군하기 전에 철수한 것뿐이었고 되돌아올 것이 분명했다.

투순의 이집트군과 압둘라 이븐 사우드가 지휘하던 와하비군 간의 전투는 1815년에 양측이 정전협정을 체결할 때까지 계속되었다. 투순은 카이로로 돌아왔지만, 그만 전염병에 걸려 돌아온 지 며칠도 되지 않아서 사망했다. 투순이 사망했다는 소문이 아라비아로 새어나가자, 압둘라 이븐 사우드는 정전협정을 깨고 이집트 진지들을 공격했다. 무함마드 알리는 큰 아들 이브라힘을 이집트군 총사령관으로 임명했다. 무함마드 알리의 전군(全軍) 최고 사령관으로 부상한 이브라힘의 화려한 군 경력은 이렇게 시작되었다.

이브라힘 파샤는 1817년 초 아라비아에서 군대를 이끌고 와하비와 무자비한 전쟁을 벌였다. 와하비들을 중앙아라비아의 나지드 지역으로 몰아내기에 앞서서 우선 홍해 지방의 히자즈에 대한 통제권을 손에 넣었다. 비록 나지드가 오스만 영토 밖에 있었지만, 이브라힘 파샤는 와하비의 위협을 완전히 제거하고자 적들을 와하비의 수도인 디리야로 몰아냈다. 6개월 동안 양측은 끔찍한 소모전을 치렀다. 도시 성벽 안에 갇힌 와하비들은 이집트의 포위로 서서히 음식과 물 부족에 시달리게 되었다. 이집트군도 질병과 중앙아라비아의 살인적인 여름 더위에 노출되어 엄청난 인명 손실을 겪었다. 결국 이집트가 승리를 거두었고, 1818년 9월에 와하비는 절멸되리라는 것을 알았지만 항복할 수밖에 없었다.

무함마드 알리의 명령으로 이집트군은 디리야를 파괴했고, 포로가 된 와하비 운동의 지도자들은 모두 카이로로 호송되었다. 무함마드 알리는 16년이 넘도록 오스만 제국의 정통성을 위협했던 운동을 진압함으로써 술탄 마흐무드 2세의 총애를 얻게 되었다. 더욱이 그는 지금까지 중앙아라비아에서 다른 어떤 오스만 총독이나 사령관도 해내지 못했던 전쟁을 성공적으로 잘 수행해냈다. 압둘라 이븐 사우드와 와하비 정권의 지도자들이 술탄의 심판을 받기 위해서 카이로에서 이스탄불로 보내졌다.

마흐무드 2세(재위 1808-1839)는 와하비 지도자들의 처형을 국가 행사로 변모시켰다. 정부의 고관과 외국 대사, 제국의 저명한 명사들을 톱카프 궁전으로 불러서 처형식을 참관하도록 했다. 사형을 언도 받은 군사령관 압둘라 이븐 사우드와 총리대신, 와하비 운동의 정신적 지도자는 무거운 쇠사슬에 묶인 채 끌려 나와서 종교와 국가에 대한 반역죄로 공개 재판을 받았다. 술탄은 세 명 모두에게 사형을 선고하고 심문을 종결했다. 압둘라 이븐 사우드는 아야 소피아 사원의 정문에서 교수형에 처했고, 총리대신은 궁전의 정문 앞에서 처형되었으며, 정신적 지도자는 도시의 한 주요 시장에서 교수형에 처해졌다. 그들의 시신은 바다에 던져지기 전 사흘 동안 팔 밑으로 머리가 쑤셔 넣어진 채로 공개 전시되었다.[12]

프랑스군이 이집트에서 축출되고 와하비 운동도 격퇴됨에 따라 술탄 마흐무드 2세가 아랍 세계에서의 오스만 제국의 입지를 위협하던 가장 심각한 도전들을 무사히 넘겼다고 생각한 것도 무리가 아니었다. 그러나 아라비아에서의 승리를 이끈 이집트 총독 본인이야말로 마흐무드 2세에게 더 큰 위협이 될 터였다. 와하비가 제국의 변방— 정신적인 측면에서는 매우 중요한 지역이었지만, 그럼에도 변방이었다— 을 공격했던 반면, 무함마드 알리는 오스만 제국의 중심부와 그 지배 왕조 자체에 도전을 제기했기 때문이다.

***

와하비를 격퇴하여 오스만 제국에 기여한 공로의 대가로 술탄 마흐무드 2세는 무함마드 알리의 아들 이브라힘을 파샤로 승진시키고 히자즈의 총독으로 임명했다. 이렇게 홍해의 히자즈 지방은 무함마드 알리 제국의 최초의 합병지가 되었다. 이제 이집트 국고는, 홍해 무역에서뿐만 아니라 매해 행해지는 메카 순례의 통로로서도 그 중요성이 상당했던, 지다 항구의 관세 수입의 덕을 볼 수 있게 되었다.

무함마드 알리는 이집트군이 수단을 침략한 1820년에 홍해 지역에 대한 실질적인 통제권을 확고히 다졌다. 그는 나일 강 상류 지역에서 노예병사를 징병할 수 있는 새로운 공급처를 찾는 동시에, 수단에서는 재정을 풍요롭게 해줄 신화 속의 금광을 발견하기를 희망했다. 수단 전쟁은 잔악함으로 얼룩졌다. 무함마드 알리의 아들 이스마일이 하르툼의 북쪽에 위치한 나일 강 유역 쉰디 지역의 통치자에게 살해당하자, 이집트 원정군은 그 지역 주민 3만 명을 학살하여 앙갚음을 했다. 금은 발견되지 않았고, 수단인들은 말 그대로 무함마드 알리 군에서 복역하느니 차라리 죽음을 택했다. 징병당한 수천 명의 사람들이 고향을 떠나게 된 것에 낙담했고, 병에 걸렸으며, 이집트의 훈련장으로 가는 긴 행군 도중에 목숨을 잃었다. 1820년에서 1824년 사이에 노예로 잡힌 2만 명의 수단인 중 겨우 3,000명만이 1824년까지 살아남았다.[13] 수단 전쟁(1820-1822)으로 이집트가 얻은 실질적인 소득은 상업과 영토적인 측면이었다. 수단을 이집트 제국에 합병하면서, 무함마드 알리는 지배 영토를 두 배로 넓혔으며 홍해 무역도 장악하게 되었던 것이다. 수단에 대한 이집트의 지배는 수단이 1956년에 독립할 때까지 136년 동안 지속되었다.

무함마드 알리는 이집트군의 신병 부족으로 심각한 제약을 받았다. 초창기의 알바니아 병사들은 아라비아 및 수단과의 전쟁에서 사망했거나 나이가

들어 있었다. 수단과 전쟁할 무렵, 무함마드 알리의 군에 남아 있던 알바니아 병사들은 이집트에 온 지 이미 20년이 지난 상태였다. 오스만은 맘루크의 부활과 무함마드 알리의 야심을 저지하기 위해서 1810년에 코카서스에서 이 집트로의 노예병사 수출을 금지했다. 게다가 오스만도 유럽 전선에서 싸울 병사들이 필요했기 때문에 무함마드 알리에게 제국의 병사들을 파병하려 하지 않았다. 외부에서 신병의 공급처를 찾을 수 없었던 이집트 총독은 결국 이집트 현지인들에게 의지할 수밖에 없었다.

국민군 — 한 국가의 노동자나 농민들 사이에서 모집한 징병군인 — 이라는 개념은 아직 오스만 세계에서는 낯선 것이었다. 여전히 군인은 노예 신분에서 차출된 전사 계급으로 간주되고 있었다. 17-18세기 동안, 예니체리라고 알려진 유명한 오스만 보병은 데브쉬르메("소년 징집") 관행이 사라지면서 신병 모집 절차를 수정할 수밖에 없었다. 군인들은 부인을 취했고, 자신들의 아들들을 예니체리 병사로 등록했다. 그러나 일반인과는 구별되는 군인 계급이라는 개념이 여전히 남아 있었다. 농민은 병역을 담당하기에는 수동적이고 아둔한 사람들로 무시되었다.

오스만군이 18세기에 유럽 군대에게 패배하기 시작하면서 술탄들은 오스만 보병의 효율성에 의문을 가지게 되었다. 이에 프로이센 및 프랑스의 퇴역 장교들을 이스탄불로 초빙해서 방진(方陣), 총검 돌격, 이동포 사용과 같은 유럽의 근대적인 전투 방식들을 도입했다. 18세기 말엽에 술탄 셀림 3세(재위 1789-1807)는 유럽식의 바지를 입고 서양 장교들에게 군사교육을 받은, 아나톨리아 출신의 농민들로 구성된 새로운 오스만군을 창설했다. 이 새로운 부대는 니자므 제디드(Nizam-ı Cedid), 즉 "새로운 질서" — 그 병사들은 니자미(Nizami)로 알려졌다 — 라고 불렸다.

술탄 셀림이 4,000명의 니자미 연대를 1801년에 이집트에 배치하자, 무함마드 알리는 기강 잡힌 군단을 직접 목격하게 되었다. 당대의 한 오스만인이 기록했듯이 이집트의 니자미 병사들은 "용감하게 이교도들과 싸웠고 계속해서 승리를 거두었다. 단 한 명의 군인이라도 도주했다는 이야기를 보지도 들지도 못했다."[14] 하지만 니자미 군은 다른 어떤 유럽 군대보다도, 유력한 예니체리 군단에게 더욱더 직접적인 위협이 되었다. 만약 니자미가 "새로운 질서"라면 예니체리는 함축적으로 "구질서"를 의미하는 것이었기에, 자신들의 실리를 지킬 힘이 있는 한 예니체리는 이러한 정리 해고를 받아들이려 하지 않았다. 1807년에 반란을 일으킨 예니체리는 셀림 3세를 퇴위시키고 니자미 군을 해산시켰다. 비록 오스만 국민군에 대한 첫 실험은 이렇게 불행한 결말로 끝났지만, 그럼에도 이집트에서 무함마드 알리가 따라할 수 있는 실행 가능한 모델을 제공해주었다

나폴레옹의 군대도 무함마드 알리에게 고려 가능한 두 번째 모델을 제공해주었다. 프랑스의 토민군(levée en masse)은 시민군이었고, 능력이 있는 사령관이 지휘하면 대륙도 정복할 수 있다는 것을 보여주었다. 그러나 무함마드 알리는 이집트인들을 시민이라기보다는 신민으로 생각했고, 프랑스 혁명의 사령관들이 했던 것처럼 선동적인 이념적 구호로 병사들을 자극하려 하지도 않았다. 신병 훈련을 프랑스의 군 전문가에게 맡기기는 했지만 그 외에는 오스만의 예를 따라서 이집트의 니자므 제디드를 창설했다. 1822년에 대령 세베스 — 이슬람으로 개종한 프랑스인으로 이집트에서는 술라이만 아가로 알려진 이다 — 라는 나폴레옹 전쟁 참전용사에게, 온전히 이집트 농민 출신의 신병 중에서만 선발된 니자미군의 준비와 훈련을 위임했다. 1년 만에 3만 명으로 이루어진 군이 편성되었다. 1830년대 중반 즈음에는 그 숫자가 13만 명에 달했다.

이집트의 니자미 군도 하룻밤 사이에 성공한 것은 아니었다. 이집트 농민들은 농지와 가족의 안녕을 염려했다. 가족과 마을에 강한 애착을 가지고 있었던 그들에게 군복무는 엄청난 시련이었다. 농민들은 징병관들이 나타나면 마을에서 도망쳐 징집을 피하려 했다. 어떤 사람들은 장애라는 이유로 면제를 받기 위해서 고의로 손가락을 자르거나 눈을 때려서 불구가 되기도 했다. 전국이 징병에 맞서 봉기를 일으켰고, 상이집트에서는 3만 명 정도의 마을 주민들이 1824년에 반란을 일으키기도 했다. 어쩔 수 없이 군복무를 하게

되었더라도 많은 농민들이 탈영했다. 무함마드 알리의 정부가 이집트 농민들에게 병역을 치르도록 강제할 수 있는 유일한 방법은 무거운 처벌을 내리는 것뿐이었다. 그러나 놀라운 것은 마지못해 끌려온 이 병사들이 전장에서는 매우 유능했다는 사실이다. 첫 실험은 그리스에서 이루어졌다.

1821년에 오스만 제국의 그리스 지방에서 민족주의 봉기가 일어났다. 그리스 국가 수립과 독립이라는 목표 아래 1814년에 설립된 필리키 에타이리아(Filiki Etairia), 즉 "친선 협회"로 알려진 비밀단체 조직원들이 반란을 주도했다. 오스만 제국의 그리스인들은 언어와 동방 정교(東方正敎), 고대 그리스 시대부터 비잔티움 제국에 이르는 역사를 공유하며 독자적인 공동체를 이루고 있었다. 오스만 제국에서 발생한 공개적인 첫 민족 봉기였던 그리스 전쟁은 18세기에 지역 통치자들이 주도한 반란들보다도 더 큰 위협이 되었다. 이전의 반란들은 통치자 개개인이 품은 야심에 의해서 추동되었다면 민족주의는 오스만 통치자에 대항하여 전 주민들이 봉기하도록 선동할 수 있는 이데올로기라는 점에서 그 성격이 달랐다.

1821년 3월에 펠로폰네소스 반도의 남부에서 발생한 반란이 빠르게 그리스 중심부와 마케도니아, 크레타, 에게 해의 섬들로 확산되었다. 여러 전선에서 동시다발적인 대격전을 치러야 했던 오스만은 무함마드 알리에게 도움을 요청했다. 1824년에 무함마드 알리의 아들 이브라힘 파샤가 새롭게 훈련 받은 1만7,000명의 보병과 700명의 기병, 4개의 포병대로 구성된 이집트군을 이끌고 펠로폰네소스 반도로 출정했다. 모든 병사들이 토박이 농민들이었던 그들이야말로 진정한 최초의 이집트 군대라고 말할 수 있을 것이다.

이집트군은 그리스 전쟁에서 완벽한 성공을 거두었고, 새로운 니자미 군은 패기를 보여주었다. 크레타와 펠로폰네소스를 정복한 이브라힘 파샤는 이 지역의 총독으로 임명받았고, 무함마드 알리의 제국은 홍해에서 에게 해로 확장되었다. 그러나 역설적이게도, 이집트군이 그리스와의 전장에서 승승장구할수록 술탄과 오스만 정부의 근심도 커져갔다. 이집트는 오스만에 항거한 반란들을 진압하면서, 카이로의 통치 영역을 확장하고 있었다. 만약 무함마드 알리가 반란을 일으킨다면, 오스만은 과연 그의 군대를 저지할 수 있을지 확신이 들지 않았다.

한편 이집트의 승리와 그리스의 고난은 유럽 수뇌부들의 우려를 불러일으켰다. 그리스 전쟁은 영국과 프랑스의 지식인 계층의 상상력을 자극했다. 고대 그리스 세계의 도시들에서 전쟁이 벌어지자, 유럽의 친그리스적인 단체들은 무슬림 튀르크와 이집트로부터 기독교 그리스인들을 보호하라며 유럽 정부의 개입을 촉구했다. 시인 바이런 경이 독립운동을 지원하기 위해서 1823년에 메솔롱기로 출항하면서 그리스 독립운동은 국제적인 주목을 받게 되었다. 1824년 4월에 바이런이 사망 — 오스만 병사들의 손에 의해서가 아니라 열병으로 인한 것이었다 — 하자 그는 그리스 독립운동을 위해서 싸운 순교자의 반열에 올랐다. 유럽의 개입을 촉구하는 공공연한 목소리가 바이런의 사망 이후 배가되었다.

영국과 프랑스 정부는 대중의 압박에 예민했지만 그럼에도 전략 지정학적인 사항을 더 우선시했다. 프랑스는 무함마드 알리의 이집트와 특별한 관계를 발전시켜왔다. 이집트 총독도 이집트 군대를 위해서 프랑스의 군 자문가들을 초빙했고, 산업화와 공공사업에 필요한 도움들을 프랑스의 기술자들로부터 받았으며, 유학생들을 프랑스로 파견해 고등교육을 받도록 했다. 프랑스는 동부 지중해에 대한 영향력을 확장시킬 방편으로 이집트와의 특별한 관계를 유지하려고 열심이었다. 그러나 이집트의 영향력이 그리스로 확대되자, 파리의 정부는 딜레마에 빠졌다. 동부 지중해에서 프랑스보다 이집트가 더 강해진다면 프랑스의 이해관계에 도움이 되지 않을 것이기 때문이었다.

영국 정부에게는 이 모든 상황이 매우 명백하게 다가왔다. 영국은 프랑스가 이집트에 대한 영향력을 키워가는 것을 우려하며 지켜보고 있었다. 나폴레옹의 침략 이후 영국은 프랑스가 이집트와 인도로 가는 육해상로를 장악하지 못하도록 애쓰고 있었다. 또한 나폴레옹 시대의 대륙 전쟁으로 상처를 입은 영국은 오스만 영토 내에서의 입지를 공고히 하려는 유럽 열강들의 시도가 유럽 국가들 간의 충돌로 다시 이어질 것을 걱정했다. 따라서 영국 정부는 유럽 내부의 평화를 지키기 위해서라도 오스만 제국의 영토를 보전하고자 했다. 오스만이 자력으로 그리스를 지킬 수 없다는 것이 명백했지만, 영국은 오스만 제국을 발판 삼아 이집트가 영향력을 발칸으로 뻗치는 것을 보고 싶지 않았다. 그러므로 영국의 이권을 지킬 수 있는 최선의 방법은 오스만 제국 내에서 그리스인들이 더 큰 자치를 누리도록 돕는 동시에 분쟁 지역에서 오스만과 이집트군 모두가 철수하도록 하는 것이었다.

무함마드 알리는 그리스 전쟁에서 얻을 것이 아무것도 없었다. 전쟁은 이집트의 재정을 엄청나게 고갈시켰다. 게다가 새로운 니자미 군은 그리스 전역으로 과도하게 투입된 상태였다. 오스만은 갈수록 짙어지는 의혹의 눈길로 무함마드 알리를 대했고, 이집트군과 재정을 고갈시키기 위해 애쓰는 모습이 역력했다. 1827년 여름에 유럽 열강은 그리스 내에 이집트군이 주둔하는 것에 반대하는 입장을 분명히 하며, 오스만과 이집트군의 철수를 관철시키기 위해서 영-프 연합 함대를 소집했다. 이집트 총독은 전장에서 유럽 열강과 절대 싸우고 싶지 않았다. 무함마드 알리는 1827년 10월에 이스탄불 주재관에게 다음과 같이 편지를 썼다. "우리는 유럽에 맞설 수 없음을 자각해야만 한다. [만약에 우리가 맞선다면] 전 함대의 침몰과 3-4만 명에 달하는 병사들의 죽음이라는 뻔한 결과가 우리를 기다릴 것이다." 무함마드 알리는 이집트의 육군과 해군을 자랑스럽게 생각했지만 영국이나 프랑스의 맞수가 못 됨을 잘 알고 있었다. "우리도 전쟁으로 단련된 사람들이지만, 아직은 전술의 기초를 익히고 있는 단계이다. 반면 유럽은 우리보다 앞서서 [전쟁] 이론을 이미 실행에 옮겨왔다."[15]

닥칠 재앙에 대한 선견지명에도 불구하고, 무함마드 알리는 대의에 따라서 그리스로 해군과 함대를 파견해야만 했다. 오스만은 그리스의 독립을 용인할 생각이 없었고 유럽 열강에 맞서기로 결심한 술탄은 연합 함대를 무시했다. 하지만 이것은 치명적인 실수였다. 이집트 선박을 나바리노 만에 가둔 연합 함대는 1827년 10월 20일에 벌어진 4시간 동안의 교전에서 78척에 달하는 오스만과 이집트 선박 거의 전부를 침몰시켰다. 3,000명이 넘는 이집트 및 오스만 병사들과 함께 공격에 나선 연합 함대에 탑승한 약 200명의 병사들도 전장에서 사망했다.

막대한 손실에 격노한 무함마드 알리는 술탄 마흐무드에게 해군의 패배에 대한 책임을 물었다. 게다가 이집트군은 나일 강 전투 이후 나폴레옹이 처했던 것과 같은 상황에 빠져 있었다. 수천 명의 병사들이 식량 보급 및 송환을 대비한 배 한 척 없이 갇혀 버린 것이다. 무함마드 알리는 술탄과 의논도 없이 그리스에서 이집트군과 아들 이브라힘 파샤를 귀환시키기 위해서 영국과의 직접 협상에 나서 휴전협정을 체결했다. 마흐무드 2세는 총독의 항명에 분노했지만 무함마드 알리도 더 이상 술탄의 호의를 바라지 않았다. 충직한 헌신의 시간이 끝난 것이다. 이때부터 무함마드 알리는 술탄을 발판 삼아 자신의 목표를 추구해나갔다.

나바리노는 그리스 독립전쟁의 전환점이 되었다. 프랑스 원정군의 도움을 받은 그리스 투사들은 1828년에 오스만군을 펠로폰네소스 반도와 그리스 중심부에서 쫓아냈다. 그해 12월에 모임을 가진 영국과 프랑스, 러시아 정부는 그리스 독립 왕국을 만들기로 합의했으며, 그 합의안을 오스만 제국에게 강요했다. 3년이 넘는 협상 끝에 그리스 왕국이 마침내 1832년 5월 런던 회의에서 탄생했다.

그리스에서의 패주 이후 무함마드 알리는 시리아로 목표를 바꾸었다. 처음으로 와하비와의 전쟁에 나서기로 동의했던 1811년 이래로 그는 시리아 통치를 열망해왔다. 그는 오스만 정부에게 시리아에 대한 통치권을 1811년과 와하비를 격퇴하고 난 후인 1818년에 두 차례 요구한 적이 있었다. 하지만 오스만은 이러한 요구를 두 번 다 거절했는데, 이집트 총독의 힘이 너무 강해지면 오스만 정부를 위해서 일하지 않게 될 것을 우려했기 때문이었다. 그럼에도 불구하고 그리스 문제로 이집트의 도움을 요청할 수밖에 없었던 오스만 정부는 무함마드 알리에게 시리아 통치권을 부여할 의향이 있음을 밝혔다. 이집트 총독은 나바리노에서 함대를 잃은 후, 그에 대한 보상을 요구했지만 소용이 없었다. 오스만 중앙정부는 이번의 패배로 충분히 약해진 무함마드 알리의 선심을 굳이 살 필요가 없다고 생각했던 것이다.

무함마드 알리도 오스만 중앙정부가 시리아 통치권을 양도할 생각이 전혀 없다는 것을 인지했다. 하지만 오스만이 자신의 영토 점령을 막을 힘이 없다는 사실도 잘 알고 있었다. 이브라힘 파샤와 병사들이 이집트로 귀환하자마자, 무함마드 알리는 새로운 함대를 구축하고, 시리아를 공격할 군대를 재무장하는 작업에 착수했다. 한편 자신의 야망에 대한 지지를 구하기 위해서 영국과 프랑스 양쪽 모두에게 접근했다. 프랑스는 이집트와 협정을 맺는 데에 어느 정도 관심을 보였지만, 영국은 계속해서 오스만 제국의 영토 보존을 위협하는 그 어떤 것에도 반대했다. 이에 굴하지 않고 무함마드 알리는 준비를 계속 진행했고, 1831년 11월에 이브라힘 파샤가 시리아를 정복할 침략군을 이끌고 출정했다.

이집트군은 이제 오스만 제국과의 전쟁에 돌입했다. 이브라힘 파샤는 3만 명의 병사를 이끌고 팔레스타인을 빠르게 정복했다. 11월 말경 이집트군은 아크레의 북쪽 요새에 다다랐다. 이집트군에 대한 동향 보고서가 이스탄불에 도달하자 술탄은 무함마드 알리에게 특별 사절단을 보내 공격을 중지하라고 설득했다. 이것이 아무 소용도 없자, 오스만 정부는 다마스쿠스와 알레포의 총독들에게 군대를 동원해 이집트 침략자들을 쫓아내라고 명령했다. 이집트군이 거의 난공불락에 가까운 아크레 요새를 6개월 동안 포위 공격한 끝에 절호의 기회가 찾아왔다. 그리고 그들은 그것을 결코 놓치지 않았다.

오스만이 이집트 침공을 물리칠 준비를 하는 동안, 팔레스타인과 레바논의 몇몇 지역 통치자들은 새로운 이집트의 위협으로부터 자신들의 입지를 지키기 위해서 이브라힘 파샤를 지지하는 쪽으로 방향을 돌렸다. 이집트군이 아크레에 도달하자, 마운트 레바논의 통치자 아미르 바시르 2세는 이브라힘 파샤와 동맹을 맺었다. 아미르 바시르가 속해 있던 시하브 가문의 한 일원은 자신이 신임하던 자문관 미하일 미샤카에게 이집트의 아크레 포위 공격을 지켜보고, 마운트 레바논의 통치자에게 보고하라고 지시했다.

미샤카는 이집트 군대를 직접 따라 다니며, 거의 3주일을 아크레에서 보냈다. 아크레에 도착한 미샤카는 이집트 해군과 아크레의 오스만 수비군 사이에서 벌어진 격렬한 전투를 목격했다. 무함마드 알리는 포위 공격을 하기 위해서 22척의 군함을 배치했고 아크레 성채에 7만 발이 넘는 포격을 가했다. 수비군은 완강히 저항하며 격렬하게 대응했고 많은 선박들을 파괴했다. 미샤카는 아침부터 일몰 때까지 계속된 포격으로 "아크레는 화약 연기에 가려 보이지도 않았다"라고 썼다. 미샤카에 따르면, 이집트는 보병 8연대(1만 8,000명)와 기병 8연대(4,000명), 2,000명의 베두인 비정규군을 전선에 배치하여 아크레를 방어하던 "3,000명의 용맹하고 경험이 풍부한 병사들"과 싸웠다. 아크레의 해안 방벽과 육지 성벽을 보호하는 토루(과거 방어용으로 쌓았던 둑/역자)의 강고함을 고려했을 때, 포위공격은 장기화될 것으로 예상된다고 미샤카는 보고했다.

6개월 동안 이집트군은 아크레 성을 끊임없이 공격했다. 1832년 5월에 난공불락의 성채 성벽이 충분히 낮아졌다고 판단한 이브라힘 파샤는 성채를 습격하기 위해서 보병들을 집합시켰다. 그는 참전 용사들에게 아라비아와 그리스에서 거둔 승리를 상기시키며 선동적인 연설을 했다. 후퇴는 이집트군에게 선택사항이 아니었다. 절대 퇴각은 있을 수 없다는 점을 강조하며 이브라힘 파샤는 "성벽을 넘지 않고 돌아오는 병사들을 날려버릴 대포들이 그들 뒤에 배치될 것"이라고 경고했다. 이처럼 위협적인 어조로 사기를 고취시킨 이브라힘 파샤는 군인들에게 아크레의 무너진 성벽으로 돌격하라고 명령했다. 쉽게 성벽을 넘은 병사들은 수개월 간의 전투 끝에 겨우 살아남은 수비군 350명의 항복을 받아냈다.[16]

아크레를 확보한 이브라힘 파샤는 다마스쿠스로 향했다. 도시의 오스만 총독은 방어를 위해서 1만 명의 민간인을 동원했다. 훈련도 받지 않은 민간인들이 능란한 병사들과 싸울 수 없다는 것을 잘 알고 있던 이브라힘 파샤는 수비대를 위협해서 쫓아버릴 작정으로 그들 머리 위를 조준해서 발포하라는 명을 내렸다. 아니나 다를까, 포격 소리만으로도 다마스쿠스인은 혼비백산이 되어 달아났다. 총독이 한참 북쪽에 있던 오스만군에 합류하기 위해서 도시에서 퇴각하자, 이집트군은 어떤 저항도 받지 않고 다마스쿠스에 입성했다. 이브라힘 파샤는 병사들에게 도시민과 재산을 보호하라고 명했고, 다마스쿠스 주민 모두에게 대사면(大赦免)을 내렸다. 시리아인들을 통치할 생각이었기 때문에 굳이 그들과 불화하고 싶지 않았던 것이다.

이브라힘 파샤는 다마스쿠스 통치위원회를 지명하고 시리아 정복을 위해서 가차없는 행군을 계속했다. 이집트 사령관은 자신이 자리를 비운 동안에 도시민들이 반란을 일으키지 못하도록 하기 위한 방편으로 다마스쿠스의 몇몇 명사들을 인질로 삼았다. 또다시 미하일 미샤카는 이집트군을 따라다니며, 마운트 레바논의 통치자를 위해서 정보를 수집했다. 그는 다마스쿠스의 외곽으로 행군하던 이집트 병사들의 숫자를 기록했다. "1만1,000명의 보병과 2,000명의 정규 기병, 3,000명의 [베두인] 기병", 이렇게 총 1만6,000명의 군인 뒤에는 43문의 대포와 보급품 및 군수품을 실은 3,000마리의 수송 낙타가 뒤따르고 있었다. 그들은 시리아의 중앙에 있는 홈스로 진군했고 그곳에서 6,000명의 또다른 이집트 파견대와 합류했다.

7월 8일에 홈스 인근에서 이집트군은 시리아 장악을 위해서 오스만군과 첫 교전을 벌였다. "매우 떠들썩한 광경이었다"라고 미샤카는 썼다. "전장에 도착한 이집트 정규군은 더 많은 수의 터키 정규군과 마주했다. 해가 지기 전 한 시간 동안, 총포 사격이 계속되는 광란의 전투가 벌어졌다." 언덕 꼭대기에 있던 미샤카는 전투의 진행 상황을 판단할 수가 없었다. "지옥의 문이 열리는 끔찍한 한 시간이었다. 해가 지자 총소리는 잠잠해졌고 대포 소리만이 일몰 후에도 한 시간 반 동안 계속되었다. 그리고 완전한 고요가 찾아왔다." 그제야 이집트군이 홈스 전투에서 완승을 거두었음을 알 수 있었다. 오스만 사령관들은 야영지를 버리고 서둘러 도주했다. "음식이 불 위에서 끓고 있었으며, 약 상자와 옷 두루마리, [사자(死者)를 위한] 수의, 포상품으로 가져온 셀 수도 없이 많은 모피와 외투들, 그리고 엄청난 양의 군수품들이 고스란히 남아 있었다."[17]

한시도 가만히 있지 않는 이브라힘 파샤는 홈스에서도 꾸물대지 않았다. 승리를 거둔 지 하루 만에 시리아 정복을 완수하기 위해서 군을 이끌고 북쪽의 알레포로 향했다. 다마스쿠스처럼 알레포도 이집트군에 순순히 항복했고, 이브라힘 파샤는 이집트를 대신해서 도시를 통치할 행정부를 남겨놓았다. 도망친 오스만 총독은 홈스 전투에서 생존한 병사들이 합류해 있던 오스만 대군에 동참했다. 7월 29일에 오스만군은 알렉산드레타(현재의 지명은 이스켄데룬으로 터키공화국의 영토이지만 그 당시에는 알레포 지방의 일부였다) 항구 인근의 벨렌 마을에서 이집트군과 교전을 벌였다. 수적인 열세에도 불구하고 이집트군은 수많은 사상자를 내며 오스만군으로부터 항복을 받아냈다. 그후 이브라힘 파샤는 아다나 항으로 행군해서 이집트 선박들로 하여금 지친 병사들에게 보급품을 공급할 수 있도록 했다. 이브라힘 파샤는 이집트군의 승리를 상세히 알리는 급보를 카이로로 보낸 후 아버지의 또다른 명령을 기다렸다.

무함마드 알리는 무력 충돌에서 협상으로 정책을 선회하며, 술탄의 칙령에 의해서든 또는 유럽의 개입을 통해서든 시리아에서 거둔 성공을 인정받고자 했다. 오스만 측으로서는 당연히 배신자인 이집트 총독에게 어떤 양보도 하고 싶지 않았다. 시리아에서의 입지를 인정하기는커녕 오스만의 재상 메흐메드 라시드 파샤는 이집트군을 터키 연안과 시리아 밖으로 완전히 축출하기 위해서 8만 명이 넘는 대군을 동원하기 시작했다. 병사들과 비축품을 재정비한 후 이브라힘 파샤는 1832년 10월에 오스만의 위협을 제압하기 위해서 중앙 아나톨리아로 출발했다. 그 달에 코니아를 점령한 그는 그곳에서 전투를 준비했다.

사막의 여름 열기와 나일 강변의 온화한 겨울에 익숙한 이집트 병사들은 이제 아나톨리아 고원 위로 휘몰아치는 눈보라와 영하의 겨울 날씨라는 최악의 조건에서 싸워야만 했다. 그러나 이러한 환경 속에서도 마지못해 끌려온 징집병들은 뛰어난 전투 능력을 보여주었고, 수적으로 불리했음에도 코니아 전투(1832년 12월 21일)에서 오스만군에게 완승을 거두었다. 심지어 오스만 재상을 포로로 잡은 덕분에 이집트는 협상에서 유리한 위치를 점할 수 있었다.

술탄은 군의 패배 및 재상의 생포 소식을 듣자마자 항복했고, 무함마드 알리가 요구한 영토 대부분을 내주었다. 코니아에서의 패전으로 술탄에게는 군사적 선택권도 없었다. 게다가 이제는 제국의 수도 이스탄불에서 겨우 200 킬로미터 떨어져 있는 서부 아나톨리아의 퀴타히아에 야영지를 차린 이집트 군과 대치하게 되었다. 아나톨리아에서 이집트군을 완전히 철수시키기 위해서 마흐무드 2세는 무함마드 알리를 이집트 총독으로 복위시키고(침공 이후 그는 직함을 박탈당하고 배신자로 선언되었다) 아다나 항구 도시에서 세금을 징수할 수 있는 권리와 함께 히자즈와 크레타, 아크레, 다마스쿠스, 트리폴리, 알레포 지방을 무함마드 알리와 이브라힘 파샤에게 내주었다. 이러한 성과는 러시아와 프랑스가 중재한 1833년 5월의 퀴타히아 평화 조약에서 다시금 확인 되었다.

퀴타히아 평화협정 체결 이후 이브라힘 파샤는 군을 시리아와 이집트로 철수시켰다. 무함마드 알리는 그토록 열망했던 독립을 달성하지는 못했다. 오스만이 그를 확고하게 제국의 지배 아래 묶어두었기 때문이다. 그러나 그는 오스만 제국에 속해 있던 아랍 지방의 대부분을 자신의 가문 통치 아래에 두었고, 1830년대가 끝나기 전에 오스만과 필적할 만한 이집트 제국을 창출해냈다.

이집트의 통치는 시리아에서 인기가 없었다. 새로운 세금이 가장 가난한 노동자에서부터 가장 부유한 상인들에 이르기까지 사회의 전 계층에게 부과되었고, 지역 지도자들은 자신들이 누렸던 전통적인 권력을 박탈당한 채 소외되었다. "이집트가 씨족의 관습을 바꾸고, 예전보다 더 많은 세금을 주민들에게 과세하기 시작하자, 사람들은 그들을 증오하기 시작했고 튀르크인들의 통치로 돌아가기를 원하면서 반란의 징후들을 보였다"라고 미샤카는 기록했다. 이집트는 시리아 인들을 무장해제하고 징집하는 방식으로 대응했는데, 이러한 조치는 그들의 반감을 고조시킬 뿐이었다. "일정 기간 병역을 마치면 가족의 품으로 돌아갈 수 있는 것이 아니었기 때문에, 군복무는 지옥만큼이나 영원한 것처럼 느껴졌다"라고 미샤카는 설명했다.[18] 많은 젊은이들이 징집을 피하기 위해서 도망쳤고 그 결과 지역 경제의 활력은 사라졌다. 반란이 시리아 해안의 알라위트 산맥에서 마운트 레바논과 남부 시리아의 드루즈 지역, 팔레스타인 고원의 나블루스로 확산되었다. 1834년에서 1839년까지 이브라힘 파샤와 이집트군은 빠르게 확산되며 계속되는 반란들을 진압하느라 진땀을 빼야 했다.

무함마드 알리는 시리아 교외 지역에서 발생한 민중 소요에도 아랑곳하지 않고 시리아를 이집트 제국에 영구히 합병된 영토로 간주했다. 그는 오스만 제국으로부터 분리 독립해서 이집트 및 시리아에 독립 왕국을 건설하려는 자신의 구상에 대해서 유럽의 지지를 구하고자 열심이었다. 1838년 5월에 오스만 중앙정부와 유럽 열강에게 독립 왕국을 건설하겠다는 결심을 알리고, 오스만에게는 그 대가로 300만 파운드(1,500만 달러)를 제안했다. 영국의 총리 파머스턴은 "파샤(무함마드 알리)가 술탄에게 저지르고 있는 극악무도한 잘못된 행동을 바로잡고, 터키 제국의 해체를 저지하기 위해서 대영제국이 술탄의 편에 서게 되는 것을 보게 될 것이오"라며 엄중한 경고로 응수했다.[19] 심지어 무함마드 알리를 편들던 프랑스조차 술탄 및 유럽 전체와의 대치 국면으로 이어질 조치에 반대한다고 경고했다.

유럽의 지지에 고무된 오스만은 무함마드 알리에게 맞서 즉각적인 행동을 취하기로 결정했다. 술탄 마흐무드 2세는 다시 대규모의 전투 병력을 동원했다. 무자비하게 예니체리들을 해체한 1826년 이래로 마흐무드는 새로운 오스만 니자미 군대에게 많은 투자를 해왔다. 고위 장성들은 독일식 교육을 받은 최신식의 오스만군이 5년 동안이나 시리아의 민중 반란을 진압하며 전쟁에 지친 이집트군보다 한 수 위에 있다고 장담했다. 알레포 인근의 시리아 전선으로 진군한 오스만군은 1839년 6월 24일에 이브라힘 파샤의 군대를 공격했다. 하지만 기대와는 달리, 이집트군은 네지브 전투에서 엄청난 사상자를 안겨주고 만 명 이상의 포로를 생포하며 오스만군을 격퇴했다.

술탄 마흐무드 2세는 군대의 패배 소식을 듣지 못했다. 수개월 동안 폐결핵으로 고생하던 술탄이 건강악화로 인하여 네지브에서의 재앙 소식을 듣지 못한 채 6월 30일에 사망한 것이다. 아직 어린 마흐무드의 아들, 술탄 압둘메지드 1세(재위 1839-1861)가 왕위를 계승했다. 어리고 경험이 부족한 술탄의 등극에 제국의 사령관들은 동요했다. 오스만의 해군 제독 아흐메드 페브지 파샤는 전(全) 해군을 이끌고 지중해를 건너 무함마드 알리에게 투항했다. 해군 제독은 혹시라도 러시아가 어린 술탄을 지원하기 위해서 개입할 경우 전 해군 함대가 러시아의 손에 들어가지 않을까 우려했다. 또한 무함마드 알리야말로 오스만 제국을 지킬 수 있는 가장 유능한 지도자라고 믿었다. 용맹한 반역자가 무능한 황세자보다는 더 나은 술탄이 될 것이라고 생각했던 것이다. 공포가 이스탄불 전역으로 확산되었다. 어린 술탄은 자신을 지켜줄 육군도 해군도 없이 오스만 역사상 가장 큰 내부의 위협에 직면하게 되었다.

유럽 열강들도 오스만 정부만큼이나 오스만 영토에서 벌어지고 있는 혼란을 우려했다. 영국은 러시아의 흑해 함대가 지중해로의 진입로를 확보할 목적으로 힘의 공백을 이용해서 보스포러스 해협과 다르다넬스 해협을 장악하려 하지 않을까 걱정했다. 이러한 상황은 영국에게 유리하도록 해상 세력 균형을 유지하기 위해서 러시아 해군을 흑해에 묶어두고 부동항으로의 접근을 차단해온 수세기 동안의 영국 정책에 반하는 것이었다. 뿐만 아니라 영국은 동부 지중해에 대한 이집트의 영향력을 확대시키려는 프랑스의 계획도 저지하고 싶었다. 이에 영국은 오스만 왕실을 지지하는 한편 무함마드 알리를 터키 및 시리아에서 철수시키기 위해서 유럽 열강들이 참여한 연합군(여기서 프랑스는 제외되었다)을 꾸려 이 위기사태에 개입했다.

무함마드 알리는 더 많은 영토와 통치권을 확보하기 위해서 네지브에서 거둔 승리를 이용하려 했지만 영국과 오스만 정부가 시리아로부터 이집트군의 철수를 계속해서 요구했기 때문에 협상은 일 년 내내 진전이 없었다. 1840년 7월에 영국과 오스트리아, 프로이센, 러시아로 구성된 유럽 연합군은 무함마드 알리의 군대가 시리아의 나머지 지역에서 즉각 철수한다면 다마스쿠스에 대한 평생 통치권과 이집트에 대한 세습 통치권을 부여하겠다고 제안했다. 영국과 오스트리아의 해군이 행동을 취하기 위해서 동부 지중해에 집결해 있는 상황에서 이것은 일종의 최후통첩이었다. 하지만 프랑스라는 뒷배를 믿고 무함마드 알리는 이 제안을 거절했다.

영국의 해군 제독 네이피어의 지휘 아래 항구 도시 베이루트로 접근한 연합함대가 9월 11일에 이집트 진지들을 포격했다. 영국은 지역 주민들의 대(對)이집트 봉기를 선동하는 전단지를 시리아와 레바논 전역에 현지 대리인들을 통해서 뿌렸다. 이전에도 봉기에 동참한 적이 있었던 대시리아의 주민들은 또다시 그렇게 할 수 있게 되어서 매우 기뻤다. 한편 연합함대는 성채에서 이집트군을 몰아내기 위해서 베이루트에서 아크레로 향했다. 이집트군은 어떤 공격에도 자신들이 맞설 수 있을 것이라고 생각했지만, 영국-오스트리아-오스만 연합함대가 3시간 20분 만에 요새를 접수했다고 미하일 미샤카는 썼다. 마침 이 무렵 이집트군이 막 인도받은 화약이 성채 중앙에 무더기로 쌓인 채로 방치되어 있었다. 연합군 선박 한 척에서 날아온 포탄이 "뜻하지 않게 그 화약더미를 폭발시켰고 이에 놀란 아크레 성내의 병사들이 도주한 결과 수비군이 한 명도 남지 않게 되었다."[20] 유럽과 오스만 연합군은 아크레를 다시 접수하게 되었고 시리아 전 해안에 대한 통제권을 장악했다.

이브라힘 파샤는 상황이 점점 위태로워지고 있다고 생각했다. 바다와 차단되어 있어서 군에 보급품을 공급할 방법이 없었을 뿐만 아니라 이집트군은 이제 지역 주민들에게도 끊임없이 시달리고 있었다. 그는 터키와 시리아 전역에서 다마스쿠스로 군을 철수시켰다. 대략 7만 명 정도의 병사들이 다마스쿠스에 집결하자, 1841년 1월에 이브라힘 파샤는 육로를 통해 시리아에서 이집트로 질서정연하게 철수하기 시작했다.

이집트의 침략은 저지되었지만, 제2차 이집트 위기가 오스만 제국의 생존에 제기한 위협은 공식적인 청산을 필요로 했다. 런던에서 중재된 합의에 따라서 오스만은 무함마드 알리에게 이집트 및 수단에 대한 평생 통치권을 부여했고, 이집트에 대한 세습 통치권도 인정했다. 무함마드 알리 측에서는 술탄을 종주로 인정하고 오스만 국가에게 복종 및 충성을 바치겠다는 뜻에서 오스만 정부에 해마다 세금을 납부하기로 동의했다.

한편 영국은 동부 지중해 문제가 다시는 유럽의 평화를 위협하지 않도록 확실하게 해두고 싶었다. 레반트에서의 전략적 이점을 확보하기 위한 유럽 열강 간의 충돌을 막을 수 있는 최선의 방법은 오스만 제국의 영토 보존을 보장하는 것이었다. 이것은 영국의 총리 파머스턴 경이 오래 전부터 집착해 온 사안이었다. 1840년 런던 의정서에 비밀리에 첨부된 부록에서 영국과 오스트리아, 프로이센, 러시아 정부는 "다른 모든 나라의 국민이 공평하게 획득할 수 없다면, 자국민만을 위한 어떤 영토 확장이나 독점적인 영향력 확보 또는 상업적인 이권 추구를 하지 않겠다"는 공식적인 서약을 했다.[21] 자기 부정적인 이 의정서 덕분에 오스만 제국은 오스만 영토에 대한 유럽의 구상으로부터 약 40년 동안 제국을 더 지켜낼 수 있었다.

***

1805년에서 1841년 사이, 무함마드 알리의 야심은 결국 원점으로 되돌아왔다. 총독 자리에 올랐고 이집트의 주인으로 군림했다. 이집트에서 안정을 찾은 그는 지역의 세입이 증가하자마자 근대적인 군대를 만드는 데에 착수했다. 그러고 나서 그는 수단과 홍해의 히자즈로 영토를 확장했고, 한동안은 그리스의 대부분과 시리아 전역을 병합하기도 했다. 하지만 이러한 성과들은 외세의 간섭으로 무효화되었고, 1841년에 그의 영토는 다시 이집트와 수단으로 축소되었다. 이집트는 독자적인 정부와 법을 가지고 있었지만 오스만 제국의 외교정책에 종속되었다. 또한 자체적으로 주화를 찍어냈지만 금화와 은화에는 술탄의 이름이 새겨졌고 이집트 통치자의 이름은 구리로 만든 동전에만 사용되었다. 이집트는 독자적인 군대를 보유했지만 그 숫자는 1만8,000명으로 제한되었고, 이것은 이집트가 한때 동원했던 10-20만 명의 대군과는 거리가 먼 것이었다. 무함마드 알리의 업적은 위대했지만, 그의 야심에는 훨씬 미치지 못했다.

무함마드 알리의 재임 말기는 좌절과 건강 악화로 점철되었다. 이집트군이 시리아에서 귀환했을 당시 파샤는 71세의 노인이었다. 아들 이브라힘과도 점점 불화를 겪게 되었다. 시리아 전투 동안 아버지와 아들은 궁전 관료들을 통해서 의사소통을 했다. 두 사람 모두 질병과 싸웠는데, 이브라힘은 폐결핵을 치료하러 유럽으로 향했고 무함마드 알리는 이질 치료제로 처방된 질산은 때문에 점점 지능을 상실해갔다. 1847년에 무함마드 알리가 통치 능력을 상실했다고 판단한 오스만 술탄은 이브라힘 파샤를 후임으로 임명했다. 하지만 이브라힘 파샤는 6개월 후에 사망했다. 그 무렵 무함마드 알리의 병세도 많이 깊어져서 그는 그 사실조차 인지하지 못했다. 1849년 8월 2일에 파샤가 사망하자 할아버지의 장례식을 주관한 무함마드 알리의 손자, 아바스가 그 자리를 계승했다.

지역 통치자들의 시대는 종식되었다. 이집트에게 크레타와 시리아 지방, 히자즈를 빼앗겼던 오스만 정부는 이 지역의 총독으로 파견할 사람을 선택하는 데에 매우 신중해졌다. 다마스쿠스의 아즘 가문도 모술의 잘릴리 가문처럼, 18세기의 대부분을 통치했던 도시의 통제권을 상실했다. 시하브 가문이 이집트의 지배에 협조한 대가로 추방되면서, 마운트 레바논의 자치 정부는 붕괴되었다. 이곳에서도 오스만은 총독 자리에 자기 사람을 앉혔고, 이는 레바논이 종파 분쟁의 길로 가게 되는 위험한 결과로 이어졌다. 오스만 정부로부터 지역 자치를 얻어내려는 시도 속에서 아랍 지역의 민중들은 너무도 큰 대가를 치렀고, 야심찬 지역 통치자들이 일으킨 전쟁과 인플레이션, 정치 불안, 수많은 부당한 처사로 큰 고통을 받았다. 그들은 이제 평화와 안정을 원했다.

오스만 역시 체제에 대한 안으로부터의 도전을 종식시키고 싶었다. 외세의 위협과 러시아 및 오스트리아와의 전쟁으로 정신이 없었던 오스만도 아랍 지역을 방치하는 것이 얼마나 위험한지 깨닫게 되었다. 알리 베이 알 카비르와 자히르 알 우마르가 동맹을 체결하면서 시리아와 이집트에 대한 오스만의 통치권은 위험에 빠졌다. 와하비는 남부 이라크를 약탈하고, 오스만 수중에서 히자즈를 빼앗아갔다. 그리고 무함마드 알리는 이집트 제국을 독립적으로 지배하고 오스만 제국의 생존 자체를 위협할 수도 있는 군대를 만들기 위해서 이집트의 부를 이용했다. 유럽 열강의 개입이 없었다면 무함마드 알리는 제2차 이집트 위기 때 오스만을 무너뜨릴 수 있었을 것이다. 이러한 경험들을 통해서 오스만 정부는 개혁의 필요성을 절감하게 되었다. 이것은 단순히 기존의 행정기관들을 만지작거리며 땜질하는 것이 아니라, 낡은 체제를 완전히 분해하여 수리하는 것이 필요함을 의미했다.

오스만은 혼자 힘으로 제국을 개혁할 수 없다는 것을 잘 알고 있었다. 유럽의 경쟁자들을 강하게 만들어준 사상과 기술을 참고해야만 했다. 오스만 정치가들은 무함마드 알리가 역동적인 국가를 만드는 데에 근대 유럽의 사상과 기술을 성공적으로 활용했다는 점에 주목했다. 이집트 사절단을 유럽에 파견하고, 유럽의 산업과 군사 기술을 도입하며, 군사 및 행정 모든 분야에 유럽의 기술 고문관들을 초빙한 덕에 무함마드 알리는 목표를 달성할 수 있었던 것이다.

오스만과 유럽 이웃 국가들과의 관계가 새롭고 복잡한 시대로 접어들고 있었다. 유럽은 본보기이자 군사 및 기술적 측면에서 따라가야 할 표준이 되었다. 그러나 다른 한편으로는 오스만의 영토를 탐하는 교전국이자 새롭고 위험한 사상의 발원지로서 가능하면 멀리해야 할 위협적인 존재이기도 했다. 따라서 오스만 개혁가들은 고유의 문화적 고결함과 가치를 손상시키지 않으면서도 유럽의 사상과 기술을 도입하기 위해서 분투해야만 했다.

오스만은 유럽의 발전을 결코 외면할 수가 없었다. 19세기에 유럽은 지배적인 세계 강국으로 부상했고, 오스만 제국은 점점 더 유럽의 규칙에 따를 수밖에 없는 입장이 되었다.

4
위험한 개혁

1826년 4월 13일에 한 젊은 이슬람 성직자가 알렉산드리아 항구에 정박해 있던 프랑스 선박 라 트뤼트에 다가왔다. 그는 카이로의 유구한 사원의 부속 대학인 알 아즈하르(al-Azhar, 969년 설립)의 학자들이 착용하던 외투와 터번을 쓴 채 배에 올랐다. 리파아 알 타흐타위는 태어나서 처음으로 이집트를 떠나가게 되었다. 무함마드 알리가 처음으로 유럽에 파견하는 교육 대사절단의 사제로 임명되어 프랑스로 떠나게 된 그는 앞으로 5년 동안은 고국을 보지 못할 것이었다.

배에 탄 알 타흐타위는 다른 대표들의 얼굴을 면밀히 살펴보았다. 그들은 모두 44명이었고, 15세에서 37세 사이의 다양한 사람들로 구성되어 있었다. 알 타흐타위(1801-1873)는 그때 24세였다. 표면상 이집트 사절단이었지만 파견단 중에서 18명만이 실제 아랍어를 쓰는 토박이였다. 나머지는 터키어를 사용했는데, 이집트가 속해 있던 오스만 제국의 민족적 다양성 — 튀르크인과 코카서스인, 그리스인, 그루지야인, 아르메니아인 — 을 고스란히 보여주었다. 그들은 유럽의 언어와 학문을 공부하고, 돌아와서는 프랑스에서 배운 것들을 조국의 개혁에 활용하라고 이집트 총독이 선택한 이들이었다.

상이집트의 작은 마을에서 재판관과 신학자로 유명한 가문에서 태어난 알 타흐타위는 16세부터 아랍어와 이슬람 신학을 공부했다. 재능 있는 학자였던 그는 알 아즈하르에서 교수로 재직했고, 1824년에 새로운 유럽식의 니자미 보병 사단 중의 한 곳의 설교자로 임명되면서 관직에 진출했다. 이러한 직책과 후원자들의 도움으로 알 타흐타위는 파리로 가는 이 유명한 사절단에 뽑히게 되었다. 그것은 소위 출세가 보장된 발령이었다.

알 타흐타위는 프랑스에 관한 인상을 기록할 빈 공책을 가지고 다녔다. 프랑스인들이 집을 짓고 생계를 꾸려나가며 신앙을 지키는 방식, 운송 수단과 금융제도의 운영, 남녀 간의 관계, 옷을 입는 법과 춤추는 법, 집을 꾸미고 식탁을 차리는 방식 등 아무리 사소한 것일지라도 그 모든 것들이 그의 관심을 끌기에 충분했다. 알 타흐타위는 호기심과 존중하는 마음으로 그러면서도 비판적인 객관성을 유지하며 글을 썼다. 수세기 동안 유럽인들은 중동으로 여행을 떠났고 그곳에서 발견한 이국적인 사람들의 관습과 생활양식에 관한 책들을 써왔다. 이제는 한 이집트인이 그 형세를 역전시켜 처음으로 프랑스라고 불리는 낯설고 이국적인 나라에 대해서 기록을 남기게 된 것이었다.[1]

프랑스에 대한 알 타흐타위의 견해는 모순으로 가득했다. 그는 무슬림이자 이집트 오스만인으로서 자신의 신앙과 문화의 우수성에 대해서 확신을 가지고 있었다. 또한, 그는 프랑스를 "단 한 명의 무슬림도 살지 않는" 불신앙(不信仰)의 장소로 보았고, 프랑스인 자체도 "명색만 기독교도일 뿐"이라고 생각했다. 그러나 직접적으로 관찰한 결과, 과학과 기술 분야에서의 유럽의 우위성은 인정하지 않을 수 없었다. "알라께 맹세코, [프랑스에] 머무는 동안 이슬람 왕국들에는 결여되어 있는 이 모든 것들을 누릴 수 있었다는 사실에 슬펐다"라고 회상했다.[2] 알 타흐타위는 독자들에게 그들과 서구 과학 간의 간극이 어느 정도인지를 보여주기 위해서, 유럽 천문학자들이 지구가 둥글다는 것을 입증했음을 설명할 필요가 있다고 판단했다. 이슬람 세계가 얼마나 학문적으로 유럽에 뒤쳐져 있는지를 실감한 그는 르네상스 이후의 서구의 발전이 중세 이슬람 학문의 진보에 근간했다는 것을 고려한다면, 이슬람 세계는 이러한 지식을 다시 되찾을 의무와 권리가 있다고 생각했다. 따라서 오스만이 유럽의 발전된 신식 기술을 차용하는 것은 이슬람 학문에 진 서구의 부채를 청산하는 것일 뿐이라고 주장했다.[3]

알 타흐타위의 책은 이집트인들이 보기에 1820년대의 프랑스를 움직이고 있던 것들에 대한 매혹적인 설명들로 가득했지만, 입헌정체(立憲政體)에 대한 분석이야말로 그가 정치개혁에 가장 실질적으로 공헌한 부분이다. 74개조로 이루어진 1814년의 프랑스 헌장(Charte constitutionelle) 전문을 번역하여 요점들을 상세하게 분석한 알 타흐타위는 헌법이 프랑스 진보의 비밀을 쥐고 있다고 생각했다.[4] "프랑스 지식인들이 어떻게 정의 및 평등이 국가의 문명화와 국민의 복지를 가져온다고 판단했는지 그리고 통치자와 국민이 정의와 평등을 추구함으로써 어떻게 나라가 번영하고 지식이 증가하며 부가 축적되고 마음이 흡족해지는 지를 보려면 프랑스 헌법을 참작해야 한다"라고 엘리트 독자층에게 설명했다.

입헌 정치체제에 대한 알 타흐타위의 칭송은 그 당시로서는 대담한 것이었다. 왜냐하면 이슬람 전통에 뿌리를 두지 않은 위험하고 새로운 개념이었기 때문이다. 그도 인정했듯이, 프랑스 헌법의 원칙 대부분은 "『쿠란』이나 예언자의 순나[sunna, 예언자의 관행]에서 찾을 수 없는 것들이었다." 이 위험한 혁신에 대해서 동료 무슬림 성직자들이 어떤 반응을 보일지 그도 우려했을 것이다. 그럼에도 그는 통치자의 비위를 거스를 수도 있는 더 큰 위험까지도 감수했다. 어쨌든 간에 헌법은 왕이나 신민 모두에게 똑같이 적용되며 군주와 선출된 입법부 간의 권력 분할을 필요로 했으니깐 말이다. 무함마드 알리의 이집트는 철저한 독재국가였고, 오스만 제국은 절대 군주국이었다. 따라서 대의정체(代議政體)나 군주의 권력 제한과 같은 개념은 대부분의 오스만 엘리트에게 낯설고 전복적인 것으로 생각되었을 것이다.

개혁 성향의 성직자는 프랑스 헌법이 엘리트 지배를 강화시키기보다는 평범한 시민의 권리를 촉진시키는 방식에 매료되었다. 알 타흐타위에게 강한 인상을 남긴 헌법 조항은 법 앞에 모든 시민이 평등함을 보장하고 "신분에 상관없이 어떤 관직에라도" 모든 시민이 임명될 수 있음을 규정한 조항이었다. 이와 같은 신분 상승 가능성은 "사람들이 공부하고 배우도록" 장려하여 "자신들이 점하고 있는 지위보다 더 높은 곳에 도달함"으로써, 문명이 정체되는 것을 막을 수 있을 것이라고 주장했다. 여기서 또다시 알 타흐타위는 아슬아슬하게 줄타기를 했다. 오스만 이집트처럼 엄격하게 위계화된 사회에서 사회적 이동과 같은 개념은 당시 엘리트들에게 위험한 생각으로 다가왔을 것이기 때문이다.

알 타흐타위는 한발 더 나아가서 프랑스인들이 누리는 표현의 자유에 대해서도 칭송했다. 헌법은 "모든 사람이 자유롭게 자신의 의견과 지식, 감정을 표현하도록" 격려한다고 설명했다. 보통의 프랑스인이 자신의 생각을 알리는 매체를 "잡지" 또는 "신문"이라고 부른다고 알 타흐타위는 설명을 이어나갔다. 이것으로 알 타흐타위의 많은 독자들은 아랍어를 사용하는 세계에서는 아직 알려지지 않았던 신문이라는 존재에 대해서 처음으로 듣게 되었을 것이다. 힘이 있는 자들이건 일반인이건 모두 신문에 자신의 견해를 표현할 수 있다고 그는 설명했다. "신분이 낮은 사람일지라도 중요 인물들이 생각하지도 못했던 대단한 것을 생각해낼 수 있기 때문에" 일반인이 언론에 접근할 수 있다는 사실은 매우 중요한 것이라고 강조했다. 그러나 무엇보다도 이 성직자의 주목을 끈 것은 자신의 행동에 대해서 그 사람에게 책임을 물을 수 있는 언론의 힘이었다. "언론인이 어떤 사람이 행한 대단한 일이나 비열한 일에 대해서 글을 쓰면, 그 일은 명사와 평민 모두에게 알려지게 된다. 이로써 훌륭한 일을 한 사람은 격려를 받게 될 것이고 비열한 일을 저지른 사람은 자신의 방식을 단념하게 될 것이다."

알 타흐타위는 과감히 오스만의 정치적 통념을 과감하게 깨고, 부르봉 왕가의 샤를 10세를 폐위시킨 1830년의 7월 혁명을 상세하면서도 호의적으로 설명했다. 수니 이슬람의 정치적 사고에 따르면 아무리 전제적인 지배자일지라도 신민은 공공질서를 위해서라면 통치자에게 복종할 의무가 있었다. 정치 드라마를 직접 지켜본 알 타흐타위는 헌장을 유예시키고 "프랑스인의 권리가 담긴 법을 모욕"한 샤를 10세에 맞서서 봉기한 프랑스인들을 열렬히 지지했다. 군주의 절대 권력을 복원하고 싶었던 샤를 10세는 의회 의원들을 무시했고 군주와 내각에 대한 공개적인 비판을 금했으며 언론 검열을 도입했다. 민중들이 이러한 통치자에게 무장 반란을 일으키자 이집트 성직자는 그들의 편에 섰다. 7월 혁명에 대한 알 타흐타위의 광범위한 분석은 법적 권리를 지키기 위해서라면 군주도 타도할 수 있는 민중의 권리를 암묵적으로 지지하고 있었기 때문에 더욱더 주목할 만하다.[5]

파리에서 5년간의 매혹적인 시간을 보낸 알 타흐타위는 1831년에 이집트로 돌아왔지만, 프랑스에 관한 소감은 여전히 습자책에 머물러 있었다. 프랑스어가 유창했던 그는 주로 무함마드 알리의 개혁에 필요한 유럽의 기술 매뉴얼들을 아랍어본으로 제공하는 역할을 하는 정부 산하 번역국의 설립을 관장하는 고위 관직에 임명되었다. 알 타흐타위는 번역국 설립으로 바쁜 와중에도 파리에서의 기록을 수정하며 출판을 준비했다. 그는 무함마드 알리에 대한 찬사로 서문을 가득 채웠는데, 아마도 책이 품고 있는 위험한 정치사상들로 인해서 받게 될지도 모르는 처벌을 비켜가기 위해서였을 것이다. 1834년에 아랍으로 출판된 이후 곧이어 터키어로도 번역된 결과물은 걸작 그 자체였다. 유럽의 과학 및 기술 발전에 대한 명확한 설명과 계몽주의 정치철학에 대한 분석으로 알 타흐타위는 19세기 오스만 ― 그리고 아랍 ― 의 개혁의 시대를 여는 신호탄을 쏘았다.

***

19세기 동안에 오스만과 아랍 주민들은 유럽과 점점 더 많은 상호작용을 하면서 군사력 및 경제력에서 유럽이 중동을 추월했다는 것을 인식하게 되었다. 대부분의 오스만인들은 여전히 자신들의 문화적 우위성에 대해서 확신을 가지고 있었지만, 개혁가들은 유럽의 지배를 피하고 싶다면 유럽의 사상과 기술에 대해서 정통할 필요성이 있다고 주장했다.

오스만과 이집트 및 튀니지의 독립적인 아랍 가신들은 군대 개혁을 시작했다. 신식 군대의 비용을 조달하기 위해서는, 국가의 세입 기반이 확대되어야 한다는 것이 곧 명백해졌다. 이에 번영과 세입의 증가로 이어지길 기대하며 행정 및 경제적 관행들을 유럽식으로 바꾸었다. 제조한 상품과 기계를 판매할 목적으로 외국 시장을 찾던 유럽 자본가들의 주도 아래 점점 더 많은 유럽의 기술들이 도입되었다. 술탄과 이집트 및 튀니지의 총독들은 전신(電信)이나 증기선, 철도와 같은 유럽의 근대 기술들을 열성적으로 차용하고자 했다.

그러나 이 기술들은 비용이 많이 들었다. 통치자의 낭비를 우려하게 된 이스탄불과 카이로, 튀니스의 학식 있는 엘리트층은 개혁 의제에서 빠져 있는 헌법과 의회를 요구하기 시작했다.

각 단계의 개혁들은 오스만 제국과 아랍 가신국의 기관들을 강화시키고 유럽의 잠식을 저지하기 위한 것이었다. 하지만 개혁의 시대가 오히려 오스만 세계를 유럽의 침투에 점점 더 취약하게 만들면서 개혁가들은 크게 실망하게 되었다. 영사의 압력과 교역 및 자본 투자를 통한 유럽의 비공식적인 지배는, 처음에는 튀니지가 그 다음으로는 오스만 정부가, 그리고 마지막으로 이집트가 외국의 채무자들에 대한 재정적 의무 이행에 실패하면서, 공식적인 유럽의 지배로 이어졌다.

오스만 개혁의 시대는 제2차 이집트 위기가 정점에 이르렀던 1839년에 시작되었다. 술탄 마흐무드 2세가 죽고 10대였던 압둘메지드 1세가 등극한 1839년은 급진적인 개혁 프로그램을 선포하기에는 좋은 시기가 아니었다. 그러나 무함마드 알리의 이집트군으로부터 급박한 위협에 시달리고 있던 오스만 제국은 그 어느 때보다도 유럽의 환심을 살 필요가 있었다. 유럽으로부터 영토와 통치권에 대한 보장을 받기 위해서는 근대국가 세계의 책임 있는 일원으로서 유럽 기준의 치국책(治國策)을 충실히 지킬 수 있다는 것을 유럽 열강들에게 확인시켜줄 필요가 있다고 오스만 정부는 생각했다. 더구나 마흐무드 2세의 밑에서 일했던 개혁가들은 전대 술탄의 치세 동안에 이미 시작된 변화들을 강화시키고 그의 계승자로 하여금 개혁 과정에 참여하도록 만들겠다는 결연한 의지로 가득 차 있었다.

이러한 이중적 동기가 오스만 개혁 시대의 특징이 되었다. 유럽의 환심을 사기 위한 선전행위가 대내외적인 위협으로부터 살아남기 위해서 개혁에 나선 진심 어린 결의와 결합한 것이다. 1839년 11월 3일, 이스탄불에서 오스만의 외무대신 무스타파 레시드 파샤가 오스만과 외국의 고위 인사들을 초청한 자리에서 압둘메지드 1세를 대신해 개혁 칙령을 낭독했다. 그날부터 오스만 제국은 행정 개혁의 시대로 접어들었고, 1839년부터 1876년까지 선출 의회를 갖춘 입헌군주제로 국가 체제를 변화시켰다. 이 시기는 탄지마트(Tanzimat, 문자 그대로 "재정비"라는 의미이다)로 잘 알려져 있다.

탄지마트는 세 차례의 중요한 단계 — 1839년의 개혁 칙령, 1839년의 의제를 재천명하고 확장한 1856년의 개혁 칙령, 1876년의 헌법 — 로 나눌 수 있다. 1839년과 1856년의 칙령은 오스만 개혁가들이 서구 정치사상에 빚을 지고 있음을 잘 보여준다. 최초의 칙령은 온건한 3대 핵심 개혁 의제를 제시했다. 모든 오스만 신민의 "생명과 명예, 재산은 철저한 보호"를 받는다. "정규 과세제도"를 마련한다. 체계적인 징집과 기한부 군복무 시행에 의한 병역 조건의 개선한다.[6]

1856년의 칙령은 1839년에 착수한 개혁들을 반복하고 재판과 형법 체계 개혁에 초점을 맞추는 과정으로 확장되었다. 그 내용은 다음과 같다. 체형을 제한하고 고문을 폐지한다. 연간 예산 작성과 공개적인 감사를 시행해 제국의 재정을 조직화한다. 또한 도로나 운하 같은 공공사업을 통해서 제국의 "재원을 증대하는 데에 필요한 자금 마련을 위해서" 재정 체계를 근대화하고 근대적인 은행 제도를 수립한다. 그리고 "이러한 목적 달성을 위해서 유럽의 과학과 예술, 자금을 활용하는 가운데 점진적으로 목표를 이행할 수 있는 방법들을 찾아야 한다"라고 칙령은 결론지었다.[7]

그러나 탄지마트를 주요 칙령의 관점에서만 조명한다면 1839년에서 1876년 사이에 이행된 전방위적인 개혁들은 간과하게 된다. 19세기 중반 동안 오스만 국가와 사회의 주요 제도들은 중요한 변화를 겪었다. 과세 기준을 혁신하고 미래의 번영을 보장하기 위해서 정부는 정기적인 인구 조사를 시행하기 시작했고, 새로운 토지 등록제를 도입해서 낡은 세금 대납제를 서구적인 사유 재산 개념에 더 가까운 개인 소유제로 대체했다. 지방 행정도 다마스쿠스나 바그다드 같은 주도(主都)에서부터 마을 단위에 이르기까지 체계적인 통치 체계를 제공하기 위해서 철저히 검토되었다.

이러한 변화들은 근대적이고 전문적인 교육을 받은 수천 명의 새로운 관료들을 필요로 했다. 이와 같은 수요를 충족시키고자 정부는 공무원 양성을 위해서 유럽식 커리큘럼을 본뜬 새로운 초, 중, 고등학교 조직망을 만들었다. 마찬가지로 제국의 법도 이슬람법과 서양의 법을 조화시키려는 야심찬 기획 속에서 오스만의 사법 체계를 유럽의 사법 기준에 준하도록 체계화했다.

개혁이 정부의 상급기관만을 대상으로 하는 동안에는 오스만 제국의 신민들은 탄지마트에 거의 관심을 보이지 않았다. 하지만 1850년대와 1860년대의 개혁은 개인의 삶에도 영향을 미치기 시작했다. 징세와 징병을 두려워했던 오스만 신민들은 정부의 등기부에 기명하려는 모든 노력에 저항했다. 학업을 위해서 아이의 이름을 기재하면 종국에는 징병될 것이라는 두려움 때문에 부모들은 아이를 공립학교에 보내지 않으려 했다. 도시민은 인구 조사원을 피했고, 농민은 가능한 한 토지 등록을 피했다. 그러나 관료체제가 규모와 효율성에 있어서 점점 발전함에 따라서 국민들도 국민과 재산에 대한 정확한 기록 보존이라는 근대국가의 의무 이행에 복종해야만 했다.

신민들만큼이나 술탄도 개혁 과정에서 영향을 받았다. 오스만 술탄의 절대권력은 정치적 무게의 중심이 술탄의 궁에서 오스만 정부 부처들로 옮겨가게 되면서 약화되었다. 대신(大臣) 회의가 주요한 입법과 행정을 담당하게 되었고, 재상은 정부의 수장으로 부상했다. 술탄은 국가 수장으로서 의례적이고 상징적인 역할을 수행할 뿐이었다. 이러한 진전은 1876년의 헌법 제정으로 마무리되었고, 여전히 술탄이 커다란 힘을 가지고는 있었지만 의회가 설립되면서 의회의 정치적 참여가 확대되었다. 37년의 시간 동안 오스만의 절대주의 체제는 서서히 입헌군주제로 대체되어 갔다.

일부 주요 개혁 프로그램에는 위험이 도사리고 있었는데, 특히 외국의 사상을 내포한 경우가 그러했다. 보수적인 오스만 무슬림들은 비이슬람적인 혁신을 국가와 사회에 들여왔다며 탄지마트를 규탄했다. 오스만 사회의 수니 무슬림에게 비무슬림 소수 집단인 기독교도와 유대인의 사회적 지위에 발생한 변화보다 더 폭발적인 쟁점은 있을 수 없었다.

19세기 내내 유럽 열강은 오스만 문제에 간섭하기 위해서 소수 집단의 권익 문제를 구실로 삼았다. 러시아는 오스만 기독교 공동체 중에서 가장 규모가 큰 동방정교회로 자신의 보호범위를 넓혔다. 프랑스는 오래 전부터 마운트 레바논의 마론파 교회와 특별한 관계를 유지해왔고, 19세기에는 오스만의 모든 가톨릭 공동체의 공식적인 후원자임을 자처했다. 영국은 이 일대의 어떤 교회와도 역사적인 유대관계를 가지고 있지 않았다. 그럼에도 불구하고 유대인과 드루즈파, 그리고 아랍 세계의 프로테스탄트 선교사들의 주위로 모여드는 작은 규모의 개종자 집단들의 이해관계를 대변했다. 오스만 제국의 영토는 전략적으로 중요한 지역에 걸쳐져 있었기 때문에 유럽 열강은 오스만 문제에 간섭하기 위해서라면 가능한 모든 수단을 동원했다. 소수 집단의 권익 문제는 열강이 오스만에게 자신들의 뜻을 관철시킬 수 있는 중요한 기회를 제공했다. 때때로 유럽에게나 오스만에게나 재앙적인 결과를 초래하기도 했지만 말이다.

1851-1852년에 벌어진 "성지 분쟁"은 강대국의 개입이 얼마나 위험한 것인지 관련 당사자들에게 잘 보여주었다. 팔레스타인의 기독교 성지에 대한 권리와 특권을 둘러싸고 가톨릭과 그리스 정교회 수도자들 사이에서이견이 발생했다. 프랑스와 러시아는 자신이 보호하는 공동체에게 특권을 부여하라고 이스탄불에 압력을 행사했다. 오스만은 처음에는 프랑스의 압력에 밀려서 베들레헴의 예수 탄생 교회의 열쇠를 가톨릭교회에 주었다. 프랑스에게 체면을 구기고 싶지 않았던 러시아는 그리스 정교회를 위해서 더 큰 전리품을 얻어내려고 했다. 오스만이 러시아에게도 비슷한 양보를 하자, 프랑스의 황제 나폴레옹 3세는 만약 오스만 정부가 러시아의 정교회 피보호민들에게 인정한 권리를 철회하지 않는다면 이스탄불 주재 프랑스 대사를 태우고 다르다넬스 해협으로 향하고 있던 최신식 프로펠러 추진 전함을 북아프리카로 파견해서 오스만 요새들을 포격하겠다고 위협했다. 오스만이 프랑스에게 굴복하자 이번에는 러시아가 전쟁을 불사하겠다고 위협했다. 이렇게 1853년 가을에 시작된 오스만-러시아 전쟁은 1854-1855년 크림 전쟁으로 비화되었고, 영국

과 프랑스가 차르의 러시아에 맞서 싸운 폭력적인 충돌 사태로 인하여 30만 명 이상이 목숨을 잃었고, 그보다 더 많은 부상자가 발생했다. 오스만의 소수 공동체들을 보호한다며 유럽이 개입한 결과로 치명상을 입은 오스만 정부는 이러한 관행이 계속되는 것을 결코 좌시할 수 없었다.

오스만은 1839년의 개혁 칙령을 통해서 비무슬림 소수 공동체에 대한 주도권을 회복하려는 소극적인 시도에 나섰다. "고귀한 술탄의 신민은 무슬림이든 비무슬림이든 예외 없이 제국이 부여한 권리를 향유한다"라고 술탄은 페르만(firman), 즉 칙령에서 선포했다. 확실히 술탄과 행정 관료들은 오스만 제국 내의 기독교도와 유대인의 안위를 보장하기 위한 유럽 열강의 개입이 더 이상 필요하지 않음을 납득시키기 위해서는 무슬림과 비무슬림 간의 평등을 더욱더 강조할 필요가 있었을 것이다. 하지만 오스만 정부가 종교 간의 평등을 보장하는 이 정책에 대해서 무슬림 다수의 동의를 구하는 것은 쉬운 일이 아니었다. 『쿠란』은 이슬람과 다른 두 개의 유일신 신앙을 분명하게 구분하고 있었고, 이 차이는 이슬람법에도 기술되어 있었다. 만약 이와 같은 차이를 오스만 정부가 무시한다면, 많은 무슬림 신자들은 알라의 경전과 법에 어긋난다고 생각할 터였다.

크림 전쟁의 여파 속에서 오스만 정부는 제국의 비무슬림 소수 공동체들의 안전을 빌미로 유럽이 또다시 개입하는 것을 막고자 자국 대중의 분노가 폭발할 위험까지도 무릅썼다. 1856년의 개혁 칙령이 크림 전쟁을 종결지은 파리 평화 회담과 같은 시기에 발표되었다. 1856년 개혁 칙령의 조항 대부분은 오스만의 기독교도와 유대인들의 권리 및 의무에 관한 것이었다. 칙령은 처음으로 종교와 상관없이 모든 오스만 신민의 완전한 평등을 보장했다. "짐의 제국 신민을 종교나 언어 또는 인종이 다르다고 해서 다른 집단보다 열등한 존재로 취급하는 모든 차별 조항과 호칭을 행정 문서에서 영구히 일소한다." 칙령은 종교나 민족에 상관없이 오스만 신민이라면 누구든지 학교와 관직은 물론 병역에도 참여할 수 있음을 보장했다.

개혁의 진행 과정은 이미 유럽적인 편향성으로 인해서 모순을 내포하고 있었다. 그래도 1856년의 칙령이 발표되기 이전까지는 그 어떤 개혁도 무슬림이 문자 그대로 영원한 신의 말씀으로 숭상하는『쿠란』을 직접적으로 위배한 경우는 없었다.『쿠란』에 반한다는 것은 신에 대한 거역을 의미했기 때문에 칙령이 제국의 여러 도시에서 낭독되었을 때, 신실한 무슬림들이 분노한 것은 어쩌면 당연했다. 다마스쿠스의 한 오스만 재판관은 1856년의 일기에서 다음과 같이 기록했다. "기독교도들에게 완전한 평등을 보장하는 칙령이 법정에서 낭독되었고 평등과 자유, 그 이외에도 불멸의 이슬람법에 위배되는 것들이 그들에게 부여되었다······모든 무슬림에게 참으로 유감스러운 일이다. 우리 종교를 강건하게 하시고 무슬림이 승리하게 하시길."[8] 오스만 신민들은 이 특별한 개혁의 의미를 즉시 이해했던 것이다.

탄지마트 개혁은 오스만 제국을 위험지대로 밀어넣었다. 주민 대다수의 종교와 가치에 위배되는 개혁을 정부가 단행함으로써 개혁의 진행 과정은 정부 권위에 도전하는 반란과 신민들 간의 폭력사태로 이어질 수밖에 없었다.

오스만이 무슬림과 기독교도, 유대인 간의 평등을 선포한 최초의 이슬람 국가는 아니었다. 무함마드 알리도 1820년대에 이집트에서 이러한 선포를 했었다. 하지만 이 칙령은 소수 공동체를 해방시키려는 목적보다는 종교에 상관없이 모든 이집트인에게 평등하게 과세하고 징병하려는 무함마드 알리의 바람과 더 관련이 있었다. 대시리아를 이집트가 점령하고 있던 1830년대에 평등의 원칙이 적용되자 신실한 무슬림들은 당연히 반대의 목소리를 냈다. 하지만 무함마드 알리에게는 비판자들을 제압하고 자신의 뜻을 관철시킬 힘이 충분히 있었다. 무함마드 알리의 개혁을 지켜본 오스만은 사회적인 갈등을 일으키지 않으면서도 선례를 따를 수 있을 것이라고 생각했던 것 같다.

한편 이집트의 점령과 함께 오스만 제국의 아랍 지방으로 유럽 상인들이 침투할 수 있는 길이 열렸다. 베이루트는 동부 지중해의 주요 항구로 부상했고, 다마스쿠스처럼 예전에는 유럽 상인들에게 닫혀 있던 내륙 도시들의 새로운 시장에도 상인들이 접근할 수 있게 되었다. 유럽 상인들은 통역사나 대리인과 같이 중개인으로 일하는 현지의 기독교도나 유대인에게 크게 의존했다. 이처럼 유럽의 무역 및 영사 활동과의 연계를 통해서 개개의 기독교도나 유대인들은 점점 부를 축적해나갔고, 그중 많은 이들은 유럽 시민권자가 되어 오스만 법의 적용을 받지 않게 되었다.

대시리아의 무슬림들은 1840년대에 이미 일부 아랍 기독교도나 유대인이 누리고 있던 특권에 대해서 분개하고 있었다. 민감한 공동체 간의 균형이 외부 세력에 의해서 무너지고 있었던 것이다. 수세대 만에 처음으로 아랍 지역에서 종파적인 폭력사태가 발생했다. 1840년에 다마스쿠스의 유대인들이 종교 의식을 위해서 한 가톨릭 성직자를 살해했다는 혐의로 기소되면서 이후 당국의 폭력적인 탄압을 받게 되었다.[9] 1850년 10월에는 무슬림 폭도들이 도시의 부유한 기독교 소수 공동체를 공격하여, 수십 명의 사망자와 수백 명의 부상자가 발생하는 집단 폭력사태가 알레포에서 발생했다. 이러한 사태는 알레포의 역사상 전례가 없었던 일로, 기독교 이웃들은 유럽과의 상업 교류로 부유해지고 있던 반면에 무슬림 상인들의 사업은 힘들어지면서 그들의 분노가 이런 식으로 표출된 것이었다.[10]

더 큰 파란이 마운트 레바논에서 일어났다. 1830년대의 이집트의 점령으로 현지의 통치 질서는 붕괴되었고, 이집트에 협력했던 마론파와 저항했던 드루즈파 간의 사이도 나빠졌다. 이집트가 철수한 이후, 마운트 레바논으로 돌아온 드루즈인들은 이집트의 지배를 피해서 도망가며 버리고 갔던 자신들의 토지를 무단 점유한 마론파들이 부강해져 있는 것을 보게 되었다. 공동체 간에 격차가 벌어지면서 1841년의 집단 폭력사태로 이어졌고, 영국은 드루즈인을 지원하고 프랑스는 마론파를 지원하면서 상황은 더욱더 악화되었으며, 향후 20년 동안 다툼은 간헐적으로 지속되었다.

오스만은 이집트군의 철수 이후에 생긴 힘의 공백을 이용하여 마운트 레바논의 행정에 대한 통제권을 강화하려고 했다. 이를 위해서 오스만은 17세기 말부터 이 지역을 통치하면서 민심을 잃은 시하브 공국을 대신하여 이중 총독 체제를 도입했다. 이에 따라 북쪽 지역은 마론파 총독이, 베이루트-다마스쿠스로(路)의 남쪽은 드루즈 총독이 통치하게 되었다. 그러나 이러한 종파적 분리는 마운트 레바논의 지형이나 인구 통계학적인 측면을 전혀 고려하지 않았다. 왜냐하면 마론파 교도나 드루즈인이나 양쪽 지역에 모두 분포하고 있었기 때문이다. 결과적으로 이중 총독체제는 두 공동체 간의 긴장을 오히려 악화시켰다. 설상가상으로 마론파는 내분으로 인한 고통도 겪어야 했다. 통치 가문과 농민, 성직자 사이의 심각한 분열이 농민 반란으로 폭발하면서 긴장이 더욱더 고조된 것이다. 1860년경 마운트 레바논은 드루즈인과 마론파가 무장 단체를 만들고 전쟁을 준비하면서 일촉즉발의 사태에 직면하게 되었다.

1860년 5월 27일 자흘레 마을 출신의 기독교 병사 3,000명이 기독교 마을을 공격한 드루즈인들에게 보복하기 위해서 그들의 본거지로 진군했다. 기독교 병사들은 아인 다라라는 마을 인근의 베이루트-다마스쿠스 로에서 마주친, 약 600명의 드루즈인들로 구성된 소규모의 부대와 교전을 벌였다. 드루즈 군은 기독교 군에게 치명적인 일격을 가했고, 많은 기독교 마을을 약탈하며 계속 공격했다. 아인 다라 전투는 섬멸전의 시작을 알렸다. 마론파 기독교도들은 계속되는 패배로 고통을 받았고, 승승장구하던 드루즈인들은 오늘날 인종 청소라고 할 수 있는 형태로 도시와 마을들을 파괴했다. 목격자들은 산악지대 마을들의 거리가 온통 피바다를 이루었다고 증언했다.

3주일 만에 드루즈인들은 마운트 레바논의 남부와 베카 계곡 전체를 장악했다. 베이루트-다마스쿠스 로의 북쪽에 위치한 자흘레만이 함락되지 않은 채 기독교도들의 최후의 보루로 남아 있었다. 6월 18일에 드루즈 군은 자흘레를 공격해 파괴하면서 수비 병사들은 죽이고 주민들도 쫓아냈다. 레바논의 기독교도들은 철저히 유린되었고 드루즈 군은 완승을 거두었다. 적어도 200개의 마을이 약탈당했고 수천 명의 기독교도들이 학살되고 부상당했으며 집을 잃었다.[11]

마운트 레바논에서 발생한 사건들로 인해서 대시리아 전역에서는 공동체 간의 긴장이 고조되었다. 무슬림과 기독교도 간의 관계는, 오스만인은 종교에 상관없이 법적으로 평등하다는 원칙을 정립한 1856년의 개혁 칙령 선포

탓에 이미 긴장 상태에 있었다. 다마스쿠스의 여러 연대기 사가들은 기독교도들이 법률상의 권리를 획득한 후에 어떻게 달라졌는지에 대해서 기록을 남겼다. 그들은 더 이상 무슬림의 관습적 특권을 인정하지 않았고 예전에는 무슬림에게만 허용되었던 색상의 의복을 똑같이 입기 시작했다. 또한 자기주장도 점점 강해졌다. "무슬림과 언쟁을 벌이던 한 기독교도는 무슬림이 자신에게 사용한 모욕적인 언사를 고스란히 되돌려주었고, 심지어는 거기에 더보태는 일마저 일어났다"라고 분노한 한 무슬림 명사는 기록했다.[12] 다마스쿠스의 무슬림들은 이러한 행동을 도저히 용납할 수 없었다.

한 기독교 명사도 이러한 시각에 공감했다. 1830년대에 이집트 점령 당시 통치 가문인 시하브 가(家)에서 일했던 마운트 레바논 출신의 미하일 미샤카가 바로 그 사람이다. 그후에 다마스쿠스로 이주한 그는 당시로서는 상대적으로 약세였던 미합중국의 부영사로 임명받았다. "오스만 제국이 개혁과 함께 종교에 상관없이 모든 신민의 평등을 보장하기 시작하면서 무지한 기독교도들은 평등에 관한 해석에 있어서 너무 앞서나갔다. 그 결과 하찮은 사람이 대단한 사람에게 복종하거나 신분이 낮은 사람이 신분이 높은 사람을 우러러볼 필요가 없다고 생각했다. 정말로 그들은 미천한 기독교도가 고귀한 무슬림과 똑같다고 생각했다"라고 썼다.[13] 이처럼 오래된 합의를 무시함으로써 다마스쿠스의 기독교도들은 자신들의 파멸을 초래할 종파 간의 갈등을 부지불식간에 고조시키고 있었다.

다마스쿠스의 무슬림들은 마운트 레바논에서 벌어진 유혈사태를 잔인한 쾌감을 느끼면서 지켜보았다. 레바논의 기독교도들이 거만하게 행동하며 드루즈인들을 자극했을 것이라고 확신하며 이와 같은 정황을 정당화했다. 다마스쿠스의 무슬림들은 기독교도들의 패배에 흡족해하며, 학살에 대해서 그 어떤 유감도 표명하지 않았다. 자흘레 함락 소식이 들리자 "다마스쿠스는 환희와 축제로 들떴으며, 마치 오스만 제국이 러시아라도 정복한 것 같았다"라고 미샤카는 썼다. 다마스쿠스의 무슬림들의 적대감이 갈수록 커지면서 기독교도들은 신변의 안전을 우려하기 시작했다.

자흘레 함락 이후 일단의 드루즈인들이 다마스쿠스 외곽의 기독교 마을들을 공격하기 시작했다. 기독교 농민들은 위험에 노출된 마을을 버리고 상대적으로 안전한 다마스쿠스의 성채 안으로 피신했다. 다마스쿠스의 기독교 지구는 이렇게 피난온 기독교도들로 가득 차기 시작했으며, 미샤카에 따르면 "교회 인근 거리에서 잠들던 피난민들에게 땅바닥은 침대였고 하늘은 이불이었다." 무방비 상태에 놓인 이러한 사람들은 반기독교적 정서의 표적이 되었고 그들의 유약함과 빈궁함을 보면서 기독교 공동체에 반감을 품고 있던 이들의 자비심은 더욱 반감되었다. 그들은 기독교도 동료들과 오스만 총독에게 이러한 고통으로부터 구제해달라고 간청했다.

　하지만 다마스쿠스의 오스만 총독, 아흐마드 파샤는 기독교도들의 편이 아니었다. 영사관에서 일하면서 총독과 많은 접촉을 할 수 있었던 미샤카는 아흐마드 파샤가 공동체 간의 갈등을 적극적으로 조장하고 있다고 확신했다. 미샤카의 설명에 따르면, 아흐마드 파샤는 기독교도들이 1856년의 개혁 이후에 자신들의 본분을 망각했을 뿐만 아니라 새롭게 부여된 권리들은 누리면서 마땅히 져야 할 의무— 특히 납세의 의무— 는 고의적으로 기피하고 있다고 생각했다. 다마스쿠스의 무슬림들이 5대 1의 비율로 기독교도보다 많았음에도 아흐마드 파샤는 기독교도의 공격으로부터 사원을 "보호"하기 위한 것이라며 대포를 동원하여 무슬림들의 공포를 더욱 가중시켰다. 이러한 조치를 통해서 아흐마드 파샤는 다마스쿠스의 무슬림들로 하여금 도시 기독교도들의 공격의 위험에 직면해 있다고 믿도록 만들었다.

　긴장이 최고조에 이르렀을 무렵, 아흐마드 파샤는 폭동을 야기할 목적으로 시위를 조장했다. 1860년 7월 10일에 반기독교 범죄로 수감된 한 무리의 무슬림 죄수들을 다마스쿠스 중앙로로 줄지어 행진하게 했다— 이는 표면상으로는 그들에게 따끔한 맛을 보여주기 위한 것이었다. 예상대로 그들 주변으로 모여든 무슬림 폭도들이 쇠사슬을 끊고 그들을 풀어주었다. 무슬림들이 불필요한 모욕을 당하는 이런 장면은 1856년의 칙령 이후 기독교도들이 본분을 망각했기 때문이라는 대중들의 생각을 더욱 강화시켰다. 그들에게 쓴맛을 보여주고자 폭도들은 기독교 지구로 방향을 돌렸다. 마운트 레바논에서 벌어진 최근의 사건에 대한 기억이 아직도 생생했음에도 불구하고 무자비한 폭도들은 절멸만이 합당한 해결책이라고 생각했다.

미샤카도 자신이 오래 전부터 예견하고 있었던 폭력사태에 휘말리게 되었다. 그는 폭도들이 어떻게 자기 집 대문을 부수고 쳐들어왔는지 설명했다. 미샤카와 어린 자녀들은 무슬림 이웃의 집으로 피난하고자 뒷문으로 도망쳤지만 길모퉁이에서 폭도들과 맞닥뜨리게 되었다. 그들의 관심을 딴 데로 돌리기 위해서 미샤카는 동전 몇 줌을 던졌고, 무리들이 돈을 차지하려고 다투는 동안 아이들과 함께 도망칠 수 있었다. 세 차례나 이러한 계책으로 폭도들을 피했지만, 결국 흥분한 무리들에게 막혀 도주는 중단되었다.

나는 도망갈 곳이 없었다. 그들은 나를 둘러싸고 옷을 벗겨 죽이려 했다. 아들과 딸은 비명을 지르며 "아버지 대신 우리를 죽여라"라고 외쳤다. 이 비열한 놈들 중의 한 명이 도끼로 딸의 머리를 내리쳤다. 딸이 흘린 피의 대가는 반드시 치를 것이다. 또다른 놈이 여섯 걸음 정도 떨어진 거리에서 나에게 총을 쐈지만 비켜나갔다. 하지만 도끼에 맞아 내 오른쪽 관자놀이에 상처가 났고, 오른쪽 얼굴과 팔도 곤봉에 맞아서 다쳤다. 내 주변에 너무 많은 이들이 있었기 때문에 나만 쏘는 것은 불가능했다.

미샤카는 이렇게 군중의 포로가 되었다. 가족과 떨어진 그는 뒷골목을 지나 한 관료의 집으로 끌려갔다. 하지만 어찌되었든 간에 그는 외국의 영사였다. 미샤카의 한 무슬림 이웃이 두들겨맞는 기독교 친구에게 은신처를 제공했고, 가족과 다시 만나게 해 주었다. 군중의 공격으로 쓰러진 어린 딸을 포함해 그의 가족 모두가 기적적으로 이 학살에서 살아남았다.

이처럼 안전한 피난처를 구할 수 있었던 기독교도들만이 학살에서 살아남을 수 있었다. 그중 일부는 프랑스 식민주의에 저항한 알제리의 망명 영웅 아미르 압드 알 카디르를 따르던 무슬림 명사들에 의해서 구출되었다. 카디르와 명사들은 목숨을 걸고 도망치는 기독교도들을 구하고 그들에게 피난처를 제공했다. 어떤 기독교도들은 영국과 프로이센의 협소한 영사관으로 피난했고, 영사관의 수비대는 폭도들을 성공적으로 막아냈다. 생존한 사람들의 대부분은 다마스쿠스 성채 안으로 피난했는데, 그마저도 군인들이 언제 폭도들을 들일지 알 수 없었기 때문에 위태위태한 상황이었다. 도시의 기독교도 대다수는 안전한 피난처를 찾았지만, 그러지 못한 수천 명은 사흘간의 학살 동안 폭도들로부터 끔찍한 폭력을 당해야만 했다.

훗날 미샤카는 베이루트 주재 미국 영사관으로 보내는 보고서에 학살로 인한 인적, 물적 피해 상황을 상세하게 기록했다. 폭력사태로 원래 2만 명에 달했던 기독교 공동체 인구 중의 4분의 1, 즉 5,000명이 학살되었다고 그는 주장했다. 약 400명의 여자들이 납치되어 강간을 당했으며 그중 많은 이들이 임신되었고, 미샤카 집안의 하녀 한 명도 그러했다. 물질적 피해는 더욱 광범위했다. 가옥 1,500채 이상이 파괴되었고, 기독교도 소유의 모든 상점이 약탈당했으며, 기독교 지구에 있었던 약 200개의 상점이 전소(全燒)되었다. 교회와 학교, 수도원들도 약탈을 당하고 파괴되었다.[14] 기독교 지구는 도시의 근대 역사상 전례가 없었던 집단 폭력사태 속에서 절도와 파괴, 방화로 유린당했다.

오스만 정부가 무슬림과 비무슬림 주민 간의 법적 평등을 내세운 주요 이유는 유럽 열강이 국내 문제에 개입하는 것을 저지하기 위해서였다. 그러나 마운트 레바논과 다마스쿠스에서 발생한 기독교들에 대한 잇따른 폭력사태는 오히려 유럽의 대대적인 개입의 가능성을 높였다. 학살에 대한 소식이 전해지자마자 나폴레옹 3세의 프랑스 정부는, 1830년대에 시리아를 점령했던 이집트군에서 자문관을 지낸 적이 있는 프랑스 귀족 샤를 드 보포르 도풀 장군이 이끄는 원정군을 파견했다. 드 보포르는 또다른 학살을 방지하고 그 일대의 기독교도들에게 폭력을 행사한 가해자들을 사법 처리하라는 임무를 부여받았다.

오스만은 서둘러 조치에 나서야만 했다. 우선 오스만 개혁을 구상한 최고 위급 정부 관료들 중의 한 명인 푸아드 파샤를 파견했다. 그는 프랑스 원정대가 시리아 해안에 도착하기 전에 질서 회복을 위해 필요한 모든 조치를 취했다. 푸아드는 임무를 매우 효율적으로 달성해냈다. 질서를 파괴한 모든 책임자들에게 엄벌을 내리기 위해서 군사 법정을 설치했다. 다마스쿠스의 총독은 학살을 막지 못한 책임을 지고 사형선고를 언도 받았다. 귀족에서부터 가장 가난한 도시 노동자에 이르기까지 수십 명의 무슬림들이 다마스쿠스 거리에서 공개적으로 교수형에 처해졌다. 수십 명의 오스만 병사들도 대열을 이탈해 학살과 약탈에 동조한 죄로 총살형을 당했다. 수백 명의 다마스쿠스인들이 유배되거나, 중노동을 해야 하는 장기 투옥형을 선고받고 쇠사슬에 묶여 끌려갔다.

정부는 피해를 입거나 절도당한 재산에 대한 보상을 바라는 기독교도들의 요구를 들어주기 위해서 위원회를 구성했다. 무슬림 지구는 집을 잃은 기독교도들에게 임시 거주지를 제공하기 위해서 비워졌고, 국가가 임금을 지급하는 석공들이 황폐해진 기독교 지구를 재건했다. 무엇보다도 오스만 관료들은 유럽 열강들에게 개입 기회를 주지 않고자 그들이 제기할지도 모르는 모든 불평들에 대해서 조치를 취했다. 드 보포르 장군이 레바논 해안에 도착했을 때, 이미 모든 상황은 푸아드의 통제 아래 있었다. 푸아드는 프랑스의 헌신에 충분히 감사를 표하며, 필요할 경우 병사들의 도움을 쉽게 받을 수 있는 그러나 인구 밀집 지역과는 멀리 떨어진 레바논의 한 해안가에 야영지를 제공했다. 그러나 도움 받을 일이 발생하지 않으면서 프랑스는 일 년도 되지 않아서 군대를 철수시켜야만 했다. 이렇게 위기를 넘긴 오스만은 통치권을 지켜냈다.

오스만은 1860년의 경험에서 몇 가지 중요한 교훈을 얻었다. 다시는 이슬람 교리에 명백하게 어긋나는 개혁 정책은 추구하지 않았다. 향후 수십 년 동안 노예제 폐지론자들과 영국 정부가 연합해서 오스만 제국에게 노예제도를 폐지하라고 압박하자, 중앙정부는 다음과 같이 항변했다. 『쿠란』의 구절들은 노예주로 하여금 노예를 잘 대우하고 결혼을 허용하며 해방시키라고 격려하고 있지만, 노예제를 금하고 있지는 않다. 어떻게 신의 책이 허용한 것을 술탄이 불법화할 수 있겠는가? 영국의 압력에 밀려 타협점을 모색하던 오스만 정부는, 그 대신에 『쿠란』이 언급하고 있지 않은 노예무역 폐지를 위해서 노력하겠다고 제안했다. 1880년에 오스만 정부는 흑인 노예무역을 금지하는 영국-오스만 협정에 서명했다. 이것은 노예제도를 억제하기 위해서라기보다는 제국 내의 평화를 보존하고자 고안된 타협안이었다.[15]

한편 오스만은 탄지마트를 대중이 지지하도록 만들기 위해서는 개혁과 혜택이 균형을 이룰 필요가 있다는 것을 깨달았다. 세금을 더 잘 거두고 서구식 병역에 필요한 군인을 더 효율적으로 징집하기 위한 관료제의 확대로부터 대다수의 주민들은 얻을 것이 없었다. 오스만 제국이 유럽의 정치적 사고 및 관행에 더욱 잘 부합하기 위해서 단행한 모든 사법적 변화들도 평범한 오스만인들에게는 낯선 것이었다. 이러한 이질적인 변화를 신민들이 수용하도록 만들기 위해서는 지역 경제와 사회 복지 향상을 위한 정부의 투자가 필요했다. 예를 들면 가스등이나 증기 연락선, 전기 전차와 같이 대중에게 술탄 정부에 대한 자부심과 신뢰를 심어준 대규모 사업들은 개혁 정부를 향한 지지도를 높여주었다. 따라서 오스만 정부는 개혁 과정이 더 이상 혼란을 양산하지 않으면서도, 오스만 사회와 경제에 이처럼 확실히 눈에 보이는 기여를 하도록 만들어야만 했다.

19세기 후반에 오스만 제국 전역에서 건설 및 토목 사업에 광범위한 정부 투자가 이루어졌다. 오스만 가신국으로서 충분한 자치를 누리던 이집트와 튀니지는 독자적인 발전 프로그램을 추구했다. 계몽사상을 도입한 오스만 세계는 돈을 물 쓰듯이 하며 유럽의 선진 산업 기술들을 습득하기 시작했다. 오스만 세계가 19세기 말에 세계 경제 속으로 빨려들어가면서 점점 더 다양한 산업 제품과 상품들이 아랍 시장으로 유입되었다.

***

이집트는 19세기에 앞장서서 근대화 계획을 주도해나갔다. 무함마드 알리는 언제나 군사적 측면을 고려하면서 계획을 세웠기 때문에 산업과 기술 분야에 집중적으로 투자가 이루어졌다. 그 결과, 이집트의 민간 경제 기반시설에 대한 투자는 후계자들의 몫이 되었다.

아바스 파샤(재위 1848-1854)는 알렉산드리아와 카이로 간의 철도 부설권을 영국 회사에 양도하는 것으로 소박한 출발을 했다. 특허권 양도는 정부가 자국 영토에 주요 투자를 하도록 민간회사를 유치하기 위한 표준 계약방식이었다. 양도 조건에는 일정 기간 동안 투자자와 정부 양쪽이 가지는 권리 및 특전에 대한 설명이 담겼다. 양도 조건이 관대할수록 그 나라로 사업가를 끌어들이기는 더 쉬웠다. 그러나 정부는 이러한 사업이 재정에 필요한 수익을 창출할 수 있도록 외국인에게 너무 많은 양보를 하지 않고자 주의했다. 새로운 기술을 확보하기 위해서 경쟁하던 남아메리카와 아프리카, 아시아의 정부들 덕분에 사업주들은 매우 유리한 조건으로 계약을 할 수 있었다. 아바스 파샤는 외국 투자자들에게 너무 많은 약속을 하지 않는 쪽을 택한 보수적인 사람이었다.

아바스에 이어 이집트를 통치하게 된 사이드 파샤(재위 1854-1863)는 더욱 큰 규모의 사업 계획으로 국가를 끌고 갔다. 카이로와 알렉산드리아를 잇는 두 번째 철도를 놓았고, 카이로와 수에즈 간의 새로운 철도 부설권을 양도해서 인도양으로 통하는 홍해와 지중해 사이를 육로로 연결시켰다. 또한 나일 강과 홍해에 증기선을 띄우기 위해서 유럽-이집트 합명회사를 설립했다. 그러나 그 어떤 특허권도 지중해와 홍해를 연결하는 수로, 즉 수에즈 운하를 건설하기 위해서 한때 자신의 프랑스어 가정교사였던 페르디낭 드 레셉스에게 1856년에 양도한 개발권에 비교할 바가 아니었다. 수에즈 운하는 19세기 이집트의 가장 규모가 큰 개발이었고 재정도 가장 많이 고갈시킨 사업이었다.

개발권 양도 자체가 재정에 손실을 끼친 것은 아니었다. 이집트 개발권 보유자들이 기획한 신규 사업 모두가 성공했다면 투자자나 정부 모두 이득을 봤을 것이다. 하지만 불행하게도 이러한 사업들의 대부분은 위험부담이 컸고 실패하기도 쉬웠다. 이것은 유럽 기술에 투자함으로써 국내 경제를 건실하게 만들고 싶었던 주최 측인 정부에게는 커다란 악재였다. 또한 자국의 투자자들이 실패했을 경우 유럽 영사들이 변상을 요구하면서 이러한 손실은 더욱 커졌다.

변상 요구를 국가 자존심이 걸린 문제로 생각한 각국의 영사들은 다른 나라가 받아낸 배상금에 주목하며 그보다는 더 많이 받아내고자 애를 썼다. 이런 가운데 나일 운수 회사가 파산하자, 이집트 재무부는 유럽 주주들에게 총 34만 파운드를 보상해야만 했다.[16] 오스트리아의 영사는 수에즈에서 카이로행 기차가 늦게 출발하는 바람에 28개 상자의 비단고치가 상했다는 그럴싸한 근거를 제시해서 이집트 정부가 오스트리아의 투자자에게 70만 프랑을 보상하게 함으로써 개인 배상 청구의 새로운 기준을 마련하기도 했다. 어느 날 사이드 파샤는 한 유럽 사업가와 회의를 하던 중 갑자기 중단시키고는 하인에게 창문을 닫게 했다고 한다. "이 신사분이 감기에라도 걸리면 만 파운드는 지불해야 할 걸세"라고 빈정거리며 말이다.[17]

이집트 정부는 수에즈 운하 사업으로 인하여 가장 큰 액수의 배상금을 물어내야 했다. 영국은 지중해와 홍해를 연결하는 운하를 만들려는 프랑스의 계획에 반대했다. 인도를 식민 지배하고 있던 영국이 다른 어떤 해양 세력보다도 운하에 더 의존하게 될 것이 자명했기 때문이다. 이러한 전략적인 수로를 **프랑스** 회사의 통제하에 두려는 발상을 영국은 절대 수용할 수 없었다. 영국은 이집트 정부가 그들 영토에 대한 개발권을 양도하는 것을 막을 권리는 없었지만, 양도 조건에 대해서는 반대할 수 있었다. 특히 영국은 노예제도와 다를 바 없다며 수로를 파는 데에 노동력을 무상으로 제공한다는 이집트의 공약에 반대했고, 식민화 획책의 일환인 운하의 양안 개발권을 수에즈 운하 회사에 양도한다는 조항도 철회하라고 이집트 정부에게 요구했다. 영국의 선처에 의존할 수밖에 없었던 이집트 정부는 이러한 이의 제기를 무시할 수 없었다. 결국 이집트 정부는 1856년에 작성한 개발권 양도 계약서 원안의 주요 조건들을 재협상하고 싶다고 수에즈 운하 회사에 알렸다. 회사는 영국의 압력에 맞서서 개발권 소유자로서의 권리를 지키고자 프랑스 정부에게 분쟁 문제를 위임했다.

이 분쟁을 물려받은 사이드의 후계자 이스마일 파샤(재위 1863-1879)는 결코 제 3자라고 할 수 없는 프랑스 황제 나폴레옹 3세가 중재에 나서면서 큰 피해를 입었다. 1864년의 조정에서 나폴레옹 3세는 무임 노동력 상실에 따른 배상금으로 3,800만 프랑을 그리고 이집트에 반환될 운하 양안의 토지에 대한 보상으로 3,000만 프랑을 지급하라고 이집트 정부에게 요구했다. 이외에도 이집트 정부에게 추가적으로 1,600만 프랑을 청구할 명분을 찾아내서 총배상금은 약 8,400만 프랑(1864년 당시 이를 환산하면 336만 파운드, 약 3,350만 달러였다)에 달했다. 전례가 없던 어마어마한 금액이었다.[18]

개발 사업으로 인한 이와 같은 막대한 손실에도 불구하고, 이집트 정부는 미래 경제에 대해서 낙관했다. 이집트의 가장 중요한 수출 품목은 유럽의 직공들이 높이 평가하던, 역사가 오래된 주요 작물인 면화였다. 1861년에 미국의 면화 공급이 남북전쟁으로 중단되었다. 1861년에서 1865년 사이에 면화 가격은 네 배로 폭등했다. 면화 수출로 인한 이집트의 연간 수입이 극적으로 상승하면서 1850년대 초에는 약 100만 파운드였던 것이 1860년대 중반에는 1,150만 파운드에 이르며 정점을 찍었다. 면화 대금이 이집트 국고로 흘러들어오면서 이스마일 파샤는 수에즈 운하 회사와의 합의사항을 이행할 수 있을 뿐만 아니라 또다른 대규모 사업에도 착수할 수 있을 것이라고 자신했다.

이스마일은 이집트를 강대국으로 변모시키고 개인적으로는 통치자로서 더 큰 인정을 받고 싶었다. 1867년에 그는 "파샤"라는 총독 직함 대신에 좀더 인상적인, "부왕(副王)"을 의미하는 페르시아식 직함인 "케디브(khedive)"를 사용할 수 있게 해달라고 오스만 정부에게 요청했다. 케디브로서 그는 파리를 모델로 삼아 수도 카이로를 새로이 단장하고 싶었다. 1869년에 수에즈 운하의 개통 기념식을 치를 목적으로 이스마일은 카이로를 빠르고 급격하게 변화시켰다. 넓고 쭉 뻗은 대로를 따라 유럽 양식의 건물들이 들어선 현대적인 거리가 구(舊)카이로와 나일 강 사이에 건설되었다. 새로운 다리가 나일 강 위에 세워졌고, 이스마일은 나일 강의 가장 큰 섬에 자신의 새로운 궁전

(훗날 이집트 정부가 파산하자 호텔로 개조되었다)을 지었다. 거리가 포장되었고 가스등도 설치되었다. 조경사들은 에즈베키야 연못처럼 곧잘 침수되곤 하던 나일의 오래된 연못들을 카페와 산책로가 있는 공중정원으로 변화시켰다. 국립 극장과 오페라 하우스도 건축되었다.[19] 이탈리아 작곡가 베르디에게 오페라 하우스 개관식을 위해서 이집트 풍의 오페라 작곡을 의뢰했으나, 시간이 부족하여 「아이다(Aida)」는 완성되지 못했다. 그 대신 개관식에서 「리골레토(Rigoletto)」의 선율이 울려퍼졌다. 건설 붐은 1869년 11월 수에즈 운하 개통식을 축하하기 위해서 프랑스의 황녀 외제니가 방문하면서 그 절정을 이루었다.

이스마일은 과도한 소비를 통해서 이집트를 세계의 문명화된 국가들의 일원으로 만들고자 심혈을 기울였다. 기념식은 모든 면에서 매우 인상적이었지만 새로운 카이로는, 이스마일 정부를 예상보다 더 오래 버티게 했던 빌려온 자금으로 건설된 허상의 기획물에 지나지 않았다. 오스만 및 유럽의 지배에서 벗어나고자 개발 계획에 착수했음에도 불구하고, 역설적이게도 매번 새로운 개발권이 양도될 때마다 이집트 정부는 점점 더 유럽의 잠식에 취약해졌다. 이집트만 그런 것이 아니었다. 북아프리카의 또다른 국가도 야심찬 개혁과 개발 사업을 통해서 갈수록 유럽에 종속되어가고 있었다.

이집트처럼 튀니지도 오스만 제국으로부터 상당한 자치권을 누리며 19세기에 독자적인 개발 사업을 추구했다. 섭정 체제의 튀니지 정부를 18세기 초부터 후세인 왕조가 이끌고 있었다. 바르바리 해적의 시대는 끝났다. 1830년 이래로 섭정 정부는 모든 해적 행위를 금지했고, 산업과 무역을 통해서 자국의 경제를 발전시키고자 했다.

1837년에서 1855년까지 튀니스는 아흐마드 베이라는 개혁가의 통치를 받았다. 이집트의 무함마드 알리로부터 깊은 감화를 받은 아흐마드 베이는 튀니지에 군사학교와 함께 니자미 군대를 창설했고, 새로운 군대에 보급할 무기와 제복을 생산할 산업도 후원했다. 신부대 훈련병 중에는 카이르 알 딘이라는 젊은 맘루크가 있었다. 19세기의 위대한 개혁가 중 한 명인 그는 튀니스와 오스만 제국 모두에서 재상의 자리까지 오른 인물이었다.

카이르 알 딘은 노예 신분에서 정치권력 정상에 오른 최후의 맘루크였다. 그는 자식들을 위해서 집필한 자서전에서 뛰어난 통찰력으로 맘루크로서 느낀 점을 써놓았다. "내가 코카서스 출신이라는 점은 확실히 알고 있었지만, 내 조국과 부모에 대한 정확한 기억은 없다. 분명히 전쟁이나 이주로 인해 가족과 결별한 것이 틀림없지만 그들에 대한 흔적을 전혀 찾을 수 없었다." 여러 차례 시도했지만 카이르 알 딘은 생물학적인 가족을 찾으려는 탐색에 실패했다. "어린 시절에 대한 최초의 기억이 있는 이스탄불을 1839년에 튀니스의 베이 밑에서 일하기 위해서 떠났다."[20]

아랍어를 배우고 이슬람 교육을 받은 후 병적에 오른 카이르 알 딘은 프랑스 장교들에게 훈련을 받았다. 젊고 영리한 장교였던 그는 장교단(將校團)의 정상에 올랐고, 정치계에 입문하기 전에 장군으로 승진했다. 이 모든 것을 튀니지에 도착한 지 14년도 채 되지 않아서 이루어냈다. 프랑스어와 아랍어, 터키어에 능통했던 카이르 알 딘은 사회생활을 하는 동안 유럽과 오스만 제국 곳곳을 돌아다녔다. 유럽의 발전을 직접 경험한 그는 탄지마트 개혁을 열렬히 지지했고 이슬람 국가들이 잠재력을 온전히 실현하기 위해서는 유럽의 경험 및 기술에 의존할 필요가 있다고 생각했다. 그는 1867년에 아랍어로 출판한 영향력 있는 정치 소논문에서 자신의 이러한 생각을 소상히 설명했고, 이 책은 2년 후에 정식으로 프랑스어로 번역되었다.

카이르 알 딘은 근대에 대한 이슬람 세계의 적응력에 대해서 회의적인 유럽의 독자와 종교 및 이슬람 가치에 위배되는 이질적인 혁신을 거부하는 무슬림 독자 모두를 대상으로 자신의 개혁 의제를 설명했다. 여기에서 카이르 알 딘은 훗날 무슬림 개혁가들이 19세기 내내 크게 의존하게 되는 이집트의 개혁 지지자 알 타흐타위 — 카이르 알 딘은 프랑스에서 그의 책을 읽고 감탄했다 — 가 처음 발표한 논거에 기반하여 다음과 같은 주장을 폈다. 무슬림이 유럽의 근대 학문을 차용하는 것은 중세 이슬람 학문에 유럽이 지고 있던 빚을 돌려받는 것에 지나지 않는다.[21]

카이르 알 딘은 비록 정치 및 경제 개혁에 있어서는 거리낌이 없이 찬성론을 폈지만 재정적인 면에서는 보수주의자였다. 그는 튀니지가 근대 기술 비용을 지원할 수 있는 경제적 기반을 발전시키기를 바랐다. 따라서 정부가 독자적인 환금 작물을 내수 시장용 상품으로 가공 처리하는 공장에 투자해야 한다고 생각했다. 그는 튀니지 노동자들이 원자재인 면화와 명주, 양모를 "낮은 가격으로 유럽에 팔고 곧 얼마 지나지 않아서 그것을 가공 처리한 상품[제조된 천]을 몇 배의 비싼 가격으로 되사는 현실"에 대해서 매우 유감스러워했다.[22] 따라서 튀니지 공장들이 튀니지 섬유를 내수용으로 방직해서 천을 생산하는 것이 훨씬 바람직하다고 주장했다. 이러한 방식으로 나라는 더욱 번영할 것이고 정부도 기반시설 사업에 투자할 여력을 가지게 될 것이라고 생각했다. 이렇게 재정적으로 건실한 운영을 하기 위해서는 똑똑한 정부가 필요했다. 하지만 튀니지의 통치자들이 허황된 사업과 잘못된 투자로 국가를 파산의 길로 몰고 가는 것을 지켜보면서 카이르 알 딘은 점점 더 낙담하게 되었다.

튀니지는 상대적으로 작은 나라였기에 개혁 지출비용도 이집트에서 시행된 사업들에 비한다면 소박한 편이었다. 아흐마드 베이의 치세 동안 지출된 가장 큰 비용은 니자미 군대와 관련된 것이었다. 2만6,000명의 보병을 유지하기 원했던 아흐마드 베이는 필요한 기술뿐만 아니라 무기고와 주물 공장, 제복 제작을 위한 직물 공장, 안장과 부츠를 보급할 제혁소 등의 지원 산업에 필요한 노동 인력도 모두 프랑스에서 수입했다. 게다가 이집트의 이스마일 파샤처럼 아흐마드 베이 역시 무모한 사업을 추진했다. 가장 쓸모없는 낭비로는 아흐마드 베이가 튀니지의 베르사유라고 묘사했던, 수도 튀니스에서 서남쪽으로 16킬로미터 떨어진 무하마디아에 지은 궁전 복합단지를 꼽을 수 있다. 지출비용이 점점 재원을 초과하게 되자, 아흐마드 베이는 야심찬 계획들을 축소할 수밖에 없었다. 결국에는 엄청난 손해에도 불구하고 많은 새로운 공장들을 포기해야만 했다.

아흐마드 베이의 후계자들도 개혁 과정을 계속 추진했다. 하지만 공공사업의 높은 지출비용은 재원 감소와 병행되었다. 통신 향상을 위해서 1859년에 전선이 설치되었고, 튀니스에 신선한 물을 공급할 수로가 건설되었다. 튀니스와 라 굴레트 항구 그리고 해안 도시인 알 마르사를 잇는 35킬로미터의 철도 부설권이 영국 회사에 양도되었다. 가스등이 튀니스에 설치되었고, 도시의 거리는 포장되었다.[23] 이집트의 이스마일 파샤처럼 튀니지의 통치자들도 자신들의 수도가 근대 유럽의 온갖 장식물들로 치장되기를 원했다.

오스만의 지방에서는 개혁 과정의 속도가 이스탄불과는 다르게 진척되었다. 제국의 중심지로서 발칸과 아나톨리아 그리고 아랍 세계 곳곳에 산재해 있는 주(州)들을 책임져야 했던 이스탄불은 모든 주도(州都)의 발전을 보장해야만 했다. 정부는 아랍 지방에서 주요 도시 계획들을 추진해서 새로운 시장과 정부관사, 학교들을 설립했다. 게다가 제국의 주요 도시들에 가스등과 전차와 같은 근대적인 장식물들도 도입했다.

　　오스만 정부도 주요 기반시설 사업을 추진하기 위해서 유럽의 회사들에게 개발권을 양도했다. 터키의 이스탄불과 이즈미르, 베이루트의 항구들이 근대화되었다. 흑해와 마르마라 해에는 증기선 회사가 설립되었다. 영국의 한 회사가 이즈미르 항구에서 내륙의 농촌 지역인 아이든을 잇는 130킬로미터의 터키 최초의 철도 부설권을 가져갔다. 한 프랑스 회사는 1863년부터 1865년까지 건설된 스미르나에서 카사바(93킬로미터)를 잇는 두 번째 철도 부설권을 따냈다. 이러한 노선들이 많아지면서 철도로 인한 정부의 수입은 상당히 증가했고, 아나톨리아 철도에 대한 투자도 더욱더 촉진되었다. 수많은 산업 투자회사들이 탄지마트 시대에 설립되었고, 석탄 및 광물을 채굴하는 광산들이 조성되었다. 그러나 사업 성공에서 얻은 이윤은 사업 실패에서 발생한 손실액과 엇비슷했고, 오스만이 유럽 기술에 투자해서 얻은 수익은 신기술 비용을 결코 상쇄하지 못했다.

정부의 무모한 지출은 오스만 제국과 북아프리카의 개혁가들에게 경종을 울렸다. 유럽 기술의 습득이 의도한 것과는 전혀 다른 결과를 가져왔던 것이다.

개발 과정은 이들 국가들을 강하고 독립적인 나라로 만들기는커녕 오히려 중동 정부들의 빈곤화와 약화를 초래했고 점점 더 유럽의 개입에 취약하게 만들었다. 튀니지에 관해서 쓴 카이르 알 딘은 "왕국의 능력을 넘어서는 과도한 비용 지출은 자의적인 통치의 산물이다. 왕국의 안녕이 달려 있는 절약은 **탄지마트의 테두리** 내에서 모든 비용이 통제될 때 가능하다"라고 주장했다.[24] 개발 사업이 열매를 맺기 위해서는 정부가 분수에 맞게 행동할 필요가 있다고 카이르 알 딘은 역설했다. 탄지마트 개혁의 편익이 자의적인 통치와 과도한 지출로 저해되고 있었기 때문이다.

카이르 알 딘처럼 개혁 지향적인 사상가들은 무모한 정부 지출과 자의적인 통치 문제 모두를 해결할 방안으로 헌법 개혁과 대의정체를 제시했다. 프랑스 헌법에 대한 알 타흐타위의 분석이 19세기 후반에 큰 반향을 얻었다. 입헌 통치가 이루어진다면 국가는 번영하고 민중의 식견은 높아지며 부는 축적되고 민심도 충족될 것이라는 주장이었다. 적어도 이론상으로는 그러했다.

1861년의 튀니지 헌법은 개혁가들의 바람에는 한참 미치지 못했다. 1839년과 1856년의 오스만 개혁 칙령을 참조한 헌법은 대신들의 임명권을 가지고 있던 베이의 행정권에 거의 제한을 두지 않았지만 통치자가 지명한 60인으로 구성된 대평의회의 설치를 요구했다. 대평의회의 의장으로 임명된 카이르 알 딘은 베이의 무절제를 저지할 만한 힘을 의회가 가지고 있지 못한 현실을 깨닫고 환상에서 곧 깨어났다. 아흐마드 베이와 재상이 자신들의 결정에 필요한 거수기 노릇을 시키기 위해서 평의회를 소집한다는 것을 알아챈 카이르 알 딘은 1863년에 사직서를 제출했다. 카이르 알 딘이 사직하기로 결심한 것은 자신을 입양한 나라를 "폐허"로 끌고 갈 것이 분명한, 최초의 해외차관을 계약하기로 정부가 결정했기 때문이었다.[25]

이집트의 헌법 운동도 같은 시기인 1860년대에 시작되었다. 알 타흐타위의 분석 입장을 추종하던 많은 개혁가들은 입헌 정부가 유럽의 힘과 번영의 기초이고, 이집트의 독자적인 개혁의 사라진 연결고리라고 믿었다. 그러나 튀니지에서처럼 통치자의 동의 없이는 어떤 변화도 불가능했다. 1866년에 최초의 의원 자문위원회 설립을 촉구한 사람은 이집트의 케디브 이스마일 파샤였다. 위원회는 3년 임기로 간접 선출된 75명의 의원들로 구성되었다. 튀니지의 베이처럼 이집트의 통치자도 자문 역할만 할 수 있었던 위원회(의원들은 이집트의 법 제정에 아무런 역할도 하지 못했다)의 소집을 통해서 자신의 모순적인 재정 정책에 대토지를 소유한 명사들을 끌어들이고자 했다. 이렇게 통치자의 창작물로 탄생했지만 위원회가 통치자 및 정부 정책에 대한 비판의 목소리를 내려는 이집트 엘리트들의 토론장이 되면서 의원들은 국가 업무에 더 많이 참여할 수 있게 되었다.[26]

　동부 지중해에서 발생한 가장 중요한 입헌 운동은 오스만 터키에서 시작되었다. 1860년대 후반에 파리와 런던에서 만난 터키의 일부 저명한 지식인들은 그곳에서 유럽의 자유주의자들과 교류하며 입헌 정부와 인민 주권, 국민을 대표하는 의회 선출을 촉구하는 일련의 안들을 구상했다. 청년 오스만 협회(Society of Young Ottomans)로 알려진 그들의 모임은 오스만 사회의 빈곤과 국가재정 상태에 대한 책임을 정부에게 물었다. 협회원들은 오스만 문제에 대한 외세의 간섭뿐만 아니라 유럽 열강에게 오스만 제국이 점점 더 종속되어가는 상황을 한탄했고, 터키 문제의 원인은 술탄과 정부의 무책임한 정책에 있다고 정면으로 비판했다. 청년 오스만인들은 신문을 발행하고, 자신들의 대의에 대해서 외국 정부의 지지를 얻고자 로비를 벌였다. 그렇지만 그들 역시 변화는 술탄의 동의가 있을 때에만 가능하다는 사실을 잘 알고 있었다. 19세기 터키의 훌륭한 지식인이었던 나믁 케말은 동료 청년 오스만인들에게 "오스만인들은 오스만 통치자에게 충성을 바친다. [술탄이] 진정 원하지 않는다면 우리는 아무것도 할 수 없다"고 말했다.[27] 협회는 1871년에 해체되었지만 그들은 이스탄불로 돌아와 자신들의 주장을 알리기 위해서 활동했고, 일부 개혁적인 정부 관료들의 지지를 받기도 했다. 청년 오스만인들의 노력 덕택에 1876년에 오스만 헌법이 제정되었고 첫 오스만 의회가 소집되었다.

　튀니지와 이집트, 오스만 제국의 개혁가들이 입헌 개혁을 통해서 경제 파탄을 막으려 했다면, 안타깝지만 그들은 곧 크게 실망할 수밖에 없었다. 초기

입헌 운동은 권력자에게 너무 정중했기 때문에 통치자에게 어떤 제한도 가할 수 없었다. 그들은 튀니스의 베이와 카이로의 파샤, 이스탄불의 술탄이 도리에 맞는 선행을 베풀어 제약을 자발적으로 수용하고 의회와 권력을 공유하기를 바란 듯하다. 그러나 이것은 현실적으로 불가능한 일이었다. 베이와 파샤, 술탄은 과거와 다를 바 없는 형태로 통치를 계속했고, 정부를 파산에 이르게 할 지출을 저지할 수 있는 어떤 제한 조치도 취해지지 않았다.

***

중동의 독립을 위태롭게 한 가장 큰 위협은 유럽의 군대가 아니라 은행으로부터 제기되었다. 오스만 개혁가들은 유럽으로부터 들여온 차관에 내재되어 있는 위험을 걱정했다. 술탄 압둘메지드가 프랑스로부터 자금을 구하고자 했던 1852년에, 한 자문가가 조용히 술탄을 옆으로 모시고 가서 차관 도입을 강하게 반대하며 다음과 같이 조언했다. "폐하의 선친(마흐무드 2세)께서는 러시아와 두 차례 전쟁을 치렀고 수많은 전투를 견뎌냈습니다. 많은 압력에도 불구하고 외국으로부터 돈을 절대 빌리지 않으셨습니다. 폐하의 통치 시대는 평안합니다. 그런데 만약 돈을 빌린다면 사람들이 뭐라고 하겠습니까?" 자문가는 계속했다. "단돈 5피아스터(구루쉬[은화]의 별칭/역주)를 빌릴지라도 이 나라는 곧 몰락할 것입니다. 왜냐하면 일단 차관이 도입되면 그것의 끝은 없기 때문입니다. [나라는] 빚에 압도되어 몰락할 것입니다." 납득한 압둘메지드는 차관 도입을 취소했다. 비록 2년도 채 지나지 않아서 유럽의 채권자들을 다시 찾았지만 말이다.[28]

1863년에 카이르 알 딘은 튀니지 정부가 첫 해외차관을 들이는 일에 공모하는 대신 튀니지 대평의회 의장직을 사임하기로 선택했다. 훗날 1869년에 튀니지를 파산으로 몰고간 이 정책에 대해서 씁쓸해하며 다음과 같이 썼다. "나라의 모든 자원을 소진해버린 [재상은] 차관 도입이라는 폐망의 길로 뛰어들었고 7년도 안 되어……어떤 것도 누군가에게 빚져본 적이 없었던 튀니지는 유럽으로부터 정부가 빌린, 2억4,000만 피아스터[600만 파운드, 3,900만 달러]라는 부채를 지게 되었다."[29] 카이르 알 딘의 추산에 따르면 튀니지의 연간 수입은 개혁 시대까지 줄곧 약 2,000만 피아스터 정도로 그 액수가 일정했다. 7년 동안 지출이 매해 170퍼센트씩 수입을 초과했다는 결론이다. 결국 튀니지의 주권은 국제 재정위원회로 넘어갔다.

다음 차례는 1875년에 파산을 선언한 오스만 중앙정부였다. 20년 동안 오스만은 총 2억2,000만 파운드(12억1,000만 달러)에 가까운 해외차관을 16차례나 계약했다. 차관이 들어올 때마다 오스만 경제는 더욱더 유럽의 경제적인 지배 아래 놓이게 되었다. 갈수록 의심이 많아지던 투자자들을 끌어들이기 위한 선이자와 유럽 시장에서 돈을 빌리는 데에 필요한 다양한 수수료 및 사례비 때문에, 오스만 정부가 수령한 액수는 겨우 1억1,600만 파운드(6억3,800만 달러)에 지나지 않았다. 차관의 대부분은 오스만의 부채 이자 지급(약 1,900만 파운드 즉 1억450만 달러는 부채 상환에 그리고 6,600만 파운드 즉 3억6,300만 달러는 이자 지급에 쓰였다)에 쓰였다. 그 결과 총 부채 2억2,000만 파운드(1,210억 달러) 중에서 오스만이 경제적 목적을 위해서 투자할 수 있었던 몫은 겨우 4,100만 파운드(2억2,550만 달러)였다. 압둘메지드의 자문가가 예견했듯이, 오스만 국가는 빚에 압도되어 침몰했다.

향후 6년 동안 러시아와의 전쟁(1877-1878)이 재개되었고 극심한 혼란 가운데 전쟁을 종결시킨 1878년의 베를린 조약에 따라 영토 손실이 확정되면서 결국 오스만은 유럽의 채권자들과 1881년에 오스만 공공 채무국(Ottoman Public Debt Administration, PDA) 설립에 합의할 수밖에 없었다. 주요 채권 국가들(영국과 프랑스, 독일, 오스트리아-헝가리, 이탈리아, 네덜란드, 오스만 제국)을 대표하는 7인의 이사회가 지휘하는 가운데 PDA의 의장직은 영국과 프랑스가 번갈아가며 맡기로 했다. 오스만 경제의 모든 분야가 PDA의 통제하에 놓였으며, 오스만의 여러 주(州)들에서 들어오는 연공(年貢)의 일부는 물론, 소금 전매사업과 어류세, 실크의 십일조세, 인지세 및 주세(酒稅) 등의 수입이 부채 상환에 모두 동원되었다. 이윤이 많이 남는 담배 무역 또한 PDA의 통제를 받게 되었는데, 곧 별도의 이사회가 담배 매매에 대한 전매사업을 단속하기 위해서 설립되었다. PDA는 오스만 제국의 전체 재정에 막강한 영향력을 행사했고, 유럽 열강은 이를 통해서 술탄 정부의 행동을 통제했을 뿐만 아니라 철도와 광산, 토목사업에 참여하기를 원하는 유럽 회사들에게 오스만 경제를 개방시켰다.[30]

비록 이집트가 1876년에 중동 국가 중에서는 파산을 선언한 마지막 국가였다는 점이 다르기는 하지만 차라리 좀더 빨리 파산을 선언했더라면, 정부의 입지는 덜 흔들렸을지도 모른다. 놀랍게도 오스만의 경우와 상황이 너무도 유사했다. 1862년과 1873년 사이에 이집트는 총 6,850만 파운드(3억7,675만 달러)에 달하는 해외차관을 8차례 계약했는데, 선이자 지급 후 남은 액수는 겨우 4,700만 파운드(2억5,850만 달러)였고, 이중에서도 약 3,600만 파운드(1억9,800만 달러)가 해외차관에 대한 원금 상환과 이자 지급에 쓰이면서, 이집트 정부는 약 1,100만 파운드(6,050만 달러)만을 경제 투자에 쓸 수 있었다.

부채 비용을 감당하기 위해서 자금을 모으는 데에 점점 더 어려움을 겪게 된 케디브 이스마일은 이집트의 국가 자산들을 팔기 시작했다. 또한 약 2,800만 파운드(1억5,400만 달러)를 이집트 내에서 빌렸다. 1872년에 이집트 정부는 지주들이 6년 치의 토지세를 선납하면 향후 토지세를 영구적으로 50퍼센트 선(先)할인하는 법을 통과시켰다. 이러한 절박한 조치에도 불구하고 대량 출혈을 막을 수 없자 케디브는 400만 파운드(2,200만 달러) — 이집트 정부가 운하 건설비용으로 지불했을 것으로 예상되는 1,600만 파운드(8,800만 달러) 중에서 겨우 4분의 1에 해당하는 금액이다 — 에 정부의 수에즈 운하 지분을 1875년에 영국 정부에게 팔았다. 주요 자산을 빼앗긴 재무부는 1876년 4월에 국가의 부채 이자 지급을 연기하고자 했다. 이것은 파산 선언이나 다름없었고, 세계 경제의 대금 회수업자들이 전염병처럼 이집트를 덮쳤다.

1876년에서 1880년 사이에 이집트 재정은 영국과 프랑스, 이탈리아, 오스트리아, 러시아에서 온 유럽의 전문가들이 책임졌고 그들의 주요 관심사는 외국 채권자들의 이익이었다. 이스탄불에서처럼 공식적인 위원회가 설립되었다. 비현실적인 계획안들이 빠른 속도로 연달아 만들어지면서 이집트 납세자들은 어마어마한 짐을 지게 되었다. 또한 매번 계획이 수립될 때마다 외국의 경제 자문가들은 이집트의 재정 운영에 더욱 깊이 관여하게 되었다.

두 명의 유럽 위원이 케디브 내각에 참여하도록 "초빙된" 1878년에 유럽은 이집트를 확고히 통제하게 되었다. 영국의 경제학자 찰스 리버스 윌슨이 재무부 대신으로 임명되었고, 프랑스인 에르네스트 가브리엘 드 블리니에는 공공사업부 대신으로 지명되었다. 1879년에 유럽은 케디브 이스마일이 내각 개편을 하면서 윌슨과 드 블리니에를 해임하려고 하자 이집트에 대한 자신들의 힘을 보여주었다. 영국과 프랑스 정부가 오스만 술탄에게 이집트에 "그"가 임명한 케디브를 해임하도록 압력을 행사한 것이다. 하룻밤 사이에 고집 센 이스마일은 폐위되었고, 조금 더 순종적인 그의 아들 타우픽이 그를 계승하게 되었다.[31]

튀니스와 이스탄불, 카이로의 파산으로 중동의 개혁 계획은 원점으로 돌아갔다. 오스만과 가신 국가들이 외부의 간섭에서 벗어나 부강해지기 시작한 운동은 오히려 중동 국가들을 유럽의 지배에 더욱 종속시켰다. 비공식적인 제국주의 지배는 시간이 지나면서, 점점 커지고 있던 유럽의 제국들이 북아프리카 전체를 분할하고 분배하면서 직접적인 식민통치로 굳어졌다.

5
식민주의의 첫 번째 물결 : 북아프리카

아랍 지역을 식민화하기 위한 기반은 더 일찍이 마련되었지만, 아랍 세계에 대한 유럽의 본격적인 제국주의는 19세기의 마지막 분기 동안에 이루어졌다. 앞 장에서 기술했듯이, 유럽의 기술이 확산되고 돈이 궁했던 중동의 정부들에게 분수에 넘치는 돈을 쓸 수 있도록 자금을 제공한 덕분에 유럽 열강은 북아프리카에서 아라비아 반도에 이르는 오스만 영토 전역으로 영향력을 확장할 수 있었다. 오스만 제국과 북아프리카의 자치 지역들이 파산하면서 더욱더 직접적인 형태로 유럽이 영향력을 행사할 수 있게 되었던 것이다.

북아프리카에 대한 유럽의 관심이 깊어지면서 전면적인 제국주의 지배에 대한 욕망도 커져갔다. 1880년경이면 유럽 열강도 오스만 제국의 영토 보존보다는 남부 지중해에서의 자국의 이권을 지키는 문제에 더 큰 관심을 기울이게 되었다. 1840년의 "무사 협약(無私協約)"이 사문화(死文化)되면서 북아프리카의 분할로 이어졌다. 프랑스는 1881년에 튀니지로 지배권을 확장했고, 영국은 1882년에 이집트를 점령했으며, 이탈리아는 1911년에 리비아를 장악했고, 유럽 열강은 1912년에 모로코(오스만 지배로부터 독립을 지켰던 유일한 북아프리카 국가였다)를 프랑스-에스파냐 보호령으로 인정했다. 제1차 세계대전이 발발하기 전에, 북아프리카 전체는 유럽의 직접적인 지배를 받게 되었다.

아랍 세계에 대한 유럽의 제국주의가 북아프리카에서부터 시작된 데에는 여러 이유가 있었다. 북아프리카의 아랍 지역은 오스만의 중심부에서 멀리 떨어져 있었고, 18-19세기 동안 이스탄불로부터 점점 더 자유로워졌다. 반면

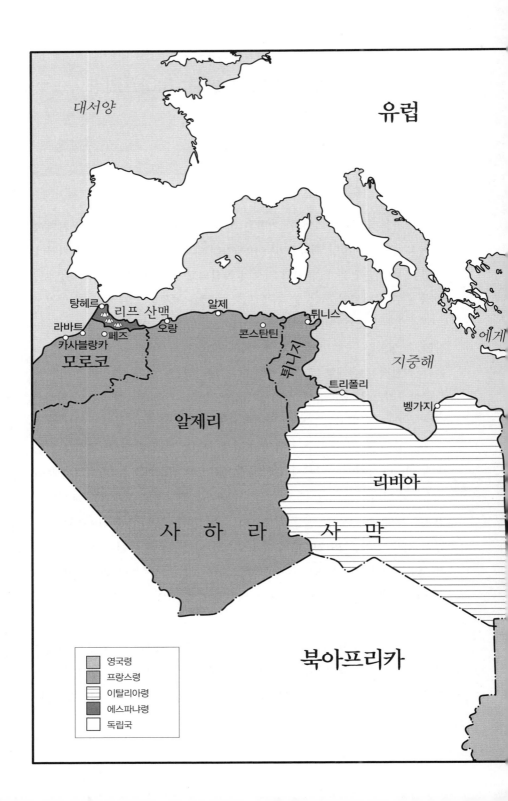

대서양

유럽

탕헤르
리프 산맥
라바트
페즈
카사블랑카
오랑
알제
콘스탄틴
튀니스
모로코

튀니지

지중해

에게

트리폴리

벵가지

알제리

리비아

사   하   라   사   막

북아프리카

영국령
프랑스령
이탈리아령
에스파냐령
독립국

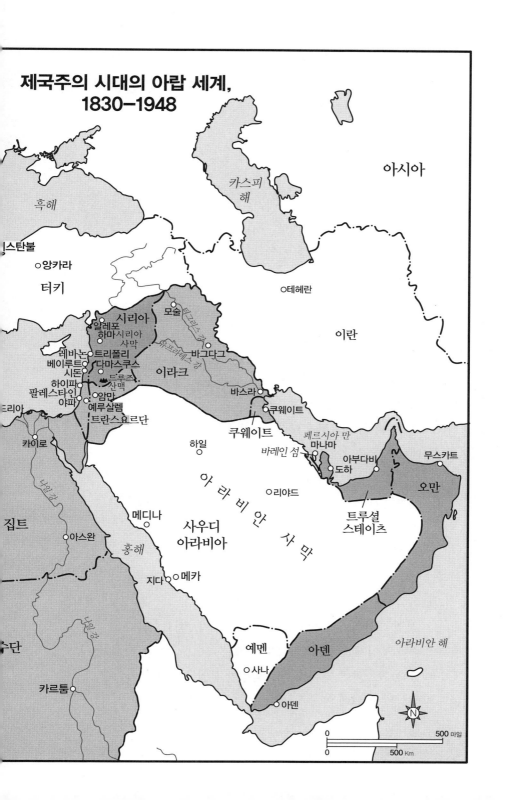

제국주의 시대의 아랍 세계,
1830-1948

아시아

카스피
해

흑해

이스탄불
○앙카라
터키

○테헤란

시리아
알레포   모술
하마 시리아
     사막
레바논 트리폴리
베이루트 다마스쿠스   바그다그
시돈   드루즈
하이파   산맥   바스라
팔레스타인   ○쿠웨이트
암만
예루살렘   쿠웨이트
트란스요르단

이란

이라크

유프라테스 강

카이로

하일

페르시아 만
마나마
바레인 섬
○리야드   도하 아부다비   무스카트

아부다비

오만

카르툼

지다

메디나

사우디
아라비아

아스완

홍해

메카

아 라 비 안

사 막

트루셜
스테이츠

집트

나일 강

나일 강

예멘
○사나

아덴

아덴

아라비안 해

0   500 마일
0   500 Km

N

오스만 중심부에 가까웠던 중동의 아랍 지역들— 대시리아와 메소포타미아, 아라비아 반도— 은 19세기 개혁기(1839-1876) 동안 이스탄불의 지배 아래 더욱더 통합되었다. 다마스쿠스와 알레포가 오스만 제국의 핵심 지역이었다면, 튀니지나 이집트는 오스만 제국의 가신국이었다. 북아프리카의 자율성을 강화시킨 국면들— 독립적인 정부를 지향하는 특정 지배 가문의 등장— 이야말로 북아프리카의 국가들이 유럽의 점령에 취약해진 주요 요인이었다.

더욱이 북아프리카의 국가들은 상대적으로 남유럽— 에스파냐와 프랑스, 특히 이탈리아— 과 거리가 가까웠다. 이로 인해서 북아프리카 국가들은 군사 원조나 산업 제품, 금융자본을 얻기 위해서 유럽에게 더 쉽게 접근할 수 있었다. 북아프리카는 오스만 제국의 먼 변경이었지만 유럽에게는 가까운 외국이었던 것이다. 유럽이 19세기 말엽에 제국주의의 새로운 물결 속에서 국경 너머로 팽창하면서 가장 먼저 해외 인근 지역으로 눈길을 돌린 것은 너무도 당연했다.

유럽의 국가들이 북아프리카를 식민지화한 또다른 이유는 바로 선례(先例) 때문이었다. 오래 전부터 알제리에 진출해 있었던 프랑스는 이곳에서의 경험을 바탕으로 튀니지와 모로코에 대해서도 야심을 품게 되었고, 이탈리아에게는 리비아에서 제국주의를 실현할 수 있도록 그 근거를 제공해주었다. 1827년에 프랑스가 알제리를 침략하도록 유도한 역사적 사건이 없었다면, 북아프리카 대부분을 분할하는 일은 결코 일어나지 않았을 것이다.

***

튀니지처럼 알제 섭정국도 명목상으로는 오스만 제국의 일부였으나, 모든 대내외적인 업무에 있어서 상당한 자치권을 누리는 데이의 통치를 받았다. 지배 엘리트는 이스탄불에서 모병된 터키 군인들이었다. 그들은 행정위원회를 조직하고, 유럽 정부들과 직접 관계를 맺는 통치자, 즉 데이를 선출했다. 이스탄불의 술탄은 알제에서 공식적으로 선출된 데이를 승인했고 알제로부터 연공을 받았다. 오스만이 알제에 직접 임명한 유일한 관료는 이슬람 법정의 재판관뿐이었다. 그 외에 알제에 대한 술탄의 영향력은 순전히 의례적인 것이었다.

알제의 데이는 이러한 자치권을 적극 이용해서 이스탄불에 구속 받지 않고 유럽과 독자적으로 상업 및 정치적 관계를 맺었다. 그러나 오스만 제국이라는 든든한 배경이 없이는 데이도 유럽의 무역 상대국에게 아무런 영향력도 행사할 수 없었다. 따라서 1793년에서 1798년까지 이집트와 이탈리아에서 싸우고 있던 프랑스군에게 보급할 곡물을 외상으로 빌려준 데이가 여러 차례 프랑스 정부에게 자신의 노고를 알아달라고 청원했지만 외면당했다. 프랑스가 수십 년 동안 빚을 갚지 않자, 이 거래는 갈수록 두 국가 간의 불화의 원인이 되었다.

1827년경 알제의 데이 후세인 파샤(재위 1818-1830)와 프랑스의 영사 피에르 드발의 관계는, 프랑스 정부가 곡물의 부채 지급을 요구하는 데이의 편지에 응답하지 않으면서 인내심의 한계에 이르렀다. 드발과 사석에서 대화를 나누던 후세인 파샤는 화를 내며 파리채로 프랑스 영사를 쳤다.

드발과 후세인 파샤는 자신들의 상관에게 올린 보고서에서 이 만남을 매우 다른 식으로 설명했다.[1] 프랑스 외무장관에게 올린 보고서에서 드발은 후세인 파샤의 궁을 방문했을 때 그는 매우 흥분한 상태였다고 주장했다.

"왜 장관은 내가 쓴 편지에 답을 하지 않는 것이오?" 후세인 파샤가 물었다. 드발은 매우 신중한 어조로 대답했다고 주장했다. "제가 그 답을 받자마자 전하께 전하게 되어 영광입니다." 그러자 데이가 폭발했다고 드발은 보고했다.

"'그는 왜 직접 답장을 하지 않는 것이오? 내가 얼간이에 하찮은 맨발의 부랑아라도 된다는 말이오? 당신은 고약한 이교도이고 우상 숭배자이오!' 그리고 데이는 자리에서 일어나 파리채의 손잡이로 제 몸을 세 차례 맹타했으며 저에게 물러가라고 명령했습니다."

아랍의 파리채는 말의 꼬리털을 매듭지어 손잡이에 부쳐서 만든다. 이러한 도구로 어떻게 "맹타"를 날릴 수 있는지 지금으로서는 알 길이 없지만, 프랑스 영사는 프랑스의 명예가 훼손되었다고 완강히 주장했다. 그는 장관에게 보낸 보고서를 다음과 같이 끝맺었다. "만약 장관 각하께서, 그럴 가치가 충분하다고 생각하지만, 대대적이고 단호하게 이 문제에 관심을 기울이기를 원하지 않으신다 하더라도 최소한 저의 사직은 허락하실 것입니다."

한편 데이는 오스만 재상에게 보낸 보고서에서 파리채로 드발을 쳤다는 사실은 인정했지만 그 일은 드발로 인해서 발생한 것이라고 주장했다. 그는 프랑스 정부에게 세 차례나 상환을 요구하는 편지를 썼지만 답신을 받지 못했기 때문에, "예의 바른 어투와 신중하며 다정다감한 태도로" 프랑스 영사에게 문제를 제기했다.

"왜 (프랑스) 정부에 보낸 나의 편지에 답신이 없습니까?" 영사는 완고하고 거만한 공격적인 어투로, "프랑스 왕과 정부는 당신이 보낸 편지에 답하지 않을 거요"라고 대답했습니다. 그는 감히 무슬림의 종교를 모욕하고, 세계의 수호자인 폐하(술탄)의 명예를 욕되게 했습니다. 인내심의 한계를 넘어서는 이러한 모욕적 언사를 도저히 참을 수 없어, 무슬림이라면 응당 그렇게 했을 것입니다만, 용기를 내어 제 초라한 손에 들린 파리채로 가볍게 두세 차례 그를 쳤습니다.

앞뒤가 안 맞는 두 사람의 해명 중에서 어떤 것이 진실이든지 간에, 1827년에 프랑스가 30년 전에 진 빚을 갚을 생각이 없었던 것은 분명하다. 알제리역시 상환 받기를 포기할 생각이 없었다. 파리채 사건 이후 프랑스는 명예훼손에 대해서 보상하라고 요구했고, 알제리는 장기 연체된 채무를 상환하라고 계속해서 독촉했다. 알제리는 포기를 거부하고 프랑스도 그럴 여유가 없다며 다투는 가운데 양측은 정면충돌 상황에 이르렀다.

프랑스는 데이의 "모욕"에 최후통첩으로 대응했다. 프랑스 깃발에 예포(禮砲)를 쏘라는 프랑스의 요구를 데이가 거절하자, 프랑스는 알제 항구를 폐쇄했다. 하지만 이러한 조치는 항구 봉쇄를 강행하기 위해서 길게 늘어선 프랑스 선박의 횡대 전열을 날렵한 배로 쉽게 뚫고 사라져버리는 알제리 해적보다는 마르세유 상인들에게 더 큰 피해를 입혔다. 2년간 교착 상태가 지속되자 프랑스는 체면을 살려줄 만한 해결안을 찾아서 데이와 협상할 외교관을 파견했다. 하지만 알제리는 기함에 몇 발의 대포를 쏘아서 협상자가 하선조차 못하게 했다. 알제리 분규는 사면초가에 빠져 있던 프랑스 왕 샤를 10세 정부에게 심각한 골칫거리가 되었다.

샤를 10세(재위 1824-1830)는 밖에서뿐만 아니라 안에서도 심각한 저항에 직면해 있었다. 시계를 프랑스 혁명 전으로 되돌려서 프랑스 군주의 절대 권력을 복원시키려는 일환으로 헌장 — 리파아 알 타흐타위가 프랑스 연구에서 길게 묘사했었던 1814년의 헌장 — 을 중단시키면서 위기가 고조된 것이었다. 총리 쥘 드 폴리냑 공은 해외에서 돌발적인 사건이 벌어진다면, 여론이 왕을 지지하는 쪽으로 바뀔 수 있다고 제안했다. 하지만 폴리냑은 지중해에서의 세력 균형에 변화를 가져올 것이 확실한 이 방책에 대해서 다른 유럽 열강 — 특히 영국 — 의 반대를 무마시켜야 한다는 것을 잘 알고 있었다. 그는 대사들을 런던과 유럽의 다른 왕실에 파견해서, 곧 있을 알제리 공격은 해적을 완전히 소탕하고 기독교도를 노예로 잡아가는 행위를 전면적으로 금지하여 항해 안전을 보장받기 위한 것이며 또한 유럽 국가들이 섭정국(알제리/역주)에 지불했던 모든 조공을 없애기 위한 것이라고 설명했다. 폴리냑은 이처럼 알제 침공이 전 세계의 이권을 지키기 위한 것이라고 주장하면서 국제적인 지지를 호소했다.

1830년 6월에 3만7,000명의 프랑스 원정군이 알제 서쪽에 상륙했다. 프랑스군은 데이의 군대를 신속하게 격퇴하고 7월 4일에 알제로 입성했다. 그러나 이러한 승리마저도 샤를 10세를 구제하기에는 충분하지 않았는지, 그는 1830년의 7월 혁명으로 그 달 말에 폐위되었다. 그 무렵 파리에 머물고 있던 이집트 학자 리파아 알 타흐타위는 프랑스인들이 "허울만 좋은 이유로 단행된" 알제 정복보다는 인망이 부족한 왕의 폐위에 얼마나 더 만족했는지에 대해서 기록했다.[2] 그럼에도 불구하고 프랑스는 부르봉 왕조의 몰락 이후에도 계속 알제를 보유했고, 이것은 샤를 10세의 별 볼 일 없는 치세가 남긴 몇 안 되는 유구한 유산 중의 하나가 되었다. 1830년 7월 5일에 후세인 파샤의 항복으로 3세기 동안 계속되었던 오스만 지배의 역사는 종식되었고, 132년간 지속될 프랑스의 알제리 지배가 시작되었다.

프랑스는 알제의 터키 주둔군을 격퇴하고 승리를 거두었지만, 나라 전반에 대한 통제권을 장악하지는 못했다. 프랑스가 주요 해안 도시들에만 목표를 국한시켰다면, 알제리에서의 조직적인 저항에 직면할 가능성은 거의 없었을 것이다. 유럽 열강은 오래 전부터 북아프리카 해안의 전략적인 항구들을 점유하고 있었다. 1830년 7월에는 알제를 그리고 1831년 1월에는 오랑을 점령한 프랑스는 세우타와 멜리야—오늘날에도 에스파냐가 소유하고 있다—에 요새(presidio)를 가지고 있던 에스파냐의 상황과 별반 다르지 않았다. 그러나 프랑스는 주요 도시들을 점령하는 것만으로는 만족할 수 없었다. "절제된 점령"으로 알려진 정책을 통하여 프랑스 정착민들을 동원해서 해안가의 풍요로운 평원을 식민지화하기를 원했기 때문이다. 이 정책이 알제리의 토착민들과의 관계를 악화시키리라는 것은 너무도 자명했다.

알제리 주민은 독립심이 강한 아랍인과 7세기에 있었던 이슬람 정복 이후 이슬람으로 개종한 비아랍계의 베르베르족으로 구성되어 있었다. 독자적인 언어와 관습을 가진 베르베르인들은 북아프리카 곳곳에 흩어져 살았는데, 특히 알제리와 모로코에 많았다. 아랍인과 베르베르인은 알제의 데이로부터 간섭을 받지 않았고, 알제나 콩스탕틴, 오랑과 같은 주요 도시들 밖에서는 오스만 지배체제를 강제하고 세금을 부과하려는 터키 주둔군의 모든 시도에 저항했다. 그렇기 때문에 그들은 알제 섭정국의 몰락에도 전혀 동요하지 않았다. 그렇다고 해서 알제리 농촌 지역에 살던 베르베르인과 아랍인들이 터키보다 프랑스의 통치에 더 순응했던 것도 아니다.

프랑스가 알제리 해안 평원의 식민화에 착수하자 현지 부족들은 오랑 인근 지역의 서쪽에서부터 저항운동을 조직했다. 아랍인들과 베르베르인들은, 종종 예언자 무함마드 가문과 연결되는 고귀한 가계도를 통해서 종교적 정통성을 주장하던 수피 교단(이슬람 신비주의 교단)의 카리스마 있는 지도자들에게 의탁하곤 했다. 지역 사회 지도자들도 알제리 전역에 지부를 가지고 있던 수피 교단에 충성을 바치고 있었다. 자연스럽게 이 조직 내에서 저항운동이 싹트기 시작했다.

카디리야(Qadiriyya) 교단은 서부 알제리에 있었던 가장 강력한 수피 교단 중의 하나였다. 교단의 우두머리는 무히 알 딘이라는 나이든 현인이었다. 그 지역의 주요 부족 여럿이 무히 알 딘에게 술탄이라는 직함을 수락하고 프랑스에 대항하여 서부 알제리의 아랍인들을 성전으로 이끌어달라고 청원했다. 그가 나이와 노쇠함을 구실삼아 거절하자, 부족들은 프랑스에 맞선 공격에서 이미 용맹함을 보여주었던 그의 아들 압드 알 카디르를 지도자로 지명했다.

1832년 11월에 24살의 압드 알 카디르(1808-1883)는 아미르, 즉 프랑스 통치에 맞서서 연합한 부족들의 지도자로 추대되었다. 중동 근대사에 있어서 가장 주목할 만한 이력 중의 하나가 이렇게 시작되었다. 향후 15년 동안 압드 알 카디르는 알제리를 점령한 프랑스에 맞서서 지속적인 저항운동을 벌이며 알제리인들을 규합했다. 살아생전에 이미 서구와 아랍 세계에서 전설이 되었다고 해도 결코 과언이 아니다.

프랑스조차도 종교적 확신과 개인적 고결함은 물론 외국의 군사 점령에 맞서 나라를 지키려 한 동기 또한 나무랄 데가 없는 압드 알 카디르를 살라딘 못지않은 최고의 "고상한 아랍인" 명사로 인정했다. 그는 전쟁에서 용맹함과 대담함을 보여주었으며, 이집트의 맘루크를 물리친 군대보다도 훨씬 선진화된 프랑스 군대에게 게릴라 전법을 활용하여 소규모의 부대로도 승리를 거두었다. 그의 위업은 프랑스의 알제리 정복을 공인된 기록으로 남긴 낭만주의 예술가 오라스 베르네(1789-1863)의 화려한 유화 속에 잘 묘사되어 있다. 빅토르 위고는 "le beau soldat, le beau prêtre", 즉 문자 그대로 "당당한 군인이자 멋진 성직자"라는 찬사를 압드 알 카디르에게 보냈다.

아랍 추종자들에게 압드 알 카디르는 예언자 무함마드의 후손(샤리프)이자 유력한 수피 교단의 존경 받는 수장의 아들로서 종교적 정통성을 지닌 인물이었다. 그에게 충성을 맹세한 추종자들은 그들보다 월등한 군대에게 승리를 거둠으로써 보상을 받았다. "신도들의 사령관"으로서 외국의 침략에 맞서서 이슬람 세계를 지킨 압드 알 카디르의 위업은 아랍과 이슬람 세계의 동시대인들을 감동시켰다.

압드 알 카디르는 상당히 지능적인 전쟁을 추구했다. 압드 알 카디르의 문서 일부를 탈취한 프랑스는, 국민회의에서 이루어진 알제리 전쟁에 관련한 논의에 대해서 상당히 신뢰할 만한 정보를 그가 가지고 있다는 사실에 매우 놀랐다. 또한 그는 프랑스 여론이 전쟁에 대해서 얼마나 비우호적인지 잘 알고 있었고, 알제리 반란군과 타협하라는 압력이 정부에 가해지고 있다는 사실도 파악하고 있었다.[3] 이러한 첩보로 무장한 압드 알 카디르는 프랑스가 협상에 나설 수밖에 없도록 만들며 전쟁을 이끌었다.

압드 알 카디르는 자신이 제시한 조건대로 프랑스의 장성들과 두 번의 평화조약을 체결했다. 그 결과 통치권을 인정받았을 뿐만 아니라 프랑스의 지배를 받을 영토의 경계도 확정지었다. 최초의 조약은 1834년 2월에 루이 데미셸 장군과 체결했고 두 번째 조약— 타프나 상호 인정 조약— 은 로베르 뷔조 장군과 1837년 5월에 체결했다. 두 번째 조약으로 압드 알 카디르는 알제리 영토의 3분의 2에 대한 통치권을 인정받았다.[4] 두 조약 모두 양측의 팽창주의적인 야심으로 인해서 단명하고 말았지만 말이다.

압드 알 카디르와 프랑스 모두 동부의 콩스탕틴으로 영향력을 확장하고자 했다. 프랑스는 콩스탕틴이 1837년의 조약에 의해서 압드 알 카디르에게 인정된 통치 영역에 속하지 않는다고 주장했다. 반면 알제리는 콩스탕틴을 정복함으로써 프랑스 영역을 확정한 조약을 프랑스 자신이 위반했다고 응수했다. 또다시 프랑스와 알제리는 타협의 여지가 없는 상황에 처하게 되었다. 압드 알 카디르는 약속을 깬 프랑스를 비난하며 전쟁을 재개했다. 1839년 11월 3일에 프랑스 총독에게 다음과 같은 편지를 썼다.

우리는 평온하게 잘 지내고 있었고, 당신과 우리나라 사이의 경계는 분명하게 결정되어 있었소……그런데 [지금] 당신들은 알제와 콩스탕틴 사이의 모든 지역이 더 이상 나의 명령을 받아서는 안 된다는 [주장을] 펴고 있소. 당신들 때문에 불화가 발생했지만 당신들이 나를 배신자로 비난하지 못하도록 정식으로 전쟁 재개를 고지하는 바이오. 대비하시오. 벽지에 머물고 있는 모든 여행자들에게도 알리시오. 다시 말해서 필요하다고 생각되는 모든 예방조치를 취하시오.[5]

압드 알 카디르의 군대는 알제 동쪽에 위치한 미티자 평원의 무방비한 프랑스 집단 농장을 습격했다. 공포를 확산시키기 위해서, 수백 명의 정착민들을 죽이거나 부상을 입혔고 가옥들을 불태웠다. 파리 정부는 철수하던지 아니면 알제리의 완전 정복을 위하여 전념을 하던지, 둘 중에서 하나를 분명하게 선택해야만 했다. 후자를 선택한 프랑스 정부는 프랑스 지배에 대한 알제리의 저항을 완전히 "굴복"시키기 위해서 대규모 전투군의 사령관으로 뷔조를 파견했다.

뷔조는 알제리에서 완승을 거두어야 하는 어마어마한 책무를 떠맡았다. 알제리인들은 준비가 잘 되어 있었고 기세도 등등했다. 압드 알 카디르는 알제리 행정구를 8개 주로 조직하고 각 주의 수장을 맡은 주지사들의 행정력이 부족에까지 미치도록 했다. 주지사들은 정규 급여를 받았으며 법과 질서를 유지하고 국가를 위해서 세금을 징수하는 책임을 졌다. 재판관들도 이슬람법을 집행하기 위해서 임명되었다. 정부는 이슬람법 테두리 내에서 움직이면서 농민과 부족민에게 세금을 내도록 독려하는 등 야단스럽지 않게 처신했다.

알제리 정부는 전장에서 상당한 효율성을 입증한 의용군을 지원할 자금을 세금에서 충분히 조달할 수 있었다. 압드 알 카디르 자신의 추정에 따르면 군은 8,000명의 정규보병과 2,000명의 기병, 20문의 화포를 갖춘 240명의 포병으로 이루어졌고 8개의 주에 골고루 분포되어 있었다. 기동성을 갖춘 알제리 병사들은 전형적인 게릴라 전법으로 프랑스군을 괴롭히면서, 프랑스 병사의 숫자가 압도적으로 많아질 조짐이 보이면 후퇴하는 전술을 폈다.

한편 압드 알 카디르는 프랑스의 반격으로부터 안전한 피난처를 병사들에게 제공하고자 고원의 산등성이를 따라 여러 요새 도시들을 건설했다. 1848

년에 툴롱에서 압드 알 카디르는 자신을 억류하고 있던 프랑스인들에게 자신의 전략을 다음과 같이 설명했다. "나는 전쟁이 재개되면 중앙의 내륙 도시들은 모두 당신들[프랑스]에게 넘겨주어야 할지도 모른다고 생각했소. 하지만 군에 짐이 될 뿐인 당신들의 운송 수단으로는 그렇게까지 멀리 진군할 수 없을 것이기 때문에 프랑스군이 사하라에 도달하는 것은 불가능할 것이라고 확신했소."[6]

알제리 통치자의 전략은 프랑스군을 내륙으로 깊이 끌어들여서 침략자들을 격퇴하기 쉽게 만드는 것이었다. 요새 도시인 타크뎀트에서 프랑스인 포로와 나눈 대화에서 압드 알 카디르는 다음과 같이 경고했다. "당신들은 우리 산에서 질병으로 죽을 것이오. 그리고 병으로 죽지 않은 자들은 나의 기병들의 총탄이 기다리고 있을 것이오."[7] 행정과 방위시설 모두가 전보다 더 잘 정비되어 있었기 때문에 압드 알 카디르는 또다시 프랑스에게 승리를 거둘 수 있을 것이라고 확신했다.

그러나 압드 알 카디르는 프랑스가 알제리 민중에게 행사한 엄청난 폭력을 예상하지 못했다. 뷔조 장군은 압드 알 카디르의 저항운동을 대중이 지지하지 못하도록, 알제리 내륙에서 초토화 작전을 벌였다. 마을을 불태우고 가축을 몰아냈으며 수확물을 파괴하고 과실나무들의 뿌리를 뽑아버렸다. 남녀노소 가릴 것 없이 모두가 죽임을 당했는데, 장교들이 적을 몰살시키라는 명을 받았던 것이다. 압드 알 카디르 쪽 사람이라면 항복하더라도 죽임을 당했다. 부족과 마을들은 추종자들이 당한 보복을 피하기 위해서, 압드 알 카디르에게 등을 돌리기 시작했다. 뿐만 아니라 프랑스의 탄압으로 지방의 경제가 파괴되면서 압드 알 카디르의 세입도 줄어들었다.

프랑스의 맹공격으로 알제리인들이 동요하면서, 압드 알 카디르의 저항운동에 대한 대중의 지지도 약화되기 시작했다. 병사 가족들이 알제리 동포들의 공격을 걱정하자, 압드 알 카디르는 병사들의 부양가족 모두 — 부인과 아이들 그리고 노인들까지 — 를 지말라(zimala)라고 불리는 거대한 야영지로 이동시켰다. 압드 알 카디르의 묘사에 따르면, 지말라는 6만 명이나 되는 사람을 수용할 수 있는 움직이는 도시였다. 지말라의 규모에 대한 이해를 돕고자 "한 아랍인이 가족을 놓치면 때로는 [무리 속에서] 그들을 찾는 데에 이틀이나 걸렸다"라고 주장했다. 지말라는 무기 제작자와 안장 장인, 재단사 등 조직에 필요한 모든 직공들과 갖추고 압드 알 카디르 군을 지원하기 위해서 움직이는 이동부대 역할을 했다.

압드 알 카디르의 지말라가, 병사들의 사기를 꺾고 알제리 군의 지원기지에 일격을 가하려는 프랑스 대군의 주요 공격 목표가 된 것은 너무도 당연했다. 프랑스군의 위치와 지형에 대한 풍부한 정보 덕분에 압드 알 카디르는 전쟁이 시작된 후 첫 3년 동안은 지말라를 안전하게 지킬 수 있었다. 그러나 1843년 5월에 야영지의 위치가 노출되면서 프랑스군의 공격이 개시되었다. 압드 알 카디르와 수하들은 너무 늦게 공격 사실을 알게 되어서 이를 막을 수 없었다. "만약 그곳에 있었더라면 우리는 부인과 아이들을 위해서 싸웠을 것이고, 의심할 여지없이 당신들에게 최후의 심판의 날이 되었을 것이오"라고 자신을 억류하고 있던 프랑스인들에게 말했다. "그러나 신께서 그것을 원하지 않으셨고, 나는 3일 후에야 이 불행한 소식을 듣게 되었소. 때는 이미 너무 늦어 있었소!"[8]

지말라에 대한 프랑스의 공격은 원하던 대로 효력을 발휘했다. 압드 알 카디르의 추산에 따르면, 프랑스군은 이동 야영장에 있던 사람들의 10분의 1을 죽였다. 노인과 부인, 아이들의 죽음은 병사들의 사기에 심각한 타격을 주었다. 또한 압드 알 카디르가 자산과 국부 대부분을 상실하면서 전쟁에 기울일 수 있는 총력에도 심각한 물질적인 타격을 입었다. 이는 프랑스에게 대항한 그의 전쟁이 끝나가고 있음을 알리는 서막이었다. 압드 알 카디르와 군은 계속 후퇴했고, 결국 1843년 11월에 알제리의 사령관은 추종자들과 함께 모로코로 망명했다.

향후 4년 동안 압드 알 카디르는 알제리의 프랑스군을 공격할 병사들을 규합했지만, 포로가 되지 않기 위해서 모로코 영토로 후퇴해야만 했다. 모로코의 술탄, 물레이 압드 알 라흐만은 알제리 분쟁에 휘말리고 싶지 않았다.

그러나 적을 숨겨주었다는 이유로 프랑스는 알제리 국경 근처의 모로코 도시 우지다를 공격했고, 해군을 파견해 탕헤르와 모가도르 항구를 포격했다. 1844년 9월에 프랑스와 모로코 정부는 우호적인 관계를 회복하기 위해서 조약을 체결했고, 모로코 제국 전역에서 압드 알 카디르는 반역자로 명백히 선언되었다.[9] 안전한 피난처와 재원 기반을 잃은 압드 알 카디르는 프랑스와의 싸움이 더 이상 불가함을 인정하고 1847년 12월에 프랑스에 항복했다.

주적을 물리친 프랑스는 압드 알 카디르의 패배를 기념했다. 알제리 통치자의 전기 작가(이자 찬미자) 한 명은 반어적으로 다음과 같이 말했다. "에미르(왕)가 2년 5개월 만에 건설한 것들을 파괴하는 데에 무려 7년간의 전쟁과 세상에서 가장 훌륭하다는 군인 10만 명이 필요했다는 사실을 상기하노라면 참으로 당혹스럽다."[10] 알제리인들에게 전쟁은 참으로 파괴적이었다. 알제리 민간인 사상자의 수는 수십만 명으로 추정된다.

프랑스는 압드 알 카디르를 프랑스로 이송해서 가족들과 함께 투옥시켰다. 루이 필리프 정부는 저명인사인 압드 알 카디르를 사면하여 세간의 이목을 끌며 포로의 명성의 덕을 보고 싶었다. 그러나 이 계획은 1848년의 혁명과 루이 필리프의 폐위로 좌절되었다. 알제리의 통치자는 파리의 정권 교체라는 정치적 소용돌이 속에서 잊혀졌다. 1852년이 되어서야 새로운 대통령 루이 나폴레옹 (후에 황제 나폴레옹 3세로 왕위에 앉았다)에 의해서 압드 알 카디르는 복권될 수 있었다. 루이 나폴레옹의 손님으로 초대된 알제리의 통치자는 하얀 말을 타고 파리를 순회하며 대통령과 함께 프랑스군을 사열하는 영예를 누렸다. 비록 알제리로 돌아가는 것은 허용되지 않았지만, 프랑스는 그에게 평생 연금과 그가 선택한 망명지로 타고 갈 증기선을 제공했다. 오스만 영토로 항해를 나선 압드 알 카디르는 다마스쿠스에 정착했다. 그는 그곳에서 영웅으로 환대 받았다. 남은 생애 동안 압드 알 카디르는 학자로 살면서 이슬람 신비주의에 귀의했다. 그리고 1883년에 다마스쿠스에서 생을 마쳤다.

압드 알 카디르에게 거둔 승리는 알제리에 대한 프랑스 정복의 시작일 뿐이었다. 이후 수십 년 동안 프랑스는 계속해서 식민통치 지역을 남쪽으로 넓혀갔다. 1847년경에는 거의 11만 명이나 되는 유럽인들이 알제리에 정착해 있었다. 다음 해에는 정착민 사회가 프랑스 의회의 의원을 선출할 수 있는 권리를 획득했다. 1870년에 약 25만 명 정도의 프랑스 정착민이 살던 알제리는 공식적으로 프랑스에 합병되었고, 비유럽계 주민들은 프랑스 국가의 신민(시민이 아닌)이 되었다. 팔레스타인에서 시오니스트들이 이룬 식민지화를 제외하고, 중동의 어디에서도 프랑스가 알제리에서 달성한 것에 버금가는, 정착민에 의한 식민지 건설의 사례는 찾아볼 수 없다.

***

알제리에서 벌어진 프랑스의 폭력적인 제국주의 전쟁을 제외한다면, 유럽 열강은 1840년 동지중해의 레반트 지역 강화를 위한 런던 협정이 체결된 1840년부터 베를린 조약이 체결되는 1878년까지 오스만 제국의 영토 보존 약속을 준수했다. 북아프리카에 대한 공식적인 식민지화는 프랑스가 튀니지를 점령한 1881년에 시작되었다.

1840년과 1881년 사이에 유럽과 오스만 제국은 모두 유럽에서 기원한 강력한 새로운 사상인 민족주의가 뿌리를 내리면서 많은 변화를 겪었다. 18세기 유럽 계몽주의의 산물인 민족주의는 19세기 동안에 그 정도를 달리하며 유럽 전역으로 확산되었다. 그리스는 10년간의 전쟁 끝에 1830년이라는 다소 이른 시기에 오스만 제국으로부터 독립을 달성했다. 독일이나 이탈리아 같은 일부 유럽 국가들은 민족주의의 영향 아래 수십 년간의 통일 운동을 거쳐서 1870년대 초반에서야 근대국가의 형태를 갖추고 국제 사회의 대열에 끼었다. 오스트리아-헝가리 제국 역시 안으로부터 점점 거세지고 있던 민족주의의 도전에 직면하기 시작했다. 오스만 제국의 동유럽 지역이 이러한 선례를 따르는 것은 시간문제일 뿐이었다.

1830년대에 발칸 국가들 — 루마니아와 세르비아, 보스니아, 헤르체고비나, 몬테네그로, 불가리아, 마케도니아 — 이 오스만으로부터 독립을 추구하기 시작했다. 유럽 열강은 터키의 "멍에(yoke)"로부터 자유로워지고자 하는 오스만 기독교도들에게 갈수록 지원을 아끼지 않았다. 영국과 프랑스의 정치인들은 발칸의 민족주의 운동을 지지하는 의안을 상정했다. 러시아 정부도 그리스 정교도와 발칸 전역의 슬라브 동족을 전면적으로 지원했다. 오스트리아는 오스만을 발판 삼아 자국의 영토를 확장하기 위해서 보스니아와 헤르체고비나, 몬테네그로의 분리주의 운동을 이용했다(하지만 그 과정의 일부였던 민족주의 운동은 1914년에 오스트리아의 몰락과 세계대전을 촉발했다).

이렇게 외부의 지원을 받게 된 발칸 민족주의자들은 용감하게 오스만 국가와의 싸움에 나섰다. 규모가 큰 반란이 1875년에 보스니아-헤르체고비나에서 발생했다. 다음 해에는 불가리아의 민족주의자들이 오스만에 맞서서 봉기를 일으켰다. 불가리아 분쟁으로 기독교와 이슬람 마을들이 민족주의 투사들과 오스만군 간의 폭력사태에 휘말리게 되면서 농촌 지역이 파괴되었다. 유럽 신문들은 더 많은 사상자가 발생한 불가리아의 무슬림들은 외면한 채로, "불가리아의 참혹한 경험"이라며 기독교도 학살만을 떠들어댔다. 오스만이 보스니아-헤르체고비나 및 불가리아 분쟁으로 옴짝달싹 못 하게 되자 세르비아의 밀란 공은 1876년 7월에 오스만 제국에게 전쟁을 선포했고 러시아는 발칸의 슬라브 민족을 지지하는 선례를 따랐다.

보통 때라면 이 시점에서 영국이 개입했을 것이다. 보수당원인 총리 벤자민 디즈레일리는 오래 전부터, 유럽 대륙에 대한 러시아의 야욕을 제어하기 위한 완충제 역할을 수행하도록 오스만 제국을 지원할 필요가 있다고 주장해왔다. 그러한 디즈레일리도 여론 때문에 더 이상 어떻게 손을 쓸 수가 없었다. 폭력사태 ─ 그 참극에 대한 언론의 보도 ─ 로 인해서 디즈레일리의 친튀르크적인 정책은 불신을 받게 되었고, 정적인 자유당의 윌리엄 글래드스턴으로부터 날카로운 비판을 받았다. 1876년에 글래드스턴은 「불가리아의 참상과 동방문제(*The Bulgarian Horrors and the Question of the East*)」라는 제목의 영향력 있는 팸플릿을 발행했다. 글래드스턴은 유려한 장광설로 튀르크인들을 "무시무시한 반인륜적인 인간의 표본"이라고 비난했다. 그는 팸플릿에서 오스만을 유럽 지역에서 완전히 추방하자고 주창했다. "튀르크인들의 폐습을 그들 더러 가져가라고 하자. 그 유일한 방법은 튀르크인들을 쓸어버리는 것이다"라고 썼다. 글래드스턴의 주장이 여론의 입맛에 더 잘 맞았기 때문에, 디즈레일리와 영국 정부도 오스만의 영토 보존에 대한 지지를 철회할 수밖에 없었다.

터키의 영토 주권의 원칙이 깨지자, 유럽 열강들은 오스만 제국의 해체를 고려하기 시작했다. 오스만이 개혁을 위해서 노력했지만 안정적이거나 발전 가능한 국가를 만들어내지 못했다고 유럽의 비평가들은 주장했다. 터키가 "유럽의 환자(Sick Man of Europe)"라는 또다른 증거로서 1875년에 발생한 오스만의 파산 사태가 거론되었다. 차라리 유럽 열강끼리 오스만 영토를 재분배하는 문제에 합의를 보는 것이 낫다는 주장이었다. 독일은 오스만 제국의 분할안을 제시하며, 발칸은 오스트리아와 러시아가 나누어 가지고 시리아는 프랑스에 그리고 이집트와 주요 지중해 섬들은 영국에게 할당하자고 제안했다. 깜짝 놀란 영국은 재빨리 발칸 위기와 러시아-터키 분쟁을 해결하기 위해서 1876년 11월에 이스탄불에서 국제회담을 열자고 제안했다.

정치적인 수완을 발휘해서 시간은 벌 수 있었지만, 일촉즉발의 상황은 이미 전쟁을 작정하고 있던 호전적인 열강들에게 중요한 기회들을 제공했다. 러시아가 1877년 4월에 다시 전쟁을 선포했고, 동서 양방향에서 오스만 제국을 침략하기 시작했다. 동부 아나톨리아와 발칸으로 빠르게 진군하며 러시아는 오스만 수비대에 다수의 사상자를 안겨주었다. 1878년 초에 러시아군이 불가리아와 트라케 곳곳을 휘젓고 이스탄불로 돌진하자 오스만군의 방어력은 급격히 와해되었다. 러시아는 수도가 점령되는 것을 피하려면 무조건 항복하라고 요구했다.

러시아에 완패를 당한 오스만은 1878년에 베를린 회의가 제시한 조건에 대해서 아무런 말도 할 수 없었다. 유럽 열강이 오스만 영토의 첫 분할에 착수하면서 오스만 제국의 영토 보전이라는 오래된 원칙은 폐기되었다. 베를린 평화회담에서 불가리아는 오스만 제국 내에서 자치권을 획득했던 반면, 보스니아와 헤르체고비나는 명목상으로는 여전히 오스만의 영토였지만 오스트리아에게 점령되었다. 루마니아와 세르비아, 몬테네그로는 완전한 독립을 성취했고 러시아는 광대한 동부 아나톨리아 지역을 획득했다. 이러한 조치로 오스만 제국은 영토의 5분의 2와 인구의 5분의 1(그중 절반은 무슬림이었다)을 포기해야만 했다.[11]

오스만 제국의 해체를 막을 수 없었던 영국은 베를린 회의가 시작하기 전부터 오스만 영토에 대한 자국의 전략적 이해관계를 확보하기 위해서 혈안이 되었다. 해양국으로서 영국은 오래 전부터 수에즈 운하를 지나는 항해의 원활한 흐름을 감독할 해군 기지를 동부 지중해에서 찾고 있었다. 그리고 이러한 목적에 부합하는 곳이 바로 키프로스 섬이었다. 압박을 받고 있던 오스만 술탄 압둘하미드 2세(재위 1876-1909)는 섬보다 동맹자가 더 필요했기 때문에 베를린 회의 전날 밤에 영국에게 키프로스를 양도하고 방위동맹조약을 체결했다.

영국의 키프로스 점령으로 오스만의 영토 분할은 발칸에서 북아프리카로 확대되었다. 독일은 영국의 키프로스 획득에 동의했다. 하지만 지중해에서의 세력 균형을 복구하기 위해서는 프랑스에게 보상을 할 필요가 있다고 생각한 영국과 독일은, 북아프리카에서의 프랑스 제국을 강화시키고 알제리와의 국경을 안전하게 지키고 싶어하는 프랑스에게 튀니지를 "주기로" 합의했다. 1870-1871년의 프랑스-프로이센 전쟁 이후 프랑스의 영토였던 알자스-로렌을 합병한 독일도 파리와의 관계 개선을 기대하며 이러한 선물을 주는 것에 기꺼이 동의했다. 단지 튀니지에 많은 정착민들이 있고 투자를 많이 했던 이탈리아만이 반대를 했고, 다른 열강들은 이탈리아가 오히려 리비아에서 더 큰 만족감을 느낄지도 모른다며 (1911년에 실제로 그러했다) 슬며시 눈감아주었다.

프랑스는 튀니지의 점령을 허가받았지만, 순응적이었던 북아프리카 국가에 대한 적대 행위를 정당화할 만한 근거가 없었다. 1869년의 파산 이후로 튀니지 정부는 대외부채를 갚으며 프랑스의 재정 자문가들에게 적극 협조했다. 1879년에 프랑스 정부는 우선 튀니지 보호령 수립을 제안했지만, 통치자 무함마드 알 사디크 베이(재위 1859-1882)는 나라를 외세의 제국주의 지배에 넘겨주기를 정중하게 거절했다.

프랑스의 여론까지 식민지 모험에 부정적이어서 문제는 더욱더 복잡해졌다. 대다수의 프랑스인들은 알제리가 프랑스에게 너무 큰 대가를 치르게 했다고 생각했기 때문에, 북아프리카에서의 프랑스 세력 확장을 반대했다. 대내적으로는 대중의 지지를 받지 못한데다가 대외적으로도 변명거리가 없었던 프랑스 정부는 북아프리카의 프랑스 제국에 튀니지를 추가시키고자 분투했지만 이러한 노력은 좌절되었다. 프랑스가 머뭇거리고 있는 동안, 프랑스보다 훨씬 더 큰 정착민 사회를 가지고 있던 이탈리아는 튀니지에 대한 영향력을 확대하기 위해서 이 기회를 최대한 이용했다. 프랑스와 이탈리아 간에 경쟁이 벌어지면서 결국 프랑스는 행동에 나설 수밖에 없었다.

프랑스는 튀니지 침략을 정당화할 수 있는 명분을 찾아야만 했다. 마침 1880년에 개발권 양도에 따르는 채무를 이행하지 않은, 한 프랑스 투기꾼이 애쓴 보람도 없이 튀니지에서 쫓겨나는 일이 발생했다. 프랑스 영사는 이에 항의하며, 이 프랑스인에 대한 보상과 파산한 프랑스인의 추방에 책임이 있는 튀니지 관료의 처벌을 요구하는 최후통첩을 베이에게 보냈다. 이 사건은 1827년에 알제리에서 있었던 "파리채" 사건만큼 비중 있는 모욕 행위는 아니었지만, 국가의 명예를 되찾기 위해서 침략군을 동원하기에는 충분한, 프랑스 국민에 대한 부당한 대우로 간주되었다. 그런데 지나칠 정도로 이성적이었던 튀니지의 통치자는 말도 안 되는 이 모든 요구를 들어주면서 프랑스가 침략할 수 있는 핑계거리를 제거해버렸다. 프랑스군은 튀니지를 침략할 또다른 기회를 기다리며 병영지로 돌아가야 했다.

한 무리의 부족민들이 튀니지에서 알제리로 국경을 넘어서 습격을 했다는 주장에 프랑스군은 1881년 3월에 다시 소집되었다. 베이가 피해보상과 부족민들에 대한 처벌을 제안했지만, 프랑스는 알아서 조치를 취하겠다고 고집했다. 프랑스의 기병 분대는 튀니지 국경을 넘어서 죄를 저지른 부족의 영토는 들르지도 않고 튀니스로 곧장 진군했다. 그리고 1881년 4월에 해상으로 침략한 군과 튀니지 수도에서 합류했다. 육지와 해상으로 쳐들어온 프랑스군과 대면한 무함마드 알 사디크 베이는 1881년 5월 12일에 프랑스와의 조약에 서명했다. 이것은 사실상 오스만 제국과의 관계를 단절하고 통치권을 프랑스에게 양도한다는 내용이었다. 개혁과 파산을 겪으면서 비공식적인 유럽의 통제에 놓였던 튀니지는 이제 직접적인 제국주의의 지배를 받게 되었다.

프랑스가 튀니지를 북아프리카의 자신들의 제국에 통합시키는 데에 열중하고 있는 동안 동쪽의 이집트에서는 또다른 문제가 끓어오르고 있었다. 앞장에서도 적었듯이, 이집트의 개혁과 파산은 유럽이 이집트의 재정과 통치에 간섭하도록 만들었다. 그러나 유럽 열강이 취한 조치들은 안정을 가져오기보다는 오히려 이집트의 국내 정치를 불안정하게 만들었고, 그 결과 강력한 저항운동이 등장하여 케디브의 통치를 위협하게 되었다. 케디브의 권력을 강화시키기 위해서 시작된 영국과 프랑스 간의 공동보조도 1882년에 영국이 우연히 이집트를 점령하게 되면서 끝이 났다.

이집트의 새로운 케디브, 타우픽 파샤(재위 1879-1892)는 유럽과 이집트 내의 강력한 이익집단의 요구 사이에서 곤란을 겪고 있었다. 타우픽 파샤는, 전임자(이자 아버지)인 케디브 이스마일이 이집트에서 일하던 유럽의 재정감독관의 작업을 방해했다는 이유로 그의 해임을 요청한 영국과 프랑스의 요구를 오스만 술탄이 수락하면서, 공석이 된 케디브의 자리에 갑자기 올랐다. 이러한 상황에서 타우픽 파샤는 유럽 열강들의 뜻을 거스를 정도로 어리석지 않았다. 그러나 영국과 프랑스의 요구에 순응할수록 이집트 내에서는 그에 대한 비판이 점점 거세졌다. 이집트의 외채 상환을 위해서 강제된 재정긴축 정책으로 인하여 화가 난 대지주들과 도시의 엘리트들이 케디브의 실정에 대해서 갈수록 노골적으로 발언하기 시작했던 것이다.

이집트 엘리트들은 1866년에 이스마일 파샤가 설립한 초창기의 이집트 국회인 대표자 총회에서 정치 연설을 마음껏 할 수 있었다. 의원들은 이집트 예산을 승인할 수 있는 권한과 총회에 대한 각료 책임의 증대 그리고 케디브의 권력을 제한할 수 있는 자유 헌법을 요구했다. 이러한 요구들을 들어줄 권한도 의향도 없었던 타우픽 파샤는 유럽 열강의 지지 속에서 1879년에 의회를 중지시켰다. 지주 엘리트들도 이집트 군부 내에서 갈수록 커지고 있던 저항운동을 지원하면서 이에 맞섰다.

이집트군은 국가 파산 이후에 강요된 긴축정책으로 인해서 심각한 타격을 입었는데, 특히 이집트 출신의 병사들이 그러했다. 터키어를 쓰는 장교단의 엘리트들과 아랍어를 쓰는 **이집트 토박이** 병사들 간에는 깊은 간극이 존재했다. 터키어를 쓰는 튀르크-코카서스 출신의 장교들은 그 기원이 전사 계급인 맘루크까지 올라간다. 케디브의 가문 및 이스탄불의 오스만 사회와 강한 유대감을 가지고 있던 그들은 이집트의 토박이 병사들을 낮추어 보며 경멸적으로 농민 병사라고 불렀다. 이집트 재정 감독관들이 이집트군의 규모를 크게 축소하기로 했을 때, 튀르크-코카서스 사령관들은 자신들의 수하들은 보호하고 이집트 토박이 병사들만 감원했다. 이에 이집트 출신의 장교들도 자기 쪽의 병사들을 지키기 위해서 규합했고, 불공평한 해고에 맞서서 결집하기 시작했다. 이들을 이끈 사람은 이집트 출신의 최고위급 장교 중의 한 명이었던 아흐마드 우라비 대령이었다.

아흐마드 우라비(1841-1911)는 처음으로 장교단에 들어갈 수 있었던 이집트 토박이들 중 한 명이었다. 나일 삼각주 동쪽의 한 마을에서 태어난 우라비는 1854년에 사이드 파샤가 새롭게 만든 군사학교에 입학하기 위해서 다니던 알 아즈하르 사원 부속 대학을 그만두었다. 우라비는 자신이 당대의 그 어떤 튀르크-코카서스인 못지않게 장교로서의 자질을 가지고 있다고 확신했다. 그는 어머니와 아버지 모두가 예언자 무함마드 가문의 후손이라고 주장했다. 이것은 이슬람적인 견지에서 보자면 코카서스 태생으로 기독교에서 이슬람으로 개종한 노예병사 출신의 맘루크와는 결코 비교될 수 없는 화려한 혈통이었다. 재능과 야심을 겸비한 인물로 명성을 떨쳤던 우라비였지만, 역사책에서 그는 군인이 아니라 반역자로 등장한다. 실제로 그의 이름을 딴 반란은 1882년에 영국의 이집트 점령을 재촉한 사건이 되었다.

회상록에서 우라비는 시험을 통해서 승진이 이루어지고, "동료보다 뛰어난 사람은 그에 합당한 계급으로 진급할 수 있는" 실력 사회라며 군대를 이상적으로 묘사했다.[12] 우라비가 시험에서 좋은 성적을 거두었음은 확실하다. 그는 1854년에서 1860년 사이에, 즉 6년 만에 이집트에서는 19세라는 가장 어린 나이로 일반 병사에서 대령으로 승진했다. 그리하여 우라비는 이집트 토박이 병사들에게도 장교단에 들어갈 수 있는 기회를 준 케디브 사이드 파샤에게 헌신했다.

하지만 1863년에 등극한 새로운 케디브 이스마일 파샤는 튀르크어를 사용하는 장교를 우대하던 전통적인 방식으로 다시 돌아갔다. 이후로 군에서는 인맥 및 출신지가 진급의 논거로서 공과를 대신하게 되었다. 야심찬 우라비도 튀르크-코카서스 출신의 엘리트들이 쳐놓은 유리 천장에 가로막혔다. 이스마일(재위 1863-1879)의 16년간의 치세 동안 우라비는 단 한 번도 승진하지 못했다. 이러한 경험으로 그는 군 상관들과 이집트 케디브에게 적의를 품게 되었다.

우라비와 튀르크-코카서스 엘리트들 간의 갈등은 이스마일이 권좌에 오르자마자 곧 시작되었다. 쿠스루 파샤라는 코카서스 출신의 장군 밑에 있던 우라비는 다음과 같이 불평했다. "그는 자기 종족 출신의 사람들을 무조건적으로 편애했고, 내가 순수 혈통[이집트인]이라는 것을 알고는 연대에서의 내 존재를 매우 불편해했다. 나를 연대에서 방출하고 대신에 맘루크의 아들 중의 한 명을 앉히려고 애를 썼다."[13]

우라비가 진급을 관할하는 시험위원회 — 연줄이 아닌 공과에 따라 병사들이 승진하도록 보장해 주던 제도 — 에 배치되자 쿠스루 파샤는 이를 기회로 삼았다. 쿠스루 파샤는 우라비에게 한 코카서스인을 진급시키기 위해서 시험 결과를 조작하라는 명령을 내렸는데, 우라비가 이를 거부하자 장군은 명령 불복종으로 그를 전쟁부 대신에게 고발했던 것이다. 이 사건은 케디브 이스마일에게까지 회부되었고, 그 결과 우라비는 군에서 임시 해고되어 행정 업무에 배치되었다. 1867년에 케디브의 사면으로 우라비는 이전의 대령 직급을 되찾고 1870년 봄에 정규군 업무로 간신히 복귀할 수 있었다. 하지만 여전히 튀르크-코카서스 상관들과 자신이 당한 부당한 처우에 대해서 깊은 분노를 품고 있었다.

1870년대는 이집트군에게 좌절의 시기였다. 우라비는 처참했던 아비시니아 전투에 참여했었다. 그 전투는 케디브 이스마일이 오늘날의 소말리아와 에티오피아 지역에 대한 이집트의 제국주의적 지배를 확장하고자 일으킨 것이었다. 그러나 1876년 3월에 아비시니아의 존 왕이 이집트군에게 결정적인 패배를 안겨주며 침략자들을 영토에서 쫓아냈다. 심각한 사상자 피해와 해외에서 경험한 군사적 불명예로 인해서 사기가 꺾인 채 고향으로 돌아온 이집트 병사들은 1876년의 국가 파산으로 동원해제를 당했다. 유럽의 재정 감독관들이 강제한 경제조치의 일환으로서 이집트군은 1만5,000명에서 불과 7,000명으로 감축되었고 2,500명의 장교들은 기존 급료의 반을 받고 일해야만 했다. 1879년 1월에 우라비는 해산을 위해서 로제타에서 카이로로 연대를 이동시키라는 명을 받았다.

우라비가 카이로에 도착했을 때, 도시는 이집트 병사들로 가득했고 장교들은 동원해제를 기다리고 있었다. 유망한 군인으로서의 경력이 갑자기 단절되어 일자리를 잃을 위기에 처하자 사람들의 감정이 격해졌다. 한 무리의 이집트군 사관생도와 장교들이 불공정한 해고에 항의하며 1879년 2월 18일에 재무부 밖에서 시위를 벌였다. 재무부에서 나오던 재상 누바르 파샤와 영국 대신 찰스 리버스 윌슨 경에게 화가 난 장교들이 과격한 행동을 보였다. 이 시위에 참여하지는 않았지만 우라비는 후에 영국의 한 동조자에게 다음과 같이 이야기했다. "누바르가 마차에 올라타는 것을 발견한 시위대는 그를 공격하며 코밑수염을 잡아당기고 귀를 가격했다."[14]

군의 폭동이 케디브 이스마일의 의도에 너무도 잘 맞아떨어졌기 때문에 우라비와 동료들은 시위 조직에 케디브가 연루되었을 것이라고 의심했다. 이스마일은 내각에서 프랑스와 영국 대신들을 내쫓고, 이집트 예산에 대한 더 큰 통제권을 가지고 싶었다. 케디브는 유럽의 재정 자문가들이 강제하는 엄격한 긴축정책이 이집트의 국내 정치를 불안정하게 만들고 외국 채무자들에 대한 부채 상환 능력을 오히려 위험에 빠뜨리고 있다고 주장했다. 군인들이 시위를 벌인 다음 날, 이스마일은 누바르의 연립내각 사퇴를 받아들였다. 그러나 영국과 프랑스는 권력을 다시 찾으려는 케디브의 뜻을 들어줄 생각이 전혀 없었기 때문에, 1879년 6월에 이스마일을 폐위했다.

우라비와 동료 이집트 장교들은 케디브 이스마일의 퇴위에 안도했다. 그러나 이집트 출신 장교들의 입지는 이스마일의 후계자, 케디브 타우픽의 치하에서 오히려 더 악화되었다. 새로운 전쟁부 대신이 된 튀르크-코카서스 출신의 우스만 리프키 파샤가 수많은 이집트 토박이 장교들을 해고하고 자기와 같은 출신지의 사람들로 그 자리를 채웠던 것이다. 1881년 1월 우라비는 자신이 맘루크 복고라고 명명한 작전에 의해서 수많은 동료들과 함께 곧 해고될 것이라는 것을 알게 되었다. "쿠스루 파샤(우라비의 코카서스인 전임 상관)의 집에서 모든 직급의 코카서스 출신 장교들이 정기적으로 모임을 가졌고, 우스만 리프키 파샤의 면전에서는 맘루크 국가의 역사를 찬양했으며…… 그들은 옛 맘루크들이 보유했던 이집트와 그밖의 모든 영토를 회복할 준비가 되어 있다고 자신했다."[15]

우라비와 그의 동료들도 행동에 나서기로 결정했다. 우선 케디브 타우픽에게 보낼, 자신들의 불평과 요구를 적은 탄원서를 작성했다. 1881년 1월에 작성된 이 탄원서를 가지고 우라비는 이집트의 정치계에 입문하게 되는데, 이것은 20세기 내내 아랍 역사에서 되풀이되는 정치에 군인이 관여하는 위험한 선례가 되었다.

우라비와 이집트 동료 장교들에게는 세 가지의 주요한 목표가 있었다. 재정 감독관들이 강제한 병력 감축을 철회하고 이집트군의 규모를 증강할 것, 현 규정을 수정하여 출신지와 종교에 상관없이 전 병사들의 평등을 보장할 것, 그리고 이집트 출신의 장교를 전쟁부 대신으로 임명할 것이 그것이었다. 아마도 우라비는 평등 보장과 이집트 출신의 대신을 원한 자신들의 요구 사이에 모순이 있음을 인식하지 못했던 것 같다.

우라비의 요구는 그 당시로서는 가히 혁명적인 것이었다. 장교들의 탄원서가 재상 리야드 파샤에게 제출되었을 때, 그는 대놓고 장교들을 위협했다. "이 탄원서는 파괴적이다. 당신 동료 중의 한 명이 제출했던 탄원서보다 더 위험하다. 그는 그 일 때문에 수단— 이집트의 시베리아라 할 수 있는 곳이다— 으로 보내졌다"라고 경고했다.[16] 그럼에도 불구하고 장교들은 탄원서 철회를 거부했고, 케디브에게 전달해줄 것을 요구했다.

우라비의 탄원서를 받은 케디브는 최고위급 군 사령관들을 소집해서 압딘 궁에서 긴급회의를 열었다. 그들은 선동 혐의로 탄원서에 서명한 우라비와 2명의 장교를 체포하라고 명했고, 이들을 재판하기 위한 특별 군법회의 소집에 동의했다. 우라비와 동료 장교들은 다음 날 전쟁부에 소환되었고, 칼을 내놓으라는 명을 받았다. 전쟁부 내의 감옥으로 이송되던 이 이집트인들은 두 줄로 서 있던 적대적인 코카서스인 장교들을 뚫고 지나가야 했다. 그때 우라비의 오래된 숙적 쿠스루 파샤가 감옥 문 앞에서 그들을 조롱했다. "그는 감방 밖에 서서 우리를 '과일 따는 [일에나 어울리는] 농부'라고 조롱했다"라고 우라비는 씁쓸히 회상했다.[17]

우라비와 동료 장교들이 체포되자, 이집트군은 폭동을 일으켰다. 1881년 2월에 케디브를 경호하는 두 개의 부대가 전쟁부를 습격했다. 대신과 다른 코카서스인들은 건물에서 도망쳤다. 병사들이 우라비와 장교들을 감방에서 풀어주고 함께 압딘 궁으로 몰려가서 케디브 타우픽에게 충성을 맹세하는 시끄러운 시위를 벌였다. 병사들은 인망이 없는 코카서스인 전쟁부 대신 우스만 리프키가 해임되고 자신들이 선택한 사람이 후임자로 지명될 때까지 압딘 연병장을 떠나지 않았다. 또한 케디브는 급여와 복무 조건에 대한 병사들의 요구를 들어주기 위해서 군의 규정을 바꾸라는 명령도 선포할 수밖에 없었다.

그후 시위대는 해산되었고 군인들은 병영으로 복귀했다. 평온이 다시 찾아왔지만 이 사건으로 이집트의 정치는 달라졌다. 우라비는 인기 있는 지도자로 부상했고, 군은 케디브와 정부에게 자신들의 요구를 수용하라고 압박했다.

해산된 이집트 대표자 총회 출신의 대지주들과 도시 엘리트들은 커다란 관심을 가지고 군이 거둔 성공을 지켜보았다. 그들은 군과 협력한다면 의지가 없는 케디브에게 자유입헌 개혁을 강제할 수 있는 여지도 더 커질 것이라고 생각했다. 1881년 2월에서 9월 사이에 이집트군의 장교와 대지주, 의원, 언론인, 종교학자 등 다양한 사람들로 구성된 연합체가 결성되었고 "국민당"으로 명명되었다. 이슬람 개혁가 셰이크 무함마드 압두가 한 영국인 관찰자에게 설명했듯이, 이것은 "수개월 간 계속된 대단한 정치 활동이었고 모든 계층으로 확산되었다. [우라비의] 이러한 행동으로 그는 더 많은 명성을 얻었고 국민당의 일반 당원들과도 소통할 수 있게 되었다……헌법 요구를 쇄신하자는 생각을 제안한 것도 바로 우리였다."[18]

이 연합체의 일원들은 모두 각자의 목표와 불만을 가지고 있었다. 그들을 함께 하도록 만든 것은 이집트인들이 자신들의 나라에서 더 나은 대우를 받아야 한다는 공통된 믿음이었다. 그들은 "이집트인을 위한 이집트"를 구호로 삼았고, 자신들의 주장을 더 효율적으로 펼치기 위해서 서로의 대의를 지지했다. 우라비와 동료 장교들에게 헌법은 케디브와 정부에게 제약을 가해서 자의적인 보복으로부터 자신들을 보호하는 것을 의미했다. 또한 단순히 군인들만의 편협한 이권이 아니라 이집트인들의 권리를 수호하는 자신들의 역할이 강화되는 것을 뜻했다.

당대 유럽 관찰자들에게는 점점 커지고 있던 이러한 개혁 연대가 민족주의 운동처럼 보였겠지만, 실상은 전혀 그렇지 않았다. 우라비와 동료 개혁가들은 오스만의 자치주로서의 이집트의 지위를 전적으로 수용하고 있었다. 우라비는 정기적으로 케디브와 오스만 술탄에게 충성을 맹세했고, 압둘하미드 2세도 훈장을 내려서 그의 노고를 치하했다. 개혁가들은 이집트의 정치와 경제에 미치는 유럽 대신 및 영사들의 영향력과 군 및 내각을 장악한 튀르크-코카서스인들의 지배에 반대했다. 거리에서 시위자들이 "이집트인을 위한 이집트"를 외쳤을 때 그것은 유럽과 코카서스인들의 간섭으로부터의 자유를 원한 것이었지, 국가의 독립을 요구한 것이 전혀 아니었다.

그러나 이집트군의 행동을 자국의 전략적이고 재정적인 이해관계를 위협하는 민족주의 운동의 시작으로 해석한 유럽인들에게는 이러한 차이가 아무런 의미도 없었다. 영국과 프랑스는 우라비의 위협에 대응할 최선의 방법을 논의하기 시작했다.

케디브도 갈수록 커지는 우려 속에서 저항운동의 출현을 주시했다. 이미 케디브는 유럽 열강의 강요로 유럽 관료들을 이집트 내각에 받아들였고, 이집트 예산의 절반이 통제받으면서 통치권 역시 제한받게 되었다. 그런데 이제는 자신의 신민들이 헌법을 강제하고 의회를 소환하여 케디브의 날개를 꺾으려 하고 있었다. 타우픽은 고립되어갔다. 간신히 튀르크-코카서스 출신의 엘리트들의 지지에 의존하며 버티고 있는 상황이었다. 1881년 7월에 타우픽은 개혁 성향의 내각을 해산하고 전쟁부 대신으로 처남인 다우드 파샤 예엔이라는 코카서스인 — 우라비는 그를 "무식하고 얼빠진 부패한 사람"이라고 묘사했다 — 을 임명했다.

이에 장교들은 압딘 광장의 케디브 궁 밖에서 또다시 시위를 벌였다. 1881년 9월 9일 아침에 우라비는 오늘 "오후 4시에 케디브 전하께 우리의 요구를 알리고자 압딘 광장으로 카이로에 주둔한 모든 병사들을 모을 것입니다"라고 케디브에게 알렸다.[19] 군 폭동이 또다시 발생할 가능성에 놀란 타우픽 파샤는 재상과 미국인 참모장 스톤 파샤를 대동하고 압딘 병영과 성채 내의 충성스러운 병사들을 부추겨서 우라비를 막으려 했지만 아무런 소용이 없었다. 이집트 군인들은 케디브보다 우라비에게 더 큰 충성을 바치고 있었던 것이다.

타우픽은 단지 신하들과 외국 영사들만을 대동한 채, 압딘 궁 앞에서 우라비를 맞아야 했다. 장교들은 입헌주의 개혁가 샤리프 파샤를 수장으로 하는 새로운 내각을 구성할 것, 의회를 재소집할 것, 그리고 1만8,000명까지 병력을 증원할 것 등의 요구 사항을 케디브에게 제시했다. 타우픽에게는 동의 외에는 다른 선택권이 없었다. 통제권을 가진 쪽은 군과 그들을 지지하는 관료들이었기 때문이다.

케디브는 개혁가들의 압력에 굴복하여 총회를 소집했다. 1882년 1월에 대표자들은 케디브가 검토할 수 있도록 헌법 초안을 제출했다. 헌법이 2월에 공포되었고, 개혁 성향의 새로운 내각이 구성되었으며, 아흐마드 우라비는 전쟁부 대신에 지명되었다. 1863년 이후 한 차례도 진급하지 못했던 우라비 대령이 마침내 이집트군을 장악함으로써 튀르크-코카서스 지배층을 전복시킨 것이다.

이집트 장교들에게 맘루크와의 오래된 원한을 풀 기회가 주어졌음은 물론이다. 전임 전쟁부 대신이었던 우스만 리프키 파샤는 우라비를 암살하려는 모의 혐의로 기소되었고, 그의 수하의 장교들 50명 — 모두 튀르크-코사서스인이었다 — 도 공모죄로 유죄를 선고 받았다. 구금된 사람들 중 많은 이들이 고문을 받았고, 우라비도 이 사실을 알고 있었다. 훗날 "나는 그들이 고문 받거나 학대 받는 것을 보러 감옥에 가지 않았다. 결코 그들 가까이 가지 않았다"라고 털어놓았다.[20]

파리와 런던의 관료들은 타우픽이 카이로에서 고립되어가고 있는 상황에 불안해졌다. 개혁 운동에 완전히 굴복함으로써, 케디브의 권력은 물론 이집트 경제에 대한 열강들의 영향력도 축소되었기 때문이다. 영국과 프랑스는 케디브의 양보로 이집트에서 정치적 무질서가 야기되지 않을까 걱정했다. 우라비의 내각 참여는 유럽의 걱정을 더욱 배가시켰다. 우라비는 신임 재상인 마흐무드 사미 알 바루디에게 이집트 행정직에 기용된 유럽의 관료들을 해고하라고 압박했다. 보수적인 유럽 열강들은 너무 과하고 빠른 이러한 변화들을 도저히 받아들일 수 없었다. 우라비 운동은 혁명처럼 보이기 시작했고, 영국과 프랑스는 비틀거리는 케디브 정권을 받쳐주기 위해서 행동에 나섰다. 그러나 역설적이게도 그들이 이렇게 행동할 때마다 타우픽의 고립은 심화되었고 우라비의 입지는 강화되었다.

1882년 1월에 영국과 프랑스 정부는 케디브의 권위를 회복시키고자 강베타 각서(Gambetta Note)로 알려진, 공동성명서를 작성했다. 사람들은 능숙한 외교 능력을 자랑하던 두 국가로부터 더 나은 것을 기대했을 것이다. 그런데 영국과 프랑스는 고작 이집트 질서를 뒤흔드는 대내외적인 모든 위협에 맞서서 "협력"할 것을 다짐하는 것만으로도 "케디브 정부가 처한 위험을 물리치고 그에 맞서 싸우기 위해서 자신들이 뭉쳤다는 것을 확실히 보여줄 수 있다"고 생각했던 것 같다. 하지만 케디브를 자국민들로부터 보호하고자 허술하게 위장된 이러한 위협이야말로 타우픽 파샤의 입지를 약화시킨 가장 큰 요인이었다.

조잡한 강베타 각서에 이어 유럽 열강은 우라비를 내각에서 해임하라고 요구했다. 이집트에서의 우라비의 입지는 인기 없는 유럽 열강이 그를 제거하고자 할수록 더욱 강화되었다. 반면 타우픽은 갈수록 고립되었다. 우라비는 유럽의 이해관계를 대변하고 조국을 배신한 타우픽 파샤를 비난했다. 재상이 대부분의 각료들과 함께 사퇴했다. 이러한 상황에서 그 누구도 새로운 내각 구성에 나서고자 하지 않았다. 우라비는 대신직을 사퇴하지 않았는데, 이것은 정부가 실질적으로 가장 인기 있고 강력한 대신의 통제하에 있음을 의미했다. 우라비의 해임을 요구했던 유럽 열강은 부지불식간에 이집트 정부에 대한 통제권을 그에게 맡긴 꼴이 되었다.

상황이 악화되자 영국과 프랑스는 무력 외교에 의지했다. 1882년 5월에 두 열강은 이집트로 해군 연합 함대를 파견했다. 그러나 이러한 무력시위는 케디브 타우픽의 입지를 더욱 불안하게 만들었다. 5월 31일에 케디브는 영국과 프랑스 해군의 보호를 더 가까이에서 받고자 카이로를 떠나 알렉산드리아에 있는 라스 알 틴 궁으로 향했다. 이제 이집트는 사실상, 법적으로 인정된 국가의 수장이나 알렉산드리아의 궁에 유폐된 케디브 타우픽과 카이로 임시 정부의 수장으로서 인기를 누리던 지도자 아흐마드 우라비, 이 두 사람의 통치를 받게 되었다.

유럽 전함이 해안을 순찰하면서 이집트와 유럽 간에 긴장이 고조되었고, 1882년 6월 11일의 알렉산드리아 폭력사태로 이어졌다. 한 영국인과 이집트인 마부 사이에서 벌어진 길거리 싸움이 50명 이상의 생명을 앗아간 반외국인 폭동으로 변질된 것이다. 수백 명 이상이 다쳤고, 수천 명이 집과 작업장의 파괴로 곤궁에 처했다. 유럽 언론은 알렉산드리아 폭동을 기독교도와 유럽인에 대한 학살이라고 선전했고, 영국과 프랑스 정부에게 이집트의 질서 붕괴에 효과적으로 대응할 것을 촉구했다.

우라비는 반유럽 폭동이 영국과 프랑스의 개입을 초래할 수 있다는 것을 잘 알고 있었다. 심지어 그는 케디브 타우픽이 외국의 개입을 야기하고자 폭동을 사주한 것이 아닌지 의심했다. 비록 이러한 주장을 뒷받침할 만한 증거는 없었지만 말이다. 우라비는 질서 회복을 위해서 알렉산드리아로 1만2,000명의 군인을 파병했고, 예상되는 유럽의 반격에 대비해서 도시의 방비를 강화시켰다. 우라비는 이집트를 전시체제로 전환시켰고, 군에 필요한 농민 신병 모집을 위해서 자신을 지지하던 대지주들에게 도움을 청했다. 또한 유럽의 공격에 맞서기 위한 재원을 마련하고자 우라비 정부는 비상세도 부과했다

아니나 다를까, 영국의 함대 사령관 버샴 시모어 경이 도시의 해안 방어 요새를 철거하지 않으면 알렉산드리아를 공격하겠다며, 최후통첩의 수위를 단계적으로 높이며 위협했다. 그런데 오히려 이집트군은 대담무쌍하게도 유럽 함대의 위협에 맞서서 해안가의 성벽을 확장하고 포상(砲床)을 설치하는 등 알렉산드리아의 방어 시설물들을 강화시키기 시작했다. 유럽도 이집트도 물러서려 하지 않는 상황에서 무력 충돌은 불가피해 보였다.

무력 시위는 예상치 못한 결과를 가져왔다. 수개월 동안 영국에 협력했던 프랑스가 함대를 철수시킨 것이었다. 프랑스 정부는 헌법 규정에 따라 어떤 나라와 적대행위에 들어가기에 앞서 의회로부터 동의를 받아야 할 의무가 있었다. 프랑스는 1870년에 독일에게 겪은 끔찍한 패배와 1871년의 알제리 정복을 위해서 치른 대가 그리고 1881년의 튀니지 점령과 관련된 비용으로 인한 후유증에서 여전히 벗어나지 못하고 있었다. 프랑스는 재정 능력 이상의 빚을 지고 있었고, 따라서 의회는 외국과 새로운 갈등을 만들고 싶지 않았다. 7월 5일에 프랑스 정부는 이러한 상황을 영국에게 설명하고 알렉산드리아에서 함대를 철수시켰다.

이제 영국은 후퇴하거나 혼자서라도 밀고 나가거나 중대한 결단을 내려야

만 했다. 영국도 이집트 점령을 원한 것은 아니었다. 신망 잃은 통치자와 반란 군이 들끓고 있는 파산 국가는 어떤 제국주의 세력에게도 매력적인 상품이 아니었다. 더욱이 이집트를 영국이 점령하게 된다면, 영국 정부가 오랫동안 유지하고자 애써온 유럽의 세력 균형도 깨질 것이었다. 출구 전략이 더욱더 문제였다. 일단 이집트에 발을 들여 놓으면 과연 영국군은 언제 철수할 수 있을까? 수에즈 운하의 안전과 영국 채무자에 대한 이집트의 부채 상환을 보장하려는 영국의 목적을 고려해 보았을 때, 군사 행동은 득보다 실이 더 커 보였다.

그러나 포기는 결코 선택사항이 될 수 없었다. 저개발국의 반란 장교들에게 양보를 한다면 빅토리아 시대의 영국인들이 스스로를 어떻게 "위대하다"고 생각할 수 있겠는가. 해군 제독 시모어에게 정부의 승인이 떨어졌고 7월 11일에 알렉산드리아 성벽과 도시를 향해 포문이 열렸다. 해가 질 때까지 도시는 불타올랐고 이집트군은 퇴각했다. 영국의 분견대가 7월 14일에 알렉산드리아를 점령했다. 이렇게 전쟁이 시작되었고 75년 동안 지속될 영국 점령의 서막도 올랐다.

1882년 6월에서 9월까지 아흐마드 우라비는 반란 정부의 수장이자 영국에 맞선 이집트 방어군의 총사령관으로서 임무를 수행했다. 외국 침략자에 맞서 싸우던 우라비는 도시와 농촌 지역 모두에서 대대적인 지지를 받았다. 케디브가 알렉산드리아의 궁에 유폐되어 있는 동안 왕자들과 수행원, 왕실 여자들 대다수도 우라비를 지지했고, 총력전을 위해서 돈과 곡식, 말을 기부했다.[21] 종교기관은 물론 지주 엘리트들과 도시 상인들의 전폭적인 지지도 계속 이어졌다. 우라비의 열렬한 지지자들은 임박한 전쟁을 돕고자 최선을 다했지만, 영국을 상대하기에는 전문 병력의 규모가 그리 크지도 신뢰할 만하지도 않았다. 농민 의용군 역시 공격에 맞서서 끝까지 싸우기에는 훈련도 기강도 부족했다. 비록 우라비의 병사 숫자는 늘어났지만, 승리할 가능성은 희박했다.

영국은 우라비가 이끄는 비정규군의 단호한 저항에 당황했다. 가닛 울슬리

경은 2만 명의 전투병을 이끌고 한여름에 알렉산드리아에 도착했다. 영국군은 알렉산드리아에서 카이로로 진군하려 했지만, 5주일 동안이나 우라비의 이집트 수비대에게 막혀 결국 이를 포기해야만 했다. 울슬리는 영국이 1882년 9월 초에 막강한 해군력을 통해서 획득하게 되는, 수에즈 운하 지역으로 군인들을 수송하기 위해서 알렉산드리아로 돌아왔다. 운하 지역에서 영국령 인도로부터 원병을 받고나서야 울슬리는 카이로를 향해 서쪽으로 진군할 준비를 할 수 있었다. 우라비는 영국군이 이 지역을 떠나기 전에 기습을 감행하여 침략자들에게 많은 사상자를 안겨주었지만, 수적으로 우세한 적에 밀려서 철수해야만 했다. 이집트군은 카이로를 침략자들로부터 보호하기 위해서 운하와 삼각주 사이에 있는 탈 알 카비르라고 불리던, 동부 사막의 가운데 지역으로 후퇴했다. 울슬리의 영국군은 이집트군이 제대로 된 방어 요새를 구축하기 전에 공격을 감행했다. 9월 13일 동이 트기 전에 영국군은 이집트 전선에서 270미터도 채 떨어지지 않은 곳까지 진군했고, 해가 뜰 무렵에는 총검 돌격으로 수비대를 기습했다. 지친 이집트군이 결국 우세한 영국군에 항복하면서 전투는 한 시간도 안 되어서 끝났다. 이제 카이로로 가는 침략군 앞에 장애물은 아무 것도 남아 있지 않았다.

아흐마드 우라비의 반란 정부는 텔 엘 케비르에서 이집트 방어군과 함께 와해되었다. 우라비는 이틀 후에 카이로에서 체포되었다. 그와 동료들은 반역죄로 기소되어 유죄 판결을 받고 사형이 선고되었지만, 영국의 식민지인 실론 섬(오늘날의 스리랑카)으로의 종신 추방형으로 감형되었다. 케디브 타우픽은 복위되었지만 결코 완전한 통치권을 회복하지는 못했다. 영국군이 이집트를 점령하고 영국의 자문가들이 정부의 모든 부서에 배치됨으로써 이집트의 실질적인 통치자는 영국의 총독대리인 에벌린 베링 경 ─ 훗날의 크로머 경으로 귀족 작위까지 받았다 ─ 이었다.

우라비는 복잡한 유산을 남겼다. 그의 조직이 붕괴되자 많은 사람들은 그가 영국의 이집트 점령을 초래했다고 비난했다. 그러나 이집트 원주민들의 권리

186

를 옹호하면서 그가 받았던 광범위한 지지마저 부정할 수는 없다. 우라비를 누구보다도 명백하게 지지한 사람들 중에 왕실의 여성들도 있었다. 우라비의 변호사 브로들리는 왕실 여성 모두가 "처음부터 아라비(Arabi, 원문 그대로)를 남몰래 지지했는데 왜냐하면 우리는 그가 오로지 이집트인들의 복리(福利)만을 추구했다는 것을 잘 알고 있었기 때문이다. 우리는 아라비에게서 구원자를 보았고 그를 향한 우리의 열광은 끝이 없었다"라고 열성적으로 이야기하던 한 공주와의 대화를 기록으로 남겼다.[22] 무함마드 알리의 손녀 나즐리 공주는 좀더 일반적인 말로 우라비의 매력을 설명했다.

아라비는 유럽인들을 굴복시킨 최초의 이집트 대신이었다. 적어도 그의 시대에는 무슬림들이 고개를 꼿꼿이 들고 다녔고, 그리스인과 이탈리아인은 감히 법을 어기지 못했다……하지만 이제는 질서를 유지할 그 누구도 없다. 오직 이집트인만이 경찰의 단속을 받으며 유럽인들은 마음대로 행동한다.[23]

우라비는 타우픽의 후계자, 케디브 아바스 2세(재위 1892-1914)가 1901년에 고국으로 돌아오는 것을 허용할 때까지 18년간을 유배지에서 지냈다. 이집트 정부의 공식 사면을 받은 그는 케디브에게 충성을 맹세했고 모든 정치 활동을 단념했다. 새로운 세대의 젊은 민족주의자들은 영국 점령에 맞선 자신들의 투쟁을 그가 지지해주기를 바랐지만, 우라비는 약속을 지키며 정치와 거리를 두었다. 나이가 든 우라비는 사랑하는 조국 이집트에서 여생을 보내고 싶었다. 그의 시선은 확실히 미래가 아닌 과거에 고정되어 있었다. 그는 생애의 마지막 10년을 우라비 반란을 설명하는 모든 책과 신문을 읽는 데에 할애했으며, 범법행위에 대한 모든 비난에서 자신의 이름을 지우는 데에 여생을 바쳤다.[24] 그는 수많은 자전적인 글을 썼으며 이집트와 해외의 작가들에게 그것을 널리 배포했다.

그러한 노력에도 불구하고 그가 사망한 1911년 이후에도 몇 십년동안 두 가지 혐의가 우라비의 이름에 오점을 남겼다. 영국의 이집트 점령을 야기한 것에 대한 책임과 이집트의 합법적인 통치자 무함마드 알리 왕조에 대한 반역이 바로 그것이었다. 1952년의 혁명으로 새로운 세대의 젊은 이집트 대령들이 무함마드 알리 가계의 마지막 혈통을 타도하고 나서야 우라비는 명예를 회복하고 이집트의 민족 영웅으로 인정받을 수 있었다.

***

영국의 점령은 이집트 국경 저 너머에서도 대격변을 초래했다. 나폴레옹 시절부터 프랑스의 중요한 피보호국이었던 이집트에 경쟁 국가인 영국이 영구적인 제국주의 지배 체제를 구축하자 프랑스의 당혹감이 적대심으로 변했던 것이다. 이집트는 프랑스의 군 자문가들에게 의존해왔고, 가장 큰 규모의 교육 파견단을 파리로 파견했으며, 프랑스의 산업 기술을 수입해왔다. 게다가 수에즈 운하 회사도 프랑스 법인으로 설립되었다. 이집트의 상실을 받아들일 수 없었던 프랑스는 기어이 "배반자 앨비언(Albion : 영국이나 잉글랜드를 가리키는 옛 이름/역주)"에게 원한을 갚고자 했다. 프랑스는 아프리카의 전략 지역을 손에 넣음으로써 앙갚음을 했는데, 이는 제국의 영광을 되찾고 영국의 해외 기업들에게 압력을 가하기 위함이었다. 이로써 영국과 프랑스 그리고 곧 이어서 포르투갈과 독일, 이탈리아가 가담하는 가운데 자신들의 제국을 상징하는 색깔로 아프리카 지도를 칠하게 되는 "아프리카 쟁탈전"이 벌어졌다.

1882년부터 1904년 사이에 벌어진 식민지 경쟁으로 영국과 프랑스는 심각하게 대립하게 되었다. 두 제국주의 열강이 수단의 외딴 나일 강 자락을 두고 경쟁적으로 권리 주장을 하면서 전쟁에 거의 돌입할 뻔했던 1898년은 이러한 다툼이 야기한 최악의 순간이었다. 양측 모두 이와 같은 대립이 곪아서 공공연한 충돌로 이어지는 것을 더 이상 방치할 수 없었다. 유일한 해결책은 영국의 이집트 점령에 대한 보상으로 프랑스에게 다른 영토를 양도하여 지중해에서의 제국주의 세력 간의 균형을 회복하는 것뿐이었다. 프랑스가 튀니지와 알제리를 보유하고 있는 점을 감안했을 때 모로코가 확실한 답이었다.[25]

문제는 모로코에 관심을 가지고 있던 유럽 열강이 프랑스만이 아니었다는 것이다. 에스파냐는 지중해 연안에 식민지들을 보유하고 있었고, 영국은 상당한 무역 이권을 누리고 있었으며, 독일도 자신의 권리를 점점 적극적으로 주장하고 있는 상황이었다. 게다가 수세기 동안 독립국이었던 모로코가 침략을 감행한 적도 도발한 적도 없었다는 사실 또한 고려해야만 했다. 1902년에 프랑스 외무장관 테오필 델카세는 "궁극적으로 [모로코와의] 문제를 원하는 방향으로 해결하기 위해서 국제적인 문제와 프랑스-모로코 간의 문제를 분리하여, 유럽의 각국들과 차례대로 문제 조정"에 나설 생각이라며 자신의 전략을 제시했다.[26] 향후 10년 동안 프랑스는 각 유럽 열강들과 차례대로 협상을 하고 나서야 모로코를 통치할 수 있게 되었다.

이탈리아가 다른 나라보다 모로코에 관심이 적었기 때문에 델카세는 먼저 로마 정부에 접근하여 모로코에 대한 프랑스의 야심을 인정해주는 대가로 리비아에 대한 이탈리아의 권리를 인정한다는 협정을 1902년에 체결했다.

오히려 문제가 된 것은 영국이었다. 영국은 모로코에서의 상업상의 이권을 지키기를 바랐고, 지브롤터 해협에 대한 영국 해군의 제해권에 도전하는 어떤 해양세력도 용인하고 싶지 않았다. 그렇지만 영국은 진심으로 프랑스와의 식민지 분쟁을 해결하고 싶었다. 1904년 4월에 영국과 프랑스는 외교관계의 새로운 출발점이 될 합의— 화친협상— 에 이르렀다. 합의에 의거해서, 프랑스는 이집트에서의 영국의 지위를 인정하고 "영국 점령의 기한 설정"을 요구하지 않기로 했다. 영국 측에서는 "상당한 범위에 걸쳐서 모로코와 국경을 마주하고 있는 열강"으로서 프랑스의 전략적 입장을 인정하고, "모로코의 질서를 유지하고 필요한 모든 행정, 경제, 재정, 군사 개혁을 목적으로 한 원조를 제공하려는" 프랑스의 조치를 막지 않겠다고 약속했다.[27]

그리고 나서 프랑스는 모로코 점령에 대한 에스파냐의 동의를 받기 위해서 신속히 움직였다. 프랑스는 모로코의 지중해 연안지대를 에스파냐의 손에 넘겨줌으로써 영국과 에스파냐 모두의 우려를 해소시켰다. 이는 1904년 10월에 체결된 프랑스-에스파냐 협정의 기초가 되었다.

프랑스는 "국제적인 문제"를 거의 해결함으로써 모로코 식민지화의 기틀을 마련했다. 이제 독일을 제외한 모든 유럽 열강이 이에 동의를 했다. 델카세는 독일을 끌어들이지 않고 모로코와의 문제로 넘어가고 싶었다. 어차피 독일 제국의 영토는 지중해에 닿아 있지도 않았기 때문이다. 게다가 독일이 모로코에 대한 프랑스의 야심을 인정해주는 대가로, 1870-1871년의 프랑스-프로이센 전쟁에서 획득한 알자스-로렌의 합병을 받아들이라고 프랑스에게 요구할 것이 자명했다. 이것은 독일의 동의에 대한 대가로 프랑스가 지불할 수 있는 것을 넘어서는 과도한 요구였다. 그러나 황제 빌헬름 2세 정부도 가만히 있지 않았다. 독일이 아프리카와 남태평양에 영토를 가진 독자적인 제국주의 세력으로 부상하면서 모로코는 독일과 프랑스의 경쟁 지점이 되었기 때문이다.

독일은 프랑스를 협상 테이블로 나오게 하기 위해서, 모로코에 대한 권리를 강하게 주장하기 시작했다. 1905년 3월에 독일의 외무장관, 베른하르트 폰 빌로우 공은 탕헤르에서 황제 빌헬름 2세와 모로코 술탄 물레이 압드 알 아지즈의 만남을 주선했다. 이 내방 동안, 독일 황제는 모로코의 주권과 술탄의 영토에 있는 독일의 사업가들에게 경의를 표함으로써 모로코를 차지하려는 프랑스의 야심에 최초로 이의를 제기했다. 이와 같은 독일의 항의로 결국 프랑스는 독일과 협상에 나설 수밖에 없었고, "모로코 문제(Moroccan question)"는 1906년 1월에 알헤시라스 회담의 소집과 함께 재개되었다.

11개국이 참여한 회담은 표면상으로는 모로코 술탄 정부의 개혁 정책 수립을 돕는 것을 목표로 했다. 하지만 실상은 이 모임을 이용해서 광범위한 유럽의 지지를 바탕으로 압력을 행사하여 모로코를 장악하려는 자신들에게 맞서고 있는 독일 황제의 반대를 무력화하는 것이 프랑스의 의도였다. 독일은 회담 참석자들이 프랑스에게 등을 돌리도록 만들기 위해서 최선을 다했지만, 참여국 중에서 세 나라, 즉 이탈리아와 영국 그리고 에스파냐가 모로코에 대한 프랑스의 권리 주장에 이미 동의했기 때문에 카이저 정부도 물러설 수밖에 없었다. 1909년에 독일은 결국 모로코 안보에 있어서 프랑스가 수행할 특별한 역할을 인정했다.

모로코의 식민지화에 대해서 유럽 열강들로부터 동의를 확보한 프랑스는 프랑스-모로코의 관계로 관심을 이동시켰다. 모로코의 샤리프는 1511년부터 가문 대대로 오스만 제국과 유럽 국가들로부터 독립적으로 통치해왔다. 그런데 1860년부터 유럽 열강은 오래된 술탄국의 정치와 경제에 점점 더 관여하려 했다. 이제는 친숙한 풍경이 되었지만, 모로코 역시 유럽의 침략을 저지하고자 유럽의 기술과 사상을 도입하기 위해서 물레이 하산(재위 1873-1894)의 치세 동안 국가가 주도하는 일련의 개혁을 단행했다. 예상대로 그 결과는 오히려 유럽의 침투를 심화시켰고, 값비싼 군사 및 기간시설 사업으로 국가재정은 악화되었다.

개혁 성향의 술탄 물레이 하산을 계승한 14살의 물레이 압드 알 아지즈(재위 1894-1908)는 통치권과 독립을 수호하고 적대적인 유럽의 야욕에 맞서서 모로코를 이끌어 나가기에는 여러모로 경험과 원숙함이 부족했다. 게다가 프랑스는 부족의 침략을 저지한다는 구실로 모로코 영토로 군사를 파병하기 위해서 알제리와 모로코 사이의 불명확한 국경 문제를 적극 활용했다. 모로코의 영토를 잠식하는 가운데, 프랑스는 술탄의 정부로 하여금 국채의 덫에 휘말리도록 유도했다. 1904년에는 프랑스 정부가 파리의 은행들과 6,250만 프랑(1,250만 달러)의 차관 계약을 성사시켜 프랑스의 모로코 경제 잠식을 더욱 촉진시켰다.

프랑스의 영향력이 날로 커지는 것에 분노한 모로코인들은 외국의 영리기업들을 공격하기 시작했다. 프랑스는 모로코 도시들을 점령하는 것으로 보복했는데, 그중에서도 가장 악명 높았던 사건은 프랑스인 소유의 공장이 맹렬한 공격을 받자 1907년에 바다에서 포격을 가하고 5,000명의 병사가 카사블랑카를 점령한 일이었다. 이렇게 프랑스가 점점 더 깊숙이 모로코를 잠식하면서, 주민들은 술탄에 대한 신뢰를 잃기 시작했다. 술탄의 형 물레이 압드 알 하피즈가 술탄에 맞선 반란을 일으키고 술탄의 퇴위를 강요하자, 압드 알 아지즈는 1908년에 프랑스에게 보호를 요청했다.

반란에 성공한 물레이 압드 알 하피즈(재위 1908-1912)가 동생에 이어 왕위에 등극했다. 하지만 압드 알 하피즈도 유럽의 잠식을 저지하는 데에는 동생만큼이나 무능했다. 술탄에게 남은 유일한 유럽의 협력자인 독일은 모로코에서의 프랑스 팽창을 저지하기 위한 최후의 방법으로 1911년 7월에 모로코의 아가디르 항구로 포함(砲艦)을 파견했다. 그러나 이 아가디르 위기는 결국 모로코가 희생되면서 마무리되었다. 프랑스령 콩고 영토를 독일에 양도한다는 조건으로 카이저 정부가 모로코에 대한 프랑스의 야심을 묵인하기로 합의한 것이다.

프랑스의 모로코 점령은 물레이 압드 알 하피즈가 모로코에 프랑스 보호령 수립을 인정한 페즈 협약에 서명한 1912년 3월에 완결되었다. 샤리프는 왕좌를 지킬 수 있었지만— 실제로 지금의 왕 모하메드 6세는 그의 직계비속이다 — 모로코에 대한 공식적인 통치권은 향후 44년 동안 프랑스 제국의 손에 있었다. 이제야 프랑스는 영국의 이집트 점령을 용납할 수 있게 되었다.

***

리비아는 오스만이 직접 통치했던 북아프리카의 마지막 영토였다. 프랑스가 모로코에 보호령을 구축할 무렵 이탈리아는 리비아를 두고 오스만 제국과 전쟁 중이었다. 리비아는 명목상으로 16세기 이래로 오스만 제국의 일부였지만 리비아의 두 개의 주, 즉 트리폴리타니아와 키레나이카는 1840년대 이후에야 오스만의 직접 통제를 받게 되었으며, 이스탄불 정부는 리비아와 느슨한 지배 관계를 유지했다. 두 개의 주도(州都), 트리폴리와 벵가지는 요새 도시였는데, 이곳에 머물던 오스만인도 고작 치안 유지에 필요한 한 무리의 관료와 군인이 전부였다.

그러나 프랑스가 튀니지를 그리고 영국이 이집트를 점령하면서 오스만은 리비아 지방에 점점 더 큰 전략적 가치를 두게 되었다. 오스만 제국에서 새로운 민족주의자들이 권력을 장악하게 된 1908년의 청년 튀르크 혁명 이후, 이스탄불 정부는 이탈리아인들이 트리폴리와 키레나이카에서 땅을 구입하거나 공장을 소유하는 것을 금지하는 등 리비아에 대한 이탈리아의 잠식을 저지하기 위해서 적극적인 조치를 취하기 시작했다. 오스만은 모든 수단을 동원하여 유럽의 제국주의적 야욕으로부터 북아프리카에 남은 마지막 오스만 영토를 지키고자 노력했다.

수십 년 전부터 유럽 열강들— 영국은 1878년에, 독일은 1888년에, 프랑스는 1902년에— 은 리비아를 이탈리아에게 약속해왔다. 유럽 국가들은 이탈리아가 리비아를 자국 영토에 부속시킬 평화적인 방법을 찾기를 기대했음이 확실하다. 그러나 이탈리아는 결의를 불태우며 리비아로 입성하는 방식을 선택했다. 이탈리아는 리비아 지방에서 이탈리아 국민이 모욕을 당했다는 것을 구심 삼아 1911년 9월 29일에 오스만에게 전쟁을 선포했다. 리비아의 오스만인들이 침략자에 맞서서 단호하게 저항하자 이탈리아는 오스만의 중심부로 전쟁을 확대하기로 결정했다. 이탈리아의 함선이 1912년 2월에 베이루트를 포격했고, 4월에는 다르다넬스 해협에 있는 오스만 진지들을 공격했다. 1912년 4월과 5월에는 로도스 섬과 도데카네스 제도의 섬들을 점령하여, 동부 지중해에서의 전략적인 균형을 무너뜨렸다.

다른 유럽 열강들은 이탈리아가 위기 촉발 직전의 발칸에서 전쟁을 야기할지도 모른다고 우려하면서 그 피해를 막고자 외교 활동에 나섰다(실제로 이탈리아는 오스만에 반기를 든 알바니아 민족주의 운동을 부채질하고 있었다). 이탈리아는 유럽의 협의 체제를 통해서 리비아 문제를 해결하는 데에 매우 적극적이었다. 이탈리아군이 소규모의 터키 주둔군과 리비아의 현지 주민들의 격렬한 저항에 부딪혀서 해안에서 내륙 지역으로 통제권을 확대시키지 못하고 있는 상황이었기 때문이다.

북아프리카에 남은 오스만의 마지막 영토를 제물로 하여 평화가 복구되었다. 유럽 국가들이 오스만과 이탈리아 사이를 중재하여 1912년 10월에 공식적인 평화 조약이 체결되었고, 리비아는 이탈리아의 제국주의 통치를 받게 되었다. 그러나 오스만군이 철수한 이후에도 이탈리아는 리비아인들의 계속되는 저항에 부딪혔고, 1930년대까지도 외세의 지배에 맞서는 투쟁은 계속되었다.

***

1912년 말경이면 지브롤터 해협에서부터 수에즈 운하에 이르기까지 북아프리카의 해안 전체는 유럽의 식민지 지배를 받게 되었다. 알제리와 리비아는 직접적인 식민통치를 받았다. 튀니지와 이집트, 모로코는 지역 왕조를 통해서 프랑스와 영국의 지배를 받는 보호령이 되었다. 오스만의 통치를 대체한 유럽의 지배는 북아프리카 사회에 중요한 영향을 미쳤다. 지금까지 제국주의 역사는 대체로 고등 정책이나 국제 외교적인 관점에서만 서술되어왔다. 그러나 제국주의는 북아프리카 인들의 삶의 방식에 매우 중요한 변화를 가져왔다. 한 사람의 경험은 이러한 변화가 그 사회 전반에 무슨 의미를 가졌는지를 잘 보여준다.

식자층이었던 아흐마드 아민(1886-1954)은 영국이 이집트를 점령한 지 4년이 지난 후에 카이로에서 태어났고, 영국이 철수하기 2년 전에 사망했다. 식민화된 이집트가 그가 아는 전부였다. 알 아즈하르에서 수학하고 첫 직업이었던 교사로 재직하면서 아흐마드 아민은 당대의 유명한 지식인 명사들을 많이 만났다. 당시에 가장 영향력 있던 몇몇 이슬람 개혁가들을 만났으며, 이집트의 민족주의 운동과 정당의 탄생을 지켜보았다. 또한 이집트 여성들이 베일과 하렘의 격리관행에서 벗어나 공적 생활에 참여하는 것도 보았다. 그리고 교수이자 문필가로 성공한 생애의 말년에는 이와 같은 시끄러운 변화들에 대한 생각들을 자서전에 기록으로 남겼다.[28]

빠르게 변화하는 세상에서 성장한 청년 아흐마드와 이슬람 학자였던 아버지와의 세대 차이는 엄청난 것이었다. 알 아즈하르에서의 학문적인 삶과 이맘 알 샤피이 사원에서의 기도 선도자로서의 삶 사이를 오고 갔던 아버지는 확고한 이슬람 신념의 시대를 살았다. 하지만 아흐마드의 세대는 언론인들이 여론 형성에 중요한 역할을 했던 신문을 포함해서, 새로운 사상과 혁신의 영향을 깊이 받았다.

아흐마드 아민은 교사이던 청년 시절부터 신문을 읽기 시작했고, 단골에게 신문을 제공하는 카페에 자주 방문했다. 아민의 설명에 따르면 각 신문은 고유의 정치적 성향을 표방했다. 아민은 주로 자신의 가치관에 부합하는 보수적이고 이슬람 지향적인 신문을 선택했지만, 당대의 민족주의적이거나 친제국주의적인 성향의 신문들에도 친숙했다.

1820년대에 이집트에 소개된 인쇄기는 중동에 수입된 초기 산업 제품 중의 하나였다. 무함마드 알리는 인쇄 기술과 지식을 습득하기 위해서 이탈리아 밀라노로 초기 기술 파견단 중의 하나를 보냈다. 그리고 얼마 후에 이집트 정부는 아랍어로 발행된 최초의 정기간행물인 관보(官報)를 발행하기 시작했다. 관보의 주요 목적은 "[공공의] 업무와 이익을 책임지고 있는 친애하는 총독들과 뛰어난 관료들의 업무능력을 향상시키기 위한" 것이었다.[29] 1842년과 1850년 사이에 프랑스 파리에 대한 연구로 유명해진 저자 리파 알 타흐타위가 이 관보의 편집자로 일했고, 관보의 이름은 "이집트 사건들"이라는 의미를 가진 아랍어로 지어졌다.

수십 년이 지난 후에는 개인 사업자가 신문을 세상에 내놓기 시작했는데, 이 신문들의 대다수는 정부의 간접적인 통제를 받았다. 인쇄 부수가 너무 적었기 때문에 신문사는 정부의 후원 없이는 존속할 수 없었다. 최초의 아랍어 신문 중의 하나인 「알 자와입(al-Jawa'ib)」은 1861년에 이스탄불에서 개인이 발행하기 시작했지만, 몇 달도 지나지 않아서 재정적인 어려움에 빠졌다. 술탄 압둘아지즈는 이 풋내기 신문을 자신의 보호 아래에 두기로 했다. "이제부터 「알 자와입」의 경비를 [오스만] 재무부가 제공하고 황실 인쇄소에서 발행하기로 결정되었습니다. 이러한 정황으로 소유주인 위대한 술탄께 충성을 맹세하는 바입니다"라고 발행인은 독자들에게 알렸다.[30] 언론의 자유에 대한 이와 같은 제약에도 불구하고 「알 자와입」은 상당한 영향력이 있는 신문이었으며, 아랍인 독자층도 모로코에서 동아프리카와 인도양 지역에 이르기까지 광범위했다. 다른 신문들의 발행도 곧 이어졌다.

베이루트와 카이로가 아랍 세계에서 언론 및 출판의 주요 중심지로 부상했고, 그 도시들은 현재도 그렇다. 19세기 중반의 레바논은 아랍어로 나흐다(nahda), 즉 "르네상스"라고 알려진 대(大)문예 부흥운동의 한 가운데에 있었다. (종종 선교사 소유의) 인쇄기의 힘에 고무된 무슬림과 기독교도 지식인들은 사전과 백과사전을 집필하고 아랍 문학과 사상의 위대한 고전들을 출판하는 데에 열성이었다.

나흐다는 오스만 제국의 아랍인들이 오스만 이전 시대의 영광에 대해서 논하기 시작한, 지성적인 재발견과 문화적 표현의 짜릿한 순간이었다. 운동은 종파나 종교에 상관없이 아랍어로 말하는 모든 사람을 포용했고, 아랍 정치에 매우 큰 영향력을 행사하게 될 개념— 아랍인은 공통된 언어와 문화, 역사로 정의될 수 있는 하나의 민족이다 — 의 씨앗을 뿌렸다. 마운트 레바논과 다마스쿠스에서 발생했던 1860년의 폭력적인 충돌 이후로 이와 같은 긍정적인 새로운 시각은 공동체 간의 깊은 분열을 치유하는 데에 있어서 더욱 중요해졌다. 신문이 이러한 개념을 확산시키는 데에 중요한 역할을 했다. 나흐다를 이끈 선각자 중의 한 명인 부트루스 알 부스타니는 1859년에 신문이 "대중을 계몽시킬 수 있는 가장 중요한 수단의 하나"라고 선언했다.[31] 1870년대 말 경에 베이루트에서는 최소한 25개의 신문과 시사 전문 정기간행물이 발행되고 있었다.

그러나 1870년대 말경부터 오스만 정부는 새로운 언론 통제를 단행하기 시작했고, 이것이 술탄 압둘하미드 2세(1876-1909)의 치세 동안에는 엄격한 검열로 발전했다. 많은 언론인과 지식인이 시리아와 레바논에서 언론 통제가 덜했던 이집트로 옮겨오면서, 카이로와 알렉산드리아에서는 개인 출판의 시대가 열렸다. 19세기의 마지막 25년 동안에 160개가 넘는 아랍어 신문과 잡지가 이집트에서 발행되었다.[32]

오늘날 아랍 세계에서 가장 유명한 신문 중의 하나인 「알 아흐람(*Al-Ahram*)」(문자 그대로 "피라미드들"이라는 의미이다)은 1870년대 초에 베이루트에서 알렉산드리아로 이주한 살림과 비샤라 타클라 형제에 의해서 창간되었다. 문화나 과학적 주제에 대한 시론을 제공했던 당대의 다수 신문과는 달리 「알 아흐람」은 1876년 8월 5일에 발행된 첫 호부터 이미 제대로 된 신문이었다. 타클라 형제는 로이터의 뉴스 제공 서비스를 구독하기 위해서 알렉산드리아의 전신국을 이용했다. 전신에 접근할 수 없던 베이루트의 신문사들이 여전히 우편에 의존하며 사건 발생 후 몇 개월이 지난 후에야 해외 기사를 내보내던 것과는 달리 「알 아흐람」은 사건 발생 후 수일 내에 심지어는 몇 시간 만에 국내외 소식들을 전달했다.

이집트 언론사들의 영향력이 점점 커짐에 따라서 케디브는 급성장한 매체들에 대한 국가 통제를 강화하고자 노력했다. 이집트 정부는 정치적 관점이 "과도하다"라고 간주되는 신문사들을 폐쇄했다. 1876년에 이집트 정부가 파산하고 이집트 정무에 대한 유럽의 간섭이 이어지면서, 언론인들은 대령 아흐마드 우라비를 지지하며 개혁가들과 적극적으로 연대했다. 이에 정부는 1881년에 엄격한 언론법 선포로 대응했고 이것은 언론의 자유를 제한하는 위험한 전례가 되었다.

언론 규제는 영국의 점령하에서 완화되었고, 1890년대 중반경이면 크로머 경은 더 이상 1881년의 언론법을 적용하지 않았다. 물론 영자 신문인 「이집트 신문(*Egyptian Gazette*)」이나 아랍어 신문인 「알 무콰탐(*Al-Muqattam*)」처럼 이집트를 점령한 영국에게 우호적인 신문들에게는 장려금을 지속적으로 제공했지만, 그렇다고 해서 공개적으로 영국 통치에 비판적인 신문들에 대해서 어떠한 조치를 취하지도 않았다. 크로머는 신문이 매우 좁은 범위의 교양 엘리트층 사이에서 유통될 뿐이며, 자유 언론이 당시 부상하고 있던 민족주의 운동의 기운을 발산할 수 있는 유용한 압력 조절 밸브라는 것을 잘 알고 있었던 것이다.

이것이 1900년대 초에 아흐마드 아민이 마주친 신문 출판계의 실상이었다. 즉 유럽의 기술에서 출현한 아랍 매체들은 경건주의에서부터 민족주의와 반제국주의에 이르기까지 다양한 관점을 표방하고 있었다.

아흐마드 아민 시대의 신문에 등장한 민족주의는 비교적 새로운 현상이었다. 정치적 단위로서 "민족"―자치를 열망하는 특정 영토에 기반한 공동체―이라는 개념은 세계의 다른 지역에서와 마찬가지로 19세기 동안 중동에 뿌리를 내리게 된 유럽 계몽주의 사상의 산물이었다. 19세기 초만 해도 대다수의 아랍인은, 대개 유럽의 지지를 받으며 오스만 제국으로부터 독립하고자 하던 발칸의 기독교 공동체와 연관된 민족주의에 눈살을 찌푸렸다. 또한 이집트와 북아프리카의 군인들은 술탄의 부름을 받고 1820년대부터 1870년대까지 발칸의 민족주의 운동과 싸웠었다.

그러나 북아프리카가 유럽의 식민 지배를 받게 되면서 오스만 세계와 단절되자, 민족주의는 외세의 지배에 맞서는 하나의 대안으로서 부상했다. 실제로 제국주의는 북아프리카에서 민족주의가 등장하는 데에 필요한 중요한 두 가지의 구성요소를 제공했다. 해방될 민족 영토의 경계를 명시한 국경선과 공동의 해방 투쟁으로 주민을 결집시킬 공동의 적이 바로 그것이다.

그렇다고 외세의 점령에 맞서는 단순한 저항이 민족주의 운동을 의미하지는 않는다. 명확한 이데올로기적 기반이 결핍되어 있었던 알제리에서의 압드 알 카디르의 전쟁이나 이집트에서의 우라비 반란이 민족주의 운동으로 간주되지 않는 듯이 말이다. 민족주의 이념을 바탕으로 하지 않는 정치 운동은 군이 패하거나 지도자가 유배되는 순간, 외세의 지배로부터 독립하는 데에 필요한 동력을 제공할 수 없었다.

유럽이 북아프리카를 점령한 뒤에야 민족적인 자각의 과정이 본격적으로 시작되었다. "이집트인", "리비아인", "튀니지인", "알제리인" 또는 "모로코인"이라는 것은 무슨 의미였을까? 아랍 세계의 대다수 사람들에게 이러한 민족적인 호칭들은 어떤 의미 있는 정체성에도 부합하지 않았다. 만약 그들에게 누구인지 또는 어디 출신인지 질문을 한다면, 사람들은 그저 극도의 지역적인 정체성을 내세웠을 것이다. 예를 들면 출신 도시("알렉산드리아인")나 소속 부족, 기껏해야 출신 지역("카비일 산맥")을 밝혔을 것이다. 또는 이슬람 움마(ummah, "공동체")와 같은 좀더 큰 지역 사회의 일원으로서 자신을 규정했을 것이다.

유일하게 이집트만이 제1차 세계대전 이전에 중요한 민족주의적인 소요를 겪었다. 유럽 기독교 세력의 지배를 받게 되면서 무슬림의 역설(逆說)과 씨름

하던 개혁 성향의 이슬람 종교지도자들이 제국주의에 대항하는 이슬람적 대응 양식을 만들어내기 시작했던 것이다. 이와 동시에 이슬람 근대주의자들의 영향을 받은 다른 종류의 개혁가들도 세속주의적인 민족주의 의제에 착수했다. 이슬람 근대주의자들이나 세속적 민족주의자들이나 모두 아랍 사상에 영향을 미쳤고, 훗날 도래할 전체 아랍 세계의 민족주의 운동에 영감을 주었다.

알 사이드 자말 알 딘 알 아프가니(1839-1897)와 셰이크 무함마드 압두(1849-1905)는 19세기 말에 이슬람과 근대성에 관한 논쟁을 구체화했다. 이 두 사람은 20세기에도 이슬람과 민족주의에 영향을 미칠 이슬람 개혁 의제를 만들어낸 공동 작업자이다.

왕성한 사상가이자 이슬람 세계와 유럽 곳곳을 여행했던 알 아프가니는 가는 곳마다 지지자들에게 영감을 주고 통치자들에게 경종을 울렸다. 1871년부터 1879년까지 이집트에서 지낸 8년 동안에는 영향력 있는 사원 부속 대학인 알 아즈하르에서 가르치기도 했다. 알 아프가니는 종교학자로 교육을 받았지만, 정치 선동가의 성향도 가지고 있었다. 인도와 아프가니스탄, 이스탄불을 여행하면서 이슬람 세계에 유럽이 제기한 위협의 심각성과 그 위협에 대처하는 이슬람 국가 수장들의 무능력을 실감했던 것이다. 알 아프가니의 정치철학의 핵심은 이집트와 튀니지, 오스만 제국의 탄지마트 개혁가들처럼 이슬람 국가를 정치적으로 강하고 번영하게 만드는 방법에 있지 않았다. 그 대신 그는 현재의 무슬림들이 종교 원리에 따라 산다면, 그들의 나라는 예전의 힘을 회복하고 유럽이 제기한 외부적인 위협을 극복하게 될 것이라고 주장했다.[33]

알 아프가니는 이슬람이 근대 세계와 얼마든지 양립할 수 있다고 확신했지만, 무슬림이 오늘날의 문제에 맞서기 위해서는 무엇보다도 종교적 갱신이 필요하다고 생각했다. 모든 신실한 무슬림이 그러하듯 알 아프가니도 『쿠란』의 메시지는 영원하며 모든 시대에 똑같이 유효하다고 믿었다. 단지 11세기의 이슬람 학자들이 이견과 분열을 막고자 의도적으로 고정 불변의 학문 체계로 만들어 버린 『쿠란』의 해석이 낙후되었을 뿐이라는 것이다. 19세기 이슬람 학자들은 12세기 학자들이 배웠던 것과 같은 책으로 신학을 배웠다. 이슬람에 관한 혹평을 쇄신하고 중세 신학자들이 결코 예견하지 못한 19세기의 도전들에 대처하기 위해서는 분명히 새로운 『쿠란』의 해석이 필요했다. 알 아프가니는 쇄신된 이슬람의 원칙에 기반하는 동시에 무슬림 통치자의 권력에 분명한 제한을 두는 헌법을 통해서 통치자의 힘을 제약하고 전 세계 무슬림 공동체들이 범이슬람적인 연대에 나설 수 있도록 촉구할 수 있기를 희망했다. 급진적인 그의 새로운 사상은 민족주의자 아흐마드 루트피 알 사이드와 사아드 자그룰, 위대한 이슬람 근대주의자 셰이크 무함마드 압두 등을 포함해서 알 아즈하르의 재능 있는 젊은 세대의 학자들을 불타오르게 했다.

나일 삼각주의 한 마을에서 태어난 압두는 당대의 가장 위대한 사상가 중의 한 명이었다. 이슬람 학자이자 언론인이었고 재판관이었던 그는 이집트의 대(大)무프티(grand mufti : 이슬람법을 해석하여 사법적 의견을 제시하는 최고위급 종교 관료/역주) 즉 최고위급 종교 관료로서 공직 생활을 마쳤다. 유력지였던 「알 아흐람」에 글을 썼고, 알 타흐타위처럼 이집트 정부의 관보 편집자로도 일했다. 하지만 그는 1882년에 아흐마드 우라비를 지지했다는 이유로 허무하게도 영국에 의해서 베이루트로 추방되었다.

떠도는 신세가 된 압두는 서유럽으로 여행을 떠났고, 파리에서 알 아프가니와 조우했다. 그곳에서 그들은 서구 제국주의에 맞서서 이슬람적인 대응을 촉구하는 개혁 성향의 잡지를 세상에 내놓았다. 1880년대 후반에 이집트로 돌아온 압두는 아프가니의 원칙에 기반하면서도 더 정밀해진 행동 방침을 언명했다.

역설적이게도 압두는 진보적인 이슬람을 주장하면서도 초기의 이슬람 공동체 — 아랍어로는 살라프(salaf, 즉 선조)로 알려진, 예언자 무함마드와 그의 추종자들 — 를 역할 모델로 삼았다. 그 결과, 압두는 살라피즘(Salafism) — 오늘날 이 용어는 오사마 빈 라덴과 가장 급진적인 이슬람 반서구 행동파를 연상시킨다 — 이라고 불리게 될 새로운 계열의 개혁 사상의 창시자 중의 한 명이 되었다. 이슬람 선조들을 불러낸 압두는 무슬림이 신앙을 "올바르게" 준수하고 그 결과 세계의 지배세력으로 부상했던 황금시대를 돌아보자고 주장했다. 지중해 전역과 남아시아 깊숙한 곳까지 확장된 이슬람의 지배는 이슬람 도래 후 4세기 동안이나 지속되었다. 그런데 그후 이슬람 사상이 경화(硬化)되었다는 것이다. 신비주의가 스며들었고, 합리주의가 사라졌으며 공동체는 법에 대한 맹종에 빠졌다. 이슬람에서 이러한 이질적인 것들이 제거될 때 움마는 선조들의 순수하고 합리적인 관행으로 돌아갈 수 있으며, 한때 이슬람을 세계의 지배적인 문명으로 만들었던 활력도 회복할 수 있다고 그는 주장했다.

알 아즈하르의 학생이었던 아흐마드 아민은 수줍음을 이겨내고 위대한 무함마드 압두의 수업에 참석했다. 압두의 가르침에 대한 아민의 회상은 이슬람 개혁가가 학생들에게 끼친 영향력을 생생하게 보여준다. "두 개의 강좌에 참여한 나는 그 분의 아름다운 목소리를 듣고 훌륭한 풍채를 보았으며, 아즈하르의 셰이크들로부터는 도저히 알아들을 수 없었던 것들을 그를 통해서 이해하게 되었다." 무함마드 압두의 개혁 의제는 결코 그의 가르침과 동떨어지지 않았다. 압두는 "때때로 무슬림들의 처지와 부정직함을 치유할 방법을 토론하기 위해서 주제에서 벗어나기도 하셨다"라고 아민은 회상했다.[34]

이집트가 민족주의 시대로 들어설 무렵에 알 아프가니와 무함마드 압두는 이슬람을 민족 정체성의 필수불가결한 일부분으로 만들었다. 무슬림 사회의 현황을 우려하며 압두와 추종자들은 민족 투쟁과 함께 사회 개혁을 논의하기 시작했다.

"무슬림의 처지"를 논의하는 가운데 무함마드 압두의 추종자들은 이슬람 사회에서의 여성의 지위 변화를 주장하기 시작했다. 나폴레옹의 침략 시기에 유럽인들과 처음 조우한 이집트의 지식인들은 매우 다른 형태의 젠더(gender) 관계를 목격했고, 이에 대해서 좋지 않게 생각했다. 이집트의 연대기 사가 알 자바르티는 나폴레옹의 병사들이 이집트 여성에게 끼친 영향에 섬뜩해졌다. "프랑스인 지역 행정가들은 프랑스 여자처럼 옷을 입은 무슬림 부인을 대동한 채 거리를 거닐며 공공 업무를 보았고 현행 규제에 관심을 가졌다. 여자들이 명령하고 금지했다"[35]면서 불만을 털어놓은 알 자바르티는, 이것은 **남자**가 명령하고 금지하는 세계의 자연 질서를 뒤집은 것이나 다름없다고 생각했다.

30년 후에 파리의 남녀 간의 관계를 관찰한 알 타흐타위 역시 "자연 질서"의 전복에 대해서 불평했다. "이곳의 남자들은 여자의 미모와는 상관없이 그들의 노예로 자처하면서 명령을 받는다"라고 썼다.[36] 알 자바르티와 알 타흐타위는 훌륭한 여성이라면 집의 격리 구역(하렘/역주)에 머물고, 공공장소에서는 여러 겹의 옷과 베일을 쓰며, 아무도 모르게 소리 없이 지나가야 한다고 생각하던 사회의 일원이었다. 이러한 모습은 아흐마드 아민의 어린 시절에도 카이로에서 여전히 볼 수 있었던 풍경이었다. 아민은 어머니와 누이가 "베일을 썼으며 베일을 착용하지 않고서는 사람들을 만나려고도 모습을 보이고 싶어 하지도 않았다"라고 설명했다.[37]

1890년대에 이집트 개혁가들은 여성의 다른 역할에 대해서 분명히 언급하기 시작했는데, 변호사 카심 아민(1863-1908)은 독립을 위한 민족 투쟁의 기초는 여성의 사회적 지위를 증진시키는 것에서부터 시작되어야 한다고 그 누구보다도 단호하게 주장했다.

카심 아민(아흐마드 아민과는 아무런 관계도 없다)은 특권층 출신이었다. 튀르크계였던 아버지는 오스만 총독으로 일했고, 이집트로 이주하기 전에 파샤의 지위를 얻었다. 카심은 이집트에서 최고의 사립학교를 다녔고 카이로와 몽펠리에에서 법학 공부를 계속했다. 1885년에 이집트로 돌아온 그는 곧 무함마드 압두 주위의 개혁가들 무리에 휩쓸렸다.

동료들이 이집트 민족 부흥에서 이슬람이 담당할 역할과 영국 점령이 미친 영향에 대해서 논의하는 동안 카심 아민은 여성의 지위에 초점을 맞추었다. 그는 1899년에 초기작 『여성 해방(*The Liberation of Women*)』을 썼다. 무슬림 개혁가로서 무슬림 독자를 대상으로 글을 쓴 카심 아민은 제국주의로부터의 해방이라는 세속주의적 민족주의 의제와 자신의 주장을 연계시켰다.

1900년에 일터는 물론이고 교육에도 접근할 수 없었던 이집트 여성은 단 1퍼센트만이 읽고 쓸 수 있었다.[38] 그 당시 카심 아민이 주장했었고 오늘날 "아랍 인간 개발 보고서(Arab Human Development Report)"의 저자들이 여전히 주장하는 것처럼, 여성의 권한을 박탈하면서 아랍 세계 전체는 무력화되었다. 카심 아민의 말에 따르면, "여성은 적어도 전 세계 인구의 반을 구성한다. 따라서 여성의 무지를 영속화하는 것은 인구 절반의 능력으로부터 국가가 취할 수 있는 이득을 부정하는 것이며, 이것은 반드시 부정적인 결과를 초래할 수밖에 없다."[39] 고전 아랍어로 글을 쓴 그의 비판은 신랄했다.

> 수세대 동안 우리 여자들은 강자들의 규칙에 지속적으로 종속되어왔고 남자들의 무서운 폭정에 시달려왔다. 반면 남자들은 여자들을 자신에게 헌신하고 자신의 뜻에 따르는 존재로만 생각한다. 또한 남자들은 여자들의 면전에서 기회의 문을 닫아버림으로써 여자들이 생계를 꾸리지 못하도록 방해해왔다. 그 결과 여자들이 의지할 것은 부인이 되거나 매춘부가 되는 길뿐이었다.[40]

카심 아민은 유럽과 아메리카 여성의 권리 향상 및 문명화에 바친 서구 여성의 기여와 이집트 및 이슬람 세계의 상대적인 저발전을 대조시켰다. "무슬림 여성의 열등한 지위는 우리가 유익한 것을 향해 나아가는 것을 방해하는 가장 큰 장애물이다"라고 그는 주장했다.[41] 그러고 나서 여성의 지위를 민족 투쟁과도 연계시켰다. "민족의 처지를 위해서는 반드시 여성의 지위를 향상시켜야 한다."[42]

『여성 해방』은 개혁가와 보수주의자, 민족주의자, 지식인들 사이에서 격렬한 논란을 불러일으켰다. 보수주의자들과 민족주의자들은 아민의 작품이 사회 구조를 파괴한다며 비난했고, 종교학자들은 신의 질서에 반하는 것이라고 비난했다. 카심 아민은 다음 해에 『신여성(The New Woman)』이라는 제목으로 후속 편을 출판하여 이러한 비평가들에게 응수했다. 이 책에서는 종교적 수사를 버리고 발전과 자연권, 진보라는 측면에서 여성의 권리를 주장했다.

카심 아민의 저작은 오늘날 페미니스트들의 기대에는 미치지 못한다. 아민의 주장은 남자가 여자에게 베풀어야 할 은혜에 관해서 논쟁을 벌이던 남자들의 것과 별반 다르지 않았다. 이집트 여성의 전반적인 사회적 지위의 향상 및 교육의 증진을 주창했지만, 양성 간의 완전한 평등을 요구하는 데까지는 나아가지 못했던 것이다. 하지만 자신이 살았던 시공간적 제약에도 불구하고 카심 아민은 여성의 권리에 관한 의제를 과거보다 훨씬 더 멀리까지 진척시켰다. 그의 저작들이 불러온 논란은 결국 변화를 가져왔다. 20년도 지나지 않아서, 주도권을 잡은 이집트 엘리트 여성들이 민족주의 운동에 참여하며 자신들의 권리를 주장하기 시작했다.

민족 정체성과 이슬람 개혁 그리고 젠더 평등과 같은 당대의 사회적 문제들이 활발하게 논의되는 가운데 뚜렷한 이집트 고유의 민족주의가 19세기 말에 등장했다. 아흐마드 루트피 알 사이드와 무스타파 카밀이 초기 이집트 민족주의를 형성하는 데에 있어서 가장 큰 영향을 미쳤다.

아흐마드 루트피 알 사이드(1872-1963)는 근대적인 중등교육을 받고, 1889년에 법학부에 입학한 지방 명사의 아들이었다. 무함마드 압두의 제자로 알려져 있지만, 민족 재생의 기초로서 이슬람을 특권화하지는 않았다. 오히려 국가로서의 이집트가 루트피 알 사이드의 정치 비전의 핵심이었다. 이러한 면에서 그는 아랍 세계에서 처음으로 국민국가적인 민족주의를 주장한 사람 중의 한 명이다. 아랍이나 오스만 또는 범이슬람적인 이상을 최고의 가치로 여긴 사람들과는 달랐다. 무함마드 압두의 측근들이 만든 인민당의 창립 당원이었던 그는 자신이 편집하던 신문 「알 자리다(al-Jarida)」에 기고한 글들을 통해서 자치권을 가진 이집트 국가라는 이상을 고취시켰다.

루트피 알 사이드는 이집트 민중에게 합법 정부를 허용하지 않는 두 전제 세력인 영국과 케디브를 반대했다. 그러나 영국의 통치가 수반한 견고한 행정체제와 균형 잡힌 재정의 이점은 인정했다. 또한 지금의 상황에서 영국으로부터의 독립을 바라는 것은 비현실적이라고 생각했다. 영국은 이집트에 기득권을 가지고 있을 뿐만 아니라 그것을 지킬 수 있는 군사력도 보유하고 있다. 따라서 차라리 이집트인들이 영국을 이용해서 케디브에게 헌법을 수용하도록 종용하여 이집트 정부를 변화시키고 고유의 통치기관 — 입법의회와 지방의회 — 을 설립해야 한다고 루트피 알 사이드는 주장했다.

아흐마드 아민은 이집트 민족주의자들이 그날그날의 쟁점을 논하기 위해서 모이곤 하던 장소였던 「알 자리다」 신문사 내의 루트피 알 사이드 사무실의 단골이었다. 이곳에서 아흐마드 아민은 "루트피 [알 사이드] 교수님 및 다른 분들의 강의와 선별된 최고 지식인들과의 만남 덕택에" 사회 및 정치 교육을 받을 수 있었다.[43]

루트피 알 사이드는 이집트 민족주의 운동의 온건파를 대표했고, 이집트가 독립을 달성할 수 있는 수준에 이르도록 만들기 위해서라면 제국주의자들과도 기꺼이 일하려던 사람이었다. 반면 무스타파 카밀(1874-1908)은 급진적인 민족주의 운동의 대변자였다. 루트피 알 사이드처럼 그도 카이로와 프랑스에서 근대적인 법학 교육을 받았다. 국민당의 창립 멤버였던 카밀은 프랑스에 있는 동안에 프랑스의 수많은 민족주의 사상가들과 접촉했는데, 그들은 모두 이집트 젊은이들만큼이나 영국의 제국주의에 적대적이었다. 1890년대 중반에 고국으로 돌아온 카밀은 영국의 점령을 종식시키기 위한 운동을 벌였다. 1900년에는 신생 민족주의 운동의 영향력 있는 대변자가 될, 「알 리와(al-Liwa, 깃발)」라는 신문을 창간했다.

뛰어난 웅변가이자 카리스마 있는 청년이었던 카밀은 학생과 거리의 전폭적인 지지를 받으며 민족주의 운동을 추진했다. 한동안 영국에 압력을 행사하기 위해서 민족주의 운동을 이용하고자 했던 케디브 아바스 2세(재위 1892-1914)의 후원을 비밀리에 받기도 했다. 그러나 젊은 종교학자 아흐마드 아민이 처음부터 카밀의 급진적인 민족주의에 동의했던 것은 아니었는데, 카밀의 주장을 합리적이라기보다는 감정적이라고 결론지었기 때문이다.[44]

어떤 면에서 20세기 초의 이집트 민족주의자들이 직면한 가장 큰 문제는 영국이 이집트인들로 하여금 반란을 일으키도록 부추길 만한 자극적인 일을 거의 하지 않았다는 점이었다. 이집트 민중이 외세의 통치에 분노하기는 했지만 영국은 균형 잡힌 행정과 안정을 제공했고 낮은 세금을 부과했다. 또한 영국의 점령자들은 이집트인들과 거의 접촉하지 않았는데, 그들은 이집트 일반인들과 섞이는 것을 별로 좋아하지 않았을 뿐더러 마음을 잘 터놓지 않는 사람들이었기 때문이다. 따라서 영국은 이집트인들이 비록 자신들의 지배를 좋아하지는 않지만, 그럼에도 은근히 받아들이고 있던 식민통치에서 벗어나도록 자극할 만한 그 어떤 행동도 하지 않았다.

딘샤와이 사건이 있기 전까지는 말이다.

1906년에 영국의 사냥단이 비둘기를 사냥하러 나일 삼각주의 딘샤와이 마을에 들어갔다. 분노한 한 무리의 농민들이 식용으로 기르던 비둘기들을 죽이지 못하도록 저지하기 위해서 영국인들을 에워쌌다. 소동이 계속되면서 한 영국 장교가 다쳤고, 도움을 구하다가 사망했다. 그 무렵 국외에 있던 크로머 경을 대신해서 업무를 보던 임시 관리인들이 극도로 과민한 반응을 보였다. 영국 군인들이 마을에서 52명을 체포해서 특별 법정에 회부했다. 이집트 대중은 신문을 통해서 이 모든 상황을 지대한 관심을 가지고 지켜보고 있었다.

아흐마드 아민의 정치관과 독서 성향이 딘샤와이 사건 이후 극적으로 달라졌다. 아민은 그가 친구들과 알렉산드리아의 옥상 테라스에서 저녁을 먹고 있던 그날 — 1906년 6월 27일 — 을 정확하게 기억하고 있었다. "신문에서 우리는 딘샤와이 마을 사람 네 명이 사형을 선고 받았고, 두 명은 강제노동 종신형에 처해졌으며, 한 명은 징역 15년형, 여섯 명은 징역 7년형, 다섯 명은 각각 50대의 채찍형을 선고 받았다는 기사를 읽었다. 우리는 [비통함에 어쩔 줄 몰랐고] 연회는 장례식장으로 변했으며 대다수는 울음을 터트렸다."[45] 그 후부터 아민은 지역 카페에서 무스타파 카밀의 급진적인 민족주의 신문만을 읽었다.

아민처럼 민족주의로 전향하는 이들이 이집트 전역에서 갈수록 많아졌다.

신문들은 도시인들에게 이 비극을 알렸고, 민중 시인들은 딘샤와이의 비극과 영국 통치의 부당함을 담은 노래로 마을에서 마을로 이 소식을 퍼뜨렸다.

딘샤와이 사건이 잊힌 것도 영국이 용서받은 것도 아니었지만, 결국에는 평온이 이집트에 다시 찾아왔다. 1906년에 드디어 민족주의 운동을 위한 기반이 모두 마련되었다. 그러나 이집트의 민족주의자들이 맞서 싸워야 할 대상은, 후퇴가 아니라 아랍 세계에서의 영향력 확대를 고대하고 있던 대영제국이었다. 실제로, 이집트와 그 외의 중동 지역에서의 영국의 호기(好機)는 이제 막 시작되려는 참이었다.

6

분할통치 : 제1차 세계대전과 전후 처리

20세기 초에 민족주의가 오스만 제국의 아랍 지역에서 출현했다. 약 400년 동안 오스만 지배를 받아왔던 제국의 아랍인들에게 독립 국가를 상상하는 것이 처음부터 쉬웠던 것은 아니었다. 초기의 민족주의자들은 아랍 국가란 무엇인가를 두고 모순된 개념들과 씨름해야만 했다. 누군가는 아라비아 반도를 주무대로 하는 왕국을 상상했고, 또다른 누군가는 대시리아나 이라크처럼 아랍 세계 각지에 세워질 국가를 열망했다. 민족주의 시대가 도래하기 전에는 사회의 주변적인 존재에 속했던 민족주의자들은 사람들이 그들의 대의를 따르지 못하게 하려는 오스만 당국의 억압을 받아야 했다. 따라서 자신들의 정치적 꿈을 좇고 싶었던 민족주의자들은 망명을 택할 수밖에 없었다. 파리로 간 사람들은 유럽 민족주의자들과의 교감을 통해서 자신의 사상을 강화시켰고, 카이로로 떠난 사람들은 영국 지배에 맞서자고 선동하던 이슬람 개혁가들이나 세속주의 민족주의자들에게서 영감을 얻었다.

오스만 통치에 환멸을 느끼는 아랍인들의 수가 1908년의 청년 튀르크 혁명 이후 점점 더 늘어났다. 청년 튀르크인들은 1876년의 헌법 복원과 의회의 재소집을 술탄에게 요구하며 혁명을 일으킨 열렬한 민족주의자들이었다. 이러한 대책들은 청년 튀르크인들이 오스만의 지배 체제를 완화시킬 것이라고 믿었던 제국의 아랍인들에게 전폭적인 지지를 받았다. 하지만 그들은 곧 이스탄불의 새 정권이 오히려 더 가혹한 오스만 지배 체제를 적용하여 아랍 지역에 대한 통제력을 강화하려 한다는 사실을 깨닫게 되었다.

청년 튀르크인들이 중앙집권화라고 생각하며 도입했던 일련의 조치들을 많은 아랍인들은 억압적이라고 생각했다. 특히 청년 튀르크인들이 아랍 지역의 학교와 행정에서 사용하는 제국의 공식 언어로 아랍어보다는 터키어를 적극 권장한 정책이 그러했다. 이 정책은 아랍어를 민족 정체성의 필수적인 요소로 생각했던 아랍주의자들을 멀어지게 했다. 이처럼 청년 튀르크인들이 제국에 대한 아랍인들의 소속감을 강화시키고자 단행했던 정책들이 오히려 신생 민족주의 운동을 초래하는, 의도하지 않은 결과를 가져왔다. 1910년대에 한 무리의 지식인들과 군 장교들이 오스만 지배로부터 아랍의 독립을 획득하기 위해서 민족주의 비밀 단체들을 결성하기 시작했다. 일부 민족주의자들은 자신들의 목표에 대한 지지를 외부에 호소하고자, 지역 영사관을 통해서 유럽 열강들과 서신왕래를 하기도 했다.

초기 아랍 민족주의자들이 직면한 어려움은 거의가 극복하기 힘든 것들이었다. 오스만 정부의 감시는 어디에나 존재했고, 비합법적인 정치 활동은 무차별적으로 진압당했다. 아랍 독립을 추구하던 사람들은 목적을 달성할 수 있는 수단들도 부족했다. 무함마드 알리처럼, 아랍 지방에서 실력자가 봉기하여 오스만군을 패퇴시키던 시대는 지나갔다. 19세기의 오스만 개혁 성과 중의 하나는 중앙정부를 강화시켜 아랍 지역을 이스탄불의 지배에 더욱더 종속시킨 것이었다. 따라서 아랍 세계에 대한 오스만의 장악력을 뒤흔들기 위해서는 대대적인 격변이 필요했다.

그리고 제1차 세계대전이 바로 그 격변이었다.

***

오스만 제국은 1914년 11월에 독일의 동맹국으로 제1차 세계대전에 참전했다. 그러나 오스만은 이 전쟁을 어떻게 해서든지 피하고 싶었다. 1911년에 리비아를 두고 이탈리아와 에게 해 군도에서 싸웠고, 1912년과 1913년에는 발칸 국가들과 파괴적인 두 차례의 전쟁을 치르면서 제국은 싸움에 지쳐 있었다. 1914년 여름 유럽에서 대규모의 전쟁이 발발할 조짐이 보이자, 싸움에 연루되고 싶지 않았던 오스만 정부는 영국이나 프랑스와 방어 동맹을 체결하기를 원했다. 오스만 제국은 자신의 영토를 호시탐탐 노리는 러시아를 가장 경계했다. 그러나 영국과 프랑스는 자신들의 협상국인 러시아에 반하는, 이러한 동맹을 체결할 의향이 전혀 없었다.

청년 튀르크당 정부의 지도부 중 한 명이었던 엔베르 파샤는 독일의 열렬한 숭배자였다. 중동에 영토적 야심이 없는 유일한 유럽 열강이기 때문에 독일은 신뢰할 수 있다고 생각했다. 반면 러시아와 프랑스, 영국은 과거에도 오스만을 발판삼아 자신들의 제국 영토를 확장했었기 때문에 또다시 그렇게 할 가능성이 있다는 것이었다. 독일의 군사적 기량에 깊은 감명을 받은 엔베르는 독일만이 오스만 영토에 대한 유럽의 잠식으로부터 오스만을 보호해줄 수 있다고 강력하게 주장했다. 독일 정부와 비밀 협상을 진행한 엔베르는 유럽에서 전쟁이 발발한 직후인 1914년 8월 2일에 동맹조약을 체결했다. 이 조약에서 독일은 오스만이 동맹국 측에 가담하여 전쟁을 선포하는 대가로 독일인 군사 자문가와 전쟁 물자, 재정 지원을 약속했다.

독일은 칼리프 위(位), 즉 전 세계 무슬림 공동체의 수장이라는 오스만 술탄의 명목상의 지위를 활용하고 싶었다. 영국과 프랑스가 지배하던 남아시아와 북아프리카 식민지의 무슬림의 수가 수백만 명에 달하는 것을 고려했을 때, 독일의 전쟁 입안자들은 지하드를 통해서 적들의 전쟁 수행 능력에 파괴적인 결과를 초래할 수 있을 것이라고 생각했다. 1914년 11월 11일에 드디어 협상국에 전쟁을 선포한 오스만 술탄은 영국과 러시아, 프랑스에 맞서서 지하드에 나서라고 전 세계의 무슬림들에게 촉구했다. 유럽의 전장 저 멀리에서 자신들의 일상 문제에 몰두하고 있던 전 세계 무슬림들에게 술탄의 호소는 거의 아무런 효력도 발휘하지 못했지만, 파리와 런던에서는 이 상황을 심각하게 우려했다. 따라서 영국과 프랑스의 전략가들은 전쟁 발발 이후에도 한참동안 술탄-칼리프의 지하드에 맞서서 자신들이 벌이고 있는 전쟁에 대해서 이슬람 고위 관료들로부터 지지를 받고자 적극 노력했다.

또다시 전쟁을 하게 된 오스만 당국은 분리주의적인 성향을 가졌다고 의심되면 누구든지 무자비하게 탄압했다. 아랍 민족주의자들이 요주의 공격 대상이 되었다. 청년 튀르크당 정부의 세 지도자 중의 한 명인 제말 파샤는 자신이 관할하고 있던 대시리아에서 아랍 민족주의자들에 대한 탄압을 주도했다. 프랑스 영사관에서 압수한 문건을 근거로 베이루트와 다마스쿠스의 일부 저명한 아랍주의자들이 연루되었다며, 수십 명의 시리아인과 레바논인을 대반역죄로 고발했다. 1915년에 세워진 마운트 레바논의 군사법정에서 그해에만 베이루트와 다마스쿠스 출신의 수십 명이 교수형 선고를 받았고, 수백 명 이상이 장기 수감형을 언도받았으며, 수천 명이 추방되었다. 이와 같은 냉혹한 처벌로 인해서 제말 파샤는 알 사파(al-Saffah), 즉 "학살자"라는 별명을 얻었고, 갈수록 많은 아랍인들이 오스만 제국으로부터 독립해야 한다고 확신하게 되었다.

그러나 전쟁의 고통은 불법적인 정치 활동을 하던 사람들뿐만 아니라 아랍 지역민 모두에게도 영향을 미쳤다. 오스만군은 수천 명의 젊은이들을 현역으로 징집했는데, 시간이 지나면서 그들 대다수는 부상을 당하거나 질병으로 죽었고, 또는 전투 중에 사망했다. 농민들은, 실상은 아무 가치도 없는 갓 인쇄된 지폐로 값을 치르는 정부의 징발 관리들에게 작물과 가축을 빼앗겼다. 가뭄과 메뚜기 떼로 농민들의 어려움은 가중되었고, 마운트 레바논과 시리아 해안 지역에서는 심각한 기아가 발생하여 50만 명에 가까운 사람들이 목숨을 잃었다.

이러한 상황 속에서도 오스만은 유럽 열강들을 당혹스럽게 만들며, 동맹국으로서의 집요함을 보여주었다. 전쟁 초기에 오스만군은 수에즈 운하 지역의 영국군 진지들을 공격했다. 1915년에는 갈리폴리에서 프랑스군과 영국군, 영국 연방군을 격퇴했다. 또한 1916년에는 메소포타미아에서 인도 원정군의 항복을 받아냈다. 1916년과 1918년 사이에 히자즈 철로를 따라서 발생한 아랍 반란도 진압했다. 게다가 영국은 팔레스타인 전역을 차지하기 위해서 1918년 가을까지 오스만군과 싸워야만 했다.

그후, 오스만의 전선은 와해되었다. 영국군이 메소포타미아와 팔레스타인 그리고 시리아 — 아랍 반란을 일으킨 협력자들의 도움으로 — 에 대한 정복을 완수했다. 오스만군은 아나톨리아로 퇴각했고 다시는 아랍 땅으로 돌아오지 못했다. 1918년 10월에 마지막 튀르크군이, "냉혹한" 셀림이 402년 전에 아랍의 영토 정복을 시작했던 바로 그 현장에서 얼마 떨어져 있지 않은, 알레포의 북쪽 국경을 넘었다. 이렇게 지난 400년 동안 계속되었던 오스만의 아랍 통치가 돌연히 끝나버렸다.

아랍 지역에서 철수하는 오스만 패잔병들을 보면서 이를 안타까워하는 사람은 거의 없었다. 오스만 지배의 종식과 함께 아랍 세계의 사람들은 활발한 정치 활동의 시대로 진입했다. 그들은 오스만 시대를 400년간의 억압과 저개발의 시기로 회고했다. 아랍인들은 부활한 아랍 세계가 통일 독립 국가로 국제 사회의 대열에 합류할 것이라며 다가올 미래에 흥분했다. 하지만 동시에 유럽의 제국주의가 제기하고 있는 위험도 잘 인식하고 있었다. 프랑스의 북아프리카 지배와 영국의 이집트 지배가 가져온 고난을 신문에서 읽은 다른 지역의 아랍인들은 어떤 수를 쓰더라도 외국의 지배를 피하자고 결의를 다졌다. 1918년 10월부터 1920년 7월까지 짧지만 들뜬 이 시간 동안 아랍의 독립은 곧 달성될 듯이 보였다. 하지만 영토를 둘러싼 승전국들의 야욕이라는 가장 큰 장애물이 아랍인들을 기다리고 있었다.

***

오스만이 독일편에 서서 세계대전에 참여하자마자, 협상국들은 제국의 전후 분할을 위한 계획 수립에 들어갔다. 러시아가 가장 먼저 이스탄불과 러시아의 흑해 연안 및 지중해를 연결하는 해협 지역을 합병하겠다고 1915년 3월에 협상국들에게 통지하고 그 소유권을 주장했다. 프랑스는 러시아의 주장을 수용하며 실리시아(알렉산드레타와 아다나를 포함한 남동부 터키 해안 지역)와 팔레스타인의 성지들을 포함해서 대시리아(대략 지금의 레바논과 시리아, 팔레스타인, 요르단에 해당하는 지역)를 합병하는 계획에 착수했다.

영국은 동맹국들의 요구를 고려하며, 오스만 영토에 대한 자국의 전략적 이해관계를 검토해야만 했다. 1915년 4월 8일에 총리 허버트 애스퀴스는 패전국인 오스만 제국에 대한 전후 시나리오를 구상하기 위해서 위원회를 소집했다. 회장인 모리스 드 분젠 경의 이름을 딴 부처 간 위원회는 "아시아의 터키의 상황을 재조정함으로써 대영제국에게 돌아올 향후 이점과 필연적으로 증가하게 될 제국의 책임" 간에 균형을 맞추는 것을 목표로 했다. 1915년 6월 말에 드 분젠 위원회는 보고서를 제출했다. 이에 따르면, 오스만 제국의 분할 시 영국은 쿠웨이트에서 트루셜 스테이츠(Trucial States : 걸프 지역의 영국 보호령 연합/역주) ― 지금의 아랍 에미리트 연합국 ― 까지의 페르시아 만을 자신의 배타적 세력권 안에 둘 뿐만 아니라 메소포타미아 전역 ― 바스라와 바그다드, 모술 ― 도 통제하에 두어야 했다. 또한 영국은 제국의 통신망 구축을 위해서 철도를 부설하여 메소포타미아와 지중해 항구 하이파를 연결하는 해륙(海陸) 수송도 고려해야 했다.[1] 놀랍게도 전후 처리의 최종 결과는 드 분젠 위원회의 권고안과 매우 유사했다. 특히 차후에 영국이 전시 동맹국들과 체결한 복잡한 일련의 약속들을 고려한다면 상황은 더욱 놀랍다.

1915년에서 1917년 사이에 영국은 전후 오스만 아랍 영토 분할과 관련한 세 개의 별도 협정을 체결했다. 메카의 샤리프와 아랍 독립 왕국 건설에 관한 협정을 체결했고, 영국과 프랑스 사이에서는 시리아와 메소포타미아 분할에 관한 유럽 협약이 이루어졌으며, 팔레스타인에 유대인 민족향토를 건설하려는 시오니즘 운동을 지지한다는 약속도 했다. 영국의 전후 외교 과제 중의 하나는 여러 면에서 모순적인 이 약속들을 조화시킬 방법을 찾는 것이었다.

첫 번째 약속이 가장 방대했다. 드 분젠 보고서가 제출된 후 곧 바로 영국의 육군 장관 키치너 경은 카이로의 영국 관료들에게 오스만이 임명한 이슬람 제1성도의 최고 종교 권위자인 메카의 샤리프와 동맹을 협상할 수 있는 권한을 부여했다. 전쟁 초기였기에 영국은 오스만의 성전 호소가 독일이 바랐던 효력 ― 영국의 식민지들을 와해시킬 이슬람 세계의 총궐기 ― 을 실제로 발휘하지 않을까 우려했다. 따라서 영국은 아랍 세계의 이슬람 최고위 인사가지하드 반대 성명을 내게 하여 오스만과의 전세를 역전시키고 싶었다. 요컨대, 그것은 막 싹트고 있던 아랍 민족주의 운동이 오스만에 등을 돌리도록 만드는 작업이었다. 또한 이와 같은 아랍 반란은 독일의 동쪽 동맹국(오스만 제국/역주)에 맞서는 내부 전선도 형성시킬 수 있을 것이었다.

1915년 여름 즈음에 갈리폴리에서 오스만과 독일군의 거센 저항으로 발목이 잡혀 있던 영국과 영국 연방군은 긴급 구조가 필요했다. 1915년 7월에 메카의 샤리프 후세인 이븐 알리는 이집트 주재 영국 고등판무관인 헨리 맥마흔 경과 서신왕래를 시작했다. 1916년 3월까지 계속된 8개월간의 서신 교환 과정에서 맥마흔은 오스만 지배에 맞서는 아랍 반란을 하심 가(家)가 주도하는 대가로, 샤리프 후세인과 하심 왕조가 지배하는 아랍 독립왕국에 대한 영국 정부의 승인을 보장했다. 또한 아랍 반란에 필요한 자금과 무기, 식량을 지원할 것도 약속했다.

후세인과 맥마흔 간의 협의 내용 대부분은 미래에 건국될 아랍 왕국의 국경에 관한 것이었다. 샤리프 후세인은 매우 명확하게 원하는 영토 범위—시나이 반도의 이집트 국경에서부터 터키의 실리시아와 타우루스 산맥에 이르는 시리아 전체와 페르시아 국경까지의 메소포타미아 전역, 그리고 영국의 식민지 아덴을 제외한 아라비아 반도 전체—를 밝혔다.

헨리 맥마흔 경은 그 유명한 1915년 10월 24일자 서신에서 두 가지를 제외하고 샤리프 후세인이 제안한 국경을 인정했다. 실리시아와 프랑스가 소유권을 선언한 "다마스쿠스, 홈스, 하마, 알레포 지역의 서쪽에 위치한 시리아 부분"이 제외되었고, 영국의 소유권이 인정된 바그다드와 바스라 지방 문제는 영국과 아랍이 공동 통치한다는 조건으로 해결되었다. "[이러한] 수정을 조건으로, 대영제국은 메카의 샤리프가 요구한 경계 내의 모든 지역에서 아랍인들의 독립을 인정하고 지지할 준비가 되어 있다"라고 맥마흔은 후세인에게 장담했다. 후세인은 "이 전쟁이 끝나면 기회가 되는 대로, 지금은 프랑스에 속해 있는 베이루트와 그 연안 지역도……당신들에게 요구할 것이오"라고 경고하며 이 예외들을 마지못해 수용했다.[2]

영국과의 이러한 양해를 기반으로 샤리프 후세인은 1916년 6월 5일에 오스만 지배에 맞서는 아랍 반란을 호소했다. 아랍 반란은 히자즈의 정부기관들에 대한 공격으로 시작되었다. 메카가 6월 12일에 하심 가 군대에게 함락되었고, 홍해의 항구 지다는 나흘 후에 항복했다. 메디나에 주둔하던 대규모의 오스만 수비대가 히자즈 철로를 통해서 보급품을 공급받으며 아랍 공격에 저항했다. 하심 가는 메디나의 항복을 받아내고 히자즈 정복을 완수하기 위해서 다마스쿠스와 연계되는 이 주요 보급선을 차단하기로 결정했다. 그들은 사방이 뻥 뚫린 시리아 사막에 건설된 1,300킬로미터 길이의 철도를 파괴하려고 북쪽으로 이동했다. 메디나로 향하는 기차를 세우기 위해서 지하 수로와 가대 아래에서 돌격 준비를 한 로렌스가 명성을 얻은 곳도 바로 이곳이다.

1917년 7월에 샤리프 후세인의 아들 아미르 파이살이 지휘하는 아랍군이 지금의 요르단에 있는 작은 항구 아카바의 오스만 요새를 점령했다. 아카바에 사령부를 설치한 파이살은 이곳에서 군을 지휘하며 마안과 타필라의 오스만 요새를 계속해서 공격했고, 히자즈 철로에 대한 공격도 꾸준히 감행했다. 그러나 아랍군은 오스만 수비대를 제압하지 못했고, 마안도 점령하지 못했다. 게다가 오스만과 동맹을 맺은 아랍 부족 및 도시민들의 저항에도 부딪혔다.

카락의 인근 마을에서, 부족민과 도시민 500명으로 결성된 민병대가 1917년 7월 17일에 "파이살이 이끄는 군대와 싸우고자 대대적인 발포"에 나섰다. 카락의 의용군들은 하심 가가 이끄는 군대와 세 시간 동안 전투를 벌여 아랍군 아홉 명을 살해하고 말 두 마리를 포획한 후 승리를 선언했다. 비록 소규모의 전투였지만, 이 사건은 아랍 반란으로 오스만 지지자와 하심 가 지지자로 현지인들의 충성심이 나누어졌음을 보여주는 것이었다. 1917년 8월에 영국과 프랑스 정보국은 트란스요르단의 부족들이 확실히 오스만의 편이라는데에 합의로 보았다.[3] 샤리프 후세인의 반(反) 지하드 호소가 전 아랍인을 한편으로 끌어들이는 데에 실패한 것이다.

마안에서는 오스만군의 끈질긴 저항에 시달렸고 때로는 적지에서 싸워야 했던 하심 가문의 병사들은 1918년 8월에 북쪽의 오아시스 도시인 알 아즈락을 향해 돌진했다. 새로운 이 기지에서 8,000명으로 병력을 증강한 아랍군은 다마스쿠스를 점령하기 위해서 팔레스타인의 에드먼드 알렌비 장군의 병사들과 함께 협공작전을 폈다. 1918년 10월 2일에 다마스쿠스의 함락으로 아랍 반란은 가장 큰 목표를 달성했고, 샤리프 후세인은 영국이 약속을 지킬 것이라고 기대했다.

오스만 영토 처리를 두고, 영국이 체결한 두 번째 전시협정이 가장 복잡했다. 영국은 전시 동맹 삼국이 아직 공식적인 협정을 체결하지는 않았지만, 오스만 영토에 대한 프랑스와 러시아의 영토적 야심을 잘 알고 있었다. 아직 맥마흔이 샤리프 후세인과 협상 중이던 때에 영국과 프랑스 정부는 오스만 영토 전후 분할에 대한 공식협정을 체결하기 위해서 대표단을 임명했다. 프랑스는 전 베이루트 총영사였던 샤를 프랑수아 조르주 피코를, 영국은 키치너 경의 중동 자문가인 마크 사이크스 경을 대표단장으로 지명했다. 양측은 1916년 초에 협정을 체결했고, 러시아는 자신의 영토 소유권을 영국과 프랑스가 수용한다는 조건으로 이에 동의했다.

사이크스-피코 협정으로 알려진 최종적인 합의안이 1916년 10월에 체결되었다. 중동의 지도가 빨강과 파랑 색으로 칠해졌다. 빨강 색으로 칠해진 바그다드와 바스라 지역에서 영국은 "원하는 대로 직접 또는 간접적으로 통치하거나 지배"할 수 있는 권리를 가지게 되었고, 파랑 색으로 칠해진 실리시아와 시리아 연안을 포함한 지역에서는 프랑스가 같은 특권을 누리게 되었다. 갈색으로 칠해진 팔레스타인은 "국제 공동 관리" 구역으로 제외되었고, 이곳의 최종적인 통치방식은 결정되지 않았다. 부가적으로 영국은 이라크 중부의 키르쿠크에서 가자까지 북부 아라비아를 가로질러 뻗어 있는 지역에 대한 비공식적인 지배권을 주장했고, 프랑스는 모술에서 알레포, 다마스쿠스까지 이어지는 광범위한 삼각지대에 대한 비공식적인 지배권을 주장했다.[4] 또한 협정은 러시아가 소유권을 주장했던 동부 아나톨리아 영토의 경계선들도 확인했다.

사이크스-피코 협정은 문제를 해결하기보다는 오히려 더 많은 문제를 양산했다. 영국은 훗날 모술과 북부 메소포타미아에 대한 신탁통치를 프랑스에 제안한 것을 후회했고, 팔레스타인 전체를 국제 공동 관리하기로 한 사안에 대해서도 다시 생각하게 되었다. 게다가 사이크스-피코 협정은 후세인-맥마흔 서신의 진의와 조문 그 어느 것도 존중하지 않았다. 그것은 어느 팔레스타인 관찰자의 말처럼 "놀라운 한편의 사기극"이었다.[5]

영국 정부가 전시에 한 모든 약속 중에서 세 번째 것이 가장 오래 갔다. 유럽과 러시아에서 수세기 동안 반유대주의가 계속되자, 한 무리의 유대계 유럽 사상가들이 팔레스타인에 고국을 세우겠다는 꿈을 가지고 단합했다. 러시아의 박해를 피해 도망친 유대인들의 이민 물결이 1882년에 시작되었고, 약 2만에서 3만 명 정도의 자그마한 소수 집단이 팔레스타인에 정착했다. 1882년부터 1903년까지 이루어진 이 첫 이주 물결에 동참한 이민자들 대부분은 팔레스타인 도시들에 정착했지만, 약 3,000명 정도는 모세 몬테피오르와 바론 에드몬드 드 로스차일드와 같은 유대계 유럽 박애주의자들의 후원으로, 해안 평지와 카르멜 산의 북쪽 고원을 따라 들어선 집단 농장에 거주했다.

이러한 운동은 테오도어 헤르츨의 획기적인 저작인 『유대 국가(Der Judenstaat)』가 1896년에 출판되면서 탄력을 받았다. 빈 출신의 언론인이었던 헤르츨은 시오니즘으로 알려지게 될 새로운 유대 민족주의 운동의 확산을 장려했다. 1897년 여름에 제1차 시오니스트 회의를 소집한 헤르츨은 세계 시오니스트 기구를 설립하고 "팔레스타인에 공법(公法)으로 보장되는 유대 국가를 건설하는 것"을 목표로 세웠다.[6]

세계 시오니스트 기구는 이러한 사업 계획에 대한 국제적인 지지가 필요했다. 제1차 세계대전의 발발과 함께 기구는 본부를 베를린에서 런던으로 옮겼다. 이 기구의 수장은 전쟁 활동에 대한 기여 — 포탄에 쓰이는 아세톤의 대량 생산 기술을 찾아냈다 — 로 영국 정부의 최고위급 관료들에게 접근할 수 있었던 화학과 교수 하임 바이츠만이었다. 바이츠만은 시오니즘에 대한 영국 정부의 공식 후원을 받고자 인맥을 이용했다.[7] 2년이 넘게 바이츠만은 총리 데이비드 로이드 조지와 외무장관 아서 밸푸어에게 활발하게 로비를 벌인 끝에 결국 자신이 원하던 승인을 받을 수 있었다. 1917년 11월 2일자 편지에서 밸푸어는 바이츠만에게 다음과 같이 알렸다.

대영제국 정부는 팔레스타인에 수립될 유대 민족향토 건설을 지지하며 이러한 목적 달성을 돕고자 최선을 다할 것이다. 하지만 기존의 팔레스타인 비유대인 공동체들의 공민권과 종교적 권리 그리고 다른 지역의 유대인들이 향유했던 권리나 정치적 지위를 손상하는 그 어떤 것도 행해져서는 안 됨을 명백히 밝히는 바이다.[8]

이러한 개략적인 선언은 분명히 영국의 이권을 염두에 둔 것이었다. 전시 내각에서 밸푸어는 팔레스타인에 대한 시오니스트들의 계획을 지지함으로써 "우리는 시오니즘에 우호적인……많은 유대인들이 사는 러시아와 미국에서 매우 효과적으로 선전활동을 할 수 있을 것이다"라고 발언했다. 더욱이 시오니스트들은 밸푸어 선언 이후 팔레스타인이 영국의 통치를 받도록 로비를 벌여서 이 호의에 보답했다. 이로써 팔레스타인을 불명확한 국제 공동 관리 하에 남겨두었던 사이크스-피코 협정 때문에 영국이 느끼고 있던 불안감이 어느 정도 해소되었다.

영국이 이 모순적인 약속들을 대면해야 했던 위기의 순간이 드이어 1917년 12월에 찾아왔다. 밸푸어 선언은 영국 정부가 공개적으로 논의한 공식 성명이었다. 반면 사이크스-피코 협정은 세 협상국끼리 비밀리에 체결된 것이었다. 1917년 10월의 러시아 혁명 이후 볼셰비키는 차르 정부의 비밀 외교를 망신주기 위하여 외무부의 비밀문서들을 공표하기 시작했다―그중에 사이크스-피코 협정을 위해서 주고받았던 서신들도 있었던 것이다. 오스만 제국의 분할에 관한 비밀 협정 소식이 아랍 세계보다 이스탄불에 먼저 다다랐다. 오스만과 독일은 하심 가와 영국의 사이를 벌어지게 할 수 있는 절호의 기회라고 생각했다.

팔레스타인에서 영국군에 포위된 오스만은 영국의 배신을 구실로 하심 가에 접근하여 평화를 제의했다. 오스만 사령관 제말 파샤는 1917년 12월 4일에 베이루트에서 아랍인들을 속이고 있는 영국이라는 주제로 유려한 연설을 했다.

영국이 샤리프 후세인에게 약속한 해방이 신기루이자 기만이 아니라면, 그리고 독립을 향한 그의 꿈이 비록 오래 걸릴지라도 실현 가능성이 있다면, 나는 히자즈 반란의 명분을 조금이라도 인정했을 것이다. 그러나 영국의 진의가 드디어 밝혀졌고 그것은 오래가지 않아서 만천하에 드러날 것이다. 이로써 샤리프 후세인은……이슬람 칼리프즉 오스만 술탄가 그에게 부여한 존엄성을 영국에 팔아넘기고 그들의 노예가 되어버림으로써 자초한 굴욕의 쓴 맛을 보게 되었다.[9]

제말 파샤는 하심 가가 영국과의 동맹을 폐기하고, 오스만의 품으로 돌아오길 기대하며 관대한 조건들을 제시했다. 샤리프 후세인과 아들들은 어려운 결정에 직면했지만, 오스만으로부터의 독립을 원했기 때문에 영국과의 동맹 관계를 유지하기로 선택했다. 그러나 영국과의 약속에 대한 아랍의 신뢰는 흔들렸고 그것은 충분히 그럴만했다. 후세인-맥마흔 서신과 사이크스-피코 협정 그리고 밸푸어 선언 사이에서 영국 정부는 대부분의 대시리아와 메소포타미아를 적어도 두 측에게 약속했고, 팔레스타인의 경우는 자그마치 세 측에게 공약했던 것이다.

아랍 영토에서 마지막 오스만군이 철수한 후, 영국과 프랑스는 1918년 11월에 아랍 동맹자들에게 자신들의 선한 의도를 재확인시켜주기 위해서 임시방편적인 공식 성명을 발표했다. 공동 성명에서 두 나라는 아랍 영토에서의 전쟁 목표를 "튀르크인에 의해서 오랫동안 억압받아온 주민들의 완전하고 확실한 해방과 토착 주민들의 결단과 자유로운 선택에 의해서 권한을 부여받을 국민정부와 행정체제의 설립"이라고 상세히 설명했다.[10] 영국과 프랑스는 아랍인들을 안심시키고자 전력을 다했지만, 별 성과를 거두지 못했다. 이와 같은 기만적인 성명이 단기적으로는 아랍 여론을 진정시켰지만, 분할 협정 기저에 있는 영-프 제국주의적 이해관계와는 아무런 관련이 없었기 때문이다.

세계대전이 종식됨에 따라 승전국들은 전쟁으로 불안해진 세계질서의 회복―그들의 생각이 그러했다는 것이다―이라는 벅찬 임무를 짊어졌다. 전후 문제 처리를 바라고 있는 긴 대기 행렬 속에서 아랍 세계의 조급한 지도자들은 번호를 뽑고 앉아 있으라는 말을 들어야 했다. 중재자들이 우선 자신들의 문제부터 처리하려 했기 때문에 영국이 전시에 한 약속들로 인해서 생긴 이해관계의 충돌 문제는 적절한 시기를 기다려야 했다.

***

1919년 1월에서 6월 사이에 승전국의 지도자들은 패배한 적들— 독일과 오스트리아-헝가리, 오스만 제국 —에게 조건을 부과하기 위해서 파리에서 100회 이상의 회합을 가졌다. 현직 미국 대통령이 국제적인 외교 활동을 위해서 최초로 미국 땅을 떠났다. 영국과 프랑스의 총리였던 데이비드 로이드 조지와 조르주 클레망소는 의제를 설정하는 데에 주도적인 역할을 했다. 이탈리아와 함께 이들 국가들이 4개국 위원회를 구성하여 파리에서 대부분의 결정을 내렸다. 4년 동안 "모든 전쟁을 종식하기 위한 전쟁"을 한 프랑스와 영국은 파리 평화 회담을 이용하여 독일이 다시는 유럽의 평화에 위협을 제기하지 못하도록 확실히 하고자 했다. 그들은 회담을 통해서 아랍은 물론 유럽과 아시아, 아프리카의 지도를 다시 그렸다. 그리고 패전국의 영토 및 식민지를 나눠가지며 전쟁을 위해서 총력을 기울인 자신들의 노고를 치하했다.

1919년의 파리 평화 회담의 중재자 중의 한 명이었던 미국 대통령 우드로 윌슨은 외세의 지배를 받고 있던 세계 민중들을 감동시킨, 희망에 가득 찬 연설을 했다. 1918년 1월 8일에 상하원 합동 회의 연설에서 윌슨은 그 유명한 14개 조항으로 미국의 전후 정책에 관한 미래상을 상세히 설명했다. 그는 "정복과 확장의 시대"의 종식을 선언했고, 식민지 문제에 있어서 관련된 주민들의 이해관계 역시 제국주의 세력의 권리 주장만큼이나 중요하다는 급진적인 시각을 내세웠다. 아랍의 숙원을 염두에 두고 있던 윌슨은 열두 번째 조항에서 아랍인들에게 "절대 방해받아서는 안 되는, 독립 발전의 기회"를 보장했다. 아랍 세계의 많은 사람들에게 이는 20세기의 세계정세를 지배하게 될 미국이라는 신흥 초강대국과의 첫 만남이었다. 세계가 평화협정의 조건을 논의하기 위해서 파리에 모이자, 아랍인들은 우드로 윌슨을 자신들의 염원을 대변할 기수로 생각하며 큰 기대를 걸었다.

파리에 아랍의 실상을 알리기 위해서 파견된 아랍 대표단 가운데에는 아랍 반란을 이끈 사령관 아미르 파이살도 있었다. 아라비아의 고원 타이프에서 태어난 파이살(1883-1933)은 메카의 샤리프 후세인 이븐 알리(1908-1917 재직)의 셋째 아들이었다. 파이살은 어린 시절의 대부분을 이스탄불에서 보냈고, 그곳에서 오스만식 교육을 받았다. 1913년에는 히자즈의 항구 지다의 대표로 오스만 의회에 선출되었다. 1916년에 다마스쿠스를 방문한 파이살은 아랍 민족주의자들에 대한 제말 파샤의 탄압 정책을 보고 큰 충격을 받았다. 다마스쿠스에 있는 동안 파이살은 아랍 민족주의 비밀협회들의 일원들을 만났고, 1916-1918년의 아랍 반란 동안에는 작전을 지휘하며 주도적인 역할을 수행했다.

1918년에 오스만군이 철수한 이후, 아미르 파이살은 아랍 왕국의 건립을 지원하겠다는 영국의 약속 이행을 촉구하기 위해서 다마스쿠스에 아랍 정부를 수립했다. 베르사유 평화 회담에서 파이살은 시리아에서의 자신의 입지를 강화시키는 동시에 1915-1916년의 후세인-맥마흔 서신을 통해서 아버지에게 약속한 영국의 전시 공약 이행을 촉구하고자 했다. 그는 밸푸어 선언을 수용했을 뿐만 아니라 심지어는 아랍 왕국에 대한 나머지 요구 사항들을 연합국들이 완전히 이행한다는 조건으로, 1919년 1월에 시오니스트 지도자인 하임 바이츠만과 팔레스타인을 시오니스트 운동 기구에 양보한다고 규정한 협정에 서명까지 했다. "그러나 아랍 왕국에 대한 하심 가의 요구사항에 일말의 수정이나 변경이 있을 때에는, 나는 본 협정의 일언반구에도 얽매이지 않을 것이다"라고 파이살은 바이츠만과의 협정문 하단에 적어두었다.[11] 파이살은 이처럼 바이츠만과의 협정 이행 여부에 관해서 의심을 품을 만한 충분한 이유가 있었다.

1919년 1월에 파이살은 파리 평화 회담 최고회의에 아랍의 염원을 설명하는 비망록을 제출했다. 현실적으로 대처하고자 노력했던 그는 3년 전 아버지가 맥마흔과의 서신에서 제시했던 원래의 요구 조건 대다수를 완화시켰다.

비망록에서 파이살은 "아랍 민족주의 운동의 목표는……궁극적으로 아랍인들을 하나의 국가 아래 통합시키는 것이다"라고 썼다. 또한 아랍의 종족 및 언어적 통일성과 전쟁 전부터 시리아 및 메소포타미아의 아랍 민족주의 단체들이 주창해온 목표 그리고 동맹국의 전쟁 활동에 기여한 아랍의 공헌을 근거로 내세우며 주장을 폈다. 그도 각각의 아랍 지역은 "경제적으로나 사회적으로나 매우 달라서" 단번에 하나의 국가로 통합하는 것은 불가능하다는 것을 인정했다. 그는 대시리아(레바논과 시리아, 트란스요르단을 포함해)와 아라비아 서부의 히자즈 지방의 즉각적이고 완전한 독립을 요구했다. 대신 유대인과 아랍 측의 요구사항 간에 조정이 필요한 팔레스타인 문제와 영국이 유전에 관심을 가지고 있는 메소포타미아 지역의 경우는 외국의 개입을 수용했다. 그리고 예멘과 중앙 아라비아 지방의 나지드 ― 영국은 이곳의 사우디 통치자들과도 공식적인 협정을 체결했다 ― 는 아랍 왕국의 영역 밖에 있음을 선언했다. 그러나 "이러한 지역들도 결국에는 하나의 독립적인 통치 체제로 통합하겠다"는 약속도 단언했다. "우리의 독립이 인정되고 지역 관할권이 형성되면 인종과 언어, 관심사의 자연스러운 영향 아래 우리는 곧 하나의 민족으로 통합될 것이다"라고 글을 마무리했다.[12]

그러나 통일 아랍 국가를 향한 이러한 미래상이야말로 연합국들이 결코 원하지 않는 바로 그것이었다. 파리 회담에 참석한 파이살은 영국과 프랑스 모두를 당혹스럽게 했다. 영국에게 약속 이행을 촉구하는 가운데 프랑스의 제국주의적인 야심도 방해하고 있었기 때문이다. 이때 미국이 영국이나 프랑스, 하심 가 모두에게 불편해진 이 상황에서 벗어날 수 있는 방법을 제시했다. 시리아 주민들이 직접 원하는 바를 결정할 수 있도록 다국적 조사위원회 구성을 제안한 것이다. 윌슨은 위원회를 통해서 14개 조항의 원칙을 발효시켜 민족 자기결정권의 선례를 만들고 싶었다. 영국과 프랑스도 진상조사위원회 덕에 수개월간은 하심 가의 요구를 염려하지 않고, 그동안에 마음대로 아랍 영토를 처분할 수 있을 터였다. 파이살은 이 제안을 액면 그대로 받아들였고, 윌슨에게 아랍인들로 하여금 "자신들의 목적과 민족의 미래에 대한 이상"을

표현할 수 있는 기회를 제공해준 것에 대해서 감사했다.[13]

지금이야 미국 주도의 킹-크레인 조사위원회가 어리석은 임무를 가진 사절단이었다고 생각하기 쉽다. 영국과 프랑스는 조사에 참여할 관료 지명을 거부함으로써 다국적이라기보다는 미국 사절단이 되어버린 위원회의 적법성을 훼손했다. 위원회의 조사 결과에 얽매이고 싶지 않았던 영국과 프랑스가 자국의 외교관들이 조사 과정에 참여하기를 원하지 않았기 때문이다. 그럼에도 킹-크레인 보고서는 작성자들의 말을 통해서 "당시 시리아의 정치적 소신을 상당히 정확히 분석"한 독특한 문서였고, 오스만과 유럽의 지배 사이의 짧은 기간 동안이지만 농촌과 도시 지역 사회의 염원과 우려를 언뜻이나마 들여다볼 수 있는 창이다.[14]

1919년 3월에 윌슨 대통령은 오벌린 대학의 총장 헨리 처칠 킹과 시카고의 사업가 찰스 R. 크레인을 위원회 수장으로 지명했다. 두 사람 모두 중동에 대해서 방대한 지식을 가진 이들이었다. 킹은 성서 역사학자였고 크레인은 1878년부터 오스만 영토 곳곳을 여행했다. 1919년 5월에 미국인들은 이 지역의 대표자들을 만나고 시리아와 이라크, 팔레스타인 아랍인들의 바람을 조사, 보고하라는 명령을 받고 시리아로 출발했다. 킹-크레인 위원회는 단순한 진상조사위원회 그 이상이었다. 대시리아에 나타난 두 사람이 그때까지의 그 어떤 정치 운동보다도 더 많은 시리아 주민들이 참여한 강렬한 민족주의 운동을 발동시켰던 것이다.

파리에서 빈손으로 시리아에 돌아온 아미르 파이살은 곧 도착할 킹-크레인 조사위원회를 사태의 낙관적인 진전이자 시리아의 국가적 염원을 달성하기 위해서 내딛는 진지한 발걸음이라고 추종자들에게 설명했다. 파이살은 대시리아 전역에서 모인 저명인사들의 모임에서 자신의 경험담을 들려주었다. 하지만 그는 대시리아에 대한 제국주의적인 이권을 지키느라 자신의 요구는 듣는 척도 하지 않았던 파리의 중재자들이 어떻게 자신을 기다리게 했고 무시했는지에 대해서는 도저히 털어놓을 수 없었다. 이제 아랍 영토로 돌아와 자신의 지지자들 앞에서 아랍어로 연설하게 된 그는 유럽인들에게 보여주었던 저자세를 내던져버렸다. "파리에서 열리고 있는 회담에 우리의 정당한 권리를 주장하러……갔다"라고 설명했다. "나는 곧 서구인들이 아랍에 대해서 얼마나 무지한지 그리고 그들이 알고 있는 것이라고는 『아라비안 나이트』의 이야기에서 나온 게 전부라는 사실을 알게 되었다." 많은 면에서 파이살이 옳았다. 소수의 전문가를 제외하고, 영국과 프랑스의 일반적인 정치인들은 아랍 세계에 대해서 거의 몰랐다. "당연히 이러한 무지함으로 인해 단순한 기본적인 사실을 설명하는 데만도 상당한 시간이 소모되었다"라고 파이살은 덧붙였다.

연설 중간 중간마다 충성 맹세를 하는 지지자들의 얼굴을 보며 파이살은 도저히 실패를 인정할 수 없었다. 그러나 연합국들이 원칙적으로는 아랍의 독립을 인정했다는 그의 주장은 사실을 과장한 것이었다. 그는 킹-크레인 위원회 자체가 아랍의 숙원을 열강이 인정해준 것이라고 확대 해석하고자 했다. "국제위원회가 여러분에게 원하는 방식에 대해서 물어볼 것이다. 왜냐하면 오늘날 어느 국가도 동의 없이 다른 민족을 통치하기를 원하지 않기 때문이다"라고 말했다.[15]

파이살의 말에 고무된 시리아 민족주의자들은 공동 의제 아래 시리아 민중을 단결시키고자 발 벗고 나섰다. 아랍 정부는 시리아 사원들의 금요 집단 예배에서 낭독될 연설문을 배포했고, 정치와 문화 단체들은 킹-크레인 위원회에 제출할 탄원서를 준비하기 위해서 협력했으며, 도심 지역과 마을의 촌장들은 위원회 조사에 열심히 참여하도록 격려하는 일에 동원되었다. 수천장의 인쇄물이 도시와 마을에 배포되었다. 인쇄물은 민족주의 정책에 낯선 사람들에게 구호 형식으로 간단한 개념들을 알려주었다. 한 인쇄물에는 "우리는 완전한 독립을 원한다"라는 문구가 굵은 서체로 아랍어와 영어로 쓰여 있었다. 또다른 인쇄물은 모든 시리아인에게 자유를 수호하도록 촉구했고 긴 본문 속의 민족주의 구호를 피력하기 위해서 괄호를 활용하기도 했다.

1. 2. 그림 1은 1516–1517년에 맘루크 제국의 아랍 영토를 정복한 오스만 술탄 셀림 1세의 초상화이
다. 그림 2는 1519년에 북아프리카 연안을 오스만 지배하에 종속시킨 바르바리 해적 카이르 알 딘 바
르바로사의 초상화이다. 두 사람이 모두 사망한 후인 1550년경에 피렌체에서 화가의 상상으로 그려
진 이 그림들은 1613년부터 1618년까지 피렌체로 망명했었던 드루즈 군주 파크르 알 딘이 보았다는
메디치 가의 소장품들 중의 일부일 것이다. "그들은 이슬람 세계의 술탄과 아랍 세이크들의 모든 초
상화를 가지고 있었다"라고 파크르 알 딘의 궁전 연대기 사가는 놀람 속에서 기록했다.

3. 한 세기 전에 동종 업계에서 종사했던 아흐
마드 알 부다이리 알 할라크처럼, 19세기 다마
스쿠스의 이 이발사도 자신의 일에 열심이었
을 것이다.

4. 나폴레옹 보나파르트가 지휘하던 프랑스군은 피라미드 전투(1798년 7월 21일)에서 이집트를 통치하던 맘루크 아미르들에게 결정적인 승리를 거두고 카이로에 의기양양하게 입성했다. 루이 프랑수아 르죈(1775–1848)의 이 그림은 전장에서 스케치한 것을 바탕으로 1806년에 그려졌다. 르죈은 훈련이 잘 되어 있는 프랑스 보병과 반면에 여러모로 많이 부족했던 맘루크 기병 간의 충돌 장면을 "귀가 찢어질 듯한 충격전이 계속되었다"라고 묘사한 이집트의 연대기 사가 알 자바르티의 표현처럼, 그림에 생생하게 담아냈다.

5. 1831년에 아크레의 성문 밖에서 마운트 레바논의 늙은 통치자 아미르 바시르 2세 시하브(중앙에 지팡이를 짚고 서 있는 사람)가 이집트의 사령관 이브라힘 파샤(말을 타고 있는 사람)에게 신하의 예를 바치고 있는 장면을 그린 그림(게오르그 엠마뉘엘 오피츠[1775–1841])이다. 이집트의 통치자 무함마드 알리 파샤의 아들인 이브라힘은 전략적으로 중요한 아크레 성을 손에 넣기 위해서 6개월이나 이곳을 포위했다. 아크레의 함락으로 시리아 정복은 마무리되었다.

6. 의사이자 연대기 사가였던 미하일 미샤카는 1831-1832년에 이집트 군의 아크레 포위를 직접 목격했고, 이를 마운트 레바논을 통치하던 시하브 가문에게 보고했다. 훗날 다마스쿠스에서 미국의 부영사관으로 일하게 된 미샤카는 폭도들의 폭력이 난무하던 1860년의 대학살에서 가족과 함께 살아남았다. 이 사진은 1870년대 초 미샤카의 말년 즈음에 본필스가 찍은 것이다.

7. 카발라 출신의 알바니아인 무함마드 알리 파샤는 1805년부터 1849년까지 이집트를 통치했고, 수단과 히자즈, 대시리아, 크레타를 아우르는 제국을 건설했다. 이집트 군대가 영국-오스만 연합군에 의해서 시리아에서 축출된 1840년에 루이 샤를 오귀스트 쿠데가 그린 파샤의 초상화이다. 그가 수립한 왕조는 1952년까지 이집트를 통치했다.

8. 아미르 압드 알 카디르는 1832년부터 오말 공작에게 항복한 1847년까지 프랑스의 지배에 맞서서 알제리인들의 저항을 이끌었다. 프랑스 화가 오귀스탱 레기스(1813-1880)가 최후의 항복 장면을 생생하게 묘사한 작품이다. 결연하게 저항했던 이 알제리인은 프랑스인들로부터도 상당한 찬사를 받았는데, 프랑스의 대통령 루이 나폴레옹이 그를 정중하게 영접하기도 했다. 훗날 프랑스로부터 연금을 받고 오스만 영토로 영예롭게 추방된 압드 알 카디르는 다마스쿠스에 정착했다. 그는 1860년 다마스쿠스 대학살 때 도시의 기독교도들을 구출하는 데에도 기여했다.

9. 메카의 샤리프 후세인의 아들이자, 1916-1918년에 오스만에 맞서서 아랍 반란을 이끈 아랍군 사령관인 아미르 파이살의 사진이다. 이 사진은 폴 카스텔노가 1918년 2월 28일에 홍해의 아카바 항구에서 찍은 것이다. 파이살은 1920년에 시리아의 왕이 되었지만 같은 해에 프랑스에 의해서 폐위된 후, 1921년에 이라크의 왕위에 올랐다.

10. 폴 카스텔노가 1918년 3월 28일에 아카바의 야자수 숲에서 파이살의 아랍군 소속의 베두인 병사들을 찍은 것이다. 이 사진에는 히자즈 철도 및 메카와 다마스쿠스 사이의 오스만 사막 요새 공격에 참여한 병사들의 모습이 담겨 있다. "아라비아의 로렌스"로 유명한 영국 장교 T. E. 로렌스는 자신의 대표작 『지혜의 일곱 기둥』에서 이들을 칭찬했다.

11. 모로코에 파견된 첫 프랑스 총독, 루이 위베르 리요테 원수의 사진이다. 혁신가였던 그의 온정주의적인 식민지 지배 방식은 훗날 시리아의 프랑스 식민 행정에도 영향을 미쳤다. 그러나 리요테의 지배 체제는 압드 엘 크림 알 카타비가 이끈 리프 전쟁(1921-1926)으로 약화되었다. 이 사진은 리요테가 모로코를 떠나고 2년 후인 1927년에 조르주 슈발리에가 찍은 것이다.

12. 모로코에서 프랑스군과 싸우고 있는 압드 엘 크림 알 카타비의 모습을 묘사한 이 선동적인 그림은 1925년 당시 아랍 세계 전역의 민족주의자들의 생각을 잘 보여주고 있다. 압드 엘 크림은 북부의 리프 지역에 자리한 산악 요새에서 베르베르인 비정규군을 이끌며 처음에는 에스파냐에게 그리고 그후에는 프랑스에게 승리를 거두었다. 그러나 결국 리프인들은 세력을 연합한 유럽 군대에 의해서 1926년에 포위된 후 격퇴되었다. 이 판화에서 프랑스군은 최신 항공기와 대포를 가지고 있지만, "알라 외에 다른 신은 없고 무함마드는 그의 사도이다"라고 적힌 이슬람 깃발 아래 압드 엘 크림이 이끄는 모로코 기병들에게 쫓겨서 퇴각하는 모습으로 묘사되었다.

13. 시리아의 첫 고등판무관 앙리 구로 장군을 담은 이 사진은 1919년 10월 3일에 베이루트에서 오귀스트 레옹이 찍은 것이다. 모로코에서 리요테의 보좌관을 지낸 구로는 프랑스의 시리아 지배를 용이하게 만들기 위해서 리요테의 정책들을 대거 적용하고자 했으나 결국 실패했다. 그의 분할통치 전략으로 인해서 시리아에서 거국적인 반란이 촉발되었고, 그 반란은 1925년부터 1927년에 완전히 진압될 때까지 맹렬한 기세로 지속되었다.

14. 프랑스의 지배하에 있던 1919년 11월 22일 당시의 베이루트. 프랑스 삼색기가 오스만의 시계탑과 행정 본부의 발코니에 걸려 있으며, 연병장에서는 병사들이 야영을 하고 있다. 1919년 파리 평화 회담에서 프랑스의 위임통치를 열렬히 주창했던 일부 레바논인들은 프랑스가 독립국가를 수립하려는 자신들을 사심 없이 도와줄 것이라고 기대했다.

15. 1925년에 프랑스의 폭격으로 황폐해진 다마스쿠스의 모습이다. 1925년 10월에 이 도시는 프랑스의 식민 통치에 맞서서 반란을 일으켰다. 반란군은 프랑스의 고등판무관 모리스 사라일을 붙잡기 위해서 18세기에 지어진 아즘 궁을 장악했다. 프랑스 관리들이 이미 궁을 떠난 상태였음에도 프랑스군은 궁 인근 지역에 48시간이 넘도록 포격을 퍼부었다. 한 목격자에 따르면, "포격과 화염으로 인해서 다마스쿠스의 아름다운 가옥 600채 이상이 파괴되었다"고 한다. 전경에 있는 건물이 폐허가 된 아즘 궁이다.

16. 말타 유배지에서 돌아온 사드 자그룰과 와프드당 대표들의 모습이다. 1919년 3월 8일에 자그룰이 체포되면서 이집트 전역에서는 민족주의 시위가 촉발되었다. 대중의 압박에 못 이긴 영국은 방침을 바꿔서 자그룰과 와프드당원들이 카이로로 돌아와 파리 평화 회담에서 이집트의 입장을 대변할 수 있도록 허락했다. 그러나 이렇게 애쓴 보람도 없이 이미 열강들은 영국의 이집트 보호령 수립을 인정한 상태였다. 지팡이를 짚고 사진의 중앙에 앉아 있는 사람이 자그룰이다. 그의 오른쪽에 있는 사람이 이집트의 "자유주의 시대"의 악당, 이스마일 시디키인데 두 사람의 사이가 틀어지기 전의 모습이다.

17. 1919년에 이집트 여성들이 최초로 국가 정치에 참여한 소식이 세계 전역의 신문들에서 머리기사로 실렸다. 이 프랑스 주간지는 "이집트에서의 페미니스트 시위"를 열렬히 보도하며, 남자들의 무리 속에서, 베일을 온몸에 칭칭 감은 여성들이 말에 올라탄 영국 경찰들 앞에서 시위를 벌이고 있는 모습을 묘사했다. 후다 샤라위는 이 운동을 이끈 지도자 중의 한 명이었는데, 그의 남편 알리는 자그룰과 와프드당의 당원들과 함께 추방당했다.

그 누구도 조상의 땅을 넘겨주는 잘못된 길로 당신을 이끌도록 두지 마라. 그렇지 않으면 당신의 아이들과 손자들이 당신을 저주하게 될 것이다. 자유로운 삶을 살라! 억압의 굴레에서 벗어나라. 혜택을 누려라. 그리고 다음과 같이 요구하라.

첫째, 제한이나 조건 없는 그리고 보호나 신탁이 아닌 [완전한 정치적 독립]을 요구하라.

둘째, 여러분의 민족 영토와 조국의 분할을 수용하지 마라. 다시 말해서 [온전한 시리아는 하나이며 쪼개어질 수 없다.]

셋째, 북쪽의 타우루스 산맥과 남쪽의 시나이 사막 그리고 서쪽으로는 지중해까지를 조국의 국경으로 요구하라.

넷째, 해방된 다른 아랍 지역의 독립과 [시리아와의] 통합을 추구하라.

다섯째, 필요하다면, 우리의 완전한 정치적 독립을 해치지 않는다는 조건하에 다른 나라보다도 우선적으로 미국에게 재정적, 기술적 도움을 원한다는 것을 보여주라.

여섯째, 독립을 원하는 민족에 대한 신탁 통치의 필요성을 피력한 국제연맹의 22조항에 항거하라.

일곱째, 어떤 국가가 되었든 우리 영토에 대한 역사적 권리 또는 우선권을 주장하는 자들을 절대 거부하라.

박식한 어느 아랍 민족주의자[16]

어법은 어색했지만 아랍어 원본이 전달하고자 하는 메시지는 분명했다. 지역 단체들이 킹-크레인 위원회를 맞이할 준비를 하면서, 이러한 요구들은 탄원서에서 자주 반복되었고 구호로 외쳐졌으며 게시판과 현수막에 쓰였다.

시리아 여론을 움직이던 파이살과 자문가들은 국제위원회에 시리아 민중의 생각을 전달하기 위한 임시 의회를 소집했다. 하심 가는 유럽의 규칙에 의거하여 선출된 의회를 통해서 국민이 표현한 정당한 요구를 인정하는 유럽의 정치 방식을 잘 인지하고 있었다. 따라서 그들은 오스만의 선거절차에 따라서 시리아 내륙 도시들의 대표를 선출했다. 레바논과 팔레스타인에서는 영국과 프랑스 점령 당국이 모든 정치 활동을 금지했기 때문에 다른 방법에 의지해야만 했다.[17] 팔레스타인과 레바논의 유명 가문 및 부족 지도자들이 시리아 의회 참석을 위하여 다마스쿠스로 초대되었다. 약 100명의 대표가 선출되었으나 실제로는 69명만이 이 논의에 참여하러 제 시간에 다마스쿠스에 도착할 수 있었다. 그들은 킹-크레인 위원회가 다마스쿠스에 도착하기 전에 민족의 염원을 담은 성명서를 만들기 위해서 시간에 쫓기며 일했다.

1919년 6월 10일에 야파에 도착한 킹-크레인 위원회는 팔레스타인과 시리아, 트란스요르단, 레바논의 도시와 마을을 돌아다니며 6주일을 보냈다. 위원들은 둘러본 모든 것들을 수치화했다. 40개 이상의 도시와 농촌 중심지에서 회의를 개최했고, 시의회나 행정위원회, 촌장, 부족장과 같이 사회의 각계각층을 대표하는 442명의 대표들을 만났다. 또한 농민과 상인, 12개 이상의 기독교 교파, 수니 및 시아 무슬림, 유대인, 드루즈인 그리고 다른 소수 단체들도 만났다. 8개의 여성 대표단을 만난 그들은 "동방의 민족주의 운동에서 새로운 역할을 담당하고 있는 여성들"에게 감탄했다. 순회 도중 그들은 총 9만1,079명의 서명이 담긴 1,863개의 탄원서를 받았는데, 이는 대시리아의 전체 인구—그들은 320만 명 정도로 추정했다—의 거의 3퍼센트에 달하는 수치였다. 위원들은 대시리아의 여론을 탐색하는 데에 있어서 매우 신중을 기했다.

킹과 크레인은 6월 25일에 다마스쿠스에 도착했다. 아미르 파이살 정부에서 장관을 지낸 유시프 알 하킴은 다음과 같이 회상했다.

그들은 왕궁과 정부 수장을 공식 방문했다. 그리고 호텔로 돌아갔는데 그들을 맨 먼저 맞이한 사람들은 기자들이었다. 자신들은 단순히 정치적 미래에 대한 주민의 뜻을 알아보고, 윌슨 대통령이 예전에 발표한 성명에 준하여 기술 및 경제적 도움을 제공하기 위해서 한동안 위임통치할 국가로 어떤 나라를 선택해야 할지 판단하기 위해서 온 것이라고 간단하게 기자들에게 설명했다.[18]

7월 2일에 시리아 의회는 시리아 주민과 아미르 파이살 정부 모두의 생각을 담았다고 주장하며, 10개 조항으로 이루어진 결의안을 위원회에 제출했다.[19] 결의안은 작성자들이 국제 사정에 관해서 놀라울 정도의 정보를 가지고 있음을 보여주었다. 본문에는 영국 전시 외교의 모순된 약속들과 시오니즘의 목적에 관한 언급은 물론이고 윌슨 대통령과 국제연맹 규약에서 가져온 인용들도 담겨 있었다. 킹과 크레인은 이 결의안이 자신들이 수행한 임무 중에서 가장 중요한 문서라고 주장했다.

시리아 의회 대표들은 결의안에서 터키와 이라크, 나지드, 히자즈, 이집트와 분리된 지리적인 국경을 가진 시리아의 완전한 정치적 독립을 요구했다. 의원들은 자신들의 나라가 아미르 파이살을 왕으로 한 입헌군주제로 통치되기를 원했다. 유럽의 후견 없이도 오스만으로부터 완전한 독립을 성취한 불가리아, 세르비아, 그리스, 루마니아인들처럼 아랍인들도 능력이 있다고 주장하며, 국제연맹 규약 22조에서 피력된 위임통치 원칙을 명백하게 거부했다. 시리아 대표단은 기술 및 경제적 지원 제공만을 전제하는 위임통치는 전적으로 수용할 의지가 있음을 표명했다. 또한 그들은 "미국이 식민화를 전혀 고려하고 있지 않으며, 우리나라에 어떤 정치적 야심도 가지고 있지 않다고 믿기 때문에" 이러한 역할을 다른 나라보다도 미국이 해주기를 바랐다. 만약 미국이 이러한 역할을 거부한다면, 시리아 인들은 영국의 위임통치를 받아들이겠지만 프랑스로부터는 그 어떤 역할 수행도 원하지 않는다고 밝혔다. 결의안은 또한 그 당시 영국의 점령하에 있던 이라크의 독립도 촉구했다.

시리아 의회는 비밀 전시 외교에 대해서 강경한 반대의 입장을 표명했다. 사이크스-피코 협정과 밸푸어 선언 모두를 신랄하게 비판하며 한 의원은 다음과 같이 썼다. "비밀 협정을 비판한 윌슨 대통령이 규정한 기본 원칙에 따라서 우리는 조국 시리아의 분할을 명기한 조약이나 시리아 남부에 시오니즘의 건설을 목표로 한 비밀 서약에 단호히 맞서야 한다. 그러므로 우리는 이와 같은 협정과 조약의 완전한 무효화를 촉구하는 바이다." 의원들은 시리아 왕국으로부터 레바논이나 팔레스타인이 분리되는 것을 결코 고려하지 않았으며, 시오니즘의 목표는 시리아의 국익에 반한 것이라며 계속적으로 반대했다. "우리는 팔레스타인으로 알려진 시리아 남부에 유대 국가를 창설하려는 시오니스트들의 야심에 반대하며 우리나라의 어느 지역으로든 시오니스트들의 이주를 반대한다. 왜냐하면 우리는 그들의 권리를 인정할 수 없으며 민족적, 경제적, 정치적 관점에서 그들은 우리 민족에게 중대한 위협이 된다고 생각하기 때문이다."

시리아 의회의 결의안은 도덕적인 분노의 기미마저 풍겼다. 시리아 임시정부에서 일했던 사람들 대부분은 아랍 반란에서 아미르 파이살과 함께 싸웠던 사람들이었다. 그들은 자신들이 영국과 프랑스의 전시 동맹자로서 오스만 전선에서 승리를 거두는 데에 중요한 기여를 했다고 생각했다. 파이살과 아랍군은 1918년 10월 2일에 다마스쿠스에 입성했고 오스만 통치로부터 도시를 해방시켰다. 따라서 그들은 시리아 인들이 전장에서 획득한 권리에 의해서 자신들의 정치적 미래를 결정할 자격이 있다고 믿었다. 시리아 의회는 "우리는 자유와 독립을 위해서 많은 피를 흘렸다. 그렇기 때문에 전후 우리의 정치적 권리가 이전보다 축소되지 않기를 바라며" 전시 동맹국들로부터 기본적인 정의를 기대했다.

시리아에서 6주일을 보낸 후, 킹과 크레인은 1919년 8월에 보고서를 작성하기 위해서 이스탄불로 철수했다. 위원들은 수집한 모든 자료들을 다방면으로 분석했다. 킹과 크레인은 시리아 의회의 결의안 대부분을 지지하며, 다음과 같이 평화회담에 권고했다. 아미르 파이살을 입헌군주국의 수장으로 하는 통합된 하나의 시리아 국가를 촉구한다. 또한 시리아 전체가 일정 기간 동안 하나의 위임통치국, 되도록이면 미국 — 비록 영국을 대안으로 두기는 했지만 — 의 지원을 받도록 할 것을 권고한다. 그리고 시오니스트 계획의 많은 부분을 수정하여 유대인 이주를 제한할 것을 제안한다. 킹과 크레인은 팔레스타인에 유대인 민족향토를 건설하는 **동시에** "팔레스타인에 살고 있는 기존의 비유대인 공동체의 공민권과 종교적 권리를 존중한다"는 밸푸어 선언의 약속이 양립 불가능하다고 주장했다. "유대인 대표들과 위원회의 회담이 지속되면서 실상 시오니스트들은 팔레스타인에 거주하고 있는 비유대인 주민의 완전한 축출을 바라며 이를 위해서 다양한 방식으로 토지를 매입하고 있다는 사실이 여러 차례 드러났다"라고 킹-크레인 보고서는 기록했다.[20] 당연한 일이었지만 위원들은 팔레스타인의 비유대인 주민의 10분의 9는 "모든 시오니스트 계획에 단호하게 반대"하고 있으며 수령한 탄원서의 72퍼센트가 시오니즘에 관한 것임을 알게 되었던 것이다.

위원회는 이 보고서를 1919년 8월 말에 파리의 미국 대표단에게 제출했다. 아미르 파이살이 보고서 작성에 관여했을지라도 이것보다 더한 것을 요구할 수는 없었을 것이다. 하지만 킹-크레인 보고서는 유럽인들에게는 매우 불편한 문서였다. 이 보고서는 평화회담의 서기국에 접수되었지만, 더 이상의 논의 없이 보류되었다. 영국과 프랑스는 자신들에게 유리하다고 판단한 3년 후에야, 즉 아랍 세계의 분할을 종결지은 후 이 문서를 공개했다.

1919년 11월 1일에 영국은 시리아와 레바논에서 군을 철수하겠다는 뜻을 밝히고, 앞으로 주둔할 프랑스군에게 권력을 이양했다. 프랑스의 점령이 임박하자 시리아 의회는 문제를 독자적으로 해결하기로 결정했다. 의원들은 킹-크레인 위원회에 전달한 결의안에 근거하여 독립선언서를 준비하고, 1920년 3월 8일에 다마스쿠스 시청에서 낭독했다. 그리고 파이살이 팔레스타인과 레바논을 포함한 시리아의 왕으로 선포되었다.

영국과 프랑스 정부는 시리아의 독립선언을 인정하지 않았다. 영국은 다마스쿠스를 점령하고 전시 동맹자였던 아미르 — 지금은 왕이 된 — 파이살을 퇴출시킬 준비를 하는 프랑스를 짐짓 모른 체했다. 독립 약속을 못 지키게 되면서 국내에서 점점 더 고립되어가던 파이살은 레바논에서 시리아로 진군하는 프랑스군에 맞서 싸울 소수의 지지자들을 겨우 규합할 수 있었다. 다마스쿠스인들은 파이살의 대의명분에 목숨을 걸만한 가치가 있다고 생각하지 않았다.

1920년 7월 24일 새벽에 2,000명의 아랍 의용군이 베이루트에서 다마스쿠스로 가는 길목의 산길에 위치한 칸 마이살룬이라는 외떨어져 있는 대상(隊商) 숙소에 모였다. 의용군은 프랑스 제복을 입은 식민지 병사들로 이루어진 기이한 부대와 맞닥뜨렸다. 프랑스가 시리아를 안정적으로 통치하기 위해서 파견한 이 부대는 프랑스 사령관들의 지휘를 받는 알제리와 모로코, 세네갈 병사들로 구성되었다. 프랑스의 북아프리카 식민지 출신의 아랍 무슬림 군인들이 식민통치자를 위해서 시리아의 아랍 무슬림 비정규군에 맞서서 싸웠다는 사실은 프랑스 제국의 위용을 보여준 사건이었다. 시리아 임시정부의 일원이자 헌신적인 아랍 민족주의자였던 사티 알 후스리는 다마스쿠스에서 사건의 추이를 주시하며 "마이살룬의 날"에 대한 기억을 다음과 같이 떠올렸다.

> 전투에 관한 자세한 정보들이 서서히 전해지기 시작했다. 우리 군과 프랑스군의 무장 상태를 잘 알고 있었기에 승리를 기대하지는 않았지만, 그래도 우리 군의 명예를 위해서 가능하면 오랫동안 결과가 불명확한 채로 남아 있기를 바랐다. 그러나 10시 정각, 우리는 군이 패배했고 전선이 무너졌다는 소식을 들었다. 유수프 알 아즈매[전쟁부 장관이자 군사령관]가 사살되었다는 보고를 받았다. 나는 아니라고 말했다— 그는 마이살룬에서 스스로 목숨을 끊은 것이며 그것이야말로 진정한 순교라고![21]

프랑스군이 마이살룬의 수비대를 휩쓸어버리고 다마스쿠스로 입성했다. 이렇게 26년간 지속될 불행한 식민지 점령이 시작되었다. 그러나 마이살룬의 상징적인 의의는 시리아 국경 저 너머까지 확산되었다. 아랍인들에게 이 작은 전투는, 영국이 했던 전시 약속이 지켜지지 않았음을, 미국 대통령 우드로 윌슨이 제시했던 민족자결주의의 이상이 파탄 났음을 그리고 수백만 아랍인들의 희망과 숙원을 누르고 영국과 프랑스의 식민주의적 사리사욕이 승리했음을 의미했다. 유럽이 중동에 유럽의 국가 체제를 강제하고 통일을 열망하는 사람들을 분열시켜 외세의 지배를 강요하면서 마이살룬은 원죄와 동일시되었다. 신생 아랍 국가들과 전후에 합의된 국경선은 상당히 오래갔다. 그리고 그로 인해서 생긴 문제들 역시 그러했다.

***

민족주의 성향의 이집트 정치인들도 파리 평화 회담에서 영국으로부터 독립을 얻어낼 수 있을 것이라고 믿었다. 우드로 윌슨의 14개 조항을 오해한 이집트 정치인들은 파리가 새로운 세계질서의 개막을 알릴 것이라고 생각했다. 제국의 시대가 민족자결의 실행으로 창출된 새로운 국제 사회로 대체될 것이라고 믿었던 것이다. 그리고 영국에 협력한 하심 가처럼 이집트인들도 영국과 함께 전시의 고난을 같이했기 때문에 독립을 획득할 자격이 있다고 생각했다.

그러나 36년간의 영국 통치에 이은 제1차 세계대전의 발발은 이집트에 대한 영국 제국주의의 영향력을 더욱 강화시켰을 뿐이었다. 영국은 1914년 12월에 일방적으로 이집트를 보호령으로 선언했고, 군림하던 케디브 아바스 2세를 "영국 왕의 적들에게 충성"했다는 이유 — 그는 그 당시 이스탄불에 있었다 — 로 해임했다. 이집트는 더 이상 오스만의 가신국이 아니기 때문에 이집트의 통치자도 더 이상 케디브가 아니라는 것이었다. 해임된 케디브 대신 그의 삼촌이자 무함마드 알리 집안의 최연장자인 후세인 카밀이 술탄이라는 새로운 직위에 임명되었다. 영국은 마치 샤리프 후세인으로 하여금 오스만에 맞서는 반란을 선동하여 영국과 프랑스에 대한 술탄의 지하드 호소를 무력화할 수 있기를 바랐던 것처럼, 이집트 술탄을 내세움으로써 오스만 술탄의 영향력을 약화시킬 수 있기를 원했다. 그러나 이 전략은 칼리프로서 그리고 전 세계 이슬람 공동체의 지도자로서, 오스만 술탄의 역할을 존중해왔던 이집트나 전반적인 이슬람 사회의 무슬림들에게 아무런 영향도 미치지 못했다.

전쟁이 시작되자 이집트의 근로자들이 그 누구보다도 영국을 지원하기 위해서 가장 큰 부담을 지게 되었다. 전쟁을 위해서 곡물이 징발되었고, 농민들은 서부 전선에서 병참 지원을 제공하기 위해서 부역 근로자로 징집되었다. 인플레이션과 물품 부족은 모두의 생활수준을 하락시켰고, 많은 이집트인이

곤궁해졌다. 카이로와 알렉산드리아는 갈리폴리와 팔레스타인의 격전지로 파병되기에 앞서 훈련을 받기 위해서 이집트에 모인 영국과 영국 연방의 병사들로 넘쳐났다. 쇄도하는 군인들과 현지 주민들 사이에서 긴장관계가 조성되었는데, 영국인의 수가 많아질수록 독립은 요원해질 수밖에 없다고 생각했기 때문이다.

전쟁이 끝나갈 무렵 우드로 윌슨의 민족자결권에 관한 메시지가 나일 계곡의 풍요로운 땅을 엄습했다. 이집트인들은 자신들이 자초한 전쟁이 아니었음에도 많은 희생을 했기 때문에 자결권을 얻을 자격이 충분하다고 생각했다. 1918년 11월 13일에 제1차 세계대전을 종식시킨 정전협정이 체결된 지 채 이틀도 되지 않아서, 명망 있는 이집트 정치인들이 조국의 완전한 독립을 요구하기 위해서 영국의 고등판무관 레지널드 윈게이트 경을 방문했다. 그들의 대표는 아즈하르에서 교육을 받았고, 교육부 장관이자 이집트 입법부 부의장으로 일했던 무함마드 압두의 지지자 사드 자그룰이었다. 전전(戰前)의 인민당원이었던 자그룰은 영국의 이집트 주둔을 반대하는 민족주의자들의 지도자로 부상했다. 그는 두 명의 다른 민족주의자, 압드 아크 아지즈 파흐미와 알리 샤라위와 함께였다.

그들을 맞은 윈게이트는 요구사항을 듣자마자 즉석에서 이의를 제기했다. 이집트는 평화회담에 앞서 자신들의 권리를 알리기 위한 대표단을 파리로 파견할 수 없을 뿐만 아니라 이집트인들의 염원을 대변할 자격이 자그룰에게 있다는 것도 인정할 수 없다는 것이었다. 다시 말해서 어느 누구도 자그룰을 이집트의 대변인으로 선출하지 않았다는 것이다.

윈게이트에게 거절당한 이집트 대표들은 그대로 물러서지 않았다. 고등판무관실을 나온 자그룰과 동료들은 즉시 이집트 민족의 염원을 대변할 수 있는 자격을 얻기 위한 작업에 착수했다. 아미르 파이살이 시리아를 위해서 그랬던 것처럼, 자그룰과 대표단도 파리로 가서 평화 회담 전에 이집트의 상황을 알릴 수 있도록 허락해 달라고 요청하는 탄원서를 작성했다. 활동가들은 서명을 받기 위해서 이집트 전역을 돌아다녔다. 영국 관료들의 공공연한 방해와 서명받은 탄원서 사본의 압수에도 불구하고 민족주의자들은 자그룰의 행동에 대한 지지를 상당히 확보할 수 있었다. 탄원서의 사본들이 선출된 지역 단체들이나 주의회, 저명인사들에게 보내졌고 짧은 시간에 수십만 개의 서명이 쏟아졌다.[22]

이집트 전역에서 사람들이 파리 평화 회담을 통해서 영국으로부터 독립을 확보할 수 있기를 바라며 사드 자그룰의 주장을 지지하기 위해서 규합했다. 운동이 세를 얻어가자 영국은 파리회담과 이집트 문제를 별개의 것으로 만들어서 민족주의자들의 선동을 저지하려고 했다. 윈게이트는 이집트의 지위에 발생하는 어떠한 변화도 영국 정부는 "국제적인 문제가 아닌 제국의 문제"로 취급할 것이라고 선언했다. 다시 말해서, 자그룰과 동료들은 이집트 문제를 파리 회담으로 가져갈 것이 아니라 제국의 문제로서 런던의 영국 정부와 논의해야 한다는 것이었다. 영국의 행정부는 자그룰에게 선동을 멈추라고 직접적인 경고를 보냈다. 영국의 경고가 무시되자 자그룰과 핵심 동료들은 1919년 3월 8일에 체포되어 몰타로 추방되었다. 그 결과, 1919년의 이집트 혁명의 시작을 알리는 전국적인 소요가 일어났다.

사드 자그룰과 동료들이 체포되자 대중은 즉각적이고 폭력적인 반응을 보였다. 자발적이고 계획적인 반란들이 꼬리를 물고 도시 중심부에서 지방으로 확산되었고, 이집트 사회 전 계층이 봉기했다. 시위는 한 무리의 학생들이 기차나 전차, 가스등 기둥처럼 영국의 지배와 관련이 있다고 생각되는 기간 시설들을 파괴하며 소요를 일으킨 3월 9일에 시작되었다. 반영(反英) 시위와 이에 대한 영국군의 진압으로 양측 모두에서 많은 사상자가 발생했다.

유구한 알 아즈하르 사원 대학이 봉기의 주축이 되었다. 3월 13일에 영국군이 알 아즈하르의 선생과 학생 다수를 체포했다. 그후 영국의 보안책임자 조지프 맥퍼슨은 정치 선동의 현장을 눈으로 직접 확인하고자 사원을 방문했다. 겨우 페즈를 쓰는 것으로 변장을 끝낸 맥퍼슨은 오가던 이집트인들의 냉랭한 눈길을 받으며 사원에 들어섰으나, 군중이 너무 많아서 정문을 빠져나갈 수 없었다. 비록 시야는 좁았지만 그는 사원에서 셰이크가 돌무더기 위에서 "수백 명의 관중에게 폭정을 무너뜨리고 굴레를 벗어던져야 하며 죽음에 대한 두려움 없이 신성한 대의를 위해서 '순교한 이들'에게는 천국이 약속되어 있다고 열변을 토하고 있는 것"을 볼 수 있었다. 맥퍼슨은 중앙 혁명위원회가 지방 반란에 필요한 자금을 모금하고 있는 것도 목격했다.[23]

농촌 지역 사회도 영국 지배와 관련이 있다고 생각되는 것들을 공격했다. 농산물 창고와 전시 동안에 징발된 곡물들을 수송한 철도시설들은 물론 행정관료들에게 효율적인 통신을 제공하던 전선도 파괴되었다. 도시에서는 도시 노동자들이 쟁의행위에 나섰다. 이집트 국영 철도가 파업했고 카이로 전차회사도 파업을 벌였다. 영국의 보안책임자 맥퍼슨은 경멸감을 드러내며, 학생에서부터 거리의 청소부에 이르기까지 봉기에 가담한 사람들을 "거리의 울부짖는 미치광이들, 잠시 해방되어 민중 선동에 나선 여자들, 몰락한 폭군을 경멸하며 저급한 엉터리 시를 외치고 다니는 아이들과 온갖 종류의 무뢰한들"이라고 하나하나 열거했다.

그러나 이집트인들은 1919년을 다르게 기억한다. 대다수의 이집트인들에게 이것은 국가의 정치활동에 최초로 참여할 수 있는 기회였다. 이집트인들은 외국의 간섭 없이 자신들의 나라를 통치해야 한다는 공통된 믿음으로 연대했다. 그것은 아랍 역사에 있어서 최초의 진정한 민족주의 운동이었고, 민족주의 지도자들은 지방에서 도시에 이르기까지 대중의 전폭적인 지지를 받았다.

1919년에 이집트 여성들도 처음으로 국가 정치에 참여했다. 그들을 이끈 사람은 후다 샤라위라는 여성이었다. 코카서스계 어머니와 초로(初老)의 이집트 저명인사의 딸이었던 후다 샤라위(1879-1947)는 특권층에서 태어났지만 집안에만 갇혀 살아야 했다. 상류층의 카이로 가문의 하렘에서 양육된 그녀는 여자들과 아이들, 환관들에 둘러싸여 성장했다. 회상록에 그녀는 두 명의 어머니에 대해서 썼는데, "큰 어머니"라고 부른 아버지의 첫 번째 부인과 자신의 생모가 바로 그들이었다. 그녀는 두 사람 모두를 사랑했지만, "사람들이 사내아이이기에 나보다 남동생을 편애했을 때 내가 느꼈을 감정을 잘 이해해주었던" 큰 어머니에게 특히 친밀감을 느꼈다.[24]

어린 시절 샤라위는 남동생보다 교육을 덜 받을 수밖에 없는 상황에 분노했다. 열성적인 학생이었던 그녀는 가정교사에게 문법책을 가져오라고 졸라 『쿠란』을 정확하게 읽는 법을 배웠다. "책을 도로 가져가시오"라고 아이들의 환관이 가정교사에게 말했다. "아가씨는 판사가 될 것이 아니기 때문에 문법을 배울 필요가 없소!" 후다는 낙심했다. "나는 의기소침해졌고 원하는 교육을 받을 수 없었기 때문에 여자라는 사실을 증오하며 공부를 소홀히 하기 시작했다. 나중에는 여성이라는 사실이 나와 내가 동경하던 자유를 가로막는 장벽이 되었다."[25]

10대의 나이로 후다는 자신이 알리 파샤 샤라위라는 나이든 사촌의 두 번째 부인이 될 것이라는 사실을 알고 낭패감을 느꼈다. "나는 언제나 아버지나 오라버니처럼 생각하며 경외심으로 대하던 사촌과 결혼해야 한다는 생각에 매우 괴로웠다. 모두 나보다 나이가 많음에도, '좋은 날이에요, 새엄마'라며 나를 놀려대던 그의 처와 세 딸을 떠올릴 때마다 점점 더 화가 났다."[26] 그녀는 "사형을 앞둔 죄인의 심정"으로 혼례를 치렀다. 당연히 결혼 생활은 행복하지 않았고, 부부는 곧 소원해졌다. 하지만 부부가 떨어져 지낸 7년 동안, 즉 남편의 곁으로 돌아가 유력자의 아내로서의 역할을 다시 시작하기 이전에 후다는 자신의 관심사를 성숙시키고 발전시킬 수 있는 기회를 가질 수 있었다.

부부간의 소원했던 시간이 후다 샤라위에게는 정치적 발전의 기회가 되었다. 그녀는 여성을 위한 사회운동을 조직화하기 시작했다. 이집트 대학으로 프랑스의 페미니스트 마르그리트 클레망을 초청하여 동서양 여성의 삶을 비교하고, 베일 착용과 같은 사회 관행들을 논의하는 강연을 열었다. 이 첫 강연을 시작으로 여성 해방을 공개적으로 주창한 최초의 이집트 페미니스트 여성인 말락 히프니 나시프(1886-1918)를 포함해서 이집트 여성들이 발표하는 강연들이 정기적으로 열렸다.[27] 1914년 4월 샤라위는 레바논 작가 마이 지야다와 최초의 여성 잡지 중의 하나를 창간한 라비바 하심을 비롯해서 아랍 여성 문학의 개척자들을 모아서 문인 협회인 여성 지식인 협회(Intellectual Association of Egyptian Women)를 설립하기 위한 모임을 주최했다.

이와 같은 활동으로 샤라위가 여생을 바친 독자적인 이집트 여성 운동의 시작을 알렸다. 강연과 여성 모임은 카이로에서 문화 관련 일에 참여하는 엘리트 여성의 범주를 확대시켰고, 여자들이 남편의 허락 없이도 만나서 스스로 선택한 주제들을 논의할 수 있는 토론의 장을 제공했다. 한계는 있었지만 이러한 수확은 당연히 중요했다. 비록 젠더 역할을 좌우하는 사회적 합의에는 거의 영향을 미치지 못했지만 말이다. 아랍과 오스만 사회에서 오래 전부터 남녀를 격리해온 관행처럼 매우 견고하게 자리 잡은 관습들에 도전하기 위해서는 혁명이 필요했다.

1919년의 봉기는 정치 혁명이자 사회 혁명이었다. 1919년의 봄은 엄격한 사회적 격리 관행이 도전받고 잠시나마 전복된 순간이었다. 민족주의 투쟁은 이집트 여성들이 정치적 행위자로 등장할 수 있는 기회를 제공했고 지속가능한 페미니즘 운동을 유산으로 남겼다. 좀더 개인적인 측면에서 보자면, 이러한 사건들 덕분에 알리 파샤 샤라위와 후다는 화해할 수 있었고 그들의 결혼 생활은 민족주의적 대의로 연대한 정치적인 협력관계로 변화했다.

1918년에 사드 자그룰이 영국의 고등판무관 레지널드 윈게이트 경과 운명적인 만남을 가진 자리에 동석했었던 알리 파샤 샤라위는 그 이후로 민족주의 운동에 참여하기 시작했다. 그는 자그룰과 함께 와프드(Wafd), 즉 "대표단"으로 알려질 민족주의 정당을 창립하여 파리 평화회담에 앞서 이집트의 염원을 대변하고자 했다. 자그룰이 추방되자 샤라위가 당수직을 이어받았다. 알리 파샤와 부인 후다 간의 관계는 혁명의 과정 중에 급격하게 변화했다. 그는 자신이 체포될 경우를 대비해서, 후다가 자신의 정치적 공백을 메울 수 있도록 그녀에게 모든 정치적 상황을 상세히 설명했다. 뿐만 아니라 영국은 대중의 격분을 불러일으킬까 두려워서 감히 여성들을 체포하거나 발포하지 못했기 때문에, 여성들만이 할 수 있는 일들이 있다는 것도 그들은 곧 깨닫게 되었다.

와프드당은 민족주의 운동에 여성을 동원함으로써, 얻을 수 있는 이점을 간파했다. 최초의 여성 시위가 3월 16일 혁명 발생 이후 1주일 만에 일어났다. 아랍어와 프랑스어로 된 구호가 흰 색으로 적힌 검은 현수막들— 애도의 색들이다— 이 준비되었다. 시위자들은 카이로 중심에 모여 우드로 윌슨이 14개 조항에서 약속한 민족자결권을 요구하기 위해서 미국 공사관까지 행진할 계획이었다. 여성 시위자들이 목적지에 도달하기도 전에 영국군이 길을 막았다. "그들은 우리 양옆으로 줄을 서 있던 학생들과 우리를 제지하려고 기관총으로 거리를 차단했다"라고 후다 샤라위는 썼다. "나는 시위를 재개하기로 마음먹었다. 내가 앞으로 나아가자, 영국군 한 명이 총을 겨누며 내 쪽으로 발을 내딛었지만 나는 그를 지나서 계속 걸어갔다. 여자 한 명이 나를 잡아당기려고 했지만, 나는 큰 소리로 외쳤다. '내가 죽도록 놔두세요. 그러면 이집트도 이디스 카벨[제1차 세계대전 기간에 독일군의 총탄에 맞아 사망한 영국 간호사로 즉각 순교자가 되었다]을 가지게 될 거예요.'" 세 시간의 대치 끝에 시위대는 폭력사태 없이 해산했다. 또다른 시위들이 이어졌다.

영국을 제압한 이집트 여성들의 상징적인 힘이 전국의 민족주의자들을 고무시켰다. 하렘 밖으로 나온 이집트 여성들은 엄청난 에너지와 열정으로 공적 생활에 투신했다. 가난한 사람들을 위해서 기금을 마련했고 병원의 부상자들을 방문했으며 집회와 시위에 참여하여 종종 큰 위험에 노출되기도 했다. 또한 엘리트층 여성들과 노동계층 여성들이 연대하면서 여성들은 계급 장벽도 넘기 시작했다. 후다는 민족주의 운동 중에 발생한 여섯 명의 노동계층 여성의 죽음에 "강렬한 민족 애도의 물결이 이어졌다"라고 기록했다. 여성들은 공무원들의 파업을 촉구하기 위해서 정부청사 밖에 서 있거나 또는 근무자들에게 영국의 명령에 따르거나 일하지 말라고 부추기는 등 최선을 다했다. 영국이 1919년 말에 밀너 경이 이끄는 조사위원회를 파견했을 때, 이집트 여성들은 연속적인 시위를 조직했고 항의 결의안을 작성했다. 또한 수백 명에 달하는 모든 계층의 여성들이 참여한 대규모 회합을 주관하기도 했다.

1919년 말에 후다 샤라위와 동료들은 아랍 최초의 여성 정치 단체인 와프드당 여성중앙위원회를 조직하여 페미니스트적 성과들을 확고히 다졌다. 후다 샤라위가 회장으로 선출되었고, 1923년에는 이집트 페미니스트 연합을 공동 설립했다. 그리고 같은 해에 그녀와 동료들은 로마에서 열린 페미니스트 회의에서 돌아오던 중에 카이로 기차역에서 공개적으로 자신들의 베일을 벗어던짐으로써 여성을 가두는 인습들을 산산이 부숴버렸다. 이집트 페미니스트 운동은 1919년의 혁명 이후에도 오랫동안 지속되었다.

이집트 독립을 향한 와프드당의 투쟁은 부분적인 성공만을 거둘 수 있었다. 평화회담에 이집트 안건을 제출해도 된다는 영국의 허락을 받아낸 자그룰과 동료들은 파리에 도착하자마자, 미국 대표단이 영국의 이집트 보호령을 인정하는 성명문을 막 발표했다는 사실을 알게 되었다. 윌슨 대통령의 원대한 발언이 불러일으킨 희망은 이제 산산조각이 났다. 이집트는 전후 합의 절차의 일부로서 독립을 획득하기는커녕, 런던의 영국 정부와 직접 협상해야 하는 처지가 되었다.

　1919년에서 1922년까지 영국과 와프드당 간에 협상이 진행되던 사이사이에 시민소요가 발생하곤 했다. 결국 이집트 민족주의자들이 성취할 수 있었던 것은 이름뿐인 독립이 전부였다. 이집트의 치안 유지를 위해서 영국은 1922년 2월 28일에 일방적으로 보호령 종식을 선언하고 "대영제국의 핵심적인 이권과 관련된" 4개 주요 영역 — 제국의 통신 안보, 이집트 방어, 외국인의 이권 및 소수 집단의 권리 보호 그리고 수단 — 에 대한 통제권을 영국이 보유한다는 조건으로, 이집트를 독립 주권 국가로 인정했다. 영국이 군사 기지를 보유하고 수에즈 운하를 통제하며 보호령 시절이나 별반 다를 것 없이 이집트 국내 문제에 번번이 간여할 수 있도록 허용하는 조건들을 전제로 한, 이 독립의 한계를 양측 모두 잘 인지하고 있었다. 향후 32년 동안 주권을 찾으려는 이집트와 제국의 질서 유지를 위해서라면 무엇이든지 하려 했던 영국은 식민지적 관계를 재규정하기 위해서 정기적으로 타협에 나서야만 했다.

*　*　*

아랍 전역이 이집트에서 발생한 사건들을 관심을 가지고 지켜보았고, 그중에서도 이라크의 관심이 가장 지대했다. 오스만의 주(州)였던 바스라와 바그다드, 모술이 제1차 세계대전 동안 영국에 의해 점령되었다. 영국은 이라크인들에게 수차례 자치권을 약속했지만, 이집트의 독립을 인정하려 하지 않는 영국의 모습을 지켜보면서 이라크인들의 걱정은 커져만 갔다.

제1차 세계대전이 발발하자마자 인도에서 파병된 영국군이 남부 도시 바스라를 점령했고 지역 전체를 장악했다. 영국은 오스만의 동맹국인 독일의 침략으로부터 자신들의 인도 제국으로 가는 관문인 걸프 만을 지키고자 했다. 바스라에 들어선 영국군은 오스만 제6군단과 교전하기 위해서 전선을 북쪽으로 확장시켰다. 1915년 11월경에 영국군은 바그다드로부터 80킬로미터도 떨어지지 않은 곳까지 진군해서 수적으로 우세한 오스만군과 대치했다. 영국군은 쿠트로 후퇴하여, 1916년 4월에 튀르크인들에게 항복하기 전까지 4개월 동안이나 오스만군의 포위에 맞섰다. 이로써 오스만군은 영국의 침략군에 맞서 두 차례의 대승— 갈리폴리와 메소포타미아에서 —을 거두게 되었다. 그러나 영국은 메소포타미아에서 전투를 재개하여 1917년 3월에는 바그다드를 함락시켰고 1918년 늦여름에는 키르쿠크에서 오스만 제6군단을 격퇴했다. 엄밀히 따지면 정전협정의 조건에는 영국의 점령이 용인된 영토에서 제외되었지만, 영국군은 1918년 11월에 모술 주(州)도 점령했다. 1915년의 드 분젠 보고서가 처음에 권고한 대로, 메소포타미아에 대한 통제권을 영국이 장악하게 된 것이다.

1918년, 이 지역에 정치질서를 도입하는 작업은 2003년 당시와 마찬가지로 메소포타미아를 정복하는 것보다 훨씬 어려운 일이었다. 세 개 주의 주민들— 쿠르드족, 수니파 아랍인들, 시아파 —은 자신들의 목표와 염원에 따라 분열되어 있었다. 메소포타미아의 지역 사회들은 세 개의 주를 이라크라고 부르는 하나의 독립 국가로 통합시키고 입헌군주제를 실시한다는 데에는 동의하고 있었지만, 영국이 이 새로운 국가에서 어떤 역할을 할지에 대해서는 매우 다른 견해들을 가지고 있었다. 완전한 독립보다는 안정과 경제성장을 더욱 중요하게 여겼던 일부 대지주들과 부유한 상인들은 공개적으로 영국의 통치를 지지했다. 아랍 반란 당시 아미르 파이살 수하에서 일했던 일부 이라크군 장교들은 영국이 수니파의 정치적 우위를 보장해줄 것이라고 생각했다. 그러나 이라크인의 대다수는 자신들의 문제에 외국이 간섭하는 것을 거부했다.

메소포타미아 점령 초기 영국은 이라크 사람들에게 자신들의 선한 의도를 선전하려고 노력했다. 연합국들이 아랍의 땅에 민족자결의 절차를 통해서 "국민정부와 정권 수립"을 돕겠다고 약속한 1918년 11월의 영-프 선언이 지역 언론을 통해서 널리 보도되었고, 이에 많은 이라크인들은 유럽이 자신들에게 식민지적 합의안을 강요하지 않을 것이라며 안도했다. 나자프에 기반을 둔 「알 이스티크랄(al-Istiqlal, 독립)」 신문은 다음과 같이 썼다. "완전한 독립과 자유를 성취할 수 있도록 우리를 돕겠다는 영국과 프랑스 양국의 의지 표명에 참으로 기뻤다."28

그러나 수개월째 이라크 자치를 향한 어떤 가시적인 진전도 없이 시간이 흐르자 이라크인들은 점점 의심을 품게 되었다. 영국이 자신들의 독자적인 정부 수립을 돕는 대신 이라크에 그들의 통치권을 구축하려는 듯이 보였기 때문이다. 1919년 2월에 일단의 이라크인들이 민족 독립을 향한 자신들의 권리 주장을 인정받기 위해서 대표단을 파리로 파견할 수 있게 승인해달라고 영국 당국에게 요청했지만 거절당했다. 또한 이라크인들은 조국의 정치적 미래에 대한 계획을 면밀하게 검토할 것을 영국에게 촉구했지만 이러한 요청에 대한 어떤 솔직한 답변도 들을 수 없었다.

영국은 사실 이라크를 지배하기 위한 최선의 방법으로 두 가지 방안을 고려하고 있었다. 민간 판무관으로서 이라크에서 영국 행정부를 이끌던 아널드 윌슨 경과 같은 몇몇 인사들은 영국령 인도를 본떠서 직접 식민통치를 위한 기관들을 창설하고자 주장했다. 그는 심지어 식민통치를 위한 상비 노동력으로 인도에서 메소포타미아로 이민자들을 데려오자고 제안하기도 했다. 바그다드의 동방 서기관으로 일하던 거트루드 벨과 같은 사람들은 이라크의 아랍 민족주의자들과 협력하는 것이 영국의 이익에 가장 잘 부합한다고 생각했다. 벨은 이라크의 하심 군주정 체제가, 적은 비용으로 점점 커지고 있는 아랍 민족주의 운동과의 충돌 위험을 줄여주고 비공식적인 제국 통치를 위한 이상적인 구조를 영국 정부에게 제공할 것이라고 주장했다. 이라크인들은 누구를 믿어야 할지 알 수가 없었다. 자신들의 바람을 지지하는 것처럼 보이는 벨인지, 아니면 이라크에 대한 영국의 지배를 열망하는 듯 보이는 그녀의 상관 아널드 윌슨 경인지 말이다.[29]

1920년경이면 이라크인들도 영국이 이라크를 식민통치에 종속시키려고 한다는 것을 확신하게 되었다. 1919년의 이집트 혁명을 멀리서 지켜보던 이라크인들은 영국이 다마스쿠스의 파이살 정부를 버리고 프랑스의 식민지 점령을 위한 길을 열어주려고 시리아 및 레바논에서 군을 철수하자 점점 더 큰 불안감에 사로잡혔다. 마치 영국과 프랑스가 아랍 지역의 독립을 부정하고 자기들끼리 이 영토들을 나누어 가지려 하는 것처럼 보였기 때문이었다. 물론 그들은 그렇게 했다.

이라크의 의심은 1920년 4월에 국제연맹이 이라크를 공식적인 위임통치령으로 영국에게 할당하면서 사실로 확인되었다. 위임통치의 또다른 이름은 제국주의라고 생각하며 늘 여기에 반대해왔던 이라크인들은 영국의 계획에 맞서기 위해서 결집하기 시작했다. 처음에는 시아 공동체에서 출현한 이라크 독립 수호자들(Guardians of Iraqi Independence)이라는 신생 조직이 저항운동을 이끌었다. 수호자들은 완전한 독립과 이라크로부터의 영국군의 완전한 철수를 요구하며 많은 수니파 지지자들을 끌어들였다. 그들은 영국 당국의 간섭을 피하기 위해서 시아파와 수니파의 예배 장소를 교대로 사용하며 모스크에서 모임을 가졌다. 전례가 없던 이라크 무슬림 공동체들 간의 이러한 정치적 협력은 종교적 경계를 초월한 이라크 민족 공동체를 위한 기초가 되었다.

영국의 위임통치를 반대하는 초기의 이라크 대중시위는 평화로웠다. 시아파 성직자들과 부족 지도자들, 민족주의 단체의 회원들이 1920년 5월에 바그다드에서 다 함께 시위를 벌였다. 하지만 영국은 이 모든 평화로운 시위에 즉각적인 탄압으로 맞섰고 점령 반대를 선동한다고 의심되는 사람들을 체포했다. 영국의 탄압으로 바그다드에서 쫓겨난 이라크 민족주의자들은 지방 도시들과 마을에서 저항을 계속했다.

1920년 6월 말에 발생한 이라크 봉기는 성지인 나자프와 카르발라의 시아파 성직자들이 선동했다. 영국은 가장 저명한 시아파 성직자의 아들을 체포하는 실수를 저질렀는데, 아야톨라 알 시라지가 외국 점령에 맞서 반란을 촉구하는 파트와(fatwa : 법률 자문역의 무프티의 종교적 견해서로 구속력은 없지만 상당한 권위를 가진다/역주)로 응수했기 때문이다. 위기 고조를 걱정하던 바그다드의 영국 당국은 난리를 부추긴다고 의심되는 수많은 시아파 활동가들과 부족 지도자들을 체포했다. 당연히 이러한 탄압은 평화롭게 시작된 저항운동을 폭력적인 대립으로 굳어지게 만들었다.

이라크 저항운동은 체계적으로 조직화가 잘 되어 있었고 기강도 확실했다. 지도부는 공동행동을 위한 지침서를 작성하고 현지의 인쇄기로 제작하여 배포했다. 1920년 7월에 나자프에서 인쇄된 한 전단지는 다음과 같이 교전 원칙을 정했다. "각각의 부족장들은 모든 부족원들에게 이 봉기의 목적이 완전한 독립 요구라는 것을 이해시켜야 한다."[30] 반란을 일으킨 부족원들에게 구호가 "독립"이라는 것을 알려야 한다. 수중에 들어온 모든 도시와 마을의 원활한 행정을 보장해야 하며, 영국과 인도 군 포로들을 잘 보살피고 무엇보다도 영국으로부터 포획한 모든 무기와 탄약, 장비, 의약품을 잘 보존해야 한다. 이러한 물품들은 "승리를 획득하는 데에 필요한 가장 중요한 수단"이기 때문이다.

바그다드와 바스라 사이의 중부 유프라테스 강 유역이 주요 격전지였고 나자프와 카르발라가 운동의 중심지였지만, 처음부터 봉기는 세 개의 주 전역으로 확산되었다. 이곳의 도시와 마을을 장악한 반란자들이 지역정부를 수립하고 세금을 징수하며 치안 유지에 나서자 영국은 군을 철수할 수밖에 없었다. 영국은 수도에서 커다란 반란이 발생하는 것은 간신히 막을 수 있었지만, 바그다드의 인근 지역들은 곧 반란자들에게 장악되었다. 바그다드 북동쪽의 부족들이 1920년 8월에 큰 반란을 일으켜서 한 달 동안 바쿠바와 디얄라 강 북쪽의 다른 도시들을 점령했다. 또다른 큰 반란이 바그다드의 서쪽 팔루자에서 발생했다.[31] 영국은 맹렬한 반격에 앞서 군을 보강하기 위해서 군대를 서둘러 철수시켰다.

거국적인 반란에 직면한 영국은 신생 위임통치령에 대한 통제력을 회복하기 위해서는 이라크에 과도하게 산개되어 있는 병력을 보강해야만 했다. 인도에서 새롭게 파병된 병력으로 1920년 7월에 6만 명이었던 이라크의 영국군은 그해 10월에 10만 명 이상으로 증원되었고, 중포 사격과 공중 폭격을 동원한 압도적인 무력 사용으로 이라크 재정복을 마무리했다. 9월 초에는 팔루자를 재탈환했고 지역 부족들에게 가혹한 처벌을 내렸다. 그 달 말에는 디얄라 강 유역의 부족들을 공격했다. 그러고 나서 중부 유프라테스 강으로 진군했다. 나자프의 한 언론인은 영국의 공격을 다음과 같이 묘사했다. "영국군은 부족장의 집을 공격해 집안의 살림살이들까지 모두 불살라버렸다. 또한 수많은 남자와 말, 가축들을 죽였다." 영국은 끈질기게 반란자들을 추격했고 모든 협상을 거부했다. "장교들은 우리를 전멸시키거나 재판에 회부하는 것 외에는 아무런 관심도 없었다"라고 계속 이어갔다. "정전을 위해서 그들의 요구에 응했지만, 그들은 합의를 지키지 않았다. 그들로부터 [영토를] 손에 넣었을 때 무장해제도 하지 않고 철수하는 것을 허용했던 우리건만 그들은 비겁하게도 공격으로 응수하고 있다. 근래에 벌어지고 있는 학살과 인구가 밀집한 도시들의 파괴, 신성한 예배당의 침탈이 사람들을 도탄에 빠뜨리고 있다."[32]

10월 말에 나자프와 카르발라가 항복하면서 봉기는 종식되었다. 인적, 물적 차원에서 그 대가는 컸다. 영국의 추산에 따르면 2,200명 이상의 영국 및 인도의 병사들과 약 8,450명의 이라크인들이 죽거나 다쳤다.[33] 이라크인들의 물적 피해에 대한 추산은 없다.

이라크에서 "1920년 혁명"으로 언급되는 1920년의 봉기는, 미합중국에서 1776년의 미국혁명이 가지는 의미에 비견될 만큼, 현대 이라크의 민족주의 신화 속에서 특별한 위치를 차지한다. 이 두 혁명은 사회혁명이라기보다는 외국의 점령에 맞서는 민중 봉기였고, 양국 모두에서 민족주의 운동의 시발점이 되었다. 대부분의 서구인들은 1920년의 봉기에 대해서 잘 모르지만 수세대 동안 이라크 학생들은 민족의 영웅들이 이라크의 렉싱턴과 콩코드라고 할 수 있는 팔루자와 바쿠바, 나자프에서 외국군과 제국주의에 대항하여 어떻게 싸웠는지를 배우며 성장했다.

제1차 세계대전과 전후의 합의 과정은 아랍 근대사에 있어서 가장 중요한 시기 중의 하나로 여겨진다. 400년간의 오스만 통치는 1918년 10월에 아랍 전역에서 완전히 종식되었다. 당대의 아랍인들은 오스만이 없는 세계를 상상할 수 없었다. 19세기의 개혁과 함께 더 정교해진 관료제와 철도 및 전선과 같은 통신시설을 통해서, 그리고 학교 제도의 확산으로 점점 더 많은 수의 아랍인들이 오스만식 교육을 받게 되면서 아랍 지역에 대한 이스탄불의 지배력이 더욱 강화되었던 것이다. 아마도 20세기 초의 아랍인들은 이전의 그 어느 때보다도 오스만 세계를 더 가깝게 느끼고 있었을 것이다.

아랍과 오스만의 관계는 1908년 이후 청년 튀르크 당 정권이 수립되고 나서야 강화되었다. 그 무렵 오스만은 발칸지역의 유럽 영토 대부분을 상실했다. 튀르크-아랍 제국을 물려받은 청년 튀르크 당은 아랍 지역에 대한 이스탄불의 지배력을 강화하기 위해서 최선을 다했다. 청년 튀르크 당의 정책들은 아랍 민족주의자들을 멀어지게 만들었지만, 아랍 독립이 실현 불가능한 목표처럼 보이게 만드는 데는 성공했다.

오스만 제국의 붕괴와 함께 아랍 민족주의자들은 독립국가에 대한 열망으로 강렬한 행동주의의 시기로 접어들었다. 1918년부터 1920년까지 짧지만 들뜬 이 시간 동안 이집트와 시리아, 이라크, 히자즈의 정치 지도자들은 독립이라는 새로운 시대의 문턱에 서 있다고 생각했다. 그들은 자신들의 목표를 인정받기 위해서 파리 평화 회담과 우드로 윌슨이 약속한 새로운 세계질서에 호소했다. 예외 없이 모두 낙담하게 되었지만 말이다.

아랍인들이 맞게 된 새로운 시대는 사실상 아랍의 독립이 아닌 유럽 제국주의에 의해서 형성된 것이었다. 유럽 열강은 전략적으로 긴급한 과제들을 설정하고 전후의 평화 협상 과정을 통해서 서로 간에 합의를 이루지 못했던 모든 문제들을 해결했다. 프랑스는 자신들의 북아프리카 아랍 영토에 시리아와 레바논을 추가했다. 영국은 이제 이집트와 팔레스타인, 트란스요르단, 이라크의 주인이 되었다. 몇몇 국경선에 대해서는 약간의 땜질 처방이 있었지만 유럽 열강은 우리가 오늘날 알고 있는— 팔레스타인은 중요한 예외이지만— 중동 근대국가들의 국경선을 그었다. 아랍인들은 이러한 근원적인 부정의(不正義)를 도저히 받아들일 수 없었고, 독립이라는 오래된 자신들의 숙원을 좇으며 제2차 세계대전이 발발할 때까지 식민지 지배자들과의 싸움에 헌신했다.

7
중동의 대영제국

전후 협상을 통해서 이라크와 트란스요르단, 팔레스타인을 위임통치하기 한세기 전부터 대영제국은 이미 아랍 세계에 진출해 있었다. 지금은 아랍 에미리트 연합의 일부가 된 샤르자와 라스 알 카이마의 해상 부족들이 갈수록 상선에 큰 위협을 가하자, 영국의 동인도 회사가 그들과 싸우기 위해서 19세기 초에 페르시아 만의 위험한 바다로 뛰어들었던 것이다. 동지중해와 인도 사이의 육로 및 바다를 연결하는 중요한 통로인 페르시아 만에서 활동하던 해적을 소탕하기로 결심한 영국은 "해적 해안(Pirate Coast)"이라고 불리던 지역을 정복하고, 페르시아 만을 영국의 호수로 만들어버렸다.

샤르자와 라스 알 카이마의 부족들로 결성된 카시미(Qasimi : 아랍 에리미트 연합의 통치 가문 중의 하나/역주) 연합 때문에 영국이 겪었던 고충에 관한 기록은 1797년까지 거슬러올라간다. 동인도회사는 영국과 오스만, 아랍 선박들에 대한 일련의 공격들을 카와심(Qawasim, 카시미의 복수형)의 소행이라고 생각했다. 1809년 9월에 동인도회사는 해적 해안에 16척의 토벌 함대를 파견했다. 함대는 라스 알 카이마의 마을을 공격하고 카시미 침략자들의 배와 창고를 불태우라는 명을 받았다. 1809년 11월과 1810년 1월 사이에 영국 함대는 라스 알 카이마와 연이어 위치해 있는 다른 4개의 카시미 항구에 심각한 타격을 주었다. 영국군은 60척의 대형 선박과 43척의 작은 배를 불태웠고, 귀항하기 전에 약탈품으로 추정되는 물품 약 2만 파운드를 몰수했다. 그러나 카시미 부족 연합과 공식적인 협정을 맺는 데에 실패한 영국은 페르시아 만에서 선박 공격을 계속 받을 수밖에 없었다.[1]

영국의 첫 토벌이 있은 지 5년도 지나지 않아서, 카시미 부족 연합은 함대를 재건하고 해상 공격을 재개했다. 1819년에 제2차 영국 원정대가 카시미 부족 연합을 제압하기 위해서 봄베이에서 파병되었다. 두 배의 병력과 라스 알 카이마에 대한 집중 공격으로 원정대는 카시미 선박의 대부분을 포획하여 불태웠을 뿐만 아니라 첫 원정에서는 실패했던 정치적 타협도 달성할 수 있었다. 1820년 1월 8일에 샤르자와 라스 알 카이마를 통치했던 카시미 가문뿐만 아니라 아부다비와 두바이, 아즈만, 움 알 카이완, 바레인의 수장들도 영국 선박에 대한 모든 공격을 완전히 그리고 영구적으로 중단할 것을 약속한 일반조약에 서명했다. 또한 페르시아 만과 인도양에 있는 영국령의 모든 항구에서 교역을 하는 대가로 일련의 공동 해상 원칙을 수용했다. 해양 수장국(首長國)들에게 영국이 관할하던 항구에 접근할 수 있도록 허용함으로써 협정은 모든 당사자들에게 공해와 근해에서 평화를 유지할 경제적인 동인(動因)을 제공했다. 이러한 조건들은 페르시아 만의 모든 국가 간의 해상 적대 행위를 불법화한 1853년의 종신조약에서 재확인되었다. "해적 해안"의 극소 국가들은 이제 영국과 그리고 그들 간에 체결한 공식적인 정전협정에서 기인한 명칭인 트루셜 스테이츠(Trucial States)로 알려지게 되었다.

19세기에 영국의 평화(Pax Britannicus)의 시대가 시작되면서 페르시아 만은 영국의 완전한 보호령으로 변해갔다. 영국은 각각의 수장국 통치자들과 체결한 일련의 상호 협정을 통해서 페르시아 만에 대한 통제권을 강화해갔다. 1880년에 바레인의 수장은 외교 문제를 실질적으로 영국의 통제 아래 두는 협정에 서명했는데, 그 내용은 "영국 정부의 동의 없이는 영국 외에 다른 어떤 국가나 정부와도 협상하거나 일종의 조약을 체결하지 않을" 것을 약속한다는 것이었다. 영국은 다른 페르시아 만의 수장국들과도 유사한 협정을 체결했다.[2] 이에 더 나아가 1890년대에는 페르시아 만의 통치자들로부터 "영국 정부를 제외하고 [자국] 영토의 일부를 양도, 매매, 저당 잡히거나 또는 사용하도록 제공"하지 않겠다고 서약한 "불할양 맹약"도 받아냈다.[3] 영국은 1870년대부터 페르시아 만에 대한 지배권을 확대하고자 했던 오스만 제국이나 유럽의 다른 어떤 경쟁 국가도 인도제국으로 통하는 전략적인 해로에 대한 영국의 절대적인 통제권을 위협하지 못하도록 하기 위해서 이러한 조치들을 취했다. 오스만 팽창주의에 맞서 영국의 보호를 받고자 했던 쿠웨이트와 카타르도 1899년과 1916년에 각각 페르시아 만 "보호령"에 합류했다.

20세기에 들어서면서 석유에 대한 영국의 의존도가 높아질수록 페르시아 만은 더욱더 중요해졌다. 1907년에 영국 해군의 동력원(動力源)이 석탄에서 석유로 전환되면서, 페르시아 만의 아랍 수장국들은 영국의 제국주의적 사고 속에서 새로운 전략적인 역할을 맡게 되었다. 1913년에 당시 해군장관이었던 윈스턴 처칠은 석유에 대한 영국의 의존도가 높아지면서 발생한 새로운 문제를 하원에서 꺼내들었다.[4] "1907년에 석유로만 움직이는 외항 구축함들로 이루어진 최초의 소형 선단이 창설되었고, 그 이후 매년 계속해서 '오직 석유로만' 운항하는 구축함들로 이루어진 또다른 소형 선단들이 창설되었다"라고 처칠은 밝혔다. 그의 주장에 따르면 1913년에 영국 해군은 석유를 동력으로 하는 새로운 선박 100척가량을 보유하고 있었다. 그 결과 이전에는 페르시아 만에서 영국이 가장 우선시했던 문제가 인도와의 무역 및 통신이었다면 이제는 석유에 대한 새로운 전략적 이해관계를 반영하는 쪽으로 그 관심사가 확장되었다는 것이다.

페르시아 만의 대규모 비축유가 처음으로 1908년 5월에 이란 중부에서 발견되었다. 수출 가능할 정도의 상당한 석유가 페르시아 만의 아랍 국가들에 매장되어 있다고 지질학자들이 추정할 만한 충분한 이유가 있었다. 영국은 석유 독점 채굴권에 관한 협정을 페르시아 만의 수장국들과 체결하기 시작했다. 1913년 10월에 쿠웨이트의 통치자는 자국 영토에서의 석유 시굴을 영국 정부가 승인한 사람이나 회사에게만 허용한다고 약속하는 특허를 영국에게 양도했다. 그와 유사한 협정이 1914년 5월 14일에 바레인의 통치자와도 체결되었다. 교역과 제국의 수송로라는 측면에서뿐만 아니라 석유시굴 때문에도 제1차 세계대전 즈음에는 페르시아 만이 대영제국의 중요한 특별 전략 지역으로 부상했다. 1915년에 제출된 영국의 정부 보고서는 "페르시아 만에서 우리가 특별하면서도 최고의 입지를 누리는 것"이 "우리의 동방 정책의 가장 중요한 원칙의 하나"라고 정의했다.[5]

1913년에 새로운 아랍 국가가 "팍스 브리타니카" 시대에 페르시아 만에서 돌연 등장했다. 알 사우드 가문 — 18세기에 형성된 사우드가 연합이 1818년 무함마드 알리의 군대에 의해서 격퇴될 때까지 이라크에서부터 성도 메카 및 메디나에 이르는 지역에서 오스만의 지배에 도전했었다 — 이 무함마드 이븐 압드 알 와하브의 후손들과 협력관계를 재구축하면서 새로운 사우디-와하브 연합을 출범시킨 것이다. 그들의 수장인 압드 알 아지즈 이븐 압드 알 라흐만 알 파이살 알 사우드(1880-1953)는 서구에서는 이븐 사우드로 더 잘 알려져 있는 카리스마 있는 젊은 지도자였다.

이븐 사우드는 추종자들과 함께 오랜 숙적인 라시드 일족에게 승리를 거두고 중앙 아라비아의 오아시스 도시 리야드를 점령한 1902년부터 권세를 얻기 시작했다. 이크완(Ikhwan, "형제들")이라고 알려진 그의 전사들은 와하비즘에 준거해 엄격하게 해석한 이슬람을 아라비아 반도 전역에 적용하고자 하던 열성분자들이었다. 또한 그들은 자신들의 근본사상을 거부한 도시를 정복할 때마다, 종교적으로 승인된 약탈을 통해서 보상을 받았다. 이처럼 신앙과 수익이라는 동기가 결합되면서 이크완은 아라비아 반도에서 가장 강한 전사가 되었다. 이븐 사우드는 리야드를 수도로 선포하고 그후 11년 동안 이크완을 효율적으로 이용해서 아라비아 내륙에서 페르시아 만까지 지배 영토를 확장했다.

1913년에 이븐 사우드는 오스만 제국과 싸워서 동부 아라비아의 하사 지역을 획득했다. 오스만은 외딴 이 아라비아 지역(오늘날 사우디아라비아의 동부 주[州]이다)을 페르시아 만에 대한 영향력을 확대하기 위해서 — 영국은 이를 기필코 저지하려고 했다 — 1871년에 제국에 통합하고자 시도했었다. 하지만 1913년경이면 오스만은 이 지역에 대한 통치를 거의 포기한 상태였다. 사우디 군대는 아무런 저항도 받지 않고 주요 도시인 후푸프를 점령했고, 페르시아 만 아랍 국가들의 새로운 실세로 부상했다.

페르시아 만의 새로운 강력한 통치자와 대면하게 된 영국은 1915년 말 즈음 이븐 사우드와 조약을 체결했다. 이 조약에서 영국은 이븐 사우드를 통치자로 인정했고, 그 당시 사우드가 통제하고 있던 중부 및 동부 아라비아 지역으로 영국의 보호 범위를 넓혔다. 그 대가로 사우디 가는 사전에 영국의 동의 없이는 다른 외국 열강과 협정을 체결하거나 땅을 팔지 않을 것이며 다른 페르시아 만 국가들에 대한 어떤 공격도 하지 않을 것을 약속했다. 이는 본질적으로 이븐 사우디의 영토를 영국의 또다른 보호령으로 전환하는 것이었다. 협정을 체결하면서 영국은 이븐 사우드에게 2만 파운드와 매달 5,000파운드의 수당 그리고 제1차 세계대전에서 영국의 적국이었던 독일 편에 선 오스만 및 아랍 협력자들과 대적하는 데에 사용할 수많은 소총과 기관총을 제공했다.

그러나 이븐 사우드는 아라비아에서 오스만과 싸우는 데에는 전혀 관심이 없었다. 대신에 영국의 무기와 자금을 자신의 목표 달성에 사용하며, 이슬람의 성도인 메카와 메디나가 있는 홍해의 히자즈 지방으로 점점 서진했다. 이러는 가운데 사우드의 야심은 영국이 1915년 여름에 전시 동맹을 체결한 또다른 협력자인 메카의 샤리프 후세인의 권리 주장과 충돌하게 되었다. 이븐 사우드처럼 샤리프 후세인도 아라비아 전체를 통치하기를 원했다. 1916년 6월에 오스만 지배에 맞서서 아랍 반란을 선언한 샤리프 후세인은 아라비아와 시리아, 이라크에서 영국의 지지를 얻어 자신의 목표가 실현되기를 바랐다. 그러나 샤리프가 오스만군과 싸우느라 1,300킬로미터나 되는 광활한 사막을 따라 군대를 산개시키면서, 막상 자신의 고향인 히자즈 지방은 이븐 사우드군의 공격에 노출되었다. 아라비아 반도는 광활했지만 두 사람의 야심을 모두 수용할 만큼 크지는 않았다. 1916년과 1918년 사이에 저울은 이븐 사우드에게 유리한 쪽으로 기울기 시작했다.

샤리프 후세인이 아랍 반란을 일으킨 후 1916년 10월에 자신을 "아랍 지역들의 왕"으로 선포하면서 사우디 가와 하심 가 간의 충돌은 불가피해졌다. 그에게 "아랍 왕국"을 약속했던 영국의 협력자들조차 기껏해야 그를 메카의 샤리프이자 "히자즈의 왕" 정도로 인정하고 있었다. 하물며 왕이라고 자처하는 후세인의 권리를 이븐 사우드가 인정할 가능성은 거의 없었다.

제1차 세계대전 내내 영국은 두 아랍 동맹국 간의 평화를 유지하고 오스만과 싸우는 데에 힘을 집중하도록 만들기 위해서 애썼다. 그러나 우위를 둘러싼 사우디 가와 하심 가 간의 싸움은 오스만 전선이 붕괴되기 바로 한 달 전에 공개적인 충돌로 갑자기 비화되었다. 놀랍게도 사막의 두 군주가 주고받은 비공개 서신들은 마치 1918년 여름의 열기로 폭발할 듯이 적대감으로 가득했다.

하심 가의 군대가 히자즈 철로 일대에서 오스만군과의 교전에 전념하고 있을 무렵 사우디 통치자가 근래에 와하비 운동에 충성을 맹세한 부족들에게 무기를 배부하고 있다는 보고를 받은 후세인의 근심은 점점 더 깊어졌다. 이것은 분명히 영국이 이븐 사우드에게 제공한 무기임이 틀림없었다. 하심 가의 통치자는 영국의 무기가 자신의 군대를 향해서 사용되지 않을까 걱정하기 시작했다. 1918년 2월에 후세인은 이븐 사우드에게 충고의 편지를 썼다. "[와하비] 부족민들은 알라께 생명과 재산 보호를 신탁한 이슬람 신도들에게 적대행위를 하는 것을 알라께서 무죄라고 보리라 생각하는가?" 후세인은 무슬림 동지들과 싸우기 위해서 무슬림을 무장시키는 것은 알라의 종교에 위배되는 행위라고 자신의 맞수에게 경고했다.[6]

이븐 사우드는 후세인의 편지에 분통을 터뜨렸다. 어찌하였든 나지드에서 벌어지고 있는 일은 메카의 샤리프가 관여할 일이 아니었기 때문이다. 이븐 사우드의 이러한 반응에 1918년 5월 후세인은 즉각적인 반격에 나섰다. 이븐 사우드의 행동이 중앙 아라비아의 나지드 지방에만 국한된 것이었다면, 하심 가도 그렇게 걱정하지 않았을 것이다. 그러나 사우디의 통치자는 최근 나지드-히자즈 국경지역의 오아시스 도시 알 쿠르마에서 후세인 왕이 파견한 주지사인 칼리드 이븐 루와이로부터 충성 서약을 받아냈다. "묘책을 동원해 속임수를 쓰면서까지 칼리드 이븐 루와이를 기만할 이유가 없다"라고 늙은 왕은 항의했다.[7]

인구 5,000명의 오아시스 도시 쿠르마는 경합을 벌이고 있던 아랍 통치자들의 영역 사이에 위치한 전략 지역으로서 그 자체만으로도 중요한 정착지였다. 칼리드는 원래 메카 샤리프의 신민이었지만, 1918년에 와하비 교리를 준수할 것을 서약하면서 자신이 통치하던 도시를 이븐 사우드에게 넘겨주고 메카로 보내던 세금도 사우디의 금고에 바치기 시작했다. 회상록에서 후세인 왕의 아들 아미르 압둘라는 칼리드가 "무고한 사람들을 죽였으며 심지어는 자기의 형제도 자신의 종교적 신념을 따르지 않는다며 처형했다"라고 썼다. "그는 와하비 운동을 따르지 않는 하심 가의 부족민들을 계속해서 박해했다."[8] 후세인 왕은 외고집의 주지사에게 원래의 신앙으로 돌아오라고 설득했지만 소용이 없었다.

쿠르마를 둘러싼 분쟁은 하심 가문과 사우디 가문 간의 최초의 무력 충돌로 이어졌다. 후세인 왕은 2,600명이 넘는 보병과 기병으로 구성된 군대를 쿠르마 수복을 위해서 1918년 6월에 파병했지만, 이미 도시는 이븐 사우드의 이크완 전사들에 의해서 보강된 상태였다.[9] 하심 가 군대는 사우디군과 두 차례의 교전을 벌이면서 많은 인명 피해를 입었다. 영국은 오스만이 와해되기도 전에 아랍 동맹국들이 내분으로 먼저 쓰러지지 않을까 걱정하며 이븐 사우드에게 후세인 왕과 화해를 하라고 압박했다.

쿠르마에서 전사들이 거둔 승리에 고무된 이븐 사우드는 1918년 8월에 후세인에게 거들먹거리는 편지를 썼다. 사우디의 수장은 지리적 영향력을 행사하기 위해서 호칭을 교묘히 이용했다. 이븐 사우드는 "나지드와 하사, 카티프 그리고 그 속령들의 아미르"임을 자처하면서 샤리프 후세인은 "메카의 아미르"로만 인정했다. 샤리프 후세인은 자신의 바람처럼 "아랍 지역의 왕"은커녕 심지어 영국이 인정한 히자즈의 왕으로도 인정받지 못한 것이었다. 이븐 사우드는 마치 광활한 홍해 지방의 군주는 아직 결정되지 않았다는 듯이, 히자즈에 대한 언급은 예리하게 피해갔다.

이븐 사우드는 "편지에 언급된 내용의 일부는 타당하지 않다"는 유보 조항을 달며 후세인 왕의 5월 7일자 편지의 수령을 알렸다. 또한 서로의 견해 차이를 감수하라는 영국의 압박을 받아들이면서 오스만과의 전쟁이 중요한 국면에 이르렀고 "분쟁은 모두에게 해가 되기 때문"이라고 설명했다. 그럼에도 불구하고 이븐 사우드는 하심 가의 선제 도발을 문제 삼지 않고는 도저히 그냥 지나칠 수가 없었다. "예하께서는 알 쿠르마 주민들의 문제에 있어서 제가 어떤 역할을 했다고 의심하고 계신 것이 분명합니다." 하지만 그는 하심 가 사람들이야말로 주지사의 전향(轉向)과 도시민들이 와하비 교리를 고수하겠다고 결심하게 된 데에 책임이 있다고 주장했다. "예하의 군대가 두 번이나 주민들을 공격할 때까지도 저는 가능한 한 그들을 제지하고자 했습니다" 알 쿠르마에서 있었던 하심 가 군대와의 두 차례의 교전을 언급하면서 "그러나 알라께서 예정하신 일이 결국에는 발생했습니다." 이것은 사우디 가문이 하심 가문에게 안겨준 패배에 대한 의기양양한 표현이었다.[10]

앞날을 고려하여, 이븐 사우드는 현상 유지를 기조로 한 정전협정을 하심 가에 제안했다. 이에 따르면, 쿠르마는 사우디의 통치하에 남고, 후세인 왕은 오아시스 도시의 주지사에게 사우디 가문과 하심 가문 간에는 이견이 없음을 재확인하는 서신을 써야 했다. 또한 이븐 사우드와 후세인 왕은 자신들의 추종자들 간에 평화를 유지하고 나지드와 히자즈의 부족들이 정전협정을 준수하도록 할 것도 약속해야 했다. 돌이켜보면, 히자즈를 하심 가의 통제하에 남겨두고 국경 및 영토를 상호 인정하자는 사우디의 제안이야말로 후세인이 얻어낼 수 있는 최선의 것이었다.

그러나 후세인 왕은 이븐 사우드의 제안을 고려조차 하지 않았다. 그는 다음과 같이 사자에게 이야기하며 편지를 뜯지도 않은 채로 돌려보냈다. "이븐 사우드는 우리에게 무엇인가를 요구할 권리가 없으며 우리 역시 그렇다." 정전 협상을 벌이는 대신에 후세인 왕은 오아시스 지역에 대한 영향력을 되찾기 위해서 1918년 8월에 알 쿠르마로 또다른 군대를 파병했다. 가장 신임하는 사령관 중의 한 명인 샤리프 샤키르 빈 자이드에게 원정군의 통솔을 맡겼다. 왕은 "자네가 위대한 일을 할 수 있도록" 충분한 낙타와 물품을 제공하겠다며 사령관을 격려했다.[11] 그러나 샤키르의 원정군은 분쟁 지역인 오아시스에 도달하기도 전에 사우디군에 의해서 손쉽게 격퇴되었다.

이븐 사우드군에게 또다시 당한 패배의 굴욕에 분노한 후세인 왕은 아들 아미르 압둘라에게 쿠르마 수복을 위해서 새로운 전투를 준비하라고 명령했다. 압둘라는 이 전쟁이 마음에 내키지 않았다. 그와 병사들은 메디나의 오스만 사령관으로부터 항복을 받아내기 위해서 1919년 1월까지 오스만 수비대를 포위했었다. 수년간 오스만군과 싸운 압둘라의 병사들은 전쟁에 지쳐 있었다. 또한 압둘라는 와하비 병사들이 광신적인 전사라는 것도 잘 알고 있었다. "와하비 전사들은 자신들의 신념을 따르며 죽으면 가게 될 천국에 도달하기를 열망한다"[12]라고 썼다. 그러나 압둘라는 아버지의 명을 거역할 수 없었고, 1919년 5월에 와하비와 싸우기 위해서 군을 이끌고 전쟁에 나섰다.

하심 가의 군은 사우디와의 마지막 군사작전에서 처음에는 승기를 잡았다. 1919년 5월에 쿠르마로 진군하던 중에 아미르 압둘라가 이븐 사우드에게 충성을 맹세한 또다른 오아시스 도시인 투라바를 손에 넣었던 것이다. 그런데 압둘라는 오아시스 주민 3,000명의 호의를 사기는커녕 반란을 일으킨 도시를 군이 약탈하도록 허용했다. 물론 그의 의도는 투라바를 본보기로 삼아서, 변경 지역의 다른 오아시스 도시들이 사우디 가의 편에 서지 못하도록 하려는 것이었다. 그러나 압둘라군의 행동은 오히려 이븐 사우드에게 투라바가 더욱 충성하도록 만들 뿐이었다. 아미르 압둘라가 아직 투라바를 떠나기 전에 일부 도시민들이 이븐 사우드에게 도와달라는 요청을 보냈음이 틀림없다. 압둘라는 하심 가에게 훨씬 유리한 조건으로 이븐 사우드와 평화협정을 체결하기 위해서 오아시스 정복을 활용하고자 투라바에서 사우디 수장에게 직접 편지를 썼다.

그러나 사우디 전사들은 하심 가와 타협하는 데에 전혀 관심이 없었다. 만나는 족족 하심 가 군대를 격퇴했던 사우디군은 아미르 압둘라군에게도 승리를 거둘 수 있을 것이라고 확신했다. 약 4,000명가량의 이크완 전사들이 삼면에서 투라바를 포위했다. 새벽에 압둘라의 진지를 공격한 그들은 하심 가 군을 거의 전멸시켰다. 압둘라 본인의 설명에 의하면 분대 1,350명의 병사

중에서 간신히 153명만이 살아남았다. "기적적으로 나는 혼자 몸으로 도망칠 수 있었다"라고 훗날 회상했다. 압둘라와 사촌 샤리프 샤키르 빈 자이드는 막사 뒤쪽을 헤치고 전장에서 빠져나가다가 부상을 입었다.[13]

전투의 여파가 오아시스에서의 학살 현장 너머 멀리까지 전해졌다. 투라바는 이제 아라비아 반도의 지배세력은 와하비임을 그리고 히자즈에 대한 하심가의 영향력은 때가 다했음을 보여주었다. 아미르 압둘라는 다음과 같이 회상했다. "전투 후 한동안 우리 운동의 운명과 우리나라, 전하의 옥체에 대한 걱정과 동요가 일었다." 실제로 그의 아버지 후세인 왕은 정신 쇠약에 시달리고 있는 것 같았다. "사령부로 돌아오자마자 아버지가 아프고 신경이 날카롭다는 것을 알아차렸다"라고 압둘라는 썼다. "요즘 아버지는 성미가 불같고 기억력이 떨어지고 의심이 많아지셨다. 빠른 이해력과 견고한 판단력을 상실하셨다."[14]

전투 결과는 이븐 사우드군의 전투력을 과소평가했던 대다수의 영국인들이 보기에도 의외였다. 영국은 사우디 협력자들이 자신들의 또다른 동맹자인 하심 가를 제압하여, 자신들이 심혈을 기울여 구축해놓은 아라비아에서의 세력 균형이 무너지는 것을 보고 싶지 않았다. 지다의 영국 총독 대리―즉 영국령 인도 정치국 산하의 식민지 최고 행정관―는 양측이 국경 문제에 합의할 때까지 투라바와 쿠르마를 중립지역으로 남겨놓고, 즉시 이곳에서 철수할 것을 요구하는 전갈을 1918년 7월에 이븐 사우드에게 보냈다. "만약 당신이 나의 편지를 받는 후에도 군을 철수하지 않는다면, 영국 정부는 당신과 체결한 조약을 무효라고 생각할 것이며, 당신의 적대 행위를 막기 위해서 필요한 조치를 모두 취할 것이오"라고 총독 대리는 경고했다.[15] 이븐 사우드는 요구를 받아들였고 리야드에서 철수하라는 명령을 군에 내렸다.

아라비아에서의 세력 균형을 복구하기 위해서 영국은 히자즈의 하심 가와도 공식 조약을 체결할 필요가 있었다. 샤리프 후세인과 헨리 맥마흔 경 사이에서 교환된 서신을 통해서 구축된 이전의 전시 동맹은 영국이 이븐 사우드를 비롯해서 페르시아 만의 통치자들과 체결한 것과 같은 종류의 조약이 아니었다. 공식적인 조약 없이는 영국이 사우디 가로부터 하심 가 협력자들을 보호할 명분이 없었다. 그리고 영국은 홍해와 페르시아 만 양안을 모두 아우르는 단일 지배 세력의 부상보다 아라비아에서 여러 국가들이 상호 견제를 하며 균형을 이루는 것이 낫다고 생각했다. 따라서 점점 강력해지고 있던 사우디 정권에 대한 완충제로 하심 가를 이용하는 것이 대영제국의 이해관계에는 더 잘 부합했다.

제1차 세계대전이 끝나갈 무렵 영국 정부는 하심 가의 후세인 왕과의 공식적인 동맹을 체결하기를 간절히 바랐다. 후세인과의 협상을 위해서 아랍 반란 동안에 하심 가와 영국 간의 연락책으로 일했던 그 유명한 "아라비아의 로렌스" 대령, T. E. 로렌스를 파견했다.

1921년 7월부터 9월까지 로렌스는 전후 협상이 가져온 새로운 현실을 인정하는 조약에 서명하도록 후세인 왕을 설득했지만, 결국 실패했다. 후세인은 전후 중동에서 전개된 거의 모든 양상은 영국의 약속 불이행의 결과라며 인정하려 하지 않았다. 자신의 왕국이 히자즈 지방으로 국한되는 것을 거부했고, 아들 파이살 왕을 다마스쿠스에서 쫓아내고 시리아에 프랑스 위임령을 수립한 것에 반대했으며, 이라크와 팔레스타인 — 그 당시에는 트란스요르단을 포함했다 — 을 영국의 위임령으로 인정하지 않았고, 팔레스타인에 유대인 민족향토를 건설하는 정책도 반대했다. 영국은 1923년에 조약을 체결하고자 다시 시도했지만 화가 난 늙은 왕은 서명을 거부했다. 이로써 후세인은 이븐 사우드가 히자즈 정복을 위해서 전투를 개시하려는 때에 영국의 보호를 더 이상 받을 수 없게 되었다.

1924년 7월에 이븐 사우드는 히자즈 정복을 계획하기 위해서 리야드에 사령관들을 소집했다. 그들은 영국의 반응을 시험하기 위해서 메카 인근의 산악 도시인 타이프에 대한 공격부터 시작했다. 1924년 9월에 이크완이 도시를 장악하고 사흘에 걸쳐서 약탈을 했다. 타이프의 도시민들은 이에 저항했지만, 와하비는 무시무시한 폭력으로 대응했다. 400명 정도의 사람들이 학살당했고, 많은 사람들이 도망을 쳤다. 타이프의 함락과 함께 히자즈는 충격으로 술렁거렸다. 지역 명사들은 지다에 모여서 후세인 왕에게 퇴위를 강요했다. 이븐 사우드가 후세인 왕에 대한 적개심으로 히자즈를 공격하고 있으며, 군주를 교체하면 사우드의 정책이 달라질 것이라고 생각했기 때문이다. 1924년 10월 6일에 늙은 왕은 사람들의 바람대로 아들 알리를 왕으로 선포하고 자신은 망명을 했다. 그러나 이러한 조치에도 이븐 사우드의 진군은 계속되었다.

1924년 10월 중반에 이크완이 성도 메카를 장악했다. 어떤 저항도 받지 않은 그들은 도시민들에게 폭력을 행사하지 않았다. 이븐 사우드는 타이프와 메카 정복에 대한 영국의 반응을 타진하기 위해서 사자를 보냈다. 사우디 통치자는 이 분쟁에 있어서 영국은 중립을 지키겠다는 다짐을 받았다. 이에 사우디 통치자는 히자즈 정복을 마무리하기 위해서 계속 진군했다. 지다 항구와 성도인 메디나를 1925년 1월에 포위했다. 하심 가는 거의 한 해를 버텼지만, 결국 1925년 12월 22일에 알리 왕은 자신의 왕국을 이븐 사우드에게 넘겨주고 아버지를 따라 망명했다.

히자즈를 정복한 이븐 사우드는 "나지드의 술탄이자 히자즈의 왕"으로 선포되었다. 광대한 영토를 지배하게 된 이븐 사우드는 걸프 만의 영국 보호령의 다른 통치자들과는 그 위상이 달라졌다. 영국은 이러한 변화를 인정하고 걸프 만 국가들이 수용했던 외교관계 제약 조항을 철폐하고 완전한 독립과 주권을 인정한 새로운 조약을 1927년에 압둘아지즈 왕과 체결했다. 이후 이븐 사우드는 영토를 계속 확장했고, 1932년에 왕국의 이름을 사우디아라비아로 개명했다.

이븐 사우드는 아라비아 반도의 대부분 지역에서 왕권을 수립하는 데에 성공했을 뿐만 아니라 영국의 모든 형태의 제국주의적인 지배로부터도 독립을 지킬 수 있었다. 사실 그는 영국의 중요한 오판 덕분에 독립을 지킬 수 있었다. 영국은 사우디아라비아 지역에 석유가 없다고 믿었던 것이다.

***

망명한 히자즈의 후세인 왕이 영국에게 배신당했다고 느낀 것은 당연했다. 영국은 하심 가에게 서면으로 했던 헨리 맥마흔 경의 약속을 이행하지 않았을 뿐만 아니라, 프랑스가 자신의 아들 파이살 왕을 1920년에 시리아에서 쫓아내고 1925년에는 사우디 가문이 큰 아들 알리 왕을 히자즈에서 쫓아내는 것도 방관하며 지켜만 보았기 때문이다.

영국 측으로서도 전시 동맹자와의 약속을 지키지 않았다는 사실이 마음에 걸렸기 때문에 완전히는 아닐지라도 부분적으로라도 약속을 이행할 방법을 찾았다. 식민 장관 윈스턴 처칠은 1921년 6월에 하원에서 다음과 같이 설명했다. "에미르 파이살[아미르 파이살]이 진출해 있는 메소포타미아와 이젠 에미르 압둘라의 책임하에 있는 트란스요르단 지역 모두에서 우리는 샤리프 해결안(Sherifian Solution)이라는 정책에 크게 의존하고 있습니다."[16] 처칠은 영국의 위임통치 지역의 왕으로 후세인의 아들들을 앉힘으로써 하심 가에게 했던 영국의 깨진 약속을 이행하는 데에 기여하는 동시에 아랍 지역에 헌신적이고 의존적인 통치자들을 영국이 보유할 수 있게 되기를 희망했던 것이다.

중동에 보유하고 있던 대영제국의 영토 중에서 트란스요르단이 통치하기에는 가장 용이했다. 그러나 트란스요르단이라는 새로운 국가의 출발은 쉽지 않았다. 트란스요르단은 인디애나나 헝가리 크기의 광활한 영토를 가지고 있었지만, 주민 수는 겨우 35만 명에 지나지 않았고, 이들은 요르단 계곡을 내려다보는 고원에 사는 도시민 및 읍민들과 사막과 스텝 사이에 집을 짓고 사는 유목 부족민들로 나누어져 있었다. 농업과 목축업에 근간한 생활 수준은 매우 작은 국가에나 걸맞는 소박한 조세 기반을 제공했다. 트란스요르단의 정치 수준 역시 상당히 초보적이었다. 나라는 별개의 지역들로 나누어져 있었으며, 각 지역은 매우 지엽적인 정치적 관점을 보유한 지역 지도자를 가지고 있었다. 영국이 매해 제공한 15만 파운드의 보조금은 적은 액수였지만, 이 지역에는 큰 도움이 되었다.

영국도 초기에는 트란스요르단을 독립적인 별개의 국가로 생각하지 않았다. 대영제국은 원래 이 지역을 팔레스타인 위임령의 일부로 할당받았다. 트란스요르단을 팔레스타인에서 분리하는 결정은 두 가지의 동기에 의해서 추진되었고, 1923년에 공식화되었다. 그 하나는 밸푸어 선언이 약속한 유대인의 민족향토 건설을 요르단 강 서안 지역으로 제한하고 싶었던 영국의 바람이었고 또다른 하나는 영국 통제하의 영토로 아미르 압둘라의 야심을 국한시키려는 영국의 의도였다.

아미르 압둘라는 불청객으로 1920년 11월에 트란스요르단에 첫 발을 들여놓았다. 이제는 없어진, 동생 파이살의 다마스쿠스 아랍 왕국에서 정치적 망명을 한 아랍 민족주의자들이 그의 주변으로 몰려들었다. 압둘라는 아랍 의용군을 이끌고, 프랑스 지배로부터 시리아를 해방시키고 다마스쿠스의 적법한 왕인 동생 파이살을 왕위에 복귀시키겠다고 — 압둘라 자신은 이라크 왕위를 열망했다 — 공표했다. 하지만 영국 정부는 트란스요르단이 이웃해 있는 프랑스 위임령인 시리아와의 싸움의 시발점이 되는 것을 결코 원하지 않았다. 따라서 영국 관료들은 상황이 통제에서 벗어나기 전에 서둘러 사태를 해결하고자 했다.

윈스턴 처칠과 로렌스는 1921년 3월에 예루살렘 회의로 아미르 압둘라를 초청하여 중동에 관한 대영제국의 최신 구상안을 알려주었다. 그 안에 의하면 파이살은 프랑스가 확실히 장악하고 있는 다마스쿠스로는 결코 돌아갈 수 없지만 그 대신 이라크의 왕이 될 것이었다. 한편 압둘라에게 제안할 수 있는 최선은 트란스요르단이라는 신생국의 수장 자리였다. 육지로 둘러싸인 트란스요르단 — 이 당시 영토에는 홍해의 아카바 항구가 포함되어 있지 않았다 — 은 압둘라의 야심을 만족시키기에는 한참 부족했지만, 처칠은 압둘라가 트란스요르단에서 평화를 유지하고 프랑스와 좋은 관계를 구축한다면 언젠가는 자신들을 대신하여 다마스쿠스의 통치를 부탁할 것이라고 말했다.[17] 거의 승산이 없었지만 압둘라는 이 제안을 받아들였고 트란스요르단에서 "샤리프의 해결안"은 대영제국의 현실이 되었다.

아미르 압둘라는 1921년에 트란스요르단에 첫 정부를 수립하면서 동생 파이살과 함께 다마스쿠스에서 일했던 아랍 민족주의자들에게 많은 의지를 했다. 영국이나 트란스요르단 주민들이나 모두 압둘라의 측근들을 싫어했다.

영국은 시리아의 프랑스를 공격하여 계속 문제를 일으키는 그들을 선동자이 자 방해꾼으로 생각했다. 트란스요르단의 주민들도 아랍 민족주의자들을 이 스티크랄, 즉 "독립"당이라는 새로운 정당을 결성하여 그 지역의 원주민들을 배제하고 정부와 관직을 독점한 이방인 엘리트들이라고 생각했다.

트란스요르단에서 독립당을 가장 거침없이 반대한 사람 중의 한 명은 아우 다 알 쿠수스(1877-1943)라는 지방 판사였다. 쿠수스는 제1차 세계대전 전까 지는 오스만 사법기관에서 일했던, 남부 도시 카락 출신의 기독교도였다. 알 쿠수스는 터키어에 유창했고 약간의 영어를 감리교 선교사에게 배웠다. 또한 오스만 제국 전역을 돌아다녔고 정부의 고위관료들과 함께 일한 경험도 있었 다. 그는 아미르 압둘라가 이 새로운 나라의 행복에 진정으로 관심 있는 자신 과 같은 트란스요르단 출신들로 정부를 구성해야 한다는 신념을 가지고 있었 다. 독립당을 반대한 가장 큰 이유도 그들이 오직 다마스쿠스 해방에만 관심 이 있었기 때문이었다. 독립당 정관 제1조는 "시리아의 발전을 위해서 트란 스요르단과 주민들을 희생시키는 것"이라고 알 쿠수스는 비꼬듯이 말했다.[18] 게다가 독립당에게 당한 박해 경험은 그의 이러한 시각을 더욱 확고하게 만 들었다.

알 쿠수스는 지역 신문에 기고한 기사를 통해서 독립당을 공개적으로 비판 했다. 압둘라 몰래 자신들의 계획을 위해서 국가 자금을 유용한 부패한 장관 들을 비난했다. 트란스요르단의 원주민들은 제한된 국가재정을 낭비하고 있 는 것으로 보이는 "외래" 정부에게 세금 납부를 거부하는 것으로 판사의 비판 에 호응했다. 1921년 6월에 북부 트란스요르단의 마을 주민들은 세금 파업을 선언했고, 이것은 곧 심각한 반란으로 악화되었다. 영국은 소요를 진압하기 위해서 영국 공군의 공습을 감행해야만 했다.

아미르 압둘라 정부와 트란스요르단의 원주민 간의 갈등은 1921년의 세금 반란 이후 더 악화되었다. 알 쿠수스는 정기적으로 전문직의 도시민들과 모 임을 가지며 아미르 정부의 족벌주의와 부패 문제를 논의했다. 트란스요르단 의 반체제주의자들은 정부의 실정에 대해서 의견을 교환하고 공개적으로 개혁의 필요성을 토론했다. 독립당은 1923년 여름에 심각한 부족 반란에 직면한 아미르 압둘라에게 알 쿠수스와 반체제적인 도시민들이 반란을 부추겼다고 비난하며 국내의 반대파들을 엄중하게 단속할 것을 촉구했다. 1923년 9월 6일 밤에 판사 아우다 알 쿠수스의 집 대문을 연거푸 두드린 경찰은 그를 연행했다.

알 쿠수스는 7개월 동안이나 집에 돌아오지 못했다. 아미르의 명령으로 공직에서 파면된 그는 이웃의 히자즈 왕국— 아직 하심 가의 지배 아래 있었다— 으로 추방되었다. 4명의 다른 트란스요르단 원주민들— 군 장교와 코카서스인, 무슬림 성직자 그리고 훗날 요르단의 민족 시인으로 유명해진 지방 명사 무스타파 와흐비 알 탈— 도 그와 함께였다. 5인은 아미르 정부를 전복하여 트란스요르단의 원주민들로 대체하려는 "비밀 협회"를 창설한 혐의로 기소되었다. 또한 아드완 부족장과 공모하여 쿠데타를 도모하고자 부족 반란을 부추겼다는 억울한 누명도 뒤집어썼다. 대역죄로 기소된 알 쿠수스와 동료들은 혐의의 심각성으로 인하여 가혹한 처벌을 받았다.

자신들을 추방지로 호송할 기차를 타기 위해서 암만의 기차역에 도착한 5인은 저항심으로 불타고 있었다. 시인 무스타파 와흐비는 애국적인 노래를 읊어 사람들의 저항 정신을 자극했고, "신과 역사 앞에선, 아우다여!"라고 외쳤다. 그들은 어떤 고된 시련이 자신들을 기다리고 있는지 알지 못했다. 지금은 요르단에 속하지만 당시에는 히자즈의 국경 도시였던 마안에 도착한 5인은 고성의 지하에 있는 축축하고 악취 풍기는 감방으로 이송되었다. 알 쿠수스는 호위병을 붙잡고 소리쳤다. "너희는 신이 두렵지도 않느냐? 이러한 장소에서는 사람은 물론이고 짐승도 버틸 수 없다."

수감자들이 훌륭한 이들이라는 것을 알게 된 호위병과 상관들은 당황했다. 보호에 맡겨진 사람은 반드시 환대해야 하는 문화와 사회적 관행 때문이었다. 그러나 그들은 명령에 복종해야 하는 군인이었다. 따라서 그들은 수감자들에게 큰 호의— 깨끗한 잠자리를 마련하고 차와 모임자리를 제공했다— 를 베푸는 동시에 엄청난 잔인함— 정부가 덧씌운 혐의를 자백한 서류에

서명을 받아내기 위해서 구금자들을 고문했다— 을 보이며 극과 극을 오가야만 했다. 그들을 고문하여 자백을 받아내라고 명령한 관료들은 물론 외국에서 온 아미르 압둘라의 측근들이었다. 그후 알 쿠수스와 동료들은 "무장폭동으로 정부를 전복하고자 아미르 전하의 정부에 맞서 음모를 꾸민" 혐의로 정식으로 궐석 기소되었고,[19] 히자즈의 아카바로, 그 다음엔 지다로 이송되어 수감되었다.

유형자들은 1924년 3월에 후세인 왕이 칼리프 위(位)에 취임할 즈음에 발표된 총사면 덕택에 고향으로 돌아갈 수 있었다. 터키의 신임 대통령 무스타파 케말 아타튀르크가 오스만 술탄의 영향력을 뿌리 뽑기 위한 마지막 조치로 칼리프제를 폐지하자 이 무렵 히자즈를 떠나 유랑하고 있던 후세인 왕이 하심 가에게는 영광이 될 이 기회를 재빨리 붙잡았던 것이다. 중요한 국가 행사의 관례에 따라서 경축 행사의 일환으로 수감자들이 석방되었다.

수감 생활로 인한 고난은 이제 끝이 났다. 지다에서 이집트 수에즈 항구로 가는 증기선의 1등급 선실을 제공받은 5인은 수에즈에서 트란스요르단으로 향했다. 알 쿠수스는 후세인 왕에게 감사의 전보를 보내면서 칼리프 위 취임 — 결국은 성공하지 못했지만 — 을 축하했다. 알 쿠수스는 "조국에 대한 애국심과 우애, 위대한 하심 가를 향한 진정한 충성심을 가진 당신과 같은 사람이 필요한" 고국으로 안전하고 빠르게 돌아가기를 바란다는 답장을 유랑 중인 군주로부터 얼마 지나지 않아서 받을 수 있었다. 늙은 왕은 비아냥댔던 것일까 아니면 앞으로는 노선을 바꾸어 충성을 바치라고 정치범들에게 충고했던 것일까? 확실한 것은 알 쿠수스가 결코 아미르 압둘라에게 불충하지 않았다는 점이다. 단지 아미르 덕에 트란스요르단의 원주민들에게 권력을 휘두르는 자리에 앉은 독립당원들에게 반대했을 뿐이었다.

아우다 알 쿠수스는 알지 못했지만, 영국의 식민 당국도 그의 우려에 전적으로 공감하고 있었다. 암만의 영국 총독 대리 찰스 콕스 중령은 유형지 히자즈에서 막 돌아온 알 쿠수스의 방문을 청했다. 콕스는 판사에게 수감 이유를 듣고 싶고 아미르 압둘라 정부에 대한 생각도 나누고 싶다고 했다. 그는 대화 내용을 세심하게 받아 적었고 알 쿠수스에게 감사해하며 문까지 배웅했다.

1924년 8월에 콕스는 팔레스타인의 임시 고등판무관 길버트 클레이턴 경을 통해서 아미르 압둘라에게 최후통첩을 보냈다. 편지에서 클레이턴은 "재정 부패와 걷잡을 수 없는 낭비" 그리고 트란스요르단이 이웃 시리아의 치안불안을 초래하는 진원지가 되도록 방치한 것에 대해서 영국 정부는 그의 행정을 "매우 불쾌하게" 생각하고 있다고 압둘라에게 경고했다. 압둘라는 행정개혁을 위한 6개 조건 — 그중 가장 핵심적인 것은 5일 내에 독립당의 주요인사들을 추방한다는 것이었다 — 을 지키겠다는 약속을 서면으로 요구받았다.[20] 압둘라는 감히 이를 거부할 수 없었다. 영국은 최후통첩에 대한 확고한의지를 보여주기 위해서 암만에 400명의 기병과 북쪽 도시인 이르빗에 300명의 병사를 파견했다. 영국이 자신을 서둘러 임명했듯이 또 그렇게 해임하지않을까 두려웠던 아미르 압둘라는 최후통첩에 서명했다.

이러한 대치 끝에 아미르 압둘라는 "바람직하지 않은" 독립당원들을 추방했고, 정부의 재정을 개혁했으며, 트란스요르단의 주민들을 행정에 참여시켰다. 아우다 알 쿠수스도 요르단의 사법부에 복귀했으며 1931년에는 법무장관직까지 올랐다. 아미르 압둘라가 트란스요르단의 엘리트들과 함께 하기 시작하자 주민들의 지지와 충성심도 따라왔다. 트란스요르단은 1946년에 독립할때까지 영국의 납세자들에게 매우 적은 희생을 요구하면서도, 평화와 안정을보여준 모범적인 식민지였다.

***

트란스요르단이 영국의 중동 영토 중에서 가장 지배하기 쉬웠지만, 이라크도한동안은 가장 성공한 위임통치령으로 생각되었었다. 파이살 왕은 1921년에취임했고 제헌의회가 1924년 초에 선출되었으며 영국과 이라크 간의 관계를규정하는 조약이 그해 후반에 비준되었다. 1930년에 이라크가 안정적인 입헌군주국으로 자리 잡으면서 위임통치국으로서의 영국의 역할은 완수되었다. 1932년에 이라크의 독립을 준비하기 위한 새로운 조약이 영국과 이라크 간에협의되었다. 국제연맹은 이라크의 독립을 인정했고 새로운 국가를 회원으로 받아들였다. 이라크는 국제연맹의 26년의 역사 동안 정회원이 된 유일한 위임통치령이었다. 이라크는 여전히 영국이나 프랑스의 지배하에 있던 다른 모든 아랍 국가들의 선망의 대상이 되었고 이라크가 달성한 성과, 즉 독립을 이루어서 국제연맹의 회원국이 되는 것이 아랍 세계의 민족주의자들의 목표가 되었다.

이렇게 영국은 이라크라는 신생 왕국을 국가의 위상으로 이끌었지만, 성공이라는 외관 뒤에는 전혀 다른 현실이 놓여 있었다. 이라크인 대다수는 자신의 나라에서 누리고 있는 영국의 지위를 용납할 수 없었다. 이라크인들의 저항은 1920년의 봉기로 끝나지 않았고, 이라크에서의 영국의 계획을 끝까지 방해했다. 파이살은 여러 면에서 인기 있는 왕이었지만 영국에게 의존하게 되면서 자신의 입지를 훼손했다. 이라크 민족주의자들이 점점 파이살을 영국 세력의 연장선으로 여기게 되면서 제국주의 지배자들과 함께 그도 비난을 받게 되었던 것이다.

파이살이 1921년 6월에 이라크에 도착하자, 영국은 자신이 내세운 후보를 이라크 왕위에 앉히기 위한 작업에 착수했다. 수많은 지역 경쟁자들이 입후보했지만, 영국의 완고한 반대에 부딪혀야 했다. 왕위에 도전했던 바스라 출신의 저명인사, 사이드 탈립 알 나키브는 영국 고등판무관의 부인 콕스 여사와 차를 마시려고 방문했다가 귀가 도중에 체포되어 실론으로 추방되었다. 고등판무관 퍼시 콕스 경과 그의 수하들은 이라크 왕으로 영국이 누구를 선택했는지를 확실하게 보여주기 위해서 국민 투표에 앞서서 파이살이 이라크 전역의 마을과 부족을 방문하는 고단한 순방을 준비했다. 파이살은 모든 면에서 맡은 역할을 잘 해냈다. 전국을 돌아다니며 이라크의 다양한 지역 주민들을 만났고, 그들의 마음을 얻었다. 영국의 개입이 없었을지라도 그는 아마도 이라크인 다수의 동의를 얻어서 왕이 되었을 것이다. 그러나 영국은 운만 믿고 있을 수 없었다. 바그다드의 동방 사무관 거트루드 벨은 "다시는 왕을 만드는 일에 관여하지 않겠다. 그건 너무도 큰 중압감을 받는 일이다"라는

유명한 말을 남겼다.[21]

파이살은 1921년 8월 23일에 이라크의 왕으로 즉위했다. 바그다드의 여름의 무시무시한 열기를 피할 수 있는 가장 시원한 시간을 이용해서 이른 아침 시간에 의식이 거행되었다. 1,500명이 넘는 손님이 즉위식에 초대되었다. 모술 출신의 명사 술라이만 알 파이디는 즉위식의 "어마어마한 화려함"을 묘사하며 "수천 명의 손님이 참석했고 행사 장소로 가는 길은 수만 명의 사람들로 붐볐다"라고 썼다.[22] 파이살은 영국의 고등판무관과 이라크 각료들의 옆에 세워진 연단에 서 있었다. 내각의 서기관이 국민투표 결과를 알리는 퍼시 경의 성명서를 읽기 위해서 자리에서 일어났다. 파이살은 이라크 유권자의 96퍼센트의 표를 얻어서 왕으로 선출되었다. 모인 손님들과 고관들이 이라크의 국기가 "영국 국가(國歌)"의 선율에 따라―아직 이라크는 자국의 국가가 없었다― 게양되는 동안 기립하여 경의를 표했다.[23] 연주된 음악은 파이살이 영국이 선택한 왕―실상이 그러했다―임을 다시금 확인시켜 주었다.

파이살과 새로운 신민들과의 밀월관계는 그리 오래가지 않았다. 대부분의 이라크인들은 파이살이 아랍 민족주의자라고 믿었고, 나라를 영국의 통치로부터 해방시켜줄 것이라고 기대했다. 하지만 그들은 곧 실망할 수밖에 없었다. 파이살이 즉위할 당시에 바그다드의 시아파 신학 대학의 학생이었던 무함마드 마흐디 쿠바는 그 무렵의 대중의 분위기를 회상록에 잘 담아냈다. 영국은 "아미르 파이살을 데려와 이라크의 왕관을 씌워주고 자신들의 정책 이행 임무를 맡겼다. 처음에 이라크인들은 파이살의 취임을 환영했고, 정부의 수장으로서 독립과 국민주권의 새로운 시대를 열어주리라고 기대했다"라고 설명했다. 실제로 유명한 몇몇 인사들은 이라크의 주권과 독립을 보호한다는 조건하에서 파이살에게 충성을 맹세했다. 쿠바가 다니던 바그다드의 신학대 학장이었던 아야톨라 마흐디 알 칼리시라는 영향력 있는 성직자도 이런 회의론자 중의 한 명이었다. 쿠바는 파이살 왕을 환영하기 위해서 소집된 학교 모임에서 알 칼리시가 충성을 서약하는 것을 목격했다. "칼리시는 파이살 왕을 위해서 기도했고……'우리는 전하가 헌법과 의회를 통해서 정의롭게 통치하고, 이라크에 어떠한 외세의 개입도 허용하지 않는 한, 이라크의 왕으로서 전하께 충성을 다할 것입니다'라며 왕의 손을 잡았다."[24] 파이살 왕은 자신은 오직 이라크인들을 위해서 일하려고 이라크에 왔다고 말하며, 최선을 다하겠다고 약속했다. 하지만 파이살은 영국으로부터 독립적으로 이라크를 지배할 수 없다는 사실을 너무도 잘 알고 있었다. 국제연맹의 지시대로 영국이 이라크에게 독립을 허용해도 좋다고 생각할 때까지 영국의 보호 속에서 통치할 수밖에 없기 때문이었다. 더욱이 이라크에서 이방인에 지나지 않았던 그의 곁에는, 아랍 반란과 단명한 시리아 왕국에서 동맹국을 위해서 함께 일했던 몇 안 되는 군 장교들만이 있을 뿐이었다. 파이살은 이라크에서 자신의 입지를 구축할 때까지는 생존을 위해서라도 영국의 지원이 필요했다. 하지만 파이살이 영국에게 의존하면 할수록 그를 향한 이라크 민족주의자들의 지지도는 점점 내려갔다. 역설적이지만 1933년에 사망할 때까지도 자국민의 신뢰를 얻지 못한 이유는 다름 아닌 영국에 대한 그의 의존성 때문이었다.

파이살의 처지는 이라크에서의 영국의 입지를 합법화하기 위해서 조약이 마련된 1922년에 명백해졌다. 영국-이라크 조약은 하심 왕국의 경제와 외교, 사법 분야에 대한 영국의 지배력의 수준을 분명히 보여주었다. 조약은 "이라크 왕은 이 조약이 유효한 동안 국제적, 재정적 의무와 영국 폐하의 이해관계에 영향을 미치는 중요한 모든 문제에 있어서 고등판무관을 통해서 전달될 영국 폐하의 충고에 따를 것을 수락한다"라고 명문화했다.[25] 영국의 의도가 가장 명백히 드러난 부분은 조약의 유효기간은 20년이지만 이후 상황을 재검토한 "고귀하신 계약 당사자들"의 생각에 따라서 조약은 갱신되거나 종결된다는 조항이었다. 이것은 이라크 독립을 위한 것이 아니라 영국의 식민통치를 연장하기 위한 통상적인 수법이었다.

조약의 초안은 이라크에서 광범위한 비난을 불러일으켰다. 심지어는 파이살 왕도 이 조약에 대한 반대 여론을 은밀히 부추겼는데, 왕권에 대한 제약 때문이자 영국의 식민정책으로부터 거리를 두기 위함이었다. 몇몇 장관들은 이에 대한 항의 표시로 사퇴했다. 이렇게 모순적인 문서에 대한 책임을 지고 싶지 않았던 내각은 제헌국민의회를 선출해서 조약 비준을 일임하자고 주장했다. 영국은 선거에 동의했지만 선출된 의회가 조약을 승인해야 한다는 점을 확실히 하고자 했다. 민족주의 정치인들은 조약 체결과 선거 모두에 반대했는데, 제헌국민의회가 영국의 통치를 영구히 하기 위해서 고안된 협정에 거수기 노릇을 하게 될 것이 자명했기 때문이었다.

조약으로 인한 위기의 국면 속에서 파이살에 대한 신뢰도 역시 떨어질 수밖에 없었다. 아야톨라 알 칼리시는 신학교의 학생 및 교사들이 모인 또다른 회합에서 다음과 같이 강연했다. "우리는 이라크의 왕이 된 파이살에게 조건부로 충성을 서약했다. 그러나 그는 이러한 조건들을 이행하는 데에 실패했다. 따라서 우리를 비롯해 이라크인들은 그에게 충성할 의무가 없다." 알 칼리시는 조약에 반대하는 민족주의자들과 손을 잡고 조약은 불법이고 "종교에 반하는 행위와 다름없으며, 무슬림을 지배하는 무신앙자들을 돕는 방책"이라면서 제헌국민의회 선거에 참여하는 것을 일절 금지하는 파트와(이슬람법과 관련된 종교적 의견서)를 공포하기 시작했다.[26] 성직자들은 세속적인 민족주의자들과 공동전선을 펴면서 다가오는 선거를 거부하는 운동을 조직했다.

결국 영국은 조약을 무력으로 강제할 수밖에 없었다. 영국 당국은 모든 시위를 금지했다. 알 칼리시와 반대파 지도자들은 체포되어 추방되었다. 영국 공군이 유프라테스 강 중부 지역에서 궐기한 부족민들을 폭격하기 위해서 출격했다. 반대시위가 진압되자 당국은 선거를 진행했다. 파트와와 민족주의자들의 선전에도 불구하고 선거는 진행되었고 제헌국민의회가 조약을 논의한 후 비준하기 위해서 1924년 3월에 소집되었다.

이렇게 소집된 제헌국민의회는 1924년 3월부터 10월까지 착실하게 조약의 조건들을 논의했다. 결국 조약은 근소한 차이로 비준되었다. 중요한 수많은 성과를 가져왔음에도 이 조약은 이라크 대중에게 매우 인기가 없었다. 의회는 새로운 국가의 헌법을 승인했고 입헌군주제와 다당제적 민주주의의 기초를 놓을 선거법을 제정했다. 그러나 영국이 조약을 통과시키기 위해서 사용한 수단들은 입헌적 의회 체제의 정부기구들을 제국주의와 연루시키며 오점을 남겼고, 궁극적으로는 이라크의 민주주의의 발전을 저해했다. 이라크 민족주의자들에게 새로운 국가는 "국민의, 국민에 의한, 국민을 위한" 정부가 아니라 영국의 이라크 지배에 그 주민들을 끌어들인 하나의 도구로 보였다.

영국-이라크 조약이 통과되면 모든 국면이 잘 전개될 것이라고 희망했던 영국은 곧 쓰디쓴 실망을 맛보아야 했다. 틀림없이 2003년의 영국과 미국의 전쟁 입안자들은 1920년대의 영국의 경험으로부터, 관련된 많은 교훈을 얻을 수 있었을 것이다.

매우 다른 성격의 세 개의 오스만 주(州)로 만들어진 이라크 신생 국가는 여러 지역과 공동체들로 빠르게 분열되기 시작했다. 독립 주권 국가의 중요한 기구 중의 하나인 국군의 창설에서부터 문제가 즉각적으로 불거졌다. 아랍 반란 시 함께 싸웠던 군인들에게 둘러싸여 있던 파이살 왕은 이라크 군대를 창건하여 병역을 통해서 쿠르드족과 수니파, 시아파를 통합시킬 수 있기를 바랐다. 하지만 그 수가 적음에도 수니파 아랍인들이 과도한 힘을 가지게 될 것이라고 우려한 시아파와 쿠르드인들은 정부가 주도하는 징병제를 거부하며 적극적으로 반대에 나섰고 그 결과 이 계획은 좌초되었다.

특히 쿠르드족이 국가 이라크가 내세우는 정체성과 통합 정책에 반대했다. 수니파나 시아파와는 달리 쿠르드족은 종족적으로 아랍인이 아니었기 때문에 이라크를 아랍 국가로 주조하려는 정부의 시도에 분노했다. 이는 쿠르드인들의 명백한 종족적 정체성을 부정하는 행위라고 생각되었기 때문이다. 하지만 일부 쿠르드인들은 아랍인다움(Arabness)을 주창하는 이라크 정부의 호소에 항거하지 않고 오히려 이를 구실 삼아 쿠르드인이 절대 다수를 이루고 있던 북부 이라크 지역에 대한 더 큰 자치권을 요구했다.

때때로 영국의 존재에 대한 반대만이 이라크인들을 단결시킬 수 있는 유일한 방법인 것처럼 보이기도 했다. 파이살 왕 자신도 국민들에 대한 희망을 버렸다. 1933년 사망하기 직전에 이라크의 초대(初代) 왕은 비망록에 다음과 같이 적었다. "비통한 심정으로 말하건대, 여전히 이라크 국민은 없다. 단지 애국심이 결여된, 종교적 관습과 부조리로 물든, 어떤 공동의 연대로도 묶이지 않는, 악의에만 귀 기울이고, 무정부주의적인 경향의 그리고 어떤 정부가 되었든 간에 끊임없이 맞설 준비가 되어 있는, 상상할 수도 없는 인간 무리들만이 있을 뿐이다."[27]

얼마 지나지 않아 영국에게도 치안 유지 비용이 이라크에 대한 위임통치를 영속시킴으로써 얻게 되는 이윤을 넘어서기 시작했다. 1930년 즈음 영국도 이러한 상황을 재검토하게 되었다. 영국은 터키(이라크) 석유 회사의 지분 47.5퍼센트 ― 프랑스와 미국은 각각 23.75퍼센트의 지분을 간신히 확보했다 ― 를 보장하는 1928년의 적선협정(Red Line Agreement)을 통해서 메소포타미아 석유에 대한 이권을 확보한 상태였다. 또한 영국의 이권을 보호할 "믿을 만한" 왕이 이끄는 우호적이고 의존적인 이라크 정부도 수립했다. 이에 이라크의 영국 관료들은 직접 통치보다는 조약으로 자신들의 전략적 이권을 보장하는 것이 더 낫다고 생각하기에 이르렀다.

1930년 6월에 영국 정부는 논란이 되었던 1922년의 영국-이라크 조약을 대신하는 새로운 협정을 체결했다. 협정에는 영국의 대사는 이라크 주재 외국 대표들 중에서 우선권을 가지며, 영국 공군은 이라크에 두 개의 공군기지를 보유하고, 영국군에게는 이라크에서의 통행권이 보장되며, 영국은 이라크 군을 훈련시키고 무기 및 보급품 공급을 도울 것이라는 조건이 명문화되었다. 여전히 완전한 독립은 아니었지만 이로써 이라크는 국제연맹에 가입할 수 있는 충분한 자격을 갖추게 되었다. 또한 이 조약을 통해서 독립을 향한 첫 걸음을 내딛을 수 있기를 희망했던 이라크 민족주의자들의 주요 요구 사항들 중의 하나가 충족될 수 있었다.

1930년의 우대 동맹 조약의 비준으로 영국과 이라크는 위임통치를 종식하기로 합의했다. 1932년 10월 3일에 이라크는 독립 주권 국가로서 국제연맹 가입이 허용되었다. 그럼에도 불구하고 이것을 독립이라고 하기에는 모호한 부분이 있었는데, 영국의 문무 관료들이 진정한 독립국가에게는 어울리지 않는, 과도한 영향력을 이라크에게 계속 행사하려고 했기 때문이다. 이와 같은 영국의 비공식적인 영향력 행사는 하심 왕정의 합법성을 훼손했고, 결국 1958년의 왕정 타도로 이어졌다.

***

이집트의 민족주의자들은 이라크가 달성한 성과가 매우 부러웠다. 비록 1930년의 영국-이라크 조약이 이집트가 1922년에 영국과 체결한 조약의 내용(명목적이나마 이집트의 독립을 인정했다)과 크게 다르지 않았음에도, 이라크는 영국의 추천을 받아 독립 국가들의 전용 클럽인 국제연맹에 가입할 수 있었기 때문이다. 국제연맹 가입은 다른 아랍 국가들의 민족주의자들이 자신들의 성과를 가늠하는 성공의 척도가 되었다. 민족주의 운동의 가장 오래된 전통을 가진 아랍 국가로서, 이집트는 유럽의 식민 지배로부터 벗어나 독립을 향해서 앞서 나가야 한다고 생각했다. 적어도 정치 엘리트들은 그렇게 생각했다. 1930년대 동안 이집트의 주요 민족주의 정당인 와프드당은 대중들로부터 영국에게서 독립을 쟁취하라는 압박을 점점 더 거세게 받았다.

양차 세계대전 사이에 이집트는 아랍 근대사에 있어서 가장 높은 수준의 다당제적 민주주의를 달성했다. 1923년의 헌법 제정으로 정치적 다원주의와 양원제를 위한 정기적인 선거, 성인 남성의 참정권, 언론의 자유가 도입되었다. 많은 신당들이 정치 무대에 등장했다. 선거는 높은 투표율을 보였다. 언론인들도 상당한 자유를 누리며 활동했다.

하지만 이러한 자유의 시대는 이집트 정치의 황금기로서보다는 분열적인 당파주의 시기로 더 자주 기억되곤 한다. 뚜렷이 구별되는 세 개의 세력이 이집트에서 우위를 점하고 있었다. 영국과 군주, 의회를 통한 와프드당이 바로 그들이다. 이 삼자 간의 경쟁으로 이집트의 정치는 커다란 분열을 겪었다. 푸아드 왕(재위 1917-1936)은 의회의 감시로부터 왕권을 보호하고자 영국보다 더 열심히 민족주의 정당인 와프드당과 대립하곤 했다. 와프드당은 영국으로부터 독립하는 한편 의회가 군주보다 더 큰 힘을 가지기 위해서 양자 사이를 오가며 싸워야 했다. 영국 역시 오락가락하며 와프드당이 정권을 잡고 있을 때는 그들을 약화시키려고 왕에게 협조했고, 와프드당이 권력에서 밀려나면 왕의 기반을 약화시키려고 의회와 협력했다. 정치 엘리트들은 서로를 죽일 듯한 언쟁으로 왕과 영국의 계략에 놀아나는 괴팍한 무리였다. 이러한 상황에서 영국으로부터 이집트의 독립을 달성하려는 움직임에 별다른 진전이 없었던 것은 어쩌면 너무도 당연했다.

이집트인들은 1924년에 처음으로 투표를 했다. 1919년의 민족주의 운동의 영웅 사드 자그룰(1859-1927)이 이끄는 와프드당이 압승을 거두고 하원 의석의 90퍼센트를 차지했다. 푸아드 왕은 자그룰을 총리로 지명하고 1924년 3월에 취임한 그에게 정부의 구성을 요청했다. 대중의 신임을 받으며 선출된 데에 고무된 자그룰은 1922년 조약의 4가지 "유보 조항"—영국의 수에즈 운하 관할, 이집트에 영국군의 기지를 둘 수 있는 권리 보장, "외국인거류협정(capitulation : 오스만 제국이 유럽 국가들과 체결하던 시혜적인 통상조약이다. 하지만 18세기 말 이후에는 유럽인들이 이 조약을 확대 해석, 적용하면서 불평등 조약의 성격을 띠게 되었다/역주)"이라고 알려진 외국인의 사법 특권의 유지, 영국의 수단 지배— 에 의해서 훼손된 이집트의 완전 독립을 성취하기 위해서 곧 영국과 협상을 개시했다.

수단이 특히 문제가 되었다. 이집트는 무함마드 알리가 지배하던 1820년대에 수단을 처음으로 정복했다. 마흐디의 반란(1881-1885)으로 수단에서 쫓겨난 이집트는 1890년대 후반에 수단을 재정복하기 위해서 영국과 힘을 합쳤다. 1899년에 크로머 경은 이집트의 협조 아래 대영제국에 수단을 추가하기 위해서, "공동 통치(condominium)"라고 불리는 새로운 형태의 식민주의를 고안해냈다. 그 이후로 영국과 이집트는 수단이 실제로는 자신들의 소유라고 주장해왔다. 이집트의 민족주의자들은 1922년의 조약에서 수단에 대한 절대적인 재량권을 보장받았다는 영국의 주장을 거부하며 "나일 계곡은 은 하나"로 지켜져야 한다고 주창했다. 4가지의 유보 조항 중에서 이 문제가 이집트와 영국 간에 가장 큰 갈등을 유발했다.

이러한 갈등은, 한무리의 이집트 민족주의자들이 카이로 도심가를 운전하며 지나가던 영국-이집트 수단 총독 리 스택 경을 총으로 쏘아서 죽인 1924년 11월 19일에 폭력사태로 번졌다. 영국 정부는 당황스러워하면서도 수단에 대한 자신들의 목표를 달성하기 위해서 이 암살 사건을 이용했다. 이집트의 고등판무관 알렌비 경은 총리 자그룰에게 수단에서의 현황 변화를 포함하는 7개 조항으로 구성된 보복적인 최후통첩을 보냈다. 자그룰이 수단에 대한 영국의 요구(모든 이집트군을 철수하고 영국의 농업 구상을 위해서 나일 강의 관개[灌漑]를 허용할 것) 수용을 거부하자, 알렌비는 이집트 총리의 반대는 무시하고 영국의 요구사항을 이행하라는 명을 수단 정부에 내렸다. 입지가 불안해지면서 자그룰은 11월 24일에 사퇴했다. 푸아드 왕은 다음 정부를 구성하도록 왕정주의자를 지명하고 의회를 해산함으로써 사실상 와프드당의 민족주의자들에게 족쇄를 채웠다. 자그룰은 영국과 왕이 와프드당을 발판으로 권력을 강화시켜나가는 모습을 지켜보면서 다음과 같은 유명한 말을 남겼다. "총탄은 리 스택 경의 가슴이 아니라 나의 가슴을 표적으로 삼았다."[28] 실제로 자그룰은 다시는 권력을 잡지 못한 채 1927년 8월 23일에 68세의 일기로 사망했다. 별 볼 일 없는 사람들이 자그룰을 대신했고 당파주의와 내분은 정치 지도자들에 대한 대중의 신뢰를 좀먹었다.

와프드당의 사드 자그룰이 이집트 자유주의 시대의 영웅이었다면 이스마일 시디키는 확실히 그 시대의 악당이었다. 시디키는 1919년에 와프드당의 대표로 파리 평화회담에 동행했었지만 자그룰과 사이가 나빠져 이집트로 돌아오자마자 당에서 축출되었다. 그는 자그룰이 계속 반대했었던 이집트에 제한적인 독립을 부여한 1922년 조약의 입안자 중의 한 명이었다. 시디키가 자그룰의 신임을 잃을수록 푸아드 왕의 총애는 점점 더 커졌다. 1930년에 시디키와 그의 군주는 새로운 지도자, 무스타파 알 나하스가 이끄는 와프드당을 파괴하는 공동 목표 아래 연대했다.

　민족주의 정당인 와프드당은 235개의 의석 중에서 212석을 확보한 1929년 선거에서의 대승 이후에도 1930년 1월 선거에서 또다시 낙승을 거두었다.

왕은 내각 구성을 알 나하스에게 요청했다. 유권자에게 권한을 위임받은 알 나하스는 꿈같은 이집트 독립 달성을 위해서 영국의 외무장관 아서 헨더슨과 새로운 협상에 들어갔다. 3월 31일에서 5월 8일 사이에 이집트와 영국 정부는 대대적인 협상에 착수했다. 양측은 또다시 수단 문제 때문에 교착 상태에 빠졌는데, 영국은 이집트 독립과 수단의 미래를 분리하여 논의할 것을 주장했고 이집트는 수단을 배제한 독립을 거부했던 것이다. 영국-이집트 협상의 결렬은 와프드당의 적들 — 왕과 와프드당과 경쟁관계에 있던 정당들 — 에게 새로운 내각 구성의 기회를 제공했다. 알 나하스는 1930년 6월에 내각 사퇴를 단행했다.

1930년 여름에 왕과 영국은 "믿을 수 있는 사람"이 내각을 책임져야 한다는 것에 합의했다. 그리고 시디키야말로 적합한 후보로 생각되었다.

왕의 시종이 소수당 정권을 구성할 의사가 있는지 타진하기 위해서 카이로의 신사 클럽으로 시디키를 찾아갔다. "전하께서 저를 신임하신다니 영광입니다"라고 시디키는 답했다. "그러나 전하께서 이 위기의 시기에 소인을 임명하기로 결정하신다면, 저의 정책은 백지 상태에서 새로이 출발할 것이며 헌법에 대한 소인의 견해를 바탕으로 안정적인 정부를 구성하기 위하여 의회 조직을 재편성할 것임을 알리는 바입니다."[29]

시디키의 답은 그에 대한 왕의 호감을 더욱 배가시켜 주었다. 시디키는 "1923년의 헌법이 부여한 의회 독재를 소수에 대한 다수의 폭정"이라고 비난하면서 이미 자유 민주주의에 대한 적대심을 선언한 바 있었다. 그는 헌법의 제약으로부터 정부를 해방시키고 왕과의 협력 속에서 칙령으로 통치하기를 원했다. 왕은 시종을 보내 "그의 정책에 충분히 공감"한다며 시디키에게 내각 구성을 요청했다.

1930년 6월에 처음으로 정권을 잡은 시디키는 세 개 부처의 장관직을 역임하며 정부에 대한 장악력을 강화했다. 총리직과 더불어 재무부와 내무부에 대한 통제권도 행사했던 것이다. 푸아드와 시디키는 의회를 해산하고 선거를 연기했으며, 왕에게 더 많은 권한을 부여하는 새로운 헌법을 만들기 위해서 공조했다. 그후 3년 동안 이집트의 의회 민주주의는 파괴되었고 국가는 왕의 칙령으로 통치되었다.

시디키는 자신이 전제정치를 옹호하며 민주절차를 무시하고 있다는 사실을 굳이 숨기려 하지 않았다. 1930년 6월 말에 "내가 주도하는 재조직화를 위해서는 의회를 정지시키는 것이 불가피했다"라고 회상록에서 털어놓았다. 알 나하스와 동료들은 의회정지에 항의하는 대규모의 시위를 촉구했고, 시디키 역시 이러한 움직임을 분쇄하는 데에 조금도 주저하지 않았다. 진압이 있기 전, "나는 이 항의시위가 내전으로 변할 때까지 기다릴 수 없다"라고 시디키는 설명했다. 시위대 해산을 위해서 군대를 파견했고, 폭력사태가 이어졌다. 의회 회기의 종료를 선언한 왕의 칙령이 발표된 지 사흘 만에 25명의 시위자들이 알렉산드리아에서 사망했고, 거의 400명에 가까운 사람들이 부상을 당했다. 허세 떠는 희가극(喜歌劇)의 악당처럼 돌돌 말린 콧수염을 가지고 있었던 시디키는 계속 이어나갔다. "불행하게도 고통스러운 사건들이 카이로와 알렉산드리아 그리고 몇몇 지방도시에서 발생했다. 치안을 유지하고 범법자들이 공공질서를 파괴하고 법을 위반하지 못하도록 정부가 막는 것 외에는 어떤 대안도 없었다."[30] 영국은 총리 시디키와 민족주의 지도자 알 나하스 모두에게 경고했지만, 영국의 통치에서 벗어나서 더 큰 자유를 얻으려는 움직임으로부터 이집트인들의 관심을 딴 곳으로 돌리는, 이 싸움에 굳이 개입하려 하지 않았다.

시디키는 경제난의 시기에 지도자는 평화와 질서를 통해서만 진보와 번영을 달성할 수 있다는 주장에 근거하여 자신의 정치철학을 정당화했다. 1929년의 주식 폭락은 이집트 경제에도 강력한 영향을 끼친 세계 대공황의 도래를 알렸고, 경제 붕괴에 직면한 시디키는 와프드당과 그들의 대중정치가 공공질서에 매우 중대한 위협이 된다고 보았다. 1930년 10월에 시디키는 와프드당을 희생시키고 왕의 권력을 강화하는 새로운 헌법을 도입했다. 이 헌법은 235석에서 150석으로 하원의 수를 줄이고, 임명되는 상원의 비율은 40퍼센트에서 60퍼센트로 상향 조정하여 소수만이 국민투표로 선출되도록 만들었고, 상원에 대한 통제권은 왕에게 부여했다. 또한 시디키의 헌법은 직접선거 제도를 복잡한 2단계의 투표과정으로 바꾸어서 보편선거권을 제한했다. 1차 투표에서는 선거 연령을 높이고 2차 투표에서는 재정적 기준이나 교육의 수준에 따라서 투표권에 제한을 둔 것이었다. 이러한 조치들은 (와프드당의 지지 기반인) 대중으로부터 투표권을 빼앗고 유산(有産) 엘리트 계층에게 선거권을 집중시켰다. 입법부의 힘도 약화되었는데, 의회 회기가 6개월에서 5개월로 축소되었고, 의안 처리를 유보할 수 있는 왕의 권한은 강화되었다.

새로운 헌법은 누구나 알 정도로 전제적이었기 때문에 다양한 정치인과 일반 대중으로부터 거의 만장일치에 가까운 반대를 받았다. 언론이 시디키와 1930년의 헌법을 비판하자, 그는 간단하게 신문을 폐간하고 언론인들을 감금했다. 심지어 본래는 시디키를 지지했던 신문도 폐간시켰다. 언론인들은 지하에서 인쇄물을 만들어 독재 정부와 전제적인 헌법을 신랄하게 비판하는 것으로 대응했다.

시디키는 새로운 헌법 규정에 의해서 치러질 의회선거가 다가올 무렵인 1931년에 당을 창설했다. 한결같이 정당가입을 멀리했던 외톨이 정치가였던 시디키 자신도 의회에서 다수 의석을 차지하기 위해서는 그의 배후에 정당이 필요하다는 것을 알고 있었다. 자신의 당을 인민당(People's Party)이라고 칭했는데, 이것은 조지 오웰의 『1984』에나 나옴 직한 현실 도치였다. 시디키는 서민이 아닌 엘리트를 중심으로, 자유입헌당(Liberal Constitutional Party)이나 왕실의 통일당(Unity Party)에서 탈당한 야심가들을 끌어들였다. "입헌 질서를 지지"하고 "인민 주권을 보존"하며 "왕권(당연히 푸아드 왕이 선택했다)"을 지킬 것을 서약한 정당의 강령은 저항 언론의 풍자가들에게 중요한 소재 거리가 되었다.[31] 와프드당과 자유입헌당 모두가 1931년 5월 선거에 참여하기를 거부하면서 시디키의 인민당은 절대 다수의 의석을 차지했다. 그의 독재 혁명은 거의 성공하는 듯이 보였다.

그러나 궁극적으로 시디키는 실패했다. 그의 전제적인 개혁은 진정한 인민의 당인 와프드당과 다른 주요 정당들로부터 거센 저항을 받았다. 침묵을 거부한 언론은 시디키 정부에 대한 반대여론을 조성하며 지속적인 공세를 퍼부었다. 대중이 시디키 정부를 점점 거세게 비판하면서 치안상태도 악화되기 시작했다. 시디키는 언제나 법과 질서라는 견지에서 독재 체제를 정당화해왔다. 갈수록 무질서가 만연해지자 영국은 신임 정부에게 대중의 신뢰를 회복시키고 정치 폭력을 삼가라고 압력을 넣기 시작했다. 시디키의 혁명은 옴짝달싹 못 하게 되었고, 결국에는 파국을 맞았다. 1933년 9월에 왕은 총리를 해임했다. 시디키는 강등되었지만 퇴출되지는 않았다. 그는 1950년에 사망할 때까지 이집트의 가장 영향력 있는 정치인의 한 사람으로 살았다.

푸아드 왕은 잠시이지만 절대통치를 시도했다. 예전의 1923년 헌법을 복원하지 않은 채 왕의 칙령으로 시디키의 1930년 헌법을 무효화했고, 새로운 선거에 대한 요청도 없이 1931년에 선출된 의회를 해산시켰다. 왕은 불특정한 시간이었던 과도기 동안 이집트에 대한 전권을 행사했다. 말할 것도 없이 이러한 조치로는 이집트 정부에 대한 민중의 신뢰를 회복할 수 없었고, 푸아드 왕은 영국과 와프드당 양측으로부터 1923년의 이집트 헌법을 복원하고 새로운 선거를 준비하라는 압력을 받게 되었다. 1935년 12월 12일에 푸아드 왕은 실패를 인정하고 1923년 헌법의 복원을 명했다.

영국과 이집트 왕정, 와프드당 사이의 정치적 교착상태는 결국 1936년에 깨졌다. 그해 4월에 푸아드 왕이 사망하고, 그의 잘생긴 젊은 아들 파루크가 왕위를 계승했다. 선거가 5월에 치러졌고 와프드당은 다수당으로 돌아왔다. 이 두 국면 — 와프드당의 권력 복귀와 파루크의 취임 — 은 상당히 낙관적인 분위기 속에서 일종의 카이로의 봄으로 환영받았다. 게다가 이러한 상황은 새삼 이집트와의 관계 조건을 재협상하고 싶었던 영국의 속내와도 잘 맞아떨어졌다. 유럽에서 파시즘이 등장하고 1935년에 무솔리니가 에티오피아를 침공하면서, 영국은 자신들의 입지에 대한 이집트의 동의가 절박하게 필요해졌기 때문이다. 영국의 식민주의에 반대하는 독일과 이탈리아의 선전활동이 일부 이집트인들을 매료시키기 시작했다. 청년 이집트(Young Egypt)처럼 과격한 민족주의 신당들은 공개적으로 파시즘을 지지했다.

이러한 위기를 타개하기 위해서 영국의 고등판무관 마일스 램슨 경은 1936년 3월에 카이로에서 새로운 협상을 벌였다. 새로운 조약이 초당적인 이집트 대표단과 영국 정부 사이에서 체결되었고, 1936년 8월에는 법으로 제정되었다. 우대 동맹 조약은 이집트의 주권과 자주성을 확대시켰지만, 이라크 조약과 마찬가지로 여러 외국 중에서 영국에게만 특별한 지위를 부여했고 이집트 영토에 군사 기지를 둘 수 있는 권한도 허용했다. 뿐만 아니라 수단도 영국의 지배하에 두도록 규정했다. 그럼에도 불구하고 조약 체결을 통해서 이집트는 이라크가 가입한 지 5년 만인 1937년에 국제연맹에 가입하여 국제기구에 입회한, 또다른 아랍 국가가 될 수 있었다. 그렇지만 이런 식으로 타협이 이루어지고 조약의 유효기간을 20년으로 상정하면서 완전한 독립을 향한 이집트의 희망은 정치적 지평선 너머로 더욱 멀어졌다.

1930년대의 경험은 이집트인들로 하여금 자유민주주의 정당정치에 환멸을 느끼도록 만들었다. 이집트인들은 시디키의 독재를 거부했지만, 그렇다고 와프드당이 달성한 결과에도 결코 만족할 수 없었다. 자그룰이 1922년에 영국의 지배로부터 이집트의 해방을 약속했고, 알 나하스도 1936년에 같은 것을 공약했지만, 독립에 대한 불투명한 전망은 한 세대 동안이나 더 계속되었다.

***

영국의 팔레스타인 위임통치는 시작부터 불운했다. 밸푸어 선언에 명시되었던 조건들이 팔레스타인에서의 영국의 위상을 공식화하기 위해서 국제연맹이 발행한 위임통치 문서의 전문에 명기되었다. 강대국이 신생국의 자치 기구 설립을 책임졌던 전후의 다른 위임통치국들과는 달리, 영국은 팔레스타인에서 이 지역의 원주민들로부터는 독립 국가를 그리고 전 세계 유대인들을 위해서는 민족향토를 건설하라는 이중의 요구를 받았다.

밸푸어 선언이 공동체 간의 갈등의 빌미가 되었다. 팔레스타인의 매우 제한적인 자원을 고려한다면, 팔레스타인에 살고 있는 비유대인 공동체의 공민권과 종교적인 권리를 침해하지 않으면서도 그곳에 유대인들을 위한 민족향토를 건설한다는 것은 애초부터 불가능했다. 예상한 대로 위임통치는 대립하던 두 민족주의, 즉 고도로 조직화된 시오니즘 운동과 영국의 제국주의 및 시오니즘적 식민주의라는 이중의 위협에서 기인한 새로운 팔레스타인 민족주의 간의 충돌을 야기했다. 팔레스타인은 영국의 제국주의가 중동에서 양산한 가장 큰 실패작이었고, 그 결과 중동 전역은 오늘날까지도 지속되고 있는 갈등과 폭력사태에 휘말리게 되었다.

팔레스타인은 제국주의적인 편의에 따라서 여러 오스만 주의 일부들을 모아서 태고의 땅에 날림으로 탄생시킨 신생 국가였다. 팔레스타인 위임통치령은 원래 요르단 강에 걸쳐 있었고 지중해에서부터 광활하고 황량한 사막 지역을 지나 이라크 국경까지 뻗쳐 있었다. 1923년에 요르단의 동쪽 땅이 아미르 압둘라가 통치하는 독립국 트란스요르단의 일부가 되면서, 팔레스타인 위임통치령으로부터 공식적으로 분리되었다. 영국은 또한 1923년에 골란 고원의 일부를 프랑스가 위임통치하고 있던 시리아에 양도했다. 그 결과 이 무렵의 팔레스타인은 벨기에보다 더 작은 국가가 되었고, 그 크기는 대략 메릴랜드 주 정도였다.

팔레스타인 주민들은 이미 1923년에 매우 다양한 구성원들로 이루어져 있었다. 팔레스타인은 기독교도와 무슬림, 유대인 모두에게 신성한 땅이었고, 수세기 동안 전 세계로부터 순례자들을 끌어모았다. 1882년부터 새로운 방문객 무리들 — 그들은 순례자가 아니라 정착민이었다 — 이 도착하기 시작했다. 러시아의 차르 알렉산드르 3세의 대학살을 피해서 또는 시오니즘이라는 강력한 새로운 이데올로기의 호소에 끌려서 동유럽과 러시아의 유대인 수천 명이 팔레스타인에서 안식처를 찾았다. 그들이 안착한 사회에는 인구의 85퍼센트를 차지하는 다수의 무슬림과 대략 인구의 9퍼센트를 차지하고 있는 소수의 기독교도 그리고 토착 유대인 공동체가 존재했다. 팔레스타인의 유대인 공동체로 알려진 이슈브(Yishuv) 원주민들은 1882년 당시 팔레스타인 전체 인구의 3퍼센트가 되지 않았고, 유대교에서 신성시하는 4개의 도시인 예루살

렘과 헤브론, 티베리아스, 사파드에 살았다.[32]

제1차 세계대전이 발발하기 전에 팔레스타인으로 시오니스트 정착민들이 두 차례 대거 이주했다. 제1차 알리야(Aliya), 즉 유대인 이민의 물결이 1882년에서 1903년 사이에 팔레스타인에 도달했고, 이슈브의 규모는 2만4,000명에서 5만 명으로 두 배나 증가했다. 유대인 공동체는 제2차 알리야(1904-1914)로 더욱 빠르게 팽창하여 1914년 즈음에는 팔레스타인의 유대인 인구가 총 8만5,000명에 달한 것으로 추정된다.[33]

1882년부터 점점 커지는 우려 속에서 팔레스타인의 아랍 주민들은 유대인 이주민들의 팽창을 지켜보았다. 아랍 언론은 1890년대에 시오니즘을 비난하기 시작했고, 저명한 아랍 지식인들도 20세기 초반에 이 운동을 공개적으로 비판했다. 유대인의 팔레스타인 정착을 막기 위한 법률의 초안이 1909년에 작성되었고, 1911년에는 시오니즘 활동이 오스만 의회에서 두 차례 논의되었다. 비록 최종적으로 그 어떤 법안도 통과되지는 않았지만 말이다.[34]

1917년에 밸푸어 선언과 함께 시오니즘에 대한 지지가 영국의 공식적인 정책이 되면서 이러한 우려는 더욱 깊어졌다. 1919년 6월에 팔레스타인의 구석구석을 돌아다닌 킹-크레인 위원회는 시오니즘에 반대하는 탄원에 압도되었다. "반시오니즘적인 어조가 팔레스타인에서 특히 강했는데, 260개의 탄원서 중에서 222개(85.3퍼센트)가 시오니즘 계획에 반대를 표명했다. 이 문제가 단일 사항으로는 이 지역에서 가장 큰 비중을 차지했다"라고 위원들은 보고했다.

팔레스타인으로부터의 메시지는 분명했다. 수년 동안 시오니스트 이민을 반대해온 아랍 원주민들은 자신들의 땅에 유대인 민족향토를 건설하겠다는 영국의 공약을 인정할 수 없다는 것이었다. 그러나 영국과 국제 사회가 팔레스타인의 미래를 그곳의 주민들과 의논하거나 동의를 구하지도 않고 결정하면서 이러한 메시지는 묵살되었다. 평화로운 방법이 통하지 않자 절망한 사람들은 곧 폭력에 의지하기 시작했다.

유대인들의 이민과 토지 구입은 위임통치 초기부터 팔레스타인에서 커다란 긴장감을 조성했다. 영국의 통치 및 팔레스타인 땅에 유대인 민족향토를 건설하려는 계획에 반대하던 아랍 주민들은 유대인 공동체의 팽창이 자신들의 정치적인 염원에 직접적인 위협이 된다고 보았다. 게다가 유대인들의 토지 구입으로 아랍 농민들은 보통 수세대 동안 소작인으로 경작해왔던 땅에서 쫓겨나는 처지로 전락했다.

1919년과 1921년 사이에 팔레스타인으로 이민 온 유대인의 수는 극적으로 증가했는데, 18,500명이 넘는 시오니스트 이민자들이 이 나라로 이주했다. 1920년에 예루살렘에서 그리고 1921년에는 야파에서 대규모 폭동이 일어났으며, 그 결과 95명의 유대인과 64명의 아랍인이 사망했고 수백 명의 부상자가 발생했다. 약 7만 명의 시오니스트 이민자들이 1922년과 1929년 사이에 팔레스타인에 도착했다. 같은 기간에 유대 민족 기금(Jewish National Fund)은 북부 팔레스타인의 이스르엘 골짜기의 땅, 약 970제곱킬로미터를 매입했다. 대규모의 이민과 광범위한 토지 매입이 결합되면서 또다시 폭력사태가 분출되었고, 그 결과 예루살렘과 헤브론, 사파드, 야파에서 1929년에 133명의 유대인과 116명의 아랍인이 목숨을 잃었다.[35]

매번 폭력사태가 발생할 때마다 영국의 조사가 실시되었고, 다수의 팔레스타인 사람들의 공포심을 누그러뜨리기 위해서 새로운 정책들이 고안되었다. 제1차 폭동 이후 1922년 7월에 윈스턴 처칠은 팔레스타인이 "잉글랜드가 영국인의 것이듯, 유대인의 것"이 될지도 모른다는 아랍인들의 공포심을 진정시키고자 백서를 발행했다. 처칠은 밸푸어 선언은 "팔레스타인 전체를 유대인 민족향토로 바꾸는 것이 아니라, 이러한 향토를 팔레스타인에 건립할 것"을 규정한 것이라고 주장했다.[36] 여느 때와 마찬가지로, 심각했던 1929년의 폭동 이후 많은 새로운 보고서와 권고들이 이어졌다. 1930년의 쇼 보고서(Shaw Report)는 유대인 이민과 토지 매입을 팔레스타인 불안의 주요 원인으로 보았고, 미래에 발생할 문제들을 방지하기 위해서 시오니스트 이민을 제한할 것을 촉구했다. 이에 이어서 유대인 토지 매입과 이민 제한을 요구하는 패스필드 백서(Passfield White Paper)가 1930년 10월에 나왔다.

팔레스타인 아랍인들의 우려에 공감하는 영국의 백서가 발행될 때마다 세계 시오니스트 기구와 팔레스타인의 유대인 단체는 자신들의 목적에 반한다고 생각되는 정책들을 뒤집기 위해서 런던과 예루살렘의 권력의 중심부를 움직였다. 시오니스트들은 총리 램지 맥도널드의 소수당 정부에 커다란 압력을 행사하여 맥도널드가 패스필드 백서를 거부하도록 만드는 데에 성공했다. 하임 바이츠만과 그의 조언자들이 맥도널드를 대신하여 대부분을 쓴 편지에 총리가 1931년 2월 13일에 서명했다. 맥도널드는 편지에서 영국 정부는 "유대인 이민의 중단이나 금지를 지시하지 않았고, 고려하고 있지도 않으며, 유대인이 팔레스타인에서 더 많은 토지를 매입하는 것도 막지 않을 것"이라고 보장했다. 상황이 개선될 것이라는 아랍인들의 희망은 백서에 반대되는 의미로 "흑서(Black Letter)"라고 불리는 맥도널드의 편지로 인하여 산산조각이 났다.

악순환이 반복되면서 팔레스타인 위임통치령은 만성적인 폭력사태에 빠지게 되었다. 시오니스트들의 이민과 토지 매입이 증가하여 공동체 간의 갈등이 고조되면 영국은 유대인의 민족향토 건설을 제한하려는 시도를 했고, 그러면 이번에는 시오니스트들이 이러한 제한 조치를 무효화시키는 정치운동을 벌였다. 이와 같은 과정이 반복되면서 통치나 자치를 위한 기구 설립 노력은 조금도 진척될 수 없었다. 팔레스타인 사람들은 위임통치와 유대인 민족향토 건설 약속을 합법적인 것으로 인정하고 싶지 않았다. 영국 역시 위임통치의 목적에 적대적인 대다수의 팔레스타인인들에게 자치는 물론이고 비례대표 선출권조차도 주고 싶지 않았다. 반면 시오니스트들은 유대 민족의 목표를 앞당기는 위임통치의 모든 국면에 협력했다. 매번 폭력사태가 발생할 때마다 어려움은 가중되었다.

팔레스타인 아랍 사회의 문제는 지도부의 분열로 더욱 악화되었다. 예루살렘의 저명한 두 가문인 후세이니 가문과 나샤시비 가문이 팔레스타인 아랍 정치에서 주도권을 가지기 위하여 각축을 벌이고 있었다. 영국은 처음부터 두 가문 사이의 분열을 이용했다. 1920년에 팔레스타인의 명사들은 영국 당국에게 자신들의 요구사항을 알리기 위해서 무사 카즘 알 후세이니를 수장으로 하는 아랍 집행부를 구성했다. 또다른 대표단인 최고 무슬림 위원회는 예루살렘의 대무프티인 하지 아민 알 후세이니가 이끌었다. 하지만 나샤시비 가문은 후세이니 가문이 이끄는 기구들을 거부하며 직접 영국 당국과 일하고자 했다. 지도부의 분열로 팔레스타인은 영국과 시오니스트 모두와의 관계에서 불리해졌다.

팔레스타인 민족주의 지도부의 결점이 드러난 1929년에, 수많은 신인 배우들이 전국적인 무대에 등장했다. 1919년의 이집트에서처럼 민족주의는 여성이 처음으로 공적 생활에 참여할 수 있는 기회의 창을 제공했다. 후다 샤라위와 와프드당 여성 협회에서 영감을 받은 엘리트 여성들은 1929년 10월에 예루살렘에서 제1회 아랍 여성 회의를 주최하여 1929년의 폭동에 부응했다. 팔레스타인의 무슬림과 기독교 공동체에서 200명의 여성들이 회의에 참석했다. 그들은 밸푸어 선언의 폐지를 촉구하는 동시에 인구수에 비례해 선출된 모든 공동체의 대표들이 참여하는 국민정부를 구성할 수 있는 팔레스타인의 권리를 선언하고, 팔레스타인의 산업 발전을 요구하는, 세 가지의 결의안을 통과시켰다. "여성 회의는 모든 아랍인에게 토지 이외에는 유대인에게서 아무 것도 사지 말 것을, 그리고 그들에게 토지 빼고는 무엇이든지 팔 것을 촉구하는 바이다."[37]

그리고 대의원들은 전통도 거부하기 시작했다. 공공장소에서 남성과 만나는 여성에게 눈살을 찌푸리는 팔레스타인의 관습에 역행하며, 그들은 결의안을 제출하기 위해서 영국의 고등판무관 존 챈슬러 경을 방문하기로 결정했다. 대의원들을 맞이한 챈슬러는 런던에 그들의 뜻을 전달하고 팔레스타인의 소요를 조사하는 정부의 심리위원회에게도 알리겠다고 약속했다. 챈슬러와의 면담이 끝난 후, 대의원들은 여전히 회기 중인 여성 회의로 돌아와서 대중 시위를 조직했다. 이 모든 것은 그 당시 일반적으로 받아들여지던 여성의 단정한 몸가짐에서는 한참 벗어난 행동들이었다. 120대의 마차 행렬이 다마스쿠스 게이트에서 시작해서 예루살렘의 주요 거리들을 지나며 도시의 외국

영사관들에게 결의안을 배포하는 시위가 벌어졌다.

여성 회의 후 대의원들은 "여성들의 지위 향상을 위해서 노력하는 아랍 여성을 지원하고, 가난하고 곤궁에 처한 사람들을 도우며, 아랍의 민족 사업을 추진한다"라는 여성주의적인 동시에 민족주의적인 의제를 내세운 아랍 여성 협회(Arab Women's Association)를 창설했다. 협회는 반영적인 또는 반시오니스트적인 공격행위로 투옥되거나 처형된 팔레스타인 가족들을 돕기 위해서 모금을 벌였다. 또한 정치범들에 대한 관대한 처분을 요구하는 청원서와 회람을 고등판무관에게 반복적으로 보냈으며, 유대인들의 무기 구입에 항의했고, 아랍의 집행부— 그들이 결혼이나 가족 관계로 묶여 있는— 와 정치적 합의를 보려하지 않는 영국 당국을 규탄했다.

아랍 여성 협회는 팔레스타인의 민족주의 정치와 영국의 중상류층 여성 문화가 결합된 기이한 조직이었다. 서로를 남편의 이름으로 호칭했고— 마담 카즘 파샤 알 후세이나 마담 아우니 압드 알 하디처럼— 만나서 차를 마시면서 전략을 짰다. 그렇지만 1919년의 이집트에서와 마찬가지로 팔레스타인 여성들의 민족주의 운동 참여도 중요한 상징적 가치가 있었다. 훌륭한 교육을 받았고 언변이 뛰어났던 이 여성들은 팔레스타인의 신생 민족주의 운동에 강력한 목소리를 더했다. 예를 들면, 마담 아우니 압드 알 하디는 1933년에 열린 협회의 제2차 대중시위 연설에서 알렌비 경을 호되게 꾸짖었다. "아랍 여성들은 지난 15년 동안 영국이 어떻게 약속을 저버리고 나라를 분열시키는지 그리고 아랍인들을 궤멸시키고 그 자리를 세계 전역에서 이민 온 유대인들이 차지할 것이 자명한 정책을 주민들에게 강요하는 것을 보아왔다."[38] 그녀의 메시지는 분명했다. 단지 남자들뿐만 아니라 팔레스타인 민족 전체가 위임통치에 대한 책임을 영국이 져야 한다고 생각하고 있음을 전하고 싶었던 것이었다.

팔레스타인 아랍 엘리트들의 언변은 능란했지만, 그들의 말은 가벼이 여겨졌다. 격렬한 민족주의적인 수사와 영국 당국과의 반복적인 협상에도 불구하고 시오니스트들의 이민은 갈수록 가속화되었고 영국은 팔레스타인의 아랍인들에게 독립을 부여할 뜻을 조금도 보여주지 않았다. 패스필드 백서 이후 1929년과 1931년 사이에 시오니스트들의 이민자 수는 매해 5,000-6,000명 정도로 감소했다. 하지만 1931년의 맥도널드 서신으로 영국의 정책이 뒤집히고 나치가 독일에서 정권을 장악하면서, 또다시 대규모의 유대인 이민자들이 팔레스타인으로 유입되기 시작했다. 1932년에 거의 만 명의 유대인 이민자들이 팔레스타인에 들어왔고, 1933년에는 그 숫자가 3만 명 이상이었으며 1934년에는 4만2,000명이 넘었다. 이민자의 수가 정점을 찍은 1935년에는 그 정점에 도달했는데, 거의 6만2,000명의 유대인이 이 나라에 들어왔다.

1922년과 1935년 사이에 팔레스타인의 유대인 인구는 전체 인구의 9퍼센트에서 거의 27퍼센트로 증가했다.[39] 또한 유대인의 토지 매입으로 상당수의 팔레스타인 농업노동자들이 쫓겨나기 시작했다. 이러한 상황은 팔레스타인의 유대인 인구 규모가 1935년 당시의 반절에 지나지 않았던 시기에 발간된 패스필드 백서에서 이미 우려했던 사태였다. 그런데 도시 엘리트들로만 구성된 팔레스타인 지도부가 지닌 한계로 인해서 발생한 이러한 결과를 정작 감수해야 했던 사람들은 농촌 지역의 가난한 사람들이었다.

1935년에 한 남자가 농촌 지역 사회의 분노를 무장 반란으로 이끌었다. 이렇게 도화선에 불을 붙인 그는 팔레스타인을 화약고로 만들어버렸다.

1920년대에 프랑스의 위임통치령에서 도망친 시리아 출신의 이즈 알 딘 알 카삼은 팔레스타인에서 피난처를 구했다. 그는 북부 항구 하이파의 유명한 이스티크랄["독립"] 사원에서 설교를 담당하는 이슬람 성직자가 되었다. 한편 민족주의적이고 반시오니스트적인 청년 단체인 무슬림 청년 협회도 이끌었다. 셰이크 알 카삼은 영국과 시오니즘 모두에 저항하라고 연단에서 선동했다. 유대인 이민으로부터 직격탄을 맞은 가난한 팔레스타인 사람들 사이에서 그의 인기는 날로 높아졌고, 그들은 분파적이고 무능한 도시 명사들이 아니라 알 카삼이 지도자로 나서주기를 고대했다.

1931년의 맥도널드 흑서 사건 직후, 알 카삼은 영국과 시오니스트에 반대하는 무장 투쟁을 촉구하기 시작했다. 그의 호소는 사원에 모인 사람들로부터 열광적인 호응을 불러일으켰다. 수많은 사람들이 싸우겠다고 자원했고, 또 어떤 사람들은 총포와 무기 구입을 위한 자금을 기부했다. 그런데 예고도 없이 알 카삼이 1935년 가을에 갑자기 사라져버렸다. 지지자들은 걱정을 했다. 어떤 사람들은 그가 곤경에 빠지지 않았을까 걱정을 했고, 또다른 어떤 사람들은 그가 혹시 돈을 가지고 도망친 것이 아닐까 의심하기도 했다. 1935년 11월에 아크람 주아이티르라는 한 언론인이 셰이크와 친구였던 한 석공과 알 카삼의 불가사의한 행방불명에 대해서 이야기를 나누고 있었다. 주아이티르는 사람들이 알 카삼을 이런 식으로 비난하는 것은 부끄러운 일이라고 말했다. "나도 동의합니다만," 건축업자가 답했다. "그는 왜 이렇게 숨어버린 걸까요?"[40]

그때 한 사람이 제닌이 내려다보이는 언덕에서 아랍인 패거리와 영국군 사이에서 커다란 싸움이 벌어졌다는 것을 알리려고 뛰어들어오면서 그들의 대화는 중단되었다. 사살된 반란자들과 경찰들의 시신이 제닌에 있는 영국 요새로 옮겨졌다. 특종을 눈치 챈 젊은 주아이티르는 예루살렘에 있는 아랍 보도국장에게 이를 알렸다. 보도국장은 즉시 제닌으로 출발하며, 주아이티르에게 사무실을 지키면서 엄청난 사건이 일어나고 있음을 팔레스타인 신문사들에게 알리라고 명령했다.

큰 충격을 받은 보도국장이 세 시간 후 제닌에서 돌아왔고, 그가 들려준 이야기는 머리기사가 되었다. "중요한 사건이네." 그는 숨도 쉬지 않고 헐떡이며 말했다. "매우 위험한 뉴스야. 셰이크 이즈 알 딘 알 카삼과 그와 함께했던 동료 4명이 순교했네." 제닌 경찰서에서 보도국장은 알 카삼의 무리 중에서 부상당한 한 생존자와 인터뷰를 했다. 그 사람은 부상으로 큰 고통을 겪고 있었지만 알 카삼의 동향에 대해서 간결하게 설명해주었다.

1933년에 알 카삼이 무장단을 만들었다고 부상당한 남자는 설명했다. 그는 조국을 위해서 기꺼이 죽을 수 있는 신실한 무슬림들만을 모집했다. 그들은 소총과 무기를 구입하기 위해서 자금을 모았고 "우리나라를 점령하고 있는 영국인과 유대인을 죽이고자" 무장 투쟁을 준비하기 시작했다. 1935년 10월에 알 카삼과 동료들은 비밀리에 하이파를 떠났다— 그 결과 앞서 주아이티르와 석공이 이야기를 나누고 있던 소문이 퍼지게 된 것이었다.

알 카삼의 무장단은 바이산 평원에서 순찰대에 뛰어들어 유대인 경사 한 명을 살해했다. 영국군은 언덕을 샅샅이 뒤져 나블루스와 제닌 사이의 길목에서 알 카삼의 수하 한 명을 기습했다. 총격전이 벌어졌고, 아랍 반군은 살해당했다. "그의 순교를 알게 된 우리는 다음 날 아침에 경찰을 공격하기로 결심했다"라고 알 카삼 무장단의 생존자가 설명했다. 반란군은 영국의 경찰과 군인으로 구성된 합동군의 수가 자신들보다 더 많은 것을 파악하고는 제닌 인근에 있는 야바드 마을 근처의 동굴로 피신했다. 영국 공군이 하늘을 선회하는 가운데 영국군은 두 시간 동안 아랍인들과 총격전을 벌였고 이 때 이즈 알 딘 알 카삼과 다른 세 사람도 사망했다. 그리고 네 명의 생존자들은 포로로 잡혔다. 영국군 한 명이 사망했고 두 명이 부상을 당했다.

충격에 휩싸인 가운데 주아이티르는 장례식 문제가 가장 먼저 뇌리에 떠올랐다. 보통대로라면 이슬람 관행에 따라서, 알 카삼과 동료들은 해가 지기 전에 매장되어야 했다. 그러나 "순교자"들의 시신은 여전히 경찰들의 손에 있었다. 주아이티르는 하이파에 있는 한 동료에게 장례식 준비가 필요한 가족들에게 시신을 양도하도록 영국과 협상할 것을 부탁했다. 영국은 두 가지의 전제 아래 협력하겠다고 동의했다. 그 하나는 장례식이 다음 날 아침 열시 정각에 주최되어야 한다는 것이었고, 다른 하나는 장례 행렬이 하이파 도심으로 들어가지 않고 알 카삼의 집에서 동쪽의 묘지로 곧장 향해야 한다는 것이었다. 정황의 위험성을 너무도 잘 인식하고 있었던 영국 당국은 폭력사태가 일어나는 일만은 피하고 싶었다. 반면 주아이티르는 장례식이 위임통치에 저항하는 정치적 행사가 되어서 팔레스타인 사람들을 고무시키는 계기가 되었으면 했다. 그날이 끝나갈 무렵, 그는 이슬람 신문인 「이슬람 협회(al-Jami'a al-Islamiyya)」에 장례식 행렬에 참석하기 위해서 모든 팔레스타인 사람들에게 하이파로 모일 것을 촉구하는 기사를 전송했다. 또한 민족주의 지도부를 겨냥한 도전장도 던졌다. "팔레스타인의 지도자들은 지지자들이 함께 하는 위대한 종교학자의 장례 행렬에서 젊은이들과 같이 행진할 것인가?"⁴¹

주아이티르는 다음 날 아침에 일찍 일어나서 아랍 언론 보도들을 검토하고, 하이파로의 여정을 준비했다. "나는 신문에 난 전투에 관한 기사와 장례 행렬에 동참하자는 나의 호소문을 읽으면서 오늘이 하이파 역사상 매우 중요한 날이 될 것이라고 생각했다"라고 썼다. "오늘은 순교자의 날이다." 그가 옳았다. 수천 명의 사람들이 민족 애도의 날을 함께 하기 위해서 하이파로 몰려들었다. 영국의 바람과는 달리, 장례식은 하이파의 중앙 사원에서 열렸고 장례 행렬은 도심을 지나갔다. "순교자들의 시신이 군중을 지나 사원에서 대광장으로 조심스럽게 옮겨졌다." 이 지점에서 장면을 묘사하던 펜이 잠시 주춤했다. "수천 명이 시신을 어깨에 짊어진 행렬을 따르며 알라후 아크바르, 알라후 아크바르[신은 위대하시다]를 외쳤고, 여자들은 지붕이나 창가에서 크게 목놓아 울었다." 장례에 모인 사람들은 저항의 노래를 격하게 불렀다. "그때 시신이 높이 들어올려지면서, 누군가가 외쳤다. 복수! 복수! 수천 명이 포효하는 천둥처럼 한목소리로 응답했다. 복수! 복수!"

하이파의 경찰서를 습격한 분노한 군중은 건물에 돌을 던지고 밖에 주차되어 있던 경찰차들을 파괴했다. 영국군은 어느 측에서든지 사상자가 발생하지 않도록 하기 위해서 철수했지만, 군중은 길에서 마주친 모든 영국군과 경찰을 공격했다. 또한 자신들이 증오하는 영국 지배의 또다른 상징인 기차역도 공격했다.

장례 행사는 총 세 시간 반에 걸쳐서 진행되었고 그리고 나서야 알 카삼과 동료들은 매장될 수 있었다. "영웅적인 순교자들이 지하드에서 피로 물든 옷을 입은 채로 매장되는 것을 목격한 대중들이 어떤 영향을 받았을지 상상해보라" 하며 주아이티르는 그 순간을 상기했다. 또한 북부 팔레스타인의 모든 도시와 읍— 아크레, 제닌, 바이산, 툴카름, 나블루스, 하이파— 의 대표들이 장례식에 참석한 것도 기록했다. "그러나 나는 [민족주의] 정당들의 수장들은 보지 못했다. 그들은 이에 대해서 비난받아 마땅하다."⁴²

셰이크 이즈 알 딘 알 카삼의 반란은 단명했지만 팔레스타인의 정치 지형을 영원히 바꿔놓았다. 민족주의 운동을 이끌었던 도시의 명사들은 주민 대부분의 신뢰를 잃었다. 그들은 15년 동안이나 영국과 협상을 벌였지만, 어떤 성과도 보여주지 못했다. 팔레스타인은 독립이나 자치에 조금도 가까워지지 못했고, 영국은 여전히 강력한 통치권을 행사하고 있었으며, 유대인 인구는 조만간에 아랍인 인구와 비슷해질 정도로 빠르게 증가하고 있었다. 팔레스타인 사람들은 영국과 시오니스트의 위협에 직접 맞서 싸울 활동가들을 원했다. 그 결과는 팔레스타인의 도시와 지방을 초토화시킨 3년간의 반란이었다.

카삼의 반란 직후 팔레스타인 정당들의 당수들은 민족주의 운동에 대한 영향력을 다시 행사하고자 했다. 1936년 4월에 주도적인 정당들이 연대하여 아랍 고등위원회라는 새로운 조직을 만들었다. 그들은 이슈브와의 모든 경제적 교류를 전면적으로 거부하는 동시에 전 아랍 노동자들과 공무원들에게 총파업을 촉구했다. 총파업과 함께 영국군과 유대인 정착민들에 대한 폭력적인 공격도 이루어졌다.

그러나 민족주의 지도자들의 전략은 예상과는 달리 부정적인 결과를 초래했다. 팔레스타인의 아랍인들이 불매운동으로 인하여 이슈브보다 훨씬 더 큰 경제적인 고통을 겪었던 것이다. 영국은 반란을 진압하기 위해서 2만 명의 신병을 이 나라로 쏟아부었다. 또한 영국은 이웃 아랍 동맹국들에게 총파업을 철회하도록 팔레스타인 지도부를 설득해줄 것을 요청했다. 1936년 10월 9일에 사우디아라비아와 이라크의 왕들이 트란스요르단과 예멘의 통치자들과 함께, "우리의 아들들인 팔레스타인의 아랍인들"에게 "더 이상 피를 흘리지 말고 평화를 위한 결의"에 나설 것을 촉구하는 공동 성명을 냈다. 군주들은 "우리는 이렇게 함에 있어서 공명정대함을 보여주겠다고 맹세한 당신들의 친구 대영제국의 선의를 믿는다"라는 받아들이기 어려운 주장을 했다.[43]

아랍 고등위원회가 왕들의 선언에 부응하여 파업 종료를 촉구하자, 팔레스타인 사람들은 자신들의 지도자들과 아랍 형제들 모두에게 배신감을 느꼈다.

팔레스타인의 민족주의 시인 아부 살만은 이러한 감정을 잘 포착해낸 다음의 신랄한 시를 통해서 아랍 운동을 배신한 팔레스타인 지도자들과 영국의 비호를 받던 아랍 군주들을 비난했다.

조국을 아끼는 이들이여,
　노골적인 억압에 맞서 반란을 일으키라.
조국을 왕들로부터 해방시키라.
　꼭두각시들로부터 조국을 자유롭게 하라.
나는 우리의 왕들이 자신의 뒤를 따르는 사람들을 이끌 줄 알았네.[44]

팔레스타인의 해방은 지도자가 아니라 민중으로부터 올 것이라고 단언한 아부 살만은 환멸에 사로잡힌 팔레스타인 대중의 심정을 대변했다.

총파업 직후 영국은 다시 한번 더 조사위원회를 꾸렸다. 필 위원회의 보고서가 1937년 7월 7일에 발행되었는데, 이것은 팔레스타인 전역에 충격적인 여파를 몰고 왔다. 처음으로 영국이 팔레스타인의 문제는 경합적이고 양립할 수 없는 민족주의 운동의 산물이라는 것을 인정했기 때문이었다. "엄청난 갈등이 좁은 영토를 가진 작은 나라 안에서 두 개의 민족 집단 간에 발생했다"라고 보고서는 시인했다. "약 100만 명의 아랍인이 40만 명의 유대인과 공개적으로든 또는 비공개적으로든 투쟁 중이다. 그들 간에는 어떤 공통점도 없다."

필 위원회가 제안한 해결안은 분할이었다. 이에 의하면 유대인은 해안의 대부분과 이스르엘 계곡 및 갈릴리에 위치한, 이 나라의 가장 비옥한 농토 중의 일부를 포함해서 팔레스타인 영토의 20퍼센트에 국가를 세울 수 있었다. 반면 아랍인들에게는 서안 지구의 구릉지대 및 가자 지구, 그리고 네게브 사막과 아라바 계곡을 포함하는, 팔레스타인의 가장 메마른 땅이 할당되었다.

팔레스타인 주민들은 분할안의 지형도에 동의할 수 없었다. 특히 문제가 된 것은 아랍의 주요 도읍들이 상정된 유대 국가 안에 포함되었다는 점이었다. 비정상적인 이러한 상황을 해소하기 위해서 필 위원회는 유대 국가에 할당된 영토에서 아랍인들을 내쫓기 위한 "이주"의 가능성을 시사했다. 이것은 20세기 후반에 인종 청소라고 불리게 될 일종의 그러한 방안이었다. 강제 이주를 권장한 영국의 분할안은 유대인 기구(Jewish Agency)의 의장이었던 다비드 벤 구리온(1886-1973)의 지지를 받았다. "이 안은 우리가 고대 독립 국가였을 때에도 가지지 못했던 그 무엇인가", 즉 유대 단일 민족으로 이루어진 "진정한 유대" 국가를 만들어줄 것이라면서 그는 열광했다.[45]

아랍인들의 불만을 더욱 고조시킨 것은 분할안이 팔레스타인 독립 국가를 예견하기는커녕 아랍 지역을 아미르 압둘라가 통치하는 트란스요르단에 부속시킬 것을 촉구하고 있었기 때문이다. 이에 팔레스타인 사람들은 압둘라를 자신들의 영토를 탐내는 영국의 대리인으로 치부하게 되었고 그에 대한 불신은 갈수록 깊어졌다. 팔레스타인 사람들에게 필 위원회의 권고안은 민족 투쟁 시 발생할 수 있는 최악의 결과를 의미했다. 권고안대로 라면 자치권의 획득은 고사하고 팔레스타인 주민들은 뿔뿔이 흩어져서 적의에 찬 외세—시오니스트들과 아미르 압둘라— 의 지배를 받게 될 것이기 때문이었다.

유대인 기구는 이 조건들을 수용했고, 아미르 압둘라도 필 위원회의 견해에 동의했다. 반면 팔레스타인은 영국과 이슈브 모두에 대항하여 투쟁에 나섰다.

팔레스타인 아랍 반란의 제2국면은 1937년 여름부터 1939년까지 2년간 지속되었다. 1937년 9월 26일에 팔레스타인의 극단주의자들이 갈릴리 지역의 영국 정부 대표 L. Y. 앤드루스를 살해했다. 영국은 200명의 팔레스타인 민족주의 지도자들을 체포하여 이들 중 대다수를 세이셸 제도로 추방했고, 아랍 고등위원회를 불법 단체로 선언했다. 중앙 지도부가 없어지자 반란은 무질서한 폭동으로 퇴행했고 팔레스타인 농촌 지역을 황폐화시켰다. 반란자들은 영국 경찰과 군 순찰대, 유대인 정착촌을 공격했고, 영국인과 유대인 관리들을 암살했으며, 점령당국에 협조한다고 의심되는 팔레스타인인들도 살해했다. 또한 팔레스타인을 지나는 철도와 통신시설, 송유관도 파괴했다.

마을사람들은 지원을 요구하는 반란군과 폭도들에게 도움을 준다고 의심되는 사람들은 모조리 처벌하는 영국 당국 사이에 끼여서 큰 곤혹을 겪었다. 이러한 상황은 팔레스타인 사람들에게 엄청나게 파괴적인 영향을 미쳤다.

영국과 이슈브에 대한 아랍의 모든 공격은 대규모의 보복을 불러왔다. 무력으로 반란을 진압하겠다고 결정한 영국은 2만5,000명의 군인과 경찰을 팔레스타인에 파견했는데, 그것은 제1차 세계대전 종식 이후 해외에 파병된 최대 규모의 영국 군대였다. 영국 당국은 군사 법정을 세우고 군사독재에 필요한 사법적 요소들을 위임통치령에 제공하는 "비상 법규"에 준거하여 운영했다. 영국은 비상 법규의 사법적 권한을 이용하여 공격에 연루된 사람들은 물론이고 폭도들을 도와주었다고 알려지거나 의심되는 사람들의 가옥도 모두 파괴했다. 1936년과 1940년 사이에 2,000채 정도의 가옥이 파괴되었다. 전투원과 무고한 민간인 모두가 강제수용소에 억류되었는데, 1939년경이면 이미 9,000명이 넘는 팔레스타인 사람들이 초만원인 시설에 감금되어 있었다. 용의자들은 모욕행위에서부터 고문에 이르기까지 다양한 방법으로 폭력적인 심문을 받았다. 일곱 살에서 열여섯 살 사이의 나이 어린 위법자들은 채찍질을 당했다. 100명 이상의 아랍인들이 1938년에서 1939년 사이에 사형선고를 받았고, 30명 이상이 실제로 사형에 처해졌다. 팔레스타인 주민들은 영국군이 사용하는 도로에 반란군이 지뢰를 설치하지 못하도록 하기 위한 인간 방패로 동원되기도 했다.[46]

영국 당국의 과도한 폭력사용과 연좌제 적용은 학대와 잔악행위로 더욱 악화되었고 위임통치에 대한 팔레스타인 사람들의 기억에 영원히 지워지지 않을 상처를 남겼다. 가장 극악했던 잔악행위는 영국군을 죽인 반란자들에 대한 보복의 일환으로 발생했다. 문서로 잘 정리된 한 사례에 따르면, 영국의 군인들이 1938년 9월에 지뢰 폭발로 죽은 동료들을 대신해서 복수하고자, 알 바사 마을에서 20명도 넘는 남자들을 총으로 위협하여 버스에 태운 다음, 마을 진입로 한가운데에 자신들이 매설해놓은 엄청난 양의 지뢰 위로 지나가게 했다. 탑승자 전원이 지뢰폭발로 사망했고, 영국 군인들은 갈가리 찢긴

사체를 사진으로 찍은 후 마을 주민들에게 이들의 잔해를 공동묘지에 매장하라고 강요했다.[47]

팔레스타인 아랍인들은 참패를 당했고 1939년경이면 모든 전의를 상실하게 되었다. 약 5,000명가량의 남자들이 죽임을 당했고, 1만 명 정도가 부상을 입었다. 전부 합쳐서 성인 남자 인구의 10퍼센트 이상이 죽거나 다치거나 투옥 또는 유배를 당한 것이다. 그러나 영국은 승리를 선언할 수 없었다. 반란 진압 비용을 감당할 수 없었을 뿐만 아니라 팔레스타인의 아랍인들에게 자신들의 정책을 강제할 수도 없었기 때문이다. 유럽에서 전운이 감돌자 영국 정부는 더 이상 식민지 전쟁을 진압하기 위해서 이렇게 많은 군인들을 동원할 여력이 없었다. 결국 문제의 팔레스타인 위임통치령에 평화를 회복시키기 위해서 영국은 1937년의 필 위원회의 분할안을 보류할 수밖에 없었다. 다시 한번 왕립 위원회가 팔레스타인의 상황을 재조사하기 위해서 소집되었고, 이번에도 역시 팔레스타인 아랍인들의 불만에 대처하기 위한 백서가 발행되었다.

1939년의 백서는 지금까지 영국이 팔레스타인의 아랍인들에게 제의했던 흥정 중에서 최고였다. 새로운 정책은 앞으로 5년 동안 연간 유대인 이민자의 수를 1만5,000명, 즉 총 7만5,000명으로 그 상한선을 정했다. 이 정책이 시행된다면 이슈브의 주민 수는 팔레스타인 전체 인구의 35퍼센트까지 증가할 것이었다. 이것은 유대인들이 스스로를 건사할 수 있을 정도의 규모를 가진 소수 공동체는 될 수 있어도 팔레스타인 전체를 장악할 수 있을 만큼의 규모로는 커질 수 없음을 의미했다. 뿐만 아니라 아랍인 다수의 동의 없이는 더 이상의 유대인 이민도 없을 것이라고 약속했다― 물론 모든 당사자들이 이를 수긍하기는 쉽지 않겠지만 말이다. 유대인들의 토지 매입은 지역에 따라 금지되거나 엄격히 제한되었다. 최종적으로 팔레스타인은 "각 공동체의 본질적인 이해관계를 안전하게 보장하는 방식으로" 아랍-유대 공동 정부하에 10년 내에 독립을 성취하게 될 것이라고 백서는 밝혔다.[48]

1939년의 백서는 팔레스타인의 아랍인과 유대인 모두에게 불만족스러운 것이었다. 아랍 공동체는 비록 그 속도는 줄어들지라도 유대인의 이민을 계속적으로 허용해야 하고, 향후 십년 동안은 지금의 정치적 현황이 유지되고 독립이 지연될 것이기 때문에 백서를 거부했다. 이슈브 역시 백서를 받아들일 수 없었다. 그 당시 유대인에 대한 나치의 잔악행위가 점점 악랄해지고 있던 때(1938년 11월의 수정의 밤[Kristallnacht]에 나치 패거리들이 독일의 유대인 시민들에게 테러를 가했다. 그것은 그때까지 유럽에서 일어났던 대학살 중에서 가장 최악이었다)에 팔레스타인을 유대인 이민자들에게 폐쇄한다고 했기 때문이었다. 게다가 백서는 이슈브를 미래의 팔레스타인 아랍 국가에서 소수자의 지위로 격하시켰고, 팔레스타인에서의 유대인 국가 건설도 불가능하게 만들었다.

이슈브의 지도부는 1939년의 백서로 인해서 분열되었다. 다비드 벤 구리온도 처음에는 백서에 대한 반대의사를 분명히 했다. 하지만 나치 독일을 유대 민족의 안녕에 더 큰 위협으로 생각했기 때문에, 마치 백서는 존재도 하지 않는 것처럼, 영국의 편에서 나치즘과 싸우겠다는 그 유명한 맹세를 했다. 그러나 이르군(Irgun)이나 스턴 갱(Stern Gang) 같은 시오니즘 운동의 극단주의자들은 영국을 적으로 선포함으로써 백서에 항의했다. 그들은 유대 민족의 독립을 부정하는 불법적인 제국주의 국가로서 영국을 규정하고 팔레스타인의 영국 당국에 맞서 싸우고 팔레스타인에 유대 국가를 건설하기 위해서 테러 전략을 동원했다. 제2차 세계대전이 종식될 즈음, 나치즘은 섬멸되었지만 영국은 아랍인들이 영국 통치에 맞서서 개시했던 것보다 훨씬 더 큰 규모의 유대인 반란과 싸우게 되었다.

***

제1차 세계대전이 종식되었을 때, 중동지역에 대한 영국의 지배력은 막강했다. 영국군은 이집트에서 이라크에 이르는 아랍 영토를 점령했고, 페르시아 만에 대한 통제권도 견고했다. 아랍 세계에서 영국의 통치를 원하는 사람은 거의 없었지만, 대부분은 식민 지배자를 경외심으로 바라볼 수밖에 없었다. 영국은 효율적이었고, 불가해했으며, 질서정연했고, 선진 기술을 보유했음은 물론, 군사적으로도 강했다. 영국은 진정 위대했고 식민지 위에 우뚝 솟은 대국이었다.

하지만 20년간의 식민통치는 이 거인도 쉽게 넘어질 수 있다는 것을 보여주었다. 중동 전역에서 영국은 온건 민족주의 정치에서부터 급진 무장봉기에 이르기까지 온갖 저항에 부딪혔다. 이라크와 팔레스타인, 이집트에서 환영받지 못한 영국은 그곳에 머물기 위해서 거듭 협상에 나서야만 했다. 아랍인들의 반대에 부딪혀 영국이 양보하거나 기존의 정책을 파기할 때마다 제국주의 세력의 불완전성도 드러나곤 했다.

그러나 무엇보다도 영국의 중동 영토를 대영제국의 급소로 만든 것은 다름 아닌 유럽에서 점점 고조되고 있던 파시즘의 위협이었다. 때때로 아랍 식민지들은 영국의 지배에서 곧 벗어날 것처럼 보였다. 제2차 세계대전 동안 이라크와 이집트에서 영국이 취한 행동들은 영국의 입지가 얼마나 취약한지를 보여주며 영국에 의한 중동 지배의 종식을 예고했다.

이라크에서 영국은 1941년 4월 1일에 친추축국 세력에 의한 쿠데타에 직면했다. 그 당시 이라크는 나이가 어린 파이살 2세(재위 1953-1958)를 대신해서 인기가 없던 압드 알 일라흐(재위 1939-1953) 왕자의 섭정통치를 받고 있었다. 그런데 대중에게 인기가 있던 라시드 알리 알 카일라니 총리가 친추축국적인 성향을 보이니 해임하라는 영국의 요청을 압드 알 일라흐가 수락하면서, 이라크의 주요 장교들이 총리를 지지하고 나선 것이었다. 최고위급 군장교들은 독일과 이탈리아가 승리할 것으로 예상했고, 따라서 추축국과 좋은 관계를 형성하는 것이 이라크에게 유리하다고 생각했다. 군사 쿠데타가 두려웠던 섭정은 라시드 알리와 이라크군을 피해서 트란스요르단으로 도망쳤다.

라시드 알리가 섭정이 부재한 와중에도 정치권력 행사를 계속하자 영국은 이를 쿠데타와 다를 바 없는 것으로 여겼다. 어떤 근본적인 변화도 없다는 것을 영국에게 보여주고자 라시드 알리는 최선을 다했지만, 그의 새로운 내각(극단적인 민족주의적 시각으로 인해서 추방당한 팔레스타인의 지도자이자 대무프티인 하지 아민 알 후세이니도 포함되어 있었다. 그는 라시드 알리의 곁에서 자문가로 활약했다)의 민족주의적인 색채는 영국의 우려를 심화시켰을 뿐이었다. 1930년에 체결한 영국-이라크 조약의 규정에 따라서 영국은 이라크에 군대의 상륙 허가를 요청했다. 라시드 알리와 민족주의 장교들은 영국의 의도를 신뢰할 수 없었기 때문에 이를 거부했다. 대담하게도 영국은 공식적인 승인 없이 군대를 상륙시키기 시작했다. 이라크는 인가받지 않은 영국의 항공기를 격추시키겠다고 위협했고, 이에 영국도 그것은 전쟁의 이유가 될 것이라고 경고했다. 이러한 상황에서 양측은 모두 물러설 수 없었다.

영국과 이라크는 1941년 5월에 전쟁에 돌입했다. 싸움은 하바니야 영국 기지의 밖에서부터 시작되었고 이라크군이 바그다드의 방어를 위해서 전열을 다듬고자 팔루자로 퇴각할 때까지 수일 동안 계속되었다. 영국의 신병들이 인도와 트란스요르단에서 파병되었다. 라시드 알리는 영국에 맞서기 위해서 독일과 이탈리아에게 도움을 요청했다. 추축국들이 30대의 비행기와 약간의 소화기들을 보내주기는 했지만, 시간적인 제약으로 인해서 좀더 직접적인 개입은 불가능했다. 영국군이 바그다드로 인접해오자 라시드 알리는 하지 아민 알 후세이니를 포함해서 자신의 정치 협력자들과 함께 이라크에서 도망쳤다. 그들은 바그다드의 시장(市長)에게 영국과의 휴전 협상을 맡겨둔 채로 나라 전체를 혼란 속으로 밀어넣었다.

1941년에 알리 정부가 몰락한 이후 혼돈의 희생양이 된 이들은 다름 아닌 바그다드의 유대인들이었다. 반영 감정과 팔레스타인에서의 시오니스트 계획에 대한 적대감이 독일의 반유대주의 개념과 결합되면서 아랍 역사상 전례가 없던 대학살, 아랍어로는 파르후드(Farhud)라고 알려진 사건이 벌어진 것이다. 바그다드의 유대인 공동체는 규모가 컸고, 엘리트에서부터 상인이나 무대 연예인 — 이라크의 유명한 연기자 중 다수가 유대인이었다 — 에 이르기까지 사회 각계각층에 상당히 동화되어 있었다. 하지만 영국 당국이 도시로 들어와서 질서 복구에 나서기로 결정하기 전에 발생한 이틀간의 집단 폭력과 학살 속에서 이 모든 사실은 망각되었고, 거의 200명에 가까운 생명이 목숨을 잃었으며 유대인 상점과 가옥이 약탈되거나 파괴되었다.

라시드 알리 정부의 몰락은 이라크에서 하심 왕정의 복귀로 귀결되었다. 섭정을 하던 압드 알 일라흐와 영국에게 가장 동조적이었던 이라크 정치인들이 예전의 식민지 주인에 의해서 정계로 복귀되었다. 이라크 민족주의자들은 분노하며, 이라크 국민들 사이에서 전폭적인 지지를 받은 사람은 라시드 알리라고 주장했다. 하지만 분명한 것은 영국은 런던의 승인을 받은 지도자만을 이라크인들에게 허용한다는 사실이었다. 이라크가 이름뿐인 독립을 달성한 지 9년 만에 발생한 이와 같은 무력 개입으로 이라크 국민들은 대영제국과 하심 군주 모두를 불신하게 되었다.

그럼에도 불구하고 영국은 이라크에서 결국 패배자가 될 수밖에 없었다. 한때는 성공작이었던 위임통치령 이라크는 이제는 불안정한 왕정과 위험한 군대, 그리고 중동에서의 영국의 역할에 매우 적대적이며, 영국의 적인 추축국과 동맹을 맺고 싶어하는 주민들이 있는 곳으로 바뀌어 있었다.

추축국은 이집트에서도 추종자들을 모을 수 있었다. 이집트의 민족주의자들은 1936년의 영국-이집트 조약으로 얻은 부분적인 독립에 만족할 수 없었다. 영국은 이집트 문제에서 계속해서 과도한 통제력을 행사했고, 수단에 대해서는 전적인 통제권을 보유했다. 제2차 세계대전이 발발하자 이집트로 영국군이 밀려들어왔고 이집트 정부는 전보다 더욱 영국에 종속된 것처럼 보였다. 새로운 세대의 이집트 민족주의자들은 이러한 상황을 참을 수 없었고, 영국에 대한 적대심으로 영국의 적인 추축국을 호의적으로 바라보게 되었다.

이탈리아와 독일은 이집트에서 영국을 고립시키기 위하여 민족주의 감정을 자극했다. 이탈리아는 이집트와 동부 지중해에서 선전활동을 벌이기 위해서 새롭고 영향력 있는 라디오 방송국을 개국했다. 라디오 바리(Radio Bari)는 베니토 무솔리니 파시스트 정부의 업적을 떠들어댔다. 극단적인 민족주의와 강한 지도력, 파시즘의 군사력이 결합된 그들의 체제가 영국이 이집트에 강제한 시답잖은 다당제적 민주주의보다 이집트 민족주의자들에게는 훨씬 더 매력적으로 보였다. 독일과 이탈리아가 영국과 전쟁에 돌입하자 이집트의 많은 사람들은 추축국이 영국을 무찌르고 완전히 이집트에서 몰아내는 것을 보고 싶었다.

1940년에 북아프리카 전투가 개시되자 일부 이집트 민족주의자들은 해방의 순간이 가까이 왔다고 생각했다. 이탈리아 군대가 이집트의 영국 진지를 공격하기 위해서 리비아에서 건너왔다. 독일군도 천재적인 육군원수 에르빈 롬멜이 지휘하는, 특수부대 아프리카 군단과 함께 북아프리카의 이탈리아군에 합류했다. 1942년 겨울에 추축국 군대는 이집트에서의 영국의 입지를 실제로 위협했다. 일부 이집트 정치 지도자들은, 심지어는 왕 파루크까지도, 독일이 자신들을 위해서 영국을 이집트에서 몰아내고 있다고 믿는 것 같았다.

이집트 총리 알리 마히르의 파시스트적인 성향을 의심하던 영국은 1940년 6월에 그의 사퇴를 요구했다. 이런 식의 개입으로 영국은 이집트의 주권과 독립을 존중하고 있지 않다는 것을 보여주었고 그 결과 영국과 이집트의 관계는 더욱더 악화되었다. 독일과 이탈리아 군이 북아프리카 전쟁에서 우세해지자 영국은 이집트 정치권 내의 추축국 추종 세력을 분쇄해야만 했다. 얄궂게도 반파시스트적인 성향을 가진 믿을 만한 이집트 정당은 유일하게 민족주의를 지향하는 와프드당뿐이었다. 1942년 2월 4일에 영국의 고등판무관 마일스 램슨 경은 파루크 왕에게 무스타파 나흐스를 지명해 와프드당의 단독 정부를 수립하도록 하든지 아니면 퇴위하라는 최후통첩을 보냈다. 최후통첩에 대한 결연한 의지를 보여주기 위해서 램슨은 카이로 중앙에 있는 파루크의 압딘 궁 사방에 영국군 탱크를 배치했다.

압딘 궁에 전달된 최후통첩으로 인해서 세 기둥, 즉 군주와 와프드당, 영국이 떠받들고 있던 체제가 위기를 맞으면서 20년간 지속된 영국-이집트의 정치역학은 무너졌다. 파루크 왕은 영국의 위협에 무릎을 꿇고 외세의 간섭을 수용함으로써 조국을 배신했다. 많은 민족주의자들은 왕이 죽음을 무릅쓰고서라도 영국의 위협에 맞서야 한다고 생각했다. 한편, 와프드당은 제국주의에 맞선 투쟁으로 이집트 국민의 지지를 받아왔음에도 영국의 무력에 기대어 정권을 잡는 데에 동의했다. 그러나 최후통첩 뒤에 숨겨진 광분이야말로 서부 사막에서 진군하고 있던 추축국에 직면한 영국이 얼마나 나약하고 절박한 상황이었는지를 고스란히 보여주는 증거였다. 영국은 추축국과 이집트 민족주의자들 모두에게 수세적이었고 자신의 약점을 보여주었다. 영국과 왕궁, 와프드당이라는 삼자 간의 권력 투쟁은 1942년 2월에 와해되었다. 세 당사자 모두 10년 후 1950년대의 혁명의 소용돌이 속에서 완전히 일소되었다.

영국은 영원할 것이라고 믿었던 자신들의 제국에 아랍 세계를 통합시키려는 목적으로 중동에 발을 내딛었다. 하지만 시작부터 이집트와 이라크, 특히 팔레스타인에서 완고한 저항에 부딪혔다. 민족주의자들의 반대가 거세지고 공식적인 제국주의 비용이 상승함에 따라서 영국은 명목상의 독립을 허용하거나 조약으로 전략적인 이해관계를 보장함으로써 제국의 조건들을 수정하고자 했다. 그러나 자신들에게 항거한 민족주의자들에게 이와 같은 양보를 했음에도 불구하고 중동에서의 영국의 입지를 아랍인들이 받아들이도록 설득하는 데에는 실패했다. 제2차 세계대전 당시 발생한 내부의 저항으로 아랍 지역에서의 영국의 입지는 매우 취약해졌다. 이탈리아와 독일은 영국의 약점을 결코 놓치지 않았다. 심지어는 추축국 세력에게 유리하도록 아랍 민족의 간절함마저도 이용했다. 아랍 세계가 영국의 지배에서 벗어났을 때, 중동의 대영제국은 자산이 아니라 오히려 부채가 되어 있었다.

영국에게 유일한 위안이 있었다면 자신들의 숙적인 프랑스 또한 아랍 땅에서 성공하지 못했다는 것이었다.

8

중동의 프랑스 제국

프랑스는 오래 전부터 아랍 세계에 자신들의 제국을 구축하기 위하여 대(大) 시리아— 오늘날의 시리아와 레바논, 팔레스타인, 이스라엘, 요르단을 포함 하는 광활한 영토—를 탐해왔었다. 나폴레옹이 1799년에 이집트에서 시리 아를 침략했지만, 그의 군대는 아크레를 지키던 오스만군의 끈질긴 저항에 부딪혀 결국 철수할 수밖에 없었다. 프랑스는 이집트 협력자를 통해서 이 지 역에 대한 프랑스의 영향력을 확장할 요량으로 1830년대에는 시리아를 침략 한 무함마드 알리를 지원하기도 했다. 이집트가 1840년에 시리아에서 철수하 자, 프랑스는 시리아의 토착 가톨릭 공동체들, 특히 마운트 레바논의 마론파 와의 유대관계를 강화시켰다. 프랑스는 드루즈인들이 마운트 레바논의 마론 파를 학살한 1860년에는 시리아 연안에 대한 권리를 노골적으로 주장하며 6,000명의 전투원을 파병하기도 했다. 하지만 향후 반세기 동안 오스만 정부 가 아랍 지방에 대한 통제권을 재장악하면서 프랑스는 또다시 좌절해야 했다.

제1차 세계대전으로 프랑스는 마침내 시리아에 대한 권리를 확보할 수 있 는 기회를 잡게 되었다. 오스만 제국과 싸우던 프랑스 및 협상국들은 승리할 경우에 오스만의 영토를 어떻게 분할할 것인지를 두고 공개적인 논의에 들어 갔다. 프랑스 정부는 1915년에서 1916년 사이에 이루어진 마크 사이크스 경과 프랑수아 조르주 피코 간의 긴밀한 협상을 통해서 도출된 사이크스-피코 협정 으로, 자신들의 목표에 대한 영국의 승인을 받을 수 있었다. 이미 알제리와 튀니지, 모로코를 식민지화한 프랑스는 아랍인들을 성공적으로 통치할 수 있 는 충분한 정보와 경험이 있다고 자신했다. 모로코에서 효력이 있었다면, 시리아에서도 그럴 것이라고 프랑스는 주장했다. 더욱이 프랑스는 이미 마운트 레바논의 마론파 기독교 공동체로부터 충성과 지지를 받고 있었다. 실제로 제1차 세계대전이 종식될 즈음 레바논은 프랑스의 위임통치를 받기 위해서 적극적으로 청원에 나선 상당한 지지층을 가진 세계의 유일한 국가였다.

오스만 말기에 레바논은 이상하게 잘려진 땅이 되었다. 1860년에 있었던 기독교도 학살 직후 오스만과 유럽 열강은 서쪽으로는 지중해를, 동쪽으로는 베카 계곡을 내려다보는 고원에 마운트 레바논이라는 특별주(特別州) 설립을 협의했다. 오스만은 티레와 시돈, 베이루트, 트리폴리 등의 항구 도시들을 포함하는, 전략적으로 중요한 해안선 지역을 직접 통치했다. 1888년에는 시리아의 연안이 베이루트 주로 다시 지명되었다. 이로써 마운트 레바논의 대부분 지역은 바다와 단절되었고, 베이루트 주의 다수 지역은 겨우 그 폭이 몇 마일밖에 되지 않았다.

자치주 마운트 레바논은 영토의 지리적인 제약으로 인해서 커다란 결핍을 겪었다. 많은 인구가 먹고 살기에는 영토가 너무 작은데다가 불모지였기 때문에 많은 레바논인들이 오스만 지배 말년에 더 나은 경제적 기회를 찾아 고향을 떠나야만 했다. 1900년과 1914년 사이에 약 10만 명가량의 레바논인들 — 아마도 전체 인구의 4분의 1에 해당하는 — 이 마운트 레바논을 떠나 이집트와 서아프리카, 아메리카로 향했다.[1] 이에 나라의 다양한 공동체에서 비례 선출되어 마운트 레바논을 통치하던 12인 행정자문위원회의 근심은 점점 더 깊어졌다. 제1차 세계대전이 종식되었을 때, 행정자문위원회의 위원들은 더 큰 나라를 열망하게 되었다. 이 목표를 이루기 위해서 자신들의 오래된 후원자인 프랑스로부터 도움을 원했다.

마운트 레바논의 행정자문위원회는 1918년 12월 9일에 모임을 가지고 파리 평화 회담에 제출할 조건들에 합의했다. 자문위원회는 프랑스의 감독 아래 "자연 국경" 내에서 레바논의 완전한 독립을 원했다. "자연 국경"에 준하여 자문위원회는 안티레바논 산맥의 서쪽 구릉지대까지 뻗쳐 있는 동부 베카 계곡은 물론이고 트리폴리와 베이루트, 시돈, 티레 등의 해안 도시들도 포함하는 확장된 마운트 레바논을 예상했다. "자연 국경" 내에 건설될 레바논은 남북으로는 강, 동쪽으로는 산맥, 서쪽으로는 지중해를 두고 있었다.

마운트 레바논의 사람들은 프랑스가 1860년대 이래로 이와 같은 "대(大)레바논"을 주창해왔다는 사실을 잘 알고 있었고, 따라서 프랑스의 위임통치를 통한다면 중요한 이 광활한 땅덩어리를 확보할 수 있을 것이라고 생각했다. 이러한 연유로 마운트 레바논의 행정자문위원회는 프랑스 정부의 공식적인 초청을 받아서 파리 평화 회담에 사안을 제출할 수 있었다. 민족주의자들의 염원과 제국주의적인 야심 간의 충돌로 인해서 회담에서 무시되거나 배제되었던 이집트나 시리아와 같이 불편한 아랍 국가들과는 달리 말이다.

행정자문위원회는 유명한 마론파 정치인인 다우드 암문이 이끄는 5인의 대표를 파리에 파견했다.[2] 암문은 1919년 2월 15일에 파리 평화 회담의 10인 위원회 앞에서 마운트 레바논의 숙원을 다음과 같이 설명하는 연설을 했다.

우리는 모든 예속에서 벗어난 레바논을 원합니다. 또한 자유롭게 국운을 쫓을 수 있는 레바논이 자연 국경 내에 재건되기를 바랍니다. 이 모든 것은 레바논이 자유를 누리며 평화롭게 번영하기 위한 필수적인 조건입니다.

그러나 우리에게는 근대적인 삶과 서구 문명의 현장에서 훈련받은 기술자들이 부족하기 때문에 열강의 지원 없이는 경제적으로 발전하거나 우리의 자유를 지킬 수 없다는 사실도 우리 모두는 잘 알고 있습니다. 예전부터 프랑스는 언제나 우리를 지켜줬고, 지지해주었으며, 길을 안내하고 가르치며, 보호해왔습니다. 그리고 우리는 프랑스에게 한결같은 친밀함을 느낍니다. 따라서 프랑스가 레바논의 조직화를 돕고 독립을 보장해주기를 바라는 바입니다.[3]

레바논 대표단이 원한 것은 프랑스의 식민통치가 아니라 독립이라는 궁극적인 목표를 위한 프랑스의 도움이었다. 하지만 프랑스는 자신들이 듣고 싶은 것만 들었고, 레바논에 대한 권리 주장을 정당화하기 위해서 레바논 대표단을 기꺼이 이용하려고 했다.

그러나 행정자문위원회가 모든 레바논인을 대변한 것은 아니었다. 10만 명이 넘는 레바논 이민자들이 해외 — 아프리카, 유럽, 아메리카 — 에 거주하고 있었고, 그들은 고국의 정치적 미래에 대해서 뜨거운 관심을 가지고 있었다. 대다수의 레바논 해외 이민자들은 자신들을, 팔레스타인과 시리아 내륙, 트란스요르단 출신의 망명자들까지 포괄하는, 넓은 의미에서의 시리아인이라고 생각했다. 이러한 "시리아인들" 중에는 신비주의 대작『예언자(The Prophet)』의 저자인 칼릴 지브란을 비롯한 레바논의 유명한 문인들도 포함되어 있었다. 그들은 레바논을 대시리아의 일부를 구성하는 특정 지역으로 보았기 때문에 프랑스의 감독 아래 시리아 전체가 독립할 수 있도록 청원했다. 대시리아를 주창하던 레바논인들도 프랑스의 지배를 지지한 것이 참작되어 파리 평화 회담에 사안을 제출하도록 초청되었다.

슈크리 가님은 레바논 해외 거주자 중에서 가장 저명한 인사 중의 한 명이었다. 브라질과 미국 그리고 이집트에 지부를 둔 민족주의 단체인 시리아 중앙위원회의 회장이었던 가님은 1919년 2월에 10인 위원회 앞에서 프랑스의 위임통치를 받는 시리아 연방국가의 건설을 주창했다. "시리아는 반드시 세 부분으로 또는 팔레스타인이 배제되지 않는다면 네 부분으로 나뉘어야 합니다. 대레바논, 즉 페니키아와 다마스쿠스 그리고 알레포 지역은 독립적이고 민주적인 국가의 일부가 [되어야 합니다]"라고 주창했다. 그러나 모든 시리아인이 동등하게 창조됐다고 생각하지 않았던 가님은 다음과 같이 불길한 결론을 내렸다. "그 과정에서 프랑스는 안내하고 조언하며 모든 것의 균형을 바로 잡을 것이며 — 우리는 분별 있는 동포들에게 이를 말하는 것을 두려워해서는 안 됩니다 — 각기 다른 우리의 도덕적인 건강 상태에 맞도록 자유의 폭을 조정해줄 것입니다."[4] 가님이 "도덕적인 건강"이라고 했을 때 과연 무엇을 뜻하고자 했는지는 추측만이 가능하지만, 레바논이 시리아의 다른 지역보다 더 진보했으며 다마스쿠스나 알레포 등지보다 프랑스의 보호 아래 완전한 정치적 자유를 누릴 준비가 훨씬 더 잘 되어 있다고 믿었던 것은 분명하다. 가님의 주장은 다우드 암문이 마운트 레바논의 행정위원회를 대표하여 발표한 것보다도 여러 면에서 프랑스의 생각과 더욱 잘 맞아떨어졌다.

그러나 레바논의 정치계에는 레반트에서 프랑스가 점하고 있는 지위에 대해서 공개적으로 적대감을 표명하던 또다른 흐름이 있었다. 트리폴리와 베이루트, 시돈, 티레 같은 해안 도시들의 수니파 무슬림들과 그리스 정교도들은 시리아의 주류 정치 사회에서 고립되거나 기독교도가 지배하는 레바논 국가에서 소수자로 전락하고 싶지 않았다. 마운트 레바논의 프랑스 지향적인 정견(政見)과 해안지대의 베이루트의 아랍 민족주의 간에는 분명 차이가 있었다. 수세기 동안의 오스만 지배에서 벗어난 베이루트의 민족주의자들은 더 큰 아랍 제국의 일원이 되길 원했기 때문에 다마스쿠스의 아미르 파이살 정부를 지지하고 있었다. 1916년에서 1918년 사이에 오스만 지배에 맞서서 히자즈에서부터 다마스쿠스에 이르는 지역에서 아랍 반란을 이끌었던 파이살은 1919년 2월에 파리의 10인 위원회 앞에서 해안 평원의 레바논인들의 정치적 염원을 대변하며 다음과 같이 주장했다. 레바논은 영국 고등판무관 헨리 맥마흔 경이 자신의 아버지 샤리프 후세인에게 약속했던 아랍 왕국을 구성하는 일부분이기 때문에 별도의 위임통치 없이 다마스쿠스의 파이살 아랍 정부에 속해야 한다고 말이다.

파리의 열강들에게 파이살이 보여준 항변은 베이루트의 아랍 민족주의자들로부터 광범위한 지지를 받았다. 무함마드 자밀 바이훔은 파이살을 열성적으로 지지한 젊은 지식인이었다. 1919년 7월에 바이훔은 킹-크레인 위원회의 방문에 앞서 다마스쿠스에 소집된 시리아 의회에서 베이루트의 대표로 선출되었다. "프랑스 당국은 선거가 치러지지 못하도록 만들기 위하여 유권자와 후보 양측에 압력을 가했고, 가능한 모든 것들을 시도했다. 하지만 설득과 탄압은 모두 헛수고로 끝났다"라고 바이훔은 회상했다.[5] 레바논 전역에서 온 22명의 대표들이 시리아 의회에서 레바논을 대표하게 되었다.

흥분을 감추지 못 하던 바이훔은 1919년 6월 6일에 개회한 시리아 의회에 합류했다. 의원들은 자신들이 킹-크레인 위원회를 통해서 파리 평화 회담에 참석한 열강들에게 시리아인들의 정치적 열망을 전달하기 위해서 모였다고 확신했다. 그들은 외세의 간섭 없이 다마스쿠스의 파이살이 통치하고 대시리아 전체를 아우르는 아랍 국가를 원했다. 바이훔은 1789년에 혁명이 일어난 파리에 다마스쿠스를 비유하며, 낙관론과 숭고한 이상으로 가득 찬 다마스쿠스의 정치 분위기를 묘사했다. "팔레스타인, 요르단, 안티오크, 알렉산드레타, 다마스쿠스의 대표들과 함께 의회에 참석한 우리 모두는 연합국이 우리의 호소에 귀 기울여주고 우리에게 약속했던 자유와 독립을 안겨주기를 희망했다."[6]

바이훔은 킹-크레인 위원회가 1919년 7월에 왔다간 이후에도 시리아 의회의 모든 회기에 참석하기 위해서 한참 동안 다마스쿠스에 남아 있었다. 그는 1919년 10월에 시리아에서 영국군이 철수하고 프랑스군이 그 자리를 대신하는 것을 지켜보면서 당혹감에 휩싸였다. 1919-1920년 겨울 동안 프랑스는 대시리아를 조각내고 파이살 정부의 독립성을 빼앗는, 더욱 엄격해진 조건들을 고립된 아미르 파이살에게 강요하기 시작했다. 1920년 3월에 의회는 대시리아의 독립을 선언했는데, 이것은 유럽 열강들에게 독립을 기정사실화함으로써 위임통치 도입을 저지하려는 최후의 시도였다. 시리아 의회는 시리아의 필수불가결한 일부로서, 레바논에 대한 권리를 주장했고 독립선언에서 다음과 같이 단언했다. "우리는 레바논이 모든 외세의 간섭을 배제한다는 전제하에 전쟁 이전의 국경 내에서 국정에 관한 레바논인들의 모든 애국적인 바람들을 고려할 것이다."

마운트 레바논의 행정자문위원회는 재빨리 시리아 의회의 선언에 항의하며, 파이살 정부에게는 "레바논을 대변하고, 국경선을 설정하며, 레바논의 독립을 제한하고, 프랑스와의 협력 요청을 금할" 어떤 권리도 없다고 주장했다.[7] 그러나 마운트 레바논의 정치 지도자들도 서서히 프랑스의 의도에 대해서 우려하기 시작했다. 1920년 4월에 영국과 프랑스는 산레모 회담에서 오스만 제국의 아랍 지방에 대한 최종적인 분할을 확정했다. 레바논과 시리아는 프랑스에게 주어졌고 팔레스타인과 이라크는 영국의 통치를 받게 되었다. 마론파 공동체의 많은 사람들은 프랑스의 기술적인 도움과 정치적인 지지를 원하면서도 어찌 되었든 간에 프랑스가 제국주의적인 이기심보다는 이타주의를 보여주기를 기대했다. 그런데 레바논에 대한 위임통치 준비가 진행되면서 프랑스의 군 행정가들은 마운트 레바논의 행정자문위원회에 자신들의 정책을 강요하기 시작했다. 결국 마운트 레바논의 정치인들도 국가 건설을 위해서 프랑스의 도움이 필요하다는 생각에 의문을 품게 되었다.

1920년 7월에 행정자문위원회의 11명의 위원 중에서 7명이 생각을 완전히 바꾸어서 다마스쿠스의 파이살 왕의 행정부와 타협을 모색했다. 그들은 시리아와 레바논의 완전한 독립을 달성하기 위해서 양국 간의 연합작전을 촉구하는 비망록과 양측의 영토 및 경제적 이견을 해소하기 위한 협의안을 작성했다. 정치적 입장을 바꾼 이 레바논 위원들은 여전히 파리에 모여 있던 유럽 열강들에게 자신들의 요구사항을 제출할 시리아-레바논 대표단을 구성하자고 제안했다. 그러나 이러한 계획을 낌새챈 프랑스는 다마스쿠스로 가던 7명의 위원들을 체포했다.

레바논에서 가장 존경받던 정치인들이 체포되자 전국은 충격에 휩싸였다. 비샤라 알 쿠리(1890-1964)는 레바논의 프랑스군 행정가들과 가깝게 일하던 젊은 마론파 변호사였다(그는 훗날 독립한 레바논의 초대 대통령이 되었다). 1920년 7월 10일 늦은 밤에 프랑스의 고등판무관 앙리 구로 장군이 알 쿠리에게 긴급하게 의논할 문제가 있으니 자신의 관저로 와달라고 요청했다. 알 쿠리는 걱정스러운 얼굴로 관료들 무리 속에서 서성이고 있는 구로를 보았다. 고등판무관은 알 쿠리에게 프랑스가 방금 7명의 반체제 위원들을 체포했다고 알렸다.

"그들은 아미르 파이살과 연대하여 레바논을 시리아에 부속시키려고 한 배신자들이오"라고 구로는 설명했다. "행정자문위원회는 해체되었소."

알 쿠리는 당황했다. "무슨 근거로 이렇게 폭력적인 조치를 취한 겁니까?"

구로는 그들이 자신들의 목표를 담은 비망록을 품에 지니고 있었다고 답했다. "무엇보다도 우선 당신은 레바논 사람이지 않소." 이 프랑스인이 쿠리에게 물었다. "당신은 그들의 행동에 동의하오?"

위원들의 비망록 전문을 보지 못한 알 쿠리는 신중하게 대답했다. "비록 레바논 밖의 그 누구로부터도 도움을 원치 않지만 독립을 추구하는 사람이라면 누가 되었든지 간에 동의합니다." 프랑스 장교 중 한 명이 답했다. "우리도 같은 생각이오." 구로는 알 쿠리에게 7명의 위원들은 범법행위로 군사법정에서게 될 것이라고 알려주었다.

반체제 위원들에 대한 재판은 레바논에서 프랑스를 가장 열렬히 옹호했던 사람들마저도 일부 떨어져나가게 만들었다. 숙달된 변호사였던 알 쿠리는 이렇게 중요한 재판이 겨우 이틀 만에 결론이 났다는 사실에 소름이 끼쳤고, 재판절차는 "공포 속에서" 진행되었다고 묘사했다. 레바논의 증인들이 증언하는 가운데 "프랑스에 대한 애정"을 선서하도록 강요하는 것을 본 알 쿠리는 기분이 상했다. 피고인들은 벌금형에 처해졌고, 레바논에서 활동하는 것이 금지되었으며, 코르시카로 추방되었다. 그런데 문제는 마침내 위원들의 비망록 전문을 읽게 된 알 쿠리조차도 그들의 목표 대부분에 공감했다는 사실이다.[8] 프랑스는 이런 식의 고압적인 조치로 레바논의 지지 기반을 심각하게 훼손하고 있었던 것이다.

그럼에도 불구하고 새로운 레바논 국가를 수립하려는 프랑스의 계획은 속히 진행되었다. 1920년 8월 31일에 마운트 레바논의 국경선이 레바논의 민족주의자들이 원했던 자연 국경까지 확장되었고, "독립국" 대레바논이 프랑스의 지원 아래 다음 날 탄생되었다. 그러나 프랑스의 도움을 받을수록 레바논이 향유할 수 있는 자립의 여지는 줄어들었다. 기능이 정지된 행정자문위원회는 고등판무관 구로에게 직접 보고하는, 프랑스 총독을 수장으로 하는 행정위원회로 대체되었다.

프랑스는 새로운 행정 조직을 도입하여 자신들이 생각하는 신생국 레바논사회에 어울리는 정치 문화를 만들어가기 시작했다. 프랑스는 레바논을 하나의 명확한 민족 공동체라기보다는 폭발 직전인 공동체들의 혼합으로 보았다. 따라서 레바논의 정치기관도 이러한 관점에 근거해서 만들었다. 새로운 행정위원회 내의 직책들을 신조주의(confessionalism)로 알려진 제도에 맞게 종교 공동체 별로 할당했다. 이론적으로 말하자면 이것은 인구통계학적인 가중치에 비례하여, 개개의 레바논 종교 공동체들(프랑스어로 종파[confession])에게 공직이 분배되었음을 의미했다. 레바논 가톨릭교회의 오랜 후원자였던 프랑스는 레바논을 반드시 기독교 국가로 만들 작정이었다.

기독교도들을 레바논의 소수 공동체로 만들지 않으면서도 동시에 레바논의 국경선을 넓히는 작업은 프랑스에게 어려운 과제였다. 기독교도들은 마운트 레바논 인구의 76퍼센트를 차지했지만 새로 병합된 해안 도시들과 베카 및 안티레바논 산맥의 동부 지역에서는 명백한 소수 집단이었다. 그 결과 대레바논에서 기독교도들은 전체 인구의 58퍼센트만을 차지할 수 있었고, 출산율의 차이를 고려한다면 오히려 그 비율은 줄어들고 있었다.[9] 레바논 주민의 새로운 인구통계학적 현실을 무시하고 프랑스는 기독교도 피보호민들을 우대했고, 행정위원회의 대표직도 불균등하게 — 4명의 수니 무슬림, 2명의 시아 무슬림, 1명의 드루즈파 대표 대(對) 10명의 기독교도 대표 — 배분했다.

프랑스 전문가들은 구식의 이러한 통치제도가 이 나라의 정치 문화에 가장 적합하다고 생각했을지 몰라도, 레바논의 많은 지식인들은 점점 종파주의를 불편해하며 하나의 국민적인 정체성을 열망했다. 「르 레베이(*Le Reveil*)」라는 신문에서 한 언론인이 다음과 같이 썼다. "우리는 실질적이고 온전한 의미에서의 국민이 되기를 원하는가? 아니면 적대적인 관계의 부족들처럼 언제나 서로 분리된, 우스꽝스러운 집단들의 혼합체로 남기를 원하는가? 우리는 특유의 통합적인 상징, 즉 국민성을 우리 자신에게 부여해야만 한다. 이 꽃은 교회의 뾰족탑이나 사원의 첨탑의 그늘에서가 아니라 우리의 국기 아래에서만 만개할 수 있다."[10] 그러나 프랑스가 독립한 레바논에게 허용한 최초의 국기는 중앙에 삼나무가 그려진 프랑스의 삼색기였다. 이렇게 프랑스는 레바논에서 본색을 드러내기 시작하고 있었다.

1922년 3월에 구로는 해체된 행정위원회를 대신할 대표자 의회가 선출될 것이라고 발표했다. 프랑스는 이러한 결정을 일방적으로 내렸을 뿐만 아니라, 새로 선출된 의회에게는 이전의 행정위원회보다 훨씬 적은 책무가 주어졌기 때문에 레바논의 정치인들은 이 조치에 분노했다. 선출된 입법기관과는 달리, 대표자 의회는 정치적인 문제를 논의하는 것이 금지되었고, 일 년 중에 겨우 3개월간의 회기 중에만 모일 수 있었다. 법령은 입법권을 프랑스 고등판무관에게 부여했고, 그는 마음대로 대표자 의회를 휴정하거나 해산시킬 수 있었다. 프랑스를 가장 열렬히 지지했던 레바논인들조차도 이러한 처사에 분노했다. "이 노예화 법령으로 이제 [프랑스는] 조약과 우정을 승리한 군인의 전리품보다도 못 한 것으로 취급하는 정복자의 이미지를 가지게 되었다"며 한 친프랑스파 망명객은 환멸감을 표현했다.[11]

프랑스의 지배에 대한 레바논인들의 반감이 점점 거세지고 있었지만 프랑스는 개의치 않고 대표자 의회 선거를 진행시켰다. 자신들이 지지하는 사람들을 당선시키고, 적대세력은 낙선시키기 위해서 모든 노력을 아끼지 않았다.

1919년 당시 시리아 의회의 베이루트 대표로 선출되었던 무함마드 자밀 바이훔은 원칙적으로 위임통치에 반대했고, 프랑스의 레바논 지배 정책에 대해서도 공개적으로 비판했다. 관직에 입후보할 생각이 전혀 없었지만 가까운 친구들이 야당 후보 명부에 등록하라고 그를 설득했다. 바이훔은 프랑스 당국이 자신의 입후보를 반대할지 알아보기 위해서 선거 주관을 책임지고 있던 프랑스 행정관을 만났다. 담당관이었던 고티에는 선거는 자유롭게 치러질 것이며 프랑스 당국은 전혀 그 과정에 개입하지 않을 것이라고 장담했다. 고티에의 답변에 고무된 바이훔은 강경 민족주의 후보 명단에 이름을 올렸고 곧 선거에서 선두를 달렸다.

고티에의 장담에도 불구하고 프랑스가 어떻게 해서든지 선거절차에 개입하려 한다는 것이 곧 명백해졌다. 민족주의 진영 입후보자들이 유권자들에게 미치는 영향력을 감지한 프랑스는 그들을 방해하기 위해서 애썼다. 첫 면담 후 몇 주가 지나서 바이훔을 사무실로 부른 고티에는 "최고 당국의 명령"을 이유로 내세우며 후보에서 사퇴할 것을 요구했다. 선거 유세로 고된 한 달을 보낸 바이훔은 분통을 터뜨렸다. 고티에는 노골적이었다. "우리는 당신이 선출되는 것을 원치 않으며 설령 선출된다 할지라도 의회에서 당신을 어떻게 해서든지 쫓아낼 것이오." 끝까지 사퇴를 거부한 바이훔은 선거법 위반 혐의로 법정에 서게 되었다. 법정 심리 동안 판사는 고티에 본인을 증인으로 불렀다.

"나리, 바이훔 씨가 표를 사기 위해서 2차 유권자들에게 뇌물을 제공했다고 항의하는 내용의 고발을 많이 받지 않으셨습니까?"라고 판사가 물었다. "그럼요, 그렇고 말고요"라고 고티에는 답했다.

판사는 바이훔을 향해 말했다. "나는 [당신에 관한] 엄청난 자료들을 가지고 있소"라며 서류철을 가리켰다. "당신이 표를 샀다는 항의들로 넘쳐나는데 이는 법이 금지한 것이오."

바이훔은 변론을 폈지만 소용이 없었다. 선거법 위반 혐의가 바이훔을 끈질기게 따라다니며 의원 후보 사퇴를 종용했다.

법정 심리가 끝나고 바이훔은 다른 민족주의 후보자들과 전략을 의논하기 위해서 일단 물러섰다. 친구 중의 한 명이 고티에의 주치의였는데, 이 의사가 프랑스 행정관을 방문하여 바이훔에 대한 고소를 취하하도록 설득해보겠다고 제안했다. 의사는 웃으며 면담에서 돌아왔고, 이에 바이훔과 친구들은 매우 놀랐다. 고티에는 바이훔을 대변하려는 의사의 노력을 묵살하며 다음과 같이 답했다고 한다. "이보게 친구, 당신은 정치를 모르오. 우리로 하여금 의회에 그를 들이지 않도록 만든 이는 다름 아닌 바이훔 씨 자신이오. 우리가 원하는 바는 이것이오. 우리가 창문턱에 유리잔을 두었다면, 그것은 반드시 그곳에 그대로 있어야 하오. 조금도 움직이지 않은 채 말이오."

의사는 고티에의 메시지를 너무도 잘 이해했다. 프랑스는 자신들이 적소 (適所)에 배치한 제도에 대한 어떤 도전도 용납할 생각이 전혀 없음을 말하고자 했던 것이다. 그런데 바이훔 같은 사람들이 레바논의 창문턱에 갓 자리잡은 프랑스의 식민통치라는 "유리잔"을 깨부수겠다고 위협하고 나선 것이었다. 바이훔은 다음과 같이 회상했다. "우리 모두는 위임통치 세력이 우리나라에 강제한 이 우스꽝스러운 정책에 의사와 함께 웃을 수밖에 없었다. 이 나라가 우리의 독립 달성을 돕겠다고 약속한 바로 그 나라였다." 의원직에 입후보

하지 않기로 결정한 바이훔은 후보에서 사퇴했다.[12]

선거는 독립 달성을 돕기보다는 레바논을 식민지로 통치하려는 프랑스의 의도를 고스란히 보여주었다. 이러한 조치들로 프랑스를 가장 열렬히 지지했던 사람들의 상당수가 프랑스의 지배에 맞서서 싸우면서 점점 그 세를 늘려가고 있던 레바논 민족주의자들의 대열에 합류했다. 이것은 양차 세계대전 사이의 시간을 보내고 있던 중동의 프랑스 제국에게는 불길한 출발이었다. 프랑스가 레바논에서도 잘 해내지 못한 일을 하물며 다른 아랍 지역에서는 어떻게 성공시킬 수 있겠는가?

***

프랑스가 레바논에서 선거 전쟁에 직면해 있는 동안 모로코의 식민통치자들은 에스파냐와 프랑스의 지배 모두를 겨냥한 대규모 무장봉기와 대치 중이었다. 1921년에서 1926년 사이에 발생한 리프 전쟁(Rif War)은 유럽 식민주의에 맞서서 아랍 세계가 제기한 지금까지의 그 어떤 도전들보다도 심각한 것이었다.

프랑스는 1912년에 자신의 북아프리카 영토에 모로코를 편입해도 좋다는 유럽 열강들의 정식 허가를 받았다. 모로코 술탄 물레이 압드 알 하피즈(재위 1907-1912)는 1912년 3월에 페즈 조약에 서명했다. 그의 가문은 모로코를 계속 통치할 수 있었지만, 모로코는 프랑스 보호령이 되었기 때문에 주권의 대부분을 프랑스에게 양도해야만 했다. 이것은 이론상으로는 프랑스가 외부의 위협으로부터 모로코 정부를 보호한다는 의미였지만 실상은 비록 술탄과 대신들을 통해서 간접적으로였지만 모로코를 전적으로 지배하게 되었다는 것을 뜻했다.

그러나 프랑스는 무엇보다도 모로코의 영토 보전에 실패했다. 16세기부터 모로코에 제국주의적인 이해관계를 가지고 있던 에스파냐의 연안 요새들은 이미 오래 전에 식민 정착지로 진화했다(세우타와 멜리야는 오늘날까지도 에스파냐의 통치를 받고 있는 사라진 제국의 화석이다). 프랑스는 모로코에 대한 각자의 "권리들"을 명시한 조약을 에스파냐와 협상해야만 했고, 이러한 과정은 마드리드 조약이 체결된 1912년 11월에 마무리되었다. 조약의 규정에 따라서 에스파냐는 모로코의 남북 양 끝단에 보호령을 수립했다. 북쪽 지역은 약 2만 제곱킬로미터에 달하는 대서양 및 지중해의 해안선과 그 배후 지역을 포함했고, 남쪽 지역은 에스파냐령 사하라 또는 서부 사하라로 알려져 있는 2만3,000제곱킬로미터의 사막을 망라했다. 게다가 지브롤터 해협의 항구 도시 탕헤르는 국제 관리를 받게 되었다. 이로써 모로코의 술탄은 1912년부터 양 끝이 잘린 국가를 통치하게 되었다.

모로코는 보호령이 되기 수세기 전부터 독립 국가의 지위를 누렸지만, 통치자들은 국가 영토 전체를 장악하는 데는 성공하지 못했다. 도시에 대한 술탄의 통제권은 언제나 강력했지만 지방에서는 그렇지 못했다. 이러한 상황은 모로코가 제국주의의 지배에 놓이면서 더욱 악화되었다. 군인들은 폭동을 일으켰고, 부족으로 돌아간 많은 사람들이 지방 반란을 조장했다. 1912년 5월에 프랑스의 첫 총독이 부임했을 때 모로코의 지방은 혼란에 빠져 있었다.

모로코에서 보낸 13년간의 임기 동안, 위베르 리요테 원수는 제국 행정의 위대한 혁신가의 면모를 유감없이 보여주었다. 그는 폭동을 일으킨 군인들과 그들을 따르는 대규모의 부족민들이 도시 공격을 감행하기 하루 전날에 페즈에 도착했다. 그는 프랑스의 모로코 지배에 대한 유럽의 동의를 받아내는 데에 있어서 프랑스 외교관들이 거둔 성과의 한계를 직접 목격했다.

단련된 군인이었지만, 리요테는 무력으로 나라를 "평정"하는 데에 수십 년의 시간과 수십만 명의 알제리인 및 프랑스인의 생명을 앗아간 알제리에서의 실수를 반복하고 싶지 않았다. 유럽식 행정을 부과하는 대신에 리요테는 토착 제도를 보존하고 술탄을 위시해 현지 지도자들과 함께 일하면서 모로코인들을 설득하고 싶었다.

리요테는 마흐잔(Makhzan : 문자 그대로 "보고[寶庫]의 땅"이라는 의미이다)이라고 알려진 술탄 정부를 둘러싸고 있는 제도들을 통해서 모로코의 도시들을 장악하고자 했다. 그는 술탄의 통치권을 상징하는 것들에 경의를 표했고, 국가 행사에서 모로코 국가를 연주하고 공공건물 앞에는 모로코 국기를 게양하게 했다. 그러나 술탄의 **직책**에 대한 이러한 존중이 그 직책을 보유한 사람에게까지 언제나 이어진 것은 아니었다. 리요테가 취한 첫 번째 조치 중의 하나는 믿음이 안 갔던 현직 술탄 물레이 압드 알 하피즈를 폐위하고, 좀더 순응적인 물레이 유세프(재위 1912-1927)로 대체한 것이었다.

리요테는 이 나라 고유의 세 기둥 — "대(大)카이드(qa'id)들" 즉 부족장들과 타리카(tariqa) 즉 나라 전역에 지부 조직망을 가지고 있는 이슬람 신비주의 교단, 그리고 베르베르 토착민들 — 을 통해서 지방에 대한 통제력을 장악했다. 대카이드는 동료 부족민들의 신뢰를 받고 있었고, 수백 명의 병사들을 소집할 수 있었다. 페즈에 도착하자마자 부족민들의 공격을 목격한 리요테는 프랑스의 통치를 위해서는 그들의 지지 확보가 관건임을 인지했다. 부족 연대를 넘어서는 종교 조직망을 의미했던 타리카는 지부를 통해서 반체제 인사들을 보호하고 비무슬림 침략자들을 쫓아내려는 종교 저항운동을 조직하는 역할을 담당하고 있었다. 1830년대와 1840년대에 프랑스에게 대항했던 압델 카데르의 저항운동에서도 알제리의 타리카들이 중요한 역할을 했다는 사실을 잘 알고 있던 리요테는 그들의 지지를 확보해서 통치에 이용하고자 했다. 베르베르족은 고유의 언어와 문화를 가진 비아랍계 소수 공동체였다. 프랑스는 전형적인 분열-지배 전략에 의거하여 아랍 이웃들에 맞서도록 북아프리카의 베르베르족을 부추기고자 했다. 1914년 9월, 이제부터 모로코의 베르베르 부족은 보호령 내의 또다른 보호령으로서 프랑스의 감독하에 그들 고유의 법과 관습에 준하여 통치될 것이라는 법령이 선포되었다.

리요테가 고안한 체제가 지역 고유의 제도들을 보존했다고 해서 덜 제국주의적이었던 것은 아니었다. 프랑스의 행정가들은 "근대적인" 정부의 모든 부서들을 관리했는데 특히 재정, 공공사업, 보건, 교육, 사법 분야에서 그러했다. 종교 업무와 종교기부금, 이슬람 법정 등은 모로코의 관할 아래에 있었다. 그러나 리요테 체제는 현지 지도자들에게 프랑스의 식민 행정을 타도하기보다는 협조하도록 동기를 부여했다. 모로코 명사들이 프랑스 통치에 포섭되면 될수록, 리요테는 전쟁터에서 "싸울" 필요가 적어졌다. 리요테는 위대한 혁신가로 칭송되었고, 지역 관습과 전통을 보존하려는 그의 노력은 동시대인들에게 온정적인 식민주의로 비쳤다.

하지만 리요테의 체제 아래에서도 모로코의 상당 지역은 정복되지 않은 채로 남아 있었다. 프랑스군의 부담을 줄이기 위해서 리요테는 기꺼이 자신들의 나라를 프랑스의 지배에 맡기려는 모로코 군인들을 모집하여 훈련시켰다. 비록 완전한 정복을 열망하기는 했지만, 리요테는 "유용한 모로코(le Maroc utile)"— 가장 많은 농산물과 광산자원, 수자원을 보유하고 있던 지역들을 망라하는 말이다 — 라고 부르던 모로코의 경제 중심지에 더 초점을 맞추었다.

유용한 모로코에 대한 정복은 지방의 지속적인 저항을 물리치면서 서서히 진행되었다. 보호령이 수립된 1912년과 제1차 세계대전이 발발한 1914년 사이에 프랑스의 통치권은 페즈에서 해안 도시들인 라바트와 카사블랑카, 리요테 항으로 개명된 신(新)항구 케니트라를 포함해서 마라케시까지 확대되었다. 3만4,000명의 모로코 군인들이 프랑스 제국의 지배자를 위해서 독일과의 전쟁에 동원되어 많은 사상자가 속출했던 전쟁 동안에는 이러한 추세가 답보되었다. 리요테도 1916년과 1917년 사이에 프랑스의 전쟁 장관으로 소환되었다. 그럼에도 불구하고 그의 체제는 유지되었고, 대카이드들도 모로코에서 프랑스의 가장 든든한 지지자임을 보여주었다. 1914년 8월에 마라케시에 모인 지방 명사들이 프랑스와의 의존관계를 자인했다. "우리는 프랑스의 친구이다"라고 한 유명 명사가 선언했다. "그리고 우리는 좋든 나쁘든 간에 끝까지 프랑스와 운명을 함께 할 것이다."[13]

전쟁과 파리 평화 회담 직후 리요테는 모로코에 대한 정복을 재개했지만, 예전보다 더욱 거세진 저항에 직면해야 했다. 1923년에 2만1,000명이 넘는 프랑스 군인이 약 7,000명의 모로코 반란자들과 싸우고 있었다. 그러나 가장 큰 도전은 프랑스 보호령이 아닌, 북부 에스파냐령의 리프 산맥의 베르베르인들로부터 제기되었다. 그의 강적은 압드 엘 크림으로 더 잘 알려진, 무함마드 이븐 압드 알 카림 알 카타비라는 작은 마을의 재판관이었다. 압드 엘 크림은 지중해 해안을 내려다보는 자신의 고향 리프 산맥에서 반란을 일으킨 후 1921년에서부터 1926년까지 5년간 수만 명의 에스파냐 군인들의 목숨을 앗아갔는데, 이것은 20세기에 아프리카에서 식민 군대가 겪은 최악의 패배였다.[14]

1921년 여름에 리프인(리피[Rifi]라고 알려진)과 에스파냐 사이에서 충돌이 발생했다. 이슬람 사회 및 종교 개혁에 관한 논쟁에서 영감을 받은 압드 엘 크림은 프랑스와 에스파냐 지배 모두를 거부하며, 모로코 왕국에서 꽤 떨어진 리프 지역에 독립 국가를 수립하고자 했다. "나는 프랑스나 에스파냐처럼 리프를 독립국가로 만들어 완전한 주권을 가진 자유 국가로 건립하기를 원했다"라고 그는 설명했다. "독립은 우리에게 스스로 결정하고 사안을 처리하며, 우리가 적합하다고 생각하는 조약이나 동맹을 체결할 수 있는 완전한 자유를 보장할 것이다."[15]

카리스마 있는 지도자였던 압드 엘 크림은 수천 명의 리프인을 모집하여 의욕적이고 단련된 군인으로 훈련시켰다. 리프인들은 외국의 침략자들로부터 집과 가족을 지키기 위해서 싸웠을 뿐만 아니라, 익숙한 험난한 산악지대에서 전투가 벌어졌다는 측면에서도 일석이조의 이점을 가지고 있었다. 1921년 7월과 8월 사이에 압드 엘 크림의 부대는 모로코의 에스파냐 군인들을 섬멸했다. 이 전투에서 약 만 명의 군인이 사망했고 수백 명이 포로로 잡혔다. 에스파냐는 증원군을 보내서 1922년 동안에 압드 엘 크림의 군대가 장악한 영토를 간신히 재점령할 수 있었다. 그러나 리프인들은 에스파냐 군을 상대로 계속해서 승리를 거두었고, 손에 넣은 2만 정 이상의 소총과 400대의 산포, 125대의 대포를 곧바로 병사들에게 분배했다.

리피의 지도자는 에스파냐로부터 포로들의 몸값을 받아서 전쟁 자금에 보탰다. 1923년 1월에 압드 엘 크림은 전쟁이 시작된 이후로 리피 병사들이 사로잡은 포로병들을 석방하는 대가로 에스파냐 정부로부터 400만 페세타(유로화로 대체되기 이전까지 에스파냐에서 사용했던 화폐 단위/역주)가 넘는 돈을 받아냈다. 어마어마한 이 금액은 독립국가 건설을 위해서 반란을 일으킨 압드 엘 크림의 야심찬 계획의 돈줄이 되었다.

1923년 2월에 압드 엘 크림은 리프에 독립 국가 건설을 위한 기초를 마련했다. 리프 부족들의 충성서약을 받았으며, 산악 지역의 아미르(사령관 또는 통치자)로서의 정치적 지도자의 역할도 수행했다. 에스파냐는 리프를 재정복하기 위해서 또다른 전투부대를 동원했다. 1923년과 1924년 사이에 리피군은 에스파냐에게 수많은 패배를 안겨주었고, 1924년 여름에는 산악도시 샤우엔을 정복하는 결실을 맺었다. 에스파냐는 전투에서 만 명의 군인을 더 잃었다. 이러한 승리들을 거두면서 압드 엘 크림과 리피 병사들은 신중함보다는 자신감을 가지게 되었다. 에스파냐를 이처럼 쉽게 격퇴했는데, 프랑스라고 왜 안 되겠는가?

리프 전쟁은 프랑스에게 심각한 우려를 끼쳤다. 1924년 6월에 북쪽 국경지역을 순방하던 리요테는 에스파냐 군의 패배로 인해서 프랑스의 요충지들이 리피군의 공격에 얼마나 취약해졌는지를 확인하고서는 경각심을 가지게 되었다. 리프는 메마르고 산이 많은 지역이어서 식량 수입의 대부분을 비옥한 계곡이 있는 프랑스 지역에 의존했다. 리요테는 필요한 식량을 확보하려는 리프인들의 침략을 방지하기 위해서는 페즈와 에스파냐령 사이의 지역을 보강할 필요가 있다고 생각했다.

리요테는 총리 에두아르 에리오와 프랑스 정부에게 압드 엘 크림의 반란사태가 제기한 위협을 보고하기 위해서 8월에 파리로 복귀했다. 그러나 프랑스는 라인 지역 점령과 시리아 및 레바논에 대한 통치권을 구축하는 데에 능력 이상의 힘을 쏟고 있었기 때문에 리요테가 모로코에서의 입지를 지키기는 데에 필요하다고 생각한 절대 최소치의 병사와 물자마저도 제공할 여력이 없었다. 4개의 보병 대대의 즉각적인 파병을 요구했지만, 정부는 겨우 2개 대대만을 소집할 수 있었다. 평생 보수주의자였던 리요테는 자신이 급진적인 에리오 정부의 지지를 받지 못하고 있음을 눈치챘다. 건강이 좋지 않았던 일흔의 리요테는 리프인들을 저지할 물리적인 힘도 정치적인 힘도 얻지 못한 채 모로코로 돌아왔다.

1925년 4월에 압드 엘 크림의 군대는 남쪽으로 방향을 돌려 프랑스령을 침략했다. 그들은 리프 남쪽의 농지를 요구하는 지역 부족들에게 지원을 요청했다. 압드 엘 크림의 사령관들은 자신들이 판단한 정세를 설명하기 위해서 부족장들을 만났다. "이교도들 특히 프랑스를 쫓아내기 위해서 다시 만들어진 위대한 영광의 이슬람의 이름으로 모로코의 진정한 술탄 압드 엘 크림이 성전을 선포했습니다." 압드 엘 크림의 군대가 모로코 전역을 점령하는 것은 "단지 시간문제일 뿐이다"라고 사령관들은 설명했다.[16] 압드 엘 크림은 점차 자신의 행동을 무슬림 땅을 점령하고 있는 비무슬림에 맞서는 종교전쟁으로 규정하면서, 조그마한 리프 공화국이 아니라 모로코 전체에 대한 술탄권을 주장하기에 이르렀다.

리요테가 우려했던 대로, 리프인들이 방어체제가 허술하던 북쪽 농경지대를 휩쓸고 지나갔다. 프랑스는 모든 유럽 시민들을 소개(疏開)한 후 많은 사상자들과 함께 그 지역을 버리고 페즈로 철수해야만 했다. 두 달 만에 프랑스는 리피군과의 싸움에서 43개의 군 주둔지를 상실했고, 1,500명의 사망자와 4,700명의 부상자 또는 실종자가 발생했다.

6월에 페즈에서 겨우 40킬로미터 떨어진 곳에 군을 주둔시킨 압드 엘 크림은 자신의 편으로 끌어들이기 위해서 도시의 유명한 사원 대학인 카라위인의 이슬람 학자들에게 편지를 썼다. "우리는 여러분과 여러분 동료들에게……누가 신실한 사람이고 누가 위선자나 이교도들과 관계가 없는지, 그리고 분열된 모로코가 처해 있는 이 굴종의 상태를 알리고자 합니다" 그는 나라를 프랑스에 팔아먹고 부패한 관료들에게 둘러싸여 있는 현 술탄 물레이 유세프를 비난했다. 압드 엘 크림은 페즈의 종교지도자들에게 종교적 의무를 강조하며 지지를 호소했다.[17]

이것은 지하드가 필요한 근거를 밝히기 위해서 『쿠란』을 곳곳에 인용하는 가운데 정통적이고 신학적인 어휘로 쓰인 설득력 있는 주장이었다. 하지만 페즈의 아랍 종교학자들은 베르베르족인 리프인들을 지지하지 않았다. 페즈의 교외 지역에 도달한 압드 엘 크림의 군대는 리요테의 체제가 만들어낸,

그리고 프랑스가 견고하게 통제하던 "유용한 모로코"와 맞닥뜨리게 되었다. 리프에서 불어온 야심찬 민족 해방 운동과 견고하게 수립된 프랑스 제국의 통치기관 가운데 하나를 선택해야만 했던 페즈의 이슬람 학자들은 리요테의 체제가 더 강하다고 믿었던 것이 분명하다.

압드 엘 크림의 군대는 1925년 6월에 페즈의 성벽 앞에서 저지되었다. 프랑스가 지방을 통치하는 데에 필요하다고 생각했던 세 기둥인 신비주의 이슬람 교단과 주요 부족 명사들, 베르베르인 중에서 리요테는 둘을 확보할 수 있었다. "내가 실패한 가장 큰 원인은 종교적 광신주의 때문이었다"라고 압드 엘 크림은 훗날 회고했다. 이러한 주장은 제국주의 세력과의 성전에 대한 지지를 모으기 위해서 압드 엘 크림 자신도 이슬람을 이용했다는 점에서 보자면 모순적으로 생각될 것이다. 하지만 리프인들의 지도자가 실상 언급하고자 했던 것은 바로 신비주의 이슬람 교단이었다. "교단의 교주들은 나의 가장 막강한 적이었고, 시간이 경과하면서 나라의 적이 되었다." 그는 대카이드들과도 잘 지내지 못했다. "처음에는 논거와 입증을 통해서 내 견해에 대한 대중의 지지를 얻고자 했다. 그러나 나는 강력한 영향력을 가진 주요 가문들의 거센 반대에 부딪혔다." 한 가문을 제외하고 "나머지가 모두 나의 적이었다"라고 그는 주장했다.[18] 대카이드와 교단의 교주들은 모두 압드 엘 크림을 반대하며 리요테가 의도한 대로 모로코에 대한 프랑스의 지배를 지지했다. 베르베르족에 관해서 말하자면, 압드 엘 크림과 그의 리피 전사들 본인들이 베르베르인이었다. 리요테의 베르베르인 분리주의 정책은 의도했던 것보다도 훨씬 더 파급력이 컸다. 리프인들이 베르베르족이었다는 사실이 프랑스와의 전쟁에 모로코의 아랍인들이 동참하지 못하도록 만들었다는 데에는 의심할 여지가 없다.

리요테의 식민통치체제는 유지되었지만 정작 본인은 리프인들의 도전에 무릎을 꿇어야 했다. 파리의 비판세력에게 프랑스 보호령에서 발발한 리프 전쟁은 모로코를 완전히 복속하려는 리요테의 시도가 실패로 돌아갔음을 의미했기 때문이다. 프랑스에서 대규모의 증원군이 모로코로 파병되던 1925년

7월에 수개월에 걸친 리피 군과의 전투로 지치고 건강이 더욱더 악화된 리요테는 자신을 도와줄 사령관을 요청했다. 이에 프랑스 정부는 제1차 세계대전의 베르됭 전투의 영웅 필리프 페탱 육군 원수를 파견하여 그를 돕도록 했다. 8월에 페탱은 모로코에서의 프랑스의 군사작전을 통솔하게 되었다. 다음 달 리요테는 사직서를 제출하고 1925년 10월에 영원히 모로코를 떠났다.

리요테가 물러나고 압드 엘 크림도 얼마 버티지 못했다. 프랑스와 에스파냐 군대가 리피 반란을 제압하기 위해서 연대했다. 리피 군은 이미 자신들의 고향인 북부 모로코 산악지대로 퇴각한 상태였다. 그러나 그곳마저 1925년 9월에 프랑스와 에스파냐의 대군에 의해서 양면으로 포위되었다. 10월에 리프 산맥을 완전히 포위한 유럽군은 리프인들이 굶주림에 지쳐서 항복하도록 만들기 위해서 철저한 봉쇄 작전을 펼쳤다. 타결책을 찾으려는 압드 엘 크림의 시도는 거부되었고, 1926년 5월에 리프 산악지대는 약 12만3,000명의 유럽 연합군대의 병사들로 넘쳐났다. 리프인들의 저항은 분쇄되었고, 압드 엘 크림은 5월 26일에 프랑스에 항복했다. 그후 그는 인도양의 레위니옹 섬에서 1947년까지 유배 생활을 했다.

리프 전쟁에서 승리한 프랑스와 에스파냐는 모로코에 대한 식민통치를 재개했고, 내부 반란에 다시는 직면하지 않았다. 비록 리프 전쟁이 모로코에서는 프랑스나 에스파냐에 대한 지속적인 저항을 만들어내지 못했지만, 압드 엘 크림과 그의 운동은 아랍 세계 전역의 민족주의자들의 상상력을 자극했다. 그들은 리프인들을 유럽 지배에 대항하여 영웅적인 저항운동을 이끌고 영토와 신앙을 수호하기 위하여 싸워서 신식 군대에 수많은 패배를 안겨준 아랍인(베르베르인이 아닌)들로 생각했다. 또한 에스파냐와 프랑스에 맞섰던 5년간의 반란(1921-1926)은 1925년에 프랑스에 맞서서 반란을 일으킨 시리아 민족주의자들에게도 영감을 주었다.

***

한 젊은 시리아 장교가 중부 도시 하마에서 리프 전쟁에 관한 신문 기사를 열독하고 있었다. 파우지 알 카우크지도 한때 프랑스에 맞서서 싸웠던 사람

중의 한 명이었다. 대레바논이 된 트리폴리의 원주민이었던 알 카우크지는 파이살 왕의 대의를 지지했다. 그는 아직 체계가 잡히지 않은 부대에 합류했고, 그 부대원들과 함께 1920년 7월 칸 마이살룬에서 프랑스 식민 군대와 싸웠다. 큰 패배를 경험한 알 카우크지는 시리아가 —당장은— 프랑스를 쫓아낼 수 없다고 확신하게 되었다.

마이살룬 전투가 끝나고 몇 주일 후에 알 카우크지는 이상주의 대신 실용주의를 선택했고, 특수부대(Troupes Spéciales) 또는 시리아 군단(Syrian Legion)이라고 불리는, 프랑스가 새로이 창설한 시리아군에 장교로 임관했다. 하지만 그는 조국을 지배하는 외국의 식민세력에 협조하며 프랑스 제복을 입고 있는 것이 영 편치 않았다. 하마 병영에서 신문을 읽던 알 카우크지와 그의 동료 민족주의자들은 리프 전쟁에서 영감을 얻었고, 압드 알 크림을 역할 모델로 삼았다. "용맹한 그들의 싸움을 통해서 우리는 아랍 고유의 특성이 살아 있다는 것을 확신할 수 있었다"라고 알 카우크지는 회상록에 썼다. "그리고 희생정신에 대한 흠모가 우리들 사이로 퍼져나갔다. 나는 집요하게 모로코에서의 사건들을 추적했고, 격전지의 지도를 확인했다."[19]

리프 전쟁이 시리아의 민족주의자들에게 영감을 주었다면, 제국의 행정가들 역시 리요테 제국의 모로코 통치방식으로부터 영감을 얻었다. 시리아 통치를 위해서 임명된 프랑스 관료들은 대부분 리요테 "학교"의 졸업생들이었다. 시리아의 첫 고등판무관 앙리 구로 장군은 모로코에서 리요테 보좌관을 지냈었다. 구로의 대표로 다마스쿠스에 파견된 카트루 대령과 알레포에 파견된 드 라모트 장군, 알라위파 영토에서 일한 두 명의 대령을 포함해서, 시리아에 임명된 다른 저명한 식민 관료들도 모두 리요테 밑에서 일했던 사람들이었다. 게다가 많은 하급 관료들이 모로코에서 시리아로 자리를 옮겨왔다. 예상대로 그들은 변형된 리요테 체제를 시리아에서 재생산하고자 했다.[20]

프랑스는 시리아를 점령한 초기부터 도시와 지방 모두에서 민족주의자들의 저항에 직면했다. 1919년에 반(反)프랑스 봉기가 서부 시리아의 알라위 산맥에서 발생했고, 진압하기까지 2년이 소요되었다. 시아 이슬람에 그 뿌리를 두고 있는 종교 공동체 알라위파는 단지 자치권을 지키고 싶었을 뿐이었다. 따라서 국가 독립을 위한 싸움을 주장하지는 않았다. 이에 프랑스는 항구도시 라타키아와 알라위 고원을 기반으로 하는 극소 국가를 세워서 지역 자치에 대한 알라위파의 바람을 충족시켜주었다. 그후 지역 명사들은 프랑스 행정가들에게 협력하며 이 일대를 통치했다.

한층 더 심각한 민족주의 반란이 이브라힘 하나누라는 지역 명사의 선도로 1919년에 북부 도시 알레포 인근 지방에서 발생했다. 제1차 세계대전이 발발하기 전까지, 오스만의 관료로 일했던 지주 출신의 하나누는 전시에 벌어졌던 오스만의 탄압에 환멸을 느꼈다. 이에 1916-1918년의 아랍 반란 당시 아미르 파이살의 군에 자원했고, 1919년에는 시리아 의회에 참여하기도 했다. 활동가였던 하나누에게 시리아 의회는 말만 무성한 곳으로 보였다. 효과적인 저항운동을 개시하기 위해서 서북쪽의 알레포로 돌아온 하나누는 프랑스에 대항하는 게릴라를 조직했다. 그는 프랑스 지배의 위협에 맞서서 지방 봉기를 주도했고, 이것은 1920년에 프랑스가 알레포를 점령하자 곧 민족주의 반란으로 변했다. 반란군의 수는 자원병이 늘면서 1920년 여름과 가을 사이에 800명에서 거의 5,000명으로 빠르게 증가했다.[21] 시리아 민족주의자들은 잠시지만 아나톨리아의 남부 해안 지역을 점령한 프랑스와 싸우고 있던 이웃의 튀르크인들로부터 무기와 자금을 제공받았다. 프랑스는 하나누의 반란이 시리아 전역에 걸친 광범위한 민족주의 봉기를 촉발하지 못하도록, 신속하게 군을 동원하여 알레포를 다시 장악했다. 1921년 가을에 하나누는 요르단으로 도주했지만, 그곳에서 영국 당국에게 체포되어 프랑스 사법부로 인도되었다. 프랑스는 하나누를 재판정에 세웠지만 이 민족주의자를 순교자로 만드는 대신에 석방하는 지혜를 발휘했다. 그 당시 이미 시리아 군단에 입대한 파우지 알 카우크지에게 하나누 반란의 실패는 시리아가 아직은 프랑스에 대항할 준비가 안 되어 있다는 자신의 생각을 다시금 확인시켜주었다.

파우지 알 카우크지가 생각하고 있던 것보다 더 프랑스는 민족주의자들의 선동에 자신들이 매우 취약하다고 우려하고 있었다. 이에 프랑스는 통합된 민족주의 운동의 위협을 타파하기 위해서 프랑스는 시리아를 4개의 극소 국가로 쪼개는 분할통치 계획을 도입하기로 했다. 알레포와 다마스쿠스는 시리아 주요 도시들의 민족주의자들이 공동전선을 펴지 못하도록 별도의 두 개의 행정 중심지로 지정되었다. 또한 프랑스는 지방 자치의 긴 역사를 가진 두 개의 종교 공동체― 서부 시리아의 알라위파와 남부의 드루즈파― 를 위해서도 별개의 국가를 고안했다. 리요테의 베르베르인 정책을 모델로 한 이러한 방안이 알라위파와 드루즈파에게 위임통치에 대한 기득권을 부여하여 도시의 민족주의 운동으로부터 거리를 두도록 만들 수 있기를 프랑스는 희망했다. 고등판무관 구로는 리요테 원수의 학교에서 배운 정책을 근거로 하여 현지인을 지사로 임명하는 자치 지역들로 시리아를 분할하고자 했다.[22]

프랑스는 이처럼 시리아의 드루즈파와 알라위파에게는 자신들의 선의를 보여주기 위해서 노력했지만 다마스쿠스의 민족주의 지도자들에게는 조금의 양보도 하지 않았다. 1920년대 초에 가장 영향력 있던 시리아의 민족주의자는 베이루트 아메리칸 대학교에서 교육을 받은 의사 압드 알 라흐만 샤흐반다르(1882-1940)였다. 의료 수련 과정을 거치면서 영어에 유창해진 샤흐반다르는 1919년에 킹-크레인 위원회를 위해서 가이드이자 통역가로 일했고, 찰스 크레인과도 개인적인 친분을 가지게 되었다. 1920년 5월에 잠시 파이살 왕의 마지막 내각에서 외무 장관으로 일했던 그는 그해 7월에 파이살 정부가 몰락하자 이집트로 도피했다. 그로부터 1년 후인 1921년 여름에 프랑스가 총사면을 발표하자 그는 다마스쿠스로 돌아왔다.

시리아로 돌아오자마자 샤흐반다르 박사는 민족주의 활동을 재개했고 철권협회(Iron Hand Society)라는 비밀 조직을 창설했다. 철권협회는 시리아에서의 프랑스 축출을 공동 의제로 내세우며, 오스만 시대의 아랍주의 비밀 협회의 전문가들과 다마스쿠스의 파이살 아랍 정부의 지지자들을 모았다. 그러나 철권협회의 활동은 프랑스의 엄격한 감시로 저지되었다. 1922년 4월 7일에 프랑스는 반란 선동 혐의로 샤흐반다르와 다른 4명의 운동 지도자들을 체포했다.

그러나 프랑스의 검거는 시리아인들의 저항의 불꽃을 더욱더 부채질했을 뿐이었다. 다음 날 일단의 민족주의자들이 중심가의 우마이야 사원에서 열린 금요 예배를 이용해서 회중에 모인 8,000명의 사람들이 대중시위에 나서도록 선동했다. 철권협회의 회원들은 다양한 종교지도자들과 구역장, 상인, 학생 무리를 이끌고 다마스쿠스의 중앙 시장을 지나 성채를 향해서 행진했지만 결국 프랑스 방위군에게 해산당했다. 수십 명의 다마스쿠스인들이 다치고 46명이 체포되었다.

프랑스의 억압적인 조치로 더욱 많은 다마스쿠스인들이 민족주의자들의 부름에 응하면서 시위 진압은 실패로 돌아갔다. 4월 11일에는 샤흐반다르의 부인이 이끄는 40명의 여성들이 대규모 시위를 이끌었다. 프랑스 군인들이 군중에게 발포하여, 여성들을 포함해서 3명이 사망하고 더 많은 사람들이 다쳤다. 총파업이 촉구되었고, 다마스쿠스의 상점 주인들은 프랑스가 샤흐반다르와 다른 저항 지도자들을 재판하던 2주일 동안 가게 문을 닫았다. 가혹한 판결이 이들에게 내려졌는데, 샤흐반다르는 20년 형을 그리고 다른 사람들은 5년에서 15년 사이의 형을 선고받았다. 철권협회는 해산되었고 민족주의자들이 침묵당하면서 평화가 다시 찾아왔다 — 비록 겨우 3년 동안이었지만.

상대적으로 조용했던 3년이 지난 1925년에 프랑스는 시리아에 대한 통치방식을 재고하기 시작했다. 여러 극소 국가를 운영하는 비용이 많이 들었기 때문이다. 고등판무관 구로가 임기를 마치고 돌아가자 그의 후임자들은 하나의 국가로 알레포와 다마스쿠스를 합병할 것을 포고하며 새로운 의회를 위한 선거 일정을 1925년 10월로 예정했다.

3년 동안 정치적 평온이 이어지자 프랑스는 시리아 정치에 대한 통제를 완화했다. 신임 고등판무관, 모리스 사라일 장군은 정치범들을 사면했고, 의원 선거에 앞서 다마스쿠스의 민족주의자들에게도 창당을 허용했다. 총사면의 일환으로 석방되기까지 2년간 복역했던 샤흐반다르는 1925년에 인민당이라 불리는 새로운 민족주의 조직을 만들었다. 샤흐반다르는 다마스쿠스의 저명한 인사 몇몇에게 입당을 권유했다. 위임통치 당국은 친프랑스적인 시리아 연합당을 후원하며 이에 대응했다. 시리아인들은 프랑스가 레바논에서 그랬던 것처럼 선거 결과를 조작하지 않을까 우려했다. 하지만 선거를 위한 정치적 절차는 고등판무관의 사무처가 아니라 드루즈 산악지대에서 발생한 문제로 인해서 중단되었다.

1921년부터 프랑스와 드루즈인들 사이에서 문제가 발생하기 시작했다. 그역시 리요테 학교의 출신이었던 조르주 카트루 장군은 모로코에서 시행된 프랑스의 베르베르인 정책을 모델로 하여, 1921년에 드루즈인들과 프랑스 조약의 초안을 작성했다. 이 조약에 따르면, 드루즈 산악지대는 다마스쿠스로부터 독립된 특별 행정 단위를 구성하며 선출된 원주민 지사와 대표회의도 보유했다. 다시 말해서, 드루즈인들이 산악지대에 대한 통치권을 완전히 장악한다는 것이었다. 대신 드루즈인들은 프랑스 위임통치의 규정들과 산악지대로 파견된 프랑스의 자문가들 그리고 프랑스 군대의 주둔을 수용해야만 했다. 많은 드루즈인들은 조약의 규정에 깊은 불안감을 느끼며 이를 근거로 하여 프랑스가 자신들의 문제에 더 간섭하지 않을까 걱정했다. 그럼에도 그들 대부분은 관망하는 태도로 후속 조치들을 지켜보면서 프랑스를 판단하고자 했다. 하지만 향후 몇 년간의 경험은 그들을 불안하게 만들었다.

처음부터 프랑스는 드루즈파의 가장 강력한 지도자 술탄 파샤 알 아트라쉬를 배제하는 실수를 범했다. 드루즈 산악지대에서 가장 강력한 사람의 영향력을 제거하려는 명백한 의도로 프랑스 당국은 술탄 파샤의 수하 중 한 명이었던 살림 알 아트라쉬를 1921년에 이 지역의 지사로 지명했다. 이로써 프랑스와 술탄 파샤는 충돌사태를 피할 수 없게 되었다. 술탄 파샤의 수하들이 1922년 7월에 프랑스가 잡은 포로들을 탈출시키자, 제국 당국은 군대와 비행기를 보내 술탄 파샤의 집을 파괴했다. 술탄 파샤는 전혀 동요하지 않았고 1923년 4월에 항복할 때까지 9개월이나 지속된 게릴라전을 이끌며 산악지대의 프랑스 진지들을 공격했다. 프랑스는 드루즈파 지도자와 정전협정을 맺음으로써 강력한 지역 지도자를 재판에 회부하는 위험은 모면할 수 있었다. 그러나 드루즈 산맥의 이름뿐인 살림 파샤 지사가 이미 투항한 상황에서 다른 어떤 드루즈인 지도자도 술탄 파샤와 대립해야 하는 산악지대의 지사가 되는 독배를 마시려 하지 않았다.

적당한 다른 드루즈인 후보를 찾을 수 없었던 프랑스는 1923년에 산악지대의 지사로 프랑스 장교를 지명함으로써 드루즈인들과 체결한 조약의 규정은 물론이고 리요테 체제의 가장 중요한 원칙 중의 하나를 깼다. 그것만으로도 이미 충분히 나쁜 상황이었지만, 설상가상 지사로 임명된 가브리엘 카르비에 대위는 이 지역의 체제를 드루즈 산맥의 "고대 봉건제"라고 부르며 "퇴행적"이라고 생각한 나머지 이 체제의 파괴를 사명으로 삼은 열성적인 개혁가였다. 카르비에를 향한 드루즈인들의 불만이 배가되었다. 대다수의 민족주의자들이 드루즈인들을 반란의 위기로 내몰고 시리아의 민족주의를 부추긴 당사자는 다름 아닌 이 프랑스 장교라고 생각했다고 샤흐반다르는 꼬집어서 지적했다.[23]

드루즈파 지도부는 프랑스의 1921년 조약 위반을 좌시하지 않고 위임통치 당국에게 직접 불만을 제기하기로 결정했다. 1925년 봄에 대표단을 모은 산악지대의 지도부는 고등판무관을 만나서 카르비에에 대한 불만을 호소하기 위해서 베이루트로 출발했다. 그러나 고등판무관 사라일은 불만에 찬 드루즈인들을 회유할 수 있는 기회를 붙잡기는커녕 만남조차 거부하여 산악지대의 유명 인사들에게 공개적인 모욕을 주었다. 드루즈인 지도자들은 분노에 차서 산악지대로 돌아왔고, 프랑스에 맞서서 반란을 일으키기로 결심했다. 함께 할 사람들을 물색하던 그들은 도시의 민족주의자들이야말로 자신들이 찾던 협력자라고 생각했다.

민족주의 활동이 1925년에 시리아의 도시 곳곳에서 더욱 강력해지고 있었다. 다마스쿠스에서는 압드 알 라흐만 샤흐반다르가 새로 창당한 인민당으로 주요 민족주의자들을 끌어모았다. 하마에서는 파우지 알 카우크지가 종교적 성향이 명백한 정당을 창설하여 히즈브 알라(Hizb Allah), 즉 "신의 당"이라고 명명했다. 이러한 측면에서 알 카우크지는 외세의 지배에 맞서서 사람들을 동원하는 이슬람의 **정치적** 힘에 대해서 이해한 최초의 사람들 중의 한 명이었다. 그는 수염을 기르고 봉기를 호소하고자 매일 밤 하마의 여러 사원을 방문했다. 도시의 이슬람 설교가들과 우의를 다진 그는 그들에게 금요 예배 때 지하드에 관련된 『쿠란』의 인용문들을 많이 섞으라고 독려했다. 또한 하마의 몇몇 부유한 지주 가문으로부터 재정적 지원도 받았다. 히즈브 알라의 인적 자원과 재원은 갈수록 풍성해졌다. 1925년 초에 알 카우크지는 다마스쿠스의 샤흐반다르에게 사절단을 보내서 샤흐반다르의 인민당과 하마의 히즈브 알라 간의 더욱 긴밀한 협력 관계를 제안했다. 샤흐반다르는 "현 상황에서 반란을 일으키겠다는 발상은 국가의 안위에 해를 끼칠 위험이 크다"라고 경고하며 하마에서 온 사절단을 낙담시켰다.[24] 1925년 5월에 드루즈인들이 민족주의 운동에 가담하고 나서야 샤흐반다르는 운동이 성공할 수 있는 임계점에 도달했다고 생각하게 되었다.

그 달에 드루즈인 지도부가 샤흐반다르 및 다마스쿠스의 민족주의자들과 접촉했다. 첫 모임이 한 노련한 언론인의 집에서 열렸고, 반란을 시작할 방법에 대해서 대화가 이루어졌다. 샤흐반다르는 하마의 파우지 알 카우크지의 활동에 대해서 드루즈인들에게 간략하게 설명하고, 프랑스에 대항하는 거국적인 시리아 반란을 여러 전선에서 펼칠 것을 논의했다. 다음 모임은 샤흐반다르의 집에서 열렸고, 아트라쉬 가문의 주요 일원들도 참석했다. 맹세와 함께 협정이 비밀리에 체결되었으며, 참석자 전원은 국가의 통합과 독립을 위해서 일할 것을 서약했다.[25] 이것은 양측 모두에게 득이 되는 동맹이었다. 샤흐반다르와 동지들은 다마스쿠스의 민족주의자들보다 더 큰 기동력을 가지고 중무장한 드루즈인들이 자신들의 지역에서 무장활동을 개시하게 된 것이 더할 나위 없이 기뻤다. 그 대신 드루즈인들도 홀로 프랑스와 싸울 필요가 없어졌다. 다마스쿠스의 민족주의자들은 드루즈인들이 첫발을 내딛는 데에 필요한 지원을 제공하며 반란을 전역으로 확산시킬 것을 약속했다.

드루즈인들은 1925년 7월에 프랑스의 지배에 맞서서 반란을 개시했다. 술탄 파샤 알 아트라쉬는 산악지대에서 두 번째로 큰 도시인 살카드에서 수천 명의 전사 군단을 이끌고 프랑스와 싸웠으며 7월 20일에는 이곳을 점령했다. 다음 날 그의 부대는 드루즈 산맥의 행정 수도인 수와이다를 포위해서 프랑스 행정가들과 군인들로 구성된 대규모의 파견단을 꼼짝 못하게 만들었다.

기습을 당한 프랑스는 드루즈 반란에 맞서 싸울 힘도 전략도 부족했다. 그후 몇 주일 동안에 8,000명에서 1만 명 사이의 드루즈 자원병들이 파병된 모든 프랑스 군대를 격퇴했다. 고등판무관 사라일은 전국적인 봉기라는 악몽 같은 시나리오를 막고자 초기에 반란을 진압하기로 결심했다. 남부 드루즈 산맥의 봉기에 맞서기 위해서 북부 및 중부 시리아에서 프랑스군과 시리아 군단의 병력을 재배치했다. 또한 프랑스 당국은 8월에 다마스쿠스에서 유력한 용의자로 생각되는 모든 민족주의자들을 검거해서 재판도 없이 추방해버렸다. 샤흐반다르 및 그와 가장 친한 협력자들은 다마스쿠스를 탈출해서 드루즈 산맥의 아트라쉬 일족에게 피신했다. 프랑스의 최선의 노력에도 불구하고 반란은 확산되기 시작했다. 이번에는 하마에서 반란이 발생했다.

파우지 알 카우크지는 일격을 가할 적절한 시기를 기다리며 하마에서 반란을 일으킬 준비를 했다. 프랑스에 맞서서 일어났던 이전의 시리아 반란들이 끓어올랐다가 주저앉는 것을 그동안 쭉 지켜본 그는 1925년의 상황은 다르다고 판단했다. 드루즈인과 다마스쿠스인 그리고 하마의 자신의 당 사이에서 프랑스에 반대하는 사람들 간의 새로운 연대가 이루어진 것이다. 반란을 일으킨 드루즈인들은 프랑스에게 파국적인 영향을 미쳤다. 계속해서 모로코의 리프 전쟁 소식을 추적하고 있던 알 카우크지는 그곳에서도 프랑스의 전세가 나빠지고 있다는 것을 알게 되었다. "프랑스 군대는 압드 알 크림이 이끌고 있는 리프 부족들과 싸우느라 꼼짝 못 하고 있었다. 그의 승전 소식이 우리에게 들려오기 시작했다. 또한 마라케시로 프랑스 증원군이 파견되었다는 소식도 들려왔다." 알 카우크지는 프랑스가 모로코로 군대를 파병함으로써 시리아의 프랑스군을 도울 증원군 파병이 불가능해졌음을 인지했다. "나의 준비는 끝났다"라고 그는 결론지었다. "이제 남은 것은 그것들을 실행하는 것뿐이다."[26]

1925년 9월에 알 카우크지는 드루즈 산맥의 술탄 파샤 알 아트라쉬에게 특사를 보냈다. 알 카우크지는 드루즈인들이 공격을 가속화하여 가급적이면 모든 프랑스 군인들을 남쪽으로 유인해달라고 주문했다. 그러면 그가 10월 초에 하마에서 공격을 개시하겠다는 것이었다. 드루즈 지도자는 하마에서 프랑스에 맞선 제2전선을 형성하려는 알 카우크지의 계획에 동의하며, 기꺼이 자신의 병사들을 동원하여 프랑스와 격심한 전투를 벌였다.

10월 4일에 알 카우크지는 하마 주민들의 지지와 인근의 베두인족 전투원들의 도움을 받으며 시리아 군단의 폭동을 이끌었다. 그들은 수많은 프랑스 병사들을 생포했고 정부 관저의 행정가들을 포위 공격했다. 자정 즈음 도시는 반란자들의 수중에 떨어졌다.

프랑스는 재빠르게 대응했다. 알 카우크지의 예상대로 프랑스 병사의 대부분은 드루즈 산맥에 있었지만, 프랑스에게는 공군이 있었다. 프랑스군은 거주 지역을 강타하며 읍 중앙 시장의 일부를 겨냥한 공중폭격을 시작했다. 그 결과 거의 400명에 가까운 민간인이 사망했는데 그들의 대부분은 여자와 아이들이었다. 알 카우크지의 작전에 대한 지원을 약속했던 읍의 명사들이 가장 먼저 대열에서 이탈해서, 반란과 폭격을 종식시키기 위하여 프랑스와 협상을 했다. 반란을 시작한 지 사흘도 안 되어서 알 카우크지와 병사들은 프랑스가 하마를 다시 장악하도록 남겨놓은 채 교외 지역으로 철수해야만 했다.

하마에서의 실패에 굴하지 않고, 알 카우크지와 병사들은 시리아의 다른 읍과 도시들로 반란을 확산시켰다. "봉기를 향한 시리아 전쟁의 문이 우리 앞에 열렸다. 이러한 획책으로 프랑스의 지능과 기량이 아랍인들의 지능과 기량 앞에서 무너졌다"라고 알 카우크지는 자랑스럽게 말했다.[27]

며칠 만에 반란은 다마스쿠스 인근의 마을까지 확산되었다. 프랑스는 극단적인 폭력을 행사하며, 반란을 진압하려고 노력했다. 모든 마을이 포격과 공중 폭격으로 파괴되었다. 수도 배후지에서 거의 100명의 마을 주민들이 처형되었다. 그들의 시신은 반란자들을 돕지 못하도록 하기 위한, 소름끼치는 전리품이 되어서 다마스쿠스로 운반되었다. 당연히 폭력은 또다른 폭력을 불러왔다. 프랑스를 위해서 부역했던 지역 군인들의 절단된 시신 12구가 식민 당국에 협조한 자들에 대한 경고의 의미로 다마스쿠스의 도시 문 밖에 버려졌다.

10월 18일에 남녀 모두가 저항에 가담한 반란이 시리아의 수도까지 확산되었다. 싸움에 나선 남자들은 은신처로 음식과 무기를 몰래 운반하는 부인들과 누이들의 도움을 받았다. 프랑스 병사의 감시를 피해서 다마스쿠스의 한 부인은 도망 중인 남편과 반란에 가담한 그의 친구들에게 무기와 음식을 날라주었다. "여자들이 옥상으로 도주한 반란자들을 돕고, 외투나 식기에 무기를 숨겨서 운반하여 혁명에 기여하고 있음을 [프랑스의 감시자들은] 결코 생각하지 못했다"라고 다마스쿠스의 언론인 시함 테르게만은 회고록에 썼다.[28]

다마스쿠스의 민족 지도자들에게 반란은 신성한 지하드가 되었고, 전투원들은 성전사가 되었다. 약 400명의 자원병들이 다마스쿠스로 들어가 샤구르와 메이단 지구를 장악하자 내쫓긴 프랑스 행정가들은 요새로 피신해야만 했다. 한 무리의 반란자들이 고등판무관 모리스 사라일 장군을 체포하기 위해서 프랑스가 탈취하여 총독 관저로 사용하고 있던, 18세기의 아사드 파샤 알 아즘의 허황된 작품인 아즘 궁으로 몰려갔다. 사실 사라일은 이미 숙소를 떠난 상황이었지만 거센 총격전이 이어졌고 궁은 화염에 휩싸였다. 이것은 단지 시작에 불과했다.

프랑스는 다마스쿠스의 반란을 물리치기 위해서 무시무시한 폭력을 동원했다. 요새에서 무차별적으로 다마스쿠스 지역을 대포로 포격했다. "약속된 시간에 이 끔찍한 기계들이 입을 열고 도시의 가장 번영한 지역들을 향해서 재를 뿜어댔다. 24시간 동안 계속된 포탄 공격과 화염으로 인하여 600채 이상의 아름다운 가옥이 파괴되었다"라고 다마스쿠스의 민족주의 지도자 샤흐반다르 박사는 썼다. 이후 수일간의 공중 폭격이 이어졌다. "폭격은 일요일 정오부터 화요일 저녁까지 계속되었다. 우리는 얼마나 많은 사망자들이 건물 잔해 아래 묻혔는지 그 정확한 수를 결코 알 수 없을 것이다"라고 샤흐반다르는 회고록에 적었다.[29] 차후의 추정에 따르면 사흘 동안의 폭력사태로 1,500명의 사망자가 발생했다.

민간 거주민에게 미치는 영향으로 인해서 반란자들은 다마스쿠스에서의 작전을 끝내야만 했다. "지역에 계속 쏟아지는 포격과 선회하며 무차별적으로 집에 폭탄을 투하하는 비행기로 인해서 여성과 아이들이 공포에 사로잡히자, 반란자들은 도시를 떠났다"라고 샤흐반다르는 이야기했다. 비록 하마와 다마스쿠스에서 쫓겨났지만, 반란자들은 3개월 동안이나 프랑스 탄압의 맹공에 시달렸던 드루즈 산맥을 해방시키는 데는 성공했다. 프랑스는 하마와 다마스쿠스에서 무차별적인 폭력을 사용함으로써 반란의 확산을 저지할 수 있기를 희망했지만, 이는 곧 실망으로 바뀌었다. 1925-1926년 겨울 동안에 반란은 나라 전역으로 확산되었고, 프랑스군은 시리아의 구석구석으로 파병되어야 했다.

프랑스는 북부와 중부 시리아에서 반란을 진압한 후에야 술탄 파샤 알 아트라쉬가 여전히 활발한 저항운동을 이끌고 있던 드루즈 산맥으로 돌아올 수 있었다. 1926년 4월에 프랑스는 드루즈 지역의 수도인 수와이다를 재점령했다. 압드 알 크림이 모로코에서 마침내 항복한 1926년 5월 이후에야 프랑스는 시리아로 대규모의 병사들을 파병할 수 있었는데, 파우지 알 카우크지에 따르면, 전체 프랑스군의 숫자는 9만5,000명에 이르렀다. 결국 시리아의 저항운동이 프랑스에 의해서 진압되었고, 지도자들은 망명했다. 1926년 10월 1일에 술탄 파샤 알 아트라쉬와 압드 알 라흐만 샤흐반다르 박사도 국경을 넘어서 인근의 트란스요르단으로 피신했다.

다른 민족 지도자들이 포기한 후에도 한참 동안 파우지 알 카우크지는 투쟁을 계속했다. 1926년 10월에서 1927년 3월 사이에 그는 반란을 재개하기 위해서 끊임없이 움직였지만, 프랑스의 폭력적인 보복 앞에서 몸을 사리게 된 시리아 사람들에게서 더 이상 싸울 의지는 찾아볼 수 없었다. 1927년 3월에 알 카우크지는 마지막 전투를 위해서 74명의 전투원으로 이루어진 부대를 간신히 꾸릴 수 있었는데, 그들 중 겨우 27명만이 말을 가지고 있었다. 그들은 다마스쿠스를 우회하여 사막으로 갔지만, 한때 자신들의 운동을 지지했던 사막의 부족민들에게 배신을 당했을 뿐이었다. 그들은 이러한 배신과 기만에도 간신히 검거를 피해서 트란스요르단으로 퇴각할 수 있었다. 하지만 자신들의 나라는 프랑스의 손에 넘겨주어야만 했다.[30]

시리아 반란은 프랑스의 지배에서 벗어나 독립을 성취하는 데에 실패했다. 민족주의 운동의 주도권은 협상과 비폭력 저항이라는 정치적 과정을 통해서 목표를 추구하며 무장 투쟁을 멀리했던 도시 엘리트들로 구성된 새로운 지도부로 넘어갔다. 하지만 1936년까지 시리아의 민족주의자들은 아무런 성과도 보여주지 못했다.

***

모로코에서부터 시리아에 이르기까지 프랑스 식민지 당국은 1920년대의 대부분을 반란을 진압하는 데에 소비했지만, 적어도 알제리에서는 고대하고 있던 축하 행사를 열 수 있었다.

알제의 데이가 1827년에 파리채로 성질을 부려 나라의 운명을 결정지은 지 한 세기가 지났다. 시디 페루쉬에 첫 군대가 상륙한 1830년 6월 이후 프랑스는 오스만을 축출하고, 아미르 압드 알 카디르를 패퇴시켰으며, 수많은 커다란 반란들을 진압했다. 1871-1872년에 마지막 반란이 있었다. 20세기 초에 프랑스는 지중해에서 사하라까지의 정복을 마무리했다.

1920년대에 80만 명이 넘는 정착민들이 프랑스에서 알제리로 이주했다. 알제리의 프랑스인들은 더 이상 외국에 거주하는 것이 아니었다.[31] 알제리가 프랑스의 영토로 선언된 1848년부터 오랑과 알제, 콘스탄틴 세 주(州)는 파리의 프랑스 의회에 선출된 대표를 가진 프랑스의 대행정구(départements)로 전환되었기 때문이다. "알제리" 대표들 — 더 정확히 말하자면 프랑스계 알제리 대표였다. 왜냐하면 토박이 알제리인들은 관직 선출을 위해서 투표할 수도, 입후보할 수도 없었기 때문이다 — 은 의회에서 파격적인 영향력을 행사하며 정착민들의 이해관계를 보호하기 위해서 연대했다.

프랑스가 알제리로 진출한 지 100주년이 되는 1930년이 다가오자 프랑스계 알제리인들은 알제리에서 프랑스가 거둔 업적과 제국의 영원무궁함을 본토의 프랑스인들과 알제리의 원주민들에게 각인시킬 기회로 삼고자 했다. 기념행사 준비가 수년 전부터 시작되었다. 1923년 12월에 알제리 총독이 "1830년에 프랑스의 알제리 점령 100주년을 축하하는 프로그램을 준비하기 위한" 위원회 창설을 공포하면서 첫걸음을 내딛었다. 프랑스 의회는 예산 4,000만 프랑과 행사를 조직하는 임무를 맡을 위원회 소집을 승인했다. 결과적으로 기념행사 비용은 1억 프랑 이상이 들었다.

알제리는 이 해를 위해서 달라져야만 했다. 프랑스 알제리 역사의 주요 중대 사건들을 축하하기 위한 기념비가 세워졌고, 마을과 지방을 꾸미기 위해서 예술가들이 위촉되었다. 박물관들이 대도시— 알제, 콘스탄틴, 오랑— 에 건립되었다. 공공토목사업이 나라 전역에서 진행되었고 학교와 병원, 고아원, 빈민구제소, 농업학교, 직업학교 그리고 100주년 기념행사에 관한 소식을 알제리 전역에 전파하기 위한 세계 최대의 방송국이 건립되었다. 대박람회가 세계박람회의 위용을 과시하며 서부의 해안도시 오랑에서 조직되었다. 50개도 넘는 국제학회와 회의에서 이 세상의 거의 모든 주제들이 다루어졌다. 또한 스포츠 행사와 사하라 횡단 자동차 경주, 요트 경기들이 일정표를 채웠다. 눈에 띄도록 전등줄로 윤곽을 장식한 건물들과 아름다운 불꽃놀이로 도시의 밤은 환했다.

100주년의 상징성은 행사를 빛내기 위해서 위탁 제작된 기념비에서 가장 잘 드러났다. 알제에서 남쪽으로 몇 마일 떨어진 부파리크에 세워진, 45미터 폭에 9미터 높이의 거대한 석조 기념비에는 "식민지화에 탁월한 프랑스의 천재적인 명성"이 찬양되어 있었다. 조각가 앙리 부샤르(제네바의 종교개혁 기념물도 디자인했다)는 기념비의 중앙에 1830년대와 1840년대에 아미르 압드 알 카디르를 격퇴하기 위해서 알제리를 초토화시킨 군사령관 뷔조 장군과 드 라모리시에르 장군이 이끄는 프랑스의 "문명 개척 영웅들"을 위치시켰다. 그리고 의기양양하게 대열을 이루고 서 있는 한 무리의 프랑스 귀족과 시장 그리고 "시범 정착민들"을 군인들 뒤에 배치했다. 조각가는 제복과 정장을 입은 프랑스인들의 어깨가 내려다보이는 뒷줄에 전통의상을 입은 몇몇 아랍인들을 포함시켰는데, 이들은 "열렬한 충성심으로 [프랑스의 식민화] 임무를 도운 최초의 원주민" 대표들이었다.[32]

이런 식으로 프랑스는 1830년을 기리는 군사 기념비를 통해서 자신들에게 호의적인 알제리인의 존재를 넌지시 암시했다. 프랑스 언론은 1830년 6월 14일에 있었던 프랑스군의 시디 페루쉬 상륙을 기념하기 위해서 기획된 기념비가 "원주민들을 화나게 만들지" 않을까를 놓고 뜨거운 논쟁을 벌였다. 100주년 공식 사가(史家)였던 메르시에는 "알제리를 알고 아랍-베르베르인과 일상적인 접촉을 하며 사는 사람이라면 그 누구도 이러한 점을 걱정하지 않는다"라고 썼다. 모든 알제리 원주민들이 느끼던 감정의 실체는 다음과 같이 주장한 부족 지도자 부아지즈 벤 가나의 말 속에 잘 표현되어 있다고 메르시에는 주장했다. "원주민들이 1830년에 프랑스를 알았더라면 탄환이 아닌 꽃을 소총에 장전하고 그들을 환영했을 것이다." 이러한 감성은 꽃 모양의 삼색 모표를 단 마리안(Marianne : 자유, 평등, 우애의 프랑스 혁명 정신과 프랑스 공화국을 상징하는 여인상/역주)이 순종적인 아랍인 아들의 눈을 지그시 응시하고 있는, 10미터 높이의 기념비의 비문에도 잘 표현되어 있었다. "100년이 지난 지금, 프랑스 공화국이 이 나라에 번영과 문명, 정의를 가져다준 것에 대해서 알제리는 모국에 영원한 애정을 담아서 감사와 경의를 표합니다." 프랑스는 알제리인들에게 자신들의 나라를 식민화하는 작업을 돕는 조연 역할을 맡기고 싶었던 것 같다.[33]

100주년 기념행사는 1930년 6월 14일 시디 페루쉬에서 절정에 달했다. 공식적으로는 "프랑스와 토착민 연합 축전"으로 알려진 이 행사에서도 주최 측은 식민지 알제리를, 프랑스-아랍의 공동 제작물로 선전하고자 했다. 대규모의 군중이 군사행진을 보고 연설을 듣기 위해서 시디 페루쉬에 세워진 새로운 기념비 주변으로 모여들었다. 총독이 식민지 관료들 무리의 선두에 서 있었다. 공군이 저공비행을 하며 기념물 주위에 모여 있던 군중 위로 꽃잎을 뿌렸다. 올림픽에서처럼, 성화 봉송 주자들이 기념비를 출발하여 동쪽으로 약 30킬로미터 떨어져 있는 알제로 향했다.

예상대로 프랑스인들의 연설은 승리에 도취되어 있었다. 그러나 더욱 놀라운 것은 연단에 선 알제리 고관들이 한 논평이었다. 사원 학교의 교원들을 대표해서 연설한 종교학자 하즈 하무는 어떤 간섭도 받지 않고 이슬람을 가르칠 수 있는 자유를 누리는 것에 대하여 감사를 표했다. 사원에 오는 사람들이라면 누구나 "신성한 프랑스 세속 공화국— 놀라운 모순어법이다 — 을 향한 애정을 공유하며" 이맘의 지시를 따르고 있다고 그는 주장했다. 무슬림 지식인들을 대표해서 연설한 벨하디는 "모국에 대한 한결같은 사랑으로 같은 깃발의 그늘 아래에서 특별한 하나의 국민이 되어 평화와 조화 속에 살고 있는 프랑스와 현지인들의 깊은 연대"를 기념하는 그날의 행사에 대해서 언급했다. 저명한 아랍 명사, 우라바는 다음과 같이 기원했다. "우리를 가르치고 고양시켜서 당신들의 수준에 이르게 해주십시오. 그리고 하나의 마음으로 외치듯이 하나의 목소리로 동참합시다. 프랑스여 길이길이 번영하소서! 알제리, 프랑스 만세!"[34]

아랍 민족주의가 싹트던 시기에 알제리는 오히려 제국주의를 포용하는 듯 보였다. 그러나 알제리인들이 자신들의 운명에 만족했던 것은 아니었다. 교육받은 대다수의 엘리트들은 프랑스를 쫓아낼 수 없다고 생각했기 때문에, 1930년까지도 자신들에게 허용되지 않았던 온전한 프랑스 시민권을 얻어서 그들의 대열에 합류하고자 했다. 프랑스의 통치를 불가피한 것으로 받아들이며 민족주의 대신 시민권 운동을 선택했던 것이다. 알제 대학교의 약학과 학생이었던 페르하트 아바스는 이들의 생각을 잘 대변해준다.

페르하트 아바스(1899-1985)는 동부 알제리에 있는 작은 읍의 지방 관리이자 지주 집안에서 태어났다. 프랑스 학교에서 교육을 받은 그는 프랑스적인 가치를 공유하고 있었다. 무엇보다도 그는 프랑스인이 온전히 누리던 특권을 향유할 수 있기를 원했다. 그러나 프랑스 법은 알제리 무슬림의 법적, 정치적 권리에 엄격한 제한을 두고 있었다. 이 법은 지리적으로, 프랑스 관습법이 적용되는 상대적으로 유럽 인구가 많은 지역과 통합된 군민(軍民) 통치가 적용되는 유럽인 소수 공동체가 존재하는 지방 자치체, 그리고 전적으로 군의 통제를 받는 아랍 지역으로 알제리를 분할했다.

법은 또한 알제리의 유럽인과 무슬림 사이를 명확하게 구분했다. 1865년에 프랑스 상원은 알제리의 모든 무슬림이 프랑스인이라고 공포했다. 하지만 그들이 군과 행정기관에서 일할 수는 있어도 실제로 프랑스의 시민은 아니었다. 알제리 원주민이 프랑스 시민으로 간주되기 위해서는, 무슬림으로서의 신분을 포기하고 프랑스의 가족법 아래에서 사는 것에 동의해야만 했다. 결혼과 가족법, 유산 분배 모두가 이슬람법으로 정확히 규정되어 있는 점을 고려한다면 이것은 무슬림에게 신앙을 포기하도록 종용하는 것과 같았다. 이 법이 유효했던 80년 동안 2,000명의 알제리인만이 시민권을 신청한 것은 어쩌면 너무나도 당연한 결과였다.

프랑스 법의 보호를 받지 못한 알제리 무슬림들은 사실상 "원주민법(Code de l'Indigénat)"으로 알려진, 다수의 차별적인 법 조항들의 구속을 받았다. 남북전쟁 후 아프리카계 미국인들을 인종차별적이고 종속적인 지위에 묶어두기 위해서 통과된 짐 크로(Jim Crow) 법처럼, 프랑스의 지배에 맞서서 일어난 1871년의 마지막 알제리 대반란 직후에 초안이 작성된 이 법에 근거하여, 프랑스 공화국이나 그 관료들을 비판하는 것과 같은 행위를 유럽인들은 합법적으로 할 수 있었지만 알제리 원주민의 경우는 기소되었다. 법에 명시된 범죄 대부분은 하찮은 것들이었고 그 처벌도 가벼웠다―기껏 5일 구류나 15프랑의 벌금 정도였다. 그러나 처벌이 가벼웠기 때문에, 법은 더욱더 자주 적용되었다. 그리고 다른 어떤 법적 차별보다도 이 법 자체가 알제리인들에게 자기 땅에서 자신들을 2등 시민으로 느끼게 만들었다. 프랑스 공화국의 이념을 교육받은 페르하트 아바스 같은 이들은 이러한 경멸을 도저히 참을 수 없었다.

아바스는 100주년 기념식을 맞아서 프랑스어로 날카로운 비평문을 썼는데, 이 글에는 알제리 청년이 100년간의 프랑스 지배로부터 느낀 환멸감이 잘 드러나 있었다. 아바스가 쓴 『알제리 청년 : 식민지에서 주(州)로(*Le jeune*

Algerien: De la colonie vers la province)』라는 제목의 책은 알제리에서의 프랑스 식민주의를 개화된 프랑스 공화주의로 대체할 것을 촉구하는 유려한 탄원서였다.

지난 한 세기는 눈물과 피로 얼룩진 세기였다. 그리고 무엇보다 울부짖으며 피를 흘린 이들은 다름 아닌 우리 원주민들이었다……100주년 기념 축전은 단지 고통스러운 과거를 어설프게 상기시켰을 뿐이고, 가난한 사람들 면전에서 부를 과시한 것에 지나지 않았다……새로운 세기에도 이 나라의 다양한 구성원들에게 동등한 사회적 지위가 보장되지 않고 약자들에게 자신들의 처지를 향상시킬 수 있는 수단이 제공되지 않는다면, 인종 간의 이해는 단지 빈말에 지나지 않게 될 것이다.[35]

시디 페루쉬에서 열린 100주년 기념식에서 "우리를 더욱더 고양시켜 당신들의 수준에까지 이르게 해 주십시오"라고 호소하던 무슬림 명사들의 목소리가 아바스의 글에서도 들린다. 하지만 아바스는 더욱 당당하게 이러한 요구를 하고 나섰다.

아바스는 알제리인들이 전시에 세훈 공로 덕분에 시민권을 획득한 것이라고 주장했다. 알제리에 징병제가 처음 도입된 1913년 이후, 프랑스는 알제리 원주민들에게 무거운 짐을 지웠다. 20만 명 이상의 알제리 무슬림들이 제1차 세계대전 동안 징병되었고, 많은 사람들이 다시 돌아오지 못했다. 전쟁에서 사망한 알제리인의 수는 2만5,000명에서 8만 명 사이로 추정된다. 부상자의 수는 더 많았다.[36]

전쟁 이후에도 알제리인들은 프랑스군에 징집되었다. 아바스는 병역을 마친 1922년에 시민권을 획득했다고 주장했다. 프랑스는 군 복무에 있어서 인종과 종교로 병사를 구분하지 않았고, 법적으로도 그래서는 안 된다고 그는 주장했다. "우리는 무슬림이자 프랑스인이다." "우리는 원주민이자 프랑스인이다. 이곳 알제리에는 유럽인과 원주민이 있지만, 프랑스인만이 존재할 뿐이다."[37] 그러나 알제리 원주민들은 식민지 사회와 그 법에 의해서 자국에서 하층 계급으로 취급되었다. "원주민들이 고국의 거리나 카페에서 그리고 사소한 거래 가운데 매일 겪는 이 일상적인 모욕에 대해서 무엇을 더 말할 수 있겠는가? 이발사는 그의 면전에서 문을 닫아버리고, 호텔은 그를 방에 들이려고 하지 않는다."[38]

아바스는 특히 무슬림에게 일신상의 지위를 포기하도록 요구하는 프랑스 귀화법에 대해서 비판적이었다. "왜 알제리인은 귀화해야만 하는가? 프랑스인이 되기 위해서? 알제리가 프랑스 영토로 선언되었을 때, 그는 이미 프랑스인이 되었다." 알제리의 프랑스 통치자들에 대해서 쓰면서 그는 다음과 같이 수사적인 질문을 던졌다. "그들은 이 나라를 더 나은 수준으로 이끌기를 원하는 것인가? 아니면 분할해 통치하기를 원하는 것인가?" 아바스에게 답은 자명했다. "진정으로 알제리 무슬림들을 더 나은 문명으로 안내하고 싶다면 동일한 법이 모두에게 적용되는 것이 필요하다."[39] 그렇지만 그는 프랑스 시민들처럼 권리를 침해받지 않으면서도, 신앙을 고수하고 자신들의 언어 ─ 아랍어 ─ 로 교육받을 알제리인들의 문화적 권리는 절대 포기하지 않았다.

아바스가 완전한 시민권을 처음으로 요구한 사람은 아니었다. 청년 알제리 운동은 1900년대 초부터 이러한 개혁을 역설해왔다. 그리고 그가 모든 알제리인들을 대변한 것도 아니었다. 압드 알 함디 벤 바디스(1889-1940)가 이끌었던 이슬람 개혁 운동은 동화주의(同化主義)에 관한 아바스의 생각을 즉각 거부했다. 아바스와 벤 바디스 간의 의견 차이는 1936년에 주고받은 논설에 잘 드러나 있다. 그 당시 페르하트 아바스는 알제리 국가 같은 것은 존재하지 않는다는 유명한 말을 남겼다. "조국으로서의 알제리는 신화이다. 나는 그것을 발견하지 못했다. 나는 역사에 물었고 죽은 자와 산 자에게 물었다. 또한 묘역도 방문했다. 그러나 어느 누구도 나에게 그것에 대해서 말해주지 않았다." 알제리는 프랑스이고 알제리인은 프랑스인이라고 그는 주장했다. 실제로, 미사여구에 도취된 아바스는 "나 자신이 프랑스이다"라고 말했다.[40]

이에 "절대, 아니다!"라고 벤 바디스가 받아쳤다.

우리는 역사의 장면 장면과 현재 상황을 세심히 조사했다. 그 결과 알제리 이슬람 국가를 발견했다……이 공동체는 위대한 업적으로 가득찬 역사를 가지고 있다. 또한 종교와 언어적 통일성을 가지고 있으며 다른 모든 나라들처럼 좋든 나쁘든 고유의 문화와 풍습, 관습을 가지고 있다. 또한 이 알제리 이슬람 국가는 프랑스가 아니다. 프랑스가 되는 법을 알지 못할 뿐만 아니라 프랑스가 되고 싶어하지도 않는다. 원한다고 프랑스가 될 수도 없지만.

그러나 벤 바디스 역시 아바스가 그러했던 것처럼 알제리의 독립을 주장하지는 않았다. 아바스가 프랑스인과 평등해지기를 원했다면 벤 바디스는 알제리 무슬림이 프랑스인과는 "별개이나 동등해지기"를 원했다. 프랑스가 알제리 원주민들 고유의 문화와 아랍어, 이슬람 신앙을 존중하는 가운데 자신들에게 자유와 정의, 평등을 보장하기를 요구했던 것이다. 벤 바디스는 "이 알제리 이슬람 국가는 프랑스의 신의 있는 친구"라고 주장하며 글을 마무리 지었다.[41] 이처럼 세속적인 동화주의자와 이슬람 개혁가 간의 차이는 별반 없었다.

역설적이게도 알제리의 완전한 독립을 요구한 유일한 활동가는 프랑스로 이주한 노동자 공동체의 일원들이었다. 프랑스에 거주하던 10만 명의 강인한 알제리 노동자들 사이에서 정치적으로 각성한 소수의 사람들이 공산당을 통해서 민족주의에 눈을 뜨게 되었던 것이다. 그들의 지도자는 1926년에 노동자들의 민족주의 연합인 북아프리카의 별(L'Étoile Nord-Africaine)을 창설한 메살리 하즈(1898-1974)였다. 메살리는 새로운 조직 프로그램을 1927년 2월에 브뤼셀에서 개최된 식민 억압에 반대하는 연맹 회의(Congress of the League against Colonial Oppression)에 제출했다. 요구 사항에는 알제리의 독립과 프랑스 점령군의 철수, 국군의 창설, 정착민들로부터의 플랜테이션 농장의 몰수 및 원주민 농민들에게로의 농지의 재분배, 알제리 독립을 위한 다수의 사회 및 경제 개혁 등이 있었다.[42] 민족주의 연합의 요구 사항들은 너무도 지당했지만 그 당시로서는 비현실적인 생각이었기 때문에 국내에서나 해외에서나 알제리인들의 지지를 거의 받지 못했다.

1930년대의 알제리 정치 활동가들 중에서 페르하트 아바스가 가장 영향력이 컸다. 그의 글은 알제리의 식자층과 프랑스의 정책 입안자들 모두에게 널리 읽혔다. "당신의 책을 매우 흥미롭게 읽었소." 알제리의 전 총독이었던 모리스 비올렛은 1931년에 아바스에게 다음과 같은 글을 썼다. "나라면 그런 식으로 쓰지 않았을 거요. 일부 내용은 유감이었지만, 상당히 실질적인 자극을 받은 것도 사실이오……당신이 마음의 평정을 잃지 않는 것이 얼마나 힘든지 알았고 충분히 이해하오." 거들먹거리는 어조였지만 아바스는 개의치 않았음이 분명하다(책의 표지에 위의 인용문을 찬사의 말로 사용했다). 아바스는 비올렛을 통해서 자신의 주장이 프랑스 정부의 고위층 안에서 논의될 것을 예상하고 있었던 것이다.

모리스 비올렛은 알제리 총독으로서의 임기를 마치고 파리로 돌아간 후에 영향력이 더 커졌다. 프랑스 상원에 지명된 그는 1935년 3월에 프랑스의 문화 및 가치에 동화된 — 프랑스어로는 "évolués"라고 언급되었다 — 정도에 따라 선별된 알제리인들에게 시민권을 부여하자는 주장을 폈다. "한층 더 진화된"이라는 의미의 "évolués"는 알제리인들이 "우월한" 가치를 위해서 아랍 문화를 포기함으로써 저급한 문명 수준에서 더 나은 고급 문명으로 나아갈 수 있다고 생각하는 전형적인 사회진화론적 표현이었다. 이러한 "문명화 사역"은 프랑스의 제국주의적 기획을 정당화하는 근거의 하나였다. "문명화 사역"이라는 이상을 내세우며 비올렛은 상원 의원들 앞에서 진보적인 무슬림 알제리인들에게 투표권을 부여하면 민족주의 운동을 사전에 방지하고 동화도 촉진시킬 수 있다고 주장했다.

그러나 프랑스의 식민지 압력단체(정착민 대표들과 그들의 파리 지지자들을 포함하는)의 거센 반발로 비올렛의 1935년 발의안은 폐기되었다. 비록 선별된 일부 알제리인에게일지라도, 완전한 시민권 부여는 선거권 확대로 이어져서 결국 알제리에 대한 프랑스의 지배를 약화시키게 될 것이라는 우려가 제기되었기 때문이다.

1936년에 레옹 블룸이 이끄는 사회주의 인민전선 정부의 각료로 임명된 비올렛은 논란이 되었던 자신의 주장을 좀더 우호적인 분위기 속에서 발언할 기회를 가지게 되었다. 인민전선이 프랑스와 식민지 간의 완전히 새로운 관계 형성에 대해서 이야기했기 때문에, 알제리의 정치 엘리트들은 비올렛이 그들의 주장을 적극 지지할 것이라고 생각했다. 벤 바디스를 필두로 한 이슬람 개혁가들은 페르하트 아바스의 동화 정책 주의자들과 힘을 합치기로 결정했다. 그들은 1936년 6월에 알제에서 열린 제1회 알제리 무슬림 회의에서 만나서, 무슬림으로서의 공민적 지위를 포기하지 않아도 선별된 일부 친프랑스적인 알제리인들에게 완전한 시민권을 부여하자는 모리스 비올렛의 제안을 공개적으로 지지했다. 그러고 나서 회의는 프랑스 정부에게 자신들의 정치적 요구사항을 제출할 대표단을 파리에 파견했다. 대표단을 맞은 블룸과 비올렛은 알제리인들의 요구 사항을 대부분 들어주겠다고 약속했다.

1936년 12월 말경에 블룸과 비올렛은 알제리에 관한 법안을 작성해서 의회에 제출했다. 그들은 블룸-비올렛 법안이야말로 알제리의 정치, 경제 엘리트들의 협조를 통해서 이 나라에서의 프랑스의 입지를 굳건하게 지켜줄 개화된 법이라고 생각했다. "그렇게 많은 정부들이 엄숙한 수많은 약속들을 해왔고, 특히 100주년(1930년)을 맞이한 지금 알제리의 도덕적 건강 상태에 매우 큰 영향을 끼칠 동화라는 긴요한 임무의 시급성을 우리는 마땅히 깨달아야 한다"라고 법안의 전문은 밝혔다.[43]

법안은 시민권을 받을 자격이 있는 알제리 원주민 무슬림의 범주를 명시했다. 프랑스군에서 장교 또는 직업 군인으로서 복무하거나 무용훈장을 받은 군인부터 시작하여 9개의 그룹으로 분류했다. 경쟁시험을 통해 고용된 공무원은 물론이고, 프랑스 또는 이슬람 학교에서 고등교육을 수료한 알제리인도 적합자에 포함되었다. 상업 또는 농업 회의소 혹은 재정, 시, 지역 자문회의 행정직에 선출된 원주민도 아가(agha)나 카이드(qa'id)와 같은 전통적인 관직을 가지고 있는 명사들과 더불어 적합자로 분류되었다. 마지막으로 레지옹 도뇌르나 노동 메달과 같은 프랑스 훈장을 받은 알제리인이라면 누구를 막론하고 완전한 참정권을 부여받을 자격이 있었다. 전부 다 합쳐서 전체 인구 450만 명 중에서 겨우 2만5,000명의 알제리인만이 블룸-비올렛 법안의 조건에 따라서 시민권 자격을 획득했다.

법안이 적용되는 대상이 매우 제한적이었고 알제리에 대한 프랑스의 지배를 영구화하기 위한 입안자들의 명백한 의도에도 불구하고 블룸-비올렛 개혁을 반대하는 목소리는 놀랍게도 엄청났다. 법안을 표결에 부치는 것은 물론이고 논의조차 못하도록 하기 위해서 또다시 식민지 압력단체가 행동에 나섰다. 식민지 언론도 법안이 프랑스의 이슬람화와 프랑스 알제리의 종언을 가져올 것이라며 맹공격을 퍼부었다.

프랑스 의회에서 벌어진 논쟁은 법안 찬성자와 반대자 간에 발생한 알제리 거리에서의 소요로 이어졌다. 알제리 원주민들은 시민권을 요구하기 위해서 대규모의 항의와 시위를 벌이며 거리로 나섰다. 하지만 알제리인들의 시위는 블룸 정부의 재앙적인 정책이 문제를 야기할 것이라고 주장하던 보수주의자들과 식민지 압력단체의 논거를 강화시켜줄 뿐이었다. 알제리의 프랑스인 시장들은 선출된 알제리 정치인들이 그랬던 것처럼 항의의 표시로 파업에 들어갔고, 그 사이 법안은 의회 회의장에는 들어가보지도 못한 채 여러 의회 위원회들을 떠돌게 되었다. 결국 식민지 압력단체가 승리를 거두었다. 블룸-비올렛 법안은 프랑스 하원에서 논의도 못 해보고 1938년에 폐기되었다.

100주년은 이렇게 끝이 났다. 수많은 엄숙한 약속에도 불구하고 프랑스 정부는 끝내 동화라는 긴급한 책무를 인정하려 하지 않았다. 블룸 정부의 약속 이행 실패로 한껏 부풀어오른 기대들이 산산이 부서졌을 때, 알제리의 엘리트들이 느꼈을 깊은 환멸감을 정확히 담아내기란 쉽지 않다. 하지만 이때부터 알제리 저항운동의 지배적인 동향은 민족주의가 되었다. 프랑스는 알제리에서 또다른 100주년을 맞을 수 없었다. 16년도 지나지 않아서 두 나라는 전쟁에 돌입했다.

***

레옹 블룸의 인민전선 정부는 프랑스와 시리아 및 레바논 위임통치국 간의 갈등도 해소할 수 있기를 희망했다. 수년간 계속된 저항과 그 중간중간에 이루어진 성과 없는 협상들을 뒤로 하고 베이루트와 다마스쿠스의 민족주의자들은 파리 정부의 이러한 변화에 다시금 큰 기대를 걸었다. 1936년은 아랍 독립은 확대되고 제국의 통제는 줄어드는 새로운 시대의 도래를 알리는 것 같았다. 1930년에 이라크의 독립을 허용했던 영국은 1936년에는 이집트와도 유사한 협정을 체결하려는 참이었다. 따라서 시리아와 레바논의 민족주의자들은 당연히 제국 문제에 있어서 진보적인 시각을 가진 인민전선 정부가 이집트 및 이라크의 선례를 따라서 명목상이나마 주권국가로서 국제연맹에 가입할 수 있도록 자신들과도 조약을 체결할 것이라고 기대했다.

1925-1927년의 반란 직후 시리아의 민족주의자들은 "고결한 협력"으로 알려진 정책을 펴며 비폭력과 협상을 통한 민족해방 정치를 추구했다. 시리아의 독립 달성이라는 공동의 목표를 추구하는 정당과 파벌들이 연대하여 부유한 도시 명사들이 이끄는 국가연합(National Bloc)을 구성했다. 1930년에 이라크가 명목상이나마 독립을 성취하자, 그들의 노력도 배가되었다. 그러나 프랑스의 보수적인 식민지 압력단체의 지속적인 반대로 인해서, 국가연합은 협력을 통해서는 어떤 성과도 이룰 수 없었다. 1933년 11월에 프랑스가 제안한 첫 조약은 독립 부여와는 한참 거리가 있었기 때문에 시리아 의회에 의해서 거부되었다. 이렇게 고결한 협력은 체계적인 저항으로 바뀌기 시작했고, 1936년 초에 시리아의 민족주의자들이 50일간의 총파업을 촉구하면서 저항은 그 정점에 이르렀다.

레옹 블룸의 인민전선 정부는 시리아 민족주의자들의 요구에 호의적이었을 뿐만 아니라 문제의 위임통치령에 평화와 안정을 복구하는 일을 무엇보다도 우선시 하는 듯이 보였다. 정권을 장악하자마자 블룸 정부는 1936년 6월에 시리아의 국가연합과 새로운 협상에 들어갔다. 프랑스의 협상가들이 민족주의자들의 요구의 대부분을 수용했기 때문에 양측은 빠른 속도로 협상을 진행할 수 있었다. 1936년 9월에 프랑스와 시리아 협상가들 간에 체결된 우대 동맹 조약의 초안이 비준을 받기 위해서 각 의회에 제출되었다. 시리아는 독립이 임박했다고 생각했다.

시리아의 이러한 성공을 지켜보면서 레바논도 자신들에게 독립을 부여하는 유사한 조약의 초안을 마련해달라고 프랑스를 압박했다. 협상이 1936년 10월에 열렸다. 시리아의 문건을 모델로 하여, 프랑스-레바논 조약 초안이 25일 만에 마련되었고, 파리와 베이루트의 의회에 승인을 받기 위해서 제출되었다.

베이루트와 다마스쿠스에서 비준이 쉽게 이루어진 것에서도 알 수 있듯이, 시리아와 레바논의 민족주의자들은 새로운 조약의 조건에 매우 흡족해했다. 레바논 의회는 11월에 그리고 시리아 의회는 1936년 12월 말에 조약을 승인했고, 양국에서 모두 만장일치로 통과되었다. 그러나 블룸-비올렛 법안 때와 마찬가지로 파리의 식민지 압력단체는, 1937년 6월에 블룸 정부가 실각할 때까지 프랑스 의회에서 시리아 및 레바논과 체결한 1936년의 조약에 관해서 어떤 논의나 표결도 이루어지지 못하도록 저지하는 데에 성공했다. 독립을 향한 레바논과 시리아의 희망은 블룸 정부와 함께 산산이 부서졌다.

1939년에 유럽에 전쟁의 그림자가 드리우자 프랑스 의회는 조약 비준을 거부했다. 설상가상으로 프랑스의 식민 당국은 곧 닥칠 전쟁에서 터키가 중립을 지키도록 만들기 위해서, 터키인 인구가 전체의 38퍼센트를 차지하고 있는 북서 시리아의 알렉산드레타를 오랫동안 이 지역에 대한 권리를 주장해온 터키에게 양도하는 조치를 취했다. 분노한 시리아의 민족주의자들은 대규모 집회와 시위를 조직했으나, 프랑스 당국의 대대적인 탄압으로 시리아 헌법은 중지되었고 의회는 해산되었다.

1940년 5월에 나치 독일에게 나라를 점령당하고 정부마저 전복당한 프랑스는 두 레반트 위임통치국들과 크게 충돌하기 일보 직전이었다. 리프 전쟁이 한창일 때 모로코의 리요테를 대신했던 바로 그 "베르됭의 영웅" 필리프 페탱 원수가 이끄는 프랑스의 부역 정부— 비시 정권— 가 수립되었다. 새로운 정권 아래 시리아와 레바논은 비시 정부의 고등판무관 앙리 당스 장군에 의해 통치되었다.

이미 이집트와 이라크, 팔레스타인의 아랍 민족주의자들의 친추축국적인 성향으로 인해서 골치를 앓고 있던 영국은 시리아와 레바논의 비시 행정부를 적국으로 간주했다. 1941년 5월에 고등판무관 당스가 독일에게 시리아의 공군기지 사용을 제안하자, 영국은 재빠르게 개입에 나섰다. 샤를 드 골 장군이 이끄는 반(反)비시 자유 프랑스 공군과 연합하여 영국은 1941년 6-7월에 시리아와 레바논을 점령했다.

영국의 시리아 점령과 함께 자유 프랑스는 시리아와 레바논에게 완전한 독립을 약속했다. 영-프 침공 직후에 낭독된 선언문에서 드 골 장군을 대신하여 연설한 조르주 카트루 장군은 다음과 같이 선포했다. "나는 위임통치 정권을 종식시키고, 당신들에게 자유와 독립을 선포하기 위해서 왔다."[44] 시리아와 레바논의 독립을 언명한 프랑스의 선언은 영국의 정부에 의해서 보장되었다. 하지만 시리아와 레바논의 민족주의자들이 축포를 터뜨리기에는 아직 시기상조였다. 전쟁이 끝났지만 자유 프랑스가 제국 유지에 대한 희망을 버리지 않았기 때문이다. 독립을 위하여, 시리아와 레바논은 프랑스의 거센 반대에 맞서서 힘겨운 싸움을 벌어야만 했다.

자유 프랑스가 위임통치의 종식을 선언하자마자, 레바논은 독립을 위한 준비를 시작했다. 각 종교 공동체의 민족주의 지도자들은 국민협약(National Pact)으로 알려진, 구두협약 형태의 권력분담 협정을 1943년에 체결했다. 레바논인들은 모든 공동체의 정치 수장들이 증인이 된 이 국민협약을 지지했기 때문에, 그 규정들을 공식 문서로 남길 필요성조차 느끼지 않았다. 협약의 규정에 따라서 이제부터 레바논의 대통령은 마론파 기독교도가, 총리는 수니 무슬림이, 국회의장은 시아 무슬림이 맡게 되었다. 다른 주요 각료직은 드루즈인과 그리스정교도, 그밖의 종교 공동체들 사이에서 분배되었다. 의회의 의석은 무슬림 의원과 기독교도 의원 사이에서 5대 6의 비율로 분배되었다(이러한 취지로 수니와 시아, 드루즈인은 모두 무슬림으로 간주되었다).

국민협약은 레바논의 종파 간의 갈등을 해소하고 모두에게 국가 정치기구에 대한 지분을 보장하는 듯 보였다. 그러나 프랑스가 옹호해온 "신조주의" 원칙을 그대로 내포하고 있는 이 협약은 종교 공동체를 기반으로 관직을 엄격하게 분배함으로써, 오히려 레바논의 정치 발전을 저해하고 국가의 진정한 통합을 방해했다. 이러한 방식으로 프랑스는 레바논에 대한 지배가 종식된 이후에도 오랫동안 존속하게 될 분열의 유산을 남겼다.

레바논의 명사들은 정치적 이견이 해소되자, 1943년에 새로운 의회 선거를 요청했다. 국가의 헌법에 의거하여 55명의 새로운 의원이 대통령 선출을 위해서 모였고, 1943년 9월 21일에 그들은 독립한 레바논의 첫 대통령으로 변호사이자 민족주의자인 비샤라 알 쿠리를 선택했다.

알 쿠리는 한때 구로 장군을 자문했었고 레바논에 대한 프랑스의 위임통치를 일찍이 비판했던 바로 그 변호사이다. 그는 뜻을 같이하면 정치인들과 함께 프랑스의 위임통치를 프랑스-레바논 조약으로 대체하고자, 입헌협회(Constitutional Bloc)를 결성한 1934년부터 전국적으로 유명해졌다. 그후로도 그는 프랑스의 레바논 지배를 종식시키기 위해서 쉬지 않고 일했다. 알 쿠리가 대통령으로 지명되었을 때 의원들은 커다란 박수갈채를 보냈고, 흰 비둘기들을 의회 안에서 날려 보냈다. "최종적인 결과가 공표되고, 연설을 하기 위해서 연단에 올랐을 때 밖에서 들려오는 축포 소리와 함성으로 내 목소리는 거의 들리지 않았다. 그럼에도 나는 어떻게 우리가 아랍 국가들과 협력하여 레바논의 고립을 종식시킬 것인지에 관한 내 생각을 밝혔다"라고 알 쿠리는 회상했다.[45]

레바논인들은 완전한 독립을 달성했다고 생각했고, 프랑스로부터 어떤 저항이 있을 것이라고는 전혀 예상하지 못했다. 자유 프랑스는 위임통치 종식을 약속했고 비시 정권은 영국에 의해서 레반트에서 우격다짐으로 쫓겨났다. 레바논 의회는 독립을 확고히 하기 위해서 헌법을 수정하여 프랑스로부터 특권적인 역할이나 레바논 문제에 간섭할 수 있는 권한을 박탈하고자 했다. 그러나 1943년 11월 9일의 레바논 의회 일정의 의제를 알게 된 자유 프랑스 당국은 알 쿠리와의 면담을 요청했다. 그들은 드 골 장군이 프랑스-레바논

관계를 재정의하려는 어떠한 일방적인 조치도 용인하지 않을 것이라고 레바논 대통령에게 경고했다. 긴장감이 흐르던 이 만남은 양측의 이견이 해소되지 못한 채로 끝났다.

레바논인들은 프랑스의 경고에 개의치 않았다. 레바논인들은 자유 프랑스를, 영국이 보장한 바 있는 독립에 대한 자신들의 합법적인 요구를 저지할 힘이 없는 분열된 망명 정부라고 생각했다. 모임을 가진 레바논 의원들은 상당히 구체적으로 명시되어 있는 지금의 공인된 국경 내에서의 "완전한 주권"을 단언하기 위해서 레바논의 국경을 "프랑스 공화국 정부가 공식적으로 인정한 국경"으로 정의한 헌법 제1조를 개정했다. 그들은 아랍어를 유일한 공식적인 국가 언어로 지정하고, 프랑스어는 종속적인 지위로 격하시켰다. 또한 의회의 동의하에 외국과의 협정을 체결할 수 있는 모든 권한을 프랑스 정부가 아닌 레바논의 대통령에게 부여했다. 국제연맹에 의해서 프랑스에게 양도된 모든 권한과 특권도 공식적으로 헌법에서 삭제되었다. 최종적으로 의원들은 국기를 규정한 헌법 제5조를 수정하기로 결의했다. 지금도 레바논 국기의 중앙을 장식하고 있는 국가의 상징인 삼나무와 빨강, 흰색, 빨강의 가로무늬가 프랑스의 삼색기를 대체했다. 이로써 법적으로나 상징적으로나 레바논은 주권 국가임이 천명되었다. 물론 이러한 새로운 질서에 대한 프랑스의 동의를 구하는 문제가 남아 있기는 했지만 말이다.

프랑스 당국은 레바논의 헌법 수정에 대해서 신속하고 단호하게 대응했다. 대통령 알 쿠리는 자택으로 쳐들어온 프랑스 해군 병사들 때문에 11월 11일 이른 아침 시간에 기상해야만 했다. 처음에는 자신을 암살하러 온 변절자들일 것이라고 생각한 알 쿠리는 이웃에 경찰을 부르라고 외쳤지만, 그 누구도 답하지 않았다. 아들을 붙든 채 권총으로 무장한 프랑스 해군 대령이 그의 방문을 홱 하고 열었다. "나는 당신에게 해를 끼치고 싶지 않습니다. 하지만 당신을 체포하라는 고등판무관의 명령을 수행해야 합니다"라고 그는 말했다.

"나는 독립 공화국의 대통령이오. 고등판무관은 나에게 명령을 내릴 어떤 권한도 없소"라고 알 쿠리는 답했다.

"당신에게 명령문을 읽어드리겠습니다"라고 해군 대령은 답했다. 그리고 그는 위임통치에 맞선 음모 혐의로 알 쿠리를 기소한다는 내용을 타자기로 친 진술문을 읽어주었다. 장교는 그 명령문을 알 쿠리에게 건네지도 않고 짐을 챙기라고 10분을 겨우 주었다. "완전 무장한" 군인들에게 둘러싸인 알 쿠리는 그 병사들이 레바논인임을 알아채고는 더욱 심란해졌다. 프랑스인들은 알 쿠리를 자동차에 태워서 남부의 소도시 라사야 요새로 데리고 갔다. 가는 길에 총리 리야드 알 솔흐와 내각의 다른 주요 일원들을 태운 자동차들도 합류했다. 그날 오후에 레바논 정부의 여섯 요인이 라사야에 수감되었다.

체포 소식이 퍼지면서 폭력적인 시위가 베이루트에서 발생했다. 알 쿠리의 부인도 시위자들과 함께하며 남편과 레바논 정부에 행해진 불의에 항의하는 사람들과 연대했다. 레바논인들은 1941년 7월 당시에 자유 프랑스가 선언한 레바논의 독립을 보장했던 영국에게 호소했다. 영국은 프랑스에게 대통령 알 쿠리와 다른 레바논 정치인들을 석방하라며 개입했다. 그 결과 수정된 레바논 헌법은 지켜졌지만, 프랑스는 방위군에 대한 통제권을 손에 쥔 채 레반트 위임통치국에 대한 미련을 버리지 못했다. 레바논 정부는 이후 3년 동안 프랑스와 줄다리기를 계속하며 군대와 경찰력에 대한 지휘권을 장악하기 위해서 싸워야만 했다.[46]

1941년 7월에 자유 프랑스의 선언이 있었지만 시리아가 독립을 달성할 가능성은 레바논보다도 더 낮았다. 다마스쿠스의 자유 프랑스 당국은 시리아의 정치 지도부에게 프랑스의 이해관계를 확실히 보장하는 새로운 일련의 조약들이 체결될 때까지 시리아나 레바논에 독립을 용인할 의향이 없다는 것을 분명히 했다. 국가연합은 독립 요구를 관철시키기 위하여 프랑스와의 대격돌에 대비한 전시체제에 들어가야만 했다.

국가연합의 총수는 저명한 지주 가문 출신의 부유한 다마스쿠스 사람인 슈크리 알 쿠와틀리였다. 민족주의 활동으로 프랑스에 의해서 1927년에 추방되었던 알 쿠와틀리는 귀환 후 1942년 9월에 국가연합의 총수가 되었다.

1943년에 시리아에서 시행된 의회 선거에서 국가연합이 절대 다수의 의석을 차지하여 총수가 대통령으로 선출되었다. 시리아가 독립을 획득할 때까지 자유 프랑스로 하여금 더욱 많은 권한을 자신들에게 양도하도록 설득할 수 있기를 희망하며 국가연합 정부는 프랑스에게 유화적인 정책을 취했다. 그러나 레바논에서와 마찬가지로 프랑스는 국가방위군 — 시리아 군단으로 알려진 국민군 — 과 치안 부대에 대한 통제권을 양도할 생각이 전혀 없었다.

시리아의 알 쿠와틀리 정부는 프랑스에 맞서고 있는 자신들의 입장에 대한 국제적인 지지를 호소하며, 레바논의 알 쿠리 정부와 적극 협력했다. 대규모의 반프랑스 시위가 1944년 겨울과 1945년 봄에 열렸다. 시리아 정부가 협정에 서명할 때까지 시리아의 국민군에 대한 지휘권을 양도하지 않을 것이라고 프랑스가 선언하자 시리아와 레바논 정부는 더 이상의 협상을 거부했다.

프랑스의 비타협적인 태도로 인하여 1945년 5월에 시리아 전역으로 시위와 반프랑스 저항운동이 확산되었다. 다마스쿠스는 민족 정치의 본거지이자 저항의 중심지로 부상했다. 통제할 수 있는 범위를 벗어나서 이제는 빠르게 악화되고 있는 이 상황을 관리할 병력이 충분하지 않았던 프랑스는 파괴적인 무력을 동원하여 정부를 해산하고 시민들을 포격하여 굴복시키려고 했다.

프랑스의 첫 공격 대상은 시리아 정부 그 자체였다. 국가연합의 일원이었던 칼리드 알 아즘은 1943년에 의회에 선출된 후 재무장관에 임명되었다. 1945년 5월 29일 저녁에 그는 다마스쿠스의 도심지에 자리한 정부관사에서 여러 의원들과 이 위기 상황을 논의하고 있었다. 오후 6시에 첫 포격 소리가 들렸다.[47] 알 아즘과 그의 동료들은 위기를 고조시키며 가혹한 포격에 나선 프랑스의 행동에 소름이 끼쳤다. 도움을 청하고자 했으나 관청의 모든 전화선이 작동하지 않았다. 알 아즘은 사환으로부터 의회 건물이 이미 습격을 당해서 프랑스군에게 점령되었고, 그곳의 모든 경호원들이 살해되었다는 보고를 받았다. 의회를 접수한 프랑스 군인들은 곧바로 정부관사 주변에 진지를 구축했다. 건물에 사격을 개시한 그들은 창문들을 산산조각 냈다.

프랑스가 다마스쿠스에 공급되는 전원을 차단하면서 어두워진 도시로 밤이 엄습했다. 정부관사의 정치인들과 경호원들이 다 함께 탁자와 의자로 건물 입구에 바리케이드를 쳤지만 프랑스 군인들의 진입을 막기에는 역부족이었다. 자정 전, 프랑스가 건물을 점령할 계획이라는 제보를 받은 알 아즘과 동료들은 뒤쪽의 창문을 통해서 몰래 빠져나갔다. 그들은 프랑스군을 피해서 도시의 뒷골목을 지나 다마스쿠스의 구시가지 중심에 있는 알 아즘의 대저택으로 피신했다. 커다란 안뜰은 곧 100명이 넘는 피신자들 — 장관과 의원, 경호원들— 로 가득 찼다. 프랑스는 자신들이 감시하고 있던 알 아즘의 전화를 사용한 자밀 마르담 총리의 어리석은 행동 덕분에 그들의 소재지를 곧 파악할 수 있었다. 소재지를 찾아낸 프랑스는 알 아즘의 이웃집에 포를 조준하고 잔인한 일제 엄호사격을 퍼부었다. 정부의 장관들과 의원들은 그 집에서 가장 안전한 방으로 피신했다. 포격과 공중폭격으로 땅이 발밑에서 흔들렸고, 석고와 돌 파편들이 은신처 안까지 밀려들어왔다. 그들은 도시를 파괴하는 소리를 들으며 공포와 불안 속에서 밤을 지새웠다.

프랑스는 시리아 정부의 항복을 받아내기 위해서 다음 날 공격을 배가했다. 대통령 알 쿠와틀리가 구릉 중턱에 자리 잡은 교외의 살리히야에 차린 사무실로 대부분의 장관들이 합류했다. 알 아즘은 가족과 함께 다마스쿠스에 남아서 도시의 운명과 함께하는 쪽을 선택했다. 프랑스의 공격은 한층 더 가혹해졌다. 도시의 거주지역에 소이탄을 발사하기 시작했고, 그 결과 엄청난 불길이 치솟았다. "주민들 사이에 공포가 확산되었고 전 지역이 화염으로 파괴되지 않을까 우려했다"라고 알 아즘은 회상했다. "포탄이 계속해서 떨어졌지만 진화에 나서거나 또는 그럴 수 있는 소방대가 전혀 없었다. 프랑스 병사들이 진화를 하도록 허용하지 않았기 때문이었다." 일제 포격 아래 또 하루를 보낸 알 아즘은 결국 집을 버리고 가족과 함께 슈크리 알 쿠와틀리와 다른 정부 요인들이 있는, 상대적으로 안전한 교외 지역으로 피신하기로 결정했다.

살리히야의 안전한 집에서 대통령 알 쿠와틀리는 영국 관료들에게 개입을 호소했다. 1941년에 영국이 시리아의 독립을 보장한 사실을 언급하며 다마스쿠스에 대한 포격 중단을 위해서 공식적으로 프랑스와의 중재에 나서달라고 영국에게 요청한 것이다. 시리아 대통령의 호소로 프랑스의 제국 문제에 관여할 수 있는 합법적인 근거가 생긴 영국은 전시 동맹국에게 공격을 중단하라고 설득했다. 프랑스의 화기가 멈출 때까지 400명이 넘는 시리아인들이 죽임을 당했고, 수백 채의 개인 주택이 파괴되었으며, 시리아 의회가 쓰던 건물은 잔혹한 공격으로 산산조각이 났다. 이와 같이 레반트에서 제국을 유지하려는 프랑스의 절박한 몸부림은 실패로 돌아갔다. 그 무엇도 오래 전부터 완전한 독립을 요구해온 분노에 찬 시리아인들을 타협하도록 설득할 수 없었던 것이다.

1945년 7월에 프랑스는 결국 패배를 인정하고 군과 경찰 부대에 대한 지휘권을 시리아와 레바논의 독립 정부에게 양도하는 데에 동의했다. 프랑스가 양국에게 조약을 강제할 수 있는 가능성은 전혀 없었다. 1945년 10월 24일에 국제 사회는 시리아와 레바논의 독립을 인정하고 프랑스와 동등한 자격으로 두 아랍 국가를 국제연합의 창립 멤버로 받아들였다. 이제 남은 모든 것은 프랑스가 레반트에서 자국의 군대를 철수시키는 것뿐이었다. 프랑스군은 1946년 봄에 시리아에서 철수했고, 그해 8월에는 베이루트에서 귀국선에 올랐다.

　그 당시 젊은이였던 다마스쿠스의 언론인 시함 테르게만은 마지막 프랑스 군인이 1946년 4월에 수도에서 철수한 "소개(疏開)의 밤"에 다마스쿠스에서 벌어진 축제를 또렷이 기억했다. 그녀는 진정한 독립을 맞은 첫날밤을 "자유의 결혼식"으로 묘사하며 환희에 찬 도시 다마스쿠스를 결혼식장의 "행복한 매력적인 신부"에 빗댔다. "손님들이 크고 작은 마차와 자동차를 타고 도착했고, 횃불이 도시의 모든 지붕과 호텔, 보도, 전신주, 마르제 정원, 히자즈 철로의 기둥, 바라다 강의 철책, 모든 주요 도로와 교차로를 밝혔다." 테르게만과 그녀의 가족들도 밤새 축하했고 가수들과 음악가들이 중앙의 마르제 광장에 모인 군중들의 흥을 돋우었다. "그리고 시리아의 독립 결혼식은 새벽녘까지 계속되었다"라고 그녀는 회상했다.[48]

시리아의 기쁨만큼이나 위임통치 종식에 따른 프랑스의 비통함도 컸다. 프랑스는 여전히 북아프리카에 아랍 영토를 보유하고 있었지만, 동부 지중해에 대한 영향력 상실은 매우 유감스러운 일이었다. 베이루트와 다마스쿠스에서 26년을 보냈지만, 프랑스는 자신들의 노력을 입증할 만한 어떤 성과도 거두지 못했다. 게다가 프랑스는 전시 동맹국이자 숙적인 영국이 레반트 국가들을 자신들의 영향권 안으로 끌어들이기 위해서 시리아와 레바논을 돕는 것이 아닌지 의심스러웠다. 설령 그러했을지 몰라도 1946년 당시 영국은 중동에서 상당한 압박을 받고 있었고 물러서야 할 처지였다. 실제로 시리아와 레바논에서의 프랑스 문제는 1946년 당시 팔레스타인에서 영국이 직면한 위기와 비교한다면 아무 것도 아니었다.

9

팔레스타인 재앙과 그 결과

1944년 1월, 팔레스타인의 유대인 극단주의자들이 영국에게 선전포고를 했다. "우리의 형제들을 히틀러에게 넘겨준, 에레츠 이스라엘[Eretz Israel, 즉 이스라엘의 땅]의 영국 행정부와 유대 민족 간에 더 이상의 휴전은 없다"라고 지하 저항운동 단체는 선언했다. "우리 민족은 이 정부와 전쟁 중이며 끝까지 싸울 것이다."[1]

팔레스타인에 유대 민족향토를 건설하려는 시오니스트들의 꿈을 실현시켜준 영국 정부와 유대인 정착민들이 전쟁을 하겠다니, 믿기 어려울 것이다. 그러나 제2차 세계대전 동안 영국은 팔레스타인의 유대인 공동체들의 공격에 점점 더 자주 노출되었다. 유대인들의 이민을 엄격하게 제한하고, 1949년까지 다수(아랍인)의 지배 아래 팔레스타인의 독립을 촉구한 1939년의 백서가 시오니스트 지도부를 격분시켰던 것이다.

영국과 나치 독일 사이에 전쟁의 그림자가 드리우자, 다비드 벤 구리온은 마치 애초부터 백서는 없었다는 듯이 파시즘과 싸우는 영국군을 돕겠다고 약속했다. 그러면서도 다른 한편으로는 전쟁은 아랑곳 하지 않고 백서의 내용을 반대했다. 팔레스타인의 시오니스트들 대부분은 벤 구리온의 정책에 협조했고, 내키지는 않지만 독일의 나치 정권과 전쟁 중인 영국을 지원했다. 그러나 급진적인 일부 시오니스트들은 영국을 더 큰 위협세력으로 생각했다. 그들은 팔레스타인으로부터 영국을 추방하겠다는 명확한 목표를 가지고 무장봉기를 시작했다.

최악의 폭력사태를 일으킨 장본인은 유대인 테러 조직인 이르군과 스턴

갱이었다. 이르군(Irgun Zvai Leumi, 국가 군사조직)은 1936-1939년의 아랍 반란 시기에 유대인 정착촌을 공격으로부터 보호하기 위해서 1937년에 결성된 조직이었다. 그러나 영국 의회가 1939년 5월에 백서를 승인하면서 이르군 요원들은 영국을 실질적인 적으로 간주하게 되었다. 이르군은 1940년 6월 적대행위를 중단하기 전까지, 팔레스타인에 있는 영국 관청과 경찰서를 대상으로 지속적인 폭탄테러를 자행했다. 하지만 영국이 독일과의 전쟁에 돌입하자 이르군 지도부는 나치즘과 싸우는 영국에게 협력하기로 한 벤 구리온의 정책을 따르기로 결정했다.

그러나 이견을 가지고 있었던 이르군의 한 분파가 영국에 대한 공격을 계속했다. 히브리어의 머리글자를 따서 레히(Lohamei Herut Yisrael, Lehi, 이스라엘의 자유 전사들)라고 알려진 그들은 서구에서는 지도자 아브라함 스턴의 성(姓)에서 유래한 스턴 갱(Stern Gang)으로 더 잘 알려져 있다. 스턴과 그의 추종자들은 유대 민족은 이스라엘 땅에 대해서 그 누구에게도 양도할 수 없는 권리를 가지고 있으며, 땅을 되찾는 것은— 필요하다면 무력에 의해서라도— 자신들의 의무라고 믿었다. 스턴은 1939년의 백서로 인해서 영국이 불법 점유자 노릇을 하게 되었다고 생각했다. 이에 스턴은 나치 독일과 싸우는 영국과 한편이 되기는커녕 영국에 대항하는 공동전선을 펴기 위해서 나치에 적극적으로 접근했다. 일부 아랍 민족주의자들처럼 스턴도— 나치의 반유대주의에도 불구하고— 영국의 지배로부터 팔레스타인을 해방시키기 위해서 독일과 손을 잡기를 원했던 것이다. 스턴의 생각에 따르면, 나치 독일은 단지 유대 민족의 박해자에 지나지 않지만, 영국은 팔레스타인에 세워질 유대 국가를 부정하는 적이었다.

1940년 말경 스턴은 "독일이 해석하는 유럽의 '신질서'라는 목표와 유대인들의 진정한 민족적 숙원 사이"의 이해관계를 수렴시키기 위한 논의를 위해서, 베이루트에 있는 독일 관료들과 만날 특사를 파견했다. 스턴은 특사를 통해서 독일 정부가 독일에서 팔레스타인으로 무제한적인 유대인 이민을 허용하고 유대인 국가를 인정해준다면, 그 대가로 팔레스타인에서 영국을 몰아내기 위하여 유대인 병력을 동원하겠다는 제안을 했다. 그는 이와 같은 동맹 관계가 공동의 적인 영국에게 동부 지중해에서 결정적인 패배를 안겨줄 것이며, 유럽의 유대인 문제와 유대 민족의 숙원을 모두 해결해줄 것이라고 주장했다.[2]

스턴은 제3제국(히틀러 치하[1933-1945년]의 독일/역주)으로부터 아무런 답변도 받지 못했다. 그는 확실히 나치의 반유대주의적인 집단 학살의 성격을 잘못 판단했던 것이다. 독일에게 그러한 제안을 한 스턴은 유대인 기구(Jewish Agency)와 이르군 모두에게 맹렬한 비난을 받았고, 유대인 기구는 레히 소탕을 돕기 위해서 영국 당국에게 정보를 제공했다. 위임통치 당국은 팔레스타인에서 발생한 그동안의 공격들과 은행 강도 혐의로 스턴 갱을 맹렬하게 추격했다. 1942년 2월 영국 장교들이 텔아비브의 아파트를 습격하여 스턴을 사살했다. 스턴의 죽음으로 지도부가 혼란에 빠지면서 레히는 휴지상태에 들어갔다. 제2차 세계대전이 맹렬한 기세를 떨치던 1942년에서 1944년까지 이슈브(유대인 공동체/역주)와 영국 사이에는 불안한 휴전 상태가 유지되었다.

1943년에 이르군은 영국의 지배에 맞서서 저항운동을 전개하기 위하여 재조직에 나섰다. 이 운동은 메나헴 베긴이라는 활력 있는 새로운 지도자가 이끌었다. 폴란드에서 태어난 베긴(1913-1992)은 1939년 독일의 폴란드 침공으로 그곳을 빠져나오기 전부터 시오니스트 청년운동에 가담했었다. 그는 후에 소련의 폴란드 군단에 자원입대했고, 1942년에 소속 군단이 팔레스타인으로 파병되면서 이르군에 뽑혔다. 조직의 지휘관으로 빠르게 승진한 그는 이츠하크 샤미르를 비롯해서 레히의 새로운 지도부와 접촉했다. 베긴과 샤미르는 팔레스타인에서 테러리스트로서 자신들의 정치 이력을 시작했지만, 두 사람 모두 말년에는 이스라엘의 총리가 되었다. 나치의 죽음의 수용소와 홀로코스트에 대한 소문은 갈수록 무성해졌지만 팔레스타인으로의 유대인 이민이 계속해서 제한되었기 때문에 급진적인 시오니스트 운동 세력과 팔레스타인의 영국 당국 간의 긴장감은 점점 더 고조되었다. 1944년에 이르군과 레히는 애매한 정전 상태에 더 이상 구애받지 않고, 팔레스타인의 영국 당국에 대한 공격을 재개했다.

이르군과 레히는 영국에 맞선 공동 투쟁에서 매우 다른 전법을 사용했다. 베긴의 이르군은 영국의 위임통치기관 및 팔레스타인의 통신시설에 대한 공격을 감행했다. 반면 샤미르의 레히는 영국 관료들을 표적으로 삼은 암살 공격을 단행했다. 레히 요원 두 명이 1944년 11월 6일에 중동 주재 영국 장관 모인 경을 카이로의 자택 바깥에서 암살하면서, 이 조직은 특별한 악명을 얻게 되었다. 모인은 중동의 최고위급 영국 관료였고, 팔레스타인으로의 유대인 이민을 제한하는 1939년의 백서의 지지자였다. 암살범들은 이집트 경찰에게 체포되어서 죄의 대가로 교수형에 처해졌다. 영국의 보복을 우려한 유대인 기구와 그 산하의 준군사조직인 하가나(Haganah)는 이러한 소행을 저지른 레히와 거리를 두려고 했다.

제2차 세계대전이 종료된 후에야 이르군과 레히, 하가나는 팔레스타인의 영국에 맞서기 위해서 세력을 규합할 수 있었다. 나치의 죽음의 수용소가 해방되면서 홀로코스트의 끔찍한 범죄들이 폭로되었다. 이슈브 지도부는 대량학살에서 살아남은 유대인들을 유럽 난민촌에서 팔레스타인으로 데려오기로 결정했다. 1939년의 백서가 명시한 유대인 이민 제한을 존중하지 않기로 한 지도부는 영국의 위임통치에 반란을 선언했다. 잠시였지만 1945-1946년에 하가나는 폭력을 통해서 영국의 정책을 변화시키고자 레히 및 이르군과 비밀리에 협동작전을 펼쳤다.

10개월 동안 하가나는 은행 강도와 기간시설에 대한 공격, 영국 인사의 납치를 자행하며 이르군과 레히와 협동작전을 폈다. 벤 구리온이 이끌던 유대인 기구는 이러한 작전에 가담하지 않았다고 일관되게 주장하면서 하가나의 참여 사실을 비밀에 부쳤다. 그러나 이슈브가 이러한 범행에 적극 공모하고 있다고 의심하던 영국 당국은 엄청난 탄압으로 응수했다. 1946년 6월 29일에서 7월 1일 사이에 2,700명이 넘는 이슈브 사람들이 체포되었고, 유대인 기구 지도부에서도 몇몇이 이에 포함되었다. 한편 영국 당국은 유대인 기구의 문건들을 압수하여 그 당시 킹 데이비드 호텔의 한 동에 입주해 있던 위임 통치 정부의 서기국으로 가져왔다.

영국의 문건 압수는 유대인 기구에게 단순한 행정적인 문제 그 이상이었 다. 그 서류 가운데에는 영국에 대한 공격에 유대인 기구와 하가나가 연루되 어 있음을 보여주는 내역들도 있었기 때문이다.[3] 그러한 내역을 위임통치 당 국이 발견한다면, 팔레스타인으로의 유대인 이민을 제한하고 팔레스타인의 아랍인들의 요구를 들어주려는 영국의 결심은 더욱 확고해질 것이 자명했다. 유죄를 입증하는 이 서류들이 위임통치 서기국에 넘어간 순간, 킹 데이비드 호텔의 운명은 정해졌다. 이르군은 팔레스타인의 민정과 군정 본부가 모두 있었던 서예루살렘의 고층 호텔을 공격할 구체적인 계획안을 오래 전부터 가지고 있었지만, 하가나는 이러한 잔혹행위가 "영국을 과도하게 자극할 것" 이라고 주장하며 반대해왔었다. 하지만 영국이 유대인 기구의 서류를 압수하 면서 7월 1일에 하가나는 가능한 한 빨리 킹 데이비드 호텔 작전을 수행하라 는 명령을 이르군에게 내렸다.

킹 데이비드 호텔 폭파를 위한 준비에는 3주일이 소요되었다. 7월 22일에 한 무리의 이르군 비밀요원들이 호텔 지하로 500파운드의 고성능 폭약이 담 긴 우유 깡통들을 운반했다. 이 "우유 배달부"들이 두 명의 영국 병사에게 기습을 당하면서 총격전이 이어졌다. 그러나 테러리스트들은 이미 30분 후 폭약을 폭발시킬 타이머를 작동시켜놓은 상태였다.

"매 분이 하루처럼 느껴졌다"라고 메나헴 베긴은 썼다. "12분 31초, 32초, 폭발 예정 시간이 다가오고 있었다. 30분이 거의 다 되었다. 12분 37초……갑 자기 온 도시가 전율하는 듯했다."[4]

영국 당국은 공격에 대한 사전 경고를 받지 못했다고 주장했다. 하지만 이르군은 호텔과 다른 기관들에게 미리 전화로 경고를 했다고 주장했다. 양 측 주장의 진실이 무엇이든지 간에 킹 데이비드 호텔을 소개하려는 시도는 전혀 이루어지지 않았다. 점심시간이 한창이던 때 카페 밑에서 폭발한 폭약 은 호텔의 한 동 전체를 날려버렸고, 지하까지 여섯 층 전체가 붕괴되었다.

영국인, 아랍인, 유대인 할 것 없이 91명이 사망했고 100명 이상의 사람들이 폭발로 부상을 입었다.

유대인 기구는 전 세계를 놀라게 한 이 만행을 "한 무리의 무법자들이 저지른 비열한 범죄"라고 비난했다. 그러나 영국 정부는 하가나가 테러 행위에 연루되어 있다는 것을 너무나 잘 알고 있었고, 킹 데이비드 호텔 폭파 이틀 후에 발행한 팔레스타인의 테러리즘에 관한 백서에서 이 점을 명백히 했다.

영국은 자신들이 단순히 급진적인 분파와 싸우고 있는 것이 아니라는 점을 인지했다. 유대인 기구와 하가나는 전법과 수단에서는 이르군이나 레히와는 달랐지만, 팔레스타인에 유대 국가를 건설하기 위해서 영국을 축출하겠다는 목표에서는 하나였다.

제2차 세계대전의 여파로 영국은 팔레스타인에서 더 이상 버틸 여력도 의지도 상실했다. 팔레스타인의 유대인과 아랍인 간의 이견은 해소가 불가능했다. 영국은 유대인에게 양보를 할 경우 1936-1939년처럼 아랍인들이 반란을 일으키지 않을까 우려했다. 반대로 아랍에게 양보를 한다면 유대인들이 어떤 행동을 할지도 이제 분명해졌다. 1946년 9월에 런던에서 아랍과 유대 지도부의 만남을 주선하려는 영국의 노력은 양측의 참석 거부로 실패했다. 그리고 1947년 2월에 런던에서 열린 양자 회담도 국가 설립을 놓고 아랍과 유대인 측의 요구가 엇갈리면서 좌초되었다.

영국은 막다른 길에 다다랐고, 밸푸어 선언의 오류를 인정할 수밖에 없었다. 다시 말해서 영국은 "기존의 팔레스타인 비유대인 공동체들의 권리"를 침해하지 않으면서도 "유대인들의 민족향토"를 건설할 수 없었던 것이다. 영국 정부는 해결안이 없었고, 팔레스타인의 분쟁 당사자들에게도 영향력을 행사할 수 없었다. 그리하여 1947년 2월 25일에 영국의 외무장관 어니스트 베빈은 국제 사회가 이 문제를 해결하는 데에 더 나은 성과를 거두기를 희망하면서 새롭게 창설된 국제연합(United Nations, UN)에 팔레스타인 문제를 위임했다.

국제연합은 11개국이 모인 팔레스타인 특별위원회(United Nations Special Committee on Palestine, UNSCOP)를 소집했다. 이란을 제외하고 UNSCOP에 참여한 국가들 — 오스트레일리아, 캐나다, 체코슬로바키아, 과테말라, 인도, 이란, 네덜란드, 페루, 스웨덴, 우루과이, 유고슬라비아 — 중 그 누구도 중동 문제에 특별한 이해관계를 가지고 있지 않았다. 대표단은 1947년 6월에서부터 7월까지 팔레스타인에서 5주일을 보냈다. 아랍의 정치 지도자들은 UNSCOP의 대표단을 만나기를 거부했다. 반면 유대인 기구는 팔레스타인에 유대 국가 건설을 관철시키기 위해서 그들과의 만남을 국제 사회를 설득할 기회로 삼았다.

UNSCOP 대표단이 팔레스타인에 머무는 동안에 유대인 기구의 도움을 받을 유대인 불법 이민자들이 버려진 증기선을 타고 유럽에서 팔레스타인으로 몰려왔다. 대부분이 홀로코스트 생존자들이었던 이 난민들의 입국을 저지하기 위해서 영국 당국은 최선을 다했다. 이러한 선박들 중에서 가장 유명했던 엑소더스 호에 승선한 4,500명의 난민이 7월 18일에 하이파 항구에 도착했다. 팔레스타인 입국이 거부된 선박의 난민들은 바로 다음 날 도로 배에 태워져서 프랑스로 보내졌고 독일 수용소에 억류되었다. 영국은 유대인 난민 위기를 처리한 방식 때문에, 그중에서도 엑소더스 호 사건으로 인해서 국제 사회로부터 대대적인 비난을 받았다.

영국과 유대인 공동체 간의 폭력사태는 UNSCOP 대표단이 조사를 시행하는 동안 더욱 악화되었다. 영국은 1947년 7월에 테러 범행을 저지른 세 명의 이르군 조직원에게 사형을 선고했다. 7월 12일에 이르군은 두 명의 영국 병장 클리프 마틴과 마빈 페이스를 볼모로 삼아서 영국이 이르군 조직원들을 교수형에 처하지 못하도록 저지하려고 했다. 그럼에도 불구하고 영국이 처형을 단행하자 이르군도 보복으로 7월 29일에 마틴과 페이스를 교수형에 처했다. 살인자들은 영국의 법률 문구를 섬뜩하게 패러디한 죄명을 망자의 시신에 부착해놓았다. 마틴과 페이스는 "히브리 고국에 불법으로 입국"하여 "점령군으로 알려진 영국의 테러 범죄 조직원"으로 활동하는 등 "반히브리 범죄행위"

로 유죄 선고를 받은 "영국의 스파이"라는 내용이었다.[5] 설상가상으로 그들의 몸을 건드리면 폭발하는 부비 트랩이 시신에 설치되어 있었다. 이러한 행동들은 극한의 분노를 자극하는 동시에 팔레스타인에서 싸움을 계속하려는 영국의 의지를 꺾기 위한 것이었다.

두 명의 병장이 교수형을 당했다는 뉴스가 영국 전역의 신문 1면을 장식했다. 타블로이드 신문들은 "교수형에 처해진 영국인 : 세계를 경악하게 만든 사진"이라는 큰 표제로 반유대적인 적대심을 불러일으켰다. 즉시 반유대적인 시위의 물결이 잉글랜드와 스코틀랜드로 확산되며 폭동으로 변했고, 8월의 첫째 주일 내내 맹위를 떨쳤다. 최악의 폭력사태가 발생한 항구 도시 리버풀에서는 5일 동안 300개 이상의 유대인 소유의 건물이 공격을 받았고, 약 88명의 도시 주민들이 경찰에게 체포되었다. 「유대 신문(*Jewish Chronicle*)」은 런던과 글래스고, 플리머스에서 발생한 유대인 회당에 대한 공격과 다른 도시의 회당들에 대한 위협에 대해서 보도했다. 나치의 죽음의 수용소에서 해방된 지 2년 만에 "모든 유대인을 매달아라" 또는 "히틀러가 옳았다"와 같은 구호들과 나치의 문양들이 영국의 도시들을 뒤덮은 것이었다.[6]

UNSCOP 대표단도 1947년 8월 국제연합에 제출할 조사 결과를 작성할 즈음에는 팔레스타인 상황의 복잡성을 너무도 잘 알게 되었다. 대표단은 만장일치로 영국의 위임통치 종식을 촉구했고, 8대 3이라는 큰 표차로 팔레스타인을 유대와 아랍 국가로 분할할 것을 권고했다. 단지 인도와 이란, 유고슬라비아만이 분할에 반대하며 팔레스타인 통일 연방 국가를 지지했다.

영국은 UN이 UNSCOP의 권고안을 논의할 때까지 도저히 기다릴 수 없었다. 엑소더스 호 스캔들, 영국 병장들의 교수형과 그에 이은 반유대 폭동, UNSCOP의 보고서 등 이 모든 일들이 정신없이 연속되면서 영국으로 하여금 팔레스타인에 더 이상 머물고 싶지 않게 만들었던 것이다. 1947년 9월 26일에 영국 정부는 팔레스타인에서의 철수를 일방적으로 선언하고 위임통치 책임을 UN에 위임하겠다고 공표했다. 영국군의 철수 예정일은 1948년 5월 14일로 정해졌다.

이렇게 테러리스트들은 영국을 팔레스타인에서 철수하도록 만들겠다는 첫 번째 목적을 달성했다. 비록 그들이 동원한 방법은 유대인 기구의 지도자들로부터 공개적으로 비난받았지만, 이르군과 레히는 유대 국가 건설의 주요 장애물을 제거하는 데에 큰 역할을 했다. 하지만 정치적 목적을 달성하기 위해서 그들이 사용한 테러 전법은 오늘날까지도 이 지역을 괴롭히고 있는 위험한 선례를 중동 역사에 남겼다.

UNSCOP의 보고서가 1947년 11월에 논의를 위해서 UN 총회에 제출되었다. 논의할 내용들이 팔레스타인을 유대와 아랍 국가로 분할할 것을 권고한 다수의 안에 의거하여 구체화되었다. 분할안(Partition Resolution)은 팔레스타인을 바둑판 모양으로 여섯 구역으로 나눈 후 3개의 아랍지역과 3개의 유대지역으로 지정했고, 예루살렘은 국제적인 신탁 통치 지역으로 정했다. 이 안은 유대 국가에 팔레스타인 지역의 약 55퍼센트를 할당했는데, 하이파에서 야파로 이어지는 전략적으로 중요한 지중해 해안과 아카바 만까지의 아라바 사막은 물론 이 나라의 북동쪽에 위치한 좁고 긴 갈릴리 전역도 포함되어 있었다.

시오니스트 활동가들은 분할안을 통과시키고 유대 국가 수립을 실현시키데에 필요한 3분의 2의 표를 얻기 위해서 국제연합 회원국들에게 헌신적으로 로비를 했다. 미국의 시오니스트들도 분할안에 대한 트루먼 행정부의 지지를 확보하는 데에 중요한 역할을 했다. 해리 트루먼은 훗날 회고록에서 "이 당시 내가 느낀 중압감과 백악관을 겨냥한 맹렬한 선전 활동"은 전무후무한 경험이었다고 떠올렸다.[7] 막판에 불간섭주의 입장을 번복한 미국은 분할안을 지지하도록 다른 회원국들에게 열심히 압력을 가했다. 1947년 11월 29일에 분할안이 기권 10표와 찬성 33표, 반대 10표로 통과되었다.

팔레스타인의 일부 지역에서이지만 유대 국가 건설을 국제적으로 승인받은 시오니스트들은 국가 수립이라는 목표 달성을 향한 주요 발걸음을 또 한발 내딛게 되었다. 하지만 전 아랍 세계와 특히 팔레스타인의 아랍인들은 팔레스타인 분할과 유대 국가 건설 모두에 절대적으로 반대했다.

팔레스타인 아랍인들의 입장을 이해하기는 어렵지 않다. 1947년경 팔레스타인 유대인의 수가 60만 명에 불과했지만, 팔레스타인 아랍인들의 수는 전체의 3분의 2에 해당하는 120만 명이 넘었다. 게다가 마이파처럼 팔레스타인 아랍인들이 다수를 차지하고 있는 많은 읍과 도시들이 유대 국가에 할당되었다. 비록 명목상으로는 아랍 국가의 일부로 남았지만, 야파는 유대 국가에 둘러싸인 고립된 지역이 되어버렸다. 더욱이 아랍인들은 팔레스타인 전체 영토의 94퍼센트와 경작 가능한 농지의 약 80퍼센트를 소유하고 있었다.[8] 이러한 사실에 근거하여 팔레스타인의 아랍인들이 자신들의 나라를 쪼개고 반절을 거저 주는 권한을 UN에게 허용하려 하지 않은 것은 당연했다.

예루살렘의 저명한 인사였던 자말 알 후세이니는 1947년 9월에 UNSCOP 안에 대한 견해를 밝히는 글에서 팔레스타인 사람들의 좌절감을 다음과 같이 표현했다. "팔레스타인 아랍인들의 주장은 국제적인 정의의 원칙에 근거하고 있다. 그것은 신의 섭리와 역사가 자신들에게 위임한 나라를 평화롭게 지키며 살기 원하는 사람들의 주장이다. 팔레스타인의 아랍인들은 전통에 따라서 나라를 발전시키고 자유와 평화 속에서 살려는 자신들의 권리가 왜 의문시되어야 하며, 끊임없이 조사를 받아야 하는지 도저히 이해할 수가 없다." 알 후세이니는 팔레스타인 문제에 대한 자신의 의견을 UN 위원회에게 보낸 서신에서도 밝혔다. "한 가지는 분명하다. 모든 공격에 맞서서 나라를 지키는 것은 팔레스타인 아랍인들의 신성한 의무이다."[9]

그 누구도 분할이 일사천리로 진행될 것이라는 환상을 가지지 않았다. 팔레스타인 유대인들은, 그토록 열망했지만 아랍 국가에게 배당된 다른 영토는 물론이고 UN 분할안에 의해서 자신들에게 할당된 영토를 위해서도 싸워야만 했다. 아랍인들도 팔레스타인의 어떤 지역이 되었든 간에 유대인들이 차지하는 것을 막기 위해서는 그들을 물리쳐야만 했다.

분할안이 공표된 다음 날 아침부터 아랍인들과 유대인들은 불가피한 전쟁 — 팔레스타인에 대한 권리를 두고 경쟁하는 자들끼리의 내전 — 을 준비하기 시작했다.

6개월 동안 아랍인과 유대인은 경쟁적으로 팔레스타인에 대한 권리를 주장하며 싸웠다. 팔레스타인의 유대인 공동체는 전투를 치를 준비가 이미 잘 되어 있었다. 하가나는 제2차 세계대전 동안 광범위한 훈련과 전투 경험을 쌓았다. 또한 방대한 병력과 무기도 비축되어 있었다. 하지만 이러한 준비를 하지 못한 팔레스타인의 아랍인들은 자신들의 정당한 대의명분과 이웃 아랍 국가들의 지원에만 의존할 수밖에 없었다.

팔레스타인 아랍 공동체의 지도자는 논란이 있던, 망명한 예루살렘의 대무프티 하지 아민 알 후세이니였다. 하지 아민은 팔레스타인에서나 해외에서나 커다란 반발을 사며 불화의 중심에 있던 인물이었다. 제2차 세계대전 당시 나치 독일로 전향했던 그의 전력 때문에 영국과 다른 서구 열강들은 그를 비난했고, 아랍 국가의 수장들도 각기 그 정도는 달랐지만 그를 불신하고 있었다. 뿐만 아니라 하지 아민의 지도 체제는 팔레스타인 명사들의 경쟁을 유발하며 가장 큰 위협을 목전에 두고 있던 바로 그 위기의 순간에 아랍 공동체를 분열시켰다. 하지 아민이 망명지 이집트에서 팔레스타인 운동을 이끌기로 결정하면서 팔레스타인 아랍인들 간에 그리고 팔레스타인과 다른 아랍 국가들 간에 이루어질 수도 있었던 의미 있는 연대의 가능성이 훼손된 것이었다.

유럽 식민통치로부터 막 독립을 획득한 대부분의 아랍 국가들 역시 사기가 꺾인 채 분열되어 있기는 마찬가지였다. 간절히 반대했던 UN 분할안이 통과되면서 첫 외교적 패배의 쓸쓸함을 맛보게 되었고, 팔레스타인의 분할 결정과 함께 아랍 국가들 간의 대립 관계도 표면 위로 떠올랐다.

트란스요르단은 분할안이 처음 논의되었던 1937년 이래, 이 안을 지지한 유일한 아랍 국가였다. 압둘라 왕(아미르였던 그는 1946년 5월에 왕으로 추대되었다)은 대부분이 육지로 둘러싸여 있는 자신의 왕국에 팔레스타인의 아랍 영토를 추가할 수 있는 기회를 환영했다. 분할안에 대한 압둘라의 지지에 팔레스타인의 정치 엘리트들은 매우 분노했고, 무프티 하지 아민도 깊은 증오심을 품게 되었다. 아랍 세계에서 완전히 고립된 압둘라는 겨우 이라크의 하심 가 사촌들로부터 약간의 지원을 받을 수 있을 뿐이었다. 또한 압둘라는 1920년대 초반부터 시작된 시리아 영토에 대한 그의 야심을 걱정하는 시리아 정부로부터도 커다란 불신을 받고 있었다. 뿐만 아니라 그는 아라비아에서 하심 가와 경쟁관계에 있는 사우드가에게도 오랫동안 적대적인 취급을 받아왔으며, 아랍 문제에 대한 우위권을 주장하며 이에 대한 도전을 경계하던 이집트 군주의 의심도 사고 있었다.

이웃 아랍 국가들은 작전을 조율하거나 국민군을 보내기는커녕, 자원입대한 비정규병들— 아랍 팔레스타인의 구제에 나선 아랍 민족주의자들과 무슬림 형제단— 에게 이 일을 떠맡기기로 했다. 에스파냐 내전 당시 파시즘과 싸우자는 호소에 부응한 미국인이나 유럽인만큼이나 많은 수의 아랍인들로 구성된 "링컨 여단"(에스파냐 내전 시 에스파냐 제2공화국 정부를 지원하기 위해서 세계 각국에서 모인 의용군/역주)이 시오니즘과 싸우기 위해서 모였다. 아랍 해방군(Arab Liberation Army, ALA)으로 불린 그들의 사령관 중에서 파우지 알 카우크지가 가장 유명한 인물이었다.

파우지 알 카우크지는 아랍 세계에서 유럽 제국주의와 싸울 기회를 결코 놓친 적이 없었다. 그가 참전한 모든 전투들은 영광스러운 패배로 끝났지만 말이다. 1920년에 프랑스가 파이살 왕의 아랍 왕국을 패퇴시켰던 그날, 그는 마이살룬에서 퇴각하던 병사들과 함께하고 있었다. 또한 그는 시리아의 소도시 하마에서 반프랑스 반란을 이끌었고 1925-1927년의 시리아 반란에서도 중요한 역할을 수행했다. 1936-1939년의 팔레스타인 아랍 반란의 참전 용사였으며, 1941년 라시드 알리가 쿠데타를 일으켰을 때에는 영국에 맞서서 이라크군과 함께 싸웠다. 하지만 이 운동이 실패하면서 나치 독일로 도망친 그는 독일인 아내와 결혼했고 전쟁이 끝나기를 기다려야 했다.

알 카우크지는 유럽에서 아랍 정치로 복귀하고 싶어서 조바심이 났다. 독일의 패전 이후 프랑스로 도망친 그는 부인과 함께 1947년 2월에 위조 여권으로 신원을 속이고 카이로로 가는 비행기에 올랐다. 그해 11월에 다마스쿠스에 도착한 그는 시리아 정부의 환대를 받으며 매달 생활비까지 제공받았다.

시리아 정부에게 알 카우크지는 신이 보내준 선물이었다. 소규모의 자국 군대를 팔레스타인의 전쟁터로 보내고 싶지 않았던 시리아 정부는 아랍 해방군을 전적으로 지원하고 있었는데, 알 카우크지 이야말로 아랍 해방군에게 어울리는 이상적인 사령관이었기 때문이다. 그는 아랍 세계 전역에서 영웅의 명성을 누리고 있었고, 또한 특수전(特殊戰)에 대한 폭넓은 경험도 가지고 있었다. 어느덧 57세가 된 반백의 사령관은 다마스쿠스에 야영지를 세우고 서둘러 비정규병을 모집했다.

1948년 2월에 사미르 수키라는 레바논 언론인이 알 카우크지와의 인터뷰를 실은 글에서 전쟁으로 서서히 다가가고 있던 다마스쿠스 사령부의 분위기를 다음과 같이 상세히 설명했다.

> 결의에 찬 이 아랍 지도자는 자신의 집을 군사령부로 쓰고 있었고, 이곳을 미국 군복 차림의 비정규병들이 지키고 있었다. 문 앞 계단은 하루 종일 아랍 해방군에 의용군으로 지원하기를 원하는 베두인 족, 농민, 현대식 복장의 청년들로 북적댔다. 카타나에도 사령부가 있었는데, 그곳에서는 팔레스타인으로의 파병을 기다리는 의용군들이 군사훈련을 받고 있었다.[10]

아랍 연맹(Arab League)으로 알려진 새로운 지역 기구에서 함께 일하게 된 아랍 국가들은 자국의 정규군을 파병하지 않으면서도 ALA를 이용하여 팔레스타인에서 유대인 병력을 격퇴할 수 있기를 희망했다. 그들은 ALA의 최고 사령관으로 이라크의 장성 이스마일 사프와트를 임명하여 비정규 의용군을 편성하고 전쟁 계획을 실행하는 임무를 부여했다. 사프와트는 종합기본계획에 따라서 작전을 조율하고자 팔레스타인을 3개의 주요 전선 지역으로 나누었다. 그리고는 북쪽 전선과 지중해 해안에 대한 책임을 알 카우크지에게 맡겼고, 남쪽 전선은 이집트의 지휘 아래 두었다. 예루살렘 전선이라고 불린 중앙 전선을 책임지게 된 하지 아민은 카리스마 있는 압드 알 카디르 알 후세이니를 군 사령관으로 지명했다.

압드 알 후세이니는 무프티와 같은 후세이니 가문 출신이었지만, 파벌 싸움을 초월하여 팔레스타인 사회의 각계각층으로부터 존경을 받는 인물이었다. 카이로의 아메리칸 대학교에서 수학한 그는 팔레스타인의 아랍 반란에 참전해서 용맹함과 지도력으로 명성을 얻었으며, 두 번이나 부상을 겪기도 했다. 알 카우크지와 마찬가지로 그 역시 1941년에는 이라크에서 영국과 싸웠었다.

팔레스타인과 이웃 아랍 국가들의 아랍 사령관들이 당면한 가장 큰 문제는 무기와 탄약의 부족이었다. 10년도 넘게 영국으로부터 훈련을 받아왔고 제2차 세계대전에서 영국과 함께 싸우며 전투 경험을 쌓은 하가나의 유대인 병사들과는 달리, 팔레스타인의 아랍인들은 토착군을 창설할 기회가 없었다. 또한 유대인 기구가 무기와 탄약을 팔레스타인으로 반입했던 반면, 팔레스타인의 아랍인들은 무기를 확보할 독자적인 통로가 없었다. 보급처가 없었던 팔레스타인의 전투원들이 그나마 가지고 있던 제한된 양의 탄약도 곧 바닥을 드러냈다.

그러나 이러한 군수품의 부족도 팔레스타인의 투사들을 속박할 수 없었다. 유대인 정착촌에 대한 산발적인 공격이 1947년 11월 30일부터 시작되었고, 도시에서 지방으로 확산되었다. 아랍군은 정착촌으로 이어지는 길을 차단하여 유대인 마을들을 고립시켰다. 하가나는 5월 중순으로 예정된 영국군의 철수에 앞서서 분할안이 유대 국가에게 할당한 영토를 확보하기 위해서 땅을 파고 진지의 방비를 강화하는 데에 1948년 겨울의 대부분을 보냈다.

1948년 3월 말에는 유대 병력도 공세를 취했다. 그들의 첫 목표는 텔아비브와 예루살렘을 잇는 도로였다. 예루살렘의 유대인 구역이 아랍 병력에 포위되었다. 하가나는 보급로를 열고 예루살렘의 유대인 진지들을 구출하기로 결정했다.

예루살렘에서 아랍군의 상황은 유대인 사령관들이 생각했던 것보다 훨씬 취약했다. 압드 알 카디르 후세이니가 이끌던 아랍군은 진지를 방어할 만한 무기가 없었다. 아랍군은 텔아비브-예루살렘 로에 위치한, 전략적으로 중요한 거점 도시인 알 카스탈을 차지하고 있었다. 유대 병력이 알 카스탈을 향해서 진군해오자, 알 후세이니는 지역을 지키는 데에 필요한 무기를 확보하기 위해서 4월 초에 다마스쿠스를 긴급 방문했다.

아랍 국가 간의 분란은 시작부터 알 후세이니의 임무를 방해했다. 무프티 하지 아민 알 후세이니에게 적대적이었던 시리아 정부는 무프티의 사촌인 압드 알 카디르에 대한 어떤 지원도 거부했다. 시리아가 지지하는 ALA와 압드 알 카디르 알 후세이니가 이끄는 팔레스타인 현지 병력 간의 극심한 경쟁관계로 인해서 아랍 진영은 더욱더 분열되었다. 다마스쿠스로 시리아 및 아랍 연맹 지도부를 만나러 간 알 후세이니는 이와 같은 아랍 세계의 정치 현실에 발목이 잡혔다.

아랍 지도자들이 다마스쿠스에서 사소한 일로 다투고 있는 동안, 알 카스탈이 4월 3일에 하가나의 정예 부대인 팔마흐(Palmach)에게 함락되었다. 도시를 되찾으려는 아랍의 시도는 실패로 돌아갔고, 유대 병력은 방어체제를 더욱 강화했다. 알 카스탈은 유대 병력이 점령한 첫 아랍 도시였기 때문에 다마스쿠스에서 회합 중이던 이들은 이 소식에 큰 충격을 받았다. 전략적으로 중요한 이곳에서 하가나 병력은 예루살렘에 실질적인 위협을 가하기 시작했다. 그러나 아랍 연맹의 사령관들은 마치 환상의 세계에 갇혀 있는 듯 유의미한 작전을 수행하지 못했다.

이라크 출신의 아랍 해방군 총사령관 이스마일 사프와트 장군은 압드 알 카디르 알 후세이니를 향해서 다음과 같이 말했다. "알 카스탈이 함락되었소. 그곳을 되찾는 것이 당신의 임무요, 압드 알 카디르. 그러나 자신이 없으면 말하시오. 이 일을 [파우지] 알 카우크지에게 맡길 터이니 말이오."

알 후세이니는 분노했다. "내가 요구한 무기를 주시오, 그러면 도시를 수복할 수 있소. 지금 상황은 더 나빠졌고 유대인들은 대포와 비행기, 병사들을 가지고 있소. 대포도 없이 알 카스탈을 점령할 순 없소. 내가 요구한 것을 주시오. 그러면 승리를 보장하겠소."

"무슨 말이오, 압드 알 카디르, 당신에게 대포가 없다니?" 이스마일 사프와
트는 반박했다. 결국 그는 내키지 않았지만 다마스쿠스에서 동원할 수 있는
모든 총기와 탄약 — 105정의 구식 라이플총과 21정의 기관총, 불충분한 양
의 탄약, 그리고 약간의 지뢰 — 을 차후에 보급해주겠다고 팔레스타인의 사
령관에게 약속했다. 다시 말해서 그들은 알 후세이니를 빈손으로 돌려보낸
것이다.

화가 치민 알 후세이니는 회의실을 뛰쳐나왔다. "당신들은 반역자요. 당신
들은 범죄자요. 역사는 당신들이 팔레스타인을 포기했다고 기록할 거요. 난
반드시 알 카스탈을 점령할 거요. 그리고 나의 무자헤딘(mujahidin : 지하드를
행하는 이슬람 전사/역주) 형제들과 함께 죽겠소."[11]

4월 6일 밤 압드 알 카디르 알 후세이니는 다마스쿠스를 떠나서 다음 날 아침
새벽녘에 50명의 ALA 의용군과 함께 예루살렘에 도착했다. 잠시 휴식을 취
한 그는 아랍인들 편에서 싸우기 위해서 탈영한 4명의 영국 병사와 약 3백여
명의 팔레스타인 군인들로 이루어진 부대를 이끌고 알 카스탈로 출발했다.[12]

알 카스탈에 대한 아랍의 반격이 4월 7일 오후 11시에 시작되었다. 아랍
병력은 여러 분견대로 쪼개져서 세 방향에서 마을을 공격했다. 한 아랍군 분
견대에서 많은 사상자가 발생했고, 총탄도 거의 바닥이 났다. 부상당한 분견
대장이 후퇴하자, 알 후세이니가 작은 분견대를 이끌고 그 자리를 대신하며
유대 병력이 세운 방어시설 아래에서 돌격을 시도했다. 그러나 알 후세이니
와 병사들은 수비군이 퍼붓는 엄청난 포화로 꼼짝도 할 수 없었고, 곧 인근의
정착촌에서 파견된 증원군에게 포위되었다.

4월 8일 아침에 동이 트자, 알 후세이니와 병사들이 적들에게 포위되었다
는 소문이 아랍 전투원들 사이에서 삽시간에 퍼졌다. 알 카스탈 전투는 패색
이 완연했다. 그럼에도 도움을 주기 위해서 모인 약 5백여 명 정도의 아랍
증원군이 알 카스탈에 포위되어 있던 병력에 합류했다. 온종일 싸운 그들은

오후가 한참 지난 후에야 간신히 도시를 되찾을 수 있었다. 알 카스탈을 수복했다는 기쁨도 잠시 곧 아랍 병사들은 도시 동쪽 변두리에서 압드 알 카디르 알 후세이니의 시신을 발견했다. 분노에 사로잡힌 팔레스타인의 전투원들은 50명의 유대인 포로를 죽였다. 양측 모두에게 내전은 잔혹한 전쟁이었다.

압드 알 카디르 알 후세이니는 다음 날에 매장되었다. 1만 명의 추도객들이 예루살렘 아크사 사원에서 열린 장례식에 참석했다. "사람들은 그를 위해서 통곡했다"라고 예루살렘의 원주민이자 1948년을 기록한 역사가 아리프 알 아리프는 회상했다. "사람들은 그를 알 카스탈의 영웅이라고 불렀다."[13] 압드 알 카디르 알 후세이니를 잃은 팔레스타인군은 결코 그 손실을 만회할 수 없었다. 다른 어떤 지역의 지도자도 팔레스타인에서 유대 병력에 맞서서 거국적인 저항운동을 이끌 만한 자리에 오르지 못했을 뿐만 아니라 그의 죽음은 민중의 사기에도 치명적인 타격을 주었다. 설상가상으로 그의 죽음은 완전히 헛된 일이 되고 말았다. 사기가 떨어진 아랍 수비군은 겨우 40명의 병사들에게 알 카스탈의 방어를 맡겨놓고 떠났다. 48시간도 채 지나지 않아서 유대 병력이 도시를 다시 점령했고 이번에는 영구적인 점령이 되었다.

압드 알 카디르 알 후세이니의 죽음과 알 카스탈의 상실은 4월 9일 데이르 야신이라는 팔레스타인 마을에서 벌어진 주민 학살로 곧 잊혀졌다. 알 후세이니의 장례식이 치러지던 바로 그날에 발생한 학살은 팔레스타인 전역을 공포의 충격 속으로 몰아넣었다. 그날 이후로 팔레스타인 사람들은 싸울 의지를 상실했다.

데이르 야신은 예루살렘 서쪽에 위치한, 농부와 석공, 상인 등 약 750여 명의 주민이 어울려 살고 있던 평화로운 아랍 마을이었다. 마을에는 2개의 사원과 남학교 및 여학교, 스포츠 클럽이 있었다. 이 마을이 유대인의 공격을 받을 가능성은 거의 없었는데, 거주민들이 예루살렘의 유대인 사령관들과 불가침 협약을 체결했기 때문이다. 이르군과 레히는 데이르 야신에 대한 무차별 공격에 나선 이유를 밝히지 않았다. 팔레스타인의 역사가 아리프 알 아리프는 유대인 테러 조직이 "자기들의 동족에게는 희망을 주고 아랍인들의 마음에는 공포심을 심어주기 위해서" 이 마을을 표적으로 삼았다고 생각했다.[14]

1948년 4월 9일 동도 트기 전에 데이르 야신에 대한 공격이 시작되었다. 겨우 85명의 병력으로 장갑차와 비행기의 지원을 받는 우세한 유대 병력에 맞서야 했던 마을 주민들은 공포심에 사로잡혔다. 한 농민 여성은 전투가 시작되었을 때 아기에게 젖을 먹이고 있었다. "탱크와 라이플총 소리가 들렸고 연기 냄새가 났다. 그들이 다가오는 것이 보였다. 모두가 이웃에게 소리쳤다. '떠날 수 있으면 어서 떠나요!' 삼촌이 있는 사람은 삼촌에게, 부인이 있는 사람은 부인에게 어떻게 해서든지 연락을 취하려고 했다." 그녀는 팔에 어린 아들을 안고 이웃 마을인 아인 카람까지 필사적으로 뛰었다.[15]

아인 카람에는 아랍 해방군이 있었고, 인근에도 영국 경찰이 있었지만 그 누구도 마을 주민들을 구조하러 오지 않았다. 목격자들은 마을을 공격한 유대 병사들이 무장한 아랍 수비군을 모두 모아놓고 총살했다고 증언했다. 팔레스타인의 연대기 사가 아리프 알 아리프는 이 사건이 발생한 직후 데이르 야신의 많은 생존자들을 인터뷰하여 사망자들의 이름과 구체적인 정황들을 열거하며 그날의 공포를 목록으로 남겼다. "그 만행을" 그는 상세히 설명했다.

> 그들은 90세의 노인인 알 하즈 자비르 무스타파를 살해한 후 시신을 집 발코니에서 거리로 던졌다. 95세의 노인인 알 하즈 이스마일 아티야에게도 같은 짓을 했고, 80세인 그의 부인과 손주도 죽였다. 그들은 무함마드 알리 카릴 무스타파라는 장님 청년과 그를 보호하려 한 부인, 18개월 된 아이도 죽였다. 그들은 부상자를 돕던 학교 선생도 살해했다.[16]

모두 합쳐서 110명이 넘는 마을 주민들이 데이르 야신에서 살해되었다.

알 아리프의 자료에 따르면, 학살은 나이든 한 유대인 사령관이 멈추라는 명을 내리지 않았다면 데이르 야신에서 계속되었을 것이었다. 생존자들은 예루살렘의 유대인 구역까지 걸어가도록 강요받았고, "마치 범죄자라도 되는 듯이 유대인들 앞에서 공개적으로 욕설을 들은" 후에야 하이 알 미스마라 인근의 이탈리아인 병원 근방에서 풀려날 수 있었다.[17] 무고한 마을 주민들의 학살과 생존자들이 겪은 잔인한 굴욕으로 인해서 데이르 야신은 전 세계적인 비난을 불러일으켰다. 유대인 기구도 이러한 만행을 비난하며, 이르군과 레히의 극단주의자들과 하가나 병력 간에 거리를 두고자 했다.

데이르 야신에서 발생한 학살 이후로 영국군이 철수한 5월 15일까지 팔레스타인 아랍인들의 대규모 탈출행렬이 계속되었다. 학살에 대한 소문이 퍼지면서 팔레스타인 전역에서 사람들은 "집을 버리고 도망치기 시작했고, 사람들을 공포로 몸서리치게 만드는 유대인들의 잔악행위에 대한 여러 이야기들을 전했다"라고 알 아리프는 말했다. 정치 지도부는 아랍 언론에 데이르 야신과 다른 만행 사건들을 게재하면서 공포심을 조장했다. 팔레스타인의 지도자들은 인도주의적인 위기의식을 자극함으로써 아랍 국가들의 개입을 유도하려는 의도였겠지만, 이러한 보도는 오히려 공포심을 부추기고 마을 주민들이 터전을 포기하도록 만들었을 뿐이었다.[18] 당대의 증언들은 데이르 야신에서 발생한 학살과 같은 일이 또 일어나지 않을까 하는 두려움으로 가족과 함께 집과 가재도구를 버리고 피신한 도시민과 마을 주민에 관한 이야기로 가득하다.

팔레스타인 사람들은 그해 봄 초반에 이미 팔레스타인 땅을 떠나기 시작했다. 1948년 2월에서 3월 사이에 약 7만5,000명의 아랍인들이 예루살렘이나 야파, 하이파와 같이 격전지였던 도시들에서 집을 버리고 상대적으로 안전한 서안 지구나 이웃 아랍 국가들로 떠났다.[19] 데이르 야신 학살이 벌어진 4월에는 피난민의 행렬이 홍수를 이루었다.

일부 팔레스타인 사람은 이러한 두려움에 맞서기 위해서 공포심을 조장하는 방식을 선택했다. 데이르 야신에서 학살이 발생하고 나흘이 지난 4월 13일에 팔레스타인 전투원들이 예루살렘 끝자락에 위치한 스코푸스 산으로 향하던 유대인 의료 수송단을 매복하여 공격했다. 2대의 구급차는 분명히 의료 표식을 부착하고 있었고, 승객들도 실제로 하다사 병원의 의사와 간호사, 히브리 대학교에 고용된 사람들이었다. 수송단에는 112명의 사람들이 있었는데, 그 중에서 36명만이 살아남았다.

습격자들이 희생자들의 시신 옆에서 의기양양한 포즈로 찍은, 소름 끼치는 사진들은 매복 공격의 잔혹함을 잘 보여준다. 자신들이 유대인의 위협을 분쇄할 수 있다는 것을 팔레스타인의 아랍인들에게 과시라도 하고 있는 듯한 이 야만적인 사진들이 예루살렘에서 상업적으로 팔렸다. 그러나 이렇게 잔혹한 사진들로도 1948년 4월 당시에 팔레스타인의 도시와 지방에 배어 있던 패배의 분위기는 사라지지 않았다.

팔레스타인인들의 사기는 산산이 부서졌고, 스코푸스 산에서 벌어진 유대인 민간인 학살은 또다른 잔악행위와 유대인의 보복에 대한 두려움을 고조시켰을 뿐이었다. 주민들의 사기가 무너진 것을 감지한 하가나는 존속 가능한 유대 국가 건설에 필요하다고 판단되는, 팔레스타인 마을 및 도시의 파괴와 인구 감소를 위해서 플랜 D라고 알려진 군사계획에 따라서 작전을 가속화했다.

하이파가 4월 21-23일에 유대 병력에게 함락되자, 팔레스타인 곳곳은 또다시 충격에 휩싸였다. 항구와 정유공장이 있었던 하이파는 팔레스타인의 경제 중심지였고 도시의 전체 아랍 인구는 7만 명이 넘었다. 또한 이곳은 북부 팔레스타인의 행정 중심지이기도 했다.

하이파가 UN 분할안에 의해서 유대 국가에 할당되었기 때문에 유대 병력은 수개월 전부터 도시를 점령할 계획을 세우고 있었다. 하이파는 1947년 12월 중순에 유대인 군대의 공격을 처음 받았다. "공격으로 도시민들이 대규모로 탈주하기 시작했다"라고 하이파 시의 대표 라시드 알 하지 이브라힘은 썼다. "유대 병력의 전비(戰備) 태세를 목격한 주민의 대다수는 아랍군의 방어 능력 부족을 실감했고, 자신들을 위협하고 있는 이 위험에서 벗어나기 위해서 터전을 버리고 도망쳤다."[20] 하이파 시민 위원회의 의장이었던 하지 이브라힘은 평정을 회복하고 현지나 타지에서 모집된 비정규병 — 대다수가

ALA 의용군이었다— 의 공격을 저지하기 위해서 시당국의 동료들과 함께 노력했다. 그러나 이러한 노력들은 모두 수포로 돌아갔다. 아랍 비정규병과 하가나 전투원 간의 치열한 교전이 그해 겨울을 지나 봄까지 계속되었다. 4월 초까지 2만 명에서 3만 명 사이의 거주민들이 하이파를 떠났다.

4월 21일에 최후의 공격이 시작되었다. 영국군이 하이파의 진지에서 철수하자 하가나는 도시를 차지하기 위해서 대규모 공격을 개시했다. 48시간 동안 쉬지 않고 유대 병력은 아랍인 구역에 박격포와 화포 공격을 맹렬히 퍼부었다. 4월 23일 금요일 아침에 유대 전투기가 도시를 공격했고 "데이르 야신에서의 참사 공포에 사로잡혀 있던 여자와 아이들은 두려움에 떨었다"라고 하지 이브라힘은 기록했다.[21] 겁에 질린 하이파의 민간인들을 대피시키기 위해서 선박들이 대기 중이던 해안가로 여자와 아이들이 밀려들었다.

하지 이브라힘은 하이파 해안가에서 목격한 비극을 다음과 같이 묘사했다. "수천 명의 남녀노소가 아랍 민족 역사상 전례가 없던 혼돈과 공포의 분위기 속에서 항구 지역으로 급히 몰려들었다. 그들은 집을 버리고 맨발로 옷도 입지 않은 채 해안으로 도망쳤고, 레바논으로 떠날 차례가 오기만을 기다렸다. 고향과 집, 가재도구, 돈, 행복, 일터를 버리고 떠나야만 했던 그들은 존엄성과 영혼마저 포기해야만 했다."[22] 5월 초 무렵 원래는 7만 명이 넘었던 아랍인 원주민 중에서 겨우 3,000-4,000명만이 유대인들이 장악한 하이파에 남게 되었다.

하이파를 함락시킨 유대 병력은 UN이 유대 국가에 할당한 나머지 해안지대로 눈을 돌렸다. 하가나와는 별도로 독립적인 활동을 하던 이르군이 유대 도시 텔아비브 옆에 위치한 또다른 아랍의 주요한 항구 도시인 야파를 장악하기 위해서 공격을 개시했다. 공세가 4월 25일 새벽부터 시작되었다. 3대의 박격포와 20톤의 폭탄으로 무장한 이르군은 4월 27일에 야파 북쪽의 만쉬야 구역을 점령했다. 새로운 진지에서 이르군은 사흘 동안 야파의 도심 지역으로 무자비하게 포탄을 투하했다.

공격으로 사기가 떨어진 야파 도시민들은 저항을 포기했다. 이르군이 공격하고 있다는 사실에 데이르 야신에서와 같이 학살이 자행되지 않을까 하는 우려가 확산되었다. 하이파가 함락된 지 며칠 되지 않았기 때문에 도시에 남아 있던 5만 명의 거주민(이미 4월에 약 2만 명의 거주민이 도시 밖에 피난처를 구했다)의 대다수는 야파가 공격을 견뎌낼 것이라고 기대하지 않았다. 거주민들의 집단 탈출로 도시는 공포에 휩싸였다. 시 대표들이 레바논으로 도시민을 대피시킬 선박들을 구하는 동시에 일부 주민들이 유대인 전선을 지나서 가자 지구로 철수할 수 있도록 협상을 벌였다. 5월 13일에 겨우 4,000-5,000명의 주민만이 남은 도시는 유대 군에 넘어갔다.

영국군의 철수가 마무리되어가면서, 분할안에서 유대 국가에게 할당된 북동쪽 영토를 확보하기 위한 유대 병력의 집중적인 공격이 이루어졌다. 1만 2,000명의 아랍인과 1,500명의 유대인이 살고 있던 도시 사파드가 하가나의 정예 부대 팔마흐의 공격을 받고 5월 11일에 함락되었다. 6,000명이 거주하던 도시 베이산은 5월 12일에 정복되었고, 그곳의 주민들은 나사렛과 트란스요르단으로 쫓겨났다. 이와 동시에 하가나의 작전은 갈릴리 지역과 해안 평원, 텔아비브-예루살렘 로 인근 주민들의 집단 소개와 추방으로 이어졌다. 팔레스타인 도로들은 집을 잃은 피난민의 행렬로 가득했고, 전쟁에 대한 공포로 도망치던 그들의 손에는 운반 가능한 소지품 정도만이 겨우 들려 있었다. 한 아랍인 목격자가 피난민들의 참상을 다음과 같이 묘사했다. "집도 돈도 없이 망연자실하여 방향도 정하지 못한 채 나라를 떠난 사람들은 이곳저곳을 떠돌며 아무 틈새나 동굴 속에서 살다가 병에 걸려서 죽었으며, 옷은 너덜너덜해져서 헐벗게 되었고, 음식도 떨어져서 굶주리게 되었다. 산악지대는 점점 추워졌고 그들을 보호해줄 그 누구도 없었다."[23]

전쟁이 끝났을 때 팔레스타인의 유대인들은 해안 평원의 주요 도시들과 좁고 기다란 갈릴리 지역을 장악하게 되었다. 이 과정에서 20만 명에서 30만 명 사이의 팔레스타인 사람들이 터전에서 쫓겨났다. 팔레스타인 난민들은 평화가 찾아오면 돌아올 작정이었다. 하지만 그들의 귀향은 허용되지 않았다. 다비드 벤 구리온은 1948년 6월에 내각에서 "어떻게 해서든지 그들의 귀향을

막아야 한다"라고 말했다.[24]

내전은 영국의 위임통치 마지막 날에 종식되었다. 팔레스타인의 유대인들은 1948년 5월 14일에 건국을 선언했고, 이때부터 이 나라는 이스라엘로 알려지게 되었다. 반면 패배한 아랍인들은 팔레스타인인으로서의 자신들의 정체성을 위엄 있게 지켜줄 국가를 가지지 못했다. 그들은 팔레스타인 국경에 군을 집결시켜 놓은 채, 마지막 영국군이 철수하기를 기다리고 있던 아랍 이웃 국가들에게 기대를 걸 수밖에 없었다.

영국은 약속한 대로 5월 14일에 "소등나팔"을 불고 깃발을 내린 후 배에 승선하여 자신들이 팔레스타인에 만들어놓은 재앙으로부터 도망쳤다.

***

팔레스타인에서 영국이 철수한 다음 날, 인근의 아랍 국가들의 군대가 침공했다. 1948년 5월 15일에 팔레스타인의 아랍인과 유대인 간의 내전이 끝나고, 제1차 아랍-이스라엘 전쟁이 시작되었다. 이집트와 트란스요르단, 이라크, 시리아, 레바논의 각 정부들이 내세운 표면상의 파병 목적은 아랍 팔레스타인을 보호하고 이스라엘을 물리치는 것이었다. 하지만 실상 아랍 연맹은 영국이 팔레스타인에서 철수하기 이틀 전인 1948년 5월 12일이 되어서야 자국의 정규군을 파견하기로 결정했다. 그들의 개입이 약간의 조율과 사전계획, 조금의 신뢰와 공동 목표 아래에서 이루어졌더라면 아랍군은 승리했을지도 모른다. 하지만 팔레스타인에 파병된 아랍군은 유대 국가가 아닌 아군과 싸우고 있었다.

제1차 아랍-이스라엘 전쟁을 코앞에 둔 아랍 국가들은 완전히 혼란에 빠져 있었다. 팔레스타인에서의 싸움은 예상했던 것보다 훨씬 더 결과가 좋지 않았다. 잔뜩 허세를 부리던 파우지 알 카우크지는 정작 전장에서 형편없는 실력을 보여주었고, 규율도 엉망인 데다가 훈련도 제대로 받지 못한 그의 군대는 하가나에 맞서서 벌인 모든 작전에서 퇴각해야만 했다. 모든 면에서 아랍 해방군은 포위당한 팔레스타인 사람들에게 구원이 아닌 오히려 짐이 되었다. 이렇게 아랍 자원병들에게 기대는 전략은 완전히 실패로 돌아갔다. 영국군의 철수 날짜가 다가오면서, 이웃의 아랍 국가들은 유대 병력이 팔레스타인 전체를 점령하는 것을 막기 위해서는 자국의 정규군을 파병해야 한다는 것을 자각하게 되었다.

아랍 국가들은 모두 심각한 딜레마에 직면해 있었다. 그들은 팔레스타인에서의 싸움을 아랍 운동으로 보았기 때문에, 동족인 팔레스타인의 아랍인들을 보호하기 위해서 개입해야 할 도덕적 의무감을 느꼈다. 이러한 분위기는 아랍 국가들이 공동 작전을 조율하기 위해서 아랍 연맹의 주최로 한자리에 모이면서 더욱 심화되었다. 그러나 아랍 국가들은 자국의 국가적 이해관계를 버리지 못했다. 다시 말하면 그들은 아랍인으로서가 아니라 이집트인, 요르단인, 시리아인으로서 전쟁에 참여했던 것이다. 뿐만 아니라 아랍 국가 간의 경쟁관계마저 전쟁터로 끌고 왔다.

아랍 연맹은 1947년 가을과 1948년 겨울에 팔레스타인의 위기를 논의하기 위해서 일련의 모임들을 소집했다. 신생 아랍 국가들 간의 이해관계의 충돌 양상이 갈수록 역력해졌다. 아랍 세계의 국가들은 각기 자신들만의 관심사를 가지고 있었고, 어느 국가도 다른 국가를 크게 신뢰하지 않았다. 트란스요르단의 압둘라 왕이 아랍 형제국들로부터 가장 큰 의혹을 사고 있었다. 분할안을 지지함으로써, 자국의 팽창을 위해서 팔레스타인의 아랍 영토를 병합하려는 그의 야욕이 만천하에 드러났기 때문이다. 그 결과 그는 팔레스타인의 지도자 하지 아민 알 후세이니의 증오심과 이집트 왕 파루크의 적대심 그리고 시리아의 의혹을 사게 되었다. 그 무렵 시리아의 대통령 슈크리 알 쿠와틀리는 일부 장교들 사이에서 불고 있던 "왕정복고 운동"의 위험을 저지하기 위해서 애쓰고 있었다. 그런데 이 장교들이 하심 가의 지배 아래 시리아와 트란스요르단을 통합하여 대시리아를 구성하자는 압둘라 왕의 주장을 지지하고 있었다. 따라서 아랍-이스라엘 전쟁 동안 시리아가 수행한 일이라고는 트란스요르단을 견제하는 것이 전부였다. 궁극적으로 아랍 국가들은 아랍 팔레스타인을 구원하기 위해서가 아니라, 아랍 세계의 세력 균형을 서로가 바꾸지 못하도록 하기 위해서 전쟁에 나선 것이었다.

그러나 아랍 팔레스타인을 시오니스트들의 위협으로부터 구하기 위해서 개입에 나선 자국 정부에게 갈채를 보내고 있던 아랍 시민들에게서는 아랍 지도자들의 이러한 냉소주의를 전혀 찾아볼 수 없었다. 아랍 민중과 아랍군에 가담한 병사들은 온갖 미사여구에 감화되었고, 아랍의 대의의 정당성을 확신했다. 따라서 패전의 여파로 정치인들에게 크게 실망한 민중은 팔레스타인 "상실"에 따른 대격변을 아랍 세계에 예고했다.

1948년 5월 당시 대부분이 식민통치로부터 막 독립한 상태였던 아랍 각국의 병사들은 전쟁할 준비가 되어 있지 않았다. 1946년까지도 시리아와 레바논군에 대한 통제권을 쥐고 있던 프랑스는, 마지못해서 군을 철수시키면서 무기와 탄환을 전부 가져갔다. 영국은 이집트와 트란스요르단, 이라크 군대에 무기를 독점 공급했다. 또한 준독립 상태의 동맹국의 군대가 그 일대에서 영국군에게 위협을 제기하지 못하도록, 군용물자의 흐름도 감시했다.

뿐만 아니라 그 당시 아랍 군대의 규모는 매우 작았다. 레바논 군대는 그 숫자가 전부 합쳐도 3,500명을 넘지 못했고, 무기도 구제불능 상태의 케케묵은 것들이 전부였다. 6,000명을 넘지 못했던 시리아 군은 1947년 내내 군사 쿠데타 음모설로 시달리고 있던 대통령 알 쿠와틀리에게는 자산이라기보다 오히려 위협적인 존재에 가까웠다. 결국 시리아는 전체 병력의 반에도 못 미치는 대략 2,500명 정도의 군인들을 팔레스타인의 투쟁지로 파병했다. 이라크군은 3,000명을 파병했다. 그나마 트란스요르단의 아랍 여단(Arab Legion)이 이 일대에서는 가장 훈련이 잘 이루어진 군대였지만 전쟁 초기에는 전체 병력 6,000명 중에서 단지 4,500명만을 파병했다. 가장 큰 규모의 병력을 가지고 있던 이집트가 팔레스타인에 1만 명의 군인들을 파병했다. 그런데 이러한 제약들에도 불구하고 아랍의 전쟁 입안자들은 11일 이내에 유대 병력을 물리치고 신속한 승리를 거둘 수 있을 것이라고 낙관했다. 이러한 예측이 진심이었다면, 이는 아랍 측이 다가올 싸움의 심각성을 얼마나 제대로 파악하고 있지 못했는지를 여실히 보여주는 증거이다.

아랍 국가들 중에서 트란스요르단만이 팔레스타인 분쟁에 대해서 확실한 정책과 이해관계를 가지고 있었다. 압둘라 왕은 1921년에 영국이 자신에게 할당한 영토에 결코 만족할 수 없었다. 그는 그의 가문이 소유했던 다마스쿠스에 대한 통치권을 되찾기를 희망하며(따라서 "대시리아"를 주창했다) 1937년 이래로 팔레스타인의 아랍 영토를 자신의 사막 왕국에 병합시키도록 규정한 팔레스타인 분할안을 지지해왔다(이러한 이유로 무프티와 압둘라 왕 사이에는 적대심이 쌓였다).

압둘라 왕은 1920년대부터 유대인 기구와 폭넓게 교류해왔다. 이러한 관계는 UN이 팔레스타인 분할 문제를 논의하는 동안에 비밀 협상으로 발전했다. 1947년 11월에 압둘라 왕은 골다 마이어슨(훗날 이름을 메이어로 바꾼 그녀는 이스라엘의 총리직을 지냈다)을 만나서 UN의 분할안이 통과되기 2주일 전에 불가침 기본 협약을 체결했다. 그것은 압둘라가 UN이 인정한 영토에 유대 국가가 건설되는 것을 반대하지 않는 대가로 트란스요르단은 자국과 인접해 있는 팔레스타인의 아랍 영토— 즉 서안 지구— 를 합병한다는 내용이었다.[25]

트란스요르단이 팔레스타인 아랍 지역의 합병을 추진하기 위해서는 영국의 승인이 필요했다. 1948년 2월에 압둘라는 이 계획에 대한 영국의 동의를 구하기 위해서 자신의 밑에서 일하던 영국인 사령관 존 배곳 글러브 장군(글러브 파샤로 더 잘 알려져 있다)과 함께 총리 타우픽 아부 알 후다를 런던으로 파견했다. 2월 7일에 아부 알 후다 총리는 영국의 외무장관 어니스트 베빈에게 트란스요르단의 계획을 설명했다. 팔레스타인의 위임통치가 끝나면, 트란스요르단 정부는 트란스요르단의 국경에 인접한 팔레스타인의 아랍 영토를 점령하기 위해서 요르단 강을 건너서 아랍 여단을 파병하겠다는 취지였다.

"할 일이 명확해 보이는군요"라고 베빈은 답했다. "하지만 유대인들에게 할당된 지역을 침범하는 일은 절대 해서는 안 됩니다."

"우리야 간절히 원하는 바이지만, 병사들이 그렇게 하도록 놔두지 않을 것입니다"라고 아부 알 후다는 답했다. 베빈은 트란스요르단의 총리에게 감사하며, 팔레스타인에 대한 계획에 전적으로 동의했다. 요컨대, 압둘라 왕에게 서안 지구를 침략해서 합병해도 좋다고 허락한 것이다.[26]

따라서 아랍 국가들 중에서 트란스요르단만이 팔레스타인의 분쟁 현장에 왜 들어가는지 그리고 얻고자 하는 것이 무엇인지 정확하게 알고 있었다. 문제는 압둘라의 야심을 너무나 잘 알고 있던 다른 아랍 국가들이 팔레스타인을 구제하기보다는 트란스요르단을 견제하는 데에 더욱 많은 노력을 쏟았다는 사실이다. 시리아와 이집트, 사우디아라비아는 요르단의 야욕을 저지하기 위한 비공식적인 연합을 구성했고, 이러한 행동은 전쟁 수행 능력을 심각하게 훼손했다. 아랍 연맹이 압둘라 왕을 아랍군의 총사령관으로 지명했음에도, 각국의 아랍군 사령관들은 그의 명령을 받는 것은 고사하고 그와 만나는 것도 거부했다. 전쟁이 일어나기 직전에 이집트군 대표단에게 다음과 같이 물으며 압둘라 자신도 아랍 연맹의 의도에 의혹의 눈길을 던졌다. "아랍 연맹이 나를 아랍군의 총사령관으로 임명했소. 이러한 영예는 아랍 국가 중에서 가장 큰 나라인 이집트에게 주어져야 하는 것 아니오? 혹시 이 임명 뒤에 숨은 진짜 목적이 전쟁에서 실패할 경우 모든 비난과 책임을 나에게 뒤집어 씌우기 위한 것은 아니오?"[27]

이처럼 아랍 국가들이 압둘라의 계획에 적대적이기도 했지만, 팔레스타인의 지도자 하지 아민 알 후세이니에 대한 반감이 엄청났음에도 도움에 나선 것으로 미루어보아, 그래도 팔레스타인 사람들에게 연민을 느끼고 있었음이 분명하다. 이라크는 1941년에 하심 군주에 맞서 일으킨 라시드 알리 알 카일라니의 쿠데타를 지지했던 하지 아민을 못마땅해했다. 트란스요르단의 왕 압둘라와 경쟁관계에 있던 하지 아민은 아랍 팔레스타인을 차지하려는 서로의 야심 때문에 오래 전부터 사이가 좋지 않았다. 하지 아민에게 미온적인 지지만을 보내던 이집트와 시리아의 태도는 1948년 4월과 5월에 팔레스타인의 방어체제가 붕괴되면서 더욱 무심해졌다.

아랍 연합군은 대체로 소극적인, 즉 아랍 영토 한복판에 이질적인 유대 국가가 건설되는 것을 막고, 트란스요르단이 팔레스타인으로 팽창하는 것을 저지하며, 무프티가 존속 가능한 아랍 국가를 건설하지 못하도록 만들겠다는 목표를 가지고 팔레스타인에 들어갔다. 이러한 전쟁 목표를 가진 아랍 군대가 국가를 건설하겠다는 필사적인 투지로 뭉친 유대 군대에게 제압당한 것은 결코 놀랄 일이 아니다.

전장에서 유대 군대가 보여준 우세함은 의지력보다는 인력과 화력의 문제였다. 적의를 품은 아랍인 골리앗에게 포위된 유대인 다윗이라는 이미지는 아랍과 유대 병력의 규모 차이를 제대로 보여주지 않는다. 아랍 5개국 — 레바논, 시리아, 이라크, 트란스요르단, 이집트 — 모두가 전쟁에 돌입한 5월 15일 당시 전체 아랍 병력은 2만5,000명을 넘지 못했던 반면, 이스라엘 방위군(Israel Defense Force, 신생 국가의 군대는 이렇게 명명되었다)은 그 수가 3만 5,000명에 달했다. 전쟁 중에 아랍과 이스라엘 모두 군을 증원했지만, 7월 중순에는 6만5,000명, 1948년 12월에는 9만6,000명을 넘으며 정점을 찍은 이스라엘군을 대적하기에는 아랍의 병력이 턱없이 부족했다.[28]

이스라엘은 수적인 우위가 필요했다. 5월 15일부터 첫 번째 정전이 이루어진 6월 11일까지 전쟁의 제1국면 동안에 이스라엘군은 생존을 위해서 여러 전선에서 전투를 치러야 했다. 아랍 여단으로 알려진 트란스요르단의 군대가 5월 15일 새벽에 서안 지구를 건넜다. 처음에는 UN 분할안에 의거하여 국제 관할 구역으로 선포된 예루살렘으로 들어가기를 주저했던 아랍 여단은 이스라엘 군대의 도시 침략을 막기 위해서 5월 19일에 예루살렘의 아랍인 구역에 진지를 구축했다. 그사이에 이라크군은 5월 22일에 서안 지구의 절반에 해당하는 북부 지역을 장악했고 이스라엘군을 선제공격하지 않고도 나블루스와 제닌에 진지를 구축할 수 있었다. 시나이 반도에서 가자 지구와 네게브 사막으로 밀고들어간 이집트 부대는 아랍 여단을 따라잡기 위해서 북쪽으로 향했다. 시리아와 레바논 군대는 팔레스타인 북부를 침공했다. 전쟁의 제1국면 동안 이스라엘군은 동시에 수많은 군대를 상대해야 했기 때문에 아마도 상황이 가장 열악했을 것이다. 그럼에도 양측 모두가 심각한 병력 손실을 겪었다.

이스라엘과 아랍 국가들 간에 전쟁이 발발하자, UN이 평화 복구를 위하여 소집되었다. UN은 5월 29일에 정전을 촉구했고, 6월 11일에 효력이 발생했다. 이 전쟁의 공식적인 중재인으로 임명된 스웨덴의 외교관 폴케 베르나도테 백작에게 팔레스타인에 평화를 복구시키는 임무가 주어졌다. 첫 번째 정전 시한은 28일간으로 결정되었고, 전면적인 무기 금수조치가 이 지역에 내려졌다. 아랍 국가들은 고갈된 병력을 보충하기 위해서 무기 확보에 주력했지만, 영국과 프랑스, 미국은 금수조치 규정을 주도면밀하게 준수했다. 반면 이스라엘은 체코슬로바키아를 통해서 필요한 무기를 확보하여 선적했고, 병력을 6만 명까지 증원했다. 정전이 7월 9일에 만료되었을 때, 이스라엘은 교전을 재개할 준비가 적들보다 훨씬 잘 된 상태였다.

전쟁의 제2국면 동안에 이스라엘은 우세한 병력과 무기를 활용해서 모든 전선의 흐름을 아랍군에게 불리하도록 만들었다. 갈릴리의 시리아군에게 큰 타격을 입혔고, 레바논군을 국경 너머로 쫓아버렸다. 또한 아랍 여단으로부터 소도시 리다와 람라를 빼앗았고, 남쪽의 이집트 진지들도 집중 공격했다. 수만 명의 피난민이 전쟁을 피해서 도망치는 가운데 팔레스타인에서 발생한 인도주의적 위기에 경각심을 느낀 UN은 새로운 정전을 발효시키기 위해서 치열한 외교 활동을 재개했다. UN의 외교관들은 참전한 아랍 국가들 — 그중 몇몇 국가들은 탄환이 거의 다 바닥난 상태였다 — 모두가 기꺼이 정전을 수용할 생각이 있다는 것을 알게 되었다. 제2차 정전이 7월 19일에 발효되어서 10월 14일까지 지속되었다.

아랍 국가들이 5월 15일 전에는 어떤 공동의 염원을 가졌었든지 간에 두 달간의 전쟁 참사를 겪으면서 이 모든 것은 산산조각이 났다. 전쟁 시작 전부터 이미 상당히 심화되어 있던 아랍 국가들 간의 분열은 전쟁의 제1, 2 국면에서 발생한 병력 손실로 인하여 더욱 악화되었다. 아랍 국가들은 아랍 연맹의 입안자들이 낙관했던 신속한 승리는커녕 갈수록 승산이 없어 보이는 전쟁에 자국 군대의 발목이 잡혔음을 깨닫게 되었다. 어떤 아랍 국가도 확실한 출구 전략을 알지 못했다. 아랍 여론은 "유대인 갱단(Jewish gangs)" 정도로 치부했던 적들에게 자신들의 국군이 전멸당하는 것을 지켜보면서 큰 충격을 받았다.

아랍 국가들은 준비와 협력이 부족했다는 비난을 감수하기보다는 서로의 탓으로 책임을 돌렸다. 이집트와 시리아는 트란스요르단에게 반격을 가했다. 압둘라 왕이 유대인과 비밀리에 만나지 않았던가? 그의 영국인 사령관 글러브 파샤가 팔레스타인에 유대 국가 건설을 보장한 영국의 약속을 이행하고 있는 것이 아닌가? 아랍 여단이 완강한 이스라엘의 공격으로부터 서안 지구와 아랍의 동(東)예루살렘을 지키고 있는 것조차 용맹함이 아닌 요르단의 배신과 시오니스트와의 공모의 증거로 생각되었다. 이러한 사소한 다툼들이 아랍의 전쟁 수행 능력에 끔찍한 결과를 가져왔다. 아랍 국가들이 서로를 소외시키고 단독 행동을 취하면 취할수록 이스라엘군이 하나씩 아랍 군대를 쏘아 쓰러뜨리기는 더욱 쉬워졌기 때문이다.

베르나도테 백작은 3개월간의 정전 동안 아랍-이스라엘 위기의 해법을 모색하려는 UN의 활동을 이끌었다. 9월 16일에 그는 팔레스타인 분할 수정안을 내놓았다. 새로운 분할안은 이스라엘의 수중에 떨어진 람라 및 리다, 그리고 UN의 분할 원안(原案)에 의거하여 유대 국가에 할당되었던 네게브 사막을 포함해서 아랍 팔레스타인 땅을 트란스요르단에 합병하도록 규정했다. 한편 이스라엘 국가는 갈릴리와 해안 평원으로 구성되며, 예루살렘은 국제 관리를 받는다고 명시했다. 아랍과 이스라엘 모두 베르나도테의 안을 즉시 거부했다. 그리고 그의 외교적인 노력은 레히의 테러리스트가 9월 17일에 이 스웨덴 외교관을 암살하면서 잔인하게 중단되었다. 외교적 타결의 전망이 불투명한 가운데 전쟁은 정전시한이 만료되면서 10월 14일에 재개되었다.

1948년 10월 15일부터 11월 5일까지 전쟁의 제3국면 동안에 이스라엘은 갈릴리 지역을 완전히 정복했고 시리아 및 레바논, 아랍 해방군의 전 병력을 시리아와 레바논 영토로 몰아냈다. 이후 이스라엘은 이집트군을 격퇴하는 데에 총력을 기울였다. 이스라엘군은 고립된 이집트 부대를 포위했고, 공군은 3주 동안 이집트 진지들을 계속 폭격했다.

팔레스타인에서 이집트군이 패배하면서 심각한 정치적 결과가 초래되었다. 대규모의 이집트 분견대가 가자에서 약 32킬로미터 북동쪽에 위치한 남부 팔레스타인의 팔루자 마을에서 포위되었다. 어떤 구조의 손길도 없이 몇 주 동안을 꼼짝없이 갇히게 된 이집트 병사들은 큰 배신감을 느꼈다. 그들은 제대로 된 훈련은커녕 변변한 무기와 탄환도 없이 전쟁터로 보내졌다. 하지만 정치의식을 가진 장교들에게는 이 시간이 이집트 군주와 정부의 정치적 파산에 대해서 곰곰이 생각해볼 수 있는 계기를 제공했다. 팔루자에 갇힌 장교들 가운데에는 가말 압델 나세르와 자카리아 모히 엘 딘, 살라 살렘 — 자유장교단 소속의 이 세 사람이 훗날 이집트 군주정의 전복을 공모했다 — 이 있었다. "우리는 팔레스타인에서 싸우고 있었지만 우리의 꿈은 이집트에 있었다"라고 나세르는 썼다.[29] 아랍-이스라엘 전쟁에서 터득한 경험 덕분에 자유장교단은 자신들을 배신한 정부를 쫓아내고, 결국 팔레스타인에서의 패배를 이집트에서의 승리로 전환시킬 수 있었던 것이다.

아랍 국가들은 재앙을 모면하기 위해서 지속적인 모임을 가지고 단체행동에 나서려고 했지만 별 성과는 없었다. 10월 23일에 아랍 지도자들이 요르단의 수도 암만에 모여 이집트군을 구출할 계획을 의논했지만 시리아와 트란스요르단, 이라크 간에 쌓인 상호적인 불신으로 인해서 어떤 유의미한 협력도 이루어지지 못했다. 뿐만 아니라 아랍 형제들에게 자신의 패배를 인정하고 싶지 않았던 이집트는 포위당한 자국 군대를 구조할 가능성이 있었음에도 군사작전을 허락하지 않았다.

아랍의 분열은 이스라엘에게 득이 되었다. 12월에 이스라엘은 이집트의 전 병력을 — 팔루자에 여전히 포위되어 있던 이집트군을 제외하고 — 팔레스타인에서 몰아내는 데에 성공했을 뿐만 아니라 실제로는 시나이 반도의 이집트 영토까지 침략했다. 파루크 왕의 정부는 이스라엘군을 시나이에서 철수시키기 위해서 1936년의 영국-이집트 조약 — 이집트에 대한 영국의 영향력을 영속화한다는 이유로 민족주의자들이 매우 경멸했던 조약이다 — 을 들이밀면서 영국의 개입을 촉구해야만 했다. 1949년 1월 7일에 정전협정이 이집트와 이스라엘 사이에서 체결되었다. 네게브 사막에서 이스라엘의 마지막 공세가 단행되었고 이스라엘군은 훗날 에일라트 항구가 건설될 아카바 만의 움 라쉬라쉬까지 영토를 점령했다.

네게브의 정복과 함께 이스라엘 신생국은 최종적으로 위임통치령 팔레스타인 영토의 78퍼센트를 차지하게 되었다. 트란스요르단은 서안 지구를 장악했고, 이집트는 가자 지구를 확보했는데, 이것이 아랍인들의 수중에 남은 팔레스타인의 마지막 영토였다. 이집트와 시리아, 레바논군을 패퇴시키고 아랍 여단과 이라크군을 봉쇄한 이스라엘은 1948년에 압도적인 승리를 거두고 아랍 국가들에게 원하는 조건을 제시할 수 있었다. UN은 새로운 정전을 선언하며 이스라엘과 아랍 이웃들 간의 휴전 협상을 지중해의 로도스 섬에서 주최했다. 휴전 쌍무협정이 이스라엘과 이집트(2월), 레바논(3월), 트란스요르단(4월), 시리아(7월) 사이에서 체결되었다. 이렇게 제1차 아랍-이스라엘 전쟁은 끝이 났다.

팔레스타인 사람들에게 1948년은 알 나크바(al-Nakba, 대재앙)로 기억되었다. 내전과 아랍-이스라엘 전쟁으로 약 75만 명의 팔레스타인인이 피난민으로 전락했다. 피난민들이 팔레스타인의 겨우 남은 아랍 영토와 레바논, 시리아, 트란스요르단, 이집트로 밀려들었다. 동예루살렘을 포함하여 가자 지구와 서안 지구만이 간신히 아랍인들의 수중에 남았다. 가자 지구는 이름만 자치 지역일 뿐 이집트의 신탁 통치를 받게 되었다. 서안 지구를 트란스요르단에 합병하면서 이제 요르단 강 양안(兩岸) 모두를 차지하게 된 트란스요르단은 요르단으로 국명을 고쳤다.

제1차 아랍-이스라엘 전쟁이 종식되었을 때 지도상에는 팔레스타인이라고 부를 수 있는 지역이 전혀 남아 있지 않았다. 단지 외국의 점령 아래 또는 이산(離散)의 상태로 살고 있는, 뿔뿔이 흩어진 팔레스타인 사람들이 있을 뿐이었다. 그들은 국권을 인정받기 위해서 역사의 남은 시간을 싸우는 데에 써야만 했다.

***

아랍 세계 전역은 팔레스타인의 엄청난 재앙에 충격을 받았다. 그러나 이러한 위기의 순간에도 아랍 지식인들은 팔레스타인 상실의 원인과 결과에 대해서 상당한 선견지명을 보여주었다.

자기 비판적이고 개혁적인 논조를 띤 중요한 두 편의 아랍 저작물이 제1차 아랍-이스라엘 전쟁 직후 곧 등장했다. 그중 하나는 20세기의 위대한 아랍 지식인 중의 한 명인 콘스탄틴 주라이크의 저작이다. 1909년에 다마스쿠스에서 태어난 주라이크는 베이루트의 아메리칸 대학교에서 학사를 마치고 시카고 대학교와 프린스턴 대학교에서 석사와 박사를 마쳤다. 그때 그의 나이 21살이었다. 그는 레바논과 시리아에서 학술 활동과 관직 생활로 평생을 보냈고, 막강한 영향력을 가진 아랍 민족주의에 관한 저작들을 썼다. 1948년 8월 전쟁이 절정에 달했을 무렵, 주라이크가 베이루트에서 발간한 영향력 있는 소논문 「대재앙의 의미(Ma'nat al-Nakba)」로 인해서 1948년의 전쟁에 알 나크바라는 아랍어 이름이 붙게 되었다.[30]

또다른 획기적인 저서는 무사 알라미라는 팔레스타인의 명사가 쓴 것이었다. 전(前) 예루살렘 시장의 아들이었던 알라미는 케임브리지 대학교에서 법을 수학하고 돌아와서 팔레스타인 위임통치 정부에서 일했다. 그는 고등판무관의 아랍 비서관 및 왕실 법률 고문관으로 승진했지만 아랍 반란이 정점에 이른 1937년에 사임하고 변호사로 개업하여 민족주의 운동 지원에 나섰다. 알라미는 1939년과 1946-1947년의 런던 회의에서 팔레스타인의 염원을 대변했었고, 아랍 연맹 형성 회의에서는 팔레스타인 대표로 활약했었다. 그는 1949년 3월에 발표한 소논문 「팔레스타인의 교훈(Ibrat Filastin)」에서 아랍의 완패와 민족 부흥의 길에 대해서 숙고했다.[31]

두 명의 저자 모두 팔레스타인의 상실과 이스라엘의 건립으로 아랍 역사의 위험한 새로운 장이 열렸다고 생각했다. "팔레스타인에서의 아랍의 패배는 단순한 역행이나 쉽게 지나갈 악이 아니다. 그것은 말 그대로 재앙이고, 수많은 고난과 환란으로 얼룩진 오랜 역사 속에서 아랍인들이 겪은 시련 중에서도 가장 가혹한 환란이다"라고 주라이크는 경고했다.[32] 아랍이 이러한 새로운 위험에 맞서는 데에 실패함으로써 바로 얼마 전에야 결별했던 식민지 시대와 별반 다르지 않는 분할 및 지배에 또다시 직면하게 되었다.

아랍의 병세를 서로 비슷하게 진단했기 때문에 알라미와 주라이크가 추천한 처방 역시 매우 유사했다. 아랍 분할의 광경은 두 저자 모두에게 아랍 통합의 필요성을 각인시켰다. 제1차 세계대전 이후의 합의와 영국 및 프랑스 간의 아랍 세계 분할로 아랍 민족은 분열되었고, 약화되었다. 따라서 아랍인들은 아랍 연대를 통해서 제국주의 질서의 분할을 극복해야만 하나의 민족으로서 그 잠재력을 실현할 수 있다고 주장했다. 한편 좁은 의미의 국민국가적 민족주의— 예를 들면, 이집트의 또는 시리아의 특정 민족주의 — 와 자신들이 열망하는 더 넓은 의미의 아랍 민족 간의 모순도 잘 인지하고 있었다. 주라이크는 새로이 등장한 독립 아랍 국가들의 견고한 국가적 이해관계를 고려한다면, 단기간에 공식적인 통합은 불가능하다고 생각했다. 따라서 우선 주라이크는 통일이라는 장기적인 목표에 앞서서 기존의 아랍 국가들에게 "광범위하고 포괄적인 변화들"을 촉구했다.[33] 반면 알라미는 "아랍의 프로이센"이 등장한다면 무력을 통해서 자신들이 열망하는 통합을 달성할 수 있을지도 모른다고 주장하며 희망을 버리지 않았다.[34] 팔레스타인의 재앙 직후 정치 무대에서 막 자리를 잡고 있던, 아랍군 고위층에 포진한 수많은 민족주의자들에게 아랍의 프로이센 역할은 상당히 매력적으로 다가왔다.

팔레스타인의 재앙에 대처하기 위해서 알라미와 주라이크는 모두, 아랍 연대의 서막이자 근대 세계에서 팔레스타인과 아랍이 자존감을 회복하기 위한 전제조건으로 다름 아닌 아랍 르네상스를 촉구했다. 두 저자의 책은 널리 유포되었고 상당한 영향력을 발휘했는데, 이는 그들의 분석이 시대정신을 잘 반영하고 있었기 때문이다. 아랍 시민들은 갈수록 점점 더 자신들의 통치자에게 환멸을 느끼고 있었다. 민족 독립 투쟁을 이끌었던 구(舊)정치 엘리트들은 제국의 주인들과 손을 잡음으로써 오점을 남겼다. 유럽 대학에서 교육을 받은 그들은 유럽 언어를 구사하며 서구식 복장을 했고 식민주의가 만들어낸 기관에서 일했다. 그리고 무엇보다 중요한 것은 그들이 부역의 악취를 풍겼다는 사실이다. 그들은 작은 이득을 두고 다툼을 벌였고, 그들의 세계관은 제국주의자들이 정한 국경선을 넘지 못했다.

아랍 세계의 정치인들은 여전히 많은 아랍인들에게 영감을 주고 있던 대(大)아랍 국가에 대한 전망을 잃어버렸다. 그들의 정치적 파산이 팔레스타인에서의 아랍군의 형편없는 성적을 통해서 만천하에 드러났다. 이러한 이유로 알라미와 주라이크가 제안한, 연대의 힘으로 현대의 도전에 맞서는 자율적인 시민으로 구성된 대아랍 국가라는 해결책이야말로 많은 아랍인들에게 지금의 병세를 극복할 수 있는 확실한 처방전으로 보였다. 팔레스타인의 교훈으로부터 아랍인들은 분열은 반드시 몰락으로 귀결되며 단결만이 현대 세계의 도전들에 맞설 수 있는 방법이라는 것을 체득한 것이다.

시대가 변하고 있었다. 아랍의 통치자들은 팔레스타인에서의 패배로 인하여 심각한 타격을 입었다. 아랍 민족주의의 부름에 답한 새로운 세대가 자신들의 정부를 첫 표적으로 삼았던 것이다.

***

아랍 군대의 팔레스타인에서의 패배와 이스라엘이라는 국가의 등장으로, 신생 독립 아랍 국가들은 심각한 불안에 시달려야 했다. 알 나크바 직후 수개월 동안 이집트와 시리아, 레바논, 요르단은 정치적 암살과 쿠데타로 얼룩졌다.

팔레스타인 대재앙 이후 이집트는 정치적 혼돈에 빠졌다. 새로운 종교 정당에게 유대인 국가 건설로 귀결된 이슬람 영토의 상실은 이슬람에 대한 배신이나 다를 바 없었다. 이집트 무슬림 형제단은 수에즈 운하의 이스마일리야에서 초등학교 교사로 일하던 하산 알 반나에 의해서 1928년 3월에 설립되었다. 알 반나는 이집트의 이슬람적인 가치를 훼손하고 있다고 생각되는 서구의 영향력에 맞서서 싸우고자 했던 카리스마 있는 개혁가였다. 유럽의 영향을 받은 개혁과 영국의 제국주의 사이에서 알 반나는 이집트인들이 "신앙의 목표에서 이탈했다"라고 주장했다.[35] 이집트 사회 내에서 신앙의 부흥을 목표로 시작된 이 운동은 1940년대 말이 되면 기존의 정당들, 심지어는 와프드당과도 권력을 놓고 경쟁하는 강력한 정치 세력으로 진화했다.

무슬림 형제단은 팔레스타인 전쟁을 지하드로 선포했고, 유대 국가 창설에 맞서서 싸울 의용군 부대를 팔레스타인으로 파병했다. 해방군의 다른 아랍 자원병들처럼 그들 역시 유대인들의 힘과 조직을 과소평가했다. 전쟁에 대한 준비가 부족했던 만큼이나 패배를 받아들일 준비도 되어 있지 않았다. 그들은 팔레스타인에서의 아랍 실패를 종교에 대한 배신으로 보았고, 아랍 정부들 전체에 그중에서도 특히 이집트 정부에 그 책임을 돌렸다. 이집트로 돌아온 그들은 시위를 조직했고, 정부를 비난하며 패배에 대한 책임을 정부에게 물었다.

이집트 정부는 재빨리 무슬림 형제단에 대한 탄압에 나섰다. 1948년이 끝나갈 무렵, 조직은 폭동 선동과 이집트 정부 전복 음모로 기소되었다. 계엄령을 선포한 총리 마흐무드 파흐미 알 누크라시는 1948년 12월 8일에 무슬림 형제단의 해산 법령을 승인했다. 이 단체의 자산은 동결되었고, 문서들은 압수되었으며, 많은 지도자들이 체포되었다.

자유의 몸이었던 무슬림 형제단의 지도자 하산 알 반나는 조직 내의 극단주의자들과 정부를 화해시키려고 노력했다. 하지만 양측의 비타협적인 태도로 그의 노력은 수포로 돌아갔다. 총리 알 누크라시는 알 반나와의 만남을 거부했고, 형제단에게 어떤 양보도 하지 않았다. 조직 내의 극단주의자들은 폭력을 동원했다. 12월 28일에 이집트 총리가 내무부로 들어가던 도중에 1944년에 형제단에 가입한 수의학과 학생이 가까이에서 쏜 총을 맞고 사망했다. 알 누크라시는 팔레스타인 대재앙 직후 찾아온 긴장의 여파 속에서 쓰러진 첫 아랍의 지도자였다.

정부는 알 누크라시의 암살 혐의로 하산 알 반나를 체포하지 않았다. 자신이 오히려 자유의 몸이기 때문에 보복성 암살을 당할 위험이 있다는 것을 잘 알고 있었던 무슬림 형제단의 지도자는 그 자유가 전혀 편하지 않았다. 알 반나는 알 누크라시의 후임자와 협상을 하려고 했지만, 정부의 문은 모두 그에게 닫혀 있었다. 형제단은 정치체제를 전복하려는 어떤 시도도 하지 않았다고 항변했지만 소용이 없었다.

1949년 2월 12일에 하산 알 반나는 청년 무슬림 협회의 본부 밖에서 총격을 받고 살해되었다. 왕실의 지원 아래 정부가 암살을 지시했을 것이라고 많은 사람들은 추정했다. 6주일이라는 시간을 두고 벌어진 이 두 정치적 살인은 전례가 없던 수준으로 이집트의 정치적 긴장감을 고조시켰다.

시리아에서는 팔레스타인 대재앙이 군사 쿠데타를 촉발시켰다. 대통령 슈크리 알 쿠와틀리는 군대가 자신을 타도할지도 모른다고 오랫동안 우려해왔었다. 1949년 3월 30일에 그의 공포는 현실이 되었다. 노련한 시리아의 정치가 아딜 아슬란이 "근래의 시리아 역사에서 가장 중요하고 가장 이상한 사건"이라고 묘사했던 무혈 쿠데타를 육군 참모총장이었던 호스니 알 자임 대령이 이끌었다. 아슬란은 "일반 대중은 축하했고 학생들 대다수는 거리에서 시위를 벌일 기회로 삼았다. 그러나 정치 엘리트들은 나라의 운명에 대한 근심으로 아연실색했다"라고 일기에 적었다.[36] 시리아의 정치 엘리트들은 시리아 신생 공화국의 민주적인 제도들을 지키기 위해서 열심이었다. 그들은 군사독재가 두려웠고, 그럴 만한 충분한 이유가 있었다. 알 자임의 정부는 150일도 채 지속되지 못했지만, 그의 쿠데타는 시리아 정치에 군이 개입하는 계기가 되었다. 몇 차례 잠시 중단된 적이 있기는 하지만, 군인들은 이 세기가 끝날 때까지 시리아에 대한 통제권을 놓지 않았다.

외무장관 아딜 아슬란에 따르면, 알 자임의 통치가 보여준 가장 이상한 점은 시리아의 패전 직후 곧바로 이스라엘과 타협하려고 한 것이었다. 시리아와 이스라엘 간의 휴전협정이 1949년 7월 20일에 호스니 알 자임 정부에 의해서 체결되었다. 막후 협상에서 알 자임은 이스라엘과 포괄적인 평화조약을 체결하기 위해서 휴전협정 그 이상으로까지 밀고 나가려고 했다. 미국 정부의 전적인 지지를 받으며, 알 자임은 휴전협상에서 시리아의 협상단을 통해서 이스라엘 총리 다비드 벤 구리온에게 일련의 제안들을 전했다. 알 자임은 시리아와 유대 국가 간의 국교 정상화, 즉 대사의 교환과 국경 개방, 양자 간의 완전한 경제관계 수립 등을 제안했다.

30만 명에 달하는 팔레스타인 난민을 시리아에 정착시키자는 알 자임의 제안은 미국과 UN 관료들의 주목을 끌었다. 난민 문제가 가장 큰 인도주의적인 사안이자 아랍-이스라엘 분쟁을 해결하는 데에 있어서 주요 장애물이라는 것이 이미 분명해졌기 때문이다. 알 자임은 유프라테스 강 북쪽의 자지라 지역에 대한 미국의 개발 원조를 요청하면서, 그곳에 팔레스타인 사람들을 정착시키자고 제안했다. 그는 팔레스타인의 노동력과 미국의 자금 투입이 시리아를 근대화시키고 경제를 발전시키는 데에 도움이 될 것이라고 생각했다.[37]

하지만 이스라엘의 총리는 알 자임의 제안에 관심이 없었다. 트루먼 행정부와 UN의 중재자 랠프 번치 박사, 이스라엘의 외무장관 모셰 샤레트가 최선을 다했음에도 불구하고 벤 구리온은 알 자임과의 만남을 거부했고, 심지어는 그의 제안을 논의하는 것조차 거절했다. 벤 구리온은 시리아가 먼저 휴전협정에 서명해야 한다고 주장했다. 알 자임이 시리아와 이스라엘 사이에 위치한 티베리아스 호수를 분할하여 시리아의 국경을 조정하기를 원한다는 것도 알고 있었지만, 벤 구리온은 즉석에서 이를 거부했다. 이스라엘 총리는 아랍 이웃들과의 평화협정 체결을 서두르지 않았으며, 평화를 구축하기 위해서 영토를 양보를 하는 선례도 결코 남기려 하지 않았다. 오히려 벤 구리온은 아랍 이웃들과의 정전협정에 반영된 이스라엘의 국경이 유대 국가가 필요로 하는 것에 훨씬 미치지 못한다며 걱정했다.

벤 구리온이 알 자임과의 만남을 거절하자 미국 행정부는 시리아와 이스라엘의 외무장관 간의 만남을 제안했다. 다마스쿠스 주재 미국 대사 제임스 킬리는 알 자임 정부의 외무장관 아딜 아슬란에게 접근하여 이 만남을 제안했다. 아슬란은 불안감을 안고서 알 자임 정부에 참여한 고귀한 드루즈 가문의 후손이었다. 1949년 6월 6일자 일기에서 아슬란은 킬리 대령을 친구이자 광인으로 묘사하며, 그의 제안은 알 자임의 영향력 상실을 보여주는 것이라고 기록했다.

"당신은 내가 유대인들의 속임수에 절대 넘어가지 않을 것이고, 그들에게 결코 양보하지도 않을 것을 알면서, 왜 내가 [이스라엘 외무장관 모셰] 셔톡과의 만남에 동의하기를 원하는 것이오?"라고 아슬란은 미국 대사에게 물었다.

"비록 기밀인 이 문제를 논할 자유가 내게는 없지만, 당신의 질문에 솔직하게 답하고 싶네요"라고 킬리가 답했다. "당신이 명예로운 사람이라는 것을 알지만 이 문제를 비밀로 해주겠다는 약속을 해주십시오."

아슬란이 약속을 하자 킬리는 계속 이어나갔다. "벤 구리온과의 만남을 제안한 사람은 바로 자임입니다……그런데 벤 구리온이 이를 거부했고 그래서 우리[즉 미국 행정부]는 시리아와 이스라엘 외무장관 간의 모임을 생각해냈습니다. 셔톡은 이에 동의했고, 지금 당신이 거부한 안을 내놓았습니다."

킬리가 알 자임이 벌인 이스라엘과의 비밀외교를 폭로하자, 아슬란은 당혹스러움을 애써 숨기며 시리아 대통령의 제안을 일종의 외교 책략으로 일축했다. 킬리는 자신의 생각을 강요하지 않았고, 아슬란이 다음 행동을 고심하도록 남겨놓은 채 물러섰다.[38]

아슬란은 그날 밤 늦게까지 사무실에 있었다. 정전 회담에 파견될 시리아 대표단원 한 명과 이 문제를 의논했는데, 그는 알 자임이 셔톡과 직접 만나려 할 것이 틀림없다고 확신했다. 아슬란은 사임도 고려했지만, 이스라엘이 시리아와 따로 평화협정을 체결하여 다른 아랍 국가들과 시리아의 관계를 깨뜨리지 못하도록 하기 위해서 자기의 자리를 지키기로 결심했다. 다른 아랍 정부들과 접촉을 시작한 그는 비록 그 실체가 무엇인지는 드러나지 않도록 조심했지만, 그들에게 "커다란 위험"에 대해서 경고했다.

아슬란의 이러한 반응은 알 자임이 시리아의 여론이나 정치 엘리트들의 견해에 대해서 얼마나 무지했는지를 잘 보여준다. 처절한 패배의 아픔에서 빠져나오고 있던 시리아인들은 이스라엘과 평화를 체결할 기분이 아니었고, 특히 군부는 더욱 그러했다. 만약 알 자임이 자신의 평화안을 공개했더라면, 아마도 국내에서 엄청난 반대에 직면했을 것이다. 그렇기는 하지만, 미국의 국무장관 딘 애치슨과 UN 조정관 랠프 번치, 다수의 이스라엘 정치인 및 정보기관원들을 비롯해 여러 국제적인 명사들이 이 당시 알 자임의 계획안이 지닌 장점에 충분히 공감하고 있었기 때문에 오늘날 우리는 그것을 고려하지 않을 수 없다. 또한 이 이야기를 통해서 우리는 최초의 아랍 평화안을 배제한 사람이 사실은 벤 구리온이었다는 점도 확실히 알 수 있다. 미국과 UN의 지지를 받은 평화안을 접한 벤 구리온은 "동의할 수 없소"라고 답했다.

알 자임은 평화를 실현하는 데에 필요한 시간만큼 충분히 오랫동안 시리아를 통치할 수 없었다. 개혁안들(이스라엘과의 평화안은 그중 아주 일부분만을 대변할 뿐이다)이 당초 그의 권력 장악을 지지했던 여러 사회 집단들 조차도 멀어지게 만들면서 그 자신의 고립을 초래했다. 그의 쿠데타를 지지했던 장교 중 몇몇은 이제 그를 제거할 음모를 꾸미고 있었다. 1949년 8월 14일에 3월의 쿠데타에서 이루어졌던 조치들이 재현되었다. 정부의 주요 인사들이 체포되었고, 라디오 방송국은 점령당했다. 여섯 대의 장갑차를 앞세운 무리들이 알 자임의 집을 포위했고, 짧은 총격전 끝에 축출된 대통령을 체포했다. 구치소로 수송된 알 자임과 총리는 그곳에서 약식으로 처형되었다.

호스니 알 자임을 체포해서 처형한 사람은 아랍 세계에서 가장 영향력 있는 민족주의 지도자 중의 한 명인 안툰 사아다의 추종자였다. 사아다(1904-1949)는 1932년에 시리아 사회민족주의 당을 창설하기 위해서 브라질에서 고국인 레바논으로 돌아온 기독교도 지식인이었다. 베이루트의 아메리칸 대학교의 강사였던 그는 프랑스의 위임통치 및 대시리아를 해체하려는 시도에 반대하면서 대시리아 국가 통합을 위해서 싸웠다. 그의 정치관은 범아랍 민족주의의 대안이 되었고, 정치와 종교를 분리하자는 주장은 범아랍 국가에서 수니 무슬림의 지배를 받게 될 것을 우려하던 다양한 소수파들의 마음을 끌었다.

1949년 7월에 안툰 사아다는 레바논 정부를 전복하기 위해서 게릴라전을 시작했다. 그러나 반란은 오래 가지 못했다. 전쟁을 시작한 지 며칠 만에 시리아에 체포된 그는 레바논 당국에 인계되었고, 미래의 혁명가는 신속하게 재판에 부쳐져 1949년 7월 8일에 처형되었다.

사아다의 열렬한 추종자들은 재빨리 보복에 나섰다. 1951년 7월 16일에 사아다의 열성당원이 요르단의 수도 암만을 방문 중이던 전 레바논 총리 리야드 알 술흐(그의 정부가 사아다를 처형했다)를 암살했다.

정치 쿠데타나 처형, 암살 등이 아랍 국가의 지도부 변화에 영향을 미치게 되면서 아랍 정치는 점점 더 폭력적인 양상을 띠게 되었다. 리야드 알 술흐가 암살된 지 나흘 만에 트란스요르단의 압둘라 왕이 금요 예배를 보기 위하여 예루살렘의 알 아크사 사원으로 들어가던 도중에 암살되었다. 장차 요르단의 왕이 될, 15살 손자 후세인이 암살 현장에 그와 함께 있었다. "그 때를 뒤돌아 보노라면, 그렇게도 가까이 있었던 그 비극에 대한 내부 정보를 할아버지께서 가지고 있으셨는지 여전히 궁금하다"라고 후세인은 자서전에 썼다. 후세인은 압둘라 왕이 사망하던 날 아침에 그와 나눈 대화를 기억했다. 늙은 왕은 "매우 예언적인 말씀을 하셨는데, 그래서 만약 여전히 살아 있는 여남은 사람들이 그 이야기를 꺼내지 않았다면 그 당시 하셨던 말씀을 다시 거론하기가 꺼려졌을 것이다"라고 후세인은 기록했다. "'죽어야 한다면 그 누군가의 총에 머리를 맞아 죽고 싶구나'라고 할아버지는 말씀하셨다. '그것이 가장 쉽게 죽는 방법이란다. 나는 늙어서 짐이 되느니 차라리 그렇게 되고 싶구나.'" 늙은 왕의 바람은 기대했던 것보다 더 빨리 이루어졌다.

압둘라 왕은 자신의 생명이 위험에 처해 있다는 것을 잘 알고 있었다. 최근 자신의 왕국에 합병된 팔레스타인 지역의 적들이 사방에 포진해 있었기 때문이다. 많은 팔레스타인인들이 요르단을 팽창시키기 위해서 자신들을 희생시키고 유대인과 흥정했다며 그를 비난했고, 하지 아민 알 후세이니는 압둘라 왕이 팔레스타인을 배신했다고 규탄했다. 그러나 그 누구도 새로운 아랍의 정치적 폭력문화가 가장 신성한 이슬람 예배 장소 안까지 미치리라고는 예견하지 못했다.

압둘라 왕을 저격한 "그 누군가"는 무스타파 아슈라는 예루살렘 출신의 21살의 재단사 견습생이었다. 정치적 동기를 가진 사람이라기보다는 청부 살해업자였던 아슈는 왕의 경호원에게 즉시 사살되었다. 수많은 사람들이 체포되었고, 10명이 암살 공모죄로 기소되었다. 재판이 진행되기는 했지만, 왕의 암살 배후에 관한 새로운 정보는 거의 밝혀지지 않았다. 기소된 10명 중 4명은 무죄 선고를 받았고, 2명은 궐석 재판으로 사형선고를 받았으며(두 명 모두 이집트로 도망쳤다) 4명은 암살 가담죄로 교수형에 처해졌다. 처형된 사람 중의 3명은 전과가 있었던 평범한 상인들 — 가축 중개상, 정육업자, 카페 주인 — 이었다. 나머지 한 명인 무사 알 후세이니는 무프티의 먼 친척이었다.[39] 무프티와 이집트의 파루크 왕 모두 암살에 자금을 지원한 것으로 의심받았지만, 여전히 진실은 오리무중 상태이다. 결국 압둘라 왕은 팔레스타인 재앙의 또다른 희생자가 되었다.

***

제1차 세계대전의 종식과 함께 중동이 분할된 이후, 팔레스타인 재앙은 20세기 아랍의 역사에서 가장 중요한 전환점이 되었다. 그리고 오늘날 우리는 여전히 그 결과 속에서 살아가고 있다.

이 전쟁이 남긴 가장 지속적인 유산 중의 하나는 오늘날에도 계속되고 있는 아랍-이스라엘 분쟁이다. 팔레스타인의 상실을 받아들이지 않으려는 아랍과 더욱 큰 영토를 열망하는 이스라엘은 또다른 아랍-이스라엘 전쟁을 피할 수 없었고, 이 분쟁은 지난 60년 동안 너무도 빈번히 반복되어왔다.

분쟁으로 인한 인적 손실은 막대했고 팔레스타인 난민 문제는 여전히 해결되지 못하고 있다. 초기 75만 명이었던 난민은 1967년에 발생한 또다른 영토 손실과 60년 동안의 자연적인 인구 증가의 결과로, 이제 UN에 등록된 사람만 해도 그 수가 430만 명이 넘는다. 그 세월 동안 팔레스타인 사람들도 국가 건설이라는 목표를 달성하기 위해서 대표기구를 만들었다. 이와 더불어 이스라엘의 국경 침입에서부터 이스라엘의 해외 기업체에 대한 테러공격, 민중봉기, 점령당한 가자 지구와 서안 지구에서의 무장봉기, 이스라엘에 대한 테러 공격에 이르기까지 다양한 방식의 무장투쟁을 통해서 목표를 추구하고 있다.

팔레스타인 재앙은 아랍 정치에 끔찍한 영향을 미쳤다. 신생 독립국가들의 희망과 염원에는 1948년의 패배로 인해서 어두운 그림자가 드리워졌다. 팔레스타인에서 겪은 패배의 여파로 아랍 세계는 무시무시한 정치적 동요를 목격했다. 위임통치령 팔레스타인과 국경을 맞대고 있던 4개국은 정치적 암살과 쿠데타, 혁명으로 침몰했다. 구엘리트들이 젊은 세대의 군인들 — 대다수는 지방 출신으로 양차 세계대전 사이에 외국에서 교육을 받은 정치 엘리트들보다 대중 정치에 더 많이 연계되어 있었다 — 에 의해서 타도되면서 대대적인 사회 혁명이 발생했다. 구 정치인들이 자국의 국경 내에서 민족독립을 위해서 투쟁했다면, 열정적인 자유장교단은 범아랍적인 단결을 주창한 아랍 민족주의자들이었다. 또한 **구세력**이 유럽의 언어를 구사했다면, 새로운 지도자들은 거리의 언어로 말했다.

팔레스타인 재앙은 진정한 의미에서 아랍 세계에 대한 유럽의 영향력을 종식시켰다. 유럽에서 만들어진 팔레스타인 문제를 해결하지 못함으로써 유럽은 제2차 세계대전 직후 자신들의 약점을 드러냈다. 영국과 프랑스는 전쟁 후 2등 국가로 전락했다. 영국의 경제는 전쟁으로 너덜너덜해졌고, 프랑스의 사기는 수년간의 독일 점령으로 크게 저하되었다. 양국 모두 해외에 많은 것을 투자하기에는 국내 재건을 위해서 해야 할 일들이 너무 많았다. 이렇게 제국은 물러났고 새로운 강국들이 국제체제를 지배하게 되었다.

1949년 시리아에서, 1952년 이집트에서, 1958년 이라크에서 권력을 장악한 젊은 장교들은 영국이나 프랑스와 어떤 연계도 없었다. 대신에 그들은 새로운 세계의 강대국들 — 미국과 그와 경쟁관계에 있던 초강대국 소련 — 에게 의지하게 되었다. 제국주의 시대가 끝나고 냉전이라는 새로운 시대가 도래했다. 아랍인들은 새로운 규칙에 또다시 적응해야만 했다.

10

아랍 민족주의의 부상

아랍 세계는 혁명의 소용돌이 속에서 냉전이라는 새로운 시대로 접어들었다. 양차 세계대전 사이에 전개되었던 반제국주의 운동은 제2차 세계대전이 끝나면서 다시 새로운 활력을 찾았다. 팔레스타인 전쟁 직후 영국과 프랑스를 향한 적개심이 널리 확산되면서, 자신들이 옹립한 이집트, 요르단, 이라크 군주들과 체결한 우대 동맹의 혜택을 여전히 누리고 있던 영국의 입장이 곤란해졌다.

　구(舊)민족주의 정치인들과 그들이 모시던 왕들은 영국의 제국주의 지배와 분명한 선을 긋지 못함으로써 불신을 받았다. 이슬람주의적인 무슬림 형제단에서부터 공산주의자들에 이르기까지 다수의 새로운 급진적인 정당들이 신세대 민족주의자들을 끌어들이기 위해서 경쟁을 벌였다. 젊은 군장교들도 당대의 정치적 소요로부터 영향을 받았다. 젊은 세대는 아랍군주제의 정통성과 영국이 정착시킨 다당제적 의회제에 의문을 제기했고, 대신에 혁명적 공화주의에 크게 열광했다.

　시대의 보편적인 이념은 아랍 민족주의였다. 식민 지배에서 벗어나는 것이 1940년대 모든 아랍인들의 공통된 바람이었지만, 그들은 여기에서 머물지 않고 한 단계 더 나아간, 정치적 열망을 품고 있었다. 아랍인들의 대다수는 자신들이 공통의 언어와 역사 그리고 무슬림과 비무슬림이 공유해온 이슬람적 배경에 기반한 문화로 결속되어 있다고 믿었다. 그들은 아랍인들을 분열시키기 위해서 제국주의 세력이 만들어 놓은 국경을 해체하고, 아랍인들을 결속시켜온 유구한 역사와 문화적 유대에 기초한 새로운 국가의 건설을 원했다. 또한 세계정세 속에서 아랍의 위대함을 회복할 방법은 연대뿐이라고 생각했다. 따라서 제국주의에 항의하고, 정부의 실패를 비판하며, 아랍 통합을 촉구하기 위해서 수천 명이 무리를 지어 거리로 나섰다.

이집트는 여러 면에서 이러한 사태의 최전선에 있던 나라였다. 의사이자 페미니스트 지식인 나왈 엘 사아다위는 1948년에 카이로의 의과대학에 입학했다. 팽팽한 정치적 긴장감이 만연했다. "그 당시의 대학교는 거의 끊임없이 시위가 벌어지던 현장이었다"라고 자서전에서 회고했다. 사아다위는 민족주의 정치가 낯설지 않았다. 그녀와 함께 신문을 읽던 아버지는 왕과 군부의 부패와 이집트를 점령한 영국을 비난했다. "만성적인 삼중고(三重苦)란다. 체제의 변화 없이는 해결책도 없어"라고 아버지는 딸에게 말하고는 했다. "민중이 깨어나서 떨쳐 일어나야 해."[1] 어린 사아다위는 아버지의 말씀을 가슴에 새겼고, 1940년대 후반 카이로를 마비시켜버린 대중시위에 고등학생 때부터 참여하기 시작했다.

시위는 변화에 대한 이집트인들의 조바심의 반영이었다. 팔레스타인 재앙 직후 이집트인들은 정당에 환멸을 느꼈고, 파루크 왕에 대한 환상에서 깨어났으며, 이집트에서 영국이 점유하고 있는 지위도 더 이상 참을 수 없었다. 전쟁이 끝나고 탈식민화의 시대가 도래했지만, 엉덩이가 무거운 영국은 이집트를 떠나려 하지 않았다.

팔레스타인에서의 패배가 초래한 혼란 속에서 1948년 12월에 총리 알 누크라시가 암살된 이후, 이집트는 새로운 정부를 선출하기 위해서 1950년에 총선을 치렀다. 승리를 거둔 와프드당은 정부를 구성하고, 1919년 이래로 이집트 민족주의자들이 염원했던 완전한 독립 달성을 위해서 영국과의 협상을 재개했다. 1950년 3월에서 1951년 10월까지 와프드당은 영국 정부와 회담을 가졌다. 19개월간의 회담이 성과를 내지 못하자, 와프드당 정부는 일방적으로 1936년의 영국-이집트 조약을 폐기해버렸다. 하지만 영국은 이 조치를 인정할 수 없었다. 왜냐하면 조약이 폐기될 경우 수에즈 운하 지대의 영국군은 불법적인 점령군이 될 뿐만 아니라 비록 대영제국은 쇠퇴했지만— 영국

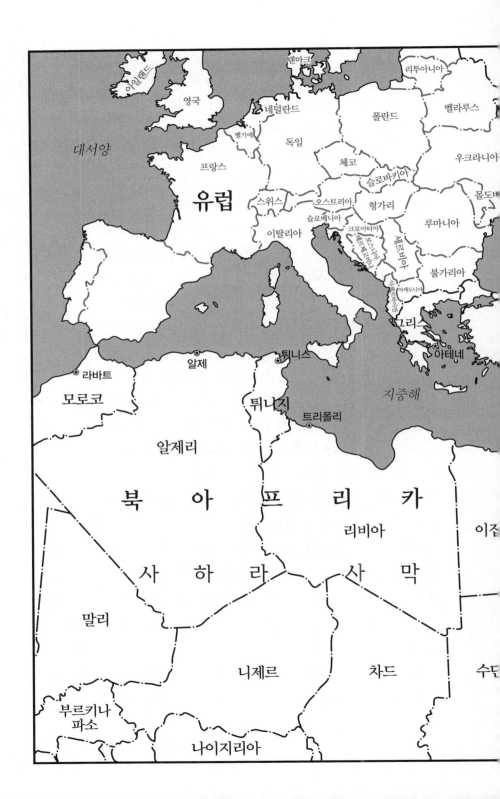

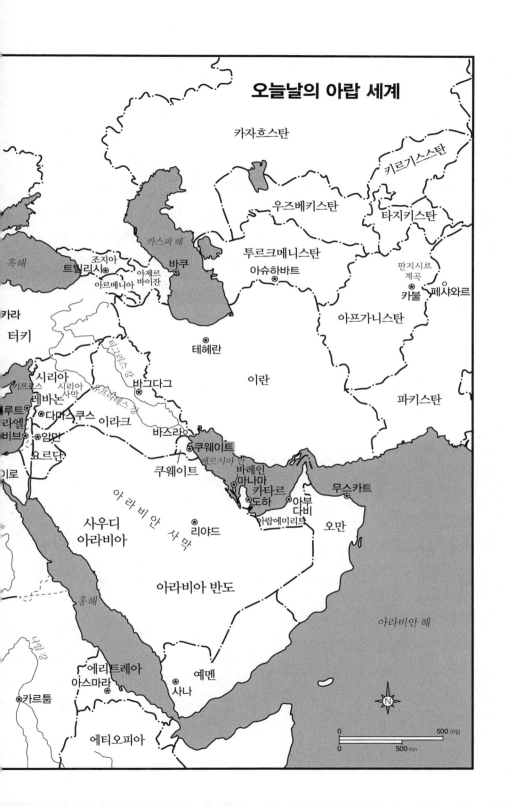

오늘날의 아랍 세계

카자흐스탄

키르기스스탄

우즈베키스탄

타지키스탄

투르크메니스탄
아슈하바트

판지시르
계곡

카스피 해

조지아
트빌리시
아제르
바이잔
아르메니아

바쿠

카불

페샤와르

흑해

아프가니스탄

카라

터키

테헤란

이란

파키스탄

시리아
레바논

시리아
사막

바그다드

키프로스

루트

다마스쿠스

이라크

라엘

바스라

비브

암만

쿠웨이트

페르시아 반

요르단

쿠웨이트

바레인
마나마

무스카트

이로

카타르

도하

아부
다비

아 라 비 안

아랍에미리트

사우디
아라비아

리야드

오만

사 막

아라비아 반도

아라비안 해

홍해

나일강

에리트레아
아스마라

예멘

카르툼

사나

에티오피아

N

| 0 | | 500 마일 |
| 0 | | 500 Km |

은 1947년에 인도에서 철수했다 — 수에즈 운하의 전략적인 중요성은 여전히 영국 외교정책의 초석이었기 때문이다.

협상을 통해서 목적을 달성할 수 없었던 와프드당은 다른 방법을 동원해서 영국에 대한 압력의 수위를 높였다. 와프드당 정부의 암묵적인 동의 속에서 젊은이들 — 대다수가 무슬림 형제단이나 학생, 농민, 노동자였다 — 이 피다이인(fida'iyin, 문자 그대로 "희생할 준비가 된 투사들"이라는 의미이다)으로 알려진 게릴라 부대에 자원했다. 1951년 10월에 게릴라 부대가 운하 지대의 영국군과 시설들을 공격하기 시작했다. 영국은 이 공격에 무력으로 대응했다. 나왈 엘 사아다위의 학우 한 명도 의학공부를 그만두고 피다이인에 합류하여 영국에 맞선 군사작전을 벌이던 중에 사망했다. 그것은 대의를 위한 순교였다.

운하 지대에서 전개된 무장투쟁은 카이로에서 격렬한 정치 논쟁을 불러일으켰다. 사아다위는 1951년 11월에 대학교에서 열린 학생집회를 떠올렸다. 그녀는 학생 정치인들 — 와프드당원이거나 공산주의자, 무슬림 형제단 — 이 영웅이라도 되는 듯이 각종 미사여구로 꾸민 연설을 점점 인내심의 한계를 느끼며 듣고 있었다. 그때 피다이인의 한 명이었던 아흐메드 헬미라는 사람이 연단으로 불려 나왔다. 그는 운하 지대를 점령하고 있는 영국군 공격에 가담했던 자유 투사였다. 그는 조용한 목소리로 사소한 일로 다투고 있는 학우들에게 다음과 같이 호소했다. "동지 여러분, 운하지대에서 싸우고 있는 자유 투사들에게는 무기와 식량이 필요합니다. 그들을 보호하기 위해서 후방의 전선은 안정되어야 합니다. 파벌 싸움을 할 시간도 여지도 없습니다. 우리에게는 민중의 연대가 필요합니다."[2] 사아다위는 열정적인 이 청년에게 마음을 빼앗겼고, 훗날 그와 결혼했다.

1952년 1월에 영국은 수에즈 운하 지대에 대한 통제권을 확고히 하기 위해서 무력을 사용하기로 결정했다. 영국군은 경찰이 피다이인을 지원하는 것을 막기 위해서 운하 지대의 이집트 경찰서를 점령하기 시작했다. 1월 24일에 영국은 별다른 충돌 없이 한 운하 소도시의 경찰서를 점령하여 경찰 160명으로부터 항복을 받아냈다. 이집트 정부는 영국이 너무도 쉽게 경찰서를 접수한 것에 당황해하며 운하지대의 이집트 경찰들에게 "최후까지" 영국에게 저항할 것을 촉구했다. 1,500명의 영국군이 이스마일리야 주(州) 관청을 포위하고 항복을 요구한 바로 그 다음 날에 드디어 기회가 찾아왔다. 정부청사를 경호하고 있던 250명의 경찰들이 항복을 거부한 것이었다. 영국군은 이집트 진지에 아홉 시간 동안 탱크와 대포로 포격을 퍼부었고, 이집트인들 역시 탄환이 떨어질 때까지 싸웠다. 결국 항복할 수밖에 없었던 이집트 측은 46명이 사망하고 72명이 부상을 당하는 피해를 입었다.

영국의 공격 소식은 이집트 전역으로 분노를 확산시켰다. 총파업이 다음 날인 1952년 1월 26일 토요일에 선포되었다. 수만 명의 노동자와 학생이 카이로로 모여들었다. 도시는 영국의 처사에 항의하는 대중 집회의 날에 대비하여 전열을 가다듬었다. 그러나 이집트 민중과 정부는 검은 토요일에 대비해서는 아무런 준비도 하지 못했다.

검은 토요일(Black Saturday)에 사악한 세력들이 카이로에서 활약했다. 분노로 시작된 시위가 금세 폭동으로 바뀌면서, 50명이 넘는 이집트인과 영국인 9명을 포함한 17명의 외국인이 군중에 의해서 살해되었다. 선동가와 방화범들이 극한의 무질서를 만들어내기 위해서 시위를 틈타 활개를 쳤던 것이다. 검은 토요일 사건을 목격한 공산주의 지식인 아누아르 압델 말렉은 카이로 중심가의 가장 부유한 지역에 방화범들이 불을 놓자 넋을 놓고 지켜보며 방관하던 시위자들을 다음과 같이 묘사했다. "그들은 방화범들이 하는 짓을 마냥 지켜보았는데, 이 화려한 수도가 자신들의 것이 아니라 불타고 있는 가게들의 주인인 부자들의 것이라고 생각했기 때문이다. 그래서 그렇게 하도록 내버려 둔 것이다."[3] 그날 하루 동안 군중은 영국인 클럽과 유대인 학교, 무슬림 형제단의 사무실, 유명한 셰퍼드 호텔을 포함한 4개의 호텔, 4개의 나이트클럽, 7개의 백화점, 17개의 카페와 레스토랑, 18개의 극장 그리고 은행과 자동차 전시장, 항공사 매표소를 포함해서 70개의 상업 시설들을 방화했다.[4]

1952년 1월 25-26일에 벌어진 이 끔찍한 사건은 이집트 정치질서의 종식을 가져왔다. 이집트 역사상 전례가 없었던 이와 같은 방화 공격은 사전에 계획된 것이 틀림없다고 모두가 확신했다. 소문과 음모설이 수도 카이로를 휩쓸었다. 공산주의자들은 사회주의자들과 무슬림 형제단을 비난했다. 어떤 사람들은 이것이 파루크 왕 — 카이로가 불타던 밤에 아들의 탄생을 축하하기 위한 연회를 주최했다 — 의 입지를 흔들기 위한 음모라고 주장했다. 또다른 누군가는 와프드당을 와해시켜 왕의 뜻에 좀더 순응적인 과도 정부를 세우려는 왕과 영국이 방화를 계획한 것이라고 주장했다.

검은 토요일에 파루크 왕이 맡은 역할이 무엇이었든지 간에 그는 1월 27일에 무스타파 나하스의 와프드당 정부를 해산시키고, 왕실에 충성스러운 무소속 정치인들이 이끄는 내각들을 연달아 구성했다. 의회는 3월 24일에 해산되었지만 새로운 의회 선출을 위한 선거는 무기한 연기되었다. 마치 파루크는 1930년에 그의 아버지가 시도했었던 왕실 통치 실험을 되풀이하고 있는 듯이 보였다. 이집트 정부에 대한 대중의 신뢰도는 땅에 떨어졌다.

사실 카이로를 불태우라고 누가 명령했는지는 중요하지 않다(그리고 이 질문에 대한 최종적인 답은 지금까지도 나오지 않았다). 소문과 여러 음모설은 군주와 정부의 신뢰도가 위기에 처해 있음을 보여주는 것이었고, 그것은 다가올 이집트 혁명의 전조였다.

1952년 이집트에서는 많은 사람들이 혁명에 대해서 이야기하고 있었지만, 이 무렵 정부의 전복을 적극적으로 도모하고 있던 이들은 정작 소수의 군 장교들뿐이었다. 자유장교단(Free Officers)이라고 자칭했던 그들의 지도자는 가말 압델 나세르라는 젊은 대령이었다. 자유장교단은 이집트의 군주와 의회 정부가 나라를 망쳤다는 확실한 신념과 애국심으로 똘똘 뭉쳐 있었다. 나세르와 동료들은 변변한 무기도 없이 전쟁터로 파병되어 수개월 동안 이스라엘 군에게 포위당한 끝에 결국에는 패퇴할 수밖에 없었던 팔레스타인 전쟁에서의 경험으로부터 큰 충격을 받았다. 자유장교단도 처음에는 이집트에 대한 영국의 제국주의 지배에 반대하기 위해서 모였다. 그런데 시간이 지나면서 자신들의 염원인 영국으로부터의 완전한 독립을 달성하는 데에 있어서 주요 장애물은 이집트의 정치체제라는 결론에 이르게 되었다.

팔레스타인 전쟁 직후 나세르는 가장 신임하던 동료 몇몇을 설득하여 군인들의 비밀 정치조직에 입회시켰다. 그는 자신들의 행동에 대한 전폭적인 지지를 확보하기 위해서 압드 알 하킴 아메르나 살라 살렘과 같은 팔레스타인 전쟁 예비역들과 안와르 사다트처럼 무슬림 형제단과 연계가 있던 사람들 그리고 칼레드 모히 엘 딘과 같은 공산주의자들을 끌어들였다. 1949년 가을에 나세르의 집 거실에서 첫 모임이 열렸다. 자유장교단의 조직이 커지자 발각되는 것을 피하기 위해서 새로운 지부들이 만들어졌다. 각 지부의 일원들은 이집트군의 다양한 분과(分課)에서 같은 뜻을 가진 장교들을 모집했다.[5] 또한 반제국주의를 내세운 자신들의 대의에 대한 장교단의 지지를 얻기 위해서 1950년 가을에는 첫 전단지를 배포했다.[6]

검은 토요일 사건은 자유장교단의 운동을 변화시켰다. 1952년 1월까지 그들의 주요 목표는 제국주의와 싸우는 것이었고, 정부에 대한 비판은 부패나 영국과의 협력 문제에만 국한되었었다. 하지만 1952년 1월 이후부터 자유장교단은 파루크 왕과 그가 임명한 왕정주의 정부 타도를 공개적으로 논의하기 시작했다. 그들은 쿠데타 목표 기일을 1952년 11월로 정하고 새로운 회원 모집과 반체제 장교들의 동원에 힘을 기울였다.

왕실과 자유장교단 간의 갈등은 겉으로는 아무 문제도 없어 보이던 1951년 12월의 이집트 장교 클럽의 집행부 선출 문제로 정점을 찍었다. 파루크에게 장교 클럽은 군주에 대한 군의 충성심을 보여주는 지표였다. 자유장교단은 왕과 그의 지지자들에게 맞서는 방편으로 선거를 이용하기로 결정했다. 나세르와 동료들은 인기가 많았던 무함마드 나기브 장군에게 이사회 야권 후보 명단 맨 위에 이름을 올리고 클럽 회장 후보로 나서 달라고 설득했다. 나기브와 야권 후보들이 선거를 휩쓸자, 파루크 왕은 선거 결과를 어떻게 해서든지 뒤엎고자 했다. 결국 1952년 7월에 파루크는 친히 개입해서, 나기브를 해임하고 장교 클럽 이사회를 해산시켰다. 자유장교단은 만약 자신들이 왕의 도전에 즉각 대처하지 않는다면 지금까지 쌓은 모든 신뢰를 잃게 될 것이라고 생각했다. 나세르의 최측근이었던 압드 알 하킴 아메르는 자유장교단원들에게 다음과 같이 경고했다. "왕이 우리에게 강타를 날렸다. 그럼에도 우리가 같은 방식으로 답하지 않는다면, 우리 조직은 장교들에게 신뢰를 잃게 될 것이고 그 누구도 우리와 함께하려 하지 않을 것이다."[7]

자유장교단원들은 자신들이 신속하고 단호하게 행동하지 못한다면, 모두가 투옥될 것이라는 데에 전적으로 공감했다. 나세르는 자유장교단의 원로 정치인인 나기브 장군과 만나서 군주제에 대항하는 즉각적인 쿠데타를 도모했다. "우리는 지금이 이집트 혁명의 적기임을 만장일치로 합의했다"라고 나기브는 회고록에 썼다. 왕과 내각은 카이로를 군인들에게 맡겨놓은 채로 알렉산드리아의 여름 관저에 머물고 있었다. "날씨가 너무 뜨겁고 후덥지근해서 우리 외에는 그 누구도 혁명이 목전에 닥쳤음을 상상도 못 했을 것이다"라고 나기브는 추론했다. "따라서 일격을 가하기에는 더할 나위 없이 좋은 때였다." 그들은 왕이 새로운 내각을 임명하기 전에 그리고 "그의 첩자들이 우리가 누구이며, 무엇을 계획하고 있는지 알아내기 전에" 행동에 나서기로 결정했다.[8]

자유장교단은 돌아올 수 없는 강을 건넜다. 체제 전복 음모에는 감수해야 할 위험이 컸다. 자유장교단은 실패 시 반역죄에 처해지리라는 것을 잘 알고 있었다. 따라서 매우 신중하게 계획—라디오 방송국과 군 사령부를 동시에 접수할 것, 쿠데타 공모자들을 지원할 충성스러운 군부대를 동원할 것, 공안을 유지하고 외국의 개입을 배제하기 위한 대책을 세울 것—을 숙고했다. 1952년 7월 23일로 예정된 쿠데타 기일에 앞서서 챙겨야 할 많은 세부사항들이 있었다.

쿠데타 공모자들은 정부의 밀착 감시를 받고 있었기 때문에, 쿠데타를 며칠 앞두고 엄청난 압박감을 느꼈다. 나기브 장군은 쿠데타 전야(前夜)에 자신의 장교 한 명으로부터 반정부 음모를 주도한 혐의로 곧 체포될 것이라는 경고를 받았다. "나는 당혹감을 숨기기 위해서 최선을 다했다"라고 나기브는 회고록에서 고백했다. 자신은 감시를 받고 있기 때문에 자유장교단의 계획을 망칠지 않을까 걱정이 된다면서 나기브는 쿠데타가 전개되던 날 밤에 집에 머무르기로 결정했다.[9] 그날 밤 부인을 데리고 극장에 간 안와르 사다트는 다른 관람객과 시끌벅적한 싸움을 벌였고, 고소장을 제출하려고 경찰서에 갔다. 혹시라도 쿠데타가 실패할 경우, 그것은 쿠데타 공모자가 내세울 수 있는 좋은 알리바이가 되어줄 것이라고 그는 생각했다.[10] 심지어 가말 압델 나세르와 압드 알 하킴 아메르는 민간인 복장으로 쿠데타 현장에 나타나서 지지자들을 놀라게 했다(나중에 모두 제복으로 갈아입기는 했지만 말이다).[11]

의혹과 우려에도 불구하고, 자유장교단은 거의 피를 흘리지 않고 쿠데타에 성공했다. 이집트군 사령부를 포위한 반란군은 7월 23일 오전 2시경에 약간의 저항은 있었지만 이를 물리치고 기관을 점령했다. 일단 군사령부가 확보되자, 쿠데타를 지원하던 군부대는 도시가 잠에 취해 있는 동안에 카이로의 전략적 거점들을 점령하라는 명령을 받았다. 군이 제자리를 잡자, 국영 라디오 방송국으로 간 안와르 사다트는 군 총사령관 무함마드 나기브 장군의 이름으로 쿠데타를 선포함으로써 고전적인 쿠데타를 마무리지었다.

7월 23일에 카이로 중심의 카스르 알 아이니 병원에서 근무 중이었던 나왈 엘 사아다위는 성명 발표가 끝나자 곳곳에서 터진 환호성을 다음과 같이 묘사했다. "병실에서 환자들이 라디오를 듣고 있었다. 갑자기 음악이 끊기더니, 군이 국가 통수권을 인수받았으며, 더 이상 파루크가 왕이 아님을 알리는 중대 성명이 발표되었다." 그녀는 환자들의 즉흥적인 반응에 놀랐다. "우리가 서 있던 곳으로 갑자기 환자들이 '혁명 만세!'라고 외치며 병실에서 몰려 나왔다. 나는 입을 활짝 벌리고 공중으로 팔을 휘저으며 누더기 셔츠들을 휘날리던 그들을 볼 수 있었다. 그것은 마치 해부실에서 시체가 벌떡 일어나서 '혁명 만세!'라고 외치는 것 같았다." 실제로 망자도 그 자리에서 딱 멈추어 섰다. 병원을 떠나던 장례 행렬이 이 소식에 가던 길을 멈추었던 것이다. "관을 나르던 사람들이 관을 포장도로에 내려놓고는 '혁명 만세!'라고 외치는 군중들과 섞여버렸고, 조금 전까지 고인을 애도하던 여자들은 울부짖음 대신 [축하의] 새된 소리를 내지르기 시작했다."[12]

파루크 왕과 그의 정부는 7월 23일에 무너졌다. 그러나 자유장교단은 자신들의 운동이 성공한 지금 앞으로 어떻게 해야 할지 전혀 알지 못했다. "혁명을 이행했을 때, 우리는 정권을 인수할 준비가 전혀 되어 있지 않았다"라고 사다트는 회고록에서 떠올렸다. "우리는 장관이 되고픈 야심이 없었다. 그런 것은 상상조차 하지 않았으며, 심지어는 구체적인 정부 계획안도 만들지 않았다."[13] 그들은 노련한 정치가인 알리 마헤르에게 새로운 정부 구성을 요청하기로 결정했다. 자유장교단은 파루크 왕 처리 문제를 두고도 고심해야만 했다. 그를 체포할 것인가? 처형할 것인가? 나세르는 파루크를 폐위하고, 불화를 초래할 수도 있는 사법 절차로 새로운 정부를 옭아매거나 골치 아픈 처형으로 인기가 없는 군주를 순교자로 만드는 위험을 무릅쓰는 대신에 망명을 허용하는 현명한 결정을 내렸다. 7월 26일에 파루크는 섭정을 받을 어린 아들 아흐메드 푸아드 2세에게 왕위를 물려주고, 알렉산드리아에서 21발의 예포와 함께 나기브 장군의 환송을 받으며 왕실 요트 마흐루사에 승선했다.

"나는 그에게 경의를 표했고, 그도 답례를 했다"라고 나기브는 회고했다.

당혹스러운 긴 침묵이 이어졌다. 우리 둘 다 무엇을 말해야 할지 몰랐다.
"우리가 이렇게 할 수밖에 없도록 만든 사람은 바로 전하이십니다."
파루크의 대답은 여생 동안 나를 혼란스럽게 만들었다.
"나도 알고 있소"라고 그는 말했다. "당신들은 내가 항상 하고 싶었던 일을 하였소."
나는 너무 놀라서 더 이상 무엇을 말해야 할지 떠오르지 않았다. 내가 경례를 하자, 다른 이들도 따라 했다. 파루크는 경례에 답했고, 우리 모두와 악수를 나누었다.
"당신이 군을 잘 돌보기를 바라오" 그가 말했다. "당신도 알다시피 군을 창설한 이는 바로 나의 할아버지요."
"이집트군은 잘 관리되고 있습니다"라고 나는 답했다.

"당신의 임무는 쉽지 않을 것이오. 당신도 알겠지만 이집트를 통치하기란 결코 쉬운 일이 아니오."[14]

사실 나기브 장군은 이집트를 통치할 기회를 가지지 못했다. 이집트의 실제 지도자는 나세르라는 것이 곧 분명해졌다.

자유장교단의 혁명은 이집트 정치에 젊은 신세대의 등장을 알리는 것이었다. 51세의 나기브는 평균 연령이 34세였던 이 조직에서는 나이가 많은 축에 속했다. 1880년대에 아흐마드 우라비 대령 주변의 인사들 대다수가 그랬던 것처럼, 자유장교단원들도 모두 군직을 통해서 책임 있는 자리까지 오른 지방 출신의 이집트 토박이들이었다.

우라비처럼 자유장교단도 왕실 가문 주변에 포진하고 있던 튀르크-코카서스 출신의 엘리트들의 특권과 허세에 분개했다. 권력을 장악하고 나서 처음으로 포고한 법령 중의 하나는 베이와 파샤 같은 모든 튀르크어 경칭들을 폐지한다는 것이었다. "그럴 만한 가치도 없는 사람들에게……비정상적인 왕"이 수여한 직함이라고 생각했기 때문이었다.[15]

경칭을 빼앗긴 이집트의 특권층이 그 다음으로 빼앗긴 것은 땅이었다. 자유장교단은 개인의 토지소유를 200에이커(약 80만 제곱킬로미터/역주)로 제한하는 법을 통과시키면서, 토지 대개혁을 시작했다. 왕실의 방대한 농장들이 국가에 의해서 몰수되었고, 약 1,700명의 대지주들의 부동산이 정부에 의해서 징발당했으며 그들에게는 30년 만기의 채권이 보상으로 주어졌다. 총 36만5,000에이커 정도의 토지가 이집트의 지주 엘리트들로부터 압수되었다. 그후 이 토지들은 기껏해야 5에이커 정도의 땅을 가지고 있던 소규모 자작농들에게 재분배되었다. 이 계획안은 토지를 기반으로 부를 축적한 민간 엘리트층을 대표하는 총리 알리 마헤르의 격렬한 반대에도 불구하고 통과되었다. 유산계급 엘리트층의 바람보다는 대중의 지지를 더욱 가치 있게 생각한 자유장교단은 1952년 9월에 마헤르를 사퇴시켰다.

토지 개혁 조치는 자유장교단에게 확실히 정치적 이득이 되었다. 이집트의 농업 인구 중 일부만이 1952년의 토지개혁 조치로부터 실질적인 혜택을 보았음에도 ― 이집트 전체 인구 2,150만 명 중에서 총 14만6,000 가구 정도 ― 이집트 시민들은 이 정책에 엄청난 호의를 보였다.[16] 이집트 대중의 지지 속에서 군인들은 대담해졌고, 권력의 고삐를 쥔 그들은 정치에도 더욱더 직접적으로 관여하게 되었다.

정치에 발을 내딛은 자유장교단은 매우 결단력 있게 행동했다. 1952년 9월에 나기브 장군은 대다수가 민간인으로 이루어진 새로운 정부 구성에 동의했다. 혁명의 과업을 감독하기 위해서 혁명평의회(Revolutionary Command Council, RCC)라는 군인위원회를 조직한 나세르는 겉으로는 정부에 협력했지만 갈수록 나기브를 견제하기 시작했다. 군인들은 재빠르게 이집트 정치에서 다당제를 추방했다. 1953년 1월에 와프드당과 무슬림 형제단의 압력에 대한 대응으로, 혁명평의회는 모든 정당 활동을 금지하고 정당 자금을 국고로 환수했다. 막후에서 일하던 나세르 대령은 자유 집회(Liberation Rally)라고 알려진 국가 후원의 신당을 창설했다. 나세르는 정당 간의 파당싸움이 양차 세계대전 사이에 벌어진 분열 정치에 대해서 상당한 책임이 있다고 주장했다. 혁명평의회가 군주제를 폐지한 1953년 6월 18일에 나세르는 구체제와 최종적인 결별을 고했다. 이집트는 공화국으로 선포되었고, 무함마드 나기브가 초대 대통령으로 지명되었다. 파라오의 시대 이후 처음으로 이집트는 토박이 출신의 이집트인의 통치를 받게 된 것이었다. 나왈 엘 사다아위의 표현대로 나기브는 "고대 이집트의 메나 왕 이후로 최초로 통치를 하게 된 이집트인"이었다.[17]

이집트 공화국은 이제 국민의 정부였고, 이집트 국민 대부분의 전적인 지지를 받았다. "나라의 분위기가 달라졌다"라고 사아다위는 회상했다. "예전에는 사람들이 무서운 얼굴로 말없이 걷곤 했었다. 지금은 거리가 달라졌다. 사람들은……담소를 나누고, 웃으며, 아침인사를 하고, 낯선 이방인과도 악수를 나누며, 서로의 건강과 최근 소식들을 물었고, 정권 교체를 서로 축하하며,

앞으로의 일들을 토론하고 예견하고자 했으며, [그리고] 변화가 매일 일어나기를 기대했다."

변화를 열망하는 국민들의 높은 기대에 부응하는 것이 새로운 정부에게 주어진 과제였다. 하지만 이 일은 결코 쉽지 않았다. 새로운 이집트 정부는 위협적인 여러 경제 문제들을 물려받았다. 나라는 농업에 과도하게 의존하고 있었지만, 농업 생산량은 이집트의 사막 환경으로 인해서 제약을 받고 있었다. 사막 개간에 필수적인 수자원이 없이는 경작지를 확대할 방법이 없었다. 이집트 산업도 대부분이 저개발 상태였다. 농업이 1953년 국내 총생산의 35 퍼센트를 차지하고 있었던 반면 산업은 겨우 13퍼센트를 차지하고 있었다 (GDP의 나머지 52퍼센트는 서비스 부문이 차지하고 있었다).[18] 산업화가 느렸던 이유는 공공 투자나 민간 투자 모두가 매우 저조했기 때문이었다. 전체 인구의 성장률은 일자리 창출율을 훨씬 추월해 있었고, 이것은 적은 수의 이집트인만이 삶의 기준을 유의미하게 증진시키는 데에 필요한 지속가능한 직업을 구할 수 있었음을 의미했다.

혁명평의회의 장교들은 이 모든 문제들에 대한 해결책으로 나일 강 수력발전 댐 건설이라는 급진적인 계획안을 내놓았다. 기술자들은 상(上)이집트에 댐을 건설하기 위한 적당한 장소로 아스완 마을의 인근을 지목했다. 새로 건설될 아스완 하이 댐은 최소 600만 에이커에서 최고 800만에서 950만 에이커까지의 경작지를 개간할 수 있는 물을 저장하고, 이집트의 산업화와 그리고 나라 전역에 적정한 가격으로 전기를 공급하는 데에 필요한 전력을 양산하기 위한 것이었다.[19] 하지만 이러한 사업 진행에는 수억 달러의 자금이 필요했는데, 이것은 이집트가 조달할 수 있는 재원을 훨씬 넘어서는 것이었다.

아스완 댐에 자금을 조달하는 동시에 이집트 경제의 독립성도 수호하기 위해서 집권한 장교들은 국제 사회와 씨름을 해야만 했다. 독립 수호에 열성적이었던 이집트는 어떻게 해서든지 주권의 침해 없이 목적을 달성하고자 했다. 하지만 자유장교단은 타협 없이 전 세계와 싸우는 것이 얼마나 힘든 일인지 곧 깨닫게 되었다.

***

국제무대에서 새로운 이집트 정부가 가장 먼저 해결해야 할 일은 영국군을 완전히 철수시키는 것이었다. 그것은 반세기 전부터 추진되어온 이집트 민족주의의 미완의 과제였다.

1953년 4월에 나세르와 측근들은 미국의 중재 아래 이집트에서 영국군을 완전히 철수시키는 문제를 두고 영국과 협상에 들어갔다. 양측 모두에게 위험 부담이 컸다. 나세르는 실패할 경우 자유장교단이 몰락할 것이라고 생각했고, 영국도 갈수록 탈식민화 되어가는 세계에서 자국의 국제적인 위상에 민감할 수밖에 없었다. 협상 과정이 결렬과 재개를 반복하면서 16개월이나 지지부진하게 이어졌다. 결국 영국과 이집트는 타협을 했다. 이 안에 따르면, 7년의 과도기 동안 약 1,200명의 영국 민간인 전문가들이 운하 지대에 남을 것이며 모든 영국군은 이집트 땅에서 24개월 내에 철수할 것이었다. 이는 전면적이고 무조건적인 영국군의 철수가 아니었다. 일부 이집트 민족주의자들이 군의 철수가 2년이나 유예되었을 뿐만 아니라 영국 민간인의 체류를 7년 동안 허용한 점을 지적하면서 이에 대한 문제를 제기했다. 하지만 이 정도의 독립성을 확보한 것만으로도 나세르가 1954년 7월에 혁명평의회의 승인을 받는 데에는 아무런 문제가 없었다. 합의안이 1954년 10월 19일에 최종적으로 마무리되었고, 마지막 영국군이 1956년 6월 19일에 이집트를 떠났다.

그러나 영국과 체결한 새로운 협정은 이집트 내에서 비판을 받았다. 대통령 무함마드 나기브는 협정의 단점을 이용해서 젊은 경쟁자 가말 압델 나세르를 공격할 기회로 삼았다. 허수아비 역할에 더 이상 만족할 수 없었던 나기브는 대통령으로서 마땅히 누려야 할 전권을 찾으려고 했다. 나세르는 혁명평의회를 통제하며 대통령의 권한을 침해하고 있었다. 1954년 초 나세르와 나기브의 관계는 당대인들이 증오라고 묘사할 정도로 악화되었다. 나기브가 영국군의 철수를 비판하자, 나세르는 열렬한 추종자들을 동원하여 여전히 존경받고 있던 나기브의 평판을 떨어뜨리는 반대 여론을 조성했다.

무슬림 형제단 역시 자유장교단 정권을 비판하기 위해서 영국군의 불완전한 철수를 문제 삼았다. 1953년에 다른 모든 정당과 마찬가지로 활동이 금지된 이 이슬람주의 조직은 오래 전부터 새로운 군사 정권에 불만을 가지고 있었다. 1954년 초에 무슬림 형제단을 탄압하던 나세르는 그의 암살을 결의한 이슬람주의 분파의 표적이 되었다. 그들은 심지어 다이너마이트 벨트를 찬 자살폭탄 테러범을 나세르에게 접근시켜서 폭파하려는 계획까지 고려했다. 그것은 중동 역사상 최초의 자살폭탄 테러 음모 중의 하나였다. 그러나 이 전략은 1954년 당시의 이슬람주의자들에게 호소력을 가지지 못했고, 그 누구도 자원하려 하지 않았다.[20]

1954년 10월 26일에 무슬림 형제단의 일원이었던 마흐무드 압드 알 라티프가 좀더 전통적인 방법으로 나세르를 암살하려고 했다. 영국과 체결한 철수 협정에 대한 기념 연설을 하던 나세르를 향해서 그가 8발의 총격을 가한 것이다. 압드 알 라티프는 매우 형편없는 사수였다— 그가 쏜 탄환은 단 한 발도 표적을 스쳐 지나가지 않았다. 그러나 나세르는 총알이 자신의 주변을 지나갈 때조차 영웅적으로 행동했다. 그는 총격 사태에도 위축되지 않고, 연설을 잠시 중단했을 뿐이었다. 그가 열성적으로 연설을 재개하자 청중은 감동했고, 그의 연설은 라디오 방송을 통해서 이집트와 아랍 세계로 전달되었다. "동포 여러분" 나세르는 마이크에 대고 외쳤다. "여러분과 이집트를 위해서 제 피를 쏟겠습니다. 저는 여러분을 위해서 살 것이고, 여러분의 자유와 명예를 위해서 죽을 것입니다." 군중은 동의의 함성을 외쳤다. "그들이 저를 죽이도록 놔두십시오. 여러분께 자존감과 명예, 자유정신을 불어넣을 수만 있다면, 저는 상관없습니다. 가말 압델 나세르가 죽더라도, 여러분 각자가 가말 압델 나세르가 될 것이기 때문입니다."[21]

이것은 너무도 극적인 순간이었고, 이집트 대중은 나세르를 자신들의 대변자로 선포했다. 새롭게 얻은 인기 덕분에 나세르는 혁명의 제1인자가 되었고, 이제는 대중의 충성심을 두고 오랫동안 경쟁해 온 양대 세력인 대통령 무함마드 나기브와 무슬림 형제단도 마음대로 처리할 수 있게 되었다. 수천 명의 무슬림 형제단원이 체포되었고, 12월에 있었던 암살시도 가담죄로 6명이 교수형에 처해졌다. 재판에 포함된 나기브는 비록 범법행위로 기소되지는 않았지만, 11월 15일에 대통령직에서 해임되었고 가택 연금 20년형을 선고받았다.

이집트는 이제 논란의 여지가 없는 일인 통치자의 지배 아래 놓이게 되었다. 1954년 말부터 그가 사망한 1970년까지, 나세르는 이집트의 대통령이었고 아랍 세계의 총사령관이었다. 이전에도 그리고 앞으로도 나세르만큼 아랍 무대에서 영향력을 행사한 아랍 지도자는 없었고, 또한 그만큼 세계정세에 영향력을 끼친 사람도 찾기 힘들다. 놀랄 만한 모험에 막 나서려는 이집트에게 향후 수년간은 무엇이든 가능해보이고 순수한 아드레날린이 분출되던 그러한 시기였다.

철수 협정을 영국과 체결한 이집트의 다음 의제는 신생 국가 이스라엘과 아직 마무리 짓지 못한 일들이었다. 이 무렵 이집트와 유대 국가 사이의 허술한 국경 지대에서 긴장감이 고조되고 있었다. 다비드 벤 구리온 총리는 자유장교단의 의도를 타진하기 위해서 수없이 접촉을 시도했으나, 나세르와 그의 측근들은 이스라엘과의 직접적인 접촉을 피했다(1953년에 파리에서 이스라엘과 이집트 외교관 간에 비밀교류가 있었으나 성과는 없었다). 벤 구리온은 새로운 군인 통치자가 지배하는 이집트는 아랍 세계의 프로이센이 될 수 있고, 그것만으로도 이스라엘에게는 현존하는 확실한 위협이 된다고 결론내렸다. 그러나 나세르는 적대적인 새로운 이웃에게 맞서기는커녕 억제하는 데에 필요한 군사력조차 이집트가 보유하고 있지 못하다는 것을 잘 인지하고 있었다. 이집트가 이스라엘에게 실질적인 위협이 되기 위해서는 해외에서 무기를 확보해야 했다. 그러나 나세르는 무기 제공의 대가로 외국 정부들이 막 획득한 이집트의 독립성을 훼손하는 조건들을 반드시 내세운다는 것을 곧 깨닫게 되었다.

나세르는 처음에는 미국의 도움을 기대하며 1952년 11월에 미국에게 접근했다. 자유장교단은 필요한 것들— 비행기, 탱크, 대포, 선박— 을 설명할 대표단을 미국으로 파견해달라는 요청을 받았다. 미국은 원칙적으로는 도와줄 용의가 있었다. 그러나 무기 발주를 진행하기에 앞서서 이집트가 지역 방위조약에 가입하기를 원했다.

1953년 5월에 존 포스터 덜레스 국무장관이 이스라엘과 아랍 국가들 간의 평화협정 체결을 촉구하고 미국의 경쟁자인 초강대국 소련을 중동에서 고립시키는 이중 임무를 가지고 카이로를 방문했다. 이집트 정부와의 논의는 곧 무기라는 주제로 바뀌었다. 델레스는 이집트를 소련에 맞서 미국 및 영국의 공식적인 동맹자로 만들어 줄 중동방위기구(Middle East Defense Organization, MEDO)라는 새로운 지역방위조약에 가입한다면 미국은 기꺼이 이집트를 도울 것이라고 분명히 밝혔다.

나세르는 덜레스의 제안을 즉각 거부했다. MEDO는 이집트의 영국군 주둔을 연장시킬 수 있는 근거를 제공했기 때문에, 그 어떤 이집트 지도자라도 허용할 수 없는 것이었다. 나세르는 이집트인들이 소련의 위협을 두려워할 이유가 없다는 사실을 덜레스에게 이해시킬 수 없었다. 이집트에게 실질적인 위협 세력은 이스라엘이었다. 이집트의 유력 일간지인 「알 아흐람」의 편집자 모하메드 헤이칼(1923-)은 나세르의 절친한 친구였다. 그는 나세르가 다음과 같이 덜레스에게 물었던 것을 떠올렸다. "어떻게 나의 국민들에게 수에즈 운하에서 겨우 60마일밖에 떨어져 있지 않은 곳에서 권총을 쥐고 있는 살인자[즉 이스라엘]는 등한시하면서 5,000마일이나 떨어져 있는 곳에서 나이프를 쥔 누군가가 걱정된다고 말할 수 있겠소?"[22]

이집트와 이스라엘의 관계는 1954년에 영국-이집트 철수 협정이 체결된 이후 더욱 악화되었다. 벤 구리온은 수에즈 운하 지대에 주둔한 영국군을 이집트와 이스라엘 간의 완충제로 생각했기 때문에 곧 닥칠 영국군의 철수는 그에게 재앙을 의미했다. 1954년 7월에 이스라엘군 정보국은 카이로와 알렉산드리아에 있는 영국과 미국의 기관에 발화장치를 설치하는 비밀작전을 시작했다. 그들은 이집트와 영국, 미국 간에 위기를 초래해서 수에즈 운하에서의 영국군 철수를 영국이 다시 고려하기를 원했음이 분명하다.[23] 그런데 이스라엘 첩자 중의 한 명이 장치를 장착하기도 전에 체포되어 전 조직이 발각되면서, 이스라엘은 매우 곤란한 상황에 처하게 되었다. 악명 높은 라본 사건(작전 실패에 대한 책임을 져야 했던 당시 국방 장관 핀하스 라본의 이름에서 따온 것이다)에 연루된 사람 중에서 2명은 후에 처형되었고, 한 명은 감옥에서 자살했으며, 그 외의 사람들은 장기 징역형을 선고 받았다.

이집트와 이스라엘 간의 갈등은 라본 사건 직후에 이어진 이스라엘 요원들의 처형으로 다시금 고조되었다. 온건파 모셰 샤레트가 정부를 이끌던 딱 한 해 동안 잠시 총리직에서 물러났었던 벤 구리온이 1955년 2월에 다시 총리로 돌아왔다. 그는 1955년 2월 28일에 가자 지구에 주둔하던 이집트군에 대한 무시무시한 공격으로 자신의 복귀를 알렸다.

1948년에 전쟁이 끝나고 이집트 수중에 남은 팔레스타인 위임통치령의 유일한 땅이었던 가자 지구는 수십만 명의 팔레스타인 난민으로 가득했다. 쫓겨난 팔레스타인 사람들은 가자 지구와 이스라엘 사이의 국경을 자주 침범했다. 어떤 사람들은 이제는 이스라엘의 영토가 되어버린, 갈 수 없는 고향에서 재산을 되찾아오기 위해서였고, 또다른 어떤 사람들은 자신들을 추방한 이스라엘 국가에게 피해를 입히기 위해서였다. 1955년 2월에 있었던 두 차례의 침투가 대대적인 보복을 준비하던 이스라엘 정부에게 좋은 구실을 제공했다. 가자 지구로 넘어간 두 개 중대의 이스라엘 낙하산 부대원들이 이집트군의 지역 사령부를 파괴하면서 37명의 이집트 병사가 살해되었고 31명이 부상을 입었다. 이처럼 이스라엘이 군사적인 우위성을 과시하는 이때에 이스라엘에게 용감히 맞설 수 있도록 더 우수한 무기를 군에게 제공하지 못한다면 자신의 시대는 오래 지속하지 못할 것이라는 것을 나세르는 잘 알고 있었다.

가자 지구에서 이집트군이 겪은 피해로 인해서 나세르는 매우 큰 곤란을 겪게 되었다. 그 어느 때보다 외국의 군사 원조가 절실했지만, 그렇다고 그 도움을 받기 위해서 양보할 수는 없었다. 영국과 미국은 자신들이 이집트에게 신식무기 제공을 검토하기 이전에, 지역 동맹에 가입하라고 나세르를 계속해서 압박했다. 영어를 쓰는 이 열강들은 이제 나세르에게 나토가 후원하는 바그다드 협약(Baghdad Pact)에 서명하라고 재촉하고 있었다. 1955년 2월에 터키와 이라크가 소련의 팽창에 맞서서 이 조약을 체결했고, 그해에 영국과 파키스탄, 이란도 가입했다. 중동에 대한 영향력을 영속화하고 이집트 자유장교단을 대신해서 이라크의 하심 가 협력자들을 진출시키려는 영국의 음모라고 판단한 나세르는 바그다드 협약에 몹시 반대했다. 바그다드 협약을 명확하게 비판한 덕분에 나세르는 다른 아랍 국가들이 영국과 미국의 유인에도 불구하고 협약에 가입하지 못하도록 하는 데에 성공할 수 있었다.

영국의 총리 앤서니 이든은 영국의 중동 정책이 차질을 빚을 때마다 항상 그 배후에 나세르가 있음을 간파하고, 이집트 지도부에 맞서는 노선을 더욱 강화시켰다. 나세르와 이든 간의 반목이 갈수록 심화되고 있다는 점을 감안했을 때 영국이 선진 무기를 이집트군에 제공할 가능성은 거의 없었다.

***

이에 나세르는 군사무기를 제공해줄 대체 공급자로서 프랑스를 타진했다. 그러나 프랑스 역시 북아프리카의 민족주의 운동을 지지하던 나세르를 심각하게 경계하고 있었다. 프랑스로부터 완전 독립을 쟁취하기 위해서 결집하고 있던 튀니지, 모로코, 알제리의 민족주의자들이 본보기이자 동맹자로서 이집트를 고려하고 있었기 때문이었다. 나세르도 북아프리카의 민족주의자들에게 공감을 표하면서 그들의 반제국주의 투쟁을 외세 지배에 대항하는 광범위한 아랍 세계의 저항의 일부라고 생각했다. 비록 그들에게 재정적 또는 군사적 지원을 제공할 방법은 없었지만, 망명한 민족주의자들에게 피난처를 제공하고 이집트 국경 내에서 자유롭게 독립 투쟁을 조직할 수 있도록 해주었다는 것만으로도 그는 매우 흡족했다.

나세르가 북아프리카 민족주의자들에게 안전한 피난처를 제공하는 한, 프랑스는 군사원조를 제공할 수 없다고 밝혔다. 아랍과 프랑스 사이에서 선택에 직면한 나세르는 아랍을 선택했다. 아랍 민족주의 세력과 지는 싸움을 하고 있던 프랑스는 나세르의 입장 표명에 더욱더 분개했다.

북아프리카에서의 프랑스의 권위는 제2차 세계대전 초기에 나치 독일에게 프랑스가 패배하면서 치명적인 타격을 입었다. 사기가 저하된 비시 부역 정권의 식민지 관료들은 한때 위대했던 제국의 초라한 대표자들에 지나지 않았다. 프랑스의 약화가 감지되면서 튀니지, 알제리, 모로코의 민족주의 운동은 더욱 활발해졌다.

1942년 11월에 미군이 모로코의 비시 군대를 손쉽게 물리쳤다. 두 달 후 프랭클린 루스벨트 대통령과 윈스턴 처칠 총리가 북아프리카에서의 전쟁 계획을 세우기 위해서 카사블랑카에서 만났다. 모로코의 술탄 모하메드 5세를 초대한 저녁 식사 자리에서 루스벨트는 프랑스의 제국주의를 거리낌 없이 비판했다. 훗날 하산 2세로 모로코 왕위를 계승한 술탄의 아들 하산도 저녁 식사에 참석했다. 그는 "식민체제는 낡았고 운이 다했다"라는 루스벨트의 말을 인용했다. 제국주의 열강의 총리였던 처칠은 이에 동의하지 않았지만 루스벨트는 이 주제에 더욱더 열중했다. 하산에 따르면 루스벨트는 "모로코가 대서양 헌장(Atlantic Charter)의 원칙에 의거하여 전후(戰後)에 — 그 때가 멀지 않기를 고대하며 — 원하는 대로 독립을 획득할 수 있을 것이라고 예견했다." 루스벨트는 모로코가 독립을 획득하면 미국이 경제 원조를 하겠다고 약속했다.[24]

루스벨트의 말은 저녁식사 자리 너머까지 새어나갔다. 루스벨트의 방문 2주 일 후에 일단의 민족주의자들이 성명서를 작성하여 모로코의 독립에 대한 지지를 요청하는 편지를 미국 대통령에게 썼다. 심지어 술탄은 독일과 이탈리아에 선전포고를 하고 연합군 편에서 참전하겠다는 제안까지 했다. 하지만 영국과 미국 모두 샤를 드골 장군이 이끄는 자유 프랑스군을 지원하는 데에 여념이 없었고, 미국은 모로코의 독립 요청을 들어주기는커녕 1943년 6월에 드골의 자유 프랑스에게 모로코를 넘겨주었다. 모로코는 외세의 개입 없이 독립을 달성해야만 했다. 그리고 그들은 그렇게 했다.

모로코 독립운동의 추진력은 군주와 민족주의자들 간의 협력에서 나왔다.

1944년 1월에 이스티크랄, 즉 독립당이라는 새로운 민족주의 운동 조직이 모로코의 독립을 주창하는 성명서를 발표했다. 이스티크랄은 공개적으로 군주제를 지지했고, 성명서는 술탄이 모로코 국민을 대표하여 프랑스와 협상할 것을 제안했다. 당이 내건 유일한 조건은 술탄이 민주적인 통치 기구를 설립해야 한다는 것이었다.

모하메드 5세가 이스티크랄을 전적으로 지지하면서 프랑스 식민 당국과의 충돌은 불가피해졌다. 좁은 범주의 정치 엘리트들이 이끌던 민족주의 운동이 1940년대 말에 노조와 도시 대중에게로까지 확산되면서 식민 당국도 술탄을 북아프리카의 프랑스 제국을 위협하는 음흉한 민족주의 세력의 수장으로 간주하기 시작했다.

아랍 세계는 모로코의 민족주의자들에게 도덕적인 지지를 보냈다. 망명한 모로코의 투사들이 1947년에 카이로에 아랍 마그레브 사무소를 설립하면서, 프랑스의 방해 없이 정치활동을 계획하고 선전을 펼칠 수 있게 되었다. 마그레브 사무소는 1920년대에 에스파냐 및 프랑스와의 리프 전쟁을 이끌었던 압드 알 크림 알 카타비를 유배지 레위니옹 섬에서 파리로 수송하던 프랑스 선박에서 구출한 사건으로 대서특필되었다. 압드 엘 크림으로 잘 알려져 있던 그는 카이로에서 영웅으로 환영받았고 북아프리카 해방위원회의 의장으로 지명되었다.

프랑스는 아랍 민족주의 물결이 자신의 북아프리카 영토들을 휩쓸어버릴지도 모른다는 우려에 사로잡히게 되었다. 모하메드 5세는 모로코와 아랍 세계 간의 연대를 더욱더 강조하기 시작했다. 1947년 4월에 탕헤르의 연설에서 그는 프랑스에 대해서는 일언반구도 없이 모로코와 아랍 간의 유대에 대해서만 언급했다. 1951년에 단호한 태도로 프랑스 총독은 모하메드 5세에게 이스티크랄을 부인하든지 아니면 사퇴하라는 최후통첩을 보냈다. 비록 술탄은 프랑스의 압박에 굴복했지만, 대중시위를 조직하기 시작한 민족주의자들과 모로코 대중의 전폭적인 지지를 계속해서 받았다. 노조가 파업을 촉구하고 민족주의 시위가 폭동으로 변질되면서, 모로코의 공공질서는 와해되었다.

같은 무렵에 튀니지에서도 민족주의 시위가 맹위를 떨쳤다. 1952년 12월에 프랑스가 파하트 하체드라는 튀니지 노조 간부를 암살했다. 이 일로 튀니지와 모로코 양국에서 대중시위가 촉발되었다. 프랑스 당국은 모로코의 주요 도시들에서 발생한 폭동을 매우 폭력적으로 진압했고, 이것이 의도하지 않게 민족주의 운동을 불러온 것이었다. 모로코의 작가 레일라 아부자이드는 자전적 소설『코끼리의 해(*Am al-Fil*)』에서 이러한 폭력이 야기한 엄청난 충격을 정확히 묘사했다. 책의 화자인 자흐라에게 1952년 12월의 폭력사태는 지하 민족주의 운동 단체에 가담하기로 결심한 순간으로 기억된다.

저항운동에 본격적으로 가담하기 수년 전부터 나는 이미 입장을 정했었다. 나는 그날 벌어진 사건을 매우 또렷하게 기억한다. 카사블랑카에서 그 암흑의 날에 벌어진 학살을 결코 잊을 수 없다. 그 일을 떠올릴 때마다 몸은 뻣뻣하게 굳어버린다. 인근 막사에서 나온 외인부대의 [프랑스] 병사들이 행인들에게 기관총을 난사하는 장면을 목격했다.

얼마나 오랜 세월, 귀 안에서 울려 퍼지는 총성 소리와 여자와 아이들이 끊임없이 쓰러지는 마음 속의 광경들과 함께 살아야 했던가……그 이후에도 보도 위에 쓰레기 봉투처럼 쓰러져 있는 수많은 시신들을 보았지만, 결코 그 끔찍한 날의 사건만큼 나에게 영향을 미치지 못했다……그날 나는 삶에 대한 모든 애착을 잃어버렸다…… 상황이 변화하지 않는다면 살아갈 가치가 없었다.[25]

1952년 12월의 폭동의 여파로 이스티크랄과 공산당은 프랑스 당국에 의해서 활동을 금지당했고, 수백 명의 정치 활동가들이 추방되었다. 또한 프랑스는 여전히 모로코의 민족주의적인 염원을 결집시키는 주요 거점인 술탄을 퇴위시키기로 결정했다. 모하메드 5세와 대립하던 친프랑스적인 모로코 명사들을 내세워서 프랑스는 술탄에 맞서는 내부 쿠데타를 조직했다. 일단의 종교지도자와 이슬람 신비주의 형제단의 수장들이 벤 아라파라는 한 왕족에게 충성을 맹세하며, 여하튼 모하메드 5세의 민족주의 정치는 이슬람에 위배

1. 현재의 사우디아라비아 왕국의 기틀을 세운 사람이자 서구에서는 이븐 사우드로 더 잘 알려져 있는 압드 알 아지즈 이븐 압드 알 라흐만 알 사우드(중앙의 안경 쓴 사람)를 1928년 지다에서 찍은 사진이다. 그는 자문관들보다 훨씬 더 키가 컸다. 1925년에 히자즈의 하심 왕국을 정복한 이후 이븐 사우드는 "나즈드의 술탄이자 히자즈의 왕"이라는 칭호를 사용했다. 1932년에 이븐 사우드는 자신의 왕국을 사우디아라비아로 개명했는데, 이로써 그의 나라는 통치 가문의 이름을 따서 명명된 유일한 근대국가가 되었다.

2. 1936-1939년에 팔레스타인의 아랍 반란을 이끌었던 사령관들과 함께 파우지 알 카우크지가 중앙에 서 있다. 알 카우크지는 시리아의 마이살룬 전투(1920), 시리아 반란(1925-1927), 팔레스타인의 아랍 반란, 이라크의 라시드 알리 쿠데타(1941) 등, 유럽의 지배에 대항하여 발생한 유명한 아랍 반란들에 가담한 인물이다. 제2차 세계대전 동안에 영국을 피해서 나치 독일로 도피했던 알 카우크지는 1947-1948년에 팔레스타인 아랍 해방군을 이끌기 위해서 귀환했다.

3. 경고성 처벌 : 영국군은 1936-1939년의 아랍 반란에 협력했다고 의심되는 팔레스타인 마을 주민들의 가옥을 파괴했다. 정당한 법적 절차 없이 이루어진 이러한 집단 제재는 영국 당국이 아랍 반란에 맞서기 위하여 마련한 일련의 비상 법규들에 의거하여 법적으로 정당화되었다. 약 2,000채의 가옥이 1936년에서 1940년 사이에 파괴되었다.

4. 1943년 8월 17일에 개원한 시리아 의회의 사진이다. 1941년 7월에 자유 프랑스가 시리아와 레바논의 독립을 선언하면서 시리아인들은 최초의 독립 정부를 선출하기 위한 투표에 들어갔다. 국민연합이 의석의 절대 다수를 차지했고, 첫 회합(오른쪽 사진)에서 그들의 지도자인 슈크리 알 쿠와틀리를 공화국의 대통령으로 선출했다.

5. 난장판이 된 시리아 의회(1945년 5월 29일). 프랑스의 확약에도 불구하고 시리아에 완전한 독립을 용인할 생각이 전혀 없었던 드골 정부는 쿠와틀리 정부에게 국군 통수권 이양을 거부했다. 이에 시리아인들이 1945년 5월에 민족주의 시위에 나서자, 프랑스는 의회를 기습했고 관청에 불을 질렀으며 다마스쿠스의 거주구역을 폭격했다. 그러나 이 호의적이지 않은 시리아인들에게 권한을 행사하려는 시도는 모두 수포로 돌아갔다. 프랑스군은 1946년 4월에 시리아에서 완전히 철수했다.

6. 설정 아래 찍은 이 선전 사진은 터번으로 식별되는 무슬림 종교 지도자의 지휘를 받으며 유대인의 공격으로부터 예루살렘 성벽을 지키고 있는 정규 군인들과 비정규 군인들의 모습을 담고 있다.

7. 그러나 사실 팔레스타인 전사들은 1948년 당시 나라를 지킬 준비가 거의 되어 있지 않았다. 제대로 무장을 갖추지 못했음은 물론이고 훈련도 거의 받지 못한 그들은 1948년에 마주한 유대인 병사들처럼 풍부한 전투 경험도 없었다. 게다가 그들은 적을 과소평가했고, 그 결과 영국군이 팔레스타인에서 철수하기로 한 5월 14일 이전에 이미 유대 군대에게 완패했다.

8. 1952년 7월에 이집트 정권을 장악한 직후의 이집트 자유장교단원들. 51세의 무함마드 나기브 장군(오른쪽에서 두 번째)은 평균 연령이 34세였던 젊은 자유장교단원들 중에서는 원로 정치인에 속했다. 가말 압델 나세르 중령(나기브의 오른편에 앉아 있는 사람)은 나기브를 가택연금에 처하고 1954년에 대통령직에 올랐다. 나세르의 오른팔이었던 압드 알 하킴 아메르 소령이 나기브의 오른편에 서 있다. 이집트 공화국의 제3대 대통령을 역임하게 될 안와르 알 사다트 중령은 왼쪽에서 네 번째에 앉아 있다.

9. 알제리 민족해방전선(FLN)의 지도부가 모로코 여객기에 승선하기 직전의 모습이다. 원래는 튀니스로 향할 예정이었던 DC-3는 프랑스 전투기의 저지로 1956년 10월 22일에 알제리의 오랑에 강제 착륙당했다. (왼쪽에서부터 오른쪽으로) 아흐메드 벨 벨라와 모하메드 키데르, 호신 아이트 아흐마드는 체포되어 알제리 전쟁의 남은 기간 동안 억류되었다. 모로코의 술탄 모하메드 5세의 아들이자 훗날 하산 2세로 왕위에 오르는 물레이 하산 왕자(제복을 입은 사람)가 알제리 혁명가들을 배웅하고 있다.

레바논 내전, 1958년

10. 카밀 샤문 전직 대통령을 지지하는 기독교도 여성들이 1958년 7월에 수상 라시드 카라미와 새로운 대통령 푸아드 시하브 장군의 정부에 맞서서 대중 시위를 벌이며 레바논 군의 병사들을 긴 빗자루로 조롱하고 있다. 언론은 많은 여성들이 이 충돌에서 부상을 입었다고 보도했다.

11. 샤문 대통령이 1958년 7월의 이라크 혁명 직후 "공산주의자들에 의한 체제 전복"에 대비해서 미국의 도움을 요청하면서 레바논은 아이젠하워 독트린을 발동시킨 유일한 국가가 되었다. 3일 후에 약 6,000명의 미 해병대가 레바논의 해안에 상륙했고, 베이루트 주민들의 주목을 받게 되었다. 병력은 분노의 총성 한 발 없이 10월 25일 철수할 때까지 제6함대와 해군 항공기의 지원을 받으며 총 1만5,000명으로까지 증원되었다.

(사진 원본에 붙은 설명 : 휴식을 취하고 있는 미 해병대원들을 레바논인들이 흥미로워하며 지켜보고 있다…)

12. 압드 알 살람 대령은 1958년 7월에 하심 군주정을 타도한 이라크 혁명의 지도자 중의 한 명이었다. 7월 14일에 국영 라디오 방송국을 접수한 그는 공화국을 선포하고, 파이살 2세의 죽음을 알렸다. 이에 이라크 국민들은 놀랐지만 이 혁명을 전적으로 지지했다. 이 사진은 아리프가 시아파의 성지인 나자프에서 엄청난 수의 지지자들을 앞에 두고 신생 정부의 목표와 개혁에 관해서 연설하고 있는 장면이다. 아리프는 1963년에 대통령 압드 알 카림 카심을 타도하고 이라크 공화국의 제2대 대통령이 되었다.

1967년 6월 전쟁

13. 이스라엘 공군이 6월 5일 아침에 이집트와 요르단, 시리아 공군 기지를 표적으로 삼은 파괴적인 공격들을 잇달아 개시하면서 1967년 6월 전쟁이 시작되었다. 3시간 만에 이스라엘 공군은 이집트 전투기의 85퍼센트를 파괴했고, 공군 기지를 무용지물로 만들었다. 제공권을 장악한 이스라엘은 이번에는 지상에서 시나이 반도와 서안 지구, 골란 고원을 휩쓸며 이집트와 요르단, 시리아 군에게 참패를 안겨주었다. 이 사진은 이스라엘의 병사들이 시나이 공군 기지에서 파괴된 이집트 항공기를 조사하고 있는 모습이다.

14. 1967년 6월에 서안 지구를 이스라엘이 정복하면서 30만 명이 넘는 팔레스타인 주민들이 요르단의 동안 지구(East Bank)에서 피난처를 구해야 했다. 그들의 여정은 도로와 요르단 강 양쪽 제방을 잇는 다리가 파괴되면서 더욱더 험난해졌다. 피난민의 대다수는 가지고 나올 수 있는 몇몇 가재도구들만 챙겨서 도망쳤다.

15. 팔레스타인 해방인민전선의 일원이었던 레일라 칼레드는 1969년에 로마에서 다마스쿠스로 TWA 항공기를 납포한 후 모든 승객과 승무원들을 풀어주었다. 이스라엘 여객기를 대상으로 한 두 번째 작전은 엘 알 항공사의 공안 경찰이 그녀의 동료를 죽이고 칼레드를 제압하면서 실패했다. 비상 착륙한 런던에서 그녀는 영국 경찰에게 넘겨져 수감되었다. 영국은 1970년 10월 1일에 포로교환의 일환으로 그녀를 석방했다.

16. 팔레스타인 해방인민전선은 요르단의 수도 암만의 동쪽 사막에 위치한 도슨즈 필드라는 폐기된 활주로를 장악하고 그곳을 "혁명 공항"이라고 명명했다. 1970년 9월 6일부터 9일까지 PFLP는 미국의 TWA 여객기와 영국의 BOAC 제트기, 스위스 에어 항공기를 "혁명 공항"으로 납포했다. 승객 310명 전원을 소개한 9월 12일에 비행기들을 파괴했다. 이 작전으로 팔레스타인 운동은 국제 사회의 주목을 받게 되었지만, 한편으로는 후세인 왕을 자극하여 팔레스타인 운동을 요르단에서 몰아내기 위한, 폭력적인 검은 9월 전쟁을 1970-1971년에 촉발시키는 원인이 되었다.

되는 것이라고 납득시켰다. 프랑스 당국의 퇴위 요구를 거부한 술탄은 1953
년 8월 20일에 프랑스 경찰에게 체포되었고, 총구의 위협 속에 비행기에 태워
진 그는 고국을 떠나야 했다. 그후 2년 동안 모하메드 5세는 동아프리카의
마다가스카르 섬에 유배되었다.

모하메드 5세의 추방은 모로코 상황을 진정시키는 데에 아무 소용도 없었
다. 민족주의자들은 지하로 숨어들었고, 정치적인 의사 표현이 부정된 이상
폭력적인 전술에 의존할 수밖에 없었다. 그들은 여러 프랑스 식민지 관료들
이나 프랑스에 협력한 명사, 심지어는 술탄 자리를 강탈한 벤 아라파도 암살
하려 했다. 이에 맞서서 프랑스인 정착민들도 "프랑스의 영향력(Présence
Française)"이라는 테러 조직을 창설하고 모로코 민족주의 인사들을 암살하여
그들의 지지자들을 위협했다. 프랑스 경찰은 공포 정치에 착수하여 의심되는
민족주의자들을 체포하고, 정치범들을 고문했다.

레일라 아부자이드의 자전 소설 속의 주인공 자흐라가 저항운동에 가담하
게 된 것도 바로 이러한 배경에서였다. 그녀의 첫 번째 임무는 남편의 비밀
조직원 중의 한 명이 프랑스 경찰을 피해서 카사블랑카에서 탕헤르의 국제
지구로 도망치는 것을 돕는 것이었다. 이 임무는 도망자가 베트남의 디엔 비
엔 푸에서 다리를 잃은, 프랑스 전쟁의 참전용사였기 때문에 더욱더 역설적
이었다. 그렇지만 자흐라는 저항투사 동지를 안전하게 탕헤르의 국제지구로
바래다주려고 애를 썼다.

첫 임무에 성공한 자흐라에게 저항운동 지도자들은 더욱 도전적인 임무를
맡겼다. 카사블랑카 중심에 있는 부역자의 가게에 방화공격을 단행한 그녀는
경찰과 경찰견의 맹렬한 추격을 받으며 사람들로 붐비는 시장에서 사력을
다해서 도망쳤다. 자흐라는 집안의 여자들이 요리하고 있던 어느 안뜰로 피
신했다. "저는 게릴라 대원입니다"라고 밝힌 그녀를 그들은 어떤 질문도 하지
않고 보호해주었다. 모로코 여자들의 보호를 받으며 자흐라는, 정치가 자신
의 삶과 조국의 여자들의 태도를 어떻게 변화시켰는지 되돌아보았다. "만약
돌아가신 할머니께서 살아나셔서, 내가 가게에 불을 지르고 총을 나르며 국

경을 넘어 남자들을 밀입국시키는 모습을 보신다면 기겁해서 다시 돌아가실 것이다"라고 자흐라는 생각했다.[26]

1954년은 북아프리카의 프랑스 제국에게 전환점이 된 해였다. 1940년대 말부터 모로코와 튀니지에서 프랑스 통치에 반대하는 저항이 갈수록 거세지자 프랑스 당국은 양 보호령에서의 입지를 재고하게 되었다. 양국은 명목상 토착 왕조— 모로코의 알라위 왕실과 튀니지의 후세인 가문— 에 의해서 통치되고 있었다. 프랑스는 민족주의자들과 타협하여 친프랑스적인 정부하에 독립을 허용한다면 양국에서의 이해관계를 더욱 확실하게 지킬 수 있을 것이라고 판단했다. 그러나 프랑스의 제국주의 정책은 프랑스 제국의 종식을 야기한 두 가지의 사건— 디엔 비엔 푸 전투(1954년 3-5월)에서의 결정적인 패배에 따른 인도차이나의 상실과 1954년 11월 2일에 발발한 알제리 독립전쟁 — 으로 혼란에 빠졌다.

프랑스는 알제리를 식민지라고 생각하지 않았다. 보호령으로 통치했던 모로코나 튀니지와는 달리, 알제리 영토는 프랑스에 합병되어서 프랑스 본토의 다른 지역과 마찬가지로 도(道, département)로 구획되었다. 100만 명의 프랑스 시민이 알제리에 살고 있었고, 알제리에서 선출된 대표들은 프랑스 의회에서 자신들의 이해관계를 적극적으로 보호했다. 프랑스의 정부이건 국민이건 간에 그들 모두에게 알제리는 프랑스였다. 따라서 알제리 민족주의자들이 전쟁을 선언했을 때, 프랑스는 전력을 다해서 신속하게 대응했다. 이미 베트남에서의 패배로 격분해 있던 군대를 파병하면서 결코 다시는 항복하지 않을 것이며 알제리를 민족주의의 위협으로부터 "지켜낼" 것을 다짐했다.

알제리에서 전쟁을 하게 된 피에르 멘데스-프랑스의 정부는 손실을 줄이고 튀니지 및 모로코와의 관계를 다지기 위해서 결정적인 조치를 취했다. 통치자인 무함마드 8세 알 아민 베이(재위 1943-1956)에게 튀니지 독립 문제를 협상할 새 정부의 구성을 요청하기 위해서 프랑스 총리가 몸소 튀니지를 방문한 것이었다. 민족주의자들에 대한 영향력을 유지하고 싶었던 베이는 가장 인기가 많던 민족주의 정당인 하비브 부르기바의 네오-데스투르당(Neo-Destour)을 배제하려고 했다. 하지만 베이는 1955년 3월에 민중의 요구로 부르기바를 협상에 참여시킬 수밖에 없었다.

카리스마가 넘치던 부르기바는 곧 튀니지 협상단의 선도자가 되었고, 프랑스가 튀니지 독립을 인정한 1956년 3월 20일의 협약에 앞서 1955년 4월에 자치 협정을 체결했다. 1957년 7월에는 주권이 국민에게 있다는 공화주의적인 원칙을 단언하며, 부르기바는 프랑스의 식민통치에 협력하여 그 명성을 훼손시킨 군주제를 튀니지에서 폐지하자는 운동에 나섰다. 튀니지 공화국의 첫 대통령으로 선출된 부르기바는 향후 30년 동안 그 자리를 지켰다.

한편 모로코의 상황을 진정시키고 싶었던 프랑스는 술탄 모하메드 5세가 마다가스카르에서 돌아와서 왕위에 복귀하는 것을 허용했다. 1955년 11월 16일에 술탄이 열렬한 환영을 받으며 모로코에 도착했다. 이틀 후 모하메드 5세는 즉위 기념일을 맞이하여 라바트의 왕궁에서 국민에게 연설을 했다. "그날을 어떻게 묘사할 수 있을까?"라고 레일라 아부자이드의 자전 소설 속의 민족주의 자유투사 자흐라는 곰곰이 생각했다. "카사블랑카 전체가 무대와 확성기로 연결된 거대한 하나의 축제의 장이 되었다. 노래와 공연이 연설과 어우러졌고 길가에 마련되어 있던 차[茶]의 향기가 대기를 가득 채웠다." 자흐라와 가족, 친구들은 버스를 타고 카사블랑카에서 라바트로 술탄의 연설을 들으러 갔다. 그녀는 그의 두 아들과 함께 왕궁의 발코니에 나타난 모하메드 5세에게 경의를 표하던 "엄청난 함성"을 떠올렸다. "11월 18일에 왕이 한 즉위 연설을 얼마나 듣고 또 들었던가! 아, 정말이지 훌륭한 연설이었다! 나는 그것을 암기했고 지금도 암송할 수 있다."

자흐라는 술탄의 연설을 되새겼다. "이렇게 기쁜 날에 신께서는 우리를 두 배로 축복하셨습니다. 길고도 슬픈 부재 끝에 우리가 사랑하는 고국으로 돌아올 수 있도록 축복하셨고, 우리가 그토록 그리워하며 절대적인 신의를 보냈고 이에 신의로 화답해준 국민과 다시 한자리에 모일 수 있도록 축복해 주셨습니다." 술탄의 메세지는 명확했다. 모로코는 군주와 국민이 서로에게

버팀목이 되어주었기 때문에 독립을 달성할 수 있었다는 것이다. 자흐라에게 11월 18일의 행사는 유배를 통해서 군주와 국민을 찢어놓으려는 프랑스의 노력이 수포로 돌아갔음을 의미했다. "[술탄이] 우리의 마음에 얼마나 큰 영향을 미쳤던가! 추방으로 인해서 신성한 외투가 그에게 입혀졌고, 마치 그가 이상이나 원칙이라도 되는 듯이 그를 위해서 국민들은 저항운동에 나섰다. 그를 추방하지 않았다면 확신컨대 프랑스는 모로코에 더 오래 머물 수 있었을 것이다."[27]

1956년 3월 2일, 모로코는 드디어 프랑스로부터 독립했다.

모로코와 튀니지가 독립을 달성할 무렵, 알제리는 총력전에 들어갔다. 제대로 무장도 못한 소규모의 부대(1954년 11월 1일 당시 전투원 수는 약 900명에서 3,000명 사이였다)가 일으킨 형편없는 봉기가 종종 비무장한 민간인들—정착민이든 알제리 토착민이든 상관없이— 까지 무차별적이고 살인적인 폭력의 표적으로 삼은 대규모의 민중 봉기로 발전했다.

1955년 8월, 프랑스어의 머리글자를 따서 FLN으로 알려진 알제리 민족해방전선(Algerian National Liberation Front)이 정착민들의 마을인 필리프빌을 공격해서 123명의 남녀노소를 살해했다. 프랑스는 가혹한 보복을 감행해서 수천 명의 알제리인들을 학살했다(프랑스의 공식 통계에서는 1,273명이라고 했지만, FLN은 1만2,000명의 알제리인들이 살해당했다고 주장했다).[28]

필리프빌 학살로 FLN의 결의는 더욱 확고해졌고, 알제리 시민에 대한 무제한적인 프랑스의 보복에 분노한 수많은 사람들이 의용군으로 자원하면서 조직도 강화되었다. 하지만 학살은 산업 강국으로서 모든 자원을 가지고 있던 프랑스 점령군과 싸워야 하는 FLN의 전략적인 약점을 극명하게 드러내는 계기이기도 했다.

FLN의 카이로 지부는 조직의 국제 활동을 위한 중요한 기지였고, 가말 압델 나세르의 이집트 정부는 알제리 독립운동에 전폭적인 지지를 공개적으로 보냈다. 프랑스가 나세르의 이집트에 군사무기를 판매하는 데에 조건을 붙인 것도 바로 알제리 민족주의자들을 고립시키고, 이집트가 FLN에 대한 지지를 거두도록 강제하기 위한 것이었다. 늘 그랬던 것처럼, 나세르는 그 조건들을 받아들일 의향이 전혀 없었다.

***

1955년에 나세르는 영향력 있는 친구 몇몇을 가지게 되었다. 유고슬라비아의 요시프 브로즈 티토, 인도의 자와할랄 네루, 중국의 저우언라이과 같은 비동맹운동의 지도자들이 그를 높이 산 것이다. 외세 지배를 혐오하던 이집트가 비동맹노선을 채택한 것은 당연했다. 이 운동의 다른 일원들처럼 이집트 정부도 냉전 시대에 어느 한 편을 선택할 필요 없이, 미국과 소련 모두와 우정 어린 관계를 누릴 수 있는 자유를 가지고 싶었다. 이 기구는 또한 탈식민화라는 목표를 진작시키려는 아시아와 아프리카 국가들에게 토론의 장을 제공하기도 했다. 예를 들면, 나세르는 인도네시아의 반둥에서 개최된 첫 회의에서 알제리 독립을 지지하는 결의안을 제안했고, 이 안은 만장일치로 통과되었다. 프랑스에게는 매우 유감스러운 일이었지만 말이다.

이집트인들은 카리스마 있는 자신들의 젊은 대통령이 세계 무대에서 지도자로 인정받고 있다는 사실에 기분이 좋았다. 그러나 미국은 이러한 상황이 썩 유쾌하지 않았다. 드와이트 아이젠하워 대통령은 비동맹 정책을 즉시 거부했다. 미국 행정부는 미국과 소련 사이에서의 중간적 입장이라는 것은 있을 수 없다고 생각했다. 결국 모든 국가는 미국의 편이 되든지 아니면 적이 되든지 간에 양자택일을 해야만 했다. 나세르가 대(對)소련 지역 동맹에 참여하기를 거부하자 미국은 분노를 터뜨렸다. 그럼에도 불구하고 미국 행정부의 많은 사람들은 나세르를 회유할 수 있기를 희망했다. 물론 곧 낙심하게 되었지만 말이다.

나세르는 자신의 군사 원조 요청을 서구 국가들이 거부함에 따라서 결국 공산권으로 돌아설 수밖에 없었다. 이집트군을 위한 현대적인 무기를 확보하는 문제로 중국의 저우언라이 총리와 의논했고, 저우언라이는 이집트를 대신해서 소련과 이 문제를 논의하겠다고 제안했다. 1955년 5월에 카이로 주재 소련 대사가 나세르와의 접견을 요청했고, 1955년 여름 내내 협상이 진행되었다.

군사 원조를 받기 위해서 소련에 의지하면서도 나세르는 미국을 자기편으로 붙잡아 두려는 노력도 결코 포기하지 않았다. 이집트 대통령은 소련과 자신의 내왕에 대해서 미국에게 알렸고, 카이로 주재 미국 대사에게는 소련으로부터 확실한 무기 제공 제안을 받았지만 여전히 미국의 군사 원조를 더 원하고 있다고 말했다. 모하메드 헤이칼에 따르면, 국무장관 존 포스터 덜레스는 처음에는 나세르가 협박을 하고 있다고 생각했다. 나세르가 소련과 협정을 곧 체결할 것이라는 부정할 수 없는 증거를 확보한 후에야 덜레스는 이 거래가 성사되는 것을 막기 위해서 특사를 파견했다.

1955년 9월에 나세르는 이집트가 소련의 위성국인 체코슬로바키아로부터 무기를 공급받게 되었다는 발표와 함께 미국에게도 기정사실을 통보했다.[29] 이집트는 275대의 현대식 T-34탱크와 미그-15기, 미그-17기, 일류신-28 폭격기를 포함해서 총 200대의 전투기를 확보할 수 있었다. 이와 같은 막대한 무기 거래는 중동에서의 세력균형을 극적으로 변화시켰다.[30]

공산권에 대한 첫 정책 전환 이후 이집트 정부는 1956년 5월에 중화 인민 공화국으로까지 외교관계를 넓혔고, 아이젠하워 행정부와는 그만큼 더 소원해졌다. 이집트가 중동에서의 공산주의 세력의 확산을 억제하려는 미국의 계획을 심각하게 방해하자, 미국은 이집트가 정책을 바꾸도록 만들어야겠다고 결심했다.

그런데 영국과 프랑스, 이스라엘 역시 이집트 정부의 변화를 강하게 열망하고 있었다. 그들은 나세르를 아랍 민족주의로 알려진 위험한 신진 세력의 주창자로 보았고 그가 중동에서의 자신들의 사활적 이해관계를 침해할 목적으로 아랍 민족주의를 이용할 것이라고 생각했다. 벤 구리온은 나세르가 이스라엘에 대한 치명적인 공격을 개시하기 위해서 아랍 국가들을 규합하지 않을까 우려했다. 앤서니 이든 총리는 나세르가 중동에 대한 영국의 영향력을 제거하기 위해서 아랍 민족주의를 효율적으로 이용할 것이라고 생각했다.

프랑스도 나세르가 대프랑스 투쟁을 강화하도록 알제리를 부추기고 있다고 보았다. 이처럼 각 나라들은 자신들의 국익을 위해서 나세르를 타도해야 할 실질적인 명분을 가지고 있었다.

1956년에 이 세 나라는 서구에서는 수에즈 위기(Suez Crisis)로, 아랍인들에게는 3국 침략(Tripartite Aggression)으로 알려진, 그리고 결국 대재앙으로 끝난 이집트와의 전쟁을 모의했다.

수에즈로 가는 길은 아스완에서 시작했다. 토지개혁 프로그램과 함께 아스완 하이 댐은 자유장교단의 국내 개발 의제의 핵심이었고, 관개를 통해서 상당한 규모의 농지 확장과 산업화에 필요한 에너지를 제공할 수 있을 것이라고 기대되었다.

그러나 이집트 정부는 혼자 힘만으로는 댐 건설에 필요한 자금을 조달할 수 없었다. 세계에서 가장 거대한 규모의 토목공사 중의 하나였기 때문에 그 비용이 천문학적이었다. 게다가 총 비용 약 10억 달러 중에서 4억 달러는 외화로 지불해야 했다. 1955년 말에 이집트 정부는 세계은행과 2억 달러의 차관 계약을 협상했고, 이것을 미국과 영국이 나머지 2억 달러를 제공한다는 약속으로 보증했다.

영국과 미국 정부는 나세르의 이집트 정치에 영향력을 행사할 수 있는 수단으로 아스완 댐 사업을 이용할 수 있기를 바랐다. 헤이칼에 따르면 미국과 영국은 이집트가 필요로 하는 전액을 제공할 의도가 결코 없었으며, 요청한 금액의 3분의 1만을 보증해주었다. 그것은 댐 건설을 보장하기에는 턱없이 부족한 금액이었지만 건설 기간 동안 이집트에 영향력을 행사하기에는 딱 적당한 액수였다. 헤이칼에 의하면 덜레스는 1957년 1월 사우디의 사우드 왕에게 "이 프로젝트가 장기적인 것이기에 [이집트] 댐 건설을 돕기로 결심했다"라고 말했다고 한다. "이 사업으로 10년은 이집트를 미국에게 묶어둘 수 있을 것이고 그동안 나세르는 소련에 협력하는 것이 얼마나 위험한 일인지 깨닫든지 아니면 권좌에서 밀려나든지 할 것이다."[31]

미국 정부는 소련으로부터 더 이상의 무기를 구매하지 않겠다는 이집트 정부의 약속 여하에 따라서 차관을 제공하려고 했다. 군사비 지출로 인해서 댐 건설비용의 일부나마 감당할 수 있었던 이집트의 재정 상태가 더욱 악화될 수 있다는 가식적인 주장을 하면서 말이다. 하지만 나세르는 어떤 전제조건도 없이 이집트군을 도와주려고 한 유일한 강대국이었던 소련과 결별할 생각이 전혀 없었다.

나세르도 냉전의 규칙은 소련과 미국 양측 모두와의 공조를 허용하지 않는다는 점을 깨닫게 되었다. 1956년 4월 즈음 그는 미국이 아스완 하이 댐에 대한 지원을 철회할지도 모른다는 의혹을 품게 되었다. 실제로 석 달 후인 1956년 7월 19일에 아이젠하워는 이 사업에 대한 미국의 모든 재정적 원조를 철회한다고 공표했다.

나세르는 유고슬라비아에서 열린 회의를 마치고 카이로로 돌아오는 비행기 안에서 미국의 발표 소식을 들었다. 아이젠하워가 설명은커녕 사전 통보라는 예의마저 이집트 정부에게 생략한 채 댐 건설을 위한 재정지원 철회 결정을 공표한 것에 대해서 나세르는 분노했다. "이것은 철회가 아니오." 나세르는 헤이칼에게 말했다. "이집트 정부에 대한 공격이며, 이집트 국민을 몰락으로 몰아가려는 속셈이요."[32]

나세르는 과감하고 신속하게 대응해야 한다고 생각했다. 그는 24시간 안에 계획을 수립한 후 6일 만에 지금까지의 그 어느 때보다도 강력한 한 방을 날렸다.

나세르는 혁명 4주년을 기념하기 위해서 7월 26일에 알렉산드리아에서 중요한 연설을 할 예정이었다. 주제는 아스완 댐이었다. 서구 열강이 이집트를 도와주기를 거부한다면, 이집트는 수에즈 운하를 국유화하여 그 운하 수입으로 댐 건설비용을 충당하는 데에 쓰겠다고 주장할 생각이었다.

법적으로 이집트 정부는 수에즈 운하 회사의 주주들에게 그들이 보유한 채권에 대해서 정당한 보상을 지급하는 한, 수에즈 운하를 국유화할 전권을 가지고 있었다. 그러나 영국 정부가 최대주주이고 프랑스에 상장된 회사이었기 때문에 운하의 국유화는 국제 위기를 초래할 것이라는 것을 나세르도 잘 알고 있었다. 특히 영국은 중동에서의 영향력을 유지하는 문제에 관해서는 단호했기 때문에, 국유화를 이집트 정부의 또다른 적대적인 조치라고 해석할 것이 분명했다. 나세르는 외국이 개입할 가능성을 80퍼센트 정도로 추정했다.

그들이 전쟁을 선택할 경우, 적어도 영국과 프랑스가 개입을 위해서 필요한 군사력을 결집시키는 데에는 두 달이 소요될 것이라고 나세르는 계산했다. 두 달이라는 유예기간이 외교적인 협상을 통해서 문제를 해결할 수 있는 중요한 시간이 되어줄 것이라고 그는 생각했다. 그것은 일종의 도박이었지만 나세르는 오로지 외국의 지배로부터 이집트의 독립을 지키는 데에 전력투구해야 한다고 믿었다.

나세르는 젊은 엔지니어였던 마흐무드 유니스 대령에게 수에즈 운하 회사의 사무실들을 실제로 접수하는 임무를 맡겼다. 7월 26일 저녁에 유니스가 나세르의 라디오 연설을 듣고 있다가 나세르가 암호인 "페르디낭 드 레셉스" — 수에즈 운하의 설계자 — 를 언급하면 작전을 개시한다는 계획이었다. 만약 나세르가 연설 동안 그 이름을 언급하지 않는다면, 유니스는 아무 것도 하지 않고 다른 명령을 기다리면 되는 것이었다.

습관처럼 나세르는 메모를 보며 연설을 했고, 아스완 댐 위기의 배경을 지루하게 이야기했다. 제국주의 열강들에 의한 이집트 착취의 역사를 상세하게 설명했고, 수에즈 운하의 사례를 인용하면서 수차례나 페르디낭 드 레셉스를 언급했다. "[마흐무드 유니스가] 혹시 놓치지 않을까 매우 걱정했던 대통령은 이 프랑스인의 이름을 계속해서 반복했다"라고 헤이칼은 회상했다. "드 레셉스, 드 레셉스, 그가 열 차례 정도 드 레셉스만을 반복하자, 사람들은 이집트 사람들이 별로 좋아하지도 않는 드 레셉스에 관해서 왜 이렇게 떠들어대는지 의아하게 생각하기 시작했다."

사실 나세르는 걱정할 필요가 없었는데, 경청하던 유니스 대령이 드 라셉스의 이름이 처음 등장하자마자 라디오를 끄고 작업에 들어갔기 때문이었다.

"죄송합니다. 저는 각하의 연설 나머지 부분은 듣지 못했습니다"라고 훗날 대령은 나세르에게 고백했다.

유니스의 동료들이 카이로, 포트사이드, 수에즈에 있는 수에즈 운하 회사의 지사들을 장악했다. 이스마일리야에 있는 본부의 접수는 유니스가 친히 지휘했다. 유니스와 함께 했던 한 사람은 이렇게 회상했다. "대략 오후 7시경 우리가 이스마일리야에 있는 사무실로 들어갔을 때, 야간 근무자 외에는 어떤 직원도 없었다. 우리는 고참 직원을 호출했고, 의사 결정을 책임지는 자리에는 이집트인이 없었기 때문에 그는 당연히 외국인이었다……그들은 매우 당황해했다."[33] 30명의 장교와 토목 기사로 구성된 분대가 3개의 지사를 모두 점령했다.

나세르의 연설이 정점에 이르렀을 무렵 운하는 안전하게 이집트의 수중에 들어왔다. "우리는 수에즈 운하가 국가 안의 국가가 되는 것을 허용하지 않을 것입니다"라고 나세르는 연설에 빠져있던 청취자들에게 말했다. "이제 수에즈 운하는 이집트의 회사입니다." 그는 운하의 국유화 선언에 이어서 이제부터 운하에서 나오는 3,500만 파운드의 세입을 아스완 하이 댐 건설 사업에 쓰겠다고 약속했다. "사람들이 흥분으로 열광했다"라고 헤이칼은 회고했다.[34]

수에즈 운하의 국유화 소식은 국제 사회에 큰 충격을 주었다. 벤 구리온이 떠올린 첫 번째 생각은 이것이 나세르를 쓰러뜨릴 기회가 되리라는 것이었다. 그는 교섭을 위해서 미국에게 접근했지만, 아이젠하워 행정부의 태도가 모호하다는 것을 곧 알아차렸다. 그는 일기에 다음과 같이 털어놓았다. "서구 열강들은 분노했다……하지만 나는 그들이 아무것도 하지 않을 것 같아서 두렵다. 프랑스는 감히 단독 행동에 나서려 하지 않을 것이다. [영국의 총리] 이든은 실행력이 있는 사람이 아니다. 워싱턴은 어떤 반응도 보이려고 하지 않을 것이다."[35] 그러나 벤 구리온은 나세르의 행동에 대해서 영국과 프랑스가 느낀 분노의 깊이를 너무 과소평가했다.

첫 반응을 보인 나라는 프랑스였다. 국유화 선언 다음 날, 프랑스의 모리스 부르제 모누리 국방장관은 그 당시 이스라엘의 국방부 담당관이었던 시몬 페레스를 불러서 이스라엘의 국방군이 수에즈 운하까지 시나이 반도를 정복하는 데에 얼마나 시간이 걸릴지를 물었다. 페레스는 대략 2주일이 걸릴 것이라고 답했다. 프랑스 장관은 요점으로 곧바로 들어갔다. 이스라엘이 시나이 반도를 점유하고 영국과 프랑스의 연합군은 수에즈 운하 지대를 점령하는, 이집트에 대한 삼국 공격에 이스라엘은 가담하기를 원하는가? 페레스는 이스라엘 정부가 전쟁 동맹에 참여할지의 여부를 결정할 위치에 있지는 않았지만, 프랑스에게 고무적인 답변을 했고 제2차 아랍-이스라엘 전쟁으로 귀결될 공모에 착수했다.

이어 프랑스는 앤서니 이든 경에게 접근하여 이스라엘이 이집트의 시나이 반도를 공격하면 운하지대의 "평화를 복구"한다는 명목 아래 영국-프랑스 연합군이 개입하자는 계획을 제안했다. 이 제안은 나세르 정부가 이러한 공격을 감당하지 못할 것이고, 이스라엘이 이집트와의 접경지대를 장악할 것이며, 일어날 법하지 않은 이러한 방법을 쓴다면 영국과 프랑스가 운하에 대한 통제권을 다시 확보할 수 있을 것이라는 전제하에서 계획된 것이었다. 하지만 정신 나간 이 모든 계획은 총체적인 판단 착오였음이 곧 드러났다.

이 있을 법하지 않은 삼국 동맹을 체결하기 위해서 파리 근교의 세브르에서 소집된 모임에 프랑스와 영국의 외무장관 크리스티앙 피노와 셀윈 로이드, 이스라엘의 총리 다비드 벤 구리온이 참석했다. 이것은 팔레스타인 위임통치는 종식되었지만 여전히 앙금으로 남아 있던 쓸쓸함이 묻어나는, 이스라엘과 영국 간에 쌓인 깊은 불신으로 얼룩진 불편한 대화의 현장이었다. 그러나 공모자들은 나세르를 향한 증오심과 그가 무너지는 것을 보고 말겠다는 결의로 뭉쳤다.

48시간의 집중적인 협상 끝에 세 당사국들은 1956년 10월 24일에 비밀협정을 체결했다. 이에 따르면, 먼저 이스라엘이 이집트를 침략하여 아랍-이스라엘 분쟁을 조장함으로써 수에즈 운하의 해상통신을 위태롭게 만들어야 했다. 그러면 영국과 프랑스는 적대행위 중단을 촉구할 것이고, 당연히 자신들의 요구가 무시될 것이라는 전제하에 영국-프랑스 동맹이 군대를 파견해서 운하 지대를 점령하고 개입에 나선다는 것이었다. 프랑스와 영국을 신뢰하지 않던 이스라엘의 외교관들은 이스라엘의 첫 침공 후 그들이 발뺌하지 못하도록 하기 위해서 서면협정에 모든 당사자들이 서명할 것을 고집했다.

영국과 프랑스 모두 이스라엘과의 공모를 재고할 만한 충분한 이유가 있었다. 프랑스는 1948년 이래로 이스라엘에게 무기를 제공해왔고, 알제리의 독립 요구를 거부하고 있었기 때문에 아랍인들로부터 커다란 반감을 사고 있었다. 영국의 제국주의적인 과거 역시, 여전히 아랍 민족주의자들과의 관계에 걸림돌이 되고 있었다. 과거의 제국주의 열강들이 이스라엘과 한패를 이룬다면 유럽 열강과 아랍 세계 간의 관계가 악화될 것은 너무도 자명했다. 게다가 이러한 음모가 장기간 비밀로 유지될 가능성도 거의 없었다.

그러나 10월 29일에 이스라엘군이 시나이 반도에서 전쟁을 개시하고 수에즈 운하로 돌격하면서 불가능할 것 같았던 이 이집트 계획은 실행에 옮겨졌다. 그다음 날에 영국과 프랑스는 적대행위를 중단하고 수에즈 운하 양안으로부터 10마일 너머로 군대를 철수하라는, 사전에 협의된 최후통첩을 이집트와 이스라엘 양국에게 전달했다. 그런데 프랑스와 영국이 발표 시기를 잘못 고르면서 이 사태의 내막이 만천하에 드러나고 말았다. 이스라엘군이 아직 운하에서 수마일이나 떨어진 곳에 있었는데도 운하 지대로부터 모든 교전국은 철수하라고 요구한 것이었다. 나세르의 절친한 친구였던 모하메드 헤이칼이 추론했듯이, "경무장(輕武裝)한 이스라엘의 낙하산 부대 한 대대만이 간신히 운하로부터 40마일 떨어져 있는 지점에 접근해 있는 상황이었음에도 운하에서 10마일 너머로 철수하라고 쌍방에게 요구하다니, 이에 무슨 변명의 여지가 있겠는가?" 영국과 프랑스가 이스라엘군이 운하에 도달했을 것이라고 예측한 유일한 근거는 공격 계획 시 분담한 역할을 이스라엘군이 완수했을 것이라는 가정이 전부였다.

이스라엘의 공격에 영국이 공모했다는 증거가 명백해지면서 — 시나이 반도 상공을 날고 있던 영국의 정찰기가 포착되었다 — 이집트인들은 상상도 하지 못했던 상황을 받아들여야만 했다. "중동을 너무도 잘 알고 있다고 자부

428

하는 이든이 이스라엘과 함께 아랍 국가와의 전쟁에 나섬으로써, 아랍 세계에서의 자신의 입지와 모든 영국 친구들의 안전을 위험에 빠뜨렸다는 사실을 나세르는 도저히 믿을 수 없었다"라고 헤이칼은 회고했다.[36]

미국도 수에즈 위기의 전개 상황을 지켜보면서 회의에 빠졌다. 미국이 이러한 전법을 꺼려하지 않았던 것은 확실하다. 미국의 중앙정보국(Central Intelligence Agency, CIA)도 이스라엘이 공격을 개시한 바로 그날 실행될 예정이었던, 시리아 정부를 전복하기 위한 쿠데타를 모의하고 있었다.[37] 중동에서의 소련의 팽창 위협을 저지하고자 했던 미국의 구상과는 달리, 시리아가 소련의 경제 원조를 받기로 결정했기 때문이었다. 그러한 측면에서 이 작전은 1956년 당시의 미국의 세계관에도 잘 부합하는 것이었다.

하지만 아이젠하워 행정부는 수에즈 분쟁을 이해할 수 없었다. 냉전이 한참인 와중에 영국과 프랑스가 여전히 제국주의 세력처럼 행동하고 있었기 때문이다. 미국에게 소련의 팽창 저지는 세계의 다른 주요 지역에서와 마찬가지로 중동에서도 반드시 고려해야 할 전략 지정학적인 사업이었다. 미국은 나토 동맹국인 영국과 프랑스가 지금은 사라진, 남아시아와 동남아시아의 제국들을 연결하며 한때 전략적으로 중요했던 수로 때문에 전쟁에 나선 것을 이해할 수 없었다. 아이젠하워는 또한 유럽 동맹국들이 미국과 의논도 없이 이런 대규모 군사작전을 감행했다는 사실에도 화가 났다. 물론 그들이 논의를 했더라도, 미국은 틀림없이 수에즈 전쟁에 반대했을 것이지만 말이다. 영국과 프랑스의 정부는 미국이 어떻게 대응할지 너무도 잘 알고 있었기 때문에 워싱턴에 알리지 않기로 선택했던 것이다.

미국의 관점에서 수에즈 위기는 완전히 재앙이었다. 시리아에서 수행될 예정이었던 미국의 비밀작전에 차질이 생겼지만, 헝가리에서 발생한 사건으로 그것은 곧 잊혀졌다. 이스라엘이 이집트를 공격하기 딱 6일 전인 10월 23일에 헝가리에서 혁명이 터졌다. 스탈린 정권에 반대하며 부다페스트에서 일어난 학생 시위가 거국적인 항거로 이어진 것이다. 수일 만에 소련이 지원하던 정부가 무너졌고 새로운 내각이 개혁가 너지 임레의 지도하에 구성되었다. 너지 임레는 재빠르게 헝가리를 바르샤바 조약에서 탈퇴시켰고 그 결과 소련 및 동맹국들과의 군사협력이 사실상 종결되었다. 그것은 소련이 통제하던 동유럽과 서유럽을 분리하던 철의 장막에 생긴 첫 균열이었고, 냉전이 시작된 이후 발생한 가장 중요한 사건이었다.

소련의 보복으로부터 헝가리 사태를 보호하기 위해서 UN을 움직이고 있던 아이젠하워 행정부는 영국과 프랑스가 이집트에서 교전을 시작하자 분통을 터트렸다. 영국-프랑스의 개입으로 소련이 희망했던 것보다 훨씬 더 주의가 산만해졌기 때문이었다. 폭격기가 10월 31일에 이집트 공군기지를 습격한 후 영국과 프랑스는 11월 초에 낙하산 부대를 운하 지대에 투입했다. 소련의 외교관들은 동유럽에 대한 영향력을 되찾기 위해서 헝가리에 소련군을 배치하면서도 서구의 침략에 맞서고 있는 나세르의 이집트를 옹호함으로써 내내 도덕적인 우위를 점할 수 있었다. 서구가 소련을 저지하기 위한 견고한 전선을 가장 필요로 했던 이 시기에 나토의 결속력이 깨진 것이었다. 아이젠하워는 헝가리에서의 실패에 대한 전적인 책임을 영국과 프랑스에게 돌렸다.

이집트의 나세르는 우수한 장비를 갖춘 세 적과 이길 수 없는 전쟁을 하고 있었다. 그는 전쟁이 시작되자 운하 지대를 방어하는 데에 집중하기 위해서 가자와 시나이 반도에서 이집트군을 철수시켰고, 이 지역은 곧 이스라엘의 수중에 떨어졌다. 델타의 마을 진료소에서 의사로 일하고 있던 나왈 엘 사아다위는 나세르의 연설이 "집과 거리에서 수천 대의 라디오를 통해 울려 퍼졌다"라고 기억했다. "'우리는 침략자들이 떠날 때까지 계속 싸울 것입니다. 우리는 결코 항복하지 않을 것입니다.'" 월등히 우세한 군대의 명분 없는 공격에 맞선 그의 저항은 다시 한번 이집트인들을 감동시켰고, 국가의 분투를 돕기 위해서 모두가 발 벗고 나섰다. "나도 의사 가운을 벗고 전투복으로 갈아입었다"라고 사아다위는 회상했다.

대다수의 이집트인들처럼 사아다위도 전쟁을 돕기 위해서 전장으로 갈 준비를 했지만, 계속된 혼란 속에서 부름을 받지는 못했다. 이에 그녀는 델타의 마을에서 상황을 지켜볼 수밖에 없었다. 11월 6일에 영국과 프랑스의 낙하산 부대가 포트사이드를 포위하자, 다른 이집트인들처럼 그녀도 공포에 휩싸였다. "로켓탄과 폭탄이 수천 대의 비행기에서 투하되었고, 군함이 바다에서 포격했으며 탱크가 거리에서 으르렁거리며 포효했고, 저격병들이 집의 지붕 위로 낙하했다"라고 사아다위는 썼다. 이집트 시민들도 저항을 개시해서 군과 함께 싸웠다. "대부분이 매우 나이가 어렸던 게릴라 대원들이 소집되었고, 총과 수류탄, 화염병을 들고 싸우기 시작했다."[38] 총 1,100명가량의 민간인들이 운하지대에서 전투 중 사망했다.

미국은 전쟁을 멈추고 군대를 철수하라고 영국과 프랑스에게 엄청난 압박을 가했다. 미국이 안전 보장 이사회에서 동분서주했음에도 수에즈에서의 작전을 제약하는 어떤 결의안도 통과되지 못하도록 거부권을 행사한 영국과 프랑스 탓에, 그 노력들은 모두 수포로 돌아갔다. 소련과 그 우방국들이 이집트 편에서 이 분쟁에 개입하겠다고 위협하자, 아이젠하워 행정부는 즉각적인 정전 요구를 관철시키기 위해서 영국과 프랑스에게 노골적인 위협을 가해야만 했다. 양국을 나토에서 제명하겠다는 협박을 했으며, 미국 재무부는 영국 경제에 막대한 영향을 미치는 영국 통화를 평가 절하시키기 위해서 파운드 채권의 일부를 팔겠다고 경고했다. 이러한 위협들이 효과를 발휘하면서 11월 7일에 영국과 프랑스는 UN의 정전요구를 받아들였다. 영국과 프랑스군 전원이 1956년 12월 22일 이집트에서 철수했고 이스라엘군도 최종적으로 1957년 3월 이집트에서 철수하면서, UN 평화유지군이 이들을 대체했다.

이집트에게 수에즈 위기는 군사적인 패배를 정치적인 승리로 바꾼 전형적인 사례였다. 나세르의 수사와 도전은 용맹했지만, 이에 부합할 만한 그 어떤 군사적인 성취도 이루지 못했다. 그럼에도 불구하고 생존 그 자체만으로도 중요한 정치적 승리로 간주되었고 이집트인들 — 과 아랍 세계 전역의 나세르 신봉자들 — 은 마치 나세르가 이집트의 적들을 실제로 패퇴시키기라도 한 듯이 경축했다. 나세르는 수에즈 운하의 국유화가 이제 더 이상 문제가 되지 않을 것이고, 이집트가 전 영토와 자원에 대한 완전한 통제권을 획득했다고 확신했다.

이스라엘에게 수에즈 전쟁은 군사적으로는 놀라운 승리였지만 정치적으로는 후퇴를 의미했다. 벤 구리온은 IDF(이스라엘 방위군)가 무력으로 점령한 영토에서 철수해야 하는 현실에 당혹스러워졌지만, 그래도 다시 한번 아랍 이웃 국가들에게 이스라엘 군대의 기민함을 보여줄 수 있었다. 그러나 3국 침략에 동참함으로써 이스라엘을 이 지역에 대한 제국주의 정책의 연장선으로 생각하던 아랍 세계의 보편적인 인식은 더욱더 강해졌다.

이스라엘이 이렇게 제국주의와 연계되면서 아랍 세계가 유대 국가를 인정하거나 평화를 구축하는 것은 물론이고 받아들이는 것조차 더욱더 어려워졌다. 그 대신에 이스라엘을 패퇴시키는 문제는 팔레스타인의 해방— 1950년대의 평화 협상을 방해하던 강력한 이념이었다— 뿐만 아니라 중동에서 제국주의 세력을 일소하는 문제와도 동일시되기에 이르렀다.

프랑스는 수에즈 위기에서 많은 것을 잃었다. 알제리에서의 입지는 약화되었고 아랍 세계에 대한 영향력도 대체적으로 감소되었다. 1950년대의 남은 시간 동안 프랑스는 아랍 세계에 대한 기대를 완전히 접고 이스라엘을 본격적으로 지원했다. 실제로 수에즈 위기 직후 프랑스는 이스라엘의 무장을 도왔고, 원래 약속했던 용량의 두 배나 되는 원자로를 1957년에 제공하면서 이스라엘의 핵무기 개발을 도왔다.

아랍 세계에 대한 영향력을 유지하고 싶었던 영국이야말로 의심할 여지없이 수에즈 위기의 가장 큰 패배자였다. 전쟁 결정은 영국 내에서 엄청난 반대에 직면했고, 수많은 고위급 정부관료 및 외무부 관료들의 사퇴로 이어졌다. 수에즈 위기의 여파로 엄청난 파경을 맞은 앤서니 이든은 1957년 1월에 총리직에서 사퇴했다. 수에즈 위기가 중동에서의 영국의 입지에 끼친 영향은 더욱더 파괴적이었다. 헤이칼이 결론을 내렸듯이, "어떤 아랍의 지도자도 수에즈 위기 이후 영국의 친구이자 나세르의 적일 수 없었다. 수에즈 위기로 영국은 아라비아를 상실했다."[39]

***

주목할 만한 계속된 성공으로 나세르는 아랍 세계에서 권세를 떨치게 되었다. 반제국주의자로서의 이력과 아랍 단결을 향한 호소로 그는 중동 전역에서 아랍 민족주의자들의 투사가 되었다. 나세르는 전파를 통해서 메시지를 아랍 대중에게 전달했는데, 1950년대에 적정한 가격대의 휴대용 트랜지스터 라디오가 보급되면서 장거리 라디오 방송의 위력은 더욱 강해졌다. 성인 문맹률이 높았던 시대였기 때문에 신문 지면을 통해서라면 접근할 수 없었던, 훨씬 더 광범위한 청중들에게까지 나세르는 라디오를 통해서 다가갈 수 있었던 것이다.

그 당시 아랍 세계에서 가장 영향력 있고 광범위한 청취자를 가졌던 라디오 방송국은 카이로에 기반을 둔 "아랍의 소리(Sawt al-'Arab)"였다. 이집트 혁명 사상을 보급하기 위해서 1953년에 개국한 아랍의 소리는 뉴스와 정치, 오락을 겸비한 방송이었다. 또한 공용어를 통해서 국경을 넘어 아랍어 사용자들을 연결하며 범아랍주의와 아랍 민족주의를 전파했다. 아랍 세계 전역의 청취자들은 감동했다. "사람들은 라디오에 귀를 기울이곤 했다"라고 한 동시대인은 회상했다. "특히 아랍인들에게 고개를 들고 점령 세력으로부터 명예와 영토를 지키라고 호소하는 아랍 민족주의 노래가 흘러나올 때 더욱 그러했다."[40]

나세르는 라디오를 통해서 아랍 세계를 정복했다. 아랍의 소리를 통해서 아랍 정부의 수장들을 제치고 그들의 시민들에게 직접 말을 건넴으로써, 다른 아랍의 통치자들이 자신의 규칙을 따르도록 압력을 가할 수 있었던 것이다. 1957년의 레바논 현황에 대한 한 정치 보고서에서 레바논의 정보국장 아미르 파리드 시하브는 다음과 같이 썼다. "나세르에게 유리한 정치선전이 그를 아랍의 유일한 지도자로 생각하는 무슬림 대중들의 마음을 사로잡았다. 이집트 및 시리아 라디오 방송국의 영향과 이집트에서 그가 달성한 업적 덕택에 사람들은 그 외의 다른 어떤 지도자도 원하지 않는다."[41]

일부 아랍 민족주의자들은 이집트의 대통령이 의도했던 것 이상으로 아랍 연대에 대한 나세르의 호소를 문자 그대로 받아들이기 시작했다. 그중에서도 특히 시리아의 민족주의자들이 그러했다.

시리아의 정치는 호스니 알 자임이 1949년에 대통령 슈크리 알 쿠와틀리를 타도한 이래로 계속해서 불안정했다. 알 쿠와틀리가 몰락한 1949년과 그가 권좌에 복귀한 1955년 사이에 시리아는 다섯 차례나 지도부가 교체되었고, 1957년 늦여름에는 나라의 정치가 거의 와해 직전에 이르렀다. 소련과 미국(1956년에 쿠와틀리 정부의 타도를 모의하고 있었다) 사이에서 그리고 혁명적 격동기에 아랍 경쟁국들 사이에서 곤란을 겪고 있던 시리아는 내부적으로도 깊은 정치적 분열에 시달리고 있었다.[42]

1950년대 말 시리아에서 가장 영향력 있던 정당은 공산당과 바트(Ba'th, 문자 그대로 "르네상스"라는 뜻이다)당으로 더 잘 알려진, 아랍 부흥당이었다. 바트당은 1940년대 초에 세속적인 범아랍 민족주의 정당으로 미셸 아프라크와 살라 알 딘 비타르가 설립했다. 그들의 표어는 "불멸의 사명을 가진 하나의 아랍 국가"였다. 바트당은 모든 아랍 민족을 하나로 묶는 대아랍 민족주의를 지향하며 개별 국가의 소(小)국민국가적 민족주의를 멀리했다. 바트당의 이론가들은 완전한 아랍 통합만이 외세로부터의 완전 독립과 안에서의 사회적 정의를 아랍인들에게 가져다줄 수 있다고 생각했다— 이것은 1919년의 베르사유 합의가 강제한 제국의 경계에서 해방된 하나의 아랍 국가라는 유토피아적인 미래상이었다. 정당의 지부들이 1940년 말에 시리아, 레바논, 요르단, 이라크에서 우후죽순처럼 생겨났다.

1960년대부터 오늘날까지 바트당은 주요 정치세력이었지만, 1950년대에 시리아에서는 아직 미약한 정당일 뿐이었다. 중산층 지식인들의 정당이었던 바트당은 대중적인 지지 기반이 없었다. 1955년의 선거에서 바트당은 시리아 의회 의석의 15퍼센트도 확보하지 못했다. 강력한 협력자가 절실했던 바트당원들은 이집트의 나세르에게서 그 가능성을 찾았다. 그들은 자신들의 신념에 따라서— 나세르의 반제국주의적이고 범아랍적인 수사가 자신들의 이념에 매우 잘 부합했기 때문에— 그리고 시리아에서 나세르가 누리고 있던 대중적인 인기를 당의 목표에 이용하기 위해서 나세르에게 전폭적인 지지를 보냈다.

시리아의 공산당은 소련의 영향력이 커지면서 당의 입지도 강화되었기 때문에 나세르를 덜 필요로 했다. 또한 시리아의 공산주의자들은 이집트의 공산당을 탄압했던 나세르를 경계했다. 그럼에도 그들 역시 나세르가 누리고 있던 대중적인 인기의 덕을 보고 싶었다.

바트당과 공산당이 시리아와 이집트를 통합하자는 제안을 들고 나세르에게 접근한 1957년 당시, 나세르의 호의를 얻으려는 시리아 정당들 간의 경쟁은 매우 치열했다. 바트당이 연방적 통합을 제안했던 반면 공산당은 양국을 하나의 나라로 완전히 합병하자는 제안으로 강수를 두었다. 나세르가 이 제안을 거절할 것이라고 확신하면서 말이다. 이 모든 것은 일종의 게임이었다. 왜냐하면 바트당이나 공산당이나 이집트와의 통합을 결정할 수 있는 권한을 가지고 있지 않았기 때문이다.

하지만 시리아의 군이 합병 문제에 관련되면서 게임은 심각해졌다. 군은 이미 시리아 정부에 맞서서 세 차례나 쿠데타를 일으킨 전력이 있었고, 여기에 참여한 대다수의 장교들은 바트주의자임을 자처했다. 그들은 군이 주도하는 나세르의 이집트 정부에 매료되었고, 통일이 되면 자신들도 시리아 정치의 지배세력이 될 수 있을 것이라고 믿었다. 1958년 1월 12일에 자국 정부에게 사전 통보도 하지 않은 채 시리아 육군참모총장과 최고위급 장교 13명이 나세르와 통합을 논의하기 위해서 카이로로 날아갔다. 참모총장이 카이로로 떠난 후에야 고위급 시리아 장교 중의 한 명이 군의 조치를 알리기 위해서 각료들— 그 당시 재무부장관이었던 칼리드 알 아즘을 포함해 — 을 방문했다. "카이로로 떠나기에 앞서 당신들의 결정을 정부에 알리고, 그 문제를 논의했더라면 더 좋지 않았겠소?"라고 알 아즘이 장교에게 물었다.

"이미 엎질러진 물입니다"라고 장교는 대답하고 물러났다.

알 아즘은 프랑스 위임통치로부터 시리아를 독립시키기 위해서 싸웠고, 1945년의 끔찍한 다마스쿠스 폭격을 견뎌낸 명문가 출신의 민족주의 정치인이었다. 그는 군이 시리아에 재앙을 가져올 것이라고 확신했다. "만약 압델 나세르가 이 제안에 동의한다면 시리아는 완전히 사라질 것이고, 만약 거절한다면 군은 국가의 요직을 차지하고 정부와 의회 모두를 파멸시킬 것이다"

라고 일기에 적었다.[43]

　시리아 정부는 나세르의 생각을 타진한 후 그 내용을 내각에 보고하기 위해서 바트당의 공동 창립자 중의 한 명이자 외무장관인 살라 알 딘 비타르를 카이로에 파견하기로 결정했다. 그런데 카이로에 도착한 비타르는 일시적인 흥분에 휩싸인 나머지 관찰자로서의 직무를 망각하고 협상가를 자처하며 행동하고 다녔다. 비타르가 시리아 정부의 공식 대표로서 나세르와 직접적인 논의에 들어간 것이다.

　나세르는 자신들의 나라를 그의 발밑에 바치려고 카이로로 계속해서 밀려드는 시리아의 정치인과 군인들을 보면서 당혹감을 감출 수 없었다. 언제나 아랍 통합을 고무했던 그였지만 자신은 그 표현을 아랍 **연대**, 즉 목적과 목표의 통일로 이해하고 있었기 때문이다. 그는 결코 다른 아랍 국가와의 공식적인 통일을 원했던 것은 아니었다. 이집트는 다른 아랍 세계와는 분명히 다른 역사를 가지고 있다고 생각했다. 혁명 전까지 대부분의 이집트인들은 자신들을 아랍인으로 규정하지 않았으며, 그 용어는 아라비아 반도의 거주민이나 사막의 베두인족을 지칭하는 말로 사용되었다. 게다가 이집트와 시리아가 이스라엘이 세운 철벽으로 분리된 곳 외에는 그 어떤 국경도 접하지 않고 있다는 사실을 고려했을 때, 이 제안은 더욱더 비현실적인 것으로 보였다.

　그러나 나세르는 시리아와의 통합이 자신에게 어떤 이득을 가져올지 잘 알고 있었다. 주요한 아랍의 두 국가가 통합되어 탄생한 나라의 수장이 된다면 나세르는 아랍 세계의 독보적인 지도자로서의 입지를 다질 수 있을 것이었다. 이집트와 시리아 밖의 아랍 대중들도 이 통합을 대대적으로 지지하며 자국의 통치자보다 나세르에게 더 큰 충성심을 바칠 것이 확실했다. 또한 강대국 — 미국과 소련, 영국, 프랑스 — 에게도 중동의 새로운 정치질서가 이집트에 의해서 구축되고 있음을 보여줄 수 있을 것이었다. 제국주의를 극복한 나세르는 이제 냉전을 우회하고 있었다.

　나세르는 시리아의 방문객들을 맞이하여 다음과 같은 조건을 제시했다. 이집트의 통치기관이 카이로에서 시리아를 통치하는 방식의 완전한 통합을 추구할 것, 시리아군은 이집트의 지휘를 받을 것이며 정치에 관여하지 않고 병영으로 복귀할 것, 또한 모든 정당을 해산하고 다당제는 분파적인 파당주의와 같은 것이기에 국민연합(National Union)에 의한 일당(一黨) 체제로 전환할 것 등이 그것이었다.

나세르의 조건은 시리아 손님들에게 상당한 충격으로 다가왔다. 정당의 해체 가능성에 어안이 벙벙해진 바트당 대표자들에게 나세르는 새로운 국가의 명칭이 될 통일아랍공화국(United Arab Republic, UAR)의 정치 문화를 형성하는 매개체인 국민연합을 그들이 지배하게 될 것이니 걱정 말라며 안심시켰다. 국명은 일부러 재고의 여지를 남겨놓았는데, 시리아와 이집트의 통합은 바트당이 열망하는 더 광범한 아랍 연합과 아랍 르네상스를 향한 첫 단계일 뿐이었기 때문이다. 바트당과 군은 나세르가 자신들의 정치적 특권을 박탈할 것이라는 조건을 제시했음에도 이집트와의 통합을 통해서 시리아에서 자신들이 지배적인 영향력을 행사하게 될 것이라는 환상을 품은 채 카이로를 떠났다.

열흘간의 논의를 마치고 카이로에서 돌아온 비타르와 장교들은 나세르와 합의한 통합 계획에 대해서 시리아 내각에 간략하게 보고했다. 칼리드 알 아즘은 이 제안에 대한 반대 의견을 굳이 숨기려고 하지 않았지만, 자신과 같은 생각을 가진 사람들이 소수라는 사실을 곧 깨달았다. 알 아즘은 선출된 대표자들이 힘겹게 획득한 시리아의 독립을 분별없이 포기하려 하는 모습에 낙담하며, 이것을 아랍 민족주의자들의 변덕이라고 생각했다. 그는 "'아랍인다움', '아랍', '영광'과 같은 단어들"을 뺀다면 아무 내용도 없었을 대통령 알 쿠와틀리의 개회 연설을 비웃었다. 알 쿠와틀리는 연설을 끝내고 발언권을 외무장관에게 주었다. 비타르는 동료들에게 그와 나세르가 시리아와 이집트를 하나의 국가로 완전히 통합하는 문제에 대해서 합의했고, 그리고 그 건을 양국에서 국민투표에 부치기로 했다고 말했다 — 그는 통합이라는 안건이 시리아와 이집트 양국 모두에서 대중의 대대적인 지지를 받게 될 것임을 너무도 잘 알고 있었다.

비타르의 말이 끝나자 각료 대다수가 통합에 대한 확고한 지지를 밝혔다. "모두가 발언권을 행사했을 때, 나는 참석자들에게 이 제안을 검토할 수 있는 시간을 달라며 휴회를 요청했다"라고 알 아즘은 이야기했다. "그들은 모두 이 제안에 놀란 듯이 보였다. 하지만 이러한 반응에 나야말로 놀라지 않을 수 없었다. 그야말로 시리아라는 나라의 해체를 야기할지도 모르는 이렇게 중요한 사안을 검토하고 당과 의원, 정책결정자들의 견해를 타진할 충분한 시간을 장관들에게 주지도 않고 내각에 제출하려는 그들을 도저히 이해할 수 없었다."[44] 그는 간신히 24시간의 휴회를 허락받았다.

알 아즘은 폭넓은 답변을 준비했고, 연방제에 기초하는 양국의 절충적인 통합 계획을 제시했다. 시리아 내각의 충분한 지지를 받은 그의 제안이 카이로로 보내졌지만, 나세르는 절충안을 전혀 고려하지 않았다. 완전한 통합이 아니라면 논의 자체는 없었던 일로 하겠다는 것이었다. 다시 개입에 나선 시리아군은 거래를 성사시킬 각료들을 카이로로 데리고 갈 비행기를 준비했다. 참모총장은 결정을 못 내리는 정치인들에게 문제를 분명히 했다. "여러분에게 두 가지 길이 열려 있소. 하나는 메제[Mezze : 다마스쿠스 교외에 있는 악명 높은 정치범 수용소로 가는 길이고, 다른 하나는 카이로로 가는 길이오" 라고 말했다고 한다.[45] 시리아 정부는 카이로로의 길을 택했고, 1958년 2월 1일에 이집트와 통합 협정을 체결했다.

이것은 혁명적인 해의 시작이었다. 이집트와 시리아의 통합은 아랍 통합이라는 새로운 시대를 알렸고, 아랍 세계 전역에서 대대적인 대중의 지지를 받았다. 나세르의 입지는 새로운 정점에 도달했고, 이것은 다른 아랍 국가 수장들을 매우 당혹스럽게 만들었다.

아마도 1958년에 가장 열악한 상황에 처해 있던 아랍 지도자는 이 해 11월에 23번째 생일을 맞게 되는, 요르단의 젊은 왕 후세인이었을 것이다. 요르단과 영국 사이의 역사적인 관계 때문에 후세인은 나세르주의 선전기관의 특별한 표적이 되어 왔다. 아랍의 소리는 방송을 통해서 후세인을 혹평했고, 요르단 사람들에게 군주제를 타도하고 근대적인 아랍 공화국의 대열에 합류하라고 촉구했다.

이러한 외부적인 압력에 맞서서 후세인 왕은 영국과 거리를 두기 위해서 할 수 있는 모든 것을 했다. 영국의 압박에 용감히 맞섰고, 바그다드 협약에도 관여하지 않았다. 1956년 3월에는 영향력 있는 사령관 글러브 파샤를 포함해서 여전히 요르단군을 지휘하고 있던 영국 장교들을 해고했다. 심지어 1957년 3월에는 영국-요르단 조약의 종료 문제를 두고 협상을 하여 하심 왕국에 대한 영국의 영향력을 사실상 종식시켰다. 이러한 조치들은 이집트와 시리아에 대한 회유 시도와 아랍 민족주의에 대한 요르단의 헌신을 보여주려는 노력으로 이어졌다.

후세인이 한 가장 과감한 양보는 정부를 친나세르주의자 세력에게 개방한 것이었다. 1956년 11월에 후세인은 요르단 역사상 처음으로 공개적인 자유선거를 실시했고, 그 결과 좌익성향의 아랍 민족주의자들이 요르단 의회에서 절대다수를 차지하게 되었다. 후세인은 위험을 무릅쓰고 다수당의 지도자 술레이만 알 나불시를 불러서 충성스러운 야권 정부를 구성하도록 요청했다. 그러나 이 실험은 여섯 달을 넘기지 못했다.

개혁 성향의 나불시 정부는 충성심과 적대심 사이의 모순을 해결하는 데에 어려움을 겪었다. 더욱이 요르단 군부 내의 나세르주의를 지향하던 "자유장교단"은 왕보다도 알 나불시에게 더욱 전폭적이고 공개적인 지지와 충성을 바치고 있었다. 이에 후세인은 나불시 정부가 장기화될수록 자신의 군주제는 단명할 것이라고 생각하게 되었고, 결국 행동에 나서기로 결정했다. 1957년 4월, 후세인은 정부가 공산주의를 지지한다는 구실로 알 나불시의 사퇴를 요구하는 큰 도박을 했다. 알 나불시의 해고 직후, 후세인은 나라와 군대를 확실하게 다시 장악하기 위해서 강제적인 조치들을 단행했다. 4월 중순에 후세인 왕은 자신의 통치를 위협하는 요르단의 주요 자유장교단원들의 체포와 추방을 총괄 지휘하여 군으로부터 충성 서약을 받아냈다.

시리아와 이집트가 1958년에 통합된 이후 요르단에 대한 압박은 더욱 강해졌다.[46] 아랍 민족주의자들은 하심 가 정부의 사퇴와 통일아랍공화국과 요르단의 통합을 통해서 진보적인 아랍의 대열로 합류할 것을 촉구하는 목소리를 더욱 높였다. 아랍 민족주의에 대한 후세인 본인의 미래상은 이념적이기보다는 왕조적인 것이었기 때문에 그는 요르단의 취약한 입지를 강화시키기 위해서 사촌인 파이살 2세가 이끄는 이라크에 의지했다. 그는 1958년 2월 14일에 암만에서 시작된 아랍 연합(Arab Union)이라는 이라크와의 통합 계획을 2주일 만에 성사시켰다.

아랍 연합은 각국의 개별적인 국가 지위는 유지하되 연합 군대를 꾸리고 공동 외교정책을 취하는 연방제 국가였다. 새로운 국가의 수도는 매 6개월마다 암만과 바그다드가 번갈아가며 맡게 될 것이었다. 하심 가의 두 군주는 혈연으로 연계되어 있었고, 영국의 후견을 받은 역사를 공유했으며, 심지어 국경도 맞닿아 있었다.

하지만 아랍 연합은 통일아랍공화국의 호적수가 되지 못했다. 이라크와 요르단의 연합은 나세르주의의 위협에 맞서는 승산 없는 싸움으로 보였다. 바그다드 협약의 주역이자 당대의 가장 친영적(親英的)인 아랍 정치인으로 비난 받던 누리 알 사이드를 총리로 둔 이라크와 동맹을 맺음으로써 후세인은 자신의 왕국을 나세르주의자들의 더 큰 압박에 노출시켰다.

레바논은 시리아와 이집트가 통합되면서 강한 압력을 받게 된 또다른 친서방 국가였다. 1943년의 국민협약에서 합의된 종파에 따른 권력 분할 구도가 흐트러지기 시작했다. 레바논의 무슬림들(수니, 시아, 드루즈를 하나의 무리로 묶는 용어였다)이 특히 불만이 컸다. 그들은 마론파 기독교도 대통령인 카밀 샤문이 추구하는 친서구적인 정책을 용인하지 않았고, 레바논이 좀더 확실하게 아랍 민족주의 정책과 보조를 맞추기를 원했다. 1958년 당시 레바논의 무슬림들은 자신들이 기독교도보다 수적으로 더 많다고 믿을 만한 충분한 이유들이 있었다. 정부가 1932년 이래로 새로운 인구 조사의 시행을 인가하지 않자, 기독교도들이 인구통계학적인 현실을 부정하고 있다고 믿던 무슬림들의 의심은 더욱 확고해졌다. 이에 레바논의 무슬림들은 비례제가 인구수에 비례하여 정치적 목소리의 크기를 보장하는 제도임에도 불구하고 자신들의 처지는 그 반대라고 생각하며, 현재의 정치권력 분배 시스템에 대해서 의문을 가지기 시작했다. 다수결의 원칙대로라면, 레바논도 당대 정책의 주류였던 나세르주의를 추구했을 것이라는 사실을 그들도 잘 알고 있었던 것이다.

레바논의 무슬림들은 나세르를, 자신들이 가지고 있는 모든 문제들에 대한 해결책이자 기독교도가 지배하는 레바논에서 레바논 무슬림들의 종속을 끝내고 아랍 세계를 통합시킬 강한 아랍 무슬림 지도자라고 생각했다. 그러나 샤문 대통령은 나세르가 레바논의 독립에 직접적인 위협이 된다고 생각했기 때문에 외부의 위협으로부터 지켜주겠다는 다른 나라의 확약을 받고자 했다.

수에즈 위기 이후 샤문은 더 이상 프랑스나 영국의 지원을 기대할 수 없음을 알고 있었다. 이에 그는 미국으로 방향을 돌렸고, 1957년 3월에 아이젠하워 독트린에 동의했다. 1957년 1월 미국 의회에 처음으로 제출된 독트린은 냉전 시대의 중동에게 중요한 이정표가 되었다. 중동에 대한 소련의 영향력을 억제하기 위해서 고안된 이 새로운 정책 구상안은 중동 국가들의 독립 수호를 도울 수 있도록 미국의 개발 원조와 군사 협력을 촉구했다. 가장 주목할 만한 것은 아이젠하워 독트린이 "국제 공산주의에 의해서 장악된 국가의 명시적인 무장 공격에 맞서서" 중동 국가들의 "영토 보존과 정치적 독립을 확보하고 지키기 위해서 미군의 파병"을 허용했다는 점이었다.

체코와의 무기 거래나 수에즈 위기 이후 심화된 소련과 이집트 간의 관계를 고려해 보았을 때, 많은 사람들은 아이젠하워 독트린이 소련만큼이나 아랍 세계에 영향력을 가진 이집트를 견제하기 위해서 고안된 것이라고 생각했다. 이집트는 또다시 바그다드 협약 때처럼 이스라엘에 대한 아랍의 우려를 무시하면서 아랍 지역에 반소련 정책을 우선시하도록 강제하려는 서구 열강의 또다른 시도라며 미국의 새로운 정책을 거부했다. 따라서 공식적으로 아이젠하워 독트린을 수용한 레바논의 대통령은 나세르 정부와 레바논의 수많은 나세르 지지자들과 충돌할 수밖에 없게 되었다.

1957년 여름에 실시된 레바논 의회 선거로 사태는 더욱 악화되었다. 레바논에서는 의회가 6년 단임제의 공화국 대통령을 선출했다. 따라서 1957년 선거 결과에 의해서 구성된 의회가 1958년에 차기 레바논 대통령을 선출할 것이었기 때문에 상황은 중대할 수밖에 없었다.

선거를 앞두고 샤문의 반대파들은— 무슬림, 드루즈, 기독교도 할 것 없이 — 국민전선(National Front)이라는 선거연합을 구성했다. 국민전선은 막강한 정치인들— 트리폴리의 수니파 지도자 라시드 카라미, 가장 강력한 드루즈 정치인 카말 줌블라트, 심지어는 비샤라 알 쿠리의 입헌 연합(Constitutional Bloc)과 같이 카밀 샤문의 통치에 적대적이었던 마론파들까지 — 을 규합시켰다. 국민전선은 사면초가에 몰린 대통령 샤문을 지지하던 자들보다 훨씬 더 많은 레바논 민중을 대변하고 있었다.

레바논은 친서방 정권을 세우려는 미국과 외세의 간섭에 맞서서 아랍 진영을 연합하려는 나세르주의자들 간의 전장이 되었다. 의회 선거가 가까워지면서 미국 정부는 이집트와 시리아가 국민전선을 고무하여 친서구파인 샤문의 입지를 위협하지 않을까 걱정이 되었다. 이에 미국은 직접 선거를 뒤엎어버리기로 결정했다. "순도 99.9퍼센트의 친미 의회"를 만들겠다고 결심한 레바논 주재 미국 대사가 친히 작전을 지휘하는 가운데, CIA는 샤문의 세력권 하에 입후보한 후보들의 선거 캠페인 비용을 조달하기 위해서 막대한 자금을 제공했다. 독특한 금색의 크라이슬러 데 소토 컨버터블 자동차에서 샤문에게 자금을 직접 전달한 CIA 요원 윌버 크레인 이블랜드는 이 작전에 대해서 매우 우려했다. "[레바논] 대통령과 총리의 외국 자금 유용이 너무 노골적이어서 투표 감시를 위해서 임명된 친정부 각료 두 명이 선거 기간 도중에 사퇴해야만 했다."[47] 선거로 인한 불화가 북부 레바논에서는 대규모의 충돌로 확대되면서 많은 민간인들이 투표 동안에 사망하거나 부상을 당했다.

샤문이 압승을 거두었다. 하지만 그의 승리는 아이젠하워 독트린에 대한 지지라기보다는 샤문 정부의 부패의 증거였다. 야당 기관지는 대통령직 중임을 불법으로 규정하고 있는 레바논 헌법을 수정하기 위해서 자신에게 우호적인 사람들로 의회를 채우려는 샤문의 의도를 입증한 것이라고 선거 결과를 평했다.

야당이 의회에서 배제되자 일부 야권 지도자들은 샤문의 대통령 중임을 막기 위하여 무력 사용에 나섰다. 폭탄 테러와 암살로 1958년 2월부터 5월까지 수도 베이루트와 지방은 황폐해졌다. 치안의 붕괴는 시리아와 이집트가 통합된 이후에 친나세르적인 시위대가 폭력을 사용하면서 가속화되었다.

1958년 5월 8일에 친나세르주의자였던 언론인 나시브 마트니가 암살되었다. 야권 세력은 그의 죽음에 대해서 정부를 비난했다. 국민전선은 살인에 대한 책임을 샤문 정부에게 물었고, 그에 대한 항의로서 전국적인 파업을 촉구했다. 최초의 무장 폭동이 5월 10일 트리폴리에서 발생했다. 5월 12일에는 무장한 민병대원들이 베이루트에서 싸우고 있었다. 레바논은 이렇게 내전으로 빠져들게 되었다.

레바논의 군 사령관 푸아드 시하브 장군이 불신임에 빠진 샤문 정부를 지원하기 위한 군의 동원을 거부했다. 상황의 악화와 함께 샤문의 친서방 정부가 나세르주의자들에게 무릎을 꿇게 될 위험에 처하자 미국은 레바논에 개입할 준비를 했다.

***

레바논에서의 싸움이 정점에 달했을 때, 이라크 언론인 유니스 바흐리는 아내에게 베이루트의 혼란을 피해서 그나마 조용한 바그다드로 떠나자고 제안했다. 북부 이라크의 모술 출신인 바흐리는 중동에서의 영국 제국주의를 거침없이 비판했던 사람이었으며 히틀러의 독일에 매혹되었던 많은 아랍 민족주의자 중의 한 명이었다. 그는 제2차 세계대전 시 라디오 베를린(Radio Berlin)이 제공하던 아랍어 방송을 진행했던 이로서, 아랍 세계에 잘 알려진 인물이었다. "반갑습니다, 아랍인 여러분. 이곳은 베를린입니다"는 그만의 유명한 콜 사인이었다. 전쟁 후에도 그는 베이루트와 바그다드를 오가며 아랍의 유명한 신문에 글을 썼고 라디오 아나운서로 일했다. 그런데 치명적이게도 그는 1958년에 나세르를 비판하는 일련의 보도를 하라는 이라크 총리 누리 알 사이드의 명령을 수락했다. 레바논에서 전쟁이 발발하자, 바흐리의 베이루트 집은 민중 저항군에게 접수되었다. 그는 부인에게 폭격과 총격을 피해서 바그다드로 가야 한다고 말했다.

"그렇지만 여름 무렵의 바그다드는 활활 타오르는 지옥이에요"라고 그녀는 답했다.

"이라크의 화염이 베이루트의 총탄보다 훨씬 더 편할 거요"라고 그는 고집했다.[48] 그는 아무것도 모르고 있었다.

1958년 7월 13일에 바그다드에 도착한 바흐리 부부는 따뜻한 환영을 받았다. 지역 언론이 그들의 귀환을 보도했고, 도시에서의 첫날밤을 그들에 대한 존경의 표시로 마련된 행사들로 보냈다. 하지만 다음 날 아침에 깨어난 그들은 혁명이 일어났다는 것을 알게 되었다.

압드 알 카림 카심 준장과 압드 알 살람 대령이 이끄는 군인 공모자들이 1956년부터 이라크의 군주제를 전복시키고 군이 통치하는 공화국을 건립하려는 음모를 꾸미고 있었다. 이집트의 나세르와 그의 동료들로부터 영감을 받은 그들은 자유장교단이라고 자칭했다. 아랍 민족주의와 반제국주의를 내세운 이라크의 자유장교단은 하심 가와 누리 알 사이드 정부의 과도한 친영적인 성격을 비난했다 — 수에즈 위기의 여파 속에서 이러한 혐의는 매우 심각한 것이었다. 자유장교단은 1920년대에 영국이 정착시킨 구질서를 휩쓸어 버리고 이라크인들 스스로가 만들어낸 새로운 정부를 세우려고 했다. 또한 그들은 군주제가 이례적인 혁명적 폭력행위에 의해서만 타도될 수 있다고 생각했다.

7월 13-14일 밤에 이라크 정부가 시리아와 이집트의 위협에 맞서서 아랍연합의 파트너인 요르단의 방비를 강화시키기 위해서 요르단 국경으로 군부대를 이동하라는 명령을 내렸을 때 자유장교단에게 드디어 기회가 찾아왔다. 군 기지에서 요르단 국경으로 가려면 반란 장교들은 수도를 지나가야 했다. 이번 기회에 공모자들은 군의 행군 방향을 바그다드 중앙으로 돌려서 바로 그날 밤에 정권을 장악하기로 결정했다.

자유장교단은 충성스러운 병사들에게 고속도로에서 수도 쪽으로 트럭의 방향을 바꾸라는 명령을 내렸고, 반기를 든 병사들이 도시의 주요 지점에 진지를 구축했다. 한 분견대가 왕 파이살 2세와 하심 지배 가문의 모든 일원들을 처형하기 위해서 왕궁으로 향했고 그 외의 분견대들은 고위 정부관료들의 집으로 향했다. 누리 알 사이드 총리의 즉결 처형 명령이 내려졌다. 압드 알 살람 아리프 대령은 혁명 담화를 발표하고 자유장교단이 이라크를 장악했음을 알리기 위해서 소규모의 분견대와 함께 라디오 방송국을 접수하러 갔다.

"이곳은 바그다드, 이라크 공화국의 라디오 방송국입니다"라고 아리프는 1958년 7월 14일 이른 아침 시간에 전파를 통해서 운을 떼었다. 이라크 청취자들에게 이는 군주제의 종식을 알리는 첫 신호였다. 신경이 날카로워진 아리프는 혁명이 성공했다는 말이 공모자들로부터 들려오기를 갈망하며 스튜디오를 왔다 갔다 했다. 오전 7시 즈음, 오른손에 자동소총을 쥐고 피에 얼룩진 제복을 입은 한 장교가 방으로 들어와, 왕과 왕족들의 죽음을 확인시켜 주었다. 아리프는 "알라후 아크바르! 알라후 아크바르![신은 위대하시다]"라고 큰 목소리로 외치기 시작했다. 그러고 나서 책상에 앉아 펜으로 몇 줄을 쓴 후 "알라후 아크바르. 혁명이 성공했어!"라고 계속 중얼거리며 스튜디오 안으로 사라졌다.[49]

유니스 바흐리는 아리프의 방송을 들으며 혁명에 대한 첫 발표들을 지켜보았다. "우리는 수도 안팎에서 벌어진 일을 알지 못했다"라고 바흐리는 회고했다. "바그다드 사람들은 갑작스러운 사건의 충격에 혼란스러워하며 집에 웅크리고 있었다. 그 때 아리프가 사람들에게 혁명을 지지하러 거리로 나오라고, 그리고 적들을 끝까지 추격하라고 부추겼다.

아리프는 왕족들이 이미 살해되었다는 것을 알고 있었지만, 마치 이라크 국민들을 국왕시해 범죄에 연루시키려는 듯이 왕궁 습격을 선동했다. 또한 새벽에 간신히 습격자들을 피한 누리 알 사이드의 검거에 1만 이라크 디나르의 현상금을 걸었다— 여장한 모습으로 붙잡힌 사이드는 다음 날 사형에 처해졌다. "왕궁과 누리 알 사이드의 저택을 공격하라는 선동을 들은 바그다드의 주민들은 살인과 약탈의 욕망에 압도된 채 집을 나섰다"라고 바흐리는 회상했다. 도시 빈민들은 유명한 부자들의 바그다드 저택들을 약탈하고 자신에게 방해가 되었던 사람들을 제거할 수 있는 기회를 기꺼이 이용했다.

유니스 바흐리는 몸소 이라크 혁명을 목격하기 위해서 거리로 나갔다. 그는 살육의 현장에 소름이 끼쳤다. "알 라시드 거리에 사방팔방으로 피가 넘쳐흘렀다. 죽을 때까지 자동차 뒤에 묶여 끌려가는 자들을 보며 사람들은 박수치고 환호했다. 나는 복수심에 불타던 폭도들이 압드 알 라흐를 본보기로 혼내준 후 그의 시신의 잔재를 끌고 가는 것을 보았다. 그들은 그 시신을 국방부 정문에 매달았다." 군중은 왕 파이살 1세와 1917년에 바그다드를 맨 처음 점령한 영국 사령관 머드 장군의 동상을 끌어내리고, 바그다드 주재 영국 일등서기관의 사무실에 불을 질렀다.

집단 히스테리의 광풍 속에서 그 누구라도 구체제의 사람으로 오인되면 죽을 수 있었다. "누군가가 손가락으로 가리키며 '저자가 [각료] 파드힐 알 자말이다!'라고 외치는 것만으로도 충분했다. 군중은 그 남자의 다리를 묶어 일말의 망설임도 없이 죽을 때까지 그를 끌고 다녔고, 그는 소리를 지르며 [오인된 신분에] 항의하면서 신과 예언자, 모든 천사와 악마를 부르며 기도를 했지만 소용이 없었다." 바그다드는 "화재로 불타오르고 피로 흠뻑 젖었으며, 희생자들의 시신이 거리 곳곳에 방치되어서" 옛 모습을 찾아볼 수 없는 지경이 되었다.[50]

폭력이 바그다드 거리에서 맹위를 떨치는 동안 아리프 대령은 국영 라디오 방송을 통해서 그날 내내 성명서와 명령문을 연달아 발표했다. 그는 이라크와 요르단 아랍 연합의 장관들은 물론 모든 전직 이라크 각료들의 체포도 명령했다. 시간이 지나면서 바그다드 시장에서부터 경찰청장에 이르기까지 체포할 하위급 인사들도 선별되었다. 오후에는 군주제의 지지자라고 여겨지는 방송관계자나 언론인들의 체포 명령이 내려졌다. 누리 알 사이드를 도왔던 유니스 바흐리도 무너진 정권의 동조자로 지명되어 다음 날에 체포되었다. 알 사이드의 찢겨진 시신이 지프에 실려 도착한 바로 그 때에 그도 마침 국방부에 도착했다.

구질서의 인사들이 양떼처럼 모아져서 아부 그라이브로 알려진 바그다드 교외에 있던 낡은 병원을 개조한 새 감옥으로 끌려갔다. 아부 그라이브의 감옥은 사담 후세인의 그리고 2003년 이라크 침공 이후에는 미군의 고문실로 악명을 떨치게 될 바로 그 곳이다. 바흐리는 무혐의로 석방될 때까지 7개월 동안 아부 그라이브에 억류되었다. 그와 그의 부인은 1959년 초에 베이루트로 돌아왔는데, 레바논에는 새로운 정부가 들어서 있었고 내전도 종식되어 있었다.

***

레바논의 반정부 세력은 이라크의 군주제 몰락을 축하했다. 그들은 하심 가 군주정은 영국의 괴뢰 국가이고, 자유장교단은 나세르의 전형을 따르는 아랍 민족주의자들이라고 생각했다. 이라크의 친서방 정부의 몰락에 위안을 얻은 그들은 레바논의 샤문 정부에 대한 저항운동을 배가했다. 샤문의 회고록에 의하면 "반란 지역에서는 거리로 쏟아져 나온 남녀가 카페와 공공장소를 채웠고 즐거워하며 광적인 흥분으로 춤을 추며 바그다드 지도자들이 겪은 비참한 최후를 똑같이 맞게 될 것이라고 사법 당국을 위협했다. 반면 레바논의 평화와 독립에 헌신했던 레바논인들 사이에서는 엄청난 공포심이 확산되었다."[51]

내전으로 흔들렸던 레바논 국가는 이제 붕괴의 위협에 처했다. 샤문은 이라크에서 발생한 폭력적인 혁명 소식을 듣고 2시간 만에 아이젠하워 독트린을 발동시켰다(이에 레바논은 독트린을 발동시킨 유일한 국가라는 영예를 얻게 되었다). 동부 지중해 인근에 있던 미 해군 제6함대와 함께 해병대가 바로 다음 날 베이루트에 상륙했다.

미국은 나세르주의 세력에 의해서 친서방 정부가 몰락하는 것을 막기 위해서 레바논에 개입했다. 레바논의 협력자들을 위해서 미국은 지상군 1만5,000명과 12척의 해군 선박을 동원하고, 레바논 반군을 위협하고자 베이루트 상공을 저공비행하는 항공모함 전투기를 1만1,000회 출격시키며 힘을 과시했다. 딱 3개월 동안 베이루트에서 주둔한 미군(마지막 미군이 10월 25일 철수했다)은 한 발의 총성도 남기지 않고 레바논을 떠났다.

미국의 짧은 점령 아래서 정치적 안정이 레바논에 다시 찾아왔다. 레바논의 군 사령관 시하브 장군이 1958년 7월 31일에 대통령으로 선출되면서 샤문 정권의 위헌적인 연장에 대한 반대파들의 우려는 진정되었다. 대통령 샤문의 임기는 예정대로 9월 22일에 끝났다. 그해 10월에 시하브 대통령은 정부 지지자들과 반대파들의 연립정부 구성을 감독했다. 레바논이 통일아랍공화국의 이집트 및 시리아와 제휴하기를 원했던 아랍 민족주의자들의 열망은, 새로운 레바논 정부가 "패배자도 승리자도 없다"는 구호 속에서 국민화합을 주창하면서 산산이 깨졌다.

이라크 혁명으로 완전히 고립된 요르단은 자신보다도 훨씬 더 강력했던 바그다드의 군주정을 일소시킨 바로 그 아랍 민족주의 세력의 위협에 직면하게 되었다. 후세인 왕의 첫 반응은 혁명을 진압하고 이라크에 하심 가문의 통치를 복귀시키기 위해서 군을 파병하는 것이었다. 그것은 합리적인 계산이라기보다는 감정적인 대응이었다. 이 사태를 감당할 능력도 없고 군비마저 불충분한 그의 군대가 훨씬 강력한 이라크군을 설령 이긴다 할지라도 왕위를 재건할 수 있는 하심 가의 일원이 이라크에는 남아 있지 않았다(유일한 가문의 생존자였던 제이드 왕자는 그 당시 영국 주재 이라크 대사로 가족과 함께 런던에서 살고 있었다).

후세인은 곧 자신의 상황이 얼마나 취약한지 그리고 더 이상 자신을 지지해 줄 이라크가 없는 지금, 통일아랍공화국(UAR)의 적들이 얼마나 쉽게 자신을 타도할 수 있는지 깨닫게 되었다. 후세인은 이라크의 국경 너머 150마일 지점까지 진군해 있던 요르단군을 소환하고, 7월 16일에 영국과 미국에게 군사 원조를 요청했다. 레바논처럼, 요르단에 대한 외부의 개입을 막기 위해서는 외국 군대가 필수적이라고 생각한 것이었다. 수에즈 위기로 큰 불신을 받게 된 예전의 제국주의 세력에게 의지하기로 한 이상 후세인은 매우 큰 위험을 각오해야 했다. 하지만 혼자 힘으로 감당하기에는 상황이 너무 좋지 않았다. 7월 17일에 영국의 낙하산 부대와 항공기들이 이라크 혁명의 악영향을 차단하기 위해서 요르단으로 속속 도착하기 시작했다.

정치분석가들이 도미노처럼 세계 전역이 무너질 위험에 처했다고 생각하던 냉전의 절정기에 워싱턴과 런던, 모스크바의 관료들은 하나같이 이라크 혁명이 아랍 민족주의의 광풍을 일으킬 것이라고 생각했다. 또한 나세르가 이라크의 쿠데타를 배후 조종했으며, 비옥한 초승달 전역을 통일아랍공화국의 지배 아래 둘 작정이라고 확신했다. 이것이 미국과 영국이 레바논과 요르단의 친서방 정부를 지원하기 위해서 신속하게 개입한 배경의 부분적인 이유였다.

이제 세계의 모든 눈길이 이집트 — 최근 사건들에 대한 나세르의 입장을 타진하기 위해서 — 와 이라크 — 압드 알 카림 카심 준장이 과연 무엇을 하려는지 지켜보기 위해서 — 로 향했다. 카심은 이라크를 시리아 및 이집트와 통합시켜서 지역 내의 세력 균형을 바로잡을 수 있는 아랍 초강대국을 만들 것인가? 아니면 공화국의 시대에도 카이로와 바그다드 간의 전통적인 경쟁 관계는 지속될 것인가?

나세르의 절친한 친구 모하메드 헤이칼에 따르면, 이집트 대통령은 처음부터 이라크 혁명에 대해서 걱정을 했다고 한다. 1958년 당시의 아랍 세계의 심각한 변동성과 소련과 미국 사이의 긴장관계를 고려했을 때, 지역 내의 또 다른 불안정은 이집트에게 불리할 뿐이기 때문이었다.

나세르는 유고슬라비아에서 티토를 만나고 있던 중에 바그다드에서 쿠데타가 발생했다는 소식을 처음 들었다. 그는 7월 17일에 소련의 지도자 니키타 흐루쇼프를 만나기 위해서 모스크바로 곧장 날아갔다. 소련은 나세르가 모든 일을 조종하고 있다고 확신했기 때문에 미국의 반응을 우려했다. 흐루쇼프는 "솔직히 우리는 대결할 준비가 되어 있지 않소. 제3차 세계대전을 치를 준비가 되어 있지 않단 말이오"라며 나세르에게 충고했다.[52]

나세르는 바그다드에서 발생한 사건과 자신은 전혀 무관하다며 우방인 소련을 납득시키려고 했다. 또한 그는 미국의 보복으로부터 지켜주겠다는 소련의 약속을 보장받기를 원했지만 흐루쇼프는 미국이 시리아나 이라크에 터키 군을 동원하지 못하도록 소련-불가리아 군사 기동 훈련을 터키 국경 지대에서 하겠다는 약속 정도만을 해주었다. "솔직히 이야기하는데, 그 이상의 무엇도 기대하지 마시오"라고 흐루쇼프는 이집트 대통령에게 경고했다. 나세르는 이라크를 UAR에 병합할 의도가 전혀 없다며 흐루쇼프를 다시 안심시켰다.

새로운 이라크 정부 안에서도 나세르와 통합할 것인지 아니면 이라크의 독립을 지킬 것인지를 두고 분열되었다. 이라크의 새로운 지도자 압드 알 카림 카심 준장은 독립국을 통치할 작정이었기 때문에 조국을 나세르에게 넘겨줄 생각이 전혀 없었다. 소련과 가까운 유대관계를 구축하면서 이라크 공산당과 친밀하게 일해온 그는 이집트 공산당을 탄압한 카이로의 정권에게 냉담했다. 반면 카심의 부사령관 아리프 대령은 UAR의 이집트 및 시리아에 이라크도 가세할 것을 주장하며 아랍 민족주의자들에게 영합하고자 했다. 결국 카심은 함께 음모를 꾸몄던 아리프를 체포하여 투옥시켰다. 사형선고가 언도되었으나 집행은 유예되었다(1963년에 아리프는 쿠데타를 일으켜서 카심을 타도하고 처형했다).

앞으로 5년 동안 카심은 이집트와의 연대가 아닌 경쟁의 길로 이라크를 이끌었고 이라크와 UAR의 관계는 서로에 대한 비난 속에서 악화되었다. 통일아랍공화국에 이라크가 가담하지 않자, 피로 얼룩진 혁명 속에서 아랍주의의 커다란 세 개의 축, 즉 카이로, 다마스쿠스, 바그다드 간의 연대 가능성을 생각했던 중동 전역의 아랍 민족주의자들은 매우 실망하게 되었다.

***

아랍 세계는 이집트 혁명으로 완전히 달라졌다. 1950년대 동안 이집트는 지역 내 최강대국으로 자리 잡았고, 나세르는 논란의 여지가 없는 아랍 세계의 지도자로 부상했다.

나세르는 이집트와 시리아가 통일아랍공화국으로 통합된 1958년에 권력의 정점에 도달했다. 이 연합은 아랍 세계 전역에 충격을 몰고 왔고, 이웃의 레바논과 요르단의 유약한 정부를 거의 쓰러뜨릴 뻔했다. 아랍 민족주의자들은 요르단과 레바논 양국이 통일아랍공화국에 가담하기를 기대하며 요르단의 하심 가 군주정과 레바논의 친서방적인 기독교 정부의 붕괴 가능성에 기뻐했다. 한편 바그다드의 하심 가 군주정을 타도한 1958년의 이라크 혁명은 이집트와 비옥한 초승달 지역을 통합시켜서 진보적인 통일 아랍 강대국을 건설하고자 했던 아랍 민족주의자들의 희망을 실현시켜 줄, 새로운 아랍 질서의 전조처럼 보였다. 짧고 들뜬 한 순간이었지만, 아랍 세계는 오스만과 제국주의, 냉전의 시대로 구분되는 외세 지배의 주기를 깨뜨리고, 진정한 독립의 시대를 곧 누리게 될 것만 같았다.

통일아랍공화국에 합류하지 않겠다는 이라크의 결정은 중요한 전환점이 되었다. 이라크나 요르단 또는 레바논의 합류가 통일아랍공화국에 가져왔을지도 모를 어떤 자극이나 추진력도 없이, 이집트와 시리아는 혼종(混種) 국가를 운용하는 평범한 일상 업무로 돌아가야 했다. 하지만 그들은 성공하지 못했다. 아랍 민족주의는 고비를 넘겼고 1950년대에 성공의 정상에 도달했던 나세르는 연속적인 좌절과 실패를 겪으면서 패배의 1960년대를 보내야 했다.

11
아랍 민족주의의 쇠퇴

1950년대 동안 가말 압델 나세르와 자유장교단은 불가능할 법한 일련의 승리들을 거두며 이집트와 아랍 세계를 이끌었다. 그 결과 "나세르주의"는 아랍 민족주의의 핵심적인 표현이 되었다. 아랍 세계의 사람들은 이집트 대통령이 아랍 민족을 통합하고 독립과 힘의 새로운 시대로 이끌 총체적인 계획을 가지고 있을 결과라고 믿었다. 그들은 시리아와 이집트의 통합을 자신들의 희망이 실현된 것이라고 생각했다.

그러나 놀랍도록 계속되던 나세르의 성공 가도는 1960년대에 중단되었다. 시리아와의 통합이 1961년에 깨졌다. 이집트군은 예멘 내전의 수렁에 빠졌고, 나세르는 이집트와 아랍 동맹국들을 1967년에 발발한 이스라엘과의 재앙적인 전쟁으로 끌어들였다. 팔레스타인 해방이라는 오래된 약속은, 이집트의 시나이 반도와 시리아의 골란 고원뿐만 아니라 남은 팔레스타인 영토마저 이스라엘이 점령하면서 더욱더 요원해졌다. 1960년에 아랍 세계가 품었던 희망은 닳고 닳아서 나세르가 사망한 1970년에는 환멸과 냉소로 바뀌었다.

1960년대의 사건들은 아랍 세계에 과격한 영향을 미쳤다. 영국과 프랑스의 제국주의는 점점 과거의 일이 되어갔지만 이제 아랍인들은 냉전의 정쟁에 휘말리게 되었다. 1960년대에 아랍 국가들은 친서방 진영과 친소 진영으로 분열되었다. 냉전의 영향은 소련군과 미군 간의 대리전 양상으로 전개된 아랍-이스라엘 분쟁에서 가장 뚜렷하게 나타났다. 아랍의 분할통치는 계속되는 듯이 보였다.

***

통일아랍공화국은 나세르가 예상했던 것보다 훨씬 더 큰 도전이었다. 두 차례나 쫓겨난 시리아의 대통령 슈크리 알 쿠와틀리는 나세르에게 시리아가 "통치하기 어려운 나라"라는 것을 알게 될 것이라고 경고했다고 한다. "시리아인의 50퍼센트는 자신이 민족 지도자라고 생각하고 25퍼센트는 예언자라고 생각하며 10퍼센트는 신이라고 생각한다."[1]

시리아인들은 이집트 통치에 분통이 터졌다. 처음에는 통합에 그토록 열성적이었던 시리아군조차도 이집트 장교들로부터 명령을 받는 것에 치를 떨었다. 시리아의 지주 엘리트들은 이집트의 토지 개혁 프로그램이 시리아에 적용되자 분노했다. 1959년 1월에 100만 에이커 이상의 농토가 대지주들로부터 몰수되어서 시리아 농민들에게 재분배되었다. 시리아의 사업가들은 정부가 점점 더 경제 계획에 깊숙이 관여하고, 개인 소유 회사를 국유 기업으로 전환하는 사회주의적 법령 탓에 자신들의 입지가 위협받고 있다고 생각했다. 시리아의 일반인들도 이집트의 악명 높은 요식적인 서류 업무의 중압감 속에서 고통을 겪었다.

이집트인들은 정부기관에서 시리아의 정치 엘리트들을 배제하고 소외시켰다. 매우 정치적이었던 시리아 사회에서 정당이 해체되고, 이집트의 단일 국가 정당에 종속되어야 한다는 사실에 시리아 정치인들은 분노했다. 나세르는 자신의 심복인 육군원수 압드 알 하킴 아메르를 시리아 지역정부의 총독으로 임명함으로써, 바트당의 지지자들을 부차적인 지위로 좌천시켰다. 1959년 말에 저명한 바트주의자들이 항의의 표시로 UAR 내각에서 사퇴했는데, 살라 알 딘 비타르같이 통합의 기초를 놓았던 사람들도 일부 포함되어 있었다. 1961년 8월에 나세르는 시리아 지역정부를 완전히 배제하고 카이로에 기반을 둔 확대된 내각을 통해서 시리아를 통치하기로 결정했다.

1958년 2월에 이집트와의 통합을 이끌었던 시리아군이 이번에는 이집트와의 연계를 끊고 시리아를 되찾기 위해서 쿠데타를 조직했다. 1961년 9월 28일 아침 시리아군은 동이 트기 전에 다마스쿠스로 이동하여 육군원수 아메르를 체포하고 라디오 방송국을 장악했다. 완전히 민간인으로만 내각을 구성한 시리아의 임시정부는 아메르를 내쫓고, 9월 30일에는 시리아 영토에서 모든 이집트인들— 약 6,000명의 군인과 5,000명의 공무원, 1-2만 명으로 추정되는 이집트의 이주 노동자— 의 추방을 명령했다.

나세르는 시리아의 분리 독립 시도에 당황했다. 그의 첫 반응은 쿠데타를 무력 진압하기 위해서 이집트군을 파병하는 것이었다. 몇 시간이 지나고 마음을 누그러뜨린 그는 "어떤 아랍인의 피도 보지 않기 위하여" 시리아의 분리 독립을 받아들였다. "나세르는 UAR의 해체로 곤란해졌다"라고 언론인 모하메드 헤이칼은 회고했다. "그는 아랍 통합을 향한 자신의 꿈을 UAR을 통해서 처음으로 국제 사회에 표출했지만 생전에 그것을 다시는 소생시키지 못했다."[2]

나세르는 시리아의 쿠데타 직후 처음에는 UAR의 해체의 책임을 요르단과 사우디아라비아, 미국 등 자신의 적대세력들에게 전가했다. 그러나 시리아의 분리로 나세르는 자신의 정치적 지향점과 이집트 혁명이 취해야할 방향을 두고 어려운 질문들을 직시하게 되었다. 그렇지만 그는 뻔히 보이는 UAR의 문제를 인식하지 못했다. 이집트가 자부심이 강한 시리아인들을 준(準)제국주의적인 방식으로 통치했다는 사실을 말이다. 이러한 깨달음 대신에 나세르는 야심 찬 아랍 통합 계획의 실패는 이집트와 시리아가 통합에 필요한 사회 개혁을 제대로 시행하지 못했기 때문이라는 결론에 도달했다. 이에 그는 UAR의 해체에 대한 대책으로 아랍 사회에서 "반동적인" 요인들을 제거하고, 미래의 "진보적인" 아랍 민족 통합을 준비하기 위한 급진적인 개혁안을 도입했다.

1962년부터 나세르는 아랍 사회주의 노선에 따라서 이집트 혁명을 진척시켰다. 이것은 비록 아랍 민족주의와 소비에트식의 사회주의가 결합된 비현실적인 개혁안이었지만, 나름 야심 찬 계획이었다. 이집트 정부는 철저한 국가 주도의 경제를 창출하기 위해서 1956년의 수에즈 위기 직후에 시작된 사기업의 국유화를 가속화했다. 1960년에 이미 UAR 정부는 산업과 농업 생산량의 증대라는 원대한 목표를 가지고, 소비에트식의 제1차 5개년 계획(1960-1965)

을 도입했었다. 지방에서는 1952년에 시작된 토지개혁정책이 더욱 강화되었다. 새로운 법에 의거하여 토지의 최대 보유 한도가 200에서 100에이커로 하향 조정되었고, 수용된 토지는 토지가 없는 농민이나 소규모 자작농에게 재분배되었다. 이집트의 산업노동자와 농민의 중요성이 국가기관에 의해서 새롭게 강조되었다.

이집트의 새로운 정치적 지향성이 이슬람, 아랍 민족주의, 사회주의를 일관성 있는 하나의 정치 기획으로 엮어내고자 했던 1962년의 국민헌장에 명시되었다. 국민헌장은 이집트를 위한 새로운 정치 문화상을 그렸을 뿐만 아니라 아랍 사회 전체의 재형성이라는 궁극적인 목표도 제시했다. 그리고 국가로 하여금 이러한 이념을 지향하도록 이끄는 책임은 아랍 사회주의 연합(Arab Socialist Union)으로 개명한 공식적인 국가 정당인 국민연합이 맡았다.

아랍 사회주의로 방향을 바꾼 나세르는 냉전의 규칙을 전복하려는 노력 대신에 소련과 연대하며 국가 주도의 경제 모델을 추구했다. 나세르는 미래의 통합 계획에 여지를 남겨 놓기 위해서 이집트에 "통일아랍공화국"이라는 이름을 계속해서 사용했다. 1971년이 되어서야 UAR은 영원히 잠들게 되었고, 나세르의 후임자는 국명을 이집트 아랍 공화국(Arab Republic of Egypt)으로 개명했다.

아랍 사회주의는 이집트에 커다란 영향을 미쳤을 뿐만 아니라 아랍 세계도 분열시켰다. 이집트의 정치 언어는 갈수록 교조적으로 변했다. UAR의 해체 이후, 나세르는 아랍 민족의 이해관계보다는 편협한 국가적 이기심을 앞세우는 "반동주의적" 자산가들을 주로 비판했다. 이의 연장선상에서 서구의 지원을 받는 아랍 국가들— 모로코와 요르단, 사우디아라비아과 같은 보수적인 군주국들과 튀니지, 레바논과 같은 자유 공화국들— 도 "보수반동적인" 국가(서구에서는 "온건한" 국가로 알려졌지만)로 일축되었다. 혁명적인 아랍 국가들은 모두 모스크바와 제휴했고 소련의 사회 경제적 모델을 따랐다. 그들은 아랍 세계에서 "진보적인"(서구에서는 "급진적인" 아랍 국가들로 경멸되었다) 국가들로 알려졌다. 진보적인 국가들의 숫자는 초기에는 매우 적었지만— 이집트와 시리아, 이라크— 그 대열은 알제리와 예멘, 리비아에서 발발한 성공적인 혁명의 결과로 점점 길어졌다.

이집트는 부상하고 있던 다른 "진보적인" 아랍 국가들, 그중에서도 특히 이라크와의 소원한 관계 탓에 지역 내의 새로운 분할 구도 속에서 상당히 고립되어 있었다. 그러나 1962년에 나세르는 중요한 동맹자를 얻게 되었다. 이 지역의 역사상 가장 살벌한 반식민지 전쟁을 치른 알제리가 결국은 프랑스로부터 독립을 획득한 것이었다.

***

알제리 독립전쟁은 1954년 11월 1일에 일어난 첫 봉기부터 1962년 9월에 알제리 인민민주공화국이 건국될 때까지 거의 8년 동안 맹렬하게 계속되었다. 이 분쟁은 도시부터 지방에 이르기까지 알제리 전역에 막대한 피해를 남겼다. 전쟁이 끝났을 때 100만 명이 넘는 알제리인과 프랑스인이 목숨을 잃었다.

알제리인들은 독립을 위한 분투를 시작하면서 많은 사상자가 발생하리라는 것을 충분히 예상하고 있었다. 1945년에 장(場)이 서던 동부의 소도시인 세티프의 온건한 민족주의자들에 대한 프랑스의 탄압— 지역에서 열린 유럽의 전승 축하 행진에서 민족주의자들이 프랑스 국기와 함께 알제리 국기도 게양하기를 원했다— 은 결국 알제리인과 유럽인 사망자가 40명이나 발생한 폭동으로 이어졌다. 세티프 시위에 대한 프랑스의 과도한 대응이 1945년 5월 내내 알제리 전역에서 항의시위를 촉발시킨 것이다. 프랑스는 전함과 전투기, 그리고 약 1만 명의 군인을 동원하여 이 봉기를 진압했다. 약 100명가량의 유럽인 남녀노소가 알제리 폭도들에게 살해되었지만 이보다 더 많은 알제리인들이 프랑스의 보복 조치로 사망했다. 프랑스 정부는 약 1,500명의 알제리인이 사망했다고 인정했으나, 군은 그 수를 6,000-8,000명이라고 제시했다. 알제리 측의 주장에 따르면 사망자 수는 4만5,000명에 달한다. 프랑스는 세티프를 본보기로 삼아서 다른 민족주의 활동가들에게 경고를 보내려고 했다. 하지만 예상대로 프랑스의 잔인한 과잉 대응은, 오히려 더 많은 알제리인들이 민족주의 운동을 포용하도록 만들면서 의도했던 것과는 완전히 다른 결과를 초래했다. 알제리 민족주의자들이 1954년에 프랑스에 대항하여 봉기했을 때 그들의 기억 속에는 여전히 세티프가 살아 있었다.

1954-1962년의 알제리 전쟁에서 발생한 심각한 사상자 수는 무자비한 논리의 잔인한 보복이 성행했음을 보여준다. 민족해방전선(National Liberation Front, FLN)의 알제리 민족주의자들은 프랑스에게 테러를 가해서 끔찍한 보복을 유도하면 이러한 보복행위에 분노한 알제리인들이 들고 일어나 식민세력을 축출할 것이라고 생각했다. 하지만 프랑스는 가장 오래되고 가장 견고한 자신들의 북아프리카 땅에서 물러날 생각이 전혀 없었다. 프랑스는 "알제리는 프랑스이다"라고 주장했고 그것은 진심이었다. 프랑스는 민족주의자들을 분쇄 가능한 주변 세력이라고 생각했기 때문에 침묵하는 다수의 상냥한 알제리인들을 계속해서 프랑스의 통치하에 두고자 했다. 이루 말할 수 없는 야만적인 잔악행위로 끝난 이 전쟁은 알제리와 프랑스 모두를 산산조각 냈다.

민간인에 대한 잔악행위는 1955년 8월 필리프빌의 프랑스 정착민들에 대한 FLN의 공격 — 알제리 전투원들이 123명의 남녀노소를 살해했다 — 이 시초였다. 세티프의 경험을 통해서 FLN은 프랑스를 향한 광범위한 증오심을 알제리인들로 하여금 품도록 만들 보복에 프랑스가 나서리라는 것을 잘 알고 있었다. 그리고 그들이 옳았다. 프랑스는 필리프빌 학살에 대한 보복으로 1,200명이 넘는 알제리 민간인을 살해했음을 인정했다. 반면 FLN은 프랑스가 1만2,000명을 살해했다고 주장했다. 그후 수천 명의 알제리인들이 FLN에 자원했다. 1954년에 FLN이 일으킨 소규모 반란은 이러한 방식으로 1955년 말경이면 폭발적인 전면전으로 발전해 있었다.

수천 명의 알제리인들이 자발적으로 민족해방투쟁에 합류하면서 FLN은 적절히 조합된 신념과 위협을 통해서 알제리 정치에 대한 장악력을 강화해 나갔다. 프랑스군의 공격적인 책략은 수많은 알제리 정당과 운동이 FLN과 연대하도록 부추겼다. 공산당 같은 좌파 정당은 물론 페르하트 아바스 같은 초기 민족주의자들도 자체 조직을 접고 민족해방전선에 합류했다. FLN은 내부의 반대 세력에 대해서도 무자비했다. 독립전쟁 첫 3년 동안 FLN은 작전 중에 죽인 프랑스인보다 6배나 많은 알제리인들을 살해한 것으로 추정된다. 1956년 7월경이면 FLN은 독립전쟁이자 사회혁명이라고 선언한 민족해방투쟁에 대한 독보적인 통제권을 가지게 되었다.

FLN의 지도부는 5개의 반란 주(州)에서 저항운동을 조직한 6명의 국내 사령관들과 카이로에서 활동하던 3명의 국외 지도자들 사이에서 분열되어 있었다. 1954년 11월에 민족주의 봉기가 발생하자, 프랑스는 국내 지도부를 단속하기 위해서 광범위한 정보망을 활용했다. 첫 6개월간의 작전을 통해서 프랑스는 II주의 사령관을 살해했고 I주와 IV주의 지도자를 체포했다. 국내 지도부가 난맥에 처하자, 주도권은 국외 지도부로 넘어갔다.

　FLN의 3명의 국외 지도자 — 아흐메드 벤 벨라, 호신 아이트 아흐메드, 모하메드 키데르 — 중에서 벤 벨라가 가장 유명했다(그는 훗날 독립한 알제리의 첫 대통령이 되었다). 1918년에 서부 알제리의 한 마을에서 태어난 벤 벨라는 어느 모로 보나 프랑스 알제리의 아이였다. 프랑스어는 그의 모국어였고 1936년에 프랑스군에 자원 입대했으며, 심지어 1930년대 말에는 프랑스 축구팀에서 선수로 활동하기도 했다. 민족주의 정치로 돌아선 것은 1945년의 세티프 봉기에 대한 프랑스의 탄압 때문이었다. 그는 1951년에 프랑스 당국에 체포되었지만 알제리의 감옥에서 탈출하여 튀니지와 카이로로 도망쳤고 그곳에서 FLN의 지부를 설립했다. 전쟁 발발 후 벤 벨라는 기금을 마련하고 프랑스로부터 독립하려는 알제리의 시도에 대한 정치적 지지를 호소하기 위해서 아랍의 수도들을 분주히 오갔다.

　프랑스는 1956년 10월에 FLN의 지도부를 제거하는 데에 성공했다. 믿을 만한 정보를 입수한 프랑스 공군은 국내 지도부의 총사령관인 모하메드 부디아프는 물론이고 벤 벨라, 아이트 아흐메드, 키데르까지 타고 있던 모로코의 DC-3 비행기를 저지하여 서부 알제리의 오랑에 강제 착륙시켰다. FLN의 지도자들은 체포되었고, 프랑스 감옥에서 알제리 전쟁이 끝날 때까지 형기를 마쳐야 했다.

프랑스 대중은 마치 이러한 국면이 알제리 전쟁의 종식을 알리기라도 하는 듯이 FLN의 지도부의 검거를 경축했다. 저명한 저자이자 알제리 이발사 협회의 회원이었던 물루드 페라운은 지도부의 체포가 알제리와 프랑스 간의 평화를 회복하는 데에는 아무런 도움도 되지 않을 것이라며 씁쓸해했다. "그들은 [FLN의 지도자들의] 검거를 최후의 승리의 서막이라도 되는 듯이 대승이라고 표현한다"라고 일기에 썼다. "최후의 승리란 무엇인가? 반란의 종식, 반란의 괴멸, 프랑스-알제리 간의 우정과 신뢰, 평화의 회복?"[3] 씁쓸하면서도 비꼬는 어조로 페라운은 프랑스가 희망하는 것이 무엇이든 간에 벤 벨라와 동료들의 검거는 더하면 더했지, 결코 덜 하지 않을 폭력사태의 전주곡이라고 생각했다.

벤 벨라가 체포될 무렵, 이미 폭력사태는 지방에서 도시로 확산된 상태였다. 1956년 9월 어느 일요일 저녁에 비교적 평화롭던 수도 알제는 유럽 지구에서 터진 세 차례의 폭탄 폭발로 대혼란에 빠졌다. 이것은 알제 전투라고 알려져 있는 격렬한 싸움의 시작이었다. FLN은 알제리 내에서는 민족해방전선에 대한 지지도를 높이고 국제적으로는 프랑스를 고립시킬 비난 여론을 형성하기 위해서 프랑스의 보복을 촉발할 속셈으로 전쟁 무대를 수도로 옮겨 왔다. 1956년 가을부터 1957년 겨울까지 FLN은 수많은 살인적인 테러 공격을 감행했다. 이에 프랑스는 알제의 FLN 조직망을 적발하기 위해서 대대적인 검거와 갖은 고문을 사용하며 보복에 나섰다. 알제 전투가 국제 사회의 큰 주목을 받으면서, 프랑스는 비난에 직면했다. 그러나 알제리인들도 이러한 성과를 얻기 위해서 끔찍한 대가를 치러야 했다.

물루드 페라운은 알제에서 벌어진 폭력사태를 공포에 질린 채 지켜보았고, 무고한 사람들의 죽음에 대해서 프랑스와 FLN 모두를 비난했다. "도시에서의 공격이 빈번해지고 있다"라고 그는 1956년 10월자 일기에 썼다. "어리석고 잔악하다. 무고한 이들이 갈기갈기 찢겨졌다. 그런데 어떤 무고한 자들? 무고한 자는 누구지? 바에서 평화롭게 술을 마시고 있는 수많은 유럽인들?

찌그러진 버스 근처의 길바닥에 어지럽게 널려 있는 수많은 아랍인들? 테러와 반테러." 그는 씁쓸해하며 비꼬듯이 자신의 생각을 말했다. "좌절에 찬 외침, 고통과 고뇌의 끔찍한 비명 소리. 더 중요한 것은 아무것도 없다. 평화보다……."4

FLN은 알제 전투에 사회의 전 계층을 동원했다. 특히 여성들이 중요한 역할을 수행했는데, 폭탄을 나르고 총을 운반했으며 숨어있는 지도자들 사이를 오가는 비밀 정보원으로 활약했고, 프랑스가 쫓는 활동가들에게 안전한 피난처를 제공했다. 자밀라 부히레드나 다른 여성들이 수행한 활동상이 질로 폰테코르보 감독의 1965년작 영화 「알제 전투(The Battle of Algiers)」에서 극사실주의적으로 묘사되었다.

파티하 부히레드와 그녀의 22살 조카 자밀라는 알제 전투에서 중요한 역할을 수행했다. 파티하 부히레드의 남편은 알제의 구시가지인 카스바 구역에서 활동하던 독립운동 지도자 중의 한 명이었다. 그는 1957년 초에 프랑스 당국에 체포되었고 탈출하려다가 죽임을 당했다. 남편의 죽음으로 해방투쟁에 대한 헌신이 더욱 깊어진 부히레드는 FLN의 비밀 폭탄 제조 공장을 자신의 다락방에서 가동시켰다. 그녀의 조카 자밀라는 폭탄 운반자 중의 한 명으로 활약했으며, 카스바에 숨어 있던 FLN 활동가들 간의 서신을 운반했다. 두 여성은 압박 속에서도 상당한 침착함을 보여주었다. 한번은 군인들이 가택수색을 할 것이라는 제보에 파티하와 자밀라는 경계태세에 들어갔다. 커피를 만들고 축음기로 클래식 음악을 틀었으며 옷도 차려 입었다. 도착한 군인들은 마치 손님이라도 되는 듯이 갓 만든 커피와 함께 매력적인 여인들의 환대를 받았다.

"나는 이렇게 아름다운 당신 눈 뒤에 무엇이 숨어 있는지 너무도 알고 싶소"라고 순찰대장이 자밀라 부히레드에게 속삭였다.

"제 눈 뒤에는 당연히 머리카락이 있죠"라고 요염하게 그녀는 고개를 돌리며 대답했다.5

장교들은 더 이상 집을 수색하지 않았다.

하지만 경찰은 곧 자밀라 부히레드의 또다른 면을 발견하게 되었다. 1957년 4월 9일에 자밀라는 카스바에서 프랑스 순찰대를 피해서 달아나다가 어깨에 총상을 입었다. 그녀는 알제에서 지명 수배된 인사들 중에서 그 당시 가장 중요한 FLN의 고위급 지도자 사디 야세프와 알리 라 푸앙에게 서신을 배달하려다가 발각되었다. 총상을 치료하기 위해서 병원으로 이송된 그녀는 수술대에서 취조실로 곧바로 옮겨졌다.

17일 동안 끔찍한 고문을 당했음에도, 그녀에게 사형선고를 한 인민재판의 진술 녹취록에 따르면 그녀는 냉철한 모습을 전혀 잃지 않았다. 결코 굴복하지 않은 그녀가 법정에서 유일하게 한 말은 "나를 고문한 자들은 한 인간에게, 육체적으로는 내 몸에 그리고 도덕적으로는 그들 자신에게 이러한 모욕을 가할 권리가 없다"였다.[6] 사형선고는 훗날 무기징역으로 감형되었다.

파티하 부히레드는 조카가 체포된 후에도 FLN을 위해서 계속 일했다. 사디 야세프와 알리 라 푸앙에게 새로운 피난처를 제공하기 위해서 카스바에 집을 구입했다. 그들은 다른 누구도 믿을 수 없었다. "그들은 다른 사람들 사이에 숨는 대신에 내 집에서 편히 지냈다"라고 부히레드는 설명했다. 프랑스 요원들이 부역자들과 억류된 자들을 고문하여 얻은 정보를 통해서 FLN에 침투하자, 카스바는 불신으로 갈기갈기 찢어졌다. "나는 배신자들이 두려웠다"라고 파티하 부히레드는 기자에게 털어놓았다. "그래서 나는 모든 것을 직접 하는 것을 선호했다. 직접 장보기를 했고, 그들의 중개자가 되었으며, 그들의 이동을 도왔다. 나는 모든 것을 해야 했지만, 그 방식이 편했다."

프랑스는 알제에 남아 있는 FLN의 지도부 추적에 있어서 거침이 없었다. 1957년 7월에 야세프의 누이가 체포되었다. 고문 끝에 그녀는 조직에서 파티하 부히레드가 맡고 있는 역할과 사디 야세프 및 하시바라는 여자 폭탄 테러범과 연계되어 있음을 발설했다. 프랑스 당국은 즉시 부히레드를 체포했다. "그들은 나를 연행해 밤새 고문했다"라고 파티하 부히레드는 회고했다. "야세프는 어디에 있는가? 어디에 있어?"라고 그들은 물었다. 파티하는 사디 야세프에 대해서 아무것도 모른다고 부인했고, 하시바는 자신의 남편이 사망한 이후에 재정적 도움을 주기 위해서 FLN을 대표해서 집에 온 것뿐이라고 말했다. 그녀는 반복된 고문 속에서도 내내 자신의 이야기만을 고집했고, 결국 파티하는 자신의 집에 정보원을 잠복시켜서 하시바를 잡자는 제안에 프랑스 당국이 동의하도록 설득할 수 있었다.

프랑스 요원이 파티하 부히레드의 집에 잠복해 있었음에도 알리 라 푸앙과 사디 야세프는 그대로 그곳에 머물렀다. 이로써 알리 라 푸앙은 안전한 다락방에 프랑스 군인들은 일층에 머무는 가운데, 프랑스 당국이 오히려 FLN의 비밀 사령부를 보호하는 모순적인 상황이 벌어졌다. 파티하는 알제리의 전통 음식인 쿠스쿠스를 아래층에 있는 프랑스 요원들을 위해서 준비했는데, 달갑지 않은 이 손님들에게 이 음식을 내가기 전에 항상 사디 야세프로 하여금 침을 뱉게 했다. "지금은 그들에게 쿠스쿠스를 가져가지만 다음에는 잘 양념된 폭탄을 보낼 것이오"라고 야세프는 으르렁거렸다.[7]

파티하는 프랑스의 첩자인 척하는 새로운 역할에 분통이 터졌지만, 프랑스가 야세프가 숨은 곳을 발견하여 1957년 9월에 파티하와 함께 그를 체포하면서 이 연극도 갑자기 끝나고 말았다. 그녀는 가택 연금되기 전에 수개월을 감옥에서 보냈다 — 훗날 그녀는 자신이 받은 고문에 대해서 이야기하기를 거부했다.

수도에 있던 FLN의 상급 지도부 모두가 사망하거나 투옥되면서 알제 전투는 1957년 가을에 끝났다. 그러나 더 큰 규모의 알제리 전쟁은 계속해서 맹위를 떨쳤다.

치열한 싸움 끝에 알제에서의 반란을 진압하는 데에 성공한 프랑스군은 이에 고무되어 지방의 민족해방전선을 파괴하려는 시도를 재개했다. 1956년 말에 프랑스는 알제리 농민들을 집과 농장에서 내쫓아서 포로수용소에 감금하는 정책을 시행했다. 알제리 농민들의 강제 이주는 알제 전투 이후 더욱 빨리 진행되었다. 수십만 명의 남녀노소가 일제 검거되어 농장이나 일터에 접근을 차단당한 채로 수용소에서 프랑스의 감시를 받으며 살아야만 했다. 이러한 프랑스의 조치 속에서 고통을 당하느니 농촌 노동자들은 도시로의 도망을 선택했고, 그들은 슬럼 지역으로 모여들었다. 어떤 이들은 튀니지나 모로코에서 피난처를 찾기도 했다. 1962년에 전쟁이 끝날 때까지 약 300만 명의 농촌의 알제리인들이 집에서 쫓겨났고, 많은 이들이 다시는 돌아가지 못했다.

프랑스는 전기울타리와 지뢰밭을 설치해서 알제리와 이웃 국가들 간의 국경을 폐쇄하여 무기나 전투원, 물자가 모로코와 튀니지에서 유입되는 것을 차단함으로써 FLN을 더욱더 고립시켰다.

군사적인 측면에서 보면 프랑스는 1958년의 알제리 반란을 저지하고 패퇴시켰다. 그러나 자신들의 대의를 국제 사회에 알리는 데에 성공한 FLN은 독립전쟁의 새로운 전선을 열었다. 이집트와 다른 비동맹운동 국가들의 지지를 받으며, 알제리 문제를 1957년 UN 총회의 의제로 상정하는 데에 성공한 것이다. 다음 해에 FLN은 카이로 지부에 근거지를 둔 임시망명정부를 선포하고 경험이 많은 민족주의 지도자 페르하트 아바스를 대통령으로 선출했다. 그리고 1958년 12월에 알제리 임시정부는 인민중화공화국으로 대표단을 보내달라는 초청을 받았다. 이렇게 알제리 민족주의자들이 국제적인 관심과 지지를 얻어내면서 프랑스는 군사적으로는 전쟁에서 승리한 듯했지만 정치적 고립을 피할 수 없었다.

1958년경에는 프랑스 내부에서도 알제리 문제를 두고 점점 분열되었다. 프랑스 납세자들이 막대한 전쟁 비용을 체감하기 시작한 것이었다. 1954년에는 6만 명이었던 알제리의 프랑스군이 1956년에는 9배나 증원되어 50만 명이 넘었다.[8] 이렇게 막대한 수의 점령군은 징병을 통해서만 유지될 수 있었기 때문에 이는―언제나 인기가 없는 정책인―징병제의 확대로 이어졌다. 징집된 젊은이들은 형용할 수 없는 끔찍한 전쟁에 발목이 잡혔다. 많은 사람들은 자신이 목격한 것에 큰 충격을 받았고 집으로 돌아온 후에도 자신들이 저지른 행동들―인권 유린, 강제 이주, 주택 파괴, 그러나 무엇보다 가장 최악이었던 것은 남녀에게 가해진 체계적인 고문이었다―로 인해서 정신적인 외상에 시달렸다.[9] 프랑스 여론은 프랑스 군인들이 제2차 세계대전에서 프랑스 레지스탕스를 탄압하기 위해서 사용되었던 나치의 잔인한 방식을 동원하고 있다는 보도에 경악했다. 국내에서는 장 폴 사르트르와 같은 유명한 프랑스 지식인들이 반전의 목소리를 높였고, 국제무대에서도 프랑스는 탈식민주의 시대에 벌어진 폭력적인 제국주의 전쟁으로 인해서 따돌림을 당했다.

알제리의 프랑스군과 정착민 사회는 알제리 식민지에 대한 프랑스의 지지가 흔들리고 있는 상황에 당황했다. 1958년 5월에 프랑스 정착민들이 프랑스 총리 피에르 프리믈랭의 무기력한 정부가 자신들의 적인 FLN과 타협을 모색하고 있다는 의혹을 제기하며 들고 일어났다. 그들의 슬로건은 "군에게 권력을!"이었다. 5월 13일에 정착민들은 알제의 총독 사무실로 밀고 들어가서 엘리트 낙하산 부대의 사령관 자크 마수 장군을 의장으로 하는 혁명 "공안위원회"하에 실질적인 자치를 선언했다.

알제리의 프랑스군은 정착민들의 행동에 전적으로 동조했다. 알제리의 프랑스군 총사령관 라울 살랑 장군은 5월 9일에 파리의 상부에 긴 전보를 쳤다. 살랑은 "외교적 추이"가 "알제리의 포기"로 이어질지도 모른다고 장교들이 우려하고 있음을 전했다. 또한 "알제리의 프랑스군은 나라의 대표들이 프랑스 알제리를 지키려는 의지가 없음에도 쓸모없는 희생을 무릅쓰며 싸우고 있는 이들에 대한 책임 보상 문제로 곤란을 겪고 있다"라고 썼다.[10] 살랑은 프랑스 알제리를 지키겠다는 확고한 정부의 조치만이 알제리에서 뿐만 아니라 프랑스 본토에서도 군의 폭동을 막을 수 있다고 경고했다. 알제리 위기가 프랑스 공화국의 생존을 위협하고 있었다.

정착민들의 반란은 알제리 전역을 충격으로 몰아넣었다. 물루드 페라운은 4월 14일자 일기에 사람들의 이러한 공포심과 불확실성을 잘 담아냈다. "혁명의 기류가 흘렀다. 사람들은 집에 바리케이드를 쳤다. 시위대가 도시 주요 간선도로를 행진했고, 가게들은 문을 닫았다. 라디오에선 공안위원회가 모든 것을 장악한 채 총독의 사무실을 점령하고 방송국을 통제하고 있다는 뉴스가 흘러 나왔다." 알제의 무슬림들은 이것이 자신들과는 무관한 프랑스인들 간의 싸움이라는 것을 인지하고 있었다. 페라운은 이러한 압박을 견뎌낼 능력이 제4공화국에게 있을지 의문이 들었다. "알제리 전쟁은 기본적으로 프랑스에게 매우 심각한 타격을 줄 것이고 어쩌면 제4공화국에게는 더욱 치명적인 한 방이 될 것이다. 훗날 이러한 일격 덕분에 알제리와 알제리인들은 틀림없이 치유될 것이다."[11]

얼마 후 프리믈랭 정부가 사퇴하고, 제2차 세계대전 시 프랑스 레지스탕스의 영웅이었던 샤를 드골 장군이 1958년 6월에 대중의 환호를 받으며 권좌에 복귀했다. 석 달도 지나지 않아서 새로운 헌법을 국민투표에 부친 드골은 1958년 9월에 제5공화국을 출범시켰다.

드골은 가장 먼저 봉기한 정착민 단체와 대면하기 위해서 알제리로 날아갔다. 드골은 알제에서 행한 유명한 연설에서 알제리는 프랑스로 남을 것이라고 약속함으로써 흥분한 군대와 정착민들을 진정시켰다. "여러분의 뜻을 충분히 이해했습니다!"라는 말로 드골은 열광하는 군중을 안심시켰다. 산업발전과 토지 분배, 40만 개의 새로운 일자리 창출을 통한 알제리의 개발과 아랍 시민들을 프랑스 공화국에 통합시키겠다는 야심 찬 개혁 공약도 제시했다.

드골의 제안은 알제리의 프랑스군과 정착민들을 안심시키고 살랑 장군의 공안위원회를 종식시키기 위한 것이었음이 분명하다. 그러나 그의 발언은 FLN 전쟁의 배경이었던 민족주의 운동에 대해서 그가 얼마나 무지한지를 여실히 보여주었다. 드골의 성명을 곰곰이 생각해 본 물루드 페라운은 씁쓸해하며 다음과 같이 썼다. "알제리 민족주의? 그런 것은 존재하지 않아. 통합? 바로 그거지." 마치 드골은 1930년의 블룸-비올렛 제안서가 처음으로 제시했던 동화주의 사상으로 회귀한 듯했다. 동화주의가 1945년 말까지는 어느 정도 호소력을 가졌을지도 모른다. 하지만 1958년경에 이러한 사상은 현실성이 없는 생각이 된 지 오래였다. 페라운에게 마치 드골은 이렇게 이야기하고 있는 것처럼 보였다. "당신은 프랑스인이오. 늙은이. 다른 그 무엇도 아니오. 더 이상 우리의 머리를 아프게 하지 마시오."

11 아랍 민족주의의 쇠퇴 465

끈질긴 FLN의 저항에 직면한 드골은 완전 독립을 요구하는 알제리와 타협에 나설 수밖에 없었다. 초기의 약속에도 불구하고 결국 입장을 바꿀 수밖에 없었던 드골은 동포들이 프랑스로부터의 알제리 분리를 받아들일 수 있게끔 준비시키기 시작했다. 1959년 9월에 처음으로 그는 알제리의 민족자결권에 대해서 언급했다. 이에 1960년 1월 내내 알제리 정착민들의 폭력적인 시위가 계속되었다. 그럼에도 드골은 자신의 생각을 관철시켜 1960년 6월 에비앙에서 알제리 공화국 임시 정부와의 직접적인 첫 교섭 자리를 마련했다.

정착민 단체의 강경론자들과 그들의 군인 협력자들은 드골을 배신자로 생각하게 되었다. 그들은 프랑스 알제리 전선(Front of French Algeria)과 프랑스어 머리글자 OAS로 더 잘 알려진 악명 높은 비밀무장조직(Secret Armed Organization)과 같은 테러 조직들을 결성하여 드골 암살을 적극적으로 공모했다. 또한 OAS는 알제리의 아랍 시민들에게 무차별적인 폭력을 행사하는 난폭한 테러전도 감행했다.

치안의 붕괴와 함께 에비앙 협상으로 알제리의 정착민들과 군은 정치적인 위기를 맞게 되었다. 1961년 1월에 프랑스 정부는 알제리의 자결권에 관해서 국민투표를 시행했고 75퍼센트라는 압도적인 찬성으로 이 안은 통과되었다. 1961년 4월에 외인부대의 낙하산 연대가 알제리 독립을 용인하려는 프랑스 정부의 움직임에 대한 항의로 알제에서 폭동을 일으켰다. 그러나 드골에게 신의를 지켰던 프랑스 군으로부터 폭동에 대한 전폭적인 지지를 얻지 못하면서 쿠데타 지도자들은 나흘 만에 항복할 수밖에 없었다.

1961년에서 1962년 초 사이에 알제리 정착민들의 입지가 갈수록 초라해지자, OAS는 알제리 내에서 테러 폭력의 수위를 더욱 높였다. "이제 OAS는 그 누구에게도 예고하지 않는 것 같다"라고 물루드 페라운은 1962년 2월에 쓴 마지막 일기 중의 하나에 기록했다. "자동차나 오토바이를 타고 그들은 수류탄과 기관총, 칼로 살인을 저질렀다. 또한 그들은 은행과 우체국, 회사의 출납원들을 공격했다⋯⋯모두가 겁에 질려 있었고 일부는 그들과 결탁하기도 했다."[12] 페라운의 용감한 이성의 목소리도 에비앙 협정이 체결되기 바로

3일 전인 3월 15일에 OAS의 총 앞에서 침묵당했다.

알제리에서 폭력사태가 계속해서 맹위를 떨치는 동안에도 FLN과 드골 정부는 에비앙에서 협상을 꾸준히 진척시켜 나갔다. 1962년 3월 18일에 양측은 알제리에 완전한 독립을 부여하는 에비앙 협정에 서명했다. 협정 조건들에 대한 투표가 7월 1일 알제리 국민투표에서 공개적으로 이루어졌다. 알제리인들은 거의 만장일치에 가깝게 독립에 찬성표를 던졌다(590만 명이 찬성을 1만6,000명이 반대를 했다). 7월 3일에 드골은 알제리의 독립을 선언했다. 알제에서 개최될 예정이었던 축하행사가 이틀이 연기되어서 1830년 7월 5일의 프랑스의 도시 점령 기념일과 같은 날에 열리게 되었다. 132년 만에 알제리인들은 드디어 자신들의 땅에서 프랑스인들을 쫓아냈다.

계속되는 테러와 불확실한 미래로 인해서 프랑스 정착민들은 대규모로 알제리를 떠났다 — 1962년 6월 한 달 동안에만 30만 명이 떠났다. 많은 정착민 가족들은 수세대 동안 북아프리카에서 살아온 이들이었다. 그해가 끝날 즈음에는 약 3만 명의 유럽인 정착민만이 알제리에 남게 되었다.

그러나 많은 희생을 치르며 힘들게 싸워서 획득한 국가 권력을 어떻게 해서든지 장악하려는 민족해방전선의 국내외 지도부 간에 걷잡을 새도 없이 벌어진 냉혹한 싸움만큼 파괴적인 것은 없었다. 전쟁에 넌더리가 난 알제리인들에게 그것은 너무한 것이었다. 알제의 여성들은 자유 전사들 간의 싸움에 항의하기 위해서 거리로 나섰고, "7년. 이제 그만!"이라고 외쳤다.

싸움은 1962년 9월에 아흐메드 벤 벨라와 우아리 부메디엔이 알제를 장악하고 나서야 끝났다. 벤 벨라는 정부의 수장 자리를 차지했고, 1년이 지난 1963년 9월에 헌법의 비준으로 대통령에 선출되었다. 3년 후, 부메디엔이 무혈 쿠데타로 그의 자리를 차지했는데 이것은 FLN 지도부 내의 파벌 싸움이 계속되었음을 보여주는 것이었다.

많은 이들에게 독립은 공허한 승리였다 — 특히 알제리 여성들에게 그러했다. 여성들의 용기와 희생에도 불구하고 FLN의 지도자 모하메드 키데르는 여성들에게 "쿠스쿠스(여성 본연의 일/역주)로 돌아갈" 것을 촉구했고 이에 여성들은 경악했다. 알제 전투의 예비역이자 고문을 겪고 수년간 투옥되었던 바야 호신은 독립과 함께 찾아온 복잡한 심경을 다음과 같이 털어놓았다.

1962년은 블랙홀이었다. 그 이전이 위대한 모험이었다면 그해……당신은 완전히 외톨이가 되어버렸다. 다른 자매들은 어떻게 느꼈는지 모르겠지만 난 어떤 당면한 정치적 목표도 생각할 수 없었다. 1962년은 전쟁이 종식되어 무엇보다도 큰 위안이 되었던 해였지만 동시에 매우 두려웠던 한 해이기도 했다. 감옥에서 우리는……세상으로 나가면 사회주의에 입각한 알제리를 만들게 될 것이라고 믿었다. 그런데 우리는 알제리가 우리 없이도……사실상 아무도 우리를 고려하지 않은 채 만들어지는 것을 보게 되었다. 우리에게 이는 예전보다 훨씬 더 나쁜 상황이었다. 왜냐하면 우리는 모든 장벽을 파괴했고, 그곳으로 다시 되돌아가는 것은 매우 어려운 일이었기 때문이다. 그러나 1962년에 우리에게는 너무도 끔찍한 방식으로 모든 장벽들이 다시 세워졌다. 우리를 쫓아내기 위해서 그 자리로 다시 그것들을 가져다놓은 것이다.[13]

알제리는 독립을 달성했다. 하지만 너무도 커다란 대가를 치러야 했다. 주민들은 아랍 역사상 전례가 없는 규모의 죽음과 혼란을 겪었다. 알제리 경제는 전쟁과 정착민들이 떠나면서 고의적으로 자행한 파괴로 산산조각이 났다. 정치 지도부는 파당주의로 분열되었다. 그리고 알제리 사회는 독립국가 건설에 있어서 남녀가 어떤 역할을 수행해야 하는지를 두고 서로의 기대가 엇갈리면서 분열되었다. 그러나 알제리는 재빠르게 정부 수립에 착수했고, 제국주의와의 혁명적인 투쟁으로 탄생한 공화국으로서 진보적인 아랍 국가 대열에 합류했다.

알제리 혁명의 성공으로 나세르는 아랍 "반동" 세력에 맞서서 함께 싸워줄 새로운 협력자를 얻게 되었다. 시리아가 분리된 이후에도 여전히 통일아랍공화국으로 불리던 이집트는 아랍 통합을 달성하기 위한 준비 단계로서 아랍 세계의 전면적인 개혁을 목표로 삼았다. 반제국주의, 아랍 정체성 정치, 사회주의적 개혁에 중점을 두었던 혁명의 나라 알제리가 이집트의 파트너가 된 것은 너무도 당연했다. 나세르의 새로운 국가 정당인 아랍 사회주의 연합은 아랍 사회주의의 촉진이라는 통일된 목표를 주창하기 위해서 1964년 6월에 FLN과 공동성명서 초안을 작성했다.[14]

나세르는 알제리 전쟁 초기부터 독립할 때까지 알제리 혁명을 지원한 공로를 인정받았다. 그는 아랍 민족주의의 기수라는 이전의 역할을 버리고 이제는 진보적인 혁명적 가치의 옹호자로서 자처했다. 자신의 말에 취한 나세르는 발생 장소와는 상관없이 아랍 혁명이라면 무조건적으로 지원했다. 일단의 장교들이 예멘의 군주제를 쓰러뜨렸을 때도 나세르는 즉각적으로 지원에 나섰다. 그의 말에 따르면 "우리는 비록 그 배후에 누가 있는지 알지 못했지만, 예멘 혁명을 지지해야만 했다."[15]

***

오랫동안 오스만 제국 내에서 자치를 누려왔던 예멘은 1918년에 왕국으로 독립했다. 독립한 예멘의 첫 통치자는 예멘에만 존재하던 소규모 시아 공동체인 자이디(Zaydi) 종파의 수장으로서 예멘의 종교 및 정치 지도자인 이맘 야히야(1869-1948)였다. 1920년대와 1930년대에 야히야는 주민 대다수가 수니파 무슬림이었던 북부 예멘의 부족 영토를 정복하면서 세력을 확장했다.

북쪽으로는 야히야가 "고대 예멘"의 일부라고 여겼던 아시르와 나지란 지역을 장악한 사우디아라비아로부터 그리고 남쪽으로는 1830년대부터 아덴 항구 도시와 그 배후지를 식민통치하고 있던 영국으로부터, 야히야는 재위 내내 압박을 받았다. 그럼에도 불구하고 야히야의 군사 정복은 계속되었고 이는 지역과 부족, 종파적 노선에 따라 깊이 분열되어 있던 사회에 통합 가능성에 대한 환상을 심어주었다. 야히야의 통치 시기 동안 예멘은 외부세계와는 단절된 채 고립을 고수하는 정책을 추구하는 데에 주안점을 두었다.

이맘 야히야의 통치가 막을 내리면서 예멘의 고립도 종식되었다. 야히야가 1948년에 한 부족의 족장에게 암살당하면서 그의 아들 이맘 아흐마드(재위 1948-1962)가 왕위를 계승했다. 권좌에 오른 아흐마드는 한층 더해진 무자비함으로 명성을 떨쳤고, 자신의 경쟁자들을 투옥시키거나 처형했다. 한편으로는 야히야의 외국인 혐오증과 결별하고 개발원조와 군사적인 도움을 받고자 소련 및 중화인민공화국과 외교관계를 수립했다.

그럼에도 아흐마드는 왕위에 대한 불안감에 시달렸다. 미수에 그친 1955년의 쿠데타 시도 이후 국내의 경쟁자나 외부의 위협에 대한 그의 의심은 점점 더 심해졌다. 특히 나세르와 "봉건" 제도를 전복하라는 그의 거침없는 주장을 경계했다. 이집트에 본부를 둔 "아랍의 목소리"는 예멘에서도 울려 퍼졌고, 아랍 민족주의와 반제국주의라는 열광적인 메시지를 전달했다.[16] 아랍 세계의 다른 지역과 마찬가지로 예멘에서도 나세르는 라디오를 통해서 민중에게 직접 호소하며 이맘 아흐마드를 압박했고, 그것은 예멘과 이집트 간의 긴장감을 고조시키는 원인이었다.

하지만 나세르가 예멘에게 항상 적대적이었던 것은 아니었다. 1956년에 예멘, 이집트, 사우디아라비아는 지다에서 반영 협약을 체결했고, 1958년에는 이맘 아흐마드가 이집트와 시리아의 통합에 전적인 지지를 보내면서 통일 아랍공화국으로 알려진 UAR과의 통합계획에 참여하기도 했다. 그러나 아흐마드는 국가 주도의 경제 및 사기업의 국유화를 추구하는 아랍 사회주의에 대한 나세르의 미래상을 반대하며, "금지된 방법으로 재산을 탈취"하는 "이슬람법에 반하는 범죄"라고 이를 비난했다.[17]

1961년 UAR로부터 시리아가 분리된 직후 아흐마드가 행한 이슬람법 강연에 나세르는 격분했다. 이집트는 예멘과의 관계를 단절했고 "아랍의 소리"는 예멘인들에게 "반동적인" 군주제를 타도하라며 압박의 수위를 높였다.

다음 해에 기회가 찾아왔다. 1962년 9월에 이맘 아흐마드가 잠자다가 사망하자 아들이자 계승자인 이맘 바드르가 왕국을 이어받았다. 일주일 후, 바드르는 장교들의 쿠데타로 타도되었고 예멘 아랍 공화국이 선포되었다.

예멘 왕실을 지지하던 자들이 이웃의 사우디아라비아 왕국의 지지를 받으며 쿠데타에 도전했다. 나세르는 이러한 상황을 아랍 세계의 진보 세력과 반동 세력 간의 싸움으로 생각했고, 이에 이집트는 새로운 공화국과 그 군의 지도자들을 전폭적으로 지원하고 나섰다.

예멘 혁명은 곧 예멘 내전으로 그리고 아랍 세계의 미래를 두고 싸우는 이집트와 사우디 간의 그리고 "진보적인" 공화국 체제와 "보수적인" 군주제 간의 아랍 전쟁으로 발전했다. 이집트의 이권과는 무관했음에도 수사와 현실 정치(realpolitik)를 혼동한 결과였다. 나세르가 선택한 첫 전쟁은 그에게는 베트남이 되었다.

이집트군이 1962년 9월의 쿠데타 이후 예멘으로 쇄도하기 시작했다. 향후 3년 동안 총 병력은 1963년 말 3만 명에서 1965년 최고 7만 명으로 증가했는데, 이것은 이집트군 전체의 거의 절반에 달하는 숫자였다.

처음부터 예멘에서의 전쟁은 승산이 없었다. 이집트는 자신들의 땅에서 싸우는 부족 게릴라들과 싸워야 했고, 1만 명이 넘는 군인과 장교들이 5년간의 전쟁으로 목숨을 잃었다. 높은 사상자 수와 미비한 성과로 인해서 그리고 이집트군이 수도 사나 너머로 전선을 확장하는 데에 실패하면서 군의 사기는 심하게 저하되었다. 예멘의 왕정주의자들은 사우디로부터 자금 지원을 받고 있었고 영국에게도 비밀리에 지원받고 있었던 반면에 이집트는 대외 전쟁의 막대한 비용을 댈 만한 여력조차 없었다. 그러나 이러한 현실적인 우려에도 불구하고 아랍 세계에서 혁명적인 개혁을 추진해야 한다는 사명에 눈이 먼 나세르는 전혀 동요하지 않았다. "철수는 있을 수 없다"라고 나세르는 예멘에서 싸우고 있던 군사령관에게 말했다. "그것은 예멘의 혁명 해체를 의미하는 것이다."[18]

나세르는 예멘 전쟁을 "군사작전이 아닌 정치 전략으로" 생각하고 있음을 기꺼이 인정했다. 하지만 그는 이스라엘이라는 더욱 직접적인 위협에 맞서야 하는 이집트군의 임전 태세에 예멘 전쟁이 어떤 영향을 미칠지 제대로 인지하지 못하는 실수를 범했다.

***

수에즈 위기 이후 10년 동안, 이스라엘과 아랍 이웃 국가들은 피할 수 없는 다음 전쟁을 준비하기 위해서 군비 경쟁에 몰두했다. 미국은 프랑스를 제치고 이스라엘에게 군사무기를 제공하는 주요 공급자가 되었고, 영국은 요르단에게 무기를 제공했으며, 소련은 시리아와 이집트를 무장시켰다. 소련은 두 강대국 모두에게 전략적으로 중요한 이 지역에서 경쟁자인 미국을 압박하기 위해서 이집트와 시리아에서의 자신의 입지를 적극 이용했다.

전쟁은 불가피했다. 이스라엘과 주변 아랍 국가들 모두는 현 상황에 불만을 품고 있었기 때문에 이에 기초한 평화는 고려하려 하지 않았다. 도저히 이스라엘을 받아들일 수 없었던 아랍인들은 그 나라의 이름조차 언급하고 싶지 않아 차라리 "시오니스트 기관(Zionist entity)"이라고 부르기를 선호했다. 1948년과 1956년의 전쟁에서 이스라엘군에게 패배한 아랍인들은 너무도 간절히 원한을 갚고 싶었다. 레바논, 시리아, 요르단, 가자 지구의 팔레스타인 난민은 팔레스타인 해방 약속을 지키지 못한 아랍 국가들의 무능력을 매일 상기시켜 주는 존재였다.

이스라엘 또한 전쟁 준비에 여념이 없었다. 국토의 허리에 해당하는, 해안과 서안 지구 사이의 좁은 지역 — 양 지점 간의 폭은 겨우 12킬로미터밖에 되지 않았다 — 이 남과 북을 가르는 적대적인 공격에 이스라엘을 노출시킬지도 모른다는 우려 때문이었다. 게다가 이스라엘인들은 요르단의 수중에 있던 고도(古都) 예루살렘의 통곡의 벽과 유대인 지구에 접근할 수도 없었다. 그리고 시리아는 갈릴리를 내려다보고 있는, 전략적으로 중요한 골란 고원을 보유하고 있었다. 더욱이 이스라엘은 자신들의 전략적인 이점 — 아랍 이웃 국가들보다 더 좋은 무기를 더 많이 보유하고 있다는 사실 — 도 소련이 이집트와 시리아에 첨단 기술의 무기체계를 제공하고 있기 때문에 시간이 지나면 줄어들 것이라고 생각했다. 따라서 이스라엘에게는 방어가 가능한 국경을 확보하고 이스라엘이 수용할 수 있는 조건으로 강화를 강요하기 위해서는, 아랍인들에게 참패를 안겨줄 수 있는 결정적인 한 방의 전쟁이 필요했다.

1967년 봄, 이스라엘이 자국을 공격하기 위해서 시리아에서 건너온 팔레스타인 잠입자들에 대해서 불평하기 시작하면서 양국 간의 긴장감이 빠르게 고조되었다. 이스라엘과 시리아는 공군을 비상대기 상태에 돌입시켰다. 레비

에슈콜 총리는 시리아의 도발이 중단되지 않는다면 다마스쿠스에 대한 공세를 취하겠다고 위협했다. 이스라엘 제트기가 시리아 영공에서 시리아 공군과 공중전을 벌인 4월에 이러한 위협은 실질적인 적대행위로 바뀌었다. 이스라엘 공군이 6대의 시리아 미그 전투기를 격추시켰다. 두 대의 비행기가 다마스쿠스 교외에서 충돌했다. 이집트 언론인 모하메드 헤이칼은 "시리아와 이스라엘 간의 상황이 매우 위험해졌다"라고 회고했다.[19] 갑작스러운 적대감의 고조로 전 지역이 임전태세에 들어갔다.

긴장이 고조되던 이 시점에 소련은 이스라엘군이 시리아 국경에 집결하고 있다는 허위 정보를 이집트 정부에 유출하기로 결정했다. 소련은 프랑스제 미라주 전투기를 보유한 이스라엘이 자신들이 시리아 공군에게 제공한 최신식 미그 21s기를 쉽게 격추시킨 것에 분노했음이 틀림없다. 이집트는 시리아와 상호 방위 조약을 체결했기 때문에 만약 이스라엘이 시리아에게 적대행위를 시도한다면 이집트도 참전해야만 했다. 아마도 소련은 이 허위정보로 이집트를 끌어들여서 2개의 전선에서 분쟁을 야기함으로써 이스라엘을 견제하고 싶었던 것 같다.

사실 나세르는 이스라엘군이 시리아 국경에 집결하고 있지 않다는 것을 보여주는, 항공사진을 포함해서 정확한 정보를 가지고 있었지만 전쟁 위협이 임박한 듯이 공공연하게 행동했다. 이 상황을 이용해서 나세르는 총 한발 쏘지 않고 이스라엘에 대한 승리를 선언할 수 있기를 기대했던 것 같다. 우선 이스라엘이 시리아를 위협한다는 소련의 첩보를 퍼뜨린 후 전쟁을 막기 위해서라며 이스라엘 국경지대로 이집트 군대를 배치할 생각이었다. 그리고 나서 시리아 국경에 이스라엘 군대가 없는 것은 이집트의 압박에 못 이겨서 이스라엘군이 철수한 증거라고 주장할 작정이었다. 추론 과정이야 어떠했든 간에 나세르는 소련의 오보에 장단을 맞추었고, 5월 16일에 군에게 수에즈 운하를 건너 이스라엘 국경 근처의 시나이 반도로 집결할 것을 명령했다. 하지만 이러한 오판은 전쟁으로 가는 첫 걸음이 되었다.

나세르가 풀어야 할 첫 과제는 이스라엘에게 확실한 위협을 가하는 것이었다. 나세르는 최정예 부대 5만 명이 여전히 예멘 전쟁에 묶여 있었기 때문에 필요한 인력을 모으기 위해서 모든 예비군을 동원해야만 했다. 또한 이집트 국민들을 열광시키고 이스라엘에게 확실한 위협을 가하기 위해서 실제보다 이집트 군인들이 더 막강하게 보이도록 만들어야 했다. 나세르는 군중과 세계 언론들의 환호를 받고자 카이로 중앙에서 병사와 탱크를 열병시켰는데, 이것이 병력 배치에 심각한 혼란을 초래했다. "우리 군은 시민이든 외국인이든 모두가 훤히 지켜보는 가운데, 시나이 반도로 가는 도중에 일부러 카이로를 들러 거리를 행군했다"라고 압드 알 가니 알 가마시 장군은 불평했다. 대중매체는 보안 대책이나 원칙과는 무관하게 이 움직임들을 일일이 보도했다.[20]

전선으로 군인들의 행렬이 이어지면서, 아랍의 명예를 회복하고 팔레스타인을 해방시킬 전쟁이 임박했다는 대중의 기대감도 고조되었다. 나세르를 지지하던 수백만의 사람들은 이집트군이 아랍 동맹국들을 이끌고 이스라엘에게 승리를 거둘 것임을 결코 한순간도 의심하지 않았다. 하지만 이집트군은 순전히 수적으로 이스라엘을 압도하려는 듯이, 어떤 분명한 군사적 목표도 없이 시나이 반도로 파병되었다. 그러는 동안 "이스라엘은 조용히 최적의 상황 속에서 전쟁을 준비했다"라고 알 가마시는 떠올렸다. 이스라엘의 전략가들은 이집트 병력의 숫자와 장비를 정확하게 파악하고 있었다. 상세한 정보를 수집하는 데에 수개월을 할애했을 뿐만 아니라 그 모든 상황을 텔레비전으로 지켜보고 있었기 때문이다.

시나이 반도에 다다른 이집트군은 국제연합 긴급군(United Nations Emergency Force, UNEF)과 마주하게 되었다. UNEF는 1956년의 수에즈 전쟁 직후 이집트와 이스라엘 간의 평화를 유지하기 위해서 시나이 반도에 파병되었다. 4,500명의 병사들로 구성된 다국적군은 이스라엘-이집트 국경을 따라 가자 지구에 있는 41개의 관측소와 시나이 반도 남쪽 끝의 샤름 알 샤이크에 배치되었다.

UN군은 이제 이집트군과 이스라엘 국경 사이에 끼여 있는 불편한 존재가 되었다. 그들 사이에 완충세력이 있는 한, 이집트군이 어떻게 이스라엘에게 확실한 위협을 가할 수 있겠는가? 이집트 육군 참모총장은 이집트와 이스라엘 사이의 동쪽 국경지대에서 UN군의 철수를 요구하는 글을 UNEF 사령관에게 썼다. UN 사령관은 UN 사무총장 우 탄트에게 이러한 요구를 전달했다. 이에 UN 사무총장은 자국 영토로부터의 UN군 철수 요구는 이집트의 주권에 해당하지만 자신은 UN군의 전면 철수만을 승인할 수 있다고 대답했다. 우 탄트는 UNEF는 하나의 부대이기 때문에, 가자 지구와 티란 해협의 평화유지군은 남겨둔 상태로 동쪽 국경에서만 군의 일부를 철수시키는 것은 이치에 맞지 않다고 주장했다. 사무총장의 대답을 곰곰이 생각해 본 이집트는 5월 18일에 시나이 반도에서의 모든 UN군의 전면 철수를 요구했다. 마지막 UNEF 부대가 5월 31일에 철수했다. 갑자기 이집트와 이스라엘 사이에 어떤 완충제도 남아 있지 않게 되면서, 긴장감은 극에 달했다. 이것은 나세르의 두 번째 오판이었고, 그를 전쟁에 더욱더 가까이 다가서게 만들었다.

UN군의 철수는 예상하지 못했던 외교적 문제를 나세르에게 안겨주었다. 1957년 이후로 UN은 선박의 깃발이나 목적지에 상관없이 모든 선박에게 티란 해협을 개방해왔다. 이에 이스라엘은 10년 동안 에일라트 항구에서 홍해로 자유롭게 접근할 수 있었다. 하지만 UN군이 철수하면서 해협은 이집트의 관할 구역이 되었다. 이집트는 에일라트로 향하는 선박은 물론이고 모든 이스라엘 선박에게 해협을 폐쇄하라는 엄청난 압력을 아랍 이웃 국가들로부터 받게 되었다. 안와르 사다트의 회고에 따르면, "많은 아랍 형제국들이 티란 해협을……국제항해에, 특히 이스라엘의 선박들에게 개방하고 있던 이집트를 비난했다."

1967년 5월의 가열된 분위기 속에서 나세르는 결국 압박에 굴복했다. 최고집행위원회를 소집해서 육군 총사령관 압드 알 하킴 아메르 육군 원수와 총리 시디키 술라이만, 국회의장 안와르 사다트, 그리고 자유장교단의 다른 주요 인사들을 모두 한 자리에 모이게 했다. "지금 우리가 시나이 반도에 집중한다면 전쟁의 가능성은 50 대 50입니다. 하지만 우리가 [티란] 해협을 폐쇄한다면 전쟁은 100퍼센트 일어날 것입니다"라고 말한 나세르는 총사령관을 바라보며 물었다. "군은 준비되어 있습니까, 압델 하킴 [아메르]?" "뒷일은 모두 제가 책임지겠습니다, 대장! 모든 게 최상입니다"라고 아메르는 확신에 차서 대답했다.[21]

5월 22일에 이집트는 이스라엘 선박과 에일라트로 향하는 모든 유조선들에게 티란 해협을 폐쇄한다고 선언했다. 충돌 가능성에 대한 나세르의 판단은 정확했다. 이스라엘은 해상 항로에 대한 이와 같은 위협을 전쟁의 명분으로 삼았다.

5월 말에 아랍 세계는 전쟁을 피하려는 노력을 멈추었다. 1948년과 1956년의 전쟁에서의 패배와 일련의 소규모 공격들로 인해서 성이 나있던 아랍 여론은 이스라엘의 참패를 보고 싶어서 안달이 나 있었다. 텔레비전으로 상세히 보도된 이집트군의 출동은 심판의 순간이 얼마 남지 않았다는 기대감을 부추겼다. 게다가 아랍국가들 간의 협력이 이루어진다면 이스라엘은 3개의 전선에서 공격을 받게 될 것이었다. 시리아와 이집트는 이미 상호방위협약에 묶여 있었고, 5월 30일에 요르단의 후세인 왕도 나세르에게 협력하기 위해서 카이로로 날아왔다. 현대식 무기와 일치된 목표, 강력한 지도부. 확실히 아랍 측은 이스라엘에게 총체적인 패배를 안겨주는 데에 필요한 모든 조건들을 갖추고 있었다. 그러나 이 모든 허세의 뒤에는 그 어느 때보다도 전쟁 준비가 덜 되어 있던 아랍군이 있었다.

이집트와 다른 아랍 국가들은 1948년의 전쟁에서 아무런 교훈도 얻지 못했다. 이스라엘과 같이 매우 단호한 적을 패퇴시킬 전략은 고사하고 중요한 전쟁 계획도 수립하지 않았을 뿐만 아니라 상호방위협약에도 불구하고 이집트, 시리아, 요르단 사이에는 어떤 군사적 협력도 이루어지지 않았다. 설상가상으로 승산 없는 예멘 전쟁에 재원과 군사 자원을 낭비하고 있던 이집트는 1967년 5월 당시 군의 3분의 1이 이 전쟁에 묶여 있는 상황이었다. 이것은 마치 이집트가 한쪽 팔을 등에 묶은 채로 전쟁터에 나가야 하는 것과 같았다.

1967년에 나세르가 이스라엘과의 전쟁을 결코 원하지 않았던 것은 분명하다. 그러나 그는 자신의 성공에 발목이 잡혀 있었다. 이집트와 아랍 세계의 대다수의 사람들은 나세르의 정치선전에 부응했고 그를 믿었다. 또한 그의 관리 능력을 전적으로 신뢰했으며, 그가 잘해낼 것이라고 확신했다. 따라서 이스라엘과의 전쟁은 나세르의 신용과 아랍 세계 지도자로서의 위신이 걸린 문제였다. 뿐만 아니라 그의 잘못된 판단으로 전쟁에 점점 더 다가서면서 전쟁을 피할 수 있는 여지도 사라졌다.

이집트군의 출동으로 이스라엘은 심각한 위기감을 느꼈다. 아랍의 적들에 의한 포위를 우려하던 이스라엘 국민은 정부가 안심시켜 주기를 바랐지만 오히려 걱정만 커져갔다. 이스라엘의 레비 에슈콜 총리는 전면전의 위험을 무릅쓰기에 앞서 가능한 모든 외교적 수단을 동원하고자 했다. 하지만 육군 참모총장 이즈하크 라빈을 수장으로 한 장성들은 이에 동의하지 않았다. 그들은 적들이 안전한 진지를 구축하고 공격 계획을 조정하기 전에 신속히 행동에 나선다면 각각의 아랍 군대에게 승리할 자신이 있었다. 각료회의는 갈수록 분열되었다. 에슈콜은 이집트, 시리아, 요르단과 총 3개의 전선에서 싸워야 하는 상황이 걱정되었다. 심지어 전직 총리이자 지금은 은퇴한 매파의 다비드 벤 구리온마저 전쟁에 군을 동원하는 문제에 대해서 라빈에게 회의를 표명했다. "당신은 국가를 심각한 상황으로 끌어들였소"라고 라빈을 훈계했다. "우리는 절대 전쟁을 해서는 안 되오. 우리는 고립되어 있소. 당신이 책임을 져야 할 것이오."[22]

티란 해협이 폐쇄되고 전쟁이 발발하기 전까지, 이스라엘에서는 "대기 시간"이라고 불렸던 2주일 동안 커다란 긴장감이 조성되었다. 이스라엘 대중은 국가의 생존 자체를 우려했으며, 총리를 우유부단하다고 생각하며 전혀 신뢰하지 않았다.

5월 말에 전환점이 찾아왔다. 자신의 연립정부 내에서조차 고립된 에슈콜은 호전적인 모셰 다얀 퇴역 장군을 국방장관으로 내각에 참여시킬 수밖에 없었다. 다얀이 정부에 참여하면서 상황은 주전파(主戰派)들에게 유리해졌다. 미국으로부터 전쟁 시 이스라엘을 원조하겠다는 확답을 받은 이스라엘 내각은 6월 4일에 전쟁을 결의했다. 장성들은 즉각 행동에 들어갔다.

1967년 6월 5일 오전 8시에 요르단의 아즐룬 조기경보 레이더국이 이스라엘 공군 기지에서 출격한 항공기들이 남서쪽으로 향하는 것을 탐지했다. 요르단의 교환수가 즉시 카이로의 이집트 방공작전본부와 이집트 국방부에 경고를 보냈다. 하지만 그의 경고는 묵살되었다. 중앙 수신국에서 근무하던 상병이 무선수신기의 주파수를 잘못 맞추어둔 탓에 국방부의 당직 장교가 장관에게 이를 보고하지 못한 것이었다. 완벽한 기습에 성공한 이스라엘은 유리한 상황에서 전쟁에 돌입할 수 있었다.

한 무리의 이스라엘 폭격기가 이집트 영공으로 향하고 있을 때 이집트군 총사령관 아메르 육군 원수는 여러 상급 장교들과 함께 공군과 보병 진지를 점검하기 위해서 시리아로 가는 수송기 안에 있었다. 시나이 반도의 추진지 휘본부의 수장인 압드 알 무흐신 무르타기 장군이 이집트군의 고관들을 맞이하기 위해서 타마다 공군기지 현장에서 기다리고 있었다. "8시 45분에 이스라엘 전투기들이 공항을 폭격했다. 모든 항공기들을 파괴하고 활주로도 폭격하여 모든 것들을 무용지물로 만들었다"라고 그는 회고했다. 시나이 반도의 모든 공군기지가 동시에 공격을 받게 되면서 착륙할 곳을 찾을 수 없었던 아메르의 수송기는 카이로로 회항해야만 했다.[23]

정확히 같은 시간에 이집트의 부대통령 후세인 알 샤피는 수에즈 운하지역의 시찰을 위해서 이라크 총리 타히르 야히야와 동행하고 있었다. 그들은 이스라엘 전투기들의 첫 공격이 있었던 8시 45분에 마침 파예드 공항에 착륙했다. 샤피는 다음과 같이 썼다. "우리의 비행기는 착륙할 수 있었지만,"

폭탄 두 발이 근처에서 터졌다. 우리는 비행기에서 내려 뿔뿔이 흩어졌고 지상에서 안전한 곳을 찾은 후 전개 상황들을 시시각각 지켜보았다. 적기 3-4대가 10-15분 간격으로 무리를 지어 나타났고, 마치 최단 시간에 파괴할 수 있도록 애써 배치라도 한 듯이 날개를 서로 맞댄 채 미동도 없이 지상에 서있던 항공기들을 어떤 수고나

어려움도 없이 정확하게 명중시켰다. 공습이 있을 때마다 1-2대의 비행기들이 불 탔다.[24]

자동차를 타고 카이로로 돌아가던 대표단은 지나가는 공군 기지마다 연기 기둥이 솟구치고 있는 것을 목격했다.

3시간도 되지 않아서 이스라엘 공군은 이집트의 제공권을 장악했고, 폭격 기 전량과 전투기의 85퍼센트를 파괴했으며, 다른 항공기들이 이집트의 영공 을 이용하는 것을 막기 위해서 레이더 장치 및 활주로에도 심각한 타격을 입혔다. 실제로 나세르는 알제리의 미그기를 이집트 공군에게 대여해달라고 알제리 정부에게 요청했는데, 이는 이집트 공군기지의 피해 규모가 미그기 배치를 불가능하게 할 정도라는 것을 알기 전이었다.

이집트 공군이 무력화되자, 이스라엘은 다음으로 요르단과 시리아에 대한 공격에 나섰다. 후세인 왕은 6일 전에 나세르와 체결한 방위협정에 따라서 요르단군을 이집트 지휘하에 두었다. 이집트 사령관은 이스라엘 공군기지를 공격하라고 요르단 포병과 공군에게 명령했다. 소규모의 요르단 공군이 첫 출격을 했지만, 정오가 지나고 얼마 되지 않아서 이스라엘 전투기의 공격을 받은 항공기들은 연료 재공급을 위해서 기지로 돌아왔다. 두 차례의 파상 공 격으로 이스라엘은 요르단의 공군 전체 — 비행기, 활주로, 기지 — 를 괴멸 시켰다. 그 다음으로는 시리아에 대한 공격에 나섰고, 오후 동안 시리아 공군 의 3분의 2를 제거했다.

일단 제공권을 장악한 이스라엘은 동시에 여러 전선에서 싸우는 것을 피하 기 위해서 신속하게 아랍의 적 — 이집트, 요르단, 시리아 — 들을 제거하고 자 잇달아 지상군을 파견했다. 우선 이스라엘군은 약 7만 명의 보병과 700대 의 탱크를 배치하여 시나이 반도에 있던 총 10만 명의 이집트군에 맞섰다. 6월 5일에 치열한 격전이 있은 후, 이스라엘은 가자 지구의 대부분을 장악했 고 지중해 연안의 이집트 전선을 돌파했으며 해질녘에는 전략적으로 중요한 교차로인 시나이 반도 동부의 아부 우위글라를 손에 넣었다.

이집트군도 반격에 나섰다. 다음 날 아침에 이집트 사령관이 한 기갑사단에게 아부 우위글라를 재탈환하라는 명을 내렸다. 엘 가마시 장군은 다음과 같이 증언했다. "우리의 기갑부대 중의 하나가 공격받는 것을 보았다. 가슴이 찢어졌다. 이스라엘 비행기들은 하늘에서 완전히 자유로웠다. 대낮에 넓은 사막을 건너던 탱크들은 효과적인 방어 수단이 없었기에 쉽게 공격에 노출되었다."[25] 오후에 이집트의 공격이 중단되었다. 육군원수 아메르가 현장의 장교들과 의논도 없이 수에즈 운하의 서안에서 군을 재편성하고자 시나이 반도에서의 총퇴각 명령을 내린 것이었다. 조율 과정도 없이 무질서하게 이루어진 퇴각은 결국 이집트군의 완패로 끝났다. 엘 가마시는 "너무도 비참하게 철수하는" 군을 지켜보았던 그 순간을 다음과 같이 회고했다. "적의 계속되는 공습으로 미틀라 고개는 여기저기 흩어진 시체들과 불타는 장비, 폭발하는 탄약의 거대한 묘지로 변했다."[26]

이집트군이 무력화되자 이제 이스라엘군은 요르단 전선으로 향했다. 6월 5일의 성공적인 공습 이후, 이스라엘은 제공권을 효과적으로 이용하여 서안지구를 성실히 지키고 있던 요르단 기갑 부대를 폭격했다. 예루살렘과 제닌에 구축되어 있는 요르단의 진지들에 대한 이스라엘의 총공격은 동틀 무렵 공습이 재개되기 전까지 밤새 계속되었다. 6월 6일에 요르단의 지상군이 예루살렘의 구시가지에서 포위되었고, 제닌에서도 퇴각했다. 후세인 왕은 직접 상황을 파악하기 위해서 전선으로 갔다. "나는 마치 환영과 같던 그 패배의 광경을 결코 잊지 못할 것이다. 구겨져 내부를 훤히 내보이며 찌그러진 채, 여전히 연기를 뿜고 있던 트럭과 지프 등 각종 차량들로 길은 꽉 막혀 있었다"라고 떠올렸다. "시체더미 한가운데서 30여 명의 지친 부상병들이 태양빛으로 이글거리는 구름 한 점 없는 푸른 하늘을 쌩쌩 소리를 내며 지나가는 이스라엘 미라주 전투기들의 무시무시한 최후 일격 아래에서도 길을 치우려고 애쓰고 있었다."[27]

후세인은 UN의 휴전 명령이 떨어지면 대오(隊伍)를 깼다는 아랍 동료들의 비난도 피하고 예루살렘과 서안에 있는 요르단의 진지들을 지킬 수 있을 것이라고 생각하며 계속 저항하는 가운데 정전을 기다렸다. 그러나 정전이 너무 늦게 합의되면서 요르단에게는 아무런 도움이 되지 않았다. 예루살렘의 구시 가지가 6월 7일 아침에 이스라엘의 수중으로 떨어졌고, 서안 지구의 나머지 지역에 있던 요르단의 진지들도 이스라엘이 요르단과의 휴전에 동의하기 전에 와해되었다. 시리아와 이집트도 6월 8일에 이스라엘과 정전에 합의했지만, 이스라엘은 유리한 상황을 최대한 활용하여 시리아를 공격했고 6일 전쟁을 끝내기로 한 1967년 6월 10일이 오기 전에 이미 골란 고원을 점령했다.

패전 상황에 당황한 이집트 사령관들은 시간을 벌기 위해서 환상을 만들어 냈다. 전투 첫 날에 카이로는 161대의 이스라엘 비행기를 격추했다고 보도했다.[28] 선례를 따라서 시리아도 개전 초에 61대의 이스라엘 항공기를 격추했다고 주장했다. 이것은 전파를 통한 조작된 허위정보 선전방송의 시작이었고, 이러한 정보들을 국영 신문들이 재생산하면서 아랍 세계는 이스라엘이 완패 직전이라고 믿게 되었다. "우리는 라디오를 통해서 전쟁 소식을 들었다"라고 한 이집트 정보 장교는 회상했다. "모두가 우리 군이 텔아비브 근교에 있다고 생각했다."[29]

아랍 지도부는 여러 가지 차질이 빚어지고 있음을 기꺼이 인정하면서 이스라엘과 공모한 미국에게 그 모든 책임을 돌렸다. 전쟁이 발발한 첫 날, 아랍의 소리는 "미국은 적입니다. 미국은 이스라엘 배후의 적대세력입니다. 아랍인 여러분, 미국은 모든 이들의 적이며 학살자이고 살인자이며 여러분이 이스라엘을 제거하는 것을 방해하고 있습니다"라고 비난 방송을 내보냈다.[30] 나세르는 실제로 이스라엘이 영국 및 미국과 공모한 덕분에 승리할 수 있었다는 성명서 내용을 조율하기 위해서, 진보적인 아랍 국가들 사이에서 영국과 미국 모두와 친밀한 관계를 가지고 있는 것으로 악명이 높았던 요르단의 후세인 왕과 접촉했다. 이스라엘 정보국이 도청하는 줄도 모르고 무분별하게 나눈 전화 통화에서 나세르는 후세인의 승낙에 기뻐했다 "그럼 저는 성명서를 발표하겠습니다"라고 나세르는 설명했다. "각하도 이러한 내용의 성명을 내십시오. 그리고 시리아도 미국과 영국의 전투기들이 항공모함에서 출격하여 우리를 공격하는 데에 가담했다고 발표하도록 해야 합니다. 우리는 이 점을 강조해야 합니다."[31] 그러나 1956년에 이집트에 맞서서 이스라엘과 함께 싸웠던 전력 외에는 영국과 프랑스가 공모했다는 소문을 증명할 만한 근거는 없었다.

아랍 지도부가 자행한 허위 정보전은 이집트, 요르단, 시리아 육군 및 공군의 참패와 광대한 아랍 영토 — 이집트의 시나이 반도 전체와 팔레스타인의 가자 지구, 동예루살렘을 포함한 서안 지구, 시리아의 골란고원 — 의 상실이라는 엄청난 피해 사실을 자국민들에게 알려야 하는 비참한 최후의 심판의 날을 단지 늦추었을 뿐이었다.

기만당한 아랍 대중들은 6월의 첫 주에도 여전히 축제 분위기로 들떠 있었다. 군중은 환호하며 아랍 세계 전역에서 승리의 축전을 조직했고, 지도자들이 거짓말을 하고 있을 것이라고는 단 한 번도 의심하지 않았다. 안와르 사다트는 "매 시간 우리의 언론매체가 생산하는 조작된 승전 소식에 박수갈채를 보내며" 자발적으로 가두행진을 벌이던 사람들을 지켜보며 느꼈던 좌절감을 떠올렸다. "허상의 승리에 환호하고 있는— 실제로는 패배에 환호하고 있는 것이었지만— 국민에게 미안함과 연민을 느꼈고, 국민과 이집트 전체를 속이고 있는 그들이 정말 미웠다." 사다트는 이집트 국민이 "감쪽같이 속아 넘어간 승리가 사실은 끔찍한 재앙이었다는 것을 깨닫게 될" 불가피한 진실의 순간이 두려웠다.[32]

나세르가 라디오를 통해서 "좌절"— 나세르는 이 전쟁에 아랍어로 "알 나크사(al-Naksa)"라는 이름을 붙였다— 에 대한 전적인 책임을 지고 사퇴하겠다고 발표한 6월 9일, 드디어 그 순간이 도래했다. 그는 이스라엘과 영국 및 미국의 공모를 계속해서 비난했다. 또한 이 전쟁은 이제는 미국이 주도하는, 이집트와 아랍 세계에 대한 제국주의 지배의 긴 역사의 새로운 장일뿐이라고 주장했다. 사다트의 회상에 따르면 나세르는 미국이 "세계를 단독으로 지배하기를 원하며 또한 이집트도 '통치'하기를 원한다. 하지만 자신은 이런 바람

을 들어줄 수 없기 때문에 사퇴와 권력 이양 외에는 선택권이 없다"라고 주장했다.[33]

이 방송이 나간 직후 카이로 거리는 "각계각층의 남녀노소" 시위자들로 가득 찼다. 사다트는 "위기감으로 혼연일체가 된 민중은 합심하여 한 목소리로 나세르에게 떠나지 말 것을 요구했다"라고 회고록에 썼다. 이것만으로도 이집트 국민이 패배의 충격을 받아들이도록 하는 데에는 충분했다. 이집트 국민은 나세르 없이는 견딜 수 없었다. 이집트인들은 자신들의 지도자를 지키는 것도 패배와 외세 ─ "이번에는 영국이 아닌 미국이었다" ─ 의 지배에 저항하는 하나의 방법이라고 생각했다. 17시간 동안이나 사람들은 나세르가 사퇴 철회에 동의할 때까지 거리를 떠나지 않았다고 사다트는 주장했다.[34] 나세르는 대통령직에 남기로 동의했지만 결코 이 "좌절"을 극복하지 못했다.

1967년의 패배로 아랍 정치는 급진적인 새로운 시대를 맞이했다. 패전의 어마어마한 결과와 더불어 아랍 대중을 고의적으로 기만한 사실이 아랍 정치 지도자들에 대한 신뢰도를 땅에 떨어뜨렸다. 민중의 칭송을 받던 나세르조차 대중의 조소를 비켜가지 못했다. 언제나 전임자에 대해서 인색했던 사다트는 1967년의 패배 이후 어떻게 "사람들이 아무데서나 [나세르를] 비웃고 웃음거리로 만들었는지"를 떠올렸다. 다른 아랍 지도자들은 아랍의 거인 나세르가 대좌에서 나가떨어지자 안도의 한숨을 내쉬었다. 이집트의 규칙을 따르지 않을 경우 나세르의 선전기구인 아랍의 소리에서 장황한 비난 방송이 울려 퍼지지 않을까 더 이상 두려워할 필요가 없어진 것이었다. 그럼에도 불구하고 이런 시간은 오래 지속되지 않았다. "좌절"의 여파로 아랍 지도자들을 위협하는 내부적인 움직임들이 재빠르게 조직되고 있었다.

1948년의 전쟁 이후와 마찬가지로 아랍 세계 곳곳에서 환멸에 사로잡힌 대중은 정부에 맞서서 쿠데타와 혁명의 물결을 일으켰다. 이라크의 대통령 압드 알 라흐만 아리프는 1968년에 바트당이 주도한 쿠데타로 쫓겨났다. 리비아의 왕 이드리스는 무아마르 알 카다피가 이끈 자유장교단의 쿠데타로 타도되었고, 야파르 알 누마이리는 1969년에 수단 대통령으로부터 권력을 빼앗았다. 1970년에는 시리아 대통령 누르 알 딘 아타시가 하피즈 알 아사드의 군사 쿠데타에 무릎을 꿇었다. 이렇게 새로이 등장한 각국의 정부들은 급진적인 아랍 민족주의 강령을 자신들의 적법성의 기조로 삼았고, 이스라엘의 파괴와 팔레스타인 해방, 제국주의— 이제는 미국이 그 전형적인 본보기가 되었다— 의 극복을 주창했다.

1967년의 전쟁은 중동에서의 미국의 입지를 완전히 변화시켰다. 미국을 향한 아랍의 적대심에 비례하여 미국과 이스라엘 간의 특별한 관계가 시작된 것도 바로 이 무렵이었다. 서로의 전략지정학적인 우선순위가 달랐기 때문에 이견이 발생한 것은 너무도 당연했다. 미국은 아랍인들로 하여금 자기편에 서서 소련의 침략에 맞서도록 설득할 수 없었고, 아랍인들은 미국으로 하여금 시오니스트의 위협에 대한 자신들의 생각을 존중하도록 만들 수 없었다.

1967년의 전쟁에서 미국 대통령 린든 존슨의 행정부는 아랍-이스라엘 분쟁에 대한 중립을 포기하고 이스라엘의 편을 들었다. 나세르의 아랍 사회주의가 아랍 세계를 소비에트 진영으로 끌고 가고 있다고 생각한 미국은 나세르가 패전과 함께 신임을 잃게 되어서 매우 흡족했다. 이에 나세르는 자신이 만들어 낸 허위정보를 믿는 지경에 이르게 되었다. 국내의 비판을 모면하기 위한 연막으로 시작된, 즉 미국이 이스라엘 편에 서서 전쟁에 가담했다는 거짓 주장이, 새로운 제국주의 물결 속에서 중동 지역에 대한 통제력을 강화하기 위해서 미국이 이스라엘을 이용하고 있다는 확신으로 변해갔던 것이다. 아랍 세계 전역에서 이스라엘과 미국 간의 공모 혐의가 그 누구도 상상하지 못했던 패전의 원인을 설명하는 데에 동원되었다. 1967년의 전쟁에 미국이 공모했다는 혐의가 제기됨에 따라서 4개국(튀니지, 레바논, 쿠웨이트, 사우디아라비아)을 제외한 모든 아랍 국가들이 미국과 국교를 단절했다.

뒤늦은 깨달음이지만 미국이 실제로 이스라엘의 편에서 전쟁에 가담했다는 나세르의 주장은 전혀 근거가 없었다. 사실은 오히려 그 반대가 진실이었다. 전쟁 4일째가 되던 날에 이스라엘 공군과 해군이 미 해군의 감시선, 리버티 호를 공격해서 미군 병사 34명이 사망하고 171명이 부상을 당했다. 이스라엘은 전장에서의 통신을 미국이 감시하지 못하도록, 선박의 무력화를 원했던 것이 명백했지만 이 공격에 대한 공식적인 해명을 하지 않았다. 미국 측에 많은 사상자가 발생했음에도, 이와 같은 명분 없는 공격이 그렇게 쉽게 용서되었다는 사실은 새롭게 조성된 이스라엘과 미국 사이의 특수한 관계의 성격을 잘 보여준다.

이스라엘에 대한 아랍의 태도 또한 6일 전쟁의 여파로 더욱 경직되었다. 유대 국가가 창설된 1948년부터 지난 20년 동안 아랍 국가들의 접근이나 아랍과 이스라엘 지도자 간의 비밀외교가 어느 정도는 존재했었다. 나세르는 1954년에 이스라엘과의 비밀교류에 관여했었고, 후세인 왕도 1963년부터 유대 국가와의 직접적인 연락수단을 열어놓았다.[35] 그런데 1967년의 아랍의 패배로 이스라엘과의 이러한 모든 비밀 협상은 종식되었다. 전쟁에서 가장 많은 것을 잃은 나세르와 후세인은 전후 협상 처리를 통해서 아랍 영토를 되찾기를 희망했다. 그러나 1967년 8월 말부터 9월 초까지 열린 아랍 국가 정상회의가 채택한 강경노선은 그들의 바람을 전혀 고려하지 않았다. 수단의 하르툼에서 열린 하르툼 정상회담은 아랍 외교가 채택한 "3불(3不)" 원칙—유대 국가의 승인 거부, 이스라엘 관료들과의 협상 거부, 아랍국가와 이스라엘 간의 강화 거부— 으로 잘 알려져 있다. 이때부터 아랍 정치의 도덕적 우위는 정상회담 결의안의 준수 여부에 따라서 결정되었다.

국제 사회는 공정하고 항구적인 강화조약 체결을 위해서 이스라엘과 아랍이 한 자리에 모이기를 여전히 바라고 있었다. 그래서 UN이 1967년 11월에 이 문제를 논의하기 위해서 모였지만 아랍 세계는 외교적 해결 가능성을 두고 분열되었다. 1967년 11월 22일에 UN 안전보장 이사회가 만장일치로 승인한 결의안 242호는 영토와 평화의 맞교환 원칙에 근거하여 아랍-이스라엘 분쟁 해결을 위한 법적인 틀을 제공했다. 결의안은 "이 지역 내의 모든 국가들의 주권과 영토보존, 정치적 독립, 안전하고 공인된 국경 내에서 평화롭게 살 수 있는 권리를 인정하고 존중"하는 대가로 "최근 분쟁 시 점령한 영토에서 이스라엘군이 철수할 것"을 촉구했다. 결의안 242호는 아랍-이스라엘 분쟁을 해결하기 위해서 "영토와 평화의 맞교환(land for peace)" 원칙에 근거하여 제안된, 이후의 모든 발의안의 기초가 되었다.

이집트와 요르단은 결의안을 지지했지만, 시리아나 다른 아랍 국가들은 그렇지 않았다. 그들은 하르툼의 "3불" 원칙이 결의안 242호가 함축하는 외교적 해결안을 배제하고 있다고 생각했다. 이와 같이 비타협적인 입장을 표명했음에도 불구하고, 이스라엘에게 세 차례― 1948년, 1956년, 1967년 ― 의 전쟁에서 지고 나자 대부분의 아랍 지도자들은 강자의 위치에 있는 유대 국가와 기꺼이 협상하려고 했다. 1967년 이후 아랍 지도자들은 자신들이 협상할 위치에 있지 않다는 사실을 인정하게 되었던 것이다.

팔레스타인 사람들이야말로 전후 외교에서 가장 많은 것을 잃었다. 고향에서 쫓겨난 후 20년 동안 팔레스타인 사람들은 국권을 가진 별개의 민족으로서 국제적인 인정을 받지 못했다. 위임통치기 이후 그들은 팔레스타인 사람이 아닌 팔레스타인의 아랍인으로 언급되었다. 1948년에 팔레스타인의 유대인들은 이스라엘인으로서 국민적 정체성을 획득하게 되었던 반면, 팔레스타인의 아랍인들은 단지 "아랍인" ― 이스라엘 국가 창설 후에도 고향에 남은 소수의 아랍인들은 "이스라엘의 아랍인"이 되었고, 전쟁을 피해서 이웃 아랍국가들에서 피난처를 찾은 이들은 "아랍 난민"이 되었다― 으로 남게 되었다. 서구인들에게 집 잃은 팔레스타인의 아랍인은 레바논이나 시리아, 요르단, 이집트의 아랍인과 별반 다르지 않았고, 머지않아 그들을 받아들인 국가에 흡수될 사람들로 여겨졌다.

1948년에서 1967년 사이에 정치 공동체로서의 팔레스타인은 사라졌다. 이스라엘의 총리 골다 메이어가 팔레스타인 사람은 존재하지 않는다고 주장했을 때 국제 사회의 그 누구도 자기 본위적인 그녀의 소견을 반박하지 않았다. 팔레스타인 사람들의 민족적 염원에 대한 인식 부족은 1967년 가을에 열린 UN의 논의에서도 그대로 드러났다. 결의안 242호가 지금은 합리적인 것으로 생각되지만, 그 당시에는 팔레스타인의 모든 민족적 염원이 파국을 맞았음을 의미했다. "영토와 평화의 맞교환" 원칙은 국제 사회에 이스라엘의 영속성을 확인시켜 주었고, 아랍 팔레스타인의 것으로 남은 자그마한 영토마저도 이집트나 요르단의 신탁통치를 또다시 받아야 함을 의미했기 때문이다. 예전에 팔레스타인으로 알려졌던 지역은 지도에서 영원히 사라졌으며, 1948년과 1967년에 발생한 두 차례의 전쟁으로 고향에서 쫓겨나 난민이 된 팔레스타인 사람들을 위한 국가는 없었다. 그러나 팔레스타인 사람들이 결의안 242호를 거부하는 것만으로는 아무 소용이 없었다. 어떻게 해서든지 가능한 모든 수단을 동원하여 자신들의 주장의 정당함을 국제 사회에 알려야만 했다.

20년 동안 팔레스타인 사람들은 아랍의 연합작전이 잃어버린 향토를 해방시켜줄 것이라는 희망 속에서 자신들이 해야 할 일을 아랍 형제들에게 일임해 왔었다. 그러나 1967년의 아랍의 총체적인 패배 이후 팔레스타인 민족주의자들은 자신들의 문제는 스스로 해결해야 한다고 확신하게 되었다. 제3세계의 혁명가들로부터 영감을 받은 팔레스타인 민족주의 단체들은 이스라엘뿐만 아니라 방해가 되는 아랍 국가들을 대해서도 독자적인 무장투쟁을 시작했다.

***

1950년대 초, 팔레스타인 무장투쟁의 창시자들이 처음으로 카이로에서 만났다. 팔레스타인 출신의 공학도이자 1948년 전쟁의 참전 용사인 야세르 아라파트(1929-2004)가 1952년에 카이로에서 팔레스타인 학생연합 의장으로 선출되었다. 그는 자신의 자리를 이용하여 팔레스타인 젊은이들이 조국 해방에 목숨을 바치도록 독려했다.

아부 이야드라는 가명을 가진 살라 칼라프는 아라파트의 최측근 중의 한 명이었다. 1948년의 아랍-이스라엘 분쟁 시 15살이었던 칼라프는 고향인 야파를 떠나 가자로 이주해야만 했다. 카이로의 사범학교 다르 알 울룸에서 수학하던 그는 1951년 가을에 팔레스타인 학생연합의 한 모임에서 아라파트를 만났다. "그는 나보다 네 살이 많았다"라고 칼라프는 회상했다. "나는 곧 그의 활기와 열정, 진취적인 기상에 사로잡혔다." 나세르와 자유장교단의 등장으로 한때는 "모든 것이 가능해 보였고, 심지어는 팔레스타인 해방도 그러했다"

라고 칼라프는 떠올렸지만, 칼라프와 아라파트를 의기투합하도록 만든 것은 1948년의 재앙의 결과로 생긴 아랍 정권들에 대한 불신이었다.[36]

대개혁을 단행하고 있던 이집트는 팔레스타인 사람들이 정치 활동을 하기에 힘든 곳이었다. 비록 나세르가 팔레스타인의 국권 회복을 약속했지만, 이집트 정부는 팔레스타인 민족주의자들의 활동을 엄격하게 통제했다. 수년간 아랍 세계 곳곳으로 퍼져나간 팔레스타인 학생들은 지부 조직들의 거점을 여러 국가에 만들었다. 아라파트는 1957년에 쿠웨이트로 거처를 옮겼고, 칼라프도 2년 후에 합류했다. 팔레스타인 정부의 현직 대통령 마흐무드 아바스처럼 어떤 사람들은 카타르에서 일자리를 얻었다. 교육을 잘 받은 팔레스타인인인들은 새로운 직장에서 성공을 거두었고, 팔레스타인 해방이라는 민족적 대의를 위해서 자금을 보내왔다.

팔레스타인 사람들은 1950년대 말이 되어서야 별도의 정치조직들을 만들기 시작했다. 1959년 10월에 아라파트와 칼라프는 파타(Fatah)를 조직하기 위해서 쿠웨이트에 있던 다른 20명의 팔레스타인 활동가들과 함께 모임을 가졌다. 조직의 이름은 두 가지의 의미를 함축했다. 아랍어로 "정복"을 의미했으며 팔레스타인 해방 운동(Harakat Tahrir Filastin)의 머리글자를 거꾸로 읽은 것이기도 했다. 운동은 분파주의를 초월하여 팔레스타인인들의 국권을 쟁취하기 위한 무장투쟁을 주창했고, 향후 5년 동안 공격적으로 새로운 조직원을 모집하고 조직을 편성했다. 파타는 자신들의 주장을 유포하기 위해서 「우리의 팔레스타인(Filastinuna)」이라는 잡지를 발행하기 시작했다. 잡지의 편집자 카릴 알 와지르(아부 지하드)는 후에 파타의 공식 대변인이 되었다.

아랍 국가들도 팔레스타인의 염원을 대변하기 위한 공식적인 기구를 창설하기로 결정했다. 1964년에 카이로에서 아랍 지도자들의 첫 정상회담이 열렸고 팔레스타인 사람들이 "조국 해방과 민족 자결에 있어서 자신들의 역할을 수행할 수 있도록", 새로운 조직 창설을 촉구했다. 아라파트와 동료들은 팔레스타인 해방기구(Palestine Liberation Organization, PLO)라고 불릴 이 새로운 조직에 대해서 심각한 불안감을 느꼈다. 팔레스타인 사람들을 위한 해방 조직임에도 불구하고 조직의 설립에 대한 그들의 의견은 전혀 고려되지 않았을 뿐만 아니라 나세르가 아흐마드 슈카이리라는 변호사를 PLO의 수장에 앉혔기 때문이었다. 이집트와 히자즈, 튀르크 혈통이 섞인, 레바논 출신의 슈카이리는 언변이 뛰어났고 1963년까지 사우디의 UN대사로도 일했지만 팔레스타인 사람이라고 하기에는 그의 이력이 너무도 보잘것없었다. 이에 아라파트와 파타 활동가들은 아랍 정권들이 고국 해방에 팔레스타인 사람들을 참여시키기 위해서가 아니라 팔레스타인인들을 통제하기 위해서 PLO를 만들었다고 확신했다.

초기에는 파타도 PLO에 협조하려고 노력했다. 아라파트와 칼라프는 쿠웨이트를 방문한 슈카이리를 만났고, 1964년 5월에는 예루살렘에서 개최된 첫 팔레스타인 국민회의에도 대표단을 보냈다. PLO는 예루살렘 회의에서 정식으로 창립되었다. 초청받은 422명의 대표는 대부분이 엘리트 가문에서 모집되었고 일종의 망명 국회인 팔레스타인 민족평의회를 구성하여 팔레스타인 국민 헌장에 명시될 일련의 목표들을 비준했다. 이 신생 기구는 심지어 팔레스타인 해방군이라고 불릴, 팔레스타인 국민군의 창설도 주장했다. 하지만 회의에서 무시당한 파타는 예루살렘을 떠나며 새로운 팔레스타인 공식기관을 향한 관심을 자신들에게로 돌려야겠다고 결심했다. 주도권 장악을 위해서 파타는 이스라엘에 대한 무장투쟁을 개시하기로 결정내렸다.

이스라엘에 맞서서 파타가 단행한 첫 작전은 군사적으로는 실패했지만 정치선전의 측면에서는 성공적이었다. 세 팀의 특공대가 가자, 요르단, 레바논에서 이스라엘을 1964년 12월 31일에 공격할 계획이었다. 그러나 이집트와 레바논, 요르단 정부는 자국 영토에 심각한 보복이 가해지리라는 것을 잘 알고 있었기 때문에 팔레스타인인들이 이스라엘과 반목하는 것을 막고자 노력했다. 이집트 당국은 작전 예정일 일주일 전에 가자에서 파타 분대를 체포했다. 레바논 공안부대도 두 번째 팀이 이스라엘과 레바논의 접경지대에 도달하기 전에 그들을 체포했다. 세 번째 팀이 1965년 1월 3일에 서안 지구에서 이스라엘로 넘어가서 관개용 펌프장에 다이너마이트를 설치하는 데까지는 성공했으나, 이스라엘 측이 폭발물을 발견하여 폭파 전에 처리했다. 요르단 영토로 돌아온 팔레스타인 특공대는 요르단 정부에게 체포되었고, 한 게릴라 대원은 체포에 저항하다가 사살되었다. 비록 명시적으로는 같은 아랍인에 의한 죽음이었지만 이렇게 파타는 첫 순교자를 가지게 되었다.

궁극적으로는 실패한 공격이었지만 그것의 상징성은 파타의 군사적인 목적보다 훨씬 더 큰 의미가 있었다. 1965년 새해 첫 날에 파타는 알 아시파(al-Asifa), 즉 "폭풍"이라는 가명으로 군사 성명서를 발표하여 다음과 같이 주장했다. "우리의 혁명 선봉대가 식민주의자들과 그들의 심복들 그리고 전 세계의 시오니스트들과 그들의 자금 조달자들에게 팔레스타인 사람들이 작전에 참여했음을, 다시 말해서 우리들은 사라지지 않았으며 앞으로도 그러할 것임을 역설하기 위해서 들고일어났으며, 우리는 귀환과 자유를 획득할 방법으로 무장혁명의 정당성을 확신한다."[37]

세계 도처에 흩어져 있던 팔레스타인 사람들은 이 뉴스에 감동을 받았다. "1965년 1월 1일, 파타는 팔레스타인 현대사의 새로운 시대를 열었다"라고 무장투쟁에 가담했던 레일라 칼레드는 썼다. 그녀의 가족 역시 1948년에 하이파에서 쫓겨났다. 그녀에게 이 공격은 팔레스타인 혁명의 시작이자 고국 해방을 향한 첫걸음으로 생각되었다. "팔레스타인 사람들은 아랍 지도부가 조장한 희망으로 지난 17년을 버티며 유랑해왔다. 1965년에 그들은 신의 도움을 기다리기보다는 스스로를 해방시키기로 결정했다."[38]

첫 18개월 동안의 팔레스타인의 무장투쟁은 이스라엘과 아랍 이웃 국가들에 의해서 쉽게 저지되었던, 미미한 움직임에 지나지 않았다. 살라 칼라프는 파타가 1965년 1월부터 1967년 6월까지 "약 200회의 공격"을 수행했다고 주장했지만 그 자신도 이러한 공격이 "제한된 범위에서 일어났고 이스라엘 국가의 안보나 안녕을 해칠 종류의 것은 아니었다"라고 인정했다.

역설적이게도 1967년의 아랍의 패배로 인해서 팔레스타인 무장투쟁은 해방의 순간을 맞이하게 되었다. 1948년부터 1967년까지 이집트와 요르단의 통치를 받던 가자와 서안 지구가 이제 이스라엘의 점령지가 되면서 팔레스타인 해방 운동은 처음으로 점령지의 팔레스타인 사람들을 대변하여 권리를 주장할 수 있게 되었던 것이다. 게다가 팔레스타인 해방 운동은 패배한 아랍 국가들로부터도 벗어날 수 있게 되었다. 나세르와 아랍 지도자들은 파타나 다른 팔레스타인 분파들에게 가혹한 제한을 가해왔었다. 하지만 혼이 난 나세르는 더 이상 팔레스타인 운동을 방해하지 않았고 비록 약해지기는 했지만 자신의 권위를 이용해서 이스라엘과 인접한 다른 아랍 국가들에게 그들의 영토에서 팔레스타인인들이 공격 활동을 할 수 있도록 허용하라고 압박했다.

요르단은 6일 전쟁 직후 팔레스타인 작전의 진원지가 되었다. 군의 붕괴와 서안 지구의 상실로 세력이 약화된 후세인 왕은 이스라엘에 대한 파타의 작전들을 눈감아주었다. 팔레스타인의 무장 단체들이 요르단 계곡의 카라마흐 마을에 사령부를 차렸다. 이스라엘이 파타의 준비 상황을 알아차렸다. 1968년 3월에 요르단 정부는 카라마흐 기지를 이스라엘이 곧 공격할 것이라고 파타에게 경고했다. 팔레스타인인들은 우세한 이스라엘군 앞에서 후퇴하기보다는 끝까지 버티면서 저항하기로 결정했다. 요르단도 요르단 계곡이 내려다보이는 고원에서 포병 지원을 하기로 동의했다.

3월 21일에 대규모의 이스라엘 원정군이 파타의 사령부를 파괴하기 위해서 요르단 강을 건넜다. 약 1만5,000명의 이스라엘 보병대와 기갑부대가 카라마흐 마을과 파타 훈련소를 공격했다. 1948년에 아크레에서 쫓겨나서 난민이 된 마흐무드 이사도 그 현장에 있었다. "우리는 작전 초반부 동안에는 개입하지 말라는 명을 받았다"라고 이사는 회고했다. "아부 아마르[야세르 아라파트의 가명]는 책략에 의해서만 이 절망적인 상황을 우리가 극복할 수 있다고 몸소 설명하러 왔다. 그는 어렵지 않게 우리를 납득시킬 수 있었다. 우리에게는 실질적으로 카라마흐를 방어할 능력이 없었기 때문이다." 실제로 그당시 카라마흐 기지에는 겨우 250명의 파타 게릴라병과 행정 간부 그리고 아마도 80명 정도의 팔레스타인 해방군이 있었던 것으로 추정된다. "우리가 유일하게 선택할 수 있는 방법은 이스라엘군을 매복 기습하는 것이었기 때문에 기습의 순간을 잘 선택해야만 했다"라고 이사는 이어갔다.[39]

이사와 동료들은 해질녘에 반격하기 위해서 야영지 밖에 진지를 쳤다. "시간이 지나면서 카라마흐에 남은 것은 아무것도 없었다. 단지 폐허만이 있었다. 수많은 남녀노소가 포로로 잡혔다. 또한 많은 사람들이 죽었다"라고 이사는 회고록에 적었다. 요르단의 엄청난 포격 속에서도 임무를 마친 이스라엘군은 철수를 시작했다. 이사와 동료들이 기다리던 바로 그 순간이 왔다.

탱크가 우리의 진지를 지나가는 순간 공격하라는 신호가 떨어졌다. 나와 동료들에게는 천만다행이었다. 마치 너무 오랫동안 숨을 참은 것 같았다. 우리는 앞으로 곧장 달려나갔고, 더욱더 빨리 달리려 했다. 우리는 이스라엘군이 파편더미 속에 묻어버렸다고 생각했던 특공대가 지금 자신들을 향해 달려오는 것을 보면서 얼마나 놀랐을지, 그 모습을 상상할 수 있었다. 등이 꺼졌다. 요르단 강의 다리들이 폭파되었다. 탱크는 즉시 멈추었고 [요르단] 포병의 엄호 속에서 전투가 다시 시작되었다.

팔레스타인 병사들은 이스라엘군이 요르단 강을 건너서 철수를 마치기 전에, 총유탄(銃榴彈)으로 수많은 이스라엘 차량을 무력화시켰고 소총으로 수많은 사상자들을 안겨 주었다.

팔레스타인 사람들에게 카라마흐(Karamah) 전투는 우세한 군과 싸워서 거둔 승리이자 이스라엘군이 포화 속에서 철수해야 했던 영예의 순간(의미심장하게도 카라마[karama]라는 단어는 아랍어로 "영예", 또는 "존경"을 의미한다)이었다. 하지만 그 영예의 대가는 비쌌다. 아랍 언론은 그 수를 부풀려서 보도했지만, 적어도 28명의 이스라엘 군인과 61명의 요르단 병사, 116명의 팔레스타인 전투원이 전사했다.[40] 그럼에도 불구하고, 카라마흐 전투는 아랍 세계 전역에서 완벽한 팔레스타인의 승리로 여겨졌다. 1948년 이후 처음으로 아랍군은 이스라엘에게 용감히 맞섰고, 자신들의 적이 무적이 아님을 보여주었다.

파타는 이 전투의 최고의 수혜자였다. 레일라 칼레드는 약간은 거리를 두며 비판적으로 다음과 같이 회상했다. "아랍 뉴스 매체들은 마치 팔레스타인

해방이 곧 이루어지기라도 할 듯이 사건을 부풀렸다. 수천 명의 자원병들이 밀려들었다. 수 킬로그램의 금이 모아졌고 무기도 몇 톤씩 밀려들어왔다. 반숙련된 상태의 게릴라 대원 수백 명으로 이루어진 파타는 1949년 10월 직전의 중국의 인민해방군처럼 아랍인들 앞에 갑자기 등장했다. 심지어 후세인 왕조차 특공대원(commando)을 자처했다."[41] 파타의 창립자 중의 한 명인 살라 칼라프는 지부들이 자원병들 — 전투가 끝나고 48시간도 지나지 않아서 그 수가 약 5,000명에 달했다 — 로 넘쳐났다고 주장했다. 그리고 파타의 작전 활동도 이에 상응하여 늘어났다. 1968년 당시 55차례 수행되었던 작전이 1969년에는 199회로 증가했고, 1970년의 첫 8개월 동안은 무려 279차례나 반이스라엘 작전이 수행되면서 그 정점을 찍었다.[42]

팔레스타인의 무장투쟁이 그중에서도 특히 파타가 민중의 지지를 받으면서 팔레스타인 민족주의 운동을 분열시키고 있던 분파주의와 깊은 정치적 불화는 은폐되었다. 이데올로기적인 차이는 게릴라전에서부터 테러에 이르기까지 팔레스타인 무장투쟁을 이끄는 다양한 전략들을 양산했다.

PLO는 1967년 전쟁의 여파로 중요한 변화를 겪었다. 팔레스타인 운동에 대한 전반적인 통제권을 끝내 장악하지 못한 아흐마드 슈카이리는 1967년 12월에 PLO 의장직에서 사퇴했다. 아라파트의 파타 조직이 PLO를 접수할 수 있는 유리한 위치에 있었지만, 파타의 추종자들은 그러는 대신에 모든 팔레스타인 분파들의 전위(前衛) 조직으로 남기로 했다. 그럼에도 불구하고 파타는 PLO의 보호 속에서 집권당으로 부상했고 1969년 2월에 야세르 아라파트가 PLO 의장으로 선출되었다. 그는 2004년에 사망할 때까지 그 직함을 유지했다.

모든 팔레스타인 단체가 파타의 지휘 체제를 인정한 것은 아니었다. 의사인 조지 하바시(1926-2008)가 이끌던 팔레스타인 해방인민전선(Popular Front for the Liberation of Palestine, PFLP)은 파타와는 매우 다른 이념을 추구했다. 중국과 베트남의 모델을 따르던 PFLP는 민족해방을 위한 무장투쟁은 사회혁명이 있은 후에야 가능하다고 생각했다. 반면 파타는 민족해방을 위한 투쟁을 우선시했다. PFLP의 지도자는 경쟁조직인 파타가 이데올로기적으로 파산했으며, 부패했다고 치부하던 아랍 정부와 제휴함으로써 오염되었다고 생각하며 파타를 거부했다.

파타가 PLO를 장악하자, 인민전선 지도부는 자신들의 노선에 따라서 팔레스타인 혁명을 추구하고 팔레스타인의 대의에 대한 국제 사회의 인식을 고취시키기로 결정했다. 그들은 파타가 이스라엘 영토에서 게릴라식 공격을 통한 무장투쟁을 추구하도록 놔두었다 — 이러한 공격방식은 팔레스타인 측에 발생한 많은 사상자의 수(이스라엘의 기록에 의하면 1,350명의 게릴라 대원이 사망했고, 1969년 말까지 2,800명이 포로로 잡혔다)로 인해서 점점 더 비현실적인 전략으로 생각되었다.[43] 이에 대한 대안으로 인민전선은 해외에서 이스라엘과 미국을 표적으로 한 작전들을 벌여서 팔레스타인 문제에 대한 국제 사회의 자각을 높이고 세간의 이목을 끌고자 했다.

인민전선은 항공기 공중납치를 시작한 최초의 팔레스타인 조직이었다. 1968년 7월에 3명의 PFLP 특공대원이 이스라엘의 국적기인 엘 알 항공의 여객기를 납치하여 알제에 강제 착륙시켰다. 납치범들은 모든 승객을 풀어주었고, 인질극 대신에 기자회견을 선택했다. 1968년 12월에는 카라마흐의 참전용사 마흐무드 이사가 아테네에서 또다른 엘 알의 비행기를 납치해서 소개시킨 후 폭파시켰다. 재판이 열리면 언론의 대대적인 주목을 받으며 세계의 청중들에게 팔레스타인의 대의를 알릴 무대가 될 것이라고 기대한 상관들은 그에게 그리스 정부에 자수하라고 명령했다. 이사는 정확하게 자신에게 주어진 임무를 수행했다. 비행기를 나포하여 소개시킨 후 텅 빈 비행기를 수류탄으로 폭파시키고, 당황해하고 있던 그리스 정부에 자수했다.

이스라엘은 베이루트 국제공항을 폭격해서 레바논의 국적기인 중동항공의 보잉기 13대를 파괴하는 것으로 자국 여객기에 대한 팔레스타인의 공격에 응수했다. "우리는 [팔레스타인] 혁명에 대한 레바논의 지지를 얻을 수 있도록 도와준 이스라엘에게 감사했다"라고 레일라 칼레드는 반어적으로 표현했다. "그리고 미국이 70-80퍼센트의 지분을 가지고 있는 비행기들을 날려버린 그 대범함에 감탄했다!"[44]

PFLP는 자신들의 전략이 원하던 결과를 산출하고 있으며, 팔레스타인의 대의를 향한 국제적인 관심을 불러일으키고 있다고 생각했다. "세계는 팔레스타인의 행동에 결국 주목할 수밖에 없었다. 아랍 언론은 우리의 행동을 무시할 수 없었으며, 시오니스트들도 그것을 은폐할 수 없었다"라고 칼레드는 결론지었다.[45] 그러나 실상 국제 언론에서 팔레스타인인들은 테러리스트라는 명성을 얻게 되었고, 이는 팔레스타인 운동의 정당성을 훼손하며 서구 여론을 악화시켰다.

알제리 혁명에서처럼, 여성들은 팔레스타인 무장투쟁에서도 중요한 역할을 수행했다. 아미나 다흐부르는 납치 작전에 참여한 최초의 팔레스타인 여성으로서 1969년 2월에 취리히에서 엘 알 여객기를 나포했다. 다흐부르의 참여는 운동을 함께하고 있던 여성들에게 영감을 주었다. BBC 국제방송을 통해서 이 뉴스를 들은 레일라 칼레드는 곧바로 함께 하던 여성들을 동지라고 칭했다. "몇 분도 지나지 않아서 우리 모두는 팔레스타인 해방과 여성의 해방을 축하하고 있었다"라고 회상했다.[46]

인민전선에 가담하자마자, 칼레드는 특수작전 분대에 자원했고 훈련을 위해서 암만으로 파견되었다. 1969년 8월에 칼레드는 첫 임무를 받았다. "레일라" 상관이 말했다. "당신은 미국의 TWA 항공 여객기를 나포하게 될 것입니다." 레일라는 이 임무가 미국 제국주의에 맞서는 사명이라고 생각하며 매우 흥분했다.[47] 이스라엘과 미국의 비행기를 납치하는 전략이 팔레스타인 해방 운동의 전략적인 목표를 증진시킬 것이라고 확신했기 때문이었다. "대개 우리는 적을 무력화시키기 위해서가 아니라— 왜냐하면 우리에게는 그렇게 할 수 있는 힘이 부족했기 때문이다— 혁명 선전을 유포하고 적의 심장에 테러의 씨앗을 뿌리며 우리의 언론을 동원하고 우리의 대의를 세계에 알리며 진보 세력을 우리 편으로 끌어모으는 가운데, 시오니스트의 영향을 받아 그들과 친숙해진, 서구의 무덤덤한 여론에게 우리의 고통을 역설하기 위해서 행동에 나섰다."[48] TWA 항공기의 납치는 1969년 8월 29일 캘리포니아 로스앤젤레스에서 열린 미국 시오니스트 기구의 연례회의에서 리처드 닉슨 대통령이 연설하기로 예정된 시간과 같은 때로 정해졌다.

오늘날 공항에서 이루어지고 있는 대대적인 안전 조치들을 생각한다면, 레일라 칼레드와 동료들이 로마의 피우미치노 공항에 대기하고 있던 TWA 항공 840기 내부로 어떻게 그렇게 쉽게 소총과 수류탄을 밀반입할 수 있었는지 믿기 어려울 것이다. 이륙 후 곧바로 공모자들은 조종실로 밀고들어가서 "새로운 기장"이 비행기를 조종하고 있음을 방송으로 알렸다. 그 당시 비행기를 통제하고 있던 사람은 레일라였다. "나는 확고한 의지를 보여주기 위해서 즉각 [조종사] 카터 기장에게 수류탄의 안전핀을 기념품으로 주었다. 그는 정중히 거절했다. 나는 그것을 그의 발에 떨어뜨린 후 입을 열었다. '당신이 나의 명을 따른다면 모든 것이 잘 될 것이오. 하지만 그렇지 않을 경우 승객과 이 비행기의 안전은 당신이 책임져야 할 것이오.'"[49]

일단 비행기를 장악한 칼레드는 막강한 통제권을 행사했다. 우선 조종사에게 이스라엘로 비행하라고 명령했다. 도중에 직접 항공관제사와 통신하기도 했는데, 특히 이스라엘 당국자들에게 비행기를 "TWA 항공 840"이 아닌, "인민전선, 자유 아랍 팔레스타인"이라고 칭하도록 강요하는 것을 즐겼다. 그녀는 3명의 이스라엘 전투원에게 미행당한 1948년을 마지막으로 그동안 보지 못했던 자신의 고향 하이파의 상공을 선회하라고 조종사에게 명령했다. 끝으로 조종사에게 다마스쿠스에 착륙하라고 지시한 그녀는 승객 전원을 풀어주었다. 레일라와 동료들은 레바논으로의 귀환이 허용될 때까지 45일 동안 시리아 정부에 의해서 가택연금을 당했다. 그들은 완벽하게 임무수행에 성공했고 무사히 빠져나왔다.

1960년대 말은 팔레스타인 특공대 활동의 전성기였다. 이스라엘에서의 파타 작전과 인민전선의 비행기 납치는 팔레스타인의 대의를 세계에 알렸고, 세계 곳곳에서 유랑 중인 팔레스타인 사람들에게 희망을 주었다. 하지만 팔레스타인 혁명 단체와 그들이 활동하던 아랍 국가 간의 관계는 곧 악화되기 시작했다. 레바논과 요르단에서 특히 이러한 긴장감이 고조되었다.

팔레스타인 게릴라들은 레바논에서 상당한 대중적인 지지를 확보했는데, 특히 보수적인 마론파가 지배하는 정치질서에 환멸을 느낀 좌파와 무슬림 단체들 사이에서 그러했다. 그러나 레바논 정부는 팔레스타인 운동을 레바논의 통치권에 대한 직접적인 위협이자 국가 안전을 위태롭게 하는 요인으로 보았다. 이스라엘의 특수부대가 1968년에 베이루트 공항을 공격하자, 레바논 당국은 팔레스타인인들을 엄중 단속하려고 했다. 레바논의 공안 부대와 팔레스타인의 게릴라 간의 충돌이 1969년에 발생했다. 이집트의 나세르 대통령은 레바논 정부와 팔레스타인 분파들 간의 협상을 중재하기 위해서 개입에 나섰다. 1969년 11월에 카이로 협정에 따라서 레바논 영토에서의 팔레스타인 운동의 기본 행동 원칙이 규정되었다. 이에 의거하여 팔레스타인 게릴라들은 레바논 영토에서 작전을 수행할 수 있게 되었고, 레바논의 난민 캠프에 살고 있던 30만 명의 팔레스타인 사람들에 대한 전적인 통제권도 팔레스타인 단체들에게 주어졌다. 6년 후 이 협의가 깨질 때까지, 카이로 협정은 레바논 정부와 팔레스타인 운동 간의 휴전 상태를 불안하나마 지속시켰다.

요르단 왕국과의 관계는 더욱더 아슬아슬했다. 일부 팔레스타인 분파들은 팔레스타인 해방에 필요한 첫 걸음이 "반동적인" 하심 가 군주제 타도를 통한 사회혁명이라고 공공연히 주장하면서, 팔레스타인 사람들과 아랍 대중을 끌어모았다. 살라 칼라프도 관계 파탄에서 게릴라에게 일정 부분 책임이 있다고 인정했다. "우리들의 행동이 상당히 일관적이지 못했던 것은 사실이다"라고 썼다. "자신들의 힘과 위업에 자부심을 가지고 있던 페다인[Fedayeen, 팔레스타인 특공대]들은 원주민인 요르단 사람들의 감정이나 이해관계를 고려하지 않고 종종 우월감을, 때로는 거만함을 보이곤 했다. 잠재적인 동맹자라기보다는 적으로 취급했던 요르단 군대에 대한 그들의 태도는 더욱더 심각했다."[50] 그러나 모든 팔레스타인 분파들은 후세인 왕이 자신들에게 일구이언으로 행동하며 팔레스타인의 대의에 반하는 미국과 심지어는 이스라

과도 협력하고 있다고 생각했다.

결국 1970년에 요르단과 팔레스타인은 정면충돌하게 되었다. 6월에 인민전선이 요르단 주재 미국 대사관의 1등 서기관을 인질로 잡았고, 암만의 가장 큰 호텔인 인터컨티네탈 호텔과 필라델피아 호텔을 장악해서 80명이 넘는 손님들도 인질로 삼았다. 후세인 왕은 암만의 난민 캠프에 있는 팔레스타인의 진지들을 공격하기 위하여 군을 파병하는 것으로 대응했다. 휴전이 체결되어 인질 전원이 풀려나기까지 일주일 동안 치열한 싸움이 벌어졌다. 레일라 칼레드는 인민전선이 계속해서 싸우지 않은 것을 유감스럽게 생각했다. "민중의 신임을 받고 있던 우리는 왕의 분열된 군을 격퇴할 힘을 가지고 있었음에도 후세인을 퇴위시킬 수 있는 기회를 놓치고 말았다"라고 훗날 회고했다.[51]

인민전선은 1970년 9월에 아테네로 가는 비행기를 또다시 납치한 후 마흐무드 이사의 석방을 요구했다. 1968년 12월에 아테네에서 엘 알 여객기를 공격했던 이사는 그리스의 더러운 감옥에 수감된 채로 바깥 세상에서 잊혀졌다. 팔레스타인의 대의를 세계에 알릴 기회로 삼고자 그리스에서 열리기를 바랐던 공개 재판은 결코 실현되지 않았다. 과감하고 성공적인 납치 덕분에 PFLP는 신문의 머리기사를 장식했고, 그리스 정부에게 이사를 석방하라고 압력을 행사할 수 있었다.

마흐무드 이사는 영웅 대접을 받으며 요르단으로 돌아왔고, 채 두 달도 지나지 않아서 다음 임무를 부여받았다. 그는 극적인 PFLP 작전— 동시다발적으로 이스라엘과 서구의 비행기 3대를 납치해서 요르단 사막으로 데리고 오는 임무였다— 수행을 위해서 우선 활주로를 준비해야만 했다. 인민전선은 이러한 방법을 통해서 세계 언론의 1면을 장식하고, 요르단에게 팔레스타인 혁명 운동의 권위를 과시할 수 있기를 희망했다. 이것은 고의적인 도발이었고, 후세인 왕과 요르단군에 대한 도전이었다. 이사는 요르단의 수도 암만의 동쪽에 위치한 도슨즈 필드로 알려져 있던 폐기된 활주로에서 작업에 들어갔다. 후에 그곳은 이 사건을 기려서 "혁명 공항"으로 개명되었다.

1970년 9월 6일에 프랑크푸르트에서 뉴욕으로 가던 미국의 TWA 항공기와 취리히에서 뉴욕으로 가던 스위스 에어 항공기에 탑승한 인민전선의 특수 요원들은 비행기를 요르단에 강제 착륙시켰다.

또한 PFLP는 같은 날 이스라엘 여객기를 강탈하라는 임무를 다른 네 명의 특수 부대원들에게도 주었다. 그런데 엘 알의 지상 근무자가 예비 납치범 중의 두 명에게 탑승권 발급을 거부하자 그들은 대신에 미국의 팬 암 항공기를 납치하기로 결정했다. 팬 암 조종사는 거대한 보잉 747기가 착륙하기에는 활주로가 충분히 길지 않다고 주장하며 도슨즈 필드로의 착륙을 거부했다. 조종사는 베이루트로 비행기를 몰았고, 그곳에서 인민전선의 폭발물 전담 팀이 일등석 선실에 폭약을 설치한 후에 다시 카이로로 향했다. 납치범들은 승객과 승무원들에게 착륙 후 비행기에서 대피할 시간은 단 8분뿐이라고 말했다. 그런데 폭약은 비행기가 착륙하고 나서 겨우 3분 만에 폭발했다. 놀랍게도 175명의 승객과 승무원 전원은 비행기가 폭발하기 전에 무사히 탈출했다.

다른 두 명의 PFLP 비밀요원들은 암스테르담에서 뉴욕으로 가는 엘 알 항공기에 탑승하는 데에 성공했다. TWA 840기의 납치범이었던 레일라 칼레드의 인솔 아래였다. 1968년 이후 일련의 공격으로 고통을 겪은 엘 알은 안전 대책을 강화했다. 조종실 문을 보강했고, 보안 요원들을 모든 비행기에 배치했다. 이륙 후 곧바로 레일라와 동료들은 비행기를 장악하려고 했다. 하지만 그들은 이스라엘의 보안 요원들과 승무원들의 결연한 저항을 받았다. 약 14발 정도의 탄환이 발사되었고, 한 명의 이스라엘 승무원이 심각하게 부상을 입었으며 납치범 패트릭 아르겔로가 사망했다(레일라 칼레드는 그가 비행기에서 즉결 처형되었다고 주장했다). 칼레드도 제압되어 무장해제되었다. 조종사는 부상당한 승무원을 후송하기 위해서 런던에 비상착륙을 했다. 영국 당국은 죽은 아르겔로를 비행기에서 옮기고 레일라 칼레드를 체포했다. 인민전선은 신속하게 대응에 나섰다. 9월 9일에 영국의 BOAC 항공기를 바레인에서 스위스항공 비행기와 TWA 항공기가 있던 요르단의 "혁명 공항"으로 납치한 것이었다.

동시다발적인 납치는 카이로에서의 팬 암 항공기 폭발과 함께 세계 언론의 넋을 빼놓았다. 항공기 공중납치에 관한 한, 2001년 9월 이전까지는 그 어떤 사건도 1970년 9월의 사건을 능가하지 못했다. 요르단에 3대의 항공기를 억류하고 있던 PFLP는 자신들의 요구사항을 제시하기 시작했다. 우선 레일라 칼레드와 서독에 잡혀 있는 세 명의 게릴라 대원, 스위스에 잡혀 있는 또다른 세 명의 게릴라 대원, 이스라엘에 억류되어 있는 불특정한 숫자의 팔레스타인 사람들의 석방을 요구했다. 만약 이 요구를 3일 내에 들어주지 않는다면 나포된 모든 항공기들— 310명의 승객과 승무원 전부를 포함해서— 은 폭파될 것이라고 주장했다. 하지만 막상 인질 살해로 인해서 세계 여론이 등을 돌리는 것을 여전히 꺼리고 있던 해방인민전선은 여성과 아이들을 풀어주기 시작했다. 인질들의 경험담이 세계 언론의 첫 페이지를 가득 채웠다. 9월 12일에 무장한 PFLP의 경비대가 남은 승객 인질들을 항공기에서 인민전선이 징발한 암만 중심부의 호텔로 이송시켰다. 폭약이 설치된 빈 항공기는 연속적으로 굉장한 폭발음을 내며 파괴되었고, 이 장면이 세계 언론의 텔레비전 카메라에 고스란히 담겼다.

5일 후에 요르단군이 팔레스타인 혁명 운동에 전쟁을 선포하면서 더 큰 폭발이 예고되었다. 팔레스타인 분파들은 너무 오래 머무르면서 후세인 왕과 요르단군의 눈총을 사고 있었다. 카라마흐의 행복은 검은 9월(Black September, 팔레스타인 혁명 운동을 요르단 땅에서 몰아내기 위해서 벌어진 전쟁을 이렇게 불렀다)과 함께 사라졌다. 군주제를 타도하고 요르단을 팔레스타인 해방을 위한 도약대로 변모시키려는 의도를 노골적으로 드러내던 인민전선이 비행기 납치라는 불법행위를 요르단 영토에서 자행한 것이 결국은 마지막 결정타가 되었다. 파타는 인민전선의 행동을 비난했지만, 요르단 사람들은 더 이상 팔레스타인 분파들을 구분하려 하지 않았다. 팔레스타인 혁명 운동과 하심 가 군주제가 공존하기에는 요르단이 너무 좁았다.

후세인 왕과 요르단군은 자신들의 테러 활동을 위해서 요르단 영토를 점령한 PFLP의 대범함에 격분했다. 요르단군이 도슨즈 필드에서 벌어지고 있던 납치 사건에 개입하려 하자 팔레스타인의 게릴라들은 인질을 위협하는 것으로 반격에 나섰다. 요르단의 군인들은 철수할 수밖에 없었고, 행동에 나서기 전에 인질 위기가 해결되기를 바라며 때를 기다렸다. 팔레스타인의 위협에 맞설 수 없었던 요르단 병사들은 자신들의 남성다움이 훼손되었다며 군주에게 폭동을 일으킬 태세였다. 그 무렵 후세인 왕이 기갑부대를 사찰하러 왔을 때 군인들이 항의의 표시로 안테나에 여성 속옷을 매달아놓았다는 일화는 널리 알려져 있다. "지금 우리야말로 여자와 다를 바가 없습니다"라고 전차장(戰車長)이 군주에게 말했다.[52]

9월 17일, 후세인은 군에게 행동에 들어가라는 명령을 내렸다. 검은 9월은 총력전이었다. 열흘 동안 팔레스타인 게릴라들은 요르단군과 싸웠는데, 이 분쟁이 지역 내의 큰불로 번질 조짐을 보였다. 분열된 중동 세계의 보수적인 군주 세력의 수장 격인 후세인이 팔레스타인 사람들을 대신해서 개입하려는 "진보적인" 아랍 이웃 국가들에게 위협을 받게 된 것이다. 6일 전쟁 이후 요르단에 배치된 이라크군이 후세인을 심각하게 위협했고, 팔레스타인 해방군의 군기를 펄럭이는 시리아의 탱크들이 북쪽 지방을 실제로 침범했다.

팔레스타인의 게릴라 부대와 시리아군의 침공으로 두 개의 전선이 형성되자 사태는 요르단군이 감당할 수 있는 한계를 벗어났고, 이에 후세인은 미국 및 영국과의 우정에 호소했고 심지어는 외부공격으로부터 요르단의 영공을 보호하기 위해서 이스라엘에게까지 도움을 청했다. 그러나 서구의 개입은 이 일대의 우방국들을 보호하려는 소련의 대응을 촉발시킬 위험이 있었다. 사태가 통제 불능에 빠지기 전에 아랍 국가들 간의 중재에 나선 나세르는 분쟁에 대한 해결책을 촉구했다.

나세르는 영향력을 발휘하여 아라파트와 후세인을 9월 28일에 카이로로 불러들여서 이견을 조율하도록 했다. 아랍 국가의 수장들이 성사시킨 협상의 결과로 요르단과 팔레스타인은 전면적인 정전에 합의했다. 납치극 가운데 여전히 억류되어 있던 서방의 인질들 역시 PFLP가 점유한 호텔과 다른 객실들에서 풀려났다. 영국 당국도 비밀작전을 수행한 레일라 칼레드와 수많은 팔레스타인 게릴라들을 석방했다. 그러나 이미 벌어진 피해는 ― 가말 압둘 나세르조차도 — 메꿀 수가 없었다. 3,000명으로 추정되는 팔레스타인 전투병들과 민간인들이 검은 9월 전쟁에서 사망했고, 수백 명의 요르단인 사상자가 발생했다. 도시 암만은 열흘간의 싸움으로 파괴되었으며, 그곳에 있던 팔레스타인 난민촌도 폐허가 되었다.

수일 동안 집중적으로 이루어진 협상은 이집트 대통령에게 큰 무리가 되었다. 1970년 9월 28일에 후세인과 아라파트를 환송하고 집으로 돌아온 나세르는 심각한 심장발작을 일으켰고 바로 그날 저녁 오후 5시에 사망했다.

　카이로 라디오는 정규 방송을 중단하고 엄숙하게 낭송한 『쿠란』의 구절들을 내보냈다. 적절한 간격을 두고 부통령 안와르 사다트는 가말 압델 나세르의 사망 소식을 알렸다. "효과는 즉각적이면서도 굉장했다"라고 모하메드 헤이칼은 회상했다.

> 사람들은 밤늦은 시간임에도 집에서 쏟아져나와 자신들이 들은 소식이 사실인지를 확인하기 위해서 나일 강변의 방송국으로 향했다……거리에 보이는 사람들이 처음에는 적었으나 곧 수백, 수천, 수만 명이 되었고 거리가 사람들로 가득해지면서 옴짝달싹할 수 없게 되었다. 방송국 밖에서 "사자가 죽었다(The Lion is dead)"라고 외치며 한 무리의 여자들이 비명을 질렀다. "사자가 죽었다." 이 외침은 카이로에 울려퍼졌고, 마을들로 퍼져나가며 이집트를 가득 채웠다. 그날 밤과 그후 며칠 동안 사람들은 격렬한 애통함으로 그를 애도했다. 곧 사람들이 이집트 전역에서 카이로로 몰려들기 시작했고, 그 수가 1,000만 명에 달했다. 정부당국은 사람들이 머물 곳도 없고 음식의 공급마저 부족해지자, 기차 운행을 중단했다. 그럼에도 여전히 사람들은 자동차나 당나귀를 타고 또는 걸어서 카이로로 왔다.[53]

애도의 물결이 이집트 국경을 넘어서 아랍 세계 전역으로 퍼져나갔다. 대규모의 시위들이 아랍 세계의 주요 도시들에서 벌어졌다. 전 중동의 아랍 민족주의자들의 희망과 염원을 구현한 나세르에 버금가는 지도자는 그 이전에도 그리고 그 이후에도 결코 없었다. 그러나 아랍 민족주의는 나세르 이전에 이미 소멸한 상태였다. 통일아랍공화국으로부터의 시리아의 분리, 예멘에서의 아랍 국가 간의 전쟁, 1967년의 대패, 팔레스타인 전역의 상실로 인해서 범아랍주의를 향한 염원은 결코 다시는 돌이킬 수 없을 정도로 연속적인 타격을 입었다. 검은 9월의 사건으로 아랍 국가들 간의 분열은 더욱 깊어졌다. 냉전 노선에 따라서 미국의 우방국이 되거나 소련의 열성 당원이 된 아랍 국가들을 가르는 단층선을 나세르 외에는 그 누구도 넘나들 수 없었다.

　1970년에 아랍 세계는 각자의 이해관계를 가진 별개의 국가들로 확실히 분열되어 있었다. 1970년 이후에도 세간의 이목을 끌 만한, 아랍 국가들 간의 통합안이 없었던 것은 아니었지만 그 어느 것도 관련국의 보위(保衛)를 위협하지 않았으며 지속되지도 않았다. 1970년대와 1980년대의 통합안들은 아랍 민족주의가 여전히 자국민들에게 강한 호소력을 가지고 있다는 것을 잘 알고 있던 아랍 정부들이 자신들을 합리화하기 위해서 고안한 선전활동에 지나지 않았다. 아랍 정부들은 시오니스트 적과 싸워서 팔레스타인 향토를 해방시켜야 한다는 아랍의 공동 의제에 말로만 경의를 표할 뿐, 모두 자신들의 이해관계를 쫓고 있었다. 그리고 이 일대의 석유 자원이 막대한 부를 창출하여 아랍이 세계 경제에 영향력을 미치기 시작하면서 새로운 힘이 중동을 제어하게 되었다.

12
석유의 시대

다사다난했던 1970년대의 아랍 세계는 석유의 힘으로 형성되었다.

자연은 아랍 국가들에게 석유를 공평하게 나누어주지 않았다. 위대한 티그리스 강과 유프라테스 강이 수천 년 동안 거대한 농업 인구를 부양했던 이라크 외에는, 가장 인구 밀도가 낮은 아랍 국가들— 사우디아라비아, 쿠웨이트, 그 외의 페르시아 만 국가들, 리비아, 북아프리카의 알제리— 에서 가장 많은 석유 매장량이 발견되었다. 현지의 수요조차 충족시키지 못할 정도로 적은 양의 석유가 이집트, 시리아, 요르단에서도 발견되었다.

석유는 1920년대 말과 1930년대 초에 아랍 지역에서 처음으로 발견되었다. 40년 동안 서구의 석유 회사들은 아랍의 탄화수소 생산과 매매에 대해서 무제한적인 통제권을 행사했다. 산유국의 통치자들은 점점 부유해졌고, 1950년대와 1960년대에는 발전 계획에 착수하여 석유 자원의 혜택을 가난한 주민들에게도 나누어주었다.

그러나 1970년대에 이르러서야 여러 요인들이 수렴되면서 석유는 아랍 세계의 힘의 원천이 될 수 있었다. 석유에 대한 세계의 의존도의 심화, 미국의 석유 생산량의 감소, 산업계로의 석유 수출을 위태롭게 한 중동의 정치적 위기 등이 결합되면서 1970년대에 사상 초유의 석유 가격이 형성되었던 것이다. 1970년대 동안 아랍 국가들은 서서히 서구의 석유 회사들로부터 석유에 대한 통제권을 가져왔고, 더불어 힘도 보유하게 되었다.

다른 어떤 상품보다도 석유가 현대 아랍의 부와 힘을 규정하게 되었다. 그러나 석유는 실체가 없는 권력의 표상이기도 했다. 석유에서 양산된 막대한 부가 오히려 국가를 외부의 위협에 더욱더 취약하게 만들었기 때문이다. 석유 자원은 발전을 위해서 사용될 수도 있었지만, 무기 경쟁이나 지역 분쟁을 통해서 파괴에 이용될 수도 있었다. 근본적으로 석유는 격동의 1970년대 동안 은총이자 저주인 이러한 상황을 누리는 데에 필요한 안전보장을 아랍 산유국들에게 허락하지 않았고, 하물며 전 아랍 지역에게는 더욱더 그러했다.

중동에서 석유 탐사가 맹렬하게 시작된 20세기 초부터 석유회사와 산유국 간의 관계는 채굴권 — 석유자원을 탐사하고 개발한 회사에게 그 비용에 대한 대가로 정부가 발행한 면허권 — 에 의해서 지배되었다. 채산성이 있는 양의 석유가 이란(1908)과 이라크(1927)에서 발견되었다. 1931년을 시작으로 서구의 석유업자들이 페르시아 만의 아랍 연안으로 몰려들었다. 초창기에는 현금이 부족했던 지역의 통치자들이 석유 시굴에 따르는 모든 위험과 비용을 감수한 영국과 미국 회사들에게 이권을 팔아넘겼다.

페르시아 만의 석유 개발업자들이 감수한 위험 부담은 상당했다. 어떤 회사들은 수년 동안 땅을 팠지만 노력의 산물인 석유를 한 방울도 얻지 못했다. 그러나 1930년대에 서서히 석유업자들이 아라비아에서 대성공을 거두기 시작했다. 캘리포니아 스탠더드 오일은 1932년에 바레인에서 석유를 발굴했다. 칼텍스는 1938년에 쿠웨이트에서 어마어마한 매장량을 찾아냈고, 캘리포니아 스탠더드 오일도 사우디아라비아의 동부 지방에서 6년간의 고생 끝에 1938년에 첫 성공을 거두었다.

석유를 발견한 회사들은 주최국에게 사용료를 지불하고, 수익의 나머지는 자신들이 가졌다. 아랍 통치자들은 오일 머니 산출에 자신들의 노고를 전혀 보태지 않았기 때문에 어떤 불평도 하지 않았다. 페르시아 만 연안 국가들의 석유 수입이 곧 다른 모든 국가 수입원을 능가했다. 반면 석유 회사들은 세계 시장에 아라비아 석유를 운송하고 정제하는 어마어마한 비용을 지불해야 했다. 아라비아 반도에서 석유를 추출하는 일은 막대한 비용이 드는 사업이었고, 특히 초창기에는 더욱 그러했다. 송유관을 매설하고, 석유를 운반할 유조

선단을 취역시켜야 했으며, 아라비아의 원유를 판매 가능한 상품으로 변환시키기 위해서는 새로운 정유 공장들도 설립해야 했다. 따라서 큰 위험과 비용, 노고를 홀로 감수한 석유 회사들은 채굴한 자원에 대해서 생산(얼마나 추출할지)과 판매(점점 경쟁이 심화되고 있던 시장에서 가격을 얼마에 정할지)에 대한 결정권을 독점하는 것이 매우 공정하다고 생각했다.

그러나 1950년경에 산유국들은 기존의 채굴권 조건들에 대해서 서서히 불만을 가지게 되었다. 채굴, 운송, 정제를 위한 기반시설들이 자리를 잡게 되면서 석유회사들은 막대한 투자 수익을 거두었다. 4개의 미국 회사(엑손, 모빌, 쉐브론, 텍사코)가 합작해서 세운 아람코는 사우디의 석유에 대한 독점권을 행사하고 있었는데, 1949년에는 사우디 정부보다도 3배나 더 많은 수익을 거두었다. 설상가상으로, 아람코가 미국의 연방정부에 낸 세금이 사우디가 거둔 것보다도 무려 약 400만 달러나 더 많았다. 이것은 미국 정부가 사우디 정부보다 사우디의 석유로부터 더욱 많은 이득을 취하고 있음을 의미했다.[1]

이에 아랍 걸프 만 연안 국가들은 수익의 더 많은 몫을 요구하기 시작했다. 어쨌든 그것은 **자신들의** 석유였고, 경제성장에 필요한 주요 재원이었기 때문이었다. 석유업자들은 초기 비용을 상환했고, 후한 보상을 받았다. 아랍 지도자들은 산유국들이 이제 수익의 공정한 몫을 받을 때가 왔다고 생각했다. 갈수록 원대해지고 있던 발전 계획을 위해서 그리고 석유가 고갈될 때를 내다보며 미래를 대비하기 위해서 말이다. 이러한 그들의 요구는 선례에 따른 것이었다. 남아메리카의 베네수엘라가 1943년에 채굴권 보유자들과 석유 수익을 50 대 50으로 분할하기로 합의했다. 아랍 국가들도 석유 수입을 같은 비율로 분할하기로 결정했다. 사우디 정부가 1950년 12월에 아람코 합작회사와 50 대 50 분할을 두고 협상했고, 다른 아랍 산유국들도 재빨리 선례를 따랐다. 양측은 대등한 제휴관계 제안을 기꺼이 수용했으며, 사용료에 관해서도 이런 식으로 분배하기로 정리했다. 그러나 산유국들이 자신들보다 우위에 서는 것을 우려한 석유 회사들은 50 대 50의 분할 구도를 깨려는 시도에 대해서는 반대했다.

아랍 산유국들은 방대한 석유 매장량 덕분에 점점 더 큰 힘을 가지게 되었다. 1950년대와 1960년대 동안 페르시아 만은 미국을 제치고 세계에서 가장 많은 석유를 생산하는 지역이 되었다. 중동의 일일 산출량은 1948년에서 1972년 사이에 110만에서 1,820만 배럴로 증가했다.[2] 산유국들은 석유 회사들과 대등한 몫의 수익을 누리고는 있었지만, 여전히 생산량과 가격책정에 관한 모든 문제들의 최종 결정권은 석유회사에게 있었다. 석유 탐사 초기에는 서구의 석유업자들이 지질학, 화학, 석유 경제학 분야에서 아랍 담당자들보다 더 많이 알고 있다고 자부할 수 있었다. 하지만 1960년대가 되면 이것은 더 이상 사실이 아니었다. 산유국들은 자국의 최고의 인재들을 서구의 주요 대학으로 유학을 보내서 지질학, 석유공학, 경영학을 공부시켰다. 대학원 과정을 마치고 관직으로 복귀한 새로운 세대의 아랍 기술 관료들은 외국의 석유회사들이 자국의 천연자원과 국가 경제에 행사하는 권력에 애가 탔다.

압둘라 알 투라이키는 제1세대의 아랍 석유 전문가였다. 1920년에 사우디아라비아에서 태어난 알 투라이키는 나세르의 이집트에서 12년간 학교를 다니며 아랍 민족주의에 대한 교육을 받았다. 그후 텍사스 대학교에서 화학과 지질학을 수학했고, 1948년에 사우디아라비아로 돌아왔다. 1955년에 석유 및 광산 업무 부서를 책임지게 된 그는 석유 산업계에서 가장 지위가 높은 사우디인이 되었다. 이러한 직위 덕분에 알 투라이키는 다른 산유국들의 정책결정자들에게 접근할 수 있는 특전을 누리게 되었다. 그는 집단행동을 통해서 이권을 지키자고 주장하며 같은 입장의 다른 아랍 석유 관료들을 압박했다.[3]

대부분의 다른 아랍 석유장관들은 풍파를 일으키는 데에 주저했다. 그들은 소련의 석유가 1950년대에 시장으로 밀려들어오기 시작하면서 석유의 과잉공급이라는 상황에 직면해 있었다. 만약 아랍 산유국들이 석유회사들에게 너무 많은 요구를 한다면 회사들은 간단히 다른 곳에서 석유를 채굴하면 그만이었다. 주요 석유 회사들은 중동뿐만 아니라 미국과 아프리카에도 막대한 비축량을 보유하고 있던 세계적인 거물이었다. 석유 회사들과 석유 사용료를 두고 50 대 50의 분할안을 협상한 지 시간이 얼마 지나지 않았기 때문에, 대부분의 아랍 산유국들은 더 많은 것을 요구하는 데에 신중했다.

아랍 산유국들은 1959년에 브리티시 페트롤리엄(British Petroleum, BP)이 석유공시가를 10퍼센트 인하한다는 중대한 결정을 내리자 크게 동요했다. 소련의 석유 공급과잉으로 국제유가가 실질적인 압력을 받자 BP는 단순히 시장의 현실을 반영하여 결정을 내린 것이었다. 외양상으로는 합리적으로 보이는 이 결정이 가진 문제점은 BP가 산유국들에게 이러한 결정을 하면서 사전 통보를 하지 않았다는 것이었다. 석유회사에게나 산유국에게나 석유 수익은 석유공시가에 따라서 달라졌기 때문에, 이러한 일방적인 결정은 석유회사가 논의나 동의 없이 산유국의 수입— 그리고 결과적으로 국가 예산— 을 삭감한 것과 같았다. BP는 무심코 석유 회사들과 산유국 간의 제휴관계가 실제로는 얼마나 대등하지 않은지를 보여주었던 것이다.

산유국들은 격노했다. 감축 결정으로 인해서 석유장관들이 집단행동에 나서자는 제안을 받아들일 가능성이 더욱 높아졌다고 압둘라 알 투라이키는 판단했다. 1959년 4월에 첫 아랍 석유 회의와는 별도로 알 투라이키는 카이로 교외에 있는 마아디의 요트 클럽에서 쿠웨이트, 이란, 이라크의 정부 대표들과 비밀리에 만났다. 아랍의 석유관료들은 석유가격을 방어하고 국영 석유회사 설립을 위한 위원회를 구성하기로 "신사협정(紳士協定)"을 체결했다. 그들의 목표는 석유자원에 대한 주권의 원칙을 확인받고, 서구 석유 회사들과의 50 대 50 수익 분할의 장벽을 깨서 그 비율을 60 대 40으로 조정하는 것이었다.

아랍 산유국들의 결심은 뉴저지 스탠더드 오일이 BP의 실수를 반복하면서 일방적으로 석유 공식시가를 7퍼센트 삭감한 1960년 8월에 더욱 확고해졌다. 이러한 조치는 산유국들의 분노를 야기했고, 심지어는 매우 신중했던 국가들조차 아랍이 자국의 석유자원에 대한 통제권을 행사할 때까지는 석유회사들의 지배에서 벗어나지 못할 것이라고 확신하게 만들었다. 알 투라이키는 석유회사들에 맞서서 베네수엘라와 제휴하자는 제안을 들고 이라크를 찾았다. 사우디 석유장관은 석유회사들의 횡포로부터 산유국들의 권리를 보호하기 위해서 범세계적인 카르텔 형성을 제안했다. 그 당시 이라크의 재무장관이었던 무함마드 하디드는 알 투라이키의 방문을 다음과 같이 회상했다. "이라크 정부는 이 제안을 환영했고, 바그다드에서 산유국 회의를 개최하여 이러한 조직을 설립하기로 합의했다." 1960년 9월 14일에 이란, 이라크, 쿠웨이트, 사우디아라비아, 베네수엘라는 OPEC으로 더욱 많이 알려진 석유수출국기구(Organization of Petroleum Exporting Countries)의 창설을 선포했다.[4]

1960년에 두 개의 새로운 아랍 산유국이 북아프리카에서 등장했다. 채산성이 있는 양의 석유가 1956년에 알제리에서 그리고 1959년에 리비아에서 발견되었다. 늦게 동참한 덕분에 페르시아 만의 아랍 동료들의 경험에서 교훈을 얻은 북아프리카 국가들은 석유 탐사와 수출을 위한 최고의 조건들을 담보할 수 있었다.

리비아는 석유가 처음 발견되었을 당시 가난하고 후진적인 왕국이었다. 1943년까지 이탈리아의 식민통치를 받았던 리비아 지역은 연합군이 이탈리아를 점령한 이후에는 영국과 프랑스의 공동 통치를 받았다. 트리폴리타니아, 키레나이카, 페잔 세 지역이 1951년에 독립을 획득한 리비아 연합 왕국으로 통합되었다. 영국은 강력한 사누시(Sanussi) 교단의 지도자인 사이드 무함마드 이드리스 알 사누시(1889-1983)에게 추축군에 맞섰던 전시의 공로에 대한 보상으로 리비아의 왕위를 주었다. 1951년부터 1969년까지 이드리스 1세로 리비아를 통치한 알 사누시는 석유의 발견으로 자신의 나라가 가난에서 벗어나 부유해지는 것을 볼 수 있었다.

석유가 발견되기도 전인 시굴 단계에서부터 리비아는 자신들의 석유 자원을 최대한 활용하기 위해서 열심이었다. 광활한 영토에 대한 채굴권을 주요 석유 회사에게 주었던 다른 아랍 국가들과는 달리, 이드리스 왕 정부는 표적 탐사지역을 여러 작은 채굴권으로 쪼개서 독립석유회사들에게 혜택을 주기로 결정했다. 리비아는 대안적인 석유 공급원을 적게 보유한 독립회사들이 전 세계적으로 사업본부를 가지고 있는 국제 석유자본가들보다 더욱 열성적으로 리비아의 원유를 찾아서 시장에 내놓으려 할 것이라고 판단했던 것이다. 그리고 이러한 전략은 적중했다. 석유가 발견된 지 6년 만인 1965년에 이미 리비아는 전 세계 석유 수출의 10퍼센트를 책임지게 되었고, 비소련권에서는 여섯 번째로 큰 석유 수출국으로 부상했다. 1969년에는 이 나라의 석유 수출량이 사우디아라비아에 버금가게 되었다.[5]

신흥 부유국을 통치하게 된 이드리스 왕은 국내에서 보수적이고 친서구적이라는 거센 비판을 받았다. 무아마르 알 카다피(1942-2011)라는 젊은 수장이 이끌던 리비아 군의 아랍 민족주의 장교 모임은 왕을 영국의 앞잡이라고 생각했다. 그들은 리비아가 외세의 지배로부터 완전한 독립을 달성하기 위해서는 이드리스 왕을 타도해야 한다고 믿었다. 나이든 왕이 치료 차 외국에 나가 있던 1969년 9월 1일 이른 아침에 발생한 무혈 쿠데타로 군주제가 무너졌다.

그날 아침 6시 30분에 라디오 방송을 통해서 리비아 국민에게 첫 공식 성명을 발표한 카다피는 군주제의 몰락을 알리고 리비아 아랍 공화국(Libyan Arab Republic)의 설립을 선포했다. "리비아 국민 여러분! 여러분의 군대가 우리 모두를 병들게 하고 몸서리치게 하며, 악취를 풍기던 부패한 정권을 타도했습니다." 그의 메시지는 역사적인 암시로 가득했다. "[군은] 일거에 터키 지배가 이탈리아의 통치로 그러고 나서는 갈취와 파당, 배신과 반역의 온상에 지나지 않았던 반동적이고 타락한 정권의 지배로 이어졌던 길고도 어두운 밤을 밝혔습니다." 그는 리비아 국민에게 "신의 도움으로 번영과 평등이 지배하는 사회에서 형제들 모두가 자유를 누리게 될" 새로운 시대를 약속했다.[6]

리비아의 새로운 통치자는 가말 압델 나세르의 열성적인 숭배자였다. 카다피는 리비아를 장악하자마자 대령(1952년의 이집트 혁명 당시 나세르의 계급도 대령이었다) 계급장을 달았고, 이집트를 본떠서 새로운 리비아 공화국 정부를 감독할 혁명평의회를 설치했다. "우리가 그를 위해서 혁명을 일으켰다고 나세르 대통령에게 전해 주시오"라고 카다피는 쿠데타 바로 직후에 모하메드 헤이칼에게 말했다.[7]

1970년 9월에 나세르가 사망하자 카다피는 나세르의 이념적 계승자임을 자처했다. 그후 반제국주의와 아랍 통합은 리비아 외교정책의 핵심이 되었다. 새로운 리비아 정부는 아랍어를 장려했고(외국어로 되어있던 거리의 이름들이 아랍어로 바뀌었다), 이슬람적인 제약들을 도입했으며(술이 금지되었고 교회들이 폐쇄되었다), 리비아 국민의 이름으로 외국인 소유의 자산들을 징발하여 경제의 "리비아화(Libyanization)"를 고취시켰다. 영국과 미국의 군사 기지들이 폐쇄되었고, 모든 외국 군대는 추방되었다. 이러한 기조에서 새로운 리비아 정권은 서구의 석유 회사들과도 맞붙었다. 그들이 가지고 있는 석유 생산과 판매에 관한 통제권이야말로 리비아의 주권과 독립에 가장 큰 위협이 된다고 생각했기 때문이었다.

카다피 대령은 아랍 민족주의자였던 석유 전문가 압둘라 알 투라이키는 (1962년에 파이살이 왕위에 등극하면서 영특한 신진 기술 관료인 아흐마드 자키 알 야마니에게 사우디의 석유장관 자리를 내주었다)에게 석유 정책에 관해서 조언을 구했다. 1967년에 "주요 수입원으로 석유에 의지하고 있는 산유국들이 가장 중요한 천연자원의 공정 가격을 책정할 권리를 가지는 것은 너무도 지당하다"라고 주장했던 알 투라이키는 아랍 산유국들에 대한 석유 회사들의 영향력을 분쇄하기로 한 카다피의 결정에 지지를 보냈다.[8] 1970년에 카다피는 석유 회사들을 제치고 석유 자원에 대한 리비아의 완전한 주권을 주장하기 위해서 일련의 정책 시행에 착수했다.

1970년 1월, 카다피는 리비아에서 일하고 있는 21개 석유 회사들의 수장들을 계약조건 재협상을 위한 회의에 소집했다. 서구 석유업자들은 안절부절 못하며 의자에 앉았다. 그들은 여전히 리비아의 새로운 군인 통치자를 받아들이려고 노력하고 있는 중이었다. 경영진은 리비아에서 해왔던 사업 방식에 대한 어떤 변화도 받아들일 수 없다고 선언했다. 카다피는 석유업자들에게 벌컥 화를 내며, 서구의 이해관계에 의해서 조국이 착취당하도록 방치하느니, 석유생산을 전면 중단하겠다고 분명한 뜻을 밝혔다. "석유 없이도 5000년을 살았던 사람들인데, 우리들의 정당한 권리 획득을 위해서라면 몇 년쯤은 얼마든지 다시 그렇게 살 수 있소"라고 경고했다. 서구 석유업자들은 카다피의 심술궂은 눈초리에 불편한 듯이 자세를 고쳐앉았다.[9]

　카다피는 빠른 결정을 강요하며 석유 회사들에게 자신이 정한 가격을 강제하기로 결심했다. 그해 4월에 리비아 정부는 당시 배럴당 2. 20달러에 거래되고 있던 유가를 20퍼센트(0.43 달러) 인상하라는 유례없는 요구를 했다. 이에 석유업계의 최대 기업인 에쏘(엑손의 유럽 계열사)는 배럴당 5퍼센트 인상안을 고집했다. 대체할 석유 공급원을 가지고 있던 에소와 엑손은 카다피의 위협에 별로 개의치 않았다.

　이에 맞서기 위해서 리비아는 소규모의 독립회사들에게 압력을 가했다. 리비아의 석유 전문가 알리 아티가의 회상에 따르면, "리비아 정부는 석유가격 상승을 위해서 독립회사들을 이용하는— 그것도 매우 잘 이용하는— 법을 터득했다." 리비아는 목표 대상을 신중하게 선택했다. 완전히 무명회사였던 옥시덴탈 페트롤리엄은 리비아 사막에서 석유를 발견한 덕분에 서구에서 가장 큰 석유 회사 중 하나가 될 수 있었다. 옥시덴탈의 유일한 문제는 리비아 외에는 다른 어떤 석유 공급원도 가지고 있지 않았기 때문에 계약을 이행하기 위해서는 리비아의 석유에 전적으로 의존할 수밖에 없다는 점이었다. 리비아는 옥시덴탈에게 대량 생산 감축을 강요했다. 정부의 강제 감축이 시행되기 시작하자, 옥시덴탈은 유럽 고객들과의 약속을 지키기 위해서 서둘러 다른 대체 공급원을 찾으려 움직였다. 그러나 리비아 정부가 일일 생산량을 84만5,000배럴에서 46만5,000배럴로 감축시킴에 따라서 더불어 취약해진 이 독립회사에게 어떤 거대 석유기업도 도움의 손길을 내밀지 않았다. 감축은 다른 석유 회사들에게도 강제되었지만, 옥시덴탈만큼 악영향을 받은 곳은 없었다. "곧 생산량 감축은 두 가지 상황에 기여하게 되었다"라고 아티가는 주장했다. "독립회사들은 약속을 지키기 위한 다른 대체 공급원이 없었기 때문에 가격 인상을 수용할 수밖에 없었고, 또다른 한편으로는 석유 공급이 부족해지기 시작하면서" 석유가격 상승의 압박으로 이어졌다.[10]

　리비아의 전략이 완전히 성공하면서, 카다피의 신생 정권은 석유 회사들에

512

게 승리를 거둘 수 있었다. 결국 옥시덴탈 페트롤리엄의 회장 아먼드 해머는 1970년 9월에 체결된 협정에서 리비아가 제시한 획기적인 조건들을 수용해야만 했다. 옥시덴탈은 리비아 석유의 공시가를 기존 가격에 30퍼센트를 더한 파격적인 인상 폭으로 배럴당 2.53달러까지 올리는 데에 합의했다. 그런데 이보다 더 중요한 사실은 옥시덴탈이 리비아에게 수익의 과반수를 내주기로 합의했다는 것이다. 이로써 지난 20년간 널리 인정되었던 50 대 50의 합의가 깨지고, 산유국에게 수익의 55퍼센트를 그리고 석유회사에게는 45퍼센트만을 배당한다는 새로운 배분율이 도입되었다. 석유 역사상 처음으로 산유국이 석유 수입 몫의 과반수를 확보한 것이었다.

옥시덴탈의 사례는 리비아에서 일하고 있던 모든 석유회사에게 적용되었고, 이란과 아랍 산유국들도 이 전례를 따랐다. 1971년 2월에 이란과 이라크, 사우디아라비아는 테헤란 협정을 체결하여 산유국에게 최소한 55퍼센트의 수익을 보장하고, 석유 공시가도 0.35달러를 올렸다. 테헤란 협정에 이어 리비아와 알제리는 1971년 4월에 지중해 시장의 유가를 배럴당 0.90달러를 인상하는 안에 합의했다. 이러한 협정들로 두 가지 추세가 자리 잡게 되었다. 산유국들에 의한 공시 유가의 정기적인 인상과 석유회사의 수익 지분의 정기적인 축소가 바로 그것이다. 이로써 서구 석유 재벌들의 시대가 끝나고, 바야흐로 아랍 석유 셰이크(shaykh)의 시대가 시작되었다.

1971년에 드디어 걸프 만 국가들이 영국의 보호에서 벗어나서 완전히 독립했다. 트루셜 스테이츠는 탈식민화와 아랍 민족주의라는 혼돈 속에서도 영국과 특별한 협정 관계를 계속 유지했다. 바레인과 카타르의 독립과 아랍 에미리트 연합국의 설립으로 1820년에 페르시아 만에서 시작된 중동의 대영제국도 결국 한 세기 반 만에 이 일대에서 종말을 맞게 되었다.

엄밀히 따지면 걸프 수장국들은 영국의 식민지는 아니었지만, 19세기에 맺었던 조약들에 의해서 영국과의 관계가 결정된 독립 소국들이었다. 외부의 위협 — 처음에는 19세기 말에 아랍 걸프 만의 국가들로 영향력을 확장하려고 했던 오스만 제국이 그 대상이었다— 으로부터 영국의 보호를 받는 대가로 수장국들의 대외관계를 영국이 통제하게 되었던 것이다.

1968년에도 9개의 걸프 만 연안국들— 1946년부터 영국의 걸프 만 주재관의 소재지였던 바레인, 카타르, 아부다비, 두바이, 샤르자, 라스 알 카이마, 움 알 카이완, 푸자이라, 아즈만— 이 영국의 보호령으로 남아 있었다. 영국은 걸프 만에서의 특권적 지위를 이용하여 자국의 회사들에게 귀중한 석유 채굴권을 확보해주었는데 특히 아부다비와 두바이에서 그러했다. 영국은 국제적인 위상이 추락했음에도 이 일대에서는 계속해서 영향력을 행사했다. 걸프 만 연안국들의 통치자들은 석유가 풍족한 자국 영토에 대한 야욕으로 가득 찬 사우디아라비아나 이란과 같은 강력한 이웃 국가들의 침략에 맞서서 소국(小國)으로도 생존할 수 있게 해준 이 협정에 매우 만족했다.

걸프 만에서 탈식민화 과정을 촉발한 것은 트루셜 스테이츠를 통치하던 셰이크들이 아닌 영국이었다. 1968년 1월에 해럴드 윌슨의 노동당 정부는 1971년 말까지 수에즈 동부에서 영국 병력을 철수하겠다고 발표하여 걸프 만의 통치자들을 매우 놀라게 했다. 걸프 만에서 철수하겠다는 영국의 결정은 국내의 경제적인 어려움에서 시작되었다. 1967년 11월에 윌슨은 무역과 국제수지 적자 상황에 대처하기 위해서 파운드의 가치를 절하해야만 했다. 이러한 분위기에서 정부는 긴축정책에 반하는 페르시아 만의 영국 군사 기지 유지 비용을 더 이상 정당화할 수 없었다. 인도에서 철수한 이후로 지난 20년 동안 제국의 관행에 공공연히 적대감을 보였던, 당시의 집권당인 노동당의 문화가 이와 같은 경제적인 우려를 더욱더 심화시켰다.

셰이크들의 첫 반응은 영국이 떠나는 것을 용납할 수 없다는 것이었다. 더욱 정확히 말하면, 외부의 침략으로부터 이 지역을 보호한다는 협정 이행의 의무로부터 영국이 벗어나는 것을 거부했다. 이러한 걱정에는 그들 나름대로의 충분한 이유가 있었다. 사우디아라비아는 석유가 풍부한 아부다비의 대부분 지역에 대해서 권리를 주장하고 있었고, 이란은 섬나라인 바레인과 주요 연안 유전들에 걸쳐있는 수많은 군소 섬들에 대한 통치권을 선포했다.

향후 3년 동안 영국은 모든 외교적 재능을 동원하여 걸프 만 지역에 대한 다양한 권리 주장들을 조율하고, 험난한 페르시아 만 해역에서도 생존할 수 있도록 일정 규모의 트루셜 스테이츠 연합을 조성하고자 노력했다.

1970년에 이란의 샤가 바레인에 대한 권리 주장을 단념했다. 이에 바레인의 통치자 셰이크 이사 빈 살만은 다른 트루셜 스테이츠와의 통합 논의를 중단하고 1971년 8월 14일에 독립을 선언했다. 바레인의 이웃이자 오랜 경쟁자인 반도국가 카다르도 재빨리 1971년 9월 3일에 선례를 따랐다. 남은 7개국 사이의 이견은 상당했지만 극복할 수 없는 정도는 아니었다. 따라서 영국의 철수 기한이 다가옴에 따라 6개국은 아랍 에미리트 연합국(Union of Arab Emirates, 후에 United Arab Emirates)을 형성하는 데에 1971년 11월 25일에 합의했다.

이란이 대(大)툰브 섬과 소(小)툰브 섬에 대한 권리를 주장하는 것에 맞선 항의의 표시로 연합국에의 합류를 거부한 라스 알 카이마는 외톨이 나라가 되었다. 라스 알 카이마는 논란이 된 섬들을 자국의 고유 영토로 지켜주어야 할 의무를 영국이 준수해야 한다고 생각했다. 반면 영국은 걸프 연안 국가들의 영토 보존을 위해서는 이란의 선의가 필요하며, 연합국 전체의 독립을 지키기 위해서라면 얼마든지 라스 알 카이마의 작은 두 개의 섬은 희생시킬 수 있다고 생각했다. 영국은 샤르자와 이란 사이를 중재하여 그들 간에 논란이 되고 있던 또다른 섬인 아부 무사를 분할하는 안에 합의하도록 조율했다. 이러한 양보는 이란의 샤가 더 이상 상황을 악화시키지 못하도록 하기 위한 필요악으로 여겨졌다. 결국 라스 알 카이마도 합류하게 되었고 아랍 에미리트 연합국은 1971년 12월 6일에는 아랍 연맹에, 1971년 12월 9일에는 UN에 가입했다.

역설적이게도 걸프 만에서의 영국의 철수는 아랍 민족주의 및 반제국주의적 이상에 가장 헌신적이었던 두 나라와의 관계를 껄끄럽게 만들었다. 이라크는 아랍 영토인 아부 무사와 툰브 섬들을 이란이 점령하는 데에 공모했다며, 그에 대한 항의로 영국과의 국교를 단절했다. 리비아는 한 발 더 나아가서 아랍 영토를 이란의 지배에 넘겨준 영국을 처벌한다는 명분으로 영국의 석유 기업들을 국유화했다. 아랍 석유에 대한 의존도가 점점 커지면서 서구는 이러한 응징들에 취약해졌고, 이에 아랍 국가들도 석유를 정치적 목적을 달성하기 위한 무기로 생각하게 되었다. 오래지 않아서 아랍 세계는 이스라엘과 그 서구 우방국들과의 분쟁에 석유를 무기로 동원할 수 있는 방법을 고려하게 되었다.

***

카다피 대령의 석유 자문가 압둘라 알 투라이키는 석유가 지정학적인 구조를 바꾸는 데에 얼마나 유용할 수 있을지에 대해서 일찍부터 생각해왔다. 1967년 6월 전쟁이 끝나고 몇 달 후에 그는 베이루트의 PLO 연구 센터와 함께 아랍의 석유를 "전쟁 무기"로 표현한 소논문을 출판했다. 이스라엘의 협력자들에 맞서서 석유를 전략적으로 동원하는 것에 대한 타당한 이유들을 설명하면서 알 투라이키는 다음과 같이 주장했다. "일반적으로 국가들은 적을 압박하기 위해서 유용한 모든 수단을 사용할 권리가 있다는 데에 동의한다. 그리고 아랍 국가들은 적들에게 사용할 수 있는 가장 강력한 경제적인 무기를 가지고 있다." 아랍은 적어도 알려진 세계 석유 자원의 58.5퍼센트를 보유하고 있으며, 산업계는 에너지 공급을 위해서 점점 더 아랍 세계에 의존하고 있다고 주장했다. 왜 아랍 국가들이 자신들의 적인 이스라엘을 지원하는 서방 국가들, 즉 미국, 영국, 독일, 이탈리아, 네덜란드에게 석유공급을 계속해야 하는가? "아랍 민중들은 석유 무기의 사용을 촉구하고 있으며, 민중의 뜻을 따르는 것이 각 정부의 책임이다"라고 알 투라이키는 결론지었다.[11]

그러나 석유의 무기화를 실행에 옮기기는 말처럼 쉽지 않았다. 알 투라이키는 석유 무기가 1967년 6월 전쟁에서 얼마나 무력했는지를 그 누구보다도 잘 알고 있었다. 아랍 장관들이 전쟁이 발발한 6월 6일에 모여서 이스라엘을 지원하고 있는 미국, 영국, 서독으로의 석유 선적을 금지하는 데에 합의했다. 48시간 안에 사우디아라비아와 리비아는 석유 생산을 완전히 중단했다. 아랍의 생산량이 60퍼센트나 감축되면서 서구 시장은 무시무시한 압박을 받았다.

그러나 산업계는 석유가 이처럼 무기로 처음 동원된 상황을 잘 견뎌냈다. 일단 국제시장에 진입한 석유는 추적이 거의 불가능했기 때문에 통상을 금지당한 국가들은 이러한 금지령에 개의치 않는 중개상들을 통해서 석유를 구입함으로써 직접 판매금지 조치를 피해갈 수 있었다. 미국과 다른 비아랍 산유국들은 부족분을 메우기 위해서 생산량을 늘렸고, 일본은 세계 시장으로 석유를 운송할 대규모의 새로운 "초대형 유조선단"을 배치했다. 한 달도 지나지 않아서 산업 국가들은 원래대로 충분한 석유 공급을 받게 되었고, 아랍 산유국들로부터 한동안 주요 수입원을 빼앗아간 이와 같은 조치가 무용했음을 보여주었다. 1967년 8월 말에 전쟁에서 패배한 아랍 국가들 — 이집트와 시리아, 요르단 — 은 산유국 형제들에게 전후 복구에 필요한 엄청난 비용 조달을 위해서 석유 생산을 재개해달라고 촉구했다.

석유의 무기화는 1967년 전쟁에서 무용함을 입증했을 뿐만 아니라 총성이 멎은 후에도 오랫동안 아랍 경제에 해를 끼쳤다. 국제 시장에 복귀한 아랍 석유가 과잉 공급을 초래하면서 유가 하락이 발생한 것이다. 석유를 무기화하는 전략은 예상을 벗어났고, 이스라엘이나 그 서방 지원국들보다 오히려 아랍 국가들에게 더 큰 상처를 남겼다. 그럼에도 불구하고 1967년의 패배의 여파로 아랍군에 대한 불신이 깊어지면서, 아랍 세계가 군사적인 수단보다는 경제적인 수단을 통해서 이스라엘과 싸워 목표를 달성하는 것이 더 쉬울 것이라고 생각하는 정책결정자들은 여전히 많았다.

1967년 이후에 나타난 여러 병폐들은 다른 어떤 아랍 국가보다도 이집트에게 악영향을 미쳤다. 이집트군의 참패와 시나이 반도 전체의 상실로 인한 후유증은 전쟁이 몰고 온 경제적인 여파로 더욱 심각해졌다. 어마어마한 전후 복구비용을 감당해야 했을 뿐만 아니라 이집트의 가장 중요한 대외 수입원이었던 수에즈 운하가 폐쇄되고 관광무역이 붕괴되면서 경제 상황이 더욱 악화되었던 것이다.

1967년의 전쟁으로 인해서 아랍-이스라엘 분쟁이 평화적으로 해결될 가능성은 이스라엘 건국 이후 그 어느 때보다도 더욱 희박해졌다. 이집트와 이스라엘 간의 화해를 중재하려는 국제 사회의 노력은 양측이 정반대의 입장을 표명하면서 위기를 맞았다. 이스라엘은 완전한 평화 조약 체결을 위해서 이집트를 압박할 협상 카드로 시나이 반도 전체를 쥐고 있기를 원한 반면, 이집트 정부는 평화협상을 위한 전제조건으로 시나이 반도의 반환을 요구했다.

이집트는 이스라엘이 시나이 반도에 오래 머물면 머물수록 국제 사회가 이스라엘의 이집트 영토 점령을 용인할 위험도 커질 것이라고 생각했다. 가말 압델 나세르 대통령은 이스라엘이 결단코 수에즈 운하를 양국 간의 실질적인 국경으로 만들지 못하도록 하기 위하여, 공식적인 선전포고는 하지 않았지만 1969년 3월부터 1970년 8월까지 이스라엘과 소모전을 치렀다. 이집트는 수에즈 운하를 따라 구축된 이스라엘의 진지들을 파괴하기 위해서 특공대 습격이나 중포 사격, 공중폭격 등을 시도했다. 이스라엘은 현역 육군참모총장 하임 바 레브 장군의 이름을 따서 바 레브 라인이라고 불렀던 일련의 요새들을 운하를 따라 구축하고, 이집트 영토 깊숙이까지 공중폭격을 감행하는 것으로 대응했다.

이스라엘은 소모전을 치른 수개월 내내 이집트보다 자신들의 군사력이 월등함을 보여주었다. 이집트는 효율적인 대공방어체제를 갖추고 있지 않았기 때문에 이스라엘 전투기들은 자유롭게 카이로 교외와 나일 삼각주의 도시들을 타격할 수 있었다. "목표는 이집트 국민들에게 심리적인 중압감을 주고, 정치 지도자들을 무능하게 보이도록 만들어 소모전을 중단하도록 하는 것이었다"라고 이집트의 압드 알 가니 엘 가마시 장군은 추론했다. "이 공격을 통해서 이집트군이 전쟁의 무용성을 깨닫지 못하기 때문에 직접 이집트 국민에게 이를 보여주고자 습격을 감행하고 있다는 암묵적인 메시지를 전달했다."[12]

이스라엘의 공격으로 이집트 국민이 정부에 등을 돌리지는 않았지만, 소모전은 이스라엘보다는 이집트에게 더 큰 피해를 입혔다. 이에 나세르도 서서히 미국의 중재를 받아들일 여지를 보이기 시작했고, 1970년 8월에 미국의 국무장관 윌리엄 로저스의 중재로 마련은 되었으나 실현되지는 못한 평화안의 일환으로서 이스라엘과의 정전에 동의했다. 하지만 나세르는 이집트와 이스라엘 간의 이견 해소에 조금도 다가서지 못하고 다음 달에 사망했다.

나세르의 뒤를 이어 부통령 안와르 사다트가 대통령에 취임했다. 사다트는 자유장교단 운동의 창립자 중의 한 명이었고, 1952년의 혁명에 가담했으며, 혁명평의회의 원년 멤버 중의 한 명이었음에도 대내외적으로 잘 알려지지 않은 인물이었다. 나세르의 매력도 대중적인 호소력도 가지고 있지 못했던 사다트는 권좌를 지키기 위해서 자신의 능력을 몸소 입증해야만 했다.

대통령에 취임한 사다트는 우호적이지 않은 국제 환경과 마주해야 했다. 닉슨 행정부는 이집트의 우방국인 소련과 데탕트(긴장완화/역주) 정책을 추구하고 있었다. 초강대국 간의 긴장이 완화되면서 아랍-이스라엘 분쟁과 같은 지역 갈등은 모스크바와 워싱턴에서 덜 긴박한 의제가 되었다. 소련과 미국은 분쟁 당사국들이 분란 해소를 위해서 좀더 현실적인 태도를 보일 때까지 아랍과 이스라엘 간의 "전쟁도 평화도 없는(no war, no peace)" 현상 유지 방침을 감수할 생각이었다. 사다트는 현상 유지가 이스라엘에게 더 유리하다는 것을 잘 알고 있었다. 시간이 지날수록 국제 사회는 이스라엘이 1967년에 점령한 아랍 영토를 지배하는 것을 당연시하게 될 것이기 때문이었다.

난국을 돌파하기 위해서 사다트는 먼저 움직여야만 했다. 그는 미국이 아랍-이스라엘 분쟁에 다시 주목하게 만들고, 이집트군에 최첨단 무기를 제공하도록 소련을 압박하며, 이스라엘에게는 시나이 반도가 얼마든지 조만간에 재탈환될 수 있다는 것을 보여줘야 할 필요가 있었다. 그런데 이러한 목적을 달성하기 위해서는 전쟁 — 특정한 정치적 목적을 달성하기 위한 국지전 — 을 치러야만 했다.

사다트는 1972년 7월에 이집트에 머물고 있었던 2만1,000명의 소련 군사 자문가 전원을 추방함으로써 전쟁으로 가는 첫 발걸음을 내딛었다. 이것은 직관에 어긋나는 행동이었지만, 미국과 소련 모두가 아랍-이스라엘 분쟁에 다시 집중하도록 만들기 위해서 의도된 조치였다. 소련과 이집트 간의 유대 관계에 의문을 가지게 된 미국은 가장 강력한 아랍 국가를 친서방 진영으로 끌어들이는 문제를 두고 논의를 시작했다. 소련이 자신들의 보호국인 이집트에 대한 안일한 생각에서 벗어난 것도 바로 이러한 위협 덕분이었다. 사다트는 6일 전쟁과 소모전 이후에도 수년째 충격에서 빠져나오지 못하고 있는 이집트군의 재정비를 위해서 소련의 지도부를 압박했다. 하지만 모스크바는 얼버무리며 무기 제공을 미루었고, 또한 미국이 이스라엘에게 제공하고 있던 최첨단 무기에 대응하기 위해서 반드시 필요한 소련제 정밀 무기 제공도 보류했다. 사다트는 소련의 군자문가들을 쫓아내면서도 소련과의 관계가 단절되지는 않도록 신중을 기했다. 그는 소련-이집트 우호조약을 유지하고 소련군이 기지를 사용할 수 있는 특권을 연장해주면서 오히려 양국의 동맹관계를 과시했다. 사다트의 전략은 멋지게 성공했다. 1972년 12월에서 1973년 6월까지 소련은 지난 2년 동안 제공한 것보다도 더 많은 신형무기를 이집트에 수출했다.

사다트의 다음 목표는 이집트군을 전쟁에 대비시키는 것이었다. 그는 1972년 10월 24일에 이스라엘과의 전쟁을 개시하겠다는 결심을 알리기 위해서 자택으로 이집트군의 수장들을 소집했다. "이는 내가 여러분의 충고를 받을 그런 문제가 아니오"라고 이집트 최고위급 군 장성들에게 경고했다.

장군들은 아연실색했다. 그들은 이스라엘이 아랍 국가들보다 전쟁 준비가 훨씬 더 잘 되어 있다고 생각했다. 이집트는 첨단무기 공급을 소련에게 전적으로 의존하고 있었지만, 소련은 아랍-이스라엘 분쟁에 연루되어 있는 우방국들에게 무기를 공급하는 데에 있어서 여전히 미국보다 한참 뒤처져 있었다. 장군들은 지금은 전쟁을 이야기할 때가 아니라고 생각했다. 회의에 참석했던 엘 가마시 장군은 당시의 분위기를 "상당히 험악하고 격했다"라고 묘사하며, 장군들의 반박에 사다트가 격노했다고 설명했다. "회의가 끝났을 때, 확실히 사다트 대통령은 전개된 정황— 제출된 보고서나 표명된 의견이나 예측이 아니라— 을 마음에 들어하지 않았다."[13] 그는 끝내 마음을 바꾸지 않았다. 모임 후에 사다트는 의혹을 품었던 자들의 지휘권을 박탈하기 위해서 군을 개편했다. 엘 가마시는 작전 총사령관으로 지명되었고, 전쟁계획 수립 임무를 부여받았다.

엘 가마시 장군은 6일 전쟁의 실수를 반복하지 않겠다고 굳게 결심했다. 그는 1967년에 이집트가 얼마나 준비가 안 되어 있었는지 그리고 아랍군이 얼마나 형편없이 전쟁을 치렀었는지 직접 경험한 사람이었다. 따라서 이집트 전쟁을 준비하면서 가장 먼저 이스라엘을 양 방향에서 공격하는 데에 필요한 협정을 시리아와 체결했다. 시리아 역시 시나이 반도를 되찾으려는 이집트만큼이나 골란 고원의 상실을 만회하고자 결의를 다지고 있었기 때문에, 1973년 1월에 이집트와 시리아의 군 통솔권을 통합한다는 극비 협정에 기꺼이 서명했다.

다음으로 전쟁 설계자들은 최고의 기습 효과를 노리기 위해서 공격을 개시할 이상적인 날짜를 결정해야 했다. 엘 가마시와 동료들은 수에즈 운하를 건너기에 가장 이상적인 달빛과 조수 조건을 찾기 위해서 자신들의 연감을 열심히 연구했다. 그들은 또한 이스라엘군과 일반 대중의 주의가 산만해지는 시기를 찾기 위해서 정치 일정뿐만 아니라 유대교의 종교명절도 고려했다. "우리는 욤 키푸르(Yom Kippur : 유대교의 속죄일/역주)가 토요일이라는 것을 알게 되었는데, 더욱 중요한 것은 종교 관습과 축제 전통의 일환으로 1년 중에서 유일하게 그날 하루 동안만 라디오와 텔레비전 방송이 중단된다는 사실이었다. 다시 말해서 이는 대중매체를 이용해서 예비군을 신속하게 소집할 수 없음을 의미했다."[14] 이러한 모든 요소를 고려하여 엘 가마시와 그의 장교들은 작전 개시일을 1973년 10월 6일 토요일로 추천했다.

장군이 이집트군을 전쟁에 대비시키는 동안 사다트는 완전히 다른 종류의 무기인 석유를 동원하도록 사우디를 설득하기 위하여 리야드로 향했다. 사다트는 1973년 8월 말에 비밀 전쟁 계획을 파이살 왕에게 설명하고 사우디의 지지와 협조를 요청하기 위해서 사우디아라비아를 갑작스럽게 방문했다. 사우디는 1967년에 재앙에 가까운 경험을 한 이후로 석유 무기를 동원하라는 아랍의 요구를 일관되게 거부해왔기 때문에 사다트의 주장은 반드시 설득력이 필요했다.

사다트에게는 다행스럽게도, 세계는 1967년 당시보다도 1973년에 아랍의 석유에 더 의존하고 있었다. 미국의 석유 생산량은 1970년을 정점으로 매해 감소하고 있었다. 사우디아라비아는 텍사스를 대신해서, 그야말로 더 많은 석유를 퍼올려서 세계 공급량의 부족분을 메우는 스윙 프로듀서(swing producer : 석유공급의 변화에 따라서 석유생산을 증감해서 시장의 안정을 꾀할 수 있는 능력을 가진 산유국/역주)로 부상했다. 결과적으로 미국과 산업 강대국들은 예전보다 석유의 무기화에 더 취약해져 있었다. 아랍 분석가들의 추정에 따르면 1973년 당시에 미국은 필요한 석유의 약 28퍼센트를 그리고 일본과 유럽 국가들은 각각 약 44퍼센트와 70-75퍼센트 정도를 아랍 지역에서 수입하고 있었다.[15]

헌신적인 아랍 민족주의자였던 사우디 왕은 사우디가 석유 자원을 효과적으로 사용할 수 있을 것이라고 생각하게 되었고, 이집트가 이스라엘과의 전쟁에 돌입하면 지원을 하겠다는 약속을 사다트에게 했다. 전하는 바에 의하면 "그러나 우리에게 시간을 주시오"라고 파이살은 사다트에게 이야기했다. "우리는 겨우 2-3일 하다가 멈추는 전투에 우리의 석유를 무기로 사용하고 싶지 않소. 우리는 세계 여론이 결집할 만큼 충분히 긴 시간 동안 전쟁이 계속되기를 원하오."[16] 전쟁이 끝난 후 무기를 동원하는 것은 아무 소용이 없다는 사실을 사우디는 1967년에 깨달았다. 사우디 왕은 석유 무기가 효과를 발휘할 수 있을 정도로 충분히 긴 시간 동안 전쟁이 지속되어야 한다는 점을 확실히 하고 싶었던 것이다.

1973년 10월 6일 토요일 오후 2시가 조금 지난 시간, 시리아군과 이집트군이 북과 남에서 동시에 이스라엘을 공격하면서 전쟁이 시작되었다. 이집트가 비밀 유지를 위해서 신경을 썼음에도 이스라엘 정보국은 공격이 곧 있을 것이라고 확신했다. 비록 제한적인 공격이 일몰 즈음에 있을 것으로 추정했지만 말이다. 두 전선에서 동시에 벌어진 총력전은 이스라엘군에 대한 첫 기습 공격일 뿐이었다.

맹렬한 포격 아래 — 엘 가마시는 첫 몇 분간의 공격 동안에 이집트군이 1만 발 이상을 발사했다고 주장했다 — 이집트 특수부대원들이 작은 보트를 타고 수에즈 운하를 건너 "알라후 아크바르(신은 위대하시다)"를 외치며 바 레브 라인의 모래 성벽으로 돌격했다. 이집트군은 매우 적은 수의 사상자를 내며 난공불락이라고 널리 알려진 이스라엘 요새들을 정복했다. "2시 5분에 전투에 관한 첫 소식이 10번 센터[Centre Number Ten 즉 중앙사령부]로 들어오기 시작했다"라고 언론인 모하메드 헤이칼은 회상했다. "사다트 대통령과 아흐마드 이스마일[총사령관]은 깜짝 놀라며 경청했다. 그들은 마치 연습훈련을 지켜보고 있는 듯했다. '임무 완료……임무 완료' 너무 좋은 나머지 모든 것이 믿기지 않았다."[17]

욤 키푸르 축일을 기리는 동안 경계 태세를 풀고 있던 이스라엘 사령관들은, 공습경보를 발한 바 레브 요새의 군인들이 적군으로부터 더 이상 진지를 방어할 수 없다는 보고를 도저히 믿을 수가 없었다. 게다가 시리아의 탱크도 이스라엘의 진지를 쳐부수고 골란 고원 안까지 깊숙이 밀고들어왔다. 이집트와 시리아 공군은 이스라엘 영토 내의 주요 군사요새들을 공격했다.

출격한 이스라엘 공군의 전투기들은 전선에 도달하자마자 소련의 지대공 미사일인 샘6에 요격당했다. 개전 초기 이집트 전선에서만 27대의 비행기를 잃고 운하 지대로부터 15마일 떨어진 곳에 항공기를 배치해야만 했던 이스라엘에게 1967년의 전쟁에서 과시했던 제공권은 옛말이 되었다. 바 레브 라인을 따라 배치된 병사들을 구조하기 위해서 보내진 이스라엘 탱크들도, 수십 대의 이스라엘 장갑차를 무용지물로 만든 소련의 대전차 유선 유도 미사일로 무장한 이집트 보병들과의 교전 속에서 비슷한 타격을 입었다.

이스라엘의 지상군과 공군 모두가 저지되자 이번에는 이집트 공병들이 고압의 양수기를 설치하여 문자 그대로 바 레브 라인의 모래 성채를 쓸어버림으로써 이집트군이 이스라엘 전선을 지나서 시나이 반도 너머로 진격할 수 있도록 길을 열어 주었다. 또한 이집트군과 장갑차가 동쪽 제방으로 건너가 시나이 반도로 진입할 수 있도록 운하 위로 부교도 놓았다.

첫 번째 날 전투가 끝났을 때 약 8만 명의 이집트 병사들은 바 레브 라인을 뚫고 시나이 반도 안쪽으로 4킬로미터나 밀고들어가서 진지들을 구축한 상태였다. 북쪽 전선에서는 골란 고원의 이스라엘 방어망을 뚫고 티베리아스 호수 쪽으로 결연히 진군한 시리아군이 이스라엘 탱크와 항공기에 막대한 손실을 입혔다. 거의 완벽에 가까운 기습 덕분에 이집트와 시리아는 전쟁 초기에 확실한 주도권을 쥘 수 있었고, 유례없는 심각한 위협에 직면한 유대 국가는 서둘러 대응에 나서야 했다.

재편성된 이스라엘군이 공세에 나섰다. 48시간 만에 소집, 동원된 예비군이 시나이 반도의 진지들을 방어했고, 규모가 더 큰 이집트군에게 주력하기에 앞서서 먼저 시리아군을 격퇴하기 위해서 골란 고원 공격에 집중했다. 이에 이라크, 사우디, 요르단의 보병 및 기갑부대가 시리아로 파병되어 골란 고원에서 이스라엘의 반격에 맞섰다. 여태까지의 아랍-이스라엘 간의 무력 충돌 중에서 가장 격렬했던 이 전투로 인해서 이스라엘과 아랍 측 모두에서 엄청난 사상자가 속출했고 비축하고 있던 무기와 탄약도 거의 소진되었다.

전쟁이 발발하고 첫 주일이 지날 무렵, 양측은 모두 재보급을 필요로 했다.[18] 10월 10일에 소련은 시리아와 이집트에게 무기를 공수했고, 10월 14일에는 미국이 이스라엘에게 무기와 탄약을 비밀리에 공수하기 시작했다. 새로운 미국제 탱크와 대포로 무장한 이스라엘군이 성공적인 반격에 나서면서, 10월 16일에는 시리아 전선이 제압되었고, 수에즈 운하 서쪽 제방에 있던 이집트군도 포위되었다. 이스라엘군이 아랍 적들을 능가하게 되면서 군사적 대치 상황은 서서히 교착상태에 빠졌다.

아랍 국가들이 석유 무기를 동원하기로 결정한 것은 바로 이 무렵이었다. 10월 16일에 아랍의 석유장관들이 쿠웨이트에 모였다. 그들은 이집트와 시리아군이 전쟁 초기에 거둔 성과에 자신감과 자존감을 회복했다. 또한 아랍 산유국의 지도자들도 세계 산업계가 자신들에게 의존하고 있다는 사실에서 용기를 얻었다. 이것은 아랍이 유가를 인상함으로써 이스라엘을 지지하고 있는 산업 국가들에게 즉각적인 응징을 가할 수 있음을 의미했기 때문이다.

쿠웨이트에서 열린 회의 첫 날, 아랍의 석유장관들은 이제는 힘을 잃은 서구의 석유회사들에게 전화 한 통 걸지 않고 17퍼센트의 유가 인상을 결정했다. 사우디의 석유장관 셰이크 아흐마드 자키 야마니는 대표단의 한 명에게 다음과 같이 말했다. "지금이 바로 내가 오랫동안 고대해온 바로 그 순간이오. 때가 왔소. 우리가 우리 물건의 주인이오."[19] 석유시장에 미친 영향은 즉각적이었고, 대대적인 공황이 발생했다. 10월 16일이 저물 무렵에 석유거래업자들은 1973년 6월의 도매가격이었던 2. 90달러에서 70퍼센트 인상된 5.11달러로 석유 배럴당 공시가를 올렸다.

유가 인상은 세계의 이목을 끌기 위한 첫 일격에 불과했다. 다음 날에 아랍의 석유장관들은 산업 강대국들이 아랍-이스라엘 분쟁에 대한 정책을 수정하도록 압박하기 위해서 일련의 생산 감축과 금수조치를 명시한 공동성명서를 냈다. "모든 아랍 석유 수출국들은 당장 9월 생산량의 5퍼센트만큼을 감축하여 생산할 것이다. 그리고 이스라엘군이 1967년 6월 전쟁 동안 점령한 모든 아랍 영토에서 완전히 철수하고 팔레스타인 사람들의 정당한 권리가 회복될 때까지, 이후 매달 같은 비율로 감축을 계속해나갈 것이다."[20]

석유장관들은 우방국들에게는 이러한 조치로 인한 영향이 미치지 않을 것이라고 안심시켰다. 단지 "우리의 적, 이스라엘을 도덕적으로 그리고 물질적으로 지원하는 나라들만이 전면적인 생산 중단으로 귀결될, 엄중하고 연속적인 아랍 석유의 공급 감소로 타격을 받게 될 것이다"라고 석유장관들은 설명했다. 전통적으로 이스라엘과 우호관계를 맺고 있던 미국과 네덜란드는 "이스라엘 침략자를 적극적으로 지지하는 미국이나 네덜란드 정부 또는 기타 국가들이 입장을 바꿔서 아랍 영토에 대한 이스라엘의 점령을 종식시키고, 팔레스타인 사람들의 정당한 권리의 완전한 회복을 가져오려는 국제 사회의 합의를 중시할 때까지" 전면적인 금수조치 위기에 직면하게 되었다.

전장과 석유시장에서 힘을 과시한 아랍 국가들은 이번에는 외교 전선을 열었다. 아랍 산유국들이 공동성명서를 발표한 바로 그날 사우디아라비아, 쿠웨이트, 모로코, 알제리의 외무장관들이 백악관에서 닉슨 대통령과 헨리 키신저 국무장관을 만났다. 아랍의 장관들은 이스라엘과 아랍 국가들 간에 완전한 평화협정을 체결한다는 조건으로 1967년 6월에 점령한 아랍 영토에서 이스라엘군의 철수를 요구한 UN 안전보장 이사회의 결의안 242호를 이행할 책임이 미국에 있다고 생각했다. 알제리 외무장관은 왜 결의안이 애초에 이행되지 않았는지를 물었다. 키신저는 이스라엘이 군사적으로 절대적인 우위에 있었던 것이 이유라고 솔직히 답했다. 그리고 다음과 같이 말했다. "약자는 협상할 수 없다. 아랍은 약했다. 하지만 이제 아랍은 강하다. 아랍인들은 자신들을 포함해서 사람들이 가능하다고 믿었던 것 이상을 달성했다."[21] 아랍의 외무장관들은 미국만이 자신들의 힘을 제대로 파악하고 있다고 생각했다.

닉슨 행정부는 매우 곤란한 상황에 직면했다. 아랍 세계를 회유하고 싶었지만 이스라엘의 안보를 희생시키면서까지는 아니었다. 이것은 유대 국가를 향한 미국의 의리를 저버리는 일이기 때문이었다. 결국 미국은 냉전이라는 측면에서 자신들이 공급한 무기를 보유한 이스라엘이 소련제 무기로 무장한 아랍에게 승리해야 한다고 결론을 내렸다. 이스라엘이 빈 무기고를 채워달라고 긴급하게 미국에게 요청하자, 닉슨 대통령은 유대 국가와의 22억 달러짜리 무기 일괄거래를 위한 법안을 10월 18일에 승인했다.

미국이 드러내놓고 이스라엘의 총력전을 지원하자 아랍 세계는 격분했다. 아랍 산유국들은 하나하나씩 미국에 대해서 전면적인 금수조치를 단행했다. 아랍의 석유 생산량은 25퍼센트가 줄어들었고, 유가는 급등하여 결국 1973년 12월에는 배럴당 11.65달러로 그 정점을 찍었다. 6개월 동안 유가가 4배 상승하면서 서구경제는 급격하게 요동쳤고 소비자들에게로 그 피해가 돌아갔다. 비축분이 줄어들면서 운전자들은 주유기 앞에 긴 줄을 서서 귀해진 석유자원을 배급받아야만 했다.

서방 정부들은 국민들로부터 석유 금수조치를 결판내라는 압박을 점점 더 강하게 받게 되었다. 석유 위기를 해결할 유일한 방법은 아랍-이스라엘의 분쟁에 전력을 쏟는 것뿐이었다. 자신의 전략적인 목표대로 사다트는, 미국으로 하여금 중동 외교에 다시 집중하도록 만들었다. 또한 이집트군이 수에즈 운하의 동쪽 제방에 주둔하고 있었기 때문에 국제 사회가 더 이상 운하를 이집트와 이스라엘 간의 실질적인 국경으로 용인할 가능성도 없어졌다. 이집트 지도자는 전쟁을 끝내고 자신이 거둔 성과를 확고하게 다질 적당한 시기를 물색했다.

그런데 전쟁이 길어지면서 사다트의 전세는 점점 악화되고 있었다. 10월 셋째 주일에 이스라엘군은 공세를 펴며 카이로에서 60마일도 채 되지 않는 곳까지, 그리고 다마스쿠스에서는 겨우 20마일 떨어진 곳까지 아랍 영토 내부로 깊숙이 밀고들어왔다. 이러한 성과는 엄청난 희생을 통해서 이루어졌는데, 2,800명이 넘는 이스라엘 병사가 사망했고 8,800여 명이 부상을 당했다—이것은 이스라엘의 전체 인구수를 고려했을 때 전쟁에서 8,500명이 사망하고 거의 2만 명이 부상당한 아랍 측보다 훨씬 더 높은 사상자 비율이었다.[22]

이스라엘의 반격으로 초강대국 간에 새로운 긴장감이 조성되었다. 이스라엘이 수에즈 운하 서쪽 제방에서 포위당한 이집트 제3군을 위협하자 소련의 레오니트 브레즈네프 서기장은 공동외교대책을 촉구하는 서신을 미국의 리처드 닉슨 대통령에게 보냈다. 브레즈네프는 미국이 이를 수용하지 않을 경우 우방국인 이집트를 보호하기 위해서 일방적으로 전쟁에 개입할 수밖에 없음을 경고했다. 붉은 군대와 소련 해군이 경계태세에 들어가자 미국 정보국은 소련이 분쟁지역에 핵 억제책을 동원하지 않을까 걱정되었다. 미국의 보안 관계자들은 이에 대비하기 위해서 쿠바 미사일 위기 이후 처음으로 군에게 높은 수위의 핵 경계 태세를 취하라고 명했다. 몇 시간의 팽팽한 긴장의 순간이 지나고, 초강대국들은 10월 전쟁에 대한 외교적인 결말을 찾기 위해서 힘을 합치기로 합의했다.

이집트와 이스라엘도 파괴적인 무력 충돌을 끝내기 위해서 조바심을 내고 있었다. 16일 동안의 격렬한 전투를 치른 양측 모두 무기를 내려놓을 준비가 되어 있었고, 10월 22일에 정전협상이 UN 안전보장 이사회를 통해서 이루어 졌다. 당일에 안전보장 이사회는 평화회담 소집과 평화와 영토의 맞교환을 통해서 아랍-이스라엘 분쟁 해결을 촉구했던 이전의 결의안 242호를 재확인 한, 결의안 338호를 통과시켰다. 그해 12월에 UN은 아랍-이스라엘 분쟁에 대한 공정하고 영구적인 해결책을 위한 첫 번째 단계로서 이스라엘이 점령하 고 있는 아랍 영토 문제를 검토하기 위하여 제네바에서 국제회의를 소집했다.

UN 사무총장 쿠르트 발트하임은 1973년 12월 21일에 회의를 주최했다. 미국과 소련이 공동 제안한 회의에 이스라엘과 이집트, 요르단의 대표단이 참석했다. 아랍 국가들에게 모든 점령지를 돌려줄 것이라는 보장을 받지 못 한 시리아의 대통령 하피즈 알 아사드는 회담 참석을 거부했다. 팔레스타인 대표단은 없었다. 이스라엘이 PLO의 참여를 거부했고, 요르단도 점령당한 서안 지구의 팔레스타인인들을 대표하는 경쟁자의 참석을 원하지 않았다.

제네바 회담은 결론을 도출하지 못했다. 회담 전에 조정에 실패한 아랍 대표단의 제안은 아랍 진영의 깊은 분열을 드러내고 있었다. 이집트는 서안 지구를 팔레스타인의 영토라고 언급하면서 요르단의 협상 입지를 훼손했다. 요르단은 1973년의 전쟁에 참여하지 않은 자신들을 이집트가 응징하고 있다 고 생각했다. 요르단의 외무장관 사이르 알 리파이는 동예루살렘을 포함해서 이스라엘이 점령하고 있는 모든 아랍 영토에서 이스라엘군의 완전 철수를 촉구했다. 이스라엘의 외무장관 아바 에반은 이스라엘은 1967년 당시의 국경 선으로 돌아가지 않을 것이라고 주장하며 예루살렘은 분할할 수 없는 이스라 엘의 수도라고 선언했다. 회담이 가져온 유일한 중요한 성과는 시나이 반도에 서의 철수 문제를 협상할 이집트-이스라엘 공동 군사 실무단의 창설이었다.

회담이 수포로 돌아가자 미국의 국무장관 헨리 키신저는 이스라엘과 아랍 이웃 국가들 간에 철수 협정을 도출해내기 위해서 여러 차례 집중적인 왕복 외교에 나섰다. 그 결과 1974년 1월 18일에 이집트와 이스라엘의 협정이 체 결되었고, 1974년 5월에는 시리아와 이스라엘의 협정이 체결되었다. 이 협정 으로 이집트는 수에즈 운하의 동쪽 제방 전체를 다시 손에 넣었고, UN이 통제하는 완충 지대가 시나이 반도의 이집트와 이스라엘의 국경 사이에 설치되었다. 시리아 역시 1967년 6월에 상실했던 골란 고원 영토의 일부를 되찾았고, 골란 고원에도 시리아와 이스라엘의 국경 사이에서 완충 역할을 할 UN 병력이 배치되었다. 전쟁이 끝나고 외교가 무르익자, 아랍 산유국들은 목표가 달성되었음을 선언하고 석유 금수조치를 1974년 3월 18일에 해제했다.

그러나 1973년의 성과가 모든 아랍 분석가들에게 절대적인 성공으로 보였던 것은 아니었다. 모하메드 헤이칼은 이집트와 아랍 산유국들이 너무 많이, 그리고 너무 빨리 양보했다고 평가했다. 분명한 정치적 목적 — 1967년 6월에 점령당한 아랍의 모든 영토로부터의 이스라엘군의 철수 — 을 가지고 금수조치에 나선 아랍 국가들은 목표가 현실화되기도 전에, 금수조치를 해제했다. "긍정적인 측면이라고는 아랍이 이번만은 한 마음으로 함께 행동했고 비록 서투를지는 몰라도 석유가 정치적 무기로 사용될 수 있다는 것을 세계에 보여준 것이 전부였다"라고 헤이칼은 결론내렸다.[23]

그럼에도 불구하고 아랍 세계는 1973년에 중요한 성과를 거두었다. 기강의 과시와 통일된 목표를 통해서 국제 사회에 깊은 인상을 남긴 아랍 세계를 초강대국들도 좀더 진지하게 고려하게 되었던 것이다. 경제적 측면에서도 1973년의 사건은 서구의 석유회사들로부터 아랍이 완전히 독립할 수 있게 만들어주었다. 셰이크 야마니에 의하면 석유에 대한 통제권을 공언한 아랍 산유국들은 석유 위기를 극복하고 엄청나게 부유해졌다. 1973년의 위기 전에는 배럴당 3달러 미만으로 거래되었던 유가가 1970년대의 남은 대부분의 기간 동안에 11달러에서 13달러 사이로 안착되었다. 서구의 만화가들이 산유국의 셰이크를, 세계를 인질로 삼고 있는 탐욕적인 매부리코의 모습으로 묘사하여 비방했음에도 불구하고 서양의 사업가들은 무한해 보이는 신흥 자원시장으로 재빠르게 몰려들었다. 심지어 서구의 석유회사들은 유가 급등으로 어마어마하게 비축해놓은 석유의 시세가 오르자 오히려 이 위기로 인해서 막대한 이윤을 거두게 되었다. 그렇지만 1973년 10월의 사건은 서구의 회사들과 아랍 산유국들 간의 관계를 좌우했던 석유 채굴권에 최후의 일격을 가했다.

쿠웨이트와 사우디아라비아가 이라크와 리비아처럼 석유산업을 국영화하기 위해서 서구 석유회사들의 자산을 매입했던 것이다. 이로써 서구가 아랍의 석유를 좌지우지하던 시대는 1976년에 막을 내렸다.

또한 10월 전쟁은 외교적으로도 성공을 거두었다. 사다트는 전쟁을 성공적으로 이용해서 이스라엘과의 교착상태를 돌파했다. 아랍의 결연한 군사행동은 이스라엘에게 실질적인 위협을 제기했고, 전쟁은 소련과 미국 간에 긴박한 위기감을 조성하기도 했다. 이제 국제 사회는 UN 안전보장 이사회의 결의안 242호와 338호에 근거하여 아랍-이스라엘 분쟁을 외교적으로 해결하는 것을 무엇보다도 우선시하게 되었다.

안와르 사다트는 1973년의 과감한 선제공격으로 이집트의 이해관계는 지켜냈지만 팔레스타인의 민족적 염원은 심각한 위험에 빠뜨렸다. UN의 결의안이 지역 내의 모든 국가들의 영토보존을 지지했음에도 "난민문제에 대한 공정한 해결"을 약속한 것 외에는 국가가 없던 팔레스타인 사람들에 대해서는 어떤 언급도 하지 않았기 때문이다. 팔레스타인 사람들의 실질적인 망명 정부인 팔레스타인 해방기구는 냉혹한 선택에 직면하게 되었다. 새로운 외교활동에 나서든지 아니면 독립국가를 향한 팔레스타인의 열망에 종말을 고할 포괄적인 평화협상을 통해서 요르단과 이집트가 서안 지구와 가자 지구를 다시 손에 넣는 것을 지켜보든지 둘 중의 하나를 선택해야만 했다.

***

헬리콥터 한 대가 이스트 강을 따라 미명의 어스름을 재빠르게 헤치며 맨해튼의 UN 본부로 향했다. 1974년 11월 13일 오전 4시에 헬리콥터가 착륙하자 긴장한 경호원들이 야세르 아라파트 PLO 의장을 UN 빌딩 내의 안전한 특별실로 서둘러 안내했다. 어두운 밤에 예고도 없이 도착한 덕분에 아라파트는 그의 등장에 항의하기 위하여 "PLO는 국제적인 살인자다", "UN은 테러리즘의 광장이 되었다"라고 쓰인 깃발을 들고 그날 아침 늦게야 UN 광장에 모인 수천 명의 시위대 속을 통과해야 하는 굴욕을 겪지 않을 수 있었고 동시에 암살자들도 피할 수 있었다.

팔레스타인의 정치사상 주목할 만한 해였던 1974년은 아라파트의 UN 방문으로 그 정점을 찍었다. 소련과 동유럽권 및 비동맹 국가들 그리고 아랍 세계는 "팔레스타인 문제"를 논의하기 위해서 마련된 UN의 토론회에 PLO의 수장을 초청하기 위하여 힘을 모았다. 이 자리는 국제 사회에 팔레스타인의 염원을 알릴 수 있는 좋은 기회였다.

한편 UN 참석을 계기로 아라파트는 게릴라 지도자에서 정치인으로 변신했다. 아라파트는 "당신이 가는 게 어때요?"라고 팔레스타인의 망명의회인 팔레스타인 민족평의회(Palestine National Council, PNC)의 외교위원회 의장 칼리드 알 하산에게 물었다. 하산은 즉석에서 그 제안을 거절하며, 당신만이 팔레스타인의 숙원을 대변할 수 있다고 주장했다. "당신은 우리의 의장입니다. 당신은 우리의 상징입니다. 당신은 팔레스타인 그 자체입니다. 당신이 아니라면 참석은 의미가 없습니다."[24]

1974년에 상황이 극적으로 달라졌다.

10월 전쟁 직후 게릴라 수장은 팔레스타인-이스라엘 분쟁에 대한 해결안으로 두 국가 해법(two-state solution)을 성사시키기 위하여 무장투쟁과 그것에 내포된 테러 전법을 포기하기로, 전략적인 결정을 내렸다. 지난 25년 동안 팔레스타인 민족운동은 역사적으로 팔레스타인으로 알려진 지역 전체를 해방시키고, 이스라엘 국가의 파괴를 추구한다는 점에서 대체로 이견이 없었다. 그러나 10월 전쟁 이후, 아라파트는 이미 25살이 된 유대 국가가 이 일대의 군사 강국이며 미국의 전적인 지원 속에서 거의 모든 국제 사회의 일원들로부터 공인받고 있다는 사실을 인정할 수밖에 없었다. 이스라엘은 어느덧 생활의 일부가 되어 있었다.

아라파트의 정확한 예견처럼 전후 외교에서 이웃 아랍 국가들도 결국 이러한 현실을 수용하고 미국과 소련의 지원 아래 결의안 242호에 근거하여 이스라엘과 평화조약을 체결했다. 그러는 가운데 정작 팔레스타인 사람들은 구석으로 밀려났다. "242호는 팔레스타인 사람들에게 무엇을 제시하고 있는가?" 아라파트가 1980년대에 영국의 한 언론인에게 물었다. "난민들에게 주어진 약간의 보상과 아마도— 아마도라고밖에 말할 수 없는데— 몇몇 난민들의 팔레스타인 고향 땅으로의 회귀. 그러나 그 외는? 아무것도 없다. 우리는 끝났다. 우리 팔레스타인인들이, 심지어 우리 조국의 자투리땅에서조차, 다시 하나의 국민이 될 가능성은 사라졌다. 모든 것이 끝나버렸다. 팔레스타인 사람들에게는 더 이상 아무 것도 남지 않았다. 이야기는 끝났다."[25]

아라파트의 해결책은 가자 지구와 서안 지구에 기반한 작은 국가에 만족하는 것이었다. 하지만 팔레스타인 사람들을 위한 소국 건설을 희망하기까지 넘어야 할 수많은 장애물들이 있었다.

첫 번째 장애물은 팔레스타인의 여론이었다. 팔레스타인 주민들로 하여금 1948년에 빼앗긴 팔레스타인의 78퍼센트에 대한 권리 주장을 포기하도록 설득해야한다는 것을 아라파트도 잘 알고 있었다. "주민들이 자기 땅의 100퍼센트 반환을 요구하고 있을 때, 지도부가 '안 되오. 여러분은 30퍼센트만 가질 수 있소'라고 말하기란 쉽지 않다"라고 아라파트는 설명했다.[26]

게다가 팔레스타인 땅의 30퍼센트에 대한 아라파트의 권리 주장이 누구에게나 인정받았던 것도 아니었다. 가자 지구는 1948년부터 1967년 6월 전쟁에서 이스라엘에게 점령될 때까지 이집트의 통치를 받아왔고, 서안 지구는 1950년에 공식적으로 요르단의 하심 왕국에 합병되었다. 이집트는 가자 지구를 합병하는 데에 관심이 별로 없었지만, 요르단의 후세인 왕은 서안 지구와 이슬람의 제3성지인 동예루살렘의 아랍 지구를 요르단의 통치 아래 다시 두고 싶어했다. 다시 말해서, 아라파트는 서안 지구를 후세인 왕의 손아귀에서 빼앗아와야만 했다.

또한 PLO 내의 강경파들은 이스라엘을 인정하지 않았기 때문에 아라파트는 두 국가 해법에 대한 강경파의 반대도 이겨내야만 했다. 팔레스타인 해방 민주전선(The Democratic Front for the Liberation of Palestine)과 1970년에 요르단에서 검은 9월 전쟁을 촉발했던, 공중납치로 악명 높은 인민전선은 팔레스타인 전체의 해방을 위해서 여전히 무장투쟁에 몰두하고 있었다. 아라파트가 제한적인 규모일지라도 팔레스타인 국가 건설을 위해서라면 기꺼이 타협에 나서겠다고 공개적으로 발표할 경우, 많은 팔레스타인 과격분자들이 그의 목숨을 노릴 것이 자명했다.

마지막으로 아라파트가 넘어야 할 장애물은 PLO 조직과 PLO의 수장인 자신을 향한 국제 사회의 혐오감이었다. 비행기는 파괴해도 인질들은 무사히 석방하던 "인도적인" 테러리즘의 시대는 막을 내렸다. 1974년에 PLO는 유럽과 이스라엘에서 민간인에게 자행된 극악한 일련의 범죄들에 연루되었다. 1969년 11월에 있었던 아테네의 엘 알 항공 사무실에 대한 공격으로 한 명의 어린아이가 사망했고 31명이 부상을 당했다. 1970년 2월에는 스위스 에어의 공중폭파로 탑승객 47명 전원이 사망했다. 1972년 뮌헨 올림픽에서는 악명 높은 공격으로 이스라엘 선수 11명이 죽음을 맞았다. 이스라엘과 친이스라엘적인 서방 국가들은 PLO를 테러 조직으로 간주했고, 지도부와의 만남을 거부했다. 따라서 아라파트는 팔레스타인의 민족자결권을 획득하기 위하여 PLO는 폭력의 사용을 중단하고 외교에 매진할 것이라고 서구의 정책결정자들을 설득해야만 했다.

아라파트는 1974년의 목표를 높게 설정했다. 그러나 1년 만에 팔레스타인 민중이 두 국가 해법에 동의하도록 만들고, PLO 내의 강경파를 억제하며, 서안 지구에 대한 후세인 왕의 권리 주장을 물리치고, 국제 사회의 인정을 받겠다는 목표는 결코 쉽게 달성될 수 없었다.

여러 제약들로 인해서 아라파트는 천천히 일을 진척시켜야 했으며 정책 변화를 위해서 우선 지지층을 확보해야만 했다. 또한 그는 두 국가 해법이라는 구상을 공개적으로 발표할 수도 없었다. 이는 팔레스타인 사람들의 전폭적인 지지를 받고 있던 무장투쟁의 종식을 필요로 했다. 게다가 두 국가 해법을 위한 협상은 대부분의 팔레스타인 사람들이 거부해 왔던, 이스라엘에 대한 인정을 전제로 했기 때문이다. 이에 아라파트는 1974년 2월에 조사 보고서에서 처음으로 공표한 새로운 정책을 "시오니스트들의 점령으로부터 빼앗아 올 수 있는 영토에" 세워질 "자치 정부"의 수립이라고 표현했다.

그 다음으로 그는 망명의회인 팔레스타인 민족평의회(PNC)로부터 새로운 정책에 대한 지지를 얻고자 했다. PNC가 카이로에 모인 1974년 6월에 아라파트는 "자치 정부" 체제에 PLO를 동참시킨다는 내용의 10개조 강령을 상정했다. 그러나 PLO 내의 강경론자들의 동의를 받아내기 위해서 강령은 무장투쟁의 역할과 민족자결권을 재확인했고, 이스라엘에 대한 어떤 인정도 거부했다. PNC는 아라파트의 강령을 채택했고, 팔레스타인 사람들도 변화를 감지했다. 하지만 다른 나라 사람들에게 여전히 PLO는 무장투쟁에 헌신하고 있는 게릴라 조직으로 보일 뿐이었다.

PLO가 망명정부로 인정받기 위해서는 국제 사회에 새로운 모습을 확실하게 보여줄 필요가 있었다. 1973년에 아라파트는 사이드 함마미를 PLO의 대표로 지명하여 런던으로 파견했다. 해안 도시 야파 출신의 함마미는 1948년에 가족과 함께 팔레스타인에서 쫓겨났다. 시리아에서 성장한 그는 다마스쿠스 대학교에서 영문학 학위를 받았다. 헌신적인 팔레스타인 민족주의자이자 정치적으로는 온건파였던 함마미는 런던의 언론인들이나 정책결정자들과 곧 좋은 관계를 맺게 되었다.

　1973년 11월에 함마미는 이스라엘-팔레스타인 분쟁에 대한 해결책으로 두 국가 해법을 주장하는 논설을 런던의 「타임스(Times)」에 발표했다. "많은 팔레스타인 사람들은 가자 지구와 서안 지구에 세워질 팔레스타인 국가가……일괄 평화안의 필수 요소라고 생각한다"라고 썼다. 그는 이러한 제안을 한 최초의 PLO 대표였다. "우리는 모든 당사자들—여기에는 함축적으로 이스라엘도 포함된다—을 만족시킬 공정한 평화안을 위해서 화해로의 첫발을 내디뎌야 하지만 부당한 대우를 받아온 사람들에게 이는 결코 쉬운 일이 아니다." 신문의 편집자는 논설의 의미를 강조하고자, 함마미가 "야세르 아라파트 PLO 의장의 측근으로 알려져 있으며" 따라서 함마미가 이러한 생각을 공개적으로 밝히기로 한 결정은 "상당히 중요하다"라는 내용의 각주를 논설에 덧붙였다.[27] 이렇게 아라파트는 런던의 대표를 통해서 서구뿐만 아니라 이스라엘과도 소통 창구를 여는 데에 성공했다.

우리 아브네리라는 이스라엘의 언론인이자 평화활동가가 함마미의 논설을 읽고 감명을 받았다. 아브네리는 위임통치 기간 동안 팔레스타인으로 이주했고, 1930년대 말에 겨우 10대의 나이로 이르군에 가담했었다. 훗날 팔레스타인 "테러리스트들"과 이야기하는 자신을 비난하는 이들에게 "당신들은 테러리즘에 관해서 나에게 뭐라 할 수 없소, 내가 바로 테러리스트였으니까 말이오"라며 입을 다물게 했다. 아브네리는 1948년 전쟁에서 부상을 입었고, 무소속의 3선 의원으로 이스라엘 국회(Knesset)에서 의정활동을 했다. 헌신적인 시오니스트였음에도 아브네리는 아랍 세계의 누군가가 두 국가 해법을 지지하기 훨씬 오랜 전부터 이 구상을 옹호해왔다. 메나헴 베긴은 "아랍인 아브네리는 어디에 있소?"라고 물으며 국회 토론장에서 그를 비웃곤 했다.[28] 함마미의 논설을 읽으며 우리 아브네리는 자기와 비슷한 생각을 가진 팔레스타인 사람을 찾았다는 것을 즉시 알아차렸다.

1973년 12월에 함마미는 「타임스」에 두 번째 칼럼을 썼다. 이번에는 이스라엘과 팔레스타인 간의 상호 인정을 주장했다. "이스라엘의 유대인과 팔레스타인의 아랍인은 한 민족에게 주어진 모든 권리를 가진 민족으로서 서로를 인정해야만 한다. 이러한 인정은 UN의 정식 회원국이자 팔레스타인 독립 국가……수립의 실현으로 이어져야 한다."[29] 두 번째 논설을 읽은 아브네리는 함마미의 관점이 PLO 내의 의도적인 정책 변화를 반영하고 있음을 확신하게 되었다. 한번은 몰라도 상습적인 외교관의 경솔한 언동은 틀림없이 파면으로 이어졌을 것이다. 따라서 그는 야세르 아라파트의 지지가 없었다면 함마미는 결코 이스라엘과 팔레스타인 간의 상호 인정과 같은 주장들을 제안할 수 없었을 것이라고 생각했다.

아브네리는 사이드 함마미와 접촉해보기로 결심했다. 1973년 12월에 제네바 평화 회담에 참석한 아브네리는 「타임스」의 한 언론인에게 PLO 대표와의 만남을 주선해달라고 요청했다. 이러한 만남은 두 사람 모두에게 위험부담이 컸다. 폭력적인 테러가 난무하던 1970년대 초에 팔레스타인의 과격분자들이나 이스라엘의 첩보기관인 모사드(Mossad)나 모두 적들을 암살하는 데에 열심이었다. 함마미와 아브네리는 기꺼이 이러한 위험을 감수하면서 만남을 가졌다. 두 사람 모두 아랍-이스라엘 분쟁을 평화롭게 해결할 수 있는 유일한 방법은 두 국가 해법뿐이라고 확신했기 때문이었다.

그들은 1974년 1월 27일에 아브네리의 런던 호텔 방에서 첫 만남을 가졌다. 그 만남에서 함마미는 자신의 견해를 밝혔는데, 아브네리는 다음과 같이 그 내용을 요약했다.

> 팔레스타인과 이스라엘, 두 민족이 존재한다.
>
> 그는 팔레스타인에 이스라엘 국가가 새롭게 존재하게 된 방식을 좋아하지 않았다. 시오니즘을 거부했으나, 이스라엘 국가가 존재한다는 사실은 받아들였다.
>
> 이스라엘 국가 성립 이후 이스라엘은 민족자결권을 가지게 되었다. 물론 팔레스타인 사람들도 이러한 권리를 가지고 있지만 말이다. 현재 유일한 현실적인 해결안은 두 민족 각각이 자신들의 국가를 가질 수 있도록 허용하는 것뿐이다.
>
> 그는 이츠하크 라빈을 좋아하지 않았고, 이스라엘인들이 야세르 아라파트를 꼭 좋아할 필요가 없다는 것도 인정했다. 각 민족은 상대방이 선택한 지도자를 받아들여야만 한다.
>
> 우리는 어떤 초강대국도 개입시키지 않고 평화를 조성해야만 한다. 평화는 이 지역의 주민들로부터 비롯되어야 한다.[30]

아브네리는 이스라엘은 유대 시민 민주국가이므로 이스라엘 정부의 정책을 바꾸기 위해서는 우선 이스라엘의 여론을 바꾸어야 한다고 함마미에게 강조했다. "단순히 말이나 성명, 상투적인 외교 방식으로는 여론을 바꿀 수 없소"라고 함마미에게 말했다고, 그는 훗날 회고했다. "여론은 모든 사람들의 마음에 직접적으로 호소하는 극적인 사건이 있을 때 바뀐다오. 이는 사람들이 텔레비전에서 자신의 눈으로 볼 수 있고, 라디오로 들을 수 있어야 하며, 신문의 머리기사로 읽을 수 있는 그런 사건이어야 하오."[31]

한동안은 아라파트도 함마미도 서구 언론을 통해서 두 국가 해법을 주창하는 것 외에는 이스라엘의 여론을 자기편으로 끌어들이기 위해서 아무 것도 할 수 없었다. 하지만 당시의 분위기상 여론을 바꾸기 위해서는 PLO 지도부가 공개적으로 과감한 표현을 하는 것 외에도 더욱더 급진적인 정책 변화가 필요했다. 아브네리와 PLO 런던 대표 간의 만남이 계속해서 철저하게 비밀에 부쳐지기는 했으나, 함마미의 온건한 메시지가 아라파트를 UN 연설에 초청하도록 만드는 데에 기여했음은 확실하다. 「타임스」에 기고한 논설들을 통해서 함마미는 PLO가 이스라엘과의 협상을 통해서 문제를 해결할 준비가 되어 있음을 서구 세계에게 보여주었던 것이다. 아라파트의 연설은 아브네리가 이스라엘의 정책 변화를 압박하기 위해서 필요하다고 역설했던 바로 그 "극적인 사건"을 만들 기회를 제공했다.

이에 이어서 1974년에 아라파트에게 찾아온 또다른 중요한 돌파구는 아랍 무대에서 마련되었다. 모로코의 라바트에서 열린 아랍 정상 회담에서 아라파트가 경쟁자인 요르단의 후세인 왕을 물리치고, 팔레스타인 민족의 유일한 합법적인 대표기구로서 PLO가 아랍 국가들로부터 공인을 받은 것이다. 1974년 10월 29일에 열린 아랍 국가수반 회의는 PLO를 만장일치로 지지했으며, PLO의 주도 아래 "해방된 팔레스타인 땅 어느 곳에서든 자치 정부"를 수립할 수 있는 팔레스타인 사람들의 권리를 공언했다. 이 결의안이 통과되면서 팔레스타인을 대표할 권리와 서안 지구에 대한 요르단의 통치권을 주장하던 후세인 왕은 큰 타격을 입었다. 반면 아라파트가 라바트를 떠났을 때 망명정부로서 PLO의 입지는 더욱 견고해져 있었다.

라바트에서 승리를 거둔 지 보름 만에 아라파트는 팔레스타인의 민족자결권에 대한 국제적인 지지를 호소하기 위해서 UN에 도착했다. 절반은 팔레스타인 사람이었던 레바논의 외교관 리나 타바라가 아라파트의 연설을 영어와 프랑스어로 통역하는 일을 돕기 위해서 동행했다. 타바라는 그 순간의 극적인 상황에 압도되었다. "나는 야세르 아라파트의 바로 뒤에 서서 유리 건물의 정문으로 들어갔고, 그는 의전상의 몇몇 상세한 부분을 제외하고는 국가수반에 합당하는 환영을 받았다"라고 타바라는 회상했다. "그것은 [팔레스타인] 저항운동의 정점이었고, 나라를 빼앗긴 이들을 위한 승리의 순간이었으며, 내 생애의 가장 아름다운 날 중의 하나였다." 연단으로 안내된 아라파트가 UN 총회의 기립박수를 받는 것을 보면서 그녀는 "팔레스타인 출신인 것이 자랑스러웠다."[32]

아라파트는 긴 연설— 총 101분— 을 했다. "그것은 정말이지 위원회의 작품이었다"라고 칼리드 알 하산은 훗날 회고했다. "초고를 쓰고 또 썼다. 거의 흠잡을 데가 없다고 생각되었을 때, 비로소 한 유명한 시인에게 마무리를 부탁했다."[33] 그것은 선동적인 연설이었고 정의의 희구(希求)였지만, 본질적으로 팔레스타인 청중과 팔레스타인의 혁명 투쟁을 지지하는 사람들을 대상으로 한 연설이었다. 다시 말해서 이스라엘 대중을 동요시키거나 이스라엘 정부의 정책을 변화시키려고 의도된 연설이 아니었다. 아라파트는 이스라엘과의 타협을 제안할 수 있을 만큼 자신의 조직 내에서 충분한 지지를 받고 있지 못했다. 뿐만 아니라 이스라엘은 듣고 있지도 않았다. 이스라엘 대표단은 PLO 의장의 출현에 대한 항의의 표시로 아라파트의 연설에 참석하지 않았다.

아라파트는 두 국가 해법에 대한 함마미의 호소를 역설하는 대신에 팔레스타인 전역에서 "기독교도, 유대인, 무슬림이 정의와 평등, 형제애, 진보 속에서 함께 살아가는 하나의 민주국가 수립"이라는 자신의 오래된 "혁명적 꿈"에 대한 이야기로 되돌아갔다. 이스라엘과 이스라엘을 지지하는 미국인들에게 이것은 유대 국가의 파괴를 갈망하는, 오래되고도 친숙한 이야기로 들릴 뿐이었다. 게다가 설상가상으로 아라파트는 이스라엘에게 손길을 내밀기 위해서 UN의 연단을 이용하기는커녕 잘 알려져 있는 다음과 같은 위협적인 언사로 연설을 마무리했다. "오늘 저는 올리브 가지와 자유전사의 총을 가슴에 품고 왔습니다. 올리브 가지가 제 손에서 떨어지도록 놔두지 마십시오. 거듭 말하지만, 올리브 가지가 제 손에서 떨어지도록 놔두지 마십시오."[34]

아라파트는 한번 더 기립 박수를 받으며 대회장을 떠났다. 정의와 팔레스타인 민족국가 수립을 향한 PLO 의장의 갈구는 국제 사회로부터 전폭적인 지지를 받았다. 그러나 아라파트에게 정작 필요한 것은 대담한 표현이 아니라 지지자들이었다. 리나 타바라가 정확히 2년 후에 아라파트를 다시 만나게 되었을 때, PLO 의장은 레바논 내전에서 정치적인 생존을 걸고 싸우고 있었다.

1974년에 팔레스타인 운동은 매우 많은 것들을 달성했다. PNC 외교위원회의 의장이었던 칼리드 알 하산은 1974년을 PLO 지도부가 "이스라엘과의 화해에 주력하는 매우 중대한 해"로 선포했다. 그러나 아라파트의 UN 연설 이후에도 팔레스타인-이스라엘 협상은 어떤 진전도 보이지 못했다. 함마미와 아브네리는 런던에서 비밀 만남을 계속 가졌는데, 함마미는 이를 아라파트에게 요점 보고하고 아브네리는 이츠하크 라빈과 정기적으로 만나면서 각자의 지도자들에게 자신들이 나눈 대화에 대한 최신정보를 알렸다. "사이드 함마미가 하고 있는 작업의 중요성은 아무리 강조해도 지나치지 않다"라고 칼리드 알 하산은 주장했다. "이츠하크 라빈의 이스라엘 정부가 함마미를 통해서 우리가 보내고 있던 신호에 응답했더라면, 우리는 몇 년 내에 정의로운 평화를 구축할 수 있었을 것이다."[35] 그러나 아라파트는 이스라엘에게 양보할 엄두를 내지 못했고, 라빈은 강경하게 반대해왔던 팔레스타인 국가 건설을 독려할 만한 그 어떤 행동도 취하려 하지 않았다.

1974년 이후 팔레스타인과 이스라엘 양측의 입장이 경직되면서 함마미와 아브네리는 자신들이 속한 사회 내의 과격분자들로부터 점점 더 큰 위협을 받게 되었다. 1975년 12월에 정신 나간 한 이스라엘인으로부터 텔아비브 자택 인근에서 칼을 맞은 아브네리는 심각한 부상을 입었다. 그리고 1978년 1월에는 함마미가 런던 사무실에서 사살되었는데, 이는 이스라엘과의 만남에 반대하던 팔레스타인의 거부파 아부 니달 그룹의 소행이었다. 단발에 함마미의 머리를 명중시킨 범인은 배신자라고 비난하며 그에게 침을 뱉고는 유유히 런던 거리를 빠져나갔다.[36]

이스라엘과 팔레스타인 간의 평화를 위한 기회의 창은 이렇게 닫혔다. 1975년 4월 13일, 기독교도 민병대가 베이루트 교외 지역인 아인 룸마네에서 팔레스타인 사람들로 가득 찬 버스를 매복 기습하여 승차하고 있던 28명 전원을 살해했다. 이것은 향후 15년 동안 레바논을 황폐화시키고 팔레스타인 운동을 거의 고사 직전까지 몰고갈 내전의 서막이었다.

***

나라의 인구통계학적인 균형 상태가 깨지면서, 레바논의 정치적인 안정은 점점 더 큰 위협을 받게 되었다. 프랑스는 자신들이 보호하고 있던 기독교도들이 과반수를 차지하는 국가를 만들기 위해서 시리아 위임통치령으로부터 가능한 한 가장 크게 레바논을 떼어냈다. 하지만 레바논의 무슬림들(수니파와 시아파 그리고 드루즈인까지 포함해서)의 인구성장률이 더 높았기 때문에 순수하게 수적으로만 보자면 그들은 1950년대에 이미 기독교도(지배적인 마론파와 더불어 그리스정교와 아르메니아, 프로테스탄트, 기타 수많은 소수종파들)들을 따라잡기 시작했다. 기독교도가 무슬림보다 근소한 차이로 더 많았던 1932년의 인구조사가 마지막으로 이루어진 공식적인 인구조사였고, 오늘날까지도 레바논의 인구 분포에 대한 정확한 수치는 존재하지 않는다.

레바논이 1943년에 독립을 성취했을 당시 무슬림 주민들은 레바논을 아랍 세계와 통합하고 과거 식민 종주국이었던 프랑스로부터 거리를 두겠다는 기독교도들의 약속을 믿고서 그들에게 정치적인 우위권을 기꺼이 양보했다. 1943년의 국민협약에 새겨 넣은 권력분배의 원칙인 "신조주의(信條主義, confessionalism : 각 종파의 대표자들이 비례 대표가 되어 정부의 고위직을 차지하는 레바논 고유의 권력 분배 방식/역주)" 즉 종파주의 체제에 근거하여 정부의 최고 직책들이 레바논 공동체들 사이에서 분배되었다. 예를 들면 마론파에게는 대통령직이, 수니파에게는 총리직이, 시아파에게는 국회의장직이 할당되었다. 의회의 의석도 근소한 차이지만 기독교도들에게 좀더 유리하게 6 대 5의 비율로 기독교도와 무슬림 간에 배분되었다.

1958년의 내전 시 이러한 권력 분배 협약에 처음으로 문제가 제기되었다. 하지만 1958년 9월에 미국이 군사적으로 개입하고 개혁 성향의 푸아드 시하브가 대통령으로 선출되면서 레바논은 현상(現狀)을 회복했고, 향후 10년 동안은 신조주의 체제가 유지되었다. 레바논 영토에서 발생한 팔레스타인 혁명으로 신조주의 체제에 대한 두 번째 공격이 촉발되는 1960년대 말까지는 말이다.

팔레스타인 사람들은 독특한 방식으로 레바논의 정치 및 인구학적인 균형 상태를 무너뜨렸다. 등록된 팔레스타인 난민의 수가 1950년의 12만7,600명에서 1975년에는 19만7,000명으로 증가했다— 1975년경의 실제 팔레스타인 거주민 수는 거의 35만 명에 달했다.[37] 팔레스타인 난민들은 거의 대부분이 무슬림이었다. 결코 레바논의 주민으로 통합되거나 시민권이 주어지지 않았지만, 레바논 영토에 팔레스타인 사람들이 존재한다는 사실은 레바논의 무슬림 인구의 비중이 매우 커졌음을 의미했다. 이집트의 가말 압델 나세르 대통령이 레바논 영토에서 팔레스타인 게릴라들이 이스라엘 북쪽 지역에 대한 공격을 감행할 수 있도록 레바논 정부와 협의한 1969년부터 팔레스타인 난민들의 정치적 활동이 활발해졌다. 검은 9월 사건으로 요르단에서 팔레스타인 민병대가 추방된 이후에는 레바논이 PLO의 작전사령부가 되었다. 무장한 팔레스타인 난민들은 점점 더 공세적으로 정치활동을 전개해나갔다. 다방면으로 팔레스타인인들이 레바논 정부의 통치권에 도전하면서 팔레스타인 혁명 운동은 레바논 국가 속의 국가가 되려 한다는 비난을 받게 되었다.

대다수의 레바논인들은 1975년의 내전이 전적으로 팔레스타인 사람들의 탓이라고 생각했다. 1970년대 중반에도 여전히 마론파의 유력 인사 중의 한 명이었던 전직 대통령 카밀 샤문에게 이 분쟁은 결코 내전이 아니었다. "최고 권력을 장악해서 국가 전체를 지배하려는" 레바논의 무슬림들에게 이용당하고 있는 "팔레스타인인들과 레바논인들 간의 전쟁이 시작되었고 계속될 것이다"라고 그는 주장했다.[38] 하지만 샤문은 진실을 다 말하지 않았다. 레바논 사람들 간의 불화는 이미 돌이킬 수 없는 상태였고, 팔레스타인 사람들은 레바논 정치를 재규정하려는 다툼 속에서 촉매제가 되었을 뿐이었다.

1970년대 초반에 일부 기독교도들과 무슬림, 드루즈인, 범아랍주의자, 좌파 조직들이 모여서 국민운동(National Movement)이라는 정치 연합을 만들었다. 그들의 목표는 낡아빠진 레바논의 종파주의 체제를 전복하여 1인 1표의 세속적인 민주주의로 대체하는 것이었다. 이 연합의 수장은 드루즈파의 지도자 카말 줌블라트였다. 1917년에 가문의 근거지인 무흐타라 마을에서 태어난 줌블라트는 파리와 베이루트의 예수회 대학교에서 법과 철학을 공부했고, 1946년에 29살의 나이로 레바논 의회에 입성했다. "신조주의에서 벗어난 세속적이고 진보적인 레바논만이 살아남을 수 있다"라고 그는 주장했다.[39] 줌블라트를 비판하던 사람들에게 세속적인 레바논을 촉구하는 그의 주장은 레바논을 과반수의 무슬림 — 추정에 따르면 1970년대 중반에 레바논의 무슬림은 55 대 45의 비율로 기독교도들보다 많았다 — 이 지배하는 나라로 만들어서 중동의 기독교 국가로서의 정체성을 말살하려는 의도로 이해되었다.

줌블라트가 보기에 팔레스타인 사람들은 근본적으로 레바논인들 간에 벌어진 전쟁에 원인을 제공한 하나의 요인에 지나지 않았다. "레바논 사람들이 폭발할 준비가 되어 있지 않았다면, 어떤 폭발도 일어나지 않았을 것이다"라고 그는 추론했다. 이처럼 레바논에 관한 샤문과 줌블라트의 견해 차이는 매우 컸다. 마론파 지도자 샤문은 국민협약의 권력 분배 원칙을 지키는 데에 집착했고, 이를 통해서 레바논 기독교도들의 특권적인 지위를 보호하고자 했다. 반면 줌블라트와 국민운동은 레바논의 다수를 차지하고 있던 무슬림에게 유리한, 동등한 시민권에 기반한 새로운 질서를 주장했다. 근본적으로 이것은 레바논을 누가 통치할 것인지를 둘러싼 권력 투쟁이었고, 양측 모두 자신의 도덕적인 우위를 주장했다. 한 동시대인은 샤문과 줌블라트를 "자신들의 추종자들에게는 귀감이 되었을지 모르겠지만 서로를 증오하고 냉대하던 상대방에게는 괴물로 여겨졌던, 두 사람 모두 자신들의 궁전에 틀어박힌 채 확신으로 가득 차 있었다"라고 묘사했다.[40]

현상 옹호자들과 사회혁명 지지자들 간의 충돌이 1975년 봄에 절정에 이르렀다. 그해 3월에 남부 도시 시돈에서 무슬림 어민들이 생계 파탄을 우려하며 새로운 어업독점권에 항의하고자 파업에 들어갔다. 그런데 카밀 샤문과 많은 마론파 교도들이 참여한 조합은 단순한 노동쟁의 행위를 종파 문제로 비화시켰다. 어민들이 시위를 시작하자 마론파 교도가 지휘하는 레바논 군대가 이를 진압하기 위해서 파병되었다. 국민운동은 레바논군의 개입을 마론파 군대가 마론파 교도들의 거대 사업을 보호하기 위한 것이라며 비난했다. 군이 시위자들을 향해서 발포하면서 3월 6일에는 나세르주의 좌파 정당을 이끌던 수니파 이슬람 지도자 마루프 사드가 사망했다. 사드의 죽음으로 시돈에서 대중 봉기가 촉발되었고 레바논군과 대격전을 벌이던 좌파 레바논 민병대와 팔레스타인 특공대도 합세했다.

트럭에 탄 테러분자들이 4월 13일 일요일에 교회를 나서던 마론파 지도자 피에르 제마엘을 정당한 이유도 없이 공격하면서 충돌은 시돈에서 베이루트로 확산되었다. 제마엘은 1만5,000명 정도의 무장병력을 가진 것으로 추정되는, 레바논의 단일 최대 우파 민병조직인 마론파 팔랑헤당(Maronite Phalangist Party)의 창립자였다. 테러분자들은 제마엘의 경호원 한 명을 포함해서 3명을 사살했다. 격분한 팔랑헤 당원들은 복수를 결의했고, 같은 날 기독교 교외 지역인 아인 알 루마네를 지나가던 버스를 매복 공격하여 버스에 탑승해 있던 팔레스타인 사람 28명을 전원 살해했다. 학살에 관한 소식이 전해지자, 레바논 사람들은 급작스럽게 악화된 폭력사태가 전쟁을 불러오리라는 것을 즉각 눈치챘다. 다음 날 그 누구도 일터에 나가지 않았고, 학교는 폐쇄되었으며, 거리는 텅 비었다. 베이루트 사람들은 신문을 읽고, 라디오를 들으며 짧고 날카로운 총성을 배경으로 지역의 뉴스들을 전화로 전하며 집에서 근심에 싸인 채 사건을 주시했다.

리나 타바라는 내전이 시작되었을 당시 베이루트에서 일하고 있었다. 타바라는 1974년에 UN에서 야세르 아라파트의 연설을 돕는 임무를 마치고 레바논의 외무부로 복귀했다. 여러 면에서 그녀는 유복하고 교양 있는 레바논인의 전형이었다. 영어와 프랑스어, 아랍어에 능통했고 건축가와 결혼하여 베이루트 도심의 가장 세련된 지역에 거주했다. 전쟁이 발발했을 때, 그녀의 나이는 34살이었고 2살과 4살의 두 어린 딸이 있었다.

황갈색의 머리카락과 파란 눈을 가진 타바라는 사실 팔레스타인인과 레바논인 부모 사이에서 태어난 무슬림이었지만, 흔히 기독교도로 통했다. 자신의 혼혈적인 정체성에 자부심을 가지고 있던 그녀는 자신을 둘러싼 사회가 견고하게 두 개의 진영으로 쪼개져 있다는 것을 알았지만 개전 초기의 몇 달 동안은 그 어느 편도 들지 않았다. 하지만 이러한 입장을 고수하기는 쉽지 않았다. 처음부터 레바논 내전은 종파 간의 살해와 잔인한 보복살인으로 얼룩져 있었다.

민병대 간의 전투가 7주일 동안이나 계속되던 가운데 5월 31일에 베이루트에서 비무장한 민간인들을 단순히 종교가 다르다는 이유로 살해하는 최초의 종파 간 학살이 발생했다. 무슬림들이 서(西)베이루트의 바슈라 구역에서 기독교도들을 검거하고 있다고 알려주기 위해서 한 친구가 리나 타바라에게 전화를 걸었다. "그곳에 바리케이드와 신원 검문소가 세워졌어"라고 타바라의 친구는 소리쳤다. "기독교도들도 대처를 해야만 해. 그들이 무덤으로 질질 끌려가고 있다고." 10명의 기독교도들이 그날 베이루트에서 처형되었다. 신문은 그날을 검은 금요일(Black Friday)이라고 칭했다. 엄청난 참사가 곧 이어졌다.[41]

1975년의 여름 동안 베이루트에서의 일상은 전쟁이 초래한 여러 가지 제약들에 도시민들이 적응하면서 비정상의 정상 상태를 띠게 되었다. 가장 인기가 있었던 라디오 프로그램 중의 하나는 청취자들에게 안전한 길과 출입금지 구역에 대한 최신 정보를 정기적으로 알려주는 방송이었다. "존경하는 청취자 여러분, 여러분들께 이 지역을 피하고 대신 저 길로 가시라고 권합니다"라고 진행자는 안심시키듯이 알려주었다. 1975년의 여름을 지나 가을까지 충돌이 이어지면서 상황이 악화되자 그의 음색도 점점 더 긴박해졌다. "신사숙녀 여러분, 안녕하세요. 오늘은 10월 20일 일요일입니다. 모두 잘 지내셨죠? 이제 모두 집으로 빨리, 매우 빨리 돌아가셔야 합니다!"[42] 라디오의 공습경보는 적들을 감시하고 포격용으로 사용하던 고층 건물들을 두고 싸우는 민병대

간의 새로운 전투가 베이루트 중심부에서 시작되었음을 알리는 것이었다. 외관만 마무리된 채 베이루트의 상업 지구를 내려다보고 있는 고층빌딩 무르 타워는 수니 좌파인 무라비툰 민병대(나세르주의를 지향하는 레바논의 민병대 조직/역주)의 거점이었다. 한편 베이루트 호텔 지구 중심부에 위치한 고층 건물인 홀리데이 인은 마론파 팔랑헤 민병대가 장악하고 있었다.

밤새 벌어진 전투 동안 미사일과 포탄이 양 고층건물 사이를 오가면서 인근 지역이 엄청난 피해를 입었다. 1975년 10월에 국민운동 대원들— 타바라는 이들을 "이슬람-진보주의자"라고 불렀다— 이 호텔 지구를 포위하고 마론파 민병대원들을 궁지로 몰았다. 하지만 전투원들 간에 완충 역할을 하도록 그 주변에 2,000명의 레바논 병사를 배치한 내무장관 카밀 샤문 덕분에 기독교도 민병대원들은 구출될 수 있었다. 11월에 휴전이 다시 이루어졌지만, 그 누구도 전쟁이 끝날 것이라는 환상을 품지 않았다.

12월에 바리케이드가 다시 설치되었고, 무고한 사람들에 대한 무차별적인 살인이 재개되었다. 납치된 4명의 팔랑헤 당원이 시신으로 발견되었다. 마론파 민병대는 주민증을 검사해서 무슬림으로 밝혀진 민간인 300-400명을 살해하는 것으로 앙갚음을 했다. 무슬림 민병대도 수백 명의 기독교도들을 살해하는 방식으로 똑같이 대응했다. 이 날은 검은 토요일(Black Saturday)로 알려졌다. 결국 그날에 리나 타바라도 편을 정할 수밖에 없었다. "기독교도와 무슬림을 가르는 거대한 심해를 더 이상 외면할 수 없게 되었다. 이번의 검은 토요일로 상황은 도를 넘어섰다." 이때부터 리나는 무슬림들의 대의에 공감을 표했다. "내 내면에 깊숙이 뿌리내린 증오의 씨앗과 복수의 욕구가 치솟았다. 지금 이 순간 무라비툰이든 다른 누구이든 간에, 우리가 당한 만큼 갑절로 팔랑헤 당원들에게 앙갚음해주었으면 정말 좋겠다."[43]

1976년 초반 외부 세력들이 레바논인들 간의 전쟁에 적극적으로 개입하기 시작했다. 수개월 간의 격렬한 전투로 막대한 양의 총과 탄환, 지프와 군복, 로켓과 포가 소진되었는데, 이 모두는 엄청난 비용이 들었다. 레바논 민병대는 무기로 넘쳐나는 이웃 국가들로부터 무기를 구입했다. 석유 호황의 결과로 중동 지역에서는 무기 판매가 급증했고, 악화일로의 내전을 이용하여 이 나라에 영향력을 행사하기 위하여 레바논의 이웃 국가들은 민병대를 무장시켰다.

소련과 미국은 오래 전부터 중동 지역의 우방국들에게 무기 체계를 제공해 왔다. 다른 국가들도 수지가 맞는 이 시장에 재빠르게 동참했고, 유럽의 생산자들은 친서구적인 "온건한" 아랍 국가들에게 중장비를 판매하기 위해서 미국과 경쟁했다. 예를 들면, 사우디의 방위비는 1968년의 1억7,100만 달러에서 1978년의 130억 달러 이상으로 증가했다.[44] 레바논 사태에 개입하고 싶었던 지역 내 세력들이 자신들의 잉여무기들을 전쟁 중인 레바논 민병대에게 공급하기 시작했다. 리나 타바라는 "공산주의자들의 정권 탈취라는 가상 상황을 걱정한 리야드 정권이 오히려 이슬람의 적대세력을 지원하면서" 사우디 정부가 기독교 민병대를 지원한다는 소문이 돌고 있다고 전했다.[45] 마론파 교도들 역시 팔레스타인 민병대와의 싸움을 도우려는 이스라엘로부터 무기와 탄약을 공급받았다. 좌파 성향의 국민운동은 이라크나 리비아처럼 소련과 소비에트 위성국들로부터 무기를 확보했다. 레바논인들 간의 내전이 냉전과 아랍-이스라엘 분쟁, 아랍 세계에서 전개되고 있던 혁명정권과 보수정권 간의 싸움 속으로 끌려들어가고 있었다.

레바논 전쟁은 1976년이 지나면서 극단주의자들 간의 충돌로 변질되었고, 학살은 또다른 보복 학살로 이어졌다. 기독교도 병사들이 1976년 1월에 무슬림 빈민가인 카란티나를 습격해서 수백 명을 살해하고, 불도저를 동원하여 이곳의 판자촌을 지도에서 지워버렸다. 이에 국민운동과 팔레스타인 민병대원들은 카밀 샤문의 근거지인 베이루트 남쪽 해안가의 기독교 도시 다무르를 포위하여 보복을 감행했다. 다무르가 1월 20일에 팔레스타인과 무슬림 민병대의 수중에 떨어지면서, 500명의 마론파 교도들이 살해되었다. 5개월 후에 마론파 병력은 기독교 마을들에 둘러싸여 고립되어 있던 탈 알 자타트 팔레스타인 난민촌을 포위했다.[46] 난민촌에 살던 3만 명의 거주민들은 항복하기 전까지 무려 53일간의 무자비한 폭력적인 군사작전으로 고통을 겪어야 했다.

수주일 동안 의료구호나 깨끗한 물도 없이 지내야 했고 점점 줄어들던 식료품 공급마저도 결국에는 끊겼다. 약 3,000명이 탈 알 자타트에서 사망한 것으로 추정되지만 이 포위 동안 발생한 사상자 수에 관해서 참고할 만한 정확한 통계는 없다. 전쟁이 발발한 1975년 4월부터 적대행위가 중단된 1976년 10월까지 총 약 3만 명의 사람들이 살해되었고, 거의 7만 명이 부상을 입었다. 이는 레바논의 인구가 325만 명인 것을 감안한다면 엄청난 인명 피해였다.[47]

1976년 10월에 레바논 내전의 제1국면이 정치적인 위기가 발발하면서 종식되었다. 1976년 3월에 레바논 의회는 공화국 대통령 술레이만 프란지에에 대한 불신임을 결의하고 그에게 사퇴를 요구했다. 프란지에가 이를 거부하자 카말 줌블라트는 총력전을 벌이겠다고 위협했고, 반란을 일으킨 군부대는 베이루트 교외에 위치한 대통령 궁을 포격하기 시작했다. 시리아 대통령 하피즈 알 아사드는 프란지에를 보호하고 정전 합의를 위해서 군을 레바논으로 파병했다.

시리아의 보호 아래 다시 열린 레바논 의회는 정치적인 교착상태를 해소하기 위해서 조기선거를 치르기로 합의했다. 새로운 지도자를 뽑기 위하여 1976년 5월에 의원들이 모였고, 레바논 대통령이 선출되었다 — 지금도 의회가 대통령을 선출한다. 보수적인 기독교도들과 마론파 민병대가 지지하는 엘리아스 사르키스와 개혁주의 진영과 국민운동이 선택한 레몽 에데가 후보로 나섰다. 그런데 시리아의 아사드가 에데를 제치고 엘리아스 사르키스에게 전적인 지지를 보내자 레바논의 무슬림들은 매우 당황했다. 시리아가 레바논 정치에 직접적으로 관여를 하고, 베이루트와 레바논 전역의 전략적 거점에 군을 배치하여 이 나라에 대한 영향력을 확보하기 시작하면서, 이는 중요한 전환점이 되었다.

엘리아스 사르키스를 지지함으로써 시리아는 사실상 줌블라트의 국민운동과 팔레스타인인들의 반대편에 서게 되었다. 이것은 갑작스러운 입장의 선회였다. 왜냐하면 시리아는 항상 범아랍주의와 팔레스타인 운동을 위해서 싸워왔기 때문이다. 그랬던 그들이 이제 친서구적이고 반아랍주의적인 마론파 교도들을 옹호하고 있는 것이다. 리나 타바라는 "[무슬림] 진보주의자들이 장악하고 있던 베이루트 지역과 팔레스타인 난민촌을 포격하기 위해서 소련의 원조로 구입한 소련제 그라드 지대지(地對地) 미사일을 사용하는 베이루트 공항의 시리아군"을 보면서 상황의 심각성을 절감했다.[48] 리나는 시리아가 마론파 교도들을 의당 지원하고 있는 것이 아니라 레바논에 대한 영향력을 강화할 목적으로 마론파 교도들을 이용하고 있다는 사실을 재빨리 간파했다.

시리아가 이와 같이 레바논 사태에 개입하자 다마스쿠스가 레바논 분쟁을 이용해서 한때 번영했던 이웃을 흡수하지 않을까 다른 아랍 국가들도 우려하기 시작했다. 사우디아라비아의 칼리드 왕(재위 1975-1982)이 리야드에서 소규모의 아랍 정상회담을 주최하자 레바논 대통령 사르키스와 PLO 의장 야세르 아라파트 그리고 쿠웨이트, 이집트, 시리아의 대표들이 참석했다.

1976년 10월 18일에 아랍 지도자들은 모든 무장 세력의 전면적인 철수와 열흘 안에 발효될 항구적인 정전협정을 촉구하는 레바논 계획을 발표했다. 아랍 국가들은 레바논 대통령이 지휘하는 3만 명의 평화유지군을 창설하기로 합의했다. 아랍 평화유지군에게는 전투원들을 무장해제하고, 정전협정을 위반한 사람들의 무기를 징발할 수 있는 권한이 주어졌다. 리야드 정상회담은 PLO에게 레바논의 주권을 존중하고, 1969년의 카이로 협정에서 팔레스타인 전투원들에게 할당되었던 지역으로 철수할 것을 요구했다. 정상회담 결의안은 국민화합을 이루기 위해서 레바논의 모든 당사자들이 정치적 대화에 나설 것을 촉구하며 마무리되었다.

시리아의 의도에 대한 우려를 표명했음에도 불구하고 리야드 결의안은 레바논에 대한 다마스쿠스의 통제력을 감소시키는 데에 아무런 도움도 되지 못했다. 게다가 다른 아랍 국가들이 레바논에 많은 군인들을 파병하려 하지 않으면서, 시리아군이 아랍 다국적군의 주를 이루게 되었다. 레바논의 평화유지를 위해서 파견된 3만 명의 아랍 군인 중 약 2만6,500명이 시리아 병사였다. 사우디아라비아, 수단, 리비아가 형식적으로 파병했던 군대마저도 얼마 지나지 않아서 시리아군에게 모든 책임을 위임하고 레바논을 떠났다. 리야드 정상회담의 결의안은 결국 시리아의 레바논 점령을 합법화한 판에 박힌 문구가 되어버렸다.

사르키스 대통령이 "사랑과 형제애로" 시리아군을 맞이할 것을 레바논인들에게 당부했음에도 무슬림과 진보주의 정당들은 짙은 의혹을 지울 수 없었다. 카말 줌블라트는 회고록에 하피즈 알 아사드와 나눈 대화 중의 하나를 기록했다. "레바논에 파견한 군대를 철수해주십시오. 정치적 관여와 중재, 조정을 계속해주십시오……하지만 군사적 개입에는 반대합니다. 우리는 위성국가가 되기를 원하지 않습니다."[49] 리나 타바라는 베이루트 전역을 차지한 시리아 군인들을 보고 경악했지만, 무엇보다도 가장 괴로웠던 것은 "거의 대부분의 사람들이 이러한 정세에 만족해하는 듯이 보인다"는 사실이었다.

리야드 정상 회담의 결과로 전쟁이 시작되고 56번째 정전이 발효되었다. 혹시라도 시리아군의 점령과 함께 거의 2년 동안 지속되었던 싸움이 끝나고 평화가 오지 않을까 기대한 레바논 사람이 있었다면 그는 곧 낙담하게 되었다. 시리아군이 베이루트에 입성한 지 얼마 지나지 않아서 타바라는 레바논 폭력사태의 상징이 될 차량 폭발을 처음으로 목격했다. 그녀는 눈앞에서 펼쳐진 학살의 현장을 다음과 같이 묘사했다. "커다란 외침과 비명이 현장 너머에서 들렸다. 조심해, 폭탄이 설치된 자동차야, 더 있을 수도 있어, 라고 누군가가 외쳤다. 이러한 종류의 공격이 지난 며칠 동안 계속 발생했지만 배후에 누가 있는지 아무도 모른다. 심하게 부상당한 이들이 여기저기 길 위에 쓰러져 있었다." 타바라는 "시리아의 치안 아래 레바논인들이 누렸던 의기양양한 평온함이 산산이 부서지는 것을" 보며 잔인한 만족감을 느꼈다.[50] 넌더리가 날 정도로 피와 파괴를 목격한 그녀와 가족은 베이루트를 떠나 시리아로 건너가서, 해외 망명 중인 수십만의 레바논인들의 대열에 합류했다.

그러나 국제 사회는 레바논 분쟁이 이미 종결된 문제라고 생각했다. 적어도 한 동안은 말이다. 세계 언론의 관심은 전쟁으로 찢긴 레바논에서 예루살렘으로 그 방향을 바꾸었다. 1977년 11월 20일 일요일에 이집트 대통령 안와르 사다트가 아랍-이스라엘 분쟁의 종식을 제안하기 위해서 예루살렘의 이스라엘 국회에서 연설하기로 예정되어 있었던 것이다.

***

1977년 1월에 사다트는 나일 강 상류에 위치한 아스완 마을의 별장에서 레바논의 한 언론인과 인터뷰를 하고 있었다. 도시 한 가운데서 갑자기 자욱한 연기 기둥이 솟아오르는 것을 본 기자가 질문을 중단했다. "대통령 각하, 이상한 일이 각하 뒤에서 벌어지고 있습니다"라고 그녀는 말했다. 이 말에 뒤돌아본 사다트는 화재가 난 아스완과 나일 강 다리를 건너 그의 별장으로 몰려오는 폭도들을 보았다. 사다트는 궁핍해진 이집트 정부에게 빵과 다른 기본 식료품에 대한 여러 중요한 보조금들을 철폐하라는 명령을 조금 전에 내린 상태였다. 자신들의 생계가 위험에 빠졌다고 생각한 이집트의 빈민들이 거국적인 빵 폭동을 일으켰고, 보조금이 다시 지급되고 평화가 다시 찾아오기까지 171명의 사망자와 수백 명의 부상자가 발생했다.[51]

실제로 무언가 수상한 일이 사다트 뒤에서 벌어지고 있었다. 10월 전쟁 시 수에즈 운하에서 이집트군이 거둔 성공을 기리며 한때 사다트를 "횡단의 영웅(Hero of the Crossing)"이라고 불렀던 이집트 민중들은 대통령에 대한 신망을 잃어가고 있었다. 사다트는 나세르의 카리스마도 대중적 호소력도 가지고 있지 않았다. 이런 상황 속에서 번영에 대한 약속마저 이행하지 못한다면 그는 대통령직에서 물러나라는 압박을 받을 것이 자명했다. 사다트는 시간이 지날수록 번영은 미국의 지원—그리고 이스라엘과의 평화 구축—이 있어야만 가능하다고 확신하게 되었다.

1973년 전쟁의 직접적인 여파 속에서 사다트는 이집트군의 신뢰할 만한 수행능력을 보여주고 아랍의 석유 무기를 성공적으로 동원함으로써 이스라엘군이 시나이 반도에서 부분 철수하는 데에 미국이 동의하도록 만들었다. 자신의 주특기인 왕복 외교를 시작한 미국의 헨리 키신저 국무장관은 카이로와 예루살렘을 자주 오가며 협상을 벌여서 수에즈 운하와 시나이 유전 일부를 이집트에게 돌려줄 것을 명시한 두 개의 시나이 철수 협정(1974년 1월과 1975년 9월)을 이끌어냈다.

수에즈 운하의 수복은 사다트에게 중요한 성과였다. 우선은 나세르가 실패했던 일 — 운하가 이집트와 이스라엘 간의 실질적인 국경이 되지 않도록 하는 것 — 을 해냈기 때문이고 그 다음으로는 재정이 좋지 않았던 이집트에게 운하는 주요 수입원이었기 때문이다. 미국의 도움으로 1967년의 아랍-이스라엘 전쟁 동안 파괴된 선박의 잔해들을 운하에서 치운 이집트는 드디어 1975년 6월 5일에 이 전략적인 수로를 다시 국제 운항에 개방했다. 운하를 빠져나온 첫 배들은 14척으로 이루어진 "노란 선단(Yellow Fleet)" — 1967년 전쟁 때 대염 호수(大鹽湖水)에 갇혀서 노란 먼지를 뒤집어쓴 채 8년을 보냈기 때문에 이 국제 증기선 선단에 이러한 이름이 붙었다 — 의 일부였다. 이집트는 이러한 성과를 자축했지만, 시나이 협정은 시나이 반도의 대부분(6일 전쟁 시 이스라엘에게 점령당한 이집트 영토)에 대한 통제권을 여전히 이스라엘의 수중에 남겨두었고 이집트 재정 역시 겨우 입에 풀칠을 하고 있는 수준이었다.

사다트는 국고를 위해서 새로운 돈줄 찾기에 점점 더 필사적으로 매달리게 되었고, 자신의 입지 강화를 위해서라면 아랍 이웃 국가들에게도 기꺼이 등을 돌렸다. 필사적으로 이집트 수입을 증가시키려는 시도 속에서 1977년 여름에 사다트는 리비아 소유의 유전(油田)을 탈취하려 했다. 당시의 추정에 따르면 리비아는 매해 석유 수입으로 약 50억 달러를 벌어들이고 있었다. 이것은 이집트 전체 인구의 일부에 지나지 않는 주민들 — 또한 이집트군의 규모에 비한다면 그 일부분에 지나지 않은 숫자의 군인들이 이들을 지켜주고 있었다 — 을 가진 국가에게는 막대한 금액이었다. 한 순간의 정신 나간 기회주의적인 발상으로 사다트는 이 부유한 이웃 국가로 소련의 무기가 납품되고 있는 정황을 침공의 구실로 삼았다. 마치 리비아의 무기고가 이집트의 안전을 위협이라도 한다는 듯이 말이다.

7월 16일에 사다트는 서부 사막의 리비아 군을 공격하기 위해서 시나이 반도의 이스라엘 전선에서 군을 철수시켰다. 이집트 공군이 리비아의 기지를 폭격하면서 리비아를 침공하던 군대를 공중에서 엄호했다. "사다트의 판단이 틀렸음이 금세 드러났다"라고 노련한 분석가 모하메드 헤이칼은 회고했다. "[이집트] 국민과 군은 단지 아랍 이웃 국가를 공격하기 위해서 적국 이스라엘로부터 군을 철수시킨 것을 도저히 논리적으로 이해할 수 없었다."

이집트의 리비아 공격은 9일 동안 계속되었다. 이집트 국민은 열광하지 않았고, 워싱턴도 공개적으로 이집트의 명분 없는 공격에 적대심을 보였다. 카이로 주재 미국 대사가 리비아 침공에 대한 워싱턴의 반대 입장을 분명히 하자 사다트는 군대를 철수시킬 수밖에 없었다. 7월 25일에 이집트군은 리비아에서 철수했고 분쟁은 종식되었다. "이처럼 1월의 식량 폭동과 실패한 대외 도발로⋯⋯사다트는 1977년 중반에 이스라엘과의 새로운 관계 수립을 위해서 협상에 나설 필요가 있다는 결론에 도달했다"라고 헤이칼은 주장했다.[52] 사다트가 국가 수입을 늘리는 데에 실패한다면 또다른 식량 폭동이 일어날 것은 확실했다. 그는 아랍 형제들에게 — 설득에 의해서든 강제에 의해서든 — 자금을 구할 수 없었다. 그러나 이스라엘과 평화협정을 체결한 첫 아랍 국가가 된다면, 이집트는 미국으로부터 상당한 개발 원조를 받을 수 있을 뿐만 아니라 외국의 투자도 유치할 수 있을 것이었다. 이는 이스라엘에 대한 아랍인들의 비타협적인 태도를 고려한다면 매우 위험한 전략이었지만, 사다트는 이전에도 큰 위험을 무릅쓰고 성공한 적이 있지 않았던가.

이스라엘과 화해하기 위해서 넘어야 할 장애물이 일찍이 이렇게까지 높아 보였던 적은 없었다. 1977년 5월에 메나헴 베긴이 이끄는 우파 리쿠드당이 이스라엘 국가 수립 이후 정부를 독점해온 노동당을 제치고 승리를 거두었다. 베긴의 지휘 속에서 리쿠드당은 1967년 6월 전쟁에서 점령한 아랍 영토를 계속 보유하고자 유대인 정착촌 건설에 전념했다. 대이스라엘을 주장하는 전직 테러리스트보다도 더 비타협적인 협상 파트너를 상상하기란 쉽지 않았을 것이다. 그런데 모로코의 왕 하산 2세와 루마니아 대통령 니콜라에 차우셰스쿠를 통해서 이집트 대통령에게 회유적인 메시지를 보내 첫 접촉을 시도한 이는 다름 아닌 베긴이었다. 루마니아 대통령은 노동당이 이집트와의 평화협상을 훼방 놓을 가능성이 적기 때문에 "노동당이 여당이고 베긴이 야당인 상황에서는 평화협정 체결이 불가능하지만, 그 역할이 바뀌면 가능성은 더 높아질 것이다"라고 사다트를 설득했다.[53]

이집트로 돌아온 사다트는 상상도 할 수 없었던 아랍-이스라엘 평화협정을 체결하기 위해서 이스라엘과 직접 협상하는 문제를 두고 심사숙고하기 시작했다. 10월 전쟁에서 이집트군의 통솔력을 보여주었던 그가 평화협정도 주도한다면, 아랍 세계에서 이집트는 더 큰 권위를 가지게 될 것이었다. 그러나 사다트는 처음으로 이스라엘과의 전쟁 문제를 꺼냈던 1972년 당시 장군들이 반대했던 것처럼, 이번에는 정치인들이 그의 평화안을 반대하리라는 것을 너무도 잘 알고 있었다. 따라서 정치조직을 개편하고 변화에 보다 우호적인 새로운 인재들을 발탁할 필요가 있었다. 그는 자신의 평화운동 도모에 도움이 될 완벽한 외부 인사를 선택했다.

부트로스 부트로스갈리(1922-2016)는 카이로 대학교의 정치학과 교수였다. 그의 할아버지는 총리대신으로 그리고 그의 삼촌은 외무대신으로 이집트 군주정 당시 재직했었다. 명문 지주 집안이었던 부트로스갈리 가문은 1952년 혁명 정부의 토지개혁 정책으로 농지를 몰수당했다.

압도적으로 무슬림이 다수인 나라에서 부르토스갈리는 콥트 기독교도였고, 그의 부인은 저명한 이집트 유대인 가문의 일원이었다. 그러나 1952년 혁명 이후 이집트 주류 정치에서 부르토스갈리 가문을 소외시켰던 이와 같은 이유들이 이제는 사다트가 이스라엘과의 평화협정 체결을 결심하면서 그를 관직으로 부르게 된 동인이 되었다. 1977년 10월 25일에 훗날 UN 사무총장이 될 이 교수는 개편된 내각에서 국무부 장관으로 임명되었다는 소식을 듣고 어리둥절해했다.

정부에 참여한 지 얼마 지나지 않아서 부르토스갈리는 대통령이 처음으로 이스라엘과 기꺼이 공조할 의향이 있음을 넌지시 내비친 11월 9일의 인민회의 연설에 참석했다. "저는 어떤 식으로든 이집트의 소년과 군인, 장교들이 죽거나 다치지 않도록 보호할 수만 있다면 지구 끝까지라도 갈 준비가 되어 있습니다"라고 사다트는 의원들에게 말했다. 이스라엘을 언급하면서 연설을 계속 이어나갔다. "저는 그들의 나라에 갈 준비가 되어 있으며, 심지어는 이스라엘 국회에서 그들과 이야기할 준비도 되어 있습니다."

부트로스갈리는 사다트의 연설을 경청하려고 회기에 참석했던 야세르 아라파트 PLO 의장이 "이 말에 가장 먼저 우레 같은 박수를 친 사람이었다"라고 회고했다. "아라파트나 나의 동료들이나 그리고 나 역시 대통령이 암시하는 바를 이해하지 못했다." 그 누구도 사다트가 실제로 이스라엘로 당장 떠나려는 문제를 두고 심사숙고 중일 것이라고는 짐작도 하지 못했다.[54] 그러나 일주일 후에 부트로스갈리는 당시 부통령이었던 호스니 무바라크가 "다음 주 일요일에 이스라엘!에서 대통령이 발표할" 연설문의 초안 작성을 부탁했을 때, 사다트의 말의 의미를 완전히 이해하게 되었다. 부트로스갈리는 "이러한 역사적인 사건의 중심에" 자신이 서 있다는 사실에 매우 흥분했다.

사다트의 예상대로 많은 정치인들이 그의 계획에 반대했다. 외무장관 이스마일 파흐미와 외무 담당 국무 장관 무함마드 리야드는 예루살렘으로 사다트와 동행하느니 사퇴를 선택했다. 사다트의 출발 예정일 이틀 전에 외무장관 대행으로 임명된 부트로스갈리는 대통령의 예루살렘 방문단에 합류했다. 그의 친구들은 가지 말라고 경고했다. "공포의 기운이 도는 것을 느낄 수 있었다"라고 부트로스갈리는 회상했다. "아랍 언론은 악의적이었다. 어떤 무슬림도 사다트와의 동행에 동의하지 않을 것이기에 유대인 부인을 둔 기독교도 부트로스갈리를 선택한 것이라고 그들은 썼다."[55] 그러나 신임 외무장관 대행은 유대 국가 인정을 거부하고, 이스라엘 관료들과는 협상하지 않으며, 아랍 국가들과 이스라엘 사이에 평화는 있을 수 없다는 공동입장을 모든 아랍 국가들이 취하도록 만든 1967년의 카르툼 정상회담의 금기를 깨는 "예외적인 도전에 매료되었다".

이집트 대통령은 계획을 발표하고 나서야 자신의 결단에 대한 지지를 호소함으로써 다른 아랍 국가의 수장들을 난처하게 만들었다. 시리아와의 불화를 피하고 싶었던 사다트는 이스라엘을 방문하려는 계획을 하피즈 알 아사드 대통령에게 설명하기 위해서 다마스쿠스로 직접 날아갔다. 알 아사드는 즉시 아랍의 공동입장을 사다트에게 상기시켰다. "안와르 형제님, 항상 당신은 너무 서두르십니다. 물론 당신의 조바심을 이해 못하는 바는 아니지만, 당신이 예루살렘에 가면 안 된다는 것을 제발 받아들이세요"라고 아사드는 경고했다. "이집트 국민들은 절대 참지 않을 것입니다. 아랍 민족도 당신을 결코 용서하지 않을 겁니다."[56]

그러나 사다트는 포기하지 않고, 11월 19일에 45분이 소요되는 텔아비브로의 비행을 위해서 부트로스갈리와 함께 관용 비행기에 올랐다. "나는 거리가 이렇게 짧은지 미처 몰랐다!"라고 부트로스갈리는 감탄했다. "나에게 이스라엘은 우주 공간만큼이나 낯선 곳이었다."[57] 수년간의 전쟁과 반목 끝에 이집트 사람들은 처음으로 이스라엘을 실질적인 국가로 대하게 되었다. 그들의 심정은 매우 복잡했다. 노련한 이집트 언론인 모하메드 헤이칼은 사다트가 로드 공항(현재의 벤 구리온 공항. 텔아비브에 위치/역주)에 착륙한 비행기에서 모습을 드러낸 순간을 다음과 같이 묘사했다. "텔레비전 카메라가 계단에서 내려오는 그를 비출 때 수백만의 이집트인들이 느꼈던 죄책감은 일종의 참여의식으로 바뀌었다. 옳든 틀렸든 간에 사다트의 정치적 대범함과 육체적 용기에는 논쟁의 여지가 없었다. 금기의 땅에 발을 내딛은 그에게 많은 이집트인들은 매료되었지만, 나머지 아랍 세계는 큰 충격을 받았다."[58]

도착 다음 날인 1977년 11월 20일 일요일에 이집트 대통령 안와르 사다트는 아랍어로 이스라엘 국회에서 연설을 했다(부트로스갈리에게는 유감이었겠지만 그가 오랫동안 작업했던 영어 원문은 사용되지 않았다). 이것이야말로 우리 아브네리가 항상 PLO에게 강조했던 바로 그 과감한 행동이었다 — 평화 구축에 협력할 아랍 파트너가 있다는 사실을 이스라엘 대중에게 주지시키기 위한 계산된 행동 말이다. "이스라엘 국민에게 이 연단에서 청원하려고 합니다"라고 사다트는 텔레비전 카메라를 향해서 말했다. "저는 이집트 국민들의 평화 메시지를 여러분에게 가지고 왔습니다. 이스라엘의 모든 국민에게 전하는 안보와 안전 그리고 평화의 메시지입니다"라고 그는 선언했다.

사다트는 이스라엘의 입법자들을 제쳐놓고 유권자들에게 직접 "평화를 위해서 분투하도록 여러분의 지도부를 격려해줄 것을" 촉구했다.

"우리 서로 솔직해집시다"라고 사다트는 이스라엘 국회 안팎의 청취자들에게 계속 말을 이어나갔다. "어떻게 해야 우리는 정의에 기반한 영구적인 평화를 달성할 수 있을까요?" 사다트는 평화가 지속되기 위해서는 팔레스타인 문제를 공정하게 해결할 안이 필요하다는 자신의 생각을 분명히 밝혔다. "팔레스타인인들의 존재를 외면하고, 심지어는 그들의 종적조차 의문시하는, 이스라엘 전역에 널려 있는 구호들을 오늘날 그 누구도 받아들이지 않을 것입니다"라고 그는 이스라엘 당국을 꾸짖었다. 또한 평화는 다른 나라의 영토점령과는 양립할 수 없다고 말하면서 동예루살렘을 포함해서 1967년에 점령한 모든 아랍 영토들의 반환을 촉구했다. 그에 대한 답례로 모든 아랍 이웃 국가들은 이스라엘을 온전히 인정하고 받아들일 것이라고 주장했다. "우리가 진정으로 평화를 원하듯이, 여러분들도 진정으로 평화롭고 안전하게 우리 가운데 살기를 바랍니다"라고 사다트는 역설했다.

사다트의 예루살렘 방문은 외교적으로 상당한 성공을 거두었다. 이스라엘과 아랍 이웃 국가들 간에 처음으로 진지한 평화협상 과정이 시작되었다. 그러나 평화로의 길은 멀고 험난했으며 온갖 위험들로 가득했다. 이집트와 이스라엘은 서로 매우 다른 기대를 품고 협상 테이블에 앉았다. 사다트는 1967년에 점령한 모든 영토에서 이스라엘군이 완전히 철수하고, 동예루살렘, 서안 지구, 가자 지구에 팔레스타인 국가를 건설한다는 조건을 토대로 하여 나머지 아랍 세계와 이스라엘이 평화협정을 체결하도록 이끌고 싶었다. 하지만 이러한 양보를 할 의향이 전혀 없었던 베긴은 사다트에게 화답하는 연설에서 "사다트 대통령께서는 예루살렘에 오기 전부터 우리에게 들어 알고 계시겠지만, 우리와 우리 이웃 간의 영구적인 국경에 관한 우리의 입장은 대통령님의 것과는 다릅니다"라고 공언함으로써 아랍 세계에서의 사다트의 신망을 깎아내렸다.[59] 이후 이어진 협상 속에서 베긴은 완전한 관계 정상화의 대가로, 이집트에게는 시나이 반도 대부분을 그리고 시리아에게는 골란 고원의 대부분을 돌려줄 생각이 있음을 밝혔지만, 팔레스타인 측에는 단호하게 어떤 양보의 여지도 주지 않았다.

포괄적인 아랍-이스라엘 평화협상에 대한 이스라엘의 입장이 너무 제한적이었기 때문에 광범위한 아랍의 참여를 이끌어낼 수 없었다. 베긴은 전략적인 이유로 유대인 정착촌을 보존하고, 자신들이 점령한 시리아와 이집트의 영토 일부를 계속해서 보유하고자 했다. 이스라엘이 팔레스타인 사람들에게 양보한 것이라고는 베긴이 초지일관 성서에 나오는 지명인 유대와 사마리아로 불렀던, 가자와 서안 지구에서의 자치 정도가 전부였다. 이스라엘은 PLO와의 만남을 거부했고, 팔레스타인이 독립하거나 국가적 지위를 성취할 가능성, 또는 이스라엘 국회가 영구적이고 불가분한 유대 국가의 수도(이러한 주장은 지금도 국제적인 승인을 받지 못하고 있다)라고 선언한 예루살렘의 일부를 돌려줄 여지를 조금도 보여주지 않았다.

사다트는 과감한 평화협상 계획에 착수했지만 아랍과 이스라엘 양측 모두의 비타협적인 태도로 인해서 사면초가에 빠졌다. 아랍 통치자 중 그 누구도 이집트가 이끄는 대로 따르려하지 않았고, 베긴 총리도 그들에게 그럴 만한 동기를 부여하지 않았다. 베긴은 이집트와의 강화가 이스라엘의 전략적인 이해에 부합한다고 확신했다. 왜냐하면 다른 어떤 아랍 국가도 이집트 없이는 유대 국가에게 실질적인 위협을 제기할 수 없을 것이라고 생각했기 때문이었다. 따라서 다른 아랍 국가들과의 강화는 부차적인 문제였기 때문에, 그들로 하여금 협상에 진지하게 나서도록 유인할 만한 어떤 양보도 하려 하지 않았다. 사다트는 만연한 아랍인들의 적대심에도 불구하고 이스라엘과의 협상에 단독으로라도 나설 수밖에 없었다.

미국의 지미 카터 대통령은 사면초가에 몰린 이집트-이스라엘의 평화 계획을 성공으로 이끌기 위해서 최선을 다했다. 그는 1978년 9월에 메릴랜드의 캠프 데이비드의 대통령 별장에서 회담을 주최했다. 또다시 부트로스 부트로스갈리가 이집트 사절단과 동행했다. 캠프 데이비드 협정에 참석하기 위해서 사다트와 함께 비행기에 탑승한 부트로스갈리는 이집트 대통령의 전략을 경청하면서 점점 더 커지는 근심을 억누를 수 없었다. 사다트는 순진무구하게도 이집트의 협상 입지에 유리하도록 미국의 여론이 바뀔 것이며, 카터 대통령도 자신의 편을 들 것이고, 이스라엘로부터는 필요한 양보를 얻어내서 자신이 원하는 바를 이행하도록 만들 수 있을 것이라고 믿고 있었던 것이다. 하지만 부트로스갈리는 문제가 그렇게 간단하지 않을 것이라고 생각했다. "나는 미국이 이스라엘을 압박하기는커녕 오히려 사다트가 양보하게 되지 않을까 걱정이 되었다."[60]

사다트가 완전히 틀리지는 않았다. 이집트의 입장은 미국 내에서 상당한 지지를 받고 있었고, 카터 대통령 역시 베긴 총리로부터 양보를 얻어내기 위해서 엄청난 노력을 했다. 카터가 양측이 합의에 이르도록 하는 데에는 13일간의 험난한 협상과 22개의 초안이 필요했다. 베긴이 시나이 반도(그는 이곳에서 은퇴 후 여생을 보낼 계획이었다) 전체에서 철수하는 데에 동의했다. 하지만 사다트 역시 양보를 해야만 했다. 결정적으로 합의안은 팔레스타인의 자결권을 보장하지 않았다. 기본 문서에는 5년간의 과도기를 두고 서안과 가자 지구에서 이스라엘군이 철수하며 팔레스타인 지역에서 자치 정부가 자유로이 선출될 것이라는 규정이 담겼다. 그러나 점령당한 팔레스타인 영토의 최종적인 지위는 이집트, 이스라엘, 요르단 그리고 팔레스타인 지역에서 선출된 대표 간에 향후 협상하여 결정하는 것으로 정해졌다. 그런데 이 합의안에는 이러한 약속들을 이스라엘이 불이행할 시 받게 될 불이익에 대해서 어떤 언급도 되어 있지 않았다.

신임 이집트 외무장관 무함마드 이브라힘 카밀은 팔레스타인의 권리를 저버린 사다트의 배신에 항의하며 사퇴했다. 그럼에도 사다트는 단념하지 않고 워싱턴으로 건너가서 1978년 9월 17일 백악관에서 마련된 공식행사와 함께 "평화조약 체결에 관한 기본협정"에 서명했다.

아랍 세계는 대오를 깨고 이스라엘과 별도의 강화를 체결한 사다트의 결정에 아연실색했다. 1978년 11월에 아랍 국가 수반들이 이 위기에 대처하기 위해서 바그다드에서 정상회담을 소집했다. 산유국들은 사다트가 이스라엘과의 강화를 체결하게끔 만든 계기였던 물질적인 어려움을 줄여주기 위해서 이집트에게 10년 동안 연간 50억 달러를 할당하겠다고 약속했다. 또한 사다트가 이스라엘과 강화조약을 맺는다면, 이집트를 아랍 연맹에서 축출하고 연맹 본부를 카이로에서 튀니스로 옮기겠다고 위협했다.

그러나 사다트는 아랍의 협박 때문에 단념하기에는 이미 너무 멀리 와 있었다. 6개월간 더 진행된 협상 끝에 카터와 베긴, 사다트는 1979년 3월 26일에 이집트-이스라엘 평화조약 최종안에 서명하기 위해서 백악관 잔디밭에 다시 섰다. 이스라엘과 다섯 차례의 전쟁을 했던 가장 강력한 아랍 국가 이집트가 드디어 칼을 내려놓은 것이다. 이집트 없이 아랍 국가들도 결코 군사적으로 이스라엘을 이길 수 없었다. 따라서 팔레스타인과 다른 아랍 국가들은 자신들의 국가 및 영토적 목표를 보장받기 위해서 협상에 나설 수밖에 없는 처지가 되었다. 그러나 아랍 국가들은 비타협적인 이스라엘에게 영토를 돌려달라고 강제할 수 있을 만큼 충분한 힘을 가지고 있지 못했다. 또한 아랍의 대오를 깨고 다른 아랍 국가들을 희생시키며 자신의 영토는 지켜낸 이집트도 결코 용서하지 않았다. 집단행동을 했더라면 아랍 전체를 위해서 더 나은 평화협상안을 도출할 수 있었을 것이라고 다른 아랍 국가들은 주장했다.

1979년 3월에 평화조약이 체결되자, 즉시 아랍 국가들은 자신들이 했던 협박을 실천으로 옮겼고 이집트와의 국교를 단절했다. 이집트가 아랍의 품으로 완전히 다시 돌아오는 데에는 무려 20년이 넘게 걸렸다. 사다트는 무심한 척 했지만, 아랍 문제를 선도하던 조국을 자랑스러워하던 이집트 국민들은 이러한 고립에 크게 동요했다. 1979년에 이집트인들은 아랍 국가들의 국기가 아랍 연맹 본부와 카이로 도심 건너편에 위치한 대사관 건물들의 깃대에서 내려지는 것을 당황해하며 지켜보았고, 1980년 2월에는 국교 정상화와 함께 카이로에 새롭게 들어선 이스라엘의 대사관 위로 다윗의 별이 계양되는 것을 적지 않은 우려의 시선으로 바라보았다.

이집트 국민들은 이스라엘과의 평화협상에 반대하지 않았다. 단지 아랍 세계와 이집트 간의 유대관계를 희생시키고 얻은 평화를 원치 않았을 뿐이었다. 이집트와 이스라엘은 이제 평화롭게 지내게 되었지만, 이것이 양국의 국민들을 기쁘게 만들지는 못했다.

1970년대 말에 아랍-이스라엘의 화해를 능가하는, 현대 중동의 역사상 가장 중요한 사건 중의 하나가 발생했다. 비록 이란은 아랍 세계 밖에 있었지만 이슬람 혁명의 여파는 아랍 중동 곳곳에서 감지되었다.

1979년 1월에 미국의 후원을 받던 이란의 샤가 이슬람 성직자들이 주도한 민중혁명으로 왕위에서 쫓겨났다. 이슬람 혁명은 냉전 시대의 가장 중대한 사건 중의 하나였는데, 미국이 이 일대의 유력자 중 하나를 상실하면서 중동에서의 세력균형이 완전히 바뀌었기 때문이다. 또한 이란 혁명은 유가에도 심대한 영향을 미쳤다. 혁명의 소용돌이 속에서 세계에서 두 번째로 양이 많았던 이란의 석유 생산이 사실상 거의 중단되기 이르렀던 것이다. 샤의 몰락의 여파로 빚어진 혼돈 가운데 세계 시장은 10년간이나 계속된 두 번째 오일쇼크를 경험했다. 유가가 배럴당 13달러에서 34달러로 거의 3배가 올랐다.

세계의 소비자들이 고통을 겪는 동안 산유국들은 새로운 번영의 시대를 향유했다. 세계의 최대 석유 수출국인 사우디아라비아는 엄청난 산유부국(産油富國)이 되었다. 석유에서 벌어들이는 수익이 1970년 12억 달러에서 석유 금수조치가 정점에 이른 1973-1974년에는 225억 달러로 상승했다. 이란 혁명으로 촉발된 제2차 오일쇼크 이후 사우디의 수입은 1979년 700억 달러로 뛰었다. 1970년대 동안 거의 여섯 배가 상승한 것이었다. 쿠웨이트, 리비아, 카타르, 아랍 에미리트 연합국을 포함한 다른 아랍 산유국들도 비슷한 성장률을 기록했다. 사우디는 아랍 세계에서 가장 대대적인 재정지출 계획을 선보이며, 연간 개발 비용을 1970년의 25억 달러에서 1980년의 570억 달러로 인상했다.[61]

그러나 다른 산유국들과 마찬가지로 사우디아라비아도 자력으로 개발 목표를 실현하기에는 인력이 부족했기 때문에 다른 아랍 지역에서 노동자들을 모집해야만 했다. 국가가 없던 팔레스타인은 물론 튀니지, 요르단, 레바논,

시리아, 예멘이 아랍의 노동력 수출에 적극 참여했지만, 그중에서도 단연코 이집트가 가장 많은 노동력을 수출했다. 1970년대 동안 산유국으로 향한 아랍 이주 노동자의 숫자는 1970년의 약 68만 명에서 1973년 석유 금수조치 이후에는 130만 명으로, 1980년에는 약 300만 명으로 증가했다. 이러한 아랍 이주 노동자들은 자국 경제에 막대한 기여를 했다. 산유국의 이집트 노동자들이 고국으로 1970년에는 1,000만 달러를, 1974년에는 1억8,900만 달러를, 1980년에는 약 20억 달러를 송금했다. 이는 10년 동안 무려 200배가 증가한 수치였다.

이집트 사회학자 사드 에딘 이브라힘은 산유부국과 산유빈국 간에 이루어진 노동력과 자본의 교환 속에서 기인한 "새로운 아랍 사회질서"를 발견했다. 깊은 정치적 분열의 시기에 오히려 아랍인들은 경제적인 차원에서 점점 더 상호적으로 의존하게 되었다. 새로운 질서는 아랍 국가들 간의 적대심을 넘어설 만큼 유연성이 뛰어났다. 이집트가 리비아와 전쟁에 돌입한 1977년 여름에 40만 명의 이집트 노동자 중 그 누구도 이에 대한 보복으로 추방되지 않았다. 이러한 실용주의는 사다트가 이스라엘과 강화를 맺기 위해서 아랍 대열에서 이탈했을 때도 여전히 유효했다. 이집트 인력에 대한 산유국들의 수요는 캠프 데이비드 협정 이후 오히려 증가했다. 이브라힘의 결론처럼 석유는 아랍 현대사의 그 어느 시기보다도 1970년대 말에 아랍 세계를 사회경제적으로 더욱 가깝게 만들었다.[62]

이란 혁명의 여파가 석유시장 그 너머까지 미쳤다. 중동 지역에서 가장 막강한 군의 지지와 미국의 전적인 후원 아래 이 일대에서 가장 오랫동안 군림해 온 전제 군주가 몰락하자, 아랍 정치인들은 바짝 정신을 차리고 신경을 곤두세우게 되었다. 긴장한 아랍 통치자들은 점점 더 큰 우려의 눈길로 자국 내의 이슬람 정당들을 바라보기 시작했다. "이란 혁명이 이집트로 확산될 위험이 있습니까?" 부트로스 부트로스갈리는 한 이집트 언론인에게 이렇게 물었던 것을 훗날 떠올렸다. "이란 혁명은 이집트로 확산될 수 없는 병이다"라고 답하며 그 언론인은 그를 안심시켰다.[63] 이란은 시아파 국가이지만,

이집트와 다른 아랍 국가들은 매우 강력한 수니 이슬람 국가이기 때문이라고 그는 주장했다. 그리고 이집트는 또다른 이슬람 국가, 즉 사우디아라비아 왕국에 의해서 이란의 전염병으로부터 보호를 받고 있다는 것이었다. 하지만 머지않아 발생한 여러 사건들은 이 언론인이 틀렸음을 보여주었다. 이슬람주의 정치가 사우디아라비아에서 시작하여 향후 10년 동안 아랍 세계의 모든 정치 지도자들에게 도전을 제기했던 것이다.

사우디 왕국에서의 이슬람의 도전은 아라비아 반도의 무슬림 혁명 운동이라는 무명에 가까운 조직이 이슬람의 신경 중추인 메카의 대사원을 점령한 1979년 11월 20일에 시작되었다. 이 운동의 지도자는 이슬람의 정화와 서구적 가치의 거부, 위선과 부패로 지탄받던 사우디 왕정으로부터의 조국 해방을 주창했다. 1,000명가량의 반란군이 이슬람의 가장 신성한 성지를 볼모로 삼은 가운데 2주일이 넘도록 교착 상태가 계속되었다. 사우디는 반란을 진압하기 위해서 국가방위군을 파병해야만 했다. 공식적으로는 수십 명이 사망했다고 발표되었지만, 목격자들의 미확인된 주장에 의하면 수백 명이 사망했다. 이 운동의 지도자는 이집트나 예멘, 쿠웨이트, 다른 아랍 국가 출신의 추종자들 63명과 함께 체포되어 훗날 처형되었다.

대사원이 포위된 동안에 동부 지방에서는 사우디아라비아의 시아파들이 11월 27일에 폭력 시위를 벌였다. 그들은 이란 혁명의 정신적 지도자인 아야톨라 호메이니의 초상화를 들고 "전제적인" 사우디 정권의 타도를 촉구하는 인쇄물을 배포했다. 산개되어 있던 사우디의 국가방위군이 친이란파 시위대를 진압하는 데에는 3일이 걸렸고, 수십 명의 사상자가 발생했다.[64]

뜻밖에도 가장 부유하고 가장 강력한 산유국조차 신생 이슬람 정치 세력에게는 취약한 듯이 보였다. 더 이상 아랍 민족주의적 수사를 믿지 않는 새로운 세대가 아랍 세계에서 부상하고 있었다. 새로운 세대는 아랍의 왕과 대통령들이 부정부패로 궁전을 짓고, 아랍의 공익보다 개인의 권력을 우선시 하는 것을 보면서 정치 지도자들에게 환멸을 느꼈다. 그들은 소련의 공산주의나 무신론을 좋아하지 않았다. 또한 미국을 아랍 국가들 간의 분할통치를 추구하고 팔레스타인의 권리보다는 이스라엘의 이해관계를 독려하는 새로운 제국주의 세력이라고 생각했다. 그들이 이란 혁명에서 얻은 교훈은 이슬람이 모든 적들을 합친 것보다 강하다는 사실이었다. 이슬람의 불멸의 진리를 따라서 연대한다면, 전제 군주를 타도하고 초강대국에게도 용맹하게 맞설 수 있을 것이라고 무슬림들은 생각했다. 아랍 세계는 이슬람의 힘에서 영감을 받은 새로운 정치와 사회적 변화의 시기로 접어들고 있었다.

이슬람의 힘

해마다 이집트군은 1973년 전쟁을 기리기 위해서 국경일인 10월 6일에 열병식을 행했다. 카이로의 열병장은 10월 전쟁의 전사자들에게 경의를 표하기 위해서 안와르 사다트 대통령이 의뢰한 인상적인 현대적 피라미드를 배경으로 하여 꾸며졌다. 이 기념물은 이집트 무명용사들의 무덤이기도 했다.

국군의 날에 열린 열병식은 사다트가 수에즈 운하의 "횡단의 영웅"이 된 순간이자 대통령으로서 절정을 맞았던 시기를 기념하는 행사였다. 즉 유대 국가와 이집트가 단독강화를 맺으면서 심각하게 이집트의 입지가 훼손되기 이전인 1973년에 이스라엘에 맞서서 아랍 세계를 이끌던 이집트의 군사적 통솔력을 기리는 자리였다.

사다트는 이집트와 세계 언론의 이목이 집중된 가운데 친히 참석한 국군의 날의 열병식으로 대중의 관심을 끌어모으기 위해서 전력을 다했다. 적어도 하루 동안은 이집트의 고립 — 캠프 데이비드 협정에 대한 대응으로 다른 아랍 국가들은 이집트와의 관계를 단절했고, 아랍 연맹은 본부를 카이로에서 튀니스로 옮겼다 — 이라는 현실을 잊을 수 있었기 때문이다. 따라서 이집트 정부는 국가의 명예가 달린 문제로서 더욱더 결연하게 1973년 전쟁의 성과를 기념하려고 했다.

1981년 10월 6일에 예복을 차려 입은 사다트는 각료들과 성직자들, 외국 고위 인사들 및 군 고위급 간부들과 함께 위풍당당하게 사열대에 착석했다. 탱크와 병력수송 장갑차, 미사일 발사대들이 피라미드 형태의 기념비와 사열대 사이를 줄을 지어 행진했다. 밀집대형의 공군 전투기들이 유색 연기를 길게 뿜으며 머리 위로 날카로운 소리를 내면서 지나갔다. 칙칙한 황갈색의 트럭들이 유탄포를 끌고 사열대로 다가오자 "이제 포병대입니다"라고 사회자가 알렸다.

그런데 그 트럭들 중 한 대가 난폭하게 방향을 틀더니 갑자기 멈추었다. 한 병사가 운전석에서 뛰어올라 섬광 수류탄 여러 발을 사열대로 던졌고 그 사이에 3명의 다른 공범자들은 평상형 트럭 뒤쪽에서, 운집해 있던 고위 인사들을 향해 발포했다. 완벽한 기습에 성공한 이탈병들은 30초간 아무런 저지도 받지 않은 채 학살을 즐겼다. 아마도 초반의 총격 가운데 사다트는 사살된 듯하다.

이 무리의 우두머리는 사열대 앞으로 달려가 아주 가까이에서 쓰러진 사다트 대통령의 시신에 총격을 가했고, 결국 대통령 경호원 중의 한 명이 발사한 총에 맞아 부상을 입었다. "나는 칼리드 알 이슬람불리이다"라고 암살범은 우왕좌왕하고 있는 사열대를 향해 외쳤다. "나는 파라오를 죽였고, 결코 죽음이 두렵지 않다."[1]

사다트의 암살이 텔레비전으로 생중계되었고 전 세계는 충격에 휩싸였다. 거의 혼자서 모든 일을 저지른 별 볼일 없는 한 명의 이슬람주의자가 가장 강력한 아랍 국가 이집트의 대통령을 암살한 것이었다. 이슬람주의 운동이 세속정부에 도전을 제기하며 아랍 세계 곳곳에서 발생함에 따라 더 이상 이슬람 혁명의 가능성은 이란에만 국한된 것이 아니게 되었다.

"나는 파라오를 죽였다"라고 외쳤을 때, 칼리드 알 이슬람불리는 종교보다 인간의 법을 앞세운 세속적인 통치자로서 사다트를 비난한 것이었다. 이슬람주의자들은 무슬림 사회는 『쿠란』과 예언자 무함마드의 지혜, 이슬람 신학자들의 판결기록에서 추론된 이슬람법의 요체이자 총체적으로 샤리아(sharia)로 알려져 있는 "신의 법"에 따라서 통치되어야 한다는 신념으로 연대했다. 그들은 자신들의 세속정부를 적으로 보았고, 통치자를 "파라오"라고 불렀다. 『구약성경』처럼 『쿠란』도 고대 이집트의 파라오를 신의 율법보다 인간의 법을 권장한 전제군주로 묘사하며 매우 비판적이었다. 『쿠란』에는 파라오를 비난하는 구절이 적어도 79차례나 나온다. 극단적인 이슬람주의자들은 아랍 세계를 지배하는 현대판 파라오에게 맞선 폭력 사용을 세속정부를 전복하여 그 자리에 이슬람 국가를 건설하기 위해서 필요한 조치라며 옹호했다. 칼리드 알 이슬람불리도 그런 부류의 사람이었고, 쓰러진 대통령을 파라오라 비난하며 사다트의 암살을 정당화했다.

이슬람주의자들만이 사다트를 비판했던 것은 아니다. 수많은 세계 지도자들이 왔지만 아랍 국가의 대표들은 거의 참석하지 않았던 국장이 거행된 가운데 안와르 사다트는 1981년 10월 10일에 안장되었다. 참석자 중에는 사다트와 긴밀히 협력했던 미국 대통령 3인 — 리처드 닉슨, 제럴드 포드, 지미 카터 — 도 포함되어 있었다. 이집트-이스라엘 평화조약 체결로 사다트와 1978년에 노벨 평화상을 공동 수상한 메나헴 베긴 총리는 대대적인 이스라엘 조문단을 이끌고 왔다. 아랍 연맹 일원 중에는 수단과 오만, 소말리아만이 장례식에 대표단을 보냈다.[2]

어쩌면 더욱 놀라운 사실은 대통령 장례식에 참석한 이집트 명사들의 수가 매우 적었다는 것이다. 사다트에게 불만을 품어왔던 노련한 언론인이자 정치 분석가인 모하메드 헤이칼(사다트 암살 한 달 전에 있었던 재야인사들에 대한 검거 때 체포되어 투옥되었다)은 "서구에서는 영웅이자 선견지명이 있는 정치인으로 애도된 사람의 죽음을 동료나 동포들은 왜 거의 애석해하지 않았는지"에 대해서 가만히 되새겨보았다.

그러나 그를 비판했던 사람이나 숭배했던 사람이나 모두 사다트의 마지막 안식처로 선택된 장소에 대해서는 만족했다. 그를 "횡단의 영웅"으로 존경하던 사람들은 사다트가 총을 맞고 쓰러진 사열대 맞은편에 위치한 1973년 전쟁 기념관 안에 매장되는 것이 당연하다고 생각했다. 한편 사다트를 적대시하던 이슬람주의자들은 파라오가 피라미드 인근에 묻혔다는 사실에 만족해했다.

이슬람주의자들은 이집트의 대통령을 살해할 수는 있었지만, 이집트 정부를 무너뜨리기에는 재원과 계획성이 부족했다. 가벼운 부상을 입고 열병장에서 급히 빠져나온 부통령 호스니 무바라크가 사다트의 사망 발표 직후 대통령으로 선포되었다. 이집트 공안부대는 수백 명의 용의자들을 검거했고, 그들 대부분은 고문을 받았다고 주장했다.

6개월이 지난 1982년 4월에 피고인 중 5명 — 칼리드 알 이슬람불리와 세 명의 공범 그리고 "비이슬람적(un-Islamic)인, 즉 세속적인(secular)" 아랍 통치자에 대한 지하드를 호소한 소논문을 쓴 전기(電氣) 기술자이자 사상적 지도자인 압드 알 살람 파라지 — 이 사다트를 암살한 혐의로 사형선고를 받았다. 그들의 처형으로 사다트의 암살범들은 순교자가 되었고, 1980년대 내내 이슬람주의 단체들은 이집트 정부에 맞선 빈번한 폭력적인 투쟁을 통해서, 세속적인 민족주의를 지향하는 이집트 아랍 공화국을 이집트 이슬람 공화국으로 바꾸려는 시도를 이어나갔다.

***

오늘날 대부분의 아랍 지역의 일반 대중들은 이슬람적인 색채가 강한 일상을 살아가고 있기 때문에, 1981년의 중동이 얼마나 세속적이었는지를 상상하기란 쉽지 않다. 가장 보수적인 아랍 걸프 만 국가들을 제외한 다른 모든 지역에서 서구식 복장이 전통 복장보다 선호되었다. 많은 사람들은 이슬람의 금기를 무시하고 공공연하게 술을 마셨다. 점점 더 많은 여성들이 고등교육을 받고 직업을 가지게 되면서 남녀는 공공장소와 일터에서 자유롭게 어울렸다. 어떤 사람들은 현대의 자유를 아랍 발전의 정점이라고 여겼다. 하지만 다른 어떤 사람들은 이러한 상황을 불편하게 여기며, 빠른 속도로 변하고 있는 아랍 세계가 아랍적인 문화와 가치를 포기하지 않을까 걱정했다.

이슬람과 근대성에 관한 논쟁은 아랍 세계에서 이미 오래 전부터 있어왔다. 하산 알 반나는 이집트에 미치는 서구의 영향력과 이슬람적 가치에 대한 잠식에 맞서서 싸우고자 1928년에 무슬림 형제단(Muslim Brotherhood)을 만들었다. 수십 년 동안 무슬림 형제단은 갈수록 강해지는 탄압을 받으며 1948년 12월에는 이집트 군주에 의해서, 1954년에는 나세르 정권에 의해서 활동을 금지 당했다. 1950-1960년대 동안 이슬람주의 정치는 아랍 세계 곳곳에서 지하로 쫓겨났고, 이슬람적 가치는 소비에트 사회주의나 서구의 자유시장 민주주의로부터 영감을 받은 세속국가들에 의해서 훼손되었다. 그러나 이러한 탄압에도 불구하고 세속주의와 싸워서 이슬람적 가치에 대한 자신들의 이상을 펼치려는 무슬림 형제단의 의지는 점점 더 강해졌다.

카리스마적인 이집트 사상가 사이드 쿠트브는 1960년대에 무슬림 형제단에서 출현한 급진적인 새로운 동향을 선도했다. 그는 20세기의 가장 영향력 있는 이슬람 개혁가 중의 한 명이었다. 1906년에 상이집트의 한 마을에서 태어난 쿠트브는 사범학교 다르 알 울룸에서 수학하기 위해서 1920년대에 카이로로 이사했다. 졸업 후에는 선생이자 장학관으로 교육부에서 일했다. 또한 1930년대와 1940년대에는 작가이자 비평가로 문학계에서도 활발하게 활동했다.

1948년에 쿠트브는 2년간 정부의 장학금을 받고 미국으로 유학을 떠났다. 그는 워싱턴 D.C.와 캘리포니아의 스탠퍼드에서 수학했고, 노던 콜로라도 대학교의 교육대학에서 교육학 석사를 받았다. 미국을 동에서 서로 횡단한 쿠트브는 전형적인 교환 학생들이 이 나라에 대해서 품게 되는 호의적인 감정을 조금도 느낄 수 없었다. 1951년에 쿠트브는 이슬람주의 성향의 잡지에 「내가 본 미국(The America I Have Seen)」이라는 제목으로 글을 발표했다. 쿠트브는 미국에서 마주친 물질주의와 정신적 가치의 결핍을 비난하며, 미국 사회의 도덕적 해이와 방종한 경쟁주의에 소름 끼쳐 했다. 특히 미국 교회에서 이러한 악덕들을 발견했다는 사실에 충격을 받았다. "대부분의 교회에는 남녀를 연결해주는 클럽이 있고, 모든 목사들은 다른 종파의 교회들과 엄청난 경쟁을 벌이면서 가능한 한 많은 사람들을 자신의 교회로 끌어들이려고 애쓴다"라고 쿠트브는 썼다. 사람들로 교회를 꽉꽉 채우려는 이러한 행동은 정신적 지도자가 아니라 극장 매니저에게나 어울리는 것이라고 쿠트브는 생각했다.

글에서 쿠트브는 어느 날 밤에 참석한 예배가 어떻게 댄스파티로 이어졌는지에 관한 이야기를 썼다. 그는 목사가 예배당을 "더 로맨틱하고 열정적으로" 꾸미기 위해서 전력을 다하는 것에 깜짝 놀랐다. 심지어 목사는 분위기를 잡기 위해서 선정적인 음악을 선택했다. 곡—"'그런데 자기야, 밖은 추워(But Baby, It's Cold Outside)'라는 유명한 미국 노래"—에 대한 쿠트브의 묘사는 그와 미국 대중문화 간의 간극을 잘 보여준다. "[노래는] 저녁 데이트를 마치고 돌아오던 한 소년과 소녀의 대화로 이루어져 있다. 소년이 소녀를 자기 집으로 데리고 와서 못 떠나게 했다. 그녀는 늦었고, 엄마가 기다리고 있으니 집에 돌아가겠다고 하지만 이러한 말을 할 때마다 소년은 그런데 자기야, 밖은 추워라는 가사로 답한다."[3] 이 노래가 마음에 들지 않았음이 분명한 쿠트브를 더욱 놀라게 한 것은 교구의 젊은이들이 춤추기에는 부적합한 이러한 곡을 종교인이 선택했다는 사실이었다. 남녀가 유별하고 의복이나 행동에 있어서 절제가 원칙인 모스크의 사회적 역할과는 너무도 달랐기 때문이었다.

쿠트브는 미국이 구체화한 근대적 가치를 향한 은근한 동경으로부터 동포들이 벗어나도록 만들겠다는 결심을 품고 이집트로 돌아왔다. "나는 미국의 물질적인 거대함과 그 사람들의 성품 간에 균형이 존재하지 않는 것 같아서 두렵다"라고 주장했다. "또한 삶의 바퀴가 방향을 바꾸고, 시간의 책이 닫히며, 미국이 사람과 사물을 그리고 사실상 인간과 짐승을 구분하는 도덕적 가치에 아무 것도 또는 거의 아무 것도 보태지 않을 것 같아서 걱정이 된다."[4] 그렇다고 쿠트브가 미국이 변화하기를 원한 것은 아니었다. 그가 원한 것은 이집트 그리고 더 넓게는 이슬람 세계를 미국에서 목격한 도덕적 타락으로부터 보호하는 것이었다.

미국에서 귀국하자마자, 1952년에 사이드 쿠트브는 무슬림 형제단에 가입했다. 그는 출판 이력 덕분에 조직의 언론 출판 업무를 담당하게 되었다. 이 열렬한 이슬람주의자는 선동적인 글들을 통해서 넓은 독자층을 가지게 되었다. 이집트의 1952년 혁명 이후 쿠트브는 자유장교단과 좋은 관계를 유지했다. 소문에 따르면 나세르는 새로운 국가 정당인 자유 집회의 정관 초안 작성을 쿠트브에게 맡겼다고 한다. 짐작하건대, 나세르는 이슬람주의 개혁가에 대한 존경심보다는 새로운 국가기관에 대한 쿠트브의 지지를 이용하여 다른 정당들 ― 무슬림 형제단도 포함해서 ― 을 일제히 해산하려는 계산된 의도로 그렇게 했던 듯하다.

무슬림 형제단을 향한 새 정권의 선의는 오래가지 못했다. 1954년 10월에 무슬림 형제단원에 의한 나세르 암살 시도 이후 단행된 이 조직에 대한 대대적인 단속으로 쿠트브도 체포되었다. 다른 많은 무슬림 형제단원과 마찬가지로 쿠트브 역시 구속 상태에서 끔찍한 고문과 신문을 당했다고 주장했다. 정부 전복 활동 혐의로 유죄선고를 받은 쿠트브는 15년의 중노동형에 처해졌다.

감옥에서도 쿠트브는 동료 이슬람주의자들에게 계속해서 영감을 주었다. 건강 악화로 종종 병동에 수감되었던 그는 그곳에서 『쿠란』에 관한 급진적인 주해와 진정한 이슬람 사회 조성을 강력하게 촉구하는 글이 담긴, 이슬람과 정치에 관한 20세기의 가장 권위 있는 저작인 『이정표(*Ma'alim fiat-Tariq*)』의 일부를 썼다.

『이정표』에서 쿠트브는 서구 물질주의와 권위적인 아랍 세속 민족주의의 파산에 관한 사유의 정점을 보여주었다. 현대를 규정하는 사회정치적 시스템은 인간이 만든 것이고, 바로 그러한 이유로 실패했다고 그는 주장했다. 그것들은 과학과 지식의 새로운 시대를 열기는커녕, 신의 가르침에 대한 무지, 즉 자힐리야(jahiliyya)를 초래했다는 것이었다. 이 단어는 이슬람 이전의 암흑시대를 일컫는 것이었기에 특히 이슬람에서는 그 반향이 컸다. 20세기의 자힐리야는 "가치를 창조하고 집단행동의 원칙을 규정하며 삶의 방식을 선택할 권리는 신이 규정한 것과는 상관없이 인간에게 달려 있다고 주장하는 형식을 취한다"라고 쿠트브는 주장했다. 함축적으로 20세기의 과학과 기술의 현저한 발전은 인류를 현대로 이끌지 않았다는 것이다. 오히려 신의 영원한 메시지의 포기는 이 사회를 6세기로 되돌려 놓았다. 이것은 아랍 세계와 마찬가지로 비이슬람 세계인 서구에게도 해당되는 이야기라고 쿠트브는 생각했다. 그리고 그 결과는 압제(壓制)라고 주장했다. 아랍 정권들은 시민들에게 자유와 인권이 아니라 쿠트브가 고통스러웠던 직접적인 경험을 통해서 알게 된 탄압과 고문을 선사했다는 것이다.

쿠트브는 인류를 위한 신의 질서를 완벽하게 진술하고 있는 이슬람이야말로 인간이 자유에 도달할 수 있는 유일한 길이자 진정한 해방신학이라고 생각했다. 더 나아가 유효하고 정당한 법은 이슬람 샤리아에 명시되어 있는 신의 법뿐이며 또한 "인류를 이끄는 선도자의 역할"로 이슬람을 복귀시키기 위해서는 이슬람 선봉대가 필요하다고 역설했다. 선봉대는 "설교와 설득을 통해서 관념과 믿음을 혁신해야" 하며, "사람들이 관념과 믿음을 혁신하지 못하도록 저지하고 잘못된 방식을 따라 전능하신 신 대신에 인간 주인을 섬기도록 강제하는 조직과 정부의 무지한 질서인 자힐리야 체제를 제거하기 위해서라면 물리적 힘과 지하드"도 동원할 수 있다고 주장했다. 쿠트브는 무슬림들이 다시 한번 개개인의 자유와 세계적인 주도권을 획득하는 데에 필요한 이슬람적 가치의 부활에 앞장설 선봉대를 안내하기 위해서 책을 썼다.[5]

쿠트브의 전달력은 그 단순성과 직접성에서 기인했다. 그는 많은 아랍 무슬림들이 소중하게 여기는 가치들에 근거하여 문제— 자힐리야— 를 진단하고 분명한 이슬람적 해결책을 제시했다. 그의 비판은 제국주의 열강이나 전제적 아랍 정부 모두를 향한 것이었고, 그의 답은 무슬림이 우월하다는 가정에 근거한 희망의 메시지였다.

상황이 변하면서 무슬림은 물리적인 힘을 상실했고 정복을 당했다. 그러나 무슬림이 가장 우월하다는 의식은 소멸되지 않았다. 무슬림이기에 그는 정복자를 우월한 위치에서 바라본다. 또한 이는 지나갈 일시적 상황이며 믿음은 피할 수 없는 형세를 일변시킬 것이라고 확신한다. 비록 죽음이 자신의 몫일지라도, 그는 결코 머리를 숙이지 않을 것이다. 죽음은 누구에게나 찾아오지만 그에게는 그것이 바로 순교이기 때문이다. 그는 정원[즉 천국]으로 향할 것이고, 그의 정복자들은 불[즉 지옥]로 떨어질 것이다.[6]

그러나 쿠트브가 그토록 서구 제국주의 열강을 비난했음에도, 그의 첫 번째 표적은 언제나 아랍 세계의 권위주의적인 정권이었고 특히 나세르의 정부가 그 대상이었다. 그는 "구덩이를 판 자들"에 관한 『쿠란』 구절을 해석하면서, 무슬림 형제단과 자유장교단 간의 투쟁에 관한 은근한 비유를 끌어냈다. 『쿠란』의 이야기에 따르면, 한 무리의 신도들이 믿음 때문에 유죄선고를 받았고, 이 의로운 희생자들이 죽는 것을 보려고 모인 폭군들에 의해서 산 채로 불태워졌다. "구덩이를 판 자들은 불운하다"라고 『쿠란』은 말한다(85장 1-16절). 쿠트브의 주해에 의하면 박해자들―"거만하고 해를 끼치며 죄를 범한 타락한 사람들"― 은 순교자들의 고통을 보면서 가학적인 희열을 느낀다. "의로운 신도들의 일부 남녀노소가 불에 던져지면 그들의 악마적 쾌감은 새로운 정점에 이르고 피와 살점이 갈가리 찢기는 장면에서는 미친 환호성이 그들의 입에서 새어 나온다"라고 쿠트브는 썼다. 사실 『쿠란』에는 이러한 생생한 장면이 없지만, 아마도 감옥에서 쿠트브와 다른 무슬림 형제단원들이 고문관들에게 받은 고문의 경험에서 영감을 얻은 듯하다. "신도들과 적들 간의 투쟁은 본질적으로 신념 간의― 불신앙과 신앙 간의 또는 자힐리야와 이슬람 간의― 투쟁"이라고 그는 결론지었다. 쿠트브의 메시지는 분명했다. 이집트 정부는 이슬람 국가의 이상과는 양립할 수 없다. 한쪽은 사라져야만 한다.

쿠트브는 『이정표』가 출판된 해인 1964년에 석방되었다. 그의 입지는 감옥에서 쓴 글로 인해서 더욱 강화되었고, 곧 그는 활동이 금지된 무슬림 형제단의 동료들과 다시 접촉을 시작했다. 그러나 쿠트브는 나세르의 비밀경찰이 자신의 일거수일투족을 주시하고 있다는 것을 잘 알고 있었다. 이슬람주의를 지향하던 『이정표』의 저자는 자신이 주창한 새로운 급진적인 사상 덕분에 이슬람 세계 전역에서 명성을 얻게 되었고, 그 결과 이집트 정부에게도 대내외적으로 위험한 인물이 되었다.

쿠트브의 추종자들도 개혁가와 마찬가지로 감시와 위험에 처했다. 쿠트브의 가장 영향력 있는 제자 중의 한 명은 이슬람주의 여성 운동의 개척자인 자이납 알 가잘리(1917-2005)였다. 겨우 20세라는 어린 나이에 알 가잘리는 무슬림 여성 협회를 창립했다. 그녀의 활동을 주목한 무슬림 형제단의 창립자 하산 알 반나는 막 출범시킨 무슬림 자매단(Muslim Sisterhood)과 세를 합치라고 그녀를 설득했다. 비록 두 이슬람주의 여성 운동은 각자의 길을 갔지만 알 가잘리는 하산 알 반나의 충직한 추종자가 되었다.

1950년대에 알 가잘리는 수감 중인 사이드 쿠트브의 누이들로부터 출판되기 전의『이정표』의 초고 일부를 전달받았다. 글을 읽고 감동을 받은 알 가잘리는 쿠트브의 선언문이 말하고 있는 선봉대의 역할, 즉 이집트 사회가 이슬람법을 수용하도록 준비시키는 사명에 헌신했다. 예언자 무함마드가 최초의 이슬람 공동체를 세우기 위해서 메디나로 이주하기 전 메카에서 13년을 보냈던 것처럼, 쿠트브의 추종자들도 이집트 사회 전체를 이상적인 이슬람 사회로 변화시키기는 데에 필요한 시간을 13년으로 잡았다. "13년 동안 남녀노소에게 이슬람 교육을 시킨 후 상황에 관한 철저한 검토를 하기로 결정했다. 검토 결과 적어도 추종자들의 75퍼센트가 이슬람이 삶의 완벽한 방식이라고 믿고, 이슬람 국가 건설에 대해 확신을 보여준다면 그때 우리는 비로소 이슬람 국가 건설을 주창할 것이다"라고 그녀는 썼다. 만약 여론 조사 결과 지지율이 낮다면 알 가잘리와 동료들은 이집트 사회를 변화시키기 위해서 13년을 더 일할 작정이었다.[7] 자유장교단 정권을 전복하고 진정한 이슬람 국가로 대체하는 것이 결국 그들의 궁극적인 목표였던 것이다. 이에 나세르와 이집트 정부는 이슬람주의자들이 더 강력해지기 전에 위험인물들을 제거하기로 결단을 내렸다.

이집트 당국은 1964년 말에 10년간의 수감 생활을 끝낸 사이드 쿠트브를 석방했다. 자이납 알 가잘리와 다른 지지자들은 쿠트브의 석방을 축하했고 이집트 경찰의 감시 속에서도 그와 자주 만났다. 많은 사람들은 쿠트브의 석방이 당국을 이슬람주의 동지들에게 안내하도록 하기 위한 것이었다고 생각했다. 1965년 8월에 자유의 몸이 된 지 겨우 8개월 만에 쿠트브는 알 가질리를 비롯한 다른 동지들과 함께 다시 체포되었다. 그들은 나세르 대통령의 암살 및 이집트 정부 전복을 위한 공모죄로 기소되었다. 피고인들은 자신들의 장기적인 목표가 이집트 정부를 이슬람 체제로 대체하는 것은 맞지만, 대통령 암살 음모를 꾸미지 않았다며 결백을 주장했다.

6년을 감옥에서 보낸 알 가잘리는 훗날 나세르 정권이 남녀를 불문하고 이슬람주의자들에게 가한 고문을 소름 끼치도록 생생하게 묘사하며, 자신이 겪은 시련을 글로 썼다. 그녀는 수감된 첫 날부터 폭력과 대면했다. "나는 내 눈을 도저히 믿을 수 없었고, 이러한 비인도적인 행위를 용납하고 싶지 않았지만 공중에 매달린 이크완[Ikhwan, 즉 무슬림 형제단원들] 일원들의 발가벗겨진 몸이 사납게 매질 당하는 것을 조용히 지켜보아야만 했다. 어떤 이들은 자신들의 몸을 찢어발기는 사나운 개들에게 속수무책으로 당했다. 또다른 이들은 얼굴을 벽 쪽으로 향한 채 자신들의 순서를 기다려야 했다."[8]

알 가잘리도 이러한 잔혹행위를 피할 수 없었다. 그녀 역시 채찍질과 구타, 개들의 공격, 격리, 잠 안 재우기, 생명에 대한 위협을 당했다. 그러나 쿠트브와 무슬림 형제단의 다른 지도자들이 음모에 가담했음을 입증하는 진술을 받아내려는 모든 시도는 성공하지 못했다. 최근에 체포된 두 명의 젊은 여성이 18일 동안 폭행에 시달린 알 가잘리와 같은 감방에 수감되었을 때 그녀는 차마 자신의 입으로 그 공포를 전달하지 못하고, 대신 그들에게 "구덩이를 판 자들"에 관한 『쿠란』의 구절을 읽어주었다. 이 구절을 듣자마자 두 여성 중 한 명이 조용히 울기 시작했고, 다른 여성은 의심스러워하며 다음과 같이 물었다. "이런 일이 정말 여자들에게 일어난다고요?"[9]

사이드 쿠트브와 그의 추종자들에 대한 공판이 1966년 4월에 열렸다. 총 43명의 이슬람주의자들— 그들 가운데 쿠트브와 알 가잘리도 있었다— 이 이집트 국가에 대한 음모 혐의로 공식 기소되었다. 검사는 쿠트브의 혐의를 입증할 증거로 쿠트브의 글을 제시했고, 이집트 정부를 전복시키기 위해서 폭력을 사주한 혐의로 기소했다. 1966년 8월에 쿠트브와 2명의 다른 피고인이 유죄선고를 받고 사형이 언도되었다. 자이납 알 가잘리에게는 25년의 중노동형이 선고되었다.

쿠트브를 처형한 이집트 정부는 그를 이슬람 조직의 순교자로 만들었을 뿐만 아니라 쿠트브의 글의 진실성을 많은 사람들에게 확인시켜줌으로써 그의 글은 사후에 더 큰 영향력을 발휘하게 되었다. 『쿠란』에 관한 그의 주해서와 정치 행동을 위한 헌장인 『이정표』가 재출간되어 이슬람 세계 전역에 배포되었다. 1960년대와 1970년대에 성인이 된 새로운 세대는 이슬람의 부흥과 정의에 관한 쿠트브의 메시지에 큰 감동을 받았다. 그들은 쿠트브의 미래상을 실현하는 데에― 평화적이든 폭력적이든 가능한 모든 수단을 동원하여― 투신했다.

***

이슬람주의자들의 도전은 1960년대에 이집트에서 시리아로 확산되었다. 무슬림 형제단의 영향과 세속정부에 대한 사이드 쿠트브의 급진적 비판이 결합되면서 부패한 시리아 공화국 타도를 결심한 이슬람 혁명 운동이 형성된 것이었다. 충돌로 인해서 시리아는 내전 직전까지 갔고, 시리아의 소도시 하마에서의 참상이 절정에 이르기도 전에 이미 수만 명이 목숨을 잃었다.

시리아에 무슬림 형제단의 지부를 설립한 사람은 홈스 출신의 무스타파 알 시바이(1915-1964)였다. 그는 1930년대에 이집트에서 공부하면서 하산 알 반나의 영향을 받게 되었다. 시리아로 돌아오자마자 시바이는 무슬림 청년회 조직들을 망라하여 무슬림 형제단을 만들었다. 또한 1943년의 선거에서는 무슬림 형제단의 조직망에 기대어 시리아 의회에 진출하기도 했다. 이 무렵에 시리아의 무슬림 형제단은, 비록 1940년대와 1950년대에 갈수록 세속화되고 아랍 민족주의적 성향을 띠던 정치적 담론에 독자적으로 큰 영향력을 행사할 정도는 아니었을지라도, 정치 엘리트들이 무시하기에는 이미 강력한 세력이 되어 있었다.

1963년에 바트당이 시리아에서 권력을 잡자 무슬림 형제단도 공세에 나섰다. 바트당의 정치는 매우 세속적이었고, 종교와 국가의 엄격한 분리를 주창했다. 이것은 당이 다양한 종파로 구성된 정황을 고려하면 당연한 결과였다. 시리아 인구는 압도적으로 수니 무슬림이 다수를 차지하고 있었지만(전체의 약 70퍼센트), 바트당 내에는 세속적 성향의 수니 무슬림뿐만 아니라 많은 기독교도들도 포함되어 있었다. 또한 당은 알라위파의 상당한 지지도 받고

있었다. 인구의 약 12퍼센트를 차지하던 시아 무슬림의 한 분파인 알라위파
는 시리아의 소수파 중에서는 그 규모가 가장 컸다. 다수의 시리아 수니파에
의해서 수년간 소외를 겪은 알라위파는 군과 바트당을 통해서 1960년대에
시리아 정치의 신진 세력으로 부상했다.

바트당이 세속적인 심지어는 무신론적인 성향을 보이면서, 시리아의 "도덕
적 다수"라고 주장하던 무슬림 형제단의 저항도 점점 거세졌다. 무슬림 형제
단은 알라위파의 정치적 부상을 시리아 수니 이슬람 문화에 대한 분명한 위
협으로 간주했기 때문에 필요하다면 폭력적인 수단을 통해서라도 정부를 무
너뜨리기로 결심했다.

1960년대 중반에 무슬림 형제단은 하마와 북부 도시 알레포에서 비밀저항
운동을 조직했다. 이슬람주의 투사들은 무기를 비축하고 시리아 전역의 고등
학교와 대학에서 뽑은 젊은 초년병들을 훈련시키기 시작했다. 하마에서 가장
카리스마 있는 이맘(사원의 기도 인도자) 중의 한 명이었던 셰이크 마르완
하디드는 특히 이슬람 비밀운동에 동참할 학생을 모집하는 데에 뛰어난 능력
을 발휘했다. 많은 청년 이슬람주의자들에게 하디드는 영감을 주었고, 이슬
람 활동가들에게는 모범이 되었다.[10]

이슬람주의 지하조직과 시리아 정부 간의 충돌은 바트당원인 시리아 공군
사령관 하피즈 알 아사드 장군이 1970년 11월 16일에 쿠데타로 권력을 잡게
되면서 불가피해졌다. 알라위파 소수 공동체에 속했던 알 아사드는 시리아의
첫 비수니파 무슬림 지도자였다. 그도 재직 초기에는 수니 무슬림들의 감성
을 달래기 위해서 노력했지만 별 소용이 없었다. 처음으로 시리아의 대통령
은 무슬림이어야 한다고 명시하지 않은 새로운 헌법이 1973년에 도입되면서
종교와 국가에 관한 문제가 다시 수면으로 떠올랐다. 이 헌법은 수니 이슬람
의 중심지인 하마에서 폭력적인 시위를 촉발했다. 알 아사드가 마론파 기독
교도의 편에 서서 진보적인 이슬람 세력 및 팔레스타인 운동과 싸우고자
1976년 4월에 레바논 내전에 개입하겠다는 결정을 내리자 이슬람주의자들이
또다른 폭력사태를 일으켰다.

1. 젊은 대위였던 무아마르 알 카다피는 1969년에 쿠데타를 일으켜서 리비아의 군주정을 타도하고 새로운 "인민 공화국"을 세웠다. 1970년에는 석유 산업계와 맞붙어서 석유의 생산 및 가격 책정, 이윤 분배에 관한 정부의 통제권을 주장했다. 다른 아랍 산유국들도 그의 선례를 따르면서 세계적인 경제 강국으로서의 입지를 다졌다.

2. 1973년 10월 6일 오후에 수에즈 운하를 건넌 이집트군이 바 레브 라인으로 알려진 어마어마한 모래 성벽을 따라 늘어서 있던 이스라엘 방어시설들을 공격했다. 유대 종교 명절인 욤 키푸르를 택해서 기습에 나선 이집트군은 공격 개시 후 몇 분 만에 1967년의 6월 전쟁에서 빼앗겼던 시나이 영토에 이집트 국기를 꽂을 수 있었다. 이것은 지난 20년간 아랍 세계가 유대 국가와 싸워서 거둔 최초의 승리였다.

3. 치열한 전투가 시작된 지 일주일 후, 전열을 가다듬은 이스라엘군이 시리아와 이집트군에 맞서서 공세를 취했다. 10월 6일에 이집트군이 물대포로 바 레브 라인의 제방에 만들어 놓은 바로 그 틈새를 이용해서 수에즈 운하를 건넌 이스라엘군은 운하 서쪽 제방에 있던 이집트군을 포위했다. 군사적인 교착상태로 종결된 이 전쟁 덕분에 이집트 대통령 안와르 알 사다트는 정치적인 이득을 얻을 수 있었다.

4. 1973년 10월 전쟁이 최고조에 이르렀을 무렵 석유를 무기로 동원한 아랍 산유국들은 세계 경제에 파괴적인 영향을 미쳤다. 미국은 이스라엘의 전쟁을 지원한 대가로 아랍 국가들로부터 전면적인 석유 금수 조치를 당했다. 미국의 국무장관 헨리 키신저는 1973년 12월에 아랍 국가들의 수도들을 순방하면서 사우디의 파이살 왕도 만났다. 그러나 미국으로의 석유 금수 조치를 해제하도록 사우디를 설득하는 데에는 실패했다.

5. PLO 의장 야세르 아라파트는 국가 원수의 대우를 받으며 1974년 11월 13일 UN 총회연설에 초청되었다. 이스라엘 대표단은 항의의 표시로 자신들에게 배정된 앞 줄 좌석을 모두 비웠다. "오늘 저는 올리브 가지와 자유전사의 총을 가슴에 품고 왔습니다"라고 아라파트는 연설장을 가득 채운 회중에게 이야기했다. "올리브 가지가 제 손에서 떨어지도록 놔두지 마십시오."

6. 베이루트 전역이 1975–1976년 내전으로 초토화되었다. 그러나 이것은 그 어떤 지역도 피할 수 없었던, 앞으로 15년 동안이나 계속될 내전의 첫 국면에 지나지 않았다.

7. 안와르 사다트 이집트 대통령이 1981년 10월 6일에 암살되었다. 사다트는 대통령으로서 최고의 전성기를 구가했던 1973년의 전쟁을 기념하기 위해서 10월 6일 군사 열병식에 예복을 갖추고 참석했다. 이스라엘과 단독 강화를 체결하여 아랍의 대오를 깨뜨렸다는 이유로 고립을 겪던 사다트에게 1979년 이래로 매년 거행되던 군사 열병식은 한층 더 중요해졌다. 이 사진은 사다트 자신에게 마지막이 될 1981년 10월 6일 열병식에 참석하기 위해서 무개차를 타고 이동하고 있는 모습이다.

8. 군사 열병식에서 들릴 법한 단조로운 소리를 깨고 대열을 이탈한 포병대 트럭에서 튀어나온 무장대원들이 사열대를 향해서 총을 발사했다. 사다트 대통령은 즉사했다. 대통령을 죽인 암살범은 칼리드 알 이슬람불리라는 이슬람주의자였다. 그는 "나는 파라오를 죽였고, 결코 죽음이 두렵지 않다"라고 외쳤다.

9. 레바논의 수도에서 PLO 전투원들을 몰아낼 목적으로 1982년 7월에 서베이루트를 포위한 이스라엘군은 전쟁으로 피폐해진 베이루트에 전례가 없던 수준의 폭력을 동원했다. 이스라엘은 로널드 레이건 대통령의 중재로 미국과 프랑스, 이탈리아 병사들로 구성된 국제 평화유지군의 감시하에 PLO 전투원들이 철수한다는 계획이 마련된 8월에서야 도시에 대한 포위를 풀었다.

10. 1982년 8월 22일에 팔레스타인 전투원들이 자신들을 국외로 태우고 갈 배가 정박해 있는 베이루트 항구까지 트럭을 타고 이동하는 모습이다. 베이루트는 PLO가 1970~1971년에 요르단에서 쫓겨난 이후 팔레스타인의 대이스라엘 무장 항쟁의 중심지로서 기능해왔다. PLO 전사들은 이스라엘의 포위에도 불구하고 살아남은 자신들이 승리를 거둔 것이라고 주장하면서 팔레스타인의 깃발과 아라파트의 초상화를 들고 무장한 상태로 베이루트에서 철수했다.

11. 1948년 전쟁으로 난민이 된 팔레스타인인들은 여전히 난민촌에서 살고 있었다. 그들은 내전 중 발생한 최악의 폭력 사태들에 대한 책임을 자신들의 탓으로 돌리던 레바논 기독교도 민병대원들의 공격에 노출되었다. 외국 군대가 철수하고 마론파 교도였던 대통령 당선자 바쉬르 제마엘이 1982년 9월에 암살된 후에 기독교도 민병대원들은 이스라엘군의 경호 아래 팔레스타인 난민촌으로 들어가 사브라-샤틸라의 비무장한 민간인들을 학살했다. 이 사진은 한 생존자가 학살 직후 사브라 난민촌의 잔해 속을 걸어가고 있는 모습이다.

12. 사브라–샤틸라 학살 이후 미국과 프랑스, 이탈리아 군은 다시 레바논으로 복귀해야 했다. 그들은 평화유지군으로서 레바논에 들어왔지만 어느새 대통령 아민 제마엘의 정부를 지키려는 싸움에 휘말리고 말았다. 1983년 10월 23일에 사전에 계획된 자살폭탄 테러로 프랑스와 미국의 군부대가 엄청난 피해를 입었고, 순식간에 241명의 미군 병사와 58명의 프랑스 낙하산 부대원이 죽음을 당했다. 이 사진은 베이루트 국제공항 인근에 있던 미군 사령부의 잔해더미 속에서 미 해병대가 구조 작업을 돕는 장면이다.

13. 레바논의 시아 무슬림들은 1980년대에 신진세력으로 부상했다. 그들은 1983년의 프랑스 및 미국 군 사령부 폭탄 테러와 레바논의 이스라엘군에 대한 일련의 파괴적인 공격에 연루되어 있었다. 1985년에 이란의 후원으로 헤즈볼라라는 신생 조직이 등장했다. 헤즈볼라 민병대의 무장 투쟁으로 남부 레바논에서 입지가 불안해진 이스라엘군은 2000년에 단독 철수를 해야만 했다. 이 사진은 성직자들이 1989년에 서베이루트에서 진행된, 이맘 후세인 이븐 알리의 죽음을 기리는 아슈라 기념행사에서 헤즈볼라 대원들의 선두에 서 있는 모습이다.

14. 1990년에 쿠웨이트를 침공한 이라크군은 1991년의 사막의 폭풍 작전(걸프 전쟁)으로 격퇴되었다. 수주 일간의 공중 폭격에 시달린 이라크군은 지상전이 시작되기 직전에 700개의 쿠웨이트 유정을 폭파했다. 이는 쿠웨이트와 그 지지자들에 대항하기 위한 환경전 및 경제전의 일환이었다.

15. 잔악한 지상전에 밀려 후퇴하던 이라크 병사들은 쿠웨이트를 탈출하고자 안간힘을 쓰며 트럭과 자동차들을 징발했다. 수천 대의 차량들이 쿠웨이트에서 이라크까지 북쪽으로 뻗어 있는 80번 고속도로의 노출 구간에서 미군 전투기의 폭격으로 파괴되었다. "죽음의 고속도로"라는 별명이 붙은, 일방적인 학살로 인해서 국제적인 비난을 받게 된 미국 대통령 조지 H. W. 부시는 결국 1991년 2월 28일에 사막의 폭풍 작전을 종결시켰다.

16. 자신의 몸을 불살라, 2011년 아랍의 봄을 촉발시킨 튀니지 혁명에 영감을 준 모하메드 부아지지의 포스터를 들고 있는 튀니스의 시위자들의 모습이다. 아랍어로 "존엄과 자유의 순교자"라고 쓰여 있다.

17. 카이로 중앙의 타흐리르 광장은 무바라크 정권 타도를 요구한 이집트 시위의 중심이자, 2011년에 발생한 세계 저항 운동의 대표적인 상징이 되었다. 월 가 시위의 활동가 중 한 명은 "아랍의 봄이 우리의 전략에 영감을 주었다. 공공장소를 점령하고 얼마나 시간이 걸리든 그것을 계속하라"라고 말했다.

18. 리비아 저항운동은 무아마르 알 카다피 정부의 타도를 위해서 8개월 동안 옛 군주정의 깃발 아래에서 싸웠다.

알 아사드의 레바논 내전 개입으로 시리아의 무슬림 다수파는 심각한 우려를 하게 되었다. 알 아사드가 1970년에 권력을 장악한 이후, 알라위파가 독점한 정부에 의해서 소외당하고 있다고 느끼던 다수의 수니 무슬림들은 새로운 정권이 시리아와 레바논의 무슬림 다수파를 복속시키기 위해서 시리아의 집권 세력인 알라위파와 레바논의 마론파를 결합하여 "소수파 연합"을 조성하려는 것이 아닌지 의혹을 품게 되었던 것이다. 정부와 수니 공동체 간의 갈등이 점점 고조되면서, 알 아사드는 시리아의 무슬림 형제단에 대한 대대적인 단속을 명령했다. 1976년에 당국은 하마의 급진적인 이맘 셰이크 마르완 하디드를 체포했다. 이슬람 투사들을 모집하던 그는 즉시 단식 투쟁에 들어갔고, 1976년 6월에 사망했다. 당국은 하디드가 굶어 자살했다고 주장했지만, 이슬람주의자들은 정부가 그를 살해했다고 비난하며 마르완 하디드의 죽음에 대한 복수를 맹세했다.

시리아의 이슬람주의자들이 아사드 정권에게 보복 공격을 감행하는 데에는 3년이 걸렸다. 1979년 6월에 이슬람주의 게릴라들이 알레포의 육군사관학교를 공격했는데, 학생들의 대다수 즉 320명의 사관생도 중 약 260명이 알라위파 출신이었다. 테러리스트들은 83명의 사관생도를 죽였는데, 그들은 모두 알라위 소수파였다.

육군사관학교에 대한 공격으로 향후 2년 반 동안 맹위를 떨치며 시리아를 테러와 반테러를 오가는 지옥의 일상으로 끌고 들어갈 무슬림 형제단과 하피즈 알 아사드 정권 간의 전면전이 시작되었다.

자신들의 대의의 정당성을 확신하던 시리아의 무슬림 형제단은 아사드 정권과의 협상이나 타협을 거부했다. 1979년 중반에 시리아의 도시와 마을 곳곳에 배포된 인쇄물에서 "우리는 이슬람의 고귀한 원칙들에 경의를 표하며 모든 형태의 폭정을 거부한다. 그리고 파라오를 몰락시켜 다른 이가 그를 대신하도록 만들지 않을 것이다"라고 공언했다.[11] 그들의 언어는 폭력을 통해서 온 힘을 다해서 사다트 정부를 타도하고자 했던 그리고 시리아의 파라오에 맞서서 반란을 일으킨 하마의 형제들에게 도덕적 지지를 보냈던 이집트의 이슬람주의 투사들을 고스란히 흉내낸 것이었다.

화해의 여지를 조금도 보여주지 않던, 대통령의 동생 리파아트 알 아사드가 이끄는 시리아 정부의 강경파에게 이슬람 반란을 무력으로 진압할 수 있는 자유재량권이 부여되었다. 1980년 3월에 반란을 일으킨, 알레포와 라타키아 사이에 위치한 마을로 헬리콥터를 착륙시킨 시리아 특공대원들은 마을 전체에 계엄을 선포했다. 공식 수치에 따르면, 200명 이상의 마을 주민들이 이 작전으로 사망했다.

시외에서 거둔 성공에 대담해진 시리아 정부는 1년 전에 있었던 사관생도 학살의 현장인 알레포를 점령하기 위해서 2만5,000명의 군인들을 파병했다. 군인들은 이 지역에서 이슬람주의 봉기를 지지했다고 알려진 모든 가택을 수색해서 8,000명이 넘는 용의자들을 체포했다. 탱크의 회전포탑에 선 채로 리파아트 알 아사드는 주민들에게 도시에서 무슬림 형제단이 일소될 때까지 매일 1,000명씩 처형할 준비가 되어 있다고 경고했다.

무슬림 형제단도 알 아사드 대통령에 대한 암살 공격으로 1980년 6월 26일에 반격에 나섰다. 전투원들은 시리아를 방문한 아프리카의 고위관리를 영접하던 대통령에게 수류탄을 던지고 기관총을 발사했다. 알 아사드는 경호원의 방호 덕분에 간신히 죽음을 면할 수 있었다. 다음 날 리파아트 알 아사드는 무슬림 형제단의 수감자들이 억류되어 있던 악명 높은 타드무르 감옥으로 끔찍한 복수를 위해서 특공대원들을 보냈다.

알라위파 소속의 젊은 특공대원이었던 이사 이브라힘 파야드는 비무장한 타드무르의 수감자들을 학살하라는 자신의 첫 임무를 결코 잊을 수 없었다. 시리아 병사들은 오전 6시 30분에 헬리콥터를 타고 감옥으로 날아갔다. 총 70명가량의 특공대원이 7개의 소대로 나뉘어서 각각 다른 감방으로 향했다. 파야드와 동료들은 자리를 잡고 임무를 시작했다. "그들은 우리에게 감방의 문을 열어주었다. 우리 중 6-7명이 들어가 안에 있던 모든 이들을 죽였는데 그 수가 총 60명에서 70명에 이르렀다. 나 역시 15명을 사살했던 것 같다."

감방은 기관총 소리와 "알라후 아크바르"라고 외치며 죽어가는 이들의 비명으로 가득했다. 파야드는 희생자들에게 어떤 연민도 느끼지 않았다. "전부 합쳐 약 550명 정도의 무슬림 형제단 녀석들이 사살되었다"라고 그는 당시를 잔인하게 떠올렸다. 다른 가담자들은 700명에서 1,100명 정도의 무슬림 형제단원들이 감방에서 사살되었다고 추정했다. 비무장 상태였음에도 수감자들은 특공대원들에게 필사적으로 맞서며 이 난투극에서 1명을 죽이고 2명에게 부상을 입혔다. 임무를 마친 특공대원들은 손과 발에서 피를 씻어내야만 했다.[12]

타드무르 감옥에 수감된 무슬림 형제단원들을 절멸시킨 알 아사드는 시리아 사회에서 무슬림 형제단을 일소시키는 일에 앞장섰다. 1980년 7월 7일에 시리아 정부는 무슬림 형제단 가입을 사형으로 처벌할 수 있는 범죄로 규정하는 법을 통과시켰다. 그럼에도 이에 굴하지 않고 이슬람주의 저항운동은 알 아사드 대통령의 개인적인 친구들을 포함해서 저명한 시리아 관료들에 대한 일련의 암살에 나섰다.

시리아 정부는 1981년 4월에 무슬림 형제단의 거점지인 하마로 군을 파병하여 보복을 자행했다. 그 당시 약 18만 명의 주민이 상주하던, 시리아에서 네 번째로 큰 도시였던 하마는 1960년대 이후부터 이슬람주의자들의 저항의 중심지가 되었다. 군대가 도착했을 때 도시민들은 특공대원들에게 심문 받기 위해서 억류되거나 협박을 받은 후 풀려났던 과거와 흡사한 종류의 습격일 것이라고 추정하면서 어떤 저항도 하지 않았다. 하지만 그들의 예상은 빗나갔다.

하마의 민간인들을 본보기삼아 처벌하기로 결정한 시리아군은 아이와 어른 상관없이 무차별적으로 살해했다. 어느 목격자는 서구의 한 언론인에게 학살을 다음과 같이 묘사했다. "나는 몇 걸음도 걷기 전에 잇따른 시신더미들과 마주쳤다. 10개에서 15개 정도의 시신더미들이 있었던 것 같다. 그 옆을 연달아 지나갔다. 도저히 내 눈을 믿을 수 없어서 한참을 바라보았다……각각의 더미마다 15구, 25구, 30구의 시신들이 있었다. 얼굴은 전혀 알아볼 수 없었다……14세부터 그 이상의 다양한 연령대의 시신들이 있었고, 맨발이거나 샌들을 신은 채였고, 잠옷과 겉옷[gelebiyeh, 현지인들이 입던 헐거운 겉옷] 차림들이었다."[13] 적어도 150명에서 수백 명이 이 공격에서 살해되었다고 추정된다. 정부군과 이슬람주의자들 간에 벌어진 지난 2년 동안의 적대행위로 인하여 이미 총 사망자 수는 2,500명이 넘은 상태였다.

무슬림 형제단도 시리아의 주요 읍과 도시에서 무고한 민간인을 대상으로 테러전을 벌이며 하마에서 군이 저지른 잔악행위에 똑같은 방식으로 대응했다. 이슬람주의자들은 전선을 북부의 소도시들인 알레포와 라타키아, 하마에서 수도인 다마스쿠스로 옮겨왔다. 무슬림 형제단은 그해 8월에서 11월까지 시리아의 수도를 뒤흔든 폭탄을 계속해서 매설했고, 200명이 사망하고 500명이 다쳤던 11월 29일에 도심에서 발생한 대규모 차량 폭발로 그 정점을 이루었다. 단 한 차례의 폭발로 발생한 사상자의 수는 여태까지 아랍 세계가 목격한 폭탄테러 중에서 단연코 최고치였다.

1981년 10월에 발생한 안와르 사다트의 암살은 아사드 대통령의 51번째 생일과 같은 날에 일어났다. 시리아의 이슬람주의자들은 같은 운명을 맞게 될 것이라고 아사드를 협박하는 인쇄물을 유포했다. 알 아사드는 아우 리파아트에게 완전 격퇴를 명하며, 하마의 무슬림 형제단 거점을 섬멸하기 위한 군사작전을 승인했다.

시리아 정부는 1982년 2월 2일 이른 아침 시간에 하마 기지의 무슬림 형제단과의 전쟁에 돌입했다. 무장 헬리콥터가 도시 밖 언덕으로 특공대 소대원들을 공수했다. 1981년 4월에 있었던 정부의 잔악한 침략 이후 읍민들은 경계태세를 높였고, 경계를 게을리 하지 않던 이슬람주의자들도 도착한 헬리콥터 소리를 듣자마자 재빨리 대응했다. "알라후 아크바르"라고 외치며 무슬림 형제단원들은 시리아 정부에 맞서서 무장반란을 일으켰다. 지하드 즉 성전을 호소하는 목소리가 보통 때는 일상적인 기도 시간을 알리기 위해서 사용되던 도시 사원의 확성기를 통해서 울려퍼졌다. 무슬림 형제단의 지도자는 읍민들에게 "이교도" 아사드 정권을 권좌에서 완전히 몰아낼 것을 촉구했다.

새벽녘 첫 공세에 나섰던 군인들은 퇴각했지만 이슬람주의자들은 하마의 정부관료 및 바트당원들을 살해하면서 공격을 계속했다. 초기에 성공을 거둔 반란군은 승리에 대한 헛된 기대를 품게 되었다. 왜냐하면 첫 공세를 취한 특공대원들 뒤에는 탱크와 비행기의 지원을 받고 있던 수만 명의 병사들이 대기하고 있었기 때문이다. 이 전투는 정부가 지려고 해도 질 수 없는, 그러나 반란자들에게는 이길 방법이 없는 그런 싸움이었다.

첫 주 동안 무슬림 형제단은 시리아군의 공격을 그럭저럭 막아낼 수 있었다. 그러나 탱크와 대포가 전 도시의 건물들을 무너뜨리고, 그 잔해더미 아래로 수비대를 묻어버리는 등 정부의 우세한 화력은 엄청난 피해를 가져왔다. 도시는 결국 함락되었고, 정부의 대리인들은 무슬림 형제단을 지원했다는 사소한 의혹만 제기되어도 하마의 읍민들을 체포하거나 고문, 임의로 살해하며, 생존자들에게 피로 얼룩진 대가를 치르게 했다. 폭력사태가 발생한 지 2개월 뒤에 하마에 들어간 「뉴욕 타임스(*New York Times*)」의 통신원 토머스 프리드먼은 불도저와 증기 롤러로 도시의 전 구역이 파괴되고 무너져 있는 것을 목격했다. 인명 피해는 더욱 끔찍했다. "사실상 도시 전투에서 생존한 하마의 무슬림 지도자들 — 셰이크에서부터 교사, 사원 관리인에 이르기까지 — 은 이런저런 방식으로 그후에 모두 제거되었고, 다수의 반정부 연합 지도자들도 같은 운명을 겪었다"라고 프리드먼은 보고했다.[14]

지금까지도 1982년 2월 당시 하마에서 얼마나 많은 사람들이 사망했는지 아무도 모른다. 언론가나 분석가들은 1만 명에서 2만 명 사이일 거라고 사망자 수를 추정하지만, 리파아트 알 아사드는 무려 3만8,000명이나 되는 사람들을 살해했다며 자랑스럽게 떠들어댔다. 아사드 형제는 자신들이 적들을 분쇄했고, 시리아 무슬림 형제단에게 다시는 회복 불가능한 일격을 가했음을 만방에 알리고 싶어했다.

이제 이슬람주의자들과 파라오 간의 충돌에 걸린 판돈은 전보다 더욱 커졌다. 이집트 정부는 반체제 이슬람주의자들을 대대적으로 고문하고 선별적으로 처형했던 반면, 시리아 정권은 대량 말살 정책을 동원했다. 따라서 이처럼 강력한 적을 쓰러뜨리기 위해서는 고강도의 훈련과 계획, 규율이 이슬람주의자들에게 요구되었다.

시리아와 이집트의 이슬람주의자들은 암살이나 전복으로 무너뜨리기에는 아랍 정부들이 매우 강하다는 것을 직접 경험했다. 세속 정권을 전복하고, 이슬람 국가를 건설하기를 원하던 이슬람주의자들은 다른 곳을 찾아야만 했다. 레바논 내전의 갈등은 이슬람주의 일당들에게 이슬람 사회에 대한 이상적인 미래상을 고취시킬 수 있는 기회를 제공했다. 1979년 소련의 침공 이후에는 아프가니스탄도 또다른 선택지가 되었다. 두 지역에서의 투쟁을 통해서 이슬람주의 일당들은 자신들의 싸움을 국제무대로 옮겼고, 그 범위를 넓혀서 이스라엘과 미국, 소련과 같은 중동 지역 및 세계의 초강대국들과 싸웠다. 개별 국가들의 국내 안보 투쟁으로 시작된 일이 세계적인 안보 문제로 비화된 것이었다.

***

1983년 10월 23일 일요일 아침에 거의 동시에 발생한 두 건의 폭탄 테러로 베이루트가 송두리째 흔들렸다. 수초도 되지 않아 300명이 넘는 사람들―241명의 미군과 58명의 프랑스 낙하산 부대원, 6명의 레바논 민간인 그리고 2명의 자살폭탄 테러범― 이 비명횡사했다. 미국 해병대에서는 이오지마 전투 이후 하루 동안에 발생한 사망자 수로는 가장 많은 병사가 사망했고, 프랑스 측 역시 알제리 전쟁 이후로는 처음으로 가장 많은 일일 사상자 수가 발생했다. 이렇게 자살폭탄 테러범들은 레바논에서의 충돌 양상을 변화시켰다.

폭탄 테러범들은 수 톤의 고성능 폭약을 실은 트럭을 몰고 목표물에 접근했다. 트럭 한 대가 오전 6시 20분에 업무용 출입문을 통과해서 베이루트 국제공항 관내에 있던 콘크리트 건물의 미군 해병 막사로 다가왔다. 그러더니 갑자기 속도를 올려서 철문으로 돌진했다. 놀란 보초들은 이를 저지하기 위해서 무기를 장전할 시간조차 없었다. 한 생존자가 트럭이 빨리 지나가는 것을 봤다. 폭발 후 그가 기억한 것은 "빠르게 트럭을 몰던 남자가 웃고 있었다"라는 것이 전부였다.[15] 운전자는 자신의 무참한 죽음이 천국의 문을 열어줄 것이라고 확신하며, 미국 관내를 통과했다는 사실에 기뻐했음이 분명하다.

건물을 송두리째 날려버릴 정도로 폭발은 거셌다. 카드로 지은 집처럼 관내 건물들이 붕괴되었다. 기지 내의 해병대 무기 창고가 열기로 폭발하면서 발생한 2차 폭발로 폐허더미들이 크게 흔들렸다.

북쪽으로 4.8킬로미터 떨어진 곳에서 또다른 자살폭탄 테러범이 프랑스 낙하산 부대의 사령부로 사용되던 고층 건물의 지하 주차장으로 트럭을 몰았다. 그의 폭탄 테러로 건물이 무너졌고, 58명의 프랑스 병사가 사망했다. 폭탄 테러 직후 프랑스 관내의 폐허 현장에 도착한 언론인 로버트 피스크는 피해의 심각성을 짐작조차 할 수 없었다. "연기가 피어오르는 6미터 깊이에 12미터 폭의 분화구까지 뛰어갔다. 그 옆으로 역겨운 샌드위치처럼 9층 빌딩이 쌓여 있었다……폭발로 공중으로 솟은 9층짜리 건물이 6미터나 옆으로 움직여 있었다. 건물 전체가 공중으로 붕 떠오른 것이다. 건물이 있던 자리에 분화구가 생겼다. 어떻게 이런 일이 가능하단 말인가?"[16]

전쟁으로 산산이 파괴된 베이루트에서조차 1983년 10월 23일의 공격이 가져온 파괴는 충격적인 것이었다. 또한 이 공격은 전례를 찾을 수 없을 정도로 준비와 훈련이 철저하게 이루어진 작전이었다. 지금에 와서 생각해보니 이 작전은 알 카에다─이 조직의 첫 번째 공격이 있기 10년 전임에도 불구하고─가 사용하는 전형적인 수법을 동원했던 것 같다.

베이루트의 미군 해병대와 프랑스 낙하산 부대에 대한 공격이 누구의 소행인지는 정확히 알려지지 않았지만, 주요 용의자는 이슬람 지하드(Islamic Jihad)라는 실체가 불분명한 신생 단체였다. 1982년 7월에 수행했던 초기 작전 중의 하나로 이슬람 지하드는 미국인 교수이자 베이루트 아메리칸 대학교의 총장 대행 데이비드 도지를 납치했었다. 또한 베이루트 도심에 위치한 미국 대사관의 건물 한 동이 날아가고, 63명이 사망하고 100명 이상이 부상당한 1983년 4월의 대규모 차량 폭탄 테러도 자신들의 소행이라고 주장했다.

신생 급진 세력들이 레바논 내전에서 활약 중이었다. 이슬람 지하드는 이란과 공조하는 레바논의 시아파 조직이라고 자신들의 정체를 밝혔다. 외국 통신사로 걸려온 익명의 전화에서 이슬람 지하드는 7월에 있었던 미국대사관 폭탄 테러는 "세계 도처에 존재하는 제국주의 세력에 맞선 이란 혁명전쟁의 일부였다"라고 주장했다. 이란은 레바논에 위험한 친구를 가지고 있는 듯했다. "우리는 다국적군을 포함해서 레바논에 주둔하고 있는 제국주의 세력에 대한 공격을 계속할 것이다"라고 이슬람 지하드의 대변인은 말했다. 10월의 폭탄 테러 공격 후에 이슬람 지하드는 이 역시 자신들의 소행이라고 주장했다. "우리는 신의 전사이고, 우리는 죽음이 좋다. 우리는 이란인도 시리아인도 팔레스타인 사람도 아니다. 우리는 『쿠란』의 원칙을 따르는 레바논의 무슬림이다"라고 주장했다.[17]

시리아가 개입한 1977년부터 자살폭탄 테러가 발생한 1983년까지 6년이라는 시간 동안 레바논 내전은 갈수록 복잡해졌다. 이 전쟁은 1975년에 팔레스타인이 연루된 레바논 분파들 간의 내전으로 시작되었지만, 1983년에는 직접적으로는 시리아와 이스라엘, 이란, 유럽, 미국이 그리고 간접적으로는 여러 민병대를 지원하고 무기를 제공했던 이라크, 리비아, 사우디아라비아, 소련과 같은 더 많은 나라들이 관련된 지역분쟁이 되어 있었다.

한편 전쟁은 레바논 종파 간의 세력균형에도 중요한 변화를 초래했다. 1976년에 아랍 연맹의 평화유지군으로 레바논에 입성한 시리아군은 카말 줌블라트가 이끄는 좌파 무슬림 분파의 승리를 저지하고자 처음에는 사면초가에 몰린 마론파 기독교도들의 편에 섰다. 레바논에서 우위를 차지하기 위해서 시리아는 레바논 내전에서 어느 한쪽이 확실한 승리를 거두지 못하도록 빈번하게 편을 바꿔가며 기민하게 행동했다. 시리아군은 좌파 무슬림 민병대를 격퇴하자마자 마론파에게 등을 돌렸고 새로이 부상한 레바논의 시아 무슬림 세력과 제휴하기도 했다.

오랫동안 정치 엘리트들에게 소외받아온 시아파는 내전이 시작된 후에야 레바논에서 뚜렷한 정치 집단으로 부상할 수 있었다. 1970년대의 시아파는 여전히 국내 종파들 중에서 가장 빈곤하고 정치적인 권리도 가장 많이 박탈당한 처지였지만, 수적으로는 레바논에서 가장 큰 공동체였다. 레바논 시아 공동체의 오래된 중심지는 레바논에서 가장 가난한 지역인 남부 레바논과 북쪽의 베카 계곡이었다. 점점 더 많은 시아 무슬림들이 농촌의 상대적인 궁핍을 벗어나서 일자리를 구하고자 베이루트의 남부 슬럼가로 이주했다.

1960-1970년대에는 다수의 레바논 시아들이 바트당이나 레바논 공산당, 시리아 사회민족당과 같이 사회 개혁을 약속한 세속주의 정당에 끌렸었다. 레바논 가계의 카리스마적인 이란 성직자 무사 알 사드르가 시아파를 규합하여 "버림받은 자들의 운동(Harakat al-Mahrumin)"으로 알려진 별개의 대중 정당을 결성하고 레바논의 시아 무슬림들의 신임을 얻기 위해서 좌파 정당들과 경쟁을 시작한 것이 1970년대였다. 1975년에 내전이 발생하자마자 "버림받은 자들의 운동"은 아말(Amal)이라는 자체 민병대를 결성했다.

레바논 내전 초기에는 아말도 카말 줌블라트가 이끄는 민족운동의 좌파 이슬람 정당들과 함께했다. 그러나 무사 알 사드르는 곧 줌블라트의 지도력에 환멸을 느끼게 되었고, 시아파를 총알받이로 사용한다면서—알 사드르의 표현에 의하면 "마지막 시아까지 기독교도와 싸우게 하는"—드루즈파 지도자를 비난했다.[18] 1969년부터 남부 레바논 지역을 대이스라엘 작전 기지로 이용하고 있던 팔레스타인 운동 조직과도 아말은 갈등을 겪었다. 남부에서 전개된 팔레스타인의 군사작전이 촉발시킨 이스라엘의 보복 공격으로 인해서 시아 공동체는 커다란 어려움을 겪게 되었을 뿐만 아니라, 남부 레바논을 장악한 팔레스타인 사람들의 영향력에 대해서도 점점 분노하게 되었다.

1976년에 아말은 줌블라트의 연합 및 팔레스타인 운동 조직과의 관계를 단절하고, 남부에서의 팔레스타인의 영향력을 견제할 수 있는 유일한 세력이라고 생각한 시리아와 제휴했다. 이것이 오늘날까지도 이어지고 있는 레바논 시아파와 시리아와의 동맹의 시작이었다.

이란 혁명과 1979년 이란 이슬람 공화국의 탄생은 레바논의 시아 정치체제를 변화시켰다. 레바논의 시아파는 수세기 동안 공통된 종교와 문화적 연대로 이란에 결속되어 있었다. 무사 알 사드르 자신도 레바논계의 이란인이었고, 정치활동 역시 이란의 이슬람 혁명사상의 노선을 따랐다.

알 사드르는 생전에 이란 혁명을 보지 못했다. 그는 1978년에 리비아 여행 도중 실종되었고 그곳에서 살해된 것으로 추정된다. 1979년의 혁명은 최근에 발생한 지도자의 행방불명 사건을 받아들이고자 애쓰고 있던 남부 레바논의 시아파에게 자신들을 지지하는 새로운 지도자들을 제공하며 커다란 자극제 가 되었다. 아야톨라 호메이니의 초상화가 베이루트의 남부 빈민가와 바알베 크의 로마 유적지에서 무사 알 사드르의 초상화와 나란히 걸렸다. 이란은 초 기부터 혁명을 수출하고, 남부 이라크와 사우디아라비아의 동부 지방, 바레 인, 레바논 등의 오래된 시아 아랍 문화의 중심지에 영향력을 확장하기 위한 노력의 일환으로 레바논의 시아파를 열광시키고자 최선을 다했다. 이러한 연 계를 통해서 이란은 초기부터 자신들의 경쟁자와 적, 특히 미국과 이스라엘, 이라크를 압박할 수 있었다.

미국과 이란의 관계는 1979년의 이슬람 혁명 이후 급속하게 악화되었다. 이 란의 신생 정부는 모하메드 레자 팔레비 샤를 지원했던 미국 행정부를 불신 했다. 미국 정부가 치료를 목적으로(그는 말기 암 환자였다) 폐위된 샤의 미 국 입국을 허용하자, 1979년 11월 4일에 한 무리의 이란 학생들이 테헤란의 미국 대사관으로 쳐들어가서 52명의 미국 외교관들을 인질로 잡았다. 지미 카터 미국 대통령은 이란의 자산을 동결시키고 이슬람 공화국에 경제, 정치 적 제재를 가했으며, 심지어는 인질 사태를 해결하기 위해서 구출 군사작전 까지―소용은 없었지만―시도했다. 444일간 외교관들이 포로로 잡혀 있는 동안 무능한 미국 정부는 온갖 망신을 당했다. 지미 카터에게 일격을 가하기 위해서 계획된 인질극 탓에 지미 카터는 대통령 재선에 실패했다. 로널드 레 이건이 1981년 1월에 대통령에 취임하고 나서야 미국 외교관들은 풀려날 수 있었다. 그러나 이러한 조치에도 불구하고 이란 정부는 레이건 행정부의 환 심을 살 수 없었고, 인질극이 미친 악영향은 그 이후에도 줄곧 미국과 이란의 관계를 어렵게 만들었다. 이란의 새로운 정권은 미국을 대사탄이자 모든 무슬림들의 적이라고 비방했다. 레이건 행정부—그리고 그의 추종자들—는 이슬람 공화국에게 불량 국가라는 낙인을 찍고, 모든 수단을 동원하여 이란을 고립시켜서 그 정부를 몰락시키고자 했다.

1980년에 이란-이라크 전쟁이 발발하면서 이슬람 공화국과 미국과의 적대관계는 더욱 악화되었고, 레바논에게도 무시무시한 영향을 미쳤다. 1978년 이후로 사담 후세인 대통령이 이끌던 이라크가 1980년 9월 22일에 사전 경고도 없이 북쪽의 이웃을 침공했다. 후세인은 혁명으로 초래된 이란 국내의 정치적인 혼란과, 인질 사태로 인하여 이란이 처하게 된 국제적인 고립을 이용해서 분쟁 지역인 수로와 매장량이 풍부한 유전을 이란으로부터 탈취하고자 했다. 중동 현대사상 단연코 가장 폭력적인 충돌이었다고 할 수 있는 이란-이라크 전쟁은 8년(1980-1988) 동안 계속되었고, 세계대전—참호전, 독가스 및 화학무기, 도심에 대한 공중폭격과 로켓 공격—을 연상시키는 전략들로 50만 명에서 100만 명이 목숨을 잃은 것으로 추정된다.

이란이 자국 영토에서 이라크군을 몰아내고 공세를 취하기까지는 2년이 걸렸다. 전세가 이란에게 유리해지자 미국은 소련의 우방국이었음에도 이라크를 공개적으로 지원했다. 1982년부터 레이건 행정부는 대이란전을 위해서 사담 후세인에게 무기와 정보, 경제적 원조를 제공하기 시작했다. 이에 미국을 향한 이란의 적대심은 더욱 고조되었고, 이란은 이 지역에 대한 미국의 이해관계에 타격을 줄 수만 있다면 무엇이든지 하려고 했다. 이러한 정세 속에서 레바논이 곧 이란과 미국 간의 대결 무대가 되었다.

이란은 레바논에 시아 공동체와 시리아라는 두 동맹세력을 보유하고 있었다. 이란과 시리아의 동맹은 여러 면에서 납득이 가지 않는 관계였다. 공공연한 아랍 민족주의 세속국가로서 자국의 이슬람주의 조직들과 격렬하게 싸우고 있던 시리아가 놀랍게도 비아랍계 이슬람 공화국인 이란에게 협력하고 있었기 때문이다. 두 나라를 결속시킨 것은 실리적인 이해관계였는데, 이라크와 이스라엘 그리고 미국을 향해서 공유하고 있던 적대심이 가장 큰 이유였다.

1970년대에 이라크와 시리아는 아랍 세계의 선두 자리를 놓고 치열하게 경쟁했다. 양국은 아랍 민족주의를 지향하는 바트당의 변종 격인 정당에 의해서 일당 국가 체제로 통치되고 있었다. 결과적으로 바트주의는 이라크와 시리아가 통일된 행동을 취하거나 공동 목표를 가지는 데에 오히려 방해가 되었다. 양국 모두 바트주의를 지향했음에도 서로에 대한 적대감이 너무 강렬했기 때문에 시리아는 다른 아랍 국가들과 노선을 달리하며 이라크와 전쟁을 벌이고 있던 이란의 편에 섰다. 그 보답으로 이란은 시리아에게 무기와 경제 원조를 제공했고, 이스라엘과 분쟁이 발생했을 때에는 시리아에 증원군을 파병했다. 이처럼 시리아와 이란이 협력 체제를 구축하면서 레바논의 시아 공동체와 시리아 그리고 이란이 연결되는 삼각관계가 완성되었다. 이러한 운명적인 삼각 구도를 활성화시킨 촉매제는 1982년 여름에 레바논을 침공한 이스라엘이었다.

***

1982년에 이스라엘의 레바논 침공으로 레바논 분쟁은 새로운 국면을 맞이하게 되었다. 폭력사태와 파괴의 정도가 일찍이 볼 수 없던 수준으로 심각해졌다. 뿐만 아니라 레바논을 침공한 이스라엘은 레바논 분쟁의 직접적인 당사자로서 분파 정쟁에 휘말리게 되었다. 8년이 넘게 레바논에 주둔한 이스라엘군은 양국에 지속적인 영향을 남겼다.

이스라엘의 레바논 침공은 영국 영토에서 발생한 공격으로 촉발되었다. 1982년 6월 3일에 아부 니달(Abu Nidal)이라는 테러 단체— 1978년에 런던 주재 PLO 외교관이었던 사이드 함마미를 살해한 바로 그 조직이다— 가 런던의 한 호텔 밖에서 이스라엘 대사 슐로모 아르고브에 대한 암살을 시도했다. 아부 니달은 야세르 아라파트와 PLO를 거세게 반대하던 변절 단체였고 PLO는 1년간의 이스라엘과의 정전을 준수하고 있었음에도, 이스라엘 정부는 이 암살 시도를 구실 삼아 레바논의 PLO에게 전쟁을 선포했다.

이스라엘 총리 메나헴 베긴과 호전적인 국방장관 아리엘 샤론 장군은 레바논에서 PLO와 시리아를 축출하여 중동을 재편하기 위한 야심찬 계획을 세웠다. 레바논의 기독교도들을 이스라엘에게 꼭 맞는 동맹자라고 생각한 베긴과 그의 리쿠드당 정부는 권력을 장악한 1977년 이래로 우익 세력인 마론파의 팔랑헤당과 점점 더 공개적으로 협력관계를 발전시켜나갔다(이는 당연히 시리아와 마론파 간의 관계에 상반된 결과를 초래했다).[19] 팔랑헤 민병대원들은 이스라엘에서 훈련을 받았고, 이스라엘은 기독교도 전투원들에게 1억 달러가 넘는 무기와 장비, 제복을 제공했다.

베긴은 PLO와 시리아를 레바논에서 몰아내고 팔랑헤당의 창립자인 피에르 제마엘의 아들 바쉬르 제마엘이 대통령이 된다면, 이스라엘과 레바논이 전면적인 평화조약을 체결할 수 있을 것이라고 생각했다. 이집트에 이어 레바논과도 평화조약을 체결한다면 시리아는 고립될 것이고, 이스라엘은 1967년 6월 전쟁에서 점령한 서안 지구의 팔레스타인 땅을 마음대로 합병할 수 있게 될 것이었다. 전략적이고 이데올로기적인 이유로 리쿠드당 정부는 한결같이 성서에 등장하는 지명인 유대와 사마리아로 부르던 서안 지구를 지금의 이스라엘 국가로 반드시 통합하고자 했다. 그러나 이스라엘 정부는 서안 지구의 영토는 원했지만, 그곳의 아랍 주민들을 받아들일 생각은 없었다. 샤론의 해결책은 팔레스타인 사람들을 서안 지구에서 쫓아내고, 그들로 하여금 후세인 왕을 타도하고 이미 인구의 60퍼센트가 팔레스타인 사람들인 요르단을 점령하여 자신들의 민족적 숙원을 달성하도록 부추기는 것이었다. 이것이 샤론이 "요르단 대안(Jordan Option)"이라고 부른 해결안이었다.[20]

이는 군사적 수단을 동원하고 — 생각해보면 — 인간 생명에 대한 냉철한 무시가 있을 때에나 실현될 수 있는 야심찬 계획이었다. 제일 먼저 할 일은 레바논의 PLO를 파괴하는 것이었다. 리쿠드당 정부는 런던에서의 암살 시도를 적대행위를 개시할 명분으로 삼았다. 암살 시도가 있었던 다음 날인 1982년 6월 4일에 이스라엘의 비행기와 해군 선박이 남부 레바논과 서부 베이루트에 대한 살인적인 공격을 개시했다. 6월 6일에는 이스라엘의 지상군이 "갈릴리 평화 작전"이라고 불리던 군사작전의 일환으로 레바논의 국경을 넘어서 침공했다. 그후 10주일이 넘는 기간 동안, UN 통계 보고서에 의하면 이스라엘의 침략으로 1만 7,000명 이상의 레바논인과 팔레스타인인들이 사망했고 3만 명이 부상당했으며 그 절대 다수는 민간인이었다.

이스라엘은 레바논에 군의 전력을 쏟아부었다. 레바논의 읍과 도시들이 공중과 해상에서 공격당하는 동안, 이스라엘의 지상군은 신속하게 남부 레바논을 지나서 베이루트를 포위했다. 베이루트의 남쪽 교외 지역인 파카니에는 PLO의 사령부가 있었다. 베이루트의 주민들은 이스라엘과 팔레스타인, 시리아 간에 벌어진 충돌의 무력한 피해자가 되었다. 이스라엘은 야세르 아라파트와 고위 부관들을 죽여서 이 조직의 고사를 도모하기 위하여 PLO 지도부를 특별히 표적으로 삼았다. 아라파트는 암살을 피하기 위해서 매일 거처를 바꾸어야만 했다. 그가 피신해 있다고 여겨지는 건물은 곧 이스라엘 폭격기의 공격 대상이 되었기 때문이다.

1974년의 UN 총회 연설에서 아라파트를 도왔던 리나 타바라는 무슬림 지구인 서(西)베이루트에서 가족과 함께 레바논 내전의 첫 국면을 견뎌냈다. 그러나 그녀의 결혼생활은 그러지 못했고 리나 타바라는 처녀 시절의 이름인 리나 믹다디로 돌아와 있었다. 1982년의 포위 동안 서베이루트에 거주했던 믹다디는 겨우 몇 분 전에 아라파트가 떠난 아파트 건물이 폭삭 주저앉는 것을 목격했다. "나는 건물의 위치가 공원 바로 뒤쪽임을 알아채고……현장으로 달려갔다. 그런데 8층짜리 건물이 사라지고 없었다. 사람들은 반쯤 미쳐 주변을 뛰어다녔고, 여자들은 아이의 이름을 외쳐댔다."[21] 믹다디에 따르면, 아라파트가 피신해 있던 건물의 파괴로 250명의 민간인이 목숨을 잃었다. 아라파트의 사령관 중의 한 명은 이 공격으로 아라파트가 매우 곤란해졌다고 전했다. "지금 이 잔해 밑에 묻힌 아이들이 무슨 죄가 있단 말인가? 죄가 있다면, 내가 몇 시간 방문했던 건물에 있었다는 것이 전부이다"라고 아라파트는 말했다. 그후 아라파트는 건물이 빼곡한 지역에서 멀리 떨어진 곳에 자동차를 주차하고 그 안에서 잠을 잤다.[22]

형용할 수 없는 10주일간의 폭력사태 동안 포위는 계속되었다. 생존자들은 하루에도 수백 차례의 공격이 계속되었다고 말했다. 안전한 피난처도, 대피할 곳도 전혀 없었다. 사상자 수가 점점 늘어나서 수만 명에 이르자, 국제 사회는 베이루트에 대한 포위를 해제하라고 이스라엘을 압박했다. 1982년 8월에 폭력사태가 정점에 이르렀다. 8월 12일에 이스라엘은 11시간 동안의 연속적인 공중폭격을 단행하면서 서베이루트에 수천 톤의 포탄을 퍼부었다. 그날 하루에만 800채의 가옥이 파괴되고, 500명의 사상자가 발생한 것으로 추정된다. 워싱턴에서 로널드 레이건 대통령이 이스라엘의 베긴 총리에게 전화를 걸어 전쟁을 멈추라고 설득했다. "레이건 대통령님, 왜 좀더 일찍 전화를 하지 않으셨습니까?"라고 믹다디는 과장되게 물었다.[23]

미국의 압박을 받은 베긴이 결국 물러서면서, 레이건 행정부는 이스라엘과 팔레스타인 사이에서 복잡한 정전협정을 중재했다. PLO 전투원들이 해로로 베이루트에서 철수하고 미국과 프랑스, 이탈리아 군으로 구성된 다국적군이 이스라엘이 비운 진지에 배치되기로 합의되었다.

철수안의 첫 단계는 매우 순조롭게 이루어졌다. 프랑스군이 8월 21일에 베이루트 국제공항을 통제하기 위해서 도착했다. 다음 날 첫 PLO 병력이 베이루트 항구에서 철수를 시작했다. 떠나는 팔레스타인 전투원들의 안전을 두고 커다란 우려가 일었다. 많은 레바논인들이 무엇보다도 내전의 원인을 제공한 것에 대해서, 그리고 1978년과 1982년에 이스라엘의 침공을 유발한 것에 대해서 PLO의 책임을 물으며 팔레스타인 운동에 강한 적대심을 드러내고 있었기 때문이다. 그러나 절반은 팔레스타인 사람이었던 리나 막다디는 팔레스타인 병사들에게 작별을 고하기 위해서 방문한 집결지에서 서베이루트의 많은 시민들도 그녀처럼 작별인사를 나누고 있는 모습을 발견했다. "여자들이 창살도 남아 있지 않은 창에 기대어 쌀을 뿌렸고, 반쯤 파괴된 발코니에서 손을 흔들었다. 많은 이들이 지나가는 트럭을 보며 눈물을 흘렸다. 팔레스타인 병사들은 시립 경기장에서 이미 아이들과 부인, 부모님에게 작별 인사를 한 상태였다."[24]

팔레스타인 전사들은 베이루트를 떠나 많은 아랍 국가들— PLO가 새로운 사령부를 설립한 예멘, 이라크, 알제리, 수단, 튀니지 — 로 흩어질 예정이었다. 베이루트에서 축출된 후 질서정연한 전투 부대로서의 PLO의 역할은 끝이 났다. 야세르 아라파트가 8월 30일에 마지막으로 떠나면서 베이루트의 포위도 사실상 해제되었다. 모든 절차가 매우 순조롭게 진행되었고, 원래는 30일 동안 배치될 예정이었지만 임무가 끝났다고 생각한 다국적군은 열흘 먼저 철수했다. 마지막 프랑스 파견대가 9월 13일에 레바논을 떠났다.

팔레스타인 전투원들의 철수로 그들의 부모와 부인, 아이들은 뒤에 남겨졌다. 이렇게 남겨진 팔레스타인 민간인들은 완전히 무방비 상태였다. 다국적군의 주요 임무 중의 하나는 적대국에 남겨진 속수무책의 팔레스타인 전투원들의 가족의 안전을 지키는 것이었다. 그런데 다국적군이 철수하면서, 수많은 적들로부터 팔레스타인 난민촌을 보호할 그 무엇도 남지 않게 되었다.

PLO가 레바논에서 철수함과 동시에 레바논 의회는 새로운 대통령을 선출하기 위해서 8월 23일에 모이기로 했다. 내전으로 인해서 1972년 이후 의회 선거는 단 한 차례도 실시되지 못했다. 의원들의 사망으로 그 수는 99명에서 92명으로 줄어 있었고, 그나마도 실제로 레바논에 있던 의원 수는 겨우 45명에 불과했다. 단지 한 명의 후보만이 대통령직에 입후보할 의향을 표시했다. 바로 그는 이스라엘의 협력자이자 우익 마론파 팔랑헤당의 바쉬르 제마엘이었다. 한때 칭송받았던 레바논의 민주주의가 이 정도로 위축된 것이었다. 그러나 전쟁에 지친 현실적인 레바논 사람들에게 제마엘은 이견의 여지가 없는 후보였다. 이스라엘이나 서구와 쌓은 그의 친분 덕분에 어쩌면 레바논 사람들이 그토록 간절히 원하던 평화가 복구될지도 모르기 때문이었다. 제마엘의 선출이 확정되자 레바논 전역에서 진심 어린 경축행사가 벌어졌다.

그러나 대통령직에 당선된 바쉬르 제마엘은 단명하고 말았다 — 레바논의 평화가 그러했듯이 말이다. 9월 14일에 폭탄 테러로 동(東)베이루트에 있던 팔랑헤당의 본부가 파괴되었고, 그 자리에 있던 제마엘도 사망했다. 이 암살에 팔레스타인 측이 연루되었다는 증거는 없다. 실제로 친다마스쿠스적인 시리아 사회주의 국민당의 일원이었던 하비브 샤르투니라는 젊은 마론파 기독교도가 이틀 후 체포되었고, 그는 범행을 인정하며 제마엘을 이스라엘과 협상한 배신자라고 비난했다. 하지만 팔랑헤 민병대원들은 7년간의 내전 동안 키워온 팔레스타인 사람들을 향한 깊은 증오심으로 암살당한 지도자를 대신하여 팔레스타인 난민촌에 앙갚음을 하고자 했다.

만약 미국과 프랑스, 이탈리아 군으로 이루어진 다국적군이 30일간의 임기를 모두 채웠더라면, 비무장한 팔레스타인 난민들을 보호할 수 있었을지도 모른다. 그러나 팔레스타인 난민촌은 제마엘의 암살이 공표되자마자 베이루트를 재점령한 이스라엘군의 관할 아래 놓이게 되었다. 9월 16일 밤에 이스라엘 국방장관 아리엘 샤론과 육군참모총장 라파엘 에이탄은 팔랑헤 민병대의 팔레스타인 난민촌으로의 투입을 승인했다. 이후 무장도 하지 않은 무고한 민간인들에 대한 학살이 벌어졌고, 이는 명백한 반인륜적인 범죄였다.

사브라-샤틸라 학살을 저지른 이들은 마론파 민병대였지만, 그들이 난민촌에 자유롭게 접근할 수 있도록 허용한 이는 이 구역으로 들어가는 모든 출입구를 관할하고 있던 이스라엘군이었다. 이스라엘은 마론파 협력자들이 팔레스타인 사람들에게 어떤 위협을 가할지 짐작하고 있었다. 게다가 팔레스타인 난민촌에 진입한 직후 팔랑헤 당원들끼리 나눈 무선 통신을 이스라엘 장교들이 엿들은 순간, 마론파 민병대원들의 의도에 대한 의심의 여지는 사라졌다. 한 이스라엘 중위가 팔랑헤 민병대원과 마론파 사령관 엘리 호베이카가 나누던 대화에 귀를 기울이고 있었다. 1976년 1월에 기독교도들의 거점인 다무르를 팔레스타인이 포위했을 당시 약혼녀와 많은 가족 일원을 잃은 호베이카의 팔레스타인 사람들을 향한 증오심은 가히 전설적이었다. 민병대원이 아랍어로 50명의 여자와 아이들을 발견했다고 호베이카에게 보고하며 그들을 어떻게 처리할지를 물었다. 무전으로 전해진 호베이카의 대답을 이스라엘 중위는 다음과 같이 상세히 설명했다. "이번이 이와 같은 질문을 나에게 묻는 마지막이다. 무엇을 해야 할지 너는 정확하게 알고 있다." 무선 교신에 이어 시끄러운 웃음소리가 팔랑헤 민병대원들 사이에서 터졌다. 이스라엘 중위는 "여자들과 아이들을 죽이라는 의미임을 이해했다"라고 분명히 말했다.[25]

이런 식으로 학살을 방조함으로써 이스라엘군 — 과 특히 아리엘 샤론 장군 — 은 사브라와 샤틸라의 팔레스타인 사람들에게 마론파 교도들이 저지른 범행의 공범자라는 오명을 가지게 되었다.

36시간 동안 팔랑헤 당원들은 사브라와 샤틸라 난민촌에서 조직적으로 수백 명의 팔레스타인 사람들을 살해했다. 마론파 민병대원들은 난민촌의 냄새나는 골목을 지나가면서 남녀노소를 가리지 않고 보이는 대로 죽였다. PLO의 철수 후에도 베이루트에 남은 아라파트의 파타 조직원이었던 28살의 자말은 이 학살을 목격했다. "목요일 오후 5시 30분에 난민촌 위로 조명탄이 발사되기 시작했고……비행기도 예광탄을 투하하고 있었다. 밤이 낮과 같았다. 그리고 끔찍한 몇 시간이 이어졌다. 나는 공포에 질린 사람들이 작은 사원인 샤틸라 모스크로 뛰어가는 것을 보았다. 사람들이 그곳으로 피신한 이유는 그곳이 성소인 것 외에도 강철구조물로 지어진 건물이었기 때문이었다. 안에는 26명의 여자와 아이들이 있었는데, 그중 몇몇은 끔찍한 상처를 입은 상태였다." 당연히 이들은 호베이카가 무전교신으로 운명을 결정했던 바로 그 피난민들이었다.

학살이 진행되는 동안 팔랑헤 당원들은 난민촌을 불도저로 밀어버리는 작업에 착수했고, 종종 그 안에 피신해 있던 사람들까지 죽음으로 몰아넣었다. "그들은 눈에 보이는 사람들을 닥치는 대로 모두 죽였는데, 문제는 그 **방식이**었다"라고 자말은 상세히 설명했다. 노인들은 죽임을 당했고, 젊은 사람들은 강간 후 살해되었으며, 가족들은 사랑하는 이들의 죽음을 지켜보아야만 했다. 이스라엘은 800명가량이 죽었다고 추정했지만, 팔레스타인 적십자 기구는 2,000명 이상이 사망했다고 보고했다. "그들이 이러한 일을 저지르다니, 미친 것이 틀림없다"라고 자말은 생각했다. 어느 정도 거리를 유지하며 냉정하게 사건을 설명한 자말은 이 학살이 더 큰 계획의 일부였다고 주장했다. "그들이 우리의 심리에 어떤 영향을 미치려 했는지 너무도 자명하다. 우리는 이곳 난민촌이라는 덫에 걸린 동물과 같았고, 이것이 바로 세상을 향해서 그들이 보여주고 싶었던 우리의 모습이었다. 또한 그들은 우리 스스로가 그렇게 믿기를 원했다."[26]

사브라-샤틸라 난민촌에서 벌어진 학살은 세계 전역으로부터 대대적인 비난을 받았다— 레바논 전쟁에 대한 반대의 목소리가 여름 내내 더욱 거세졌던 이스라엘에서 특히 그러했다. 9월 25일에 이 나라 전체 인구의 10퍼센트에 해당하는 약 30만 명의 이스라엘인들이 모여서 이러한 잔악행위에 가담한 이스라엘 당국에 항의하는 대규모 시위를 텔아비브에서 벌였다. 이에 대한 조치로 리쿠드당 정부는 공식적인 조사위원회— 카한 위원회— 를 소집해야만 했다. 1983년에 위원회는 이 사건에 연루된 이스라엘의 최고위급 관료들— 베긴 총리, 외무장관 이츠하크 샤미르, 육군참모총장 에이탄 장군— 에게 학살에 대한 책임을 물었다. 또한 위원회는 국방장관 아리엘 샤론의 사퇴도 촉구했다.

세계적으로 항의가 거세게 일자, 다국적군은 즉시 복귀했고 미국도 재빨리 레바논의 위기 해결에 나섰다. 미국 해병대와 프랑스 낙하산 부대, 이탈리아 병사들이 9월 29일에 베이루트로 돌아왔지만, 강제 이송된 PLO 전사들의 가족들에게 약속했던 안전을 제공하기에는 이미 때를 놓친 상태였다.

처음에는 팔레스타인 전투원들을 철수시키기 위해서 동원되었던 다국적군이 이번에는 베이루트에서 이스라엘군의 철수를 위한 완충 역할을 수행하기 위해서 파병되었다. 이스라엘은 레바논으로부터 정치적 합의를 이끌어낼 때까지 움직이려 하지 않았다. 우선 레바논의 후임 대통령이 선출되어야 했다. 바쉬르 제마엘이 취임할 예정이었던 9월 23일에 레바논 의회는 그의 형 아민을 대통령으로 선출하기 위해서 재소집되었다. 그러나 바쉬르가 이스라엘에게 적극 협조했던 반면 다마스쿠스와 좋은 관계를 구축하고 있던 아민 제마엘은 동생과는 달리 텔아비브와 친밀한 협력관계를 맺으려는 동생의 열의를 전혀 보여주지 않았다. 그러나 조국의 거의 절반이 이스라엘의 점령하에 놓인 상황에서 신임 대통령 제마엘은 베긴 정부와 협상을 하지 않을 수 없었다. 1982년 12월 28에 시작된 회담은 이스라엘이 점령하고 있던 레바논 지역의 칼데와 이스라엘 북쪽의 소도시인 키르야트 시모나에서 번갈아가며 진행되었다. 35차례의 집중적인 협상이 향후 5개월 동안 이루어졌고, 미국 관료들이 이를 도왔다. 미국의 국무장관 조지 슐츠는 1983년 5월 17일에 체결된 이스라엘-레바논 협정을 도출하기 위해서 열흘 동안이나 왕복 외교를 벌였다.

5월 17일의 협정은 아랍 세계 곳곳으로부터 정의를 우롱한 것이라는 비난을 받았는데, 초강대국 미국이 힘없는 레바논으로 하여금 자신의 나라를 침략하고 파괴한 이스라엘에게 보상하도록 강제한 격이었기 때문이다. 이스라엘이 원래 희망했던 전면적인 평화조약은 아니었지만 점령국 이스라엘과의 국교 정상화를 의미했던 이 협정은, 대다수의 레바논 사람들이 수용할 수 있는 범위를 벗어난 것이었다. 게다가 이 협정으로 레바논과 이스라엘 간의 전쟁 상황은 종식되었지만, 레바논 정부는 유대 국가의 많은 적들로부터 이스라엘의 북쪽 국경의 치안을 책임져야 하는 곤란한 입장에 놓이게 되었다. 레바논 군대가 시돈에서부터 남쪽으로 이스라엘 국경까지, 레바논 영토의 거의 3분의 1에 해당하는 지역에 "안전지대"를 구축하기 위해서 남쪽에 배치되어야 했기 때문이다. 또한 레바논 정부는 이스라엘로부터 자금 지원을 받아 꾸려진, 그리고 부역자로 악명을 떨친 기독교도 민병대인 남레바논 병사들을 레바논군으로 통합하는 데에도 동의해야만 했다. 한 시아파 장교의 말에 따르면, 이는 "이스라엘의 총검 아래" 체결된 "치욕적인 합의"였다.[27]

특히 시리아 정부가 5월 17일의 협정 조건에 불만을 가졌는데, 시리아를 고립시키고 이스라엘에게 유리한 쪽으로 지역의 세력 균형이 바뀔 것이 자명해 보였기 때문이다. 협상 과정에서 미국은, 하피즈 알 아사드 시리아 대통령이 이스라엘과 레바논 간의 협상을 방해할 것을 잘 알고 있었기 때문에 일부러 그를 무시했다. 5월 17일의 협정은 또한 시리아에 대한 어떤 양보도 포함하고 있지 않았다. 협정문 제6조는 이스라엘군 철수의 전제조건으로 레바논에서 시리아군 전원의 철수를 요구했다. 하지만 시리아는 내전에 처음 관여한 이래 지난 6년 동안 레바논에 너무도 많은 정치적 자본을 투자했기 때문에 이 나라가 미국의 지원 속에서 이스라엘의 세력권으로 넘어가는 것을 도저히 용납할 수 없었다.

시리아는 서둘러 레바논의 협력자들을 동원하여 5월 17일의 협정을 거부하도록 사주했다. 반체제 세력이 베이루트의 기독교도 지역을 공격하기 시작하면서 싸움은 재개되었고, 이는 제마엘 정부의 약점을 고스란히 보여주었다. 또한 그들은 미국이 지역의 정치 상황에 개입한 탓에 중립적인 평화유지군으로서의 역할이 심각하게 훼손된 다국적군의 미군부대에게도 발포했다. 미군이 반격에 나서면서 — 육중한 미국 함포의 집중포화가 빈번히 이루어졌다— 미군은 전쟁의 중재자가 아닌 레바논 분쟁의 수렁에 빠진 당사국이 되어버렸다.

미국은 초강대국이었음에도 레바논에서는 여러모로 불리한 입장에 있었다. 미국의 현지 협력자인 아민 제마엘의 고립 정부와 이스라엘의 점령군이 적들, 즉 소련이 지원하고 있는 시리아나 이란, 시아 무슬림 저항운동 조직보다 훨씬 취약했기 때문이다. 이스라엘과 마찬가지로 미국도 엄청난 무력의 사용만이 레바논에서의 목적을 달성할 수 있다고 생각했다. 하지만 레바논으로의 미군 파병은 이 일대의 수많은 적들의 공격에 오히려 초강대국을 노출시킴으로써 미국이 약점을 가지게 된 원인임이 곧 드러났다.

분쟁 동안에 발생한 다른 어떤 사건보다도 이스라엘의 침공이 레바논에서 이슬람주의 운동을 촉발시킨 가장 큰 원인이었다. 이슬람주의 단체들은 이집트 및 시리아에서 자국 정부와 사회에 맞서서 벌인 작전들로 인해서 고립과 비난에 직면해 있었다. 그런데 마침 레바논 분쟁이 이슬람주의 조직들에게 맞서 싸울 외부의 적을 제공한 것이었다. 미국과 이스라엘에게 고통과 굴욕을 안겨줄 수 있는 단체라면 그 누가 되었든 간에 레바논과 아랍 세계에서 대중의 지지를 얻을 수 있었다. 이는 이스라엘과 미국의 골칫거리가 될 새로운 시아 이슬람주의 운동— 신의 당, 즉 헤즈볼라(Hizbullah)라는 민병대—이 출현하기에 완벽한 조건이었다.

헤즈볼라는 1980년대 초반에 주민 대다수가 시아파로 이루어진 중부 베카 계곡의 소도시 바알베크에 세워진 이란 혁명 수비대의 훈련소에서 출현했다.

수백 명의 레바논 시아파 젊은이들이 종교 및 정치 교육과 고급 군사훈련을 받기 위해서 바알베크로 몰려들었다. 이슬람 혁명 이념을 공유하게 된 그들은 이란의 적을 자신들의 적인 양 점점 증오하게 되었다.

역설적이지만 헤즈볼라의 창설은 이란만큼이나 이스라엘의 덕분이기도 했다. 남부 레바논의 시아파들은 1982년 6월 당시만 해도 이스라엘에게 특별한 적대감을 가지고 있지 않았다. 1969년 이래로 PLO의 반이스라엘 군사작전으로 인해서 남부 주민들은 이루 말할 수 없는 고통을 겪어왔다. 따라서 1982년에 PLO 전투원들이 쫓겨나자, 남부 레바논의 시아파들은 기뻐했고 처음에는 이스라엘 침략군을 해방자로 받아들였다. "남부 레바논의 일부 주민들을 집어삼킨 팔레스타인 사람들에 대한 적대심의 반작용으로 [이스라엘] 침략군은 환호와 쌀 세례를 받으며 환영받았다"라고 헤즈볼라의 부사무국장 나임 카셈은 회상했다.[28]

그런데 베이루트가 포위되어 엄청난 사상자가 발생하고, 남부 레바논을 점령한 이스라엘군의 거만함을 목격하게 된 시아 무슬림들은 이스라엘에게 커다란 반감을 가지게 되었다. 이란의 선동으로 마침 조성되고 있던 이러한 적대심은 더욱 강화되었고, 이스라엘과 미국을 향한 그리고 그들이 레바논에서 공동으로 기획한 5월 17일 협정에 대한 분노도 점점 커져갔다.

처음부터 헤즈볼라는 용기 있는 신념으로 두각을 나타낸 조직이었다. 조직원들은 이슬람의 약속에 대한 흔들리지 않는 신념과 지상에서 신의 뜻을 이루기 위해서라면 어떤 희생도 감수하겠다는 의지로 단결했다. 680년에 우마이야 왕조에 맞서 싸우다가 남부 이라크의 카르발라 전투에서 전사한 예언자 무함마드의 손자 이맘 후세인은 여전히 시아 무슬림들에게 폭정에 대항한 순교의 궁극적인 예를 상징했고 헤즈볼라의 역할 모델이었다. 이맘 후세인의 사례는 헤즈볼라에게 순교의 문화를 소개했고, 이는 적들에게 치명적인 무기가 되었다. 헤즈볼라가 자살폭탄 테러를 빈번히 자행함에 따라 많은 분석가들은 미군과 프랑스군 막사에 대한 자살폭탄 공격을 자신들의 소행이라고 주장했던 실체가 불분명한 조직인 이슬람 지하드를, 1982년에서 1985년 사이에 형태를 갖춘 초기의 헤즈볼라 운동과 연계시키기도 했다. 비록 헤즈볼라 자신들은 그 공격과 연루되었음을 줄곧 부정했지만 말이다.

이스라엘과 미국에 맞선 투쟁은 좀더 큰 목표를 위한 수단일 뿐이었다. 헤즈볼라의 목표는 레바논에 이슬람 국가를 창설하는 것이었다. 그럼에도 이 단체는 다양하게 구성된 레바논 주민들의 뜻에 반하면서까지 이슬람 정부를 군이 수립할 생각은 없다고 늘 주장했다. 헤즈볼라 지도자들은 조직 창설을 선언한 1985년 2월의 공개서한에서 "정치적 마론주의가 지배적인 이 시점에 우리는 강압적인 방식으로 레바논을 이슬람식으로 통치하기를 원하지 않는다"라고 밝혔다. "그러나 우리는 이슬람을 신앙이자 체제, 사상, 원칙으로 확신하고 있음을 강조하는 바이며, 모두에게 이를 인정하고 그 법에 의탁할 것을 촉구한다."29 이집트와 시리아의 무슬림 형제단처럼 헤즈볼라도 인간의 법을 신의 법으로 대체하기를 희망했다. 헤즈볼라의 지도자들은 일단의 이슬람 통치방식이 세속적 민족주의 체제보다 뛰어나다는 것이 입증되면, 대다수의 레바논 국민들— 심지어는 이 나라의 커다란 기독교 종파들조차도 — 도 정의로운 신의 법을 기꺼이 선택할 것이라고 확신했다. 헤즈볼라 지도부는 이스라엘과 미국에 맞서 승리를 거두는 것이야말로 이슬람 통치체제의 우수성을 입증할 수 있는 최선의 방법이라고 생각했다. 시아파 젊은이들은 이 목표를 이루기 위해서 자신들의 역할 모델인 이맘 후세인처럼 기꺼이 목숨을 바치고자 했다.

레바논에서 발생한 시아파에 의한 최초의 자살 테러 공격은 1982년 11월에 헤즈볼라의 전신인 이슬람 저항(Islamic Resistance)이 단행했다. 아흐마드 카시르라는 청년이 남부 레바논의 티레에 자리잡은 이스라엘군 사령부로 폭발물을 실은 차를 몰고 돌진해서 최초의 "순교작전"을 수행했고, 그 결과 75명의 이스라엘 병사가 사망하고 많은 사람들이 다쳤다. 언론인 로버트 피스크는 폭탄공격을 조사하러 티레로 갔다. 8층 건물의 잔해더미 속에서 찾아낸 이스라엘인 사상자의 숫자에도 놀랐지만, 그가 가장 받아들이기 힘들었던 것은 폭파 방법이었다. "**자살** 폭파범이라고? 이러한 생각은 상상하기도 힘들

것 같다."[30] 이스라엘 사령부에 대한 폭탄 공격 이후 벌어진 수많은 테러 공격
—1983년 4월의 미국 대사관 폭파, 1983년 10월의 미국 및 프랑스 병영 공격,
1983년 11월에 자행된 티레의 이스라엘 사령부에 대한 2차 공격으로 60명의
이스라엘인 사망자 추가 발생—들은 미국과 이스라엘의 적들이 무기창
고에 자살폭탄 공격이라는 위험한 신형무기를 보유하게 되었음을 확인시켜
주었다.

　이슬람 저항이 제기한 위협의 실체를 신속하게 파악한 이스라엘 정보국도
시아파 성직자들에 대한 암살 공격으로 반격에 나섰다. 하지만 암살은 시아
무슬림들의 저항을 꺾기는커녕 오히려 폭력사태를 악화시켰다. "1984년에
[시아파의] 공격 속도는 매우 빨라져서 사흘마다 한 명의 이스라엘 병사가
레바논에서 사망했다"라고 한 분석가는 기록했다.[31] 그해 시아파 민병대도
전략을 다각화하여 외국인들을 레바논에서 몰아내려는 목표 아래 서구인들
을 납치하기 시작했다. 헤즈볼라가 무대에 등장한 1985년이면 이미 그들의
적들은 퇴각 중이었다.

　시아 반란군이 이스라엘에게 안겨준 첫 패배는 5월 17일 협정의 파괴였다.
공격받고 있던 아민 제마엘 정부는 협정을 전혀 이행할 수 없었고, 서명한
지 일 년도 되지 않아서 레바논 각료회의는 이스라엘과의 조약을 폐기했다.
그 다음으로 이슬람 저항이 거둔 승리는 레바논에서 미국과 유럽 군대를 몰
아낸 것이었다. 레바논에서 미국인 사상자 수가 증가하자, 레이건 대통령은
군을 철수시키라는 압박을 점점 거세게 받게 되었다. 이탈리아와 미국의 군
대가 1984년 2월에 레바논에서 철수했고, 마지막 프랑스군이 3월 말에 철수
했다. 이스라엘 역시 레바논에서의 입지를 유지하기가 점점 어려워지면서,
1985년 1월에 총리 이츠하크 샤미르 내각은 남부 레바논 도심에서 남부 레바
논 안전지대(South Lebanon Security Zone)라고 명명된, 이스라엘-레바논 국
경을 따라 이어지는 좁고 긴 지대—종심이 5킬로미터에서 25킬로미터에 이
르렀다—로 철수하는 데에 동의했다.

　안전지대는 1982년 이스라엘의 레바논 침공이 남긴 유산 중에서 가장 오래

지속되었다. 남부 레바논 안전지대라는 개념은 공격으로부터 북부 이스라엘을 보호할 완충 지대를 만들려는 의도에서 탄생했다. 그러나 오히려 이 일대는 이스라엘 점령군과 싸우는 헤즈볼라와 다른 레바논 민병대들의 사격장이 되어버렸다. 향후 15년 동안 헤즈볼라는, 비록 이슬람 국가 건설에 대한 지지는 아닐지라도, 그 무렵에는 적어도 극도로 증오하던 점령군에 맞선 국민 저항운동으로서 레바논의 모든 종파로부터 지지를 받았다.

이스라엘에게 1982년의 침공은 결국 PLO라는 적을 더욱더 결연한 다른 적으로 대체시키는 결과를 가져왔을 뿐이었다. 레바논의 팔레스타인 사람들과는 달리 헤즈볼라와 남부 레바논의 시아파들은 자신들의 땅을 지키기 위해서 싸우고 있었기 때문이다.

냉전이라는 견지에서 보면 레바논 분쟁은 소련과 경쟁하던 미국에게는 커다란 낭패였다. 하지만 소련도 축하할 상황은 아니었다. 1979년 소련의 아프가니스탄 침공이 지속적인 봉기들을 촉발시키며 "무신론적인 공산주의자들"을 쫓아내기 위해서 싸우는 아프간 무자헤딘의 대열에 합류하려는 점점 더 많은 수의 신실한 무슬림들을 끌어들이고 있었기 때문이었다. 레바논이 지하드를 위한 시아파들의 학교였다면, 아프가니스탄은 새로운 세대의 수니 무슬림 전투원들의 훈련장이었다.

***

1983년에 압둘라 아나스라는 24살의 알제리인 청년은 고향 마을인 벤 바디스에서 버스를 타고 장(場)이 서던 자그마한 도시인 시디 벨 아베스에 가곤 했다. 그곳의 신문가판대를 통해서 그는 세계에서 벌어지고 있는 사건들을 접할 수 있었다.[32] 서부 알제리에서 이슬람주의 운동을 창시하게 될 아나스는 큰 흥미를 가지고 이슬람 세계에서 전개되고 있는 정치적 추이들을 주시했다.

그 무렵 아나스는 수많은 종교학자들이 서명한 파트와(이슬람 학자들의 법적 견해)가 실린 쿠웨이트 잡지 한 부를 구입했다. 파트와는 아프가니스탄에서의 지하드를 지지하는 것은 모든 무슬림들의 본분이라고 선언하고 있었다. 아나스는 파트와를 꼼꼼하게 읽기 위해서 인근의 커피 하우스에 자리를 잡았다. 아랍 걸프 만 국가들과 이집트 출신의 저명한 무프티들을 포함해서 서명에 참여한 유명 성직자들의 긴 목록이 매우 인상적이었다. 특히 셰이크 압둘라 아잠이라는 이름이 눈에 띄었다. 그의 저작물들과 테이프에 녹음된 설교가 이슬람주의자들 간에 널리 유통되고 있었기 때문이다.

1941년에 팔레스타인의 소도시 제닌 인근의 한 마을에서 태어난 압둘라 아잠은 보수적인 종교적 가풍 속에서 성장했고, 10대였던 1950년대 중반에 무슬림 형제단에 가입했다.[33] 고등학교를 마친 후에는 다마스쿠스 대학교에서 이슬람법을 수학했다. 1967년 6월 전쟁 이후 18개월 동안 서안 지구를 점령한 이스라엘에 맞서서 싸웠던 아잠은 이를 "팔레스타인 지하드"라고 불렀다. 그후 카이로로 이주한 그는 알 아즈하르 대학교에서 석사와 박사를 마쳤다. 이집트에 있는 동안 아잠은 1966년에 나세르 정부에게 처형당한 사이드 쿠트브의 동생인 무함마드와 그의 누이인 아미나 쿠트브를 알게 되었다. 아잠은 쿠트브의 글에 깊은 영향을 받았다.

학위를 받은 아잠은 암만의 요르단 대학교에서 이슬람학과 교수가 되었고, 그곳에서 선동적인 출판물과 연설로 요르단 당국과 문제가 생기기 전까지 7년을 재직했다. 그는 1980년에 요르단을 떠나서 사우디아라비아 제다의 킹 압둘아지즈 대학교에서 자리를 잡았다.

아잠이 제다로 옮기기 바로 직전에 소련이 아프가니스탄을 침략했다. 아프가니스탄의 공산주의 정권과 그들의 우방국 소련은 이슬람에 대해서 적대심을 보여왔고, 아프간인들은 "신의 길에서" 싸우고 있었다. 아잠은 아프가니스탄에서의 승리가 이슬람의 지하드 정신을 부흥시킬 것이라고 확신하며, 그들의 대의에 전적인 지지를 보냈다.

그가 훗날 쓴 글들이 입증하듯이, 아프가니스탄에서 승리를 거둔다면 다른 분쟁 지역에서도 무슬림들로 하여금 행동에 나서도록 동원할 수 있을 것이라고 아잠은 보았다. 팔레스타인 출신의 그는 아프가니스탄을 미래에 있을 이스라엘과의 교전을 위한 훈련장으로 생각했던 것이다. "우리가 팔레스타인을 잊었다고 생각하지 마라"라고 그는 썼다.

팔레스타인 해방은 우리 신앙의 필수적인 부분이다. 그것은 우리의 피 속을 흐르고 있다. 우리는 결코 팔레스타인을 잊지 않았다. 나는 아프가니스탄에서의 싸움이 아무리 큰 희생을 초래할지라도 지하드 정신의 부활과 신에 대한 충성심의 재생을 가져올 것이라고 확신한다. 우리는 국경과 규제, 투옥으로 인해서 팔레스타인에서의 지하드를 금지당했다. 그러나 이것이 우리가 지하드를 포기했음을 의미하지 않는다. 또한 우리가 우리의 조국을 망각했음을 의미하지도 않는다. 우리는 가능하다면 지구상의 어디에서든 지하드를 준비해야만 한다.[34]

지하드와 희생에 대한 아잠의 주장은 그가 쓴 글과 열정적인 녹음 연설들을 통해서 널리 유포되었다. 그는 세계 곳곳의 무슬림 남성들의 지하드 정신을 일깨웠고, 심지어는 알제리의 시디 벨 아베스와 같이 시장이 서던 외딴 마을까지도 그의 말이 전해졌다.

아잠이 서명한 파트와의 본문을 읽은 아나스는 그의 주장을 곰곰이 되새기며 소련 점령에 맞선 아프가니스탄의 투쟁은 모든 무슬림의 책임이라고 확신하게 되었다. "만약 이슬람 지역이 공격받는다면, 지하드는 그 지역 사람들과 이웃 모두의 의무이다"라고 파트와는 주장했다. "만약 그곳에 너무 적은 수의 사람이 살고 있거나 또는 그 지역 주민들이 무능하거나 주저한다면, 이러한 의무는 인근 지역 사람들의 몫이 되며 결국 이런 식으로 지하드의 의무는 전 세계로 확산된다."[35] 아프가니스탄에서의 상황이 심각하다고 생각한 아나스는 지하드의 의무가 알제리 시골에 있는 자신에게까지 도달했다고 느꼈다. 아나스도 고백했듯이, 그는 그 당시 아프가니스탄에 관해서 아무 것도 알지 못했기 때문에 — 심지어 지도상 그곳이 어디인지도 몰랐다 — 이러한 상황이 더욱더 특별하게 다가왔다.

아나스도 곧 알게 되지만, 아프가니스탄은 풍부한 문화적 다양성과 비극적인 근대사를 가진 나라이다. 아프가니스탄 주민은 7개의 주요 종족으로 구성되어 있는데, 그중 가장 큰 종족은 파슈툰족(대략 전체 인구의 40퍼센트 정도)과 타지크족(30퍼센트)이고, 수니 무슬림이 대다수이며 상당한 규모의 시아 소수파가 존재하고, 2개의 공식 언어(페르시아어와 파슈토어)를 사용한다. 이 나라의 다양성은 서쪽으로는 이란, 남동쪽으로는 파키스탄, 북쪽으로는 중국과 투르크메니스탄, 우즈베키스탄, 타지키스탄과 같은 중앙아시아 공화국들(이 당시에는 소련이었다) 사이에 위치한 지리적인 특성에서 기인한다. 하지만 육지로 둘러싸인 아프가니스탄은 이러한 다양성과 지세로 인해서 안정을 누릴 수 없었고, 1973년 이후로는 정치적 혼돈과 전쟁으로 고통을 겪어야만 했다.

소련-아프간 전쟁의 기원은 국왕 자히르 샤의 군주제를 무너뜨리고 좌파 성향의 정부가 권좌에 앉은 1973년의 군사 쿠데타로 거슬러올라간다. 하지만 대통령 모함메드 다우드 칸의 공화국 정부도 결국에는 1978년 4월에 발생한 공산주의자들의 폭력적인 쿠데타에 의해서 타도되었다. 공산주의자들은 소련과의 제휴 속에서 일당 국가 체제인 아프가니스탄 민주공화국 설립을 선포하고 사회경제 개혁을 신속하게 추진했다. 새로운 아프간 정권은 공개적으로 이슬람을 적대시하며 국가 무신론주의를 조장했는데, 이는 신앙심이 깊었던 대부분의 아프간 주민들 사이에서 큰 반발을 초래했다.

소련의 지원 아래 공산정권은 모든 반체제주의자들에 맞서서 공포정치를 시작했고, 수천 명의 정치범들이 체포되어 처형되었다. 그러한 가운데 정권을 장악하고 있던 공산주의자들이 파벌에 따라 분열되어 내분에 휩싸이는 사태가 벌어졌다. 수많은 암살 사건이 발생한 후에야 소련은 1979년 크리스마스이브에 아프가니스탄에 개입했다. 수도 카불을 장악하고 현지의 조력자인 바브락 카말을 대통령으로 앉히기 위해서 2만5,000명의 침략군을 파병한 것이었다.

소련의 아프가니스탄 침공은 국제적인 비난을 받았지만, 어떤 나라도 소련의 철수를 강제하기 위해서 직접적으로 나설 상황이 아니었다. 붉은 군대를 쫓아내는 몫은 아프간 저항운동의 것이었고, 이슬람주의 단체들이 싸움을 주도했다. 이 분쟁을 엄격하게 냉전이라는 측면에서 사고하던 미국은 반공산주의적인 입장을 가진 이슬람 전사들을 소련에 대항하는 동지로 여기며 비밀리에 광범위한 지원을 해주었다. 미국은 아프간 저항군에게 군수품과 손으로 조작하는 정교한 대공 미사일을 파키스탄을 통해서 공급했다. 카터 행정부 시기 동안 미국은 아프간 저항운동에 약 2억 달러를 원조했다. 로널드 레이건 은 지원을 더욱더 늘려서 1985년에만 2억5,000만 달러를 원조했다.[36]

파키스탄 정부가 미국과 아프간 저항운동 사이에서 중개자 역할을 하면서 아프간 무자헤딘(문자 그대로 "성전사"를 의미하며 이슬람 게릴라를 지칭한 다)에게 정보와 훈련시설을 제공했다. 이슬람 세계도 상당한 재정적 지원을 제공했고, 1983년부터는 아프간 지하드에서 싸울 지원병 모집이 시작되었다.

압둘라 아잠은 아프가니스탄에서 싸울 아랍인 지원병 모집 임무를 담당했 고, 압둘라 아나스는 초기에 자원했던 병사 중의 한 명이었다. 두 사람은 1983년에 메카 순례에서 우연히 만났다. 순례 의식을 위해서 모인 수백만 명의 사람들 가운데서 긴 수염과 넙적한 얼굴을 가진 압둘라 아잠 특유의 외관을 알아본 아나스는 자신을 소개하기 위해서 그에게 다가갔다.

"저는 아프가니스탄에서의 지하드 의무에 대해서 선생님과 여러 종교지도 자들이 발행한 파트와를 읽었습니다. 그리고 확신을 가지게 되었습니다만 아 프가니스탄에 갈 방법을 모르겠습니다"라고 아나스는 말했다.

"그건 매우 간단하오. 이것은 이슬라마바드의 내 전화번호요. 나는 순례가 끝나면 파키스탄으로 돌아갈 것이오. 그곳에 오면 나에게 전화하시오. 그러 면 내가 페샤와르에 있는 아프간 동료들에게 당신을 데려다주겠소"라고 아잠 은 답했다.[37]

2주일 만에 아나스는 이슬라마바드로 가는 비행기에 올랐다. 아랍 세계 밖으로 나가본 적이 없던 이 알제리 청년은 파키스탄에서 길을 잃었다. 그는 곧장 공중전화로 달려갔고, 전화를 받은 아잠의 저녁 식사 초대에 그제야 안 도의 한숨을 내쉴 수 있었다. "그는 인간적인 따뜻함으로 나를 환영해주었고, 이는 매우 감동적이었다"라고 아나스는 회고했다. 아나스를 집으로 초대한 아잠은 저녁 식사에 온 다른 손님들에게 그를 소개했다. "집은 이슬라마바드 의 국제 이슬람 대학교에서 그가 가르치던 학생들로 가득했다. 그는 자신이 페샤와르에 갈 때까지 함께 머무를 것을 부탁했는데, 왜냐하면 나 혼자서 페샤와르에 간다면 아프간 동료들을 만날 수 없을 것이라는 생각 때문이었다."

아나스는 아잠의 집에서 손님으로 사흘을 머물렀다. 이것은 깊은 우정과 정치적인 동반자적 관계의 시작이었고, 후에 아나스가 아잠의 딸과 결혼하면서 그 관계는 더욱 공고해졌다. 아잠의 집에 머무는 동안, 아나스는 아프간 지하드에 자원하라는 아잠의 부름에 일찍이 응답한 다른 몇몇 아랍인들을 더 만날 수 있었다. 아나스가 1983년에 도착했을 당시, 아프간 지하드에 나선 아랍 지원병은 겨우 12명뿐이었다. 페샤와르로 떠나기 전에 아잠은 아나스에게 또다른 아랍 지원병을 소개했다.

"당신에게 오사마 빈 라덴 형제를 소개하겠소. 그는 아프간 지하드에 나서고 싶어하는 사우디 젊은이 중의 한 명이오"라고 소개했다.

"그는 수줍음이 많고 말이 없는 사람이라는 인상을 줬다"라고 아나스는 회상했다. "셰이크 압둘라는 오사마가 종종 자신을 만나러 이슬라마바드를 방문했었다고 설명했다." 아나스는 아프가니스탄에서 빈 라덴과는 다른 지역에서 복무했기 때문에 그를 충분히 잘 알게 될 기회는 없었다. 하지만 그와의 첫 만남을 또렷이 기억했다.[38]

파키스탄에 머무는 동안 아나스는 2명의 다른 아랍 지원병들과 함께 훈련소로 보내졌다. 알제리에서 병역을 마친 그는 이미 칼라시니코프 기관총을 잘 다루었다. 두 달 후에 지원병들에게 아프가니스탄에 들어갈 첫 번째 기회가 찾아왔다.

그들이 파키스탄의 훈련소를 떠나서 아프간 무자헤딘에게 합류하기 전에 아잠은 아프간 저항운동이 7개의 파벌로 나누어져 있음을 아랍인 제자들에게 설명했다. 가장 큰 파벌은 파슈툰족이 주도하는 굴부딘 헤크마티아르의 헤즈브이 이슬라미(Hezb-e Islami, 이슬람당)와 타지크족인 부르하누딘 라바니가 이끄는 자미아트이 이슬라미(Jamiat-e Islami, 이슬람 협회)였다. 아잠은 아랍 지원병들에게 아프간 파벌 싸움에서 결코 편을 들지 말 것을 그리고 본인들을 "모든 아프간 민족의 손님"으로 생각하라고 강력하게 충고했다.

그러나 아랍 자원병들은 각기 다른 아프간 지방으로 병역을 지원했기 때문에 특정 파벌의 지휘를 받게 되었고, 그 결과 필연적으로 자신이 도왔던 사람들에게 충성을 바치게 되었다. 아나스는 라바니의 이슬람협회 사람들이 통솔하고 있던 북부 지방의 마자르 이 샤리프로 병역을 지원했다. 한겨울에 아프간 사령관들과 함께 출발한 소수의 아랍 지원병들은 300명의 무장병들과 무리를 지어 소련이 통제하고 있던 지역을 걸어서 횡단했다. 이 위험한 여정은 40일이 걸렸다.

아나스는 마자르 이 샤리프에 도착하자마자 겪은 아프간 지하드의 첫 경험에 낙담했다. 마자르의 지역 사령관이 대소련 자살 테러 작전으로 최근에 사망하자, 이 전략 도시의 저항군에 대한 통제권을 두고 그의 부하 3명이 경쟁하고 있었다. 아나스는 턱없이 자신의 능력이 부족함을 깨달았다. "우리는 훈련도 제대로 받지 못했고, 정보나 돈도 없는 젊은이들에 지나지 않았다." 아나스는 그와 함께 여정에 나선 다른 2명의 아랍인과 자신에 대해서 이렇게 썼다. "지하드에 참여하기 위해서는 우리가 준비한 것보다 훨씬 높은 수준의 대비가 필요함을 깨달았다."

마자르에 도착한 지 한 달도 안 되었지만 아나스는 "일촉즉발의 상황"을 피해서 가능한 한 빨리 페샤와르로 돌아가기로 결심했다. 아프가니스탄에 대한 그의 첫 인상은 이곳의 문제는 너무 커서 선의를 가진 한 줌의 지원병들로는 해결될 수 없다는 것이었다. "반드시 이슬람 세계에게 책임을 다하라고 촉구해야만 한다. 아프간 문제는 5명이나 25명, 50명의 아랍인들로는 해결할 수 없는 큰 문제이다." 따라서 그는 압둘라 아잠에게 아프가니스탄 내의 정치적 상황을 보고해서 "그로 하여금 아랍과 이슬람 세계에 현황을 설명하고, 아프간 문제를 위해서 더 많은 도움을 요청하도록" 해야겠다고 생각했다.[39]

아나스가 아프가니스탄에서 보낸 수개월 동안 국경도시 페샤와르는 중요한 변화를 겪었다. 이제는 더 많은 아랍 지원병들이 모여들어서, 아나스가 처음 도착했을 때는 12명에 불과했던 인원이 1985년 초에는 70-80명으로 증가해 있었다. 압둘라 아잠은 부름에 응하는 아랍인들의 수가 점점 많아지자, 그들을 위한 접수 시설을 만들었다. "당신이 멀리 있는 동안" 아잠은 아나스에게 설명했다. "오사마 빈 라덴과 나는 일단의 형제들과 함께 사무국(Maktab al-khadamat)을 설립했소. 우리가 세운 이 사무국은 아프간 지하드에 참여하려는 아랍인들을 조직화하기 위한 것이오."[40] 아잠은 사무국을 아프간의 정치적 불화에 휘말릴 위험 없이 아랍 지원병들이 모여서 훈련할 수 있는 독립적인 종합시설이라고 생각했다. 사무국은 세 가지 목표 — 도움을 주고, 개혁을 돕고, 이슬람을 조장한다 — 를 가지고 있었다. 사무국은 점점 커지고 있던 파키스탄의 아프간 난민촌에서뿐만 아니라 아프가니스탄 내에도 학교와 협회들을 열기 시작했다. 전쟁고아와 과부들에게 도움을 제공했고, 이와 동시에 아프간의 지하드로 새로운 신병들을 끌어들이기 위해서 활발한 선전 활동도 전개했다.

선전 노력의 일환으로 사무국은 아랍 세계 전역에 배포할 「알 지하드(al-Jihad)」라는 대중 잡지를 발간했다. 「알 지하드」의 내용은 모든 무슬림에게 영감을 주기 위한 영웅주의와 희생에 관한 이야기들로 채워졌다. 저명한 이슬람주의 사상가들도 글을 기고했다. 1960년대에 이슬람주의 활동으로 나세르에 의해서 투옥되었던 자이납 알 가잘리는 파키스탄을 방문했을 때 「알 지하드」와 인터뷰를 했다. 알 가잘리는 70대였음에도 이슬람주의의 대의에 대한 열정을 조금도 잃지 않았다. "내가 감옥에서 보낸 시간은 아프가니스탄의 지하드 전장에서의 한 순간에도 미치지 못한다"라고 그녀는 기자에게 말했다. "내가 아프가니스탄에서 여성 전사들과 함께 할 수 있다면 정말 좋을 텐데. 신께서 무자헤딘에게 승리를 가져다주시기를, 그리고 아프가니스탄에 정의를 실현하지 못하고 있는 우리[즉 이슬람 국제 사회]의 무능함을 용서해주시기를 바란다."[41] 알 가잘리는 아프간의 지하드를 "예언자 — 그에게 신의 평안이 있기를(Sallallahu Alaihi Wasallam : 예언자 무함마드의 호칭 뒤에 덧붙이는 말/역주) — 의 교우들과 정통 칼리프의 시대로의 회귀"라며 이상화했다.

잡지 「알 지하드」는 예언자 무함마드의 시대를 떠올리게 하는 기적에 관한 이야기들을 출판하여 소련에 맞선 아프간 전쟁의 영웅적인 서사를 강화시켰다. 그중에는 일단의 무자헤딘이 소련군 700명을 죽이는 동안 그들 일행 가운데서는 겨우 7명만이 순교했다는 이야기나 한 청년이 한 손으로 무려 5대의 소련 비행기를 격추시켰다는 이야기도 있었다. 심지어는 하늘의 새떼가 적으로부터 무자헤딘을 보호하기 위해서 새의 장막을 만들어주었다는 기사도 실렸다. 잡지는 힘든 역경에도 불구하고 믿음을 승리로 보답해주시는 신의 개입을 독자들에게 납득시키려고 했다.

하지만 압둘라 아나스는 실용주의자였고, 아프가니스탄의 전장을 몸소 체험한 사람이었다. 전쟁에 관한 건조한 그의 설명 속에 기적은 없었다. 1985년에 마자르 이 샤리프로 돌아간 아나스는 판지시르 계곡 북쪽 지역을 관할하던 이슬람 협회의 군사령관 아흐마드 샤 마수드 휘하에서 복무했다. 마수드는 타고난 지도자였고, 체 게바라 유형의 카리스마 있는 게릴라 사령관이었다. 그는 정기적으로 험악한 지형의 힌두쿠시 산맥으로 부대원들과 함께 철수하여 수주간의 살인적인 폭격도 거뜬히 견뎌낼 수 있는 깊은 산악 동굴에 기지를 만들고, 돌무더기에 숨어 있다가 소련군을 기습하여 다수의 사상자를 안겨주곤 했다. 물론 그의 부하들도 고통을 겪었다. 한번은 마수드가 부대와 함께 좁은 계곡을 지나 퇴각하던 중 소련의 로켓 발사로 기습을 당했다. "5분도 채 되지 않아서, 우리 일행 중 10명 이상이 순교했다"라고 아나스는 회상했다. "그것은 상상하기조차 힘든 광경이었다."[42] 아나스는 마수드가 300명의 부하(15명의 아랍인 지원병을 포함해서)를 이끌고 소련에 승리한 또다른 전투도 묘사했다. 전투는 밤낮으로 계속되었고, 마수드의 부대는 18명(아랍인 4명을 포함해서)이 사망하고 더 많은 이들이 부상당하는 피해를 입었다.[43]

아프간 무자헤딘과 아랍인 지원병들은 필사적으로 싸웠고, 우세한 군사력에 맞서서 결국 전쟁에서 승리를 거두었다. 10년간의 점령은 인적으로나 물적으로나 소련에게 큰 대가를 치르게 했다. 적어도 1만5,000명의 붉은 군대병사들이 아프가니스탄에서 죽었고, 5만 명이 작전 중에 부상을 당했다. 아프간 저항세력은 100대 이상의 비행기와 300대의 헬리콥터를 미국이 제공한 방공미사일로 격추시켰다. 1988년 말에 소련은 10만 명의 침략군으로도 아프가니스탄에 자신들의 뜻을 관철시킬 수 없음을 자각하게 되었다. 크렘린은 서둘러 손을 떼고 철수하기로 결정했다. 1989년 2월 15일에 마지막 소련군 부대가 아프가니스탄에서 철수했다. 그러나 핵무기를 가진 초강대국에게 이슬람 군이 거둔 위대한 승리에도 불구하고 아프가니스탄 전쟁에 자원했던 사람들은 크게 실망하게 되었다.

소련에 맞서 거둔 아프간 저항세력의 승리는 이슬람주의자들의 최종적인 목표인 이슬람 국가의 창설로 이어지지 않았다. 소련이라는 적이 국경 밖으로 물러나자마자 아프간의 파벌들은 권력다툼을 벌이며 서로를 적대시했고 곧 내전이 발발했다. 압둘라 아잠이 최선을 다했음에도 불구하고 많은 아랍 지원병들은 아프간의 분파 노선에 따라 분열되었고 자신과 친분이 있는 파벌의 편에 섰다. 어떤 이들은 아프가니스탄을 떠나기로 결정했다. 적대적인 군벌 간의 폭력적인 영역권 다툼은 지하드가 아니라고 생각했을 뿐만 아니라 무슬림 동지들과 싸우고 싶지도 않았기 때문이다.

아랍인 지원병들은 아프간 전쟁에서 큰 영향력을 행사하지 못했다. 압둘라 아잠은 아프간 전쟁에 대한 아랍의 기여가 "새 발의 피"에 지나지 않았다고 회상했다. "아프간 아랍인들"로 알려진 지원병 무리는 기껏해야 최대 2,000명을 넘지 못했고, 그중에서도 "소수만이 아프가니스탄에 들어가 무자헤딘과 함께 전투에 참여했다"라고 아나스는 주장했다. 나머지 사람들은 페샤와르에 머물면서 "의사나 운전사, 요리사, 회계사, 엔지니어 같은" 일에 자원했다.[44]

그러나 아프간 지하드는 아랍 세계에 지속적인 영향을 미쳤다. 지하드로의 부름에 응답한 자들 중의 많은 이들이 아프가니스탄에서 이루지 못한 이상적인 이슬람 질서를 실현하기 위해서 고국으로 돌아갔다. 아나스는 약 300명의 알제리 지원병들이 아프가니스탄에서 복무했다고 추정했다. 그중에서 많은 이들이 고향으로 돌아와 이슬람주의 신당인 이슬람 구국 전선(Islamic Salvation Front, 프랑스어의 머리글자를 딴 FIS로 더 널리 알려져 있다)에서 활발하게 활동했다. 어떤 이들은 압둘 아잠의 사무국에 필적할 만한 조직을 설립한 오사마 빈 라덴의 주변으로 모여 들었다. 빈 라덴은 이 새로운 조직을 "기지(Base)"라고 불렀지만, 그것은 아랍어 명칭인 알 카에다(al-Qaida)로 더 잘 알려지게 되었다. 아나스와 함께 판지시르 계곡에서 복무했던 몇몇 아랍인들은 파키스탄에 남기로 선택했고, 알 카에다의 창립 멤버가 되었다.

아프간 아랍인들에게 영감을 주었던 사람은 정작 파키스탄에 묻히게 되었다. 압둘라 아잠이 2명의 아들과 함께 금요 예배를 위해서 페샤와르의 한 사원으로 가던 도중에 자동차에 설치된 폭탄이 터지면서 1989년 11월 24일에 사망한 것이었다. 결정적인 증거가 없었음에도 누가 압둘라 아잠을 죽이라고 명했는지에 관한 추측들이 난무했다. 적대적인 아프간 파벌이나 오사마 빈 라덴의 계파, 심지어는 아잠을 하마스라는 새로운 팔레스타인 이슬람주의 운동의 영적 지도자로 본 이스라엘의 소행이라는 설도 있었다.

***

1987년 12월, 가자의 주민들은 이스라엘의 점령하에 20년째 살고 있었다. 그 무렵 가로 40킬로미터에 세로 9킬로미터의 가는 손가락 모양의 해안지대였던 가자 지구에는 약 62만5,000명의 팔레스타인 사람들이 거주하고 있었다. 가자 주민들 — 그중 4분의 3은 1948년에 신생국 이스라엘에게 정복당한 팔레스타인 지역에서 온 난민이었다 — 은 1948년에서 1967년 사이에 커다란 고립을 경험했다. 이집트 정부에 의해서 집단 거주지에 유폐되었고, 이스라엘과의 적대적인 국경으로 인해서 자신들의 잃어버린 고향과도 단절되었다.

1967년의 이스라엘의 점령과 함께 가자 사람들은 역사적으로 팔레스타인으로 칭해지던 다른 지역 — 이스라엘의 읍이나 도시 그리고 점령당한 서안 지구 — 으로 건너가서 그곳의 팔레스타인 사람들과 만날 수 있는 새로운 기회를 가지게 되었다. 게다가 가자는 1967년 이후 상당한 경제적인 호황도 누리게 되었다. 점령 아래, 가자 사람들은 이스라엘에서 직업을 구할 수 있게 되었고 비교적 쉽게 국경을 건너 이곳저곳으로 이동도 할 수 있었다. 이스라엘 사람들은 면세의 혜택을 누리기 위해서 가자에서 쇼핑을 했다. 많은 면에서 가자 주민들의 삶은 이스라엘의 통치하에서 오히려 나아졌다.

하지만 그 누구도 점령 아래서 행복하지 않았고, 팔레스타인 사람들은 자신들의 땅이 독립되기를 열망했다. 그러나 다른 아랍 국가들이 도와줄 것이라는 희망은 이집트가 1979년에 이스라엘과 평화조약을 체결하면서 산산조각이 났고, PLO의 손으로 해방을 쟁취하겠다는 희망도 1982년에 이스라엘의 레바논 침공으로 팔레스타인 전투 부대가 아랍 세계 곳곳으로 흩어지면서 사라졌다.

1970년대 말과 1980년대 초에 서서히 가자 지구와 서안 지구에 살던 팔레스타인 사람들은 스스로 점령에 맞서기 시작했다. 이스라엘 정부는 서안 지구에서만 1977년에 656건이었던 "소요(騷擾)"가 1981년에는 1,556건으로, 1984년에는 2,663건으로 증가했다며 "불법행위"의 증가에 대해서 기록했다.[45]

점령지 내에서의 저항은 일제 검거와 협박, 고문, 모욕 등 이스라엘의 가혹한 보복을 초래했다. 자긍심이 높았던 팔레스타인 사람들은 모욕을 가장 참기 힘들어했다. 이슬람주의 지식인 아잠 타미미의 말에 의하면, 존엄성과 자존감의 상실은 점령자들이 자신들을 "인간 이하의 그리고 존중할 가치가 없는" 존재로 본다는 것을 지각하게 되었을 때 더욱 심각해졌다.[46]

설상가상으로 팔레스타인 사람들은 이스라엘의 점령에 협력함으로써 자신들의 예속에 공모하고 있다는 죄책감에 사로잡히게 되었다. 가자와 서안 지구의 팔레스타인 사람들이 이스라엘에서 직업을 구하고, 자신의 가게를 찾은 이스라엘 고객에게 물건을 파는 것 그 자체로도 점령에 공모하고 있는 것이라고 간주되었기 때문이다. 이스라엘이 점령한 팔레스타인 땅에서 토지를 몰수하고 정착촌 건설에 매진하고 있는 상황이었기에, 이스라엘에 대한 협력은 더욱더 부역(附逆)처럼 느껴졌다. 팔레스타인 학자이자 활동가인 사리 누세이베가 설명했듯이, "우리의 반(反)점령 낙서를 지우는 데에 이스라엘의 페인트를 사용하는 모순을 도저히 참을 수 없게 되면서 폭발은 불가피한 일이 되었다."[47]

북부 가자의 에레즈 검문소 인근에서 발생한 교통사고가 도화선이 되어서 결국 1987년 12월에 일이 터지고 말았다. 12월 8일에 이스라엘의 군용 트럭이 팔레스타인 노동자들을 이스라엘에서 그들의 집으로 태우고 가던 2대의 승합차 쪽으로 돌진하면서 4명이 사망하고 7명이 다치는 사고가 발생했다. 이 사망 사고가 고의적이었다는 소문이 팔레스타인 사회 전체로 퍼지면서 이 지역 일대에 긴장감이 조성되었다. 다음 날 거행된 장례식 이후 대규모 시위들이 잇따랐고, 이스라엘군이 시위대를 해산하기 위해서 실탄을 사용하면서 시위자들이 총에 맞아 사망했다.

12월 9일에 벌어진 살상행위들로 인하여 가자 전역과 서안 지구로 폭동이 들불처럼 확산되었고, 이는 곧 20년간 지속된 이스라엘의 점령에 반대하는 대중 봉기로 진화했다. 팔레스타인 사람들은 점령에 직접 대항함으로써 마치 수십 년간 쌓인 모멸감을 떨쳐버리기라도 하려는 듯이, 이 운동을 봉기와 먼지 털기 모두를 의미하는 아랍어인 "인티파다(Intifada)"라고 불렀다.

인티파다는 이스라엘 당국과 서툰 대치를 벌이던 가운데 시작되었다. 시위대는 돌팔매질은 했지만 무기 사용은 배제하며 비폭력 운동을 선언했다. 이스라엘 당국은 고무탄과 최루탄으로 대응했다. 1987년 12월 말까지 22명의 시위자가 이스라엘군에 의해서 사망했다. 이스라엘의 탄압은 폭력사태를 진정시키기는커녕, 즉석 시위를 촉발하며 그 충돌의 주기를 단축시켰다.

인티파다 초기의 몇 주일 동안은 중앙 지도부가 없었다. 대신 저항운동은 가자와 서안 지구 곳곳에서 일련의 자발적인 시위를 통해서 전개되었다. 사리 누세이베가 회상했듯이, 그것은 "모든 시위 참가자들이 최선이라고 생각한 것을 실행한 그리고 오히려 기존의 지도자들이 이들을 따라잡기 위해서 정신없이 질주해야 했던" 풀뿌리 운동이었다.[48]

2개의 지하조직이 인티파다의 방향을 제시하며 등장했다. 서안 지구에는 야세르 아라파트의 파타 조직을 포함해서 PLO 분파들의 지부들과 팔레스타인 해방 인민민주전선(PDFLP) 그리고 공산주의자들이 함께 연대하여 조직한 통합국가사령부(Unified National Command, UNC)라는 지하 지도부가 있었다. 가자에는 무슬림 형제단과 연계된 이슬람주의자들이 아랍어의 머리글자에서 따온, 하마스(Hamas)로 더욱 잘 알려져 있는 이슬람 저항운동(Islamic Resistance Movement)을 만들었다. 이스라엘의 강력한 탄압으로 이러한 지하 지도부들이 공개적으로 만나거나 영향력을 행사하는 것은 불가능했다. 대신 각각의 그룹들은 정기적으로 전단지 — 하마스가 연속으로 발행하던 전단지와 UNC가 완전히 독자적으로 연속 발행하던 공동성명서들— 를 발행하여 자신들의 목표를 설명하고 공식적인 행동방침을 제시했다. 하마스와 통합국가 사령부가 발행한 전단지들은 행동 개시를 촉구하는 호소문이자 한 장의 작은 신문이었다. 또한 이 전단지들은 점령지 내의 팔레스타인 민족 운동을 장악하기 위해서 PLO의 세속적인 민족주의 진영과 신진 이슬람주의 세력이 벌이고 있던 격심한 투쟁도 잘 보여준다.

무슬림 형제단은 가자 지구에서 가장 잘 조직된 정치단체였고, 대중 봉기에도 가장 먼저 부응한 조직이었다. 이 조직의 지도자는 셰이크 아흐마드 야신이라는 하반신이 마비된 50대 중반의 활동가였다. 대다수의 주민과 마찬가지로 야신도 1948년에 난민이 되어 가자에 왔다. 10대 시절에 작업 중 사고로 하반신이 마비된 그는 학업을 계속해서 교사이자 종교지도자가 되었다. 1960년대에 무슬림 형제단에 가입한 야신은 사이드 쿠트브의 열렬한 숭배자가 되었고, 가능한 한 많은 독자들에게 알리기 위해서 쿠트브의 저작들을 재인쇄하여 가자에 유통시켰다. 1970년대 중반에는 이슬람 센터라는 자선기관을 설립해서 이슬람주의적 가치 확산을 위한 관계망이 되어줄 가자 전역의 새로운 사원과 학교, 병원 등에 자금을 제공했다.

사건이 발생한 1987년 12월 9일 밤에 야신은 작전을 조율하기 위해서 무슬림 형제단 지도부 모임을 주최했다. 그들은 가자의 무슬림 형제단을 저항운동 조직으로 변화시키기로 결정했고, 하마스는 12월 14일에 첫 전단지의 발행과 함께 활동을 개시했다.

단호한 이슬람주의적 언어로 팔레스타인의 숙원을 표명한 하마스는 사람들에게 신선하게 다가왔다. 첫 공동성명에서부터 하마스는 유대 국가와의 대결과 세속적 아랍 민족주의에 대한 거부를 연계시킨 비타협적인 메시지를 내놓았다. "이슬람만이 유대인들을 물리치고 그들의 꿈을 파괴할 수 있다"라고 하마스는 주장했다. 아프가니스탄과 팔레스타인 양쪽 지역 모두에서 지하드를 주창한 압둘라 아잠의 주장을 따르며, 팔레스타인 이슬람주의자들은 사이드 쿠트브가 옹호한 것처럼 자신들의 저항운동도 권위주의적인 아랍 지도자들보다는 이슬람 영토를 점령한 외세에 맞서기 위한 것이라고 선언했다. "적이 무슬림 땅의 일부를 점령하면, 지하드는 모든 무슬림의 의무가 된다. 따라서 유대인들의 팔레스타인 점령에 맞선 투쟁에서도 지하드의 깃발은 휘날려야 한다"라고 하마스는 1988년의 헌장에서 공언했다.[49]

비록 1960년대 이래 팔레스타인의 정치를 좌지우지해온 세속적 민족주의자들이 모여 만든 조직이기는 했지만 통합국가사령부에서도 무언가 새로운 바람이 일었다. 처음으로 서안 지구의 지역 활동가들이 망명 중인 아라파트 및 지도부와 의논 없이 자신들의 생각을 제언하고 나선 것이었다. 서안 지구의 UNC도 하마스의 전단지가 배포된 후에 바로 첫 공동성명서를 발표했다. 사리 누세이베는 이스라엘 당국의 대대적인 단속으로 "전단지가 미처 거리에 뿌려지기도 전에 구속된 2명의 PLO 지역 활동가들"에 의해서 UNC의 첫 전단지가 쓰였다고 기억했다. 전단지는 사흘간의 총파업 — 점령 지역에서의 전면적인 경제활동의 중단 — 을 촉구했고, 파업을 방해하거나 이스라엘에 협조하지 말라고 강력히 경고했다.

UNC는 2주마다 소식지 발행을 계속했고(인티파다 첫 해에만 31호까지 발행했다) 점령 지역에서의 토지 수용 및 이스라엘 정착촌 건설의 중단, 이스라엘 감옥에 수감된 팔레스타인 사람들의 석방, 팔레스타인의 읍과 마을로부터의 이스라엘군의 철수 같은 일련의 요구들을 표명하기 시작했다. 전단지는 이스라엘이 오랫동안 금지해온 팔레스타인의 깃발을 게양하고 "점령 타도!", "자유 아랍 팔레스타인 만세!"라는 구호를 외치도록 사람들을 고무했다. UNC의 궁극적인 목표는 동예루살렘을 수도로 한 팔레스타인 독립국가의 수립이었다.[50] 인티파다는 빠르게 독립운동으로 변화해갔다.

인티파다의 발발로 튀니스의 PLO 지도부는 매우 당황하게 되었다. "유일한 합법적인 대표"로 모든 팔레스타인 사람들이 인정한 PLO는 오랫동안 팔레스타인 민족 운동을 독점해왔다. 그런데 이제 그 주도권이 튀니스에 있는 "외부" 지도부에서 점령된 팔레스타인 영토 "내부"에서 활동하는 PLO 운동가들에게 넘어간 것이었다. "내부자"와 "외부자"가 구분되면서 PLO 지도부는 확실히 불리해졌다. 가자와 서안 지구의 주민들이 팔레스타인 독립국가 건설을 위해서 직접 나서기 시작하면서 불현듯이 아라파트와 그의 부관들이 불필요한 존재처럼 보였기 때문이다.

1988년 1월에 아라파트는 인티파다를 PLO의 영향력 아래에 두기 위하여 행동에 나섰다. 파타의 최고위급 사령관 중의 한 명인 카릴 알 와지르(가명인 아부 지하드로 더 잘 알려져 있다)가 튀니스와 서안 지구 간의 활동을 조율하기 위해서 파견되었다. UNC가 세 번째로 발행한 1988년 1월 18일자 전단지가 처음으로 튀니스의 파타 지도부의 승인하에 발행되었다. 몇 시간 만에 10만 부가 넘는 전단지가 가자와 서안 지구 전역에 배포되었다. 점령 지역의 주민들은 기민하게 아라파트의 정치조직의 권위 있는 목소리에 응답했다. 사리 누세이베의 관찰처럼, "그것은 마치 지휘자로부터 신호를 받은 연주자들을 지켜보는 것 같았다."[51] 이때부터 인티파다는 아라파트와 그의 수하들에 의해서 세심하게 관리되었다.

이스라엘 정부는 PLO가 이스라엘을 희생시키고 정치적인 성과를 얻기 위해서 인티파다를 이용하는 것을 어떻게 해서든지 막으려고 했다. 1988년 4월 16일에 튀니지 자택에서 아부 지하드가 이스라엘의 암살범들에게 저격당하면서 그의 임무는 중단되었다. 그러나 UNC와 PLO 간의 연계가 이미 형성된 상태였기 때문에 튀니스 지도부는 인티파다의 세속 진영에 대한 통제권을 유지할 수 있었다.

UNC와 하마스가 발행한 전단지에 부응한 파업과 시위가 조금도 누그러지지 않고 계속해서 이어졌다. 이스라엘 당국은 운동의 활력이 소멸되기를 기다렸다. 하지만 오히려 운동은 탄력을 받는 듯이 보였고, 점령 지역에 대한 이스라엘의 통제권에 실질적인 위협을 제기했다. 인티파다가 석 달째로 접어들자, 이스라엘 당국은 봉기를 진압하기 위해서 불법적인 수단을 동원했다. 제네바 협약으로 점령지의 민간인 처우에 관한 국제법 기준이 마련되기 오래 전에 영국의 신탁통치 관료들이 작성한 임시조례에 근거하여, 이스라엘군은 일제 검거, 불법 점유, 주택 파괴와 같은 집단 제재를 가했다.

돌팔매질을 하는 시위대에게 중무장한 병사들이 실탄 사격을 하는 영상에 놀란 국제 여론 때문에, 그 당시 이스라엘의 국방장관이었던 이츠하크 라빈은 죽음을 초래할 수도 있는 발포 대신에 "완력과 물리력 그리고 구타"를 사용하라고 명령했다. 미국의 CBS 방송국이 1988년 2월에 나블루스 인근에서 팔레스타인 청년들에게 끔찍한 구타를 가하던 이스라엘 병사들의 영상을 내보내면서 겉으로는 온건해 보이던 이와 같은 정책의 잔악성이 폭로되었다. 영상의 일부에서 한 병사가 수감자의 팔을 잡아당기며 뼈를 부수기 위해서 커다란 돌로 위에서 반복적으로 내려치는 장면이 뚜렷하게 보였던 것이다.[52] 이스라엘의 법무장관은 라빈에게 이러한 행동의 불법성을 병사들에게 경고하라고 훈계했지만, 이스라엘군은 팔레스타인 시위대에게 폭력적인 구타를 계속 행사했다. 30명이 넘는 팔레스타인 사람들이 인티파다 첫 해에 맞아서 사망했다.[53]

이스라엘의 폭력적인 대응과는 대조적으로 팔레스타인 사람들이 비폭력 저항 전략을 고수한 것은 주목할 만하다. 팔레스타인 사람들이 비폭력을 지향한다는 주장에 시위대가 돌은 물론이고 쇠막대기나 화염병—다시 말해서 심각한 부상이나 사망을 초래할 수 있는 날아다니는 물체들—을 던진다며 이스라엘 당국은 이의를 제기했다. 그러나 팔레스타인 사람들은 이스라엘과의 대치 속에서 결코 화기(火器)를 사용하지 않았고, 그 결과 팔레스타인 사람들은 테러리스트로, 반면 이스라엘은 적에게 포위된 다윗으로 묘사했던 지난 수십 년간의 서구 여론은 완전히 뒤집어지게 되었다. 이스라엘은 세계 언론에서 골리앗의 선명한 이미지가 불식되는 낯선 상황에 직면하게 되었다.

비폭력성을 표방한 덕분에 인티파다는 팔레스타인에서 가장 많은 사람들이 참여한 운동이 될 수 있었다. 젊은이들에게 군사훈련의 특전을 부여하는 대신에 인티파다는 시위와 시민 불복종 운동을 통해서 점령 지역의 남녀노소 모두를 공동의 해방 투쟁으로 불러냈다. 하마스와 UNC의 지하 유인물들은 광범위한 저항 전략 — 파업과 이스라엘 상품 불매운동, 학교 폐쇄에 맞선 방문교육, 식량 자급률을 높이기 위한 텃밭 가꾸기 — 을 제시했고, 이를 통해서 자유재량을 부여받은 점령지의 팔레스타인 사람들은 강한 공동의 목적의식 속에서 가혹한 이스라엘의 탄압에도 불구하고 인티파다를 이어나갈 수 있었다.

인티파다가 1988년의 봄을 지나 여름까지 계속되면서 세속적인 UNC와 하마스 간에 긴장감이 조성되었다. 양 조직은 서로가 팔레스타인 저항운동을 대표한다고 주장했다. 각자의 전단지에서 하마스는 "여러분의 조직이자 이슬람 저항운동인 하마스"라고 자신들을 언급했고, UNC는 "PLO와 통합국가사령부의 봉기 요청에 귀 기울이는 사람들", 즉 팔레스타인 대중의 지도부임을 자처했다.[54] 세속주의자들과 이슬람주의자들은 경쟁적으로 서로의 전단지를 읽었고, 대중의 행동에 영향력을 행사하기 위해서 거리에서 경합했다. 하마스가 8월 18일자 전단지를 통해서 거국적인 파업 — PLO는 이러한 특권은 점령 지역에서 자신들만이 가지고 있다고 주장했다 — 을 촉구하자, UNC는 이슬람주의 조직에 대한 직접적인 비판을 처음으로 제기하면서, "사람들의 화합을 깨는 모든 행위는 적을 돕는 것과 다를 바 없으며 봉기에 큰 해를 끼친다"라고 주장했다.

이처럼 우위를 점하기 위한 힘겨루기 속에서 하마스와 PLO를 나누는 근본적인 차이 — 하마스는 유대 국가의 파괴를 추구했던 반면, PLO와 UNC는 이스라엘 옆에 팔레스타인 국가를 건설하기를 원했다 — 는 은폐되었다. 하마스는 팔레스타인 전체를 지하드를 통해서 비무슬림들의 지배로부터 해방시켜야 할, 양도할 수 없는 무슬림 땅으로 보았다. 그렇기에 이스라엘과의 대치는 장기적일 수밖에 없었다. 왜냐하면 최종 목표가 팔레스타인 전체에 이슬람 국가를 창설하는 것이었기 때문이었다. 반면 PLO는 1974년 이래 두 국가 해법 쪽으로 목표를 수정했다. 야세르 아라파트는 가자 지구와 서안 지구에 동예루살렘을 수도로 한 팔레스타인 독립국가를 건설하기 위한 수단으로 인티파다를 이용했다. 비록 이것이 이스라엘을 인정하고, 1948년에 유대 국가에게 빼앗긴 팔레스타인 영토의 78퍼센트를 양도하는 것을 의미했음에도 말이다. 두 저항운동 조직의 입장은 타협의 여지가 없었다. 따라서 PLO는 이슬람 저항운동의 견해는 전혀 고려하지 않고 두 국가 해법으로 가는 길을 선택했다.

팔레스타인의 저항과 이스라엘의 탄압으로 인티파다는 세계 언론들의 제 1면을 당당하게 장식했고, 특히 아랍 세계에서 그러했다. 1988년 6월, 아랍 연맹은 인티파다에 대처하기 위해서 긴급 정상회담을 알제에서 소집했다. 이 회담에서 PLO는 팔레스타인과 이스라엘이 평화와 안정 속에서 살아갈 권리를 상호적으로 인정할 것을 촉구하는 성명서를 발표할 기회를 가지게 되다. 하마스는 즉시 PLO의 입장을 거부했고, 팔레스타인 전체에 대한 무슬림의 권리를 또다시 언명했다. 하마스 지도부는 8월 18일자 전단지에 "무슬림은 수세대 동안 과거와 현재 그리고 미래에도 팔레스타인에 대한 전적인— 일부가 아닌 — 권리를 가지고 있다"라는 이슬람 저항운동의 주장을 실었다.

이슬람주의자들의 반대에도 아랑곳 하지 않고 PLO는 이스라엘-팔레스타인 분쟁에 대한 두 국가 해법의 필요성을 정당화하기 위하여 인티파다를 계속해서 이용했다. 1988년 9월에 PLO는 인티파다의 성과를 강화하고 팔레스타인 민족의 "국권, 즉 귀환권과 민족자결권, PLO의 지휘 아래 우리의 민족 향토 위에 독립국가를 건설할 권리"를 확보하기 위해서, 팔레스타인의 망명 의회인 팔레스타인민족평의회(PNC)를 소집하겠다고 발표했다.[55] 또다시 하마스는 PLO의 입장을 거부하며 비난에 나섰다. 10월 5일자 전단지 일부를 읽어보면 다음과 같다. "우리는 예언자의 교우들과 그들의 추종자들의 피가 스며든 우리의 영토를 손톱만큼일지라도 양보하는 것에 반대한다. 우리는 우리의 전 영토가 유대인들의 오염에서 벗어날 수 있도록— 신의 가호가 있기를— 봉기를 계속할 것이다"라고 하마스는 주장했다. PLO와 이슬람 저항운동 간의 입장 차이는 너무도 극명했다.

1988년 11월로 예정된 PNC 회의에서 아라파트가 던질 의제는 바로 점령 지역에 팔레스타인 국가 수립을 선언하는 문제에 관한 것이었다. 11개월 동안 지속된 인티파다와 이스라엘의 폭력적인 보복에 지친 가자와 서안 지구 주민 대다수에게 국가 수립은 독립과 점령의 종식을 의미했고, 이것은 자신들의 희생에 대한 충분한 보상처럼 보였다. 따라서 팔레스타인 주민들은 점점 더 큰 기대를 품으며 PNC의 11월 모임을 고대했다.

사리 누세이베는 PLO의 정책에 약간의 의구심은 가지고 있었지만, 임박한 독립선언을 "중요한 획기적인 사건이라고 생각했고, 다른 사람들과 마찬가지로 나 역시 발표를 고대했다". 아라파트가 발표할 선언문의 사전원고를 받은 누세이베는 팔레스타인의 독립선언이 사람들의 기억에 남는 순간이 되기를 원했고, 예루살렘 구시가지에 있는 성전산(Temple Mount) 정상의 하람 알 샤리프 사원 단지에서 "수만 명의 사람들"에게 이 글이 낭독되기를 바랐다. "나는 점령하에 있는 사람들이, 즉 인티파다에 동참한 사람들이 우리 세계의 중심에 모여서 우리의 독립을 경축하기를 원했다."

하지만 이 바람은 이루어지지 않았다. 아라파트가 PNC에서 연설하기로 한 1988년 11월 15일에 이스라엘은 점령 지역과 동예루살렘에 엄격한 외출 금지령을 내려서 자동차와 민간인들이 거리를 다니지 못하게 만들었다. 외출 금지령을 무시하기로 한 누세이베는 뒷골목을 통해서 알 아크사 사원으로 향했다. 그곳에는 몇몇 정치 활동가들이 모여서 종교지도자들과 함께 주의를 서성거리고 있었다. "우리는 다 함께 알 아크사 사원으로 걸어들어갔다. 성묘 (聖墓, Holy Sepulchre : 예수가 안장되었던 묘지에 세워진 교회/역주) [교회의] 종이 울리고 첨탑에서 아잔(이슬람 신도들에게 예배 시간을 알리는 소리/역주)이 울려퍼지는 정각에 우리 모두는 엄숙하게 우리의 독립선언문을 낭독했다."[56]

아라파트가 알제에서 열린 팔레스타인 민족평의회 제19차 회의에서 낭독한 선언문은 과거 PLO의 정책으로부터의 급진적인 선회를 표방했다. 선언문은 팔레스타인 땅에 아랍과 유대 국가의 창설을 규정한 1947년의 UN 분할안을 승인했고, 1967년과 1973년 전쟁 이후 작성된 점령지와 평화의 맞교환 원칙을 명시한 UN 안전보장 이사회의 결의안 242호와 338호를 인정했다. 또한 선언문은 PLO가 이스라엘과의 평화 공존을 위해서 헌신할 것을 약속했다.

PLO는 런던 주재 외교관이었던 사이드 함마미가 1974년에 처음으로 두 국가 해법을 제안한 이후로 먼 길을 돌아왔다. PLO는 더 이상 게릴라 조직 — 이제부터 아라파트는 "개인이나 단체, 국가 테러리즘을 포함해서 모든 형태의 테러리즘"을 포기한다고 강력히 선언했다 — 이 아닌, 곧 탄생할 국가의 임시 정부로서 국제 사회에 자신을 선보였다.

국제적인 승인이 곧 이어졌다. 대부분의 아랍 국가들과 유럽, 아프리카, 아시아의 많은 국가들 그리고 중국이나 소련처럼 예전부터 팔레스타인 해방 운동을 지지했던 나라들까지 총 84개국이 팔레스타인 신생국을 정식으로 승인했다. 대부분의 서유럽 국가들은 정식 승인에는 못 미치지만 외교적인 지위를 팔레스타인에게 부여했고, 미국과 캐나다는 승인을 완전히 보류했다. 1989년 1월 중순에 PLO는 회원국들과 동등한 자격으로 UN 안전보장 이사회에서 연설할 수 있는 권리를 획득함으로써 또다른 상징적인 승리를 거두었다.[57]

그러나 정작 PNC의 선언은 이스라엘 정부의 승인을 얻지 못했다. 이츠하크 샤미르 총리는 11월 15일에 선언문을 "유대와 사마리아 지역에서 폭력적인 행위를 자행하는 자들을 온건하고 성공적인 이미지로 포장하기 위해서 고안된 기만적인 선전 활동"이라고 비난하는 발표문을 내보내는 것으로 대응했고, 이스라엘 내각도 "세계 여론을 호도하기 위한 정보 공작"이라며 선언문을 일축했다.[58]

하마스 역시 성명서에 동요하지 않았다. 이슬람 저항운동은 공동성명서를 발표하여 점령 지역에서만이 아니라 "전 팔레스타인 영토에 독립국가를 세울 수 있는 팔레스타인 민족의 권리"를 강조했다. "시오니스트 기관에게 팔레스타인 영토 일부에 대한 합법적인 권리를 인정한 UN 결의안에 귀 기울이지 마라……왜냐하면 그것은 이슬람 국가의 재산이지 UN의 것이 아니기 때문이다."[59]

PNC의 독립선언을 둘러싼 열광에도 불구하고 이러한 계획이 가자와 서안 지구의 주민들에게 어떤 실질적인 혜택을 가져다주지는 않았다. 이스라엘은 PNC의 선언 이전과 마찬가지로 1988년 11월 15일 이후에도 점령 지역을 포기할 어떤 의사도 비치지 않았다. 열광과 기대 속에서 한 해가 지나갔지만, 아무것도 달라진 것이 없어 보였다. 그렇지만 팔레스타인 사람들은 이렇게 작은 성과를 위해서 막대한 대가를 치러야 했다. 인티파다가 시작된 지 만일 년이 지난 1988년 12월까지 약 626명의 팔레스타인 사람들이 사망했고, 3만7,000명이 부상을 당했으며, 3만5,000명이 넘는 팔레스타인 사람들이 체포되었으며, 그중 대다수는 궐기 발생 후 두 번째 해가 시작되었을 때에도 여전히 수감 상태였다.[60]

1989년에 이미 인티파다의 초기 이상주의는 냉소주의에, 통일된 목표는 분파주의에 자리를 내준 상태였다. 하마스 지지자들은 파타 당원들과 공개적으로 싸움을 벌였다. 팔레스타인 사회 내의 자경단원들은 이스라엘 당국에 부역했다고 의심되는 팔레스타인 동족들을 협박하고 구타했으며 심지어는 살해까지 하기 시작했다. 그럼에도 여전히 공동성명서는 발표되었고, 시위가 조직되었으며, 돌도 던졌다. 그러나 인티파다가 불분명한 목표 아래서 계속되면서 사상자 수는 갈수록 증가했다. 바로 이것이 국제 사회가 어떤 해결책도 가지고 있지 않은 듯 보이는, 수십 년 동안 계속된 아랍-이스라엘 분쟁의 최근 양상이다.

***

1980년대 동안 수많은 이슬람 단체들이 세속적인 통치자들을 타도하거나 외국 침략자를 쫓아내기 위해서 무장투쟁을 개시했다. 이슬람주의자들은 신의 법이라고 확신했던 샤리아법에 의해서 통치되는 이슬람 국가 건설을 희망했다. 그들은 1979년 이란 혁명의 성공과 이슬람 이란 공화국의 창설로부터 영감을 얻었다. 이집트에서는 한 분파 조직이 대통령 안와르 사다트를 암살하는 데에 성공했다. 시리아에서는 무슬림 형제단이 하피즈 알 아사드가 이끄는 바트주의 정부와의 내전을 시작했다. 이란 이슬람 공화국으로부터 상당한 영향을 받은 레바논 시아파의 무장 조직인 헤즈볼라는 미국과 이스라엘을 동전의 양면으로 보았고, 레바논에서 양국에게 대대적인 일격을 가했다. 아프가니스탄에서의 지하드는 내부와 외부의 적 모두를 향한 것이었는데, 소련 점령군과 공개적으로 이슬람을 적대시하던 아프가니스탄 공산 정권이 그 대상이었다. 가자 지구와 서안 지구의 이슬람주의자들은 이슬람 정부 아래 팔레스타인을 이슬람 세계로 복귀시키기 위해서 유대 국가에 대항하는 장기적인 지하드를 주창했다. 미군의 전면적인 철수와 이스라엘군의 재배치를 관철시키는 데에 성공한 헤즈볼라와 1989년에 소련군을 철수시킨 아프간 무자헤딘의 군사적 성과에도 불구하고, 이론가들의 바람처럼 이상적인 이슬람 국가 창설은 이루어지지 않았다. 레바논과 아프가니스탄 모두 외부의 적이 퇴각한 이후, 장기적인 내전의 수렁에 빠지고 말았다.

아랍 세계 곳곳에서 이슬람주의자들은 이슬람 국가라는 궁극적인 목표를 달성하기 위해서 장기적인 접근법을 채택했다. 이집트의 이슬람주의자 자이납 알 가잘리는 상당수의 이집트인이 이슬람 정부를 지지할 때까지 계속될, 13년이라는 장기적인 준비기간에 대해서 언급했다. 하마스는 "아무리 오래 걸릴지라도" 전 팔레스타인의 해방을 위해서 투쟁할 것을 맹세했다. 장기 프로젝트인 이슬람 국가 건설을 궁극적으로 성취하기 위해서는 인내심이 요구되었다.

이슬람주의자들은 "신의 길로 가는 투쟁"에서 몇몇의 전투들은 실패했지만, 그럼에도 결국은 승리할 것이라고 확신했다. 그 사이 이슬람주의 단체들은 아랍 사회를 개조하는 데에 있어서는 수많은 성공들을 거두었다. 이슬람주의 조직들이 아랍 세계 곳곳에서 등장했고, 1980년대와 1990년대를 지나면서 점점 더 많은 지지자들을 끌어모았다. 이슬람적 가치들이 아랍 사회에 확산되면서 더 많은 젊은이들이 수염을 기르기 시작했으며, 머리에 스카프를 착용하고 몸을 가리는 수수한 차림새를 한 여자들도 더욱 많아졌다. 또한 이슬람 출판물들이 서점을 점령했다. 오늘날에도 계속되고 있는 강력한 이슬람의 부흥 속에서 세속 문화는 쇠퇴했다.

이슬람주의자들은 1989년 말에 발생한 세계 정치의 대변혁으로 용기를 얻게 되었다. 냉전의 필연성은 11월 9일에 무너진 베를린 장벽만큼이나 빠르게 산산조각이 났고, 이것은 미국과 소련 간의 경쟁관계의 종식을 알리며 새로운 세계질서를 가져왔다. 많은 이슬람주의자들은 소비에트 권력의 붕괴를 무신론적인 공산주의의 파산이자 새로운 이슬람 시대의 전조라고 해석했다. 물론 예상과는 달리, 그들은 최후까지 살아남은 미국이라는 초강대국이 지배하는 단극 체제의 세계와 직면하게 되었지만 말이다.

14
냉전이 끝나고

1989년에 갑자기 냉전이 종식되면서 거의 반세기 동안 전개되었던 초강대국 간의 경쟁도 막을 내렸다. 미하일 고르바초프 소련 대통령의 개방(glasnost) 및 내부 개혁(perestroika) 정책은 1980년대 중반 소련의 정치 문화에 영구적인 변화를 가져왔다. 베를린 장벽이 1989년 11월에 공식적으로 무너졌을 때 이미 동서 유럽을 가르던 철의 장막은 누더기가 되어 있었다. 1989년 6월에 실시된 폴란드 선거에서의 공산당의 패배를 시작으로 하여 동유럽의 정부들 — 헝가리, 체코슬로바키아, 불가리아 — 이 하나씩 무너졌다. 한때 전권(全權)을 휘둘렀던 동독의 독재자 에리히 호네커는 그해 가을에 사퇴했고, 루마니아를 22년 넘게 철권 통치했던 니콜라에 차우셰스쿠는 1989년 크리스마스에 혁명가들에게 즉결 처형되었다.

두 초강대국 간의 세력 균형 정치가 미국 지배의 단극(單極) 체제로 완전히 전환되면서 국제 시스템도 달라졌다. 소련과 미국 사이의 대립이 해소되면서 조성된 기대감을 감지한 고르바초프와 조지 부시 미국 대통령은 "새로운 세계질서"를 약속했다. 하지만 냉전의 중심 무대 중 한 곳이었던 아랍 세계에게 미국 우위의 새로운 시대는 커다란 불확실성을 의미했다. 또다시 아랍 지도자들은 국제무대에서 새로운 원칙과 타협해야만 했다.

보수적인 아랍군주들은 장기 집권을 무너뜨린 민중운동의 망령에 당황했지만 그렇다고 해서 공산주의의 붕괴를 애석해하지도 않았다. 서구를 믿고 있던 모로코와 요르단, 사우디아라비아 및 여타 걸프 만 국가들에게는 다행히도 서구가 냉전 시대의 승자로 부상했기 때문이다.

그러나 동유럽의 공산정권들과 많은 공통점 — 그들은 모두 일당(一黨) 국가 체제였고 대규모의 군대와 중앙 집권적인 계획경제하에 독재자의 장기 통치 아래 있었다 — 을 가지고 있던 시리아, 이라크, 리비아, 알제리와 같은 좌파 경향의 아랍 공화국들은 그렇지 못했다. 전 세계에 방영된 차우셰스쿠의 시신 영상은 아랍의 몇몇 수도에서 심각한 동요를 일으켰다. 루마니아에서 이러한 일이 일어났다면, 바그다드나 다마스쿠스라고 유사한 사건이 발생하지 말라는 법은 없지 않은가.

분명 소련은 더 이상 아랍 우방국들을 지원할 수 없었다. 지난 40년 동안 아랍 공화국들은 무기와 개발 원조 그리고 서구 지배 세력을 견제하는 데에 필요한 외교적 지원 등을 소련으로부터 받아왔다. 하지만 이제 이러한 시절은 끝났다. 1989년 가을에 하피즈 알 아사드 시리아 대통령은 시리아가 이스라엘과 전략적으로 동등해지는 데에 필요한 신형 무기를 제공해달라고 고르바초프에게 간청했다. 소련 대통령은 다음과 같이 이야기하며 이를 거절했다. "당신의 문제는 이와 같은 전략 목표로는 해결될 수 없소. 그리고 어찌되었든 우리는 더 이상 그 판에 낄 생각이 없소." 큰 충격을 받은 알 아사드는 다마스쿠스로 돌아왔다.

PLO의 분파들도 걱정이었다. 1989년 10월에 모스크바를 방문한 팔레스타인 해방 인민전선의 지도자 조지 하바시는 고르바초프의 정책을 비판했다. "당신이 이런 식으로 계속한다면 우리 모두는 상처를 입게 될 것이오"라고 경고했다. 노련한 분석가 모하메드 헤이칼도 아랍 지도부의 혼란을 증언했다. "모두가 국제관계의 양상이 달라지고 있음을 감지했지만, 여전히 친숙하고 낡은 원칙을 고수하고 싶어했다. 모두가 새로운 규칙을 정확히 예견하는 데에 실패했다."[1]

냉전 시대의 낡은 아랍 분쟁들이 미국 지배의 새로운 단극 시대에 불쑥 표면으로 떠올랐다. 이라크는 8년간의 이란과의 전쟁(1980-1988)으로 인해서 경제적으로 위축되었지만, 지역적 우위를 꾀할 정도의 군사 자원은 보유하고 있었다. 1990년 이라크의 쿠웨이트 침공은 탈냉전 시대에 발생한 첫 번째 위기였다. 아랍 국가가 다른 아랍 국가를 침략한 사건이었기 때문에 전 아랍 세계는 양분되었다. 어떤 나라는 외세의 개입에 반대했고, 또 어떤 나라는 쿠웨이트를 이라크의 지배로부터 구출하려는 미국 주도의 다국적군에 동참했다. 또한 사담 후세인 이라크 대통령이 이스라엘의 지배로부터 팔레스타인을 해방시키겠다는 냉소적인 약속과 함께 미국에 맞서 싸우는 아랍 세계의 민중 영웅으로 부상하면서 쿠웨이트 위기는 각국의 정부와 시민 사이도 갈라놓았다.

이라크를 쿠웨이트에서 축출하는 것만으로는 아랍 세계의 질서를 복구할 수 없었다. 사담 후세인은 이라크의 쿠웨이트 점령을 시리아군의 레바논 주둔 및 이스라엘의 장기적인 팔레스타인 점령과 결부시켰다. 쿠웨이트 해방 전쟁의 여파로 아랍 세계는 그 무렵 15년째를 맞고 있던 레바논 내전 문제 해결에 본격적으로 나서야만 했다. 미국이 1973년의 제네바 평화 회담 이후 처음으로 이견을 조정하기 위해서 아랍과 이스라엘 간의 만남을 마드리드에서 주선했다. 당대의 목격자들은 이라크의 침공과 뒤이은 쿠웨이트로부터의 축출이 분쟁 해소의 새로운 시대의 도래를 예고하는 것인지 아니면 단지 오래된 지역 분쟁이 확대된 것뿐인지 도무지 감을 잡을 수가 없었다.

***

사담 후세인 이라크 대통령은 탈냉전 세계의 실체를 가장 먼저 인지한 아랍 지도자 중의 한 명이었다. 1990년 3월에 이미 후세인은 미국이 "앞으로 5년이면 진정한 유일 초강대국이 될 것이다"라고 다른 아랍 지도자들에게 경고한 바 있었다.[2]

이라크는 냉전의 오래된 대치 국면에서 미국 우위의 새로운 현실 정치로 갈아타기에 다른 아랍 공화국들보다 여러 면에서 유리했다. 이라크는 1972년에 체결한 우호협력 조약으로 소련과 매우 친밀한 관계를 맺고 있었지만, 8년간의 이란-이라크 전쟁(1980-1988)을 치르면서 미국과 이라크의 관계에 해빙기가 도래했던 것이다. 이란 이슬람 공화국을 향한 미국의 적대심은 레이건 행정부로 하여금 이란의 완승을 저지하기 위해서 이라크를 지원하도록 부추겼다. 심지어 전쟁이 교착 상태로 끝난 이후에도 워싱턴은 바그다드와의 친선관계를 계속 이어갔다.

1989년 1월에 새로운 미국 대통령으로 취임한 조지 H. W. 부시는 이라크와 더 나은 관계를 구축할 의향이 충분히 있었다. 그해 10월에 부시 행정부는 페르시아 만에 대한 미국의 정책을 명시한 국가 안보 지침을 내리면서, 이라크와의 친밀한 관계 구축을 장려했다. "미국과 이라크 간의 정상관계 수립은 우리의 장기적인 이해관계에 기여할 것이며, 걸프 지역과 중동의 안정을 촉진할 것이다." "미국은 이라크의 행동을 완화시키고 이라크에 대한 우리의 영향력을 증대시키기 위해서 경제 및 정치적 유인책을 제시해야만 한다." 지침은 또한 미국의 회사들에게도 이라크 시장의 개방을 장려했다. "우리는 이라크 경제 재건에 미국 회사들이 참여할 수 있도록 기회를 마련하고 편의를 도모해야 한다." 이것은 이라크 군부에 대한 미국의 영향력을 확대하기 위해서 "비살상 형태의 군사 원조"로까지 이어졌다.[3] 사담 후세인이 냉전의 종식과 함께 찾아온 혼돈을 뚫고 이라크를 잘 안내하고 있다고 충분히 자신할 만한 정황이었다.

하지만 사담 후세인은 나라를 좌지우지하는 위압적인 도전들— 권좌에 오른 1978년 이래 자신이 내린 재앙적인 결정에서 기인한 문제들이었다 — 에 여전히 직면해 있었다. 이라크 대통령이 결행한, 명분도 없고 궁극적으로는 결실도 없었던 이란과의 전쟁은 나라에 끔찍한 피해를 초래했고, 자신의 지지 기반인 이라크 민중에게도 그러했다. 8년간의 전쟁으로 50만 명의 이라크 남자들이 사망했고, 후세인의 통치에 대한 국내의 반대 여론도 형성되었다. 전쟁이 지지부진하게 장기화되자 사담 후세인에 대한 반대는 점점 더 폭력적인 양상을 띠어갔다. 1982년에 바그다드 북부의 두자일 마을에서 암살 시도가 있었지만 후세인은 살아남았다. 하지만 극단적인 폭력으로 대응에 나선 이라크 대통령은 보복을 위해서 공안 부대에게 150명가량의 마을 주민들을 죽이라고 명령했다.

이라크 북부에서 쿠르드족 일파들이 이란과의 전쟁을 틈타서 자치권을 얻고자 했다. 이라크 정부는 알 안팔(al-Anfal), 즉 "전리품"이라고 불리는 전멸전으로 응수했다. 1986년에서 1989년까지 수천 명의 이라크 쿠르드인들이 강제 이주되었고 2,000개의 마을이 파괴되었으며, 남녀노소를 막론하고 약 10만 명의 쿠르드인이 안팔 작전으로 사망했다. 가장 악명 높은 사건 중의 하나는 이라크 정부가 1988년 3월에 할라브자 마을에서 신경가스를 사용해서 5,000명의 쿠르드 민간인을 학살한 사건이었다.[4]

쿠르드족뿐만 아니라 반대의견을 억누르기 위해서 이라크의 수니 및 시아 종교 공동체들에게도 가혹한 탄압 — 무차별적인 검거와 만연한 고문 사용, 약식처형 등 — 이 이루어졌다. 집권당인 바트당의 검증된 일원들만이 사담 후세인의 이라크에서 신임과 영달을 누릴 수 있었다. 한때 세속적인 가치 추구와 높은 문해율(文解率), 양성 평등으로 유명했던 이라크가 1989년에는 공포의 공화국으로 퇴보해 있었다.[5]

다루기 힘든 민중 말고도 이란-이라크 전쟁 끝에 사담 후세인이 해결해야 할 가장 시급한 문제는 파탄이 난 국가경제를 재건하는 일이었다. 이라크의 재력은 막대한 석유 자원에서 나왔다. 8년 동안 계속된 송유관 및 항만 시설들에 대한 공격과 이란-이라크 분쟁을 걸프 만의 국제 운항로까지 확산시켰던 무자비한 탱커 전쟁(이란-이라크 전쟁에서 상대방의 원유 수출 저지를 노리고 서로의 유조선을 공격한 데서 기원한 말이다/역주)으로 인해서 국가의 중요한 생명선인 석유 생산은 중단되었다. 석유 수입이 없어진 이라크는 전쟁을 계속하기 위해서 어쩔 수 없이 아랍 걸프 만 이웃 국가들에게 수십억 달러를 빌려야만 했다. 1988년에 전쟁이 끝났을 때, 이라크는 걸프 만 국가들에게 약 400억 달러의 빚을 진 상태였고 부채 상환으로 1990년의 이라크 석유 수입의 50퍼센트 이상이 들어갔다.[6]

유가의 꾸준한 하락으로 이라크의 어려움은 가중되었다. 국가 부채를 상환하기 위해서 사담 후세인은 유가가 배럴당 25달러 범위(이란-이라크 전쟁이 절정에 이르렀을 때는 유가가 배럴당 35달러까지 치솟았었다) 내에 머물기를 원했다. 하지만 1990년 7월에 국제 유가가 14달러까지 뚝 떨어지자 후세인은 절망할 수밖에 없었다. 다시 평화로워진 걸프 만 지역은 이제 세계가 필요로 하는 석유 전량을 수출할 수 있게 되었다. 설상가상으로 몇몇 걸프 만 국가들은 OPEC의 할당량보다 훨씬 많은 양의 석유를 생산하고 있었다. 그중 쿠웨이트가 최악의 위법자였다. 물론 쿠웨이트도 OPEC의 생산 할당량 지침을 따르지 않을 만한 나름의 명분은 있었다. 1980년대 초에 쿠웨이트 정부는 서구의 정유시설에 막대한 투자를 하고 "쿠웨이트"의 동음이의어인 "Q-8"이라는 새로운 상표명으로 유럽 곳곳에 수천 개의 주유소를 열어서 경제를 다각화했다. 점점 더 많은 쿠웨이트의 원유가 서구에 있는 자신들의 시설로 수출되었다. 쿠웨이트가 서구의 정유소에 원유를 많이 팔면 팔수록 유럽에서의 이윤은 높아졌다.[7] 이러한 정유 시설 및 판로 덕분에 쿠웨이트는 원유 수출보다 더 높은 수익률을 창출했고, 원유 가격 변동으로부터도 영향을 받지 않게 되었다. 따라서 쿠웨이트는 OPEC의 지침에 따라서 배럴당 최고 가격을 받기보다는 최대한 생산량을 높이는 데에 더욱 관심이 많았다.

반면 이러한 외부 판로가 없던 이라크의 국가 수입은 원유 가격과 밀접하게 연결되어 있었다. 유가가 배럴당 1달러씩 떨어질 때마다 이라크의 연간 수입은 순 손실만 10억 달러에 달했다. OPEC 회의에서도 이라크와 쿠웨이트는 상반된 서로의 입장만을 확인했을 뿐이었다. 이라크는 생산을 감축해서 유가 상승을 고집했던 반면 쿠웨이트는 더욱 많은 양의 원유 생산을 주장했던 것이다. 쿠웨이트는 이라크의 근심에 아랑곳하지 않았다. 1989년 6월에 쿠웨이트는 다른 OPEC 회원국들이 부과한 할당량 준수를 너무도 쉽게 거부했다. 총 140억 달러의 차관을 제공하면서 이란과 싸우는 이라크를 지지했던 쿠웨이트로서는, 이젠 전쟁이 끝났으니 자신들의 경제적 이해관계를 우선시하는 것이 당연하다고 생각했던 것이다.

사담 후세인은 이라크의 경제난의 책임을 쿠웨이트에게 돌리면서 걸프 만의 이 작은 수장국에게 압박과 위협을 가하기 시작했다. 이라크는 쿠웨이트에게 지고 있는 부채 140억 달러의 탕감뿐만 아니라 이라크 재건을 위해서 100억 달러의 차관을 더 제공해줄 것을 쿠웨이트에게 요구했다. 후세인은 쿠웨이트가 공동 소유의 루마일라 유전에서 이라크 몫의 석유를 훔치고 있다고 비난했다. 또한 그는 쿠웨이트가 이란-이라크 전쟁 동안에 이라크의 영토를 점령했다고 주장하면서, 이라크에 심해항(深海港)을 제공할 뿐만 아니라 군사시설로서도 전략적으로 중요한, 걸프 만 위쪽의 와르바 섬과 부비얀 섬의 "반환"을 요구했다.

근거는 없었지만, 후세인의 이와 같은 주장으로 쿠웨이트의 국경과 독립에 대해서 이라크가 오래 전부터 제기해온 문제가 다시 불거졌다. 이라크는 이미 20세기에도 두 차례 — 1937년과 쿠웨이트가 독립한 1961년 — 나 쿠웨이트를 자국 영토의 일부라고 주장한 적이 있었다. 그럼에도 이라크의 아랍 주변국들은 다시금 제기된 이러한 주장과 위협을 단순히 무의미한 발언으로 치부했다.

아랍 국가들의 판단은 빗나갔다. 1990년 7월에 후세인이 대규모의 군대와 탱크를 쿠웨이트-이라크 국경지대에 배치하면서 자신의 말을 행동으로 옮긴 것이었다. 심각한 위기가 임박했음을 그제야 깨달은 다른 아랍 국가들은 행동에 나서야만 했다.

이집트와 사우디아라비아는 점점 고조되고 있던 위기에 대응하기 위해서 외교적인 해결책을 통한 중재에 나섰다. 사우디아라비아의 파드 왕과 이집트의 무바라크 대통령이 8월 1일로 예정된 쿠웨이트와 이라크 간의 회의를 사우디의 홍해 연안항인 지다에서 주최했다. 사담 후세인은 회의 전 아랍 지도자들에게 이라크와 이웃들 간의 이견차를 "우호적으로" 해결하겠다고 약속했다.

그러나 사담 후세인은 이미 쿠웨이트 침공을 결심한 상태였다. 쿠웨이트 왕세자와의 지다 회담에 부통령을 보내기 전에 후세인은 이 위기 상황에 대한 워싱턴의 입장을 타진하기 위해서 바그다드 주재 미국 대사 에이프릴 글래스피와의 만남을 7월 25일에 요청했다. 글래스피는 미국이 "쿠웨이트와의 국경 분쟁처럼, 아랍 국가 간의 갈등에 대해서는 별다른 의견을 가지고 있지 않다"라고 이라크 대통령에게 장담했다.[8] 글래스피 대사의 말을 아랍 간 분쟁에 미국은 개입하지 않을 것이라는 뜻으로 해석한 후세인은 만남 후 곧바로 자신의 침공 계획의 범위를 변경한 것으로 보인다. 처음에는 두 개의 섬과 루마일라 유전을 점령하기 위해서 쿠웨이트에 대한 제한적인 침공을 구상했었지만 이제는 쿠웨이트 전체를 점령하기로 마음을 바꾼 것이었다. 통치 기구인 혁명평의회와의 회의에서, 후세인은 쿠웨이트 통치 가문인 알 사바 가문에게 쿠웨이트의 일부를 맡겨 둔다면 그들은 이라크군의 철수를 강제하기 위해서 국제 사회 ― 특히 미국 ― 의 압력을 동원할 것이라고 주장했다. 미국의 개입을 요청할 새도 없이 알 사바 가문을 무너뜨릴 신속하고 단호한 침공만이 이라크에게 성공할 수 있는 절호의 기회를 제공할 것이라는 주장이었다. 더욱이 석유가 풍부한 이웃 전체를 이라크가 장악하게 된다면 이라크의 모든 경제적 문제도 일시에 해소될 것이라고 강조했다.

8월 1일 지다에서 열릴 쿠웨이트 왕세자와의 회담에 부통령을 파견한 사담 후세인은 군사적인 목적을 위해서 완벽한 기습에 성공하고자 외교를 이용하고 있었던 것이다. 에자트 이브라힘과 셰이크 사드 알 사바 간의 회담은 우호적으로 끝났고, 위협의 기미는 전혀 없었다. 두 사람은 기분 좋게 헤어지며, 다음 모임은 바그다드에서 하기로 합의했다. 하지만 그들이 지다를 떠난 자정 무렵, 이라크군은 이미 국경을 넘어서 쿠웨이트로 이동하고 있었다.

8월 2일 이른 아침 시간에 수만 명의 이라크군이 석유가 풍부한 국가를 점령하기 위해서 서둘러 쿠웨이트의 국경을 넘었다. 쿠웨이트의 매우 놀란 주민들이 가장 먼저 사태를 눈치챘다. 쿠웨이트 시티의 학교 관리자였던 제한 라자브는 다음과 같이 회고했다. "8월 2일 오전 6시에 나는 평소처럼 침대에서 일어나 창문을 열고 밖을 내다보았다. 놀랍게도 날카롭고 짧은 총성이 들렸는데, 한두 발로 끝나지 않고 발포가 계속되었으며 반격도 이어졌다. 총성이 우리 집 옆의 사원 벽을 타고 멀리 울려퍼졌고, 소름이 끼치게도 곧 무슨 일이 벌어진 것인지 명백해졌다. 쿠웨이트가 이라크의 침략을 받은 것이었다."[9]

전화가 아랍 국가들의 수도 곳곳에서 울리기 시작했다. 파드 왕은 새벽

5시에 이 소식과 함께 잠에서 깼다. 전날 밤 지다에서 이라크와 쿠웨이트의 협상가들을 배웅한 사우디 왕은 이라크군이 쿠웨이트를 침략했다는 사실을 도저히 믿을 수 없었다. 즉시 사담 후세인과 통화하려 했지만, 연락이 닿지 않았다. 이에 왕은 이라크 지도자와 가장 친하다고 알려진 요르단의 후세인 왕에게 전화를 걸었다.

한 시간 후 보좌관이 호스니 무바라크 이집트 대통령을 깨워서 이라크군이 쿠웨이트 수도에서 아미르의 궁과 주요 부처를 점령했다고 보고했다. 아랍 지도자들은 아침 한나절을 기다린 후에야 바그다드로부터 첫 해명을 들을 수 있었다. "이것은 이라크에게 이라크의 정당한 몫을 돌려주려는 것일 뿐이다"라고 사담의 정치 사절은 의아해하는 아랍 국가의 수장들에게 설명했다.[10]

국제 사회는 이렇게 탈냉전 시대에 닥친 첫 위기와 마주하게 되었다. 침공 소식이 8월 1일 오후 9시에 백악관에 도착했다. 부시 행정부는 그날 밤에 이라크 침공을 강경하게 비난하는 성명을 발표했다. 다음 날 아침에 이 문제는 UN 안전보장 이사회에 회부되었고, 즉각적이고 무조건적인 이라크군의 철수를 촉구하는 결의안 660호가 곧바로 통과되었다.

이라크군은 의연하게 쿠웨이트의 수장인 셰이크 자바르 알 아흐마드 알 사바와 그 일가족을 체포하기 위해서 수도인 쿠웨이트 시티로 서둘러서 이동했다. 지배 가문의 일족을 포로로 잡는 데에 성공했더라면 이라크는 목표 달성을 위해서 쿠웨이트의 수장과 그의 가족들을 볼모로 잡고 이 나라에 대한 통제권을 더욱더 강하게 행사할 수 있었을 것이다. 그러나 이라크군이 진군 중이라는 통보를 받은 아미르는 가족들과 함께 이웃의 사우디아라비아로 이미 피신한 상태였다.

쿠웨이트의 셰이크 사드 왕세자는 이라크 부통령과의 지다 회담에서 돌아온 후에야 침략이 이미 진행 중이라는 사실을 알게 되었다. 그는 즉시 쿠웨이트 주재 미국 대사를 불러서 이라크 침공을 저지하기 위한 미국의 군사 원조를 공식적으로 요청한 후 사우디아라비아에 망명한 다른 왕족들과 합류했다. 이처럼 간단한 두 가지 조처 — 미국에게 도움을 요청하고 망명한 것 — 덕분에 알 사바 가문은 초기에 사담의 침공을 저지할 수 있었다. 그러나 쿠웨이트 국민들은 점령의 환란이 끝나기까지 7개월을 공포 속에서 지내야 했다.

바트당 정권의 권위주의와 정치적인 일구이언 때문에 점령 초기는 조지 오웰의 『1984』 속에서나 봄직한 시절과 같았다. 이라크는 집권하고 있던 알 사바 가문을 타도하려는 민중 혁명의 요청으로 쿠웨이트에 들어왔다고 터무니없는 주장을 폈다. "신께서 자유로운 쿠웨이트의 순박한 사람들을 도왔다"라고 이라크 정부가 발표한 공동성명서는 해명했다. "그들은 구질서를 쓸어버리고, 새로운 질서를 가져왔으며, 위대한 이라크 국민의 우애 깊은 도움을 요청했다."[11] 그러더니 이라크 정부는 쿠웨이트 자유 임시 정부를 설립했다.

그러나 이라크의 주장을 뒷받침할 만한 쿠웨이트 혁명가들이 존재하지 않았기 때문에, 사담 후세인 정부는 곧 해방이라는 가면을 벗어던지고 쿠웨이트 합병을 선언했다. 8월 8일에 쿠웨이트는 이라크의 19번째 주로 선포되었다. 이라크는 쿠웨이트를 지도에서 지우는 작업에 착수했고 심지어는 수도 쿠웨이트 시티를 자신들이 만든 이름인 카지마라고 새로 표기했다.

10월에는 모든 쿠웨이트인들이 이라크의 표준 규격에 맞게 자동차 번호판뿐만 아니라 신분증도 바꿔야 한다는 새로운 법령이 발표되었다. 이라크 당국은 이라크 신분증이 없는 쿠웨이트인들에게는 공공 서비스를 제공하지 않음으로써 그들을 복종하도록 만들고자 했다. 우유나 설탕, 쌀, 밀가루, 식용유 같은 기본 식재료에 대한 배급 카드도 이라크 신분증을 가진 사람들에게만 발급되었다. 주유소도 이라크 번호판을 단 자동차에만 주유를 해주었다. 하지만 대다수의 쿠웨이트인들은 이러한 압박에 저항하며 이라크 시민권을 거부했고, 암시장에서 필요한 물품을 거래하는 쪽을 택했다.[12]

쿠웨이트 침공은 상점과 사무실, 주택에 대한 이라크군의 대대적인 약탈을 수반했고, 그 대부분이 바그다드로 반출되었다. 약탈한 물건들을 실은 트럭들이 바그다드로 향하는 것을 지켜보던 한 쿠웨이트 관료가 이라크 장교에게 물었다.

"이곳이 이라크의 일부라고 말하면서 왜 전부 가져가는 거죠?" "왜냐하면 어떤 지방도 수도보다 더 좋아서는 안 되기 때문이오"라고 장교는 대답했다.[13]

점령은 날이 갈수록 더욱 잔인해졌다. 8월 말경에 사담 후세인은 안팔 전투에서 쿠르드족에게 독가스를 사용한 전력 덕분에 "케미컬 알리(Chemical Ali)"라는 잔인한 별명을 얻게 된, 악명 높은 사촌 알리 하산 알 마지드를 쿠웨이트의 군정 장관으로 임명했다. "쿠웨이트에 알리 하산 알 마지드가 도착한 이후, 공포 통치는 더욱 강화되었고 화학무기 공격의 가능성에 대한 소문도 떠돌았다"라고 쿠웨이트에 거주하던 제한 라자브는 일기에 기록했다. 도망칠 수 있는 사람들은 모두 달아났다. "모두가 탈출을 생각했다"라고 쿠웨이트 은행가 모하메드 알 야히야는 회상했다. 그는 사우디 국경에서 네 줄로 늘어선 쿠웨이트 자동차들이 30킬로미터나 정체되어 있던 모습을 묘사했다. 하지만 알 야히야는 쿠웨이트에 남기로 했다.[14]

이라크의 만성적인 폭압 정치체제가 쿠웨이트에 뿌리내리자, 사람들은 비폭력 저항에 나섰다. "침략을 당한 지 일주일도 지나지 않아서 쿠웨이트 여성들은 침략에 반대하는 시위를 거리에서 벌이기로 결정했다"라고 제한 라자브는 썼다. 첫 시위는 침략 후 딱 나흘 만인 8월 6일에 열렸다. "긴장감과 기대감이 동시에 퍼졌다. 군중들은 이라크 정부가 평화로운 시위조차 용인하지 않으리라는 것을 무의식적으로 알고 있는 듯했다." 무려 300명이나 되는 사람들이 현수막과 망명 중인 아미르와 왕세자의 대형 사진, 쿠웨이트 깃발을 들고 행진에 참여했다.

시위대는 쿠웨이트와 아미르에게 경의를 표하는 구호와 함께 "사담에게 죽음을", 그리고 어울리지 않지만 "사담은 시오니스트다"라고 외치며 사담 후세인을 규탄했다. 두 번째 시위가 열릴 때까지는 어떤 대응도 하지 않았지만, 연이어 세 번째 시위가 열리자 이라크 무장 군인들이 엄청나게 늘어난 군중을 향해서 직격탄을 쏘았다. "대혼돈이 일었다. 사람들이 미친 듯이 도로로 뛰어들자 자동차의 엔진들이 포효했고 사람들은 비명을 질렀지만 발포는 계속되었다"라고 라자브는 기록했다. 죽거나 다친 시위자들로 쿠웨이트 시티 도심의 경찰서 밖 마당이 어지러웠다. "이것으로 이러한 행진은 우리 지역에서 다시는 시도되지 않았고, 아마도 다른 지역에서도 마찬가지였을 것이다. 왜냐하면 이라크군이 시위자들을 쏘아 죽이거나 불구자로 만들었기 때문이다. 쿠웨이트인들은 이 침략자들이 얼마나 무자비한지 깨닫기 시작했다."[15]

그러나 비폭력 저항운동은 이라크 점령 내내 계속되었다. 이라크군의 발포 위험을 피하기 위해서 저항운동의 전략이 바뀌었다. 9월 2일에 쿠웨이트 인들은 저항을 표명하는 것으로 점령의 첫 달의 끝을 기렸다. 자정에 지붕에 올라 "알라후 아크바르", 즉 "신은 위대하시다"라고 일제히 외치자는 방안이 쿠웨이트 시티의 주민들의 입에서 입으로 전해졌다. 약속된 시간에 수천 명이 점령에 항의하는 합창에 동참했다. 제한 라자브가 보기에 이것은 "지금까지 발생한 일들— 침공에 이은 잔악행위와 학살, 쿠웨이트 여러 지역에 세워진 고문실 등—에 대한 저항이자 분노의 외침이었다." 이라크 군인들은 항의의 외침을 침묵시키고자 옥상을 향해서 경고사격을 했지만, 무려 한 시간 동안이나 쿠웨이트 사람들은 성공적으로 점령에 저항할 수 있었다. "혹자는 그날 밤에 쿠웨이트가 새로 태어났다고 했다"라고 은행가 알 야히야는 주장했다.[16]

한편 많은 쿠웨이트인들이 총기 사용법을 훈련받은 전직 경찰이나 군인이 이끄는, 대이라크 무장투쟁을 시작했다. 그들은 이라크군과 탄약 창고를 기습했다. 제한 라자브의 학교를 지나는 길은 이라크 군용 차량이 이용하는 주요 간선도로여서 많은 저항 공격의 표적이 되었다. 8월 말에 라자브는 대로에서 들려온 엄청난 폭발음과 그후에 이어진 무작위의 로켓 집중 포화에 깜짝 놀랐다. 그녀는 곧 이라크의 탄약 트럭을 공격해서 운송 중이던 군수품을 폭파시킨 저항군이 벌인 일이라는 것을 알게 되었다. 폭발음이 잦아들자, 그녀는 과감하게 아파트를 나섰다. 소방차가 화염에 휩싸인 이라크 군용 트럭의 남은 불을 끄고 있었다. "검게 그을린 채 산산이 흩어진 뼈대 이외에는 아무것도 남아 있지 않았다. 사람 같은 것은 아득히 먼 곳으로 날아가버렸음이 틀림없다"라고 그녀는 일기에 적었다.

그러나 이러한 공격으로 그녀의 이웃 주민들은 폭발 공격으로 인한 피해와 이라크군의 보복으로 심각한 위험에 처하게 되었다. "몇몇 가옥이 파괴된 이 특별한 사건 후에 이라크는 만약 이와 같은 일이 또 발생하면 그 일대의 주민 모두를 죽이겠다고 위협했다. 이에 저항군은 주거지역에서 멀리 떨어진 곳에서 폭발 공격을 단행하여 무고한 민간인들을 보호하고자 했다"라고 썼다.[17]

쿠웨이트 주민들은 이라크의 위협을 매우 심각하게 받아들였다. 죽음의 악취가 점령된 나라에 짙게 드리워졌기 때문이다. 죽음이 문자 그대로 많은 쿠웨이트인들의 문턱까지 다가와 있었다. 예를 들면, 이라크는 정치범을 집으로 돌려보내서 가족들 앞에서 쏴 죽이는 전략을 썼다. 공포심을 조장하기 위해서 이라크 당국은 시신을 치우면 가족 전원을 죽이겠다고 협박했다. 종종 시신은 뜨거운 여름 열기 속에서 2-3일씩 방치되었고, 이것은 감히 저항하려는 자들에게 보내는 무시무시한 경고였다.

그러나 쿠웨이트인들을 위협해서 굴종시키려는 이라크의 노력에도 불구하고 저항은 7개월간의 점령기간 내내 수그러들지 않고 계속되었다. 쿠웨이트가 해방된 후 몰수된, 7개월간의 점령 동안 저항 활동을 감시한 이라크 정보국의 문서에 따르면 점령 "수개월 동안 저항이 계속되었다"는 제한 라자브의 주장은 사실이었다.[18]

점령 초기에는 이라크가 쿠웨이트만으로 만족할 것이라고 판단할 만한 근거가 없었다. 아랍 걸프 만 국가 중에서 그 어느 나라도 이라크의 침공을 물리칠 만한 군사력을 보유하고 있지 못했기 때문에 쿠웨이트의 함락 이후 미국과 사우디아라비아는 사담 후세인이 인근의 사우디 유전을 점령하고자 시도할지도 모른다고 우려했다.

부시 행정부는 대규모의 미군의 파병만이 사담 후세인의 야심을 억제할 수 있는 대책이라고 생각했다. 하지만 이라크군을 몰아내기 위한 군사작전을 펼치기 위해서는 미군의 기지 사용권이 필요했다. 어쨌든 미국 행정부는 군을 파병하기 전에 사우디 정부로부터 군사 원조에 대한 공식적인 요청을 받아야 했다. 파드 왕은 국내의 부정적인 여론을 걱정하며 이에 반대했다. 이슬람의 탄생지인 사우디아라비아는 자국 영토에 비무슬림이 존재하는 것에 대해서 특히 불편해했다. 더욱이 한번도 외세의 제국주의 지배를 받아본 적이 없는 사우디인들은 철저하게 서구로부터 독립을 지키고자 했다.

미군이 사우디아라비아로 밀어닥칠 가능성이 제기되자, 이슬람주의자들은 모여서 행동에 나서기로 결의했다. 소련과의 아프간 전쟁에서 거둔 성공으로 의기양양해진 사우디의 참전용사들은 미국의 쿠웨이트 개입에 단호히 반대했다. 아프간 지하드에서 돌아온 오사마 빈 라덴은 카세트 녹음테이프를 통해서 널리 유통된 그의 도발적인 연설로 인하여 사우디 정부에 의해서 자택 연금을 당한 상태였다.

사담 후세인의 군대가 쿠웨이트를 침공하자, 빈 라덴은 사우디의 내무 장관 나와프 빈 압둘아지즈 왕자에게 아프가니스탄에서 소련군을 몰아내는 데에 매우 효과적이었던 무자헤딘 조직망을 동원할 것을 제안하는 편지를 썼다. "그는 10만 대군을 모을 수 있다고 주장했다"라고 아프가니스탄의 토라 보라 산악지대에 있던 은신처에서 빈 라덴을 인터뷰한 몇 안 되는 언론인 중의 한 명인 압둘 바리 아트완은 회고했다. 하지만 "이 편지는 무시되었다."

모든 것을 감안한 사우디는 이라크가 국가 안정에 더 큰 위협이 된다고 판단했고, 사우디 국민들의 반대에도 불구하고 미국의 보호를 선택했다. 빈 라덴은 이러한 조치는 이슬람에 대한 배신이라고 비난했다. "빈 라덴은 사우디 왕국을 방어하고 쿠웨이트를 해방시키기 위해서 미군을 불러들인 사우디 정부의 결정이 지금까지 살면서 겪은 가장 큰 충격이었다고 나에게 말했다"라고 아트완은 기록했다.

그는 알 사우드 가문이 이슬람의 탄생 이후 처음으로 아라비아 반도에, 그것도 성지[즉 메카와 메디나] 인근에 "이교도" 군대의 배치를 허용했다는 사실을 도저히 믿을 수 없었다. 또한 빈 라덴은 아랍 영토에 미군을 끌어들임으로써 사우디 정부가 나라를 외국의 점령하에 놓이게 하지 않을까 우려했다. 카불의 공산정권이 러시아 군을 아프가니스탄으로 끌어들였을 때 벌어진 일들이 고스란히 재현되지 않을까 하고 말이다. 빈 라덴은 아프가니스탄에서 소련군과 싸우기 위해서 무기를 들었던 것처럼, 이제는 아라비아 반도의 미군에 맞서기 위해서 무기를 들기로 결심했다.[19]

사우디 당국에게 여권을 압수당한 빈 라덴은 사우디의 군주정과 자기 가문 간의 친밀한 유대관계를 이용해서 손에 넣은 여행 서류를 들고 영구 망명을 했다. 1996년에 그는 미국에 지하드를 선포했고, "이슬람에 반하는 행동"을 한 사우디의 군주정은 "이슬람 종교 공동체에서 축출되었음을" 선언했다.[20] 그러나 한때 아프간 성전을 위해서 협력했던 미국과 사우디 군주정과의 관계가 소원해진 것은 그보다 훨씬 이전인 1990년 8월에 발생한 사건이 계기였다.

쿠웨이트 위기로 국제 외교에서 소련과 미국이 협조하는 새로운 국면이 열렸다. 역사상 처음으로 안전보장 이사회는 냉전 시대의 정치 논리에 구애받지 않고 단호한 행동을 취할 수 있었다. 8월 2일에 결의안 660호가 신속하게 통과된 이후, 4개월 동안 안전보장 이사회는 거부권의 행사로 인해서 부결될 걱정 없이, 총 12개의 결의안을 통과시켰다. 8월 6일에는 이라크에 무역과 경제 제재 조치를 내렸고, 해외의 모든 이라크 자산을 동결시켰다(결의안 661호). UN은 9월 25일에 제재 조치를 더욱더 강화시켰다(결의안 670호). 8월 9일에는 안전보장 이사회가 이라크의 쿠웨이트 합병을 "무효이자 법적 효력이 없다"라고 선언했다(결의안 662호). 수많은 결의안들이 쿠웨이트 주재 외교관의 면책특권을 침해한 이라크를 비난했고, 이라크와 쿠웨이트를 떠날 수 있는 제3국 국민의 권리를 옹호했다. 11월 29일에 소련이 미국과 함께 만약 1991년 1월 15일까지 이라크가 쿠웨이트에서 완전히 철수하지 않는다면, 이라크에 맞서는 데에 "필요한 모든 수단을 동원할 수 있는" 권한을 회원국들에게 부여한다는 결의안 678호를 통과시키면서, 중동에서의 냉전은 공식적으로 막을 내렸다.

아랍 정치인들—특히 이라크인들—을 가장 놀라게 한 것은 소련의 태도였다. "아랍 세계의 많은 이들은 비록 모스크바가 침공 이후 이라크를 돕지는 않을지라도 적어도 중립은 지킬 것이라고 생각했는데, 소련이 UN 안전보장이사회를 통해서 많은 결의안들이 계속해서 통과될 수 있도록 미국에 협조하자 매우 놀랐다"라고 이집트 분석가 모하메드 헤이칼은 회고했다. 아랍 세계는 소련이 쇠약해진 상태이며 워싱턴과 좋은 관계를 유지하고자 한다는 것을 예측하지 못했던 것이다. 걸프 만에 대한 미국의 전략지정학적 이해관계를 고려했을 때, 소련은 자신들이 미국을 지지하거나 또는 미국과 대치할 수는 있어도, 행동에 나서지 못하도록 막을 힘은 없다는 것을 잘 알고 있었다. 대립해본들 얻을 이득이 없었던 소련은 미국에 협조하기로 결정했고, 한때 우방국이었던 이라크를 철저히 외면했다.

아랍 세계는 탈냉전의 시대에 모스크바의 정책 방향이 달라졌음을 좀처럼 지각하지 못했다. 이라크가 UN의 경고를 무시함에 따라서 미국이 연합군을 동원하기 시작했을 때도 아랍 세계는 여전히 소련이 우방국인 이라크에게 군사행동을 취하지 못하도록 미국을 막아줄 것이라고 기대했다. 하지만 예상과는 달리 소련의 외무장관 예두아르트 셰바르드나제는 미국의 국무장관 제임스 베이커에게 친밀하게 협조하며 군사 행동을 인가하는 결의안을 작성했다. "모스크바가 워싱턴이 실행에 나서도록 허용할 것이 확실해지자 아랍 대표단은 당황했다"라고 헤이칼은 주장했다.[21]

미국과 소련이 쿠웨이트 위기 동안에 전례가 없던 협력의 시간을 즐겼던 반면 아랍 세계는 극심한 분열을 겪었다. 아랍 국가를 다른 아랍 국가가 침략했다는 사실로 인해서 그리고 외부의 간섭이 야기할지도 모르는 위협 때문에 아랍 지도자들은 심각하게 분열되었다.

이스라엘과의 평화협정 체결로 10년간의 고립을 겪은 끝에 최근에야 제자리를 찾은 이집트가 앞장서서 쿠웨이트 위기에 대한 아랍의 대응을 조직했다. 무바라크 대통령은 서둘러 아랍 정상회담을 8월 10일에 소집했는데, 이것은 캠프 데이비드 합의 이후 카이로에서 열리는 첫 정상회담이었다. 이라크와 쿠웨이트가 침공 후 처음으로 마주 앉았다. 긴장감이 흘렀다. 쿠웨이트의 아미르는 이라크를 달래고, 이 위기를 외교적으로 해결하기 위해서 유화적인 연설을 했다. 그는 8월 1일의 지다 회담을 끝으로 중단된 협상 시점으로 되돌아가기를 원했다. 아미르가 연설을 끝내고 착석하자, 이라크 대표 타하 야신 라마단은 다음과 같이 항의했다. "셰이크가 무엇에 근거해서 이러한 연설을 했는지 모르겠습니다. 쿠웨이트는 더 이상 존재하지 않습니다."[22] 아미르는 항의의 뜻으로 회의장을 박차고 나갔다.

몇몇 아랍 지도자들에게는 미국의 개입이 초래할 위협이 이라크의 쿠웨이트 침공보다 더욱더 심각하게 여겨졌다. 샤들리 벤제디드 알제리 대통령은 회중을 질타했다. "우리는 제국주의와 제국주의 군대를 제거하기 위해서 평생을 싸웠습니다. 그런데 지금 우리는 우리의 노력이 물거품이 되고 아랍 국가가……이방인들의 개입을 불러들이고 있는 현실을 목격하고 있습니다."[23] 리비아와 수단, 요르단, 예멘, PLO 지도자들은 모두 벤제디드의 우려에 공감을 표했고, 이 위기를 해결하기 위해서 아랍의 일치단결을 촉구했다. 그들은 더 이상의 무력 충돌이나 외세의 개입 없이 양측이 수용할 수 있는 조건 아래서 이라크가 쿠웨이트에서 철수하는 방향으로 협상이 타결되기를 희망했다.

카이로 정상회담의 최종 결의안에 대한 투표 결과는 아랍 세계의 분열을 더욱 선명하게 보여주었다. 결의안은 침공을 비난했고, 이라크의 합병을 부정했으며, 쿠웨이트에서 모든 이라크군의 즉각적인 철수를 요구했다. 또한 자국 영토에 대한 이라크의 위협에 맞서기 위해서, 아랍에게 군사적 도움을 청한 사우디아라비아의 요청도 승인했다. 무바라크는 딱 2시간 만에 결의안에 대한 논의를 중단시키고 전문을 투표에 부쳤는데, 10개국은 최종안에 찬성했고 9개국은 반대했다. 아랍 세계는 첨예하게 분열된 두 개의 진영으로 나뉘었다. "아랍 세계가 여태까지 보아왔던 것 중 가장 심각한 분열을 만드는 데에는 정확하게 2시간도 걸리지 않았다"라고 모하메드 헤이칼은 썼다. "아랍 문제 해결을 위한 희미한 마지막 기회마저 사라졌다."[24]

미국 정부는 매우 실질적인 위협만이 이라크가 쿠웨이트에서 철수하도록 강제할 수 있다고 믿었다. 아랍 외교를 전혀 신뢰하지 않았던 미국은 군사작전을 함께 할 아랍 동맹국들을 모집하기 시작했다. 첫 미군 부대가 8월 8일에 사우디아라비아에 상륙했고, 이집트와 모로코 군대도 합류했다. 이라크의 오랜 적이자 소련이 지원을 철회한 이후 미국과의 관계 회복에 관심이 있던 시리아도 연합군에 참여하는 쪽으로 마음이 기울었고, 9월 12일에는 이를 최종 확정했다. 다른 걸프 만 국가들— 카타르, 아랍 에미리트 연합국, 오만 — 도 사우디의 편에 섰고 미국 주도의 연합군에게 병력과 시설을 제공했다.

자신의 소행으로 아랍 국가들을 화해 불가능한 양 진영으로 분열시킨 사담 후세인은 이번에는 각국의 아랍 시민들로 하여금 자국 정부에게 맞서도록 부추기 위해서 아랍 여론에 영합했다. 자신을 미국과 이스라엘에 맞서서 싸우는 활동가로 보이게끔 만들었던 것이다. 석유가 풍부한 쿠웨이트를 대신해서 UN 안전보장 이사회의 결의안을 준수하라고 강제하면서도, 점령한 아랍 땅에서 철수를 요구하는 UN 결의안을 수차례나 위반하고 있는 이스라엘에 대해서는 못 본 척 하고 있는 미국의 이중 잣대를 비난했다. 이런 식으로 사담 후세인은 미국과의 우호적인 관계를 위해서 아랍의 이해관계는 희생시키는 서구 열강의 추종자라고 아랍 정권들을 비난하면서 압박의 수위를 높였다. 후세인은 새로운 탈냉전 시대에 미국이 정한 규칙에 따르는 아랍 지도자 동료들을 공개적으로 비판했다. 아랍 대중은 미국의 압력에 굴복하기를 거부한 이 지도자를 지지하기 위해서 모였다. 모로코와 이집트, 시리아에서 연합군에 참여하기로 결정한 자국 지도자들에게 항의하는 폭력적인 시위가 벌어졌다. 이라크를 지지하는 대규모 집회가 요르단과 팔레스타인 땅에서도 열렸다 — 수년간 하심 군주정과 PLO에게 후한 지원을 제공했던 쿠웨이트 망명 정부에게는 매우 유감스러운 일이었지만 말이다.

일찍이 이라크 정권과 우호적인 관계를 유지해온 요르단의 후세인 왕과 야세르 아라파트 PLO 의장은 사담 후세인을 지지하는 아랍 여론과 이라크의 쿠웨이트 침공에 맞서서 미국이 주도하는 연합군의 편에 서라는 국제 사회의 요구 사이에서 갈팡질팡하게 되었다. 아라파트는 공개적으로 사담 후세인과 운명을 같이 하기로 했으나, 요르단의 군주는 쿠웨이트 위기를 해소하기 위한 대안으로 점점 더 가망이 없어 보이던 "아랍 해결안"을 제시하면서 이라크에 대한 비난을 삼가는 정도로 선을 그었다. 하지만 이라크를 비난하지 않았다는 이유만으로 후세인 왕은 부시 행정부와 아랍 걸프 만 지도자들로부터 쿠웨이트 침공을 지지한다는 비난을 받았다. 쿠웨이트 위기 직후 요르단은 아랍 걸프 만 국가들과 서구 양쪽으로부터 고립을 당했다. 하지만 이 덕분에 후세인 왕은 어쩌면 왕위에서 쫓겨났을지도 모르는 위기를 모면하고 요르단 국민의 지지를 얻을 수 있었다.

그러나 궁극적으로 사담 후세인은 아랍 거리에서 얻은 인기의 포로가 되었다. 이스라엘의 팔레스타인 점령이나 미국의 압박에 맞선 저항과 같은 문제에 있어서 도덕적인 우위를 주장한 이상, 그에게는 타협의 여지가 없었기 때문이다. 게다가 아랍 민중의 지지를 끌어모았던 주장들이 미국 정부로부터는 별다른 반응을 끌어내지 못했다. 부시 행정부는 이라크의 쿠웨이트 침공과 직접적인 맥락이 닿지 않는 문제에 대해서는 논의를 하려 하지 않았다. 그러나 사담 후세인은 체면을 세우기 위해서라도, 팔레스타인-이스라엘 진로 문제에 있어서 미국으로부터 몇몇 양보 — 하지만 미국은 양보할 생각이 전혀 없었다 — 를 얻어내지 않고서는 도저히 물러설 수가 없었다. 미국의 규칙에 따를 생각이 없던 사담 후세인은 임박한 전쟁을 숙명으로 받아들였다.

UN 안전보장 이사회의 결의안 678호가 제시한 시한인 1991년 1월 15일이 지나자, 미국은 이라크군을 쿠웨이트에서 축출하기 위하여 대규모의 UN군을 동원했다. 65만 명의 미군이 전체의 3분의 2이상을 차지했다. 아랍 세계는 약 18만5,000명가량의 병력을 제공했는데, 10만 명이 사우디의 병사였고 나머지는 이집트, 시리아, 모로코, 쿠웨이트, 오만, 아랍 에미리트 연합국, 카타르, 바레인의 병력이었다. 이탈리아와 다른 유럽의 8개국도 연합군에 참여했지만, 영국과 프랑스가 유럽의 연합군 병력의 대부분을 차지했다. 총 6개 대륙에서 약 34개국이 이라크와 세계대전을 치르기 위해서 뭉쳤다.

세계는 무사히 1월 15일이 지나가는 것을 숨죽이며 지켜보았다. 다음 날 미국은 쿠웨이트와 이라크 내의 이라크군 진지와 바그다드에 대규모의 공중 폭격을 퍼부으며 사막의 폭풍 작전을 개시했다. 사담 후세인은 "전력을 다해서" 적들을 위협하며 저항했다. 연합군이 직면한 가장 큰 불확실성은 이라크가 안팔 전투 시 쿠르드족에게 사용했던 생화학무기를 동원할지의 여부였다. 따라서 미군 사령관들은 독가스전에 보병이 노출되는 것을 막고자 공중전을 통해서 이라크를 격퇴시키려 했다.

이라크는 이스라엘과 사우디에 있는 미국 기지로 장거리 스커드 미사일을 발사하는 것으로 공중전에 대응했다. 사전 경고도 없이 1월 18일 이른 아침 시간에 하이파와 텔아비브를 타격한 8발의 스커드 미사일이 물질적 피해를 주었지만 사상자는 발생하지 않았다. 사이렌이 요란하게 울리자, 이스라엘 라디오 방송은 시민들에게 이라크가 스커드 미사일에 화학 탄두를 장착했을지도 모르니 방독면을 착용하고 밀폐된 방으로 피난하라고 경고했다.

이츠하크 샤미르 정부는 보복 방법을 결정하기 위해서 비상회의를 열었으나, 부시 행정부는 전쟁에 관여하지 말라며 간신히 이스라엘을 설득했다. 사담 후세인은 분명히 쿠웨이트를 위한 전쟁이 광범위한 아랍-이스라엘 분쟁으로 전화해서, 미국 주도의 연합군을 당황하게 만들기를 바랐을 것이다. 모하메드 헤이칼은 이스라엘로 발사된 이라크의 미사일이 연합군에 참여하고 있던 아랍 병사들의 충성심을 어떻게 뒤흔들었는지에 대해서 다음과 같은 이야기를 전했다. 사우디아라비아에서 야영하던 일단의 이집트 및 시리아 병사들이 이라크가 이스라엘로 스커드 미사일을 발사했다는 소식을 듣고서 "알라후 아크바르"라고 외치며 경축했다 — "곧 자신들이 이라크와 싸워야 한다는 사실을 떠올렸지만, 이미 때는 늦어 있었다. 7명의 이집트 병사와 여러 명의 시리아 병사들이 징계를 받았다."[25]

총 42발가량의 미사일이 이스라엘로 발사되었는데, 몇몇은 도중에 떨어지거나 요르단과 서안 지구를 타격했고, 나머지는 패트리어트 미사일에 의해서 격추되었다. 스커드 미사일은 사상자보다는 공포심을 유발했다. 점령지의 팔레스타인 사람들의 대다수는 이스라엘에 대한 사담 후세인의 일격에 환호했다. 교착상태에 빠진 인티파다와 대중봉기를 분쇄하려는 이스라엘의 냉혹한 정책에 좌절하며, 이제는 엄격한 24시간 통행금지령으로 집에서조차 나갈 수 없었던 팔레스타인 사람들은 오랜만에 이스라엘이 공격을 받는 것을 보고 기뻐했다. 기자들이 스커드 미사일에 환호하며 지붕에서 춤을 추는 팔레스타인 사람들을 찍어 보도하자 팔레스타인 교수 사리 누세이베는 영국 신문에서 이러한 반응을 다음과 같이 설명했다. "비유적으로 말하자면, 팔레스타인 사람들이 동쪽에서 서쪽으로 날아가는 미사일을 보며 행복해하는 것은 지난 40년 동안 서쪽에서 동쪽으로 날아가는 미사일만을 보아왔기 때문이다." 누세이베는 이와 같은 미사일 표정(標定) 발언으로 보복을 당했다. 며칠 뒤 누세이베는 이라크군이 이스라엘의 표적물을 향해서 스커드 미사일을 발사하도록 도왔다는, 말도 안 되는 이유로 체포되어 람레 감옥에서 3개월을 보내야 했다.[26]

이라크는 사우디아라비아로도 46발의 스커드 미사일을 발사했지만 대부분은 패트리어트 미사일에 의해서 격추되었다. 그런데 그중에서 한 발이 미군 병사의 막사로 이용되던 다흐란의 창고를 타격해서 28명이 사망하고 100명 이상이 부상을 당하는 사건이 발생했다. 이때까지 미군이 전쟁에서 겪은, 단일사건으로 인한 피해로는 가장 많은 사상자가 발생한 경우였다.

미사일 파편을 분석한 미국 사령관들은 이라크가 생화학 물질을 사용하지 않고 있다고 확신하게 되었다. 비재래식 무기를 사용하지 않는다는 사실에 대담해진 연합군은 전쟁을 공중전에서 지상전으로 전환하기로 결정했다. 2월 22일에 조지 H. W. 부시 대통령은 다음 날 정오까지 쿠웨이트에서 철수하지 않는다면 지상전이 시작될 것이라고 사담 후세인에게 최후통첩을 보냈다.

2월 당시 이라크와 그 군은 5주일이 넘도록 전례가 없던 공중폭격에 시달리고 있었고, 이러한 상황은 조잡한 스커드 미사일이 이스라엘과 사우디아라비아에 미치는 영향력을 위축시켰다. 연합군의 폭격기는 고성능 폭약을 장착한 레이저 유도 정밀 타격 무기와 크루즈 미사일을 이라크 표적에 정확하게 투하하며 하루에 1,000회에 이르는 출격 횟수를 유지했다. 바그다드와 남부 이라크의 도시들은 발전소와 통신시설, 도로와 교량, 공장과 거주 지역을 파괴하는 대대적인 폭격을 견뎌야 했다.

사막의 폭풍 작전으로 발생한 민간인 사망자 수에 대한 공식적인 통계—5,000명에서 20만 명으로 추정된다—는 없지만 수천 명의 이라크 민간인들이 집중폭격으로 사망하거나 부상을 당했음은 의심할 여지가 없다. 미국 공군이 집중폭격을 피해 여자들과 아이들이 피신해 있던 바그다드 아미리야 지역의 방공호에 2,000파운드의 "스마트 폭탄" 2개를 떨어뜨려서, 400명이 넘는 민간인들을 죽음으로 몰아넣은 사건은 전쟁 중에 발생한 단일 사건으로는 가장 잔혹했다. 지속적인 폭격으로 엄청난 사상자가 발생하면서 2월 셋째 주에 이라크군의 사기는 바닥을 쳤다.

쿠웨이트에서 곧 축출될 위기에 처한 이라크 정부는 쿠웨이트와 이웃의 걸프 만 국가들을 응징할 목적으로 환경파괴 행위에 나섰다. 1월 말에 이미 이라크군은 고의적으로 400만 배럴의 석유를 페르시아 만 수역으로 방출해서 세계에서 가장 큰, 세로 56킬로미터에 가로 24킬로미터에 달하는 치명적인 유막(油膜) 덩어리를 만들어낸 바 있었다. 걸프 만의 생태계의 취약성으로 말미암아 그리고 수년간의 이란-이라크 전쟁으로 인한 훼손에 이어서 발생한 일이었기 때문에, 이 유막은 전례가 없던 대대적인 환경 재앙을 야기했다.

지상전 전야에 이라크군은 700개의 쿠웨이트 유정에 설치한 화약을 폭발시켜서 화재를 일으켰다. 제한 라자브는 쿠웨이트의 자신의 집 지붕 위에서 이 폭발을 목격했다. "이라크군이 분출방지 장치 주변에 설치한 많은 양의 다이너마이트들을 폭발시키고 있다는 소문이 들려왔다"라고 그녀는 일기에 기록했다. "하늘이 고동치고 붉게 타올랐다. 어떤 불꽃은 계속해서 오르락내리락 했고, 또다른 어떤 불꽃들은 하늘 높이까지 높게 치솟았다. 마치 엄청나게 시끄러운 연극의 한 장면 같았다. 그러나 그 외에는 손으로 만져질 듯 모든 것이 너무도 생생했다. 그것들은 강렬한 강도로 계속 진동하며 부푼 공 모양으로 분출되었다." 다음 날 아침에 쿠웨이트의 파란 하늘은 700개의 불타는 유정에서 발생한 연기로 완전히 뒤덮었다. "오늘 아침의 하늘은 온통 검다. 태양을 완전히 가려버렸다."[27]

이라크의 환경 파괴행위로 더욱 시급해진 지상전이 1991년 2월 24일 일요일 이른 아침 시간에 시작되었다. 지상전은 짧지만 잔인하고 결정적이었다. 쿠웨이트로 밀고 들어간 연합군은 100시간도 지나지 않아서 이라크군을 완전히 몰아냈다. 치열한 전투는 쿠웨이트 주민과 이라크 침략자 모두에게 끔찍한 것이었다. 제한 라자브는 불타는 유정과 하늘에서 북적대는 수백 대의 항공기가 품어내는 굉음을 배경으로 쿠웨이트 시티 곳곳에서 벌어지던 대규모의 폭발과 집중 포화를 묘사했다. "도저히 믿을 수 없는 밤이었다!" 그녀는 지상공격이 시작된 지 이틀이 지난 2월 26일자 일기에 썼다. "탄막(彈幕)이 눈부신 백색광과 핏빛의 섬광으로 낮게 내려앉은 밤하늘을 밝혔다."

겁에 질린 이라크군은 무질서하게 퇴각하기 시작했다. 병사들은 이라크 국경 방향인 북쪽으로 향하는 트럭과 지프를 어떻게 해서든지 얻어 타려고 했고, 여전히 작동하고 있는 (쿠웨이트인들은 절도를 막기 위해서 자신들의 자동차들을 일부러 파괴했다) 차량이면 무엇이든지 징발했다. 쿠웨이트 밖으로 가는 차편을 구한 사람 중에서 많은 이들이 쿠웨이트에서 이라크 국경까지 북쪽으로 뻗어 있는 80번 고속도로의 노출 구간인 무틀라 능선에서 비명횡사했다. 군용 트럭과 버스, 훔친 민간 차량을 타고 있던 수천 명의 이라크 병사들로 인해서 80번 고속도로에 대규모의 교통 정체가 빚어졌다. 연합군 전투기가 퇴각하던 종대(縱隊)의 앞뒤를 폭격했는데, 수천 대의 차량이 그 사이에 갇히고 만 것이었다. 약 2,000대의 차량이 그 뒤에 벌어진 살육 속에서 파괴되었다. 얼마나 많은 이라크 병사가 차량을 버리고 도망칠 수 있었는지 그리고 얼마나 많은 사람들이 사망했는지는 알려지지 않았다. 그러나 이 사건으로 "죽음의 고속도로"라는 이미지가 형성되면서 미국이 이끌던 연합군은 지나친 물리력 사용에 대해서, 심지어는 전쟁 범죄로까지 비난을 받게 되었다. 이러한 잔악행위 탓에 전쟁에 대한 국제적인 지지 기반이 무너지지 않을까 걱정스러웠던 부시 행정부는 2월 28일에 완전한 정전을 독촉하며 걸프

전의 종식을 알렸다.

해방은 엄청난 대가를 지불하고 나서야 찾아왔다. 쿠웨이트인들은 독립을 되찾게 되어 매우 기뻤지만, 나라는 이라크 침공과 전쟁으로 완전히 파괴되어버렸다. 불타는 수백 개의 유정은 통제 불능 상태였고, 기반시설들은 산산조각이 났으며, 나라의 많은 시설들이 재건되어야만 했다. 쿠웨이트 주민들은 수천 명이 사망하거나 쫓겨나고 실종된 가운데 점령과 전쟁으로 깊은 정신적 외상을 입었다.

아랍 세계 역시 분쟁으로 인한 분열과 외상에 시달렸다. 아랍 시민들은 연합군에 가담하여 동족인 아랍 국가와 싸우겠다는 정부의 결정에 크게 반발했다. 한편 연합군에 가담한 정부들은 참여를 거부한 정부들을 따돌렸다. 요르단과 예멘, PLO는 사담 후세인 체제를 열렬히 지지했다는 이유로 비난을 받았다. 세 나라 모두 걸프 만 국가들의 재정적인 지원에 의존하고 있었기 때문에 자신들이 표명한 입장으로 인하여 경제적인 어려움을 겪어야 했다. 많은 아랍 분석가들은 미국을 향하여 깊은 불신을 드러냈고 새로운 단극 체제에서 미국이 진정 의도하는 바가 무엇인지 우려했다. 걸프 만 위기를 고집스럽게 군사적으로 해결하려 하는 가운데 외교적인 해결책을 찾으려는 노력은 방해한 미국의 행태가 간파되면서 많은 이들은 미국이 걸프 만에 군사적인 영향력을 구축해서 이 지역 일대의 석유 자원을 장악하려고 전쟁을 이용했다고 생각하게 되었다. 수천 명의 미군이 쿠웨이트가 해방된 이후에도 사우디아라비아와 다른 걸프 만 국가에 수년 동안 남아 있으면서 이러한 근심은 더욱 깊어졌다.

쿠웨이트에서 철수한 이라크는 한숨을 돌릴 여유조차 없었다. 이라크군과 함께 사담 후세인의 위신도 무너뜨렸다고 판단한 부시 행정부는 1991년 2월 초부터 독재자 타도에 나서도록 이라크 국민들을 선동했다. 미국의 라디오 방송국은 민중이 봉기하면 미국이 지원에 나설 것이라는 약속의 메시지를 이라크로 송출했다. 사담 후세인의 지배로 가장 큰 고통을 겪었던 북부 이라크의 쿠르드족 지역과 남부의 시아파 지역의 주민들이 이 메시지에 가장 먼저 반응을 보였다. 두 지역에서 1991년 3월 초에 봉기가 발생했다.

하지만 이것은 미국이 선전선동으로 얻고자 했던 결과가 아니었다. 미국은 사담 후세인을 전복시킬 군사 쿠데타가 바그다드에서 일어나기를 원했다. 쿠르드족과 시아파의 봉기는 오히려 미국의 이해관계를 위협했다. 북대서양조약기구(NATO)를 통해서 미국에 협력하고 있던 터키는 1984년 이래 쿠르디스탄 노동자당(쿠르드어의 머리글자를 따서 PKK로 알려져 있다)이 이끄는 격렬한 분리주의 반란 세력과 싸우고 있었기 때문에, 터키 동부 국경에 이라크 쿠르드 국가의 탄생을 가져올지도 모르는 어떠한 조치에도 반대했다. 미국 또한 성공적인 시아파 반란이 이 일대에 대한 이란 이슬람 공화국의 영향력을 강화시키지 않을까 걱정했다.

미국은 이라크인들에게 봉기하라고 촉구했음에도 시아파나 쿠르드족 그 어느 쪽도 지원하지 않았다. 오히려 부시 행정부는 사담 후세인이 잔인하게 반란을 진압하기 위해서 남아 있는 군대를 재규합하는 것을 눈감아주었다. 수만 명의 이라크 시아파들이 반란 진압군에게 살해되었다고 추정되며, 수십만 명의 쿠르드인들은 이라크의 보복을 피해서 터키와 이란으로 피신했다.

자신들이 만들어낸 엄청난 인도적 참사에 직면한 미국은 북부 비행금지 구역을 지정함으로써 대응에 나섰다. 미국 항공기가 사담 후세인의 군대로부터 쿠르드인들을 보호하기 위해서 36도선 북쪽 지역을 순회했고, 영국의 비행기들은 남부 이라크에 비행금지 구역을 설정했다. 역설적이게도 비행금지 구역의 설정으로 터키가 그토록 반대했던 바로 그런 종류의 쿠르드족 자치 지역이 조성되었다. 사담 후세인의 정부와는 관계없이 지역 의회 선거가 1992년 5월에 실시되었고, 이라크 내에 쿠르드 지역정부를 창설하려는 움직임이 활기를 띠었다.

군사적인 수단이나 내부 반란으로 후세인을 몰아내는 데에 실패한 부시 행정부는 UN으로 복귀해서, 이라크로부터 대량살상무기를 빼앗고 전쟁에 대한 책임을 물어서 배상금을 지불하도록 명시한 이전의 결의안들이 부과했던 경제적인 제재를 더욱 강화시킨 새로운 결의안을 이끌어냈다. 사담 후세인은 이러한 조치들이 자신을 권좌에서 끌어내기 위한 것이라는 것을 잘 알고 있었기 때문에 무시로 응수했다. 한편 후세인은 바그다드의 알 라시드 호텔 입구에 조시 H. W. 부시의 초상화를 모자이크로 제작 의뢰해서, 모든 고객들이 자신의 적의 얼굴을 밟고 지나가도록 했다. 1992년 11월에 후세인은 대선에서 패배한 부시의 낙선을 경축했다. 이렇게 부시는 몰락했지만, 사담은 여전히 권좌를 지키고 있었다.

미국은 걸프전에서 군사적으로는 완승을 거두었다고 주장할 수 있었지만, 정치적으로는 부분적인 승리에 만족할 수밖에 없었다. 일촉즉발의 위험 지역에 사담 후세인이 버티고 있는 이상 이라크는 불안의 원천으로 남게 되었다. 또한 부시 행정부의 바람과는 달리 사담은 사막의 폭풍 작전 이후의 지역 정치 현안들까지 설정해버렸다. 이라크군의 쿠웨이트 주둔이나 시리아의 레바논 점령 및 이스라엘의 팔레스타인 점령이 별반 다르지 않다는 것을 보여줌으로써 이라크의 지도자는 국제 사회가 중동의 미해결된 분쟁 해소에 나설 수밖에 없도록 만들었다.

***

1980년대 말 레바논에서는 평화에 대한 전망이 그 어느 때보다도 요원해 보였다. 이 나라의 90퍼센트가 외국의 점령하에 있었다. 이스라엘은 소위 남부 레바논 안전지대라고 일컬어지는 곳을, 시리아군은 그 외의 나머지 지역을 통제하고 있었다. 이 나라로 유입된 외국의 자금은 서로 경쟁을 벌이고 있던 다수의 민병대들을 무장시켰고, 이들 간의 권력 투쟁으로 레바논 전역의 읍과 도시들은 초토화되었다. 모든 세대가 전쟁의 그늘 속에 성장했고 교육과 정당하게 돈을 벌 수 있는 기회를 부정당했다. 한때 번영을 누리며 중동의 모범적인 민주주의 국가였던 레바논은 시리아의 빈약한 통제를 받는 실패한 국가로 전락했다.

공동체 간의 다툼이 초래한 압박을 이기지 못하고 레바논 국가가 와해되자, 1943년 국민협약에서 명시된 이후 레바논 정치의 초석을 이루었던 신조주의 체제가 다시금 의문시되기 시작했다. 많은 노련한 정치가들은 불안정하게 조합되어 있는 종교와 정치가 레바논 내전의 원인이라고 하면서 평화 정착의 일환으로 철저한 개혁을 단행하고자 했다. 열 차례나 총리로 재직했던 수니 무슬림인 라시드 카라미는 오래 전부터 무슬림과 기독교도 간의 정치적 평등을 정립하기 위해서 레바논 정부의 대개혁을 주창해왔다. 1984년에서 1987년까지 다시 총리직을 맡게 된 카라미는 레바논 시민이라면 종교와 상관없이 어떤 관직에든 입후보할 수 있는 동등한 권리를 가져야 한다고 생각했다. 개혁주의 성향의 다른 각료들도 카라미와 같은 생각이었다. 시아파 아말 당(Amal Party)의 당수이자 법무장관이었던 나비흐 베리는 국민협약을 "수정이나 개선이 불가능한 무익한 제도"라고 일축하면서 새로운 정치체제를 주장했다.[28]

아민 제마엘이 대통령으로 재임했던 6년(1982-1988)은 레바논 정치 역사상 최악의 시간이었다며, 개혁가들은 그를 집중적으로 공격했다. 드루즈파 출신의 교통부 장관 왈리드 줌블라트는 제마엘을 협박해서라도 관직에서 물러나게 해야 한다고 주장했다. 많은 장관들이 그가 의장직을 맡은 각료회의에 참석하기를 거부했다. 카라미도 보이콧에 동참했고, 내각의 모임이 중단하면서 정부는 완전히 마비되었다.

카라미 총리가 1987년 5월에 사직서를 제출하면서 제마엘과의 대립은 더욱 거세졌다. 대다수의 관찰자들은 카라미가 다가올 1988년 선거에서 대통령직에 도전하기 위해서 사임했을 것이라고 생각했다. 수니파 정치인 한 명이 1970년에 시도한 적은 있었지만, 마론파 기독교도에게만 허락된 관직이었기 때문에 입후보 자체가 거부되었었다. 카라미는 개혁주의 진영의 강력한 지지를 받는 명망 있는 유명인사였다. 레바논 정치의 파탄 사태를 고려한다면 아마도 1970년보다는 1988년이 그에게는 확실히 좀더 유리한 상황이었을 것이다. 하지만 그는 출마를 선언할 기회조차 가지지 못했다. 총리직에서 물러난 지 4주일 만에 헬리콥터에 장착된 폭탄이 터지면서 라시드 카라미가 사망했기 때문이다. 카라미의 암살범이 누구인지는 밝혀지지 않았지만, 암살의 의

도는 충분히 전달되었다. 즉 국민협약은 협상의 대상이 아니라는 경고였던 것이다.

고립된 제마엘 대통령은 카라미의 암살 뒤에 총리직을 맡으려는 믿을만한 수니파 정치인을 찾을 수 없었다. 이에 기능이 정지된 카라미 내각의 교육부 장관이자 수니파 출신의 셀림 알 호스를 총리 대행으로 지명했다. 1987년 6월부터 제마엘의 임기가 끝난 1988년 9월 22일까지 레바논에는 제대로 된 정부가 없었다. 1988년에 레바논은 서로 싸우느라 무엇 하나 합의에 이를 수 없었던 정치 엘리트들이 새로운 대통령 선출이라는 커다란 과제에 합의를 해야 하는 상황에 직면했다.

1988년에 유일하게 한 명의 후보, 즉 전직 대통령 술레이만 프란지에만이 대통령직에 입후보했다. 대중은 자신의 임기(1970-1976) 동안 내전을 막을 능력이 없다는 것을 여실히 보여주었던 78세의 군벌을 전혀 신뢰하지 않았다. 그 누구도 12년이 지난 지금 그가 국민화합을 추진하는 데에 더 유능해졌을 것이라고 생각하지 않았다.

그러나 실상 대통령 후보 부족은 걱정할 필요도 없는 문제였다. 왜냐하면 선거일에 새로운 대통령 선출에 참여할 수 있는 유권자가 충분하지 않았기 때문이었다. 레바논은 대통령을 의회에서 선출하는데, 내전 발발 이후 총선이 전혀 치러지지 않았다. 그리하여 1972년에 선출된 의원 중에서 살아남은 나이든 사람들이 벌써 두 차례나 행사했던 자신들의 헌법상의 의무를 또다시 이행하기 위해서 8월 18일에 소집되었다. 그런데 살아남은 76명의 의원 중 대다수가 안전한 삶을 위해서 전쟁에 짓밟힌 조국을 버리고 해외로 도망친 결과, 선거 당일에 간신히 38명만이 등원할 수 있었다. 의회의 정족수 부족으로 레바논은 국가가 수립된 이후로 처음으로 대통령이 부재하게 되었다.

레바논 헌법에 의하면 선출된 대통령이 부재할 시에는 총리와 내각이 새로운 대통령이 취임할 때까지 행정권한을 대행할 수 있었다. 제마엘 대통령의 임기가 끝나감에 따라서 이러한 헌법 조항은 정치를 현상 유지하고 싶어하는 마론파에게 심각한 위협이 되었다. 레바논은 대통령이 부재한 적이 없었기 때문에 어떤 수니파도 행정권한을 행사한 적이 없었다. 보수적인 마론파들은 알 호스가 이러한 권력을 가지게 된다면 반드시 정치제도를 개혁하여 다수(무슬림)의 지배를 도모하기 위해서 국민협약을 폐기하려 할 것이라고 걱정했다. 그리고 이것은 중동의 기독교 국가로서 레바논이 더 이상 존재하지 않게 될 것을 의미했다.

제마엘의 임기가 끝나는 9월 22일 자정에 레바논군 총사령관 미셸 아운 장군이 독자적인 행동에 나섰다. 기독교도와 시아파가 섞여 살던, 베이루트 남부 교외에 위치한 하레트 흐레이크 출신의 53세 장군은 알 호스의 임시 정부가 자동으로 집행권을 얻게 되기 전에 내각을 해산하라고 제마엘에게 요구했다. "대통령님, 새 정부를 구성할지 말지는 당신의 헌법상의 권한입니다. 만약 당신이 후자(즉 새 정부를 구성하지 **않기로**)를 선택하신다면 자정부터 우리는 당신을 배신자로 간주하겠습니다"라고 아운 장군은 경고했다.[29]

하나의 위기를 막기 위해서 아운은 쿠데타를 단행했지만 이는 또다른 위기를 야기했다. 마론파 기독교도였던 그는 국민협약의 규정에 따르면 수니파 무슬림에게 할당된 총리직을 맡을 자격이 없었다. 그런데 국민협약 유지를 주창하는 사람이 실상은 레바논의 신조주의 체제의 토대를 훼손하고 있었다. 어쨌든 11시에 ― 정확히는 자정이 되기 15분 전 ― 아운의 압박에 굴복한 아민 제마엘은 대통령으로서는 마지막이 될 2개의 행정명령에 서명했다. 첫 번째는 셀림 알 호스가 이끄는 대행 내각을 해산한다는 것이었고, 두 번째는 미셸 아운 장군을 임시 정부의 수장으로 임명한다는 것이었다. 알 호스와 그 지지자들은 제마엘이 막바지에 서명한 법령들을 거부했고, 레바논에 대한 통치권을 요구했다.

하룻밤 만에 레바논은 정부가 없는 나라에서 서로 양립할 수 없는 의제를 내세우는 두 개의 정부를 가진 나라가 되었다. 알 호스는 시리아의 신탁 통치 아래 레바논의 신조주의 체제를 이 나라의 다수를 차지하고 있는 무슬림에게 유리한 개방 민주주의로 대체하고자 했다. 반면 아운은 시리아로부터 완전히 독립하여 기독교 지배체제를 유지하며 국민협약에 기반한 레바논 국가를 재건하기를 희망했다.

경쟁을 벌이던 두 정부는 레바논을 기독교 국가와 무슬림 국가로 아예 쪼개버렸다. 알 호스의 내각에서 일하려는 기독교도는 없었고, 또한 어떤 무슬림도 아운 정부에 참여하지 않았다. 알 호스는 수니파와 시아파의 심장부를 통치했고, 아운은 레바논의 기독교 지역을 통치했다. 양 지도자가 군과 치안 기관, 행정조직 등에 자기 측 사람들을 수장으로 임명하면서 이러한 대립 구도가 약간은 우스워지고 말았다. 유일하게 레바논 중앙은행만이 이러한 이중 임명을 피할 수 있었는데, 그 대신에 두 정부의 경비를 모두 조달해야 하는 처지가 되었다.

진짜 위협은 외부의 후원자들로부터 제기되었다. 알 호스의 내각은 레바논에서의 시리아의 역할을 공개적으로 지지했고 다마스쿠스의 전적인 후원을 받았다. 반면 아운은 레바논에 대한 시리아의 영향력 행사는 레바논의 주권과 독립을 침해하는 것이라고 비난했고, 이라크로부터 전적인 후원을 받았다. 바그다드는 1980년부터 1988까지 계속된 이란-이라크 전쟁 동안 이란의 편을 들어 아랍의 대오를 깨뜨린 다마스쿠스에게 원한을 갚고 싶었다. 레바논의 수많은 반목이 이라크 정부에게 시리아를 벌할 수 있는 절호의 기회를 제공했다. 이라크 정부는 레바논에 대한 시리아의 영향력 행사에 반대하는 아운에게 다량의 무기와 탄환 등으로 군사원조를 제공했고, 1988년 8월에 이란-이라크 전쟁이 종식된 후에는 이러한 후원을 한층 강화했다.

대담해진 아운은 1989년 3월 14일에 시리아에게 해방전쟁을 선포했다. 시리아군은 아운의 통치 아래 있던 기독교 지역을 전면 봉쇄하는 것으로 대응했다. 양측이 서로에게 퍼부은 치명적인 중포(重砲) 일제사격으로 레바논의 무슬림과 기독교 지역은 심각하게 파괴되었고 수만 명의 민간인이 쫓겨났다. 1982년에 있었던 이스라엘의 베이루트 포위 이후 가장 심각한 폭격이었다.

두 달간 계속된 끔찍한 교전과 엄청난 민간인 사상자 수에 깜짝 놀란 아랍 국가들이 행동에 나섰다. 1989년 5월에 아랍 정상회담이 레바논에서 발생한 새로운 위기에 대처하기 위해서 모로코 카사블랑카에서 소집되었다. 회담은

3명의 아랍 국가 수장들—사우디아라비아의 파드 왕과 모로코의 하산 2세, 알제리의 샤들리 벤제디드 대통령—에게 권한을 부여하여 레바논에서의 폭력사태 종식을 협상하고 안정된 정부 복원 절차에 들어갈 수 있도록 했다.

"트로이카(troika)"라는 별명이 붙은 세 명의 통치자는 정전을 준수하라고 시리아에게 명령했고, 이라크에게는 아운 및 레바논군 민병대에게 무기 수송을 중단하라고 요구했다. 처음에는 트로이카의 노력이 어떤 성과도 보여주지 못했다. 시리아는 트로이카의 요구를 무시하고 기독교도 거주 지역에 대한 폭격을 강화했고, 이라크는 시리아에 맞서고 있는 마론파가 관할하는 항구들을 통해서 협력자들에게 무기 공급을 계속했다.

6개월간의 교전 끝에 트로이카는 드디어 1989년 9월에 정전을 준수하도록 양측을 설득할 수 있었다. 아랍 지도자들은 중립지대에서 국민화합 절차를 시작할 수 있도록 사우디의 타이프의 회담장으로 레바논의 의원들을 초청했다. 1972년 선거에서 선출된 레바논 의원 중에서 살아 있는 사람들 모두가 프랑스와 스위스, 이라크 등의 망명지에서 또는 레바논의 안전한 집에서 나와, 조국의 미래를 결정하기 위하여 위험을 무릅쓰고 타이프 회의에 참석했다. 62명의 의원—그중 절반은 기독교도였고, 나머지는 무슬림이었다—이 회의에 참석함으로써 레바논 국가를 대표해서 사안을 결정하는 데에 필요한 정족수를 채웠다. 사우디의 외무장관 사우드 알 파이살 왕자는 1989년 10월 1일에 개회를 선언하며 "실패는 용납되지 않는다"라고 경고했다.

성공을 거두기 위해서는 예상보다도 더 많은 시간이 필요했다. 사흘간 열릴 예정이었던 회담은 그야말로 레바논 제2공화국에 대한 청사진을 구상하기 위한 23일간의 마라톤 회담으로 변했다. 타이프 합의(Taif Accord)에 명시된 레바논 정치 재건을 위한 약관은 국민협약에서 피력되었던 신조주의 체제의 많은 요소들을 여전히 포함하고 있었지만, 당시 레바논의 인구통계적인 현실을 반영하는 방향으로 그 구조를 수정했다. 이로써 의회 의석은 여전히 여러 종교 공동체들 간에 분배되었지만, 기독교 종파에 유리했던 6 대 5의 분배율이 무슬림과 기독교에게 동등하게 의석을 나누는 것으로 조정되었다.

또한 의회의 의석수를 99석에서 108석으로 늘려서 기독교도 의원 수의 축소 없이 무슬림 의원의 비율만 확대시켰다.

개혁가들은 종교에 상관없이 모든 시민에게 행정직을 개방하려는 주된 목적을 달성하는 데에는 실패했다. 신조주의 질서에 대한 이런 식의 공격으로는 합의를 도출할 수 없다는 것이 곧 분명해졌기 때문이었다. 타협안은 국민 협약에 명시된 관직 분배의 원칙은 유지하되, 이러한 관직들이 가지고 있는 힘을 재분배하는 방향으로 수렴되었다. 대통령직은 마론파 기독교도가 맡되, 직무가 "국가의 수장이자 통합의 상징"이라는 좀더 의례적인 역할로 제한되었다. 내각의 구성원인 총리와 각료들이 권력 재분배의 주요 수혜자였다. 행정권한이 이제는 각료회의를 주재하고 정책 실행 책임을 맡은 수니파 총리에게 주어졌다. 더욱이 여전히 총리 지명의 권한은 대통령에게 있었지만 총리를 해임할 수 있는 권한은 의회에게만 부여되었다. 시아파 무슬림에게 허용된 최고위직인 국회의장에게도 타이프 개혁에 의해서 중요한 새로운 권한이 주어졌다. 총리 임명 시 대통령에게 조언할 수 있는 "킹메이커"의 역할을 할 수 있게 된 것이다. 이러한 변화들로 마론파는 주요 관직들을 지켜냈다고 주장할 수 있었고 반면 무슬림은 기독교도보다 더 많은 권력을 쥐게 되었다고 주장할 수 있었다. 이와 같은 개선 조치를 통해서 타이프 합의는 모두가 불만족스러워했음에도 불구하고 모든 당사자들이 수용할 수 있는 타협안을 제시할 수 있었다.

아운의 지지자들은 타이프 합의를 통해서 시리아가 레바논에서 물러가도록 할 수 없었다. 하피즈 알 아사드가 시리아군의 레바논 주둔에 대해서 타협할 의사가 없음을 알게 된 트로이카는 시리아의 지지 없는 이러한 합의가 아무 소용없다는 것을 인정해야만 했다. 이에 타이프 합의는 지금까지 시리아군이 제공해온 병력에 대해서 공식적인 감사를 표하며, 현재 레바논에 주둔하고 있는 시리아군을 사법적으로 인정하고, 시리아군의 철수 시기 문제는 미래의 불특정한 어느 시점에서 레바논과 시리아 정부가 의논하여 결정한다고 규정했다. 타이프 합의는 또한 레바논과 시리아 정부에게 쌍무조약을 체결하여 "모든 분야에서의 그들의 특권적인 관계"를 공식화하도록 촉구했다. 요컨대 타이프 합의는 레바논에서의 시리아의 입지를 합법적으로 승인함으로써 두 나라를 더욱 가깝게 결속시켰다. 사우디아라비아에 모인 레바논 정치인들은 자신들이 처한 현실을 인정하며 더 나은 미래를 위해서 타협안을 수용했다. 최종적인 합의문이 별다른 이의 없이 타이프에서 레바논 의원들의 승인을 받았다.

타이프 합의문의 발표와 함께 전쟁으로 짓밟힌 레바논에서 막바지 싸움이 다시 시작되었다. 심각한 공격을 받은 기독교도들의 주거지인 산악지대에서 아운 장군은 자신이 레바논의 유일한 합법 정부라는 주장을 집요하게 펼쳤다. 그는 시리아군의 레바논 주둔을 법적으로 인정한 합의문을 전면 거부했다. 그는 타이프 합의문 이행을 저지하기 위해서 레바논 의회의 해산을 명령하는 대통령령을 공포했지만 소용이 없었다. 레바논 국민과 국제 사회 모두가 레바논의 국민화합을 위한 계획을 지지하면서 아운은 이제 해외에서는 물론 국내에서도 고립되었다.

아운의 도전을 미연에 저지할 목적으로 의원들은 타이프 합의를 비준하기 위해서 서둘러 베이루트로 돌아왔다. 11월 5일에 레바논 의회는 공식적으로 합의문을 승인하고 즈가르타 출신의 64세의 의원, 르네 모아와드를 공화국의 대통령으로 선출했다. 북부의 명망 있는 마론파 가문의 후손인 모아와드는 레바논의 민족주의자들과 시리아 모두가 만장일치로 지지하던 후보였다. 하지만 모아와드에게도 위험한 적들이 있었다. 취임한 지 17일째 만에 레바논의 신임 대통령은 레바논 독립 경축 행사를 마치고 집으로 돌아오던 중 도로변에 설치된 강력한 폭탄의 폭발로 사망했다. 시리아, 이라크, 이스라엘과 미셸 아운 모두 살인행위를 규탄했지만 모아와드의 암살에 책임이 있는 자들은 결코 법의 심판을 받지 않았다.

모아와드의 잔혹한 죽음으로 타이프 절차가 와해될 위험에 처하게 되었다. 이것이야말로 의심할 여지없이 암살자들이 의도한 바였다. 모아와드의 죽음으로 타이프에서 합의된 재건 과정이 좌초되기 전에 후임자를 선출하고자

48시간 내에 레바논 의회가 재소집되었다. 심지어 시리아 당국은 레바논 의원들보다 더 재빨리 모아와드의 후임자를 찾아 나섰다. 라디오 다마스쿠스(Radio Damascus)는 레바논 의원들이 후보자를 표결에 부치기도 전에 엘리아스 흐라위를 신임 대통령으로 발표했다.[30] 고의적인 이러한 결례를 통해서 아사드 정권은 타이프 시대에도 레바논에 대한 최종적인 권한은 시리아에게 있음을 만방에 보여주었다.

흐라위 대통령의 첫 과제는 이제는 모두가 배신자이자 레바논의 정치 화합을 망치는 장애물로 간주하던 미셸 아운을 처리하는 것이었다. 선출 다음 날 흐라위는 아운을 군사령관에서 해임하고 48시간 내에 바브다의 대통령 궁에서 물러나라고 명령했다. 아운은 흐라위의 명령을 무시하고 자신의 후원자인 이라크에게 재보급을 요청했다. 자신이 통제하고 있던 베이루트 인근의 항구를 통해서 무기와 탄환, 대공방어 화기를 확보한 아운은 외부의 공격에 대비해서 자신의 진지를 보강했다. 그런데 무엇보다도 아운을 둘러싼 인간 방패 ─ 수천 명의 민간인 지지자들이 축제 분위기 속에서 바브다의 대통령 궁 주변에 진을 쳤다─ 가 그의 저항 분쇄를 단념하게 만든 가장 큰 요인이었다.

그러나 사실 레바논 대통령은 어떤 조치도 취할 필요가 없었다. 기독교 민병대(Lebanese Forces : 기존의 팔랑헤 민병대가 주축이 되어서 1977년 창설된 민병대/역주)의 사미르 게아게아가 1989년 12월에 타이프 합의에 대한 지지를 선언하면서, 아운과 마론파 민병대 간의 대치 관계가 공개적인 충돌로 변화했기 때문이다. 아운처럼 게아게아도 이라크로부터 무기 보급을 받았다. 1990년 1월에 경합하던 두 분파는 내전 발발 이래 그 어느 때보다도 더 격렬하게 싸웠다. 비전투원의 안전은 완전히 무시된 채 이라크의 로켓과 탱크, 중포 등이 인구가 매우 밀집된 지역에 배치되었고, 그 결과 엄청난 민간인 사상자가 발생했다. 이 싸움은 1990년 5월에 바티칸의 중재로 대립하던 기독교 분파 간에 부실하나마 정전협정이 체결될 때까지 5개월이나 지속되었다.

고립된 미셸 아운은 갈수록 거센 반대에 직면했지만 기독교 민병대와의 싸움이 적어도 당장은 타이프 합의를 무산시켰음에 만족해했다.

1990년 8월에 발생한 이라크의 쿠웨이트 침공은 레바논 분쟁의 분수령이 되었다. 또다시 전쟁을 치르게 된 이라크에게 더 이상 레바논의 의뢰인들을 무장시킬 여력이 없었기 때문이다. 더욱이 쿠웨이트에서의 이라크군의 철수와 시리아의 레바논 "점령"을 포함해서 지역 내 문제들의 총체적인 해결을 연계하려는 사담 후세인의 시도는 국제 사회의 압력을 레바논으로부터의 시리아군의 철수 문제로 돌리려는, 속이 훤히 보이는 의도를 담고 있었다.

　지역 정치에 능숙했던 시리아는 사담 후세인의 음모에 굴하지 않았다. 하피즈 알 아사드는 워싱턴과 시리아의 관계를 개선하기 위해서 쿠웨이트 위기를 이용했고, 워싱턴은 전적으로 타이프 합의를 지지했다. 따라서 타이프 체제를 이행할 수 있도록 정부에 대한 지원을 아끼지 않기로 결심한 알 아사드는 이라크의 협력자인 미셸 아운이 평화를 저해하는 주요 원인이라고 지목했다. 레바논 정부는 시리아와 이 문제를 상의했고, 10월 11일에 대통령 흐라위는 타이프 합의 조항에 따라 아운 장군을 축출하기 위해서 공식적으로 시리아에게 군사 원조를 요청했다. 이틀 후 시리아와 레바논 군대의 전차들이 아운 세력이 장악하고 있던 지역으로 밀고 들어가는 동안에 시리아의 전투기들은 아운의 진지를 폭격하기 시작했다. 3시간이 채 지나기도 전에 아운 장군은 항복한 후 프랑스 대사관에 망명을 요청했지만, 그의 지지자들은 투쟁을 계속했다. 전투―종종 매우 격렬했다―는 8시간 만에 끝났다. 10월 13일에 텅 빈 바브다의 대통령 궁 위로 연기가 걷히면서 레바논은, 비록 여전히 시리아의 점령 아래서이지만, 전후(戰後)의 세계를 일별할 수 있었다.

　타이프 합의에서 구상된 전후 재건은 미셸 아운이 물러나고 나서야 겨우 본격적으로 시작될 수 있었다. 1990년 11월에 정부는 모든 민병대에게 수도 베이루트 밖으로 나갈 것을 명령했고, 12월에는 군이 기독교도 지역인 동베이루트와 무슬림 지역인 서베이루트를 분리했던 바리케이드를 치우면서 1984년 이후 처음으로 도시는 재결합되었다.

1990년 크리스마스 이브에 암살당한 개혁파 총리 라시드 카라미의 동생 오마르 카라미가 새로운 국민화합 정부를 선언했다. 30명의 장관으로 구성된 내각은 레바논 역사상 가장 규모가 컸으며, 이 나라의 거의 모든 주요 민병대의 지도자들을 포함시켰다. 전쟁 중에 발생한 최악의 잔혹행위들에 대한 책임 당사자들인 바로 그 군벌들로 정부를 구성한 덕분에 민병대의 무장해제를 요구한 정부의 명령 — 이번에도 타이프 합의에 따라서 — 은 곧 효력을 발휘할 수 있었다. 민병대는 1991년 4월 말까지 해산하여 무기를 양도하기로 했다. 그 대가로 정부는 레바논 육군에서 복무하기를 원하는 민병대원들을 받아들이기로 약속했다. 민병대 지도자들은 수많은 이의를 제기했지만, 정부에 반대하거나 내각에서 사임하지는 않았다.[31]

유일하게 한 민병대에게만 군사작전을 계속할 수 있도록 허용되었다. 이란과 시리아의 지원을 받고 있던 헤즈볼라에게만 레바논 남부에서 이스라엘 점령에 대한 저항을 계속할 수 있도록 무기 보유가 허락된 것이다. 시아파 민병대는 이스라엘이 남부 레바논 "안전지대"의 일부라고 주장하던 지역에서만 작전을 수행하기로 동의했는데, 어쨌든 그 지역은 레바논 정부의 권한 밖에 있었다. 헤즈볼라는 점점 더 정교하고 치명적인 효과를 발휘하며 이스라엘 점령자에 맞서서 지하드를 계속했다.

전쟁은 결국 종식되었고, 레바논 정부는 15년간의 내전 끝에 재건이라는, 거의 실현 가능성이 없어 보이는 임무에 직면했다. 1975년부터 1990년까지 10만 명에서 20만 명으로 추정되는 사람들이 죽었고, 더 많은 사람들이 다치거나 불구가 되었으며, 수십만 명이 망명을 떠났다. 피해를 입지 않은 도시가 없었으며, 도시의 전 구역이 산산이 부서진 건물들로 가득한 침묵의 거리로 변했다. 불법 거주자들 — 내전 말기의 전투에서 발생한 난민들 — 이 전쟁 초기에 버려진 거주 가능한 건물들을 점유했다. 나라 대부분의 지역의 공공시설물도 완전히 파괴되었다. 사설 전력회사가 전기를 공급했고, 수돗물은 가끔씩 비위생적인 상태로 공급되었으며, 미처리된 하수가 거리를 흘러다니며 전쟁 폐허 가운데 무성한 식물 생육을 촉진하고 있었다.

레바논의 사회조직 역시 큰 피해를 입었다. 결코 시정되지 않을 부정의와 잔혹행위에 대한 기억들은 평화가 선언된 이후에도 오랫동안 레바논의 많은 지역 사회를 분열시켰다. 화해와 망각, 삶을 살아내고자 하는 맹렬한 욕구가 결합되면서 레바논 사람들은 다시금 한 국가의 국민인척 행동했다. 어떤 사람들은 결과적으로 레바논인들이 국가에 더욱 헌신하게 되었다고 주장하기도 한다.[32] 그러나 레바논은 언제든지 재개될 수 있는 분쟁의 위협을 결코 의식하지 않을 수 없는 불안한 나라가 되어 있었다.

***

사담 후세인의 침공과 쿠웨이트 해방을 위한 미국 주도의 전쟁은 오랫동안 폭발 직전 상태에 있던 이스라엘-팔레스타인 분쟁 해결에 미국이 나서도록 만드는 의도치 않은 결과를 가져왔다. 미국 정부는 쿠웨이트 위기로 아랍 동맹국들이 커다란 압박을 받게 되었음을 인지했다. 그 전망이 비관적이었음에도 팔레스타인 해방에 대한 잦은 언급으로 사담 후세인은 아랍 세계 곳곳에서 대중들로부터 전폭적인 지지를 받았던 반면, 다른 아랍 정부들은 대중의 비난에 노출되었기 때문이다. 아랍 시민들은 자국 정부가 일이 어떻게 되어 돌아가고 있는지 모르고 있다고 생각했다. 그들은 쿠웨이트의 부와 석유를 훔치려는 미국의 편에 서서 이라크와 싸울 것이 아니라 팔레스타인을 해방시키기 위해서 이스라엘과 싸워야 한다고 믿었다.

미국 역시 아랍 언론과 여론의 엄청난 비난을 받았다. 수년 동안 미국은 점령한 아랍 영토의 반환을 촉구하는 UN의 결의안을 무시하는 이스라엘을 지지해왔다. 1990년에도 이스라엘은 여전히 가자 지구와 서안 지구, 골란 고원, 남부 레바논의 일부를 점령하고 있었다. 그러나 이라크가 쿠웨이트를 침공하자, 미국은 마치 UN 안전보장 이사회의 결의안이 신성불가침한 것이라도 되는 듯이 결의안 이행을 강행했다. 이처럼 그들에게 점령은 옳을 수도 또는 그를 수도 있었고, UN 결의안 역시 법적 구속력이 있을 수도 또는 없을 수도 있었다. 이라크와 이스라엘을 점령군으로 취급함에 있어서 노골적인 이중 잣대를 적용했기 때문이다.

조지 부시 대통령은 쿠웨이트로부터의 이라크군 철수 문제와 팔레스타인 점령지로부터의 이스라엘군 철수 문제를 연계시키려는 사담 후세인의 시도를 묵살했다. 그러나 따져 묻는 이라크의 논리성마저 피할 수는 없었다. 이라크 분쟁이 종식되자마자 부시 행정부는 1991년 3월에 새로운 아랍-이스라엘 평화안을 발표했다. 이는 주도권을 다시 장악하고 새로운 세계질서 속에서 미국이 전시만큼이나 평화 시에도 효과적으로 영향력을 행사할 수 있다는 것을 보여주기 위한, 그 속이 훤히 들여다보이는 제의였다.

팔레스타인 사람들은 약간은 안도하며 평화협상 절차를 재개하려는 미국의 계획 소식을 환영했다. 사담 후세인과 그의 쿠웨이트 점령을 지지했던 팔레스타인 사람들은 비싼 대가를 치렀다. 국제 사회는 PLO를 기피했고, 아랍 걸프 만 국가들은 팔레스타인에 대한 모든 자금 지원을 중단했다. 부시 행정부는 비록 최근 분쟁에 대한 입장 표명 때문에 PLO를 응징할 생각이 없다고 밝혔지만, 새로운 평화안이 없었다면 팔레스타인은 고립에서 벗어날 수 없었을 것이다.

팔레스타인의 활동가 사리 누세이베는 람레 감옥의 감방에서 부시의 발표를 듣고 기뻐했다. 1991년 3월에 부시가 성명을 발표했을 당시, 이라크의 스커드 미사일을 이스라엘의 표적으로 안내했다는 표면상의 이유로 3개월 형을 받은 누세이베의 형기는 끝나가고 있었다. 미국의 계획안은 누세이베에게 매우 놀라운 것이었다. "난데없이 조지 부시가 다음과 같이 놀라운 정책 성명을 냈다. '포괄적인 평화안은 결의안 242호와 338호 그리고 평화와 영토의 맞교환이라는 원칙에 기반해야만 한다.'" 부시는 이스라엘의 안보와 팔레스타인의 권리를 연계시키는 데까지 나아갔다. 또한 제임스 베이커 국무장관은 서안 지구에 건설된 이스라엘 정착촌이 평화에 가장 큰 위협이 되고 있다고 선언했다. "이 이야기를 듣고 나는 좁은 철창 안에서 덩실덩실 춤을 추었다"라고 누세이베는 회고록에 썼다.[33]

일부 팔레스타인 사람들은 미국의 의도에 대해서 회의적이었다. 비르 자이트 대학교에서 누세이베와 함께 일했던 동료이자 저명한 팔레스타인 정치

활동가인 하난 아쉬라위는 부시가 발표한 성명서의 언어를 분석했다. "[부시는] '이 지역에 평화를 가져오기 위해서 미국이 전쟁에서 쌓은 신용을 걸겠다'라고 주장한다. 이것은 마치 전리품에 대한 요구처럼 들린다." 아쉬라위는 모든 평화안을 중동을 자신들의 규칙에 종속시키려는 미국의 시도라고 생각했다. "'새로운 세계질서'가 냉전의 종식과 함께 부상하고 있으며, 우리도 그것의 일부라고 주장하는데, 이 또한 미국의 청사진에 따라서 우리 세계를 재조직하겠다는 뜻으로 이해된다. 한편 중동 화합을 위한 기회의 창이 열리고 있다고 주장하지만, 우리에게 그것은 작은 구멍이자 긴 터널 또는 덫으로 보일 뿐이다."[34]

미국은 PLO가 협상에서 어떤 역할도 수행하도록 허락하지 않겠다는 뜻을 팔레스타인 측에 확실히 밝혔다. 이스라엘 정부는 PLO와의 어떤 회담에도 참여하지 않겠다고 단호히 선언했고, 미국도 사담 후세인에게 지지를 보냈던 야세르 아라파트를 응징하기 위해서 그를 철저히 열외시킬 작전이었다.

미국의 제임스 베이커 국무장관은 점령 지역의 팔레스타인 사람들을 대표하여 평화협상에 참여할 서안 지구와 가자 지구의 팔레스타인 지도자들을 초청하기 위해서 1991년 3월에 예루살렘으로 향했다. 팔레스타인 사람들은 베이커의 계획을 새로운 팔레스타인 지도부를 구성하려는 노골적인 시도로 보았다. 그들은 팔레스타인 민족의 유일한 합법적인 대표로 국제 사회가 인정한 PLO의 지위를 약화시키는 일에 공모하고 싶지 않았다. "내부"의 정치 활동가들은 3월 13일로 예정된 베이커와의 만남에 동의하기에 앞서 아라파트로부터 공식적인 승인을 요청하는 서한을 튀니스로 보냈다.

11명의 팔레스타인인들이 예루살렘 출신의 파이살 알 후세이니가 주재하는 첫 회의에 참석했다. 파이살 알 후세이니는 예루살렘에서 가장 오래되고 가장 존경 받는 가문의 후손으로 압드 알 카디르 알 후세이니 — 1948년 알 카스탈 전투에서의 그의 죽음은 시오니즘에 맞선 팔레스타인 저항이 실패할 것임을 보여주는 전조였다 — 의 아들이었다. 또한 야세르 아라파트와 매우 절친한 파타의 충성스러운 당원이기도 했다.

"우리는 우리의 유일한 합법적인 지도부인 PLO의 명령을 받고 이곳에 참석했습니다"라는 말로 알 후세이니는 시작했다.

"당신들이 지도자로 누구를 선택했는지는 내가 상관할 바가 아니고, 나는 PLO의 일원이 아니라 UN 안전보장 이사회의 결의안 242호와 338호 그리고 영토와 평화의 맞교환이라는 원칙에 입각해서 직접적인 2단계의 쌍무 협상에 참여할 의사가 있으며, 이스라엘과 평화롭게 살고자 하는 점령 지역 출신의 팔레스타인 사람을 찾고 있소. 이 방에 그럴 사람이 있소?"라고 답하며 베이커는 11명의 팔레스타인 사람들의 얼굴을 응시했지만, 그 누구도 성급히 서두르지 않았다.

"국무장관님, 우리가 위엄과 긍지를 가진 사람들이라는 것을 알려드려야겠군요. 우리는 패잔병이 아니고, 이곳은 사프완 막사가 아닙니다"라고, 걸프전이 끝났을 때 이라크의 항복 조건들을 협상하기 위해서 미국이 세운 막사를 언급하면서, 사에브 에라카트는 말했다. 건장한 체격의 에라카트는 영어로 정규 교육을 받은, 나블루스의 알 나자흐 대학교의 정치학과 교수였다.

"당신들이 패자의 편에 선 것은 내 탓이 아니오"라고 베이커는 반박했다. "당신들은 지도부에게 엉뚱한 데에 돈을 걸지 말라고 말했어야 했소. 그건 정말 어리석은 짓이었소. 큰 대가를 치를 테니 말이오."

"나는 오직 한 가지를 말하고자 이 모임 참석에 동의했습니다"라고 하이다르 압둘 샤피는 말했다. 의사이자 가자 의료협회장인 압둘 샤피는 점령 지역의 정계 원로였고, 가자 지구가 이집트 통치에 있는 동안, 즉 1948년부터 1967년까지 팔레스타인 의회의 의장직을 지낸 사람이었다. "이스라엘 정착촌 건설 활동은 반드시 중단되어야 합니다. 정착촌 건설이 계속되는 한 어떤 평화협상 절차도 있을 수 없습니다. 제 말을 믿으십시오."

"협상을 시작하시오 그러면 정착촌 건설도 멈출 것이오"라고 베이커는 대답했다.

"그들이 먼저 멈춰야 합니다. 그렇지 않으면 우리는 협상 절차에 들어갈 수 없습니다"라고 팔레스타인 활동가들은 입을 모아 대답했다.

베이커 국무장관은 대화가 협상으로 변해가고 있으며, 평화회담에서 팔레스타인을 대표할 수 있는 믿을 만한 사람들을 찾았다고 생각했다. "이제야 당신들이 진지한 이야기를 하고 있는 것 같소"라고 만족감을 표했다.[35]

이런 식의 언쟁으로 시작된 미국과 팔레스타인 간의 협상이 6개월간 진행된 끝에 드디어 1992년 10월에 마드리드에서 열릴 평화회담의 의제의 틀이 마련되었다. 미국은 이스라엘과 팔레스타인 사이를 오가며 회담을 반드시 성공시키기 위해서 거의 양립 불가능한 입장 차이를 해소시키려고 노력했다.

이스라엘 정부가 팔레스타인보다 미국의 평화 계획안에 더 큰 장애물이었다. 총리 이츠하크 샤미르는 점령 지역 전체를, 그중에서도 특히 동예루살렘 보유에 집착을 보였던 우파 리쿠드당 연립정부를 이끌고 있었다. 냉전의 종식과 함께 소련 내의 유대인들이 자유롭게 이스라엘로 이주할 수 있게 되면서 이스라엘 정부는 새로운 물결의 이민자들을 수용하기 위하여 관할하고 있던 모든 영토에 대한 선택을 보류하기로 결정했다. 이스라엘은 서안 지구 일대에 대한 권리 주장을 강화하고, 러시아 이민자들에게 새로운 주거지를 공급하기 위해서 정착촌 건설 활동에 박차를 가했다.

팔레스타인 협상가들에게 동예루살렘과 정착촌 건설 문제는 양보할 수 없는 사안이었다. 만약 이스라엘 정부가 예루살렘 전체를 보유하고 서안 지구의 점령 지역에 정착촌 건설을 계속하도록 허용한다면, 더 이상 논의의 여지는 남아 있지 않았다. 팔레스타인은 두 사안이 불가분의 관계라고 여겼다. "이스라엘이 정착촌 건설과 동예루살렘 문제를 고려 대상에서 배제하려는 것은 결코 우연이 아니다"라고 사리 누세이베는 생각했다. "두 사안 중에서 동예루살렘 문제가 나를 특히 괴롭혔다. 예루살렘을 둘러싼 싸움은 절박한 문제였다. 왜냐하면 예루살렘이 매혹적인 도시이기 때문이 아니라 과거에도 현재에도 우리 문화와 민족 정체성, 그리고 기억 ― 만약 이스라엘이 유대와 사마리아[즉 서안 지구]라고 부르는 일대에서 자신들이 원하는 대로 하고 싶다면 반드시 지워야 할 것들이다 ― 의 중심이기 때문이다. 우리가 예루살렘을 지키는 한, 다른 어느 곳에서든 그들에게 저항할 수 있을 것이라고 나는 확신한다"라고 누세이베는 결론지었다.[36]

부시 행정부는 팔레스타인 사람들의 입장에 공감을 표했고, 마드리드 회담 사전 준비 중에 보인 샤미르와 리쿠드당 정부의 비타협적인 태도에 확실히 불편한 심기를 드러냈다. 그럼에도 불구하고 많은 면에서 미국은 팔레스타인 측의 주장보다는 이스라엘의 요구를 계속해서 우선시했다. 이스라엘은 협상 절차에서 PLO의 완전한 배제를 고집했고, 팔레스타인 사람은 요르단-팔레스타인 연합 대표단의 하급 파트너로서만 회담에 참석해야 하며, 동예루살렘의 거주민은 결코 협상의 대상이 될 수 없다고 주장했다. 이것은 파이살 알 후세이니나 하난 아쉬라위 또는 사리 누세이베처럼 영향력 있는 팔레스타인 사람들은 마드리드 협상에서 공식적인 역할을 수행할 수 없음을 의미했다. 결국 아라파트의 제안으로, 후세이니와 아쉬라위는 비공식적인 "지도 위원"으로서 압둘 샤피 박사가 이끄는 팔레스타인 공식 대표단에 동행했다.

여러 제한에도 불구하고 마드리드로 요르단인들과 동행한 팔레스타인 대표단은 여태까지 국제무대에서 민족의 숙원을 대표했던 다른 어떤 대변인들보다도 유려하고 설득력을 지닌 인사들이었다. 하난 아쉬라위가 팔레스타인 대표단의 공식 대변인으로 지명되었다. 아쉬라위는 베이루트의 아메리칸 대학교에서 수학했고, 버지니아 대학교에서 영문학 박사학위를 받고 돌아온 후에는 서안 지구의 비르 자이트 대학교의 교수로 재직했다. 영민하면서도 언변이 좋은 여성이었던 기독교 가문 출신의 아쉬라위는 대다수의 서구인들이 팔레스타인 운동 하면 떠올리곤 하던 테러리스트라는 전형적인 이미지와는 대조되는 인물이었다.

마드리드에 도착한 아쉬라위는 팔레스타인에 유리하게 언론 보도가 나가도록 만들기 위해서 언론 설득에 전념했다. 전략적인 측면에서 그녀는 팔레스타인의 불리한 협상 위치를 상쇄하기 위해서 국제 언론을 설득하는 것이 얼마나 중요한지를 잘 알고 있었다. 아쉬라위는 마드리드에서 팔레스타인의 주장을 알리는 데에 탁월한 솜씨를 보여주었다. 공식 보도 본부에 접근이 허용되지 않자 아쉬라위는 공공 장소에서 즉석 기자회견을 여는 등 소동을 일으켜서 마드리드의 어떤 대표단보다도 언론인들의 주목을 받았다. 에스파냐의 보안 조치가 너무 엄격할 때에는 보안대의 규제에서 벗어나서 촬영진이 포진할 수 있는 시립 공원에서 언론과 만나기도 했다. 그녀는 하루에만 세계의 방송국들과 27차례의 긴 인터뷰를 했다. 이스라엘 대표단의 대변인이었던 베냐민 네타냐후는 계속해서 언론의 관심을 독차지하며 카리스마를 보여주던 이 팔레스타인 여성에게 뒤처지지 않기 위해서 분투해야만 했다.

아쉬라위가 마드리드 회담에서 남긴 가장 항구적인 업적은 1991년 10월 31일에 팔레스타인의 대표단을 대표해서 연설할 하이다르 압둘 샤피의 연설문을 작성한 일이었다. 압둘 샤피는 신중하면서도 깊고 풍성한 목소리로 아쉬라위가 작성한 글이 전달하고자 한 바에 걸맞은 위엄을 갖추고 유려한 연설을 했다. 그는 예리한 시선으로 세계 시청자들을 뚫어지게 쳐다보며 본론으로 들어가기 전에 그 자리에 모인 고위 인사들에게 다음과 같이 인사말로 시작했다. "우리는 과거와 미래를 잇는 옷감을 함께 짜기 위해서 풍성한 역사의 결을 가진 도시인 마드리드에 모였습니다"라고 회중의 이스라엘인과 아랍인, 국제 사회의 일원들 앞에서 읊조리듯이 말했다. "다시 한번 기독교도와 무슬림 그리고 유대인은 민주주의와 인권, 자유, 정의, 안전과 같은 세계적인 가치를 소중히 간직한 새로운 시대의 도래를 알리는 과제에 직면하였습니다. 마드리드에서 우리는 이와 같은 평화 탐색에 나서고자 합니다. 또한 인간 생명의 존엄성을 세계의 중심에 놓고 에너지와 자원을 상호 파괴가 아닌 공동 번영과 진보, 행복 추구를 위해서 사용하고자 합니다."[37] 압둘 샤피는 점령하에 있는 이들뿐만 아니라 망명 중인 이들까지 아우르며 모든 팔레스타인 사람들을 대변하고자 신경을 썼다. "우리 모두는 공정하고 지속적인 평화를 찾기 위해서 이 자리에 모였습니다. 팔레스타인의 독립과 팔레스타인 사람들을 위한 정의, 모든 팔레스타인 및 아랍 영토에 대한 점령의 종식이야말로 이러한 평화의 초석입니다. 그때가 되면 우리는 진정으로 평화의 열매 즉 번영과 안전, 인간의 존엄성, 자유를 함께 누릴 수 있을 것입니다." 이렇게 팔레스타인 대표단은 화려한 데뷔 공연과 함께 세계 외교 무대에 처음으로 등장했다.

압둘 샤피의 연설은 점령 지역의 팔레스타인 사람들로부터 분열된 반응을 야기했다. 두 국가 해법에 동의하지 않는 이슬람주의 단체 하마스는 처음부터 회담 참여에 반대했다. 세속주의 성향의 팔레스타인 사람들도 대표단이 팔레스타인 민족의 숙원에 어긋나는 양보를 하라는 압력을 미국이나 이스라엘로부터 받지 않을까 우려했다. 인티파다와 4년을 함께 한 팔레스타인 사람들은 모두 수년간의 투쟁 및 희생의 구체적인 결과물이 보고 싶었다.

팔레스타인이 마드리드에서 얻어갈 것이 가장 많았던 만큼 그들의 연설이 가장 미래 건설적이었다. 다른 대표단들은 회담의 역사적인 성격에 말로는 공감을 표하면서도 그 외에는 과거의 고충을 검토하는 기회로 삼았을 뿐이었다. 레바논은 남부 레바논에서 현재 진행 중인 이스라엘의 점령 문제에 초점을 맞추었고, 이스라엘 총리는 유대 국가를 파괴하려는 아랍 측의 시도들을 목록화하여 나열했으며, 시리아 외무장관은 이스라엘과의 만남이 얼마나 불쾌한지를 분명히 하며 "이스라엘의 잔혹한 관행" 목록을 제출했다.

함께 사흘을 보낸 대표들은 폐회사에서 본격적으로 대놓고 싸우기 시작했다. 샤미르 총리는 강경한 어조로 시리아를 맹렬히 비난하며 "시리아가 세상에서 가장 억압적이고 폭압적인 정권이라는 의심스러운 명성에 얼마나 들어맞는지를 보여주는 장황한 사실들을 나열"했다. 그는 팔레스타인 사람들이 "역사를 비틀고 사실을 왜곡했다"라고 비난하면서도 압둘 샤피가 "팔레스타인 주민들의 고통을 이야기하는 용감한 시도를 했다"라며 팔레스타인 측에 생색을 냈다. 샤미르는 연설을 마치고, 유대 안식일을 지켜야 한다는 표면상의 이유를 대면서, 대표단과 함께 회의장을 나갔다.

압둘 샤피는 이스라엘 대표단이 박차고 나간 빈 좌석에 대고 분노하며 이렇게 답했다. "팔레스타인 사람들은 합법적인 국권을 가진 민족입니다. 우리는 '점령 지역의 주민'도, 역사의 우연도, 이스라엘의 팽창주의 정책의 장애물도, 추상적인 인구학적인 문제도 아닙니다. 샤미르 씨, 당신은 이러한 사실에 눈을 감고 싶겠지만, 우리는 세계 앞에 그리고 당신의 바로 눈 앞에 존재하고 있습니다. 결코 우리는 부정될 수 없습니다."

상호비방은 분노한 시리아의 외무장관이, 팔레스타인의 위임통치국이었던 영국과 싸우던 스턴 갱 시절의 이츠하크 샤미르를 "수배"하는 벽보를 꺼내 들면서 절정에 이르렀다. "여러분께 서른두 살 시절의 샤미르의 오래된 사진을 보여드리겠습니다"라며 벽보를 꺼내 들면서 파루크 알 샤아라는 말했다. 그리고 멈칫 하더니 샤미르의 왜소한 키―"165센티미터"― 에 주목하며 비웃음을 날렸다. 자신의 주제에 열을 올리며 샤아라는 계속 이어나갔다. "이 사진은 그가 수배되었을 당시에 배포된 것입니다. 그 자신이 테러리스트였다고 고백했었죠. 제 기억으로는 1948년에 UN 조정관 베르나도테 백작 암살에도 참여했었다고……자백했습니다. 평화 조정관들을 살해한 그가 시리아와 레바논, 테러리즘에 관해서 이야기하고 있는 거죠."[38]

샤아라의 장황한 연설은 아랍-이스라엘 간의 평화 전망을 어둡게 하는 볼썽사나운 풍경이었다. 마드리드 회담은 이렇게 불쾌하게 끝이 났다. 그러나 공식 회담의 마무리와 함께 아랍-이스라엘 평화협상의 새로운 국면이 미국의 원조하에 열렸다. 이스라엘과 아랍 이웃 국가들 간의 이견 차이를 해소하기 위한 양자 협상과 물, 환경, 군축, 난민, 경제개발과 같은 세계적인 문제들에 대처하기 위해서 40개 이상의 국가와 국제조직이 참여한 다자 회담이 개최되었다. 결과적으로는 실패했지만, 마드리드 회담은 이스라엘과 아랍 이웃들이 40년이 넘는 분쟁의 역사 동안 가장 포괄적인 평화협상을 시작할 수 있는 발판이 되었다.

양자 협상은 UN 안전보장 이사회의 결의안 242호와 338호에 기반하여 평화와 점령지를 맞바꿈으로써 아랍-이스라엘 분쟁을 해결하기 위한 것이었다. 그러나 결의안에 관한 해석상의 차이가 아랍과 이스라엘 간에 발생하면서 처음부터 협상은 난국에 처했다. 아랍 국가들은 평화를 위한 전제조건으로 1967년 6월 전쟁에서 점령한 모든 아랍 영토로부터 이스라엘군이 완전히 철수하도록 요구하기 위해서 결의안 서문에 명시된, "전쟁으로 획득한 영토를 인정할 수 없다"라는 원칙에 매달렸다. 반면 이스라엘은 결의안은 단지 1967년 전쟁에서 "점령한 영토들— 모든 영토가 아니라 단지 '영토들'— 에서 이스라엘 무장 병력의 철수"만을 요구하고 있다고 주장하며, 그들은 이미 이집트와의 평화조약 체결 이후 시나이 반도에서 군을 철수함으로써 결의안 242호에 대한 약속을 이행했다고 고집했다. 이스라엘은 아랍 당사자들이 평화 그 자체만을 위해서 화평(和平)을 청해야 하며, 그 어떤 전제조건도 없이 상호적으로 수용할 만한 영토 해결책을 협상해야 한다고 주장했다. 이스라엘과 레바논, 시리아, 요르단 간의 회담은 어떤 진전도 보이지 못했다.

이스라엘과 팔레스타인 간의 회담은 초점이 달랐다. 양측은 5년의 과도기 동안 팔레스타인 자치를 거친 후에 이스라엘-팔레스타인 분쟁을 종식시키기 위한 최종 협상에 들어가기로 합의를 보고, 이 절차의 조건들을 협상하기 시작했다. 그러나 일단 협상에 들어가자, 샤미르 정부는 온갖 수단을 동원하여 팔레스타인과의 의미 있는 진전을 도출하지 않으려고 애썼고, 서안 지구에 대한 이스라엘의 장악력을 강화하기 위해서 오히려 더욱 활발하게 정착촌 건설을 진행했다. 1992년의 선거에서 패배한 후에 진행된 한 인터뷰에서 샤미르는 자신의 정부가 팔레스타인 국가 수립을 저지하고, 이스라엘의 정착촌 건설을 위해서 서안 지구를 보유하고자 협상을 고의적으로 방해했다고 확인해주었다. "내가 10년간 자치 회담을 계속할 수 있었더라면, 그동안 유대와 사마리아의 주민이 50만 명에는 이르렀을 것이오."[39]

샤미르의 고의적인 협상 방해는 그의 정부가 선거에서 패배하면서 끝이 났다. 1992년의 이스라엘 선거로 이츠하크 라빈은 좌파 성향의 노동당 연립정부의 수장이 되었다. 인티파다 시위자들에게 물리적인 폭력 사용을 인가했던 사람이라는 명성 탓에 팔레스타인 협상가들은 "의사(bone-breaker) 라빈"이 "중재자(peacemaker) 라빈이 될 수 있을 것"이라는 확신을 가질 수 없었다.[40]

재임 초기 몇 달 동안은 라빈도 교착상태에 빠진 양자 협상에서 변화보다는 연속성을 추구했다. 1992년 12월에 하마스 활동가들이 이스라엘 국경 수비대원을 납치하여 살해했다. 라빈은 보복으로 용의자 416명을 검거해서 기소나 재판도 없이 레바논으로의 추방을 명령했다. 모든 아랍 대표단은 항의의 표시로 협상을 중단했다. 오히려 라빈이 샤미르보다 더한 강경파처럼 보였다.

1992년의 미국 대통령 선거에서 조지 H. W. 부시를 누르고 빌 클린턴이 거둔 놀라운 승리에 아랍 협상단은 근심하게 되었다. 대통령 선거운동 기간에 클린턴은 이스라엘에 대한 무조건적인 지지 의사를 표명해왔기 때문이었다. 아랍 협상단은 대통령의 교체가 자신들에게 좋은 징조가 될 것이라고 생각하지 않았다. 협상이 1993년 4월에 재개되었지만 클린턴 행정부가 협상에 간섭하지 않는 접근 방식을 선택하고 미국이 강력한 지도력을 발휘하며 앞장서지 않자 마드리드 회담으로 궤도에 오른 체제는 진퇴양난에 빠지게 되었다.

팔레스타인-이스라엘 협상은 이스라엘의 정책 변화로 돌파구를 찾았다. 외무장관 시몬 페레스와 그의 보좌관 요시 베일린은 팔레스타인과의 합의가 이스라엘의 국익에 부합한다고 확신했다. 또한 PLO와의 직접적인 협상만이 합의에 도달할 수 있는 방법이라는 것도 인정했다. 그러나 1986년 이래 법적으로 이스라엘 사람은 PLO의 일원과 만날 수 없었다. 이 금지령을 위반한 이스라엘 언론인과 정치인의 수가 너무 많아져서 1992년이면 이 법은 더 이상 실효성이 없었다. 그렇지만 이스라엘 정부가 일부러 자신들의 법을 위반할 수는 없었다. 라빈은 PLO와의 협상에 열성을 보이지 않았지만, 1992년 12월에 이스라엘 시민과 PLO 간의 접촉을 금하는 법을 무효화하는 데에는 동의했다.

다음 달에 요시 베일린은 두 명의 이스라엘 교수, 야이르 히르시펠트와 론 푼닥이 노르웨이의 오슬로에서 PLO의 재무담당자 아흐마드 쿠레이와 비밀리에 만나는 것을 허용했다. 집중적이고 생산적인 협상 모임이 노르웨이 외무부의 후원 아래 14차례 이루어졌다.

노르웨이는 팔레스타인과 이스라엘이 이견 차이를 해소할 수 있도록 개입을 최대한 자제하면서도 중립 지대와 재량권을 제공한 공정한 중재자였다. 이들을 도운 노르웨이의 테르예 뢰드 라르센은 팔레스타인과 이스라엘의 첫 비밀외교회담을 시작할 당시 자국의 역할을 다음과 같이 설명했다. "여러분이 함께 살기를 원한다면, 여러분들의 문제를 해결해야만 할 것입니다. 이것은 여러분들의 문제입니다. 우리는 여러분들이 필요로 하는 도움과 장소, 편리를 제공하기 위해서 여기에 있는 것입니다. 우리는 조력자는 될 수 있지만……그 이상은 아닙니다. 저는 밖에서 기다릴 것이고, 여러분이 격투를 벌이지 않는 한 간섭하지 않을 것입니다. 만약 그런 일이 생긴다면 개입하겠지만요." 라르센의 유머는 양측 대표단의 서먹서먹한 분위기를 깨는 데에 도움이 되었다. "그 말은 우리 모두를 웃게 만들었다"라고 PLO의 관료 아흐마드 쿠레이는 회상했다."[41]

아부 알라라는 가명으로 더 잘 알려진 쿠레이는 야이르 히르시펠트 교수와의 첫 만남 이전에는 이스라엘 사람과 만난 적이 없었고, 팔레스타인과 이스라엘 간의 상호적인 적대심 속에서 수년 동안 축적된 공포심과 불신을 가지고 회담장에 나왔다. 그러나 노르웨이의 겨울 속에 고립된 5명의 남자 ― 3명의 팔레스타인인과 2명의 이스라엘인 ― 는 장벽을 허물기 시작했다. "집의 공기가 더 편해졌고, 우리는 여전히 이스라엘에 대한 불신이 남아 있음을 느꼈지만, 그럼에도 어느 정도 그들이 좋아지기 시작했다." 대표들은 첫 번째 회담에서 앞으로 계속될 회담에서 준수해야 할 사항들을 정했다. 과거에 대한 비난은 잊어버리고 "우리는 현재와 미래에 집중하며, 우리가 합의할 수 있는 범위를 알아내고, 도달할 수 있는 합의점을 확인하며, 우리를 갈라놓고 있는 다양한 문제들의 거리를 측정하기 위해서 노력했다."[42]

굳게 닫힌 문 뒤에서 철저히 비밀리에 팔레스타인과 이스라엘은 ― 8개월이라는 단기간에 ― 서로의 이견을 논의했고, 그것들을 해결하기 위한 정부의 지지를 요청했다. 그러는 가운데 결렬도 경험했고 때로는 더욱 적극적인 역할 수행이 노르웨이에게 요구되기도 했다. 외무장관 요한 요르겐 홀스트는 심지어 교착상태를 돌파할 수 있도록 튀니스와 텔아비브 간의 다소는 비밀스러웠던 전화 외교에도 관여했다. 어쨌든 1993년 8월에 양측은 공개해도 괜찮을 협정 내용에 합의할 수 있었다.

이스라엘과 PLO가 가자와 예리코(즉 서안 지구/역주)에서의 팔레스타인 임시 자치를 합의했다고 공표하자, 세계는 놀랐고 예상했던 대로 온갖 비난이 쏟아졌다. 클린턴 행정부는 아랍-이스라엘의 화해 조정에 실패한 미국을 대신해서 노르웨이가 거둔 성공에 매우 당황해했다. 이스라엘에서는 야당인 리쿠드당이 라빈 정부를 배신자라고 비난하며, 정권을 다시 잡으면 이 합의를 무효화할 것을 약속했다. 아랍 세계는 PLO가 비밀리에 이스라엘과 거래해서 아랍의 대오를 무너뜨렸다고 비난했으며, 이 협정에 반대하던 팔레스타인 단체들도 이스라엘을 인정한 팔레스타인의 지도부를 비난했다.

오슬로 협정 체결은 야세르 아라파트 PLO 의장에게 대단히 위험한 도박이었지만, 그에게는 다른 선택의 여지가 없었다. 1993년 팔레스타인 운동은 재정적으로나 제도적으로나 붕괴 직전이었다. 걸프 만의 산유국들이 걸프 위기 당시 사담 후세인을 지지했던 아라파트에 대한 응징으로 PLO에게 제공하던 모든 재정적 후원을 끊었다. 1991년 12월에 PLO의 예산은 반으로 줄어들었다. 수천 명의 전투원과 직원이 해고되거나 수개월 동안 급여를 받지 못했다. 1993년 3월경에는 PLO 직원 전체의 3분의 1정도가 임금을 한 푼도 받지 못했다. 이와 같은 재정적 위기는 부패 혐의와 실정(失政)으로 이어졌고, PLO 구성원들을 분열시켰다.[43] 망명정부로서 PLO는 이러한 압력을 오래 견딜 수 없었다. 그러한 가운데 이스라엘과의 평화협상이 이루어진다면 재정적인 지원을 받을 수 있는 새로운 창구가 열리고, 두 국가 해법이라는 달성하기 어려운 목표를 팔레스타인에 실현할 수 있는 발판이 PLO에게 제공될 것으로 기대되었던 것이다.

그러나 오슬로 협정은 팔레스타인 사람들에게 말 그대로 발판을 제공했을 뿐이었다. 협상을 통해서 가자 지구와 서안 지구의 예리코 인근 거주 지역에 대한 임시 관할권이 팔레스타인에게 부여되었다. 하지만 많은 팔레스타인 사람들은 이것을, 이스라엘에게 팔레스타인이 중요한 양보들을 한 것치고는 너무도 작은 영토적 보상이라고 생각했다. 아라파트는 오슬로 협정을 공표하기 직전에 하난 아쉬라위에게 자신의 전략을 털어놓았다. "나는 해방의 첫 번째 단계로 가자와 예리코에서 이스라엘군을 완전히 철수시키고 그곳에서 통치권을 행사할 것이오. 나는 예리코를 원하오. 왜냐하면 예리코는 나를 예루살렘으로 인도하고, 가자와 서안 지구를 연결해줄 것이기 때문이오." 아쉬라위가 확신을 가지지 못하자, "나를 믿으시오, 우리는 곧 우리만의 국가 전화번호와 우표, 방송국을 가지게 될 것이오. 이것이 팔레스타인 국가의 시작이될 것이오."[44]

"가자–예리코 제1 계획안"은 1993년 9월 13일에 백악관의 잔디밭에서 진행된 원칙 선언(Declaration of Principles)의 조인으로 현실화되었다. 세계의 텔레비전 시청자들 앞에서 이츠하크 라빈은 꺼림칙함을 떨쳐내고 협정에 조인한 후 야세르 아라파트와 악수를 나누었다. "모든 아랍 방송국이 이 의식을 생방송으로 내보냈다"라고 아부 알라는 회고했다. "아랍 세계의 많은 사람들은 지금 벌어지고 있는 일을 도저히 믿을 수가 없었다."[45]

PLO와 이스라엘은 사실상 팔레스타인 분할안에 동의한 것이었다. 협정은 예리코와 가자 지구에서 이스라엘 군정은 철수하고, 5년의 과도기 동안 팔레스타인 민정이 이를 대체하도록 명시했다. 또한 팔레스타인 주민들이 "민주적인 원칙에 따라서" 통치를 받을 수 있도록 의회의 창설도 허용했다. 팔레스타인 당국은 교육과 문화, 건강, 사회복지, 세금, 관광에 대한 통제권을 행사하고, 팔레스타인 경찰은 팔레스타인이 통제하는 지역에 대한 치안을 책임지도록 규정되었다.

협정은 가장 논란이 많던 문제들에 대해서는 논의를 유보했다. 예루살렘의 미래, 난민들의 권리, 정착촌의 지위, 국경, 안전대책 등의 문제들은 과도기 3년차에 시작하기로 예정된 최종 지위 협상에서 다루기로 했다. 팔레스타인 사람들은 이스라엘이 양보하고자 한 것보다 더 많은 것 — 동예루살렘을 수도로 하는 서안 지구와 가자 지구 전체에 수립될 팔레스타인 독립국가 같은 — 이 최종 타결에서 이루어지기를 기대했다. 이스라엘 역시 없어도 되는 아랍 영토로부터의 철수가 팔레스타인 기관의 무장해제로 이어지기를 고대했다. 이와 같은 근본적인 이견 해소는 미래의 협의를 통해서 진행하기로 하고,

이스라엘 의회는 상당한 표 차이로 원칙 선언을 비준했다. 80명으로 구성된 팔레스타인 중앙 의회도 10월 11일에 압도적인 표차(63명이 찬성했고, 8명이 반대했으며, 9명은 기권했다)로 이를 승인했다.

1994년 5월에 이스라엘군의 철수와 가자 및 예리코에서의 팔레스타인 정부 수립을 둘러싼 기술적인 세부사항들이 정리되었다. 7월 1일에 야세르 아라파트는 팔레스타인 정부의 운영을 총괄하기 위해서 당당하게 가자로 돌아왔다. 9월에 아라파트와 라빈은 "오슬로 II"로 알려진, 서안 및 가자 지구에 대한 이스라엘-팔레스타인의 임시 동의안에 서명하기 위해서 워싱턴에서 다시 만났다. 이렇게 중동 정치는 오슬로 시대로 접어들었다.

오슬로 협정으로 이스라엘은 아랍 세계에서 유례없는 인정을 받게 되었다. 일단 팔레스타인이 이스라엘과 단독협상을 체결하자 다른 아랍 국가들은 팔레스타인 운동을 배신했다는 비난을 받지 않고도 이스라엘과 자국의 이해관계를 자유롭게 도모할 수 있게 되었다. 아랍-이스라엘 분쟁에 지쳐 있던 대다수의 아랍 국가들은 실용적인 관점에서 이스라엘을 생각하기 시작했다. 요르단이 이러한 새로운 현실에 가장 먼저 부응했다.

오슬로 협정이 공표되자 요르단은 주저하지 않았다. 후세인 왕은 이스라엘과의 강화만이 이라크의 쿠웨이트 침공 이후 겪고 있던 고립에서 요르단이 벗어날 수 있는 최선의 방법이라고 생각했다. 또한 강화조약이 체결된다면, 미국의 상당한 원조와 요르단에 대한 해외투자도 이어질 것이라고 기대했다. 백악관에서 원칙 선언이 조인된 다음 날에 이스라엘과 요르단의 대표들은 미국 국무부 집무실에서 만나서 마드리드 쌍무 협상 동안 양측이 작업해놓은 평화 계획안에 서명했다.

1994년 7월 25일에 후세인 왕과 라빈 총리는 양국 간의 교전상태를 종식하고, UN 안전보장 이사회의 결의안 242호와 338호에 의거하여 모든 영토 문제를 해결하는 데에 동의하며, 예루살렘의 이슬람 성지에 대한 하심 군주의 특별한 역할을 인정하는 예비 평화안을 조인하기 위해서 워싱턴에 다시 모였다. 최종적인 요르단-이스라엘 평화협정이 1994년 10월 26일에 아라바 사막의 양국 국경에서 체결되었다. 이로써 요르단은 이집트에 이어 유대 국가와 대사를 교환하고 관계를 정상화한 두 번째 아랍 국가가 되었다.

PLO 및 요르단의 협상으로 다른 아랍 정부들도 이스라엘과 관계를 수립할 수 있는 길이 마련되었다. 1994년 10월에는 모로코와 이스라엘이 양국의 수도에 연락사무소를 설치하는 것에 합의했고, 튀니지도 1996년 1월에 이러한 전례를 따랐다. 양국에는 이스라엘과 오래 전부터 유대관계를 가지고 있던 상당한 수의 유대인 소수 공동체들이 존재했다. 북서 아프리카의 아랍 연맹 회원국인 모리타니는 이스라엘과 1999년 11월에 공식적인 관계를 수립하고 대사를 교환했다. 두 개의 아랍 걸프 만 국가— 1996년 1월에는 오만 술탄국이, 같은 해 4월에는 카타르가— 가 이스라엘과의 무역사무소를 설치했다. 아랍 세계는 유대 국가와 결코 평화롭게 지낼 수 없다고 오래 전부터 주장해 온 사람들을 당혹스럽게 만들며, 오슬로 시대의 아랍 국가들은 북아프리카에서 걸프 만에 이르기까지 곳곳에서 이스라엘을 수용하는 모습을 보여주었다.

그러나 오슬로 협정은 일부 지역— 특히 이스라엘과 팔레스타인 점령지에서 가장 심했다— 에서는 지속적인 거센 반대에 부딪혔다. 이스라엘과 팔레스타인 점령지의 극단주의자들은 평화협정을 좌초시키기 위해서 폭력을 동원했다. 하마스와 이슬람 지하드는 1993년 9월의 원칙 선언의 조인 직후 이스라엘인들을 죽음으로 몰고 간 수많은 공격들이 자신들의 소행이라고 주장했다. 이스라엘의 극단주의자들 역시 팔레스타인에 대한 공격의 수위를 높였다. 1994년 2월에 바루크 골드슈타인이 이스라엘 예비군의 복장으로 헤브론의 이브라힘 사원에 들어가서 새벽 기도에 참석한 신자들에게 총을 난사했다. 그는 29명을 살해하고 150명에게 부상을 입힌 후 사람들에게 제압되어 죽임을 당했다. 의사였던 골드슈타인은 헤브론 인근에 세워진 호전적인 정착촌 키르야트 아르바의 거주민이었다. 사후에 골드슈타인의 대량학살 행위에 경의를 표하고자 마련된 무덤가 명판에 다음과 같은 글귀가 적혔다. "유대 민족과 토라(Torah : 유대인들의 율법/역주), 이스라엘 국가에 목숨을 바친,

독실한 바루크 골드슈타인에게."

팔레스타인과 이스라엘 극단주의자 간의 입장 차이는 갈수록 벌어졌다. 헤브론 학살에 대한 분노는 팔레스타인의 공격 확대와 최대한 많은 사상자를 내기 위해서 계획된 자살폭탄 테러의 증가로 이어졌다. 1994년 4월에 아풀라와 하데라에서 발생한 버스 자살폭탄 테러로 13명이 목숨을 잃었고, 1994년 10월에는 텔아비브에서도 동일한 공격 방법으로 22명이 사망했다. 이스라엘은 이슬람주의 지도자들을 암살하는 것으로 대응했다. 이스라엘 요원들이 이슬람 지하드의 지도자 파티 시카키를 1995년 10월 몰타에서 살해했고, 1996년 1월에는 하마스의 지도자 야야 아야쉬를 암살하기 위해서 위장 폭탄이 장착된 휴대폰을 이용했다. 이스라엘과 팔레스타인은 오슬로 협상 과정에서 쌓은 신뢰를 심각하게 훼손시키는 폭력과 보복의 악순환 속에 갇혀버렸다.

한 피살 사건이 오슬로 협정 시대의 종식을 알리는 전조가 되었다. 1995년 11월 4일에 이츠하크 라빈은 텔아비브 도심에서 열린 평화군중대회에서 연설을 했다. 이스라엘 총리는 팔레스타인-이스라엘 평화에 대한 믿음을 공유하며 강력한 연대를 보여준 15만 명이나 되는 어마어마한 인파에 매우 감동했다. "이 집회를 통해서 우리는 이스라엘 대중과 전 세계의 유대인, 아랍 땅의 군중 그리고 전 세계인들에게 이스라엘은 평화를 원하고 평화를 지지한다는 메시지를 반드시 전해야 합니다"라고 라빈은 말했다. "그리고 이에 저는 여러분에게 감사를 표합니다."[46] 그러고 나서 평화의 노래를 선창한 라빈은 자리를 떴다.

한 남자가 평화협정에 종지부를 찍기 위해서 집회에 참석했다. 이갈 아미르라는 이스라엘 법대생이 총리의 경호 저지선의 틈을 뚫고 들어가 경호를 받으며 강단에서 차로 돌아가려던 라빈을 쏴 죽였다. 재판에서 아미르는 공개적으로 암살을 인정했고, 협상 절차를 저지하기 위해서 라빈을 죽였다고 설명했다. 이스라엘 영토 전체에 대한 유대 민족의 신성한 권리를 확신했던 아미르는 독실한 유대인으로서 평화와 영토의 맞교환을 저지해야 할 의무가 자신에게 있다고 믿었다. 팔레스타인과 이스라엘 간의 수많은 폭력사태를 견며냈던 오슬로 협정이 이스라엘인들 사이에서 발생한 단 한 차례의 폭력행위로 순식간에 무너졌다.

라빈은 오슬로 절차에 없어서는 안 될 인물이었다. 그를 이어 총리가 된 사람은 그의 오랜 경쟁자인 시몬 페레스였다. 오슬로 협정의 설계자였지만 페레스는 라빈만큼 대중으로부터 신임을 얻지 못했다. 즉 페레스는 이스라엘의 유권자들로부터 평화와 영토의 맞교환 정책을 지속시키는 데에 필요한 신뢰를 받고 있지 못했다.

안보에 취약하다고 비판받던 페레스는 이러한 판단이 틀렸음을 보여주기 위해서 남부 레바논의 이스라엘 진지에 대한 공격과 북부 이스라엘에 대한 미사일 공격에 대한 보복으로 헤즈볼라에 맞선 군사작전을 개시했다. 하지만 1996년 4월에 시작된 분노의 포도 작전은 오히려 유권자들이 안보 문제에 대한 페레스의 판단력에 더욱 의구심을 갖도록 만들었다. 레바논에 대한 대규모의 급습으로 40만 명의 레바논 민간인들이 난민이 되었고, 공격을 피해서 은신처를 찾던 102명의 피난민들이 머무르고 있던 남부 레바논의 카나 마을의 UN 기지를 폭격하여 그들을 죽음으로 내몬 이스라엘 공군은 국제사회의 엄청난 비난에 직면했다. 군사작전은 이스라엘의 안보에 어떤 가시적인 이득도 주지 못한 채 미국의 중재로 수치스럽게 종식되었다. 페레스는 1996년 5월 선거에서 유권자들로부터 심판을 받았고, 리쿠드당 당수인 베냐민 네타냐후가 근소한 표차로 총리직에 올랐다.

네타냐후의 당선으로 이스라엘은 오슬로 규약들과의 충돌을 피할 수 없게 되었다. 네타냐후와 리쿠드당은 평화와 영토의 맞교환 원칙에 지속적으로 반대해왔다. 비록 서안 지구 헤브론에서의 이전(移轉) 계획을 마무리하라는 미국의 압박에는 굴복했지만, 네타냐후가 소극적으로 평화와 영토의 맞교환 정책을 진행함으로써 이스라엘은 여전히 서안 지구의 71퍼센트가 넘는 지역을 전면적인 통제하에 두고 있었고 나머지 점령지의 23퍼센트에 대한 치안도 책임지고 있었다. 이는 오슬로 II 협정에서 팔레스타인에게 90퍼센트를 이전하기로 한 약속과는 매우 거리가 먼 수치였다.

예루살렘을 둘러싼 싸움에서 네타냐후는 현 상황을 유지시키기 위해서 정착촌 건설 운동을 이용했다. 그는 이스라엘 정착촌들로 아랍의 동예루살렘을 포위하는 작업을 마무리하는 데에 필요한, 하르 호마라고 불릴 새로운 정착촌 건설을 위해서 자발 아부 구나임에게 6,500세대의 건설을 의뢰했다. 예루살렘을 유대인 정착촌으로 둘러싸서 1967년 6월에 점령한 도시의 아랍 구역을 팔레스타인 당국에 양도하라는 압박을 사전에 방지하기 위해서였다. 하르 호마는 박차를 가하고 있던 정착촌 건설 정책의 최신작으로, 무엇보다도 오슬로 절차에 대한 팔레스타인 사람들의 신뢰를 무너뜨린 가장 큰 요인이 되었다.

재임 3년 만에 당의 신임을 잃고 끈질긴 부패 스캔들로 시달렸던 네타냐후는 1999년 5월에 새로운 선거를 요청해야만 했다. 그는 선거에서 패배했고, 또다른 퇴역장군인 에후드 바라크를 수장으로 한 노동당이 정권을 되찾았다. 바라크의 선거 공약 중의 하나는 이스라엘의 남부 레바논 점령을 종식시키고, 일 년 내에 이스라엘 전군을 철수시키겠다는 것이었다. 헤즈볼라의 지속적인 공격으로 이스라엘군에서 많은 사상자가 발생하자 남부 레바논 점령에 대한 이스라엘 국민들의 환호는 갈수록 시들해지고 있었다.

네타냐후에게 압승을 거둔 바라크는 레바논 철수를 최우선 과제로 삼았다. 그러나 이스라엘군이 철수하면서 남부 레바논군의 지역 대리인들에게 순조롭게 권력을 이양하려는 모든 노력은, 부역자들이 헤즈볼라에게 항복하면서 수포로 돌아갔다. 이스라엘군의 단독 철수는 포화 속에 꼴사납게 후퇴하는 모양새로 변질되었고, 이에 헤즈볼라는 레바논으로부터 이스라엘을 쫓아내기 위해서 벌인 지난 18년간의 전쟁에서 드디어 승리를 거두었다고 주장할 수 있게 되었다. 분통이 터진 이스라엘의 최고위층은 시아파 민병대에게 원한을 갚을 기회가 오기를 애타게 기다렸다.

향후 분쟁의 씨앗이 철수에서 제외된 영토 문제에 잠재되어 있었다. 이스라엘군은 논란이 되고 있던 "시바 농장" 지역 — 이스라엘이 점령한 골란 고원과 맞닿아 있는 레바논 국경지역의 22제곱킬로미터의 좁고 가느다란 땅이다 — 을 제외한 모든 레바논 땅에서 철수했다. 이스라엘은 지금까지도 이곳을 점령한 시리아의 영토라고 주장하고 있는 반면, 시리아와 레바논은 이곳이 레바논의 영토라고 주장한다. 이에 헤즈볼라는 시바 농장을 구실 삼아 이스라엘의 레바논 영토 점령에 맞선 무장투쟁을 계속하고 있다.

일단 레바논 문제에서 벗어난 바라크 총리는 PLO와의 협상을 재개했다. 네타냐후의 집권 시절 이스라엘이 보인 행동들 때문에 양측 간에는 신뢰나 선의가 거의 남아 있지 않았다. 야세르 아라파트는 오슬로 협정의 조약 의무를 이행하지 않은 이스라엘을 비난하며, 실현되지 않은 임시협정의 약속들을 지키라고 바라크를 압박했다. 반면 바라크는 최종적인 합의안을 논의하는 단계로 바로 나아가기를 원했다. 팔레스타인과의 협상이 잠정적인 세부사항에 대한 끝없는 논쟁으로 인하여 진척되지 못했다고 생각한 이스라엘 총리는 최종적인 합의안을 도출하기 위해서 클린턴의 몇 달 남지 않은 대통령 임기를 기회로 활용하고자 했다.

빌 클린턴은 메릴랜드에 있는 캠프 데이비드 대통령 별장으로 바라크와 아라파트를 초대해서 정상회담을 열었다. 세 지도자는 2000년 6월에 2주일 동안 만나면서 과감한 새로운 생각들을 협상 테이블 위에 올렸지만, 정상회담은 합의안을 위한 어떤 실질적인 진전도 없이 끝났다. 제2차 정상회담이 이집트 휴양지인 타바에서 2001년 1월에 열렸다. 이때 이스라엘은 여태까지의 제안 중에서 가장 관대한 조건들을 제시했지만, 타바 제의는 상정된 팔레스타인 국가의 너무 많은 지역들을 여전히 이스라엘의 통제하에 두었기 때문에 최종적인 합의안으로 기능할 수 없었다. 캠프 데이비드 및 타바 정상회담이 결렬되자 미국과 이스라엘 양측은 부당하게도 실패의 책임을 아라파트와 팔레스타인 대표단에게 떠넘겼고 그들에 대한 쓰디쓴 비난과 지탄이 이어졌다. 팔레스타인과 이스라엘 간의 화해에 필요한 신뢰와 선의는 이렇게 사라져버렸다.

비록 오슬로 체제는 망가졌지만, 1948년의 유대 국가 수립 이후 그 어느 때보다도 이스라엘과 아랍 세계는 평화에 가까워져 있었다. 오슬로의 성과물들은 매우 중요했다. 이스라엘과 PLO는 수십 년 된 서로에 대한 적대심을 극복하고 상대를 인정했으며 두 국가 해법을 향한 의미 있는 협상에 들어갔다. 튀니지에 망명했던 팔레스타인 지도부는 팔레스타인 영토로 돌아와서 국가 건설을 시작했다. 이스라엘은 중동 내에서의 고립을 탈피하여, 처음으로 수많은 아랍 국가들과 공식적인 관계를 수립했으며 1948년 이래 취해졌던 아랍 연맹의 경제적인 불매운동도 타개되었다. 이러한 성과들은 항구적인 평화 수립을 위한 중요한 토대가 되었다.

그런데 유감스럽게도 오슬로 절차는, 팔레스타인과 이스라엘로 하여금 힘들지만 최종적인 합의안 도출을 위해서 타협에 나서도록 유인할 수 있는 경제 활성화 및 신뢰 구축의 문제와 복잡하게 얽혀 있었다. 오슬로 기간 동안 이스라엘은 경제성장을 경험했던 반면 팔레스타인 경제는 후퇴와 정체로 고통을 받았다. 세계은행은 오슬로 기간 동안 팔레스타인의 생활수준이 상당한 하락을 기록했고, 2000년까지 서안과 가자 지구의 거주민 네 명 중 한 명이 빈곤층으로 추락했다고 추정했다. 실업률은 무려 22퍼센트에 달했다.[47] 1993년부터 2000년까지 이러한 생활수준의 하락은 오슬로 절차에 대한 실망감을 증폭시켰다.

이스라엘의 정착촌 확장 결정도 오슬로 협정의 운명을 결정지은 중요한 요인이었다. 팔레스타인 사람들은 정착촌 건설이 국제법상 불법이며, 정착촌의 계속된 확장은 오슬로 II 협정 조건에 위배되는 것이라고 생각했다.[48] 그러나 1967년 이후의 그 어느 때보다도 오슬로 기간에 이스라엘 정착촌 건설이 가장 활발하게 이루어졌다. 서안 지구와 동예루살렘의 정착민 수는 1993년의 24만7,000명에서 2000년의 37만5,000명으로, 즉 52퍼센트나 증가했다.[49] 정착촌은 이스라엘 내 도심으로의 접근성이나 서안 지구의 부족한 수자원을 통제하는 데에 필요한 주요 대수층(帶水層)으로의 근접성을 고려해서 이스라엘이 보유하기를 원하는 지역에 건설되었다. 팔레스타인은 오슬로 절차의 보증인인 미국이 못 본 척하는 동안에 영토 장악을 위해서 평화와 영토의 맞교환 원칙을 저버린 이스라엘을 비난했다.

팔레스타인 사람들이 오슬로 협정에서 기대한 것은 다름 아닌, 동예루살렘을 수도로 해서 서안 지구와 가자 지구 전체에 독립국가를 건설하는 것이었다. 팔레스타인 사람들은 자신들의 주장이 국제법에 근거하고 있음을 잘 알고 있었으며, 이 지역 주민의 대다수가 팔레스타인 사람이라는 인구통계학적인 현실이 이러한 상황을 뒷받침해준다고 생각했다. PLO는 1948년에 정복당한 팔레스타인 땅의 78퍼센트 위에 세워진 이스라엘이라는 나라를 인정했고, 팔레스타인 사람들은 그저 나머지 영토 22퍼센트에 대한 권리를 지키고자 했을 뿐이었다. 사실 이것마저도 독자적으로 생존 가능한 팔레스타인 국가를 세우기에는 턱없이 부족한 공간이었기 때문에 더 이상의 양보는 있을 수 없었다.

정착촌의 확장으로 오슬로 절차에 대한 대중의 분노가 점점 더 거세지면서 팔레스타인 사람들은 국가 수립이나 소유권 보장, 번영은 불가능해졌다고 생각하게 되었다. 이러한 분노가 2000년 9월에 발생한 일련의 폭력 시위로 폭발하면서 새로운 민중 봉기로 발전했다. 제1차 인티파다(1987-1993)가 시민 불복종과 비폭력의 특성을 띠었다면 2차 봉기는 그야말로 폭력적이었다.

제2차 인티파다는 우익 리쿠드당의 지도자로 부상한, 아리엘 샤론이 2000년 9월 28일에 동예루살렘을 방문하면서 발생했다. 캠프 데이비드 정상회담에서 에후드 바라크 총리는 동예루살렘을 팔레스타인의 관할 아래 양도하고, 예루살렘을 이스라엘과 팔레스타인 모두의 수도로 삼을 수 있음을 시사했었다. 이 제안은 이스라엘에서 엄청난 논란을 일으켰고, 바라크의 연립내각의 각료 일부가 항의의 표시로 관직에서 사퇴하는 사태까지 발생하면서 결국 새로운 선거가 시행되었다.

샤론에게 예루살렘은 선거를 승리로 이끌기 위한 결정적인 승부처였다. 예루살렘을 이스라엘의 완전한 수도로 지키고 바라크를 총리직에서 물러나도록 만들기 위해서 선거전을 시작했다는 리쿠드당의 주장을 뒷받침하기 위해서 샤론은 동예루살렘의 성전산을 방문하기로 결정했다. 아랍어로는 하람 알 샤리프(숭고한 성소)라고 알려진 성전산은 기원후 70년에 로마에게 파괴된 유대교의 제2의 성전이 있었던 장소이고, 7세기 이후에는 메카와 메디나에 이어 이슬람의 제3의 성지가 된 아크사 사원의 안식처이기도 했다. 유대교와 이슬람 모두에게 중요했기 때문에 성전산은 정치적으로 격론을 일으킬 여지가 많은 장소였다.

2000년 9월 28일 아랍의 동예루살렘에 도착한 샤론은 1,500명의 무장한 경찰의 호위를 받으며 하람 알 샤리프를 둘러보았다. 리쿠드당수를 따르던 기자 무리들에게 샤론은 예루살렘 전체를 이스라엘이 계속해서 통치할 수 있도록 헌신하겠다고 공언했다. 샤론의 출현에 항의하기 위하여 가까이 있던 팔레스타인 명사들이 샤론의 경비대에 의해서 해산되었다. 이스라엘 경찰들이 아크사 사원의 최고 이슬람 종교지도자를 거칠게 다루는 장면이 방송국 카메라에 포착되었다. "마침 공교롭게도 그의 숭고한 영적 지위를 상징하는 터번이 머리에서 벗겨져 먼지 속으로 굴러떨어졌다"라고 사리 누세이베는 회고했다. "시청자들은 팽팽한 긴장감이 감도는 이슬람 성지에서 최고 이슬람 종교지도자가 맨머리로 서 있는 것을 목격했다." 제3의 이슬람 성지에서 발생한 존경하는 이슬람 당직자에 대한 이러한 모욕은 다음 날 하람 사원에서 열린 금요 예배에 엄청난 인파가 모이도록 만들기에 충분했다. "신경이 날카로워진 무장한 [이스라엘] 국경 경찰이 수백 명씩 무리를 지어 구시가지로 진군했고 그러는 동안 수십만 명의 무슬림들도 인근 지역과 마을에서 도시의 관문으로 몰려들었다."

예배는 별일 없이 끝났으나, 분노한 군중이 사원에서 나오면서 폭력 시위가 벌어졌다. 10대들이 통곡의 벽 아래에 배치되어 있던 이스라엘 군인들을 향해서 하람 사원 단지에서 돌을 던졌다. 이스라엘 국경 경찰은 군인들이 시위대에게 발포하는 동안 하람 사원 단지를 급습했다. 순식간에 8명의 시위 참가자가 총에 맞아 사망했고 수십 명이 부상을 입고 쓰러졌다. "'알 아크사 인티파다'가 시작되었다"라고 사리 누세이베는 기록했다.[50]

치안의 악화로 강경한 안보관을 가지고 있던 샤론이 유리해졌고, 그는 2001년 2월 선거에서 압승을 거두었다. 이스라엘의 호전적인 신임 총리는 평화보다는 땅에 더욱 관심이 많았고, 그의 당선은 이스라엘과 팔레스타인 간의 긴장감을 더욱 고조시켰다. 새 천년이 시작되었을 때, 중동은 그 어느 때보다도 평화로부터 멀어져 있었다.

***

20세기가 끝나갈 무렵, 아랍 세계는 중요한 많은 변화들을 목격했다. 수십 년 동안 아랍 정치의 축이었던 세 명의 지도자가 사망했고, 그의 아들들이 뒤를 이었다. 중동은 장기 집권 체제 속에서 공전하고 있었다. 승계로 새로운 세대가 권좌에 앉자, 개혁과 변화에 대한 희망이 일었다. 하지만 군주제든 공화국이든 간에 모두가 한 가문에 의해서 지배되었다는 사실은 실질적인 변화에 불리하게 작용했다.

1999년 2월 7일에 요르단의 후세인 왕이 암과의 오랜 사투 끝에 사망했다. 거의 47년을 왕위에 있었던 그는 그의 세대 중에서 가장 장기 집권한 아랍 통치자였다. 국내외에서 중재자로 명성이 높았던 후세인은 막판에 후계자를 바꿔서 가문과 나라를 혼돈에 빠뜨렸다. 후세인의 동생 하산은 1965년 이래로 왕세자의 역할을 해왔다. 그런데 예고도 없이 자신의 죽음이 임박한 상황에서, 후세인이 하산을 해임하고 장남인 압둘라를 후계자이자 계승자로 지명한 것이었다. 압둘라는 상대적으로 어렸을 뿐만 아니라 — 막 37살이 되었다 — 군에서 사회생활을 한 것 외에는 어떤 준비도 되어 있지 않았다. 더 최악이었던 것은 후세인 왕이 왕위 계승자를 바꾼 방식이었다. 죽음을 앞둔 군주는 왕세자 하산에게 쓴 분노로 가득한 장문의 편지 — 동생에 대한 인격모독으로 가득했다 — 를 요르단 언론에 공표했다. 왕의 측근들은 편지는 잔인했지만 하산으로 하여금 왕위 계승자 교체에 대해서 이의를 제기하지 못하도록 확실히 하기 위해서는 필요한 조치였다고 설명했다. 요르단 인들은 왕위 계승자 교체 후 2주일도 안 되어서 오랫동안 집권한 군주의 죽음이라는 엄청난 충격을 또다시 겪어야 했다. 많은 사람들이 젊고 경험 없는 군주의 손에 남겨진 국가의 위태로운 미래를 우려했다.

5개월이 지난 1999년 7월 23일에 모로코의 왕 하산 2세도 38년간의 통치 끝에 사망했다. 그의 아들 모하메드 6세가 왕위를 계승했는데, 겨우 36살이었던 그도 요르단의 왕 압둘라 2세처럼 새로운 세대의 아랍 지도자를 대표했다. 모하메드 6세는 정치와 법을 전공했고, 브뤼셀에서 많은 시간을 보냈기 때문에 유럽연합의 제도에도 친숙했다. 그가 왕위를 계승하기 몇 년 전부터 그의 아버지는 아들의 공식적인 책무의 범위를 넓히기 시작했다. 그럼에도 그는 여전히 국내외의 대다수 사람들에게 미지의 인물이었고, 모두들 새로운 왕이 아버지의 정책을 이어나가면서도 균형을 잃지 않고 왕국에서 자신만의 명성을 어떻게 쌓아나갈지 궁금해했다.

왕가 세습이 아랍 군주국에만 한정된 것은 아니었다. 2000년 6월 10일에 거의 30년 간 집권했던 시리아의 대통령 하피즈 알 아사드가 사망했다. 아버지 아사드는 아들 바실이 1994년의 교통사고로 때 이른 죽음을 맞을 때까지 그에게 후계자 준비를 시켰다. 슬퍼하던 대통령은 런던에서 안과학을 전공하던 작은 아들 바샤르의 학업을 중단시키고, 시리아로 불러들여 세습 준비를 시켰다. 바샤르 알 아사드는 시리아 군사학교에 입학했고, 아버지의 여생 6년 동안 그의 공식적인 책무는 점점 더 확대되었다. 바샤르는 개혁을 약속하며, 34살에 대통령직에 취임했다. 시리아인의 대다수는 신임 대통령이 국내의 정치 기득권층과 30년간 권위주의적인 통치를 하면서 아버지가 만들어낸 많은 적들로부터 심각한 도전을 받을 것이라고 예상했지만, 다마스쿠스의 독재자로부터 신출내기 아들로의 세습은 별 무리 없이 이루어졌다.

아랍 세계의 늙은 다른 지도자들도 세습을 위해서 아들들을 준비시키고 있었다. 이라크의 사담 후세인은 원래 아들 우다이를 후임자로 지목했었다. 우다이는 이라크의 방송국과 신문사를 관할했다. 잔혹한 살인행위로 악명 높았던 우다이 후세인은 1996년에 암살 공격을 받고 척추에 탄환이 박히는 치명적인 부상을 입었다. 우다이의 회복 가능성이 희박해지자, 사담 후세인은 둘째 아들 쿠사이를 지도자로 키우기 시작했다. 리비아의 지도자 무아마르 알 카다피도 아들들에게 권력 승계를 준비시키고 있다는 소문이 돌았다. 그리고 이집트에서는 아들 가말을 후계자로 키우고 있던 호스니 무바라크가 아들을 부통령으로 지명하는 것을 거부하자 사람들은 조만간에 가말이 대통령직을 수행할 것으로 추측했다.

그러나 가장 중요한 승계 작업이 2000년에 미국에서 이루어졌다. 아랍 세계의 전문가들은 전직 대통령 조지 H. W. 부시의 아들, 조지 W. 부시가 대통령 선거인단 수에서 승리를 거두었다는 미국 연방 대법원의 판정에 조소를 금할 수 없었다. 일반 투표에서 부시의 경쟁자였던 민주당의 앨 고어가 약소하지만 더 많은 표를 얻었다는 사실 — 그리고 이러한 결과는 전적으로 결함이 있는 투표용지 때문이었고, 부시의 동생이 주지사로 있던 플로리다 주에서 시행된 재검표는 의혹을 받았다 — 은 미국도 아랍 국가들만큼이나 왕조적임을 암시하는 것이었기 때문이었다.

그러나 사실 미국의 대선을 지켜보던 대부분의 아랍인들은 2000년에 거둔 조지 부시의 승리를 경축했다. 아랍인들은 부시 가문을 아랍 세계와 좋은 관계를 맺고 있는 텍사스의 석유업자로 생각했다. 또한 앨 고어가 자신의 부통령 후보로서, 미국 주요 정당의 대통령 공천 후보자로 지명된 첫 유대인인 코네티컷 주 상원의원 조 리버만을 선택하자 아랍 세계의 많은 이들은 민주당이 공화당보다 더 친이스라엘적이라고 추정했다. 이러한 정황으로 그들은 부시가 더 믿을 만하다고 생각하게 되었던 것이다.

새로운 대통령 부시는 중동에 거의 관심이 없었다. 해외 사정에 능통한 대통령이 아니었던 그의 우선 관심사는 다른 곳에 있었다. 취임 일주일 전에 부시는 중앙정보국장 조지 테닛과 모임을 가졌다. 기밀 요약 보고에서 테닛은 대통령 당선자에게 미국이 직면해 있는 가장 큰 위협으로 대량살상무기(WMD)와 오사마 빈 라덴 그리고 군사 및 경제 강국으로 부상하고 있는 중국을 지목했다.[51]

리비아와 시리아를 포함한 수많은 아랍 국가들이 위험한 무기개발계획을 가지고 있다고 생각되었지만, 그중에서도 국제 사회는 이라크의 WMD를 가장 우려했다. 1991년 4월에 UN 안보리 결의안 687호가 통과된 이후로, 이라크 정부는 UN과 국제 사회로부터 대량살상무기를 포기하라는 지속적인 압박을 받아왔다. 결의안은 사정거리가 150킬로미터를 넘는 모든 탄도미사일은 물론이고 핵과 생화학무기의 전량 파괴를 요구했다. 사담 후세인은 미국이 자신의 정부를 전복하기 위한 수단으로 무기사찰 제도를 이용한다고 의심하면서 UN 무기사찰단의 작업을 방해했고 결국 그들은 1998년에 이라크에서 철수했다.

클린턴 행정부는 사담 후세인의 정부를 무너뜨리기 위해서 단호하게 대처했다. 쿠웨이트 침공 이후로 이라크에 대한 엄격한 무역제제가 유지되었지만, 후세인 정권은 약화되지 않았고 오히려 인도주의적인 위기가 초래되었다. 한편 영국과 미국은 정기적으로 이라크의 북부와 남부를 공중정찰하면서 이라크 영공도 엄격하게 통제했다. 1998년에 클린턴 행정부는 미국 정부 기금을 이라크 정권 교체를 지원하는 데에 쓸 수 있도록 허용한 법령 — 이라크해방법 — 을 도입했다. 그리고 UN 무기사찰단이 이라크를 떠난 후인 1998년 12월에는 클린턴 대통령이 이라크의 대량살상무기 생산과 사용 능력을 "저하시키기" 위하여 나흘간의 폭격 작전을 승인했다.

조지 W. 부시는 미국에 위협이 된다고 여겨지던 WMD와 이라크를 제지하기 위한 목적의 클린턴 정책을 그대로 고수했다. 미국 정보기관은 이라크의 위협보다 오사마 빈 라덴의 알 카에다 조직과의 갈등이 점점 깊어지고 있는 것에 더욱 심각한 우려를 표명했다. 빈 라덴은 미국을 사우디아라비아로부터, 더 넓게는 이슬람 세계에서 축출하겠다는 알 카에다의 공언된 목표를 달성하기 위해서 많은 시간과 에너지를 투자했다. 1998년 8월에 탄자니아와 케냐 주재 미국 대사관들이 동시에 자살폭탄 테러의 공격을 받았고, 그 결과 220명이 넘는 사망자와 수백 명의 부상자 — 거의 대부분은 현지의 시민들이었고, 사망자 중 단지 12명만이 미국 시민이었다 — 가 발생했다. 대사관 폭탄 테러 공격으로 빈 라덴은 FBI의 긴급 수배자 10인의 명단에 끼게 되었다. 2000년 10월에는 예멘 항구 아덴에서 발생한 콜 미국 해군 전함에 대한 자살

폭탄 공격으로 17명의 미 해군 병사가 사망했고, 39명이 부상을 당했다.

미 군함의 철갑판의 취약점을 찾아내서 일격을 가한 알 카에다의 능력에 백악관 측은 심각한 우려를 표했다. CIA 국장 테닛은 빈 라덴과 알 카에다 조직이 "엄청난 위협"을 미국의 "목전에" 제기하고 있다고 2001년 1월에 부시에게 경고했다. 그러나 이라크의 사담 후세인과는 달리, 빈 라덴은 이동을 하며 교묘히 도망다니는 위협 세력이었다. 따라서 대통령이 빈 라덴의 위협에 대처하기 위해서 어떤 정책 수단을 승인해야 할지 확실하지가 않았다.

부시는 이라크의 WMD 위협이 억제되었으며, 빈 라덴과 알 카에다가 제기한 테러 공포가 특별히 우려할 정도는 아니라고 확신하며 대통령 업무를 시작했다. 대통령 임기가 시작되고 첫 9개월 동안 부시는 중국 문제를 가장 시급한 사안으로 다루었다.

2001년 9월 11일에 발생한 이변으로 부시의 우선 관심사는 바뀌었고, 현대 역사상 중동과 미국 간의 가장 치열한 교전의 시대가 열렸다. 또한 아랍 역사상 최고조로 긴장된 시간이 예고되었다.

15

21세기의 아랍인들

대다수의 아랍인들은 2000년대가 열리면서 자신들의 세기가 도래했다고 느꼈다. 20세기에 천재일우의 주요 전환점들이 있었다. 1914년부터 1918년까지 벌어진 제1차 세계대전은 오스만 시대의 종식을 알렸고, 유럽의 제국주의 하에 근대국가체제가 도입되었다. 1948년 팔레스타인 전쟁은 아랍과 이스라엘 간의 충돌과 중동에서의 냉전을 개시했다. 1991년 걸프 전쟁은 냉전의 종식과 새로운 미국 패권 시대를 가져왔다.

새천년에 우리는 이미 중동에서 변혁의 순간을 두 차례나 목격했다. 미국이 주도하는 테러와의 전쟁을 야기한 2001년 9월 11일의 테러 공격과 2011년 아랍의 봄 혁명이 바로 그것이다. 이 중요한 두 사건이 21세기의 중동을 규정하게 되었다. 우리는 여전히 그 결과 속에서 살고 있다. 테러와의 전쟁이 초래한 부담감과 아랍의 봄 사이에서, 2001년 9월 11일 이후의 시간이 아랍의 근대 역사 이래 가장 어려운 시기였다는 주장은 결코 과장이 아니게 되었다.

2001년 9월 11일 화요일 아침, 한 무리의 테러리스트들이 보스턴, 워싱턴 D.C., 뉴저지 주의 뉴어크 공항을 출발하는 4대의 여객기를 탈취했다. 40분 후 정확하게 계산된 자살 공격 계획에 따라 2대의 비행기는 맨해튼 세계무역센터의 트윈 타워로, 3번째 비행기는 펜타곤으로 날아들었다. 미국 의사당 또는 백악관을 노렸을 것으로 추정되는, 4번째 여객기는 펜실베이니아의 한 들판에 추락했다. 19명의 납치범 외에 모두 합쳐 약 2,974명의 사람이 네 건의 테러 공격으로 목숨을 잃었다. 세계무역 센터에서 2,603명, 펜타곤에서 125명, 4대의 비행기에 탑승하고 있던 승객과 승무원 246명 전원이 사망했다.

테러리스트들은 어떤 사전 경고도 요구도 하지 않았다. 그들의 목표는 미국에 최대의 피해를 입히고 변화를 가져오는 것이었다. 어떤 조직도 이 공격을 자신들이 한 것이라고 주장하지는 않았지만 미국 정보부는 처음부터 오사마 빈 라덴의 알 카에다를 의심했다. 9/11 테러가 있고 며칠이 지나지 않아 연방수사국은 19명의 납치범 신원을 확인했다. 모두가 알 카에다와 연계가 있는 무슬림 아랍 남성들 — 15명은 사우디아라비아, 2명은 아랍 에미리트 연합국, 1명은 이집트, 또다른 1명은 레바논 출신이었다 — 이었다. 자살한 납치범들이 어떤 변화 — 이슬람 세계에서 미국을 몰아내고, 친서방 정권을 와해시켜 이슬람 국가로 대체하는 것 — 를 염두에 두고 있었는지는 알 카에다가 발표한 차후의 성명들을 통해서 짐작해볼 뿐이다.

미국은 1941년 일본의 진주만 습격 이래 미국 영토에 대한 최악의 공격에 응수하기 위해서 미지의 적에게 전쟁을 선포했다. 2001년 9월 20일에 텔레비전으로 방송된 상하원 합동회의 연설에서 조지 W. 부시 대통령은 알 카에다를 시작으로 "전 세계에 뻗쳐 있는 모든 테러 조직을 적발하고 저지하여 격퇴할 때까지" 계속될 "테러와의 전쟁(war on terror)"을 선포했다. 그는 미국인들에게 장기적인 비정규전에 대한 대비를 당부하며, 미국의 승리를 약속했다.

9/11 공격과 테러와의 전쟁은 미국과 아랍 세계의 충돌을 불가피하게 만들었다. 아랍 세계의 많은 — 확실히 전부는 아니지만 대다수는 — 사람들은 미국의 고통을 보게 되어 속이 후련했다. 아랍인 관찰자들에게 미국은 아랍의 고통 — 이스라엘 점령하에 있는 팔레스타인 사람들과 10년째 엄중한 제재를 받고 있던 이라크인들의 곤궁함 — 에 무심해 보였다. 오사마 빈 라덴은 아랍인들의 이러한 분노를 잘 활용하여 다음과 같이 공표했다. "미국이 오늘 맛본 것은 우리가 수십 년 동안 맛본 것에 비하면 아주 사소한 것에 불과하다"라고 빈 라덴은 2001년 10월에 주장했다. "우리 아랍인은 이러한 굴욕과 경멸을 80년도 넘게 맛보고 있다."[1]

아프가니스탄 산악지대의 비밀요새에서 발표된 빈 라덴의 성명은 아랍과 미국 간의 긴장감을 매우 고조시켰다. 알 카에다 지도자에 대한 경탄이 아랍과 이슬람 세계 곳곳으로 확산되었다. 사람들은 미국의 영토에서 이토록 파괴적인 강타를 날린 알 카에다의 수법에 깊은 인상을 받았다. 빈 라덴은 하룻밤 사이에 추앙의 대상이 되었고, 스텐실로 찍은 그의 얼굴은 미국 지배에 맞선 이슬람 저항의 아이콘이 되었다. 빈 라덴을 절대 악의 화신으로 매도하던 미국인들은 이러한 생각을 도저히 이해할 수 없었다.

9/11 테러 공격에 깜짝 놀란 미국인들은 혼란스러우면서도 매우 분노했다. 또한 국내에서도 해외에서도 위협과 불안을 느꼈다. 그들은 적들에게 신속하고 단호하게 반격할 것을 정부에 촉구했다. 부시 행정부는 지하드 테러 조직망에 대한 비밀 첩보작전을 벌였고, 추후 2개의 전쟁을 벌임으로써 테러와의 전쟁을 대(對)이슬람 전쟁이라고 느끼던 아랍인들의 심증을 굳게 만들었다.

아프가니스탄에서 미국은 UN의 승인과 나토가 지원하는 연합군의 도움을 받아 2001년 10월 7일 전쟁을 시작했다. 목표는 빈 라덴과 그의 조직을 돕고 있는 강경한 탈레반 이슬람 정권을 무너뜨리고, 알 카에다의 지도부를 체포하며 아프가니스탄에 있는 훈련 시설들을 파괴하는 것이었다. 전쟁은 신속하게 진행되었고 최소 인원의 미국 지상군을 투입하면서도 큰 성공을 거두었다. 아프간 북부 동맹과 미국 동맹국들이 11월 중순 수도인 카불에서 탈레반을 몰아냈고, 2001년 12월 중순에 탈레반과 알 카에다의 최후 근거지들이 무너졌다.

이러한 작전상의 성공에도 불구하고, 아프가니스탄 전쟁은 핵심적인 문제들에서의 실패로 엉망이 되었고 테러와의 전쟁도 악화되었다. 오사마 빈 라덴과 탈레반 지도자 물라 오마르가 체포를 피해 빠져나간 것이 가장 결정적이었다. 두 사람 모두 아프가니스탄을 떠나 인근의 파키스탄에서 세력을 재정비한 후에 미국과의 싸움을 재개했다. 빈 라덴의 지지자들에게는 미국에 맞서 살아남은 것만으로도 승리를 거둔 것이나 다름없었다.

아프가니스탄 전쟁 중에 붙잡힌 다른 알 카에다 조직원들은 "적국의 전투원"으로 지명되어, 제네바 협정에 따른 전쟁 포로로서의 권리와 미국 사법 제도가 보장하는 정당한 법적 절차 모두를 박탈당했다. 그들은 쿠바의 관타나모 임시 수용소로 알려진 치외법권이 적용되던 미군 시설에 감금되었다. 2001년 10월부터 거의 800명에 달하는 억류자들이 관타나모로 보내졌는데, 그들은 모두 무슬림이었다. 수년에 걸쳐 억류자 대부분이 무혐의로 석방되었고 ― 2017년 1월경 그 숫자는 42명까지 내려갔다 ― 고향으로 돌아온 그들은 자신들이 겪은 일들을 세상에 알렸다. 굴욕에서부터 고문에 이르기까지 관타나모 수용자들이 당한 학대는 국제적인 비난과 아랍 세계의 분노를 일으켰다.

1979년 소비에트 침공 이후 20년 넘게 분쟁을 겪으면서 전쟁으로 갈기갈기 찢어진 아프가니스탄에 새로운 정치구조를 구축하기 위해서 미국은 현지 지도자들과 함께 일했다. 대통령 하미드 카르자이가 이끄는 새 정부가 안착하려면 미국은 경제개발과 국가 건설에 상당한 투자를 해야만 했다. 그러나 2002년에 부시 행정부는 유약한 아프간 정부를 위해서 탈레반의 재정복 공격에 대비하기는커녕 이라크 전쟁을 준비하는 데에 에너지와 자원을 전용했다. 그 결과 2001년 10월에 한 줌의 외국 지상군으로 시작된 전쟁이, 탈레반과의 싸움이 정점이었던 2011년에는 12만 명의 서구 병사들이 투입되는 본격적인 전쟁으로 확전되었다. 미국과 그 동맹국들은 2014년 12월이 되어서야 전투작전의 종식을 선언할 수 있었고, 그때는 이미 10만 명이 넘는 민간인들이 전쟁에서 희생되고 수백만 명의 난민이 발생했다. 알 카에다의 범죄와 전혀 무관한 아프간 국민들이 9/11의 큰 대가를 치른 것이다.

대부분의 아랍 국가들은 이슬람 세계에 주둔하는 미군 병력이 늘어나는 것에 불편해했다. 미국이 이끄는 테러와의 전쟁에 아랍 국가들이 미온적인 지지를 보내자 미국은 이 지역의 오래된 동맹국들 ― 사우디아라비아만큼은 아닐지라도 ― 을 의심하기 시작했다. 빈 라덴과 9/11 테러 공격에 가담한 납치범 중 15명이 사우디 국적이었고, 사우디의 민간 자금이 알 카에다의 재정을 뒷받침했다는 사실이 드러나면서 사우디와 미국의 관계는 악화되었다. 다른 나라들도 새삼 면밀한 검토의 대상이 되었다. 워싱턴은 이집트를 테러에 관대한 나라라고 판단했고, 이란과 이라크는 "악의 축"으로 분류되었으며, 시리아는 테러를 지원하는 국가 명단의 맨 위에 올랐다.

아랍 국가들은 9/11 이후 해소 불가능한 압박감을 받게 되었다. 만약 미국의 테러와의 전쟁을 반대할 경우 세계 유일의 초강대국에게 경제적 고립에서부터 정권 교체라는 노골적인 요구에 이르기까지 여러 제재를 받을 각오를 해야만 했다. 그렇다고 그들이 미국의 편을 든다면, 빈 라덴의 사례에 고무된 현지의 지하드 조직의 공격 위협에 자국의 영토를 노출시키는 격이었다. 2003년 5월부터 11월까지 자국의 이슬람주의자들에 의한 수차례의 폭탄 공격으로 125명의 사망자와 거의 1,000명에 달하는 부상자가 발생하며 사우디아라비아와 모로코, 터키의 도시들이 요동쳤다. 2005년 11월에는 치밀하게 계획된 폭탄 공격으로 요르단 암만의 세 호텔이 산산이 부서졌고 57명의 사망자와 수백 명의 부상자—그들 대부분은 요르단인이었다—가 발생했다. 아랍 세계는 미국과의 관계를 조율하는 데에 굉장히 어려운 선택에 직면했다.

미국과 아랍이 소원해진 만큼 이스라엘과 미국은 더욱 가까워졌다. 아리엘 샤론 총리는 미국과 마찬가지로 이스라엘도 테러와의 전쟁에 당면해 있다고 조지 W. 부시 대통령을 설득했다. 2000년 9월에 분출한 제2차 인티파다가 9/11 공격이 발생한 즈음 점점 더 폭력적으로 변화하고 있었다. 이스라엘 시민을 대상으로 한 이슬람주의 단체의 자살 폭탄 공격 시도는, 부시 대통령이 미국과 유대 국가는 공동의 적을 상대로 싸우고 있다고 확신하게 만들었다. 이에 미국은 이슬람주의 적들—팔레스타인의 이슬람 지하드와 하마스, 레바논의 헤즈볼라—과 국제적으로 공인된 팔레스타인 정부에 대한 이스라엘의 군사행동을 못 본 척 눈감아주었다. 이스라엘은 미국의 이러한 무사안일주의를 최대한 이용하여, 팔레스타인 정부 및 사회에 대한 필요 이상의 공격을 개시했고, 그 결과 아랍 세계에 엄청난 긴장감이 조성되었다.

2002년 6월에 샤론 총리는 서안 지구의 재점령를 명령했다. 테러 공격으로부터 이스라엘의 안전을 보장하기 위한 것이라며 이러한 조치를 정당화했지만, 샤론의 행동은 분명히 야세르 아라파트를 고립시키고 팔레스타인 정부를 약화시키려는 의도에서 비롯된 것이었다. 이스라엘군은 오슬로 협정 이후 팔레스타인의 자치하에 있던 도시들— 베들레헴, 제닌, 라말라, 나블루스, 툴카름, 칼킬리야— 을 점령하면서 팔레스타인의 저항을 분쇄하려는 공격을 한층 강화했다. 모두 합쳐 3,200명가량의 팔레스타인과 950명의 이스라엘인이 제2차 인티파다(2000년 9월-2005년 2월) 동안 폭력적인 죽음을 맞았다.[2]

이스라엘군이 제2차 인티파다를 저지하기 위해서 싸우는 동안, 샤론 정부는 서안 지구의 더 많은 영토를 장악하기 위해서 고안된 조치들을 시행함으로써 팔레스타인 사람들과의 갈등을 더욱 심화시켰다. 점령지(Occupied Territories)에 세워진 이스라엘 정착촌이 확장되었다. 그리고 2002년 6월에 이스라엘 정부는 이스라엘을 팔레스타인의 테러 공격으로부터 보호한다는 표면상의 이유로 720킬로미터 길이의 장벽 건설을 시작했다. 분리장벽(팔레스타인 사람들은 아파르트헤이트 장벽이라는 별명을 붙였다)의 건설로 서안 지구 안쪽으로 들어가는 길들이 차단되었고, 사실상 팔레스타인 서안 지구 영토의 9퍼센트가량이 점령되었으며, 거의 50만 명의 팔레스타인 사람들의 삶과 생계에 악영향을 미쳤다.[3]

제2차 인티파다에 대한 이스라엘의 탄압은 미국의 테러와의 전쟁에 분명 불리하게 작용했다. 고통받고 있는 팔레스타인 사람들의 영상이 아랍 위성 텔레비전으로 생중계되었고, 이는 중동 전역에서 격분을 불러일으켰다. 이스라엘의 군사행동과 미국의 방관 덕분에 알 카에다 같은 테러 조직들은 신병을 수월하게 모집할 수 있었다. 부시 행정부는 지역 갈등의 완화를 위해서 팔레스타인과 이스라엘 간의 화해에 관여할 필요성을 느꼈다.

조시 W. 부시는 팔레스타인-이스라엘 갈등에 대한 두 국가 해법을 지지한 첫 미국 대통령이 되었다. 2002년 6월 24일 백악관 중대 연설에서 부시는 이스라엘과 "평화롭고 안전하게 공존하는" 팔레스타인 국가라는 미래상을 제시했다. 하지만 동시에 부시는 팔레스타인 사람들에게 "테러에 오염되지 않은 새로운 지도부를 선출할" 것을 요구했다. 이는 민주적으로 선출된 팔레스타인 정부 수반인 야세르 아라파트를 의도적으로 비난한 것이었다.

팔레스타인-이스라엘 분쟁에 대한 두 국가 해법을 안전하게 뒷받침하기 위해서 부시 행정부는 러시아, 유럽연합, UN과 협력했다. 중동의 4인조 (Middle East Quartet)라고 알려진 새로운 이 그룹은 분쟁을 해결하기 위한 국제적인 합의를 도출하고자 했다. 무엇보다도 팔레스타인이 역사적으로 자신들의 염원에 좀더 공감하는 국가와 조직 ― 특히 러시아와 UN ― 으로서 이 4인조가 이스라엘에 대한 미국의 지지를 상쇄시켜줄 것이라고 생각했다는 사실이 중요하다.

2003년 4월에 4인조는 두 국가 해법에 대한 부시의 전망에 방향을 제시하는 "중동 평화를 위한 지침서"를 내놓았다. 이 지침서에는 팔레스타인과 이스라엘 간의 폭력사태 종식을 가져올 야심 찬 3단계 계획안이 설계되어 있었다. 이에 따르면 우선 잠정적인 국경 내에 팔레스타인 임시 국가를 건국한 후에 제3의 국면이자 최종 단계에서 이스라엘과 팔레스타인 사람들이 가지고 있는 가장 복잡한 문제들 ― 국경, 예루살렘의 향방, 난민의 지위, 서안 지구 및 가자 지구 내 이스라엘 정착촌의 미래 등 ― 을 해결할 예정이었다. 이로써 2005년 말이면 이스라엘과 팔레스타인 양국은 상호 인정과 함께 분쟁의 종식을 선언하게 될 것이었다.

그러나 아랍인들은 미국의 의도와 지침서가 보여주는 이스라엘과 팔레스타인 간의 공정하고 지속적인 평화의 가능성에 대해서 여전히 회의적이었다. 부시의 연설이 있고 지침서가 발행되는 그 몇 개월 사이에 미국이 2003년 3월 이라크를 침공했기 때문이다.

미국은 전 지구적인 테러와의 전쟁이라는 측면에서 이라크와의 전쟁을 정당화했다. 부시 행정부는 사담 후세인 정부가 생화학 물질 및 핵무기 물질을 포함해서 대량 살상 무기를 다량으로 비축하고 있다고 주장했다. 영국의 토니 블레어 총리는 부시의 우려에 공감을 표하면서 이라크에 대한 미국의 입장을 공개적으로 지지했다. 또한 백악관은 후세인 정부가 오사마 빈 라덴의 알 카에다와 연계되어 있기 때문에 대량 살상 무기가 테러 조직으로 넘어가는 것을 보게 될지도 모른다고 시사했다. 부시 행정부는 가장 위험한 무기가 가장 위험한 테러리스트들의 손에 떨어지는 것을 막기 위해서는 이라크를 선제공격해야 한다고 주장했다.[4]

아랍 세계는 부시 대통령의 비난을 납득하기 어려웠다. 아랍 정부들도 사담 후세인이 생화학 물질을 비축하고 있을지도 모른다고 — 물론 틀렸지만 — 생각하기는 했다. 어쨌든 그는 1980년대에 이란과 이라크의 쿠르드인들에게 화학 무기를 사용했던 적이 있었으니까 말이다. 심지어 UN의 무기사찰단장인 한스 블릭스 박사마저도 이라크가 이러한 무기를 보유하고 있을 것이라고 생각했다. 그러나 아랍 국가들은 이라크가 9/11 테러 공격에서 어떤 역할도 하지 않았음을 알고 있었고, 이슬람주의 조직인 알 카에다와 이라크의 세속적인 바트당 간의 연계에 대해서도 강한 의구심을 품었다. 사담 후세인이야말로 오사마 빈 라덴이 전복하고자 했던 바로 그런 유형의 정부의 수장이었기 때문이다. 아랍 세계는 부시 행정부가 말하는 것을 곧이곧대로 믿지 않았고 미국의 속셈 — 이라크 석유에 대한 갈망과 석유가 풍부한 페르시아만에 대한 지배력 강화—을 의심했다.

2003년 3월 20일에 시작된 이라크 침공은 국제 사회와 아랍 세계 전역에서 대대적인 비난을 야기했다. 영국의 지지를 받은 미국은 UN의 승인도 받지 않고 아랍 국가를 침공했다. 사담 후세인은 우세한 서구 군사력에 맞서 계속 저항했고, 1991년 걸프전 당시와 마찬가지로 그의 입장은 아랍 대중의 광범위한 지지를 받았다. 쿠웨이트를 제외한 아랍 연맹의 22개 회원국 모두가 UN 헌장에 위배되는 이라크 침공을 비난하고, 3월 23일에 이라크 영토에서 미국과 영국군의 완전 철수를 요구하는 결의안에 합의했다. 그러나 그 누구도 부시 행정부가 아랍 세계는 물론이고 UN의 우려에 귀를 기울일 것이라고 진지하게 기대하지 않았다.

이라크는 완강하게 저항했지만 이라크 상공을 전면 통제하고 있던 영국과 미국의 우세한 군사력에 완전히 압도당했다. 4월 9일에 미국은 개전 3주일

만에 바그다드를 손에 넣었고 사담 후세인 정부의 몰락을 알렸다. 이라크 국민들은 그토록 증오하던 독재자의 타도를 기뻐하면서도 미국과 영국이 자국을 침략한 것에 분노하며, 복잡한 심경에 사로잡혔다.

후세인 정부의 몰락으로 이라크는 미국의 통제하에 들어가게 되었다. 부시 행정부는 연합군 임시 행정처(CPA)라는 관리기관을 설립했다. CPA가 2003년 5월에 내린 두 건의 초기 결정으로, 전후 이라크의 혼돈은 미국 통치에 맞선 무장 폭동으로 변했다. 첫 번째 결정은 사담 후세인의 이라크 바트당을 불법화하고 전(前) 바트 당원들을 공직에서 제외한다는 내용이었다. 두 번째 것은 50만 명에 달하는 이라크군과 정보부를 해체한다는 결정이었다. 이러한 조치들은 모두 "탈바트화(de-Ba'thification)"라고 알려지게 되었다.

미국 당국은 사담 후세인의 해로운 영향력을 이라크에서 축출하려는 목적으로 탈바트화를 추구했다. 그들은 제2차 세계대전 이후 연합국 점령군 당국이 나치 독일에 추진했던 탈나치화 정책에서 영감을 받았다. 그들은 이러한 조치들을 통해서 인권을 존중하는 새롭고 민주적인 이라크 국가를 건설하는 자유재량권을 누릴 수 있기를 희망했다. 그러나 실상 CPA의 이 같은 조치로 잘 무장된 수많은 군인들이 일자리에서 쫓겨났고, 이라크의 수니파 무슬림 정치 엘리트들은 나라의 다수를 차지하고 있는 시아 무슬림들이 득세해가는, 미국이 건설한 새로운 민주국가 이라크에 협력할 이유를 상실했다. 미국의 점령에 맞선 반란과 이라크 지역 사회 내의 종파적 갈등이 잇따랐다.

이라크는 곧 반미, 반서구 활동가들의 보급지가 되었다. 오사마 빈 라덴의 조직과는 명목상의 연계만 있던 이라크 알 카에다와 같은 새로운 지하디스트 조직들이 등장하여 외국인과 자국민을 대상으로 하는 자살 폭탄 공격을 자행했다. 이라크 알 카에다는 2003년 8월 19일에 이라크로 파견된 UN 특사 세르지우 비에이라 데 멜루와 스무 명도 넘는 직원들을 폭탄 공격으로 살해했다. 결국 UN은 바그다드 사무소를 폐쇄했다. 서양인들이 인질로 잡혔고 대다수가 잔인하게 살해되었다. 군 정찰대도 갈수록 정교해지는 공격의 표적이 되었다. 매우 적은 숫자의 영-미 사상자를 냈던 전쟁은 어느덧 극심한 피해를 입은 연합군의 점령으로 변해버렸다. 2011년 미군의 마지막 철수가 있을 때까지 거의 4,500명의 미군과 179명이 넘는 영국군이 반군에 의해서 살해되었고, 3만2,000명 이상의 외국군이 부상을 당했다.[5]

민주주의의 확산은 미국이 벌인 테러와의 전쟁에서 되풀이되는 주제였다. 부시 대통령과 그의 신보수주의 자문가들은 민주적인 가치와 참여 정치는 테러리즘과 양립할 수 없다고 생각했다. 이러한 견해를 주장한 주요 인사 중의 한 명이 폴 울포위츠 국방차관이었다. 2002년 5월에 캘리포니아에서 열린 외교정책 포럼 연설에서 울포위츠는 "테러와의 전쟁에서 승리를 거두기 위해서……우리는 자유와 민주주의, 시장경제를 향유하길 열망하는, 무슬림 세계의 온건하고 관용적인 수억 명의 사람들에게 이야기해야만 합니다"라고 주장했다.[6] 콜린 파월 국무장관은 중동에 "민주주의와 자유시장"을 도입하기 위해서, 비록 무산되었지만 2002년 12월에 중동협력계획(Middle East Partnership Initiative)을 출범시켰다.[7] 부시 행정부는 민주화된 이라크가 다른 아랍 국가들의 횃불이 되어 아랍 세계를 휩쓸 민주화의 물결을 촉발시킬 것이라고 주장했다.

새로운 헌법 초안을 마련할 제헌의회를 선출하기 위한 국민투표가 2005년 1월에 실시될 무렵 이라크는 이미 깊이 분열된 상태였다. 이라크 전체 인구의 50-60퍼센트를 차지하는 시아파는 새로운 민주주의 체제의 주요 수혜자들이었기 때문에 투표율 — 시아파 지역들은 투표율이 80퍼센트까지 나왔다 — 이 매우 높았다. 비아랍계 종족 집단이자 이라크 전체에서는 소수이지만 자신들의 주(州)에서만큼은 절대다수였던 쿠르드인들 역시 이라크의 새로운 민주주의 체제를 열광적으로 지지했고 투표율이 90퍼센트에 이르렀다. 탈바트화의 주요 대상이었던 수니파 아랍 주민들은 대다수가 선거를 보이콧했다. 모술의 수니파 투표율은 10퍼센트밖에 되지 않았다.[8]

새로운 헌법 규정에 따라 실시된 2005년 12월 선거는 이라크의 새로운 정치 현실을 명백히 보여주었다. 주요 시아파 연합인 통합 이라크 연맹(United

Iraqi Alliance)이 의회 의석 275석 중 128석을 확보하여 다수당이 되었다. 쿠르드인들은 53석을 얻어 두번째로 큰 정파를 이루었다. 수니파 정치인들의 연합인 이라크 화합 전선(Iraqi Accord Front)은 44석을 획득하여 3위를 차지했다. 쿠르드족 지도자 잘랄 탈라바니가 이라크 대통령으로 지명되었고 시아파 정치인 누리 알 말리키가 총리로 임명되었다. 수세기 동안 이라크 정치를 지배했던 수니파 아랍인들은 권좌에서 밀려났고, 인구 비중을 감안한다면 투표제도를 통해서는 다시 복귀할 가능성은 희박했다. 민주적인 수단으로 쟁취가 불가능해지자 수니파 무장 세력은 폭력을 동원했다. 무장 단체들은 공격의 표적을 점령 세력에서 동료 시민인 시아파로 바꾸었고, 이라크는 서서히 파괴적인 종파 분쟁으로 빠져들었다.

이라크 치안부대와 미군은 공동체 간의 분쟁을 도저히 막을 수 없었다. 자살 폭탄 테러로 이라크 도시들의 시장과 사원에서는 매일 살육이 벌어졌다. 위성 텔레비전은 아랍 세계 전역으로 죽음과 파괴에 관한 영상물들을 송출했다. 침공 이후 발생한 이라크 민간인 사상자 수를 두고 상당한 논란이 있지만, 이라크 정부는 2003년에서 2011년 사이 10만 명에서 15만 명 정도가 사망했다고 추산했다. 아프가니스탄에서처럼 이라크 민간인들도 테러와의 전쟁 비용을 제대로 치렀고 그들의 안보와 가치관, 삶의 방식은 침공과 그로 인한 폭력의 여파로 산산조각이 났다.[9]

사담 후세인의 몰락 이후 이라크에서 시아파가 권력을 장악하자 아랍 세계의 지역 내 세력 균형도 달라지게 되었다. 2003년까지 이라크는 가장 강력한 수니파 아랍 국가 중의 하나였고 이란 이슬람 공화국의 인지된 위협을 저지하는 완충제 역할을 했다. 그런데 2005년 이후 시아파가 주도하는 정국으로 바뀐 이라크는 이제 이란의 협력자로 여겨지게 되었다. 사우디아라비아와 요르단이 선도하는 주변의 수니파 국가들은 이란에서 이라크, 1980년 이후 이란의 동맹국인 시리아, 시아파 민병대인 아말과 헤즈볼라가 국가 정치에서 중요한 역할을 수행하고 있는 레바논까지 뻗어 있는 "시아파 초승달 벨트(Shiite Crescent)"에 대해서 불길함을 느꼈다. 아랍 세계 전체를 불안정하게 만들 수니파와 시아파 간의 새로운 긴장이 조성된 것이었다.

민주주의를 고취하겠다는 부시 행정부의 계획은 이라크에서만큼이나 아랍 세계의 다른 지역에서도 전혀 성공을 거두지 못했다. 신보수주의 외교 정책에 분노한 대다수의 유권자들은 서구와 타협을 모색하려는 중도파보다 미국에 맞서 저항을 외치는 이슬람 정당들에게 더욱 끌렸다. 2005년 레바논과 2006년 팔레스타인 지역에서 시행된 선거는 아랍 세계의 민주주의에 대한 불편한 진실을 보여주었다. 자유롭고 공정한 선거에서도 미국에게 가장 적대적인 정당이 승리할 가능성이 가장 높다는 사실을 말이다.

2004년 11월 11일 팔레스타인 민족 투쟁의 역사적인 지도자이자 포위된 팔레스타인 자치 정부의 수반 야세르 아라파트가 파리 병원에서 합병증으로 사망했다. 팔레스타인 사람들이 아라파트의 죽음을 애도했음에도 불구하고 부시 행정부는 그의 사망으로 "테러 의혹이 없는" 새로운 지도자를 팔레스타인인들이 선출할 수 있는 기회가 열렸다고 주장했다. 2005년 1월 9일에 팔레스타인 사람들은 새로운 수반을 선출했다. 파타의 지도자 마흐무드 아바스가 63퍼센트라는 절대 다수의 표를 얻어 아라파트를 계승했다. 부시 행정부는 이 결과에 갈채를 보내며 아바스를 함께 일할 수 있는 사람으로 인정했다. 반면 이스라엘의 샤론 총리는 그와 상대하기를 거부했다.

2005년에 샤론은 모든 이스라엘군과 정착민들을 가자 지구에서 철수시키겠다는 계획을 발표했다. 140만 명의 적대적인 팔레스타인 주민들에게 둘러싸여 살고 있는 8,000명의 정착민의 치안을 위해서 수천 명의 군인이 배치된 가자에서 이스라엘의 입지는 너무 불안정했다. 가자에서의 철수는 이스라엘군과 유권자들의 환영을 받았다. 이로써 샤론은 지침서를 무시할 수 있는 여지가 좀더 생겼고 자신이 독자적으로 수립한 팔레스타인과의 평화안을 추구하겠다고 밝혔다. 그러나 샤론은 가자의 순조로운 이양에 필요한 팔레스타인 자치 정부와의 협상을 거부했다. 결과적으로 이스라엘이 2005년 8월에 철수를 마무리했을 때, 그들은 가자 지구에 위험한 권력 공백을 남겨놓았고 하마스에게 중요한 승리를 안겨주었다. 이슬람주의 정당이 수년간의 저항 끝에 가자에서 이스라엘을 몰아냈다며 자연스럽게 그 공을 차지했다.

하마스가 거둔 성공의 진정한 규모는 2006년 1월에 실시된 팔레스타인 입법의회(Palestinian Legislative Council, PLC) 선거에서 드러났다. 두 개의 주요 정당은 마흐무드 아바스가 이끄는 아라파트의 파타당과 이스마일 하니야가 이끌던 하마스였다. 서구의 언론과 정책입안자들도 하마스가 강력한 지지를 받으며 PLC에서 파타가 차지하고 있던 과반수 의석을 잠식할 것이라고 충분히 예상은 했었다. 그런데 하마스가 거둔 승리의 규모는 팔레스타인 사람들에게나 외국의 관찰자들에게나 큰 충격이었다. 하마스가 PLC의 132개의 의석 중에서 74석을 얻어 절대 다수당이 된 것이다. 반면 파타당은 간신히 45석을 지킬 수 있었다. 팔레스타인 영토는 서안 지구와 가자 지구로 나뉘었고 파타 행정부와 하마스 의회로 분열된 정부하에 놓이게 되었다. 문제를 더 복잡하게 만든 것은 미국과 EU가 테러 조직으로 규정하며 공식적인 인정을 거부한 정당이 국제 감시단이 자유롭고 공정했다고 판단한 선거에서 승리한 후에 팔레스타인의 차기 정부를 구성했다는 사실이다. 이는 테러와의 전쟁을 벌이고 있던 미국에게 충격적인 반전이었다. 그리고 팔레스타인 사람들은 그 대가를 치러야 했다.

하니야를 수반으로 한 새로운 하마스 정부는 중동의 4인조의 정책을 공개적으로 거부했다. 즉 이스라엘을 인정하고 무장투쟁을 종식한다는 지침서의 조건들을 수용하지 않기로 한 것이다. 그 결과 4인조는 팔레스타인 자치 정부에 대한 모든 원조를 중단했다. 하마스가 서구식 표현대로 "테러를 포기할" 의지를 보일 때까지, EU도 미국도 하마스가 이끄는 팔레스타인 자치 정부 ― 민주적으로 선출되었다고 할지라도 ― 를 지원하지 않기로 결정했다.

레바논에서도 이슬람주의 정당인 헤즈볼라가 이스라엘과 미국에 맞선 저항의 정치로 유권자들의 관심을 끌었다. 헤즈볼라의 힘은 레바논 국민을 민주적 권리를 지키는 데에 성공한 ― 이 경우는 시리아의 억압에 맞서서 ― 시민들이라고 치켜세웠던 부시 행정부를 당황하게 만들었다.

2005년 2월 14일에 발생한 레바논의 전직 총리 라피크 하리리의 암살은 레바논의 민주화 운동에 불을 댕겼다. 레바논 정치에 대한 시리아의 간섭에 대한 항의의 뜻으로 만 4개월 전에 사직한 하리리는 악명 높은 인물이었다. 그러나 끔찍한 그의 죽음은 전쟁에 이골이 난 레바논 사람들에게도 큰 충격을 주었다. 암살자들은 의회 일정을 마치고 언제나처럼 집으로 향하던 하리리의 차량 행렬이 해안가 호텔 지구를 지날 때 1톤짜리 차량 폭탄을 터뜨렸다. 정치인과 경호원, 운전사, 무고한 행인까지 21명이 하리리와 함께 사망했다.

하리리의 아들 사드가 국민들을 애도로 이끌며 시리아에 아버지의 폭력적인 죽음에 대한 책임이 있다는 자신의 소신을 밝혔다. 암살 사건으로 대중 시위의 물결이 일면서 레바논의 정치는 마비되었다. 3월 14일에 100만 명의 레바논인이 레바논에서 시리아의 완전 철수를 요구하며 베이루트 도심으로 몰려들었다. 이것이 6년 후 "아랍의 봄" 혁명과 연계될 대규모 민중 시위의 첫 번째 사례였다. 이 운동은 시리아의 테러 지원을 비난하던 미국의 전적인 지지를 받았다. 국제 사회의 강력한 압박에 직면한 시리아 정부는 약 30년간의 점령을 끝내고 레바논에서 군인과 정보부를 철수하는 것에 동의했다. 마지막 시리아군이 4월 26일에 레바논을 떠났다.

2005년 5월과 6월에 레바논 국민은 새로운 의회를 선출하기 위한 투표를 실시했다. 부시 행정부는 이 선거가 아랍 세계에서 민주주의를 고취한 미국 정책의 정당성을 입증해준다며 격찬을 아끼지 않았다. 사드 하리리가 이끄는 반(反)시리아 연합이 의석 128개 중 72석을 획득했다. 그러나 시아파 민병대 헤즈볼라의 정치 조직도 14개 의석을 확보하여 든든한 세력을 구축했고, 친시리아 정당들과 연대하여 레바논 정치에서 강력한 반대 세력으로 등장했다. 레바논에서조차 미국에게 노골적으로 적대적인 정당들이 선거에서 성공한 것이다.

이스라엘에 맞선 저항을 통해서 이슬람주의 정당들은 정치적 배당금을 챙겼다. 실제로 유대 국가에 과감한 일격을 지속적으로 가하면서 팔레스타인의 하마스와 레바논의 헤즈볼라는 넓은 정치적 지지 기반을 가지게 되었다. 게다가 그들은 이슬람 땅을 해방시키기 위해서 이스라엘과 싸우는 것이 종교적인 의무라고 믿었다. 2006년 여름에 양 정당은 이스라엘에 대한 공격의 수위를 올렸고, 이는 가자 지구와 레바논 모두에게 재앙적인 결과를 초래했다.

2006년 6월 25일에 한 무리의 하마스 활동가들이 이집트 국경 인근의 터널을 통해서 가자에서 이스라엘로 건너가서 이스라엘군 초소를 공격했다. 그들은 2명의 군인을 살해하고 4명에게 부상을 입힌 후 길라드 샬리트라는 어린 신병을 포로 삼아 가자로 돌아왔다. 6월 28일에 가자로 밀고 들어온 이스라엘 군인들이 다음 날 8명의 팔레스타인 각료와 민주적으로 선출된 20명의 PLC의 의원을 포함한 64명의 하마스 간부들을 체포했다. 이에 하마스가 수제 로켓을 이스라엘로 쏘아올리자 이스라엘은 공군을 동원하여 팔레스타인 표적들을 폭격했다. 정전이 체결된 2006년 11월까지 11명의 이스라엘인과 400명이 넘는 팔레스타인인이 사망했다.

이스라엘과 헤즈볼라 사이의 전쟁은 레바논에 대한 필요 이상의 과도한 대응을 야기했다. 2006년 7월 12일에 한 무리의 헤즈볼라 전투원이 이스라엘로 넘어가서 레바논 국경을 순찰하던 2대의 지프차를 공격했다. 그들은 3명의 군인을 살해하고 2명에게 부상을 입혔으며 또다른 2명을 포로로 삼았다. 정당한 이유 없는 이러한 공격은 이스라엘 지상군에 의한 34일간의 레바논 남부 침공으로 이어졌다. 이스라엘 공군은 주요 기간시설들을 폭격했고, 베이루트의 시아파 남부 교외 지역 인근 전체를 공격하여 약 100만 명의 민간인들을 쫓아냈다. 헤즈볼라 전사들도 남부 레바논의 구릉지에서 이스라엘군과 격렬한 전투를 벌이면서 이스라엘로 미사일 공세를 계속 퍼부었다. 이에 수천 명의 이스라엘인들이 분쟁 지역을 떠나야만 했다.

레바논 정부는 미국에게 도움을 청했다. 어쨌든 부시 행정부는 민주적인 레바논을 중동의 귀감이라며 치켜세웠고, 2005년에 시리아의 철수를 요구한 레바논에게 전적인 지지를 보내지 않았던가. 그러나 미국은 2006년 정전을 촉구하기는커녕 이스라엘과의 중재에 나서려고도 하지 않았다. 미국이 테러 조직이라고 낙인 찍은 헤즈볼라와 이스라엘이 싸우고 있었기 때문에 부시 행정부는 굳이 동맹국을 말릴 생각이 없었던 것이다. 실제로 미국 정부는 레바논에 대한 집중 폭격으로 이스라엘의 무기고가 고갈되자, 레이저 유도 병기들과 집속탄 등을 이스라엘에게 재공급했다. 8월 14일, 34일간의 격돌이 끝날 때까지 1,100명 이상의 레바논인과 43명의 이스라엘 민간인이 공중폭격으로 사망했다. UN의 추정에 따르면, 전투원 중에는 500명의 헤즈볼라 민병 대원이 사망했고, 이스라엘군은 병사 117명이 사망했다고 보고했다.

2006년 여름에 벌어진 충돌은 미국의 아랍 민주주의에 대한 지원의 한계 및 이스라엘에 대한 무한한 지지를 확인시켜주었다. 사실상 부시 행정부는 친서방 정당이 정권을 잡은 선거 결과만 인정하려고 했다. 그리고 미국은 테러와 연계된 정당들에 대한 이스라엘의 군사 행동이 아무리 부적절해도 무조건적인 지지를 보냈다. 미국과 이스라엘이 하마스와 헤즈볼라를 성토했다는 그 사실 자체만으로도 이 정당들의 국내적 입지는 더욱더 공고해졌다. 이스라엘과의 파괴적인 전쟁을 촉발시켰다는 이유로 비난을 받기는커녕 이슬람 저항운동은 부시와 이스라엘, 미국 주도의 테러와의 전쟁에 저항한다는 명분으로 국내에서나 아랍 세계 전역에서나 더 큰 지지를 받게 된 것이었다.

2008년 11월에 버락 오바마가 당선되면서 미국은 아랍 및 이슬람 세계와 건설적인 포용 관계를 구축하는 새로운 시대로 접어들었다. 취임 이후 첫 100일 동안 신임 대통령은 7년간의 테러와의 전쟁으로 야기된 지역 갈등을 완화시키고자 의도된 수많은 정책들을 개시했다. 오바마 대통령은 이라크에 주둔하는 미군의 감축을 단행했다. 또한 팔레스타인-이스라엘 평화 협상이 자신의 첫 번째 임기 동안의 우선 과제임을 시사했다. 그는 시리아와 이란처럼 부시 행정부가 회피했던 국가들과의 관계도 재개했다.

오바마는 2009년 6월에 카이로 대학교에서 행한 연설을 통해서 아랍 및 이슬람 세계와의 건설적인 관계 구축이라는 이 새로운 정책을 명백하게 표명했다. "저는 상호적인 관심과 존중에 기반한, 미국과 세계 무슬림 간의 새로운 시작을 위해서 이곳에 왔습니다"라고 오바마는 경청하는 청중에게 말했다. "서로의 말을 들어주고, 서로를 배우며, 서로를 존중하고, 공통점을 찾기 위한 지속적인 노력이 필요합니다." 아랍 세계의 많은 이들은 오바마의 말과 행동이 부합하는지를 지켜보며 판단을 보류했지만, 어쨌든 그의 메시지는 테러와의 전쟁이 벌어진 진앙지에서 수년 동안 중압감에 시달리던 이 지역 일대에 반가운 위로로 다가왔다.

2009년 오바마의 노벨 평화상 수상에도 불구하고, 그가 재임하는 8년 내내 이슬람 세계와 미국은 전쟁 중이었다. 이라크에 주둔하던 병사의 수를 감축했지만 — 마지막 미군 부대가 2011년 12월에 바그다드를 떠났다 — 아프가니스탄에 주둔하는 미군은 증강되었고 그 수는 10만 명에 이르며 최고점을 찍었다. 그는 2014년이 되어서야 아프가니스탄 전쟁(2001-2014)을 미국 역사상 가장 긴 전쟁으로 만든 작전의 종식을 선언했다. 가장 논란이 되었던 것은 오바마가 파키스탄과 소말리아, 예멘, 리비아에서 치명적인 드론 공격의 사용을 늘었다는 사실이다. 부시 대통령이 296명의 전투원과 195명의 민간인을 살해한 약 50차례의 드론 공격을 승인한 반면, 오바마는 3,040명의 전투원과 수백 명의 민간인의 생명을 앗아간 500차례 이상의 드론 공격을 승인했다.[10] 오바마가 승인한 가장 중요한 표적 살인은 2011년 5월 2일에 미국 특공대원들이 파키스탄의 아보타바드에 있는 비밀 복합 주거 단지에서 은신 중이던 오사마 빈 라덴을 사살하여 그의 시신을 바다에 수장한 사건이었다. 9/11 테러 공격 이후 부시 대통령은 미국 서부식의 정의를 들먹였고 "사살하든 생포하든" 오사마 빈 라덴을 찾겠다고 단언했다. 노벨 평화상 수상자는 테러와의 전쟁의 설계자가 이루지 못한 일을 달성했다.

빈 라덴의 죽음에 대한 아랍 세계의 반응은 알 카에다의 지도자가 서구와의 충돌 속에서 얻은 명성에 비하면 너무도 미약했다. 2011년에 지역 곳곳에서 벌어진 사건들이 서구와의 갈등과 그 중요성을 퇴색시켰기 때문이다. 튀니지 대통령 벤 알리와 이집트 대통령 무바라크의 몰락과 함께 아랍 세계는 서구에서 아랍의 봄으로 알려질 희망과 위험의 변환의 시기로 진입했다.

2011년 1월과 2월에 발생한 튀니지와 이집트에서의 혁명은 아랍의 봄을 만들었으며, 또한 아랍 세계 전역에서 발생한 모방 운동을 고취시킨 민중 봉기의 언어와 전략을 제공했다. 튀니지에서 처음 사용된 슬로건—쓸모가 없어진 독재자들을 겨냥한 "꺼져!"라는 명령어와 "국민은 정권의 몰락을 원한다"라는 흔한 문구— 이 이집트에서도 사용되었고 리비아, 바레인, 예멘, 시리아에서도 이어졌다. 주최 측이 보안군을 피하고 시위대가 튀니스의 부르기바 거리나 카이로의 타흐리르 광장처럼 도심의 공공장소를 점령한 상태에서 독재자가 몰락할 때까지 24시간 계속되는 시위를 시작할 수 있도록 해준, 사회관계망 웹사이트를 통한 대중 동원 전략도 그들에게서 기원한 것이었다. 시위대의 규모는 아랍 시민들에게 억압적인 독재자에 맞선 도전을 계속할 수 있겠다는 자신감을 주었다. 아랍 세계 곳곳의 수도에서 들고 일어난 시위대는 더 이상 정부가 두렵지 않다고 단언했다. 물론 이는 아랍의 봄 봉기를 시작한 모든 국가가 튀니지와 이집트의 시위대가 성취한 성공을 거듭할 수 있다는 가정에 기반한 주장이었다.

모든 아랍 국가는 동질적이고 그렇기 때문에 하나의 혁명 모델이 모두에게 들어맞을 것이라는 생각은 아랍의 봄이 낳은 착각이었다. 국가 기관이 거의 부재했던 카다피의 리비아는, 수니파와 시아파 간의 종파 문제를 가지고 있던 바레인과 완전히 달랐고, 지역주의의 오랜 역사를 가진 예멘과도 달랐으며, 알라위파라는 소수 종파의 지배하에 있던 시리아와도 달랐음이 곧 명백해졌다. 내부적인 제약과 역내 강국들의 간섭은 2011년 혁명을 경험한 6개국 각각에게 매우 다른 결과들, 즉 반혁명과 내전, 지역 갈등, 초국가적 칼리프 국가의 출현을 가져왔다. 해방 운동으로 시작된 행동이 오늘날 중동을 괴롭히는 최악의 정치적, 인도주의적 위기로 빠르게 악화된 것이다.

튀니지와 이집트에서 혁명이 성공한 지 수주일도 되지 않아서, 바레인에서는 반혁명 세력이 바레인의 아랍의 봄을 되돌려놓았다.

바레인 청년들은 흥분을 고조시키며 튀니지 및 이집트의 발자취를 뒤따랐다. 그들은 안전하게 익명으로 정치적 견해를 교환할 수 있는 가상의 만남의 장을 제공하던, 소셜 미디어 웹사이트인 바레인 온라인(Bahrain Online)에서 소통했다. 2011년경 바레인 온라인은 수십만 명의 팔로워를 보유하고 있었다. 이집트인들이 타흐리르 광장에 모인 다음 날인 2011년 1월 26일에 바레인 온라인의 한 기고자가 다음과 같은 제안을 담은 글을 게시했다. "바레인에서 민중 혁명을 시작할 구체적인 날짜를 정합시다." 구독자들이 확실하게 의견일치를 본 선택일은 이 섬 왕국에서 한껏 부풀었던 기대와 희망이 좌초되었던 사건과 관련이 있었던 2월 14일이었다.[11]

10년 전인 2001년 2월 14일에 바레인 정부는 수년간의 정치적 저항을 해소하고자 개혁을 약속하며 국민행동헌장(National Action Charter)에 대한 국민투표를 실시했다. 헌장은 바레인의 선출 의회를 복원하고 1973년 헌법을 강화하며 바레인 국민에게 입헌군주정과 연계된 더 높은 수준의 민주주의를 실행할 것을 약속했다. 바레인 국민은 왕국의 시아파와 수니파 공동체 간의 고도의 화합을 보여주며, 유권자의 98.4퍼센트가 헌정에 동의했다.

그러나 국민행동헌장으로 고조된 희망은 정확히 1년 후에 좌초되었다. 2002년 2월 14일에 통치자 알 칼리파(재위 1999-)가 상원 임명과 사실상 무력한 의회 선출을 확고히 하는, 억압적인 신(新)헌법을 법령으로 승인한 것이다. 신헌법은 바레인이라는 국가를 군주정으로 변형시켰고 통치자는 왕이 되었다. 반대 세력은 이러한 조치를 지배가문인 알 칼리파의 의지를 민중에게 관철시키려는 헌법 쿠데타라고 규탄했다.

2002년부터 2011년까지 바레인은 팽팽한 긴장감에 둘러싸였다. 섬 왕국의 종교에 따른 인구 분포에 관한 공식적인 통계는 없지만 60만 명의 시민(바레인 인구 130만 명의 절반 이상이 외국인이다) 중 시아파가 60퍼센트 이상의 다수를 차지하고 그 나머지가 수니파라고 알려져 있다. 바레인 사람들 대다수는 신헌법 질서가 집권세력인 소수의 수니파에게 과도한 혜택을 주고 있다고 생각했다. 정치적 이견을 가진 자들에 대한 탄압과 불평등이 점점 심화되자, 새로운 군주제 정권에 대한 반대의 목소리도 커졌다.

2011년 1월 바레인 반체제 인사들의 불만 — 바레인 사람들을 분열시킬 의도에서 종파주의를 이용하는 무책임한 정부, 부패, 지배 엘리트들에 의한 국부(國富)의 약탈, 토지 몰수, 반대파에 대한 잔인한 탄압, 검열, 자유로운 표현에 대한 제한, 시민 탄압에 동원된 외국인 보안군(시아파는 보안군으로 복무하지 않았다) — 은 끝이 없었다. 2월 14일이 정권의 병폐에 맞서는 민중 시위를 위한 "분노의 날"로 선포되었을 때, 한 기고자가 "분노와 좌절이 우리 모두 안에서 들끓고 있었다"라고 쓴 게시물을 바레인 온라인에 올렸다. 주최 자들은 자신들을 "2월 14일 청년 운동(February 14 Youth Movement)"이라고 명명했다.

바레인 시위대는 이집트의 무바라크가 권좌에서 물러난 지 정확히 이틀 후에 분노의 날을 위해서 거리로 나섰다. 보안군이 군중을 해산하려고 최루 탄을 쏘고 실탄 사격을 했다. 시위대 중 한 명이 사망하고 여럿이 부상을 당했다. 다음날 쓰러진 시위 참가자들을 위한 장례식이 새로운 시위를 촉발 했고 이는 또다른 죽음으로 이어졌다. 군중은 바레인 온라인 가입자들이 바 레인의 타흐리르 광장으로서 역할을 하기에 이상적인 장소로 지목한 진주 광장을 향해서 인근의 교외 지역과 마을에서부터 수도인 마나마로 행진하기 시작했다.

진주 광장은 1982년 바레인이 주최한 걸프 협력 회의(Gulf Cooperation Council, GCC)를 경축하기 위해서 세운 기념비가 있는 장소였다. 기념비는 GCC 회원국 각각을 의미하는 활 모양의 6개 돛으로 구성되었고 돛대 꼭대기 에는 석유 산업 이전 시대의 진주 채집 경제를 되돌아보게 하는 거대한 진주 가 놓여 있었다. 로터리의 접근성과 중심성, 마나마 인근 마을과의 근접성을 고려했을 때, 진주 광장은 바레인 시위대에게 필연적인 만남의 장소였다.

시위대가 경찰의 발포를 저지하기 위해서 "비폭력! 비폭력!"을 외치며 2월 15일에 진주 광장으로 몰려들었다. "국민과 땅이 노했다", "우리의 요구는 법적 구속력이 있는 헌법이다"라고 구호를 외쳤다.[12] 2월 17일에는 보안군이 이틀 동안 진주 광장에서 야영하던 시위대를 강제로 해산하고자 밀고 들어와

서 4명의 사망자와 수십 명이 넘는 부상자가 발생했다. 사망자 수의 증가는 시위대의 분노를 부채질했다. 2월 19일에 보안대가 철수하자마자 시위대는 곧바로 진주 광장으로 몰려들었다. 그들은 운동이 성공하기 전 튀니지에서는 수십 명이, 이집트에서는 수백 명이 사망했다는 사실을 잘 알고 있었고, 희생이 생기더라도 그것을 통해서 자신들 역시 정당한 정치적 권리를 획득하게 될 것이라고 믿었다. 하지만 정부의 탄압은 시위대의 요구가 더욱 단호해지도록 만들었다. 더 이상 개혁에 만족할 수 없던 민중은 왕의 퇴위, 즉 정권의 몰락을 요구하기 시작했다.

3주일이 넘게 진주 광장은 바레인 민중 봉기의 중심부로서 기능했다. 시위대는 막사와 스크린, 간이부엌, 의료 센터, 연사를 위한 무대를 설치했다. 아랍의 봄에 관한 이야기들을 끊임없이 요구하는 국제 언론에 정보를 제공하기 위한 미디어 사무실이 가동되었다. 남녀, 수니파와 시아파, 역전의 야당 정치인과 2월 14일 청년 운동을 망라하여 군중이 진주 광장으로 계속 모여들었다. 그러나 이러한 축제 분위기가 군주제에 대한 위협을 감추는 데에는 아무런 도움이 되지 않았다. 아랍의 봄 각본에 따르면, 대중에 의한 이런 식의 중앙광장 점령은 정권의 몰락으로 종결될 뿐이었다.

하마드 왕과 정부는 어떻게 대응할지를 두고 분열했다. 총리였던 왕자 칼리파 빈 살만 알 칼리파(1970년 이래로 계속 직책을 지키고 있는 세계 최장의 비선출 정부 수장이다)가 이끄는 강경론자들은 엄중 단속을 원했다. 그러나 왕세자 살만 빈 하마드 알 칼리파는 시위대를 납득시키고 위기를 해소할 수 있는 헌법 개혁을 제안하는 비밀 협상을 7개의 공인된 반대 운동단체들과 진행했다.[13] 바레인의 걸프 지역 이웃들은 총리의 편이었다. 사우디 지도자들에게 바레인의 봉기는 자국의 통치 질서에 대한 실존적인 위협으로 다가왔다. 그들은 보수적인 걸프 지역 군주국 중의 어느 한 곳에서라도 혁명이 발생하면 모두의 정치적 안정에 해가 될 것이라고 생각했고, 대체로 시아파가 주도하는 무슬림 저항운동에 이란의 해로운 입김이 작용하고 있다고 보았다. 이란이 바레인 봉기를 성공으로 이끈다면, 그들은 반드시 사우디아라비아의 석유 자원이 풍부한 동부 지방의 시아파 주민들에게도 반란을 사주할 것이라고 사우디는 추론했다. 사우디는 바레인의 혁명과 이란의 영향력이 미칠 이중 위협이 뿌리를 내려 확산되기 전에 방제하여 제거하기로 결심했다.

사우디아라비아와 아랍 에미리트 연합국은 개입을 선도하며 진주 광장의 혁명을 깔아뭉갰다. 3월 14일에 사우디아라비아와 걸프 국가들에 기반을 둔 합동군인 GCC 연합방위군의 깃발 아래에서 작전을 펼치는 2,000명의 병사와 150대의 장갑차가 사우디아라비아와 바레인을 연결하는 25킬로미터의 둑길을 가르며 파견되었다. 사우디와 협력세력들은 바레인의 주권을 이란의 영향력으로부터 지키고자 한다고 주장하며, 자신들의 두려움이 반영된 언어로 이러한 간섭을 정당화했다. 하마드 왕은 당국에 "안보와 공공질서 유지를 위해서 특정 지역을 소개하거나 격리할 수 있는" 그리고 공공의 안녕에 위협이 된다고 간주되는 이방인을 수색하고 체포하며 시민권을 철회하고 추방할 수 있는 권한을 부여하는 "국가안전사태"를 선포했다.[14]

걸프 협력국들의 도움으로 증강된 바레인 보안군은 진주 광장에 설치된 시위대의 야영지를 소개하기 시작했다. 그들은 광장에 세워진 임시 구조물들을 허물었고, 정부 당국은 기념비까지 철거하여 돛과 콘크리트로 된 진주를 산산조각내어 트럭으로 실어갔다. 바레인의 외무장관 칼리드 빈 아흐마드 알칼리파는 이 작전을 "나쁜 기억의 청산"이라고 묘사했다.[15] 그리고는 집단검거와 고문혐의, 특별치안법정에 의한 재판, 가혹한 징역형의 선고 등 저항운동에 연루된 모든 이들에 대한 엄중한 단속이 이어졌다. 정권은 "국가안전사태"로 결정된 조치들을 최대한 악용했다.

대응에 대한 국제적 비난이 쇄도하자 하마드 왕은 한 가지 양보를 했다. 바레인 봉기와 진압에 대한 독립적인 조사위원회를 재가한 것이다. 저명한 이집트계 미국인 법학과 교수인 셰리프 바시우니가 이끄는 위원회가 걸프 국가를 상대로 전례가 없는 법률상의 정밀조사를 시행했다. 2011년 11월에 발행된 500쪽에 달하는 상세 보고서는 수백 건의 부당한 유죄판결과 과도한 실형 선고, 구류자에게 수주일 동안 가족이나 변호사의 접견이 거부된 "강제

실종" 혐의, 고문에 관한 60건의 보고, 고문으로 사망한 5명의 구류자에 관한 일들을 기록했다.[16] 왕은 이러한 악폐를 저지른 자들을 처벌하고 개혁을 시행하여, 심각한 분열을 야기한 2011년 사건을 뒤로 하고 국민 화합을 위해서 일할 것을 약속했다. 하지만 궁극적으로 바시우니 보고서의 권고는 받아들여지지 않았고, 개혁을 피하기 위해서 정권은 탄압에 의존했다.

바레인 진주 광장에서의 시위를 뭉개고 거둔 정부의 승리는 튀니지와 이집트에서 잉태된 아랍의 봄의 마지막을 보여주는 전조였다. 충분한 숫자의 사람들이 뭉친다고 하여, 정권의 몰락이 반드시 보장되는 것은 아니었으며 민중의 승리도 더 이상 필연적이지 않았다. 작은 걸프 국가는 군대가 통치자에게 충성하는 한 그리고 시위대에게 발포할 의지만 있다면 정권이 어떻게 혁명을 견뎌낼 수 있는지를 보여주었다. 반혁명이 2011년 3월에 바레인에서 시작되었고 2013년 7월에 이집트에서 막을 내렸다. 아랍의 봄이 정부에 대한 두려움을 떨친 시민들에 관한 이야기였다면, 반혁명은 전적으로 두려움을 복원시키기 위한 폭력의 사용에 관한 문제였다. 그것은 차후에 벌어진 모든 봉기 — 리비아, 예멘, 시리아 — 를 대학살로 만들어버렸다.

아랍의 봄이 바레인에서 봉기가 일어난 지 며칠 후에 리비아에도 불어왔다. 1969년 이래 "지도자 형님(Brother Leader)"을 자칭했던 리비아의 카다피(그는 한사코 "대통령"이라는 칭호를 거부했다)는 리비아 국민의 동의보다는 잔인한 탄압을 통해서 권좌에 머물렀다. 튀니지와 이집트에서의 혁명에 영감을 받은 리비아인들은 41년간 통치해온 독재자에 맞서 반란을 일으켰고, 2011년 아랍의 각성(Arab Awakening)에 폭력적인 새로운 장을 열었다.

2월 15일에 동부 도시 벵가지에서 분출된 시위는 구타로 수십 명의 시위 참가자에게 부상을 입힌 보안 요원들의 폭력과 대면했다. 이집트와 바레인 조직가들의 예를 따라서 리비아 활동가들도 2월 17일을 "분노의 날"로 촉구했다. 시위는 나라 전역으로 번지면서 리비아의 수도 트리폴리까지 확대되었다. 분노한 군중은 정부 청사와 경찰서에 불을 질렀다. 이에 보안 부대도 시위대에게 실탄 사격을 가했고 80명이 넘는 사람들이 사망했다. 독재자의 아들이자 후계자로 예정된 세이프 알 이슬람 카다피는 2월 20일에 텔레비전 방송에 나와 반란자들을 협박했다. "84명의 죽음을 애도하는 대신에" 그는 카메라를 향해 손가락을 흔들며 경멸조로 "너희들은 수십만 명의 죽음에 한탄하게 될 것이다. 피의 강물이 흐를 테니"라고 말했다. 그는 리비아가 마치 가족의 개인 자산이라도 되는 듯이 이야기했다. "이 나라는 우리의 것이다."[17]

상황이 빠르게 정부의 통제에서 벗어났다. 카다피 정권의 반대자들은 본거지로 삼은 리비아의 제2의 도시 벵가지에 2월 27일 통치기구인 과도국가위원회(NTC)를 세웠다. 나라의 반쪽에 해당하는 동부 지역의 군대와 보안국의 일원들이 리비아 정부에 맞서 반란을 일으켰고, 카다피를 타도하려고 조직화에 나선 반란세력에 합류했다. 그러나 군인들 대다수는 여전히 정권에 충성하고 있었다. 처음부터 무력이 동원된 리비아 혁명은 빠르게 내전의 양상을 띠어갔다.

반란 초기에는 반란세력이 상승세를 탔다. 그들은 혁명 전에 사용되던 하얀색의 이슬람 초승달과 별이 그려진 빨강과 검정, 초록색의 리비아 깃발(1969년 9월 1일에 카다피가 일으킨 쿠데타 이전에 사용하던 리비아 왕국의 국기를 말한다/역주)을 내걸고 벵가지와 리비아 동부 해안 지역에서 입지를 다졌다. 기강이나 훈련 수준은 형편없지만 열정으로 가득한 수천 명의 민간인 자원자들이 반군 병사들에게 힘을 보탰다. 그들은 브레가나 라스 라누프처럼 정유공장이 있는 항구 도시들을 비롯한 주요 해안 도시들을 점령하기 위해서 중기관총을 장착한 맞춤형 픽업트럭을 몰고 벵가지 기지를 출발했다. 2월 말경 반란군은 벵가지 동쪽의 해안 전체와 미수라타와 같은 트리폴리 인근의 주요 도시들까지 장악했다. 벵가지 주변에 세워진 도발적인 광고판들에는 "외세 개입 반대", "리비아 국민은 혼자 힘으로 할 수 있다"라는 굵고 붉은 활자체의 문구가 스텐실로 찍은 삭막한 전쟁 도구 그림들에 둘러싸여 있었다. 하지만 카다피가 벤 알리나 무바라크처럼 권좌에서 물러나게 될 것이라고 예측하기에는 아직 시기상조였다.

리비아의 독재자는 자신의 통치를 향한 점점 거세지는 도전에 두려움을 느끼기는커녕 분노를 터뜨렸다. 그는 트리폴리에서 전면적인 일제 단속을 시행했다. 정권은 도심의 녹색 광장에서 친카다피 집회를 주최했다. 그곳에서 수천 명의 리비아인들이 지도자 형님에 대한 지지와 반란자들에 맞선 저항을 연호했다. 카다피는 군부대 중에서도 최신 무기로 무장하고 최고의 훈련을 받은 부대를 장악하고 있었다. 2월 22일에 행한 길고 두서없는 연설에서 그는 반란자들을 "쥐새끼이자 바퀴벌레"로 일축하며 "서서히, 방방마다, 가가호호, 골목골목"을 뒤져서 끝까지 추적하겠다고 맹세했다. 카다피의 반혁명이 시작되었다.

정부군은 3월 상순에 많은 결정적인 교전에서 반란군과 싸워 승리를 거두었다. 카다피의 군대가 반군의 근거지인 벵가지로 접근해오자 국제 사회는 일촉즉발의 대학살을 우려했다. 반란군이 공개적으로 국제 사회의 개입을 요청하면서 2월의 저항은 끝이 났다. 3월 12일에 아랍 연맹은 반란군이 장악하고 있는 리비아 지역에 대한 비행금지구역을 인가해줄 것을 UN에게 요청하면서 공인 정부에 대항하는 반란자들을 지지하는 의외의 결정을 내렸다. 아랍 연맹의 결정에 근거하여 UN 안전보장 이사회는 3월 17일에 리비아 전역을 비행금지구역으로 결정하고, 리비아 민간인을 보호하기 위한 "필요한 모든 조치"를 인가하는 결의안 1973호를 통과시켰다.

이렇게 리비아 혁명은 UN의 결의안에 의해서 국제화되었다. 곧 프랑스, 영국, 미국의 주도 아래 개입에 나선 나토군은 국가의 주요 표적들을 타격했다. 요르단, 카타르, 아랍 에미리트 연합국으로 이루어진 아랍 공군까지 합세한 나토 전투기들의 맹렬한 폭격을 받은 카다피 군은 벵가지에서 물러날 수밖에 없었다. 이렇게 주도권이 리비아에서 서구의 손으로 넘어갔고, 임무 역시 비행금지구역 설정에서 카다피 정권의 몰락 유도로 달라졌다. 이는 아랍의 봄의 봉기 가운데 국제 사회가 정권의 몰락을 꾀한 최초의 사례였다.

2011년 봄과 여름 내내 카다피는 나토의 수천 차례의 출격에도 불구하고 권력을 계속 장악하고 있었다. 트리폴리에서 카다피의 방어벽을 무너뜨린 8

월 20일의 대공세로 반대파에게 돌파구가 마련되었다. 8월 23일에 리비아의 독재자와 그의 아들들은 수도를 빠져나갔고 반란세력은 승리를 자축했다. 과도위원회는 리비아의 임시정부로 국제 사회의 승인을 받았고, 신속하게 입헌정부로 이행할 것을 약속했다. 트리폴리의 해방을 기념하는 리비아의 공식 축전(祝典)이 불꽃놀이와 함께 열렸다.

그러나 수도의 함락 이후에도 전쟁은 계속되었다. 카다피의 지지자들이 몰락한 지도자의 고향인 시르테와 자신들의 근거지인 바니 왈리드에서 NTC군에 맞서 싸움을 계속했다. 오랜 포위 끝에 시르테가 2011년 10월 20일에 NTC군에게 함락되었고, 그곳에서 카다피와 그의 아들 무타심이 체포되어 잔인하게 죽임을 당했다. 카다피의 끔찍한 죽음이 담긴 영상이 인터넷에 게시되었고 그의 시신은 정부군의 포위 작전으로 수개월간 고통을 겪은 미수라타에서 공개 전시되었다. 이는 리비아인들에게 폭군이 진짜 사망했음을 보여주기 위한 것이었다. 가장 최근에 집계한, 교전에서 발생한 사상자 수는 1만 5,000명이 넘은 것으로 추정된다.

정권의 몰락은 새로운 민주적 질서로 이어지는 대신 권력의 공백을 만들어냈다. 카다피는 국민들에게 권력에 대한 견제나 균형 없이 수년간 그의 통치를 가능하게 했던, 제도의 구속을 받지 않는 이상한 형태의 정부를 남겨주었다. 최상의 교육을 받고 세상 경험이 풍부한 리비아의 많은 시민들이 국가 재건을 도우려고 망명에서 고국으로 돌아왔다. 하지만 그들이 발견한 것은 위험한 혼돈의 세계였다. 총으로 무장한 사람들이 재기가 넘치는 사람들보다 훨씬 쉽게 권력의 공백을 채우고 있었다.

리비아에서의 민주주의로의 이행은 약속과 함께 시작되었다. 2012년 7월 7일에 약 280만 명의 리비아 시민이 국가과도위원회를 대체할 200석의 국민총회 선거에 열정적으로 참여했다. 그러나 시작부터 이슬람주의자와 세속주의자들 간의 파당적 분열이 리비아의 정치를 매우 지엽적으로 만든 부족적, 지역적 분열과 함께 총회의 업무를 방해했다. 선출된 트리폴리의 정치인들은 부족의 민병대가 관할하는 지역에는 어떤 통제권도 행사할 수 없었다. 2013

년 8월경 정부의 통제로부터 모든 도시와 항구 도시, 정유시설들을 빼앗으려는 무력 충돌이 경쟁관계에 있던 민병대들 사이에서 벌어졌다.

2014년에 리비아는 화해할 수 없는 정치 세력들의 압박 속에서 둘로 쪼개졌다. 국민총회를 장악한 이슬람주의 분파들은 국가의 수도 트리폴리와 서부 리비아 전체에 대한 통제권을 확보했다. 국민총회를 대체하기 위해서 새롭게 선출된 하원과 총리 압둘라 알 틴니가 이끄는 리비아의 공인 정부는 리비아 동부로 추방되었다. 카다피의 전직 장성 중의 한 명인 칼리파 하프타르가 이끄는 리비아 국군은 동부 리비아의 하원을 지지했지만 영향력 있는 민병대들은 이슬람주의자들이 우세한 서부 리비아의 국민총회에 힘을 보탰다.

전쟁은 리비아에 파괴적인 영향을 미쳤다. 2011년부터 2015년까지 벌어진 충돌로 약 2만5,000명이 사망했고, 10만 명 이상이 자신들의 삶의 터전에서 쫓겨났다. 인간의 고통과 정치적 분열이라는 측면에서 리비아 혁명은 2011년 이후 예멘이 겪은 경험과 매우 일맥상통한다.

카다피가 사망한 지 한 달이 지난 2011년 11월 23일에 33년간 권좌에 있던 예멘의 살레 대통령이 몰락한 네 번째 아랍의 독재자가 되었다.

예멘의 혁명은 시작부터 교착상태에 빠질 운명처럼 보였다. 예멘은 1990년 통일되기 이전부터 남과 북을 가르던 경계선을 따라서 내부적으로 분열되어 있었고, 아라비아 반도의 알 카에다로 알려진 상당히 활동적인 알 카에다 분파의 근거지였으며, 사우디아라비아와 국경을 접하고 있는 변경 지역에서는 시아파 후티(Houthi) 공동체의 무장 봉기로 곤란을 겪고 있었다. 대통령 알리 압둘라 살레는 1978년부터 1990년까지 북예멘을 통치했고, 1990년에는 통일된 예멘 공화국의 대통령이 되었다. 아랍 독재자들의 관행에 따라서 그 역시 아들 아흐메드의 승계를 준비했다. 아랍 세계에서 인간개발지수가 가장 낮았던 예멘의 국민들은 아버지에서 아들로의 계승이 살레의 실정을 영속화할 것이라고 전망하며 심각한 우려를 표했다. 2011년 아랍 혁명의 구호를 채택한 예멘 국민들은 정권 타도를 원했다.

2011년 2월에 아덴, 사나와 타이즈로 수만 명에 이르는 대규모의 시위대가 집결했다. 민주화 운동가들은 카이로의 타흐리르 광장을 모델로 하여 사나의 대학 인근에 천막촌을 세우고 그것을 변화의 광장(Change Square)이라고 명명했다. "부패 반대, 폭정 반대, 민중은 정권의 몰락을 요구한다"라고 적힌 현수막으로 꾸며진 변화의 광장은 "예멘적인 특유의 감성을 띠고 있었다"라고 「뉴욕 타임스」의 기자, 로버트 워스는 회상했다. "그것은 카이로의 타흐리르 광장으로부터 영감을 받았을지도 모른다. 하지만 분명히 달랐다. 더 크고 더 지저분했으며 더 거칠었다. 연사들을 위한 커다란 중앙무대와 함께 캔버스 천으로 만들어진 수많은 막사들이 몇 블록에 걸쳐서 인도 위로 빽빽하게 여기저기 늘어서 있었다."[18]

군과 부족의 주요 지도자들이 대통령 반대 대열에 합류하면서 대통령의 지지 세력이 무너지기 시작했다. 그러나 평화롭게 시작된 예멘의 저항운동은 점점 폭력적으로 변해갔다. 3월 18일에 대통령을 지지하던 군부대가 시위대에게 발포하여 50명 이상의 비무장 민간인들이 사망했다. 이에 대통령을 지지했던 많은 사람들이 사임 후 반대파에 합류했다. 예멘군의 전(全) 부대원들도 시위자들과 함께하기 위해서 군을 이탈했다. 국제 사회도 예멘 대통령에게 사퇴를 촉구하면서 알리 압둘라 살레는 더욱 고립되었다.

10개월간의 정치적 불안 끝에 알리 압둘라 살레는 결국 미국 및 유럽 강국들의 지지 속에 걸프 협력 회의가 중재한, 기소 면제에 대한 대가로 즉각적인 효력이 발생하는 권력이양 동의서에 서명했다. 어떤 사전 통보도 없이 살레는 부통령인 아베드 라보 만수르 알 하디에게 11월 23일에 권력을 이양했다. 그러나 이 거래는 정권 교체를 원하던 시위자들의 요구와는 거리가 멀었고, 혁명 과정 중 예멘의 정치 엘리트들 사이에서 발생한 분파적 분열을 해소하는 데에도 아무런 도움이 되지 못했다. 살레에게 시위자들의 죽음 — 모두 합쳐 대략 2,000명에 이르렀다 — 에 대한 책임을 묻고 싶었던 활동가들은 그에게 주어진 법적 면책권이 부당하다고 생각했다. 살레 대통령이 퇴임했을 때에 예멘에서는 어떤 경축 행사도 열리지 않았다. 왜냐하면 예멘 국민들은 그가 진짜 권력을 포기했는지 여전히 확신이 없었기 때문이었다.

2012년 2월에 예멘에서 선거가 시행되었다. 많은 예멘인들은 투표용지에 아베드 라보 만수르 알 하디라는 이름 하나만 적힌 선거의 효용성에 의문을 가졌지만, 그럼에도 불구하고 투표에 참여한 유권자의 65퍼센트가 대통령 하디에게 예멘 정부를 개혁하고 다루기 힘든 지역 사회들을 중재할 권한을 주었다. 그의 노력은 상당한 성공을 거두었다. 국민 대화 회의(National Dialogue Conference)는 2014년 1월에 예멘의 새로운 연방 구조와 국가의 신헌법 조항들에 대한 합의를 이루었다. 그러나 정치적 과도기는 불안정을 초래했다. 후티 부족원들이 축출된 대통령 알리 압둘라 살레에게 한때 충성했던 군 부대들의 지원을 받으며 예멘의 북쪽 지역에서 반란을 일으켰다. 많은 사람들은 살레가 대통령 재임 시절에 그토록 괴멸하려고 애썼던 후티 민병대들과 한패가 되었다고 공공연히 생각했다.

2014년 9월에 후티 민병대원들이 어떤 저항도 받지 않고 예멘의 수도 사나에 입성했다. 후티족은 이 도시가 낯설지 않았다. 그들은 시아파의 변종인 자이드(Zaydi) 공동체에 속했는데, 이 공동체의 지도자인 이맘은 1962년 공화주의 혁명이 일어날 때까지 수세기 동안 사나에서 예멘을 통치했었다. 역사적으로 자이드파는 주류인 이란의 시아파와 접촉한 적이 거의 없었고, 아라비아의 소수 종교 공동체임에도 불구하고 예멘에서 종파적 분쟁에 직면한 적이 없었다. 그러나 21세기 아랍 세계를 괴롭히는 고질적인 종파주의의 병폐로 인해서 이러한 역사적 특이성은 쉽게 간과되고는 한다.

수개월간의 불편한 공생을 끝내고 후티족은 정부의 주요 인사들과 함께, 자신의 고향인 아덴으로 도망친 대통령 하디를 대신할 통치 위원회를 2015년 2월에 지명했다. 권력을 후티족에게 넘겨줄 생각이 없었던 하디는 국제적으로 공인된 예멘의 지도자로 남고자 했다. 후티족은 추방당한 대통령을 침묵시키기 위해서 아덴으로 진군했다. 그러나 하디는 사우디아라비아로 피신하여 와해된 정부를 지지하는 세력을 모으려고 했다. 사우디인들은 위기에 처한 예멘을 우려의 눈길로 지켜보며 아라비아 남부를 불안정하게 만드는 시아파 운동의 배후로 이란을 지목했다. 바레인에서와 마찬가지로 사우디는 결단 코 이란이 아라비아 반도에 발을 붙이지 못하도록 할 생각이었다.

2015년 3월에 사우디는 10개국이 참여하는 연합군을 이끌고 예멘의 후티 반란에 맞서 싸웠다.[19] 사우디의 해군은 이란이 후티족에게 해상으로 재보급 을 하지 못하도록 해안 지대에 강력한 금수 조치를 내렸다. 리비아와 바레인 에서처럼 내부 봉기로 시작된 운동이 국제 분쟁으로 진화되었다. 2015년 9월 에 아랍 동맹국들의 공군의 도움을 받은 예멘의 정부군은 아덴을 수복하는 데에 성공했다. 대통령 하디는 남부의 항구 도시로 돌아와 무력한 정부를 이 끌었다. 이로써 후티 세력이 장악한 북부와 하디가 통치하는 남부로 예멘의 분단이 확정되었다. 그러는 동안 아랍 연합군은 아랍 세계에서 가장 가난한 국가의 주택과 사회기반시설을 겨누는 파괴적인 공중전을 내내 수행했다.

혁명과 전쟁, 해군의 금수조치가 결합되면서 2011년 직후 수년 동안 예멘 에서는 인도주의적 위기가 발생했다. 전쟁으로 인해서 2015년 말까지 국내에 서 발생한 난민의 수가 약 250만 명이었고, 2017년에는 대략 1만 명의 사망자 와 4만 명의 부상자가 양산되었다. 해군의 봉쇄로 식량의 90퍼센트를 수입하 는 예멘의 국제운항이 중단되자, 생존자들은 막 시작된 기근과 대면해야 했 다. 실패한 하나의 국가였던 때보다 상황이 더 악화된 채로 예멘은 분쟁 중인 실패한 두 개의 국가로 쪼개지는 퇴행을 겪었다.[20]

리비아와 예멘의 상황도 끔찍했지만 아랍의 봄의 역사에서 가장 비극적인 장(章)은 시리아에서 펼쳐졌다.

시리아는 2011년 민중 봉기가 일어난 마지막 아랍 국가들 중의 하나였다. 페이스북 활동가들이 다마스쿠스에서 대규모 시위를 처음으로 조직했지만, 보안군의 수가 훨씬 많았고 이에 위협을 느낀 시위대는 자신들의 주장을 밀 어붙일 수가 없었다. 더욱이 2000년 고인이 된 아버지 하피즈 알 아사드를 계승한 바샤르 알 아사드 대통령은 다른 아랍 독재자들과는 다르게 어느 정 도의 정통성과 대중적 지지를 받고 있었다. 그는 상대적으로 집권 11년차의 신참이었고, 비록 그럴 자격이 없었지만 여전히 개혁가로서의 명성을 누리고 있었다. 그러나 이러한 이미지는 2011년 봄에 시리아-요르단 국경에 위치한 농촌 마을 데라에서 정부가 한 무리의 10대들을 체포하여 고문한 사건으로 산산이 부서졌다.

3월의 어느 날, 반항적인 한 무리의 청소년들이 데라의 한 담벼락에 2011년 아랍 혁명의 구호들을 페인트로 썼다. "국민은 정권의 몰락을 원한다"라는 구호였다. 그해 봄 아랍 세계에서 거의 주목받지 못한 이 작은 도전 행위가 정부의 대응을 촉발시켰고, 이는 혁명에 불을 붙였다.

아랍 세계 곳곳에서 전개되고 있는 상황에 촉각을 곤두세우고 있던 아사드 정권은 최소한의 이견 표명조차 용인하지 않았다. 비밀경찰이 반체제적인 낙서를 했다는 이유로 10세에서 15세 사이의 소년 15명을 검거했다. 절박한 아이들의 부모들은 당국에 석방을 탄원했고 공개적인 항의 행진에 나섰다. 그런데 보안군이 데라의 시위대에 실탄 사격을 가하면서 사망자들이 발생했다. 그런 후에야 당국은 평정을 회복하기 위해서 구류된 10대들을 석방하는 데에 동의했다. 하지만 석방된 소년들의 몸에는 고문의 흔적이 선명하게 남아 있었다. 손톱의 대부분이 찢겨나간 상태였다.

데라의 학대당한 아이들의 석방은 상황을 진정시키기는커녕 오히려 분노에 기름을 부었다. 수천 명의 마을 주민이 시리아의 최근 역사에서 그 전례를 찾아볼 수 없는 대규모의 시위로 들고 일어나 아사드 정권과 연계된 모든 상징물을 부셔버렸다. 군대는 점점 탄압의 강도를 높이며 맞섰고, 시위대의 본부로 사용되던 마을 중앙의 사원을 기습하여 5명을 살해했다. 군중이 사망자들을 매장하기 위해서 모이면서 시위대의 규모는 더욱 커졌다. 3월 마지막 주일에만 55명이 넘는 데라의 마을 주민들이 사망했다.

시리아 전역에서 모든 국민들이 데라의 사건을 면밀히 주시했다. 데라처럼 경제적으로 위축되어 있던 많은 소도시의 주민들 역시 정부로부터 잊힌 채로 방치되었다고 느꼈지만, 응징에 대한 두려움 때문에 감히 시위에 나서지 못하고 있었다. 그러나 2011년 봄의 혁명적인 분위기로부터 용기를 얻은 시리아 민중들은 드디어 반대 의사를 표명하고 변화를 요구하기에 이르렀다. 그들은 시위를 조직하기 시작했고 요일별로 다른 이름을 붙였다. 다마스쿠스의 싱글맘인 사마르 야즈벡은 2011년 3월 25일—"존엄한 금요일"—에 시리아 혁명에 관한 일기를 쓰기 시작했다. 그리고 처음부터 봉기에 수반된 극심한 폭력을 다음과 같이 기록했다.

> 존엄한 금요일인 오늘, 시리아 도시의 주민들은 시위를 하러 나왔다. 20만 명이 넘는 시위대가 데라에서 죽은 이들을 애도했다. 데라 밖의 온 마을 사람들이 남쪽의 묘지를 향해서 행진했다. 15명의 사람이 죽음을 맞았다. 홈스에서 3명이 사망했다. 라타키아에서도 사람들이 죽고 다쳤다……데라를 포위한 군대가 움직이는 모든 생명체에 발포했다. 알 사나마인에서 군 보안대가 학살을 저질러 20명의 주민이 죽음을 당했다.[21]

지나고 보니, 아사드 대통령과 같은 알라위 종교공동체의 일원인 야즈벡이 봉기를 지지했다는 사실은 참으로 놀라운 일이 아닐 수 없다. 혁명이 시작되고 수개월 동안 무슬림이든, 기독교도든, 알라위파든, 드루즈파든 시리아의 모든 공동체는 개혁을 요구하기 위해서 제휴했다. 그러나 혁명이 내전으로 악화되면서 종파주의가 작동하기 시작했다.

시리아 혁명 초기 단계에서는 시위가 비폭력적으로 이루어졌다. 그들은 정치적 권리 및 인권 회복을 위해서 1963년 이래 발효 중인 비상사태법의 철회를 요구했다. 시위 참가자들은 프랑스 위임통치에 맞서서 시리아 민족주의자들이 사용했던, 초록색과 흰색, 빨간색의 수평막대 3개와 중앙을 가로지르는 3개의 빨간 별이 그려진(시리아의 국기는 1958년부터 1961년까지 이집트와 통합되었을 때에 사용하던, 빨강과 하양, 검정의 수평막대 3개와 중앙에 2개의 초록별이 그려진 깃발을 본 뜬 것이다) 깃발 아래에 모였다. 소도시들에서 궐기한 시위대는 대도시의 동지들에게도 현수막을 들고 개혁 요구에 나설 것을 촉구했다.

시위가 평화롭게 진행되었음에도 불구하고 정권은 처음부터 총을 들었다. 반혁명이 일어났던 다른 국가들, 즉 바레인, 리비아, 예멘에서처럼 대부분의 군부대는 대통령에 대한 신의를 지켰고 동료 시민들에게 발포하는 것을 꺼려 하지 않았다. 하지만 비무장 시민에게 발포하라는 지휘관의 명령을 따를 수 없어 항의의 의미로 탈영하는 병사들이 갈수록 많아졌다. 2011년 7월에 한 무리의 군 탈영병들이 정권에 대항하여 무장봉기를 이끌 자유 시리아군(Free Syrian Army)을 조직했다. 비폭력에서 무장저항으로의 전환은 혁명을 본격 적인 내전으로 바꾸어놓았다.

시리아 분쟁으로 발생한 사망자 수는 이 같은 전환이 무엇을 의미하는지 온전히 보여준다. 내전의 첫 해가 끝나갈 무렵 UN의 보고에 따르면, 시리아 에서의 사망자 수는 이미 5,000명을 상회했다. 2012년 말경, 그 수치는 4만 명까지 증가했다. UN은 2014년 여름 사망자 수가 19만1,000명에 이른다고 추정했고, 전쟁이 시작된 지 5년이 지난 2016년에는 40만 명이 넘는다고 보 고했다. 놀라운 사망자 수치이지만 이는 시리아인들이 겪는 총체적인 고통의 극히 일부만을 보여줄 뿐이다. 2016년까지 내전으로 인해서 시리아 인구의 절반이 살던 곳을 떠나야만 했다. 약 610만 명의 시리아인이 국내에서 난민이 되었고 또다른 480만 명이 시리아 국경 밖, 즉 요르단, 레바논, 터키, EU에서 피난처를 찾아야 했다.[22] 시리아 국민과 국제 사회는 어떻게 아랍의 봄 혁명 이 이렇게까지 형편없어질 수 있는가를 설명하고자 분투했다.

시위 참가자들과 국제 사회는 시리아의 정권 몰락을 방해하는 수많은 내 부적 제약들을 간과했다. 아무리 반대파에 의해서 매도되었어도 바샤르 알 아사드는 언제나 시리아에서 대폭적인 지지를 향유하고 있었다. 시리아의 소 수 공동체 — 알라위파, 드루즈파, 이스마일파, 기독교도 — 는 전체 인구 2,200만 명 중 대략 25퍼센트를 구성한다. 시리아 국민의 대다수는 수니파 무슬림이고 인구의 75퍼센트를 차지하는 것으로 추정된다. 소수 공동체의 많은 사람들은 알라위파가 우위인 정부를 이끄는 바샤르 알 아사드가, 자신 들을 차별하는 보수적인 수니파 무슬림 질서에 방어벽 역할을 해준다고 생각한다. 아사드는 또한 집권당인 바트당의 의원들, 즉 민족주의적이고 세속적인 수니파 무슬림들로부터도 상당한 지지를 받고 있었다. 여기에 정권을 위해서 싸우는 군과 보안군 일동을 더하면 아사드의 지지 기반은 더욱 커진다. 시리아는 외국의 많은 분석가들이 생각하는 것보다 내부적으로 더 분열되어 있었다.

더욱이 정권은 싸우고 있는 반대파보다 늘 더 강한 결속력을 누리고 있었다. 시리아 내전 동안에 민주주의 개혁을 촉구하는 시민사회 단체에서부터 이슬람 국가 창출을 목표로 하는 강경노선의 살라피파(Salafis)에 이르기까지 정권에 반대하는 수십 개의 민병대가 도전장을 내밀었다. 이 반란 단체들은 종종 서로 상반되는 목적을 가지고 일했고, 영토를 두고 자기들끼리 싸웠다. 반면 정권은 반대 세력보다 더 큰 응집력을 보여주었다. 위기가 고조될수록 그 중심부는 강해졌다. 아사드 정권과 그의 열렬한 지지자들에게 승리란 자신들의 생존과 직결된 문제였다. 전쟁은 단지 승자독식의 사안이 아니라, 패배자는 반드시 죽을 수밖에 없는 상황으로 퇴행했다. 문자 그대로 알라위파와 바트주의자, 그외 아사드 정권과 연계된 이들에게 닥칠 보복적인 집단학살에 대한 두려움이, 정권이 불굴의 투지로 권력을 유지하려고 애쓴 정황과 항복보다는 기꺼이 나라 전체의 초토화를 택한 이유를 설명하는 데에 조금은 도움이 될 것이다.

결국 시리아 내전은 지역과 세계의 강국들이 자신들의 이해관계를 보호하기 위해서 관여하면서부터 빠르게 국제화되었다. 이란은 이란-이라크 전쟁 초기에 시리아 정부가 이란의 편을 들면서 아랍의 대오를 깨뜨린 1980년부터 시리아와 특별한 관계를 맺고 있었다. 테헤란은 처음부터 아사드 정권에 전폭적인 지지를 보냈고 레바논의 시아파 민병대 헤즈볼라 역시 힘을 보탰다. 이란의 혁명 수비대와 헤즈볼라 전사들은 여러 전선에서 벌어지고 있던 전쟁에 지친 시리아 정규군을 도왔다. 사우디아라비아와 걸프 동맹국들은 이란의 영향력을 약화시키고자 무기와 탄약을 제공하며 보수적인 수니파 무슬림 민병대 지원에 나섰다. 터키는 자유 시리아군과 정권 붕괴를 목표로 일하는 시리아 정당들에게 근거지를 제공하는 동시에, 아사드 정권에 맞서 싸우고 있는 시리아 쿠르드족 민병대가 이득을 보지 못하도록 국경을 넘어 시리아로 군을 파병했다. 미국과 유럽 협력국들은 대략 터키와 걸프 국가들과 함께 엄선된 그룹의 야당 및 민병대에게만 제한적인 지원을 제공했다.

2015년 9월에 아사드 정권을 지지하는 러시아의 전투기 배치는 시리아 분쟁에 대한 서구 개입의 한계를 고스란히 보여주었다. 시리아와의 이해관계가 분명했던 러시아는 그것들을 지키기 위해서 단호히 행동했다. 시리아는 러시아에게 동지중해의 유일한 해군 기지와 중동의 신호정보를 감시할 수 있는 운영체제를 제공했다. 한편 시리아는 아랍 세계에 남아 있는 러시아의 마지막 동맹국이기도 했다. 만약 아사드가 몰락한다면 러시아는 시리아에서 모든 영향력을 상실할 것이고 중동 지역에서의 입지도 매우 좁아질 것이다.

반란 세력의 소재지에 대한 러시아의 공습은 시리아 군의 사기 진작에 도움이 되었을 뿐만 아니라 전략적으로도 큰 보탬이 되었다. 블라디미르 푸틴 정부는 아사드 정권이 몰락하도록 방관하지 않을 것임을 경고하고 있었다. 서구 열강들은 러시아의 개입을 비난했지만 미국도 유럽 강국들도 러시아와의 직접적인 대치를 원하지 않았다. 이렇게 시리아의 반란 세력에 대한 서구의 지원은 무의미해졌고, 아사드 정권은 러시아 및 이란과 함께 국내의 반대 세력과 싸우는 전략을 추구하는 동시에, 미국과 그 동맹국들이 시리아를 지배하고자 하는 또다른 도전자, 즉 이슬람 국가(Islamic State)를 상대하도록 내버려두었다.

IS는 2003년 이래 미국의 점령군에 맞서 싸우던 이라크의 수니파 무슬림 단체들─특히 이라크 알 카에다─중에서 등장했다. 아부 무사브 알 자르카위의 선도 아래 이라크 알 카에다는 서양인과 시아파 모두를 향한 극단적인 폭력 행사로 명성을 키워갔다. 2006년에 자르카위가 사망하자 그의 후임자들은 조직명을 이라크 이슬람 국가(Islamic State in Iraq)로 바꾸었다. 이슬람 국가는, 시아파가 지배하는 정부에 맞선 수니파의 저항이 고착된 이라크와 사면초가에 몰린 아사드 정권이 중요한 영토를 장악하기 위해서 싸우고 있는 시리아에서 정부의 통제가 와해된 상황을 활용하여 한 세기 동안 지속된 지역 국가 체제에 가장 큰 도전을 제기했다.[23]

2011년에 발족한 이라크 이슬람 국가는 시리아 내전에서 싸우고 있던 알 카에다 계열 중의 하나인 누스라 전선(Nusra Front, 2012년 1월에 출현)과 동맹을 맺었다. 2013년에 알 카에다 지도부는 이슬람 국가에 의한 누스라 전선의 적대적인 접수를 부결했다. 그럼에도 불구하고 단념하지 않고 이슬람 국가는 조직명을 이라크와 알 샴 이슬람 국가(ISIS)로 변경했다. 알 샴(Al-Sham)은 다마스쿠스와 이슬람 초기 다마스쿠스의 지배하에 있던 대시리아 영토(오늘날의 레바논과 시리아, 요르단, 이스라엘/팔레스타인을 모두 합친 영토)를 지칭하는 아랍어 단어이다.[24] 수니파의 심장부인 안바르 주(州)의 주요 이라크 도시들과 이라크의 제2의 도시 모술을 점령한 후인 2014년 6월 29일에 ISIS의 지도자 아부 바크르 알 바그다디는 자신을 칼리프, 즉 전 세계 수니파 무슬림 공동체의 정신적 수장으로 선포했다. 그러고 나서 그의 군대는 불도저로 이라크와 시리아 사이의 국경을 밀어버리고 칼리프 국가는 더 이상 국경을 인정하지 않는다고 선언했다. ISIS는 수도를 동부 시리아의 도시 락까로 정하고, 인구 밀도는 비록 낮지만 이라크와 시리아에 걸친 광활한 영토를 다스렸다.

ISIS의 출현은 시리아 내전을 더욱더 국제화했다. 이 단체는 적들과 불신자(不信者)라고 생각되는 이들에 대한 극단적인 폭력으로 곧 악명을 떨치게 되었다. ISIS 전투원에 의한 외국인 포로의 참수 장면을 담은 생생한 영상이나 야지드 소수민족에 대한 집단학살 조치는 세계의 대중을 몸서리치게 만들었다. ISIS는 또한 조직의 대의를 위해서 헌신할 과격한 무슬림 활동가들을 세계 전역에서 모집하는 데에도 성공을 거두었다. 이러한 상황은 워싱턴에서 베이징에 이르기까지 안보 문제를 야기했다. ISIS는 유럽과 미국에서 행해진 테러 공격이 자신들의 소행이라고 주장하기 시작했다. 아시아와 아프리카의 ISIS 지부들이 자칭 칼리프에게 충성을 맹세하기 시작했다. ISIS를 봉쇄하기 위한 서구의 투쟁이 시리아와 이라크에 중심 초점을 맞추는 가운데 테러와의 전쟁은 완전히 새로운 국면을 맞게 되었다.

시리아의 영토는 아사드 정권과 반체제 운동단체, 북동쪽의 쿠르드족, ISIS의 통제 구역으로 쪼개졌다. 한편 새로운 적의 부상은 분쟁 당사자들을 분열시키는 데에도 기여했다. 미국과 유럽 동맹국들은 ISIS를 패퇴시키는 데에 전력을 다했고 터키는 점점 더 시리아 쿠르드족을 억제하는 데에 주력했으며, 러시아와 이란은 반대 세력을 물리치기 위해서 시리아 정권과 협력했다. 이러한 힘들의 수렴은 왜 시리아가 가장 폭력적인 반혁명 갈등을 겪을 수밖에 없었는지를 잘 설명해준다.

아랍의 봄에 맞선 반혁명의 결정적인 장면이 이집트에서 재현되었다.

30년간 권좌를 지켰던 호스니 무바라크를 실각시키는 데에 성공한 1월 25일 운동은 이집트와 아랍 세계 전역에서 시민의 권리 및 책임 정부가 실현되는 새로운 시대에 대한 희망을 불러왔다. 무바라크가 퇴진하자마자 이집트는 과열된 정치 국면의 시기로 들어섰다. 정부에 대한 신탁 관리에 들어간 이집트군은 새로운 정부 선출을 감독할 헌법 수정안의 초안을 마련하기 위한 야심 찬 6개월의 시간표를 설계했다.

이집트의 최장수 야당인 무슬림 형제단이 가장 강력한 정치 조직으로 등장했다. 청년 조직가들은 대중 시위를 조직하는 데에 매우 유능했지만 어떤 제도적 기반도 정치적 경험도 없었다. 그들은 수십 개의 정당을 창출했지만 어떤 당도 임계질량에 도달하지 못했고, 종국에는 보다 짜임새 있게 조직된 이슬람주의 정당들이 과도기의 정치를 장악하게 되었다. 무슬림 형제단 지도부는, 자신들이 이집트를 이슬람 국가로 탈바꿈시키려는 계획을 은밀히 작당하고 있다고 의심하는 세속적인 이집트인들의 경계심을 자극하지 않기 위해서 의회에서 다수당이 되려고 하거나 대통령 후보를 내세우거나 하지 않겠다고 공약을 걸었다. 이를 근거로 하여 타흐리르 광장의 다른 운동 조직들은 무슬림 형제단을 이집트 정치개혁을 함께할 보수적인 파트너로 받아들였다.

그런데 실상 2011년 11월 이집트의 투표 결과는 무슬림 형제단을 40퍼센트의 의석을 차지한 최대 정당으로 만들어주었고, 더 보수적인 살라피 이슬람주의 정당인 "알 누르 당(Hizb al-Nur)"이 그뒤를 이었다. 선출된 기관의 다수 의석이 이슬람주의자들에게 돌아가면서 세속주의적인 이집트인들은 자유헌정 대신에 이집트의 민법을 이슬람법으로 대체하는 이슬람주의적 헌장을 가지게 되지 않을까 걱정하기 시작했다.

이전의 공약과는 달리 무슬림 형제단의 무함마드 무르시가 대통령직에 입후보하면서 그들의 의도에 대한 의구심은 깊어졌다. 단원으로 오랫동안 활동한 무르시는 미국에서 교육받은 엔지니어였다. 그는 무바라크와 친분이 있는 전직 총리 아흐마드 샤피끄와 대적했다. 두 사람 모두 이집트 자유주의자들에게는 최악의 후보였지만, 무슬림 형제단원과 구체제의 일원 중에서 한 명을 선택할 수밖에 없었다. 그들은 세속주의 대신 변화를 선택했고, 2012년 6월 30일에 무함마드 무르시는 민주적으로 선출된 이집트 제5대 대통령으로 취임했다.

그러나 무르시의 대통령직은 겨우 1년 유지되었다. 그의 권위주의적인 성향이 갈수록 짙어지면서 많은 이집트 유권자들이 떨어져 나갔다. 2012년 11월에 무르시는 자칭 이집트 혁명의 수호자로서 법원을 초월한 상위 권력을 자신에게 인정하는 대통령령(令)을 선포했다. 그는 세속적이고 자유주의적인 이집트인들뿐만 아니라 콥트 기독교도들까지 의회의 반자유주의적이고 이슬람주의적인 경향에 대한 항의로 사퇴한 제정의회를 주관했다. 제정의회에 남은 일원들은 거의 대부분이 이슬람주의자들이었다. 이들은 2012년 11월 30일에 헌법 초안을 승인하고 12월 15일에서 22일 사이에 찬성 여부를 묻는 국민투표를 시행하여 이 안을 신속하게 밀어붙쳤다. 이집트 자유주의자들은 국민투표 거부를 촉구했고, 겨우 33퍼센트만이 투표에 참여했을 정도로 거부운동은 효과적이었다. 투표에 참여한 사람들 중 64퍼센트가 찬성하여 헌법은 통과되었다. 무르시 대통령이 12월 26일에 신헌법을 조인했을 때, 무슬림 형제단이 자신들의 혁명을 가로챌지도 모른다는 자유주의 개혁가들의 우려는 더욱 강고해졌다.

무르시 대통령에 대한 반대 여론이 2013년 첫 몇 달 동안 더욱 확산되었다. 타마로드(Tamarod, "반란")라고 칭하는 새로운 운동이 무르시의 퇴진을 요구하는 거국적인 청원 캠페인을 발족시켰다. 무르시의 취임 1주년, 즉 6월 29일까지 1,500만 명의 서명을 확보하는 것을 목표로 했는데, 기대치를 훨씬 넘어선 2,200만 명 이상의 서명인이 무르시의 퇴임을 요구하는 데에 동참했다고 한다. 정확한 수치는 확인되지 않았지만, 뉴스 보도의 인용에 따르면 청원서에 20번 넘게 서명했다고 자랑하는 일부 사람들도 있었다. 부정의 가능성 여부와는 상관없이 청원 캠페인으로 규합된 자유주의자들은 무르시 정권의 퇴진을 요구하는 거대한 시위대를 조직하여 타흐리르 광장으로 몰려들었다.

이집트 군부는 이집트의 정치적 무질서에 관여하기 위해서 타마로드 운동을 이용했다. 많은 분석가들은 군이 적극적으로 청원 캠페인을 선동했다고 믿는다. 자유 장교단 혁명이 일어난 1952년부터 무르시 선거에 이르기까지 군사 정권은 이집트를 지배해왔고, 각각의 대통령들 ─ 육군 출신의 가말 압델 나세르와 안와르 사다트, 공군 출신의 무바라크 ─ 도 모두 군인이었다. 60년 동안 군은 이집트의 정치 및 경제에 대한 통제권을 강화했다. 무르시 행정부와 무슬림 형제단 지지자들이 군의 이해관계에 실제적인 위협을 제기하자, 고위 장성들은 통제권을 회복하고 이집트 민주주의 실험의 혼돈으로부터 자신들의 이권을 보호하기 위해서 재빠르게 움직였다.

이집트 군은 48시간 안에 이집트 국민의 정당한 근심을 해결하든지, 그렇지 않으면 군의 개입에 직면하게 될 것이라고 무르시에게 최후통첩을 보냈다. 이는 불가능한 요구였고 무르시는 거부 의사를 밝혔다. 7월 3일 밤에 국방부 장관 압델 파타 엘 시시 장군이 텔레비전 생방송에 나와 무르시의 파면을 알리고 헌법재판소장 아들리 만수르가 직무를 임시 대행할 것이라고 공표했다. 무르시와 그의 주요 관료 여럿이 체포되었고 비밀 장소에 감금되었다. 군부와 그 지지자들은 화를 내며 그런 꼬리표를 거부했지만, 이는 전형적인 군사 쿠데타였다. 카이로와 나라 전역에서 이집트인들이 대규모 시위를 벌이러 뛰쳐나왔고, 국민의 정당한 요구에 대한 존중을 보여준 군의 행동을 제2의 혁명이라며 칭송했다.

7월 3일의 쿠데타는 사실상 폭력적인 이집트 반혁명의 출발점이었다. 하룻밤 사이에 무슬림 형제단은 집권당에서 불법 단체로 전락했고, 지도자들은 체포되거나 도망을 다녀야 했다. 민주적으로 선출된 대통령으로부터 비합법적인 방식으로 권력을 찬탈한 군의 위헌적인 행위는 이집트에 광범위한 지지 기반을 가지고 있는 형제단의 열렬한 지지자들을 격분하게 만들었다. 그들은 카이로와 알렉산드리아에서 결집하여 사원 시위를 조직했고, 민중의 바람이 존중될 때까지 중심가를 점유한다는 아랍의 봄의 공식을 따랐지만 아무 소용이 없었다.

군과 그 지지자들의 숫자가 그야말로 무슬림 형제단보다 많았다. 다수의 이집트인들은 선거 전에 내세운 공약을 지키지 않는 무슬림 형제단에 환멸을 느꼈고 무르시의 서투른 권위주의를 경계했다. 더욱이 이집트의 보통 사람들은 혁명이 초래하는 혼란에 신물이 났다. 사람들은 일상으로의 복귀를 원했고 경제 회복을 염원했으며 일터로 돌아가 생계를 꾸리고 싶었다. 지난 2년간 혁명이 수반한 격변으로 일상의 모든 것이 망가졌다. 사람들은 군이 질서를 회복하리라고 믿었고 그런 군인들을 신뢰했다.

현대 이집트 정치 역사상 가장 폭력적인 사건들이 잇따랐다. 시위가 6주일 동안이나 계속되던 2013년 8월 14일에 군인들이 카이로에 있는 무슬림 형제단의 시위 장소 두 곳 — 라바 알 아다위야와 알 나흐다 광장 — 을 습격했다. 보안군은 민간인 시위대를 향해서 실탄 사격을 했고 하루 동안 해임된 대통령을 지지하던 사람들을 무려 1,000명이나 학살했다.[25] 군 당국은 비상사태를 선포하고 통행금지령을 내렸다. 이렇게 법의 효력이 정지되었고 정부 당국은 무슬림 형제단에 대한 탄압을 배가하며 관련자 수천 명을 체포했다. 9월에 정부는 무슬림 형제단에 대한 금지령과 함께 자산을 동결했고 12월에는 무슬림 형제단을 테러 조직으로 선포했다. 법원은 전임 대통령 무르시와 형제단의 최고 지도자 모하메드 바디, 그외 수백 명의 하급 간부들에게 사형을 선고

했고, 2만 명이 넘는 이슬람주의자들이 체포되어 수감되었다.[26]

이집트군이 무슬림 형제단의 세력을 분쇄하는 동안 총사령관인 엘 시시 장군의 인기는 치솟았다. 그의 숭배자들은 그를 나세르에 비유하며 그의 정치적인 야망을 부추겼다. 2014년 3월에 퇴역한 시시는 부담 없이 대통령직에 입후보했다. 사다트와 무바라크 시대에 야권 운동가로 활약했던 함딘 사바히만이 대권 도전에 나선 가운데 시시는 2014년 5월에 96퍼센트라는 압도적인 표를 획득하여 대통령 선거에서 승리를 거두었다. 비록 지금은 민간인이지만 시시의 당선은 의심할 여지없이 이집트 정치에 대한 군부의 통제가 부활했음을 의미했다.

이렇게 이집트에서의 반혁명이 마무리되었다. 많은 이들에게 마치 2011년의 1월 25일 운동은 일어난 적도 없는 듯 보였다. 시민의 권리와 책임 정부에 대한 요구는 필사적으로 안정을 찾고 싶었던 아랍인들이 정치적 자유에 대한 희망을 버렸을 때에 소멸했다. 이집트와 바레인의 정치적 혼란과 리비아와 예멘, 시리아의 내전의 소용돌이 속에서 혁명적인 변화에 대한 대가는 아랍인들이 감내하기에는 너무 크다는 사실이 드러났다. 유일하게 아랍의 봄의 성공 스토리로 남은 튀니지만 제외하고 말이다.

튀니지는 아랍의 봄 혁명 이후 새로운 헌법 질서로의 평화로운 정치적 이행을 성사시킨 유일한 아랍 국가이다. 반대파 세력과 벤 알리 시대의 유임자들이 연합한 거국 정부가 권력을 잡았다. 2011년 10월에 튀니지인들은 튀니지 헌법을 다시 쓰기 위한 제헌의회 선출에 일제히 나섰다. 벤 알리 시대에는 금지되었던 이슬람주의 정당 엔나흐다(Ennahda)가 최다득표(41퍼센트)를 했지만, 그들은 이집트의 무슬림 형제단과는 달리 튀니지 정치를 장악할 목적으로 투표에 권력을 동원하지 않았다. 튀니지에서 이슬람주의자들은 중도적이고 세속적인 두 개의 다른 정당과 연대함으로써 고도의 국민적 단결을 유지했다. 새로운 헌법 초안을 마련하는 과정은 지난했지만, 강제보다는 합의에 기반한 특성을 띠었다. 2014년 1월에 채택된 신헌법에는 혁명 운동의 성과인 시민의 권리와 법의 지배가 명기되었다.

튀니지에서 새로운 헌법 시대로의 이행은, 유권자들이 2014년 10월과 12월 사이에 국가의 새로운 통치 원칙 — 외국의 대리인이 강제한 것이 아니라 튀니지인들에 의해서 선출된 튀니지인들이 타결한 원칙이자 통치자의 전제 권력을 제한하고자 수세기 동안 벌인 투쟁을 해결한 원칙 — 에 따라서 의회와 대통령 선출을 위해서 투표장으로 다시 돌아왔을 때에 마무리되었다. 2014년 선거 결과는 낙관할 만한 근거를 보여주었다. 세속 정당인 니다 투니스(Nidaa Tounes, "튀니지의 소리")가 다수의 표를 얻었고 이슬람주의 정당 엔나흐다가 2위를 차지했다. 두 당은 연립정부를 형성하는 데에 합의했다. 그리고 니다 투니스의 당수 베지 카이드 에셉시가 대통령에 선출되었다.

그러나 튀니지의 성취는 위태위태하다. 국가의 주요 관광산업은 테러 공격으로 심각한 피해를 입었고 외국인 투자자들은 아직 튀니지를 신뢰하지 못하고 있다. 테러 위협이 억제되고 경제 성장이 복원될 때까지 튀니지 혁명 이후 달성된 성과들은 여전히 아슬아슬할 것이다. 하지만 튀니지의 취약한 민주주의 실험이 성공한다면, 이는 아랍 세계 및 전 세계에 큰 이득이 될 것이다. 아랍 세계가 2010년대의 폭력과 대대적인 파괴로부터 벗어났을 때 아랍인들은 반드시 책임 정부에 대한 자신들의 정당한 요구를 재개할 것이기 때문이다. 튀니지는 21세기 아랍인들의 열망의 횃불로 우뚝 서 있을 것이다.

감사의 글

아랍 세계의 근대사를 쓰는 동안 나는 훌륭한 지식인 공동체인 옥스퍼드 대학교의 세인트 앤터니스 대학 중동 연구소의 일원이 되는 영광을 누리게 되었다.

아랍 세계의 가장 위대한 역사학자 중의 한 명인 고(故)앨버트 후라니는 혁신적인 학자들을 모아서, 중동 연구소를 근대 중동 연구를 위한 유럽의 저명한 대학 연구 기관으로 만들었다. 이러한 본연적인 동료애의 선상에서, 나의 명예 동료들인 무스타파 바다위와 데릭 호프우드, 로버트 메이브로, 로저 오언은 1991년부터 나의 멘토가 되어주었다. 나는 그들이 가지고 있는 중동에 대한 박식한 지식을 온전히 이용할 수 있었고, 이 책에서 하고 있는 주장들을 그들과 논의했으며, 원고 초안을 읽고 조언을 해달라는 부탁도 했다. 그들은 아낌없는 격려와 건설적인 비판으로 답해주었다.

중동 연구소의 현 연구원들은 모든 면에서 앨버트 후라니가 만든 원래의 공동체의 매력을 그대로 간직하고 있다. 아흐메드 알 샤히, 월터 암브루스트, 라파엘라 델 사르토, 호마 카투지안, 셀리아 케르스라케, 필립 로빈스, 마이클 윌리스는 날마다 이 프로젝트에 도움을 주었던 — 매일 아침 연구소에서 커피를 마시며 나누는 일상적인 대화 속에서 그리고 참조하라고 나에게 제안했던 읽을거리나 초고에 대한 조언을 통해서 — 나의 관대한 친구들이자 동료들이다. 특히 아랍과의 어수선한 이스라엘 역사를 연구하는 영리하고 혁신적인 역사가 아비 셜라임에게 우정과 감사의 빚을 많이 졌다. 아비는 책을 한 장(章) 한 장 다 읽어주었고 대학에서 점심을 먹으며 나에게 가장 섬세하고 건설적인 피드백을 해주었다. 그의 통찰력 있는 조언은 이 책의 모든 부분

731

에 영향을 미쳤다.

문서고에 방대하게 소장되어 있는 사문서와 역사 사진들을 조사할 때마다 중동 연구소의 기록 보관 담당자인 데비 어셔가 보내준 관대한 지원에 감사하고 싶다. 중동 연구소 사서인 마스탄 에브테하즈와 연구소 관리자인 줄리아 쿡에게도 매우 감사하는 바이다.

작업 중이던 책의 자료들을 활용한 옥스포드 근대 아랍사 강의에서 피드백을 해준 통찰력 있는 나의 학생들에게도 감사를 표한다. 또한 이 책의 조사를 도와준 림 아부 엘 파들과 닉 카르다지, 나디아 오웨이다트에게도 고마움을 전하고 싶다.

이 책을 쓰는 수년 동안 줄곧 초고를 읽고 조언을 해달라는 부탁으로 전문가이든 비전문가이든 상관없이 가족과 친구들을 괴롭혔다. 그들의 격려와 비판은 그들이 생각하는 것보다 이 책을 마무리하는 데에 훨씬 더 큰 도움이 되었다. 나는 피터 에어리, 투이 클라크, 나에게 이라크 역사 선생님이 되어주었던 풀라스 하디드, 팀 케네디, 디나 쿠리, 조슈아 랜디스, 로날드 네틀러, 톰 오드, 또한 나에게 아랍인들의 역사를 연구해보라고 최초의 영감을 주었던 토머스 필립, 가비 피터버그, 타리크 라마단, 나의 형제 그랜트 로건, 케빈 왓킨스 그리고 나의 영민한 아내 나이리 우즈에게 감사를 표하고 싶다.

나의 가장 집요하고 헌신적인 독자인 어머니, 마거릿 로건에게도 특별한 감사를 전하고 싶다. 평생 중동을 연구했던 나의 어머니는 모성애에 눈이 멀어 도중에 찾은 실수들을 간과하는 우를 범하지 않고, 처음부터 끝까지 책의 각 장을 읽어주셨다.

책이 처음 출판된 이래 수많은 독자들이 여러 제안과 수정을 요구하는 글을 써주었고, 그중 많은 것들이 이번 판에 반영되었다. 알리 알라위와 마크 알렌 경, 무자파르 H. 알 바라지, 세스 프란츠만, 이보르 루카스, 미셸 루트팔라, 프랜시스 로빈슨, 아잠 사드, 리처드 운데란트에게 감사를 전하는 바이다.

나는 알베르 칸 컬렉션에서 출판 가능한 오토크롬(autochromes : 희귀한 천연색 투명 사진/역주)을 복사해준, 불로뉴 빌랑쿠르에 있는 알베르 칸 도립

박물관의 세르주 포샤르에게 큰 신세를 졌다. 또한 이 책의 사진 작업을 도와준 브리지먼 예술 도서관의 빅토리아 호가스와 하버드 미술 도서관의 제프 스퍼에게도 매우 감사하는 바이다.

이 책은 나의 출판 에이전트인 펠리시티 브라이언의 특별한 재능이 없었다면 탄생하지 못했을 것이다. 무엇보다도 친구를 대리하지 않는다는 자신만의 원칙을 깨준 펠리시티에게 감사하다. 나의 뉴욕 에이전트로서 그곳의 출판 세계에 잊지 못할 입문을 할 수 있도록 도와준 조지 루카스에게도 큰 신세를 졌다. 두 사람은 모두 이 책을 위해서 최고의 출판사를 나에게 찾아주었다.

베이식 북스의 편집장 라라에게도 매우 감사하는 바이다. 그녀의 유머와 통찰력 덕에 혼자였다면 불가능했을 훨씬 나은 책이 탄생했다. 브랜던 프로이아도 그의 편집 능력을 공유해주었고, 이 책에 어울리는 사진들을 찾는 데도 큰 도움을 주었다. 케이 마리아와 미셸 아사카와는 투지 넘치는 맹렬할 속도로 책을 교열해주었다. 펭귄 출판사에서는 사이먼 윈더의 심오한 지식과 날카로운 원고 작업 덕분에 책을 쓰는 내내 큰 도움을 받았다.

나의 가족은 이 책을 쓰는 동안 언제나 힘과 영감의 원천이 되어주었다. 나이리와 아들 리처드, 딸 이사벨의 분별력 덕에 이러한 프로젝트를 진행한 어리석음이 상쇄될 수 있었다. 정말 고맙다.

자료 출처 및 주

서론

1. 모하메드의 누이, 바스마 부아지지의 말은 "Controversy over 'the Slap' That Brought Down a Government," *Asharq Al-Awsat*, February 2, 2011에서 인용; 파이다 함디의 말은 Karem Yehia, "Tunisian Policewoman Who 'Slapped' Bouaziz Says 'I Was Scapegoated by Ben Ali,'" Ahram Online, December 16, 2014에서 인용. Yasmine Ryan, "The Tragic Life of a Street Vendor: Al-Jazeera Travels to the Birthplace of Tunisia's Uprising and Speaks to Mohamed Bouazizi's Family," AlJazeera.com, January 20, 2011; Kareem Fahim, "Slap to a Man's Pride Set Off Tumult in Tunisia," *New York Times*, January 21, 2011도 참조.

2. 파이다 함디는 수많은 인터뷰에서 이 사건에 대해서 해명했다. Yehia, "Tunisian Policewoman Who 'Slapped' Bouazizi," and Radhouane Addala and Richard Spencer, "I Started the Arab Spring. Now Death Is Everywhere, and Extremism Is Blooming," *Daily Telegraph*, December 17, 2015 참조.

3. Roger Owen, *The Rise and Fall of Arab Presidents for Life* (Cambridge, MA: Harvard University Press, 2012); Joseph Sassoon, *Anatomy of Authoritarianism in the Arab Republics* (Cambridge: Cambridge University Press, 2016).

4. Samir Kassir, *Being Arab* (London: Verso, 2006), 서문 참조.

5. 파이다 함디는 CorrespondentsDotOrg가 2012년 7월 11일 유튜브에 게시한 영상, "Interview with Fadia [sic] Hamdi"에서 자신의 머리 스카프 착용에 대해서 이야기했다. https://www.youtube.com/watch?v=JSeRkT5A8rQ.

6. George Will, "Take Time to Understand Mideast Asia," *Washington Post,* October 29, 2001.

7. Eugene Rogan, *The Fall of the Ottomans: The Great War in the Middle East*, 1914-1920 (New York: Basic Books, 2015).

제1장

1. 예언자 무함마드의 사망으로 이슬람 공동체를 이끌 후계자, 즉 칼리프를 어떻게 선출할지를 두고 추종자들 간에 이견이 생기면서 최초로 이슬람 공동체가 분열되었다. 일부 무슬림들은 예언자의 집안에서 후계자가 나와야한다고 주장하면서, 예언자의 사촌이자 사위로서 가장

가까운 친척이었던 알리 이븐 아부 탈리브를 후보자로 옹립했다. 이 분파는 아랍어로 '시아 알리' 즉 '알리 일당'으로 알려졌고, 여기에서 시아파(Siite)라는 말이 파생되었다. 그러나 무슬림 대다수는 순나(sunna), 즉 예언자 무함마드의 언행과 신념을 가장 잘 지킬 수 있는 최고의 신실한 무슬림이 칼리프가 되어야 한다고 주장했고, 그들은 수니파(Sunnis)라고 알려져 있다. 이슬람 역사의 대부분 동안 수니파가 이슬람 사회의 지배적인 다수를 이루어왔고 특히 아랍과 튀르크 세계에서 그러했다. 반면 시아 이슬람은 다양한 종파들로 파생되며 아라비아 남부와 페르시아, 남아시아에 뿌리를 내렸다.

2. Muhammad ibn Ahmad Iyas(1448-1524)의 연대기『가장 주목할 만한 시대적 사건들(*Bada i' al-zuhur fi waqa i' al-duhur*)』이 1893-1894년에 카이로에서 처음 발간되었다. 이 연대기에서 오스만 제국의 시리아와 이집트 정복에 관련된 부분을 발췌해서 영어로 번역한 책이 W. H. Salmon의 *An Account of the Ottoman Conquest of Egypt in the Year A.H. 922 (A.D. 1516)* (London: Royal Asiatic Society, 1921)이다. 연대기를 전문 번역한 책은 Gaston Wiet의 *Journal d'un bourgeois du Caire: Chronique d'Ibn Iyas*, vol. 2 (Paris: S.E.V.P.E.N., 1960)이다. Salmon, *Account of the Ottoman Conquest*, pp. 41-46와 Wiet, *Journal d'un bourgeois du Caire*, pp. 65-67 참조.

3. Salmon, *Account of the Ottoman Conquest*, pp. 92-95; Wiet, *Journal d'un bourgeois du Caire*, pp. 117-120.

4. Salmon, *Account of the Ottoman Conquest*, pp. 111-113; Wiet, *Journal d'un bourgeois du Caire*, pp. 137-139.

5. Salmon, *Account of the Ottoman Conquest*, pp. 114-117; Wiet, *Journal d'un bourgeois du Caire*, pp. 140-43.

6. Wiet, *Journal d'un bourgeois du Caire*, pp. 171-172.

7. Ibid., p. 187.

8. 정통 칼리프란 예언자 무함마드의 뒤를 이어 7세기에 이슬람 초기 공동체를 통치했던 4명의 후계자 — 아부 바크르, 우마르, 우스만, 알리 — 를 말한다. 그들 이후에는 661년에서 750년까지 우마이야 왕조가 다마스쿠스에서 이슬람 세계를 통치했다.

9. Thomas Philipp and Moshe Perlmann, eds., *'Abd al-Rahman al-Jabarti's History of Egypt*, vol. 1 (Stuttgart: Franz Steiner, 1994), p. 33.

10. Salmon, *Account of the Ottoman Conquest*, pp. 46-49; Wiet, *Journal d'un bourgeois du Caire*, pp. 69-72.

11. Shams al-Din Muhammad ibn 'Ali Ibn Tulun(1485-1546)의 연대기인『대(大) 다마스쿠스의 튀르크 총독들에 관한 참고자료』가 Henri Laoust에 의해서 *Les Gouverneurs de Damas sous les Mamlouks et les premiers Ottomans (658-1156/1260-1744)* (Damascus: Institut Francais de Damas, 1952)로 편역되었다.

12. Bruce Masters, *The Origins of Western Economic Dominance in the Middle East: Mercantilism and the Islamic Economy in Aleppo, 1600-1750* (New York: New York University Press, 1988).

13. Laoust, *Les Gouverneurs de Damas*, p. 151.

14. Salmon, *Account of the Ottoman Conquest*, p. 49; Wiet, *Journal d'un bourgeois du Caire*, p. 72.

15. Laoust, *Les Gouverneurs de Damas*, pp. 154-157.

16. From the chronicle of Ibn Jum'a (d. after 1744), in Laoust, *Les Gouverneurs de Damas*, p. 172.

17. 이븐 주마와 이븐 툴룬의 설명이 거의 동일한데, 이븐 주마가 연대기에서 이븐 툴룬의 기술(記述) 관점을 그대로 수용했기 때문이다. Laoust, *Les Gouverneurs de Damas*, pp. 154-159 and 171-174.

18. Amnon Cohen and Bernard Lewis, *Population and Revenue in the Towns of Palestine in the Sixteenth Century* (Princeton, NJ: Princeton University Press, 1978), pp. 3-18.

19. Muhammad Adnan Bakhit, *The Ottoman Province of Damascus in the Sixteenth Century* (Beirut: Librairie du Liban, 1982), pp. 91-118.

20. I. Metin Kunt, *The Sultan's Servants: The Transformation of Ottoman Provincial Government, 1550-1650* (New York: Columbia University Press, 1983), pp. 32-33.

21. Philipp and Perlmann, *Al-Jabarti's History of Egypt*, vol. 1, p. 33.

22. Michael Winter, *Egyptian Society Under Ottoman Rule, 1517-1798* (London: Routledge, 1992), pp. 16-17.

23. Bakhit, *Ottoman Province of Damascus*, pp. 105-106.

24. 16세기 필사본인 Sayyid Murad의 『카이르 알 딘 파샤의 정복(*Ghazawat-i Khayr al-Din Pasha*)』을 요약해서 프랑스어로 번역한 책이 Sander Rang and Ferdinand Denis, *Fondation de la regence d'Alger: Histoire de Barberousse* (Paris: J. Ange, 1837)이다. 책의 vol. 1, p. 306 참조.

25. John B. Wolf, *The Barbary Coast: Algeria Under the Turks* (New York: W. W. Norton, 1979), p. 20.

26. Cited in ibid., p. 27.

27. Ahmad b. Muhammad al-Khalidi al-Safadi의 『아미르 파크르 알 딘 알 마니의 역사서(*Kitab tarikh al-Amir Fakhr al-Din al-Ma'ni*)』가 Asad Rustum과 Fuad al-Bustani에 의해서 『아미르 파크르 알 딘 2세 알 마니 시대의 레바논(*Lubnan fi 'ahd al-Amir Fakhr al-Din al-Ma'ni al-Thani*)』(Beirut: Editions St. Paul, 1936, reprinted 1985)이라는 제목으로 편집되어 출판되었다.

28. Abdul-Rahim Abu-Husayn, *Provincial Leaderships in Syria, 1575-1650* (Beirut: American University in Beirut Press, 1985) pp. 81-87.

29. Al-Khalidi al-Safadi, *Amir Fakhr al-Din*, pp. 17-19.

30. Ibid., pp. 214-215.

31. Ibid., pp. 150-154.

32. Daniel Crecelius and ʿAbd al-Wahhab Bakr, trans., *Al-Damurdashiʾs Chronicle of Egypt, 1688-1755* (Leiden: E. J. Brill, 1991), p. 286.

33. Ibid., p. 291.

34. Ibid., p. 296.

35. Ibid., pp. 310-312.

36. Winter, *Egyptian Society Under Ottoman Rule*, p. 24.

제2장

1. Ahmad al-Budayri al-Hallaq, *Hawadith Dimashq al-Yawmiyya 1741-1762*[1741-1762 다마스쿠스의 사건 일지] (Cairo: Egyptian Association for Historical Studies, 1959), p. 184; George M. Haddad, "The Interests of an Eighteenth Century Chronicler of Damascus," *Der Islam* 38 (June 1963): 258-271.

2. Budayri, *Hawadith Dimashq*, p. 202.

3. Ibid., p. 129.

4. Ibid., p. 219.

5. Ibid., p. 57.

6. Ibid., p. 112.

7. Albert Hourani, "The Fertile Crescent in the Eighteenth Century," *A Vision of History* (Beirut: Khayats, 1961), p. 42에서 전재.

8. Thomas Philipp and Moshe Perlmann, eds., *ʿAbd al-Rahman al-Jabartiʾs History of Egypt*, vol. 1 (Stuttgart: Franz Steiner, 1994), p. 6.

9. 마운트 레바논의 시하브 가문에 대해서는 Kamal Salibi, *The Modern History of Lebanon* (London: Weidenfeld and Nicholson, 1965)을 참조. 모술의 잘릴리 가문에 대해서는 Dina Rizk Khoury, *State and Provincial Society in the Ottoman Empire: Mosul, 1540-1830* (Cambridge: Cambridge University Press, 1997)을 참조.

10. Roger Owen, *The Middle East in the World Economy, 1800-1914* (London: Methuen, 1981), p. 7.

11. Budayri, *Hawadith Dimashq*, pp. 27-29.

12. Ibid., pp. 42-45.

13. Amnon Cohen, *Palestine in the Eighteenth Century* (Jerusalem: Magnes Press, 1973), p. 15.

14. Thomas Philipp, *Acre: The Rise and Fall of a Palestinian City, 1730-1831* (New York: Columbia University Press, 2001), p. 36.

15. Philipp and Perlmann, *Abd al-Rahman al-Jabarti's History of Egypt*, vol. 1, p. 636. 알리 베이 알 카비르에 대해서는 Daniel Crecelius, *The Roots of Modern Egypt: A Study of the Regimes of 'Ali Bey al-Kabir and Muhammad Bey Abu al-Dhahab, 1760-1775* (Minneapolis and Chicago: University of Minnesota Press, 1981)을 참조.

16. Philipp and Perlmann, *Abd al-Rahman al-Jabarti's History of Egypt*, vol.1, p. 639.

17. Ibid., p. 638.

18. Ibid., p. 639.

19. 이 이야기는 마운트 레바논의 al-Amir Haydar Ahmad al-Shihab(1761-1835)가 쓴 연대기 『당대의 아들들에 관한 연대기의 전형(*Al-Ghurar al-Hisan fi akhbar abna' al-zaman*)』에 나온다. 시하브 가문의 연대기는 『시하브 가문 출신의 아미르들 시대의 레바논(*Lubnan fi 'ahd al-umara' al-Shihabiyin*)』 vol. 1 (Beirut: Editions St. Paul, 1984)이라는 제목으로 Asad Rustum와 Fuad al-Bustani가 편집하여 출판했다. 이 책의 p. 79 참조.

20. Shihab, *Lubnan fi 'ahd al-umara' al-Shihabiyin*, vol. 1, pp. 86-87.

21. Philipp and Perlmann, *Abd al-Rahman al-Jabarti's History of Egypt*, vol.1, p. 639.

22. Philipp, citing Ahmad al-Shihab's *Tarikh Ahmad Pasha al-Jazzar*, in *Acre*, p. 45.

23. 자히르 알 우마르(c. 1784-1816)의 죽음에 관한 극적인 설명은 Mikha'il al-Sabbagh의 연대기 『셰이크 자히르 알 우마르 알 자이단의 역사(*Tarikh al-Shaykh Zahir al-'Umar al-Zaydani*)』 (Harisa, Lebanon:Editions St. Paul, 1935), pp. 148-158 참조.

24. Cited in Alexei Vassiliev, *The History of Saudi Arabia* (London: Saqi, 2000), p. 98.

25. Philipp and Perlmann, *Abd al-Rahman al-Jabarti's History of Egypt*, vol.4, p. 23.

26. Mikhayil Mishaqa, *Murder, Mayhem, Pillage, and Plunder: The History of Lebanon in the Eighteenth and Nineteenth Centuries* (Albany: SUNY Press, 1988), p. 62.

제3장

1. Thomas Philipp and Moshe Perlmann, eds., *'Abd al-Rahman al-Jabarti's History of Egypt*, vol. 3 (Stuttgart: Franz Steiner, 1994), p. 2.

2. Ibid., p. 13.

3. Ibid., p. 8.

4. Ibid., p. 51.

5. M. de Bourienne, *Memoires sur Napoleon*, 2 vols. (Paris, 1831), cited in ibid., p. 57, n. 63.

6. Philipp and Perlmann, *'Abd al-Rahman al-Jabarti's History of Egypt*, vol.3, pp. 56-57.

7. Afaf Lutfi al-Sayyid Marsot, *Egypt in the Reign of Muhammad Ali* (Cambridge: Cambridge University Press, 1984), p. 37. 또한 Darrell Dykstra, 'The French Occupation of Egypt,' in M. W. Daly, ed., *The Cambridge History of Egypt*, vol. 2 (Cambridge: Cambridge University Press, 1998), pp. 113-138를 참조하라.

8. Philipp and Perlmann, *'Abd al-Rahman al-Jabarti's History of Egypt*, vol.3, pp. 505-506.

9. Ibid., vol. 4, pp. 179-180.

10. Marsot, *Egypt in the Reign of Muhammad Ali*, p. 72.

11. Ibid., p. 201. 1퍼스는 500피아스터에 해당했고, 1820년대의 환율에 의하면 대략 미화 1달러는 12.6피아스터였다.

12. 와하비 지도부의 처형에 관한 설명은 오스만 제국 주재 러시아 대사였던 Alexei Vassiliev의 *History of Saudi Arabia* (London: Saqi, 2000), p. 155에서 인용했다.

13. Khaled Fahmy, *All the Pasha's Men: Mehmed Ali, His Army, and the Making of Modern Egypt* (Cambridge: Cambridge University Press, 1997), p. 92.

14. Mustafa Rashid Celebi Efendi, cited in ibid., p. 81.

15. 무함마드 알리가 자신의 대리인이었던 나지브 에펜디에게 보낸 1827년 10월 6일자 편지로, Fahmy가 번역한 *All the Pasha's Men*, pp. 59-60에서 인용했다.

16. Mikhayil Mishaqa가 1873년에 쓴 연대기 『사랑하는 이들의 제안에 대한 답(*al-Jawab 'ala iqtirah al-ahbab)*』을 Wheeler Thackston이 번역하여 *Murder, Mayhem, Pillage, and Plunder: The History of the Lebanon in the Eighteenth and Nineteenth Centuries* (Albany: SUNY Press, 1988)라는 제목으로 출판했다. 이 책의 pp. 165-169 참조.

17. Ibid., pp. 172-174.

18. Ibid., pp. 178-187.

19. 1838년 7월 20일자 파머스턴의 편지, Marsot, *Egypt in the Reign of Muhammad Ali*, p. 238에서 인용.

20. Mishaqa, *Murder, Mayham, Pillage, and Plunder*, p. 216.

21. 1840년 9월 15-17일의 레반트 강화를 위한 런던 협정문은 J. C. Hurewitz, *The Middle East and North Africa in World Politics*, vol. 1 (New Haven, CT: Yale University Press, 1975) pp. 271-275에 전재되어 있다.

제4장

1. 영어 완역판과 Al-Tahtawi의 저작(*Takhlis al-Ibriz fi Talkhis Bariz*)에 관한 연구를 참조하려면 Daniel L. Newman, *An Imam in Paris: Al-Tahtawi's Visit to France (1826-1831)* (London: Saqi, 2004)를 보라.

2. Ibid., pp. 99, 249.

3. Ibid., pp. 105, 161.

4. 헌법에 관한 분석은 같은 책 pp.194-213에 전재되어 있다.

5. 1830년 7월 혁명에 관한 *Al-Tahtawi*의 분석은 같은 책 pp. 303-330 참조.

6. 1839년 개혁 칙령에 관한 번역문은 J. C. Hurewitz, *The Middle East and North Africa in World Politics*, vol. 1 (New Haven, CT: Yale University Press, 1975), pp. 269-271에 전재되어 있다.

7. 1856년 칙령 원문은 같은 책, pp. 315-318에 전재되어 있다.

8. 다마스쿠스의 오스만 재판관, Muhammad Sa'id al-Ustuwana의 일기가 As'ad al-Ustuwana에 의해서 『19세기 중반(1840-1861) 다마스쿠스에서 발생한 사건들의 목격담(*Mashahid wa ahdath dimishqiyya fi muntasif al-qarn al-tasi' 'ashar (1840-1861)*』(Damascus: Dar al-Jumhuriyya, 1993)이라는 제목으로 편집되어 출판되었다. 책의 p. 162 참조.

9. Jonathan Frankel, *The Damascus Affair: 'Ritual Murder,' Politics, and the Jews in 1840* (Cambridge: Cambridge University Press, 1997).

10. Bruce Masters, 'The 1850 Events in Aleppo: An Aftershock of Syria's Incorporation into the Capitalist World System,' *International Journal of Middle East Studies* 22 (1990): 3-20.

11. Leila Fawaz, *An Occasion for War: Civil Conflict in Lebanon and Damascus in 1860* (London: I. B. Tauris, 1994); Ussama Makdisi, *The Culture of Sectarianism: Community, History, and Violence in Nineteenth-Century Ottoman Lebanon* (Berkeley and Los Angeles: University of California Press, 2000).

12. Kamal Salibi의 "다마스쿠스의 저명인사 나키브 알 아쉬라프(예언자 무함마드의 후손들의 총수/역주), 사이드 무함마드 아불 수우드 알 하시비가 목격한 1860년의 다마스쿠스 동란"에 인용된 다마스쿠스의 무슬림 명사 Abu all-Sa'ud al-Hasbib의 회고록 참조. William Polk and Richard Chambers, eds., *Beginnings of Modernization in the Middle East: The Nineteenth Century* (Chicago: University of Chicago Press, 1968), p. 190.

13. Wheeler Thackston Jr.가 Mikhayil Mishaqa이 쓴 1873년의 기록을 *Murder, Mayhem, Pillage, and Plunder: The History of the Lebanon in the Eighteenth and Nineteenth Centuries* (Albany: SUNY Press, 1988)이라는 제목의 책으로 번역했다. 책의 p. 244 참조.

14. 1860년 9월 27일에 베이루트의 미국 영사에게 아랍어로 쓴 미샤카의 보고서가 메릴랜드 주, 칼리지 파크의 국립 문서고에 보관되어 있다.

15. Y. Hakan Erdem, *Slavery in the Ottoman Empire and Its Demise, 1800-1909* (Basingstoke, UK: 1996).

16. Roger Owen, *The Middle East in the World Economy, 1800-1914* (London: Methuen, 1981), p. 123.

17. David Landes, *Bankers and Pashas: International Finance and Economic Imperialism in*

Egypt (Cambridge, MA: Harvard University Press, 1979), pp. 91-92.

18. Owen, *Middle East in the World Economy*, pp. 126-127.

19. Janet Abu Lughod, *Cairo: 1001 Years of the City Victorious* (Princeton, NJ: Princeton University Press, 1971), pp. 98-113.

20. Khayr al-Din의 자서전『내 아이들에게(*A mes enfants*)』가 M. S. Mzali와 J. Pignon에 의하여 'Documents sur Kheredine'(*Revue Tunisienne*, 1934: 177-225, 347-396)라는 제목으로 편집되어 출간되었다. 인용된 구절은 p. 183 참조.

21. Khayr al-Din의 정치 논문인『국가 상황에 관한 지식을 얻기 위한 가장 확실한 길(*Aqwam al-masalik li ma'rifat ahwal al-mamalik*)』을 Leon Carl Brown이 *The Surest Path: The Political Treatise of a Nineteenth Century Muslim Statesman* (Cambridge, MA: Harvard University Press, 1967)로 편역했다.

22. Ibid., pp. 77-78.

23. Jean Ganiage, *Les Origines du Protectorat francaise en Tunisie (1861-1881)* (Paris: Presses Universitaires de France, 1959); L. Carl Brown, *The Tunisia of Ahmad Bey (1837-1855)* (Princeton: Princeton University Press, 1974); Lisa Anderson, *The State and Social Transformation in Tunisia and Libya, 1830-1980* (Princeton, NJ: Princeton University Press, 1986).

24. Brown, *The Surest Path*, p. 134에서 인용.

25. Mzali and Pignon, 'Documents sur Kheredine,' pp. 186-187.

26. P. J. Vatikiotis, *The History of Egypt from Muhammad Ali to Sadat* (London: Johns Hopkins University Press, 1980).

27. Niyazi Berkes, *The Emergence of Secularism in Turkey* (London: Routledge, 1998), p. 207.

28. Ahmet Cevdet Pasha in Charles Issawi, *The Economic History of Turkey, 1800-1914* (Chicago: University of Chicago Press, 1980), pp. 349-351; Roderic Davison, *Reform in the Ottoman Empire, 1856-1876* (Princeton, NJ: Princeton University Press, 1963), p. 112.

29. Mzali and Pignon, 'Documents sur Kheredine,' pp. 189-190.

30. Owen, *Middle East in the World Economy*, pp. 100-121.

31. Ibid., pp. 122-152.

제5장

1. 두 글 모두 Hurewitz, *The Middle East and North Africa in World Politics*, vol. 1 (New Haven, CT: Yale University Press, 1975), pp. 227-231에 전재되어 있다.

2. Rifa'a Rafi' al-Tahtawi, *An Imam in Paris* (London: Saqi, 2004), pp. 326-327.

3. Alexandre Bellemare, *Abd-el-Kader: Sa Vie politique et militaire* (Paris: Hachette, 1863), p. 120.

4. 양 협정문의 원본이 영어로 번역된 Raphael Danziger의 *Abd al-Qadir and the Algerians: Resistance to the French and Internal Consolidation* (New York: Holmes & Meier, 1977), pp. 241-260에 전재되어 있다. 이 조약들이 프랑스와 알제리에게 할당한 영토를 보여주는 지도는 같은 책 pp. 95-96과 pp. 157-158 참조.

5. Bellemare, *Abd-el-Kader*, p. 260에 전재되어 있다.

6. Ibid., p. 223.

7. A. de France, *Abd-El-Kader's Prisoners; or Five Months' Captivity Among the Arabs* (London: Smith, Elder and Co., n.d.), pp. 108-110.

8. Bellemare, *Abd-el-Kader*, pp. 286-289. Abd al-Qadir의 아들이 지말라 함락이 병사들의 사기에 미친 영향에 대해서 썼다. *Tuhfat al-za'ir fi tarikh al-Jaza'ir wa'l-Amir 'Abd al-Qadir* (Beirut: Dar al-Yaqiza al-'Arabiyya, 1964), pp. 428-431 참조.

9. 모로코와 프랑스의 우호 관계 복구를 위한 탕헤르 협정(1844년 9월 10일)은 Hurewitz, *Middle East and North Africa in World Politics*, pp. 286-287에 전재되어 있다.

10. Bellemare, *Abd-el-Kader*, p. 242.

11. Stanford J. Shaw and Ezel Kural Shaw, *History of the Ottoman Empire and Modern Turkey*, vol. 2 (Cambridge: Cambridge University Press, 1985), pp. 190-191. 25 프랑스 프랑이 1파운드로 교환되었고, 1튀르크 파운드는 0.909파운드로 교환되었다.

12. 우라비는 Jurji Zaydan의 인명사전 『19세기 동방의 유명인들의 전기(*Tarajim Mashahir al-Sharq fi'l-qarn al-tasi' 'ashar*)』에 자전적인 수필을 기고했다. vol. 1 (Cairo: Daral-Hilal, 1910), pp. 254-280.

13. Ibid., p. 261.

14. 우라비는 1903년에 이 사건들을 Wilfrid Scawen Blunt에게 설명했고 그는 이 이야기를 *Secret History of the British Occupation of Egypt* (New York: Howard Fertig, 1967, reprint of 1922 ed.)에 실었다. 책의 p. 369 참조.

15. Urabi memoirs, p. 269.

16. Ibid., p. 270.

17. Ibid., p. 272.

18. Blunt는 Muhammad Abdu에게 이 사건에 관한 우라비의 설명에 대해서 논평해줄 것을 요청했다. Blunt, *Secret History*, p. 376.

19. Urabi memoirs, p. 274.

20. Blunt, *Secret History*, p. 372.

21. A. M. Broadley, *How We Defended Arabi and His Friends* (London: Chapman and Hall, 1884), p. 232.

22. Ibid., pp. 375-376.

23. Blunt, *Secret History*, p. 299.

24. *Mudhakkirat 'Urabi*[우라비 회고록], vol. 1 (Cairo: Dar al-Hilal, 1954), pp. 7-8.

25. '아프리카 분할'과 파쇼다 사건에 관해서는 Ronald Robinson and John Gallagher, *Africa and the Victorians: The Official Mind of Imperialism*, 2nd ed. (Houndmills, UK: Macmillan, 1981)를 참조.

26. Hurewitz, *Middle East and North Africa*, vol. 1, p. 477.

27. Ibid., pp. 508-510.

28. Ahmad Amin, *My Life*, translated by Issa Boullata (Leiden: E. J. Brill, 1978), p. 59.

29. Ami Ayalon가 *The Press in the Arab Middle East: A History* (New York and Oxford: Oxford University Press, 1995)에서 인용한 것이다. 책의 p. 15 참조.

30. Cited in ibid., p. 30.

31. Cited in ibid., p. 31.

32. Martin Hartmann, *The Arabic Press of Egypt* (London, Luzac, 1899), pp. 52-85, cited in Roger Owen, *Lord Cromer: Victorian Imperialist, Edwardian Proconsul* (Oxford: Oxford University Press, 2004), p. 251.

33. Albert Hourani, *Arabic Thought in the Liberal Age, 1798-1939* (London: Oxford University Press, 1962), p. 113.

34. Ahmad Amin, *My Life*, pp. 48-49.

35. Thomas Philipp and Moshe Perlmann, trans. and eds., *'Abd al-Rahman al-Jabarti's History of Egypt*, vol. 3 (Stuttgart: Franz Steiner, 1994), pp. 252-253.

36. Daniel L. Newman, *An Imam in Paris: Al-Tahtawi's Visit to France (1826-1831)* (London: Saqi, 2004), p. 177.

37. Ahmad Amin, *My Life*, p. 19.

38. Judith Tucker, *Women in Nineteenth Century Egypt* (Cambridge: Cambridge University Press, 1985), p. 129.

39. Qasim Amin, *The Liberation of Women*, trans. Samiha Sidhom Peterson (Cairo: American University at Cairo Press, 1992), p. 12.

40. Ibid., p. 15.

41. Ibid., p. 72.

42. Ibid., p. 75.

43. Ahmad Amin, *My Life*, p. 90.

44. Ibid., p. 60.

45. Ibid., pp. 60-61. 번역자는 'upset(동요, 당황)'으로 번역했지만 아랍어 원문에서는 'grief(비탄)'라는 더 강한 의미의 단어가 쓰였다.

제6장

1. 'De Bunsen Committee Report,' in J. C. Hurewitz, ed., *The Middle East and North Africa in World Politics*, vol. 2 (New Haven, CT: Yale University Press, 1979), pp. 26-46.

2. 후세인-맥마흔의 서신은 같은 책 pp. 46-56에 전재되어 있다.

3. 카락의 거주민이었던 'Uda al-Qusus의 미발간 회고록에서 인용. Eugene Rogan, *Frontiers of the State in the Late Ottoman Empire: Transjordan, 1851-1921* (Cambridge: Cambridge University Press, 1999), pp. 232-233.

4. 사이크스-피코 협정은 Hurewitz, *Middle East and North Africa*, vol. 2, pp. 60-64에 전재되어 있다.

5. George Antonius, *The Arab Awakening: The Story of the Arab National Movement* (London: Hamish Hamilton, 1938), p. 248.

6. 제1차 시오니스트 회의의 바젤 계획안은 Paul R. Mendes-Flohr and Jehuda Reinharz, *The Jew in the Modern World: A Documentary History* (New York: Oxford University Press, 1980), p. 429에 전재되어 있다.

7. Tom Segev, *One Palestine, Complete* (London: Abacus, 2001) p. 44.

8. 밸푸어 선언은 Hurewitz, *Middle East and North Africa*, vol. 2, pp. 101-106에 전재되어 있다.

9. 「알 샤르크(*al-Sharq*)」 신문에 실린 케말 파샤의 발언은 Antonius, *Arab Awakening*, pp. 255-256에서 인용.

10. 1918년 11월 7일 영-프 선언은 같은 책 pp. 435-436에서 인용; Hurewitz, *Middle East and North Africa*, vol. 2, p. 112.

11. 파이살-바이츠만 협정은 Walter Laqueur and Barry Rubin, eds., *The Israel-Arab Reader: A Documentary History of the Middle East Conflict* (New York: Penguin, 1985), pp. 19-20에 전재되어 있다.

12. 파이살의 메모는 Hurewitz, *Middle East and North Africa*, vol. 2, pp. 130-32에 전재되어 있다.

13. Harry N. Howard, *The King-Crane Commission* (Beirut: Khayyat, 1963), p. 35.

14. 킹-크레인 보고서가 *Editor & Publisher* 55(27, 2nd section, December 2, 1922)에서 처음으로 발간되었다. 그 권고안의 축약본은 Hurewitz, *Middle East and North Africa*, vol. 2, pp. 191-99에 전재되어 있다.

15. Abu Khaldun Sati' al-Husri, *The day of Maysalun: A Page from the Modern History of the Arabs* (Washington, DC: Middle East Institute, 1966), pp. 107-108.

16. Sati' al-Husri의 아랍어판, *Yawm Maysalun* (Beirut: Maktabat al-Kishaf, 1947), plate 25에 전재되어 있다. 정치적으로 사용된 구호에 대해서는 James L. Gelvin, *Divided Loyalties:*

Nationalism and Mass Politics in Syria at the Close of Empire (Los Angeles and Berkeley: University of California Press, 1998)를 참조.

17. Al-Husri, *Day of Maysalun*, p. 130. 파리의 미국 대표단을 위해서 작성된 킹-크레인 보고서의 기밀 부록에서 확인할 수 있다.

18. Yusif al-Hakim, *Suriyya wa 'l-'ahd al-Faysali* [시리아와 파이살의 시대] (Beirut: Dar An-Nahar, 1986), p. 102.

19. 'Resolution of the General Syrian Congress at Damascus,' reproduced in Hurewitz, *Middle East and North Africa*, vol. 2, pp. 180-182.

20. 'King-Crane Recommendations,' in ibid., p. 195.

21. Al-Husri, *Day of Maysalun*, p. 79.

22. Elie Kedourie, 'Sa'ad Zaghlul and the British,' *St. Antony's Papers* 11, 2 (1961): 148-149.

23. 1919년 혁명에 대한 맥퍼슨의 서신은 Barry Carman and John McPherson, eds., *The Man Who Loved Egypt: Bimbashi McPherson* (London: Ariel Books, 1985), pp. 204-221에 전재되어 있다.

24. Huda Shaarawi, *Harem Years: The Memoirs of an Egyptian Feminist*, rans. and ed. Margot Badran (New York: The Feminist Press, 1986), p. 34.

25. Ibid., pp. 39-40.

26. Ibid., p. 55.

27. Ibid., pp. 92-94.

28. 1920년 10월 6일자 「알 이스티크랄(*Al-Istiqlal*)」 신문 기사가 Abd al-Razzaq al-Hasani의 『점령과 위임통치 시기의 이라크(*al-'Iraq fi dawray al-ihtilal wa 'l intidab*)』 (Sidon: al-'Irfan, 1935, pp. 117-118에 전재되어 있다.

29. Charles Tripp, *A History of Iraq* (Cambridge: Cambridge University Press, 2000), pp. 36-45.

30. 1920년 7월 30일에 나자프에서 Shaykh Muhammad Baqr al-Shabibi가 출판했다. al-Hasani, *al-'Iraq*, pp. 167-168에 전재되어 있다.

31. Ghassan R. Atiyya, *Iraq, 1908-1921: A Political Study* (Beirut: Arab Institute for Research and Publishing, 1973).

32. Muhammad Abd al-Husayn이 나자프의 신문 「알 이스티크랄」에 1920년 10월 6일에 쓴 글이다. al-Hasani, *al-'Iraq*, pp. 117-118에 전재되어 있다.

33. Aylmer L. Haldane, *The Insurrection in Mesopotamia, 1920* (Edinburgh and London: William Blackwood and Sons, 1922), p. 331.

제7장

1. Charles E. Davies, *The Blood-Red Arab Flag: An Investigation into Qasimi Piracy, 1797-1820*

(Exeter: Exeter University Press, 1997), pp. 5-8, 190. 무함마드 알 카시미 술탄에 대해서는 *The Myth of Arab Piracy in the Gulf* (London: Croom Helm, 1986)를 참조.

2. 영국과 바레인의 셰이크가 1880년 12월 22일에 서명한 협정은 J. C. Hurewitz, *The Middle East and North Africa in World Affairs*, vol. 1 (New Haven, CT: Yale University Press, 1975), p. 432 참조.

3. 1982년 3월 13일에 바레인과 영국 간에 체결된 독점 협약은 같은 책, p. 466 참조.

4. Great Britain, *Parliamentary Debates, Commons*, 5th ser., vol. 55, cols. 1465-1466, 같은 책, p. 570에서 인용.

5. 1915년 6월 30일 드 분젠 보고서는 Hurewitz, *Middle East and North Africa*, vol. 2, pp. 28-29에 전재되어 있다.

6. Middle East Centre Archives, St. Antony's College, Oxford (hereafter MECA), Philby Papers 15/5/241, letter from Sharif Husayn to Ibn Saud dated February 8, 1918.

7. MECA, Philby Papers 15/5/261, letter from Sharif Husayn to Ibn Saud dated May 7, 1918.

8. King Abdullah of Transjordan, *Memoirs* (New York: Philosophical Library, 1950), p. 181.

9. 2차 쿠르마 전투(1918년 6월 23-7월 9일)에서 사우디 군이 포획한 서류에 의하면 하심 군대는 보병 1,689명, 기병 약 900명, 기타 병사들을 모두 포함해 그 수가 2,636명이었다. MECA, Philby Papers 15/5/264.

10. MECA, Philby Papers 15/2/9 and 15/2/30, two copies of Ibn Saud's letter to Sharif Husayn dated August 14, 1918.

11. MECA, Philby Papers 15/2/276, letter from Sharif Husayn to Shakir bin Zayd dated August 29, 1918.

12. King Abdullah, *Memoirs*, p. 181.

13. Ibid., p. 183; Mary Wilson, *King Abdullah, Britain, and the Making of Jordan* (Cambridge: Cambridge University Press, 1987), p. 37.

14. King Abdullah, *Memoirs*, p. 183.

15. Alexei Vassiliev, *The History of Saudi Arabia* (London: Saqi, 2000), p. 249.

16. Timothy J. Paris, *Britain, the Hashemites, and Arab Rule, 1920-1925* (London: Frank Cass, 2003), p. 1에서 인용.

17. Wilson, *King Abdullah, Britain, and the Making of Jordan*, p. 53에서 인용.

18. 남부 알 카락 출신의 기독교도였던 아우다 알 쿠수스(1877-1943)의 회고록은 출판되지 않았다. 여기에서 인용된 모든 구절은 타자기로 친, 트란스요르단의 아미르 압둘라에 관한 아랍어 원고의 제9장을 참조한 것이다.

19. 아우다 알 쿠수스는 회고록에 1923년 11월 1일자 기소장을 실었다. 기소장의 복사본이 1924년 1월 9일에 지다에 있던 그에게 전달되었다.

20. Uriel Dann, *Studies in the History of Transjordan, 1920-1949: The Making of a State* (Boulder, CO: Westview Press, 1984), pp. 81-92.

21. 1921년 7월 8일자 편지. 거트루드 벨의 편지들은 인터넷으로 뉴캐슬 대학 타인 도서관의 거트루드 벨 프로젝트에서 볼 수 있다. http://www.gerty.ncl.ac.uk/.

22. Sulayman Faydi, *Mudhakkirat Sulayman Faydi*[Sulayman Faydi의 회고록] (London: Saqi, 1998), pp. 302-303.

23. Gertrude Bell, letter of August 28, 1921.

24. Muhammad Mahdi Kubba, *Mudhakkirati fi samim al-ahdath, 1918-1958* [1918-1958 사건의 중심에 선 나의 회상록] (Beirut: Dar al-Tali'a, 1965), pp. 22-25.

25. 1922년 조약문은 Hurewitz, *Middle East and North Africa*, vol. 2, pp. 310-312에 전재되어 있다.

26. Kubba, *Mudhakkirati*, pp. 26-27.

27. 파이살의 비밀 메모는 Hanna Batatu, *The Old Social Classes and the Revolutionary Movements of Iraq* (Princeton, NJ: Princeton University Press, 1978), pp. 25-26에서 인용.

28. 자그룰의 발언은 'Bitter Harvest,' *Al-Ahram Weekly Online*, October 12-18, 2000, http://weekly.ahram.org.eg/에서 인용.

29. Ismail Sidqi, *Mudhakkirati*[나의 회상록] (Cairo: Madbuli, 1996), p. 85.

30. Ibid., p. 87. 사상자 수치는 Malak Badrawi가 Sidqi에 대해서 상당히 호의적으로 쓴 정치적 전기인 *Isma'il Sidqi, 1875-1950: Pragmatism and Vision in Twentieth-Century Egypt* (Richmond, UK: Curzon, 1996), p. 61에서 인용.

31. Sidqi, *Mudhakkirati*, p. 97.

32. 특히 오스만 시대의 인구 통계는 신뢰할 수 없다. 이러한 상황은 팔레스타인-이스라엘 분쟁으로 인구통계학이 고도로 정치화되면서 더욱 악화되었다. 가장 신뢰할 수 있는 자료는 Justin McCarthy, *The Population of Palestine* (New York: Columbia University Press, 1990)이다. 이 수치들은 p. 10.의 표 1.4D에서 가져왔다.

33. Ibid., p. 224.

34. Neville J. Mandel, *The Arabs and Zionism Before World War I* (Berkeley and Los Angeles: University of California Press, 1976); Hasan Kayali, *Arabs and Young Turks: Ottomanism, Arabism, and Islamism in the Ottoman Empire, 1908-1918* (Berkeley and Los Angeles: University of California Press, 1997), pp. 103-106.

35. 이주민의 수치는 McCarthy, *Population of Palestine*, p. 224에서, 사상자의 수치는 Charles Smith, *Palestine and the Arab-Israeli Conflict*, 4th ed. (Boston and New York: Bedford/St Martin's, 2001), pp. 113, 130에서 인용.

36. 처칠의 백서는 Hurewitz, *Middle East and North Africa*, vol. 2, pp. 301-305에 전재되어

있다. 강조는 원저자가 한 것이다.

37. Matiel E. T. Mogannam, *The Arab Woman and the Palestine Problem* (London: Herbert Joseph, 1937), pp. 70-73.

38. Ibid., p. 99.

39. McCarthy, *Population of Palestine*, pp. 34-35.

40. Akram Zuaytir, *Yawmiyat Akram Zu'aytir: al-haraka al-wataniyya al-fi lastiniyya, 1935-1939* [아크람 주아이티르의 일기 : 1935-1939 팔레스타인 민족 운동] (Beirut: Institute for Palestine Studies, 1980), pp. 27-30.

41. Ibid., p. 29.

42. Ibid., pp. 32-33.

43. Wilson, *King Abdullah, Britain, and the Making of Jordan*, p. 119에서 인용.

44. Abu Salman의 시는 팔레스타인의 소설가 Ghassan Kanafani의 에세이 『팔레스타인, 1936-1939 반란』(London: 1982)에 전재되어 있다.

45. Ben-Gurion의 일기는 Tom Segev, *One Palestine, Complete* (London: Abacus, 2001), pp. 403-404에서 인용.

46. Tom Segev는 아랍 반란에 맞서 싸우던 영국이 시행한 여러 억압 정책들을 *One Palestine, Complete*(pp. 415-443)에서 상세히 나열했다. Matthew Hughes, 'The Banality of Brutality: British Armed Forces and the Repression of the Arab Revolt in Palestine, 1936-39,' *English Historical Review* 124 (2009): 313-354도 참조하라.

47. Harrie Arrigonie는 *British Colonialism: 30 Years Serving Democracy or Hypocrisy* (Devon: Edward Gaskell, 1998)에서 자신이 바사에 도착하기 한 주 전에 발생한 이 사건들을 설명했다. 또한 그는 파괴된 버스와 마을 주민들의 시신 사진도 같이 실었다. 학살에 관한 아랍인의 설명은 Eid Haddad의 'Painful memories from Al Bassa' (http://www.palestine remembered. com)를 참조했다. Eid Haddad의 아버지는 15살 때 이 만행을 직접 목격했는데, 이 사건의 날짜를 1936년 9월로 기억하고 있었다. Ted Swedenburg도 쿠와이카트 마을에서 비슷한 증언을 들었다. *Memories of Revolt: The 1936-1939 Rebellion and the Palestinian National Past* (Fayetteville: University of Arkansas Press, 2003) pp. 107-108.

48. 1939년의 백서는 Hurewitz, *Middle East and North Africa*, vol. 2, pp. 531-538에 전재되어 있다.

제8장

1. Meir Zamir, *The Formation of Modern Lebanon* (London: Croom Helm, 1985), p. 15.

2. 암문은 다른 한 명의 마론파 교도와 수니 무슬림, 그리스 정교도, 드루즈인과 동행했다. *Daoud Ammoun et la Creation de l'Etat libanais* (Paris: Klincksieck, 1978), p. 73.

3. 1919년 1월 29일에 파리의 유력한 일간지「르 탕(Le Temps)」에 실린 암문의 발표문은 George Samne, La Syrie (Paris: Editions Bossard, 1920), pp. 231-232에 전재되어 있다 .

4. Ghanim's introduction in Samne, La Syrie, pp. xviii-xix.

5. Muhammad Jamil Bayhum, Al-'Ahd al-Mukhdaram fi Suriya wa Lubnan, 1918-1922[시리아와 레바논의 과도기]] (Beirut: Dar al-Tali'a,n.d. [1968]), p. 109.

6. Ibid., p. 110.

7. Loheac, Daoud Ammoun, pp. 84-85.

8. Bishara Khalil al-Khoury, Haqa'iq Lubnaniyya [레바논의 현실], vol. 1 (Harisa, Lebanon: Basil Brothers, 1960), p. 106.

9. Loheac, Daoud Ammoun, pp. 91-92.

10. Alphonse Zenie, 같은 책, p. 96에서 인용.

11. Yusif Sawda는 알렉산드리아에 거주했다. 같은 책 p. 139에서 인용.

12. Bayhum, al-'Ahd al-Mukhdaram, pp. 136-140.

13. Si Madani El Glaoui, C. R. Pennell, Morocco Since 1830: A History (London: Hurst, 2000), p. 176에서 인용.

14. Pennell, Morocco Since 1830, p. 190.

15. 무함마드 이븐 압드 알 카림(압드 엘 크림)은 프랑스 당국에 체포된 후 라시드 리다의 유력한 잡지인「알 마나(al-Manar)」(27, 1344-1345 (1926-1927): 630-634에 자신의 정치적 견해를 밝히는 글을 발표했다. 그에 대한 번역은 C. R. Pennell, A Country with a Government and a Flag: The Rif War in Morocco, 1921-1926 (Wisbech: MENAS Press, 1986), pp. 256-259 참조.

16. 압드 엘 크림의 패배 이후 프랑스가 진행한 부족민들과의 인터뷰에서 인용. Pennell, Country with a Government, p. 186.

17. Ibid., pp. 189-190.

18. Ibid., pp. 256-259.

19. Fawzi al-Qawuqji, Mudhakkirat Fawzi al-Qawuqji[파우지 알 카우크지의 회고록], vol. 1, 1914-1932 (Beirut: Dar al-Quds, 1975), p. 81.

20. Edmund Burke III, 'A Comparative View of French Native Policy in Morocco and Syria, 1912-1925,' Middle Eastern Studies 9 (1973): 175-186.

21. Philip S. Khoury, Syria and the French Mandate: The Politics of Arab Nationalism, 1920-1945 (Princeton, NJ: Princeton University Press, 1987), pp. 102-108.

22. Burke, 'Comparative View,' pp. 179-180.

23. Abd al-Rahman Shahbandar, Mudhakkirat[회고록] (Beirut: Daral-Irshad, 1967), p. 154.

24. Al-Qawuqji, Mudhakkirat, p. 84.

25. Shahbandar, *Mudhakkirat*, pp. 156-157.

26. Al-Qawuqji, *Mudhakkirat*, pp. 86-87.

27. Ibid., p. 89; Michael Provence, *The Great Syrian Revolt and the Rise of Arab Nationalism* (Austin: University of Texas Press, 2005), pp. 95-100.

28. Siham Tergeman, *Daughter of Damascus* (Austin: University of Texas Press, 1994), p. 97.

29. Shahbandar, *Mudhakkirat*, pp. 186-189.

30. Al-Qawuqji, *Mudhakkirat*, pp. 109-112.

31. John Ruedy, *Modern Algeria: The Origins and Development of a Nation*, 2nd ed. (Bloomington and Indianapolis: University of Indiana Press, 2005), p. 69.

32. Gustave Mercier, *Le Centenaire de l'Algerie*, vol. 1 (Algiers: P & G Soubiron, 1931), pp. 278-281.

33. Ibid., vol. 1, pp. 296-300.

34. Ibid., vol. 2, pp. 298-304.

35. Ferhat Abbas, *Le jeune Algerien: De la colonie vers la province*[알제리 청년: 식민지에서 주로] (Paris: Editions de la Jeune Parque, 1931), p. 8.

36. Ruedy의 통계에 의하면 20만6,000명의 알제리인이 징용되었고 그 중에서 2만6,000명이 사망했으며 7만2,000명이 부상당했다. 책의 p. 111 참조. Abbas는 25만 명의 알제리인이 징용되었고, 그 중에서 8만 명이 사망했다고 주장했다. 책의 p. 16 참조.

37. Abbas, *Le jeune Algerien*, p. 24.

38. Ibid., p. 119.

39. Ibid., pp. 91-93.

40. Claude Collot and Jean-Robert Henry, *Le Mouvement national algerien: Textes 1912-1954* [1912-1954 알제리 민족 운동: 문서들] (Paris: L'Harmattan, 1978), pp. 66-67.

41. Ibid., pp. 68-69.

42. Ibid., pp. 38-39. On Messali, see Benjamin Stora, *Messali Hadj (1898-1974): pionnier du nationalism algerien*[메살리 하지(1898-1974): 알제리 민족주의의 선구자] (Paris: L'Harmattan, 1986).

43. 전체 법안에 대한 번역은 J. C. Hurewitz, *The Middle East and North Africa in World Affairs*, vol. 2 (New Haven, CT: Yale University Press, 1975), pp. 504-508에 전재되어 있다.

44. Al-Khoury, *Syria and the French Mandate*, p. 592.

45. Bishara al-Khoury, *Haqa'iq Lubnaniyya*[레바논의 현실], vol. 2 (Beirut: Awraq Lubnaniyya, 1960), pp. 15-16.

46. Ibid., pp. 33-52.

47. Khalid al-Azm, *Mudhakkirat Khalid al-'Azm*[회고록], vol. 1 (Beirut: Dar al-Muttahida,

1972), pp. 294-299.

48. Tergeman, *Daughter of Damascus*, pp. 97-98.

제9장

1. 팔레스타인 유대인 지하 저항운동의 공식 발표문은 Menachem Begin, *The Revolt* (London: W. H. Allen, 1951), pp. 42-43에서 인용.

2. Stern의 말은 Joseph Heller, *The Stern Gang: Ideology, Politics and Terror, 1940-1949* (London: Frank Cass, 1995), pp. 85-87에 전재되어 있다.

3. Begin, *The Revolt*, p. 215.

4. Ibid., pp. 212-230.

5. *Manchester Guardian*, August 1, 1947, p. 5, cited in Paul Bagon, 'The Impact of the Jewish Underground upon Anglo Jewry: 1945-1947' (M.Phil. thesis, Oxford, 2003), pp. 118-119.

6. *Jewish Chronicle*, August 8, 1947, p. 1, cited in Bagon, 'Impact of the Jewish Underground,' p. 122.

7. William Roger Louis, *The British Empire in the Middle East, 1945-1951* (Oxford: Oxford University Press, 1985), p. 485에서 인용.

8. Charles D. Smith, *Palestine and the Arab-Israeli Confl ict*, 4th ed. (Boston and New York: Bedford/St. Martin's, 2001) pp. 190-192.

9. T. G. Fraser, *The Middle East, 1914-1979* (London: E. Arnold, 1980), pp. 49-51에 전재되어 있다.

10. *Al-Ahram*, February 2, 1948.

11. Abd al-Qadir al-Husayni와 함께 다마스쿠스에 갔던 Qasim al-Rimawi는 1948년 팔레스타인 '재앙'을 팔레스타인의 역사가 Arif al-Arif에게 설명했다. al-Arif, *al-Nakba: Nakbat Bayt al-Maqdis wa l-Firdaws al-Mafqud*[재앙: 예루살렘과 실낙원의 재앙], vol. 1 (Sidon and Beirut: al-Maktaba al-'Asriyya, 1951)를 참조.

12. Ibid., p. 161. 각주에서 Arif는 다른 영국 병사들도 하가나에 협력했음을 독자들에게 상기시켰다.

13. Ibid., p. 168.

14. Ibid., pp. 171 and 170.

15. 공장주의 아들 Ahmad Ayesh Khalil과 소농 집안의 출신이자 그 당시 17살이었던 Aisha Jima Ziday(Zaydan)의 증언은 Staughton Lynd, Sam Bahour, and Alice Lynd, eds., *Homeland: Oral Histories of Palestine and Palestinians* (New York: Olive Branch Press, 1994), pp. 24-26에 전재되어 있다.

16. Arif, *al-Nakba*, p. 173.

17. Ibid., pp. 173-174.

18. Ibid., pp. 174-175.

19. Benny Morris, *The Birth of the Palestinian Refugee Problem, 1947-1949* (Cambridge: Cambridge University Press, 1987), p. 30.

20. Rashid al-Hajj Ibrahim, *al-Difa' 'an Hayfa wa qadiyyat fi lastin*[하이파 수호와 팔레스타인 문제]] (Beirut: Institute for Palestine Studies, 2005), p. 44.

21. Ibid., p. 104.

22. Ibid., pp. 109-112.

23. Tom Segev의 *One Palestine, Complete* (London: Abacus, 2000), p. 508에 인용된 Khalil al-Sakakini의 일기 참조.

24. Morris, *Birth of the Palestinian Refugee Problem*, p. 141.

25. Avi Shlaim, *The Politics of Partition: King Abdullah, the Zionists, and Palestine, 1921-1951* (Oxford: Oxford University Press, 1998).

26. John Bagot Glubb, *A Soldier with the Arabs* (New York: Harper & Brothers, 1957), p. 66.

27. Fawaz Gerges, 'Egypt and the 1948 War,' in Eugene Rogan and Avi Shlaim, eds., *The War for Palestine: Rewriting the History of 1948* (Cambridge: Cambridge University Press, 2001), p. 159에서 인용.

28. Avi Shlaim, 'Israel and the Arab Coalition in 1948,' in ibid., p. 81. 이집트만이 전쟁 중에 병력을 상당히 증강했다. 초기에는 1만 명이던 병력이 전쟁 말기에는 최대 4만5,000명으로 증가했다. Gerges, 'Egypt and the 1948 War,' p. 166.

29. Gamal Abdel Nasser, *The Philosophy of the Revolution* (Buffalo, NY: Economica Books, 1959), pp. 28-29.

30. Constantine K. Zurayk, *The Meaning of the Disaster*, trans. R. Bayly Winder (Beirut: Khayat, 1956).

31. Musa Alami, 'The Lesson of Palestine,' *Middle East Journal* 3 (October 1949): 373-405.

32. Zurayk, *Meaning of the Disaster*, p. 2.

33. Ibid., p. 24.

34. Alami, 'Lesson of Palestine,' p. 390.

35. Richard P. Mitchell, *The Society of the Muslim Brothers* (Oxford: Oxford University Press, 1993), p. 6.

36. 'Adil Arslan, *Mudhakkirat al-Amir 'Adil Arslan*[아미르 아딜 아르슬란의 회고록], vol. 2 (Beirut: Dar al-Taqaddumiya, 1983), p. 806.

37. Avi Shlaim, 'Husni Za'im and the Plan to Resettle Palestinian Refugees in Syria,' *Journal of Palestine Studies* 15 (Summer 1986): 68-80.

38. Arslan, *Mudhakkirat*, p. 846.

39. Mary Wilson, *King Abdullah, Britain, and the Making of Jordan* (Cambridge: Cambridge University Press, 1987), pp. 209-213.

제10장

1. Nawal El Saadawi, *A Daughter of Isis: The Autobiography of Nawal El Saadawi* (London: Zed Books, 2000), pp. 260-261.

2. Nawal El Saadawi, *Walking Through Fire: A Life of Nawal El Saadawi* (London: Zed Books, 2002), p. 33.

3. Anouar Abdel-Malek, *Egypt: Military Society* (New York: Random House, 1968), p. 36.

4. Mohammed Naguib, *Egypt's Destiny* (London: Gollancz, 1955), p. 101.

5. Anwar el-Sadat, *In Search of Identity* (London: Collins, 1978), pp. 100-101.

6. Khaled Mohi El Din, *Memories of a Revolution: Egypt 1952* (Cairo: American University in Cairo Press, 1995), pp. 41-52.

7. Ibid., p. 81.

8. Naguib, *Egypt's Destiny*, p. 110.

9. Ibid., pp. 112-113.

10. Sadat, *In Search of Identity*, p. 107, 이 책에서 사다트는 쿠데타가 시작되었을 때 자신은 극장에 있었다고 언급했다. Mohi El Din의 *Memories of a Revolution*에는 싸움과 경찰 조사에 대한 이야기가 실려 있다.

11. Mohi El Din, *Memories of a Revolution*, pp. 103-104.

12. El Saadawi, *Walking Through Fire*, p. 51.

13. Sadat, *In Search of Identity*, p. 121.

14. Naguib, *Egypt's Destiny*, pp. 139-140.

15. Ibid., p. 148.

16. Alan Richards, *Egypt's Agricultural Development, 1800-1980* (Boulder, CO: Westview Press, 1982), p. 178.

17. El Saadawi, *Walking Through Fire*, pp. 53-54.

18. Charles Issawi, *An Economic History of the Middle East and North Africa* (New York: Columbia University Press, 1982), 표 A.3, p. 231.

19. 이 수치는 Naguib, *Egypt's Destiny*, p. 168에서 참조.

20. Richard P. Mitchell, *The Society of the Muslim Brothers* (New York: Oxford University Press, 1993), p. 149.

21. Joel Gordon, *Nasser's Blessed Movement: Egypt's Free Officers and the July Revolution*

(New York and Oxford: Oxford University Press, 1992), p. 179.

22. Mohamed Heikal, *Nasser: The Cairo Documents* (London: New English Library, 1972), p. 51.

23. Avi Shlaim, *The Iron Wall: Israel and the Arab World* (New York: W. W. Norton, 2000), p. 112.

24. Hassan II, *The Challenge* (London, 1978), p. 31, cited in C. R. Pennell, *Morocco Since 1830: A History* (London: Hurst, 2000), p. 263.

25. Leila Abouzeid, *Year of the Elephant: A Moroccan Woman's Journey Toward Independence* (Austin: University of Texas Press, 1989), pp. 20-21. Abouzeid는 1980년대 초반에 처음으로 자신의 소설을 아랍어로 발표했다.

26. Ibid., pp. 36-38. 영문판 서문에서 그녀는 "전 모음집에 등장하는 주요 사건이나 인물은 모두 사실이다. 나는 이 이야기들을 만들어 내지 않았다. 있는 그대로 그저 그들에 대해서 이야기했을 뿐이다. 그리고 모로코는 비화로 가득한 나라이다"라고 썼다.

27. Ibid., pp. 49-50.

28. John Ruedy, *Modern Algeria: The Origins and Development of a Nation* (Bloomington and Indianapolis: University of Indiana Press, 2005), p. 163.

29. Heikal, *The Cairo Documents*, pp. 57-63.

30. Motti Golani, 'The Historical Place of the Czech-Egyptian Arms Deal, Fall 1995,' *Middle Eastern Studies* 31 (1995): 803-827.

31. Heikal, *The Cairo Documents*, p. 68.

32. Ibid., p. 74.

33. Ezzet Adel, quoted by the BBC, 'The Day Nasser Nationalized the Canal,' July 21, 2006, http://news.bbc.co.uk/1/hi/world/middle_east/5168698.stm.

34. Heikal, *The Cairo Documents*, pp. 92-95.

35. Shlaim, *The Iron Wall*, p. 166에서 인용.

36. Heikal, *The Cairo Documents*, p. 107.

37. CIA의 쿠데타 음모에 대한 상세한 설명은 Wilbur Crane Eveland, *Ropes of Sand: America's Failure in the Middle East* (New York: W. W. Norton, 1980)를 참조.

38. El Saadawi, *Walking Through Fire*, pp. 89-99. 사상자 수는 *Cairo Documents*, p. 115 참조.

39. Heikal, *Cairo Documents*, p. 118.

40. Abdullah Sennawi, quoted by Laura James, 'Whose Voice? Nasser, the Arabs, and "Sawt al-Arab" Radio,' *Transnational Broadcasting Studies* 16 (2006), http://www.tbsjournal.com/James.html.

41. Youmna Asseily and Ahmad Asfahani, eds., *A Face in the Crowd: The Secret Papers of*

Emir Farid Chehab, 1942-1972 (London: Stacey International, 2007), p. 166.

42. Patrick Seale, *The Struggle for Syria: A Study of Post-War Arab Politics, 1945-1958* (New Haven, CT: Yale University Press, 1986), p. 307.

43. Khalid al-Azm, *Mudhakkirat Khalid al-Azm*[회고록], vol. 3 (Beirut: Dar al-Muttahida, 1972), pp. 125-126.

44. Ibid., pp. 127-128.

45. Seale, *The Struggle for Syria*, p. 323.

46. Avi Shlaim, *Lion of Jordan: The Life of King Hussein in War and Peace* (London: Allen Lane, 2007), pp. 129-152; Lawrence Tal, *Politics, the Military, and National Security in Jordan, 1955-1967* (Houndmills, UK: Macmillan, 2002), pp. 43-53.

47. Eveland, *Ropes of Sand*, pp. 250-253.

48. Yunis Bahri, *Mudhakkirat al-rahala Yunis Bahri fi sijn Abu Ghurayb ma'rijal al-'ahd al-maliki ba'd majzara Qasr al-Rihab 'am 1958 fi 'l-'Iraq*[1958년 이라크 리하브 궁 학살 사건 이후 군주정 시절 인사들과 함께 한 아부 구라이브 감옥에서의 수감생활에 대한 유니스 바흐리의 회고록] (Beirut: Dar al-Arabiyya li'l-Mawsu'at, 2005), p. 17.

49. 이 이야기는 아부 그라이브 감옥에서 한 목격자가 직접 Yunis Bahri에게 들려준 것이다. Bahri, *Mudhakkirat*, pp. 131-134.

50. Ibid., pp. 136-138.

51. Camille Chamoun, *La Crise au Moyen Orient* (Paris, 1963), p. 423, cited in Irene L. Gendzier, *Notes from the Minefield: United States Intervention in Lebanon and the Middle East, 1945-1958* (New York: Columbia University Press, 1997), p. 297-298.

52. Heikal, *Cairo Documents*, p. 131.

제11장

1. Malcolm Kerr, *The Arab Cold War: Gamal 'Abd al-Nasir and His Rivals, 1958-1970*, 3rd ed. (New York: Oxford University Press, 1971), p. 21에서 인용.

2. Mohamed Heikal, *Nasser: The Cairo Documents* (London: New English Library, 1972), p. 187.

3. Mouloud Feraoun, *Journal 1955-1962* (Paris: Editions du Seuil, 1962), p. 156.

4. Ibid., pp. 151-152.

5. 이 이야기는 알제 전투에 참전했던 또다른 여성인 Zohra Drif가 들려준 것이다. Daniele Djamila Amrane-Minne, *Des Femmes dans la guerre d'Algerie*[알제리 전쟁 당시의 여성들] (Paris: Karthala, 1994), p. 139.

6. Georges Arnaud and Jacques Verges, *Pour Djamila Bouhired* (Paris: Minuit, 1961), p. 10.

Djamila Bouhired는 이집트 영화제작자인 Youssef Chahine의 영화 소재가 되었다.

7. Amrane-Minne, *Femmes dans la guerre d'Algerie*, pp. 134-135.

8. Alistair Horne, *A Savage War of Peace: Algeria, 1954-1962* (New York: New York Review Books, 2006), p. 151.

9. 알제리에서의 고문 문제를 둘러싼 논란은, 광범위한 고문 사용을 공개적으로 인정한 Paul Aussaresses 장군의 알제 전투에 관한 회고록이 2001년에 발간되면서 되살아났다. 이 책은 *The Battle of the Casbah: Terrorism and Counter-terrorism in Algeria, 1955-1957*(New York: Enigma, 2002)이라는 제목의 영문판으로도 출판되었다.

10. Horne, *Savage War of Peace*, p. 282.

11. Feraoun, *Journal*, p. 274.

12. Ibid., pp. 345-346.

13. Amrane-Minne, *Femmes dans la guerre d'Algerie*, pp. 319-320.

14. Anouar Abdel-Malek, *Egypt: Military Society* (New York: Random House, 1968), p. 287.

15. Laura M. James, *Nasser at War: Arab Images of the Enemy* (Houndmills, UK: Palgrave, 2006), p. 56에서 인용.

16. "북부의 부족민들이……1950년대 중반까지도 정기적으로 카이로의 라디오 방송에 귀를 기울였음은 의심의 여지가 없다." Paul Dresch, *A History of Modern Yemen* (Cambridge: Cambridge University Press, 2000), p. 77.

17. Ibid., p. 86.

18. Mohamed Abdel Ghani El-Gamasy, The October War: Memoirs *of Field Marshal El-Gamasy of Egypt* (Cairo: American University in Cairo Press, 1993), p. 18에서 인용.

19. Heikal, *Cairo Documents*, p. 217.

20. Gamasy, *The October War*, p. 28.

21. Anwar el-Sadat, *In Search of Identity* (London: Collins, 1978), p. 172.

22. Avi Shlaim, *The Iron Wall: Israel and the Arab World* (New York: W. W. Norton, 2000), p. 239.

23. Gamasy, *The October War*, p. 53에서 인용.

24. Ibid., p. 54.

25. Ibid., p. 62.

26. Ibid., p. 65.

27. Hussein of Jordan, *My 'War' with Israel* (New York: Peter Owen, 1969), pp. 89-91.

28. Michael B. Oren, *Six Days of War: June 1967 and the Making of the Modern Middle East* (London: Penguin, 2003), p. 178.

29. Hasan Bahgat, cited in Oren, *Six Days of War*, p. 201.

30. BBC Monitoring Service, cited in ibid., p. 209.

31. Ibid., p. 226.

32. Sadat, *In Search of Identity*, pp. 175-176.

33. Ibid., p. 179.

34. Ibid.

35. 나세르의 외교술에 관해서는 Shlaim, *The Iron Wall*, pp. 117-123 참조. 이스라엘의 관료들과 후세인의 만남의 시작에 대해서는 Avi Shlaim, *The Lion of Jordan: The Life of King Hussein in War and Peace* (London: Allen Lane, 2007), pp. 192-201 참조.

36. Salah Khalaf는 (Eric Rouleau와 함께) Abu Iyad란 가명으로 회고록을 썼다. *My Home, My Land: A Narrative of the Palestinian Struggle* (New York: Times Books, 1981), pp. 19-23.

37. Helena Cobban, *The Palestinian Liberation Organization: People, Power, and Politics* (Cambridge: Cambridge University Press, 1984), p. 33에서 인용.

38. Leila Khaled, *My People Shall Live* (London: Hodder and Stoughton, 1973), pp. 85, 88.

39. Mahmoud Issa, *Je suis un Fedayin*[나는 페다인이다] (Paris: Stock, 1976), pp. 60-62.

40. 이 수치는 Yezid Sayigh, *Armed Struggle and the Search for Peace: The Palestinian National Movement, 1949-1993* (Oxford: Oxford University Press, 1997), pp. 178-179 참조.

41. Khaled, *My People Shall Live*, p. 107.

42. Abu Iyad, *My Home, My Land*, p. 60.

43. Sayigh, *Armed Struggle*, p. 203.

44. Khaled, *My People Shall Live*, p. 112.

45. Ibid.

46. Ibid., p. 116.

47. Ibid., p. 124.

48. Ibid., p. 126.

49. Ibid., pp. 136-143.

50. Khalaf, *My Home, My Land*, p. 76.

51. Khaled, *My People Shall Live*, p. 174.

52. Peter Snow and David Phillips, *Leila's Hijack War* (London: Pan Books, 1970), p. 41에서 인용.

53. Heikal, *Cairo Documents*, pp. 21-22.

제12장

1. Daniel Yergin, *The Prize: The Epic Quest for Oil, Money, and Power* (New York: Free Press, 1991), p. 446.

2. Ibid., p. 500.

3. 예를 들면, 아랍의 송유관에 대한 al-Turayqi의 주장은 *Naql al-batrul al-'arabi*[아랍 석유의 수송] (Cairo: League of Arab States, Institute of Arab Studies, 1961), pp. 114-122 참조.

4. Muhammad Hadid, *Mudhakkirati: al-sira' min ajli al-dimuqtratiyya fi 'l-Iraq*[나의 회고록: 이라크 민주주의를 위한 투쟁] (London: Saqi, 2006), p. 428; Yergin, *The Prize*, pp. 518-523.

5. Yergin, *The Prize*, pp. 528-529.

6. Mirella Bianco, *Gadhafi : Voice from the Desert* (London: Longman, 1975), pp. 67-68에서 인용.

7. Mohammed Heikal, *The Road to Ramadan* (London: Collins, 1975), p. 70.

8. Abdullah al-Turayqi, *Al-bitrul al-'Arabi: Silah fi 'l-ma'raka*[아랍 석유: 전쟁 무기] (Beirut: PLO Research Center, 1967), p. 48.

9. Jonathan Bearman, *Qadhafi's Libya* (London: Zed, 1986), p. 81; Frank C. Waddams, *The Libyan Oil Industry* (London: Croom Helm, 1980), p. 230; Yergin, *The Prize*, p. 578.

10. Ali A. Attiga, *The Arabs and the Oil Crisis, 1973-1986* (Kuwait: OAPEC, 1987), pp. 9-11.

11. Al-Turayqi, *al-Bitrul al-'Arabi*, pp. 7, 68.

12. Mohamed Abdel Ghani El-Gamasy, *The October War: Memoirs of Field Marshal El-Gamasy of Egypt* (Cairo: American University in Cairo Press, 1993), p. 114.

13. Ibid., pp. 149-151.

14. Ibid., pp. 180-181.

15. Riad N. El-Rayyes and Dunia Nahas, eds., *The October War: Documents, Personalities, Analyses, and Maps* (Beirut: An-Nahar, 1973), p. 63.

16. Yergin, *The Prize*, p. 597에서 인용. Khalid al-Hasan은 Alan Hart에게 같은 이야기를 되풀이했다. "파이살은 '장기전을 벌일 것 그리고 수일 만에 정전하지 않을 것. 이것이 조건이오. 당신들은 적어도 석 달은 싸워야 하오'라고 말했다." Alan Hart, *Arafat: Terrorist or Peacemaker?* (London: Sidgwick and Jackson, 1984), p. 370.

17. Heikal, *The Road to Ramadan*, p. 40.

18. El-Gamasy는 27대의 이스라엘 항공기가 10월 6일에, 10월 7일에는 48대가 피격되어서 개전 이틀 만에 이스라엘의 항공기 총 75대가 격추되었다고 주장했다. 책의 p. 234 참조. 이스라엘 기갑부대의 손실로는 10월 6일에 120대 이상이, 10월 7일에는 170대의 탱크가 파괴되었다고 어림했다. 책의 pp. 217, 233 참조. 이 수치들은 전쟁 전체 기간 동안 발생한 피해를 집계한 공식적인 수치와 비교했을 때 상당히 신뢰할 만하다. 공식 통계에 따르면 이스라엘은 총 103대의 항공기와 840대의 탱크를 잃었고 아랍 군은 329대의 항공기와 2,554대의 탱크를 잃었다. Avi Shlaim, *The Iron Wall: Israel and the Arab World* (New York: W. W. Norton, 2000), p. 321.

19. Yergin, *The Prize*, pp. 601-606에서 인용.

20. El-Rayyes and Nahas, *The October War*, pp. 71-73.

21. Heikal, *Road to Ramadan*, p. 234.

22. 공식적인 이스라엘 수치는 Shlaim, *Iron Wall*, p. 321에서 인용.

23. Heikal, *Road to Ramadan*, p. 275.

24. Cited in Hart, *Arafat*, p. 411.

25. Ibid., p. 383.

26. Ibid., p. 379.

27. Uri Avnery, *My Friend, the Enemy* (London: Zed, 1986), p. 35.

28. Ibid., p. 52.

29. Ibid., p. 36.

30. Ibid., p. 43.

31. Ibid., p. 44.

32. Lina Mikdadi Tabbara, *Survival in Beirut* (London: Onyx Press, 1979), pp. 3-4, 116.

33. Hart, *Arafat*, p. 411.

34. 아라파트의 연설 전문은 Walter Laqueur and Barry Rubin, eds., *The Israel-Arab Reader: A Documentary History of the Middle East Conflict* (New York: Penguin, 1985)에 전재되어 있다.

35. Hart, *Arafat*, p. 392.

36. Patrick Seale, *Abu Nidal: A Gun for Hire* (London: Arrow, 1993), pp. 162-163.

37. 등록된 난민의 수는 UN 구호 사업 기구(United Nations Relief Works Agency, UNRWA)의 통계를 참조했다. 하지만 UNRWA도 지적했듯이, 등록은 자발적으로 이루어지기 때문에 등록된 난민 수는 정확한 인구 통계가 아니며 실제 총합보다 적을 것이다. Robert Fisk는 *Pity the Nation: Lebanon at War* (Oxford: Oxford University Press, 1990), p. 73에서 1975년 당시의 난민 수를 35만 명으로 제시했다. 난민 통계는 UNRWA 웹사이트(http://www.un.org/unrwa/publications/index.html.)에 게시되어 있는 것을 참조했다.

38. Camille Chamoun, *Crise au Liban* [레바논의 위기] (Beirut: 1977), pp. 5-8.

39. Kamal Joumblatt, *I Speak for Lebanon* (London: Zed Press, 1982), pp. 46, 47.

40. Tabbara, *Survival in Beirut*, p. 25.

41. Ibid., p. 19.

42. Ibid., pp. 20, 29.

43. Ibid., pp. 53-54.

44. Saad Eddin Ibrahim, 'Oil, Migration, and the New Arab Social Order,' in Malcolm Kerr and El Sayed Yasin, eds., *Rich and Poor States in the Middle East* (Boulder, CO: Westview

Press, 1982), p. 55.

45. Tabbara, *Survival in Beirut*, p. 66.

46. Walid Khalidi, *Conflict and Violence in Lebanon: Confrontation in the Middle East* (Cambridge, MA: Harvard University Press, 1979), pp. 60-62.

47. Ibid., p. 104.

48. Tabbara, *Survival in Beirut*, p. 114.

49. Jumblatt, *I Speak for Lebanon*, p. 19.

50. Tabbara, *Survival in Beirut*, p. 178.

51. 빵 폭동은 1977년 1월 18-19일에 발생했다. Mohamed Heikal, *Secret Channels: The Inside Story of Arab-Israeli Peace Negotiations* (London: Harper Collins, 1996), p. 245.

52. Ibid., p. 247-248. 공격에 대한 리비아의 시각에 대해서는 Bearman, *Qadhafi's Libya*, pp. 170-171 참조.

53. Heikal, *Secret Channels*, pp. 252-254. 사다트도 자신의 회고록에서 이와 비슷한 설명을 했다. Anwar el-Sadat, *In Search of Identity* (London: Collins, 1978), p. 306.

54. Boutros Boutros-Ghali, *Egypt's Road to Jerusalem* (New York: Random House, 1997), pp. 11-12.

55. Ibid., p. 16.

56. Heikal, *Secret Channels*, p. 259.

57. Boutros-Ghali, *Egypt's Road to Jerusalem*, p. 17.

58. Heikal, *Secret Channels*, p. 262.

59. 1977년 11월 20일에 베긴 총리가 이스라엘 국회에서 발표한 성명서인 Doc. 74는 *Israel's Foreign Relations: Selected Documents, vols. 4-5: 1977-1979*에서 참조. 이스라엘 외무부 웹사이트에 게시되어 있다. www.mfa.gov.il/MFA/ Foreign+Relations/ Israels+Foreign+ Relations+since+1947/1977-1979/. 강조는 저자가 한 것이다.

60. Boutros-Ghali, *Egypt's Road to Jerusalem*, pp. 134-135.

61. 이 통계는 Saad Eddin Ibrahim, 'Oil, Migration, and the New Arab Social Order,' pp. 53, 55에서 가져왔다.

62. Ibid., pp. 62-65.

63. Boutros-Ghali, *Egypt's Road to Jerusalem*, pp. 181-182, 189.

64. Alexei Vassiliev, *The History of Saudi Arabia* (London: Saqi, 2000),pp. 395-396.

제13장

1. Gilles Kepel, *The Prophet and the Pharaoh: Muslim Extremism in Egypt* (London: Saqi, 1985), p. 192.

2. Mohamed Heikal, *Autumn of Fury: The Assassination of Sadat* (London: Deutsch, 1983), pp. xi-xii.

3. Sayyid Qutb, 'The America I Have Seen,' in Kamal Abdel-Malek, ed., *America in an Arab Mirror: Images of America in Arabic Travel Literature* (New York: St Martin's Press, 2000), pp. 26-27.

4. Ibid., p. 10.

5. Sayyid Qutb, Ma'alim fi 'l-tariq(문자 그대로의 뜻은 '도로 표지판'이나 흔히 '이정표'라고 번역된다) (Cairo: Maktabat Wahba, 1964). 쿠트브의 『이정표』는 수많은 영문판이 있다. 내가 참조한 판본은 다마스쿠스의 다르 알 일름(Dar al-Ilm, 출간일은 명시되어 있지 않다)출판사에서 나온 것이다. 이 주장들은 서문에서 가져왔다. pp. 8-11; ch. 4, 'Jihad in the Cause of God,' p. 55; ch. 7, 'Islam Is the Real Civilization,' p. 93.

6. Ibid., ch. 11, 'The Faith Triumphant,' p. 145.

7. Zaynab al-Ghazali, *Return of the Pharaoh: Memoir in Nasir's Prison* (Leicester, UK: The Islamic Foundation, n.d.), pp. 40-41.

8. Ibid., pp. 48-49.

9. Ibid., p. 67.

10. Hadid의 신병이었던 한 사람이 시리아의 재판관에게 털어놓은 경험담이다. 이 이야기는 Olivier Carre and Gerard Michaud가 번역한 *Les freres musulmans*[무슬림 형제단] *(1928-1982)* (Paris: Gallimard, 1983), p. 152에 전재되어 있다.

11. Ibid., p. 139.

12. 요르단에서 체포된 Isa Ibrahim Fayyad는 요르단의 총리를 살해할 목적으로 파견된 시리아 암살단의 일원으로 기소되었다. 타드무르 감옥에서 벌어진 학살에 대한 그의 설명이 같은 책의 pp. 147-148에 전재되어 있다.

13. 익명의 목격자의 설명을 담은 「워싱턴 포스트(*The Washington Post*)」 통신원의 기사가 'Syrian Troops Massacre Scores of Assad's Foes'라는 제목으로 1981년 6월 25일자 신문에 실렸다.

14. Thomas Friedman, *From Beirut to Jerusalem* (London: Collins, 1990), p. 86.

15. Robert Fisk, *Pity the Nation: Lebanon at War* (Oxford: Oxford University Press, 1991), p. 518에서 인용.

16. 강조는 원저자가 한 것이다. ibid., p. 512.

17. ibid., pp. 480, 520에서 인용.

18. Augustus Richard Norton, *Hezbollah* (Princeton, NJ: Princeton University Press, 2007), p. 19에서 인용.

19. 마론파와 이스라엘 간의 동맹에 관해서는 Kirsten E. Schulze, *Israel's Covert Diplomacy in Lebanon* (London: Macmillan, 1998), pp. 104-124 참조.

20. 중동을 재구성하려는 샤론의 계획에 대해서는 Avi Shlaim, *The Iron Wall: Israel and the*

Arab World (New York: W. W. Norton, 2000), pp. 395-400 참조.

21. Lina Mikdadi, *Surviving the Siege of Beirut: A Personal Account* (London: Onyx Press, 1983), pp. 107-108.

22. Colonel Abu Attayib, *Flashback Beirut 1982* (Nicosia: Sabah Press, 1985), p. 213.

23. Mikdadi, *Surviving the Siege of Beirut*, p. 121.

24. Ibid., pp. 132-133.

25. 이스라엘의 대법원장 Yitzhak Kahan이 위원장을 맡은 '1983년 베이루트 난민 수용소 사건 진상 조사 위원회'의 최종 보고서의 공식 번역문 pp. 12, 22 참조.

26. Selim Nassib with Caroline Tisdall, *Beirut: Frontline Story* (London: Pluto, 1983), pp. 148-158.

27. Naim Qassem, *Hizbullah: The Story from Within* (London: Saqi, 2005), pp. 92-93.

28. Ibid., pp. 88-89.

29. 1985년 2월 16일에 발표한 헤즈볼라의 창립 문서인 '레바논과 세계의 피억압민들에게 헤즈볼라가 부치는 공개서한'의 전문이 Augustus Richard Norton, *Amal and the Shi'a: Struggle for the Soul of Lebanon* (Austin: University of Texas Press, 1987)에 전재되어 있다. 이 구절은 pp. 174-175에서 인용.

30. Fisk, *Pity the Nation*, p. 460.

31. Norton, *Hezbollah*, p. 81.

32. Abdullah Anas, *Wiladat 'al-Afghan al-'Arab': Sirat Abdullah Anas bayn Mas'ud wa 'Abdullah 'Azzam*[아랍 아프간의 탄생: 마수드와 압둘라 아잠 사이에 선 압둘라 아나스의 자서전](London; Saqi, 2002), p. 14. 압둘라 아나스는 아프간 지하드에 참전하면서 자신의 원래 성인 Bou Jouma'a 대신에 Anas라는 가명을 썼다.

33. 간략한 전기를 보려면 Thomas Hegghammer, 'Abdallah Azzam, the Imam of Jihad,' in Gilles Kepel and Jean-Pierre Milelli, eds., *Al Qaeda in Its Own Words* (Cambridge, MA: Harvard University Press, 2008), pp. 81-101을 참조하라.

34. Abdullah 'Azzam의 '세계의 모든 무슬림에게'가 아프가니스탄에서 1985년 3월에 자신이 편집한 잡지인 「지하드(*Jihad*)」에 아랍어로 실렸다. p. 25 참조.

35. Abdullah 'Azzam, 'The Defense of Muslim Territories Constitutes the First Individual Duty,' in Keppel and Milelli, pp. 106-107.

36. 미국의 아프간 무자헤딘 지원에 관한 모든 기록은 Steve Coll의 *Ghost Wars* (New York: Penguin, 2004)를 참조. 카터 행정부 시기의 수치에 관해서는 p. 89; 1985년 수치는, p. 102 참조.

37. Anas, *Wiladat 'al-Afghan al-'Arab,'* p. 15.

38. Ibid., pp. 16-17.

39. Ibid., pp. 25-29.

40. Ibid., pp. 33-34.

41. Zaynab al-Ghazali와의 인터뷰는 *Jihad*, December 13, 1985, pp. 38-40 참조.

42. Anas, *Wiladat 'al-Afghan al-'Arab,'* p. 58.

43. Ibid., p. 67.

44. Ibid., p. 87.

45. Shaul Mishal and Reuben Aharoni, *Speaking Stones: Communiqués from the Intifada Underground* (Syracuse, NY: Syracuse University Press, 1994), p. 21.

46. Azzam Tamimi, *Hamas: Unwritten Chapters* (London: Hurst, 2007), pp. 11-12.

47. Sari Nusseibeh with Anthony David, *Once Upon a Country: A Palestinian Life* (London: Halban, 2007), p. 265.

48. Ibid., p. 269.

49. 헌장은 1988년 8월 18일에 발표되었다. art. 15. 'Charter of the Islamic Resistance Movement (Hamas) of Palestine,' *Journal of Palestine Studies* 22, 4 (Summer 1993): 122-134에서 인용.

50. Communiques 1 and 2, in Mishal and Aharoni, *Speaking Stones*, pp. 53-58.

51. Nusseibeh, *Once Upon a Country*, p. 272.

52. M. Cherif Bassiouni and Louise Cainkar, eds., *The Palestinian Intifada - December 9, 1987-December 8, 1988: A Record of Israeli Repression* (Chicago: Database Project on Palestinian Human Rights, 1989), pp. 19-20.

53. Ibid., pp. 92-94.

54. Hamas Communique No. 33, December 23, 1988, and UNC Communique No. 25, September 6, 1988, in Mishal and Aharoni, *Speaking Stones*,pp. 125-126, 255.

55. UNC Communiqué No. 25, September 6, 1988, in Mishal and Aharoni, *Speaking Stones*, p. 125.

56. Nusseibeh, *Once Upon a Country*, pp. 296-297.

57. Yezid Sayigh, *Armed Struggle and the Search for State: The Palestinian National Movement, 1949-1993* (Oxford: Oxford University Press, 1997), p. 624.

58. Cited in Avi Shlaim, *The Iron Wall*, p. 466.

59. Communiqué No. 33, December 23, 1988, in Mishal and Aharoni, *Speaking Stones*, p. 255.

60. Robert Hunter, *The Palestinian Uprising: A War by Other Means* (Berkeley and Los Angeles: University of California Press, 1991), p. 215.

제14장

1. Mohamed Heikal, *Illusion of Triumph: An Arab View of the Gulf War* (London: Harper

. Collins, 1992), pp. 14-17, 하바쉬와 아사드에 관한 인용문은 Christopher Andrew and Vasili Mitrokhin, *The World Was Going Our Way: The KGB and the Battle for the Third World* (New York: Basic Books, 2005), pp. 212-213를 참조.

2. Mohamed Heikal, *Illusion of Triumph*, pp. 16-17.

3. Zachary Karabell, 'Backfire: U.S. Policy Toward Iraq, 1988-2 August 1990,' *Middle East Journal* (Winter 1995): 32-33에서 인용.

4. Human Rights Watch, *Genocide in Iraq: The Anfal Campaign Against the Kurds* (New York and Washington, DC: Human Rights Watch, 1993).

5. 이라크 출신의 작가 Kanan Makiya는 Samir al-Khalil이라는 가명으로 쓴 1989년의 연구서, *The Republic of Fear* (Berkeley and Los Angeles: University of California Press, 1989)에서 이라크 사담 후세인의 정치적 탄압을 생생하게 묘사했다.

6. Charles Tripp, *A History of Iraq* (Cambridge: Cambridge University Press, 2000), p. 251.

7. Daniel Yergin, *The Prize* (New York: Free Press, 1991), p. 767.

8. Glaspie-Hussein의 인터뷰에 관한 기록은 Phyllis Bennis and Michel Moushabeck, eds., *Beyond the Storm: A Gulf Crisis Reader* (New York: Olive Branch, 1991), pp. 391-396에 전재되어 있다.

9. Jehan S. Rajab, *Invasion Kuwait: An English Woman's Tale* (London: Radcliffe Press, 1993), p. 1.

10. Heikal, *Illusion of Triumph*, pp. 196-198.

11. Ibid., p. 207.

12. Rajab, *Invasion Kuwait*, pp. 55, 99-100.

13. Heikal, *Illusion of Triumph*, p. 250.

14. Mohammed Abdulrahman Al-Yahya, *Kuwait: Fall and Rebirth* (London: Kegan Paul International, 1993), p. 86.

15. Rajab, *Invasion Kuwait*, pp. 14-19.

16. Ibid., pp. 73-74; Al-Yahya, *Kuwait: Fall and Rebirth*, pp. 87-88.

17. Rajab, *Invasion Kuwait*, pp. 43-45.

18. Ibrahim al-Marashi, 'The Nineteenth Province: The Invasion of Kuwait and the 1991 Gulf War from the Iraqi Perspective' (D.Phil. thesis, Oxford, 2004), p. 92.

19. Abdul Bari Atwan, *The Secret History of Al-Qa'ida* (London: Abacus, 2006), pp. 37-38.

20. 'Declaration of Jihad Against the Americans Occupying the Land of the Two Holy Sanctuaries'는 Gilles Kepel and Jean-Pierre Milelli, eds., *Al-Qaeda in Its Own Words* (Cambridge, MA: Harvard University Press, 2008), pp. 47-50에 전재되어 있다. Bin Ladin과의 CNN 인터뷰는 같은 책 pp. 51-52를 참조.

21. Heikal, *Illusion of Triumph*, pp. 15-16.

22. Ibid., p. 230.

23. Ibid.

24. Ibid., p. 234.

25. Ibid., p. 13.

26. Sari Nusseibeh, *Once Upon a Country: A Palestinian Life* (London: Halban, 2007), p. 318.

27. Rajab, *Invasion Kuwait*, p. 181.

28. Theodor Hanf, *Coexistence in Wartime Lebanon: Decline of a State and Rise of a Nation* (London: I. B. Tauris, 1993), p. 319.

29. Ibid., p. 570.

30. Ibid., p. 595.

31. Ibid., p. 616.

32. Kamal Salibi, *A House of Many Mansions* (London: I. B. Tauris, 1988).

33. Nusseibeh, *Once Upon a Country*, p. 337.

34. Hanan Ashrawi, *This Side of Peace: A Personal Account* (New York: Simon & Schuster, 1995), p. 75.

35. Ibid., pp. 82-84.

36. Nusseibeh, *Once Upon a Country*, p. 342.

37. Haidar Abdul Shafi의 강연 내용 전문은 예루살렘 미디어 통신 센터 웹사이트(http://www. jmcc.org/documents/haidarmad.htm.)에 전재되어 있다.

38. 마드리드 회담에서 대표단장들이 한 모든 개폐회식의 연설 기록은 이스라엘 외무부 웹사이트(http://www.mfa .gov.il/MFA/Archive/)에 전재되어 있다. 이스라엘의 역사가 Amitzur Ilan은 베르나도트테의 "살해에 대한 진정한 책임"은 샤미르와 다른 두 명의 레히 지도자들에게 있다고 했다. Ilan, *Bernadotte in Palestine, 1948* (Houndmills, UK, and London: Macmillan, 1989), p. 233.

39. Avi Shlaim, *The Iron Wall*, p. 500.

40. Ashrawi, *This Side of Peace*, p. 212.

41. Ahmed Qurie ('Abu Ala'), *From Oslo to Jerusalem: The Palestinian Story of the Secret Negotiations* (London: I. B. Tauris, 2006), p. 58.

42. Ibid., p. 59.

43. Yezid Sayigh, *Armed Struggle and the Search for State: The Palestinian National Movement, 1949-1993* (Oxford: Oxford University Press, 1997), pp. 656-658.

44. Ashrawi, *This Side of Peace*, p. 259.

45. Qurie, *From Oslo to Jerusalem*, p. 279.

46. Avi Shlaim, *The Iron Wall: Israel and the Arab World* (New York: W. W. Norton, 2000), p. 547.

47. World Bank, 'Poverty in the West Bank and Gaza,' Report No. 22312-GZ, June 18, 2001.

48. 새로운 정착촌의 건설은 "영구적인 지위 협상의 결과가 도출될 때까지 어느 쪽도 서안 지구와 가자 지구의 현황을 바꾸는 조치를 개시하거나 취해서는 안 된다"라고 규정한 오슬로 II 협정 31조항을 위반한 것이다.

49. B'tselem, 비티셀렘, 점령지 주민들의 인권을 위한 이스라엘 정보 센터, 'Land Grab: Israel's Settlement Policy in the West Bank,' May 2002, p. 8.

50. Ibid., pp. 433-444.

51. Bob Woodward, *Bush at War* (New York: Simon & Schuster, 2002), p. 35.

제15장

1. 오사마 빈 라덴의 성명이 2001년 10월 7일에 알 자지라 방송을 통해서 텔레비전으로 방영되었다. 이 성명에 대한 영문본은 BBC의 웹사이트("빈 라덴의 경고: 전문", BBC, 2001년 10월 7일, http://news.bbc.co.uk/1/hi/ world/south_asia/1585636.stm)에 게재되어 있다.

2. 이스라엘의 인권 기구, 비티셀렘에서 BBC가 인용한 수치이다. "인티파다 사상자 수 2000-2005," BBC, 최종 수정일 2005년 2월 8일, http://news.bbc.co.uk/1/hi/world/middle_east/369450.stm.

3. 행정 구류, 주택 파괴, 분리장벽에 관련된 모든 통계는 비티셀렘의 웹사이트(http://www.btselem.org/english/list_of_Topics.asp) "화제 목록"에서 찾을 수 있다.

4. 영국 정보부가 부시 행정부와 다른 판단을 했다는 사실에 주목할 필요가 있다. 2016년 Chilcot Report에 따르면 "합동정보위원회는 이라크와 알 카에다 사이에 협조가 이루어졌을 '가능성은 없으며' 이라크가 대량파괴무기와 관련된 기술 및 전문가를 테러 집단에 넘겨주었음을 보여주는 '믿을 만한 근거'도 없다고 판단했다." *Iraq Inquiry*, executive summary, paragraph 504, p. 70.

5. 이라크에서 발생한 미군 사상자 수는 국방부 웹사이트(www.defense.gov/casulaty.pdf) 참조.

6. "Bridging the Dangerous Gap Between the West and the Muslim World"는 2002년 5월 3일에 캘리포니아 몬터레이에서 열린 국제문제협의회에서 Paul Wolfowitz 차관이 발표를 위해서 준비한 논평이다.

7. 콜린 L. 파월 장관이 2002년 워싱턴 D.C.의 헤리티지 재단에서 "The U.S.-Middle East Partnership Initiative: Building Hope for the Years Ahead"라는 제목으로 한 강연이다.

8. Gareth Stansfield, *Iraq*, 2nd ed. (Cambridge, MA: Polity Press, 2016), pp. 185-194. 이라크 인구가 3,300만 명이라는 공식적인 수치는 없다. 2011년 CIA의 추정에 따르면 시아파가 전체 인구의 60-65퍼센트를 차지하고 그 나머지를 수니파 아랍인과 쿠르드족이 반반씩 이루고 있다. 반면 2011년 말에 이루어진 Pew Research Center의 조사에 따르면 이라크 무슬림

중 51퍼센트가 시아파이다.

9. 미디어와 공식 출처에서 작성된 사망자 수를 수합하는 비정부기구인 Iraq Body Count의 보고에 따르면, 2003년과 2011년 사이 민간인 사망자 수가 거의 12만 명에 이르렀다. "Documented Civilian Deaths from Violence," www.iraqbodycount.org/data base 참조. UN이 지원하는 Iraq Family Health Survey Study Group의 추정에 따르면, 2003년 3월부터 2006년 6월까지 대략 15만1,000명이 폭력적인 죽음을 맞았다. "Violence-Related Mortality in Iraq from 2002 to 2006," *New England Journal of Medicine* 358 (2008): 484-493 참조.

10. Micah Zenko, "Obama's Embrace of Drone Strikes Will Be a Lasting Legacy," *New York Times*, January 12, 2016. 민간인 사상자 수가 64명에서 116명 사이로 추정된다고 공식 발표한 수치에 이의가 제기되고 있다. Jack Serle은 드론 공격에 의한 민간인 사상자 수가 380명에서 801명 사이라고 인용했다. Jack Serle, "Obama Drone Casualties Number a Fraction of Those Recorded by the Bureau," *Bureau of Investigative Journalism*, July 1, 2016.

11. Ala'a Shehabi and Marc Owen Jones, eds., *Bahrain's Uprising: Resistance and Repression in the Gulf* (London: Zed Books, 2015), pp. 1-2.

12. Shehabi and Jones, *Bahrain's Uprising*, p. 4.

13. Toby Matthiesen, *Sectarian Gulf: Bahrain, Saudi Arabia, and the Arab Spring That Wasn't* (Stanford, CA: Stanford University Press, 2013), pp. 36-48.

14. "Report of the Bahrain Independent Commission of Inquiry,"에서 인용. 2011년 11월 23일에 최초로 발표되었고, 2011년 12월 10일에 수정된 마지막 버전은 http://www.bici.org.bh/BICIreportEN.pdf, pp. 47-48에서 볼 수 있다.

16. "Report of the Bahrain Independent Commission of Inquiry."

17. 망명한 리비아의 소설가 Hisham Matar의 *The Return: Fathers, Sons and the Land in Between* (London: Penguin Viking, 2016), p. 235에서 인용. 반체제 정치 활동으로 1990년 Matar의 아버지는 리비아 보안군에 납치되어 수감되었는데, 그후 흔적도 없이 실종되었다.

18. Robert F. Worth, *A Rage for Order: The Middle East in Turmoil, from Tahrir Square to ISIS* (New York: Farrar, Straus and Giroux, 2016), p. 107. 546 Notes to Chapter 15

19. 10개국은 바레인, 이집트, 요르단, 쿠웨이트, 모로코, 카타르, 사우디아라비아, 세네갈, 수단, 아랍 에미리트이다.

20. Internal Displacement Monitoring Centre, "Global Report on Internal Displacement 2016" (May 2016); Ahmad al-Haj, "Yemeni Civil War: 10,000 Civilians Killed and 40,000 Injured in Conflict, UN Reveals," *Independent*, January 17, 2017.

21. Samar Yazbek, *A Woman in the Crossfire: Diaries of the Syrian Revolution* (London: Haus, 2012), p. 4.

22. Human Rights Watch는 *World Report 2017*에서 난민 숫자뿐만 아니라 2016년 2월까지 47만

명이 사망했다는 Syrian Center for Policy Research의 주장도 인용했다. "Syria: Events of 2016," Human Rights Watch, https://www.hrw.org/world-report/2017/country-chapters/syria 참조.

23. Jean-Pierre Filiu, *From Deep State to Islamic State: The Arab Counter-revolution and Its Jihadi Legacy* (London: Hurst, 2015); Fawaz Gerges, *Isis: A History* (Princeton, NJ: Princeton University Press, 2016).

24. "Islamic State in Iraq and al Sham"의 아랍어 약칭은 Da'ish로 알려져 있는데, al-Sham이라는 단어 때문에 혼선을 겪고 있는 서구 세계는 영어 약칭에 합의하지 못한 채 ISIS(IS in Iraq and Syria)와 ISIL(IS in Iraq and the Levant)를 교차해서 쓰고 있다.

25. 이집트 보건부 장관은 라바 광장에서 638명이 사망했다고 보고했다. Human Rights Watch 는 최소 817명이 사망했다고 주장했고, 무슬림 형제단은 2,600명이 살해되었다고 단언했다.

26. Ashraf El-Sherif, "The Muslim Brotherhood and the Future of Political Islam in Egypt" (paper published by the Carnegie Endowment for International Peace, October 21, 2014).

역자 후기

유럽으로 밀려드는 아랍의 난민 행렬, 유럽에서 발생한 동시다발적인 테러 그리고 이 모든 사태의 배후로 지목되는 IS라는 전대미문의 무장 세력의 발호 등으로 2015년 세계는 중동을 다시 주목하게 되었다. 그런데 이 모든 일들이 2011년 아랍 혁명과 관련이 있다는 사실에 우리는 시대의 역설을 느낄 수밖에 없다. 한때 중동에 찾아온 '아랍의 봄'으로 극단적인 이슬람주의가 약화되고 대중 민주주의가 확산될 것이라는 희망이 싹트기도 했으나, 아랍의 봄 5주년을 맞은 지금 중동의 민주화는 대부분 스러져버렸고, 경제 침체와 정치적 억압 속에서 오히려 혁명 이전보다 상황은 열악해졌으며, 일부 국가들은 참혹한 내전의 늪에서 헤매고 있다.

2016년 1월, 서구의 언론들은 그 어느 때보다도 아랍의 봄 5주년을 신랄하게 평가했다. 시사주간지 「이코노미스트」는 '아랍의 겨울'이라는 제목으로 기사를 게재했고, 영국의 「인디펜던트」지는 희망으로 시작했으나 황폐화로 막을 내렸다며 봉기 5년 후의 결과를 재앙이라고 진단했다. 그와 동시에 아랍 세계의 고통이 서구의 간섭 때문이라는 주장은 이제는 더 이상 유효하지 않으며, 근본적인 원인은 아랍 국가들의 무능함과 허약함에서 기인한 것이라고 주장했다. 낙관적인 기대와 감동을 주었던 아랍의 봄이 지역의 안정과 발전은커녕 수니-시아파 간의 종파 분쟁과 IS라는 테러 조직의 탄생이라는 뜻밖의(?) 결과를 가져왔다는 측면에서, 이러한 비판이 전혀 근거 없는 소리는 아닐 것이다. 그러나 서구 언론들의 이러한 비판은 전적으로 정당한 것일까?

『아랍: 오스만 제국에서 아랍 혁명까지』의 저자 유진 로건은 아랍의 봄 직후에 이 책의 개정판을 출판하면서 아랍 혁명을 역사적인 사건으로 높이 평가하며 감격을 금치 못했다. 자신들의 규칙을 강제하려는 외부 세력의 간섭이 자제되고 아랍 내부로부터의 혁신을 위한 노력이 배가될 때, 아랍 세계의 고질적인 문제들, 즉 권위주의적인 독재 정부, 높은 실업률과 경기 침체, 사회적 분열과 갈등, 외세의 과도한 개입, 만성적인 치안 부재와 반복되는 폭력사태 등 나열하기에도 벅찬 온갖 문제들이 해결될 것이라는 저자의 주장대로, "아랍의 봄"을 계기로 그 돌파구가 보이는 듯했기 때문이다. 물론 여기에는 서구국가들의 인내와 관용 그리고 독재적이고 배타적인 경향을 극복하려는 아랍인들의 노력이 병행되어야 한다는 전제가 붙었다.

수세기 동안의 아랍의 역사와 아랍인들이 이루어낸 성과를 긍정적으로 평가한 앨버트 후라니의 후학다운 저자의 이러한 장밋빛 전망은 아마도 이 지역의 역사를 오랫동안 연구해온 학자로서 가슴에 고이 간직하고 있던 따뜻한 애정과 안타까움의 발로였을 것이다. 그러나 아쉽게도 저자의 기대와는 달리 지금의 중동의 현실은 2011년보다 더욱 퇴보했으며, 어떻게 보면 새삼스러울 것도 없는, 지난 한 세기 동안 수없이 반복되어왔던 갈등과 폭력사태가 또다시 재현되고 있는 실정이다. 단지 더 잔인하고 선정적인 양상을 띠면서 말이다.

비록 아랍 혁명이 가져올 결과에 대한 저자의 낙관적인 예상은 빗나갔지만, 지금의 중동 문제가 언제, 어떻게, 왜, 누구에 의해서 시작되었는지 그리고 그 결과가 무엇인지를 보여주는 길잡이로서 이 책이 가지는 의미는 전혀 퇴색하지 않는다. 아랍 근대사에 초점을 맞춘— 이 책은 내용의 3분의 2를 20세기에 할애하고 있다— 이 책은 아랍 지역이 처음으로 외부인의 지배를 받게된 16세기 오스만 제국 시절부터 시작하여 제국주의와 냉전의 시대를 지나 미국 단극 체제의 오늘날에 이르기까지, 아랍 세계의 정치적 전개와 그 산물인 현재 중동 사태의 역사적 기원에 대한 철저한 사료 분석과 생생한 시대적 증언을 기반으로 아랍의 역사를 명쾌하게 설명하고 있다. 뿐만 아니라 레바논 내전이나 팔레스타인 분쟁과 같이 아랍인들에게 오랜 시간 고통을 주고 있는 지역 갈등들이 기독교 대 이슬람, 수니파 대 시아파, 아랍 대 이스라엘-서방, 세속주의 대 이슬람주의, 독재 정권 대 민주화 세력, 다수 민족 대 소수 민족, 중동 지역 내 국가들 간의 대립과 갈등이라는 온갖 양상을 보이며, 시간이 흐를수록 점점 더 복잡해지고 있는 과정을 세심하게 조명하고 있다. 동시에 아랍의 현실이 단순히 내부에서 기인하는 것이 아니라 외부 세력에 의해서 만들어지고 조성되어왔음을 강조하면서 세계의 다른 어느 지역보다도 외세의 영향력이 강했던, 그로 인하여 굴곡진 현대사를 가질 수밖에 없었던 아랍 세계를 이해하기 위해서는 반드시 중동 지역을 둘러싼 세계의 역학적인 구조를 들여다볼 필요가 있음을 역설하고 있다.

5세기 동안의 아랍 역사를 추적하는 가운데 방대한 사료를 섭렵하고 당대 아랍인들의 생생한 경험과 목소리를 살려낸 저자의 노력이 단연 돋보이는 이 책은, '중동 대전'이라고 부르는 것이 전혀 어색하지 않을 정도로 전쟁 수준의 분쟁과 내란, 끊임없이 반복되는 소요와 시위, 이에 맞선 탄압과 보복으로 점철되어 있는 오늘날의 중동 사태에 대한 원인을 찾고자 오스만이 아랍 세계의 대부분을 정복한 16세기 초로 거슬러올라간다. 아랍 세계는 처음으로 외부인에 의한 세력의 지배를 받게 된 이 시점을 시작으로 당대의 지배 세력이 부과한 규칙에 종속되어왔다. 하지만 중동이라는 광대한 지역과 그 지역에 살고 있는 다양한 민족과 종교를 아우르며 전통 질서를 조율했던 오스만 제국이 존속하는 동안에는 외부의 지배 체제가 아랍인들에게 크게 문제되지 않았다. 그런데 제1차 세계대전으로 오스만 제국이 해체되고 나름의 균형을 유지해오던 전통 질서가 와해되면서 엄청난 혼란이 찾아왔다. 게다가 교역의 확대를 통해서 19세기부터 본격적으로 중동 지역에 진출하기 시작한 서구 제국주의 세력들이 아랍인들에 대한 무지와 몰이해 속에서 자신들의 이해관계만을 추구하며 일관성 없는 정책과 헛된 약속들로 아랍 세계의 혼돈을 가중시켰다. 영국과 프랑스 제국주의 세력은 오스만 제국의 지배로부터 벗어난 아랍 영토를 전리품 정도로 취급하며 자신들의 편의대로 나누어 가졌고, 자국의 이익을 위해서 지역 갈등을 조장하며 무력행사도 서슴지 않았다. 이와 같은 황망한 상황 속에서 아랍인들이 살고 있던 땅인 팔레스타인 지역에 유대인들의 국가가 수립되면서 아랍인들은 또다시 커다란 좌절을 겪게 되었고, 이는 이 지역의 안정을 파멸로 이끄는 결정타가 되었다.

물론 아랍인들도 인위적이고 부당한 이러한 상황을 좌시하고만 있지는 않았다. 유럽인들이 만들어 놓은 국경을 해체하고 통합된 아랍 국가를 창설하고자 노력했으며, 자신들의 억울함과 정당성을 호소하며 "세계의 체스 판에서 한낱 졸에 지나지 않는다"는 무력감과 자책감에서 벗어나고자 저항에 나섰다. 하지만 아랍인들의 항의의 목소리는 국제 사회에서 무시되기 일쑤였고 갈수록 아랍 세계의 분열은 고착화되었다. 게다가 한때 반외세의 기치 아래 아랍 민족주의를 주창하며 아랍 민중들의 대대적인 지지를 받았던 아랍의 세속주의 정권들이 권위주의와 부패, 무능함으로 아랍 대중을 실망시켰고, 이것이 서구인들의 고압적이고 경멸적인 태도와 일방적인 간섭, 이스라엘의 비타협적이고 폭력적인 대응 등과 결합되면서 아랍 세계의 상처와 분노는 점점 더 깊어져만 갔다.

세속주의 정권의 허언과 부패, 가혹한 탄압에 넌덜머리가 난 아랍 세계에서 이슬람주의 세력이 부상하게 된 것은 1979년의 이란 혁명과 2001년에 있었던 사건들이 주요 계기가 되었다. 이란 혁명과 소련의 아프가니스탄 침공이 있었던 1979년 이후 냉전을 대체하는 새로운 갈등과 대립 구도가 싹트면서 서방은 이슬람주의라는 신진 세력과 대면하게 되었고, 알 카에다와 같은 세계적인 조직망을 갖춘 이슬람주의 무장 세력도 탄생하게 되었던 것이다. 한편 2001년 미국에서 9/11 테러가 일어난 후, 테러와의 전쟁이라는 명분 아래 시작된 미국의 이라크 침공은 아랍의 반미, 반체제 세력을 규합시키며 이라크 내란을 초래했고, 여기에 국제 이슬람주의 무장 세력까지 가세하면서 오히려 종파 간 내전으로 비화되는 발단이 되었다. 설상가상으로 이라크 내전이 아랍의 봄의 여파로 내홍을 겪고 있던 시리아 문제와 연동되면서 IS와 같은 이슬람주의 무장 세력이 혼란의 틈바구니에서 등장하게 되었다.

무엇보다도 세계가 우려의 시선으로 지켜보고 있는 이슬람주의 세력의 득세는 미국을 비롯한 서구의 일방적인 행보, 높은 실업률과 저성장으로 인한 경제 불안, 장기 독재집권 체제의 세속주의 정부에 대한 불만이 고조되면서 중동 전역에서 보편적으로 나타나고 있는 현상이다. 다시 말해서, 샤리아 통치와 지하드를 통한 이슬람 국가 건설을 주장하는 이슬람주의 세력이 무장투쟁이나 쿠데타, 혁명을 통해서든 선거나 정당 활동 같은 합법적인 절차를 통해서든, 점점 많은 사람들의 지지를 얻게 된 데에는 경제 불안, 장기 독재, 외세의 간섭이라는 세 가지 요인이 작용하고 있는 것이다.

저자가 수많은 사료를 동원해서 보여주듯이 그동안 아랍인들은 정치적 협상과 대화, 애원, 국제 사회에의 호소 등 여러 가지 방법들을 동원하여 자신들이 겪고 있는 부당함과 억울함을 표명해왔지만 그들의 목소리는 쉽게 외면당했다. 결국 그들에게 남은 마지막 선택은 무장 투쟁이라는 극단적인 방법이었다. 서구에 테러 조직으로 알려진 탈레반이나 알 카에다, 하마스, 헤즈볼라 같은 무장 조직들이 어떻게 등장했고 그 지지기반을 확대했는지 반드시 주목해야 하는 이유가 여기에 있다. 서방이나 이스라엘의 비타협적인 정책이나 자신들에 대한 도전을 이해하려고 하기보다는 보복과 탄압으로 일관하는 태도 혹은 미국 등 국제 사회의 무관심과 방관, 중동의 석유 생산 및 분배에 대한 통제권을 유지하고 무기 수출을 통해서 경제적 이익을 창출하려는 서방 국가들의 욕심이 아랍 세계의 혼란을 가중시키는 중요한 요인임을 저자는 내내 증언하고 있다.

유진 로건은 지난 5세기 동안의 아랍 역사의 흐름을 일목요연하면서도진부하지 않은 재치 있는 설명으로 현 아랍 세계가 안고 있는 문제의 뿌리가 어디에서 비롯되었고 어떤 자양분을 통해서 성장하여 지금처럼 무성한 잎사귀를 가지게 되었는지를 추적하고 있다. 저자는 바로 이러한 연원을 올바로 이해했을 때, 그 해결안 도출도 가능하다고 생각하기 때문이다. 아랍의 봄 당시 혁명의 광장에 모였던 시위자들은 빵과 일자리, 민주화를 요구했다. 다시 말해서, 지금 중동의 사태는 오랫동안 외세의 규칙에 종속되어온 이 지역의 착취의 역사가 경제적인 침체와 연계되면서 그간 축적된 분노와 억울함이 폭력적인 양상으로 분출된 결과이다. 또한 냉전 구도 해체에 따른 아랍 세계의 세력이 재편되고 있는 과정이며 사회적 정의에 대한 촉구에서 시작된 시민 행동의 또다른 얼굴이다. 따라서 아랍 세계의 미래는 역사적으로 복잡하게 얽혀 있는 문제들을 적극 해결하려는 관련 당사자들의 의지에 달려 있으며, 경제적 불안의 해소, 민주적인 제도적 기반의 마련, 다양성의 존중과 법치주의의 실현 등 많은 시간과 인내를 필요로 하는 기초 다지기 작업의 성공 여부가 결정할 것이다. 뿐만 아니라 아랍인들의 고통에 귀 기울이고 그들의 정당한 몫을 돌려주려는 해원(解冤)의 과정이 없는 한, 이 지역에서의 분쟁은 결코 멈추지 않을 것이다.

매일 언론의 국제면을 장식하며 우리의 마음을 아프게 하고 있는 아랍 세계의 비극이 끝날 날은 과연 언제이고 이러한 바람이 이루어질 가능성은 있는 것인가? 처절한 참상의 현장에서 죽어가고 있는 수많은 아이들의 맑은 눈망울을 떠올리며, 한 나라의 인구 절반이 난민이 되어 떠돌고 죽음이 일상화되어 있는 아랍 세계를 안타까워하는 이들에게 그리고 아랍의 참상을 종식시키기 위해서 더 이상의 침묵과 방관은 안 된다고 생각하는 이들에게 이 책이 아랍인들과 그들의 역사를 이해할 수 있는 계기가 되어줄 것이라고 믿는다.

역자 이은정

인명 색인